中国文物事业60年

国家文物局　编

文物出版社

《中国文物事业60年》编辑委员会

主　任：单霁翔

副主任：张　柏　　董保华　　童明康

编　委（按姓氏笔画）：

卫　忠	王　军	王　琼	王亦平	王红光	王珍珍
孔繁峙	龙家有	叶　春	史文斌	冯兴禄	刘曙光
关　强	安泳锝	杨惠福	汪　俊	沈海宁	宋新潮
张立方	张春雨	金永伟	陈远平	陈建国	陈爱兰
陈燮君	郑国珍	赵　荣	侯菊坤	施联秀	龚　良
盛春寿	覃　溥	喻达瓦	谢治秀	鲍贤伦	解　冰
瞿利国	熊正益				

编辑办公室：

王　军	王　莉	李　让	陈培军	彭　馨	孙　波

前　言

2009 年是中华人民共和国成立 60 周年。60 年来，无论是在热火朝天的社会主义革命和建设时期，还是在波澜壮阔的改革开放时期，在党中央、国务院的坚强领导下，文物战线广大干部职工积极投身中国文化遗产保护，迎来了中国文化遗产事业空前发展的喜人局面。

为庆祝新中国 60 年华诞，国家文物局在全国文物系统组织开展了中国文物事业 60 年专题调研。全国各地文物部门积极响应，组织专门力量深入调研，形成了一批调研成果。国家文物局将这些调研成果汇集为《中国文物事业 60 年》一书。本书通过翔实的史料、生动的实践，全面展现 60 年来特别是改革开放以来中国文物事业发展的基本脉络、主要成就和成功经验，充分展示一代又一代文物工作者昂扬的精神面貌，深刻揭示只有坚定不移地走中国特色社会主义道路，坚定不移地推进改革开放，才能开创中国文化遗产事业美好未来的真理。

历史是一面镜子，可以鉴往知今，可以昭示未来。回顾我国文物事业 60 年的辉煌历程，广大文物工作者要从中汲取丰厚的营养，承前启后，继往开来，在推动文化遗产事业科学发展的新的征程上，勇于承担自己的崇高使命，创造无愧于历史、无愧于时代、无愧于未来的新的辉煌。

国家文物局

2009 年 12 月

目 录

中国文物事业60年

国家文物局

60年前，毛泽东主席在天安门城楼上向世界庄严宣告新中国诞生，实现了近代以来几代中国人梦寐以求的民族独立和人民解放，中华民族的发展开始了新的纪元。60年来，中国共产党和中国人民在探索和建设中国特色社会主义道路上，以一往无前的进取精神和波澜壮阔的创新实践，谱写了中华民族自强不息、顽强奋进新的壮丽凯歌。与此同时，激情与豪迈的中国文物工作者与全国人民一道，在古老而又充满生机的华夏大地上，守望着祖国文化遗产的光荣与梦想，迎来了中国文化遗产事业空前发展的喜人局面，走出了一条中国特色文化遗产发展道路。

一　中国文物事业60年的发展历程

新中国成立60年来，中国文物事业的发展是在国家社会主义建设和改革开放这个大背景大环境下进行的，始终与国家现代化建设和各项事业的发展风雨同舟、命运与共，融汇于实现国家富强、人民幸福、文化繁荣、社会进步的历史进程。60年来，中国社会沧桑巨变，中国文物事业也走过了不平凡的发展历程。大体经历了五个阶段。

（一）1949～1965年，中国文物事业的开拓创建阶段

新中国成立之后的17年，国家在完成国民经济恢复任务的基础上，展开了大规模的经济建设。随着全国范围内的基本建设和农业合作化高潮的掀起，工业建设、城市建设、农业生产等全面铺开，一场中国历史上前所未有的、由国家进行的大规模文化遗产保护热潮也迅速掀起。这17年中，尽管历经坎坷，但我们仍在一张白纸上描绘了中国文化遗产事业的蓝图。一大批文物保护法令陆续颁布，从中央到地方相继设立文物保护机构，确立文物普查和文物保护单位制度，启动一系列重大文物保护和考古工程，遍布全国的博物馆体系逐步建立，一大批人才脱颖而出，奠定了新中国文化遗产事业发展的基础。

——文物事业得到党和国家的高度重视。当新中国的曙光初露端倪时，毛泽东在思考中国前途和命运的同时，就敏锐地关注中国文化遗产的保护问题，多次电令前线的指挥员在作战中力避对有重大价值文化古迹的破坏。早在1948年11月，他在军委起草的致前线指挥领导的电报中亲笔增加了一条："请你们通知部队注意，保护清华、燕京等学校及名胜古迹。"1949年1月，他

1

指示准备攻城（北平）的部队"力求避免破坏故宫、大学及其著名而有重大价值的文化古迹"，"当作一项纪律去执行"。1949年11月，中央人民政府文化部设立了文物局，负责指导管理全国文物、博物馆、图书馆事业，各地方也都设置了相应的文物保护管理机构。经周恩来批准，从1952年起，财政部逐年拨专款用于重点文物保护维修、重点考古发掘和珍贵文物收购，并要求专款专用。国家先后颁布了禁止珍贵文物出口、保护古建筑、考古发掘、征集革命文物等一系列命令、指示和办法，明确指出"我国所有名胜古迹，及藏于地下，流散各处的有关革命、历史、艺术的一切文物图书，皆为我民族文化遗产。今后对文化遗产的保管工作，为经常的文化建设工作之一"，做好文物保护工作是"文化部门和基本建设部门的共同的重要任务之一"，"加强领导和宣传，使保护文物成为广泛的群众性工作"。所有这些，为中国文化遗产事业的创建提供了正确的指导和有力的保障。

——文物保护法规体系的初步建立。新中国成立之初，文物事业和国家其他行业一样百废待举，文物保护和管理秩序尤为混乱。一方面国家大量的珍贵文物源源不断地流失国外，另一方面国内许多地方文物无人管理的现象十分严重，给国家的历史文化遗产造成巨大损失。迅速制止国家珍贵文物及图书被肆意掠夺和遭受破坏的局面，成为文物事业最紧迫的任务。1950年5月，中央人民政府政务院颁发《禁止珍贵文物图书出口暂行办法》，这是由国家颁布的第一个有关保护文物的法令。政务院同时颁发了《古迹、珍贵文物、图书及稀有生物保护办法》、《古文化遗址及古墓葬之调查发掘暂行办法》。这些法令的颁布和实施，对外防止盗运，对内严禁破坏，基本上杜绝了珍贵文物大量外流，以及国内严重破坏和盗掘文物的现象，抢救和保护了大批珍贵文物。为进一步规范文物保护和管理，国家还先后颁布《征集革命文物的命令》、《关于管理名胜古迹职权分工的规定》、《关于地方文物名胜古迹保护管理办法》等法令。1961年，国务院颁布《文物保护管理暂行条例》，对文物保护的范围、机构、标志说明、记录档案、修缮，以及使用文物的不改变原状原则、文物安全和出口限制等作了规定，初步确立了中国特色文物保护的基本制度，具有里程碑的意义。这17年中，国家先后颁布有关文物保护的法令、行政法规、部门规章共27部，为我国文化遗产保护法规体系奠定了基础。

——文物工作规律的探索和"两重两利"方针的确立。根据党在过渡时期的总路线和总任务，1953年国民经济第一个五年计划开始实施，以原苏联帮助设计的156个项目为中心的重大基本建设全面展开。这必然涉及文物保护。妥善处理好基本建设与文物保护的关系，成为当时急需解决的问题。1953年10月，中央人民政府政务院颁发《关于在基本建设工程中保护历史及革命文物的指示》，提出基本建设工程中保护文物的具体措施，对文物保护的机制和相关制度问题进行了有益的探索。1955年农业合作化高潮掀起，兴修水利、平整土地等农业生产建设在全国范围内广泛开展，这对文物工作提出了新的问题：过去配合工矿、铁路、交通等基本建设中的文物保护主要局限在点和线范围，现在则扩展到广阔的农村。面对这一新的形势，1956年，国务院颁布《关于在农业生产建设中保护文物的通知》，提出了"既不影响生产建设、又使文物得到保护的原则"，要求把文物保护工作纳入"农村建设全面规划中"。在周恩来的关怀下，针对当时文物保护和考古工作所面临的形势，考虑到需要与可能，提出了"重点保护、重点发掘，既对文物保护有利，又对基本建设有利"的方针。1958年，在"左"的思想影响下，文物事业中曾出现脱离实际、违反文物工作自身规律的失误，但很快得到纠正。1961 年，国务院《关于进一步加强文物保护和管理工作的指示》明确要求贯彻"两重两利"的方针。据此，国家文物主管部门确立了考古发掘工作必须以配合基本建设为主的具体工作方针。实践证明，新中国成立以来 90% 以上的重大考古新发现，是在基本建设工程中偶然发现的。这也说明，当时制定的方针是完全正确的，对当前和今后仍有指导意义。

——文物保护制度的初步形成和文物保护工程的开展。开展文物资源调查和建立文物保护单位制度，既是加强文物保护的重要举措，也是文物事业带有根本性的基础工作。1956 年国务院《关于在农业生产建设中保护文物的通知》要求各级政府在农业生产建设中开展群众性的文物保护工作，同时要求"必须在全国范围内对历史和革命文物遗迹进行普查调查工作"。该文件还首次提出"文物保护单位"的概念和建立文物保护单位的要求。在山西进行文物普查试点后，第一次全国文物普查在全国范围内逐步展开。这次文物普查共调查 1126 个市县，登记不可移动文物 36231 处，其中省、自治区、直辖市文物保护单位 7000 多处。根据 1961 年国务院《关于进一步加强文物保护和管理工作的指示》和《文物保护管理暂行条例》，国家核定公布第一批全国重点文物保护单位 180 处。《文物保护管理暂行条例》规定了各级文化行政部门必须进行经常性的文物调查工作，首次对"文物保护单位"的内容进行了界定，并选择重要文物，根据其价值大小，报人民政府核定公布为全国重点文物保护单位、省级文物保护单位或县（市）级文物保护单位。此后，各地陆续公布了一批省级文物保护单位和县（市）级文物保护单位，这标志着我国对不可移动所实行的文物保护单位制度得以确立。这期间，国家组织实施和完成了以芮城永乐宫搬迁、赵州桥维修、五台山南禅寺大殿维修、敦煌莫高窟加固、正定隆兴寺转轮藏阁维修等文物保护工程，进行了周口店、殷墟等考古发掘项目，开始关注大遗址保护问题，抢救保护了一大批珍贵文物。

——博物馆建设掀起高潮。1949 年，中国内地仅有博物馆 21 座，业务工作基本停滞，基础设施残破不堪。新中国成立不久，国家就发布关于征集革命文物的通知和命令，在全国范围内展开了轰轰烈烈的文物征集运动。毛泽东、朱德等老一辈无产阶级革命家带头捐出文物珍品，社会各界纷纷响应。国家专门拨款从境外购买了一批重要文物藏品，周恩来批准以重金从香港购回王献之《中秋贴》和王珣《伯远贴》。第一个五年计划开始后，仿照苏联地志博物馆的经验，各地着手筹建全面反映地方自然、历史和社会主义建设面貌的地志博物馆。1954 年，我国第一个地志性博物馆在山东落成。为响应党中央发出的"向科学进军"号召，1956 年 5 月，文化部召开第一次全国博物馆工作会议。会议创造性地提出中国博物馆的性质是"科学研究机关、文化教育机关、物质文化和精神文化遗存以及自然标本的收藏所"；基本任务是"为科学研究服务，为广大人民群众服务"，简称"三性二务"。会后，在济南召开全国地志博物馆工作经验交流会，推广山东省博物馆经验，促进了其他地区省级博物馆建设。1958 年 9 月，毛泽东视察安徽省博物馆时指出："一个省的主要城市都应该有这样的博物馆，人民认识自己的历史和创造的力量，是一件很要紧的事"。同年的中央北戴河会议决定在北京建立中国历史博物馆、中国革命博物馆、中国人民革命军事博物馆、中国美术馆、民族文化宫、农业展览馆、北京自然博物馆、北京地质博物馆等八大馆。毛泽东亲自为中国人民革命军事博物馆题写馆标。中央书记处多次讨论中国历史博物馆、中国革命博物馆的陈列提纲，周恩来多次亲临现场指导，邓小平代表中央书记处专门审查中国革命博物馆的陈列展览。全国主要技术力量直接参与博物馆建设，展品则集中了全国的文物精华。中国历史博物馆、中国革命博物馆、中国人民革命军事博物馆等三大馆的建立，是新中国博物馆事业发展的里程碑，博物馆陈列的思想性、科学性、艺术性都达到了一个新的水平，显示出中国特色，对新中国博物馆事业的发展，起到了巨大的推动作用。1962 年，为贯彻中央提出的"调整、巩固、充实、提高"的八字方针，文化部又颁发了《关于博物馆和文物工作的几点意见》，即通常简称的文博工作十一条。截至 1965 年，全国已有博物馆 214 座，数量上是新中国成立初的 10 倍，博物馆事业的整体水平也有较大提高。

——文博人才队伍建设逐步铺开。新中国成立初期，文物专业人才极度匮乏，而配合基本建设所进行的文物保护、考古发掘等任务日益繁重，博物馆建设也亟须大量的专业人才。因此，加强人才建设，培养一大批有专业知识的队伍显得格外迫切和重要。1950 年 10 月，文化部文物局在召开各大行政区文物处长会议，会议除讨论了文物事业的发展方向和计划等事宜外，还专门研究了人才培养问题。1952 ~ 1955 年，文化部社会文化事业管理局、中国科学院考古研究所和北京大学联合举办了四期考古工作人员训练班，培训学员 341 人。正是依靠这支新生力量，在全国范围内开始了以配合基本建设考古发掘为中心的文物保护管理工作，他们中的许多人成为新中国文物工作的骨干。1952 年、1954 年和 1964 年，文化部社会文化事业管理局委托北京文物整理委员会举办三期古建筑培训班，培养了一批古建筑保护工作的专业人才。一些培训项目除培养人员外，还取得了众多的学术成果。1958 年举办的全国省、市、自治区文物、博物馆、图书馆研究班，完成了《博物馆工作概论》、《文物工作概论》、《图书馆学概论》编写工作。这期间，许多重要考古发现，都是在考古培训班的实习过程中发现的。此外，一些高校设立文博专业，加快高等专业人才培养。1949 年 8 月北大文学院开办博物馆专修科，1952 年全国院系调整，北京大学历史系成立考古专业。四川大学、西北大学也设立考古专业，南京大学设立博物馆专业。许多美术史、中国史、中共党史、古文献等专业的毕业生充实到文博队伍，保证了这一时期文博事业的发展。

（二）1966 ~ 1977 年，中国文物事业的曲折发展阶段

1966 年开始的"文化大革命"，是中国人民和国家各项事业的一场浩劫，文物事业也难以幸免。受极"左"思潮的影响，文物成为"破四旧"的主要冲击对象，刚刚起步的中国文物事业受到严重冲击。为了保护国家珍贵文化遗产，广大文物工作者在极为困难的情况下，依然努力开展了大量工作，使很多重要文物免遭破坏。

"文化大革命"一开始，周恩来就为保护文物采取了紧急措施，当红卫兵刚刚走上街头"破四旧"时，就及时派遣了一个团的解放军进驻故宫博物院，使这一举世闻名的重要古建筑群和其中收藏的大量珍贵文物没有受到任何冲击。之后，他为保护北京古观象台、泰山文物、曲阜三孔、杭州灵隐寺等又做了一系列重要指示，使这些文物得到了保护。1967 年 3 月中共中央、国务院、中央军委联合发出《关于保护国家财产、节约闹革命的通告》，其中第四条规定："对文物图书要

加强管理和保护工作，不许随意处理和破坏。"同年 5 月，中共中央又颁发了《关于在无阶级文化大革命中保护文物图书的几点意见》，这个文件实质上是又重申了过去各项文物法规规定的原则。即使在"破四旧"的高潮中，许多文物工作者夜以继日地从街道、造纸厂、炼铜厂中抢救出大量善本古籍和其他珍贵文物。

"文化大革命"中，周恩来为发展文物事业作了巨大努力。1970 年 5 月国务院批准成立"图博口领导小组"，恢复图书馆、博物馆方面的工作。同年 9 月 17 日，周恩来接见国务院图博口领导小组，批准中国革命历史博物馆重新建立新民主主义时期的中共党史陈列。1971 年 7 月，故宫博物院恢复开放。1973 年国家开始设立重点文物保护专项经费，同年 2 月国家文物局成立。1973 年 5 月起，《中国出土文物展览》赴欧洲、大洋洲、非洲和亚洲的 16 个国家展出，观众达657.5 万人次。文物对外交流与合作为实现中国外交的突破作出了重要贡献，被赞誉为"文物外交"。此外，《文物》、《考古》、《考古学报》得到复刊，银雀山竹简、马王堆帛书和吐鲁番文书整理出版，使"文化大革命"中被停滞的文物工作逐步恢复。

（三）1978～1991年，中国文物事业的恢复发展阶段

1978 年，我们党召开具有历史意义的十一届三中全会，重新确立解放思想、实事求是的思想路线，作出把党和国家的工作重点转移到社会主义现代化建设上来和实行改革开放的战略决策。随着党和国家工作中心的转移，文物战线在实际工作中拨乱反正，在文物保护、法规制度、对外交流、管理体制和队伍建设等方面开展了大量卓有成效的工作，文物事业逐步走向正确的发展轨道。同时，随着国家改革开放和现代化事业全面铺开，在城市化、工业化进程中，大规模的基本建设与文物保护之间的矛盾日益突出，文物工作受到城市建设、旅游开发等活动的严重冲击；盗掘、盗窃、走私文物的犯罪行为猖獗一时，文物安全面临着严峻的形势。另外，事关文物事业发展的一些重大问题也亟待解决：文物工作是保护为主，还是利用为主；是保护利用并举，还是保护为主、利用为辅，等等。如何处理好这些关系，成为这一时期文物事业迫切需要探索、解决的问题。

——文物法制建设取得重要进展。十年内乱期间，我国文物事业也经历了一场浩劫。彻底扭转十年内乱对文物事业造成的干扰破坏，使文物工作走上正轨，成为最迫切的任务。1979 年 7 月，全国人大将违反文物法规、破坏国家保护的珍贵文物等行为列入《中华人民共和国刑法》，加大了对文物犯罪的惩处力度。1980 年 5 月，国务院发出《关于加强历史文物保护工作的通知》，针对文物频遭破坏和文物工作面临的严峻形势，提出了加强文物保护管理工作的具体措施。这是改革开放以后，国务院发出的第一个关于文物工作的重要文件。同年5 月，中共中央书记处第 23 次会议研究讨论了文物工作，要求文物部门"以责任在身、当仁不让的精神做好工作"，充分体现了我们党对文物工作的支持与鼓励。1982 年 12 月，适应改革开放的新需要，国家发展博物馆事业、"国家保护名胜古迹、珍贵文物和其他重要历史文化遗产"被列入《中华人民共和国宪法》。1982 年 11 月，在总结新中国成立以来文物工作经验，以及发布的一系列有关文物保护法令、指示和办法，特别是《文物保护管理暂行条例》基础上，第五届全国人大常委会第 25 次会议通过了《中华人民共和国文物保护法》。《文物保护法》是

在党的十二大制定的全面开创社会主义现代化建设新局面的新形势下颁布的，是我国文化领域第一部由国家最高立法机构颁布的法律，也是我国历史上第一次以法律的形式对文物保护工作进行了界定。随着《文物保护法》的颁布，有关部门、各地方也结合各地文物工作实际，陆续出台了一批加强文物保护和管理的法规和规范性文件，强化文物保护和管理。这标志着中国文物事业逐步走向法制化轨道，是新时期文物事业发展的一个里程碑。

——对新时期文物工作规律认识的深化。1984年4月和10月，中央宣传部与文化部在北京先后召开全国文物工作会议和文物工作座谈会，研究贯彻《文物保护法》，探讨文物保护和发挥作用，开创文物博物馆事业新局面等问题；1984年7月和1985年11月，中共中央又先后召开书记处会议，研究文物保护和博物馆建设问题，讨论加强文物保护和利用、促进社会主义精神文明建设问题。在多次深入探讨和总结实践经验的基础上，1987年11月，国务院发出《关于进一步加强文物工作的通知》。《通知》全面总结了新中国成立以来文物事业成就，指出了文物事业存在的主要问题，提出了当前文物工作的任务和方针是"加强保护，改善管理，搞好改革，充分发挥文物的作用，继承和发扬民族优秀的文化传统，为社会主义服务，为人民服务，为建设具有中国特色的社会主义作出贡献"。《通知》对发挥文物作用、加强文物保护和博物馆建设，以及把文物保护纳入城乡建设总体规划和加强文物工作的领导等提出了明确要求。《通知》颁发后，尽管在文物工作方针上，是保护为主、还是保护和利用并重等问题有各种不同的认识，但仍不失为在改革开放新形势下我们对文物工作规律的有益探索。

——对外交流与合作取得突破。随着国家对外开放的领域和规模不断扩大，以对外文物展览为起点的文物对外交流与合作迈出步伐。涉外考古、文物保护、馆际交流、人员培训等合作项目，数量从无到有，规模从小到大，交流合作体系初步形成。1983年7月中国博物馆学会加入联合国教科文组织属下的国际博物馆协会，标志着中国文物事业在国际舞台崭露头角。1985年11月中国加入《保护世界文化和自然遗产公约》，1987年12月中国的第一批6项遗产进入《世界遗产名录》，标志着我国文物事业进一步与世界接轨，迈出对外开放的新步伐。

——文物安全工作取得成效。这个时期，文物遭受破坏的情况也相当严重，特别是文物走私活动十分猖獗，文物犯罪活动时有发生，盗窃文物、私掘古墓、古遗址等这些在新中国成立后已经杜绝的丑恶现象又沉渣泛起，而且来势迅猛。为保护国家文物、严惩犯罪分子，1987年5月，国务院颁发了《关于打击盗掘和走私文物活动的通告》，提出了打击文物犯罪活动的具体措施。同时，公安、司法、工商、海关和文化行政管理等有关部门相互配合，密切协作，出台了一系列政策措施，有效地遏止了盗掘和走私文物的违法活动。

——文物保护和博物馆事业得到发展。文物基础工作取得进展，1989年全国文物工作会议把"四有"（即有保护范围、有标识说明、有纪录档案、有专门保护机构或者人员）列为重要基础工作之一。在这期间，开展了布达拉宫、曲阜三孔、承德避暑山庄、临潼华清池等重要文物保护工程，修缮了大量的文物古迹；开展了江西万年仙人洞和吊桶环遗址、辽宁朝阳牛河梁遗址、浙江余杭良渚遗址、山西襄汾陶寺遗址、四川广汉三星堆祭祀坑、河南偃师商城遗址、山西侯马晋侯墓地、陕西咸阳汉阳陵丛葬坑等大量的考古发掘工作；文博人才培训形成规模，集中培训、院校合作培训、部门协作培训和人才对外交流取得进展；文物科学技术的支撑和引领作用初现端倪，科技管理制度建设逐步展开；开展了规模较大的人才培训活动，这一时期文物系统累计轮训干部 14939 人次，占职工总数的 56.9%。

——文物事业的各项工作逐步铺开。改革开放后，有关文物工作的重要措施相继出台。1980年 6 月召开的全国文物工作会议，是党的工作中心转移以后召开的第一次全国文物工作大会。会议研究讨论了法制建设、考古发掘、博物馆建设、文物出口、对外交流、组织建设等，同时规划了发展文物事业的宏伟蓝图，极大地鼓舞了全国文物工作者的信心。1981 年 1 月国务院批转国家文物局《关于加强文物工作的请示报告》，就文物保护、市场管理、经费投入、人才培养、管理体制和发展博物馆事业等提出了具体意见和措施。从 1981 年开始，国家在全国范围内开展文物普查、复查工作。1982 年，国务院相继公布了第一批国家历史文化名城 24 座和第二批全国重点文物保护单位 62 处，国家历史文化名城和全国重点文物保护单位公布制度逐步完善。1986 年，国务院公布第二批国家历史文化名城 38 处；1988 年，公布第三批全国重点文物保护单位 258 处。文物系统博物馆 1978 年为 349 座，1991 年迅速增加到 1075 座，平均每年增加近 80 座；1991 年举办展览 4292 个，观众达 1 亿人次。

（四）1992～2001 年，中国文物事业的稳步发展阶段

1992 年初，邓小平视察南方发表重要谈话，从理论上回答了长期困扰和束缚人们思想的许多重大问题。同年召开的党的十四大，确定建立社会主义市场经济体制的目标，对改革开放和社会主义现代化建设作出战略部署。伴随社会主义市场经济的逐步建立和改革开放的不断深入，文物事业进入了一个新的发展时期。

——确立新时期文物工作方针和原则。在发展社会主义市场经济条件下，如何处理好文物保护与经济建设、社会效益与经济效益，特别是保护与利用的关系，是文物事业发展中必须首先要解决的重大课题。1992 年 5 月，国务院在西安召开全国文物工作会议。这是新中国成立以来规格最高、规模最大的一次文物工作会议。在全面总结新中国成立以来文物工作实践的基础上，针对保护和利用的关系，党中央明确提出了"保护为主、抢救第一"的新时期文物工作方针。1995年 9 月，在西安召开全国文物工作会议，针对市场经济条件下经济发展与文物保护的关系，进一步提出了"有效保护、合理利用、加强管理"的原则，这就形成文物工作完整的方针和原则。这是党和国家对新时期文物工作规律认识的重大突破，对发展社会主义市场经济新形势下的文物事业，具有很大的推动作用。

——提出文物工作的"五纳入"。1997 年 3 月国务院颁发了《关于加强和改善文物工作的通知》，在科学分析了当前文物的形势和任务的基础上，明确提出要努力建立适应社会主义市场经济体制要求、遵循文物工作自身规律、国家保护为主并动员全社会参与的文物保护体制。《通知》的核心是要求各地方、各有关部门应把文物保护纳入当地经济和社会发展计划，纳入城乡建设规划，纳入财政预算，纳入体制改革，纳入各级领导责任制。此后，"五纳入"的具体要求分别写进了新修订的文物保护法的条文，上升为法律规定，这对于提升文物工作在经济社会发展中的地位和文化遗产事业的整体水平具有重要意义。

——启动文物保护法的修订工作。1982 年颁布的《中华人民共和国文物保护法》是在改

革开放之初的历史背景、认识水平和文物工作的实际情况下制定的，它所规定的一些原则和制度符合当时我国国情和实际需要。随着改革开放不断深入，国家经济发展突飞猛进，社会生活日新月异，经济体制、政治体制以及社会文化体制都发生了深刻变化。同时，文物工作的理论和实践也推动了法制建设的逐步完善。1996年国家文物局开始进行修订稿起草工作，国务院法制部门进行了深入调研和修改，2001～2002年九届全国人大常委会多次对草案进行审议，相关部门经过反复调研、讨论，在坚持原法确定的基本原则和方法的基础上，对原法内容进行了补充和完善。

——推动各项事业的发展。在新时期文物工作方针的推动下，1994年，国务院核定公布第三批国家历史文化名城；1996年和2001年，国务院先后公布第四、第五批全国重点文物保护单位，各地也分别公布了新的省、市县级文物保护单位。到21世纪初，我国已公布省级文物保护单位7千多处；文物保护单位"四有"等基础性工作扎实推进；国家历史文化名城、全国重点文物保护单位和大遗址保护工作明显加强，博物馆事业、革命文物和少数民族文物工作深入开展；落实"科教兴国"战略，文物保护科技工作实现快速发展；文博干部岗位培训、资质资格和持证上岗工作迈开步伐。从1992年始，开展新中国成立以来规模最大的文物抢救保护工程。包括西藏布达拉宫、天津独乐寺、河北清东陵和西陵、浙江天一阁、河北隆兴寺大悲阁在内的一批重要文物保护工程陆续完成。小浪底水库、三峡水利工程等国家大型基本建设项目中的考古和文物保护工程有序开展。

（五）2002年至今，中国文物事业的持续发展阶段

进入新世纪，我们党对发展社会主义先进文化重要性的认识达到了新高度，对社会主义市场经济条件下文化建设规律的认识有了新提高。党的十六大提出了发展先进文化的重大任务，党的十七大提出了推动社会主义文化大发展大繁荣，兴起社会主义文化建设新高潮的战略部署。文化遗产事业作为文化建设的重要组织部分，受到党和国家的高度重视，进入了持续发展时期。

——文物法制建设取得新进展。2002年10月修订的《中华人民共和国文物保护法》颁布。它的一个重要成果是把"保护为主、抢救第一、合理利用、加强管理"的文物工作方针上升为法律规定，对不可移动文物，历史文化名城、街区村镇的保护，考古发掘管理，馆藏文物保护，民间文物收藏管理，文物进出境管理，法律责任等方面都进行了明确的规定。修订后的《中华人民共和国文物保护法》及其后颁布的实施条例，更好地适应了文物工作与社会发展的实际，符合社会主义市场经济和改革开放的时代要求。这是我国文物事业发展史上的又一个里程碑，标志着我国文物保护的法制进程又大大前进了一步。

——文物保护理念实现新突破。随着工业化、信息化、城镇化、市场化、国际化深入发展，文物事业的发展环境发生了重大变化。准确把握文物保护的发展趋势，创新保护理念，拓展发展思路，是关系到文物事业发展全局的重大课题。2002年12月，国务院召开全国文物工作会议，面向新世纪部署了文物保护工作，提出发展文物事业的工作方针和基本思路。2005年12月，国务院发出《关于加强文化遗产保护的通知》，明确了文化遗产保护的指导思想、总体

目标和具体措施，并决定设立我国"文化遗产日"，这标志着我国文物事业进入一个新的发展阶段。

——文物事业各项工作展现新气象。中央逐年加大文物经费投入力度。2001年开始，中央财政共安排文物保护专项转移支付资金2亿元，以后呈现逐年加速增长的态势，2005年达到近5.87亿元，2007年超过15亿元，2008年达到了25亿元。文物法制体系建设、摸清文物家底、人才培养、文物安全保障机制等基础工作迈出坚实步伐。文物保护科技原始创新、集成创新和引进消化吸收再创新蔚然成风，文物保护科技工作进入跨越式发展阶段。2006年5月，国务院核定公布了第六批全国重点文物保护单位1080处，数量上相当于前五批之和。2007年4月，第三次全国文物普查全面展开。文物对外交流工作形势喜人。2008年1月，全国博物馆免费开放全面启动。5·12汶川特大地震发生后，全国文物系统卓有成效地开展了救援速度最快、动员范围最广、投入力量最大的灾后文化遗产抢救保护行动。此外，长城保护、大遗址保护、世界文化遗产保护、工业遗产保护等全面铺开，为文物事业的健康、持续、稳定发展奠定牢固的基础。

二 中国文物事业60年的发展成就

文化遗产事业是社会主义文化建设的重要组成部分。保护和传承文化遗产，对于弘扬先进文化、凝聚民族精神、培育国民素质、促进社会进步、推动社会主义文化大发展大繁荣，具有重要的现实意义和深远的历史意义。新中国成立60年以来，特别是改革开放以来，文化遗产事业得到党和国家的高度重视，中央政府对文物保护经费的专项资金投入也逐年增长。各级政府和文物行政部门深入贯彻《中华人民共和国文物保护法》，坚决执行"保护为主、抢救第一、合理利用、加强管理"的文物工作方针，文化遗产保护的各项基础工作扎实推进，保护领域不断拓展，保护体系不断完善，博物馆事业迅速发展，社会参与热情日益高涨，社会效益和经济效益不断提高，文化遗产事业呈现出蓬勃发展的良好局面。

（一）各项基础工作逐步夯实，文化遗产事业的能力建设得到加强

文物法制建设成效显著。新中国成立之初，文物法制建设被列入国家文物事业发展的重要内容，中央人民政府政务院先后颁布了禁止珍贵文物出口、保护古建筑、考古发掘、征集革命文物等一系列的命令、指示和办法，奠定了中国文化遗产事业的法律基础。60年来，我国涉及文物事业的相关法律法规、部门规章和规范性文件等近400项。1982年颁布的《中华人民共和国文物保护法》，是我国文化领域第一部由国家最高立法机构颁布的法律，也是我国历史上第一次以法律的形式对文物保护工作进行了界定，使新中国文物保护工作进入了一个新的历史阶段。特别是2002年新修订的《中华人民共和国文物保护法》颁布以来，国务院颁布《文物保护法实施条例》、《长城保护条例》和《历史文化名城名镇名村保护条例》，国家文化、文物部门颁布40余个部门规章和规范性文件。一大批地方性法规陆续出台。以《中华人民共和国文物保护法》为核心的法律法规体系框架已经初步形成，文物事业正在步入法制化、

规范化的轨道。全面贯彻依法治国基本方略，坚持科学立法、民主立法，法规的针对性和操作性进一步增强，质量和水平进一步提高。认真贯彻《行政许可法》，规范审批程序，简化审批环节，加强监督制约，推动文物行政部门职能转变。切实落实《全面推进依法治国行政实施纲要》，围绕建设法治政府的目标，推进行政执法体制改革，提高行政管理效能，创新管理方式，增强管理透明度。

文物资源调查建档工作取得进展。新中国成立以来，国家先后于20世纪50年代和80年代开展了两次全国范围内的文物普查。2007年国务院又启动第三次全国文物普查。截至2009年10月31日，全国共调查登记不可移动文物77.62万处。文物保护单位"四有"（即有保护范围、有标识说明、有纪录档案、有专门保护机构或者人员）建设等基础性工作扎实推进。第一至五批全国重点文物保护单位记录档案备案基本完成，全国博物馆一级文物藏品建档、全国重点文物保护单位保护状况调研和全国馆藏文物腐蚀损失调查等工作取得了阶段性成果。文物调查及数据库管理系统建设项目已推广到11省区，提升了我国馆藏文物的现代化管理水平。长城资源调查、大运河资源调查等取得进展。

文物安全保障机制初步建立。1949年11月1日，国家就在中央人民政府文化部设立了文物局，中国科学院设置考古研究所。地方各省份大都设置了由省政府副主席兼任主任的文物保护管理委员会，下设办事机构。60年来，文物保护机构逐步健全。1978年全国文物系统有各类文物保护机构721个，2008年有4437个，增加了6倍多。在最近一轮的国务院机构调整中，国家文物局作为加强部门，增设了督察司。2009年3月，国家文物局督察司正式成立。目前，全国有大部分省、自治区、直辖市成立了副厅（局）级以上的文物局，成立文物行政执法专兼职机构。执法力度逐步加大。特别是2005年以来，连续4年在全国范围内部署开展文物行政执法专项督察，文物执法专项督察工作初见成效，执法程序进一步规范，依法行政能力不断提高。文物安全防范工作得到加强。大量珍贵文物的保管条件得到改善，文物系统博物馆风险等级和安全防护级别达标工作继续推进。田野文物技术防范设备研制工作初见成效。一批古建筑消防安全设施得到完善。防范和打击文物领域犯罪活动的力度加大，进一步遏制文物走私、犯罪活动。

文物队伍建设势头良好。新中国成立后，国家培养了一大批文博人才，各级文博单位和大专院校、科研单位联合还举办了一系列短期专业训练班，形成了一支文博战线的骨干力量。特别是改革开放以来，全国文物从业人员从改革开放之初的2.6万人发展到9.21万人，知识结构、学历结构、职称结构都有了很大改善，形成了一支具有较高政治和业务素质、结构比较合理的文博工作队伍。文物保护专业技术人员的管理体制日臻完善。加强行业准入管理，对从业人员资格进行规范，提高了行业管理水平。建立了有效的人才培训模式，大教育、大培训观念进一步强化，多渠道联合办学的教育培训模式日渐成熟，涉外培训工作不断深入开展，文物教育培训工作已经能够为事业发展培养和输送大批合格人才。长期制约文物事业发展的人才"瓶颈"问题正在得到有效解决。

科技的引领和支撑作用日益凸现。特别是近年来，认真落实科教兴国战略，编制文化遗产保护科技发展规划，开展中长期科技发展规划战略研究，组织重大科技攻关项目。一批重点课题被列入首批启动的国家科技支撑计划重点项目。"指南针计划"被纳入《国家"十一五"时期文化发展规划纲要》。设立12个家国家文物局重点科研基地,已初步构建由中国文化遗产研究院为代表的国家级文化遗产保护科研机构、行业重点科研基地以及文物博物馆单位和其他科研部门组成的三个层次的科技创新体系。积极推进文化遗产保护标准化建设,有50余项文化遗产保护科学和技术研究课题立项,11项文物保护国家标准制修订计划项目获得立项。《文物保护单位标志》等4项国家标准已获准颁布实施;69项行业标准立项,已颁布实施《古代壁画病害与图示》等20项行业标准,文化遗产保护标准化体系基本建立。目前,有25项成果获得国家科技奖励,129项获得文化部、国家文物局科技进步奖及文物保护科学和技术创新奖。科研机构和队伍建设取得进展。据2006年国家文物局组织开展的文物保护科技基础条件资源调查显示,目前,文物、博物馆系统省级以上(含)的科研机构已发展到84家,专职技术人员增至6057人。

行业信息化建设进展顺利。国家文物局数据中心建设持续推进,文物信息资源总量大幅增长。信息化标准建设富有成效,初步形成了涵盖数据采集、存储、传输、交换、应用等领域的行业信息化标准体系。行业软件应用日益普及,研发了具有自主知识产权的《第三次全国文物普查数据采集专用软件》《博物馆藏品综合信息管理系统》等系列软件,并相继投入使用,有效地促进了相关业务工作的开展。自2001年启动"文物调查及数据库管理系统建设项目"以来,目前已初步建立起国家、省、文博单位三级存储的馆藏文物数据库。积极推进流失海外文物调查工作,建立流失海外文物信息资料数据库,现已录入流失海外中国文物数据2万余条,400余万字。国家文物局和部分地方文物行政部门机关办公自动化系统投入运行,提高了工作效率。政务公开、在线办事和互动交流等初见成效,信息服务水平不断提升。

(二)不可移动文物保护卓有成效,社会效益和经济效益显著增强

文物保护力度明显加大。60年来,国家先后公布了6批全国重点文物保护单位。目前,我国已公布全国重点文物保护单位2352处、省级文物保护单位8831处、市县级文物保护单位58371处;先后公布了国家历史文化名城110座,中国历史文化名镇名村251座。建立了比较完整的文物保护单位公布制度、历史文化名城名镇名村保护制度。文物保护维修规范化制度化建设成效明显,制订实施了一系列管理办法、技术规范、指导性文件,建立了文物保护工程资质资格管理体系。一大批重点文物保护单位得到保护修缮,周边环境明显改善。山西南部地区早期建筑保护工程、明清皇陵保护工程、重点石窟保护工程、西藏重点文物保护工程、故宫维修工程等取得成果。特别是近几年来,文物保护领域得到拓展。保护工业遗产的行动开始启动。在新农村建设中,乡土建筑进入文物保护视野。有代表性的近现代建筑、"老字号"等文化遗产保护工作积极推进,文化景观、文化线路、20世纪遗产等新类型文化遗产保护工作稳步实施。及时启动5·12汶川特大地震灾后文化遗产抢救修复工程,对恢复城市功能、促进经济社会发展、振奋灾区群众重建家园的信心产生了较好的影响。

考古工作扎实开展。60年来,国家大型基本建设工程考古工作不断取得重大突破。三峡、西气东输、青藏铁路、南水北调等涉及国计民生国家重点工程考古和文物保护工作扎实开展,彰

显文化遗产保护是经济建设中的一个重要组成部分。特别是三峡工程考古和文物保护是我国规模最大的文物抢救保护工程，项目多达1087项，考古发掘面积187万平方米，总投资逾10亿元。全国110家专业单位参与这场文物抢救保护的大会战，抢救了一大批重要文物，实现了经济建设与文化遗产保护的双赢。重要考古发现层出不穷，江西万年仙人洞和吊桶环遗址、辽宁朝阳牛河梁遗址、浙江余杭良渚遗址、山西襄汾陶寺遗址、四川广汉三星堆祭祀坑、河南偃师二里头遗址和偃师商城遗址、山西侯马晋侯墓地、陕西咸阳汉阳陵丛葬坑等一系列重要考古发现，不断深化人们对历史文明进程的认识，陕西西安半坡遗址、湖北随州曾侯乙墓、陕西西安秦始皇兵马俑、湖南长沙马王堆汉墓等重要考古发现，大幅度提升了考古事业的社会影响力。人类起源、农业起源、文明探源、城市考古、边疆考古、航空遥感考古等课题研究顺利开展。考古资料整理和出版工作成效显著。水下文物保护工作取得长足进展，"南海Ⅰ号"、"碗礁Ⅰ号"、"华光礁Ⅰ号"等沉船遗址的抢救性发掘工作引起社会广泛关注。

大遗址保护卓有成效。截至2009年底，国家已完成大遗址保护规划近90项。颁布一批大遗址专项管理法规的实施，建立大运河沿线城市联盟、省部级会商制度，初步建立大遗址保护管理体系。加大大遗址保护基础工作。开展长城资源调查工作，2009年4月正式发布明长城测绘数据；大运河资源调查工作和保护规划编制工作进展顺利，"空间技术在大遗址保护中的应用"等重点科研课题取得阶段性成果。初步建成一批大遗址保护展示示范园区。目前，以西安片区、洛阳片区和长城、丝绸之路、大运河等"两片三线"为核心的大遗址保护格局已初步确立。编制完成100处大遗址保护规划纲要和一批重要的大遗址保护规划，100处重要大遗址的保护工作均已全面启动，《"十一五"期间大遗址保护总体规划》部署的中期目标已基本实现。安阳殷墟遗址、洛阳隋唐洛阳城遗址和西安大明宫遗址保护工程等产生了良好的社会效益和经济效益，使文化遗产保护真正惠及地方，惠及民众。

世界文化遗产事业取得突破。1985年，中国加入《保护世界文化和自然遗产公约》，推动了中国文化遗产事业面向世界。自1987年中国的第一批6项遗产进入《世界遗产名录》以来，我国已拥有世界遗产38处，其中文化遗产27处，自然遗产7处，文化与自然混合遗产4处，数量仅次于意大利、西班牙，居世界第三位。《世界文化遗产保护管理办法》、《中国世界文化遗产监测巡视管理办法》等一批法规颁布实施，世界文化遗产保护体系日趋完善。一批体现世界文化遗产类型平衡性和多样性的文化遗产列入《中国世界文化遗产预备名单》。世界文物遗产事业带动了遗产所在地社会经济和文化的发展，极大地提高了当地广大人民群众的生活水平，改善了他们的生活环境，真正给他们带来了实惠。

（三）博物馆事业蓬勃发展，公共服务能力不断提高

博物馆体系日臻完善。博物馆数量大幅增加，新中国成立之初，全国仅有博物馆21座，且业务工作基本停滞，基础设施残破不堪，文物保管分散混乱。截至2008年末，全国文物系统有博物馆1904个。特别是各部门、各系统、各行业和民间兴办的博物馆有了很大的发展，目前全国博物馆总数已超过2600个，是新中国成立之初的近124倍。博物馆的门类日益丰富，多种类型博物馆竞相辉映。办馆主体呈现多元化，行业、部门，以及企业、团体、个人等社会力量兴办

的博物馆日渐增多，地域分布更加广泛。随着一大批国家重点博物馆的相继落成，初步形成了门类丰富、特色鲜明的博物馆发展新格局。

藏品保管逐步规范。目前全国博物馆藏品总量已达 2000 万件（套），其中，文物系统博物馆藏品达 1300 多万件（套），为传承中华文明做出了积极贡献。绝大部分省级以上博物馆及部分新建的地市、县级博物馆设施齐全，藏品保存、展示环境有了明显改观。全国 100 个一级风险单位的博物馆已全部达到安全技术防范标准。随着重大馆藏文物保护修复工程的实施，国家文物保护科研基地的成立，一批文物中心库房的建设，以及百余项文物保护技术的研发、推广和应用等，大大提高了我国馆藏文物的科技保护水平。

社会效益显著提升。60 年来，全国博物馆积极融入社会，更新服务理念，强化服务意识，充实服务内容，探索展示艺术和表现手法，注重馆藏珍品的完美组合，注重高新技术和材料的合理利用，使基本陈列和专题展览的主题内容、科技含量和艺术感染力都有较大提高。积极推进"三贴近"试点工作。编制完成《县级博物馆展示服务提升工程"十一五"规划》及工作规程。开展博物馆评估定级。探索建立博物馆纳入国民教育体系的长效机制。截至 2008 年，全国博物馆每年举办展览近万个。全国有 1000 多个博物馆、纪念馆被确定为爱国主义、科学普及等方面教育基地，每年接待未成年观众 7167 多万人次。博物馆正在成为传播先进文化、普及科学知识、树立社会正气、塑造美好心灵的生动课堂。

免费开放取得突破。新中国成立以来，特别是改革开放以来，我国逐步完善博物馆对未成年人、老年人、军人、残疾人等社会特殊群体的门票减免费制度。继 2004 年以来，杭州、北京、广州、苏州、武汉等地的部分博物馆，以及湖北省博物馆、井冈山革命纪念馆、天津博物馆等先后向全社会免费开放后，2008 年，全国博物馆向社会免费开放工作正式启动。中央级文化文物部门归口管理的博物馆全部向社会免费开放；各省级综合博物馆全部向社会免费开放；各级宣传和文化文物部门归口管理的列入全国爱国主义教育示范基地的博物馆、纪念馆全部向社会免费开放；浙江、安徽等 7 省（区）文化文物系统归口管理的省、市、县级博物馆全部向社会免费开放。鼓励有条件的省（区、市）探索全面实行免费开放。免费开放使更多的公众走进博物馆，加快了博物馆融入社区、融入校园、融入社会的步伐。公众踊跃参观博物馆，并给予积极评价。到 2009 年 7 月份，全国已经有 1450 家博物馆、纪念馆向社会免费开放。

（四）对外交流与合作成绩斐然，文物外事工作开创新局面

政府间的交流与合作深入发展。60 年来，对外合作与交流逐步呈现出多层次、多渠道、全方位的发展势头。政府间签订文化遗产领域交流与合作协定的数量不断增加，先后与秘鲁、印度、意大利、菲律宾、希腊、智利、塞浦路斯、委内瑞拉、美国、土耳其、埃塞俄比亚、澳大利亚等12 个国家签署了打击文物盗窃、盗掘和非法进出境双边协定或谅解备忘录，并在信息交流、人员培训、文物返还等方面取得了实质性的合作成果。开展柬埔寨吴哥窟保护维修、蒙古国博格达汗宫保护维修、与肯尼亚合作考古研究等援外项目。涉外合作研究和培训项目不断增多，合作水平不断提高。完成美国梅隆基金会、中意、中法、中日韩合作人才培训项目。中意合作文物保护与修复培训中心合作项目取得阶段性成果。配合商务部援外项目，开展面向非洲、亚洲阿拉伯地

区文物保护人员培训班，得到受援国的一致赞誉。

与国际组织的交流与合作日益紧密。改革开放以来，中国先后加入了国际博物馆协会(ICOM)、国际古迹遗址理事会(ICOMOS)和国际文化财产保护与修复研究中心(ICCROM)等3个与文化遗产有关的国际组织，以及《保护世界文化和自然遗产公约》、《关于禁止和防止非法进出口文化财产和非法转让其所有权的方法的公约》、《关于被盗或非法出口文物公约》和《武装冲突情况下保护文化财产公约》等4个国际公约。加入这些国际组织和国际公约，不仅丰富了国际文化遗产法律法规体系，也促进了我国文物保护法律法规的完善和与国际接轨。成功获得2010年国际博物馆协会第22届会员代表大会主办权。国际古迹遗址理事会国际保护中心在西安成立。我国代表通过竞选担任国际古迹遗址理事会副主席，国际博物馆协会亚太地区主席、副主席，国际文化财产保护与修复研究中心理事等职务。中国在国际文化遗产保护领域中地位不断提高，对外合作与交流不断扩大，拥有了更多的话语权。

文物出、入境展成为亮点。新中国刚成立，中国文物出、入境展是一片空白。改革开放之初，中国赴境外的文物展览数每年平均不到3项，目前增加到每年70多项。60年来，中国共有1000余项文物展览走向世界，观众逾亿，成为中华民族优秀传统文化的承载者、传播者。特别是在中法文化年、中意文化年、中俄国家年等重大外事活动中，文物展览作为"外交使者"、"国家名片"密切配合国家外交大局，面向世界传播中华文化，帮助各国人民深切了解中华民族的悠久历史和文明进程，了解中华文化对全人类做出的巨大贡献，真切感受当代中国改革开放带来的繁荣昌盛、和平崛起的形象，以及对未来充满的信心。同时，我国接待了来自各个国家和地区的文物展览，拓宽了广大民众了解世界历史文化的渠道。

中外文化遗产保护理念更加融合。改革开放推动了中国文物事业走向世界。这些年来，我们着眼于中国文物事业的长远发展，吸纳百家之长、兼集八方精义，以更加自信的心态、更加开阔的视野，积极参与国际文化遗产保护领域的对话与交流。通过与国际文化遗产保护理念的交流、碰撞，中国文物事业获得了新鲜血液，始终保持蓬勃生机与旺盛活力，实现了一次又一次的飞跃。特别是近年来，我国成功承办国际博协亚太大会、第28届世界遗产大会、第15届国际古迹遗址理事会大会、第2届文化遗产保护与可持续发展国际会议、东亚地区文物建筑保护理念与实践国际研讨会、城市文化国际研讨会等重要国际会议；陆续形成《上海宪章》、《苏州宣言》、《西安宣言》、《绍兴共识》、《北京文件》、《城市文化北京宣言》等国际文件。这些国际文件的出台，进一步丰富了国际文化遗产保护理论，推动了中国文化遗产保护理念走向世界。

（五）民间文物收藏日趋活跃，文物市场逐步走上健康发展轨道

文物市场管理逐步规范。新中国一成立，由国家颁布的第一个有关保护文物的法令，就是中央人民政府政务院颁发《禁止珍贵文物图书出口暂行办法》的命令。随着这一命令的实施，从此结束了过去听任国家珍贵文物大量外流的历史时代。改革开放以后，按照"归口经营、统一收购、统一价格、加强管理"的原则，确立了国有文物商店负责统一收购流散文物的管理体制。随着社会主义市场经济的发展，以及文物监管品市场和文物拍卖的出现，文物

商店对文物独家经营的格局被打破，逐渐形成相互竞争的局面。国家开展了文物拍卖试点工作，建立文物拍卖标的鉴定许可制度。特别是1997年颁布施行的《拍卖法》以法律的形式规定了经营文物拍卖的资质条件和文物拍卖标的鉴定、许可程序，有力地促进了文物拍卖的发展。新修订的《中华人民共和国文物保护法》颁布后，国家文物局先后出台了《文物拍卖管理暂行规定》等一系列规范性文件，我国文物市场的发展进入了依法管理的新阶段。改革开放以来，文物市场的经营主体、流通范围趋向多样化，实现由国家统管专营向依法管理的转变。目前，民间文物收藏呈现快速发展态势，收藏的规模、范围、品质和社会影响都达到了前所未有的高度。2006年，全国已有文物商店100多家，库存文物200多万件，当年为博物馆提供文物藏品36641件。截止2008年底，共有260家拍卖企业取得了文物拍卖资质。2007年全年文物艺术品拍卖额高达240亿元人民币。文物拍卖成为社会公众关注的热点之一。

文物进出境审核得到加强。新中国成立以来，特别是改革开放以来，我国文物进出境法规制度建设取得重要进展。国家设立文物进出境审核管理处有14家，基本覆盖了我国对外交往的主要口岸。审核机构的文物行政执法性质得以明确，文物流失得到有效遏制。我国在文物进出境审核工作中抢救了数以万计的珍贵文物，基本扭转了文物大量流失出境的局面。文物出境审核数量大幅下降，2007年文物出境审核数仅为1978年文物出境审核数的21.44%。同时，文物进境数量逐年攀升，2007年文物临时进境审核数19364件，比2006年增长57.97%，其中大部分进境文物留在了境内。

抢救流失文物工作取得进展。新中国成立伊始，周恩来总理即批准以重金从香港购回著名的王献之《中秋帖》和王珣《伯远帖》，故宫博物院、上海博物馆等单位面向社会及海外征集了大量铜器、瓷器、金银器等文物珍品。改革开放为我国开展文物追索、征集工作，推动文物返还国际合作，抢救流失海外的中国文物创造了条件。1989年9月，国务院批复接受联合国教科文组织1970年《关于禁止和防止非法进出口文化财产和非法转让其所有权的方法的公约》。1997年3月，国务院又批复加入了国际统一私法协会1995年《关于被盗或非法出口文物公约》。这两个公约成为推动我国文物追索工作重要的法律基础。在国际公约的框架下，我国积极参与有关国际组织和国家促进文物返还的国际合作，连续当选为联合国教科文组织促进文化财产归还原属国或返还非法占有文物政府间委员会的成员国，在推动返还第二次世界大战期间流失出境的文物、起草促进流失文物返还宣言等重大活动中，发挥了关键作用。依据我国法律和国际公约，近年来，我国大力开展被盗窃、盗掘并走私出境文物的追索工作。1998年，成功追索走私到英国的中国文物3000多件。2001年，从美国追回五代王处直墓彩绘浮雕武士石刻。2008年1月，流失海外14年的北朝石刻菩萨造像从日本美秀博物馆运回中国。2008年4月，丹麦政府将流失到丹麦的156件中国文物返还中国。此外，发挥国家重点珍贵文物征集专项经费的带动作用，多种渠道争取流失海外文物征集工作取得进展。特别是自2002年以来，先后从海外成功征集了包括龙门石窟流失佛造像、北宋米芾《研山铭》、陈国琅藏书、商代重器子龙鼎、南宋夏圭《秋郊归牧图》、《柳荫牧笛图》等6万余件（套）珍贵文物。一些国有博物馆通过购买、捐赠等多种征集形式，积极抢救了许多流失文物。

（六）全社会参与势头方兴未艾，文化遗产保护的理念逐步深入人心

保护文化遗产的氛围逐步形成。60年来，文物事业发展的每一个脚步，都体现了党中央、国务院的高度重视和社会各界的关心与支持。特别是改革开放以来，我国文博社会组织得到发展。目前，仅国家文物局主管和业务指导的社会组织就有19个。各社会组织规范内部管理，加强自身建设，调整管理机构，提高整体素质，工作人员知识和年龄结构不断优化，团体会员、个人会员不断增长，显现出组织不断壮大、事业和谐发展的良好局面。文博社会组织自觉围绕党和国家工作大局，围绕文化遗产事业的改革与发展，积极承担社会责任，逐步成为推动文物事业发展的一支重要生力军。各文博社会组织积极开展政策宣传、技术咨询、业务指导、建言献策等活动，多方筹集资金，拓宽了文化遗产保护领域，扩大了社会组织影响，为文化遗产事业提供了技术、经济上的支撑。各社会组织努力发挥联系社会各个方面、联系专家学者、联系广大人民群众的桥梁和纽带作用，开展符合自身章程、发挥自身特点的丰富多彩活动，为动员全社会和广大人民群众共同参与文物工作作出了积极贡献。一些社会组织不断开阔视野、拓展业务，促进对外及与港澳台地区交流，推动中华文化走向世界。

文物资源开发工作富有成效。各级文物部门大力开发丰厚的文物资源，深入挖掘、充分展示文物所凝聚的深刻内涵，将其融入建设社会主义核心价值体系之中，为弘扬时代精神，巩固和发展积极健康的主流意识形态做出努力。积极开展各种形式的文物保护单位、博物馆进校园、进社区活动，通过文物的展示宣传，使广大民众受到教育启迪，陶冶思想情操，充实精神世界，提高生活质量，形成良好的文化生态和人文环境。充分发挥文物事业在弘扬中华文化中的作用。围绕抢救、保护、宣传、展示中国优秀文化遗产这个任务，积极推进文物图书、报刊和音像制品的出版发行，丰富文物工作的表现形式和传播形式。运用现代信息网络技术宣传中国文物，探索实施"数字博物馆计划"，扩大博物馆的覆盖面，实现文物信息资源共享，增强文化遗产的感召力和吸引力。注重把文物展览、图书、音像制品推向世界，扩大中国文化遗产的传播范围，提升中国文化软实力和国际竞争力。

文物宣传工作不断深化。60年来，全国文物部门以文物为依托，大张旗鼓开展丰富多彩的宣传活动，宣传以《中华人民共和国文物保护法》为核心的法律法规，普及文化遗产保护知识。特别是近年来，努力将文物保护法纳入全民普法规划，纳入国家全面推进依法行政实施纲要，努力形成全社会珍爱文化遗产的良好风尚，促进全社会依法保护文化遗产意识的提高。设立重大新闻发布制度，启用中国文化遗产标志，推广文化遗产保护公益歌曲。国家设立"文化遗产日"以来，各级文物部门以"文化遗产日"为契机，不断拓宽宣传思路，各种宣传活动卓有成效。国家文物局对不断涌现的保护文化遗产先进典型给予积极的表彰和奖励。特别是近五年来，已有201个县区被授予"全国文物工作先进县"，近12000多个先进单位和个人受到各种形式的表彰。一批批文物专家学者、基层文物工作者和朴实的农民群体光荣地走上领奖台，获得荣誉和奖励。先进典型的示范作用得到有效发挥，一个全社会关心、爱护并参与文化遗产保护的热潮已初步形成。

三 中国文物事业60年的经验和启示

60年来，无论是在热火朝天的社会主义革命和建设时期，还是在波澜壮阔的改革开放时期，文物系统广大干部职工解放思想、实事求是、奋发有为、开拓进取，积极投身文化遗产保护实践。我们初步建设一个符合我国文化遗产保护特点的法律法规体系，一个适应我国文物资源分布、类型特点的保护管理体制，一个保障广大人民群众基本文化权益的社会服务机制，一支保证文物事业得以持续发展的专业人才队伍。中国文化遗产事业能够取得如此成就，归功于党和国家对文化遗产事业的高度重视和坚强领导，归功于各级党委和政府的具体指导和全力支持，归功于广大人民群众及社会各方面的倾心关注和热情参与。中国文化遗产事业成就，是在新中国成立后老一辈文物工作者开拓的基业上展开的，凝结着中国文物系统的历届老领导、老同志的挚爱深情和无私奉献，浸透着中国一代又一代文物工作者心血和汗水。这是中国文化遗产事业赖以繁荣与发展的精神动力和宝贵财富。

60年来，我们努力开辟中国特色文化遗产事业发展道路，建立并不断完善中国特色文化遗产事业理论体系。中国特色文化遗产事业发展道路，就是在中国特色社会主义伟大旗帜指引下，沿着中国特色社会主义道路，立足我国基本国情，立足我国丰富的文化遗产资源，牢牢把握中国文化遗产事业所处的历史发展阶段，科学设计、合理谋划事业发展规划；牢牢把握党和国家的中心工作，不断探索文化遗产工作的自身规律；牢牢把握党和国家的文物工作方针，处理好有效保护、合理利用、加强管理、弘扬传承的关系；牢牢把握最广大人民群众的根本利益，努力建设中华民族共有精神家园；牢牢把握国际文化遗产保护的发展趋势，不断丰富和构建中国特色文化遗产事业的理论体系。中国特色文化遗产保护道路，是事业之本，发展之基，力量之源。能否坚持中国特色文化遗产保护道路，关系到文化遗产事业发展的兴衰成败。中国特色文化遗产事业理论体系，就是在中国特色社会主义理论体系指导下，在贯彻《中华人民共和国文物保护法》、党和国家的文物工作方针过程中，在长期文化遗产保护实践中，不断探索、不断丰富的一系列理论成果。包括对文化遗产丰富内涵的认识，对文化遗产有效保护、合理利用和传承发展规律的认识，对文化遗产不可再生、不可分割规律的认识，对文化遗产事业在社会主义经济建设、政治建设、文化建设、社会建设中地位和作用的认识，对文化遗产保护体制和事业发展目标的认识，对文化遗产事业深化改革、扩大开放的认识等等。这个理论体系是不断发展、不断完善的开放体系。

60年来，我们勇于创新，锐意进取，在开创中国文化遗产事业实践中，积累了宝贵的经验。这些宝贵的经验，对于进一步发展中国特色文化遗产事业，具有深远的启迪作用和重要的指导意义。

（一）必须紧紧围绕党和国家工作大局，坚决贯彻执行党和国家的文物工作方针

不谋全局者不足以谋一域。60年来文化遗产事业的实践证明，文化遗产事业必须善于从党和国家大局中找准工作方位，充分发挥文化遗产保护不可替代的重要作用。只有坚持围绕经济建

设这个中心和党中央、国务院的重大决策部署，在大局下思考、在大局下谋划、在大局下行动，才能从中国特色社会主义事业总体布局中把握文化遗产事业的历史方位。新中国成立以来，特别是改革开放以来，我们紧密围绕经济建设这个中心，开展文物工作。在关系到国计民生的重大经济建设项目中，全国文物系统一盘棋，集中力量开展文物保护和考古工作，保证国家重大基本建设项目的顺利进行。在城乡基本建设中，坚决依照《中华人民共和国文物保护法》，将文化遗产保护纳入建设规划；建设工程选址，尽可能避开不可移动文物，并有效保护文物的原生环境。在保护和抢救文物中，主动发挥文化遗产工作的多方面综合效益，使文化遗产保护进一步融入城市发展、融入社区生活、融入经济建设，展示城市、乡村的历史文化内涵，充分发挥它们的综合价值，为人民生活创造美好的文化氛围。

文物工作方针是指导中国文化遗产事业科学发展的基本准则。60年来，我们遵循文物工作规律，认真贯彻党和国家的文物工作方针，在坚持"保护为主、抢救第一"的前提下，正确处理有效保护与合理利用的关系，进一步深化了对保护与利用关系的认识和理解。应该看到，保护是前提，利用是过程，管理是手段，目的是传承，把我们祖先留下的珍贵文化遗产世世代代传承下去，把中华文明世世代代传承下去。加强保护，才能保持文化遗产本体及其原生环境的真实性完整性，为合理利用提供基础；合理利用，才能使文化遗产保护的成果惠及人民群众，满足人民群众不断增长的文化需求，为保护创造更好的条件。在文化遗产保护过程中，要注重发掘文化遗产的多重价值，将其转化为服务于民众现实和未来生活的文化资源；注重充分发挥文化遗产的社会效益，为旅游业和文化产业的发展提供良好环境，为区域经济的发展提供新的增长点。通过保护促进经济发展，在经济发展中加强保护，使二者相辅相成，相得益彰。

（二）必须坚持解放思想、实事求是、与时俱进，推进文化遗产事业的全面协调可持续发展

60年来文化遗产事业发展的实践证明，文化遗产事业理论和实践上的每一个重大进步，都是解放思想的结果。1978年关于真理标准大讨论，开启了中国全方位改革开放的历史转折，推进了文物事业指导思想、保护理念和法制建设的进程。1987年国务院《关于进一步加强文物工作的通知》提出了当前文物工作的任务和方针，深化了对新时期文物工作规律认识。1992年召开的全国文物工作会议针对国家发展社会主义市场经济的新形势，提出了"保护为主、抢救第一"的文物工作方针。1995年召开的全国文物工作会议进一步提出了"有效保护、合理利用、加强管理"的文物工作原则。2002年修订的《中华人民共和国文物保护法》提出"保护为主、抢救第一、合理利用、加强管理"文物方针，使党和国家文物工作方针更加完整，更加确切，更加切合实际。这样一个循序渐进的完善过程，是我们解放思想、实事求是地研究新情况、解决新问题的过程，也是我们与时俱进、不断推动事业发展的过程。

当前，文化遗产事业正处于新的历史起点上。十七大明确了文化建设的总体思路和目标任务，提出了推动文化大发展大繁荣、兴起社会主义文化建设新高潮的战略部署，指出了发展国家文化软实力的极端重要性。国家正处在改革发展的关键阶段，人民群众精神文化需求日趋旺盛，公众对文化遗产和传统文化的兴趣日益增长，中国正处在由文化遗产大国向文化遗产强国跨越的关键阶段。特别是随着经济全球化的深入发展，工业化、信息化、城镇化、

市场化、国际化进程加快,文化遗产事业面对着前所未有的机遇和前所未有的挑战,存在着诸多的问题。文物事业要继续解放思想,决不能骄傲自满,决不能停滞不前。要继续解放思想,首要的是始终做到高举中国特色社会主义伟大旗帜不动摇,坚持中国特色社会主义道路不动摇,坚持中国特色社会主义理论体系不动摇,坚持不懈地用中国特色社会主义理论体系统一思想,指导文物工作实践。要继续解放思想,就要立足于我国仍处于并将长期处于社会主义初级阶段的基本国情,深入学习实践科学发展观,认真分析新世纪新阶段文化遗产事业发展面临的阶段性特征,科学谋划事业的发展。要继续解放思想,就要正视前进道路上的坎坷与困难,冲破陈旧思想观念的束缚,以创新精神开拓新思路、新举措,统筹处理好制约事业发展的突出问题,把各方面的积极性、主动性、创造性引导到推动科学发展、促进社会和谐上来,构建文化遗产事业发展新格局。

(三)必须坚持以人为本,把实现好、发展好、维护好最广大人民的根本利益作为文化遗产事业的出发点和落脚点

中国文化遗产事业是全国人民的共同事业,文化遗产事业的发展与广大人民群众的根本利益息息相关。人民群众是文化遗产的创造者、使用者和守护者,是文化遗产事业发展的源头活水和真正动力。要坚持以人为本,充分发挥人民的主体作用,尊重社会公众对文化遗产工作的知情权、参与权、监督权和受益权,及时公布工作程序和信息,认真听取相关的意见和建议,自觉接受公众监督。我国文化遗产资源十分丰富,保护工作不可能由国家全部包揽下来。要大力宣传动员人民群众参与文化遗产保护的全社会行动,研究制定发挥人民主体地位和作用的政策措施,拓展社会参与文化遗产保护渠道,充分发挥社会组织的积极作用,不断为文化遗产事业发展凝聚人心、增添力量。

新中国成立以来,特别是改革开放以来,我们推动中国文化遗产事业科学发展的根本目的是做到发展为了人民、发展依靠人民、发展成果由人民共享,使文物保护成果更多的惠及人民群众。在城市建设中,通过加强文化遗产保护,挖掘城市所蕴藏的独特历史文化背景,丰富城市的文化内涵;在新农村建设中,要着力保护古村落的格局风貌、乡土建筑、环境景观和风俗习惯,保持村落的民族和地域文化特色;在大遗址保护和规划中,把文化遗产保护同发展区域经济建设、提高居民的生活质量结合起来。通过文化遗产保护,改善城乡的生态环境,保持浓厚的文化环境,创造美好的宜居环境,使人民共享文化遗产保护成果。博物馆是公益性事业单位,是保障和发展人民群众基本文化权益的重要途径。要继续推进博物馆免费开放,加强管理,改善服务,创造条件,逐步扩大免费开放的博物馆范围,让更多公众走进博物馆。要积极推动将博物馆纳入国民教育体系,特别是纳入义务教育体系,满足义务教育需要。要按照"三贴近"要求,不断推出文物保护维修、考古发掘、陈列展览、科学研究、书籍报刊新成果,丰富人民群众文化生活。

(四)必须坚持开拓创新,永葆中国文化遗产事业发展的蓬勃生机和旺盛活力

60年来文化遗产事业发展的实践证明,开拓创新是推动中国文化遗产事业发展的不竭动力。

必须按照建设创新型国家的要求，努力提高文化遗产事业的自主创新能力。这些年来文化遗产事业的实践使我们认识到，文化遗产的概念不是在时间和空间上凝固不变的对象，文化遗产保护体系是一个不断发展和开放的体系。60年来，文物概念的内涵和外延都发生了重要变化，文化遗产工作的领域得到拓展，文化遗产保护的要素、类型、空间尺度、时间尺度、性质和形态等呈现新的发展趋势。这些理论上的创新带来文化遗产保护对象、保护措施的创新，而实践创新的成果又为理论创新提供了基础。这些年来，我们相继制定了"长城保护工程"总体方案，开展大遗址保护，探索工业遗产、乡土建筑、文化景观、文化线路等新类型文化遗产保护利用的新思路。同时，我们还积极借鉴国际先进保护理念和做法，完善中国特色的文化遗产理论体系，取得了一些重要成果。

当前，文化遗产事业要按照建设创新型国家的要求，进一步增强创新意识，焕发创新激情，开拓创新思路，提高文化遗产事业的自主创新能力。要推进制度创新，不断丰富和完善文物法规体系建设，特别要加大保护规划和行业标准的制定工作。加快《博物馆条例》、《文物保护单位管理条例》、《世界文化遗产保护条例》等法规的研究制定工作。加快制定文物商店和社会文物管理办法、文物鉴定标准和办法等。要推进科技创新，加大科技创新投入，加强创新人才培养，推进科研基地等研究平台建设，有效整合科研优势资源，吸收借鉴国际上文化遗产保护科技发展的最新成果，着力突破文物保护维修的基础研究、关键技术和前沿技术。要加强对传统工艺技术的保护、研究、传承和发展，实现传统工艺与科技创新成果的有机结合。要推进体制创新，努力建立适应社会主义市场经济体制要求、遵循文物工作自身规律、国家保护为主并动员全社会参与的文物保护体制。

（五）必须坚持改革开放，推动和深化文化遗产保护领域对外交流与合作

我国文化遗产事业的发展始终是与国家现代化建设和改革开放的过程相伴随的。特别是改革开放以来，随着社会主义市场经济的深入发展，文化遗产保护工作赖以生存和发展的经济基础、体制环境和社会条件发生了深刻的变化。要深化改革，努力适应社会主义市场经济发展的要求，不断创新体制机制，逐步形成科学有效的文化遗产管理体制，完善文化遗产保护法律法规体系。要深化改革，强化政府管理文化遗产职能，调动全社会和广大民众支持、参与文化遗产事业的积极性。要深化改革，进一步转变政府职能、推进事业单位改革、加大政府投入、大胆探索，推进文化遗产的科学发展。

中国文化遗产事业的发展离不开世界。国际间文化遗产保护理念的学习和借鉴是文化遗产事业发展的必要条件。在对外开放条件下，文化遗产事业要在更大范围、更深层次上相互交流和借鉴。要积极配合国家外交大局，扩大和深化政府间交流与合作。推动与更多国家有关政府间文化遗产保护双边协定的签署，开展更有深度和实质性内容的合作。要善于借鉴其他国家和民族文化的长处，充分汲取世界文化遗产保护理论的精华，辩证取舍、择善而从，更好地推动中国文物事业的繁荣发展。要扩大对外文物展览的影响，在增加展览数量的同时，更加重视展览质量。要巩固我国与相关国际组织和民间机构的关系，积极参与国际文化遗产保护行动和相关国际公约的制定，增强我国在国际文化遗产保护领域的话语权。要履行我国加入的相关国际公约的责任与义务，树立负责任政府的国际形象。要通过"走出去"、"引进来"，拓宽人员交流和科技合作渠道，不断把中华文明推向世界，提高我国在国际文化遗产保护领域的地位和作用。

（六）必须加大经费保障力度，拓展文化遗产保护社会资金投入渠道

文化遗产事业的发展，是综合国力特别是国家经济实力增长的重要体现，经费保障是中国文化遗产事业发展的基本依托。新中国成立特别是改革开放以来，国民经济和社会财富的迅速增长为文化遗产事业的发展进步奠定了重要物质基础。改革开放以来，中国GDP年均增长率达到9.6%，国家财政收入由1978年的1132亿元增长至2008年的51321亿元。中央政府对文物保护经费的专项资金投入也逐年增长，中央文物保护专项转移支付资金已从1978年的0.07亿元增加到2009年的36.0326亿元，30年间增长了514.75倍，较1973年设立之初翻了10番之多。特别是新修订的文物保护法颁布实施以后，我国文物保护经费投入进入到快速增长时期。"十五"期间，全国文物业总收入累计为279.74亿元，比"九五"增加143亿元，增幅为104%，年均递增16.7%。正是得益于改革开放以来国民经济高速发展，财政收入大幅增长，日益充足的经费支持，我国文化遗产事业才得以取得了重要进展。

当代中国正发生广泛而深刻的变革，国家经济保持平稳快速发展，经济实力大幅提升，这为文化遗产事业的发展开辟了更为广阔的前景。必须进一步落实各级政府文物保护经费投入责任。要加大中央级文物保护专项经费投入力度，完善文物经费增长机制，提高财政资金保障水平。要按照"五纳入"的要求，推动各级政府加大文物保护经费投入力度。我们要以文物事业发展的新成果，争取文物保护经费增长途径，完善经费投入体制机制，努力构建文物保护经费持续稳定增长的保障制度。要全方位拓展社会资金渠道。研究制定社会资金进入文物保护领域的政策措施，规范社会资金进入文化遗产保护领域的管理，保障社会资金的合法权益。要制定社会资金进入文物保护领域的优惠政策，鼓励引导更多社会资金投入文化遗产保护。要探索制定文物保护专项税收政策，形成稳定的文物保护资金增长机制。要大力推进国家文物保护专项经费"阳光工程"建设，强化经费管理，提高专项经费使用公开度、透明度，提高社会和公众的信任度。要加强财务管理制度建设，着力提高资金使用效益。

六十年沧桑砥砺，一甲子春华秋实。带着喜悦和硕果回望过去，我们取得的一切成就都已载入史册；站在新的起点上展望未来，我们面前还有更长的路要走。广大文物工作者的职责崇高而神圣，中国文化遗产事业的前景光明而美好。我们要在党中央国务院的坚强领导下，继续解放思想，坚持改革开放，推动科学发展，促进社会和谐，不断谱写文化遗产事业新的篇章，创造文化遗产事业更加辉煌的未来。

负责人：单霁翔
张　柏
董保华
童明康
统稿人：王　军
执笔人：陈培军

文物法制工作60年

国家文物局政策法规司、督察司

新中国成立以来，我国文化遗产事业走过了不平凡的道路，取得了辉煌成绩。与此同时，我国文化遗产法制建设也经历了从起步到发展再到深化完善的艰辛历程。经过60年的努力，我们已经初步建立了具有中国特色的文化遗产法律法规体系框架，基本实现了有法可依、有法必依、执法必严、违法必究，为我国文化遗产事业发展提供了有力的法制保障。

一　60年历程回顾

新中国成立60年以来，在经济社会文化快速发展的各个历史时期，党中央、国务院高度重视文物保护工作的法制建设，结合文物工作的实际情况和自身规律颁发了大量有针对性的法律法规文件，为建设有中国特色的社会主义文物法律体系框架打下了坚实的基础。

1950年中央人民政府政务院颁发了《禁止珍贵文物图书出口暂行办法》和《古文化遗址及古墓葬之调查发掘暂行办法》。《禁止珍贵文物图书出口暂行办法》明确了出口许可证制度和禁止出口的文物种类；《古文化遗址及古墓葬之调查发掘暂行办法》则初步确立了考古发掘执照制度，对从事考古发掘的条件、领取执照的程序、考古发掘情况的备案、发掘报告的完成时限、发掘所得出土文物的移交等都做了规定。建国初期这些法令的及时出台，对外禁止出境、对内严禁破坏，抢救和保护了大批珍贵文物，从根本上结束了祖国文物大量外流和无人管理的历史。

1953年我国第一个五年计划开始实施,全国各地开展了大规模的基本建设。政务院颁发了《关于在基本建设工程中保护历史及革命文物的指示》，此后又进一步总结出"重点保护、重点发掘，既对基本建设有利，又对文物保护有利"的方针，正确处理了当时历史条件下文物保护与基本建设所面临的矛盾。1956年全国兴起农业合作化高潮，国务院又颁发了《关于在农业生产建设中保护文物的通知》，第一次提出了文物普查和建立文物保护单位制度。

1961年国务院颁发了《文物保护管理暂行条例》，规定文物保护的对象、范围以及文物保护单位"四有"制度，为我国文物保护法律体系奠定了基础。同时，下发《关于进一步加强文物保护和管理工作的指示》，并公布了第一批全国重点文物保护单位名单。为有效地遏止"文革"期间严重破坏文物的活动。中共中央1967年颁发了《关于在无产阶级文化大革命中保护文物图书的几点意见》。

1974年国务院下发《关于加强文物保护工作的通知》，强调革命文物、历史文物和地下埋藏的文物的保护原则和措施。同年，国务院批转外贸部、商业部、文物局关于加强文物商业管理和贯彻执行文物保护政策的意见的通知，进一步加强了文物出境管理。1977 年，国务院批转国家文物事业管理局关于在农业学大寨运动中加强文物保护管理的报告的通知。1979 年国家文物事业管理局发布《省、市、自治区博物馆工作条例》，将博物馆藏品、陈列、群众工作、科学研究、组织机构以及队伍建设纳入了法制轨道。1980 年 5 月，国务院发出《关于加强历史文物保护工作的通知》，这是改革开放以后关于文物工作的一个重要文件。文件针对文物频遭破坏的现象和文物工作面临的严峻形势，提出了一系列加强文物保护管理工作的具体措施。

据统计，自 1949 ~ 1982 年《中华人民共和国文物保护法》公布施行前，我国文物保护领域共颁布法规、规章和规范性文件近 70 件，内容涉及文物保护工作的各个重要方面。这些文件内容丰富，针对性强，为 1982 年《中华人民共和国文物保护法》的制定和施行奠定了基础。

◆1982 年《文物保护法》颁布

在总结建国以来文物工作经验教训的基础上，1982 年全国人大常委会制定和颁发了《中华人民共和国文物保护法》，这是我国文化领域的第一部法律。《中华人民共和国文物保护法》的颁布施行为制止各种破坏文物活动，加强文物保护管理提供了有力地法律武器，对于提高全民族的文物保护意识，加强文物保护工作，起到了重要作用。

1984 年国务院颁布《城市规划条例》，对历史文化名城规划、城市规划中的文物古迹保护等做出了明确规定。此后，国务院又先后颁布了《水下文物保护管理条例》和《考古涉外工作管理办法》，文物法制建设得以在更深更广的层面开展。1992 年，国务院颁布《文物保护法实施细则》，对文物保护单位、考古发掘、馆藏文物、私人收藏文物以及文物出境都做了较为全面具体的规定，标志着我国文物保护的法制进程又前进了一大步。

随着改革开放的不断深化和社会主义市场经济的发展，文物保护工作在新的形势下，出现了不少新情况、新问题亟待解决，《文物保护法》的一些规定已经不能很好地适应形势发展的要求。2002 年，经全国人大常委会第三十次会议修订后，《文物保护法》条文从原来的 33 条增加到 80 条，并把长期实践中行之有效的"保护为主、抢救第一、合理利用、

◆《中华人民共和国文物保护法》修订实施五周年座谈会

加强管理"的方针写进了总则上升为法律，作为文物保护工作总的指导方针。新修订的《文物保护法》总结了改革开放二十年来的实践经验，针对因社会主义市场经济的发展而变化了的社会环境和出现的新情况、新问题，做出了许多更明确、更严格、更严密、更具有操作性的新规定。它是我国几十年来一贯实行的文物保护指导原则的继续和发展，而且与国际社会共同确认的文物保护原则也基本一致。

自2002年《文物保护法》修订实施以来，我国文物立法工作得到进一步加强，以《文物保护法》为核心，由法律、行政法规、部门规章、地方性法规、规划和标准构成的中国特色文化遗产法律体系框架正在基本形成。2003年5月，《文物保护法实施条例》由国务院公布并于同年7月施行，《文物保护法》的许多原则规定得以细化。同年5月，部门规章《文物保护工程管理办法》颁布实施，文物保护维修工程的管理工作有了具体的制度规范。同年，国家文物局还制定了《近现代一级文物藏品定级标准》、《文物保护科学和技术研究课题管理办法》等多项规范性文件和管理规定。

2005年1月和12月，部门规章《文物行政处罚程序暂行规定》和《博物馆管理办法》相继颁布实施，为各级文物行政部门开展执法工作和博物馆管理工作提供了详细的法律依据和保障。此外，国家文物局还制定发布了《文物出境展览管理规定》、《文物保护工程勘察设计资质管理办法》、《文物保护工程施工资质管理办法》、《大遗址保护专项经费管理办法》等十余项规范性文件。2005年12月，国务院发布了《关于加强文化遗产保护的通知》，明确提出了新时期我国文化遗产保护的指导思想、基本方针和总体目标，批准在全国设立"文化遗产日"，这是我国文化遗产法制建设中的又一重要成果。在非物质文化遗产保护方面，《国务院办公厅关于加强我国非物质文化遗产保护工作的意见》和《国家级非物质文化遗产保护与管理暂行办法》相继公布，标志着我国文化遗产法制建设又大大前进了一步。

2006年9月，《长城保护条例》由国务院公布并于同年12月施行，这是我国首次为单项文化遗产的保护进行立法的开创性实践，极大地推动了文化遗产保护的专项立法进程。同年，《古人类化石和古脊椎动物化石保护管理办法》和《世界文化遗产保护管理办法》相继公布实施，使古人类化石保护工作和世界文化遗产保护工作有了具体明确的法律依据。《国家文物鉴定委员会管理规定》、《中国世界文化遗产监测巡视管理办法》、《中国世界文化遗产专家咨询管理办法》等规范性文件也在同年相继发布实施。

2007年《文物进出境审核管理办法》和《文物出境审核标准》相继通过，标志着文物进出

◆北京海关查看截获的唐卡

境管理工作进入了新阶段，体现了文化遗产法律体系日趋完善的新要求。2008年国务院通过《历史文化名城名镇名村保护条例》，强化了国家的管理责任，强化了地方政府的责任，强化了公众参与保护的机制，为解决历史文化名城、名镇、名村保护中的危机问题提供了强有力的法律支撑。2009年《文物认定管理暂行办法》将乡土建筑、工业遗产、农业遗产、商业老字号、文化线路、文化景观等特殊类型文物纳入文物保护范畴，强调了文物认定是文物行政部门确认文化资源是否属于文物的行政管理行为，使得文物行政部门的管理职责和工作程序更加明确。

据统计，自2002年《文物保护法》新修订以来，共出台了行政法规、行政规章和规章性文件多达40余项，有中国特色的社会主义文化遗产保护法律体系框架基本形成，为我国文化遗产保护实践打开了新局面。同时研究编制了《古建筑木结构维护与加固技术规范》、《中国古典建筑色彩》、《博物馆建筑设计规范》和《文物系统博物馆风险等级和安全防护级别的规定》等20余项国家和行业标准，在文物价值认定、古建筑保护与维修、博物馆与文物保护单位的安全防范等方面发挥了重要作用。

此外，通过借鉴国际先进的文化遗产管理经验和方法，我国文化遗产保护法规体系的规范性、科学性得到了进一步增强。近年来经全国人大常委会批准，共签署有关文化遗产保护国际公约4件：分别为《保护世界文化和自然遗产公约》、《关于禁止和防止非法进出口文化财产和非法转让其所有权的方法的公约》、《国际统一私法协会关于被盗或者非法出口文物的公约》、《武装冲突情况下保护文化财产公约》。我国还先后和秘鲁、印度、意大利、菲律宾、智利、委内瑞拉、美国签订了涉及文物财产返还的政府间协定。2009年，中美签署《中华人民共和国政府和美利坚合众国政府对旧石器时代到唐末的归类考古材料以及至少250年以上的古迹雕塑和壁上艺术实施进口限制的谅解备忘录》，这是我国文化遗产保护国际合作又一重大成果，对我国文化遗产法制建设也将产生深远影响。

◆ 海关移交查获的文物　　　　　　　　　　◆ 授予潭门边防派出所"文物保护特别奖"

与此同时，各省、市、自治区依据文物法律法规，结合本地区文物保护的实际，积极推动地方文物立法工作，先后颁行了80余项地方性法规。《陕西省文物保护管理条例》、《西藏自治区文物保护管理条例》、《四川省世界遗产保护条例》、《甘肃敦煌莫高窟保护条例》、《河南省安阳殷墟保护管理条例》、《北京历史文化名城保护条例》等各项地方法规相继公布施行，使文物法律原则、制度与地方文物保护工作紧密结合，有力推动了当地文化遗产事业的发展。

法律的生命力在于实施。新中国成立 60 年以来，在不断完善文物保护法律法规体系的同时，文物依法行政工作得到积极推进，行政决策更加科学，行政执法取得明显成效，依法行政各项工作制度得到了较好的落实。尤其自党的十一届三中全会以来，我国社会主义民主和法制建设取得了显著成绩，依法行政成为新时期文物工作突出的标志之一。

1993 年党的十四届三中全会第一次在党的文件中提出依法行政的要求。党的十五大、十六大以来，党中央、国务院都对加强依法行政作出了重要部署，提出了明确要求。2003 年《行政许可法》公布施行以后，国家文物局以贯彻实施《行政许可法》为契机，清理取消了行政审批项目 22 项，下放管理层级 1 项，保留的 38 项行政审批项目也逐步实现了网上办理，加快了管理方式创新和电子政务建设。2007 年国务院办公厅下发《关于进一步清理取消和调整行政审批项目的通知》，同年，第十届全国人大常委会做出修改《文物保护法》的决定，国家文物局在原来的基础上继续深化行政审批制度改革，又清理调整行政审批项目 9 项。

为严格落实行政执法责任制，明确文物行政处罚的程序和责任，国家文物局近年来坚持将日常的行政执法工作和专项的执法督察工作相结合，连续在全国范围开展了文物行政执法专项督察活动。2005 年 6 月至 7 月，国家文物局组成 4 个行政执法督察组，分别对天津、河北、山西、辽宁、江苏、浙江、安徽、福建、陕西等 9 省市的 83 个文博单位进行了系统的文物行政执法检查工作。对几个严重违法的典型案例，采取了坚决而果断的整改措施。2006 年 6 月至 7 月，国家文物局又组成 4 个行政执法督察组，分别对安徽、广东、重庆、贵州、北京、河南、内蒙古、宁夏等 8 省市的 55 个文博单位进行了系统的文物行政执法检查工作。检查重点是法人违法导致的文物遭破坏行为，并对安徽、重庆、河南、内蒙古的 4 起严重违法事件进行了重点督察，依法提出了明确的整改意见。督察组同时还对各级文物行政部门执法工作的基本情况进行了检查和调研。通过一系列督察活动，各级文物行政部门对《行政许可法》、《文物行政处罚程序暂行规定》、《国家文物局行政许可管理办法》、《国家文物局机关行政许可过错责任追究暂行办法》等法律法规的要求有了更深刻的认识，依法行政的意识和能力有了很大提高。

文化遗产法制建设包括立法、执法、法制宣传教育三个方面工作，这三个方面相辅相成、缺一不可。法制宣传教育跟不上，立法就失去了群众基础、执法就会偏离方向。新中国成立 60 年以来，各级文物部门以《文物保护法》的宣传为核心，采取多种形式大力开展文物保护宣传活动：在修订《文物保护法》和制定《文物保护法实施条例》的过程中，开展了大量的理论研究和宣传教育工作，使文物立法工作始终符合文物事业发展的要求；配合《文物保护法》、《文物保护法实施条例》、《行政许可法》和《长城保护条例》的颁布实施，通过举办专家讲座、文艺演出、图片展览、法律咨询、知识竞赛和专家访谈等多种形式的文物宣传活动；各地广泛开展"文化遗产日"等宣传教育活动，依法对保护文物的先进集体和个人予以表彰，文物保护法的规定在全社会逐步深入人心。

二　总结与展望

总结六十年来文化遗产法制建设历程，我们深刻体会到：

（一）文化遗产法制建设必须围绕中心，服务大局。自觉站在构建社会主义和谐社会的高度，始终坚持紧紧围绕党中央、国务院的重大战略部署，积极主动，科学谋划，抓好落实，切实推进我国文化遗产保护事业的科学发展。

（二）加强科学立法是文化遗产法制建设的基础。立法必须坚持以科学发展观为统领，以实现公民基本文化权益为出发点和落脚点，准确把握文物工作的规律性，遵循"保护为主、抢救第一、合理利用、加强管理"的方针。

（三）开展文物行政执法工作是文物行政部门职责所在，是加强行政管理、规范行政行为的必然要求。通过行政执法，维护了法律的尊严，树立了法治政府的形象。要不断强化"有权必有责，用权受监督，侵权要赔偿"的意识，彻底消除计划经济时代重管理、轻服务的积弊，增强责任心和大局意识。

（四）文物事业是全民族的事业，文物保护的责任是全社会的责任。我们要加强文化遗产保护法律法规的宣传普及，使文化遗产保护理念和意识深入人心，形成全社会关心、爱护并积极参与文化遗产保护的良好氛围。实践证明，文化遗产保护离不开社会的关注和广大人民群众的支持，国家设立"文化遗产日"是一个新的历史召唤，我们将抓住这一难得的历史契机，切实担负起历史赋予我们的责任。

我国文化遗产事业发展迅速，文化遗产保护的领域不断扩大，类型不断丰富，文化遗产保护法制建设必须适应新的形势需要。虽然，我们当前以《文物保护法》为核心，已经初步形成了有中国特色的文物保护法律法规体系的框架，但现有的法律体系尚不完善，专项法规、技术规范、管理制度缺失较多。必须要针对新的文化遗产类型制订专项法规，尤其是"大遗址"、"活态遗产"、"非物质文化遗产"等方面的专项法规；必须要开展技术标准研究，推动技术应用和规范管理，逐步建立行业质量认证和准入制度；必须要认真借鉴国际文化遗产保护的先进经验，进一步推动我国文化遗产保护法律框架体系的完善。当前主要是抓紧制定《博物馆条例》、《大运河保护管理条例》《世界文化遗产管理条例》《考古遗址公园保护管理办法》和修订《水下文物保护管理条例》。

我国文化遗产事业的发展离不开社会公众的参与。文化遗产的法制建设要高度重视社会公众意见，保障人民群众的知情权、参与权；要及时总结工作经验，努力深化我国文化遗产保护状况的调查研究，进一步完善立法程序和立法方法，加强行政执法督察，确保"有法可依、有法必依、执法必严、违法必究"；要逐步建立起清晰明确、协调统一的法律制度，使文化遗产资源依法得到有效的保护和管理，与社会发展相协调。

负责人：董保华
统稿人：王　军
执笔人：肖谋用
　　　　刘大明

不可移动文物保护60年

国家文物局文物保护与考古司

新中国成立以来的60年，是中国历史和社会大变革、大转折的年代，是中华民族大解放、大发展、大繁荣的年代，变化之剧烈、道路之曲折、成就之辉煌，已经永载史册，为世人所共睹。与国家和民族命运紧密相连的文化遗产事业，同样经历了极不平凡的发展历程。60年来，在党中央、国务院的领导和关心下，在全国广大文物工作者的辛勤努力下，文物保护工作坚持围绕和服务于社会主义建设这个中心，发挥了传承中华文明、弘扬传统文化的重要作用。60年来，文物工作所面临的形势、所遇到的问题是前所未有的，所经历的变化、所取得的成就也是世所瞩目的。60年的发展历程充分说明，没有党中央的正确领导，没有正确的工作路线，就没有新中国的繁荣昌盛和文物工作的伟大成就。

一 60年文物保护工作的发展历程

（一）1949～1982年：文物保护的奠基时代

中国是世界著名的文明古国之一，保存的文化遗存极为丰富，保护任务也极为沉重。新中国建立后，百废待兴，大规模基本建设全面兴起。如何处理好基本建设与文物保护的关系，确立什么样的工作方针来指导实际工作，成为当时急需解决的突出问题。经过反复酝酿，1953年、1956年中央先后颁发了《关于在基本建设工程中保护历史及革命文物的指示》和《关于在农业生产建设中保护文物的通知》，确立了"重点保护、重点发掘，既对文物保护有利，又对基本建设有利"的方针，指导和配合兴修水利、平整土地等各项农业生产建设以及大规模的基本建设活动。

在这一方针的指导下，文物部门不断总结实际工作中的经验、教训，不断摸索，反复研究，逐渐建立了各项行之有效的基本工作制度，开创了日后各项文物保护工作的先河。1956年开展了第一次全国文物普查，以此为基础，各地确立并公布了一批文物保护单位。1961年，国务院第一次公布了180处全国重点文物保护单位。同年，在系统总结建国以来文物保护管理工作经验的基础上，国务院发布《文物保护管理暂行条例》，第一次对文物保护的范围，各级政府职责，文物保护单位的保护管理、恢复原状或保存现状的文物维修原则等都做了明确规定，规定全国、省级和县（市）级三个不同的文物保护单位级别，标志着我国文物保护单位制度的初步形成，同时确立了"四有"这一项十分重要的基础工作。《条例》是新中国第一个比较全面的文物工作条例，统管、指导了此后21年的文物保护工作。1963年文化部又制定颁发了《文物保护单位保护管理暂行办法》，具体规定了文物保护单位的"四有"要求，进一步完善了条例的有关内容。

新中国成立后，国家对文物维修的力度逐年加大，工程管理不断加强。早在1952年，经周恩来总理批准，财政部就开始拨专款用于重点文物保护维修等，并要求专款专用。1963年，文化部颁布《革命纪念建筑、历史纪念建筑、古建筑、石窟寺修缮暂行管理办法》，这是我国第一个关于文物保护工程的专门文件，第一次对修缮工程进行了分类和逐一说明，同时对古建筑的使用、维修报批等做出规定。1973年国家开始设立重点文物保护专项经费。在这一阶段，文物部门充分依靠自己的专家力量、自己的施工队伍，成功实施和完成了以山西芮城永乐宫搬迁、河北赵州桥维修、山西五台山南禅寺大殿维修工程、敦煌莫高窟加固工程、河北正定隆兴寺转轮藏殿等为代表的一大批文物保护工程，对我国自身特色的文物维修理念进行了初步探索，积累了很多极具价值的维修经验，培养了一批专家技术力量。

"文革"期间，许多珍贵文物遭到破坏，文物保护工作像其他各行业一样几陷瘫痪。但是在周恩来等中央领导同志的关心、指导下，文物部门采取了很多紧急应对措施，使大批珍贵文物保护单位免遭破坏。1967年3月中共中央、国务院、中央军委联合发出的《关于保护国家财产、节约闹革命的通告》、1974年《国务院关于加强文物保护工作的通知》等文件对文物保护也起到了很大的作用。由于广大文物工作者的努力与抵制，也由于此前打下的较为扎实的工作基础，在十年动乱期间，绝大多数全国重点文物保护单位都被较好地保存下来。

1978年党的十一届三中全会以后，我国迈入改革开放和社会主义现代化建设新时期，文物保护工作也开始逐步恢复。在党中央、国务院的领导下，针对"文革"遗留下来的众多问题，国家采取了一系列应对措施：为了系统掌握文革中的文物损失和当时的文物现状，从1981年开始，组织开展建国以来的第二次文物普查、复查工作；为了将多的珍贵文化遗产纳入法律保护的范围，实现依法保护，1982年，国务院又抓紧公布了第二批全国重点文物保护单位；为挽救、保护一些城市中保存的丰富的文物遗存、较完整的历史风貌，同年，国务院又公布了第一批历史文化名城24座，开创了我国历史文化名城制度；此外，国家拨款抓紧抢修那些濒危的文物保护单位，到1983年由国家共直接拨款维修重要文物保护单位450处左右，其中全国重点文物保护单位104处。国家有关部门还组织各种培训班，抓紧培训人才，重整队伍。通过这一系列措施，文物保护工作很快走上正常轨道。

建国后的30多年是文物保护工作极其艰难的初创阶段，条件匮乏，任务繁重，形势严峻。但是经过广大文物工作者的辛勤努力和不断探索，到改革开放之前，我国创立了一套基本的文物保护、文物修缮的工作方针、规章制度和基本原则，建立了一套文物保护管理机构和专业队伍，为后来的文物保护事业打下了比较扎实的工作基础。

（二）1982~2002年：文物保护的发展时代

1982年11月全国人大常委会通过了《中华人民共和国文物保护法》，取代实施了20多年的《文物保护管理暂行条例》。新的《文物保护法》第一次以法律的形式确定了文物工作方针，更加明确了我国文物保护的基本原则、各级文物行政部门的权力和责任等，标志着我国文物保护管理工作进一步纳入法制化轨道。此后，文化部、国家文物局通过制定、颁发《文物保护法实施细则》

等一系列的法规、规章和文件,对《文物保护法》相关条款的实施作出更为明确、具体的解释。各地也结合地方实际情况,颁发了一批文物保护法规。经过不断努力,到20世纪90年代初期我国已经初步形成文物保护管理工作的法规体系。

《文物保护法》公布之时,正值我国改革开放事业进入快速发展阶段,各地文物工作面临经济建设、城市改革、旅游开发等活动前所未有的冲击、破坏。经过不断探索、反复讨论,1992年在西安召开了全国文物工作会议,李瑞环同志代表党中央、国务院提出了"保护为主、抢救第一"的工作方针。1995年,在西安再次召开的全国文物工作会议上,国务委员李铁映同志又提出了"有效保护、合理利用、加强管理"的原则。这一方针和原则成为新形势下指导我国文物工作、处理经济建设与文物保护关系的新方针。

《文物保护法》公布后,各项基础工作不断得到加强。1983年8月,全国文物普查工作会议召开,第二次全国范围内的大规模文物普查工作全面展开,并在普查后开始组织编辑《中国文物地图集》,总结普查结果。1986年、1994年,国务院核定公布了第二批、第三批国家历史文化名城。1988年、1996年、2001年,国务院公布了第三批、第四、第五批全国重点文物保护单位名单。地方各级人民政府也相继公布了几批省、县级文物保护单位,并根据《文物保护法》的规定,开始了文物保护单位的建设控制地带划界工作,以控制建设活动对文物周边环境风貌的破坏。通过下发《关于文物保护单位"四有"工作的意见》,召开全国重点文物保护单位管理工作座谈会,重点解决全国重点文物保护单位实现"四有"的问题。1995年全国文物工作会议上提出了文物保护工作又一项重要的基础工作:"五纳入",要求各级政府把文物保护纳入地方经济和社会发展计划、纳入城乡建设规划、纳入财政预算、纳入体制改革、纳入各级领导责任制。1997年国务院《关于加强和改善文物工作的通知》(13号文件),再次提出要把"五纳入"工作落到实处。此外,还召开了革命文物宣传工作座谈会(1989年)、全国革命文物工作会议(1997年)和全国少数民族文物工作会议(1998年),促进了革命文物和少数民族文物保护工作的深入开展。

在文物维修方面,1986年,文化部颁发《纪念建筑、古建筑、石窟寺修缮工程管理办法》。《办法》确立了"不改变原状"的文物保护维修科学原则、比较合理的文物修缮工程分类,以及合乎我国国情的工程分级管理制度,是我国文物保护工程发展史上的一项重要法规。文物维修经费不断增长,特别是1992年,长期困扰文物事业发展的经费短缺问题,获得了突破性的解决,国务院决定从该年起把文物直拨经费在原有5000万元的基础上再增加7000万元,从第二年起增加8000万元。1993年财政部和国家文物局共同制定了《国家重点文物专项资金管理办法》,规定了这笔资金的使用范围等。到1995年的这段时间里,中央直拨文物保护经费总计近四亿元,抢救维修了616个项目。此后,文物专项补助经费继续增长,从1995年的1.29亿元增加至2002年的2.76亿元。全国大部分省、自治区、直辖市也都大幅度地增加了文物经费,如北京市政府于2000年出台"三年3.3亿元文物抢救修缮计划"。在国家的大力投入下,包括布达拉宫一期、曲阜三孔、承德避暑山庄、天津独乐寺、河北清东陵和西陵、青海塔尔寺一期维修工程、浙江天一阁、福建泉州洛阳桥在内的一批重要文物保护工程陆续完成,基本实现了前四批全国重点文物保护单位没有大的险情的目标。另外一方面,我国逐渐开始展开国际文物保护交流、合作活动,通过敦煌莫高窟、云冈石窟等维修合作保护、援助柬埔寨吴哥窟周萨神庙维修工程,推动了我国文物保护理论的建设和文物保护工程的发展，也培养了一批维修专业力量。在丰富的工程实践的基础上，1997～2001年,中国古迹遗址保护协会与美国盖蒂保护所和澳大利亚遗产委员会合作编撰了《中国文物古迹保护准则》这一行业准则。

世界文化遗产事业在这一时期正式启动。1985年11月22日，全国人大常委会批准中国加入《保护世界文化和自然遗产公约》。1987年12月11日，中国的第一批6项遗产泰山、长城、明清故宫、莫高窟、秦始皇陵和周口店北京人遗址在第11届世界遗产委员会会议上被列入《世界遗产名录》。1991年，在联合国教科文组织第26届大会期间举行的第8届《世界遗产公约》缔约国大会上，中国首次当选为世界遗产委员会委员。1992～1993年，中国在世界遗产委员会会议上连续当选为世界遗产委员会副主席。中国世界遗产进入了数量快速增长的发展阶段，并开始在国际上发挥重要作用。1991～2000年，中国的世界遗产增长数字为20项新申报项目和2项扩展项目，是我国世界遗产数量增长最快的时期。到2000年，我国的世界遗产数量达到27处，其中文化遗产20处，自然遗产3处，文化与自然混合遗产4处，位居世界第四。世界遗产的学科研究、工作研究和事业发展研究开始受到重视。1998年12月28日，我国第一个世界遗产高级专业研究机构北京大学世界遗产研究中心成立。2000年5月，首次中国世界遗产地工作会议在苏州召开。同年7月，中国文化遗产保护和城市发展：机遇与挑战国际会议在北京召开，会议形成了《北京共识》。

到本世纪初期，我国探索出了一套行之有效的文物工作原则，基本建立了适应社会主义市场经济体制要求、遵循文物工作自身规律、国家保护为主并动员全社会参与的文物保护体制。与此同时，随着改革开放的进一步深入以及从计划经济体制向社会主义市场经济体制转变，文物保护也遇到了众多急需解决的新情况、新问题、新挑战。由此，国家从1996年开始启动了对文物保护法的修订程序。

（三）2002～2009年：文物保护的繁荣时代

2002年10月28日，第九届人大常委会通过了《文物保护法》修正案。修订后的文物法条文内容大幅增加，措施更明确、更严格、更具有操控性，也更能适应新形势需要。确立了"保护为主、抢救第一、合理利用、加强管理"的新的文物工作方针，将其上升为法律准则，并把"五纳入"的具体要求分别写进了新法的条文。2005年12月，国务院发出《关于加强文化遗产保护的通知》，再次明确了新时期我国文化遗产保护的指导思想、基本方针和总体目标和具体措施，标志着新世纪我国文化遗产事业进入一个新的发展阶段：

2002年以来，文物保护工作的法制基础不断加强。2003年，国务院审议通过的《文物保护法实施条例》，有力地推动了《文物保护法》的贯彻落实。全国各地根据当地文物工作实际，也相继制定了一批地方性文物保护专项法规，如：《北京市实施〈中华人民共和国文物保护法〉办法》、《北京历史文化名城保护条例》、《浙江省文物保护管理条例》、《甘肃敦煌莫高窟保护条例》等，形成了以《中华人民共和国文物保护法》为核心，以行政法规、部门规章和规范性文件为主体，以地方性法规为基础的法律体系框架，真正做到了有法可依。

文物保护各项基础工作得到全面加强。为了全面掌握新时期我国不可移动文物的基本情况，

◆第三次全国文物普查电视电话会

2007年4月，国务院印发《关于开展第三次全国文物普查的通知》，全面启动第三次全国文物普查。这一次文物普查无论从重视程度、动员深入、范围之广、持续时间、资金力量、技术水平等各个方面都大大超过前两次普查。为了加强历史文化名镇名村保护，建设部和国家文物局2003年10月8日发布了《中国历史文化名镇（村）评选办法》，并于2003年、2005年、2007年、2009年共组织评选公布了四批251处中国历史文化名镇名村。文物保护单位的数量也实现了巨大的增长。2006年6月，第六批全国重点文物保护单位一次性公布1080处，这个数字接近于前五批全国重点文物保护单位数量之和。2009年又正式启动了第七批全国重点文物保护单位的评选活动。全国重点文物保护单位保护范围、建设控制地带的划定工作日益规范。文物保护单位的保护规划编制工作日益受到重视，2003年举办了文物保护单位保护规划研讨班，2004年发布了《全国重点文物保护单位保护规划编制审批办法》、《全国重点文物保护单位保护规划编制要求》等规范性文件，规划逐渐成为指导、管理文物保护单位保护工作的基本手段。基本完成了第一批至第五批全国重点文物保护单位的记录档案备案工作。组织开展了全国重点文物保护单位保护维修现状调研和分析，取得了大量一手数据。此外，为解决新时期文物保护工作中出现的新问题，近些年来，组织开展了对乡土建筑、工业遗产、20世纪遗产、老字号等的专题调研、研讨。落实了中央领导关于涉台文物、红色旅游等保护工作的重要指示。

文物维修工作取得了巨大进步。与文物保护工程相关的法规规章日益健全。2002年新修订的《文物保护法》及其《实施条例》、2003年文化部颁发的《文物保护工程管理办法》以及相配套的《文物保护工程勘察设计资质管理办法》等一系列法规规章，对文物保护工程的内涵、类别、立项、验收、奖惩等做出了明确要求。2004年、2007年、2008年先后颁发了三批文物保护工程勘察设计、施工、监理资质单位证书，基本实现了文物保护工程资

◆建设部、国家文物局为第一批历史文化名镇、名村授牌

质管理。2004 年召开了第一次全国文物保护工程汇报会。此后每两年召开一次工程汇报会，总结、讨论维修工程中的问题，讨论工作思路。1998 年、2004 年举办的二期全国古建筑保护培训班，2006 年开始的《中国文物古迹保护准则》相关培训，大大促进了维修工程的人才建设和维修理论的发展。国家文物专项补助经费大幅增加，从 2002 年的 2.76 亿元增到 2008 年的 3.95 亿元。重点维修工程硕果累累：三峡文物保护工作顺利结束，西藏布达拉宫、罗布林卡、萨迦寺三大重点文物保护工程顺利竣工；西藏"十一五"重点维修工程顺利启动；故宫维修、山海关长城修缮工程顺利完成并对外开放；山西南部元以前早期建筑的保护工程项目启动；应县木塔保护工作扎实推进；迅速启动四川震后文物保护工程，在"5·12"四川汶川特大地震这一突发事件中抢救和保护了大批珍贵的文化遗产；援助柬埔寨的吴哥窟保护一期项目周萨神庙基本完成，二期茶胶寺保护的前期准备工作进展顺利；援助蒙古国的博格达汗宫博物馆门前区保护维修工程圆满竣工；红色旅游、涉台文物等专项工程进展顺利。

2002 年以来，我国世界文化遗产事业进入新的阶段。2000 年 11 月，第 24 届世界遗产委员会会议通过的《凯恩斯决议》，限定每个缔约国每年只能申报 1 项世界遗产（扩展项目不占名额），标志着世界遗产申报进入限额制时代。2004 年 7 月，在我国苏州召开的第 28 届世界遗产委员会会议形成的《苏州－凯恩斯决议》，将世界遗产的限制申报数额增至一国 2 项（其中 1 项必须涉及自然遗产），但扩展项目占用名额。2007 年 7 月，第 31 届世界遗产委员会会议又决定一国两项的申报数额不变，但不再受文化还是自然遗产种类的限制。面对限额制的严峻挑战，中国世界遗产事业迅速调整发展策略，从前期的快速增长转而进入稳步发展和可持续发展阶段。我国相关部门和遗产所在地各级人民政府，精心遴选申报项目，不放弃每年的申报名额，共同进行更为艰苦卓绝的努力，以确保每一申报项目获得成功。继 2001 年云冈石窟作为世界文化遗产、罗布林卡作为布达拉宫的扩展项目申报成功后，2004 年至今，我国确保了每年申报世界文化遗产获得成功。包括高句丽王城、王陵及贵族墓葬（2004 年）、澳门历史城区（2005 年）、殷墟（2006 年）、开平碉楼及村落（2007 年）、福建土楼（2008 年）、五台山（2009 年）。同时，在 2004 年前扩展项目不受名额限制的短暂时间内，研究分析我国世界文化遗产申报潜力，并采取积极行动，仅 2003 年、2004 年两年，我国成功地将明孝陵、明十三陵（2003 年）、清永陵、清福陵、清昭陵（2004 年）以及沈阳故宫（2004 年）分别申报为明清皇家陵寝和明清故宫的扩展项目。结合国际领域实施的全球战略研究，考虑到限额制影响，我国做出了相应的世界文化遗产战略调整。主要包括两方面内容，一方面引导世界遗产申报工作向系列遗产、大型线型文化遗产发展，不仅节省了名额，也更好地突出了我国的遗产特性。重点推进长城保护工程、丝绸之路跨国联合申遗、大运河保护与申遗等保护和申报准备工作。另一方面，加强对具有申报潜力的遗产的保护和管理，于 2006 年重新设立了《中国世界文化遗产预备名单》，将提高遗产地能力建设水平做在申报之前，既重申报也重管理。2006 年 12 月，还组织召开全国世界文化遗产工作会议，提出"世界一流的遗产，世界一流的保护、管理和服务"的标准。

总的来看，2002 年以来，我国的文化遗产事业发生了巨大的变化，不论是文物保护管理、文物维修工程，还是世界文化遗产事业，面貌都焕然一新，是新中国成立 60 年来发展最快、变化最大、质量最高的一个时期，成就之大，令人瞩目。

二 60年来的文物保护工作成就

（一）文物保护理念和理论不断发展、完善

从1961年的《文物保护管理暂行条例》到1982年的《文物保护法》，再到2005年底国务院《关于加强文化遗产保护的通知》，从第一批国保的分类和公布、到第六批国保的分类和公布，文物的概念不断深化，文物保护的范畴不断扩大，理念不断进步。经过不断调整充实，目前国家立法保护文物的基本范围已经不再仅仅局限于古文化遗址、古墓葬、古建筑、石窟寺等。从第六批全国重点文物保护单位公布的结果来看，石龙坝水电站等工业遗产、聚馆古贡枣园等农业遗产、大栅栏商业建筑等商业遗产和老字号、柳氏民居等乡土建筑、马胖鼓楼等少数民族遗产、中国营造学社旧址等近代遗产、唐山大地震遗址等现代遗产，这些以往较少进入全国重点文物保护单位之列的，反映我国民族文化、地域文化和近现代文化生活、经济活动等方面的文化遗产，现在都被纳入了保护范畴。此外，随着文化遗产保护内涵与外延不断深化和扩大，文化景观、文化线路等一些新的文化遗产品类也日益受到重视。如大运河这样一个空间尺度的保护对象，作为一个保护单位被列入全国重点文物保护单位名单加以保护，这在我国文物保护工作中是史无前例的，反映了我国文物保护领域无论在保护的观念、保护的技术手段、资金条件和管理体制上都已进入了一个新的阶段。

◆贵州丹寨县大簸箕苗寨

文物保护的理论研究不断深入。中国文物建筑从材料选择、构造技术、装饰手法、空间构成等各个方面都与西方有着很大的不同，在维修保护方法方面也与其存在很大区别。建国60年来，我国文物保护、维修的项目大量增加，积累了丰富的实践经验，提出了若干值得探讨的保护经验和理论；另一方面，通过多年以来业界关于什么是文物原状、什么是文物现状等文物保护理论的不断探索、讨论通过对多年工程实践的总结，以及近30年来与国际同行对文

◆大理古城

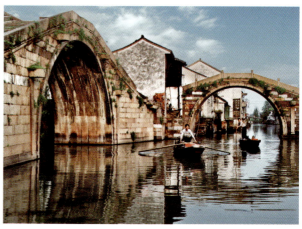

◆乌镇双桥

◆宏村内外

◆广东梅县客家九十九天井民居　　◆平遥古城

物建筑保护和修复理念的交流，我国的专家学者们也在不断加深、完善对具有我国自身特色的文
物维修保护理论的相关认识。关于文物原状、关于原址保护、关于文物环境、关于复建、关于传
统材料和工艺等中国文物保护维修工作中很多长期争论的问题，业界经过反复、深入讨论，认识
上更加深入、更趋一致，形成了"真实性"、"完整性"、"不改变原状"、"最小干预"等重要原则，
初步建立了一套有中国特色的文物维修保护理论，为我国文物维修保护工作确定了基本方向，对
于指导现阶段和今后一段时期我国的文物保护、修缮工作，具有巨大的、不可替代的作用。

（二）文物保护基础工作全面、扎实

　　通过建国后的三次文物普查，特别是改革开放以来的两次文物普查这一项战略性举措，不仅
发现了大量的文物点，使在册登记的文物点总数大幅度上升，填补了大量的文物年代的缺环和文

物分布的空白，而且基本摸清了我国现存不可移动文物的家底和现状，全面掌握我国文物资源的数量、分布和保存状况。在普查的基础上，60年来，国务院先后公布了六批全国重点文物保护单位，全国重点文物保护单位数量达2352处，各地也相应公布了当地的各级文物保护单位；60年来，国务院先后公布国家历史文化名城109座，建设部、国家文物局先后公布四批251处中国历史文化名镇名村，建立起了完整的历史文化名城（名镇、名村）保护制度，保护了一大批文物遗存丰富、且具有重大历史价值或纪念意义的、能较完整地反映一些历史时期传统风貌和地方民族特色的村镇，并通过历史文化名城的公布和历史文化名城保护规划的制定，积极引导和协调各地解决保护与建设关系问题。

经过60年的不断努力，大部分文物保护单位基本实现了"四有"：划定保护范围，竖立标志说明，建立记录档案，设立保管机构。编制、发布了《全国重点文物保护单位记录档案备案工作实施方案》、《全国重点文物保护单位记录档案工作规范》和《全国重点文物保护单位记录档案著录说明》等，基本完成了第一批至第五批全国重点文物保护单位的记录档案备案工作，继续开展第六批全国重点文物保护单位记录档案备案工作，并基本完成了建设控制地带划定工作，文物周边环境得到了保护。保护规划的编制和实施逐步推广，国家历史文化名城、全国重点文物保护单位以及大遗址保护规划的编制和实施工作明显加强，当城市规划和工程建设与文物保护之间出现矛盾时，一些重点建设项目及时修改规划设计，像广州南越王宫署等一批重要文物古迹得到妥善保护。文化遗产保护的影响日益扩大，各级政府越来越重视遗产保护工作，大部分文物保护单位基本实现了文物工作"五纳入"。财政投入逐年增加，民众参与保护工作越来越多。2005年底国务院批准设立了"文化遗产日"，启用中国文化遗产标志，推动文化遗产的宣传，增强全社会的文化遗产保护意识。

（三）文物保护、维修法律法规进一步健全

经过60年的努力，目前，我国基本形成了以《文物保护法》为核心，由行政法规、部门规章、规范性文件以及地方性法规共同构成的法律体系框架，如：《历史文化名城名镇名村保护条例》《陕西省文物保护条例》、《江苏省文物保护条例》、《北京市长城保护管理办法》等，使文物保护工作逐步步入有法可依的良性轨道。

在文物保护工程方面，法规和标准化也基本建立健全。《文物保护工程管理办法》、《全国重点文物保护单位保护规划编制审批办法》、《全国重点文物保护单位保护规划编制要求》、《文物保护工程施工资质管理办法》、《文物保护工程勘察设计资质管理办法》、《文物保护工程监理资质管理办法》（试行）等一系列法规规章，以及即将公布的《文物保护工程北方地区定额》、《文物建筑防雷技术规范》、《文物保护工程竣工报告编写标准》等技术标准，按照现代工程项目管理理念，对文物保护工程的原则、分级、资质、审批管理和立项、规划、勘察设计、施工、监理、验收等各个环节做出了较为全面、具体的规定，为依法从事、管理文物保护维修工作奠定了坚实基础，文物保护维修工作已经步入法制化健康发展轨道。

在世界文化遗产方面，2006年12月1日，《长城保护条例》正式生效，这是新中国第一次就单项文化遗产颁布的专项法规。2006年11月14日，文化部颁布《世界文化遗产保护管理办法》

（文化部令第 41 号）。2006 年 12 月 8 日,国家文物局颁布《中国世界文化遗产监测巡视管理办法》和《中国世界文化遗产专家咨询管理办法》,使得我国世界文化遗产工作更加规范化、法制化,为事业发展提供了必要的法律保障。地方各级人大常委会和人民政府也结合当地实际,制定了相关保护管理条例或办法,并颁布实施,如:《苏州园林保护和管理条例》、《山西省平遥古城保护条例》、《黟县西递、宏村世界文化遗产保护管理办法》、《四川省世界遗产保护条例》、《甘肃敦煌莫高窟保护条例》、《承德避暑山庄及周围寺庙保护管理条例》、《沈阳市故宫、福陵和昭陵保护条例》等等。

（四）文物保护管理机构和专业队伍不断壮大

1978 年,全国文物管理委员会和文管所 295 个,工作人员 2.6 万人;至 1997 年,全国文物保护和管理机构有 3412 个,有 20 个省(自治区、直辖市)设立了文物局,工作人员增长到 63000 千多人,其中有大专以上学历者近万人;到目前,我国共有各类文物机构 4277 个,文物工作者队伍已达 8 万多人,其中中高级职称人员近 15000 人,全国已有 23 个省（自治区、直辖市）设立了副厅级以上级别的文物局。大部分文物保护单位设置了专人管理,基层文物保护的队伍不断壮大。通过举办文物局局长培训班、省地市级文博管理干部培训班、世界遗产保护管理培训班、全国重点文物保护单位管理机构负责人培训班、古建所所长培训班、普查培训班等,从业人员的管理水平、业务素质大大提高。

在专业维修队伍建设方面,建国初期,我国专门从事文物保护工程的专业队伍数量、规模都很小,只能开展一些古建筑调查、测绘、保养以及抢救性的维修工作。到 20 世纪五六十年代,我国通过工程实践独立培养、锻炼出一批较高水平的文物保护勘察设计、施工队伍和专家。改革开放以后,各级文物部门和相关单位通过正规的中、高等教育、各种类型的文物保护工程培训班,结合工程实践培养造就了一大批文物保护维修专业人才和队伍。到 2003 年开始评审首批文物保护工程资质时,全国申请文物保护工程资质的专业机构达到 500 多家,申请文物保护工程勘察设计和施工个人从业资格的人数达到 9000 余人。经过 60 年的发展,我国文物保护工程队伍不断发展壮大,研究、勘察、设计、施工水平也不断提高。

（五）文物保护工程管理逐步科学、规范

经过 60 年工程实践探索,我国基本实现文物保护工程规范化、科学化管理。通过开展文物保护工程资质评审工作,通过加强工程资质管理法规建设,通过每两年一次的文物保护工程汇报会,通过工程方案审批程序的不断改进、完善,通过工程检查、验收、年检等,我国基本建立了一套行之有效的文物保护工程资质管理制度,适应了文化遗产保护事业发展需要,规范了文物保护工程管理,提高文物保护工程质量和工作效率。目前,我国已经评审和公布了三批甲级勘察设计资质单位、一级施工资质单位以及文物保护工程监理单位资质,2500 多人分别获得从业资格。从 2004 年开始,连续召开了三次全国文物保护工程汇报会,总结了文物维修工程的得失,就文物保护工程计划安排、文物保护工程资质管理等方面的问题进行了认真研讨,讨论工作思路。《文物保护工程审批管理暂行规定》已经自 2008 年 5 月 1 日起在北京、河北、山西、浙江、四川 5 省(市)

试行。各项文物保护工程管理标准正在不断完善。

（六）大批重要的文化遗产得到妥善保护维修

60年来，我国的文物保护经费不断增长。1973年国家开始设立重点文物保护专项经费时，当年投入204万元，到2008年已达到3.95亿元。从1992年开始，中央还每年投入2500万元"中央抢救性文物保护设施建设专项资金"，用于文物保护单位的管理工作用房建设、安防及防灾减灾、基础保护设施建设等。2005年，中央财政还增设大遗址保护专项经费。各级地方政府普遍设立了文物保护专项资金。如：北京市政府2003～2008年间每年投入1.2亿元用于文物保护，杭州市从2004年到2006年投入4.1亿元保护维修了一大批文物古迹和历史街区。在经费投入的保证下，经过多年的努力，大部分全国重点文物保护单位和部分重要省级文物保护单位的重大险情得以排除，其中很多单位还得到了全面修缮，配备了必要的消防、安防设施。从整体上看，我国重要不可移动文物的保护得到了很大加强，安全得到了基本保障。特别是一大批重点工程的实施，保护了一大批重要的文物古迹，如西藏布达拉宫、罗布林卡、萨迦寺，山西应县木塔、云冈石窟和北京故宫等。完成了周萨神庙和博格达汗宫门前区维修工程等援外工程项目圆满竣工。这些技术复杂的重大文物保护工程的成功实施和完成，标志着我国文物保护工程技术、管理水平达到了一个新的高度。

◆维修中的布达拉宫

◆修整后的国子监街

（七）世界文化遗产事业取得巨大成就

目前，我国拥有世界遗产38处，其中文化遗产27处，自然遗产7处，文化与自然混合遗产4处，数量仅次于意大利、西班牙，居世界第三位。世界遗产申报，极大地提高了我国文化遗产保护管理的整体水平，改善了遗产周边环境，带动了遗产地经济发展，使广大人民群众从中得到实惠。如龙门石窟申遗清除了周围的杂乱商摊和违章建筑，恢复了古朴自然的历史风貌；为保护颐和园周边环境，北京市花费4亿多元将高压线铺设入地；五台山为申报世界遗产对饭店、商铺等的整治，带来了优美的遗产环境、真实的历史风貌，这些都得到了当地广大群众的理解、拥护和支持。申遗工作还配合党中央中心工作、服务国家整体外交大局、维护国家利益和形象等方面，发挥了极具说服力的作用。

世界文化遗产保护管理工作取得了显著成绩。随着我国世界文化遗产事业的良性发展，国家相关部门不断加大力度狠抓世界文化遗产的保护和管理工作，既重申报，也重管理。按照国际规则开展世界文化遗产的监测工作，逐步建立起世界文化遗产监测巡视体系，确定了国家、省、世界文化遗产地三级监测和国家、省两级巡视制度，制定了《世界文化遗产监测规程》，规范了监测职责、内容和工作程序。同时，实施专家咨询制度，严格实行遗产地文物本体保护工程方案报审和缓冲区（建设控制地带）新建项目报批制度。近年，重点对故宫维修工程、山海关古城建设项目、丽江古城保护等进行反应性监测和巡视，加强业务管理。2007年11月，全国世界文化遗产监测工作会议在敦煌召开，29处世界文化遗产和文化与自然混合遗产管理机构代表出席，总结、交流了我国世界文化遗产监测工作经验，提出加强和改善的措施。设立《中国世界文化遗产预备名单》，加强相关动态管理，确保我国世界文化遗产事业的可持续发展。2006年，国家文物局完成了《中国世界文化遗产预备名单》重设工作。2008年7月，第32届世界遗产委员会会议审议通过的我国世界遗产《预备名单》，包括32个文化遗产项目。此外，近些年来，通过与相关国际组织共同主办了一系列国际会议，如2004年7月在苏州承办的第28届世界遗产委员会会议、2005年10月在西安承办的国际古迹遗址理事会（ICOMOS）第15届大会、2007年5月在北京举办的"东亚地区文物建筑保护理念与实践国际研讨会"，形成了《西安宣言》、《北京文件——关于东亚地区文物建筑保护与修复》等一些比较重要的、有影响的国际文件，扩大中国在世界文化遗产领域的影响。中国专家参与了《奈良真实性文件》等世界遗产工作重要国际文化的研讨与制定，参与了国际多项考察评估活动，参与了相关国际组织活动，并在国际世界文化遗产领域获得话语权。通过世界遗产工作，中国正在国际上发挥着文化大国的积极影响和建设性作用。

三　工作启示

总结新中国成立60年来的文物保护工作，我们有几点深刻体会：

1. 正确的文物工作方针是文物保护工作健康发展的关键所在

60年的文物保护实践说明，只有坚持结合实际，实事求是地发现问题、研究问题，形成正确的文物工作方针，才能结束工作中的种种争论，才能真正解决问题，才能促进文物事业的健康发展；只有坚持贯彻执行党的文物工作方针，才能保证文物事业始终沿着正确方向健康发展。

2. 扎实的基础工作是文物保护工作顺利开展的可靠保证

扎实做好基础工作，是一项长期、艰巨的任务，是我们应该永远放在首位的工作目标之一。只有不断夯实文物基础工作，才能为文物事业全面科学发展提供保障。60年来，在全国文物工作者不断努力下，文物基础工作取得了一定成效，技术规范、行业的国家标准制定工作提上工作日程，管理制度不断充实，家底不清、基础数据不准的情况有了极大转变。但是，文物保护的各项基础工作不能初见成效即告结束，必须坚持下去，常抓不懈，不断在广度和深度上开拓创新。

3.先进的专业理念是文物保护事业不断发展的理论基石

文物保护是一项专业性很强的工作，无论是从新中国成立60年来的实践看，还是从国外文化遗产事业的历程看，其发展始终离不开文物保护理论的指导，这种专业性在21世纪的保护工作中将越来越明显。随着不断有各种专业背景的人员加入文化遗产保护队伍，这种专业理论建设将越发显现其重要性。

4.专业的人才队伍是文物保护事业永续发展的动力源泉

文物保护专业人才的培养和队伍建设是全面提高文物保护工作特别是文物保护工程质量的关键环节之一。经过60年的发展，我国文物事业人才的缺乏，特别是文物保护工程专业人才的匮乏问题得到了很大改观。即便是在经费紧张、很多重要保护项目未得到实施的情况下，国家将人才培养作为事业发展的优先战略予以实施，采取了与大学联合办文物保护专业、举办专业培训班、与国外大学和专业机构合作选派专业人员深造等一系列的措施，针对不同对象培养、培训文物保护工程管理和技术人才，实现了专业人才培养、培训的规范化和制度化，成为我国文化遗产事业的持续发展的动力所在。

5.充实的资金投入是开展文物保护工作的坚实保障

60年的发展历程表明，文物保护工作，特别是文物维修工作，离不开充实的资金保障。60年文物保护专项经费的大幅增长，为文物工作的发展提供了广阔的空间和充实的动力。文物保护经费的增长，一方面说明文化遗产事业做出的成绩得到政府和社会的认可，另一方面也说明文化遗产事业与经济社会的进步休戚相关。经济社会的进步为文化遗产事业的发展提供了坚实的基础，反过来，文化遗产事业的发展也大大促进了各地经济社会的进步。

60年来的文物保护工作充分说明，要做好我国的文物保护工作，必须要坚持党中央、国务院的正确领导，坚持正确的文物工作方针和路线。在新的世纪，我们要充分发挥文物的优势，扩大文物在国内外的影响，把我国文物保护事业推上一个新台阶，早日加入文物保护先进国家的行列。

负责人：童明康

统稿人：关　强

执笔人：凌　明

考古事业60年

国家文物局文物保护与考古司

　　2009年，中华人民共和国迎来60年华诞。60年来，国家经历了翻天覆地的巨大变化，政通人和，百业俱兴，人民生活水平有了极大提高，经济建设和社会各项事业全面发展。作为文化遗产保护工作的重要组成部分，考古事业也取得了举世瞩目的巨大成就。这离不开党中央、国务院的亲切关怀，离不开各级地方人民政府的高度重视，更离不开社会各界的大力支持。当前，我国考古事业已步入健康、有序的发展轨道，成为保证国民经济建设快速发展和实现社会主义文化大发展大繁荣的一支重要力量。

一　新中国成立60年来考古事业的发展历程

（一）考古事业的恢复

　　1949年新中国成立，大业初创，百废待举，我国考古学和考古事业也随之进入新的发展阶段。同年，国家设立中央文物事业管理局，主管全国的文物保护工作。1950年中央人民政府政务院颁布了《古文化遗址及古墓葬之调查发掘暂行办法》，为保护、研究我国文化遗产提供了法律保障。随后，国家恢复了周口店、殷墟两项中断十多年的考古发掘工作，并在中国科学院设立考古研究所，专门从事考古研究。各地也相继成立了文物管理委员会，负责地方考古和文物保护工作，我国的考古管理体系框架粗具雏形。

　　随着国民经济第一个五年计划逐步实施，大规模基本建设中的考古和文物保护问题日益凸现，迫切需要国家制订、完善相关的方针政策，培养专业人员，保证相关工作的开展。针对当时形势，在周恩来总理的殷切关怀下，提出了"重点保护，重点发掘，既对文物保护有利，又对基本建设有利"的方针，并据此将基本建设工程中的考古发掘工作作为整个文物工作的重点。自此，以"大型基本建设中的考古工作为主"成为国家长期坚持的政策。

　　面对建国之初全国文物考古专业技术人才极其贫乏的现状，1952～1955年四年间，国家举办了四期考古工作人员训练班，邀请夏鼐、苏秉琦、宿白等著名专家学者授课，共培训专业技术人才340余名，不仅缓解了人才紧缺的状况，而且为全国大范围开展考古工作打下了坚实基础。1952年，北京大学创办考古专业，1973年以后，先后有几所大学设立了考古专业，为国家和地方培养了大批考古业务骨干和专门人才。而在考古发掘和研究的实践中，各地考古队伍也日益健全起来。中国科学院考古研究所和地方考古队开展了大量工作，积累了丰富的考古资料，并锻炼

◆ 马王堆一号墓发掘现场

了一支专业队伍，为我国考古和文物保护事业的发展奠定了基础。

党的十一届三中全会后，我国考古事业步入正轨，迎来了发展的春天。各地考古和文物保护管理工作显著增强，陕西、山西、山东、河北等地相继设立了省级文物事业管理局。国家依托北京大学、吉林大学等高等院校，多次举办考古专业进修班、专修班和研究生班，培养业务人才和文物考古干部，充实地方考古力量。陕西、山西、青海、山东、浙江、河南等地纷纷成立省级文物考古研究所，承担起地方考古和文物保护工作的重任。

1979 年中国考古学会成立，标志着我国考古事业开始走向繁荣。此后，安徽、湖北、青海等地方考古学会及研究会纷纷建立。中国考古学会是我国考古学界的重要学术团体，成立后相继召开了曾侯乙墓学术讨论会、楚文化研究座谈会等专题讨论，有力推动了相关领域研究工作的开展。在这一阶段，我国考古工作捷报频传，陕西西安半坡遗址、河南偃师二里头遗址、湖南长沙马王堆汉墓、陕西西安秦始皇兵马俑、湖北随州曾侯乙墓等重要考古发现，大幅度提升了考古事业的社会影响力。

（二）考古事业的发展与提高

1982 年，《中华人民共和国文物保护法》正式颁布实施，我国考古和文物保护工作开始步入法制化、制度化的新阶段。此后，国家进一步加强了立法工作，相继颁行了一系列与考古工作相关的法律、法规、文件，如《田野考古工作规程》（1984 年）、《中华人民共和国水下文物保护管理条例》（1989 年）、《考古调查、勘探、发掘经费预算定额管理办法》（1990 年）、《中华人民共和国考古涉外工作管理办法》（1991 年）、《国家文物局田野考古奖励办法》（1993 年）、《考古发掘管理办法》（1998 年）、《考古发掘品移交管理办法》（1998 年）等，各地也陆续出台了相应的地方性法规，以《文物保护法》为核心，以行政法规、部门规章、规范性文件为主体，以地方性法规、规划和标准为基础的考古和文物保护法律体系框架初步建立。同时，依托中国社会科学院考古研究所、中国科学院古脊椎动物与古人类研究所、北京大学等考古科研机构的学术优势，国家逐步建立起一套专业咨询机制，大大提高了考古管理水平。

人才培养和队伍建设成效显著。全国十几所高等院校设立的考古专业或考古系，每年为国家输送了大批高学历的考古专业人才。同时，国家先后在山东、河南、新疆等地举办多期田野考古专业培训班、石窟寺考古培训班等，进一步做好在职人员的教育培养工作，有效提高了从业人员的业务水平和科研能力。各地设立了近 40 家考古研究机构，地方考古和文物保护力量显著增强。

各项考古工作有序开展，尤其是国家重点建设项目中的考古和文物保护工作成绩突出。20 世纪 80 年代，配合黄河小浪底水利枢纽工程，河南、山西两省开展了针对库区建设的考古工作，获得了一系列重大发现。1992 年起开展的三峡库区文物抢救保护工作，积极探索了国家大型基本建设工程中考古和文物保护工作的方法和模式。考古学学科建设也取得了可喜成绩。自 80 年代开始，在区系类型理论的指导下，各考古研究机构开展了一系列重要课题的研究工作。江西万年仙人洞和吊桶环遗址、辽宁朝阳牛河梁遗址、浙江余杭良渚遗址、山西襄汾陶寺遗址、四川广汉三星堆祭祀坑、河南偃师商城遗址、山西侯马晋侯墓地、陕西咸阳汉阳陵丛葬坑和陕西西安汉长安城遗址等以科研为目的的主动性考古工作也取得重要成果，极大促进了农业起源、文明探源、国家形成、城市考古等重大学术课题的研究。通过分析研讨考古新材料，我国考古学文化系列、编年框架和相关考古学理论方法逐步确立，考古学学科得到进一步发展。

◆国家文物局专家组考察三峡库区文物

　　随着现代科技手段在考古工作中大量使用，考古学研究领域不断拓展，边疆考古、水下考古、航空遥感考古等工作初见成效；大遗址保护工作逐步提上议事日程，成为我国考古和文物保护工作的重要内容之一；对外交流合作日渐频繁，中国考古的国际影响力日益显现，考古事业呈现出蒸蒸日上的新局面。

（三）考古事业的兴盛与繁荣

　　2002 年，新修订的《中华人民共和国文物保护法》在全国颁行，我国的考古和文物保护法律体系得到进一步完善。面对我国考古和文物保护工作的新形势，国家制订了《古人类化石和古脊椎动物化石保护管理办法》（2006年），修订增补已有法律法规和《田野考古工作规程》（2009 年）等技术标准，并组织制订水下考古工作规程、考古发掘项目检查和验收办法及标准等，推动建立考古项目监理、工程建设对文物影响评估等制度，不断健全我国的考古管理体系。同时，国家进一步加大基本建设工程考古工作的检查和督导力度，配合有关部门积极开展三峡工程文物保护项目检查和验

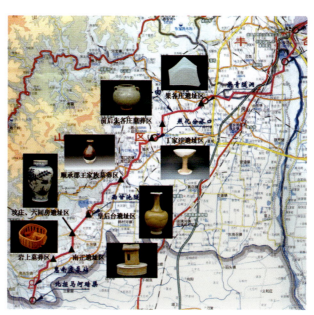
◆南水北调中线北京的遗址分布图

◆南水北调工程文物保护工作

收工作、南水北调工程文物保护监理工作等，规范重大建设工程中的考古工作程序。2008年，国家印发了《南水北调东、中线一期工程文物保护管理办法》和《南水北调工程建设文物保护资金管理办法》，为工程建设和文物保护工作的顺利进行提供了制度保障。

考古管理体系的健全、完善是考古事业的健康发展的重要前提。考古专业队伍日益发展壮大，全国30余所高等院校设立了考古专业或考古系，形成了专科、本科、硕士、博士以及博士后的梯队人才培养层次结构，每年培养专业人才千余人，从业人员的业务水平和素质均有大幅度提高。考古研究机构自身建设加强，规章制度逐步建立健全，硬件设施不断完善，并注意吸纳考古、保护、修复、管理等多方面人才，综合实力大大提高。目前我国已有63家专业单位获得考古发掘资质，1400余人获得考古发掘领队资格。国家先后公布了12家行业重点科研基地，推动壁画、石刻、丝织品、漆木器等保护工作，为解决考古工作中遇到的技术难题提供了保证。

随着社会经济快速发展，国家加大了对考古和文物保护事业的投入和支持力度，各项工作蓬勃开展。2008年国家共审批考古发掘项目约700项，比1983年的308项增长了一倍多。三峡、西气东输、南水北调、奥运场馆等大中型建设工程中的考古工作进展顺利，湖南湘西里耶古城遗址、河南洛阳"天子驾六"车马坑、安徽六安双墩汉墓、陕西高陵杨官寨遗址等重要发现不仅保护了国家珍贵的历史文化遗产，还丰富了考古学研究的内容；结合国家重点科研课题开展的主动性考古工作成果丰硕，浙江余杭良渚古城遗址、山西襄汾陶寺遗址、河南新密新砦遗址、河南偃师二里头遗址、甘肃陇南大堡子山遗址等考古工作推动了相关课题研究的深入开展。吉林、辽宁高句丽遗迹，河南安阳殷墟遗址，陕西西安大明宫遗

◆安徽六安双墩一号墓出土铜壶

址，丝绸之路新疆段等地区的大遗址保护工作取得阶段性成果，考古与保护工作的相互衔接更为紧密；考古工作者的保护意识显著增强，最新科技手段和科研成果得到大力推广；我国水下考古事业发展迅猛，水下考古的理念、方法、技术有了很大突破和创新，目前已处于亚洲领先地位；对外交流合作活跃，我国考古事业的发展引起世界广泛关注。

二 新中国成立60年来考古事业成就

（一）基本建设中的考古工作成果丰硕，国家历史文化遗产得到有效保护和传承

基本建设中的考古工作始终是我国考古工作的重中之重。在"保护为主、抢救第一、合理利用、加强管理"的文物工作方针指导下，广大考古工作者以高度的责任心和事业心，积极投入国家重点建设工程的考古工作中，取得了令人瞩目的成绩。

1992年，三峡工程考古和文物保护工作全面开展，涉及考古和文物保护项目多达1087项，其中地下文物723项，考古发掘面积187万平方米。这是我国有史以来规模最大的文化遗产抢救保护工程，全国110家专业单位投入大量考古专业力量参与这场文物抢救保护的大会战。2005年南水北调工程考古和文物保护工作正式启动，涉及项目710项，其中地下文物663项，考古发掘面积169万平方米。截至目前，全国已有50多家单位投入到此项抢救保护工作中。这些项目的顺利实施，在确保了国家大中型重点建设工程顺利开展的同时，也抢救保护了国家珍贵的历史文化遗产，推动了考古学学科发展，使经济建设与文化遗产保护工作实现了双赢。

随着新农村建设的开展和城市化进程的加速，城乡基本建设中的考古工作获得了很多重要发现，成为地方文化的一个个亮点。广州城建工程中发现的南越国宫署遗址、成都蜀风花园大街建设过程中发现的金沙遗址、洛阳城市中心广场建设工程中发现的东周时期车马坑、西安市泾渭工业园区建设工程中发现的杨官寨遗址等等，不仅推动了城市考古等相关学术研

◆ 广州南越国宫署遗址—曲流石渠

◆ 金沙遗址

究工作，也促进了城市文化品位的提升，增强了地方民众的凝聚力和自豪感，同时，也为科学规划城市发展提供了科学依据。

（二）大遗址保护工作成效显著，在地方经济社会发展中发挥了积极作用

大遗址保护一直是我国文化遗产保护工作的重点和难点，也是近年来考古工作的一个新问题。2005年，大遗址保护专项资金设立，中央财政开始加大投入和支持力度。2006年国家组织制订了《"十一五"期间大遗址保护总体规划》，确定100处重点保护的大遗址，大遗址保护工作进入全面展开的新阶段。

大遗址保护管理体系初步建立。长城、渤海上京龙泉府、交河故城等多处大遗址颁行了专项管理法规，良渚遗址设立了专门管理机构；国家举办了丝绸之路沿线大遗址管理人员培训班、东北地区和南方地区大遗址保护管理人员培训班，切实提高大遗址保护管理工作人员的业务水平和管理水平；同时，相关科研机构积极参与大遗址保护工作，为今后大遗址保护工作的健康有序开展提供了保障。大遗址保护基础工作和规划编制扎实推进。配合国家大遗址保护工作，各地有计划地对一些重要遗址开展了考古调查、勘探、测绘和发掘工作，进一步确定大遗址的范围、布局

◆河南安阳殷墟遗址—洹北商城

◆吉林集安高句丽重要遗存—丸都山宫殿遗址

◆陕西汉阳陵丛葬坑发掘现场

和内涵,并编辑出版了大地湾、良渚等一批重要考古发掘报告,收集了 100 处重要大遗址航片卫片,为大遗址保护规划的编制和保护展示工程的实施提供了科学依据。2007 年大遗址保护洛阳现场会,2008 年大遗址保护无锡现场会、西安高峰论坛,2009 年大遗址保护良渚论坛的召开,系统总结了各地已有成果,推广了成功经验,进一步促进了大遗址保护工作在全国范围的顺利开展。

在党中央、国务院的高度关注下,在地方人民政府的支持、配合下,一批具有示范意义的大遗址保护展示示范园区初步建成,大遗址保护成效初现。以高句丽、殷墟、大明宫、汉阳陵等为代表的大遗址保护展示项目的实施,得到国际社会和国内各界的肯定,社会效益、经济效益和生态效益逐步彰显。其中,高句丽王城、王陵和贵族墓葬以及安阳殷墟先后被联合国教科文组织列入《世界遗产名录》,为大规模抢救保护和利用大遗址提供了成功范例;汉阳陵丛葬坑依据新理念充分运用高科技手段进行文物保护展示,提供了大遗址保护展示的新范例;大明宫遗址保护展示工程的开展,有效地改善了遗址周边环境。西安片区、洛阳片区、丝绸之路新疆段大遗址保护工作稳步推进,与当地城市建设、旧城改造、经济发展和谐互动,在地方经济社会发展中发挥了积极作用。2009 年国家正式提出建设“国家考古遗址公园”的设想,并制订《国家考古遗址公园管理办法》和《评定细则》,相关专家学者和从业人员达成了“关于建设考古遗址公园的良渚共识”。大遗址保护工作给考古学提出了新课题,使考古与保护的联系更为紧密,促进了考古学科的发展。

（三）学术科研工作取得重大进展，重要课题及考古新发现推动学科进步

新中国成立 60 年来,中国考古学获得了前所未有的发展,考古学理论和方法不断进步,考古学研究的对象和内容不断丰富。考古界树立了实事求是的学风,学术思想空前活跃,呈现出良好的发展势头。在区、系、类型理论指导下,各地陆续召开了一系列区域性学术会议,深入探讨中原、山东、环渤海、苏鲁豫皖、长江中游、环太湖、辽西等区域的考古学文化。随着辽宁朝阳牛河梁遗址、浙江余杭良渚遗址、四川广汉三星堆大型祭祀坑等一系列重要考古发现,促进了相关学术研究工作的开展。在夏鼐、苏秉琦、宿白等考古学家的带领下,考古学文化的系列和编年框架得以逐步完善。史前时期考古关注人类起源、农业起源、文明探源等若干重要课题,聚落考古、环境考古等研究方法被引进考古学中,大大促进了考古学科的发展。历史时期考古通过对古代都城宫殿遗址、墓葬、石窟寺、手工业遗址等的考古和研究工作,深入探讨

◆三星堆祭祀坑发掘现场

◆良渚古城西城墙遗址

古代社会，研究内容涉及政治、经济和生活等方方面面。

加强学科建设的同时，配合国家重点科研课题开展的考古工作取得了一系列重要成果。夏商周断代工程是国家"九五"期间的重大科技攻关项目，涉及历史学、考古学、天文学、科技测年等学科门类，近200名专家学者直接参与项目研究工作。通过跨学科联合攻关和综合研究，促进了相关领域的课题科研工作，并积极探索了多学科合作的研究模式。2002年起，国家重点科技攻关项目"中华文明探源工程"正式启动。目前，"中华文明探源工程预研究"和"中华文明探源工程（一）"已顺利结项，系统梳理了中原地区文明形成和早期发展阶段的考古学文化谱系，并通过与系列碳十四测年数据的比对建立起文明形成与早期发展过程的时空框架。列入"十一五"国家科技支撑计划的"中华文明探源工程（二）"将研究重点扩展到黄河、长江及辽河流域，研究内容涉及中国文明起源与早期发展阶段的考古学文化谱系、古代环境、技术经济和社会文化等多方面，研究的深度和广度有了极大拓展。各考古研究机构和高等院校通过承担国家重点科研课题，开展多学科、跨学科合作研究，带动考古学学科发展。

（四）现代科技手段和科研成果在考古工作中广泛应用，考古学研究领域不断丰富和拓展

"科学技术是第一生产力"，考古学和考古事业的发展同样离不开现代科技手段的进步。新中国成立后，国家进一步加大科技投入力度，现代科技手段和最新科研成果在考古工作中得到广泛应用与推广，对提高田野考古工作水平、促进考古学科发展起到了不可替代的重要作用。目前，动物考古、植物考古、食性分析、DNA分析等科技考古工作深入开展，科研水平不断提高；而GPS定位、CAD制图等现代技术手段已同地层学、类型学一样，被越来越多的考古工作者熟练掌握和使用。信息化、数字化技术和地理信息系统成为田野考古工作的有力辅助，使考古资料信息的收集、记录和管理更为科学、规范，大大丰富了考古研究的内容。广大考古工作者的科技意识显著增强，在一些重要的考古发掘现场，考古工作者已注意使用现代科技手段做好出土文物第一时间的保护工作，最大限度的提取各类信息。山西绛县横水西周墓地荒帷的提取与保护，江西靖安水口东周墓地大量丝织品、动植物残骸和人体器官组织的保存，都体现出现代科技手段在考古工作中不可或缺的重要作用。

◆南海Ⅰ号沉船出水文物

随着现代科技水平的提高，考古学研究内容日益丰富。20世纪80年代开始，水下考古、航空摄影考古、环境考古、沙漠考古、水文考古、地质考古等各项工作相继开展。多部委联合组建的国家航空遥感考古实验室已在多个省区设立工作站，并完成了山东、内蒙古等地一系列航空遥感考古工作。水下考古事业发展迅速，至今已完成五期共80人的水下考古专业人员培训工作，拥有了一支专业化的水下考古队伍。近年来，国家组织对广东、福建、海南、浙江、山东等沿海省份开展水下文物普查工作，

发现水下文物点 100 余处。同时，开展了沿海水下沉船遗址的抢救性考古发掘工作，获得了一批重要资料，大大丰富了航海史、陶瓷史、中外交流史等方面内容。2007 年度"南海 I 号"沉船整体打捞项目的成功实施，是我国首次在水下考古工作中采用整体打捞方式，标志着我国水下考古工作理念的创新和技术水平的提高；2008 年"华光礁 I 号"沉船遗址第二次发掘工作顺利结束，这是我国第一次远海水下考古实践，也是我国第一次真正意义上的水下考古发掘船体工作，我国水下考古事业已处于亚洲领先地位。

（五）人民群众的考古和文物保护意识增强，文化遗产保护工作成果惠及民众

人民群众是历史文化遗产的创造者、使用者和守护者，是考古和文物保护工作推进的源头活水和真正动力。新中国建立 60 年来，国家十分重视提高公众的文物保护意识，注重扩大考古工作成果服务社会的范围。1979 年秦始皇兵马俑正式对外开放，极大提高了公众的文物保护意识，增强了民族自豪感和认同感。已持续十余年的"全国十大考古发现"评选活动引起强烈的社会反响，提升了社会各界对考古工作的关注度。从中央电视台直播老山汉墓考古工作后，新闻媒体直接介入到考古和文物保护工作中，在宣传考古工作成果，普及文物知识，增强公众文物保护意识等方面发挥着越来越大的作用。2006 年，人民日报社、新华社、中央电视台等媒体开展了"文物保护世纪行——南水北调文物保护宣传大行动"，深入报道南水北调工程考古和文物保护工作情况，引起社会各界的广泛关注。内蒙古、山西、湖南等省考古科研机构举办了多项大型公众考古活动，在确保文物安全和考古工作顺利进行的前提下，允许公众参观考古发掘现场，向他们宣传考古和文物保护知识，争取了社会各界对考古工作的理解和支持。2009年"文化遗产日"期间，主场城市杭州举办了大型庆祝活动，向长期从事文物、博物馆工作的老专家颁发荣誉证书，并通过多种形式的宣传、咨询活动推动社会各界关心文化遗产保护事业的发展。

◆秦始皇陵兵马俑

考古资料整理和报告出版工作是考古工作成果社会化、公众化的重要方面。新中国成立以来，考古学专业刊物不断增加，从《考古》、《文物》、《考古学报》三种主要学术期刊，到现在40 余种文博类专业期刊杂志，在普及考古知识、促进考古学研究工作等方面发挥了重要作用。

近年来，国家将清理积压考古报告作为重点工作，大幅度增加考古报告出版工作的支持力度，一批积压多年的考古报告得以出版，新开展考古项目的资料整理和报告出版速度也明显加快。据不完全统计，目前全国共整理、出版考古报告 200 余部。此外，文物考古科普著作种类众多，内容涉及人类历史的方方面面，读者对象涵盖了各层次人群，大大促进了公众对考古工作和考古学的认识。"20 世纪中国文物考古发现与研究丛书"、"华夏文明探秘"等系列丛书不仅在社会上产生了较大影响，还创造了良好的经济效益和社会效益，极大地丰富了人民群众的精神文化生活。

（六）中外合作考古工作有序开展，合作交流日益频繁，中国考古工作成果引起世界广泛关注

新中国成立后，我国与世界各国的政治、经济、文化交流逐渐步入正轨，文化合作的范围不断扩展，中外合作考古和文物保护工作也呈现出不断发展的态势。尤其是《中华人民共和国考古涉外工作管理办法》颁布施行后，广大考古工作者解放思想，开拓创新，积极参与国际学术活动，开展了一系列卓有成效的工作。1991 年至今，经国家批准的中外合作考古项目近 60 项，合作机构来自美、加、法、英、德、日、澳等多个国家，研究领域涉及农业起源、文明探源、聚落考古、城址考古、环境考古、盐业考古等众多学术热点问题。中美联合在江西万年仙人洞、吊桶环遗址进行的考古发掘工作，为探讨稻作农业起源和陶器起源提供了重要线索；中美联合在赤峰英金河流域进行的考古调查工作，为文明探源、国家形成等学术课题研究提供了重要资料；中日合作开展的汉长安城、唐大明宫、汉魏洛阳城等一系列古代都城宫殿遗址的考古发掘工作，对促进城址考古研究的开展具有重要意义。合作考古和相关研究工作的蓬勃开展，不仅使国内考古工作者有机会学习考古学新理论、新方法，尝试新技术手段，也让他们了解到当前国际学术界的热点问题，及时把握国际学术动态。

◆江西万年仙人洞遗址

在"请进来"的同时，我国具有较高科研水平的考古研究机构和学者也积极走出国门，赴国外开展考古和学术交流活动。特别是改革开放后，越来越多的考古工作者注意了解国际最新考古学理论、方法和科技成果，积极出国学习深造。他们回国后，成为国内考古科研工作的中坚力量，为我国考古学注入了新的生机与活力。近年来，我国考古研究机构先后赴柬埔寨、俄罗斯、蒙古、肯尼亚、越南开展合作考古项目，获取了第一手的考古资料，并积极协助他国培养考古方面的专业人才，为促进中外文化交流与合作做出了贡献。此外，我国多次参与、承办"世界考古学大会"、"世界东亚考古学大会"等大型国际会议和考古学论坛，宣传我国考古工作成果，使中国考古学在国

际舞台上占据一席之地。

三　新中国成立60年来考古事业发展的启示

60年来，我国考古事业繁荣发展，成绩斐然。回顾60年发展历程，总结以往的工作经验，我们得到以下启示：

（一）中央引导，地方支持，是考古事业健康发展的首要前提

我国是拥有悠久历史和灿烂文化的文明古国，丰富的历史文化遗产是祖先勤劳与智慧的结晶，也是先人留给我们及后世子孙的宝贵财富。如何使这些珍贵文化遗产得到有效保护和传承，是我们当代人义不容辞的责任和使命。党中央、国务院和各级党委政府一直非常重视考古和文物保护工作，大力加强考古和文物保护法制体系建设，保障考古事业的可持续发展；同时，不断增加对考古和文物保护工作的投入和支持力度，使各项举措落到实处。60年来我国考古事业取得的辉煌成就充分说明，只有党中央、国务院和各级党委政府的高度重视与支持，考古事业才能不断发展壮大，才能成为构建和谐社会、实现社会主义文化大发展大繁荣的重要力量。

（二）制度完善，管理到位，是考古事业不断壮大的重要保障

依法治国是社会主义民主政治的基本要求。考古管理体系建设既是考古工作的重要组成部分，也是促进考古事业健康发展的重要保证。新中国成立以来，国家陆续制订、颁行了一系列法律法规，逐步建立起我国考古和文化遗产保护管理体系。目前，考古行业的资质资格审核、项目审批、资料整理出版、发掘品移交、监督检查、水下考古、合作考古、经费管理等各项管理制度和相应的专业技术规范体系已基本形成，不仅确保了各项考古工作的顺利开展，也为相关行业体制和标准的建立起到了积极的示范作用。面对考古和文物保护工作的新形势，我们必须进一步加强立法工作，努力在规范工作程序，完善配套制度，加强考古管理，建立起一整套适应当前形势发展的长效机制，积极推进我国的考古事业在新的历史时期取得更大的成绩。

（三）队伍壮大，机构健全，是考古事业充满蓬勃生机的活力源泉

广大考古工作者是国家文化遗产的守望者和传承人。只有加大人才培养力度，不断增强从业人员的创新意识、科研意识、课题意识，提高从业人员的综合素质，才能锻炼出一支业务精通、作风正派、爱岗敬业、乐于奉献、具有良好职业道德、适应新形势需要的专业队伍。作为开展考古工作的中坚力量，考古研究机构肩负着抢救、保护我国历史文化遗产的重要使命。面对当前考古工作中出现的新情况、新问题，各考古研究机构应当承担起推动学科进步和事业发展的重任，积极深化内部管理体制改革，不断加强自身建设。只有建立健全各项规章制度，逐步加强标本库、工作站、保护实验室等硬件设施建设，通过加强自身建设与人才培养不断为考古事业注入生机与活力。

（四）理念创新，科技进步，是考古事业长盛不衰的重要动力

进入 21 世纪，知识更新换代的速度加快，国内外考古和文化遗产保护的新理念、新思维、新技术、新方法层出不穷。这要求广大考古工作者必须具有对大时代、大趋势的把握能力，不断更新知识储备，吸收借鉴国外考古管理和学科建设的经验与成果，加强考古与文物保护工作之间的联系，用科技进步推动我国考古事业的发展。与此同时，通过加强合作考古和学术交流工作，提高学术研究水平和科技含量，宣传、弘扬我国悠久灿烂的历史文化，增强中华文化的国际影响力，提升国家文化软实力，使中国考古学在国际舞台上发挥更大影响。

（五）公众参与，成果普及，是考古事业惠及地方民众的重要途径

考古和文物保护工作是广大民众的共同事业，人人都有保护文化遗产、分享保护成果的权利和义务。广大考古工作者除了立足本职工作外，更应牢固树立社会服务意识，坚持以人为本，弘扬民族精神和传统文化，满足人民群众不断增长的文化需求。通过吸引社会公众关注、参与考古和文化遗产保护工作，不断扩大考古工作服务社会的范围，推动考古工作成果惠及地方，惠及民众。只有使文化遗产保护理念和意识深入人心，让广大人民群众了解文化遗产蕴含的丰富价值，才能逐渐形成全社会关心、爱护并积极参与文化遗产保护的氛围，才能为考古和文物保护工作创造良好的工作条件，才能推动我国考古事业不断发展壮大。

负责人：童明康
统稿人：关　强
执笔人：张　凌

博物馆事业60年

国家文物局博物馆与社会文物司（科技司）

一　新中国成立60年博物馆事业成就卓著

1949 年新中国成立，中国人民告别了半殖民地半封建的社会，各族人民在中国共产党领导下走上了社会主义建设的光辉历史征程。60 年来，中国特色社会主义实践取得了举世瞩目的伟大成就。作为社会主义建设有机组成部分的博物馆事业也硕果累累，为传承中华文明，普及科学知识，发展先进文化，构建和谐社会，做出了积极贡献。

（一）从新中国成立到改革开放，博物馆事业从小到大，由弱变强

1.1949 ~ 1952 年，主要开展对博物馆的社会主义改造

1949 年 11 月,中央人民政府文化部设立了文物事业管理局,负责领导全国的文物博物馆事业。各大行政区和省、市、自治区也相继成立文物博物馆领导机关。各级人民政府接管了旧中国留下来的 21 个博物馆，以"民族的、大众的、科学的社会教育机构"为目标，对旧博物馆进行整顿和改造。文化部首先确定以故宫博物院和北京历史博物馆为改造重点，坚决地有步骤地改造陈列内容，整顿藏品管理，加强观众宣传教育工作，建立健全制度，努力清除旧时代影响。同时，各地博物馆也进行了改造、整顿，博物馆的社会教育作用得到明显加强，博物馆和人民群众的联系日益密切起来。

2.1953 ~ 1965 年，社会主义博物馆事业逐步兴起

1953 年，我国开始经济社会五年计划。随着经济和社会建设的深入发展，博物馆事业也得到加强。1956 年，党提出向科学进军的号召。周恩来同志在党中央召开的知识分子会议上提出，为实现向科学进军的计划，必须加强图书馆、档案馆、博物馆工作，为博物馆建设明确了方向。1956 年 5 月文化部召开了"全国博物馆工作会议"，会议第一次明确规定了博物馆的社会地位和作用，提出了博物馆的基本性质是"科学研究机关"、"文化教育机关"、"物质文化和精神文化遗存以及自然标本的收藏所"。博物馆的基本任务是"为科学研究服务，为广大人民群众服务"。1957 年召开了全国纪念性博物馆工作座谈会。两次会议对博物馆建设起到了重要的指导作用，推动了博物馆事业的发展。

1958 年 9 月毛泽东同志视察安徽省博物馆时指出："一个省的主要城市都应该有这样的博物

馆，人民认识自己的历史和创造的力量是一件很要紧的事。"同年9月，中共中央书记处北戴河会议决定在首都北京建立中国历史博物馆和中国革命博物馆，中央军委也决定建设中国人民革命军事博物馆。三大馆的兴建，得到了党中央、中央军委的亲切关怀和全国人民的大力支持。三大馆的建成，是20世纪50年代我国博物馆事业繁荣发展的重要标志，展现了新中国十年来文博工作的重要成果，为全国各省、市、行业博物馆的建设起到了良好的示范作用。截至1965年，全国已建成各类博物馆214座，博物馆建设和各项业务水平得到明显提高。

3.1966～1976年，博物馆事业遭到摧残

"文化大革命"一开始，博物馆就被视为"封、资、修的黑窝"，馆藏文物被诬为"四旧"。各地博物馆文物库房被冲击，大批文物被破坏。广大文博工作者受到压制甚至迫害，造成专业人才后继乏人。此阶段虽然博物馆数量等方面有所增长，但总体上我国博物馆事业的发展遭受了严重挫折。

（二）改革开放以来，我国博物馆事业从"文革"挫折中全面振兴，办馆方针更加明确，业务领域不断拓展，办馆水平显著提升

1.1978～1990年，博物馆事业全面振兴

1978年党的十一届三中全会开辟了中国走向现代化的崭新道路。在改革开放的新国策下，博物馆事业拨乱反正，迅速步入健康发展的轨道。1979年，国家文物局召开全国省、市、自治区博物馆工作座谈会，颁布《省、市、自治区博物馆工作条例》，明确了博物馆的性质、方针、任务和工作方法。1981年，召开革命纪念馆调整工作会议，提出了对革命纪念馆的调整、整顿措施，清除"左"的流毒影响。1982年，《中华人民共和国文物保护法》颁布，奠定了可移动文物保护和博物馆事业的法制基础。1983年，文化部文物局在西安召开全国城市博物馆建设问题座谈会，1984年在兰州召开全国博物馆整顿改革座谈会；1984年，中宣部和文化部在京召开全国文物工作会议。1985年、1986年相继颁布《革命纪念馆试行条例》、《博物馆安全保卫工作规定》、《博物馆藏品管理办法》等规章，进一步促进了博物馆的调整、改革、整顿、提高。

经过一系列工作，各地博物馆从各方面拨乱反正，"十年浩劫"造成的严重后果逐步消除，工作机构、业务活动和陈列展览等逐步恢复和发展。全国文物系统博物馆1978年底只有349个，1990年迅速增加到1013个；加上其他部门和行业举办的博物馆，全国博物馆达到1400多个。

2.1991～2000年，博物馆事业快速发展

1992年，党中央、国务院在西安召开全国文物工作会议，提出了"保护为主、抢救第一"的文物工作方针，中央和地方各级财政大幅度增加了文物保护经费，极大地促进了文物抢救保护工作和博物馆建设。1994年，中共中央印发《爱国主义教育实施纲要》，要求搞好博物馆、纪念馆等爱国主义教育基地建设，充分发挥其作用。1996年，中共十四届六中全会通过《中共中央关于加强社会主义精神文明建设若干重要问题的决议》，把博物馆、革命纪念馆作为社会主义文化事业的组成部分，确定其为公益性事业单位，由各级政府提供经费保证。1997年，国务院印发《关于加强和改善文物工作的通知》，明确了文物博物馆事业的改革方向。

建设部、文化部1991年发布《博物馆建筑设计规范》；公安部1996年颁布《文物系统博物馆安全防范工程设计规范》；国家民委和国家文物局1998年印发《关于加强少数民族文物工作的意见》；国家文

◆陕西历史博物馆外景

◆陕西历史博物馆周代展厅

◆四川博物院万佛寺展厅

◆天津自然博物馆恐龙平台

◆山西博物院"晋国霸业"展厅

物局1998年颁布《文物复制暂行管理办法》，2000年发布《博物馆照明设计规范》；先后制订和印发了中国文物博物馆事业"八五"和"九五"规划。

1992年起，国家文物局组织专家组对全国各省、市、自治区博物馆的一级文物藏品展开巡

回鉴定和确认，博物馆馆藏文物的安全防护和鉴定、建档保护管理等基础工作得到加强；1997年起在全国文物博物馆系统组织实施陈列展览"精品战略"，促进了陈列展览和社会服务水平的提升。

（三）进入新世纪新阶段，我国博物馆事业迎来日益繁荣的可喜局面

1.馆藏文物建档备案及数据库建设取得成效，藏品保护管理工作的规范化和现代化水平显著提高

文物系统博物馆藏品 2006 年达 1300 多万件（套）；加上其他博物馆的藏品，全国博物馆藏品总量在 2000 万件（套）以上，为传承中华文明做出了积极贡献。2004 ~ 2005 年，国家文物局强力推动全国馆藏一级文物建档备案项目，取得重大突破。全国文物（文化）系统博物馆等各类文物收藏单位馆藏一级文物 46630 件（套）（实际数量 109173 件）完成建档备案。文物调查及数据库管理系统建设项目将信息技术与馆藏文物基础数据调查有机结合，于 2001 年开始试点，目前已向全国各省市全面推广。自 2001 年起，经过 4 年的探索和实践，全国馆藏文物腐蚀损失调查项目完成成果集成，为更加有效地做好文物保护工作提供了有力支撑。2004 年以来，国家文物局相继在四川绵阳市博物馆等 10 余个博物馆开展馆藏文物保存环境达标建设试点，为探索全国馆藏文物藏品集中保管新机制积累了经验。2004 年起，国家文物局先后批准认定了敦煌研究院、上海博物馆等 12 家重点科研基地，在馆藏文物保护、科学研究、成果推广等方面发挥了重要作用。

2.陈列展览精品工程继续推进，社会影响力日益显著

全国博物馆坚持贴近实际、贴近生活、贴近群众，举办陈列展览数量逐年增多，到 2008 年达到 10000 个。各博物馆普遍注重在陈列展览中运用最新研究成果和新技术、新工艺、新材料，陈列展览的主题内容、表现形式、科技含量和艺术感染力都有较大提高。2001 年、2003 年、2005 年和 2007 年，国家文物局开展了第四、第五、第六和第七届"全国博物馆十大陈列展览精品"评选活动，"肩负人民的希望——纪念中国共产党成立 80 周年图片展"（中国革命博物馆）等一

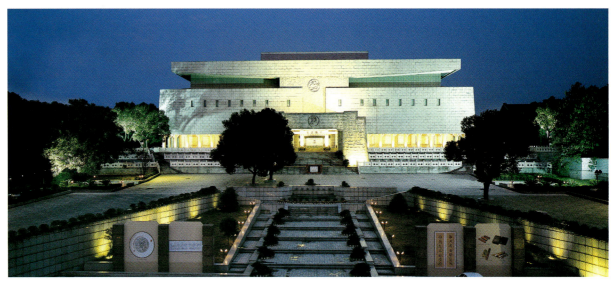

◆湖南省博物馆夜景

批陈列展览荣获特别奖；"晋唐宋元书画国宝展"（上海博物馆、北京故宫博物院、辽宁省博物馆）等荣获"十大陈列精品奖"。同时还产生了一批单项奖和提名奖。2007 年以来推出的中国人民革命军事博物馆、国家博物馆"复兴之路"、湖南省博物馆与国家博物馆联合举办的"国家宝藏"、首都博物馆"中国记忆"、"长江文明"，以及中国科技馆"奇迹天工"等迎奥运展览，观者如

◆首都博物馆外景

潮，取得了巨大的社会效益和良好的经济效益，成为轰动一时的文化事件。

3. 法规标准建设积极进展，博物馆规范化管理水平明显提升

2002 年和 2007 年，《文物保护法》两次修订；2003 年国务院颁布《文物保护法实施条例》、《公共文化体育设施条例》；2005 年，国务院印发《关于加强文化遗产保护的通知》，文化部发布《博物馆管理办法》，国家文物局制定了《博物馆事业"十一五"发展规划》；2008 年，国家文物局印发《全国博物馆评估办法（试行）》、《博物馆评估暂行标准》，启动了博物馆质量评估认定工作，公布了首批 83 个一级博物馆。博物馆事业的依法管理和宏观调控得到有效加强。

2001 年，文化部颁布《文物藏品定级标准》，国家文物局颁布《博物馆藏品信息指标体系规范（试行）》、《博物馆藏品二维影像技术规范（试行）和《文物拍摄管理暂行办法》；2002 年，公安部颁布《文物系统博物馆风险等级和安全防护级别的规定》；2003 年，国家文物局印发《近现代文物征集参考范围》和《近现代一级文物藏品定级标准（试行）》，2005 年颁布《文物出境展览管理规定》；2006 年文化部颁布《古人类化石和古脊椎动物化石保护管理办法》。这些举措，进一步夯实了藏品保护基础工作。

4. 博物馆免费开放工作顺利推进，博物馆社会效益得到前所未有的发挥

在党中央、国务院领导同志的亲切关怀下，2008 年 1 月，中宣部、财政部、文化部和国家文物局联合印发《全国博物馆、纪念馆向社会免费开放工作的通知》，启动了全国博物馆、纪念馆向社会免费开放的试点工作。截至 2008 年底，全国 1015 家博物馆、纪念馆陆续向社会免费开放。免费开放以来，博物馆观众人数已突破 1 亿人次，比去年同期增加了 1.5 倍，有的博物馆观众人数甚至增长了 10 倍之多。免费开放后观众结构呈现多元化趋势，其中低收入群体、农民工、村镇居民、老人和儿童的参观人数较免费开放前有了大幅度提高。免费开放不仅改善了博物馆基础设施，提升了展示服务水平，促进了博物馆社会功能更加有效的发挥，还引起了社会各界的高

◆井冈山革命博物馆外景

度关注。社会公众对博物馆免费开放给予了热情赞扬和高度评价，博物馆的社会职能得到更好的发挥。2009 年，全国博物馆将全面向社会免费开放。在有关部门的积极推动下，目前全面免费开放工作已稳步展开。

5. 启动博物馆评估定级工作，积极推动博物馆管理体制机制创新

2008 年 2 月，国家文物局印发《关于开展首批一级博物馆评估定级工作的通知》，启动了全国一级博物馆的评估定级工作。按照《全国博物馆评估办法（试行）》、《博物馆评估暂行标准》和《全国博物馆评估委员会评估原则及办法》的要求，各地经过层层评选，确定了首批 83 个国家一级博物馆。2009 年，国家文物局开展二、三级博物馆的评估，7 月，经过严格评选，确定了全国 171 家二级博物馆和 288 家三级博物馆。博物馆评估定级工作的开展，为打破博物馆单纯依照行政隶属关系划分等级身份的传统格局，引导博物馆创新管理体制，引进竞争、激励机制，促进博物馆的改革和发展，起到了重要的推动作用。

◆河南博物院外景

◆湖北省博物馆外景

6.博物馆学术科研活动日益活跃，涌现了一大批高水平的专业人才和研究成果

新世纪以来，国家文物局在与北京大学联合举办中国文物、博物馆学院，继续培养文博专业人才等的基础上，先后与有关高校联合，举办多期省级博物馆馆长培训班和各类专业培训班，为提升博物馆专业队伍产生了良好的推动作用。各博物馆、中国博物馆学会、中国自然科学博物馆协会和其他学术团体，积极参与国际博协和国际上其他专业机构的学术交流与合作，组织专业人才培训，开展学术研讨，先后出版数十种学术刊物、博物馆学论著和多学科、多门类的研究成果。2006年5月，经国务院批准，中国博物馆学会（ICOM中国国家委员会）在外交部、财政部、文化部、国家文物局和上海市人民政府的大力支持下，成功获得国际博物馆协会（ICOM）第22届大会的承办权。这次全世界博物馆的盛会将于2010年11月7日至13日在上海举行，对于促进中国博物馆与各国博物馆之间的交流，提升中国博物馆的国际地位和文化影响力，将起到重要的作用。

经过60年的发展，全国博物馆数量显著增加，文物藏品日益丰富，保存环境明显改善；服务理念日益强化，服务内容更趋充实，陈列展示和学术水平显著提升，观众数量大幅增加，社会功能显著拓展。博物馆事业60年来的巨大变化和显著成绩，是在中国共产党的正确领导，几代博物馆人的不懈努力下取得的。

二　当前我国博物馆发展的新趋势

当前我国正处于全面建设小康社会的重要历史时期。经济文化的全球化发展趋势，工业化、城市化的快速推进，公众对精神文化需求的迅速增长，文化事业改革步伐的加快，以及政府职能转变和依法行政时代的到来，都给博物馆事业带来前所未有的发展机遇，同时也提出了新的挑战。当前我国博物馆呈现出一些新的发展趋势和特征。

一是博物馆数量迅速增加，结构更加多元化。改革开放以来，随着我国综合国力的显著提升，博物馆建设迎来前所未有的高潮期。原有省级以上大馆大多完成或正在进行改扩建或新建，并有一大批市县级博物馆雨后春笋般发展起来；各行各业都注重收集保护本行业的历史文化资源，行业博物馆建设力度大大加强；社会资本纷纷进入文化遗产领域，民办博物馆迅速成长。从博物馆种类看，发展主流从传统的综合、社会历史和革命史等类型，转向艺术、科技、民族、民俗、生态、遗址、自然、地矿及各产业等专题博物馆类型。我国已经形成以国家级博物馆为龙头、省级博物馆和重点行业博物馆为骨干，国有博物馆为主体、民办博物馆为补充，类别多样化、举办主体多元化的博物馆体系。

二是博物馆职能发生显著变化，以人为本精神更加彰显。我国博物馆从传统的重视保藏和研究功能，逐步转向更加突出文化传播、宣传教育和休闲娱乐功能，社会角色正在发生显著变化。主要表现在：博物馆的文化休闲职能更加凸现，博物馆成为公众休闲娱乐和参观旅游的优先选择场所；博物馆的教育功能更加受到重视，爱国主义教育基地普遍设立，博物馆与学校教育教学交流与合作的广度和深度显著增强，博物馆纳入国民教育体系的各项工作稳步推进；随着免费开放工作的日益深入，观众数量结构显著变化，公益性职能更加显现。

三是博物馆走向社会的主动性增强，融入社会步伐进一步加快。广大博物馆顺应社会主义市场经济的发展要求，以公益性文化机构的定位为基本立足点，采取建立教育基地，加强与学校合作，参加旅游部门的景区景点等级评定和红色旅游工程，创办博物馆网站，研发丰富多样

◆内蒙古博物院外景

◆新疆自治区博物馆

◆重庆中国三峡博物馆外景

的博物馆文化产品，与文化公司联合打造展
览品牌等多种形式和渠道，使越来越多的博
物馆融入社会发展的大潮中，社会作用更加
显著，社会角色更加多样，社会关系也更加
复杂。

◆西柏坡纪念馆外景

　　四是博物馆拓展国际文化空间成为新潮
流。改革开放以来，尤其是进入新世纪，我
国参与对外文化交流合作的博物馆数量不断
增大，交流次数不断增多，规模不断扩大。
当前，全国博物馆每年赴境外的文物展览达
七八十项。越来越多的博物馆开始有计划的
引进国外文物展览，向国内公众推介世界文明。文物展览成为近年"中法文化年"、"中意文
化年"、"中俄文化年"等系列活动中的闪光点。在文物保护管理方面的国际合作也逐步展开。
中国博物馆学会、中国自然科学博物馆协会和有关博物馆，积极参与国际博物馆协会和区域
性交流与合作。2006年，中国成功获得2010年国际博协第22届会员代表大会承办权，标志
着我国博物馆事业得到了国际社会的广泛认可和尊重。

　　在新形势下，博物馆事业也面临着一些我们必须面对的新情况和新问题。比如，博物馆结构
多元化，使博物馆事业的管理已远远超出文化文物系统的传统概念，管理难度明显加大，对传统
博物馆宏观管理模式提出了挑战；博物馆粗放运行管理方式尚未根本改变，自主创新能力还不强，
体制机制等深层次矛盾亟待解决；展示服务的内容和形式有待丰富和精细化，教育职能的发挥处
于较低层次；国际交流合作的方式还比较单一、数量和规模有限，"走出去"战略尚未成为广大
博物馆的自觉行动，对提升中华文化国际影响力的贡献还不大等。处理和解决好这些问题，是当
前博物馆事业发展中的主要任务。

◆延安革命纪念馆外景

三　努力推进新时期博物馆事业的科学发展

我国正处于全面建设小康社会的重要历史时期。博物馆作为公共文化服务体系的有机组成部分，在文化遗产保护和先进文化建设中的地位和作用日益重要，博物馆工作任重而道远。根据新时期博物馆发展的趋势和特点，当前需要重点抓好如下工作。

（一）大力加强博物馆战略研究

当前，我国正处在改革发展的关键时期，综合国力的迅速增强，推动了博物馆事业的蓬勃发展。博物馆数量不断增加，举办主体日趋多元，运营环境深刻变化，新情况新问题层出不穷。在这种形势下，我们要进一步提高认识，高度重视并切实加强调查研究工作，使调查研究成为全国博物馆工作者的共同行动，成为全行业解放思想、实事求是、与时俱进、创造性开展工作的动力和基础。要着力调查新情况，分析新问题，发现新经验，为制订切实可行的博物馆发展战略规划，实施科学决策，制订科学合理的法规政策，创新管理体制机制，促进行业科学发展提供坚实的基础。

调查研究工作，要适应新形势新任务的要求，突出三个重点：一是围绕行业主管部门的中心工作，开展全局性、决策性调研。抓住发展这个第一要务，站在全局高度认识和把握当前我国博物馆事业发展中的主要矛盾，突出调研重点，提高调查研究的针对性和实用性，针对当前免费开放条件下博物馆体制机制创新、民办博物馆迅速发展、博物馆文化产品开发等有关前沿问题，研究提出切实可行的对策措施，促进相关主管部门的科学决策。二是围绕博物馆事业发展中的重点工作，开展战略性、超前性调研。重点围绕国际国内博物馆发展的新趋势，探索新时期博物馆发展的外部环境，内部管理运行，以及博物馆在推进新时期社会主义文化建设、满足人民群众日益增长的精神文化需求、构建中华民族共有精神家园、促进社会和谐等方面的作用和实现途径。三是大力加强基础研究工作，着力抓好博物馆的基础理论研究，对博物馆自身规律、博物馆与外部关系、博物馆学科建设等重要问题开展深入研究，开展学术讨论，活跃学术气氛，办好学术刊物，努力提高学术质量；着力抓好馆藏文物保护修复、藏品保管等基础科技研究，使祖国珍贵文化遗产延年益寿，造福人类。

（二）努力推进博物馆体制机制创新

随着我国博物馆免费开放的日益深入，对博物馆体制机制的改革创新提出了新的更高要求。我们要积极转变管理方法，创新管理模式。一是要按照政事分开和文化事业单位改革的要求，构建公益目标明确、投入机制完善、监管制度健全、治理结构规范、微观运行高效的博物馆管理体制和内部运行机制，使博物馆的职能发挥更加充分、组织更具活力，运行更为高效，为社会提供更加丰富的公共文化服务。二是要深化人事和分配制度改革，强化激励机制。免费开放并不是由财政把博物馆职工养起来，而是要以增加财政保障来推进博物馆的自主创新能力，深化博物馆改革。要进一步赋予博物馆在人员配备、财物管理等内部运营方面的自主权，逐步建立博物馆从业资格制度，整合内部资源、优化组织结构，规范岗位标准，完善岗位、职位管理制度，建立健全重实绩、重贡献、向优秀人才和关键岗位倾斜的分配激励机制。三是要健全评价机制，加强博物馆质量控制。要把免费开放财政经费供给与博物馆运行的综合效益挂起钩来。以一级博物馆评估为重点，深化博物馆评估定级工作，完善以展示教育、开放服务为核心的博物馆质量评价体系。探索适应博物馆管理运行特点的考核指标体系和责任追究制。建立绩效评估制度，对博物馆的管理运作效能、业务完成指标、资金效益指标、社会效益指标、公众满意度等进行评估，评估结果作为有关部门对博物馆实行动态管理的依据。四是加强重点博物馆建设。按照文化遗产保护和传播的重要程度科学界定博物馆等级，将部分地方所属的代表中华民族历史文明的重点博物馆确定为国家级博物馆，采取省部共建的办法，由中央政府承担更多的投入和管理责任。省级和省级以下博物馆也要参照此原则，进行科学分级，加强资源整合。市级和县级应重点发展特色博物馆，避免重复建设。五是积极加强博物馆文化产品开发。免费开放要求博物馆提供更多的高雅文化产品。要研究制定博物馆文化产品经营收入税收优惠政策，扶持博物馆大力参与发展文化创意产业，促进其依托文物藏品、陈列展示等博物馆资源和元素，不断推出各类文化产品，拓展和延伸文化传播功能、满足公众多层次精神文化需求。

（三）积极推进博物馆法规规章建设

党的十七大报告明确提出，要全面落实依法治国基本方略，加快建设社会主义法治国家。依法治国要贯穿于中国社会主义经济建设、政治建设、文化建设和社会建设各个领域。博物馆事业作为中国特色社会主义文化事业的有机组成部分，要始终把依法行政、依法管理作为贯彻落实科学发展观的重要内容，当前尤其要把法规规章建设作为改变博物馆行政管理职能、完善管理制度、推进博物馆体制机制改革、建设服务型政府的重要内容抓紧抓好。

党和国家高度重视博物馆法制建设，继全国人大 2007 年修订《中华人民共和国文物保护法》之后，目前，国务院法制办正在就《博物馆条例》向社会各界公开征求意见。我们要紧紧抓住这个机遇，主动积极地协助做好相关工作。要深入研究博物馆管理运营中出现的相关问题，把改革开放以来博物馆工作中积累的经验和办法认真进行梳理、总结、提炼，纳入到博物馆条例中，使颁布后的博物馆条例切合实际、科学有用，切实规范和引导博物馆事业的科学发展。同时，要积极发挥行政立法职能作用，及时清理现行博物馆有关规章和规范性文件，对已不适应博物馆现实要求的原有法规规章文件，尽快开展废改工作。深入调查研究我国博物馆发展中的新情况新问题，及时发现博物馆发展中出现的法律空缺和其他相关障碍，深刻分析和总结广大博物馆在改革开放和文化事业改革中的有益做法和鲜活经验，尤其要结合博物馆免费开放和民办博物馆迅速发展等的实际情况，抓紧制定有关工作规章，及时出台有关政策性意见、办法、规范，以及相关标准，化解事业发展中出现的一系列前沿性难题。要尽早形成以博物馆条例为核心的博物馆法规规章体系，以规范、引导博物馆健康快速发展。

（四）进一步发挥博物馆的教育职能

博物馆汇集了人类历史发展过程中几乎所有与生产生活、文化活动及其自然环境有关的物

◆ 自贡恐龙博物馆

证，是人类社会和自然文化历史知识的无尽宝库。博物馆工作者应当将这些珍贵文化遗产的保护和研究成果奉献给全社会，有计划地开展相关的教育训练活动，使博物馆成为人民大众汲取知识、启迪智慧、提升能力的重要场所。党中央、国务院高度重视博物馆教育。2005年《国务院关于加强文化遗产保护的通知》明确提出，"教育部门要将优秀文化遗产内容和文化遗产保护知识纳入教学计划，编入教材，组织参观学习活动，激发青少年热爱祖国优秀传统文化的热情。"新修订的国际博协章程更是将教育作为博物馆工作的首要目的，进一步强化了博物馆的教育功能。

加强博物馆教育功能，将博物馆纳入国民教育体系，是社会对博物馆提出的要求，也是博物馆生存发展的需要。我们要切实提高对博物馆教育功能的认识，博物馆自身要将教育作为"主业"来看待，主动融入国民教育体系，加强与学校教育和其他社会教育机构交流与合作的自觉性、计划性；要研究出台相关政策法规，从制度上进一步明确博物馆的教育机构性质；要研究出台针对性的政策措施，切实将博物馆教育列入学校教育教学计划，建立馆校合作的长效机制；要设置、改进和加强博物馆教育部门，创新机构职能设置，大力加强针对学校教育的工作力量。

要增强为青少年教育提供优质服务的意识和社会责任感，尊重青少年的心理、审美和认知特点，创新内容、形式、手段，增加陈列展览等文化产品的知识性、趣味性、观赏性、互动性和可参与性。要创造更多更好的与教学内容结合互补的展览和活动，真正实现博物馆资源的共享共用。开展不同形式的"博物馆进校园、进社区"计划。利用现代科技手段，实施"数字博物馆计划"，通过远程教育网络，使博物馆文化辐射广大城镇、农村和边远地区。充分发挥博物馆在国民教育体系中的独特作用。

（五）努力拓展对外文化交流的广度和深度

中华文化博大精深、源远流长，具有鲜明的民族特性，在世界各种文明中独树一帜。在当前政治多元化、经济全球化趋势日益加剧的形势下，党中央提出，推动社会主义文化大发展大繁荣，要用好两种资源、两个市场，要实施"走出去"战略，积极开拓国际市场，推动中华文化更好地走向世界。博物馆作为文化遗产的保藏、研究和展示机构，在对外文化交流和合作中具有不可替代的独特优势。在近年开展的"中法文化年"、"中意文化年"和"中俄文化年"等活动中馆藏文物展览成为鲜明亮点，就充分说明了这一点。我们要紧紧抓住机遇，多方谋划，加强博物馆的国际交流与合作，以促进文化遗产资源的共享共用，维护世界文化的多样性，提升我国博物馆的国际地位，为拓展中华文化的国际影响力做出贡献。

我国博物馆要在共谋中求共识，在共识中求共享，立足已有的合作基础，进一步拓宽国际合作范围和领域。要充分利用各地博物馆的馆藏资源特色，采取独立或多家博物馆联合等手段，通过互办展览、巡回展览、设备引进、人员培训、技术合作、学术交流等方式加强与不同国家博物馆之间多领域多层次的交流合作。2010 年 11 月，第 22 届国际博物馆协会会员代表大会将在上海召开，我们要精心筹备，努力办好这次世界博物馆界的盛会。各地博物馆要踊跃参与，作好东道主，并紧紧抓住此次机会宣传自己，拓宽合作渠道，推动我国博物馆走向世界。

回顾历史，我们充满自豪;展望未来，我们充满希望。在新的起点上，我们要肩负历史重托，高举中国特色社会主义伟大旗帜，以邓小平理论和"三个代表"重要思想为指导，在博物馆各项工作中深入贯彻落实科学发展观，进一步增强责任感和紧迫感，坚持在改革中发展，在服务中提高，不断满足人民群众精神文化需求，为构建和谐社会，实现中华民族的伟大复兴担负起博物馆人的文化责任，为促进世界文明发展做出更大贡献。

负责人：张　柏
统稿人：宋新潮
执笔人：辛泸江
　　　　李学良
　　　　李　晨

社会文物管理60年

国家文物局博物馆与社会文物司（科技司）

建国 60 年来，我国经济社会各领域经历了前所未有的深刻变革。社会文物管理工作从无到有，不断适应时代发展的要求，积极应对出现的新情况、新问题，不断完善管理理念、方法和手段，管理工作的总体水平显著提高。回顾 60 年来社会文物管理工作的发展历程，总结工作成就，对于我们充分认识当前面临的形势和任务，深入探索社会文物管理的客观规律，进一步解放思想，实事求是，以科学发展观指导和引领社会文物管理工作的长远发展，具有十分重要的意义。

一 发展历程

60 年来，我国社会文物管理工作始终坚持以抢救保护文物为前提，以积极引导、规范管理为手段，以满足人民群众日益增长的精神文化需求为目标，在文物市场管理、文物进出境审核和抢救流失文物等方面不断取得新的进展。

（一）文物市场管理

新中国成立后，中国开始全面实行计划经济体制，统购统销，控制物价。各地存在的各种私营文物商店先实行公司合营，后经过 1956 年的社会主义改造，成为国家所有的商业部门，私人文物商店不复存在，过去数百年个人经营和私家店铺的文物交易形式发生了根本变化。

1960 年，国务院批准公布了《关于改变文物商业的性质和管理体制的方案》，把文物商店的纯商业性质改变成为实行企业管理的文化事业单位。与此同时的《文化部、商业部、外贸部关于研究执行"关于改变文物商业的性质和管理体制的方案"的通知》，也将外贸、旅游部门下属的文物经营部门，统一划归各地文化部门负责领导，形成文化部门独家经营的格局。

1974 年 12 月 16 日，国务院批转了外贸部、商业部、文物局《关于加强文物商业管理和贯彻执行文物保护政策的意见》，明确指出："文物商店应由文化部门领导，没有建立文物商店的省、市、自治区应逐步建立，现由外贸部门领导的文物商店，立即交文化部门领导。"同时，国家文物局又进一步明确规定了文物商店归口经营后的方针和任务，即文物商店是国家设立的文化事业单位，其主要任务是，以商业手段征集、保护流散于民间的传世文物，防止珍贵文物流失，并积极向博物馆、科研单位无偿提供藏品和资料，文物商店的一切经营活动不以盈利为主要目的。相应的为了保证这一任务的完成，当时国家在税收政策上还给了文物商店一些优惠和照顾，使之能够拥有一笔资金用于流散文物的征集和珍贵文物的保护。

据统计，1980年以前，全国省、市级有外销权的文物商店有50余家，下设有40余个文物代销点，形成文物购销体系，在计划经济时代的文物流通中，占据了主渠道地位。

改革开放初期，按照"归口经营、统一收购、统一价格、加强管理"的原则，国有文物商店负责统一收购流散在社会上的传世文物，其中的珍贵文物优先为博物馆提供藏品，一般文物经鉴定后可用于出口外销。1982年颁布施行的《文物保护法》明确规定："私人收藏的文物可以由文化行政管理部门指定的单位收购，其他任何单位或者个人不得经营文物收购业务。"进一步确立了由文物商店统一负责文物经营的管理体制。

1992年以后，我国实现了由计划经济向社会主义市场经济的转型。文物监管品市场和文物拍卖的出现，打破了文物商店对文物的独家经营，并在文物市场上逐渐形成了相互竞争的局面。

国家文物局、国家工商行政管理局、公安部、海关总署于1992年联合印发了《关于加强文物市场管理的通知》，明确规定1911～1949年间制作、生产、出版的文物监管物品经批准后可以在旧货市场销售，形成了北京潘家园、南京朝天宫等一批著名的文物监管品市场。

经国务院同意，国家文物局于1994年开展了文物拍卖试点工作，1996年对文物拍卖实行了直管专营，并建立了文物拍卖标的鉴定许可制度。1997年颁布施行的《拍卖法》首次以法律的形式规定了经营文物拍卖的资质条件和文物拍卖标的鉴定、许可程序，有力地促进了文物拍卖的发展。

2002年10月、2003年7月，新修订的《文物保护法》及其《实施条例》相继颁布实施，为文物市场的规范管理奠定了重要的法律基础。据此，国家文物局先后出台了《文物拍卖管理暂行规定》、《关于对申领和颁发文物拍卖

◆拍卖从业人员考试现场

许可证有关事项的通知》、《关于加强国有文物商店改制管理工作的通知》、《关于加强文物拍卖标的审核的通知》等规范性文件，我国文物市场的发展进入了依法管理的新阶段。

各级文物行政部门依法加强文物市场监督管理，严肃查处经营出土、出水文物等违法行为。2007年仅北京市就撤拍了出土文物529件，山西省一次撤拍了来自境外的海捞瓷228件，对规范文物市场秩序，增强企业的守法经营意识，发挥了积极的作用。

文物市场发展势头良好。截至2006年，全国已设立文物商店近百家，库存文物200多万件，当年为博物馆提供文物藏品36641件。2007年，全国文物艺术品拍卖总成交额达到240亿元，仅北京地区拍卖企业的拍卖总成交额就突破了100亿元。文物拍卖成为社会公众关注的文化产业发展的热点之一。

（二）文物进出境审核

新中国成立后，我国及时建立了文物进出境管理制度，对文物出境开始实行全面严格的管理，

迅速改变了旧中国文物严重外流的状况。

1950年5月24日，政务院发布了《禁止珍贵文物图书出口暂行办法》，设定了11类禁止出口的文物图书。为确保珍贵文物免于流失，规定出口文物限于天津、上海、广州三海关（后增加北京），同时要求必须由文物出口鉴定委员会按照报运人所报清单逐件核对、鉴定，对外贸易管理局按鉴定委员会出具的鉴定证明发给出口许可证，海关、邮局凭证放行。这是新中国颁布的第一部文物方面的法律，也是文物出境审核制度建立的开始。

1960年7月12日，文化部、对外贸易部联合发布了《关于文物出口鉴定标准的几点意见》，确定了文物出口鉴定的十项原则性标准，在该《意见》后附的《文物出口鉴定参考标准》中，对21大类文物的出口年限作了详细的规定。在2007年的《文物出境审核标准》发布之前，《文物出口鉴定参考标准》一直是我国文物进出境审核工作的主要依据。此后，国家文物局又相续颁发了一系列相关文件，对钱币、古建筑构件、建国后已故著名书画家作品限制出境等作出了明确规定，文物进出境审核标准在实践中逐步走向完善。

1974年12月16日，国务院批转的外贸部、商业部、文物局《关于加强文物商业管理和贯彻执行文物保护政策的意见》还提出了文物出口"少出高汇，细水长流"的方针。规定文物由文化、文物部门领导的文物商店统一收购，文物出口主要由外贸部门经营。

1977年10月19日，国家文物事业管理局颁发《对外国人、华侨、港澳同胞携带邮寄文物出口鉴定、管理办法》，对外国人、华侨、港澳同胞私人携带、邮寄文物出口的鉴定程序做了规定。

改革开放初期，我国文物出境主要是由外贸部门按照"少出高汇、细水长流"的方针，组织国内存量大、价值一般的部分文物，从北京、天津、上海、广州四大口岸出口外销。各口岸均设有文物出口鉴定机构，对拟出口的文物进行鉴定。经鉴定准许出口的，由海关予以放行；禁止出口的文物移交给文物部门。

1981年，国务院批转了国家文物事业管理局《关于加强文物市场管理的请示报告》，明确指出将文物对外批发逐步转为在国内市场零售，逐年减少对外批发的数量。1985年，中央决定停止外贸部门经营文物出口业务。据此，文化部和外经贸部于1986年联合发布了《关于外贸、文物部门办理一般文物（旧工艺品）交接事宜的通知》，决定将外贸部门的库存文物全部拨交文物部门。外贸部门停止文物出口是中央为保护文物做出的重要决策，从根本上改变了文物大量批发出口的做法。据统计，外贸部门停止文物出口后，1987年我国文物出口量仅为1986年出口量的43.17%，有效地限制了文物外流。

随着改革开放的深入，境内外人员往来日趋频繁，私人携运文物出境和文物临时出境复进境、临时进境复出境的情况越来越多，文物进出境管理的任务更加复杂和繁重。为此，文化部于1989年发布了《文物出境鉴定管理办法》，对销售单位申报出境的文物、私人携运出境的文物、暂时进出境文物的鉴定工作都作了具体规定，推动我国文物出境鉴定工作进入了加快发展的阶段。

1994年，国家文物局先后发出《关于加强文物出境鉴定机构建设的通知》、《关于审定文物出境鉴定机构团体资格的通知》，设立了17个国家文物出境鉴定站，承担文物出境鉴定工作。1995年，国家文物局与海关总署联合发布了《暂时入境文物复出境管理规定》，规定了因修复、展览、销售、拍卖等原因暂时入境的文物复运出境的程序和鉴定机构。

2002 年新修订的《文物保护法》专设了"文物出境进境"一章，明确了文物进出境审核作为政府行政职能的性质，规定了因展览临时出境文物复进境和临时进境文物复出境审核的相关程序。2003 年出台的《文物保护法实施条例》，对文物进出境审核机构、责任鉴定员、审核程序等做了详细规定。此次修订的《文物保护法》及其《实施条例》，基本构建了我国文物进出境审核管理的法律框架，标志着我国文物进出境审核管理进入了全面发展的新阶段。

2007 年，国家文物局和文化部先后颁布实施了《文物出境审核标准》、《文物进出境审核管理办法》，进一步丰富和完善了我国文物进出境审核管理的法规制度体系，推动我国文物进出境审核管理取得了新的突破。其中，《文物出境审核标准》确定了以 1949 年为文物出境的主要标准线，1911 年前生产、制作的文物一律禁止出境。《文物进出境审核管理办法》对文物进出境审核各方面工作做了全面、具体的规定，成为当前文物进出境审核工作的主要依据。

建国 60 年来，我国在文物进出境审核工作中抢救了数以万计的珍贵文物，基本扭转了文物大量流失出境的局面。文物出境审核数量大幅下降，2007 年文物出境审核数仅为 1978 年文物出境审核数的 21.44%。文物回流趋势明显，2007 年文物临时进境审核数 19364 件，较 2006 年同比增长 57.97%，其中大部分进境文物留在了境内。以天津为例，2005 ~ 2007 年共有 2597 件文物临时进境，其中仅有 620 件文物复出境；留在境内的文物 1977 件，占进境文物的 76.13%。

文物进出境审核队伍有了较大发展，先后有 100 多人通过国家文物局的考核取得了文物进出境责任鉴定员资格，其中大多数都活跃在工作一线，成为文物进出境审核的主力军。文物部门还为海关、公安等有关部门培养了一批具有文物鉴定专业知识的执法人员，取得了很好的效果。

（三）抢救流失文物

近代以来，大量中国文物被劫掠、盗运出境，使中国文化遗产遭受了严重的损失。改革开放的深入，为我国开展文物追索、征集工作，推动文物返还国际合作，抢救流失海外的中国文物创造了条件。

文物追索是指文物原属国依据国际公约和政府间协议，要求返还非法流失出境的本国文物。1989 年 9 月，国务院批复接受联合国教科文组织 1970 年《关于禁止和防止非法进出口文化财产和非法转让其所有权的方法的公约》。1997 年 3 月，国务院又批复加入了国际统一私法协会

◆1998 年 5 月国家文物局通过法律程序从英国索回 3000 多件中国文物

◆国家文物鉴定委员会委员赴丹麦鉴定流失的中国文物

◆2003 年 6 月傅熹年、徐邦达、朱家溍、启功在鉴定《出师颂》

◆2003 年 8 月故宫公开展出《出师颂》

◆2009 年 1 月 11 日北京大学接受捐赠，收藏了一批从海外抢救回归的珍贵西汉竹书日书中的人字图

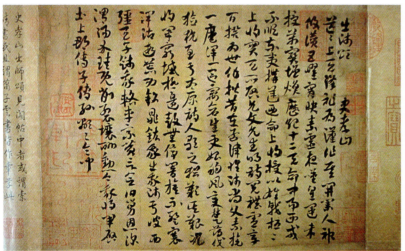

◆2003 年 7 月故宫入藏隋佚名章草《出师颂》

◆2001 年从美国索回走私出境的河北曲阳五代王处直墓彩色石雕像

◆李学勤等专家正在整理清华大学于 2008 年 7 月入藏的竹简典籍

1995 年《关于被盗或非法出口文物公约》。这两个公约成为推动我国文物追索工作重要的法律基础。

1994 年，英国警方在调查一起涉嫌走私的案件中，查扣了一批中国文物。国家文物局经组织专家鉴定，确认了大部分文物是从中国境内盗掘出土，并要求英方将这批文物归还中国。在各有关部门的共同努力下，我国于 1998 年从英国成功索回了中国文物 3000 多件。这是我国首次大规模成功追索非法流失出境的中国文物，在国内外产生了广泛影响。

此后，我国进一步加大了文物追索的工作力度，成功追回了大批具有重要价值的文物。2001 年，从美国索回走私出境的河北曲阳五代王处直墓彩色石雕像。同年，加拿大国家美术馆将龙门石窟石雕佛像 1 件归还中国。2002 年，从美国索回古生物化石 93 箱 110 件。2003 年，从美国索回陕西西安被盗掘的 6 件汉代陶俑，从香港索回河北承德被盗的珍贵文物 49 件。2005 年，瑞典东亚博物馆将 1 件汉代陶马俑归还中国。2008 年，从丹麦索回中国文物 156 件。日本美秀博物馆将被盗的山东博兴北朝石刻菩萨造像归还中国。这些成功案例充分表明了我国政府保护本国文化遗产、追索非法流失文物的坚定决心，有力地打击了盗窃、盗掘和走私中国文物的犯罪活动，为国际文物追索积累了宝贵的实践经验，得到了广大人民群众和国际社会的高度肯定。

◆韩熙载夜宴图

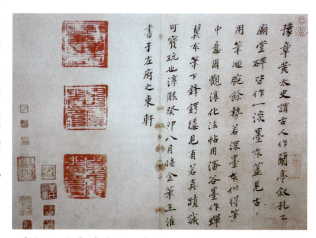

◆《淳化阁帖》中南宋王淮的题记

同时，我国在国际公约的框架下，积极参与有关国际组织和国家促进文物返还的国际合作。我国连续当选为联合国教科文组织促进文化财产归还原属国或返还非法占有文物政府间委员会的成员国。在推动返还第二次世界大战期间流失出境的文物、起草促进流失文物返还宣言等重大活动中，发挥了关键作用。我国与秘鲁、意大利、印度、希腊、美国等十余个国家签署了防止盗窃、盗掘和非法进出境文物的双边协定，并在信息交流、人员培训、文物返还等方面取得了实质性的合作成果。

文物征集也是抢救流失文物的重要途径。建国初期，党和政府即十分重视祖国文化遗产保护，在国家外汇极度缺乏的情况下，曾拨巨资抢救了诸如《五牛图》,《韩熙载夜宴图》等珍贵文物。从 2002 年起，财政部、国家文物局设立了国家重点珍贵文物征集专项经费，明确以流失海外的文物为重点，先后成功购回了北宋米芾《研山铭》、陈国琅藏宋元明清善本典籍、商代"子龙"铭青铜大圆鼎等多批特别重要的文物精品。一些国有博物馆通过购买、捐赠等多种征集形式，积极抢救了许多流失文物。如故宫博物院购得隋人书《出师颂》；上海博物馆购买了翁氏藏书、北宋《淳化阁帖》等，并获捐赠清雍正官窑粉彩蝠桃纹橄榄瓶等重器。这些珍贵文物历经坎坷重归祖国，并向社会公众展示，成为一时的文化盛事。

二 主要成就

60 年来，我国社会文物管理工作紧紧把握历史机遇，不断解放思想，转变机制，深化改革，加快发展，取得了令人瞩目的成就，主要体现在以下几个方面：

（一）形成了文物市场依法规范管理的有效机制

建国 60 年是我国文物市场由混乱无序到国家统管专营，并逐步向依法管理转变的 60 年。各有关部门依法规范文物市场管理，有力地保障了市场的健康发展。文物市场的经营主体得到发展、流通范围和销售渠道不断扩展、经营模式不断创新。市场竞争激烈，交易活跃，呈现出繁荣兴盛的局面。

1. 构建法律制度体系

根据文物市场管理实践的发展变化，及时调整、丰富和完善文物市场管理的法律法规，初步构建了以《文物保护法》及其《实施条例》等法律法规为核心的法规制度体系。从文物经营资质、资格和文物审核备案等关键环节入手，形成了严格的市场准入制度，规范了文物流通的审核程序，建立了文物交易信息的登记备案机制，促进了文物市场的有效监管和规范发展。

2. 形成行业管理机制

建国后国家统管专营制度的建立，有效加强了社会文物保护与管理。而改革开放以来，为适应我国由计划经济体制向社会主义市场经济体制转变的战略决策，由政府部门统管专营的计划经济管理模式已经无法适应经济社会发展变革的现实要求。各级文物部门及时更新观念，调整定位，转换角色，从文物市场的直接参与者、指挥者彻底转变为管理者，摆脱了以往大包大揽、行政干预的市场管理方式。文物、工商、公安等各有关部门依据《文物保护法》等法律法规，各司其职，各负其责，对文物市场实施行业管理，形成了多部门、全方位的市场管理机制，保障了市场管理的公正、公平、科学、规范。

3. 营造良好市场环境

各级文物部门在文物市场管理中，加大文物行政执法力度，重点查处无证经营、超范围经营等违法行为，严厉打击买卖和走私出土、出水文物、国有馆藏文物等违法犯罪活动，维护了文物市场的正常秩序。同时，充分尊重市场主体的经营自主权，不干预市场的合法经营活动，为文物市场的发展，创造了依法经营、公平竞争、自主发展、宽松和谐的良好环境。

4.实现繁荣健康发展

文物市场的繁荣，实现了良好的经济效益和社会效益。市场规模迅速扩大，文物成交价格不断攀升。一些品类文物的价格达到甚至超过国际市场中国文物的价格水平，吸引了大量海外中国文物回流。文物市场已经成为一些地区文化产业发展的主要支柱，对树立区域文化品牌，带动旅游等相关行业发展，增加社会就业，都发挥了重要的作用。文物市场自身的调节作用初步显现。以文物拍卖市场为例，一些经营规范、实力雄厚的拍卖企业占据了市场的主要份额。新申请文物拍卖资质的拍卖企业审批数量逐年下降。近半数的文物拍卖企业没有持续开展相关的经营活动，逐渐退出了文物拍卖行业。激烈的市场竞争和优胜劣汰，实现了文物市场产业布局和资源配置的优化，在一定程度上规范和促进了文物市场的良性发展。

5.引导和规范民间收藏活动

2002年修订的《文物保护法》首次以法律的形式明确了民间收藏文物的合法权利，"藏宝于民"逐渐成为社会各界的广泛共识。我国民间文物收藏进入了迅速发展的时期，收藏的规模、范围、品质和社会影响都达到了前所未有的高度。各级文物部门增强服务意识，积极主动地宣传普及文物保护的相关知识，倡导合法、理性的收藏理念，树立正确的舆论导向。保障民间收藏文物的合法权益，鼓励和支持民办博物馆的发展，完善民间收藏文物的鉴定、修复、保护和咨询服务，有力地引导和规范了民间文物收藏活动。对于满足人民群众日益增长的精神文化需求，提高他们研究、传承传统文化的热情和积极性，扩大文物保护工作的社会基础，起到了很好的作用。

（二）建立了严格的文物进出境审核管理体系

建国以来我国建立了严格的文物进出境审核管理制度，有效遏制了解放前文物大量流失的局面。随着国际交往的不断增加，尤其是改革开放以来，对文物进出境审核管理提出了更高的要求，也带来了发展的机遇。文物进出境审核工作建立完善了更加严格的管理体系，有效地防止了珍贵文物流失，实现了从文物批量出口逐步转为以内销为主，文物出境数量逐年下降，进境数量明显上升的历史性转变。

1.机构建设成果斐然

全国现有文物进出境审核机构14个，基本覆盖了我国对外交往的主要口岸。在机构性质、人员编制、经费保障等方面都有了较大改善，解决了长期以来困扰发展的自收自支等问题。浙江等鉴定站被列为监督管理类事业单位，进一步明确了其文物行政执法职能，为文物进出境审核机构的改革发展做了积极的探索。

2.人员素质全面提升

建立完善了文物进出境责任鉴定员的培训、考核和持证上岗制度，形成了一支忠诚于文物事业、业务过硬、素质全面的责任鉴定员队伍。一批中青年专业人员经过培训、考核和文物进出境审核工作实践的磨炼，逐渐成为能够站好岗、把好关的业务骨干。

3.审核工作更加严格

在文物进出境审核工作实践中建立健全了一整套较为成熟和严密的工作制度，如文物出境审核需3名以上鉴定人员，实行一票否决制等，确保了审核工作的科学、严谨。在审核标准上，2007年出台的《文物出境审核标准》进一步丰富了文物出境审核的内容，提高了文物出境的门槛，加大了对近现代文物和民族民俗文物的保护力度，集中反映了建国60年以来，我们对文物内涵认识的深化和保护理念的进步；对于严把文物出境审核关口，具有关键性的作用。

4.审核水平不断提高

现代科技手段的应用，成为提高文物进出境审核工作水平的重要推动力。广东、陕西等鉴定站引入科技人员或与相关科研机构合作，在文物进出境审核中研究应用科技检测方法，将传统的文物鉴定方法与科技检测手段相结合，提高了审核工作的科学性和准确性。上海、广东等鉴定站开发使用了文物进出境审核信息管理系统，有效地提高了审核工作的信息化管理水平。

5. 文物进境持续增长

文物因展览、拍卖、修复等原因临时进境，是改革开放以来文物进出境审核管理工作中出现的新情况，也是新的发展机遇。文物临时进境复出境制度的建立和完善，从制度上消除了海外文物回流的后顾之忧，有力地吸引和促进了文物回流。近年来文物进境数量逐年攀升，呈现出强劲的发展势头。同时，有关部门对国有文物收藏单位征集、追索或接受境外捐赠、归还的中国文物进境予以免税，为文物回流提供了更加有利的政策条件。

（三）开创了文物追索国际合作的新局面

保护文化遗产，促进文物返还原属国，是人类社会正义和文明发展的必然趋势，是国际社会的高度共识，也是各国政府义不容辞的文化责任。建国以来，我国不断加强在文物保护领域的国际交流与合作，为文物追索工作的发展提供了宝贵的机遇，奠定了坚实的基础。追索工作从摸索起步到初见成效，在较短的时间内取得了迅速发展。实践证明，在全球化和我国对外开放不断深入的时代背景下，加强文物追索领域的国际合作，对于抢救保护文化遗产，维护国家文化权益，打击文物犯罪活动，促进流失文物返还，都具有十分重要的意义和深远的影响。

1.多边参与和双边合作的全面突破

利用国际组织的多边舞台，阐述我方关于文物追索的观点、做法和合理要求，维护了我方的正当权益，扩大了我国在这一领域的国际影响力。通过签署双边协议，加强与有关国家在防止盗窃、盗掘和非法进出境文物方面的合作，在国际公约的框架下，进一步拓展了双边合作的范围和深度，建立了实质性合作的长效机制。

2.争取了国际社会的广泛支持

我外交、公安、海关和文物等有关部门通过多种渠道，与国际组织和有关国家的政府、相关部门联系沟通，使其充分理解我方的原则立场，在多次追索案件中给予了关键性的支持。在我方的积极争取下，国际社会的友好人士、公众、新闻媒体和海外华人华侨等都关注和认同我追索非法流失文物的正义行动，形成了有利于我的强大社会压力。国际社会的广泛支持，成为我国文物追索工作屡获成功的一项制胜法宝。

3.兼顾原则性和灵活性的工作方式

文物追索工作往往涉及十分复杂的法律和利益关系，因此国际公约主要是确定追索的基本原则，具体实践还需要对公约精神的深入理解和必要的工作技巧。我国在文物追索工作中始终坚持对非法流失文物的所有权并使文物回归祖国的原则，在此前提下对于文物返还的细节处理则体现出相当的灵活性。如近年来回归的流失文物中既有我国政府通过法律手段追索的，也有海外华人购买并捐赠回国的，还有国外机构主动或经协商无偿归还的。针对不同情况灵活地运用多种工作方式，为促进流失文物返还开辟了更加广阔的前景。

三　经验与启示

回首60年，社会文物管理工作取得了巨大的成绩，但也仍然存在着法律制度体系有待完善、管理力量薄弱、投入不足、手段滞后等一些实际问题，在一定程度上制约了社会文物管理工作的发展。

为此，我们应当在深入分析和认真总结建国60年来实践经验的基础上，在全面认识和准确把握当前社会文物管理面临的新形势、新情况的前提下，坚持以改革促发展，不断创新社会文物管理的工作机制；以开放求合作，全面深化流失文物返还的国际合作，推动我国社会文物管理工作加快发展。

进一步贯彻落实以人为本的执政理念，始终将服务社会、服务人民作为社会文物管理工作的宗旨和依归，着力解决关系群众切身利益、群众反映强烈的民间收藏文物鉴定、咨询等热点问题。

进一步贯彻落实科学发展观，始终将服务发展、促进发展作为社会文物管理工作的根本目标，以科学发展的思路、观点和方法，促进文物市场、文物进出境审核和抢救流失文物等各项工作的全面协调可持续发展，成为社会主义文化大发展大繁荣的重要推动力。

适应我国社会主义市场经济发展的内在要求和客观规律，重点加强法律制度建设，保障各方的合法权益，落实文物拍卖的国家优先购买权。加大文物行政执法力度，维护文物市场发展的良好环境。按照建设服务型政府的要求，树立服务企业和市场发展的管理理念，加快转变以行政审批为核心的管理模式，简化程序，规范要求，提高效率，充分发挥市场自身的调节力量，促进文物市场的繁荣、健康发展。

坚持可持续发展的要求，严把文物出境关口。大力加强文物进出境审核机构建设和人才培养，加大经费投入，为文物进出境审核工作提供有力保障。推广科技检测手段在文物进出境审核工作中的应用，提高审核工作的科技含量。建立完善文物进出境审核信息管理系统，实现审核工作全流程、全方位的实时监控和标准化、信息化管理。

积极参与国际组织促进文物返还的国际合作，重点推进与我国文物主要流向的美国等有关国家签署打击文物走私双边协定。建立完善国内各有关部门共同参与、快速反应的文物追索工作机制，加强流失文物和相关的国际公约、法律、案例研究，为文物追索、征集奠定重要的工作基础。

社会文物管理在文物工作中与人民群众接触最广泛，联系最紧密，也是人民群众认识、了解文物工作最直观的窗口。我们衷心地期望，透过社会文物管理的窗口，所有人都将见证文物工作更加辉煌的未来！

负责人：张　柏
统稿人：宋新潮
执笔人：吴　旻

文物保护科技60年

国家文物局博物馆与社会文物司（科技司）

文物保护是指针对文化遗产价值的调查、认定、研究、展示、利用和传承，对文物本体的保存、保全和修复，以及对相关环境的控制与整治等。文物保护科技包括人文社会科学、自然科学、工程与技术科学等一切与文物保护相关的科学和技术。新中国走过 60 年光辉奋斗的历程。在党和国家的高度重视下，文物保护科技工作取得了长足进步，取得了辉煌的成绩，有效地支撑、带动和引领了文物和博物馆事业的发展。

一　历史回顾

（一）1949～1977年：响应国家"向科学进军"的号召，文物保护科技迎来崭新起点

1949 年新中国成立，文物保护科技工作获得了全新的发展环境。1956 年 1 月，在全国知识分子问题会议上，毛泽东、周恩来等领导同志提出了"向科学进军"的号召，确定了分步骤、分阶段缩小与世界发达国家先进科学技术水平差距的科技工作思路，为文物保护科技的发展明确了方向。1956 年 5 月，第一次全国博物馆工作会议召开，为配合向科学进军、加强博物馆科学研究工作，提出了中国博物馆具有"科学研究机关"和"为科学研究服务"的基本性质；同年 6 月 4 日，人民日报专门发表了《发展博物馆事业，为科学研究和广大人民群众服务》的社论。1963 年，文化部召开"文物保护科学技术工作汇报会"，交流科技工作经验。1962 年，在原古代建筑修整所的基础上成立了文物博物馆研究所，增加了馆藏文物化学保护研究、石窟寺及木构建筑的化学加固研究等方面工作。1965 年，中国科学院考古研究所建成中国第一座放射性碳素断代实验室，为考古学断代研究的发展奠定了坚实基础。60 年代初，国家委派年轻文物保护科技工作者到波兰等国家留学，攻读文物保护专业，并陆续学成归国，在漆木器保护、纸质文物保护等方面发挥了重要作用。1975 ～ 1976 年，先后开展了有关裱画技术、铜器修复技术，以及金属文物检测保护等方面的人员培训工作。

1949 ～ 1977 年期间，壁画揭取加固技术、防紫外线和红外线技术、聚乙烯醇水泥压力灌浆法加固砖塔工艺、麦积山石窟喷锚粘托技术、古代防蠹纸工艺、热释光测年技术等一批重要文物保护技术研究先后获得成功，为文物保护工作提供了有力支撑。特别值得一提的是，1972 年的长沙马王堆汉墓发掘与出土文物的保护，在周恩来总理的亲自关心下，文物科技工作者不畏文革的影响，首次集中了全国最高水平的考古、科技、医学等领域的一流专家联合攻关，攻克了许多

◆永乐宫壁画搬运

◆20世纪50年代故宫博物院修复

科技难题，完成了对女尸、帛画、简牍、丝织品、漆器的提取和保护工作，成为当时跨学科联合攻关保护重要出土文物的典范，也确定了文物保护科技发展必须走跨学科、跨领域、跨行业、跨部门的道路。

（二）1978～1994年：学习贯彻"科学技术是第一生产力"的重要论断，迎来文物保护科技工作的春天

改革开放迎来了科技工作的春天。1978年，邓小平同志重新强调了马克思、恩格斯关于"科学技术是生产力"的观点。1988年，小平同志再次以政治家的勇气和高瞻远瞩，进一步发展了马克思和恩格斯的唯物主义观点，明确提出"科学技术是第一生产力"，这一放之四海而皆准的真理为文物保护科技工作指明了方向。随着解放思想和"实践是检验真理的唯一标准"的逐步深入人心，科学思想、科学精神、科学理念、科学方法、科学态度得以恢复，文物保护科技工作由衰到兴。

1978年，碳－14测定文物年代的技术革新、石窟围岩的灌浆加固等13项科研成果获得全国科技大会奖。1979年，国家文物事业管理局在北京召开部分省、市、自治区文物保护科学研究座谈会，讨论《1978～2000年文物保护科学技术发展规划》（草案）。1980年，中国文物保护技术协会第一次代表大会在北京召开。1989年，国家文物局文物科技专家组正式成立。1990年，文物保护科学技术研究所和古文献研究室合并，正式成立中国文物研究所。1991年，国家文物局印发《国家文物局科研项目开题及经费管理办法（试行）》《国家文物局文物科学技术进步奖励办法（试行）》及《国家文物局科学技术成果鉴定办法（试行）》。

1978～1994年期间，新增文物保护科研机构20个，一大批优秀的科研成果得以涌现，其中国家级科技奖励17项，省部级科技奖励74项，重大科技成果近百项。

（三）1995～2005年：落实"科教兴国"的发展战略，文物保护科技工作实现快速发展

1995年，党中央确立了"科教兴国"战略。这是继1956年号召"向科学进军"、1978年全国科学大会之后，中国科技事业发展进程中第三个重要里程碑。1996年，联合国提出的"知识经济"

概念，表明人类对科学技术重要性的认识达到了一个相当的高度，促进了文物保护科技工作思想的进一步解放。国家加强了宏观管理，加大了经费投入，文物保护科技工作得到进一步加强和快速发展。

1996 年，国家文物局专门设立了科技教育处（为进一步适应文物保护科技发展和信息时代的需要，2003 年更名为科技信息处，2005 年更名为科技与信息处），发布了科技成果应用指南，编制了文物保护科技"十五"规划。2000 年，印发了《全国文物、博物馆系统人文社会科学重点课题暂行管理办法》。2001 年，国家科技攻关计划项目"文物保护技术研究与中华文明探源预研究"立项实施。2002 年，新修订的《中华人民共和国文物保护法》及其实施条例，对文物保护科技工作做出明确规定。国家文物局依法颁布了《文物保护科学和技术研究课题管理办法》等 5 项部门规范性文件，设立了国家文物局科研课题管理办公室，发布了《历史文化遗产保护领域科学和技术研究课题指南（2004 ~ 2005 年）》。2003 年，响应国家号召，遵照整体部署，启动了行业中长期科技发展规划战略研究工作，完成了《历史文化遗产保护领域中长期科学和技术发展规划战略研究报告》。2004 年，胡锦涛同志指出，"要注意保护历史文化遗产和古都风貌。关键在于狠抓落实，各有关方面都要大力支持"；国家文物局成功组织召开全国文物保护科技工作会议，全面总结成就，分析问题，对当前和今后一个时期的工作进行了部署。2005 年 12 月《国务院关于加强文化遗产保护的通知》，对新时期文物保护科技工作提出了更高的要求，要"加强文化遗产保护科技的研究、运用和推广工作，努力提高文化遗产保护工作水平"。在进一步明确行业科技中长期发展的重点领域和优先主题的同时，国家文物局组织开展了"指南针计划——中国古代发明创造的价值挖掘与展示"（以下简称"指南针计划"）、大运河保护综合研究等一批重大科技专项的顶层设计和预研究工作，研究成果得到了党中央、国务院领导和科技界专家学者的高度重视。

1995 ~ 2005 年期间，国家文物局加大了对科研课题的支持力度，且支持范围也进一步得到了拓展，共支持了涵盖基础类、应用类和软科学类课题 290 项，214 项课题顺利结项。其中，6 项科研成果获得国家级奖励，47 项获得省部级奖励。

（四）2006年至今：科技创新上升为国家意志，文物保护科技工作进入跨越式发展阶段

2006 年 1 月，胡锦涛同志在全国科学技术大会上关于《坚持走中国特色自主创新道路 为建设创新型国家而努力奋斗》的报告和 2007 年 10 月召开的党的十七次代表大会再一次为文化遗产保护科技工作指明了方向，"全面落实科学发展观"和"促进社会主义文化大发展、大繁荣"，带来了文物保护科技工作的又一次思想解放，"加强原始创新、集成创新和引进消化吸收再创新"成为文化遗产保护科技工作的主旋律。在党中央、国务院领导的高度重视和有关部门的大力支持下，文化遗产保护科技工作进入跨越式发展阶段。

2006 年，国家文物局出台《文化遗产保护科学和技术发展"十一五"规划（2006 ~ 2010 年）》，行业科技管理工作的部门规范性文件增至 12 项；文化遗产保护领域的 4 个项目共 15 项课题纳入国家科技支撑计划，文物保护标准化技术委员会正式成立。2007 年，国家文物局颁布了首批 9 项行业技术标准，"指南针计划"的各分专项规划的编制和试点工作正式启动实施；中国文物研

究所正式更名为中国文化遗产研究院,国家文物局重点科研基地增至12家。2008年,为展示"指南针计划"阶段性成果,配合"人文奥运、科技奥运、绿色奥运"主题,"奇迹天工——中国古代发明创造文物展"成功举办,引起社会各界广泛关注;2009年,文化遗产保护领域创新联盟试点建设工作正式启动;文化遗产保护领域国家科技支撑计划项目共15项课题完成全部课题任务,在技术研发、装备升级、人才培养、基地建设,以及体制机制创新等方面取得丰硕成果;为进一步调动各方资源、形成合力,"中华文明探源工程"由7部门建立部际联席会议制度,"指南针计划"专项由10部门建立领导小组工作机制。

二 重要成果

新中国成立60年来,伴随着国家经济的发展和社会的进步,文物保护科技工作经历了由衰到兴、由弱到强、由封闭到开放、由分散到系统的历史性转变。每一次的思想解放,都成为文物保护科技发展与改革的重要契机,为文物保护科技的发展提供了巨大推动力。通过继承传统、积极引进、消化吸收、不断壮大,实现了我国文物保护工作科技含量的大幅提升,文物保护科技工作取得了辉煌的成就。

(一)科技管理体系初步确立

在学习借鉴的基础上,文物保护科技管理工作逐步形成了依靠"法规强化管理"、依靠"规划引导管理"、依靠"标准规范管理"和依靠"技术手段辅助管理"的科技管理思想,初步形成了适应文物保护科技发展的科学管理体系,并能够及时针对新时期出现的新问题,积极开展管理创新的探索与实践。

1. 科技管理法规得以初步完善

《中华人民共和国文物保护法》及其实施条例,以及《国务院关于加强文化遗产保护的通知》,对文化遗产保护科技工作做出了明确规定。国家文物局依法制定了涵盖人文社会科学、自然科学、工程与技术科学的《文物保护科学和技术研究课题管理办法》《文物保护科学和技术研究课题招标评标暂行办法》《文物保护科学和技术研究课题评审程序暂行规定》《文物保护科学和技术创新奖励办法(试行)》《国家文物局重点科研基地管理办法(试行)》《文物保护行业标准管理办法(试行)》《文物保护科学和技术评审与咨询专家管理办法(试行)》《文化遗产保护领域国家科技支撑计划课题管理暂行办法》《文化遗产保护领域国家科技支撑计划课题第三方机构评估咨询管理办法》(以下简称"第三方评估咨询管理办法")《可移动文物修复资质管理办法(试行)》《可移动文物技术保护设计资质管理办法(试行)》和《国家文物局重点科研基地运行评估规则》等12个部门规范性文件。制度建设的不断加强与完善,有效遏制了科研课题重复立项、不按时结项或草率结项的现象,科研课题质量明显提高,如期结项率由原有的31%上升为87%。

"第三方评估咨询管理办法"的出台,为国家文物局率先在国家科技计划项目的组织管理中,建立第三方评估咨询制度提供政策依据，探索和实践了文化遗产保护科技评估咨询活动由"个人行为"向"法人行为"的转变。

2. 制订行业科技发展规划，明确了各时期行业科技的发展方向

"九五"、"十五"、"十一五"期间，为明确行业科技发展的目标与任务，国家文物局先后制订了各时期的行业科技发展规划，有效地指导了行业科技工作的发展。

特别是在"十五"末期，国家文物局积极响应国家号召，遵照整体部署，组织开展了行业中长期科技发展规划战略研究工作，编制完成《历史文化遗产保护领域中长期科学和技术发展规划战略研究报告》。通过战略规划的研究，系统总结了文物保护科技工作的成绩与不足，分析了文物保护科技的国际发展趋势，并针对新时期文物保护领域的重点、难点和瓶颈问题，提出今后一个时期文物保护科技工作的 10 个重点领域和 33 项优先主题。

在此基础上，研究制订了《文化遗产保护科学和技术发展"十一五"规划（2006 ~ 2010 年）》，明确了"十一五"期间，文物保护科技工作的指导思想、基本原则和发展目标，重点布置了"6 项计划、5 大专项、1 个平台"及大力支持面上项目的主要任务，并据此编制了《文化遗产保护科学和技术研究课题指南（2007 ~ 2010 年）》。规划得到了科技部，以及中国科学院、中国社会科学院、中国工程院的高度重视和大力支持，文化遗产保护科技工作纳入国家《"十一五"社会发展科技工作要点（2006 ~ 2010 年）》。

3. 组建全国文物保护标准化技术委员会，文物保护的标准化时代正式到来

全国文物保护标准化技术委员会的成立，标志着文物保护标准化工作正式纳入国家标准系列，文物保护的标准化时代正式到来。

通过文物保护标准化的战略研究，明确了今后一个时期，文物保护标准化工作将重点开展"建立标准化体系、加强行业标准的创新性、构建检测及准入体系、探索行业标准发展战略模式和实施标准化人才培养战略"等方面的工作。

文物保护标准化制度建设从无到有，先后制定颁布了《全国文物保护标准化技术委员会章程》《全国文物保护标准化技术委员会秘书处工作细则》。

截至 2009 年底，已有 41 项标准制修订项目列入国家标准制修订计划，《文物术语研究》列入国家标准化公益性行业科研专项，69 项标准制修订项目列入行业标准制修订计划，《中国文化遗产标志》等 3 项国家标准以及《古代壁画病害与图示》等 20 项行业标准正式颁布。

4. 技术手段辅助于管理，提高了管理的效率和透明度

以数字化、网络化为特征的信息革命迅猛发展，为文物保护科技的管理工作提供了有效的技术保障。《文化遗产保护科学和技术研究课题管理系统》《文化遗产保护领域创新项目备选项目库》《馆藏文物腐蚀损失调查综合管理系统》等管理信息系统的研发和使用，以及正在研发的《指南针计划 ERP 管理系统》《可移动文物保护综合管理信息平台》《灾后文化遗产抢救保护综合信息平台》等，有效地提高了工作效率和管理的透明度。

（二）科技创新体系逐步完备

1. 文物保护科技专门性机构陆续成立，壮大了文物保护科技队伍

随着国家科技体制改革的不断深入，文物科技体制改革业已启动。中国文物研究所作为文化体制改革试点单位，适应文化遗产事业发展的需要，正式更名为中国文化遗产研究院，并向着国家级文物保护科技中心平台的方向迈进。初步形成与地方合作机构、行业重点科研基地、文博单位和其他科研部门关联有效、协作共进的新型科研院所体制。

中国科学院、中国社会科学院、中国工程院、中国建筑设计研究院、中国城市规划研究院、中国文化遗产研究院、故宫博物院、中国国家博物馆、敦煌研究院、西安文物保护修复中心、上海博物馆、南京博物院、湖北省博物馆等研究机构分别成立了一批区域性、专题性的科技中心，有效地发挥着科技支撑和辐射、带动作用。

北京大学、清华大学、复旦大学、兰州大学、吉林大学、东南大学、中山大学、四川大学、西北大学、南开大学、同济大学、天津大学、中国科学技术大学、北京科技大学、西安交通大学等高等院校专门设立了文物保护科技专业，培养了一大批文物保护科技专业人才。

2. 行业重点科研基地初具规模，增强了行业科技创新实力

为解决文物保护领域科学和技术研究面临的基础设施建设薄弱、运行机制和管理体制落后、地域发展不均衡、科技成果推广不力等基础性问题，促进文物保护科技工作健康发展，国家文物局从全局性、战略性和前瞻性的角度出发，积极开展科技体制创新，推动"开放、流动、联合、竞争"的运行机制的建立，依托相关科研实体分3批建立了古代壁画保护、陶质彩绘保护、出土木漆器保护、砖石质文物保护、馆藏文物保存环境、文化遗产保护规划、空间信息技术在文化遗产保护中的应用、文物建筑测绘、古陶瓷科学研究、金属与矿冶文化遗产研究、博物馆数字展示、古陶瓷保护等12家国家文物局重点科研基地。

从第二批科研基地的遴选工作开始，国家文物局有意识地在系统外科研机构和高等院校中，选择有实力的单位作为科研基地的培育对象。其目的就是为了从政策导向上，更好地促进跨学科、跨领域、跨部门、跨行业的联合攻关，实施"走出去、引进来"的战略。

通过几年的实践，我们欣喜地看到，通过这些系统外机构的积极参与，文物保护和博物馆行业的创新能力和承担重大项目的能力得到了极大地提高，国家文物局重点科研基地在文化遗产保护领域国家科技支撑计划、大遗址保护，以及"汶川地震灾后文物抢救保护修复专项规划"的编制等工作中，发挥了重要作用。

3. 积极开展体制机制创新，创新联盟试点建设稳步推进

为进一步构架和完善文物保护领域的科技创新体系，加强基层文博单位与高等院校、科研单位的合作，促进人才、技术和信息资源的共享，推动科技成果的推广应用，国家文物局又提出将"技术研发、装备升级、人才培养、成果转化和体制机制创新"统筹考虑，打破条块界限、集中国内优势资源，建立共享平台，协同解决文化遗产保护的关键技术问题"的工作思路，本着"不求所

有、但求所用"的原则，组织开展了文物保护领域创新联盟建设机制研究，第一个专业性技术创新联盟——陶质彩绘文物保护技术创新联盟正式启动，区域创新联盟建设的规划和试点工作正式提到议事日程。

通过 60 年的努力，文物保护科技创新体系不断发展完善，形式不断丰富，以国家力量为主导、社会各界积极参与的文物保护科技发展新格局正在形成。

（三）科技基础条件得到有效改善

新中国成立 60 年来，文物保护科技的基础条件得到了有效改善，在人才的培养与引进、科研经费投入、实验室建设和科技仪器设备升级与改造、科技图书和期刊购置等方面都取得了长足的进步。

1. 多种途径建立和完善人才培养机制和模式

科技人才队伍建设是文物保护科技工作的根本。为加快人才培养进程，国家文物局努力寻求多种途径，建立和完善人才培养机制和模式。通过科技项目引进人才，培养人才；与高等院校紧密合作，争取开设更多的文物保护科技专业，通过学历教育造就人才；与相关国家级科研院所以及国际知名文化遗产保护机构建立交流互访制度，提升高层次人才的培养档次等方式；举办科技保护培训班，探索保护修复项目、科技成果转化与人才培养统筹结合的新模式，积极推进人才的培养和创新团队建设。

据 2006 年国家文物局组织开展的文物保护科技基础条件资源调查显示，目前，文物、博物馆系统省级以上（含）的科研机构已发展到 84 家，专职技术人员增至 6057 人。其中女性为 2987 人、男性为 3070 人，分别占总数的 49.31% 和 50.69%；获得学士学位的 1726 人、硕士学位的 460 人、博士学位的 42 人，分别占总数的 27.59%、7.6% 和 2.3%；取得初级技术职称的 1639 人、中级技术职称的 2057 人、高级技术职称的 1691 人，分别占总数的 27.06%、33.96% 和 27.92%；35 岁以下、35 ~ 50 岁、50 岁以上的专业人员比例分别为 26.1%、53.82% 和 20.08%；近 2/3 的专业人员的工作年限在 15 年以上，在行业工作 5 年以下的专业人员占 13.9%、5 ~ 15 年的占 26.18%、15 年以上的达到 60%。

2. 国家用于文物保护科技的投入迅速增长

财政经费的可持续投入是文物保护科技工作的重要保障。国家财政用于文物保护科技的经费大幅提高，并呈逐年快速增长趋势。

"九五"期间，国家用于文物保护科研的经费投入由"八五"期间的每年 30 万元增加到 2000 年的 450 万元；"十五"期间继续增加到 2004 年的 900 万元；"十一五"期间，国家科技经费实现跨越式增长。在科技基础条件建设方面，国家财政投资 4075 万元，实施了中国文化遗产研究院科技基础条件修缮购置计划（一期）；投资 1360 万元，建立了故宫博物院古陶瓷研究中心实验室；在科学研究经费投入方面（含国家科技支撑计划项目经费），2006 年为 4459 万元、2007 年 6104 万元、2008 年 5773 万元、2009 年 6547 万元。部分省级文物主管部门也专门设立了科研专项经费用于支持科技基础条件的建设和科技攻关。

3. 实验室和科研仪器设备条件得到有效改善

实验室和科研仪器设备是文物保护科技最主要的基础条件资源之一。通过60年的努力，84家科研单位共建成499个实验室，其中，常规实验室153个、专门仪器室139个、修复室142个、其他类65个，总面积达28074平方米。

◆内蒙古辽祖州城遗址航空照片　　　　　　◆殷墟航拍

这84家科研单位共拥有0.2万元以上的科研仪器设备总价值为9924.62万元；0.2万～5万元小型科研仪器设备1296台，总价值1097.26万；5万元以上的大型科研仪器设备285台，总价值8827.36万元，其中，价值5万～50万元的227台，50万～200万的50台，200万元以上的8台。在加强自身建设的同时，部分科研机构积极参与了本区域的大型科学仪器协作共用网，与其他行业的科技机构共享大型仪器设备。

4. 科技图书、期刊的购置迅速增加

科技图书、科技期刊等出版物是科技基础条件的重要组成部分。增加出版物收藏数量，提高出版物收藏质量和共享能力是发展文化遗产保护科技的一项战略性举措。调查表明，84家科研单位收藏的科技书籍，包括文物保护专业书籍、正式出版的会议论文集及与文物保护相关的化学、物理、地质、生物、建筑等书籍，共计53.51万册，其中，中文科技书籍50.79万册，外文科技书籍2.72万册。科技期刊总计594种，其中中文科技期刊546种，外文科技期刊48种。

（四）研究成果日益显著

广大文物保护科技工作者勇于实践，刻苦攻关，取得了一系列令人瞩目的科研成果，产生了显著的社会效益和经济效益。在大批文物保护科技成果中，25项获得国家科技奖励，129项获得文化部、国家文物局科技进步奖及文物保护科学和技术创新奖。科学和技术在文物保护领域的支撑和引领作用日益凸现。特别是"十一五"时期，通过"文化遗产保护关键技术研发"等4项国家科技支撑计划项目的实施，共获得自主知识产权和专利177项，发表论文342篇，出版专著15部，制订行业标准（草案）28项。

1. 现代科技的引进和应用，拓展了文物科学研究内容

元素成分分析技术，碳－14、热释光等测年技术，电阻率法、电磁法和卫星定位等现代勘测技术，为文物本体保护、考古勘探调查等研究提供了新理论、新手段。与此同时，现代科技和传统工艺的结合得到进一步的重视，青铜文物保护传统工艺科学化研究、木结构建筑保护传统工艺科学研究取得阶段性进展。

2. 馆藏文物保存、修复技术取得了重要进步

在秦始皇陵铜车马修复、秦俑彩绘保护、法门寺出土丝织品保护、饱水简牍和漆木器脱水保护、旧纸张保护、出土铁器脱盐保护等方面，现代科技都发挥了突出的作用；馆藏文物保护环境应用技术研究为预防性保护理念的实现提供了技术支撑。

3. 不可移动文物保护科技水平不断提高

西藏布达拉宫保护工程、敦煌石窟保护和壁画修复、土遗址保护、蓟县独乐寺维修工程、三峡工程文物保护规划研究与实施等取得重要成果。特别是近年来，在大型遗址的保护中进一步探索将考古、规划、环境、地质、化学、物理等多种科学和技术综合运用获得重大突破。《中国文物古迹保护准则》《西安宣言》《北京文件》等指导性文件的出台，标志着中国文物保护理念开始走向成熟。

◆ 抢修震后的碉楼

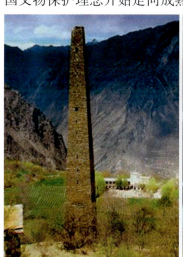

◆ 藏羌碉楼

4. 博物馆发展注重引进和合理运用现代科学技术

博物馆建设与各项业务活动的科技含量不断增加，越来越多的新技术、新方法、新产品得以广泛应用，有效提升了藏品保护、陈列展示、信息传播、社会服务和运营管理的整体水平。"九五"以来，新建的上海博物馆、中国科技馆、南京博物院艺术陈列馆、首都博物馆、重庆

◆震后碉楼　　　　　　　　◆抢修震后的碉楼

三峡博物馆等，设施先进，管理科学，功能完善，成果丰硕，备受社会关注。博物馆技术与相关产品博览会的成功举办，为博物馆、科研单位和企业间搭建了信息交流平台。"指南针计划"的实施，加强了对文物价值的挖掘，丰富了展览的内容与形式，文物保护的最新研究成果更好、更快地惠及了广大人民群众。

5. 科技手段在文物安全防范工作中发挥了重要作用

博物馆、文物保护单位利用科学技术加强安全防范，收到了明显的效果。1994年以来，秦始皇兵马俑博物馆、沈阳故宫等30多个单位，在技术防范设施的帮助下，抓获了盗窃犯罪分子，保护了文物。

6. 各地文博单位的数字化、信息化工作相继开展，信息化建设初见成效

藏品信息管理系统逐步推广应用；国家科技专项"中国珍贵文物数据库"顺利完成；文物调查及数据库管理系统建设项目的试点目标基本实现；一批文博网站先后开通；中国数字博物馆立项工作业已启动；依托国家科技支撑计划项目，实施了古代琉璃构件基础数据库、木结构油饰彩画基础数据库、土遗址保护基础数据库、古代木结构建筑保护知识库、大遗址保护规划辅助支撑系统、京杭大运河遗产保护地理信息系统等一批信息系统的建设。

（五）国际合作进一步扩大

迄今为止，我国已经与联合国教科文组织，以及欧美、日本、柬埔寨等30余个国家和地区开展了文物保护科技交流与合作。我国正式加入联合国教科文组织国际文化遗产保护修复中心，并成为理事国；与美国、德国、意大利、日本等国的合作与交流取得新进展，如中国文物古迹保护准则研究、文物保护修复人员培训、区域考古调查、敦煌石窟壁画保护、西安唐大明宫遗址保护、丝绸之路古迹保护、洛阳龙门石窟保护、东亚纸质文物保护等，提高了我国文化遗产保护科技水平；继续参加国际拯救柬埔寨吴哥古迹行动，援助完成周萨神庙的修复工程，茶胶寺保护的前期勘查和测绘工作业已启动；援助蒙古开展的博格汗达宫博物馆门前区修缮工程顺利竣工。通过国际交流与合作，有效地利用了国际优质科技资源，提高了我国文物保护科技工作水平，同时也向世界展示了我国文物保护的科技成就，还促进了不同国家、不同民族、不同文化背景下形成的文物保护理念的相互理解与认同。

三 成功经验和启示

新中国成立 60 年，文物保护科技工作走过了辉煌的发展历程，积累了丰富的经验，也为我们留下了诸多有益的启示。这些经验和启示弥足珍贵，值得借鉴和汲取。

第一，解放思想，是文物保护科技快速发展的原动力；

第二，落实科学发展观，坚持文物工作方针和科技发展指导方针，是文物保护科技又好又快发展的基本原则；

第三，不断建设和完善中国特色的文物保护理论体系，是文物保护科技发展的必然要求；

第四，坚持现代科技与传统技艺相结合，是文物保护科技工作的重要方法；

第五，以开放和务实的姿态组织跨学科、跨领域、跨部门、跨行业的联合攻关，是解决文物保护领域重点、难点和瓶颈问题的重要手段；

第六，加强科技基础条件建设和人才培养，加大对科技工作的可持续投入，是文物保护科技获得较快进步的重要条件；

第七，积极开展国际科技合作，是文物保护科技实现跨越式发展的有效途径；

第八，充分发挥科技对文物保护的支撑和引领作用，加强行业自主创新能力建设，完善行业创新体系，是实现从文化遗产大国向文化遗产保护强国转变的强大助力。

四 结 语

中国是一个文化悠久、文化遗产极其丰富的大国，中华民族文化瑰宝令世界向往，愈是经济全球化，民族文化风采多样性愈要保护，愈要依靠科技支撑延绵不绝。人类发展的历史告诉我们，科学技术的每一次重大突破与应用都会促进社会政治、经济、文化的进步和繁荣。60 年沧海一粟，60 年意义非凡。从 1956 年吹响了"向科学进军"的号角，到 1978 年迎来"科学的春天"，到 1995 年实施"科教兴国"战略，再到今天的全面贯彻落实"科学发创新型国家"，理论的创新和思想的解放，为文物保护科技工作带来了更新、更强大的活力。回顾文物和博物馆事业的发展历程，科技筑就的是基石，是希望。在广大文物保护科技工作者的共同努力下，文化遗产保护领域的科技体制机制创新成效显著，科技创新体系日趋完善，一个个重点、难点和瓶颈问题得以解决，科学和技术在文物保护领域的支撑和引领作用日益凸现，科技的色彩愈加鲜艳和醒目。科技兴则文物和博物馆事业兴，科技强则文物和博物馆事业强。我们坚信，在党中央、国务院的正确领导下，文物保护科技的明天将更加灿烂辉煌、文物保护科技的发展道路将越走越宽。

负责人：张　　柏
统稿人：宋新潮
执笔人：罗　　静
　　　　刘华彬

文物对外交流与合作60年

国家文物局办公室（外事联络司）

1949年新中国成立以来，中国文物对外交流与合作，从初登国际舞台到全方位参与文物领域国际事务，逐步成长为国际文物领域的一支重要力量。纵观60年发展历程，中国文物对外交流与合作在维护我国国家利益、满足人民精神文化需求、宣传中华优秀文化、推进对外文化交流、带动文物事业发展等方面发挥了独特而重要的作用。

一　文物对外交流与合作的发展历程

（一）1949~1978年：开创阶段

新中国建立之初，国家外交工作的重心是求生存。为在残酷的国际政治环境中为我们新生的国家争取更多的理解和支持，在党和国家领导人的关心和指导下，文物工作者开创了文物对外交流与合作工作，于20世纪50年代先后赴前苏联、印度、波兰、捷克等国家参加或者举办文物展览。与此同时，与前苏联、波兰、捷克等国家的博物馆馆际交流也十分活跃，为中国博物馆提供了最初的发展模式。1954年日内瓦会议，中国初登上国际外交舞台，周恩来总理指示专程从国内调集12件文物精品于会议期间陈列在中国代表团会议室。70年代初，为增进国际社会特别是西方国家对中国的了解，为外交工作营造良好的国际氛围，在周恩来总理的直接指导下，"中国出土文物展览"赴欧洲、大洋洲、非洲和亚洲的16个国家展出，观众达657.5万人次。展览所到之处，都引起巨大轰动。这些承载着中国古老文明的文物展，无疑是一张外交名片，使外国公众从大量关于中国的负面报道中醒来，重新观察中国的发展。文物对外交流与合作为实现中国外交的突破作出了历史性的贡献，被赞誉为"文物外交"。在筹备"中国出土文物展"的过程中，大量当时被下放到干校的专业人员被抽调到北京筹备展览，为改革开放后百废待兴的文物事业实现恢复发展保护了大批的专家学者和专业干部。

（二）1978~1983年：起步阶段

党的十一届三中全会开启了改革开放的新时代，对外文物展览秉承优良传统，开文物事业对外开放风气之先，为推动中国文物事业的发展做出特殊的贡献。出境文物展览数量从初期的每年二三项发展到1983年赴境外举办文物展览近20项；经费投入形式也演变为外方出资，从客观上突破了出境文物展览发展的经费瓶颈。1980年在美国纽约、芝加哥、得克萨斯、洛杉矶、波士顿展出的"伟大的中国青铜器时代展",1980 年开始在丹麦、瑞士、德意志联邦共和国和比利时举办的"中国古代艺术珍宝展"等展览的影响之大,至今仍为人们津津乐道。据不完全统计,这一时期赴境外举办的中国文物展览总计达 48 项,观众近 1000 万人次,中方派出专业人员约 400 人次,为国家创汇近 200 万美元。文物展览不仅为改革开放初期的中国文物对外交流与合作构建了宝贵的人员交往和学术交流的平台,也为中国文物事业提供了弥足珍贵的经费补充。更为重要的是,通过文物展览,在文物领域,中国开始认识世界,世界也开始了解中国。

这一时期,随着国家对外文化交流事业的发展,作为政府间文化交流的一个组成部分,文物领域的政府间交流与合作逐步开展。土耳其、苏丹、印度、缅甸等发展中国家和德意志联邦共和国、罗马尼亚、南斯拉夫等社会主义国家是这一时期政府间文物交流的主体。

为规范管理而制定专门的规章制度,是这一时期文物对外交流与合作的重要内容。1978 ~ 1982 年,国家文物局先后发布了《关于外国人拍摄一级品文物需经国家文物局批准的通知》《博物馆涉外工作的通知》《关于文物事业涉外工作的几点意见》《关于加强文物出

◆1973 年 9 月"中国出土文物展(赴法)"展场外景

◆"中国出土文物展(赴美)"观众排队等候参观

口监管公告》等涉外法规性文件,为文物对外交流与合作工作提供了依据,有效地解决了各有关方面的职责问题,弥补了在管理和监督方面的职能缺位和法规缺失。特别是在 1982 年的《文物保护法》中,对文物出境进境、尤其是文物出境展览作出详细规定,奠定了文物对外交流与合作的坚实基础。

(三)1983 ~ 2002 年:发展阶段

1983 年 7 月 25 日,应国际博物馆协会邀请,以文化部文物局局长孙轶青为团长的中国博物馆代表团赴英国伦敦出席国际博物馆协会第十三届大会。在这届大会上,中国博物馆学会作为中国国家委员会加入联合国教科文组织属下的国际博物馆协会。此后,中国先后于 1985 年加入联合国教科文组织《保护世界文化和自然遗产公约》,1989 年加入联合国教科文组织《关于禁止和防止非法进出口文化财产和非法转让其所有权的方法的公约》,1993 年加入国际古迹遗址理事会(ICOMOS),1997 年加入国际统一私法协会《关于被盗或者非法出口文物的公约》,2000 年加入联合国教科文组织《武装冲突情况下保护文化财产的公约》,2001 年加入国际文化财产保护与修

复研究中心（ICCROM）。中国加入与文化遗产有关的全部3个国际组织和4个国际公约，开辟了中国文物事业的国际舞台，是改革开放以来文物对外交流与合作最显著的发展成果，有力地维护了国家利益，并引领中国文物对外交流与合作进入全新的发展阶段。

一是有中国特色的中国文物对外交流与合作体系初步形成。除了文物对外展览和人员交换之外，我国还明显加强了与西方在考古领域的合作。1991年国务院颁布《中华人民共和国考古涉外工作管理办法》，大大促进了合作考古的发展。我国的考古研究机构先后与美、加、法、英、德、日、澳等国的大学和考古研究机构合作开展了不同形式的合作考古调查和发掘。同时，各级文博机构与世界银行、美国盖蒂研究所、美国梅隆基金会等国外民间机构和非政府组织的合作也开始启动。

二是法规、制度建设得到加强和完善。除了上文提到的《中华人民共和国考古涉外工作管理办法》，1993年，国家文物局颁布《关于加强文物对外交流与合作的意见》、《文物出国（境）展览暂行管理办法》及《文物出国（境）展览细则》；1999年，国家文物局对《文物出国（境）展览暂行管理办法》进行修订；2001年颁布《出国（境）文物展品包装工作规范》、《出国（境）文物展览展品运输规定》和《文物、博物馆单位接受国外及港澳台地区捐赠管理暂行规定》。文物对外交流与合作的法规和制度建设与时俱进。

（四）2002年至今：持续发展

进入21世纪，国家外交、对外文化交流空前活跃，文物对外交流与合作进入持续发展阶段：

政府间交流与合作成为工作重点和主渠道，在文物国际舞台表现活跃，交流与合作形式和内容不断丰富，规章、制度逐步完善。2006年12月7日胡锦涛主席会见塞浦路斯总统帕帕佐普洛斯以及2006年9月18日温家宝总理会见意大利总理普罗迪时，都谈及发展文物领域的双边合作；2002年以来，先后有中柬、中意、中蒙、中阿（阿富汗）、中印（印度）、中委等7个文物领域的合作协定在国家元首的见证下签署，成为双边关系发展的重要成果。

2004年第28届世界遗产大会、2005年国际古迹遗址理事会第15届大会等一系列文物领域国际会议在中国成功举办，为中国文物事业争取了更多的话语权，中国正在努力成为国际有关文物保护法规、管理措施和保护技术准则的主要制定者之一。

对外文物展览在数量增长的基础上精品迭出，高潮迭起，引起轰动。无论是2003～2005年中法两国互办文化年、2006～2007年中俄国家年期间，还是21世纪初中日关系低谷时期，对外文物展览活动都促进了世界各国人民对中国人民的友好感情。仅2002～2007年，我国即赴境外举办文物展览346项，观众达上千万之众。

◆四位日本前首相同时参加我赴日文物展开幕式

文物对外交流与合作形成体系，有序开展。涉外馆际交流规模逐步扩大，除出国（境）文物展览数量持续增长外，来华文物展览也不断增多。涉外考古稳步发展，中国考古界不仅积极引进来，而且开始"走出去"参与境外的考古学研究，柬埔寨、肯尼亚、俄罗斯、蒙古等国都留下了中国考古学者的足迹。与国外民间机构和非政府组织的合作初显规模效应，与美国盖蒂保护所和梅隆基金会等机构开展的合作已经成为长期项目。

规章制度的完善和规范不仅是文物对外交流与合作工作的需要，也是依法行政、建设法治国家的必然要求。近年来，《世界遗产保护管理办法》、《文物出国（境）展览管理规定》等许多涉外法规性文件相继出台；2002年修订的《文物保护法》对出国（境）文物展览、文物出境进境等涉外工作做出了详细的规定。完善的法规和健全的制度成为中国文物对外交流与合作工作健康发展的有力保障。

二　文物对外交流与合作在建设文化遗产保护强国的进程中发挥了重要作用

改革开放30年来，在党中央、国务院的领导和关心下，在外交部和文化部的具体指导下，全国文物工作者在配合我国整体外交、弘扬我国优秀传统文化、促进文物事业发展等方面努力工作，文物对外交流与合作取得令人瞩目的成绩，在建设文化遗产保护强国的进程中发挥了重要作用。

（一）文物对外交流与合作成为国家重大外事活动的亮点和特色，得到党中央、国务院的高度重视

党和国家领导人多次亲自参与了文物对外交流与合作的有关活动。

2004年6月28日至7月7日，联合国教科文组织第28届世界遗产委员会会议在苏州召开，这是世界遗产委员会会议第一次在中国举办。胡锦涛同志向大会发来贺辞，表明中国政府对文物工作的高度重视，赢得国际社会的高度赞誉。

2004年1月胡锦涛主席访法时，在法国总统希拉克的陪同下专程参观了在巴黎吉美博物馆举办的"孔子文物展"，两位元首兴致勃勃地参观、交流，将原定40分钟的参观时间延长到2小时，至今被传为佳话。2005年12月出访英国期间，胡锦涛主席与英国女王伊丽莎白二世共同为"盛世华章——故宫博物院藏文物精品展"剪彩。胡锦涛主席在剪彩后指出，"一个好的文物外展能够起到外交家无法起到的作用"，对文物展览在外交工作中的作用给予高度评价。

2004年10月法国文化年开幕，温家宝总理与来访的法国总理拉法兰共同出席在故宫博物院举办的"路易十四时期艺术展"开幕式并参观展览。2004年5月18日国际博物馆日，李长春同志会见来访参加有关活动的国际博物馆协会主席雅克·佩罗特一行。

参观历史文化遗址或博物馆，已经成为外国领导人正式国事访问的必选项目。故宫博物院是最早开放接待外国国家元首的博物馆，改革开放以来，故宫博物院接待的外国国家元首不胜枚举。1978年，时任法国总理的希拉克参观陕西秦兵马俑发掘工地后题词："世界上曾有七大奇迹，秦俑的发现可以说是第八奇迹了。不看金字塔，不算真正到过埃及；不看秦俑，不算真正到过中国。"2007年法国总统萨科齐上任后首次访华，将参观秦兵马俑作为访华第一站。

（二）文物对外交流与合作的工作与时俱进，重心调整取得明显成效

2002 年以来，政府间交流与合作成为文物对外交流与合作的工作重点。贯彻"周边是重点，大国是关键，发展中国家是基础"的外交工作方针，我与发达国家、发展中国家和周边国家在文物领域的交流与合作也愈加密切，成为我国与许多国家发展双边关系的重点领域，成为我国外交工作总体战略的有机环节。

一方面，我积极执行政府间文化交流计划，先后对 40 余个国家进行正式访问，并接待了多个国家政府代表团。通过政府互访和人员培训，我与这些国家加深了相互了解，为双方在文物领域进一步合作创造了条件。

另一方面，政府间交流与合作的范围和领域不断拓展。自 1988 年意大利第一个文物领域政府代表团访华以来，中意两国在文物领域的交流与合作发展顺利，成果丰硕。2006 年，中意两

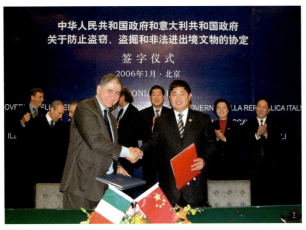

◆中国政府和意大利政府关于防止盗窃、盗掘和非法进出境文物的协定签字仪式在京举行

◆中蒙合作蒙古高原游牧民族文化研究　蒙古好腾特苏木回鹘陵园遗址发掘

国在二十年长期合作的基础上签署了政府间《关于防止盗窃、盗掘和非法进出境文物的协定》《中国国家文物局与意大利文物部关于文物保护合作的谅解备忘录》等。

与肯尼亚签署《中华人民共和国国家文物局与肯尼亚共和国国家遗产部关于在拉穆岛进行合作考古的协议》。根据这个协定，中国从 2006 年起组织专业人员赴肯尼亚开展"肯尼亚出土的中国古代瓷器调查与研究"和中肯合作水下考古项目。这是中国首次与非洲国家合作开展考古发掘项目。中非在文物领域的实质性合作走出第一步。

与柬埔寨、巴基斯坦、越南、蒙古、阿富汗等周边国家签署文物保护领域的合作协定，中国承诺在文物领域向上述国家提供包括文物修复和联合考古在内的援助。与印度政府签署了《关于防止盗窃、盗掘和非法进出境文物的协定》和《关于保护文物的谅解备忘录》、与韩国文化财厅签署文物保护合作协定，中国与周边国家在文物领域已经进入全面合作阶段。

（三）针对国际公约和国际组织的工作水平有明显提高，参与程度和影响力显著增强

中国加入并积极履行国际公约、参与国际组织工作既拓展了我国的对外开放领域，有利于发挥我国在国际文物领域的作用，也促进了国际文物保护先进理念在我国的传播。

2002 年以来，中国先后成功举办、申办和参加多个重要的国际公约及国际组织会议。除上

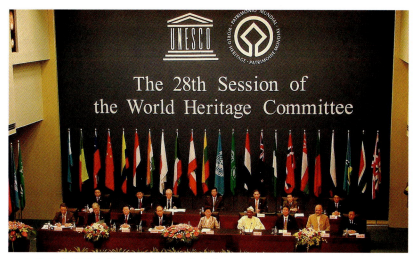

◆世界遗产委员会第28届大会在苏州举行

文提及的 2004 年联合国教科文组织第 28 届世界遗产委员会苏州会议之外，2005 年 10 月，国际古迹遗址理事会第十五届大会在西安召开，来自 80 多个国家近千名代表出席了大会。这是中国首次承办该组织大会。2006 年 10 月，国际古迹遗址理事会国际保护中心在陕西西安成立。这是继国际古迹遗址理事会大会后，中国与该组织的进一步合作。2006 年 5 月，在国际博物馆协会巴黎大会上，我国上海市最终以得票超过莫斯科而胜出，获得了 2010 年国际博物馆协会第 22 届大会的主办权。这是继世界遗产大会和国际古迹遗址理事会大会在我国成功举办后，中国将举办的又一个重要的国际组织大会，对于推动中国博物馆事业的发展，全面展示中国博物馆的发展水平，意义重大。

中国积极参与国际公约和国际组织会议,表明我国政府对文物保护领域国际事务的基本立场，以及履行有关责任和义务的积极态度，得到国际组织的充分肯定，在国际文博界产生良好反响。

中国专家进入三大国际组织领导层，在国际组织有关办事机构担任重要职务：2002 年，中国文物保护规划专家吕舟当选国际文化财产保护与修复研究中心理事会理事；2004 年，中国博物馆学会理事长张文彬当选国际博物馆协会亚太地区委员会副主席，中国科技博物馆馆长李象益当选国际博物馆协会执委会委员，另有多人担任国际博物馆协会多项分委员会理事；2005 年，中国古迹保护协会副主席郭旃当选国际古迹遗址理事会副主席，2008 年又获连任。中国在国际组织中维护人类文物保护的普遍原则，不仅得到广大发展中国家的拥护，也得到文物保护先进国家的理解和支持，在国际组织中的作用日益凸显。

我国还积极参与国际组织发起的国际行动。近年来，响应有关国际组织的提议，我先后参与了联合国教科文组织发起的援助柬埔寨吴哥古迹修复国际行动和联合国教科文组织世界遗产中心发起的丝绸之路联合申报世界遗产项目。经过 10 年努力，中国援柬周萨神庙修复工程于 2007 年初完工并通过验收。中国专家和工程技术人员的出色工作不仅得到柬埔寨文物部门、联合国教科文组织以及国际古迹遗址理事会的高度评价，也得到参与国际行动的法国、德国、日本等国家专家

◆中国援助蒙古国博格达汗宫门前区一期维修工程

的一致赞誉。在吴哥古迹维修国际行动中，众多国家同场竞技，周萨神庙修复工程向世界展示了中国文物保护的水平，为中国文物事业赢得了国际社会的尊重。在联合国教科文组织世界遗产中心的倡议下，中国联合丝绸之路沿线国家积极开展丝绸之路文化线路申报世界遗产的探索。2006年，中国、哈萨克斯坦、吉尔吉斯斯坦、塔吉克斯坦、乌兹别克斯坦等五国先后在中国吐鲁番和乌兹别克斯坦撒马尔罕召开丝绸之路申报世界文物国际协商会议，达成《丝绸之路跨国联合申报世界遗产吐鲁番初步行动计划》。中国的积极行动有力地推动了联合申报工作的进程，得到世界遗产中心和丝绸之路沿线国家的充分肯定。

打击文物走私国际合作在有关国际公约框架下也取得重要进展。依据公约规定，我争取与更多国家政府签署关于防止盗窃、盗掘和非法进出境文物的双边协定。经过努力，目前中国已经与秘鲁、意大利、印度、菲律宾、希腊、智利、塞浦路斯、委内瑞拉、美国、土耳其、埃塞俄比亚等11个国家签署了此类双边协定，并正在与美国、西班牙、波兰、俄罗斯、阿尔及利亚、墨西哥等国家开展有关工作，积极推动协定尽早签署。同时，中国积极履行相关国际公约及双边协定的责任和义务。2002年以来，中国先后5次将秘鲁丢失文物的有关信息通报相关单位。

（四）对外文物展览在机遇与挑战中再创辉煌

对外文物展览不仅向世界人民介绍了博大精深的中国古代文化，也展现了改革开放给中国带来的深刻变化。中国通过文物展览所表现的悠久文明和现代活力，对于世界有着巨大而永恒的魅力。因此，长期以来，对外文物展览一直是中外文化交流中最有影响、最受欢迎、最具特色、最有实效的活动。

对外文物展览策划和筹办质量进一步提高，展览精品相继涌现。其中最突出的是由国家文物局与纽约大都会博物馆共同举办的"走向盛唐展"：历时7年筹备，2年内先后在美国、香港、日本等3个国家和地区6个博物馆展出，观众总计达110万人，展费总收入近千万元人民币，中方派出交流人员78人，出版展览图录3种。"走向盛唐展"不仅是近年来我国赴境外举办的规模最大、规格最高、展品最丰富的展览，也是近年来学术影响较大、社会影响较大、中方收获最大的展览，是对外文物展览精雕细琢的成功范例，也成为中美两国共同举办的具有里程碑意义的重大文化交流项目。

对外文物展览成为双边外交活动的亮点，在国外引起热烈反响。2003年10月至2004年7月中国文化年期间，国家文物局组织了"四川省出土文物展"、"孔子文化展"、"康熙时期艺术展"以及"神圣的山峰展"赴法国展出，在中外文化交流史上写下流光溢彩的一章。塞纳河畔的中国文物展览不仅点燃了法国乃至整个欧洲对中国文化积蓄已久的向往、惊叹和热情，而且激发了法国社会对中国和中国人民的友好感情。正如希拉克总统指出："中国文物展览是对中法两国友谊的重大贡献。"虽然中国文物展览接踵而至，但法国观众似乎永远都不会对中国文物展览产生审美疲劳。他们排起购票的长龙,等待参观;他们在每一件展品前驻足,感叹中国古老而悠久的文明;他们甚至一而再、再而三地参观同一个展览，只因为热爱，希拉克总统在参观中国文物展览时说："法国人对中国文化有着浓厚的兴趣。"因此，每一个中国文物展览都有为确保文物安全，限制参观人数的纪录；每一个中国文物展览都有厚厚几大本的观众留言簿，写满了观众的惊叹、赞美和感谢。喜爱展览的绝不仅仅是法国公众。参观展览的人流中，不乏来自欧洲及北美的观众。展览留言簿上频频出现他们对没有英文展品说明的抗议。中国文物展览的吸引力和号召力由此可见一斑。据不完全统计，中国文化年文物展览的观众总人数近80万人次。特别是"孔子文化展"还创造了法国国家吉美博物馆自1882年作为博物馆对公众开放以来展览参观人数的最高纪录。中国文化年期间，包括《费家罗报》、《世界报》、《巴黎人报》、法国电视1台、2台、3台在内的法国乃至欧洲的主流媒体都对文物展览进行了点面结合的综合报道和评论。就连远在美国的《纽约时报》也发表评介文章，对展览进行报道评论，实属罕见。

文物展览为维护国家外交关系担负特殊使命。本世纪初中日关系处于低潮，国家文物局组织一系列文物展览赴日展出。2004年我国西安发现遣唐使井真成墓志一事曾在中日两国引起极大轰动。2005年5月井真成墓志赴日展出，数十万观众慕名前往参观，场面极其热烈。不少有识之士纷纷发表缅怀文章，呼唤要"以史为鉴，面对未来"；日本媒体也期待通过此展唤起日本政治、经济界对两国历史的全面回顾与反思；日本民众也开始思考如何改善与中国及邻国的关系。国务院新闻办、人民日报社和日本朝日新闻社也围绕展览办了遣唐使墓志研讨会以及题为"围绕遣唐使井真成墓志——思考东亚文化交流"的大型研讨会。2005年8月"遣唐使与唐代美术展"在东京国立博物馆展出，日本天皇夫妇参观该展。日中友好协会会长平山郁夫先生为展览发表致辞："21世纪的今天，日中两国关系出现了一些坎坷，不少有识之士为之担忧，遣唐使墓志的发现，仿佛让我听到了超越1200年前的声音，它呼唤日中两国人民要友好相处"。"走向盛唐展"也于此时在东京开幕，3位前首相中曾根康弘、桥本龙太郎和森喜朗同时出席展览开幕式，盛况空前。中曾根康弘在开幕致辞中号召人们珍惜日中关系，共同开拓亚洲的未来。他的致辞在日本引起了极大反响。日本的社会舆论和媒体呈现出有利于改善两国关系的气氛。这些文物展览为改善中日两国关系发挥了独特的作用，日方有评论说，（中国文物展览）为处于低潮中的中日关系吹进了一缕春风。

以文物展览为契机，激活中外学术交流。中外学术界积极参与展览的组织、筹备，展览期间还共同组织讲座、研讨会等学术交流活动。"展览搭台，学术唱戏"，以学术促展览，以展览助学术交流，拓展了文物展览的广度和深度，为专业领域的合作与交流创造了条件。

（五）文物领域对口业务交流与合作呈现多层次、多渠道、多形式的全方位发展态势

涉外馆际交流规模逐步扩大。除出国（境）文物展览数量持续增长外，来华文物展览也不断增多。2004年全国共举办出国（境）文物展览64项，来华文物展览12项，2005年为74项和13项；2006年为74项和19项，同比持续增长。

涉外馆际交流的内容愈加丰富。故宫博物院先后与法国卢浮宫博物馆、英国大英博物馆、美国大都会博物馆和俄罗斯艾尔米塔什博物馆等世界级博物馆签署了全面合作协议，2005年成功举办了题为"紫禁城对话"的博物馆馆长高峰论坛。通过这些活动，不仅及时了解到国际博物馆的最新理念，并且树立了中国博物馆的崭新形象，赢得了赞誉和尊重。

中国文博单位与外国民间机构和非政府组织的合作为中国文物保护事业争取了更多的资金、技术和人才支持。国家文物局与盖蒂研究所的合作已经进入第六阶段，其中盖蒂研究所与敦煌研究院合作开展的敦煌壁画保护项目已经进行了17年，得到国际社会的广泛好评。由于该项目成果显著，盖蒂研究所该项目负责人内维尔·阿格纽先生被我国政府授予2006年度国际科技合作奖。

近年来，盖蒂研究所还参与了《中国文物保护准则》的制定和中国文物保护人员培训项目，先后组织中方人员赴盖蒂研究所和澳大利亚亚瑟港文物古迹保护与规划高级研讨班学习。美国梅隆基金会长期致力于支持中国文物保护和博物馆事业的发展，正在进行的敦煌壁画数字化保护项目旨在通过数字化技术的应用提高敦煌壁画的信息采集水平以及敦煌学的研究水平；2001年梅隆基金会启动了中国博物馆馆长培训项目，先后为中国培训了5期15位博物馆馆长，并于2006年与国家文物局合作在北京召开了中美博物馆论坛，推动现代博物馆理念和实践在中国的传播以及中国博物馆向现代博物馆的转变。2005年，国家文物局与美国规划师协会签署了交流合作谅解备忘录。根据备忘录，美国规划师协会将在文物保护规划方面给予中国技术支持。同年，单霁翔局长获得美国规划师协会授予的杰出人物奖。

涉外考古及研究、科技保护、人员培训合作水平稳步提高。中德合作保护秦俑彩绘项目及中英、中美合作保护敦煌莫高窟项目取得突破性进展。中国与德国、瑞士、美国、英国、加拿大、日本等国进行的合作考古发掘与合作研究项目不断深入，合作形式和内容更加多样化，包括勘探、调查、发掘和研究等各个方面；合作更加注重提高科技含量和学术水平，重在通过合作把握世界考古学的研究方向。这些合作为中国考古界了解世界考古学的前沿理论，丰富研究内容，提高研究层次，扩大中国考古学在世界的影响和国际地位产生了积极作用。

◆中国－意大利合作文物保护修复培训开学典礼

涉外培训工作多元发展。中意合作文物保护修复人员培训项目一、二期合作顺利实施。中日合作丝绸之路沿线文物保护修复技术人员培训进展顺利。"亚非国家文物保护管理研修班"，为亚洲和非洲的15个国家培训了23名文物管理官员。故宫博物院自2005年起，每年接收美国耶鲁大学学生在该院实习，这是我国博物馆界第一次批量接受国外学生实习，不仅有助于扩大中国博物馆在国际社会的影响，而且有助于传播和弘扬中华历史文化，增进中美两国人民的友谊。2006年4月21日晚，正在美国访问的国家主席胡锦涛应邀在耶鲁大学发表重要演讲时，专门提及此事。

（六）在加强与港澳台同胞的血肉联系方面卓有成效

与澳门文化局紧密合作，使澳门历史城区申报世界遗产获得成功。澳门历史城区成为澳门的新名片，向世界展示了澳门的文化内涵和历史积淀以及澳门回归祖国后的崭新面貌，极大地增强了澳门社会的凝聚力。

为配合国家对香港和澳门的工作，增强两地公众对中国传统文化的认知和认同，加强两地与内地的联系和交流，积极促成内地文物展览赴香港和澳门展出，内地与香港和澳门地区的展览交流更加频繁。应香港特区政府康乐与文化事务署的请求，国家文物局促成"走向盛唐展"于

2005 年赴港展出。在 3 个月展期内，参观人数高达 29.6 万人次，高峰时一天观众竟有 1.3 万人，不得不采取措施控制流量，成为近年来香港地区最成功的展览。

在国务院台办的指导下，在对台工作中积极发挥作用。文物展览不仅能够维系两岸人民感情，密切两岸人民关系，而且通过传播中国传统文化，能够增强台湾公众，特别是年轻一代对中国文化的认同感。自 2004 年以来，祖国大陆先后赴台湾举办"敦煌艺术大展"等 20 余项文物展览，受到台湾民众的广泛欢迎，有力地宣传了两岸同祖同宗、血脉相连的亲情，有力地反击了"台独"企图，取得了积极的政治成果。

三 文物对外交流与合作取得的基本经验

回顾 60 年来文物对外交流与合作，我们得到以下几点基本经验和重要启示：

①必须坚持文物对外交流与合作为国家外交工作服务，为对外文化交流服务，为文物事业发展服务的指导思想，认真贯彻落实中央制定的关于外交和文物事业的方针政策，紧紧围绕国内和国际两个大局，坚决维护国家利益和国家文化安全。

②文物对外交流与合作的总体目标和任务，是以文物为媒介，以文物领域的交流与合作为平台，促进中华文化走出去，增强中华文化国际影响力。

③与时俱进，坚持改革开放，紧跟时代发展，开拓创新，锐意进取，使文物对外交流与合作始终保持生机与活力，不断开创文物对外交流与合作的新局面。

④兼收并蓄，借鉴国际文化遗产保护的先进经验和理念，吸收世界文化的优秀成果，增进中国与世界各国人民的了解和友谊，满足人民群众不断增长的精神文化需求。

⑤牢固树立大局意识、主权意识、文物安全意识和知识产权意识，时刻将文物安全放在首位，警钟长鸣，严防死守，使文物对外交流与合作后顾无忧，有所作为。

⑥加强法制建设，不断健全和完善相关法规体系，依法加强管理，保证文物对外交流与合作沿着法制化、科学化、规范化的轨道运转。

⑦注重队伍建设，加快培养一支有较高素质、精通业务、高效精干、结构合理的文物对外交流工作队伍。

60 年来，文物对外交流与合作为提高中国文物保护工作的水平，提升中国博物馆的水准，塑造良好的国家形象，提升国家软实力，增进中国人民与世界各国人民的了解与友谊，增强中国文化影响力做出了积极的贡献。党的十七大为文物事业、文物对外交流与合作带来前所未有的发展机遇，同时也赋予文物对外交流与合作工作更加艰巨的任务。我们一定要抓住机遇，乘势而上，坚持改革开放，坚定不移地践行科学发展观，立足文物事业，服务国家外交工作大局，为推动文物事业科学发展，为促进中华民族优秀文化的传播，为世界的和谐与进步，做出更大的贡献。

负责人：董保华

统稿人：刘曙光

执笔人：朱　晔

文物保护经费保障60年

国家文物局办公室（外事联络司）

　　风雨 60 年，弹指一挥间。新中国成立以来特别是改革开放 30 年以来，我国现代化建设突飞猛进，国民经济和社会事业不断取得辉煌成就，综合国力日渐增强，伴随着我国经济社会的全面发展，我国文化遗产事业取得了长足的进步。国家对文化遗产事业投入的持续增加，我国文化遗产的公共经费保障机制逐步形成，我国文化遗产事业的整体面貌发生了根本性的变化。

一　总体情况

　　新中国建立初期，在国家百废待兴的形势下，国家设立了文博事业费支持我国文物保护事业。改革开放以来的 30 多年，是我国文物保护经费投入迅猛增长的历史时期，我国文化遗产保护体制在公共事业经费的支持下，日益完备。

（一）中央财政经过探索转型阶段后形成了稳定的文化遗产支出结构，文化遗产保护的投入比重稳步上升

　　60 年来，我国文化遗产带来经费呈现出一种加速增长形势。中央文物保护专项转移支付资金从 1978 年的 0.07 亿元增加到 2009 年的 36.03 亿元，30 年间增长了 514 倍，较 1973 年设立之初翻了 10 番。

　　建国 60 年来，中央政府对文物保护经费的专项资金投入大体经历了四个发展阶段。

1.1949～1972 年，中央文物保护经费投入处于起步阶段

　　这一阶段的文物保护经费主要为文博事业费，规模较小，但逐年保持小幅增长势头。从 1950 年的 84 万元增长到 1972 年的 308 万元。

2.1973～1991 年，中央文物保护经费投入处于主渠道的构建期

　　1973 年设立了"国家重点文物保护专项补助经费"但开始规模很小，前 5 年累计安排经费为 990 万元。1978 年，党的十一届三中全会召开，当年专项补助经费投入达到了 693 万元，比上年增加 521 万元，增幅达 303%。1982 年，《中华人民共和国文物保护法》颁布实施，此后中央政府每年安排的国家重点文物保护专项补助经费逐步增长，至 1991 年已增加到 6474 万，初步建立了中央政府文物保护经费投入的主渠道。从 1978～1991 年，中央政府共投入文物保护专项

补助经费 49119 万元，年均 3508.9 万元，呈现出逐年增长的态势。

3.1992～2000 年，文物保护经费投入处于平稳发展期

1992 年，国务院批准实施了《中华人民共和国文物保护法实施细则》，召开了全国文物工作会议，中央政府对文物保护工作日益重视，文物保护经费投入也进入到了一个新的阶段，呈现出两个显著的特点：

一是国家重点文物保护专项补助经费得到了大幅度增加。1992 年，经费投入规模历史性地越过亿元大关，达到 1.34 亿元，比上年增加近 7000 万元。而为了加强对专项资金的管理、提高资金使用效益，1993 年，财政部和国家文物局共同制定了《国家重点文物保护专项补助经费管理办法》，规范了经费使用范围和程序。

二是自 1992 年起，中央政府对文物保护经费投入的范围从文物本体保护拓展到了文物保护设施建设。原国家计委设立了"中央抢救性文物保护设施建设专项资金"，每年投入 2500 万元。

1992～2000 年，中央财政共安排文物保护专项转移支付资金 12.61 亿元，年均 1.4 亿元，文物保护经费年投入稳定在亿元水平，并基本保持了一定的增长规模。

4.2001～2009 年，文物保护经费投入处于高速增长期

2002 年，全国人大常委会颁布了新修订的《中华人民共和国文物保护法》，明确规定"国家用于文物保护的财政拨款随着财政收入增长而增长"；2005 年，国务院印发了《关于加强文化遗产保护的通知》。党中央和国务院对文化遗产保护事业的重视，使我国文化遗产保护工作上跨上了一个新的台阶：

一是中央通过新增"文物专项"确保文化遗产事业的新型业务需要。近年来，中央财政在短时间内新设了 3 个专项经费，2005 年，中央财政设立"大遗址保护专项经费"，核定"十一五"期间大遗址保护专项经费投入总量为 20 亿元，设立当年便投入 2.5 亿元，2006 年增至 3.8 亿元，2007 年为 4.2 亿元，2008 年和 2009 年均为 4 亿元；2007 年 4 月，国务院印发了《关于开展第三次全国文物普查的通知》，中央财政设立了第三次全国文物普查专项经费，核定专项经费总规模为 2.06 亿元；2008 年，为配合全国博物馆、纪念馆的免费开放，中央财政及时设立了博物馆免费开放专项资金，2008 年为 12 亿元，2009 年为 20 亿元。

二是文物保护专项资金总量大幅度提高，绝对数快速上升。近几年来，文物专项经费在资金总量上实现了"井喷"式增长，"国家重点文物保护专项补助经费"经过几年的大幅度提高，到 2009 年增到至 7 亿元。同时，"中央抢救性文物保护设施建设专项资金"总量也得到大幅增长。2006 年，国家文物局与国家发改委联合编制的《国家"十一五"抢救性文物保护设施建设专项规划》得到全面执行，列入"十一五"期间实施的 438 个文物保护设施建设规划投资逐一落实，资金概算 18.13 亿元，其中中央补助 11.46 亿元，平均每年 2.29 亿元。

（二）地方财政文化遗产保护投入不断增长，与中央政府形成配套支撑结构

1.地方财政投入总量增长，但没有完全确立稳定的增长机制

统计表明，建国初期直到 1980 年代中期，我国地方政府在计划体制的框架将文化遗产事业纳入公共事业体制进行管理，以专项文物经费的方式予以保障，保障力度较小。进入 1990 年代中期以后，随着各个地方经济的发展，我国地方文物保护财政投入快速增长，地方文物经费从 1996 年的 0.9 亿元增加到 2009 年的 6 亿元，增长了近 7 倍。

统计显示，改革开放以来特别是近 10 多年来，地方重点文物保护经费得到了大幅度增加。1997 年，经费年投入规模历史性的越过亿元大关，达到 1.17 亿元，近几年的地方财政投入都维持在 6 亿元以上。2002 年，地方财政投入总量达到 7.2 亿万元，2007 年达到 7.5 亿元，是 1996 年投入的 8 倍多。

但由于没有建立稳定的投入体制，地方财政对地方文化遗产保护事业的投入并不稳定。如 2002 年要高于 2003、2004 年，2007 年的投入总量又要高于 2008 年，并没有形成一种均速增长的态势。

2. 中央专项带动与地方配套投入，在财政联邦制的基础上形成了"集权与分权"相结合的公共经费支持结构

从 1992 年起，随着中央政府对文物保护经费投入的范围从文物本体保护拓展到了文物保护设施建设，地方财政在中央的带动下进行配套性的投入，中央文物保护专项经费对地方财政的带动作用日益显现，地方各级财政对文物保护的经费投入也迅速增加，中央与地方共担的文物保护经费保障机制初步形成。

一是中央财政通过加大对地方专项转移支付的力度不断强化对地方财政的带动作用。从 2001 年开始，中央财政安排文物保护专项转移支付资金跃上了 2 亿元的新台阶，并呈现出加速增长的态势，2005 年达到 5.87 亿元，2007 年超过 15 亿元，2008 年超过 25 亿元，2009 年达到 36 亿元。

从行业面看，国家财政投入的增加，使全国文物博物馆系统的财政状况不断改观。以 1996 年以来的文物部门四类机构财政拨款情况为例，通过对 1996 年和 2007 年单个机构平均获得财政投入情况的比较，可以清楚地看到其增长幅度：以文管所为代表的文物保护机构 2.25 倍，博物馆 2.72 倍，以考古所为代表的文物科研机构 3.25 倍，其他文物机构（杂志社、鉴定站、信息中心等）3.28 倍。

二是通过对地方特别是文化遗产大省的支持，调动了地方的积极性。以陕西省、河南省、北京市的第三次文物普查工作为例。"十五"以来，陕西省省级财政资金设立的文物保护专项经费年度"基数"不断增长，1994 ～ 2005 年间年度"基数"为 400 万 ～ 660 万元；2006 年提高到 1097 万元，当年另追加 5000 万元；2007 年、2008 年在维持 1097 万元"基数"不变的同时，另追加年度经费各 4000 万元。自 2003 至 2007 年期间，中央累计安排河南省文物保护经费 26811 万元，河南省各级财政累计投入 71454 万元，其中，省级财政投入 6690 万元，市级财政投入 60579 万元（含隋唐洛阳城征地、拆迁 18060 万元，殷墟遗址环境整治 13600 万元），县级财政投入 4185 万元。北京市市级财政 1992 年以前每年只有 100 万元文物修缮费用，1992 年增至 400 万元，2000 ～ 2002 年间每年增至 1.1 亿元，2003 ～ 2008 年每年达到 1.2 亿元。第三次全国文物普查工作也得到地方各级财政的经费投入。2007 年中央财政拨付普查经费 6500 万元，地方各级财政安排经费 12700 万元；2008 年，中央财政拨付经费 5882 万元，截至 5 月 31 日，地方各级财政经费投入已达 35818 万元。

二　经验和启示

建国 60 年来，国家对文化遗产事业的投入作为文化遗产事业的物质基础和政策工具，在文化遗产保护和建设领域发挥了巨大的作用。

（一）基本经验

1. 文化遗产事业的发展始终与我国经济社会的整体进步相伴随，国家对文化遗产事业投入的稳定增长，体现了文化遗产保护工作在国家现代化建设过程中地位的日益提高

改革开放以来国民经济高速发展，财政收入大幅增长，为文化遗产保护经费投入提供了坚实的物质基础。1990 ～ 2006 年我国财政收入平均增长速度为 17.15%，近 3 年增长幅度较大，增长速度在 20% 左右。随着公共财政投入方向由城市转向农村，由一般基础设施建设转向社会公共事业发展、环境保护和生态建设，由经济建设转向促进科学发展，国家文化遗产保护作为公共文化事业进入公共财政的重点保障范围，得到了重点支持。

世界上，民族文化遗产事业的发展既是民族国家整体发展的结果，同时又是国家经济社会发展的象征。与旧中国国力凋敝、文化遗产保护事业缺失的情景相对照，新中国在一片废墟上借助于持续的公共投入建立了与中华古老文明相适应的文化遗产保护体系。

从 1978 年到 2007 年，文博行业从业人员由不足 1.2 万增加到超过 8.68 万人，文物系统博物馆数量从 349 座增加到 1722 座，文物保护管理机构从 295 个增加到 2229 个。

从 1978 年到 2007 年，我国组织开展了第二次全国文物普查和三次馆藏一级文物鉴定确认工作；启动了全国国有馆藏文物调查与数据库管理系统建设，以及长城资源调查、大运河资源调查等文物资源调查工作；完成了全国重点文物保护单位和馆藏一级文物建档工作；文物保护基础工作不断加强。2007 年，第三次全国文物普查全面启动。

从 1978 年到 2007 年，国务院先后公布了第二到第六批全国重点文物保护单位，已公布的全国重点文物保护单位 2351 处，省级文物保护单位 8831 处，市县级文物保护单位 58371 处；公布国家历史文化名城 109 座；公布三批国家历史文化名镇 85 处、名村 72 处；我国世界遗产地总数达到 37 处。目前，全国已经初步形成单体文物、历史地段、历史性城市的多层次保护体系。

从 1978 年到 2007 年，第二、三批全国重点文物保护单位的历史建筑 90% 得到了不同程度的保护修缮，第四、五批全国重点文物保护单位的历史建筑 50% 也得到了不同程度的保护维修；大量馆藏文物和出土文物得以清理修复；一大批濒危文物得到有效抢救保护。

2008 年，全国已有 450 余家博物馆、纪念馆相继向社会免费开放，另有 200 多家未列入试点名单的博物馆、纪念馆主动免费开放。截至 2008 年 5 月底，观众人数已突破 2300 万人次，比去年同期增加了 1.5 倍。

新中国成立以来1972年以前的15年间，作为文化部内设司局，累计支出3839万元，平均每年255万元；1973～1977年，国家文物局作为一级预算单位，机关和直属单位累计支出4050万元，平均每年810万元。"九五"以来中央财政累计投入就超过30亿元，2008年国家文物局及直属单位部门预算支出规模为41082万元，其中当年财政拨款为26662万元。在财政投入的强力支撑下，国家文化遗产管理职能体系日益完善，文化遗产保护法规体系建设进一步完善，文物行政执法督察工作进一步加强，文物资源调查建档工作进一步开展，文物保护人才队伍建设进一步推动，文物保护领域科技保护和行业标准化等各项基础工作扎实推进，为开创全国文物工作新局面奠定了坚实的基础。

2. 文化遗产保护成为维系中华民族大家庭的文化纽带，增强对少数民族地区文化遗产保护的投入成为建设民族文化共同体的有效政策工具

中央政府对民族地区文化遗产保护的投入，直接推动了由民族地区文物保护和文化遗产的建设。以西藏文物保护工程为例，改革开放以来，党中央、国务院高度重视西藏文物保护工作，国家和自治区先后投入了7亿多元，实施了布达拉宫一期维修工程等一大批重点文物保护项目，新建了西藏博物馆。2002年，启动并实施了以布达拉宫、罗布林卡、萨迦寺为对象的西藏三大重点文物保护维修工程，设立了西藏三大重点文物保护维修工程专项经费，核定专项经费总规模33330万元。截止2007年底，投资下达和完成情况良好，累计完成投资24051万元。2008年，国家文物局报请国家发展改革委员会核定西藏三大重点文物保护维修工程总投资38059万元，较初期核定投资增加4729万元，保障了工程顺利完工。2007年，国家启动实施了西藏"十大重点文物保护维修工程"，核定专项投资5.7亿元，中央财政2.9亿元，中央预算内基本建设投资2.8亿元。

3. 民族文化遗产是民族国家的稀缺和核心文化资源，增强对文化遗产保护领域的投入成为提升国家文化软实力的基本路径

世界范围内，民族文化遗产作为不可再生的稀缺资源，既是民族的文化标识，也是国家凝聚力和民族自豪感的重要来源；不仅是国家文化软实力的重要组成部分，而且在很多产业中也是生产要素甚至是核心资源。随着近年来来经济全球化和文化经济化浪潮的勃兴，文化遗产所覆盖的范围和产生的影响会越来越大，与文化遗产相关的各种经济文化活动都对国民经济的发展和社会的进步产生越来越重要的作用。

文化遗产因公共投入的持续增加，文化遗产在得到妥善保护的基础上获得建设和再创造，文化遗产的内涵不断创新和拓展。特别是近几年来，工业遗产、乡土建筑、文化景观、文化线路、20世纪遗产等进入保护视野；"长城保护工程"进入全面实施阶段；大遗址保护全面启动；丝绸之路（新疆段）、西安大遗址片区、洛阳大遗址片区、大运河等重点示范项目稳步实施；高句丽遗址、安阳殷墟遗址、隋唐洛阳城遗址和西安大明宫遗址保护工程等产生了世界性的影响，产生了良好的社会效益和经济效益，文物保护领域不断拓展。

文化遗产事业在国民经济体系建设中发挥越来越重要的作用。文化遗产保护经费的增长促进了文化遗产事业的发展，而文化遗产事业的发展又促进了社会和经济的发展。据统计，"十五"期间全国文物系统产生的门票收入、文物交流展出收入等直接的经济贡献，增加值合计为117.24

亿元，其中，从2001年的13.97亿元增长至2005年的37.31亿元，增长149%，年平均增长率为29.8%。"十五"期间，全国文物系统保护维修支出合计26.67亿元，带动建筑业增加值合计为5.7亿元；全国文物流通增加值合计348.0亿元；全国文物旅游增加值合计584.3亿元；带动对建筑业、旅游业、文物拍卖业的总贡献值估计1016.2亿元。"十五"期间，全国文物系统财政拨款仅占同期GDP的0.018%，而同期全国文物系统对国民经济贡献占GDP的0.143%，文物系统对国民经济贡献是同期财政投入的8.1倍，即文物系统财政投入1元给国民经济所带来的产出为8.1元。

（二）几点启示

1. 在党中央、国务院高度重视下，文化遗产保护工作列入各级党委政府的重要议事日程，由中央主导的"五纳入"政策推动了各级政府加大文物保护投入，效果明显

建国以来，特别是改革开放以来，党中央、国务院一直十分重视文物行政管理体制的建立，不断根据社会发展和文物工作的需要，调整和完善文物管理体制，规范和明确其职责，为文物事业的深入健康发展创造了条件。1987年，国家文物主管部门从文化部分离出来，独立行使职权，计划、财政、物资分配等单列户头。是年，国家文物事业管理局即报经国务院发布了《关于进一步加强文物工作的通知》，明确提出："在财政计划中，落实文物经费，并争取逐年有所增加。"在1992年的西安全国文物工作会以后，国家文物保护专项补助经费从上年的6474万元增加到12650万元，当年全国文物事业支出规模达到7.2亿元，较1991年净增加1.9亿元，较1978年的7800万元翻了三番多，创1978年以来的最大增长额。

1997年，国务院颁发了《关于加强和改善文物工作的通知》，通知要求各级政府贯彻落实"五纳入"，即将文物保护纳入当地经济和社会发展计划，纳入城乡建设规划，纳入财政预算，纳入体制改革，纳入各级领导责任制。2002年，国务院再次召开全国文物工作会议，强调对文物工作要切实做到"五纳入"。2003年，国家文物局、中央编办、国家发展改革委、财政部、建设部、文化部、国家税务总局等部门联合向各省、直辖市、自治区政府和省级相关部门发出《关于进一步做好文物保护"五纳入"的通知》，明确要求各级政府具体落实文物保护的责任，从而把"五纳入"进一步具体化。

2007年，胡锦涛总书记在党的十七大报告中强调指出，要"加强中华优秀文化传统教育，运用现代科技手段开发利用民族文化丰厚资源。加强对各民族文化的挖掘和保护，重视文物和非物质文化遗产保护。"在党中央、国务院的高度重视下，文物保护"五纳入"工作在全国逐步落实，极大地提升了文物工作的社会地位和全国文化遗产事业的整体水平。

2. 文化遗产保护立法和管理的法规化进程，使文化遗产保护事业获得了主体性地位，奠定了文化遗产保护公共投入的法制基础

改革开放以来，随着国家"依法治国"基本方略的推进和法制建设的深入开展，文化遗产保护法制化进程日益加快。通过法律的形式把文物管理体制及其职责规定下来，使得文物保护各项工作有法可依，这是我国文化遗产事业可持续发展的重要制度保障。而文化遗产保护经费投入的增长变化，事实上也与文化遗产事业的法制建设进程密切相关。

1982 年,《中华人民共和国文物保护法》颁布实施,对"文物保护管理经费分别列入中央和地方的财政预算"作出了刚性的规定,明确了中央和地方各级政府文物保护的责任。此后,全国文物保护经费出现了较大幅度的增长。1982 年中央财政补助各地的文物维修费、考古发掘费、文物征集费较上一年的 1320 万元增加到 2254 万元,全国文物事业费从上年的 8100 万元增加到 9500 万元,当年新增职工 2000 人、增加文管所 66 个。

"十五"以来,根据社会发展的需要,九届全国人大常委会对《中华人民共和国文物保护法》进行了修订,修订后的文物保护法在文物保护的经费来源和保障上与旧法相比又增加了若干规定:一是明确规定国家发展文物保护事业,县级以上人民政府应当将文物保护事业所需经费列入本级财政预算;二是为了进一步保障经费来源,除了规定列入本级财政预算外,文物保护的财政经费不应当停留在原有水平,而应当随着财政收入的增长同步增长。这些新增加的法律条款,为我国文物保护经费的持续稳定增长提供了强有力的法律保障。

新文物保护法颁布实施以后,我国文物保护经费投入进入到一个快速增长时期。从整个"十五"期间看,全国文物业总收入累计为 279.74 亿元,比"九五"增加 143 亿元,增幅为 104%,年均递增 16.7%。其中,全国文物事业财政拨款 125.45 亿元,占文物业总收入的比重为 45%,比"九五"增加 75.52 亿元,增幅 151%,年均递增 20.64%。事业收入 105.16 亿元,比"九五"增加 50 亿元,增幅为 90.6%,年均递增 23%。

3. 思路超前、规划先行,科学编制文物事业发展规划和文物保护经费需求计划是争取公共财政支持的关键环节

多年来,国家文物局和全国各省市文物主管部门不断开拓创新,积极开展富有成效的工作,特别是加强文物的基础性工作,规划超前、工作提前,创造性工作,在争取公共经费支持方面发挥了重要的作用。

1973 年,国家设立重点文物保护专项补助经费,当年"立款带帽"经费 202 万元,此后每年逐渐增加。"八五"开局之年,国家文物局于当年 1991 年 4 月完成了《文物事业"八五"期间抢救性维修保护计划》编制工作,提出了 10.21 亿元的经费总需求,规划内容既涉及文物普查、专项调查、文物保护单位"四有"工作、文物库房建设、全国重点文物保护单位抢救维修等基础工作,由于诉求明确,依据充分,得到了国务院领导的重视,遂决定将国家重点文物保护专项补助经费基数每年提高 5000 万元。"九五"期间,中央财政累计投入 5.81 亿元,平均每年 1.16 亿元,较"七五"期间翻了一番。"十五"期间,投入 16 亿元。"十一五"期间,投入力度更大,截至 2009 年,中央财政已拨款 92.25 亿元。

"九五"期末,我国大遗址保护问题开始提到议事日程。此时大规模城乡建设、基础设施建设和屡禁不止的盗掘文物的犯罪活动,更加剧了大遗址保护和管理的难度,使大遗址的安全遭受到极大的威胁。1999 年,国家文物局讨论确立了《"十五"期间大遗址保护专项规划思路》,2000 年 11 月,编制了《"大遗址"保护"十五"计划》,提出了 50 个大遗址保护项目约 8.78 亿元的资金需求计划。随后联合财政部编制了《大遗址"十一五"保护专项规划》,财政部于 2005 年设立了大遗址等重大文物保护专项,当年即为 2.5 亿元,核定"十一五"期间大遗址保护专项

经费投入总规模为20亿元，平均每年4亿元，主要用于36处中央政府主导的大遗址保护示范工程，64处中央政府引导的大遗址保护工程以及大遗址保护管理体系建设。

这些文化遗产保护专项经费的设立，不仅意味着经费数量的迅猛增加，也为解决文化遗产保护经费投入的长效机制奠定了前期基础。

4. 贯彻科学发展观，实施精细化管理，积极探索推进文化遗产保护项目"阳光工程"，着力提高公共资金使用效益，努力建构公共文化遗产经费支出的内在激励机制

我国文化遗产保护事业任重道远，国家文物管理部门责任重大。在公共投入支持增长的情况下，国家文物主管部门努力推进管理的规范化和科学化、精细化。一方面，不断推进文物立法和文物工作"五纳入"政策的全面落实；另一方面，不懈地致力于建立符合国家财政支出管理法律法规及相关制度规定的办法，以确保文物保护经费使用的规范性、安全性、高效性。

1993年以来，已经先后制定或联合国家财政部门制订颁布了《国家重点文物保护专项补助经费管理办法》、《文物事业单位财务制度》、《国家重点文物保护专项补助经费管理办法》、《大遗址保护专项经费管理办法》以及《第三次全国文物普查经费管理办法》等各类专项经费管理办法。同时，为进一步规范局内工作程序，提高局机关工作的透明度和办事效率，促进依法行政，按照国务院《全面推进依法行政实施纲要》及《关于进一步推行政务公开的意见》的精神，国家文物局还先后制定和发布了《国家文物保护专项经费"阳光工程"实施方案》、《大遗址保护管理体系建设经费管理办法（暂行）》、《国家文物局部门预算编制程序（试行）》、《国家文物局关于经费审批权限的规定》等部门规章，涵盖了项目的立项审批、资金安排、项目实施、工程竣工及考核评估等各个环节的全过程。

通过建章立制，全面推行政务公开，保障社会和群众的知情权、参与权和监督权等民主权利，逐步做到将涉及文物保护经费管理的规章制度和标准公开、项目审批和经费分配程序公开、项目及经费安排结果公开、经费到位及使用情况公开、工程验收及决算审计结果公开、典型案例检查及绩效考评结果公开等，用制度安排来规范和约束资金的分配和使用，大大减少了随意性和盲目性。经过多年努力，初步做到了从注重以项目库建设、立项审批、方案及预算论证和批复为主要环节的事前控制，到以工程质量检查、现场会、联合执法检查为主要手段的事中控制，再到以年度经费到位和使用情况的年报制度、竣工验收、决算审计、项目绩效评估为途径的事后控制的深化和转变。

当今我国的文化遗产事业，作为社会事业的重要组成部分，已经和正在成为推动我国文化大发展大繁荣的积极力量，在实现中华民族伟大复兴的进程中发挥着不可替代的重要作用。随着全面建设小康社会，保障人民基本文化权益战略的实施，文化遗产保护事业作为文化大发展、大繁荣的重要组成部分，必将得到更多的财政资金投入。同时还要做到，准确把握文化遗产事业发展的新趋势，密切关注财政体制改革的新动向，进一步完善健全经费投入体制和运行机制，努力构建文化遗产保护经费投入持续稳定增长的保障制度。

负责人：董保华

统稿人：刘曙光

执笔人：陈 红

文物人才队伍建设60年

国家文物局机关党委、人事司

自中华人民共和国成立，几代文博工作者呕心沥血，殚精竭虑，恪尽职守，不断开拓进取，书写了60新中国的文博事业的绚丽篇章。这60年，也正是文博人才队伍不断发展壮大，从业人员整体素质不断发展提高，文博人才培养工作不断向前推进的60年。建国初老一辈文博人从一穷二白基础上白手起家，到如今，全国共有各类文物机构4400余个，从业人员9万余人，形成体系完整，管理有序的文化遗产事业新格局，人才培养工作起了重要的决定性作用。

一 历史回顾

新中国的文博事业的起步是从创设机构，组建队伍开始的。1949年1月31日，北平和平解放，中国人民解放军北平市军事管制委员会和北平市政府进驻办公。军管会的文化接管委员会设立文物部，负责接管市内的文物、博物馆、图书馆等单位事宜。6月，文物部并入华北人民政府高等教育委员会。1949年11月1日，中央人民政府文化部成立，设文物局，负责指导管理全国文物、博物馆、图书馆事业，各地也陆续成立了文物管理委员会、文物保管委员会、文物室等单位，自此，文博事业管理格局基本形成。此后，文物局机构名称，单位建制，隶属关系等多次发生变动，但主管业务一直未发生大的变化，主要负责管理文物博物馆事业。中央人民政府文化部文物局先后改为文化部社会文化事业管理局（1951年）、文化部文物管理局（1955年）、文化部图博文物事业管理局（1955年）、图博口领导小组（1970年）、国家文物局事业管理局（1973年）、文化部文物事业管理局（1982年）、国家文物事业管理局（1987年），1988年6月16日，改为国家文物局至今。

事业发展，首先要解决的就是人的问题。旧中国满目疮痍，百废待兴，建国初期文博专业干部极度匮乏，而众多的文物保护，考古发掘，博物馆建设与开放，流失文物的鉴定与征集等项目需要大量的专业人才，因此加强队伍建设，培养一大批有专业知识的文博管理干部和工作人员就显得格外迫切和重要。

（一）1949～1965年

1950年10月11日，文化部文物局在召开各大行政区文物处长会议，会上郑振铎局长作了《一年来的文物工作及今后工作方向》的报告。会议讨论了图书馆事业发展方向、博物馆发展计划、文物保管委员会情况，并专门研究了人才培养问题。为有效加强队伍建设，一方面各级文物管理部门积极举办各种培训班，加快在职人员培养，另一方面支持在高校设立文博专业，加快高等专业人才培养，储备后备力量。

在举办的各种培训班中，最为有名并且产生深远影响的是1952～1955年的"全国考古工作人员训练班"。新中国成立后，中央文化部感到急需培训和建立一支具有高度革命觉悟，又能快速掌握文物与博物馆专业基础理论和应用技术的干部队伍，于是向全国各省抽调已在文物机关任职的中青年干部集中学习。1952年8月11日，文化部社会文化事业管理局、中国科学院考古研究所和北京大学联合举办的第一期考古工作人员训练班开学，政务院副总理郭沫若、文化部部长沈雁冰到会并讲话。训练班经过三个月课堂学习和田野实习，于11月结业，本期共71人。该训练班自1952～1955年，每年举办一期，共办四期，学员341人，被誉为新中国文博界的"黄埔四期"。后来他们中的许多人成为新中国文博、考古事业的骨干力量和领导人。

此外，中央及各地文物部门针对文物、博物馆工作的实际需要，纷纷组织相关培训，内容涉及考古发掘、文物保护与修复、博物馆陈列与展示等各方面内容，如1952年10月文化部社会文化事业管理局委托北京文物整理委员会举办第一期古建筑培训班，学员来自五个省市，共11人。其后1954年2月、1964年4月、1980年9月又举办了三期，四期学员共127人。结业后学员大部分回原部门从事文物保护研究工作，成了古建筑保护工作的骨干力量。中央和各省采取措施，加大人才培养力度，迅速扩充专业队伍。

◆1953年古建训练班学员毕业合影

当时的培训班的首要目的就是培养专业技术人员和管理干部，如1956年夏山东省举办的第一期文物干部培训班，共培训80余人。这次培训改变了多数县没有文物干部的局面，为全省文物普查培养了骨干力量。由于当时的培训项目基本都是结合具体工作，进行长时间的实地实习，实行边学边干。因此，除了培养大批人员，还出了众多的成果。如1958年举办的全国省、市、自治区文物、博物馆、图书馆研究班，完成了《博物馆工作概论》、《文物工作概论》、《图书馆学概论》三本书初稿的编写工作。1963年的举办全国博物馆保管干部业务读书班，边读书、边总结、边讨论并修改《博物馆保管工作暂行办法》。而当时的很多的考古发掘项目，都是在考古培训班的实习过程中发现的。

新中国高等教育考古及博物馆专业，也在这一时期设定，改变了高校没有考古、博物馆学专业的历史。较早开设的如：1949年8月北大文学院开办博物馆专修科；1952年全国院系调整，北京大学历史系成立考古专业；1956年四川大学历史系开设考古专业课程，1959年秋创设考古学专门化（学制五年）；1956年西北大学历史系设立考古专业；1960年南京大学历史系博物馆专业正式开设……新中国成立后的16年，我们通过自己的大学，培养了一大批文博高等专业人才，众多的考古、美术史、中国史、中共党史、古文献、古建筑等专业的毕业生，充实到文博队伍中来。各级文博单位和大专院校、科研单位联合还举办了一系列短期专业训练班，培养了数以千计的考古、古建筑等专业的文博工作者。这些同志形成了一支文博战线的骨干力量，促进了这一时期文博事业的快速发展。

（二）1966～1977年

"文革"十年浩劫，文博干部队伍建设受到严重破坏，文博干部培训工作一度濒于停滞，但是各级文博单位，仍然顶住压力，坚持文博人才培养工作，有力地支援了这一时期的文物、博物馆工作。1971年12月，时任国家文物局局长的王冶秋同志在故宫武英殿对筹备出国文展的工作人员讲话中，专门强调了文物考古人员的培养，要靠"大学培养，机关培养，短的训练班还要办"的指导思想。这一时期各级文物部门克服种种困难，千方百计开展人才培养工作，很多培训项目的取得了重要的成果。如1973年国家文物事业管理局在荆州博物馆举办第二期长江流域考古工作人员训练班，参加学习的有长江流域14个省、市文物考古工作者100余人。训练班发掘了宜都县红花套新石器时代遗址，这是第一次在湖北发现距今6000年左右的大溪文化遗存。

"文革"结束后，文博人才培养工作全面恢复但仍面临不少难题，比如虽然"文革"后期大部分专业干部归队，恢复较早，但是一部分业务骨干因年事已高已经退出一线，接班人没有跟上；文博队伍尽管在人员数量上有较大增长，但新补充的同志大都缺乏专业知识，许多是属于"安置"性质调入的，相当一部分的领导干部对文物博物馆工作并不熟悉。文博工作很多领域都面临着青黄不接、后继乏人的局面。中央和各省纷纷举办各种培训班，大力加强文博队伍的培养和重建工作，这一时期，先后又有吉林大学、南京大学、山东大学、中山大学、厦门大学、武汉大学、山西大学、郑州大学等高校设立考古专业。经历十年动乱后的拨乱反正，文博事业发展和人才培养的新的春天即将来临

（三）1978～1982年

党的十二大要求干部队伍实现革命化、年轻化、知识化、专业化。针对文博工作队伍青黄不接的状况，当时的国家文物事业管理局认识到必须将干部培训工作列入重要议事日程，迅速提高干部业务水平，确立的目标是："力争在三四年内把全国文博干部基本轮训一遍，使各级领导骨干具有一定的业务基础知识，把各方面专家的学识和技能继承下来，使一般干部能比较胜任本职工作。"1981年1月召开的全国文物博物馆干部培训工作座谈会对文博干部培训工作提出了"全面安排，重点掌握；统一规划，分级负责"的要求。

这一时期对文博管理干部培训的重点是"由外行转为内行"。国家文物事业管理局于1980年11月至1981年12月在承德先后举办了6期干部读书班，学员共308人。读书班每期有一个主题，分别为中国古代史、博物馆馆长工作、博物馆学、中国通史、中国革命史、文物基础知识等。其

中读书班第三期学员编写完成《中国博物馆学概论》，1985年由文物出版社出版。

这一时期，文博短期业务培训的重点是解决业务工作最基础、最急需的业务内容，基本原则是"干什么学什么、缺什么补什么"。1978～1982年，国家文物事业管理局先后委托山东省文化局、故宫博物院、上海博物馆、安徽省博物馆、四川省文化局、南京博物院等单位先后举办碑刻拓片、糊囊匣、青铜器修复、书画装裱训练班，为全国各地文博部门培训技术人员。其中1980年委托故宫博物院举办的"糊囊匣技术训练班"，就是适应博物馆藏品管理急需囊匣制作人员的实际情况举办的。国家文物事业管理局这一时期举办的其他重要培训还有：1978年5月与北京大学共同举办的古籍整理训练班、1979年在三峡举办的考古领队培训班、1980年3月与吉林大学联合举办的田野考古进修班、1980年9月委托文物保护科学技术研究所在湖北当阳玉泉寺举办古建筑测绘训练班、1981年5月委托山西省文物局在运城解州关帝庙举办古建维修培训班等等。上述培训的共同特点是满足文博业务工作恢复、开展的紧急需要。

在国家文物事业管理局的部署下，各地文物管理部门也加大了干部培训工作力度。1979年8月，甘肃省文化局举办考古训练班。1980年夏，内蒙古自治区举办文物考古干部训练班。1980年8月，广西文化局举办全区地、市、县博物馆馆长、文管所所长训练班。1981年2月16日，甘肃省文化厅在兰州市举办文博干部业务培训班。特别是1981年5月，安徽、内蒙古、陕西、广东、北京、河南等省市区举办文博工作领导干部和专业人员读书班、训练班，学员共300多人。这一时期全国各省市自治区普遍开展了文博干部培训工作。

高等教育一直是文博人才培养的一项重要内容。20世纪80年代，国家文物事业管理局在综合研究高校相关专业的规模、分布后，提出关于文博高等教育的设想：在已有高校相关专业的基础上，国家文物事业管理局办一所文物博物馆专科学校（大专），开设博物馆系及各类传统文物修复、复制技术专业。每一个行政大区选定一所学校开设博物馆专业，争取北京师范大学尽早开设博物馆专业，清华大学、南京大学建筑系举办古建专业，中国人民大学开设革命文物专业，北京大学考古专业扩大为考古系，在各地美术院校开办博物馆形式设计专业。当时还提出了利用高校资源对考古领队、文物保管所所长（主任）和博物馆馆长进行轮训的设想。后来这些想法部分得到了实现，如1980年7月委托南京工学院（现东南大学）举办古建专业进修班，学制1年。1981年7月，委托吉林大学举办考古进修班，学员10人，学制1年。1982年，委托南京大学举办考古进修班，学员40人；委托清华大学举办古建进修班，学员10人，学制均为1年。这些人才培养合作项目经实践证明对事业发展起了重要作用。1980年，复旦大学、杭州大学历史系分别开设博物馆专业和考古博物馆专业。

这一时期，发展文博职业技术教育也是文博人才培养的一项内容。国家文物事业管理局与北京市东城区鼓楼中学、205中学联合创办文博职业高中班，专业课程设有青铜器、古建筑、书画、陶瓷、传拓等，学制3年，6个班共培训240人。天津市文化局举办博物馆中专班，招收高中毕业生和有关单位学员，学制2年。

1980年12月，国家文物事业管理局成立宣传教育处，次年改为教育处，当时规定了九项基本职责：做好调查研究工作，根据文物战线干部培训的情况，向局党组提出培训干部的方针、政策性意见；根据局党组的意图，制订年度和长远的培训干部计划，督促各省、市及直属单位贯彻执行；了解掌握面上干部培训的情况，发现典型，总结经验，组织交流，推动工作等。

据统计，这一时期文物系统累计轮训文博干部 14939 人次，占干部职工总数的 56.9%。

（四）1983～1991年

1982 年 11 月，党中央、国务院印发了《关于加强职工、干部教育工作的决定》。1983 年 11 月，文化部文物事业管理局在杭州召开文博干部培训中心工作会议，通过了《关于加强文博干部培训教育工作的意见》。1984 年 1 月召开的全国文物工作会议讨论通过了《文博干部培训工作规划》。这一时期文博干部培训工作的指导思想是结合文博战线的实际情况，多出人才、快出人才、出好人才。基本思路是以文博系统自办为主，与教育系统联合办学为辅；多层次多渠道长期办班；讲求实效，不务虚名，急需先学，学以致用；以在职中青年为主要培训对象，统一规划，分级培训，加强领导。

随着《文物保护法》的颁布实施，开展相关的培训工作也提上了日程，有些培训还扩展到了文物系统以外。1984 年 10 月，天津市举办文物司法鉴定培训班，学员为海关、公安、工商等执法部门及文物部门的业务人员。1987 年 10 月，陕西省文博干部培训中心举办文物鉴定培训班，省公安、海关、工商、铁路、文博系统的 43 名干部参加学习。1991 年 11 月，国家文物局受海关总署委托，在北京海关培训基地举办文物鉴定培训班，学员 30 人，为期 1 个月。1992 年 9 月，国家文物局与海关总署在九龙和广州两地分两阶段联合举办"文物鉴定知识培训班"。

这一时期，国家文物局建立的 8 个文物干部培训中心在文博人才培养中发挥了很大作用。这些培训中心由国家文物局委托相关省的文物管理部门承办区域性文物干部培训基地，培训计划和经费预算由相关省文物管理部门提出报国家文物局审批，教学组织和行政工作都由被委托省承担。培训对象主要是省和地市级文博机构的领导和业务骨干。其中 1984 年设立的泰安培训中心至 1997 年共举办培训班 42 期，培训文博干部 2600 余人。1982 年 3 月设立的扬州华东文物干部培训中心至 1992 年，10 年间先后举办培训班 22 期，培训学员 900 多人。受此影响，陕西、浙江、江西等省份也建立了本省的文物干部培训中心。1985 年 10 月，文化部文物局按照中共中央、国务院关于干部培训要经常化、制度化、正规化的要求，决定将承德、太原、郑州、咸阳、成都、长沙培训中心交由所在省文化部门自办，经费也有地方承担，文物局保留使用权。泰安和扬州培训中心予以保留。

与高等院校合作开办文博干部进修班，解决文博干部队伍的学历问题，是这一时期文博人才培养工作的一项重要内容。从 1984～1989 年，文化部文物局以及地方 20 多个省市自治区文化文物部门委托中国人民大学等几十所高校举办文博干部专修班，招收在职文博干部系统学习文物、博物馆、考古等专业知识。这些干部专修班学制一般为 2 年，合格者获得大学专科学历。据统计，这一时期有将近 3000 名文博干部参加了这些专修班，提高了一大批文博干部的基本素质，同时也解决了他们的学历问题。

这一时期还加强了对高层次文博人才的培养，与高等院校合作开展了一些面向高层次人才的培养项目，甚至是研究生教育。1983 年 9 月，国家文物事业管理局委托吉林大学举办古文字、古文献进修班，学员 15 人，学制 1 年。1986 年 9 月，文化部文物局委托北京大学举办考古研究生班、石窟考古研究生班，学员共 24 人；委托南开大学举办博物馆学研究生班，学员 2 人，学制 3 年。1987 年 9 月，国家文物局委托吉林大学举办考古研究生班，学员 5 人，学制 2 年。1988 年 9 月，复旦大学文物保护研究生班招收学员 7 人。1989 年 9 月，国家文物局与北京大学合作举办中国考古学理论研究班，学员 11 人。

高等教育的相关学科建设也取得了新进展。1983 年，北京大学考古系成立。1987 年，复旦大学招收文物保护科技专业本科生 15 人，学制 4 年。1988 年，陕西省文物局与西北大学共同建立西北大学文博学院。1989 年 3 月，国家文物局和复旦大学共同筹建的复旦大学文物博物馆学院正式成立。

这一时期，文博干部培训的教材工作取得了突破。1983 年 1 月，中国社会科学院考古研究所编《考古工作手册》由文物出版社出版，这本手册对提高考古工作队伍的业务素质发挥了重要作用。1984 年 7 月 26 日，文化部文物局在山东长岛召开文博干部培训教材编辑及制定教学大纲研究会，会议决定出版 8 种文博教材。自 1988 年 7 月起，马承源主编的《中国青铜器》、王宏钧主编的《中国博物馆学基础》、杨仁恺主编的《中国书画》、罗哲文主编的《中国古代建筑》、安金槐主编的《中国考古》、冯先铭主编的《中国陶瓷》相继由上海古籍出版社出版发行。

这一时期的短期业务培训也出现了新的特色。1984 年 9 月 10 日，文化部文物事业管理局在山东兖州举办田野考古领队培训班。至 1991 年底共举办 6 期，学员 143 人。这些学员，至今仍是考古工作的骨干力量。1986 年 11 月，江苏省文化厅在南京博物院举办旧纸张保护技术培训班。这是"文革"结束后较早开展的文物修复技术人员培训。1988 年 5 月，贵州省文化厅举办抢救民族文物调查班。1988 年 8 月，国家文物局委托辽宁省文化厅在大连市举办外国文物鉴定研讨班。1989 年 9 月，面对古遗址、古墓葬遭到日益严重的盗掘的情况，山西省文物局在永乐宫举办为期 9 天的文物安全防盗培训班。1989 ~ 1991 年，为配合刚刚开展的历史文化名城保护工作，国家文物局委托同济大学举办了三期历史文化名城培训班。

随着改革开放的不断深入，文博人才培养工作开始进入"走出去、请进来"的发展阶段。1987 年 6 月起，文化部文物局开始派干部到荷兰、日本、意大利、英国、德国等国家学习水下考古和文物保护等专业。1988 年 10 月 24 日，应国家文物局邀请，日本东京文化财保护专家来华讲授文物保护技术。1989 年 9 月 1 日，中国历史博物馆与澳大利亚阿德莱德大学东南亚陶瓷研究中心合作在青岛举办"水下考古专业人员培训班"；次年 2 月在福建连江县定海进行了古代沉船调查与试掘。同月，国家文物局派出专业人员分别赴意大利和英国进修文物保护专业。1991 年 5 月，国家文物局派出留学生 3 人，分赴英国、荷兰、德国进修博物馆管理和文物保护专业。

1987 年，国务院批转《国家教育委员会关于改革和发展成人教育的决定》，成人教育开始向以岗位培训为重点的方向发展。随着文博干部培训工作的全面展开，在全国文物系统开展岗位培训的条件日渐成熟。1990 年 11 月召开的全国文物系统培训工作会议，讨论、修改了文物系统第一批岗位规范。1991 年 8 月 31 日，国家文物局印发《关于制定文物系统岗位规范、开展岗位培训实施意见的通知》和文物系统第一批岗位规范（试行）共 11 种。这是文物系统人事制度改革的一项重要措施。

（五）1992～2001年

1992年，我国改革开放和社会主义现代化建设事业进入了一个新的历史时期。同年召开的全国文物工作会议提出了"保护为主、抢救第一"的文物工作方针。这次会议还通过了《关于加强文博教育培训工作的意见》。该文件提出，开展文博教育培训工作，应以马克思主义为指导，贯彻理论联系实际的原则。要将干部的培训与考核、评定职称、选拔任用紧密结合起来，按照《关于制定文物系统岗位规范、开展岗位培训实施意见》的要求，逐步建立比较完善的文博队伍培训制度。

这一时期，开展岗位培训是文博干部培训工作的重点。总的要求是文博干部按照岗位职务规范标准，学习国家的文物法规、政策、文物管理理论以及国内外文物保护新技术成果等专业内容。1993年5月15日至30日，陕西省文物局举办古建抢救、维修管理人员培训班，省内第一批古建抢救文博单位负责人30余名参加学习。1994年，中国革命博物馆举办了3期全国讲解员岗位培训班。1997年9月，黑龙江省文物局举办文物保管员岗位培训班，对全省50名博物馆业务人员

◆1992年4月全国古建管理干部研讨班合影

进行为期14天的集中培训。

这一时期的岗位培训，突出了文物执法方面的内容。1993年11月，国家文物局在长沙市举办文物行政执法培训班。1994年3月，安徽省举办文物行政执法人员培训班，全省文物行政执法队伍正式建立，近百名文物行政执法干部上岗执法。1994年4月19日，广西举办全区文博馆（所）长法规研讨班。1994年5月，黑龙江省举办第一期文物行政执法干部培训班。1997年8月，河南省文物局举办全省文物系统行政执法骨干政策培训班。在此基础上，河南省903名文物行政执法人员于10月16日参加了文物行政执法资格考试，其中900人获得上岗资格。1998年11月，湖北省文物局举办第一期全省文物系统负责人法制培训班。

1998年4月8日，国家文物局和北京大学举行联合办学签字仪式，共同成立北京大学考古文博学院（暨中国文物博物馆学院）。之后，国家文物局对学院在经费、项目、基础设施建设方面给予了很大支持，使学院办学条件有了很大改善，也使国家文物局的人才培养基地建设迈上了一个新台阶。1999年9月10日，国家文物局举办的全国文物、博物馆高级研讨班在北京大学开学，来自24个省市区的30人参加学习。

为解决文物鉴定等专业老专家年事已高、后继乏人的问题，1992年底，国家文物局决定委托北京大学、复旦大学、中山大学、中央美术学院等高等院校，采取"馆校结合"的形式

招收文物保护修复技术、文物鉴定、古建维修等专业的硕士研究生。耿宝昌等一批文物系统的老专家与相关高校的老师共同培养了四批硕士研究生，其中很多毕业生已经成为文博工作骨干。

这一时期的业务培训与文博业务工作结合更加紧密，更有针对性。1995年7月，故宫博物院组织古书画赝品研究讲习班，参加者有本院及全国各博物馆业务人员。1995年10月，贵州省文化厅举办全省文物"四有"培训班。1997年10月，湖南省举办少数民族地区文物干部培训班。1998年10月，故宫博物院举办了4期古陶瓷鉴定高级研讨班，其中一期是专门为台湾地区开办的。1998年10月和次年5月，国家文物局主办的两期全国古建筑培训班分别在福建漳州和清西陵举行，这个培训项目以管理严格著称，培训效果显著。1999年，国家文物局在云分别西南地区和西北地区的少数民族文物业务干部培训班。

这一时期涉外培训继续得到加强，开始进行国际合作培训项目。1992年10月，国家文物局和美国盖蒂保护研究所联合在山西大同云冈举办中国石窟遗址管理培训班，由中国文物研究所协办，学员22人。1994年1月，中国联合国教科文组织全国委员会和国家文物局在清西陵举办中国古建筑保护规划与管理国际研讨班，来自国内外40余名古建筑保护维修业务人员参加培训。翌年10月又举办了木结构建筑保护技术培训班。1994年5月，国家文物局、国际博物馆协会、中国博物馆学会、荷兰莱茵瓦尔德学院联合举办中国博物馆中高级管理人员国际研讨班在，全国47名学员较系统地学习了科学管理知识，了解到当前国际博物馆管理发展概况。1996年1月，国家文物局派员参加联合国教科文组织举办的历史文化遗产城市保护管理监测培训班。1999年9月，国家文物局在敦煌研究院举办由联合国教科文组织资助的中国石窟文物保护培训班。来自印度、斯里兰卡及国内的30名学员参加了培训，为期一个月。

1990年，国家重新启动职称评审工作，并将职称评审工作转入正常化轨道。1992年初，国家文物局相继成立职称改革工作领导小组和高级职称评审委员会。之后的几年里，一大批专业人员获得了文博系列高级职务任职资格。职称评审工作落实了党的知识分子政策，文博专业技术人员的工作条件和生活待遇得到了改善，激发了他们献身文博事业的积极性。

1997年春，国家文物局印发《中国文物博物馆工作人员职业道德准则》。准则全文十条，要求全国文博工作者认真执行，提高素养，规范行为《准则》成为文博专业队伍建设的一个重要文献。

（六）2002～2009年

在2002年召开的全国文物工作会议上，国家文物局把加强文博干部培训列为文物工作的四项重点基础工作之一，提出大力开展教育培训，逐步实施资格认定、持证上岗制度，造就一支思想好、作风硬、业务精、管理强的文博干部队伍目标和任务。2003年1月，国家文物局在上海召开了文博教育培训工作座谈会，提出落实干部教育培训工作的具体措施。2004年10月，国家文物局又在江西召开了全国文物宣传教育工作会议，进一步统一思想，明确任务，推动文博干部教育培训工作的深入开展。会议提出：今后一个时期文博教育培训工作的指导思想是：以邓小平理论和"三个代表"重要思想为指导，认真贯彻党的十六届四中全会精神，实施"人才强国"战略，以加强能力建设为重点，以提高队伍素质为核心，努力形成多层次、多渠道、大规模的文博

◆2007年11月28日文物法规培训班开学

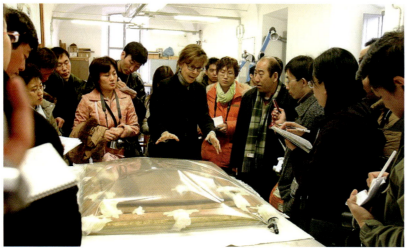

◆中意合作培训班学院在罗马修复中心考察交流

教育培训工作新格局,为文物事业的改革发展提供人才保证和智力支持。

这一时期,文博管理干部培训明显得到加强。2003～2008年,国家文物局与北京大学、清华大学、复旦大学、南开大学、四川大学、西北大学和中国文物研究所密切合作,连续六年举办了全国省级文物局局长、博物馆馆长、考古研究所所长、古建所所长专业管理干部培训班,共培训省级文博管理干部440名,达到应参加培训人员的80%。通过培训,提高了省级文博管理干部文化遗产理论政策水平,提高了业务能力和管理能力,增强了依法保护文化遗产和履行岗位职责的能力,促进了干部队伍整体素质的提高;搭建了各省市之间文物博物馆工作的学习交流平台和创新平台;带动了各地文博干部培训工作的开展;基本摸清了文博管理干部培训的基本需求、知识结构和培训工作模式,为下一步大规模培训工作奠定了基础。

在此基础上,国家文物局推动文博管理干部教育培训向基层深入。2008年7月,国家文物局印发了《关于推进地市文博管理干部培训和全国重点文物保护单位保护管理机构负责人培训的意见》,积极指导各省、自治区、直辖市文物部门开展相关培训。

各类专业技术培训收到明显实效。2002年以来,国家文物局结合文化遗产保护工作实际,陆续举办了古建筑维修、考古发掘、文物保护规划、文物出境鉴定、文物安全保卫、博物馆藏品定级以及馆藏书画、纺织品、古家具、青铜器、石质文物等保护修复专业技术培训班,培训专业技术人员近2000名。一批专业技术人员业务水平得到迅速提高,正在成为各个机构的业务骨干。

中外合作人才培养项目不断取得新进展。国家文物局与相关国际组织和意大利、法国、日本、美国、澳大利亚等国家进行了富有成效的合作培训。从2001年开始,国家文物局与美国梅隆基金会合作,陆续选派19人赴美参加博物馆高级管理人员培训。2003～2008年,国家文物局与法国国家遗产学院合作,举办了8期中国博物馆高级管理人员培训班,邀请法国专家授课,274人参加了培训。2003～2007年,中国、意大利两国文化遗产管理部门在中国文物研究所合作开展了两期文物保护修复培训项目，培养文物保护技术人员 140 余名。中日韩合作丝绸之路沿线文物保护修复人员培养计划正在顺利实施，将用 5 年时间培养各类专业人员 100 名。我国面向亚非国家的教育培训工作也取得良好效果。近年来，受商务部委托，中国文物研究所承办了非洲国家文物保护技术与管理培训班、亚非国家文物保护人员培训班、阿拉伯地区文物保护人员培训班等援外项目，培训各国文化遗产官员和技术人员 130 人，展示了中国作为负责任文化遗产大国的新形象。

二　取得的成就

经过 30 年的努力，文博人才培养工作取得了显著的成就。

（一）建立了一支具有较高政治和业务素质、结构比较合理的文博工作队伍

长期以来，文化遗产人才队伍建设，坚持围绕文化遗产事业发展需要，服务大局，注重做好人员的引进、使用、管理和培养工作。人才队伍规模不断扩大，整体素质明显提高，优秀人才脱颖而出和人尽其用的有效机制基本形成，人才成长的环境进一步优化，为事业的发展提供了智力支持和人才保证。

60 年来，文博队伍从一穷二白到改革开放之初的 2.6 万人，再发展到现在的 9.2 万人。这支队伍的学历结构、知识结构和职称结构都得到了很大改善。2008 年，我们对全国 31 个省、直辖市、自治区文物博物馆的人员基本情况进行了统计调研，专业技术人员所占比例已经达到48.4%，其中具有高级职称的人员占 7.1%，具有中级职称的人员占 18.4%，具有初级职称的人员占 22.9%；具有博士学位的人员占 0.27%，具有硕士学位的人员占 1.8%，具有大学本科学历的人员占 24.8%，具有大学专科学历的人员占 36.9%，具有中专及以下学历的人员占 36.1%。所学专业也呈现多元化的趋势。应该说，这些变化是令人鼓舞的。

（二）文化遗产保护专业技术人员的管理体制日臻完善

各级文化遗产保护管理单位在发掘、引进培养和使用人才方面都制定了专门的管理办法，在岗位设置、专业技术职务晋升、评审与聘任等各环节进行合理规划，既严格各项标准和要求，又不拘一格，为从业人员设计合理的、可期望的职业发展生涯。自职称改革工作开展以来，国家文物局一直在文物博物馆、古建工程、文物编辑出版三个系列的专业技术职务任职资格评审在全国范围内进行指导和规范，使一大批优秀的高级专业技术人员作为文化遗产事业的骨干力量活跃在各相关领域。大部分省、自治区、直辖市文物局成立了独立的文博系列高级职称评审委员会，在促进专业领域学术发展、理论研究、技术进步，促进青年专家成长等方面发挥了重要的作用。

（三）加强行业准入管理，对从业人员资格进行规范，提高了对这支队伍的行业管理水平

对从业人员实行资格认定，持证上岗制度。按照《行政许可法》、《文物保护法》和《文物保护法实施条例》的相关要求，我局积极开展资质、资格认证工作。先后颁布"考古发掘资格审定办法"和"古建工程勘测维修资质资格管理办法"，规定了各项资质资格的审定管理程序。在文物保护工程、

考古发掘、馆藏文物修复、复制、拓印、文物商店经营、文物拍卖、文物鉴定等活动的单位资质和人员资格作出要求，对从业人员队伍进行了规范，有效地提高了从业人员整体素质和水平。

（四）建立了科学的人才培训模式，为事业发展培养和输送大批合格人才

国家文物局从事业发展的战略高度重视文博干部教育培训工作，列入文物事业"十一五"发展规划，在经费预算给予保障，在工作中大力支持；教育培训的办班模式有所创新，在总结经验教训的基础上，国家文物局不再沿用自办培训中心模式，转为依托高等院校、科研机构的教学平台开展干部教育培训工作，充分发挥了高校教师、设施等教学资源优势，学习环境也更加优越，教育培训质量有所提高；教育培训的教学思路逐步清晰，围绕文化遗产事业每个阶段重点工作开展培训，使干部教育培训与事业发展紧密相连；教育培训的作用得到体现，据统计，近6年来全国有1万名以上的文博干部接受了各级各类培训。文博干部教育培训工作在推进文化遗产事业科学发展中发挥出重要作用。

三　基本经验

总结60年来文博人才培养工作，我们取得了以下几方面的有益经验。

第一，必须坚持以邓小平理论和"三个代表"重要思想为指导，贯彻落实科学发展观，树立"人才资源是第一资源"的观念，保证干部教育培训工作的正确方向。

第二，必须坚决贯彻党和国家的文物工作方针，紧紧围绕文化遗产事业科学发展，研究探讨新时期新任务下文物工作遇到的新情况新问题，使干部教育培训工作更具有针对性、实效性。

第三，必须坚持与时俱进、开拓创新，不断探索新体制和新机制，开辟多渠道、多形式，统筹利用各种资源，充分调动各方面的积极性，使干部教育培训工作充满生机和活力。

第四，必须坚持开阔视野，加强与各国政府及国际组织在文化遗产教育培训工作的交往和联系，拓展文博教育培训工作的中外合作途径，使我们的工作逐步与国际先进水平接轨。

第五，必须坚持学以致用的原则，发扬求真务实精神，立足于提高文博干部队伍的整体素质和能力，为文物事业的改革和发展提供智力支持和人才保证。

展望未来，伴随着文化遗产事业科学发展，文博干部教育培训体系将不断得到完善，国家文物局和地方文物行政部门将形成统一领导、分级负责、通力合作、运转高效的有效机制；文博干部教育培训机构将继续得到健全，师资队伍将更加稳定，工作将更加规范化、科学化；互联网和现代远程教育等先进手段将在文博干部培训中得到更充分利用；文博人才的培养将更加国际化、与国际接轨……文博人才培养工作也必将会为文化遗产事业的科学发展做出更大的贡献。

负责人：张　柏

统稿人：侯菊坤

黄　元

执笔人：何晓雷

北京市文物事业60年

北京市文物局

　　北京是世界著名古都和历史文化名城,有3000多年建城史,800多年建都史,是一座文物众多、享誉世界的历史文化名城。除了故宫、天坛和万里长城这些标志性建筑,北京还拥有无数优美的皇家园林、王府宅第、庄严肃穆的宗教建筑和中国水墨画般的胡同四合院。目前,北京市有包括6处世界文化遗产在内的各类不可移动文物3500余处,其中全国重点文物保护单位98处,市级文物保护单位224处。皓若繁星的文物古迹,丰富的地下文物遗存,弥足珍贵的馆藏文物,使古老的北京散发出浓郁的文化气息。

一　北京文博事业60年的发展历程

　　新中国成立60年来,北京的文博事业得到党中央、国务院的高度重视,得到国家文物局的具体指导,得到全国文博界同行的大力支持。在市委、市政府的正确领导下,在全市人民和各行各业的支持下,经过全市文博行业的不懈努力,取得了前所未有的成就。

　　1949年新中国成立后,作为首都的北京即开展了各项文博工作,建国初期取得了一定的成绩;改革开放后,随着各项法律法规逐步建立与完善,文物保护管理机构逐步建立,文博事业进入了逐步恢复和稳定发展的时期;进入新世纪,伴随着申办和举办北京奥运会的过程,文博事业进入了快速发展的时期,在不到十年的时间里,取得了令世人瞩目的成就。其发展大致经历了以下三个阶段。

(一)1949~1978年,文博事业的复苏与新生时期

　　1949年中华人民共和国成立后,中国共产党和人民政府对首都文物、博物馆事业的保护和发展给予了高度的重视,在建立文物机构的同时还制定了相关的政策和法令,对北京市文博事业的发展起到了积极的促进作用。

　　中华人民共和国成立后,伴随着国家行政管理体制的建立、调整和逐步完善,文物管理机构也相继建立健全。1951年北京市文物调查组正式成立,是直属北京市人民政府的第一个主管文物的机构,1960年11月更名为北京市文物工作队,其主要任务是从事文物保护业务工作和考古发掘。1957年全国首家文物出口鉴定机构在北京成立,为防止国家珍贵文物出口、打击文物盗运发挥了积极作用。1960年北京市文物、古董行业完成了公私合营,组建了北京市文物商店,使北京的文物市场首次实现了由分散自由经营到"统一管理、统一经营、统一收购"的转变。

20 世纪 50 年代开始，中央人民政府政务院先后颁布了《古文化遗址及古墓葬之调查发掘暂行办法》、《规定古迹、珍贵文物、图书及稀有古物保护办法》等一系列规定，以加强文物保护工作。1957 年，北京市人民委员会发布了《关于北京市第一批古建文物保护办法》，同时公布了全市第一批 39 项文物保护单位，包括故宫、天坛等为代表的皇家建筑。

新中国的成立使北京地区的博物馆事业获得新生。至 1952 年，北京地区基本上完成了对旧有博物馆的改造，博物馆在本质上发生了深刻的变化，开始走上为社会主义建设服务的新生道路。1959 年国庆十周年前后，一批大型国家级博物馆，如中国历史博物馆、中国人民革命军事博物馆、中国美术馆、中国农业展览馆、民族文化宫等馆舍相继落成并逐步开放。这些博物馆按照为广大群众服务、为科学研究服务的办馆方针，运用陈列展览等形象化的手段，在教育人民热爱祖国、建设祖国、学习科学知识等方面发挥了积极作用。新中国首都的博物馆事业建设体系初步形成。

（二）1978～2000 年，文博事业的逐步恢复和稳定发展时期

伴随着改革开放的春风，北京的文博事业进入了新的发展时期。1979 年为了适应改革开放形式的发展和文博事业的客观需要，北京市率先成立了北京市文物事业管理局（1995 年改为北京市文物局），开始对北京地区的文物、博物馆事业进行统一管理，制定北京地区文博事业的长期发展规划。从此北京地区的文物事业开始步入正规化、专业化的发展阶段。

这一时期内，北京市分别于 1981 年、1983 年、1986 年、1991 年、1996 年召开了五次文物工作会议。1981 年召开的第一次文物工作会议是建国以来北京市首次以市政府名义召开的讨论文物工作的会议，会议阐明了保护文物的历史意义和现实意义；1983 年召开的第二次文物工作会议在全国首次提出了文物"是前人创造的物质文明和精神文明的珍宝"，"是中华民族历史无可替代的实物见证"和文物是"历史的产物，它是不能再生的，这是它不同于其他物质文明的一个重要特点"等重要观点；其后，召开的三次文物工作会议，将保护北京历史文化名城作为全民的任务，在相当长的一个阶段内形成了北京文物保护思想最为活跃的时期。

文物保护事业方面。1981 年 6 月，北京市文物古迹保护委员会成立，对北京市的文物保护管理、文物规划、文物维修、处理文物和城市建设的关系、保护历史文化名城风貌等方面作出了贡献。此后，北京市各区、县相继组建了文物管理部门，专门负责本区、县的文物保护和管理工作。同时，北京市将八达岭长城、明十三陵两处文物古迹划归地方，建立了八达岭长城和十三陵两个特区，并设置专司管理工作的办事处。

博物馆建设方面。1979 年北京市文物事业管理局设立了专门管理博物馆的行政机构，1985 年 7 月北京博物馆学会成立。随着我国经济的快速恢复和发展，创建了一批新的博物馆，如首都博物馆、中国人民抗日战争纪念馆、中国科技馆、中国现代文学馆、大钟寺古钟博物馆、宋庆龄故居、徐悲鸿纪念馆等，形成北京地区博物馆事业发展的第二个高潮。

法制建设方面。1981 年 11 月由北京市文物局组织起草的《北京市文物保护管理办法》正式报经北京市人大常委会批准发布实施，这是北京市的第一部文物工作法规，它彻底结束了北京文物保护无法可依的历史，北京市的文物工作自此真正开始走向法制轨道。

（三）2000年至今，文博事业的健康发展和良性循环时期

进入新世纪，随着北京成功申办、举办奥运会，文博事业也逐步加快发展，坚持贯彻"保护为主、抢救第一、合理利用、加强管理"的文物工作方针，文物建筑修缮和整体保护、博物馆建设、文物展示研究利用、文物法律法规建设等各个领域进入健康发展和良性循环的新时期。

随着2000年"3.3亿抢险工程"和2003年"人文奥运"文物保护修缮工程的启动，落实市级以上文物保护单位近百处文物建筑的修复，重点是：全面落实"人文奥运文物保护规划"提出的整治"两线"景观、恢复"五区"风貌、重现京郊"六景"的目标。完成皇城景区、什刹海风景区、国子监古建筑群游览区、琉璃厂传统文化商业区及京西风景名胜区、北京段长城风景保护区、帝王陵寝保护区等文物建筑修缮工程，并继续加强对世界文化遗产的保护维修，基本完成十三陵、天坛、故宫、颐和园等主要文物建筑修缮与周边环境的整治；在实施旧城危房改造过程中，积极探索和实行"小规模、渐进式、多样化、微循环"的运作方式，逐步改造危房，消除安全隐患，改善胡同、四合院内的基础设施，提高城市居民生活质量。同时继续配合城市规划等部门，对北京旧城区内的有保留价值建筑进行调查，积极做好保护工作，落实对形制较好、可成片保护的胡同、四合院实行整体保护的措施。

自2001年申奥成功以来，社会及公众对博物馆的价值和重要性的认识普遍提高，北京市迎来了博物馆建设的又一个高峰期。国家博物馆、中国科技馆新馆、中国电影博物馆、首都博物馆等新馆相继开工建设或建成，中国地质博物馆、中国美术馆、中国农业博物馆、北京天文馆等一批博物馆进行了大规模改扩建，同时出现了各行业兴办博物馆的热潮。北京地区博物馆无论数量、类别都已居全国首位。2008年，北京地区注册博物馆已达151家，全年共推出展览460余项，接待观众3000万人次，其中一批博物馆已具备多语种接待服务的能力。

进入21世纪以来，北京市的文博事业始终呈现着良好的发展态势，未来她将延续历史文化发展特色，努力实现历史文化名城保护和现代化城市建设的"双赢"目标，全面推动文物保护、博物馆建设等各个领域的创新和发展。

二 北京文博事业60年的发展成果

在北京长期以来的历史发展中，对世界影响最突出的莫过于其代表中国悠久历史的古都名城和灿烂的民族传统文化。作为新中国的首都以后，北京这座历史古都更是具有了历史与现代双重文化的影响力，历史名城传统文化的保护与延续和现代文化的发展与建设，是首都北京面临的两大历史任务。经过60年的发展建设，国家发生了翻天覆地的变化，北京的文博事业也获得了前所未有的发展。

（一）开创并形成了具有首都特色的文物保护事业，确立了文物工作在首都社会的重要地位

在首都的文化建设中，市委、市政府始终高度重视北京市的文物保护工作，1979年组建了北京市文物局，主管全市的文物保护工作，各区县也成立了相应的文物管理机构，专门负责本区域内的文物保护工作，全市的文物工作已成为市、区政府工作的重要内容。自1980年以来，共

召开六次全市性文物工作会议，开展了三次全市性文物大普查。

国务院、市、区政府先后公布了北京地区国家级重点文物保护单位98项、市级重点文物保护单位224项、区县级重点文物保护单位670余项，其中故宫、长城等6项被联合国教科文组织公布为世界文化遗产项目。全市有300余项文物保护单位和历史遗迹以不同方式实现了对社会开放，每年接待国内游人超过3000万人次，各国来宾300余万人次。大批文物单位及历史建筑已成为广大民众的社会文化活动场所，成为中国向世界展示中华民族历史文化的重要窗口。

举世瞩目的北京2008年奥运会，即充分利用和发掘了古都历史文化资源，创造性地实现了奥林匹克文化和中国文化的交流与融合。以民族历史文化为核心内容的"人文奥运"口号，是北京向世界提出的具有独特价值的创新理念，体现了中华文明对奥林匹克精神的开拓与发展。在北京2008年奥运会期间，古都北京的历史文物是中国展现给世界的最为深厚的民族文化，也是中国五千年古老文化的突出代表，古都北京的历史建筑与传统文化向世界凸显了北京2008年奥运会独特的历史价值。

（二）文物建筑的保护修缮工作取得了历史性的成果，各类历史建筑得到了保护与延续

目前，北京市有包括长城、故宫、周口店北京人遗址、颐和园、天坛、明十三陵6处世界文化遗产在内的各类不可移动文物3500余处，其中全国重点文物保护单位98处，市级文物保护单位224处，形成了世界级、国家级、市级、区县级四级文物保护体系。随着全市文物保护工作的不断深入，文博队伍在认识观念上、管理方式上、保护理念上和工作水平上有了极大提高，文物保护工作呈飞跃式发展，以各种保护方式先后对全市各类传统建筑采取了保护措施，消除安全隐患，恢复历史风貌并实现对外开放。

1.三次文物普查工作摸清家底

在1958～1959年开展的第一次全市文物普查中，全市共登记各类文物8060项，其中古建筑占3282项。琉璃河商周都城遗址、窦店汉城遗址等都是在这次文物普查中发现的，其中琉璃河遗址经多年工作已被证实为西周燕国早期都城所在，成为新中国成立后重要的考古发现之一。经历了"文化大革命"对文物古迹的冲击后，为了摸清首都文物古迹的基本情况，从1982年初开始，北京市文物局组织和协调各区县，在1958年文物普查的基础上，用3年时间完成了第二次文物普查工作。据统计，全市共登记各类文物7309项，其中文物建筑类为2714项，普查的广度、深度和普查收获之丰富都超过1958年。通过此次普查，在远郊区县又发现了一批重要遗址、墓葬，包括延庆县古崖居、木化石群、平谷区上宅遗址等重要文化遗址，北京市的长城也在这次普查中得到初步调查成果。1997年，为了适应即将大规模开始的旧城改造和城市建设，北京市启动了第三次文物大普查，至1999年底全面完成，登记的文物总量为7158项（根据目前的计算方式为3500余项），一大批具有珍贵价值的文物为社会所知晓，丰富了首都文物宝库。

2.长期占用文物的单位搬迁工作取得了突破性进展

在市、区政府部门的努力下，全市一大批长期占用文物建筑的单位、学校、居民等得到了搬

迁安置，先后完成了国子监、圆明园、故宫、颐和园、历代帝王庙、普度寺、长椿寺、中山会馆、先农坛、东岳庙东路、白塔寺西路、天坛神乐署、月坛、东皇城墙遗址以及明城墙遗址等70余个文物单位中的880多个占用单位、14200户居民的搬迁工作。市、区政府和社会有关部门累计投入搬迁资金达50亿元，彻底解决了一批文物建筑内长期存在的历史遗留问题，为文物建筑的保护维修创造了条件。

3. 文物建筑的保护修缮工作取得了历史性的成果，各类历史建筑得到了保护与延续

随着文物保护工作的开展，文博队伍在认识观念上、管理方式上、保护理念上和工作水平上有了极大提高，文物保护工作呈飞跃式发展，以各种保护方式先后对全市各类传统建筑采取了保护措施，消除安全隐患，恢复历史风貌，如保护了现存的明城墙遗迹、复建了永定门城楼、整治保护了元土城遗址，其中最突出的是在世界文化遗产项目的保护方式、方法上，引进和借鉴了国际遗址保护的先进理念，突出了国际公认的文化遗产保护的原真性。全市六大遗产项目全部实现了国际通行的外围缓冲区的保护方式，其中我市制定的故宫、十三陵、周口店等世界著名遗产地外围缓冲区的划定工作方案，受到国际遗产组织的好评，我市遗产保护工作实现了同国际社会的"对接"。

自2000年以来，为在北京奥运会充分展示中国传统与文化特色、体现北京历史名城的整体文化风采，并利用北京奥运会的契机，向世界展示和弘扬中华民族优秀文化丰富多彩的内涵，我市以实现"人文奥运"理念为目标，先后制定实施了"3.3亿文物抢险工程"和"人文奥运"文物保护计划，确立了奥运筹备阶段全市文博工作的目标、工作思路和实施措施。在此期间，全市139项文物保护单位得到修缮，其中78项文物保护单位不同程度的扩大了对社会开放的内容和范围，如颐和园经过搬迁占用单位和修复后扩大开放占地20公顷的清乾隆时期著名的耕织图景区；天坛公园经修缮工程后首次对社会开放了著名建筑群神乐署；八达岭扩大开放了"残长城"和岔道城；28项文物保护单位首次实现开放，如著名的明城墙遗址、东皇城墙遗址、国子监、历代帝王庙、普度寺、恭王府、纪晓岚故居、袁崇焕祠和李大钊故居等，为古都北京增添了绚丽的文化色彩。全市33片由胡同四合院构成的历史街区已逐步开展了整治、维修工程，古都大量的传统民居得以保护与延续。

修缮的文物建筑涉及北京历史名城的方方面面，代表了北京名城建筑的各项系列，其中最突出的文物类别有：

皇宫御苑类。故宫博物院修缮了故宫的景福宫、武英殿、御花园，启动了故宫三大殿维

◆故宫武英殿修缮后

修工程；完成了颐和园中轴建筑、北海白塔及附属建筑、天安门、景山、香山等皇家御苑的文物维修工程。

王府宅第类。恭王府管理处修缮了恭王府的府邸建筑及外围府墙；修缮了醇亲王府、恒亲王府、克勤郡王府、涛贝勒府等王府建筑。

坛庙寺观类。先后修缮了历代帝王庙、白塔寺、天宁寺、大钟寺、法海寺、法源寺、牛街礼拜寺、普度寺、万寿寺、东四清真寺、长椿寺、花市火神庙、火德真君庙、大慈延福宫、大慧寺、戒台寺、承恩寺、慈善寺、宣仁庙、智化寺、灵岳寺和天坛、地坛、日坛、月坛、先农坛等一大批寺庙文物建筑。

教堂类。修缮了西什库教堂、东堂、永宁天主教堂等一批教堂建筑。

北京名城历代遗迹类。维修了金中都城墙遗迹和水关遗址，修整了元土城遗址、明城墙遗址、皇城遗址和明代的巩华城、岔道城、张家湾城墙遗址等。

名人故居类。修复了袁崇焕祠、于谦祠、纪晓岚故居、文天祥祠、齐白石故居、老舍故居、李大钊故居、毛主席故居(景山三眼井)等一批名人故居。

◆历代帝王庙景德门内修缮前（左）后（右）

◆修缮后的普度寺

◆ 修缮后的庆陵

◆ 长城－黄花城段修缮前

学堂会馆类。修复了元明清三代最高学府国子监、明顺天府学、金台书院和京师大学堂；修复了的会馆类建筑有安徽会馆、阳平会馆、湖广会馆、福建汀州会馆以及中山会馆等。

古塔古桥类。先后维修了通州燃灯塔、万佛堂孔水洞塔、玉皇塔、照塔、应公长老寿塔、无碍禅师塔、琉璃河大桥及卢沟桥等。

革命遗址类。修缮了长辛店"二·七"大罢工遗址、留法勤工俭学旧址、古北口抗战遗址、焦庄户地道战遗址和门头沟冀热察挺进军司令部旧址等一批革命遗址及纪念地。

近现代建筑类。修复了著名的辅仁大学、协和医学院礼堂和德寿堂药店、交通银行、盐业银行、京华印书局等一批近现代建筑。

帝王陵寝类。修复了明十三陵的德陵、庆陵、康陵、泰陵和孚郡王墓、伊桑阿墓、醇亲王墓和金陵御道等。

（三）考古工作揭示了北京古都的悠久历史和灿烂文化

古都北京，是全国历史文化名城之首，蕴藏着古都城市千百年来形成的深厚而漫长的历史文化，在亘古以来的人类历史文明的长河中，北京地区从旧石器时代开始持续发展的社会历史从未间断，而各个历史时期都在漫长的历史岁月中积淀了不为后人所知的丰富的历史文化遗存。考古工作正是通过地层学、类型学和年代学等科学手段及科学仪器，以历史实物印证历代文献的记载和丰富史籍内容，探索北京历史城市及社会发展的历史过程，向世人揭示北京古都城市在以往不同历史时期的社会经济及文化发展水平。

1.考古研究成果揭示了北京古都的悠久历史

古都北京是我国封建社会后期元、明、清三朝的建都之地，在我国历史发展中占有极为重要的地位，是世界瞩目的历史文化名城。随着北京地区考古工作逐步展开，对北京古都城市的发展演变及历代遗迹做了深入的考古调查、勘探发掘和研究论证，其中特别重要的是对历史上北京城市最早形成的年代、地点、实物和最初的城市形态进行了深入的探索，运用不断发现的大量遗迹、出土文物及研究成果。在历史上首次确认了北京早期城市建城的位置、年代和城市的营造水平，探索和论

◆琉璃河遗址 M53（6匹马，1个小马夫）

证了北京城市的发展与演变过程及不同历史时期城市的建筑形制，从而确立了北京历史名城在世界古都城市发展中的历史地位。

在北京历史上具有里程碑意义的考古工作，就是20世纪70年代对房山琉璃河西周初期燕都古城遗址的发现及考古发掘，先后在琉璃河乡的立教、刘李店、黄土坡、董家林等地区发现和出土了西周初期大规模的城墙遗迹，大量西周时期的墓葬、车马坑和多种质地的随葬品以及带有燕侯铭文的青铜礼器等众多文物，经多学科的综合研究，学术界一致认为，这一重大发现终于找到并确认了《史记》中所记载的西周燕都古城遗址，拨开了北京古都城市历史起源的沧桑迷雾，初步揭示了尘封3000余年的北京城市的历史原貌，从而将北京的建城史追溯到3000年前的商周时代。

2. 考古成果丰富了北京古都的历史文化

北京古都城市的历史文化同全国的历史文化名城一样，都经历过一个漫长的历史发展过程，每个历史发展时期都曾创造过已不为后人所知晓的丰富而多彩的文化内容，通过对历年来考古发现的历代城市建筑遗迹、居住遗址和生产工具、生活用品以及各类墓葬的研究，从不同的侧面揭示了北京城市历史上各个时期的经济、文化状况、社会生活和生产发展水平，不断地为我们对北京古代社会不同阶段城市发展的认识增加新的内容，从而进一步丰富和完善了北京社会发展史的历史文化内涵。

几十年来，在对周口店北京猿人遗址开展的考古工作中，新的古人类化石、打制石器的逐步发现及不断深化的旧石器文化的研究成果，为我们揭示了人类的生命文化的起源与形成的丰富的文化内涵；对距今10余万年来的北京周口店新洞人和山顶洞人的考古发掘及对出土的生产工具、生活用具及生活装饰等文物的研究，使我们看到北京地区的社会文化在曾经漫长而艰难的岁月中的进步与发展；距今23000年的王府井东方广场古人类遗迹和距今12000年的门头沟东胡林人的打制石器和随葬品，代表了这一历史时期北京地区古人类在平原河滩及山地生活的状况；对距今6000～4000年的平谷上宅、昌平雪山等多处遗址的考古发掘与大量生产工具、生活用品的研究，丰富了我们对北京古代农业经济发展水平及社会文化的认识；对房山琉璃河古燕都城址及墓葬的考古发掘及研究，向人们展示了早在3000年前北京城建初始的城市建设、社会经济、文化、生产及工艺制作水平，为北京名城历史文化平添了灿烂的光彩；对延庆春秋战国时代的山戎墓地和古崖居的考古发掘与研究，展示了北京历史上少数民族的文化和特色；对丰台区大葆台、石景山老山等西汉王陵的考古发掘，极大地丰富了北京历史上汉代文化的内涵；对房山金代皇陵的考古与研究，证明了北京历史上多民族融合而形成的多元一体的文化特色；对明定陵的考古发掘，更向世界展示了我国古代创造的辉煌的民族历史文化。一系列考古发现及研究成果，所揭示的古都北京历史上创造的丰富多彩的物质文化与精神文化，都远远超出所有文献的记载甚至人们的想象，通过考古发掘所展示的古都社会历史文化，使世人更为全面地领会到灿烂辉煌的北京名城历史文化。

（四） 北京古都进入整体保护的新时期

北京作为文明古都，是我国历史上几千年封建社会都城建设发展的最后结晶，特别是经元、明、清数百年建设发展而形成的北京旧城，保留有完整的古都格局、完美的历史建筑、雄伟绚丽的皇家建筑群和井然有序的都市空间及遍布全市并特色鲜明的四合院、胡同等古都传统建筑，集中反映和代表了我国古代都城营造艺术的最高成就。

20世纪80年代初，北京市被国务院公布为全国首座历史文化名城，北京市在首都的建设发展中，开始了针对名城保护的各项工作。自1989年开始，北京市先后分三批公布了44片历史文化保护街区，作为名城保护的一项具体内容。2004年报经国务院批准的新修订的《北京城市总体规划》，首次制定和实施北京名城整体保护的规划方案，是长期以来对名城保护工作认识上的深化和保护思路及方式上的飞跃。自此，北京将从以往对名城的"单项"保护转变为对名城的"全面"保护；从对名城某些历史建筑的"微观保护"过渡到对历史名城总体建筑的"宏观保护"。整体保护规划的实施，将突出北京名城的传统文化功能及特色，逐步实施旧城内现代城市多项功能的战略转移，对旧城内大量反映老北京民风、民俗的各类四合院、胡同等传统建筑将采取保护的措施。

"人文奥运"文物保护计划的实施，开始恢复北京历史名城的基本格局和传统风貌，初步实现了"保用并举，恢复景观，成片整治，形成风貌"的工作目标，基本形成了文物保护单位、历史文化保护区和历史文化名城整体保护，重点是旧城区整体保护"三个层次、一个重点"的保护体系，取得了明显的保护效果。

1. 整治"两线"环境，再现传统景观

古都的中轴建筑，是构成古都规划的纲要和基准，是我国古代关于帝王之都建设理念在城市规划上的体现，恢复中轴线的风貌是展示北京古都景观的核心。"人文奥运"工程，全面开展并初步完成了整治中轴线环境，重建了中轴线南端标志性建筑——永定门城楼，修复了东西两侧的天坛、先农坛的外坛墙。随着前门外大街整治工程完成，南中轴的历史

◆鼓楼东大街环境整治后

景观也将得以恢复；北中轴的整治工程，已先后完成沿街店铺与景山周边的环境整治；修复了两侧的皇化门城墙、雪池冰窖和御史衙门，恢复了皇城内的区域景观；在完成对后门桥整治工作的基础上，腾退了被多年占用的火神庙，并修复了全部建筑后实现了对外开放，形成以后门桥、什刹海为主要内容的传统景观；完成了北中轴线沿街传统店铺的整治与恢复，彻底整治了中轴线北端的标志性建筑——钟鼓楼的周边环境，与什刹海、后门桥及两侧的传统店铺遥相呼应，形成了历史上古都城市"后市"的景观。

整治维修了朝阜沿线的重点文物建筑：治理了白塔寺周边的建筑环境，修复了白塔寺西路建筑并实现了对社会开放；维修了西什库教堂的主体建筑；全面恢复了历代帝王庙完整的历史格局并实现了对外开放。

2. 治理重点区域，改善"五区"传统风貌

整治了什刹海传统景区：着重开展并完成了著名的恭王府邸的腾退，在开展了大规模的修复后实现对社会开放；修复了醇亲王府的历史建筑；维修了涛贝勒府的原有建筑；修复和开放了贤良祠等文物建筑，同时对什刹海沿岸环境进行全面整治，重现了当年"荷花极盛，沿堤植柳，自夏及秋，堤通设茶肆、间陈百戏"的风貌。

恢复了国子监街区历史景观：在拆除违章、整治环境、修复街区牌楼的基础上，初步恢复了历史上传统街区风貌；修复国子监与孔庙的历史建筑，建设成一处展示我国古代教育的博物馆；维修了柏林寺的历史建筑；搬迁了地坛内居民、修复了坛墙并整治了外坛环境。

治理了琉璃厂传统文化商业区：通过对整体区域环境、道路的整治，再现了清末至民国时期的街区建筑风格，从而恢复了京城历史上的图书文玩市场和"博戏聚焉"的传统文化特色。

整治了明清皇城景区：结合危改整治了皇城内及周边建筑环境，集中保护了这一区域中最具特色的四合院街区。完成了南池子历史街区的整修，整治修复开放了普度寺的历史建筑，初步完成了对皇城沿街建筑风貌全面的整治。

治理了古城垣景区环境：完成了元大都土城遗址、明北京城墙遗址、东皇城遗址周边的居民、单位的搬迁，整治了遗址及周边环境，再现了古城残墙的历史神韵。

这些在奥运会前对社会开放的文物景区，极大地丰富了首都传统的人文环境，为奥运会期间的古都城市增添了绚丽的文化色彩。同时北京浓厚的历史文化，不但增强人们对民族文化的自信心和自豪感，形成巨大的民族凝聚力，而且将使遍布世界的华人爱国情怀在北京奥运期间升华到一个新的境界。

（五）博物馆的整体工作水平发展到一个新的高度

博物馆作为北京文化事业的重要组成部分，已成为满足人民群众日益增长的文化需求、提高人民群众文化素养的重要阵地，成为加强北京文化中心地位、提升北京城市文化品位、建设人文北京的重要标志。实践证明，博物馆事业要始终保持生机与活力，必须突破传统观念的束缚，与时俱进、勇于创新，才能与时代发展同步。不断创新的工作模式，是北京博物馆人过去的努力，也是北京博物馆人今后的追求。

1. 博物馆数量、种类空前发展，博物馆体系基本形成

改革开放之前，北京只有各型各类博物馆14座，市属的仅为5座，而且多为20世纪五六十年代建设起来的老馆，呈现出数量稀少、类型单一、发展迟缓的基本态势。1978年改革开放以后，随着国民经济的高速发展和国家财力的逐步雄厚，政府不断加大对社会公共文化事业的资金投入，给博物馆建设事业的大发展提供了空前的支持力度。中央及各级政府不断出台的各项政策和措施，进一步明确了博物馆在文化建设中的地位和作用，为博物馆大发展指明了方向。各行业、企业对公益事业的关注，使北京地区特色鲜明的专题、专业博物馆门类不断增加，公民兴办博物馆的热情及其独到的收藏视角，使得我市民办博物馆成为公立博物馆的重要补充。

自2001年申奥成功以来，全市迎来了博物馆建设的高峰期。大馆、新馆建设势头强劲，国家博物馆、中国科技馆新馆、中国电影博物馆、首都博物馆等新馆建设相继开工建设或建成，中国地质博物馆、中国美术馆、中国农业博物馆、北京天文馆等一批博物馆进行了大规模改扩建，中国民航博物馆、北京铁道博物馆、北京自来水博物馆、中国科学院动物标本展示馆等一批行业馆、企业馆已通过注册，即将对社会开放。依托两个国家级重点文物保护单位建立的孔庙和国子监博物馆，经过大规模的修缮整治，也以全新的面貌迎接来自世界各地的朋友和来宾。

北京地区开放博物馆数量

年份	1978年	1988年	1998年	2008年
数量	14座	56座	107座	137座

仅从以上几组数字就可看出我市博物馆的发展速度。与博物馆发展数量相匹配，博物馆的门类迅速增加，已涵盖历史、自然、军事、科技、天文、气象、航天、文化、艺术、宗教、民俗、建筑、通讯、机车、铁路、名人纪念馆等数十个门类，公民个人举办的博物馆从零起步，至今发展到对外开放的20家，数量及门类均居全国前列。北京人均享有博物馆的指数已达到100000：1，远远高于全国平均700000：1的比值。

2. 藏品管理工作不断加强，为博物馆事业发展奠定了基础

藏品是博物馆各项工作的基础，是博物馆的生命线。藏品的数量、质量以及管理水平，直接影响到博物馆各项工作的开展。随着改革开放的进程，博物馆发展进入了新的历史发展时期，藏品数量同步增加，有效科学的对藏品实施管理，是事业发展对行业主管部门提出的要求。各博物馆开始加大藏品管理工作的力度，建账、建档和文物鉴定工作陆续开始，国家博物馆历时8年，完成了对馆藏品账、物、卡的核对工作；故宫博物院完成了地下库房建设和藏品入库工程，藏品清点、核账工作从2001年开始进行。北京市文物局从1998年始，启动了文物局直属博物馆藏品清库工作，至2002年底，文物局直属的15家博物馆全部藏品均已登记上账，博物馆存在的账物不符、账外文物等问题得到了逐步解决。

为了进一步加强对藏品的管理，北京市文物局于1998年与科研单位联合开发研制了"精宝藏品管理系统"，在全国率先引入了科技手段，使用计算机对藏品实行管理。此举不仅由于其方便快捷检索的优势大大提高了保管工作的效能，更有效的减少了由于频繁提用对馆藏文物带来的伤害。目前，该藏品管理软件的升级版在我市博物馆和部分外省市博物馆保管部门使用，受到全国文博界同行的好评。

3.引入策划理念，高质量的展览提升了博物馆的社会影响力

陈列展览是博物馆独有的社会教育手段。随着博物馆数量、种类的增加，博物馆开始走出依靠行政手段等待观众来馆参观的传统模式，向注重了解社会需求，根据公众关心的社会热点，结合本馆藏品和场地特点，有针对性的策划展览转变，引起了较好的社会反响。同时，为了扩大博物馆的影响力和知名度，一些博物馆还采取联合办展的方式共同组织展览和活动，形成合力，共推博物馆的发展。

2001年北京申奥成功，"人文奥运"理念的提出极大的激励了北京地区博物馆从业人员的工作热情。首都的博物馆工作者精心策划了一批具有极大社会影响的展览,在奥运会前后陆续推出，获得了空前的成功，受到了社会各界人士的一致好评。如故宫博物院举办的"历代书画精品展"、"帝后服饰展"等10余个精品文物展览，军事博物馆的"孙子兵法展",中国科技馆新馆展出的"中国古代科技发明创造展",保利艺术馆举办的"从三星堆到金沙展",中华世纪坛艺术馆举办的"传承与守望——翁氏家族藏书展"等，从不同侧面反映了中国文明发展的脉络，展示了我国的传统文化。

在这批展览中，举全国、全市之力在首都博物馆举办的"北京文物精品展"、"中国记忆——5000年文明瑰宝展"、"公平的竞争——古希腊竞技精神展"、"紫禁城内外竞技游戏展"、"长江文明展"五项展览，以其多侧面的视角和选题，通过展现中华文明、区域文明、宫廷体育、民间体育习俗，与引进的希腊文物展览相呼应，形成了自首都博物馆新馆建成开放以来最大规模的主题展览体系，从开幕至展览截止，每天观众都排起长队，耐心等待进入展厅参观。首都博物馆提前接待观众，延时闭馆，为满足广大观众要求，还加开了夜场，短短两个多月，接待观众近70万人次，其中奥运会贵宾113人次，获得各国来宾的高度赞誉。展览极大地提升了博物馆的知名度和社会影响力。借奥运会的契机，博物馆在国家重大的事务中，首次以群体的力量，集体亮相，为国家争得了荣誉，为世人了解北京，了解中国做出了贡献。奥运会期间北京博物馆群体的表现，是北京博物馆发展史上最辉煌的篇章。

4.社会教育的工作理念从阵地教育向宣传、服务转变，软实力不断提升

随着博物馆建设的快速发展，北京丰富的文化底蕴、馆藏精美的文物吸引了大量的观众，博物馆开始成为人们文化消费的新选择。为了更好地履行社会赋予博物馆的职能，全市的博物馆社会教育工作者，充分利用自身的条件和资源，广泛地开展与自身业务内涵和外延相适应的特色文化活动，通过设计策划各种宣传活动，努力扩大博物馆的社会影响力，提高博物馆的社会效益。1978年，全市博物馆年观众量为112万人次；2008年，全市的博物馆年接待观众总量已达3000多万人次。观众数字增长的背后，是全市博物馆社教工作人员，为了实现博物馆社会效益的最大化做出的努力和不懈探索。同时，博物馆的接待讲解工作已接近国际水平，全市的很多博物馆已具有多种文字说明、多种语音导览和双语讲解的水平，奥运会期间各馆普遍具备了接待残疾人参观的设施和能力，最大限度地向社会各类群体提供参观的接待服务。全市博物馆在奥运期间，以

接待服务零投诉的成果，向世人交出了完美的答卷。

北京地区"5·18 国际博物馆日"宣传活动规模不断扩大、内容不断增加，从最初的摆摊设点、发放宣传品和出版物，到如今形成主会场，鉴定、讲座、巡展、摄影大赛、网络动画大赛、博物馆之夜广场演出、大学生参观博物馆寻宝游等系列活动，形成了北京地区文化活动的品牌。市文物局与市教委联合举办的中小学生"我爱北京，我爱博物馆"征文活动连续举办了 15 年，该活动从最初的征文比赛，发展到今天成为集书法、绘画、摄影、手工制作、课件制作为一体的系列活动，在全市中小学生中产生了很大影响。

此外，为了配合中小学生素质教育开展的博物馆科普动手项目设计和研发，配合对中小学生开展爱国主义和国情教育制作的中小学生参观爱国主义教育基地专用套票，为鼓励学生走进博物馆印制的中小学生参观博物馆护照，配合党和政府中心工作开展的巡回宣讲，在全国首次集中辖区内各博物馆展览编印出版的展讯，以及发掘博物馆资源研制开发的博物馆特色纪念品等等，都是北京地区博物馆工作者，利用博物馆这个阵地开展对社会服务的探索和尝试，取得了良好的社会效益。

（六）文物市场的开放促进了民间文物流通的空前活跃

民间传世文物的收藏与流通，是古都北京传统文化的重要组成部分，历经民间千百年的文物传承，使得文物的收藏、鉴赏与流通具有传统文化价值与人文价值，承载着深厚的历史文化内涵，在广大民众中盛行不衰的文物收藏、鉴赏与交流，既是对传统文化的认知与传承，也是传统文化的展示与宣传。

改革开放政策的实施与不断深化，社会主义市场经济的蓬勃发展彻底改变了文物市场"直管专营"的传统模式。首都文物市场发生了翻天覆地的变化，北京地区的文物流通与管理工作发展到一个全新的阶段，首都地区已发展成为全国最大的传统工艺品交易集散地、全国最大的旧工艺品经营市场和文物流通市场。特别是文物拍卖业的产生与发展，极大地带动了中国历史文物价值的大幅提升，价格连创新高，中国的历史文物的价格与欧洲国家文物的价格差距在迅速缩小。

自奥运筹备以来，在国家经济发展与"人文奥运"理念的推动下，全市的文物流通、经营行业取得了历史上最好的成绩，其中北京文物拍卖业发展异常迅猛，成为全国文物拍卖活动的中心，备受海内外各界人士的关注。截止到 2008 年，全市具有文物拍卖资质的经营公司已由 2000 年的 20 余家、全年上拍文物 2 万余件、年度拍卖总额 4.38 亿元，发展为 2008 年度的 87 家文物拍卖公司、全年上拍文物 31 万余件、年度拍卖总额 83 亿元，2008 年的文物上拍量是 2000 年的 15 倍，拍卖金额是 2000 年的近 20 倍，全市的文物收藏及文物爱好者扩展到数十万人。历史文物及传统工艺的历史价值、艺术价值及文化价值已被广大民众所认同，已成为民族历史文化传承发展的重要形式。同时，随着国内文物价格的攀升，早年流失海外文物的"回流"正逐步形成高潮，在每年上拍的文物中，海外"回流"文物超过万件并逐年递增，初步改写了中国文物长期以来流失海外的历史，充分显示了中国传统文化经久不息的凝聚力与影响力。

（七）法规建设从无到有、逐步完善，为文博事业发展提供了保障

北京市文物工作真正开始走向法制建设轨道始于 1981 年。1981 年 11 月由市文物局组织起草

的《北京市文物保护管理办法》正式报经北京市人大常委会批准发布实施,这是北京市的第一部文物工作法规,它彻底结束了北京文物保护无法可依的历史,北京市的文物法制建设自此全面展开。

文物保护方面,在对《北京市文物保护管理办法》进行修改,1987年北京市人大常委会批准了《北京市文物保护管理条例》。同年,为加强文物保护单位周边历史风貌的保护,北京市政府公布实施了《北京市文物保护单位保护范围及建设控制地带管理规定》,分批开展了对北京地区的国家级和市级文物单位的保护范围和建设控制地带的划定工作,并对旧城内传统空间的保护采取了建设高度限定措施,公布了全市第一批25片历史文化保护街区名单。2003年正式实施的《北京市长城保护管理办法》是全国第一部关于长城保护的政府规章,在国内外引起了广泛关注。2004年市文物局配合市人大完成了《北京市实施〈中华人民共和国文物保护法〉办法》的修订工作,于2004年10月1日起正式实施。

博物馆建设方面,1993年颁行的《北京博物馆登记暂行办法》是国内第一部关于博物馆登记工作的地方政府规章,依据这部地方政府规章,我市于1995年开始,在全国首次依法成立了由国内知名博物馆专家、学者及博物馆管理者组成的北京地区博物馆资格评审委员会,对先于法规颁行就已开放的博物馆进行了综合考评,分三批对已存在的博物馆进行了注册登记。2001年《北京博物馆条例》实行,作为全国唯一一部由地方人民代表大会通过制定的,关于博物馆管理的地方法规,也是目前法律效力最高的一部博物馆法规。法规明确了北京市文物局作为全市行政区域内博物馆行业主管部门的法律地位,同时,明确了博物馆的责任、权利和义务。确定了博物馆工作的规范和准则,首次以法规条文的形式,明确鼓励和倡导各行业、企业及公民个人兴办博物馆,极大促进了北京地区博物馆事业的健康发展。

在短短的二十几年时间里,为不断适应文物工作发展的需要,我市围绕着文物建筑的保护、博物馆建设、文物市场管理、历史名城保护、历史街区保护以及长城、周口店、明十三陵等重点文物景区的保护,先后研究和制定了50余项加强保护和管理的地方性法规、规章和规范性文件,为北京文物事业的发展提供了法律保障。

（八）建立和形成了一支有较高业务水平和管理工作能力的专业人员队伍

做好文博工作,必须有一支与其相适应的政治素质高、业务能力强的人才队伍。为加快人才培养,市文物局制定长期的培养计划,并制定各类干部的岗位规范,提出政治素养、基础知识与专业技能的基本要求,加强考核,逐步做到不规范不能上岗。同时,组织协调各领域专业人员,发挥他们的作用,形成全市文物工作的专家队伍。

1.建立和形成了一支有较高业务水平和管理工作能力的专业人员队伍

在建国初期,全市从事文物工作的人员不足百人,经过60年的发展,全市从事文物工作的人员超过2000人,仅市文物局的专职工作人员已达900余人,各类专业人员齐备,其中文博专业人员达到764人,在专业人员中现有博士17人,硕士56人;获得文博正高职称的(在职)10名,副高职称54名,中级职称117名,全市已形成一支知识结构和职称结构较为完善的、具有较高业务素质的文博工作队伍。

2. 探索有效的人才培养模式，不断提高文博工作者的专业水平和素质

结合文物系统的特点，进一步加大培训力度，不断改进培训内容和方式，加强培训工作的针对性和实效性，完善培训制度，逐步建立符合时代特征，具有文博特色的干部教育培训体系。在切实保证专业技术人员和公务员每年接受教育培训72学时和56学时的基础上，每年专业培训、进修、交流时间不得少于40学时。长期依托高等院校、科研机构的教学平台开展培训工作，充分发挥其丰富的教育资源，选择更加适合岗位需求的科目开展联合办学，有效地提高人才队伍的素质和能力，改善队伍的文化和专业结构，为文物事业各项工作的顺利开展提供保障。常抓不懈的培训活动收到了良好的效果，不定期开展考评活动，检验并巩固培训成果，如北京地区博物馆的讲解员在喜迎香港回归巡回展演，迎奥运盛会展博物馆风采等一系列宣讲活动中，在走进学校、走进军营、走进农村、走进监狱开展教育活动中发挥了轻骑兵的作用，取得了良好的社会效益。在全国文博系统举办的历次讲解员大赛中，北京地区代表团每次均以团体第一名的成绩捧金而归。

3. 文物专家和社会团体及各界有识之士，是全市文物保护的一支影响巨大的社会力量

文物专家和社会团体及各界有识之士，是全市文物保护的一支影响巨大的社会力量。几十年来，首都的一批著名的文物专家、各界学者及为数众多的有识之士，对首都历史文化的保护有着高度的历史责任感，在北京历史名城保护和文物建筑的保护上发挥了巨大的作用。从20世纪80年代初期的卢沟桥实现"退役"保护、天坛实现搬移"土山"、德胜门、"银锭桥"得以原址保护，到本世纪初期的旧城"危改"工程中四合院胡同得以保留，都得益于专家学者的呼吁和努力；在长达几十年的全市每一项建设工程与文物保护发生矛盾的关键时刻，为实现名城保护和文物保护，首都的一批著名专家都发挥出独特的影响作用并做出了突出贡献。

三 北京文博事业60年发展的经验与启示

随着新中国成立60年来经济、文化建设的发展，经历了几代文博工作者的努力开拓与无私奉献，全市文博事业各项工作取得了丰硕成果，同时也探索出一系列文物保护与利用工作的经验和启示。

1. 社会观念的根本转变和首都文物保护指导思想的确立，是首都文物事业发展的重要保证

1979年市政府设立了市文物局和区县管理机构，主管全市及区县文博工作，全市文博工作走上了快速发展的轨道。为有效地规范首都的文物工作，市政府制定并出台了一系列文物保护、博物馆建设、文物市场管理等方面的法规和规章，对首都各部门的文物保护与使用工作做了统一规定。为指导全市文物工作在市场经济条件下的发展，正确处理首都建设发展与文物保护的关系，市政府先后召开六次全市文物工作会议，适时提出各个时期全市文物工作的思路、计划和目标。为正确处理好文物保护与首都城市建设、社会效益与经济效益特别是文物保护与利用的关系，市委、市政府深入分析和探索了首都文物工作的特点和文物保护工作的规律，于1990年初即在全市制定实施了首都文物工作"科学保护、合理利用"的方针，这一文物保护与利用的原则，是对首都文物保护规律认识的重大突破，对在市场经济条件下、在首都现代化建设中做好文物保护与利用工作，发挥了极为重要的指导作用。

2. 首都文化建设的发展促进了全市文物建筑的开放利用工作，并成为首都社会文化中不可缺少的组成部分

北京作为古都名城，有深厚的历史底蕴，保存至今的各类历史遗迹，传承了我国千百年来形成的物质的与非物质的文化内涵，代表了我国优秀的民族历史文化。北京作为全国的首都和国家的文化中心，民族历史文化已逐步占有重要的位置。几十年来，在首都文化建设与发展的促进下，古都历史文化的发掘与展示工作，伴随着全市文物建筑的整治、修复工程，逐步加大了文物建筑遗迹的开放展示工作，并为首都的文化建设不断增加新的内容。全市对外开放的历史文化遗迹，从改革开放前的30多处发展到现在的150余处，如历代帝王庙、恭王府、长椿寺、东岳庙、普度寺等一批重要的文物保护单位，都是首次实现对社会开放，不断为首都的社会文化增添新的内容。

3. 首都经济的壮大推动了全市文物保护工作的快速发展

文物建筑的保护与延续，需要社会财力的支持和保障。北京作为具有3000多年建城史、800多年建都史的古都城市，历史遗迹极为丰富，保护文物的财政负担十分沉重。由于建国以后很长一段时期国家经济处于百废待兴阶段，不可能拨出大量资金修复历史建筑，使得全市文物建筑普遍存在因年久失修而出现诸多险情。随着国家改革开放发展的步伐和首都经济实力的不断增强，政府部门和社会各界在文物保护上的投入也随之不断增加，文物保护状况也有了很大的改善。建国以来的很长一段时期，全市没有专项文物保护资金。随着改革开放后首都经济的逐步发展，全市的文物修缮资金才从20世纪80年代后期的每年100万元逐步增至90年代中期的每年400万元，但这对全市众多的亟待修缮的文物建筑来说，仍是杯水车薪。随着首都经济的进一步发展壮大，市政府不断加大文物保护的投资力度。特别是在2000年以后，市政府每年投入文物保护专项资金已超过1亿元，一年的投资已相当于80年代100年投资的总和，至2007年的8年间，文物修缮资金已达到9.3亿元，共修缮139处文物保护单位的文物建筑，初步排除了全市文物建筑中长期存在的险情，改善了文物建筑的保护状况。由此可见，社会经济是文物保护的物质基础，国家经济的发展和提高，是首都文物保护和文博工作发展的物质保障。

4. 在城市建设发展的环境中勇于坚持文物保护的原则

在首都城市的建设中处理好文物保护与城市发展的关系，是一项十分重要而艰巨的任务。改革开放政策的实施，带来了首都城市建设的空前发展，全市文物保护工作始终面临着城市建设与发展的挑战。可以肯定的是，作为全国的首都，北京的建设和发展是必须的，其规模与速度都是前所未有的，但同时，古都的历史文物也是不可再生的，这就需要我们在首都城市建设强势发展的环境下，坚持文物保护的原则，处理好建设与保护的尖锐矛盾，在首都城市的现代化建设中，做好文物保护工作。回顾新中国成立的60年，文物保护工作在首都大规模的城市建设过程中，取得了大批文物建筑在城市建设中得以保存的巨大成果和经验，如在首都建设中坚持了保护的原则，使建设工程中的金中都水关遗址、京石高速路丰台南岗洼大石桥以及纪晓岚故居、长椿寺等一大批文物建筑都在首都建设中得以保护。

5.博物馆建设发展必须依靠社会力量，要广泛动员社会各行业的积极参与

国民经济的全面发展壮大为社会各行业提供了办馆的经济基础，北京的古都历史文化与现代建设成就，为博物馆事业的繁荣发展提供了巨大的文化资源。首都城市的现代化建设与社会文化发展，特别是广大民众文化素质与文化需求的不断提高，已成为北京地区博物馆事业发展、提高的源泉和动力。自改革开放以来，由于国家采用了科学有效的引导方式与管理方法，很多在市场经济领域中不断发展、壮大的企事业单位和部门，都积极支持首都的文化建设，参与到行业博物馆的建设行列。如银行系统利用丰富的历史钱币，建成了钱币博物馆；铁路交通部门利用百年来的铁路遗迹、遗物，建设了铁路博物馆；网通公司建设了电视电信博物馆以及各相关行业建设的自来水博物馆、法院博物馆、警察博物馆、戏曲博物馆、医史博物馆等等。组织和动员社会部门办馆，是改革开放以来发展首都文化建设的重大举措，不用政府的财政投入，发展和壮大了首都博物馆事业，使经济发达的行业部门，既发掘和保护了本行业的发展历史与行业传统文化，又向社会提供了多种内容的文化活动场所和丰富多彩的展览。

6.博物馆的建设与发展要紧跟首都社会文化发展的步伐，博物馆工作要融入城市的文化建设之中

北京作为国家的首都，是全国的文化中心，而博物馆又是社会文化传播、展示的重要场所与载体。几十年来，首都的现代化建设与文化发展的巨大进步既是促进全市各类博物馆建设发展的强大推动力，又是首都几十年来城市建设与社会文化发展的重要成果。北京地区博物馆事业的繁荣与发展，以多方面、多角度展示了国家首都传统文化与现代建设的鲜明特色，塑造了首都城市的精神面貌与文化形象，向世界展示了几千年来中华历史文化的传承性、开放性与包容性，展示了中华民族传统文化的多元性与融合性，展示了首都现代建设所取得的科学成就与文化成果，首都的现代化建设与文化建设的广泛空间，已成为博物馆事业生存与发展的舞台。

四　结束语

经过新中国成立 60 年的不断发展，首都的文博工作发生了巨大的变化，全市文博工作已逐步成为一个不断扩展和开放的工作体系，文物保护的理论、方法和保护利用的内涵、外延都发生了重大变化。随着国家"文化遗产日"的确立和多种地域性、民俗文化类的非物质文化遗产项目的保护，文化遗产保护工作领域有了极大的扩展，文物保护的内容、种类、形式以及空间、时间都呈现出新的发展趋势，未来她将延续历史文化发展特色，努力实现历史文化名城保护和现代化城市建设的"双赢"目标，全面推动文物保护、博物馆建设等各个领域的创新和发展，在首都新一轮的发展中将迎来一个更加辉煌的未来，为建设"人文北京"做出新的贡献。

（执笔：北京市文物局办公室）

天津市文物事业60年

天津市文物局

一 历程与见证

（一）天津的历史积淀和文物遗产

天津的物质文化遗产从距今万年以上的旧石器到距今百年的近现代文物，系列完整、流传有序，完整而真实地记录了天津地区人类从山地向海洋不断拓展生产生活空间的历史过程。

古代天津曾经是漕运中心，近代开埠以后逐渐发展成为北方的海陆枢纽、工商大埠。天津近代的九国租界留下了一大批具有欧洲风格的历史建筑，作为最早接受西方工业文明的城市，天津拥有中国早期的大批工业遗产。天津又是一个政治活跃的城市，许多具有影响的要人曾在津逗留、生活过，他们的故居、活动遗址至今均有保存和纪念的价值。这些都是天津市成为国家级历史文化名城的原因之一。

天津的文物、博物馆事业具有较早的发展历史，天津地近京畿，是中国最早的开埠城市之一。近代以来一直是清代皇族、官僚、富商大贾聚居之地，社会流散文物较多，较早出现了一批有较大影响的文物收藏家、鉴赏家以及金石、甲骨、古钱币等研究专家。

天津是中西文化碰撞的前沿地区，也是最早建立博物馆的城市之一。1904年由英国基督教伦敦海外布道会创建的华北博物院，是天津地区的第一家博物馆；由早期博物馆的倡导者陈宝泉筹建的天津教育品陈列馆，于1905年2月对外开放；1914年法国神甫桑志华创办的北疆博物院，是后来天津自然博物馆的前身。1918年天津博物院开放，1925年天津广智馆建成，1930年中国第一个专业美术馆天津市立美术馆落成，上述三馆是现在天津博物馆的前身。特别值得一提的是，在这几个博物馆的推动下，1933年天津还成立了一个古迹保护组织"水西庄遗址保管委员会"。

总之，天津老一辈的文物工作者为天津的文物事业做出了贡献，也为新中国的文物事业留下一份珍贵的遗产。

◆华北博物院陈列室

（二）建国初期文物事业的起始

1949年1月15日天津解放。天津市建立了人民政府，天津的文物工作也开始了艰难的初创历程。

1950年11月，天津市人民政府在新成立的市文化事业管理局内设社会文化科，负责全市的文物管理工作。1952年6月，天津市人民政府拟定了天津市文物管理委员会暂行组织办法和委员名单，并成立了天津市文物管理委员会。

天津人民政府按照"各按系统，自上而下，原封不动，先接后管"的方针，开始了对天津市原有博物馆的接收工作。将原河北省立天津博物院（后改为第一博物馆）、天津广智馆（后改为第二博物馆）、天津美术馆、北疆博物院划归天津市人民政府教育局领导。1952年6月，天津第一、二博物馆和天津美术馆合并为天津市历史博物馆，定位为地志性博物馆。1951年，在天津市举办"华北城乡物资交流会"基础上成立的华北人民博览馆，于1955年撤销建制，并入天津市历史博物馆。1952年11月，北疆博物院经筹备改建，成立了天津人民科学馆，1957年6月更名为天津自然博物馆，藏品以古生物化石最为突出。经过一系列的恢复调整，天津有了两所公立博物馆。

天津在新中国建立初期就设置了保护文物、防止外流的有效防线。1950年下半年，在军管会文教部和天津市人民政府的领导下，根据国家颁布的《关于禁止珍贵文物出口暂行办法》等文物保护法规，市文化局与天津海关共同制定了《查验出口文物的办法》，规定"遇有文物出口，海关必须通知文化局派员查验，发现禁运

◆1914年创办的北疆博物院是后来天津自然博物馆的前身

文物，即依法扣留"。根据此法规，曾在1951年一次查扣禁运文物70余件，文物均为罕见珍品。1952年天津市文化事业管理局成立了"文物出口验关小组"，由文物鉴定专家、专业人员，配合海关甄别出口文物，成为我国沿海城市（上海、广州、天津等）率先成立出口验关机构的城市之一。1953至1958年验关组查扣了多批珍贵文物，有力地打击了文物走私，防止了文物外流。

1950年，中央人民政府颁布《关于古文化遗址及古墓葬之调查发掘暂行办法》、《关于保护古文物建筑的指示》等关于保护文物的政策法规。1954年，天津市文化事业管理局成立文物组，担负天津市郊区的考古调查发掘、古建筑调查和保护修缮以及文物征集工作。同年7月，市文化局遵照市人民政府《关于保护市内古文物建筑的规定》，对市内的古建筑进行普查鉴定，确定文庙、天后宫、玉皇阁、清真大寺4处为保护重点，列入天津市文物建筑保护单位名单，并由市人民政府明令公布。

第一个五年计划期间，天津的文物市场逐步实现了公私合营。根据1955年统计，天津市私营古玩业原有84户，从业人员156人。公私合营后，天津劝业场内的古玩店都合营到其古玩珠宝部；

天祥、泰康商场的古玩店合营到天祥商场古玩店；三大商场以外的古玩店合营到文物艺术品总店和信托贸易公司（即委托店系统）。

（三）建设时期文物事业的进展

1956 年，天津市文化局向郊区人民委员会发出《请大力宣传文物保护政策并调查历史和革命文物遗迹函》。1958 年，市文化局吸收南开大学历史系的学生组成史迹调查队，对天津市近代史遗迹、革命遗址进行调查，共调查义和团吕祖堂坛口遗址、大沽口炮台遗址、中共天津地委旧址等重要遗址 140 余处。1957 年 8 月 6 日，天津市人民委员会市长办公会议通过《天津市历史文物资料征集办法》、《天津市历史文物资料征集委员会组织法》，使文物征集工作开始有了法规依据。各博物馆对所收藏的文物进行了彻底清点整理，摸清家底，建立藏品目录档案，为后来的发展奠定了基础。

1959 年 8 月 4 日，经市人民委员会正式批准，天津市文化局考古发掘队建立（编制 15 人），担负天津境内文物调查、考古发掘及考古资料的整理工作。

1960 年 5 月，天津市第一次文物工作会议召开，制定了全市博物馆发展规划。1962 年，市人委第五次 (扩大) 会议决定成立 "天津市文物保护管理委员会"。同年，开展了天津市第一次全国文物普查。1962 年 9 月 5 日，公布天津市文物保护单位 29 处，其中有革命遗址及革命纪念地 12 处、古建筑及历史纪念建筑物 7 处、古遗址 7 处、古墓葬 3 处。1963 年，市文化局贯彻文物保护单位 "四有" 要求，建立了文物保护单位制度，先后将福聚兴机器厂旧址、义和团吕祖堂坛口遗址等文物保护单位建成博物馆、纪念馆。

天津市文化局于 1961 年成立了天津市文物公司，至此，文物商店（古玩店）由纯商业性质改为实行企业管理的文化事业单位，主要负责收集流散在社会上的传世文物，并有计划地向博物馆、图书馆、科研机构和大专院校提供藏品，并有选择地组织出口。

20 世纪 60 年代初，市文化局先后制定了《文物出口鉴定标准意见》、《关于加强文物出口控制工作的方案》、《关于改进我市出口文物鉴定工作的意见》、《关于旧工艺品出口鉴定的办法》和《市文物商业管理办法》，进一步规范了文物鉴定、出口验关的程序和方法。1963 年 4 月，成立 "天津口岸出口验关鉴定小组"。

1957 年 12 月，天津市历史博物馆艺术部分出独立，成立了天津市艺术博物馆。以书画展出陈列、天津民间艺术陈列和馆藏文物专题陈列等为主要方向。1959 年，红桥区三条石历史博物馆建立。三条石地区是天津早期机械、铸铁工业的发祥地，也是中国工业由手工业作坊发展成为近代工业的典型地区。周恩来总理曾为该馆题写馆名。1961 年，在原中共天津地委旧址建立了中共天津建党纪念馆。这一时期各博物馆不断举办各种专题展览，为推动当时党的中心工作，提高人民群众科学文化水平，配合教育教学起到了积极的作用。

综其上述，60 年代中期以前，天津市已经形成了由博物馆、验关组、考古队、文物公司等组成的较完整的文物保护系统，为后来文物事业的繁荣发展奠定了较好的基础。

（四）"文革" 时期文物事业的停滞

在 "十年动乱" 的 "文革" 期间，天津的文物事业基本处于停滞状态。1969 年 4 月，天津市革命委员会决定将原天津市历史博物馆并入天津市生产指挥部所属的天津市工业展览馆。同年 12 月，天津市历史博物馆、天津市艺术博物馆、天津自然博物馆三馆合并成立天津市博物馆。1971 年 7 月，天津市毛泽东思想胜利万岁展览馆并入天津市历史博物馆。1973 年 10 月，天津市博物馆撤销，恢复了天津市历史博物馆、天津市艺术博物馆和天津自然博物馆的建制。在此期间，许多博物馆的业务骨干被下放到工厂和郊区农场劳动，博物馆的正常业务处于停滞状态。1971 年，天津市文物管理处成立，负责地上地下文物保护、验关、考古发掘等工作。1972 年，市革委会批转市文化局《关于加强文物保护工作的意见》，强调了天津市加强文物古迹保护的意见，对天津市不可移动文物保护起到了重要作用。

1966 年 8 月，文物公司所属的艺林阁和文苑阁停止对文物的收购和对二类文物在国内的销售，改为专业接待外宾。1973 年，天津市革命委员会文教组转发《关于恢复天津口岸文物出口鉴定小组的通知》，加强了对文物出境的鉴定审核。天津市文物管理部门认真贯彻执行"少出高汇，细水长流"的方针和"归口经营，统一收购，统一价格，加强管理"的经营管理政策，实行了文物的归口管理，基本上稳定和控制了文物市场。

（五）新时期文物事业的崛起

改革开放使中国社会发生了巨大而深刻的变化，天津的文物事业进入了史无前例的发展和繁荣阶段。1979 年开展了天津市第二次文物普查，对地上地下不可移动文物进行了调查。1982 年《中华人民共和国文物保护法》颁布实施。同年，天津市人民政府发布《关于重新公布天津市文物保护单位的通知》，对天津市文物保护单位作了调整和补充，确定了市级文物保护单位 35 处。包括第一批文物保护单位"大沽口炮台"、"望海楼教堂"等。1984 年，天津市文化局设立文物处，下设文物保护科、文物管理科及博物馆科，负责天津境内文物保护工作，管理天津口岸文物出口的验关和文物市场，指导博物馆、纪念馆、陈列馆工作。天津市的文物保护各项基础工作不断得到加强。原文物管理处所属考古发掘队隶属天津市历史博物馆考古部管理。

1986 年，天津市人民政府批准恢复了天津市文物保护管理委员会。同年，天津市文化局制定的《天津市博物馆、纪念馆工作条例》也获市人民政府批准颁布。1986 年，天津市被国务院批准为第二批国家级历史文化名城。

◆大沽口炮台遗址

◆望海楼教堂外景

为妥善保护文物建筑和文物遗址,市人大于1987年12月颁布了《天津市文物保护管理条例》,规定了受国家保护的文物范围,使天津市的文物保护工作有了法律依据。

1983年,全国文物普查工作会议召开,全国范围内的大规模文物普查工作全面展开。1987年,天津市完成了田野调查工作,这次普查发现了大量文物点,使在册登记的文物点总数大幅上升,有力地宣传和普及了新公布的《文物保护法》。2002年,《中国文物地图集·天津分册》编辑出版,全面总结了此次文物普查的成果。

1991年,市人民政府公布了天津市第二批文物保护单位,共有北疆博物院旧址、石家大院等24处。此时天津市已有全国重点文物保护单位4处,市级文物保护单位62处,区县级文物保护单位67处。1992年,天津市人民政府公布蓟县县城为天津市市级历史文化名城。

1992年9月17日,天津市召开第四次文物工作会议,部署"八五"期间抢救保护文物工作规划,并决定成立天津市文物局。全市文物管理工作得到了进一步加强,其中6个区(县)设立了文物保管所,其他区(县)设有专职或兼职的文物干部,全市文物、博物馆人员总数已近600人。

1994年,国家文物局批准天津口岸文物出境鉴定组、国家文物出境鉴定天津站,具备承担委托文物出境鉴定任务的资格。市文化局制定《关于使用〈文物出境许可证〉的相关规定》《〈禁止出境鉴定证明〉的使用管理办法》等规章制度,保证了文物出境鉴定工作依法进行。文物出境审核由单纯技术鉴定向依法审核、依法行使行政职能的角色转变。

天津文物出境鉴定站每年鉴定的文物与文物复仿制品均达数万件,近10余年来,经审核确定的禁止出境文物达2万余件。2003~2006年,天津海关将近年查没的文物共计12138件文物移交给天津文物部门。其中二级品9件,三级品226件。

1997年1月8日,《天津市文物市场管理条例》经天津市第十二届人民代表大会常务委员会第二十九次会议审议并颁布实施,成为我国第一个关于文物市场管理方面的地方性法规。

2001年8月2日,新一届天津市文物鉴定委员会成立,2002年初,通过了《天津市文物鉴定委员会章程》。天津市文物鉴定委员会不断充实力量,承担着为市公安、司法、海关、物价、大专院校及非文物收藏单位等机构进行文物鉴定、定级、评估工作。2005年,市文物鉴定委员会又增设了近现代文物专家鉴定组,对平津战役纪念馆、周恩来邓颖超纪念馆和天津博物馆的近现代文物进行了定级鉴定。

天津市文物局高度重视文化遗产保护工作,2002年在全国率先成立了市级文化遗产保护中心。依托北京大学、吉林大学等高等院校举办的考古专业进修班和研究生班,培养业务人才和文物考古干部。目前的专业考古队伍中有15人以上获得硕士学位,为天津市考古和文物保护事业的发展奠定了基础。2003年成立天津市文物管理中心,加强文物法规制度建设,加大文物督察执法力度以及加强文物保护和考古工作、博物馆管理工作等项重点工作。天津市的文物管理工作呈现出蓬勃发展的局面。

2007年11月15日,天津市第十四届人民代表大会常务委员会第四十次会议审议通过《天津市文物保护条例》,对上位法在天津的实施,作了符合天津特点的细化。2008年3月1日,《天津市文物保护条例》开始实施。

2008年,千年古镇杨柳青荣膺"中国历史文化名镇"称号。

二　耕耘与收获

（一）不可移动文物的保护

　　天津境内不可移动文物的调查，首推1932年梁思成先生等在蓟县独乐寺、白塔和宝坻县广济寺的工作。天津市人民政府对不可移动文物的保护工作始于建国初期，1955年，天津市人民政府曾拨款对玉皇阁进行重点修缮，1958年，对小站周公祠、文庙牌坊进行了修复。改革开放以来，天津市按照国家文物保护的政策和法规，加大了文物抢救维修的工作力度。1983至1986年，重点维修了独乐寺、白塔、蓟县长城、天后宫、文庙、大悲院、天尊阁、清真大寺、广东会馆、义和团吕祖堂坛口遗址、南开学校旧址等文物古迹19处。1984年，天津市开展"爱我中华，修我长城"赞助活动，社会各界积极响应，踊跃为蓟县长城修复捐款，共计捐款470万元，文物保护工程可谓民心所向。1987年以后，福聚兴机器厂旧址、宁河于方舟烈士故居及陵墓纪念碑、霍元甲陵墓、中共天津地委旧址等一批古代和近代建筑也得到了维修。

　　1990年，第一批全国重点文物保护单位独乐寺观音阁维修工程正式立项，工程历时八年，取得了可贵的经验，尤其在历史信息保护方面做了有益的探索。

　　1997年6月，在调查研究、反复核实的基础上，天津市政府批准公布了第三批文物保护单位，共有渤海大楼等近现代建筑60处。同时，报经国务院批准公布了南开学校旧址、天津利顺德饭店旧址为全国重点文物保护单位，进一步充实了天津历史文化名城的内涵。2006年，申报和公布第六批全国重点文物保护单位，天津市全国重点文物保护单位达到15处。截止2006年，经市文物局登记备案的不可移动文物近1300处，其中世界文化遗产1处，全国重点文物保护单位15处，省（直辖市）级文物保护单位113处，区县级文物保护单位155处。

◆ 蓟县前干涧段长城（明）

　　按照《中华人民共和国文物保护法》的规定，上述文物保护单位逐步做到"四有"，并将文物保护纳入城乡建设规划。据第二次全国文物普查结果统计，天津市古代文物占不可移动文物总数60%，近现代文物占不可移动文物总数40%。其中，古代文物的90%分布在涉农的12个区县，近现代文物的85%分布在市内6区，分布密度为每百平方公里11.8处。

　　1995至2008年，国家文物局资助天津市文物保护专项补助经费2067万元。天津市财政设立了文物保护专项经费，对文物保护项目充分进行实地调查研究，确保重点工程，做好中央专项经费和地方经费的配套使用。先后对33处文物建筑进行了维修，其中包括全国重点文物保护单位独乐寺、大沽口炮台、义和团吕祖堂坛口遗址、望海楼教堂等。文物维修之后，根据保护状况和文物资源优势，分别建立了文物保管所，开辟为博物馆、纪念馆或文化游览场所。

2007年9月，按照国务院的统一部署，天津市第三次全国文物普查工作正式启动，实地调查工作于2008年4月份启动。天津市工业发展历史悠久，工业生产门类齐全，工业遗产遗存丰富。天津还得天独厚地拥有以明长城、大运河、海防线三大工程为代表的跨区域线型文化遗产。

天津市第三次全国文物普查将工业遗产调查作为重点，加大调查力度和调查深度，使天津工业遗产的调查、研究和保护工作走在全国的前列。2008年举办的《工业遗产与天津》学术论坛、"天津工业遗产：寻找与守望"大型专题节目等活动，对于提高公众的文化遗产保护意识起到了积极的作用。2007年6月至9月，天津市文物局和天津电视台、城市快报共同举办"知家乡文化遗产、爱天津历史传承"大型主题活动，全市共计100余万人次参与了此项活动，公众评选出"十佳不可移动文物"，在全市乃至全国产生较大影响，为第三次全国文物普查营造了良好氛围和广泛的群众基础。截至2009年6月30日，天津市实地文物调查启动率为100%，普查完成率为94.4%。共调查登记不可移动文物2025处，其中新发现928处，复查1097处。天津市20世纪遗产、工业遗产、乡土建筑等新类型的文化遗产调查工作取得了新的进展。

（二）考古工作的创建

天津考古是以海河水系区和蓟运河水系区为重心的区域考古，天津特殊的地理区位，使天津考古成为中国北方沿长城地带与环渤海地区考古的结合点。天津考古工作大体经历了三个阶段。

天津考古的第一阶段主要为试掘、调查和小型发掘，以年代学研究与历史地理考证为主。最早的考古工作是1953年3月中国科学院考古研究所对宁河县先秦遗址的调查，对于研究天津历史与地理产生了积极的作用，开天津考古之先河。1956年12月，天津市文化局文物组试掘东郊张贵庄战国墓，改变了天津地区"无古可考"的说法。第一次证实了战国时期天津市区以东一带已有人居住生息，并触及了渤海湾西岸线和天津成陆过程这一新问题，纠正了过去有关天津成陆历史的错误认识，确定了古黄河到渤海西岸入海的时间、地点等结论。

◆静海东滩头1号墓发掘现场

第二阶段考古工作侧重遗址的编年分期和专题研究，初步建立起天津地区的考古遗存编年。1972至1976年，发掘清理了北郊双口汉墓、西郊小甸子元代遗址、蓟县邦均墓等。1977至1985年，发现历史遗存479处，出土文物标本3000余件，包括东汉以后碑刻240余通。其中新石器时代至明清的古遗址299处，战国至明清时期的古墓葬104处。1977年发掘的武清县兰城村东汉时代的"雁门太守鲜于璜墓"，具有一定的建筑规模，墓内出土多种陶制生活用品模型。墓室前出土的"鲜于璜碑"为稀世珍宝,具有极高的书法艺术价值。汉城调查与汉墓发掘,是本阶段天津考古的又一重点。与此同时,还从汉代考古与渤海湾西岸海岸线变迁研究中派生出"西汉后期渤海湾西岸海侵"问题。蓟县围坊、张家园、下埝头和宝坻牛道口遗址新石器时代遗存的相继发现,把天津地区新石器时代考古提到日程上来,初步建立起天津地区考古遗存编年序列。20世纪70年代以来,配合市区建设,先后发现1902年城墙拆除后,遗存在地下的明清天津城的东、西、北墙基。清理了东门瓮城基础,为明清天津城垣的复原研究,提供了宝贵的第一手资料。

第三阶段考古学科目的日趋明确,科研体系逐渐形成。90年代以来,国家文物局《考古发掘管理办法》、《考古发掘品移交管理办法》等与考古工作相关的规范性文件相继出台,初步建立起以《文物保护法》为核心,以行政法规、部门规章、规范性文件为主体,以地方性法规、规划和标准为基础的一套比较完备的考古和文物保护法律体系框架。进一步规范田野发掘和室内整理,天津考古整体水平有所提高。

1997至1998年,天津市考古工作队对大直沽天妃宫遗址进行抢救性发掘,发现了元代建筑基址和明清时期天妃宫大殿基址,获得了金、元、明、清4个时期的各类文物。确立了大直沽与天津城市起源的直接渊源关系。天妃宫遗址2006年被国务院公布为第六批全国重点文物保护单位,并建成元明清天妃宫遗址博物馆。

近年来,天津考古工作在做好基本建设考古工作的同时,将注意力延伸到文化遗产保护领域,一方面积极参与国家级大型专项调查,另一方面积极配合规划部门的工作,为文物保护规划的制定提供科学依据。结合明清海防遗存的调查及大沽口炮台遗址文物保护规划的实施,对大沽口炮台遗址进行了考古勘探和试掘以及大沽口船坞遗址保护勘探,均取得显著成果。

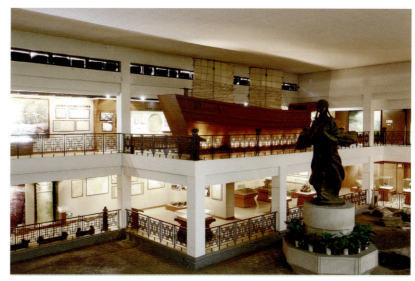
◆元明清天妃宫遗址博物馆内景

2007年3月至2008年11月,为配合国家明长城资源调查项目,组成联合考察队对明长城天津段进行了田野调查。此次调查测量出了明长城天津段的长度,确定天津市域内的长城本体、附属设施、相关遗存的修建年代均为明代。2008年5月至8月进行的京杭大运河天津段文物资源调查,摸清了大运河天津段遗产资源的家底。

(三)文物征集工作的成绩

天津传世流散文物资源丰厚,集藏文物有着得天独厚的条件,由于地缘和区位的优势,加上人文因素，清末民初清宫散佚的珍宝很多流入津门。新中国成立后，天津文博部门通过多方渠道，广泛征集珍贵文物，集中到博物馆陈列保藏，使其免遭损坏和流出国门。

建国初期天津的文物征集主要来源于三个方面：一是收藏家出于对新中国的热爱和对人民政府的信赖，纷纷化私为公，慷慨捐赠家藏文物和古籍善本图书。据不完全统计，1950～1958年，市文化局接受捐献的文物就达94批，16964件。二是从财政局、法院、海关、公安局接收文物。三是1955年天津市文物工作者从天津市及河北、河南、青海、西藏、内蒙古等地调进大批废旧杂铜原料中拣选抢救出一批珍贵文物，如二里头文化青铜爵、商青铜盉、西周夔纹铜禁、战国提梁壶等重要文物，使这些历经沧桑的宝贵遗产免遭焚毁。

◆1964年天津市文化局文物工作者在天津电解铜厂徐庄仓库拣选文物现场。前蹲者右一为已故著名文物鉴定家、国家文物鉴定委员会委员顾德威先生。后排站立者左一为著名文物鉴定家、国家文物鉴定委员会委员云希正先生。

多年来，天津市的文物征集工作取得了丰硕的成果，众多文物瑰宝为津门博物馆增添了异彩，藏品档次以及在国内外的知名度得以提升。建国初期，向天津文化部门捐献文物的有：时任天津市副市长的周叔弢先生首批捐献书画7件，杨石先教授捐出家藏明代墨品多件，收藏家徐世章后人捐献藏玉、藏砚以及名画、法帖、印章等珍贵文物2749件。天津历史博物馆曾为此次捐赠文物举办过"爱国捐献文物展览会"，社会反响很大。2004年，天津博物馆新馆专辟"砚寓儒雅——中国古砚艺术陈列"，其中大多展品为徐氏捐赠品。1958～20世纪60年代初期，为支援工业生产建设，天津的爱国收藏家纷起响应，把家藏文物交售国家，还有不少收藏家无偿捐赠文物。这期间捐赠的文物有西周太宝鼎、克鼎、克钟、太师鼎、传世唐楷书范本、玉器、殷墟甲骨等。改革开放以来，文物捐赠掀起了又一个高潮。1981年周叔弢先生捐赠各类文物1262件，其中以敦煌遗书和历代玺印为大宗。天津市著名文物收藏家、鉴赏家张叔诚先生将家藏文物书画、玉器等455件捐献给天津市艺术博物馆。吴颂平后人捐献两汉三国隋唐铜镜、明宣德炉等文物。1981年，市文化局代表政府接收捐献文物标本2291件，图书1827种9196册。1987年邓颖超在天津看望周叔弢夫人时说：他（周叔弢）和张叔诚先生捐赠给国家大批文物，这种爱国主义精神是金钱买不到的。

20世纪七八十年代，天津市文化局从天津工艺品进出口公司价购征集、接收经鉴定不予出境的各类珍贵文物数万件。80年代，天津市文物公司将所藏各类珍贵文物百余件无偿拨交市博物馆入藏，发挥了国有文物商业征集、保护文物的功能。

20世纪90年代平津战役纪念馆建馆期间，北京军区领导的建馆领导小组征集到6000件文物。建馆以后，中国人民解放军海军、空军捐赠16件大型兵器支援"军威园"的陈列。周恩来邓颖超纪念馆在建馆期间，接受了周恩来、邓颖超身边工作人员捐献的这两位革命老人的大批文物。其中中央警卫局捐献了大批西花厅文物,中国民航总局向纪念馆捐赠了周恩来专机。2005 年,天津自然博物馆征集到 119 件标本,还接受了由天津海关罚没移交的 12 件古生物化石等。

对外开放以来,天津各博物馆不断收到国外友人和爱国华人华侨的捐赠。如台湾友人提供的汉代金缕玉衣,法国外贸部部长级代表拉加尔德女士捐赠的明信片,香港爱国人士哲夫先生捐献给平津战役纪念馆的文物,德籍华人周仲铮女士捐赠的作品,洛杉矶华侨王渤生捐献的张大千书画,世界轮椅基金会主席、美国野生动物标本收藏家肯尼斯·尤金·贝林先生捐献的价值 1000万美元的 117 件野生动物标本,等等。

经过 60 年的考古挖掘、征集、接受捐赠以及收购等多种途径,天津市收藏的文物数量有了极大的增长。截至目前,已由建国初期的 9975 件（套）,增长为 591191 件（套）。其中一级文物976 件,二级文物 5162 件,三级文物 136294 件。

（四）文物市场的繁荣

1983 年 8 月,国家文物局批准增加天津市文物公司为国家授权从事销售特许出境文物业务的试点单位。此后,文物商业形成网络,日益繁荣,文物经销单位达到 5 处,文物监管单位达到9 处。此间市文化局和公安、工商部门协作加强了文物市场管理,多次联合行动开展文物清查,取缔非法购销文物的活动场所,维护了文物流通的正常秩序。随着文物流通领域的改革,文物经营从外销为主转向内销为主。天津市已初步形成了以市文物公司为主的专营商店和以沈阳道监管品市场为主的文物监管品经销单位并存的文物市场新格局。

目前,天津市文物市场交易活跃、秩序井然,每年举办春、秋两季的文物展销活动和大型文物拍卖会。现有文物商店 3 家,文物拍卖企业 6 家、还有鼓楼、古玩城等工艺品市场。天津文物局多次举办文物法规和鉴定知识培训班培训专业人员。一个具备一定规模的规范、依法、繁荣的文物市场正在形成。

（五）博物馆体系的形成

天津的博物馆发展历史悠久,积淀丰厚。20 世纪 80 年代,天津的博物馆事业开始呈现出良好发展势头。一方面,原有的博物馆积极医治十年动乱的创伤,以崭新面貌向公众开放;另一方面,陆续建成了周恩来青年时代在津革命活动纪念馆、天津觉悟社纪念馆、平津战役天津前线指挥部

◆平津战役纪念馆伟大胜利厅

◆情满江山－周恩来邓颖超汉白玉雕像

旧址陈列馆、天津戏剧博物馆、天津文庙博物馆、天津民俗博物馆、天津义和团纪念馆、大沽口炮台遗址博物馆、中共天津建党纪念馆、蓟县黄崖关长城博物馆、杨柳青博物馆等 10 余个博物馆，掀起了天津市博物馆事业发展的又一个高潮。20 世纪 90 年代，国家和地方政府先后投资近 8 个亿，新建成了平津战役纪念馆、周恩来邓颖超纪念馆，还在原址重建了天津自然博物馆等一批设备完善的国有博物馆。

本世纪初，在天津市历史博物馆和天津市艺术博物馆的基础上成立的天津博物馆于 2004 年建成开放，这些大型博物馆与新建的一些中型馆，如元明清天妃宫遗址博物馆、梁启超纪念馆、李叔同故居纪念馆等一起，构成了天津地区博物馆体系的骨干。目前天津市拥有市文化局直属的博物馆 9 座、区（县）级博物馆 15 座、国有非文博系统博物馆 16 座、大学博物馆 2 座，此外还有一批尚待完善的民营博物馆。天津现有各级各类博物馆近 60 座，其种类从历史、艺术、军事、自然、科学，到人物、遗址、遗迹、中共党史、行业历史等，可谓品种多样，门类丰富，成为回顾天津历史，纵观天津文化，丰富公众文化生活的重要文化场所。

几十年来，天津各博物馆不断推出大量的陈列和展览，在选题上具有开拓性和学术性。注重地方史陈列体系的研究，注重吸收学术研究的新成果，不断开阔视野。20 世纪 80 年代以来，天津地方史陈列不断解放思想，打破传统史学的框框，在突出地方特色的同时拓展新领域，引进新概念，形成"中华百年看天津"的较完整的陈列格局。1997 年，国家文物局在全国文物博物馆系统组织实施陈列展览"精品战略"。1998 年获得全国博物馆十大陈列展览精品奖项提名奖的"周恩来邓颖超生平陈列"，吸收了当前国内对两位伟人生平研究的成果，富有强烈的感染力。获精

◆天津博物馆外景

◆天津博物馆馆藏文物精品展

品奖的"天津自然博物馆新馆陈列",引进了新的生态和环境保护的理念,获得很好的社会反响。天津各博物馆在陈列展览形式上不断创新尝试,增加科技含量,丰富展示手段,强化群众参与,增强互动性,给观众有声、有形、有色的展示效果。多年来,博物馆不断推出各类临时展览,以鲜明的主题、新颖的形式、较高的科技含量和较强的艺术感染力,传播着历史、文化、科学技术以及各类专业知识,取得了很好的社会效益。

在"三贴近"思想的指导下,博物馆融入社会的意识进一步增强。各博物馆普遍建立了义务宣讲团,经常深入到大中小学校、机关单位、生活社区等社会各个领域,开展宣传教育活动,举办演讲报告会;馆校共建、军民共建使博物馆与社会的联结由松散变为紧密;博物馆之友、志愿者社团已成为博物馆最基本的组织。

2004年5月1日,天津市文化、文物系统各级博物馆、纪念馆、美术馆对未成年人、学生、现役军人、老年人、残疾人等特殊社会群体实行门票减免或优惠。从2007年12月28日起,市属公益性博物馆向社会永久免费开放,成为全国率先集群免费开放博物馆的城市。

2008年,天津博物馆、天津自然博物馆、周恩来邓颖超纪念馆被评为国家一级博物馆。天津市还有多所博物馆、纪念馆被中宣部、文化部、教育部等部委及各级党政部门确定为爱国主义教育示范基地或爱国主义教育基地。

(六)信息化建设的开展

20世纪90年代,天津市的博物馆以新馆建设为契机,计算机硬件和网络平台设备等基础设施得到全面更新和升级,为博物馆信息化工作创造了良好条件。先后开展馆藏文物信息化建设工作,开创了博物馆信息化工作的先河。1999年,天津市历史博物馆建立了计算机局域网,引进了博物馆藏品管理软件,为馆藏文物管理工作建立了计算机网络化工作环境。周恩来邓颖超纪念馆、天津自然博物馆分别建立了馆藏文物数据库。2000年,天津市历史博物馆参与研制开发了《金博博物馆藏品信息管理系统》软件,并应用该系统建立了馆藏文物数据库。《金博博物馆藏品信息管理系统》还被多家博物馆采用,为博物馆信息化建设发挥了重要作用。2007年,天津博物馆引进中国文物信息咨询中心研发的《博物馆藏品综合管理信息系统》,并将原天津市历史博物馆和天津市艺术博物馆原有数据,全部移入新的系统之中,妥善解决了新旧藏品信息管理系统之间的转换和衔接问题。

随着文物信息化工作的深入开展,天津市考古发掘资料档案和不可移动文物的文字、图片和影像资料数字化工作不断深入开展,在相关领域的学术研究方面取得了丰硕成果。天津市历史博物馆在国内博物馆界率先提出并系统阐述了"博物馆藏品信息管理"的观念、理论和方法,先后制定了"藏品信息管理指标体系"、"藏品信息分类代码表"和"博物馆藏品信息管理标准文档"等一系列标准性文件,初步形成了博物馆藏品信息管理标准体系。先后承担了《博物馆藏品信息管理指标体系》、《全国重点文物保护单位信息管理指标体系》等多项国家文物局课题的科研工作。天津博物馆参与了文物行业标准——《文物藏品档案工作规范》起草工作和《"文物调查及数据库管理系统建设项目"培训资料汇编》编制工作。其中,《博物馆藏品信息管理指标体系》于2001年由国家文物局颁布实施,《全国重点文物保护单位信息管理指标体系》也应用到国内的不可移动文物信息管理系统中。上述成果已经成为文物信息化工作的基础性标准文件。

（七）对外交流的扩大

博物馆作为城市的窗口和名片，在国际文化交流中担当着重要的角色。改革开放以来，天津各类出国展览逐年增加。天津市艺术博物馆赴南斯拉夫、日本、德国、比利时、韩国、香港的10余次明清书画类展览，天津博物馆的文物珍品、茶文化等专题展分别赴日本、韩国、意大利、芬兰、俄罗斯，均获得良好的反响。另外，天津自然博物馆的恐龙展览在韩国和荷兰等国获得成功。同时，天津市每年都引进一些高质量的国外展览来津展出，丰富了天津市民的文化生活，开阔了天津市民了解世界历史文化的眼界。

◆天津自然博物馆"恐龙展"在韩国汉城展出

天津博物馆界与国际文化组织、博物馆界以及科研机构的联系与交流也日益增多。1979年以来，天津市的博物馆与联合国教科文组织有过多次接触，并与美国自然历史博物馆、美国史密斯学会和西班牙国家自然博物馆等进行学术交流。2009年4月，天津自然博物馆与法国国家自然历史博物馆缔结姊妹馆，开展科学研究、展览交流等合作项目。天津市的博物馆接待过俄罗斯、乌克兰、美国、瑞典以及欧洲十国著名自然科学类博物馆馆长等的来访。各馆的业务人员曾多次随出国展团考察或做访问学者，这些对外交流活动极大地扩展了文博界的眼界，提高了天津的博物馆专业人员的业务水平。

为了增进中外学术界的互相了解，各博物馆积极举办或参与国际会议。如"周学熙实业集团与中国近代化国际学术讨论会"、"第二届周恩来研究国际研讨会"、"中意文化交流史回顾"等研讨会都取得了重要成果。2007年天津市人民政府主办的"亚欧自然历史博物馆高层论坛及中国·天津生态城市及可持续发展研讨会"，邀请15个国家24个博物馆馆长和专家与会，共同起草并发布了《天津宣言》，并在天津蓟县设立了"中国·天津八仙山国际生态观测站"。

（八）人才培养的举措

重视队伍建设和人才培养是天津市文博界的优良传统。长期以来，始终坚持对干部的专业知识教育和业务培训工作，通过各种途径补充、完善专业人才队伍，为博物馆事业的发展提供人才保障。多年来，除积极选派业务人员参加国家文物局举办的各种专业培训班外，天津市文物局先后举办了博物馆中专班、天津艺术学校文博中专班、天津文化艺术职业学院博物馆讲解班等专业培训班。2007 年 7 月，为了加快实施"人才兴文"战略，加大优秀青年人才培养力度，解决文博系统学科、学术带头人的"断层"和"空白"问题，市文化局启动"名师教室"工程。为有发展潜力和培养前途的优秀青年人才，制定个性化培养方案，聘请国内及天津市的文博专家、学者，采取一对一的授课方式，传授专业理论、专业知识和技艺。该工程是文物博物馆专业骨干人才培养的一次新的尝试。天津文博系统还与南开大学、天津师范大学等高校联合举办成人高考专接本班、硕士学历班等。2005 年，天津市文物局成立天津文博研究院，组织文物界开展学术研究活动，实施"名师教室"工程和继续教育。通过各种形式的人才培养，有效改善了天津市各级博物馆专业人才的知识结构。

（九）学术研究的成果

1982 年中国博物馆学会成立后，1986 年 5 月 27 日，天津市文物博物馆学会成立大会及第一次学术讨论会在天津市历史博物馆召开。1998 年，天津市文物博物馆学会民间收藏专业委员会成立。1998 至 2001 年，共举办六届民间收藏展览，推动了天津市民间收藏的发展。文博学会还经常举办多种形式的讲座与交流活动，社会影响很大。为了加强文博界的学术交流，天津市文物博物馆学会出版了会刊《天津文博》。天津市历史博物馆、天津自然博物馆也出版了馆刊。随着博物馆与国际博物馆界的接轨，天津市众多专业人员参与到中国博物馆学会地区性博物馆专业委员会、中国博物馆学会纪念馆专业委员会工作之中。

从 20 世纪 60 年代开始，天津历史博物馆就进行了大量的社会调查，获得义和团运动、中共天津地方党史以及工人运动史的大量资料，成为当时天津地方史研究的中心。80 年代后，由于陈列展览的需要，天津市历史博物馆开展了民俗学、城市史等学科研究，取得一定成果。1986 年，天津市历史博物馆率先开始了天津地区的工业考古初步实践。2006 年，天津博物馆考察了近代工业中有代表性的工厂企业，提出应从近代中国工业化、城市化的过程来看待天津的历史文化遗存，反映早期工业化进程的城市布局、建筑及设施应成为天津文化遗产保护的重点。城市史学给了天津考古新的视角和理论方法。近年来，在天津战国汉城、明清天津城的调查、发掘、考证的基础上，正在逐渐形成旨在探讨城市与人类文明关系的天津城市考古。天津自然博物馆与台湾自然科学博物馆合作了植物标本征集项目，还开展了天津市科普工作计划项目、大黄堡湿地多样性保护科研基地等项目。

作为文献资料整理和学术研究的成果，各馆不断出版大量的图录和资料丛书，其中《天津历史博物馆馆藏北洋资料丛书》、《天津植物志》、《天津鸟类志》等，填补了学术研究资料的空白。出版了《天津市艺术博物馆藏瓷》、《天津市艺术博物馆藏玉》、《近代天津图志》、《三大战役》、《津门国珍》、《中华百年看天津》、《水西余韵》、《新军旧影》、《津门考古》、《周恩来青年时代》、《周恩来与天津》、《皇会》、《图说天后宫》、《天津黄崖关长城志》、《中国古代建筑·蓟县独乐寺》、《津门胜迹》等一批专著，产生了较大的社会反响。多年来文博专业人员撰写天津考古调查发掘报告和研究论文百万余字，这些成果和出版物展示了天津文博界的学术水平，促进了文博事业的发展。

三　追求与使命

60年来，经过几代文物工作者甘于奉献、甘于寂寞、甘于清贫的卓越贡献，天津市的文物事业已呈现出自己的优势和特征。其突出表现在：

①"中华百年看天津"已经形成共识，天津已经成为中国近代史的一个缩影；

②"明长城、大运河、海防线"已经成为天津线型文化遗产的框架，确定了天津考古的科研方向；

③"留下城市记忆"成为全民的共同意识；文物建筑的保护已经形成全社会参与、街区式整体保护的全新理念；

④工业遗产的挽救和生态性的保护利用已成为天津文物建筑保护的重要方面，也丰富了天津近代的文化特色；

⑤市、区、社会、行业、个人五路大军创办博物馆方兴未艾，博物馆系统开始纳入国民教育体系之中；

⑥陈列布展已形成天津自己的特色，简洁大气、信息含量高、地方特色浓郁跻身于国内先进行列；

⑦国家文物出境鉴定天津站已成为中国文物边防战线的东大门，为保卫国家珍稀文物和标本守住了半壁江山；

⑧天津标志性博物馆的基本建设长盛不衰，十几年来以每年新建、重建一个大中型馆的进度推进。目前，新立项的天津博物馆设计方案正在征求全市人民意见。

在具体的工作中，天津文物工作者坚定创新思路、坚持为社会服务、坚守天津的文化遗产，探索了一些新的做法：

①率先在全国实行市级博物馆免费向社会开放；

②率先成功实践了中外合作、商业运作的自然博物馆水族馆的基本陈列；

③率先组织开展百万市民参与的文物保护全社会教育活动；

④率先成立了市级文化遗产保护中心；

⑤率先成立了市级文博研究院；

⑥率先开发研制了博物馆系统信息化管理软件；

⑦率先创制了隐形展壁、夜光展厅和与观众互动等新型博物馆展陈方式；

⑧率先在全国实行了文物建筑保护和风貌建筑保护双重法规依据；

⑨率先在博物馆内引进志愿者队伍；

⑩率先实行"主题单元式陈列"，盘活馆藏资源，满足观众多元文化需求，综合再现历史，全面体现文化主题。

回顾往事，我们在工作中也有很多不尽如人意之处。比如：多年来文物保护经费匮乏，致使很多具有历史责任的工作难以全面展开；尽管天津的城市建设相比一些省市起步较晚，但在文物建筑的保护上也没有摆脱"拆、改、保"的怪圈；文物工作本身从体制、编制上还有很多不适应新形势工作发展的弊病；在全民特别是城市管理者中普及文物保护知识，增强文物保护意识，明确文物保护责任方面还需强化。

　　天津市的文物工作者坚信，在国家文物局和天津市委、市政府的领导下，天津的文物事业一定能够继往开来，不断攀登新的高峰。

河北省文物事业60年

河北省文物局

河北省地处华北平原北部，东临渤海，西依太行，是中华民族的发祥地之一，生活在这片沃土上的燕赵儿女，世代耕耘，以自己的勤劳和智慧，创造了灿烂辉煌的古代文明。新中国成立以来，在党中央、国务院和省委、省政府的领导下，在国家文物局以及有关部委的指导和帮助下，在各级政府、有关部门和社会各界的大力支持下，河北文物事业取得了长足发展。全省文物工作者认真贯彻执行《中华人民共和国文物保护法》等有关法规，坚持"保护为主、抢救第一、合理利用、加强管理"的文物工作方针，解放思想，开拓创新，扎实工作，文物保护工作取得了令人瞩目的成就。

一 逐步摸清全省文物资源底数，为实施有效保护奠定坚实基础

中华人民共和国成立以来，我省分别于1956年、1976年、1988年进行了三次大规模的文物普查和复查，登记不可移动文物地点1.2万余处。随着第三次全国文物普查工作的不断深入，将会有更多的文物遗存被发现。目前，国务院已公布了六批全国重点文物保护单位，河北省全国重点文物保护单位达到168处，省政府分五批公布了930处省级重点文物保护单位，二者均位居全国各省、市、自治区前列；市、县级重点文物保护单位达到3476处。省级以上文物保护单位"四有"工作扎实推进，完成了全国重点文物保护单位记录档案备案和珍贵文物藏品建档工作。

第三次全国文物普查是一项重大的国情国力调查，省政府成立了领导小组，印发关于开展第三次文物普查工作的通知，先后召开两次领导小组会议进行安排部署。全省文物普查野外调查自2007年9月开始，2009年底前完成。目前，我省第三次全国文物普查工作任务过半，全省普查覆盖面积已超过60%，新发现1.3万余处不可移动文物，不仅实现文物遗存数量的翻番，而且新发现和登录了一大批的重要遗存，预计普查工作全部结束时，河北全省查明文物遗存量将达到3万处。

从2006年我省率先启动了大运河文物资源调查工作，利用两年的时间，集中人力、物力对运河进行全方位的调查，共发现古遗址、古墓葬、城镇、衙署、驿站、钞关、仓库、寺庙、桥梁、堤坝、码头、船闸、涵洞、古商会、古作坊、古民居、古街道、沉船点等文物遗存点325处。大运河沿岸五市均成立了大运河保护与申遗工作领导小组，2009年底完成大运河河北段文物保护规划的编制汇总工作，争取2014年成功申报世界文化遗产。

全省拥有 3 项世界文化遗产，包括长城、承德避暑山庄及周围寺庙、清东陵和清西陵；拥有 5 座国家历史文化名城：保定、邯郸、承德、正定、山海关；拥有 6 座省级历史文化名城：定州、蔚县、宣化、赵州、邢台、涿州；国家级历史文化名镇 2 处：蔚县暖泉镇、永年县广府镇；国家级历史文化名村 4 处：怀来县鸡鸣驿村、井陉县于家村、清苑县冉庄村、邢台县英谈村。

1979 年以来，我省对长城做了大量调查和保护工作，查明河北省境内有明代和明以前的燕、赵、中山、秦、汉、北齐、金等长城 4000 多公里。为实施长城保护工程，摸清长城保护、管理和利用情况，从全省抽调专业力量组成长城资源调查队，在 2006 年试点工作的基础上，于 2007 年全面展开，以县为单元，采取分组对进的方式徒步考察、测量，经过两年多的艰苦工作，完成了河北境内明长城资源野外调查工作，对调查资料进行了系统整理，并编辑出版了《河北明代长城碑刻辑录》。国家文物局和国家测绘局联合发布了明长城调查数据。从 2009 年开始进行我省早期长城资源调查工作。

河北省文物具有年代久远、种类丰富、内容广泛、价值高、分布广等显著特点。从 200 万年前旧、新石器时代人类遗迹，到历代王朝乃至近现代各个时期的古城址、古墓葬、古建筑、重要的纪念性建筑和遗迹，没有时代缺环，许多堪称文物精品。如最早的敞肩石拱桥——赵县安济桥，最早的建筑规划——战国中山王墓兆域图，最早的邮政驿站——鸡鸣驿，最高的砖塔——定州开元寺塔，最高的铸铜大佛——正定隆兴寺铜佛，最高的经幢——赵县陀罗尼经幢，最大的皇家园林——承德避暑山庄，最大的木佛——承德普宁寺木佛，最大的铁狮子——沧州铁狮子，最大的皇家陵寝——清东陵和清西陵，保存最完整的古代都城遗址——邯郸赵王城，等等。出土文物如满城汉墓的金缕玉衣、错金博山炉、长信宫灯及平山战国中山王墓的四龙四凤铜方案、十五连盏灯等，均享誉中外。

我省丰富的文物资源蕴含着古代当地人民特有的精神价值、思维方式和想象力，体现着燕赵文化的生命力和创造力，是文化绵延和历史变迁的见证，是维系民族心灵、构成文化认同的力量源泉。以独特的方式潜移默化地影响着当代人们的思想观念，对维系历史、延续文明，构建中华民族共有精神家园起着特殊重要的作用。

二 文物管理机构逐步健全，文博队伍不断发展壮大

中华人民共和国成立之初，为了改变文物缺乏管理的局面，1953 年成立了河北省文物管理委员会和河北省博物馆筹备处，派干部参加国家举办的考古培训班，为全省文物工作的开展打下了基础。与此同时，在一些文物比较集中的地方，如正定隆兴寺、遵化清东陵、易县清西陵等处，相继建立了文物保管机构。到 1965 年，我省有省级文物机构 2 个，市、县级文物保护管理机构 9 个，博物馆、纪念馆 5 座，文物商店和古建筑维修队各一个。党的十一届三中全会以来，文物管理机构和文博队伍得到迅速发展。1993 年 4 月，为了加强对全省文物工作的管理，河北省文物事业管理局由处级局改为由省文化厅归口管理的副厅级事业局。

从 1993 年以来，我省共召开了四次文物工作会议。1997 年全省文物工作会议主要是贯彻落实《国务院关于加强和改善文物工作的通知》精神，强调全面实施文物保护工作"五纳入"，真

正树立起文物大省的观念，努力工作，积极进取，争创"第一"的作为，"第一"的工作水平。1998年全省文物工作会议提出进一步强化文物保护的政府行为，逐步建立适应社会主义市场经济要求、符合文物工作规律、国家保护为主并动员全社会参与的文物保护新体制，努力把我省建成文物强省。2000年全省文物工作会议强调认真贯彻"保护为主、抢救第一"的方针和"有效保护、合理利用、加强管理"的原则，进一步强化文物保护的政府行为，全面落实文物保护"五纳入"，充分调动各级政府和全社会发展文物事业、文物产业的积极性，进一步提高全省文物保护、利用和管理水平。2004年全省文物工作会议强调充分认识文物资源的独特价值和作用，完整准确地理解和执行"保护为主、抢救第一、合理利用、加强管理"的文物工作方针，扎实推进文物强省建设，把资源优势转化为产业优势和竞争优势。

至2008年，全省文物机构达到215个，从业人员6330余人。其中文物保护管理机构161个，文物科研、考古机构4个，博物馆46个，文物商店3个，其他文物机构2个。全省文博从业人员中有高级职称的203人，有中级职称的601人，全省11个设区市中有9个专设了文物行政部门，20多个县（市、区）设立了文物局，各县（市、区）成立了文物保管所，加大了文物管理工作力度。

为了提高文博队伍的整体素质，采取多种方式进行培养提高：一是选派文博管理干部和专业人员参加国家文物局举办的各种文物管理及专业知识培训班；二是省、市、县文物部门结合工作实际，举办文物法规、文物保护维修、考古发掘、博物馆陈列展览设计、文物鉴定等培训班，提高文物管理和专业水平；三是支持和鼓励干部职工到大学进修，并与河北师范大学联合办学，开展在职人员的学历教育；四是注意招收和聘用专业对口的大学毕业生，逐步形成老中青相结合的专业干部队伍。

三　文物考古不断取得新发现，河北的文化脉络逐步清晰

全省考古工作者在基本建设考古工作中，坚持"重点保护、重点发掘，既对基本建设有利，又对文物保护有利"的原则，并科学合理地安排考古课题研究，在考古发现和课题研究上均取得重大收获。建国以来，共调查古遗址1万余处，考古勘探面积3200多万平方米，揭露面积30多万平方米，发掘古墓葬8300多座，出土文物40余万件。2001年由中国社科院组织评选的"中国20世纪100项考古大发现"，河北阳原泥河湾旧石器时代遗址群的发现与发掘、易县战国中晚期燕下都遗址的发掘、平山战国中山国王墓的发掘、满城汉墓的发

◆泥河湾马圈沟遗址发掘现场

掘及临漳曹魏北朝邺城遗址的勘探与发掘共五项入选。

20世纪20年代以来，经过中外考古专家的不懈努力，在阳原泥河湾盆地相继发现了更早的新世旧石器时代以来各个时期的古文化遗址，基本确立了泥河湾盆地旧石器考古文化序列，在马圈沟遗址发现了距今约200万年的人类活动遗迹，从而向人类起源非洲一元说提出挑战；在小长梁遗址发现的1000余件石制品，被考古专家誉为我国旧石器考古发展史上的一块里程碑；在于家沟遗址发现了距今1万年的陶片，为研究新旧石器时代过渡和陶器起源提供了资料，被评为1998年度"全国十大考古新发现"；在姜家梁遗址发现的大规模新石器时代墓葬，为研究燕山南北地区仰韶时代末期的文化提供了依据。阳原泥河湾盆地新旧石器时代遗址和墓葬发掘项目被评为1996 ~ 1998年度全国田野考古三等奖。

1968年发掘的满城陵山一号和二号汉墓，是西汉中山国靖王刘胜及其配偶窦绾的并穴合葬墓。墓葬形制是凿山为墓的大型石洞室墓，由墓道、甬道、南北耳室、中室和后室组成。两墓出土了丰富的铜器、玉器、陶器、金银器等随葬品4200多件，另外还出土五铢钱4200多枚。其中金缕玉衣、长信宫灯、错金博山炉等精美文物，对研究汉代历史文化具有极高价值。

1974 ~ 1978年发掘的平山中山国国王的两座王陵1号大墓和6号大墓，出土有大量的随葬品，其中1号大墓出土铁足大鼎、夔龙纹方壶和圆壶、错金银四龙四凤方案等器物。6号大墓也出土了丰富精美的重要文物，中山王陵的发掘是我国东周考古的重大发现，出土的珍奇文物制作之精、史料价值之高世人瞩目。

1976年，在武安磁山遗址发现了组合物坑、半地穴房址、大量碳化的粟灰、渔猎工具以及动物骨骼等文物遗存，出土陶、石、骨、蚌等上万件文物，经碳–14测定，距今7000 ~ 8000年。对于探讨中国农业、畜牧业的起源以及新石器早期人类的社会生活提供了重要的线索，磁山文化是河北省唯一以地名命名的考古学文化。

1986 ~ 1991年对北戴河金山嘴秦行宫遗

◆满城汉墓出土长信宫灯

◆战国中山王墓出土错银双翼神兽

址的发掘，发现了当年秦始皇东巡时的重要物证，引起国内外考古界的极大关注，被评为"七五"期间"全国十大考古新发现"。1987年发掘的磁县湾漳北朝墓，发现了艺术价值极高的墓葬壁画。1991年在定州铁路货场建设中，发现了商代方国墓群，并出土一批精美的青铜礼器，被评为1991年"全国十大考古新发现"。1993年发掘的宣化下八里辽墓，发现了反映出行、散乐、茶道、天象星宿等内容的精美壁画，被评为1993年"全国十大考古新发现"。1991年在邢台南小汪遗址发现了河北第一片刻辞卜骨（刻文字甲骨）后，1993年又在葛家庄遗址发现了先商遗址和西周邢国贵族墓葬，出土了大量的铜器、玉器、陶器和石器，为先商文化和商周文明研究提供了丰富的实物资料。1997年在徐水南庄头遗址发现了用火遗迹，出土陶片、石磨盘、石磨棒、骨锥等，经碳-14测定，年代为距今9700～10500年，是我国北方地区第一次发现地层清楚、年代最早的有陶新石器时代遗存。对研究新石器早期人类的生存方式、陶器和农业的起源、家畜饲养业等有极为重要的意义。

自1998年开始对张北元中都进行的考古发掘，查明了元中都宫城的城垣结构、配置和布局，出土了雕刻精美的汉白玉角部螭首等大批珍贵的古建筑构件，被评为1999年度"全国十大考古新发现"。1999年"祖乙迁邢之邢墟调查"考古专题被列入国家重点科研项目夏商周断代工程，并取得重要研究成果。由中国社会科学院邺城考古队和河北省文物研究所承担的邯郸邺城东魏北齐佛寺塔基遗址考古发掘项目，被评为2002年度"全国十大考古新发现"。在易县北福地史前遗址发现了房址、陶刻面具、祭祀场等重要遗存，为研究早期新石器文化提供了新资料，被评为2004年度"全国十大考古新发现"。

邢窑、定窑、磁州窑是河北著名的三大名窑。邢窑以生产"类雪、类银"的瓷器而出名，定窑以其"刻花"、"印花"的技法闻名于世，磁州窑以民间喜闻乐见的装饰内容而蜚声中外。从这些古窑址出土的以白釉龙首大净瓶、白釉仕女枕、白釉黑彩龙纹盆为代表的万余件古代陶瓷珍品，在国内外陶瓷界享有很高的声誉。1998年以来在井陉县发掘的井陉窑，出土的瓷器以烧制白瓷为主，刻花与印花等风格可与定窑精品媲美。

南水北调工程是我国继三峡水利工程之后又一项重要的水利工程。2006年，我省邀请中国社科院考古研究所、国家博物馆考古部、吉林大学边疆考古研究中心、西北大学文博学院等全国18家具有国家文物局颁发的团体领队资质的考古研究机构和380多名文物保护技术人员，参与南水北调工程京石段文物保护工作。完成了京石段34处文物遗存点的文物勘探和考古发掘工作。勘探面积79万平方米，发掘面积8.87万平方米，发掘中、小型墓葬

◆南水北调工程南城遗址发掘现场

600 百余座，出土文物 6000 余件，取得一批重要文物资料，对全面了解我省考古学文化的分布，填补考古学文化空白具有重要意义。2007 年磁县东魏元祜墓发掘项目，出土了组合完整的随葬品陶俑、陶瓷器、墓志等 190 余件，壁画格局新颖，为北朝墓葬研究提供了宝贵资料，被评为2007 年度"全国十大考古新发现"。

四 文物维修资金投入力度加大，大批文物建筑得到有效保护

河北省的文物建筑类型非常丰富，许多建筑独具特色，但由于自然和人为的原因，大量的文物建筑濒临毁坏的边缘，急需维修。中华人民共和国成立以来，中央和省级财政累计投入文物维修资金 7 亿多元，按照不改变文物原状的原则，完成省级以上文物维修保护工程 1000 多项，使大批濒临毁坏的建筑文物得到了妥善保护。前五批全国重点文物保护单位普遍得到维修和保护，基本排除了前四批省级文物保护单位的险情；一批市、县级文物保护单位也得到了保护和修缮，周边环境得到有效治理。

承德避暑山庄及周围寺庙实施了三个十年整修规划，进行了较大规模的清理拆迁和整修，完成了避暑山庄澹泊敬诚殿、文园狮子林和永佑寺山门、安远庙普渡殿、溥仁寺、普陀宗乘之庙大红台群楼复建、万法归一殿与普渡慈航、落伽胜境及其群楼、戏台、须弥福寿之庙大红台群楼、妙高庄严殿等维修工程。以避暑山庄肇建 300 周年为契机，完成了一批文物建筑修缮保护工程，恢复了其原有的历史风貌，使之成为集全国重点文物保护单位、国家级历史文化名城、列入《世界遗产名录》、全国十大风景名胜区、著名旅游风景区等多项桂冠于一身的文物开放单位。

万里长城—山海关是全国重点文物保护单位、世界文化遗产、国家历史文化名城，自1984 年以来，国家、省及地方投入大量资金，

◆承德普陀宗乘之庙

◆山海关长城保护工程动员会现场

◆金山岭长城

用于山海关长城保护，修复了老龙头、澄海楼、入海石城、南海关口、牧营楼、靖边楼、临闾楼等。山海关关城及东罗城6000米古城墙保护维修工程是国家实施长城保护工程的首批项目，备受中央和省委、省政府领导关注。国家投资2亿元，自2006年5月开始方案设计和安排工程施工，国内6个省市10余支专业队伍参与了相关项目。为保证工程质量和安全，省文物局在技术服务、施工管理、资金保障等方面采取了一系列措施。秦皇岛市、山海关区积极协调处理有关事项，为施工现场提供了便利条件。在时间紧、任务重的情况下，经过设计、施工、监理单位以及项目部的艰苦努力，于2008年6月底完成了预期任务。金山岭长城是明长城精华段落之一，20世纪80年代中期以来陆续修复了后川口以西的部分敌台和关隘。

清东陵完成裕陵神功圣德碑、孝陵、孝东陵、景陵、惠陵等维修工程；清西陵完成永福寺、怀王园寝、崇陵、泰陵方城、公主园寝大木维修等工程。2000年申报世界文化遗产一举成功，共投入资金1.2亿多元，完成文物维修工程10项，回收土地3371亩，拆除违章建筑11万平方米，铺设环陵公路46公里，绿化植树17万株。

正定隆兴寺是我国现存规模较大、较为完整地保存了宋代布局规制的寺院。建国以来，先后完成隆兴寺转轮藏殿、慈氏阁、摩尼殿以及天宁寺凌霄塔、开元寺钟楼、临济寺澄灵塔、文庙大成殿、广惠寺华塔等修缮工程。1997～2000年投资3300万元对正定隆兴寺大悲阁进行了落架维修，

◆清东陵孝陵石牌坊

◆清西陵泰陵五孔桥

◆曲阳北岳庙

◆赵县安济桥

◆修复后定州开元寺塔

◆鸡鸣驿城保护工程启动仪式

使这座雄伟的建筑再现昔日辉煌。

组织完成了赵县安济桥、永通桥、柏林寺真际禅师塔，宣化清远楼、镇朔楼，平山文庙大成殿，昌黎源影寺塔，保定直隶总督署、大慈阁、钟楼、定州开元寺塔、贡院，定兴义慈惠石柱、慈云阁，峰峰玉皇阁，献县单桥，永年弘济桥，邢台开元寺，内邱扁鹊庙大殿，霸州龙泉寺大殿，张家口大境门，曲阳北岳庙，景县舍利塔、响堂山石窟，涿州双塔等修缮保护工程。高碑店开善寺大殿维修工程被国家文物局列为文物维修保护示范工程。

怀来鸡鸣驿城文物保护工程是中央和省领导关注的一项重要工程，包括鸡鸣驿城墙加固维修、城内文物建筑修缮和基础设施建设项目。其中文物维修工程资金1亿元左右，2008年12月全面启动，工程计划两年内完成，现正在抓紧实施鸡鸣驿城墙保护工程。

五　博物馆和爱国主义教育基地建设取得新进展，陈列展示水平不断提高

1953年4月，河北省博物馆筹备处成立，拉开了河北省博物馆建设的帷幕。"七五"时期，省政府拨款270万元对原省展览馆进行改造，使省博物馆有了固定的馆址。随后，邯郸市博物馆、石家庄市博物馆、唐山市博物馆、山海关长城博物馆等相继建成。"十五"期间保定市博物馆、沧州市博物馆、廊坊市博物馆和曲阳县博物馆、丰宁县博物馆等市、县博物馆建成开放。2006年9月，河北省博物馆新馆开工建设，总投资6.8亿元，建筑规模33100平方米。

目前，全省各类博物馆、纪念馆达到80余座，河北省博物馆和西柏坡纪念馆被评为一级博物馆。国家二级博物馆和三级博物馆分别12座，全省文物藏品90余万件，三级以上珍贵文物79000多件，其中一级文物1214件（套）。完成了馆藏一级文物档案的备案工作和珍贵文物建账、建档和馆藏文物腐蚀损失调查，文物藏品的保管条件得到了很大改善。近年来，随着文物调查及数据库管理系统建设项目的实施，完成珍贵文物藏品信息数据的采集工作，为实现文物藏品信息

化管理奠定了基础。

1994年9月，中共中央颁布了《爱国主义教育实施纲要》，将革命文物、纪念馆、博物馆列为人民群众特别是青少年接受爱国主义教育最重要的课堂和阵地。河北省委率先公布了一批河北省爱国主义教育基地。1996年10月，《中共中央关于加强社会主义精神文明建设若干重要问题的决议》，又为爱国主义教育基地建设增加了动力。从1994年公布爱国主义教育基地后，省委对其分期分批投资建设，先后投入资金2亿多元，完成了西柏坡纪念馆、李大钊纪念馆、一二九师陈列馆、晋察冀边区革命纪念馆等基地的改陈建设工程。目前，拥有全国爱国主义教育示范基地15处，省级爱国主义教育基地38处。全省博物馆、纪念馆和爱国主义教育基地紧密配合党委和政府的中心工作，发挥文物特有优势，每年推出200多个陈列展览，接待国内外观众500多万人次。

实施精品战略，注重提高展览质量，不断推出精品陈列。河北省博物馆以"燕赵五千年"为主线，设立固定陈列"古代河北"、"近代河北"、"当代河北"，1997年省博物馆承办的"辉煌的五年（河北部分）"大型展览被中宣部、国家计委等部门评为"最佳组织奖"和"最佳设计装修奖"，"神秘王国——战国中山国"专题陈列被评为1997年度全国文物系统"十大陈列展览精品"，"金缕玉衣的故乡——满城汉墓"专题陈列被评为1999年度全国文物系统"十大陈列展览精品"；西柏坡纪念馆"新中国从这里走来"专题陈列被评为1998年度全国文物系统"十大陈列展览精品"；邯郸博物馆"磁州窑陈列"被评为第五届（2001～2002年度）"全国博物馆十大陈列展览精品"；省民俗博物馆"民间收藏专题展"、一二九师陈列馆"雄师战歌"获2000年度"全国博物馆十大陈列展览精品"评选提名奖；西柏坡纪念馆改陈后的"西柏坡——新中国从这里走来"、山海关长城博物馆"华夏脊梁——山海关长城博物馆基本陈列"分获第六届（2003～2004年度）"全国博物馆十大陈列展览精品"特别奖和精品奖；磁县磁州窑博物馆的"黑与白的艺术"荣获2005～2006年度"全国博物馆十大陈列展览精品"奖。省民俗博物馆是河北唯一一家省级民俗类专题博物馆，除了固定陈列"清代家居陈设展"、"明清瓷器珍品展"、"武强年画艺术"、"民间生活用品展"、"河北陶瓷艺术展"，还推出"中华传统美德展"、"中小学生自我防护展"等巡回展览，在石家庄、沧州、黄骅等地巡回展出，受到社会各界特别是中小学生的欢迎。

配合保管、陈列工作，博物馆相关的学术研究和讲解员培训工作也取得了长足进展。先后出版了《土尔扈特蒙古部万里归国记》《莲池书院法帖》《河北省博物馆50年》《邓小平与河北——纪念邓小平诞辰100周年》《燕赵国宝》等书籍，撰写了《文物精华辞典·河北部分》、《中国名胜辞典·河北部分》、《名人名胜录·河北部分》、《河北省民俗文化丛书》、《岁月旧梦》、《民间藏珍》、《古玉集珍》、《古玉鉴定与辨伪》、《珍瓷赏真》等学术著作。在河北省社会科学研究优秀成果评奖活动中，有多篇论文获奖。在国家文物局组织的历届讲解比赛中，省博物馆讲解员多次获得全国奖项。

六 科技保护和课题研究迈出新步伐，取得了一批保护和研究成果

大力实施文物修复工程。2002年成立河北省文物保护中心，开展了纸质、石质、壁画、陶器、

丝绸、青铜器等文物的保护修复工程，完成了"古墨无动力修复技术研究"等科研课题。完成了湾漳壁画保护以及对涿州汉墓出土的彩绘陶器、南水北调考古发掘出土的青铜器、下八里辽墓出土木器、满城汉墓出土彩绘陶器的修复工作。编制了正定隆兴寺摩尼殿壁画抢救保护、赵州桥石栏板及望柱抢救性修复保护、燕下都馆藏及出土金属类文物修复保护方案。定州塔壁画保护、邯郸市博物馆金属文物保护修复、涿州双塔壁画保护方案完成了设计论证。

深入开展科技保护课题研究。兴隆县文保所"1943年日本侵华时期制造'无人区'专题研究课题"，列入国家文物局2000年"全国文物、博物馆系统人文社会科学重点研究课题"；"防止沿海地区现存夯土长城风化研究"、"交分子材料在砖质文物保护方面的应用研究"和"古建筑木结构加固与阻燃研究"等项目列入2003年国家文物局科研课题。参与了科技部重点课题"空间信息技术在大遗址保护中的应用研究"中的"河北运河课题研究"；参与沧州铁狮子科技保护课题研究；完成了"河北北部辽金元城址调查、勘探与保护"课题研究。

积极推进学术出版工作。出版了《燕下都》、《宣化辽代壁画墓》、《曲阳五代壁画墓》、《泥河湾旧石器文化》、《昭化寺》、《泥河湾》、《易县北福地》、《珍瓷赏真》、《古玉集珍——河北省民俗博物馆藏玉器精品》、《文物保护工程设计方案集》、《河北考古文集》等研究报告和学术著作。《文物春秋》杂志发挥了文物学术研究阵地的作用，从1989年创刊，发表了大量学术论文。省古建所获得国家文物局首批颁发的文物保护工程勘察设计甲级资质和施工单位一级资质；省文物保护中心获得国家文物局颁发的可移动文物技术保护设计甲级资质，文物保护工程勘察设计和施工二级资质。

七　文物法规逐步健全，文物行政执法水平不断提高

1984年6月，河北省人大常委会公布《河北省文物保护管理条例》后，全省文物法规建设逐步得到完善。唐山市、邯郸市人大制定并经省人大常委会批准颁布了《唐山市文物保护管理办法》、《邯郸市文物保护管理规定》。1999年河北省第一个文物保护单位专项保护法规《清东陵文物保护管理办法》，经省人大常委会批准，由唐山市人大公布。2002年省政府印发了《关于进一步加强长城保护管理工作的通知》。2003年省人大常委会公布了《承德避暑山庄及周围寺庙保护管理条例》，并通过《关于〈清东陵保护管理办法〉（适用于清西陵保护管理）的决定》。2004年秦皇岛市政府公布了《秦皇岛长城保护管理办法》。2007年省人大常委会审议通过《河北省实施〈中华人民共和国文物保护法〉办法》并颁布实行，为我省世界文化遗产保护和管理工作提供了法律保障。

为规范古建维修、考古发掘、博物馆建设和馆藏文物保护管理工作，省文物局先后制定并印发了《河北省文物勘探管理办法》、《河北省文物建筑修缮管理办法》及设计、施工单位资质认定办法、《河北省文博讲解人员资格认证办法》、《河北省馆藏文物操作规程》等20多个文物保护行业规范。同时，建立健全了文物行政执法制度，制定了《河北省文物局实施行政许可办法》、《河北省文物行政许可公文处理办法》、《河北省〈文物行政处罚程序暂行规定〉实施办法》、《河北省文物部门错案和执法过错责任追究暂行管理办法》等一系列文物行政执法规范。此外，许多市、

县文物部门也制定了相应规章制度，为规范、有序地开展文物行政执法工作提供了保障。

文物行政执法力量不断加强，执法水平不断提高。2003年省文物局成立了执法督查处，省、市、县三级文物行政执法网络初步形成，加强对文物行政执法人员的培训，规范执法行为，提高执法水平。对迁安市红峪山庄旅游开发有限公司擅自修补和拆毁长城、涞源县个体矿主拆除浮图峪长城等违法行为进行查处；对滦平县擅自改变金山岭长城管理体制，将长城作为企业资产经营进行执法督察，理顺了金山岭长城的管理体制。

文物保护单位和博物馆的安防消防设施逐步改善，文物安全保障工作日益加强。利用现代科学技术为主的文物安全防范水平有了提高，我省一级风险单位全部完成技术防范达标任务，二、三级风险单位中有50%以上达标。邯郸、石家庄、保定等市县建立了文物保护员队伍，加强田野文物的保护工作。与公安、海关、工商等部门密切合作，不断加大防范和打击文物违法犯罪的力度，查处了一批文物违法案件，文物违法犯罪活动得到有效遏制。

八　文物对外交流与合作不断扩大

河北省曾先后组织召开了"环渤海考古国际学术研讨会"、"中国古陶瓷学会1997年年会暨国际学术讨论会"、"邢台中国商周文明国际学术研讨会"、"中国考古学跨世纪回顾与前瞻学术研讨会"、"中国承德世界遗产国际论坛"、"中国承德清史国际学术研讨会"等国际学术会议。与美国加州大学考古队联合对阳原泥河湾旧石器遗址进行了发掘；与美国盖蒂保护所和澳大利亚遗产委员会的专家合作，研究制定避暑山庄及周围寺庙保护管理总体规划，出台了《中国文物古迹保护准则》，对承德殊像寺实施了有效保护。

参与和举办40多项展览，在美国、德国、日本、韩国、意大利、香港、台湾等10多个国家和地区的60多座城市展出，如参加国家文物局在德国的"世界文明摇篮之一——中国展"、"球类游戏——足球历史"，在美国的"中国帝王陵墓展"、"走向盛唐展"、"道教文物展"和"游戏文物展"，赴日本的"中国国宝展"、"历代王朝展"，赴香港的"中国马文化展"，赴澳门的"中国古代文物展"等展览。

在韩国举办了"河北汉代王室文物展"、在日本举办了"白与黑的竞演——中国磁州窑的瓷器世界"、在台湾举办了"承德文物精华展"、在香港举办了"战国雄风——河北省中山国王墓文物展"。2007年在芬兰举办"金缕玉衣展"，在日本举办"河北长城图片展"，都在展出地引起轰动，掀起了当地的"中国文化热"。

组织省博物馆的"希望之光——邯钢经验展览"在中国革命博物馆展出，"血肉筑长城——河北人民抗日纪实"在北京国家军事博物馆展出，"清东陵文物精华展"赴上海档案馆展出，隆化县博物馆馆藏丝织品赴苏州中国丝绸博物馆展出，"承德避暑山庄300周年特展"在国家博物馆展出。

省古建所在完成省内文物保护维修工程的同时，承担了西藏、甘肃、新疆、内蒙古等20多个省市的30多项文物勘察设计方案制订工作；省文研所考古人员圆满完成了三峡水利工程及香港西贡区沙下遗址的考古工作。2008年5月12日，四川汶川发生大地震后，我省文物系统干部职工通过多种形式向灾区捐款捐物，并向四川省文博工作者表示慰问。又从省古建所抽调 4 名高级专业技术人员，经过 29 天的艰苦奋战，完成江油云岩寺、成都王建墓、崇州罨画池（包括陆游祠和文庙古建筑群）、德阳庞统祠的现场勘察工作，并制定了文物修缮方案。另外从省古建所抽调专业人员负责都江堰市二王庙和伏龙观的文物维修工程监理工作。

九　文物宣传力度加大，文物保护的社会共识程度不断扩大

从 2006 年国务院确定每年六月的第二个星期六为"文化遗产日"，已经举办了四届宣传活动。紧紧围绕工作大局确定宣传主题，结合文物重点工作，开展一系列宣传活动，宣传《文物保护法》和文物工作方针，宣传我省文化遗产事业的发展成果，普及文化遗产保护知识，提高公众文化遗产保护意识，营造全社会参与文化遗产保护的良好氛围。

每年的文化遗产日当天，全省都有 70 余家文物开放单位向社会免费开放，并制定应急措施，保证文物和人员安全。在省博物馆广场举办文物法规、文物知识咨询活动，文物鉴定专家为群众进行文物鉴定、解答疑问，民间艺人举行特色民间工艺展演活动，发放宣传材料，发送有关文化遗产保护的手机短信。各市、县（区）都开展了丰富多彩的宣传活动。省文物局、张家口市文物局荣获文化遗产日组织奖。

充分发挥局机关文物信息以及报刊、广播电台、电视台等媒体的作用，及时反映文博工作动态，全面展示文博工作取得的成绩，努力扩大社会影响和共识。与《河北日报》、河北电视台、河北广播电台、《河北画报》、《燕赵都市报》等报刊合作，邀请记者赴考古发掘现场和文物维修工地采访，进行全方位报道。组织南水北调记者行活动，推出南水北调文物考古、山海关古城保护工程、第三次全国文物普查、长城资源调查、鸡鸣驿城保护工程等专版和专题节目，举办文物知识竞赛。

整合省内重点文博单位的信息资源，与新华网合作建立了河北文物网站，设立 20 个专栏，利用网络存储量大、影响面广、传播速度快的特点，及时发布文物信息，共享文物信息资源，扩大文物工作的社会影响。

十　文物保护成果更多地惠及民众，文物事业在经济社会发展中发挥着越来越重要的作用

各级文物部门在做好文物抢救保护工作的同时，始终把社会效益放在首位，努力实现社会效益与经济效益的统一。加强文物开放单位的管理，认真做好文物合理利用这篇大文章，努力改善内外环境，完善服务设施，提高展示水平，为全省经济和社会发展提供精神动力和智力支持。近年来，在安排文物维修项目时，把文物维修与合理利用结合起来考虑，对文物价值高、开放利用前景好的重点项目优先安排，加大投入，集中力量保证重点，经过多年的努力，形成了点线面相结合的文物旅游格局。

目前，全省省级以上文物开放单位已达 170 多处，年接待游客 1000 多万人次，门票收入每

年 2 亿多元。一些文博单位，如承德避暑山庄及周围寺庙、山海关、金山岭、清东陵、清西陵、正定古建筑群、西柏坡纪念馆等，成为人民群众汲取文化科学知识、接受爱国主义和革命传统教育、旅游和休闲娱乐的场所，带动了当地交通、商贸和旅游业的发展，促进了全省经济和社会的协调发展。

十一　60年来的文物工作实践，积累了极其宝贵的经验

（一）严格依法保护管理，落实各项法律制度是文物保护的基本保障

我们必须完整准确地理解和执行文物工作方针，正确认识和处理保护、利用、管理与弘扬传承的关系。保护是前提，利用是过程，管理是手段，目的是把我们祖先留下的珍贵文化遗产、把中华文明世世代代传承下去。实践证明，加强保护，才能保持文物本体及其原生环境的真实性完整性，为合理利用提供基础；合理利用，才能使文物保护的成果满足人民群众不断增长的文化需求，为保护创造更好的条件。

（二）围绕中心开展工作，自觉融入社会经济发展大局是做好文物工作的关键

文化遗产保护作为社会经济发展的重要组成部分，着眼经济社会发展的大局，在重大经济建设项目中，集中力量开展文物保护和考古工作，保证基本建设项目的顺利进行；在城乡基本建设和社会主义新农村建设中，注重保护好历史文化遗产，保护好历史文化名城（村镇、街区）的风貌。实践证明，只有找准位置，明确方向，把文物保护工作融入经济社会发展大局，就能在大局中求生存、求发展。

（三）努力扩大共识，促进文物价值及其保护成果共享是文物事业繁荣发展的基础

人民群众是文化遗产的创造者，文物工作者自身力量有限，要拓展社会参与文化遗产保护的渠道，不断推出文化遗产保护的新成果，维护人民群众的基本文化权益，让人民群众共享文化遗产事业发展成果。实践证明，只有充分依靠人民群众的力量，把实现好、维护好、发展好最广大人民群众的根本利益作为文化遗产事业的出发点和落脚点，文化遗产事业才能得到更广泛的支持和参与。

（四）解放思想，实事求是，不断探索，认识文物事业自身规律，把握文物事业发展趋势，是文物事业不断推向前进的动力

开展文物工作，促进文物事业的繁荣和发展，既要提高改革创新的自觉性，又要尊重文物工作的客观规律，使改革工作朝着正确的方向发展，努力适应社会主义市场经济的要求。实践证明，只有不断解放思想，创新文物工作思路、方法和举措，推进理论、制度和机制创新，文物事业才能充满生机和活力。

在充分肯定60年来文物工作成绩的同时，我们应当清醒地看到存在的问题和不足：文物的重要价值尚未充分认识，社会共识程度有待进一步扩大；服务社会的能力不够强，文物的社会贡

献率较低；文化遗产保护与利用投入不足，经费投入力度与众多需要保护的文化遗产数量之间存在较大差距；文物安全工作存在薄弱环节，文物行政执法有待加强；各级文博队伍发展不平衡，文物队伍的实力和规模与越来越重的文物保护利用任务之间差距加大。这些问题需要我们引起高度重视，认真分析原因，采取有力措施，逐步加以解决。

十二　采取有力的措施，推进文物事业科学发展

当前，文物工作面临良好的发展机遇，党和国家对文物保护高度重视，各级党委政府大力支持，投入力度不断加大，全社会积极参与。同时，文物工作面临严峻的挑战，大规模的经济建设、城乡建设和基础设施建设以及旧城改造、新区开发、新农村建设，使文物保护与经济发展的矛盾凸现，文物保护处于关键的历史时期。如何适应新形势、新要求，把握文物事业发展的良好态势，巩固取得的成果，采取有力的措施，推进文物事业的繁荣发展，是当前和今后一个时期的重要工作。

第一，注重文物保护规划制定，落实具体保护措施。紧紧抓住河北全面推进建设沿海强省的战略机遇，制订文物事业长远发展规划，使文物保护真正纳入全省总体发展规划。各级文物部门围绕当地党委、政府的中心工作制订规划，立足当地资源优势，切合当地群众的需求，并结合自身的工作基础和发展趋势，坚持长远规划与近期规划相衔接，制订切实可行的落实措施，有针对性地提出重点文物保护单位特别是大遗址保护的规划，保障政府对文物保护工作的投入，研究制订相关政策，争取良好的竞争与发展环境。

第二，坚持依法行政，提高文物执法水平。深入贯彻执行《中华人民共和国文物保护法》等文物法规，进一步增强法制意识，提高依法行政能力，加大文物法规的宣传普及力度，依法保护和管理好文化遗产。完善博物馆和文物保护单位的安防、技防、消防设施，推进三级风险单位达标工作。加强社会文物管理，规范文物流通领域售前审核制度。配合公安部门做好涉案文物鉴定定级，严厉查处各类文物违法案件，坚决遏制各类破坏、损毁文物及其原生环境的违法行为，做到有法可依、有法必依、执法必严、违法必究。

第三，加大投入力度，建立文物保护多元投入机制。《文物保护法》明确规定"国家用于文物保护的财政拨款随着财政收入增长而增加"。各级政府应根据当地文物保护工作需要，依法加大文物保护经费投入力度。在争取国家增加投入的同时，省财政投入的文物专项经费应与国拨经费实现配套。各市、县也要将配套资金列入财政预算予以保障。制定和完善有关社会捐赠和赞助的政策措施，调动社会团体、企业和个人参与文物保护的积极性。

第四，抓好重点项目，带动全面发展。在文物保护工程中，要抓好点、牵动线、统筹面。抓好点，就是要抓好第三次全国文物普查等国家重点项目。牵动线，就是要协调好跨市、县的文物保护项目，做好长城资源调查、南水北调文物保护工作。统筹面，根据不同市县、不同区域文化遗产分布状况，确定工作重点，以重点突破带动全局。要妥善处理各部门、各领域、各行业的关系，在思想认识上取得共识，在工作上相互合作，共同保护好文化遗产。要兼顾整体利益和局部利益、长远利益和当前利益、行业利益和地区利益、社会效益和经济效益，努力营造有利于文物保护事业发展的社会条件，使文化遗产保护工作成为全社会的共同行动。

第五，营造人才成长环境，提高文博队伍的整体素质。加强文物保护管理机构和专业队伍建设，开展从业人员岗位培训，提高文物保护队伍的整体素质。重视复合型人才培养，着力培养文物考古、鉴定保管、陈列展览设计、文物建筑维修等方面具有较高水平的研究人员，坚持工作需要与个人意愿、专长相结合，明确专业人员研究方向，提出具体目标，制定奖惩措施，创造良好环境，争取多出人才、多出成果。

第六，加大文物宣传教育力度，提高全民文物保护意识。结合文化遗产日、国际博物馆日、法制宣传日等组织举办一系列活动，提高人民群众对文化遗产保护重要性的认识，增强全社会的文化遗产保护意识。各级文物部门和文博单位要经常举办展览、论坛、讲座等活动，使公众更多地了解文物的丰富内涵。组织参观学习活动，激发青少年热爱民族优秀传统文化的热情。借助广播、电视、报刊、互联网等媒体，通过开设专题、专栏等方式，介绍文物保护知识，大力宣传保护文物的先进典型，及时曝光破坏文物的违法行为及事件，发挥舆论监督作用，营造全社会保护文物的良好氛围。

（执笔人：张建勋）

山西省文物事业60年

山西省文物局

山西是中华文明的重要发祥地，历史传承悠久，文化遗产丰厚，是我国著名的文物大省。新中国成立60年来，在历届省委省政府的重视和支持下，山西的文物保护事业不断发展，取得了令人瞩目的成就。

一 60年的发展历程

60年来，中国社会沧桑巨变，山西文物事业也与祖国风雨同舟，命运与共，大体走过了四个不平凡的发展阶段。

第一阶段 1949～1960年。当时，年轻的共和国刚刚从战争的炮火硝烟中诞生，满目疮痍，百废待兴，一切都要从头做起。当时文物工作也处于初创阶段，主要任务是建立管理机构，培养亟需人才，制止文物外流，配合刚刚兴起的工农业生产建设高潮，做好地下埋藏文物的抢救保护工作。在全面开展文物调查、摸清文物家底的同时，对一批濒临毁坏的古建筑进行了维修保护。

第二阶段 1961～1978年。以1961年国务院颁布《文物保护管理暂行条例》并公布第一批全国重点文物保护单位为标志，我省的文物保护事业伴随着新中国前进的脚步进入了全面发展的起步阶段。文物管理机构逐步建立，队伍逐渐发展，各项文物管理工作有计划、有重点地开始进行，取得了不少重要成果。十年"文革"期间，我省不少文物遭到破坏，一些专家和文物工作者被下放或改行，许多文物保护项目也被迫停滞，文物保护事业受到了严重冲击。

第三阶段 1978～2000年。1978年，我们党召开具有历史意义的十一届三中全会，重新确立解放思想、实事求是的思想路线，作出把党和国家的工作重点转移到社会主义现代化建设上来和实行改革开放的战略决策。随着党和国家工作重心的转移，特别是1982年《中华人民共和国文物保护法》公布实施以来，山西省文物保护工作同全国一样，在实际工作中拨乱反正，在文物保护、法规制度、对外交流、管理体制和队伍建设等方面开展了大量卓有成效的工作，文物事业逐步走向正确的发展轨道。

第四阶段 2001年至今。进入新世纪，我们党对发展社会主义先进文化重要性的认识达到了新高度，对社会主义市场经济条件下文化建设规律的认识有了新提高。2002年，全国人大对《中华人民共和国文物保护法》进行了重新修订，2003年，国务院颁布了《中华人民共和国文物保护法实施办法》，党的十七大提出了发展先进文化，推动社会主义文化大发展大繁荣，兴起社会主义文化建设新高潮的战略部署。文物事业作为文化建设的重要组成部分，受到党和国家的高度重视。山西的文物保护事业生机勃勃、蒸蒸日上，成为我省文物保护史上的一个蓬勃发展、成效显著的重要时期。

二　60年的发展成就

（一）基础工作不断夯实，能力建设明显加强

1. 文物保护机构日益健全

　　山西文物保护事业起步较早。1952年3月，山西省人民政府即成立了文物管理委员会，负责全省文物保护管理工作并下辖云冈石窟、五台山、晋祠、应县木塔等10个文物古迹保养所。后几经变迁，到2000年，山西省文物局升格为省政府直属一级局，山西的文物事业从此又揭开了一个新的历史篇章。目前，全省11个市全部成立了文物行政管理机构。其中，太原、大同、晋中、临汾、运城、阳泉6个市为正县级建制的文物局；吕梁、长治、晋城3个市为正县级建制的文物旅游局；朔州市、忻州市是文物局、文化局两块牌子一套人员。全省119个县（区）共设立独立的科级文物局或文物旅游局70个，运城市13个县（市、区）全部设立了文物局。文物行政机构的建立健全，为文物事业的发展提供了坚强的组织保证。

2. 文物队伍建设势头良好

　　经过长期坚持不断的努力，全省文物保护专业人员的管理体制日臻完善，建立了有效的人才培训模式，大教育、大培训观念进一步强化，多渠道联合办学的教育培训模式日渐成熟。省文物局与山西大学联合创办了山西大学文博学院；省古建所与北京大学文博学院联合建立了培训基地；省考古所、山西博物院与山西大学合作建立了考古学和博物馆学硕士、博士点，为全省文博系统搭建了一个高层次的人才培养平台。文物教育培训工作为事业发展培养和输送亟需的人才，文物工作队伍知识结构、学历结构、职称结构都有了很大改善。到2008年底，全省文物系统从业人员共5824人，其中在编人员4123名。在编人员中，有大专以上学历的2590人，占到62.8%；有博士学位的2人、硕士学位的40人。有专业技术人员2095人，占到50.8%。专业技术人员中有正高职称的33人、副高职称的162人、中级职称的472人，形成了一支具有较高政治和业务素质、结构比较合理的文博工作者队伍。长期制约文物事业发展的人才"瓶颈"问题正在得到有效解决。

3. 文物资源家底基本廓清

　　60年来，历经几次文物调查，尤其是"十五"期间我省文物信息化及数据库建设中，经过全省馆藏文物调查和数据采集，共有1212017件文物进入文物信息数据库，在全国率先摸清了馆藏文物家底。2002年以前，我省只有56处国家级重点文物保护单位，至2007年，全省国保单位总数达271处，占全国国保单位总数2351处的11.5%，数量位居全国第一。除国保单位外，省级重点文物保护单位428处，市级重点文物保护单位222处，县级重点文物保护单位5863处。

全省各级各类文物保护单位总数达到6784处。到2009年底，第三次全国文物普查野外调查结束时，全省不可移动文物预计达到4万处以上。平遥古城、云冈石窟和五台山等世界文化遗产3处。国家级历史文化名城5个，国家级历史文化名镇5个、名村13个。我省共登记年检博物馆、纪念馆147座，其中文博系统93座（省级5座、市级14座、县级馆74座），非文博系统国有博物馆23座，非国有博物馆31座。文博系统博物馆中正常对外开放的57座（省级馆5座、市级馆10座、县级馆42座），不具备对外开放条件的36座（市级馆4座，县级馆32座）。国有博物馆馆藏三级以上珍贵文物54785件，占馆藏文物总数的4.5%。

4. 文物保护"五纳入"取得实效

从省到市基本上都把文物保护纳入了经济和社会发展计划、城乡建设规划和本级财政预算，文物保护经费不断增长。我省列入省本级财政预算的文物保护经费，2000年以来每年增加100万元。2008年总计4227万元。全省11个市都不同程度地把文物保护经费纳入了市本级财政预算，2007年共计2080万元。国家文物局近年来对我省文物保护经费给予了很大支持，资助我省的文物保护专项补助经费2006年为4605万元，2007年为5865万元，2008年为7639万元。"十五"期间，全省用于博物馆建设和文物保护工作的经费总计达7亿元以上。

5. 文物工作法制化步伐加快

建国初期至20世纪末，省人大和省政府先后制定了《山西省古物保管办法》等一系列文物保护法规、规章。自2002年10月全国人大常委会颁布新修订的《中华人民共和国文物保护法》，2003年7月国务院颁布了《中华人民共和国文物保护法实施条例》以来，省人大常委会于2005年9月修订了《山西省实施〈中华人民共和国文物保护法〉办法》，先后批准了《晋祠保护条例》《太原市文物保护管理办法》、《晋阳古城遗址保护管理条例》等地方性法规。省政府下发了《关于做好文物保护和利用工作的通知》，公布了《山西省文物建筑消防安全管理规定》。根据文物事业发展的实际，各级政府和有关部门也出台了一系列行政规章和规范性文件。省文物局、省公安厅等七厅局联合发出了《关于进一步加强长城保护管理工作的通知》。连同"九五"时期省人大常委会制定的《平遥古城保护条例》《云冈石窟保护条例》等。我省地方性文物保护法规体系进一步完善，为我省文物事业的健康有序发展，提供了较为完备的法制保障。省市文物行政部门积极转变作风，推进依法行政，执法意识不断强化，行政审批服务不断完善。省文物局制定了《推行文物执法责任制实施方案》、《行政执法岗位责任制》等制度，确定了重大行政处罚罚款标准，印发了《山西省文物局行政许可项目及说明》。规范审批程序，简化审批环节，加强监督制约，18项行政许可事项，全部进入了行政许可服务窗口。大多数市、县的文物行政审批事项进入了当地政务大厅。这些年来，多次组织开展了文物执法、文物安全的专项督察工作，开展了打击文物犯罪专项斗争和以消防安全为主要内容的专项整治活动。依法查处、纠正了122起违法案件，维护了法律尊严。

（二）统筹规划有序推进，文物保护卓有成效

中华人民共和国成立以来，山西根据文物资源实际情况，集中精力，突出重点，开展了多项

考古发掘项目和大型古建筑修缮保护工程，使大批濒于毁灭的文物得以较好保存，重焕生机。

1. 文物考古成果辉煌

山西最早的考古工作可上溯到 1926 年李济先生主持的夏县西阴遗址的发掘，迄今已经 80 多年。1952 年，山西省文物管理委员会勘测组（山西省考古研究所前身）成立，标志着山西专业考古机构的建立，正式展开了山西的考古调查、发掘和研究工作。50 余年来，山西的考古队伍不断壮大，科研成果丰硕骄人，考古事业取得了重大成就。

山西旧石器时代考古序列完整、发展脉络清晰，迄今共发现 300 余处地点。从 180 万年前的芮城西侯度、匼河遗址到距今 10 万年的襄汾丁村、阳高许家窑遗址，直到旧石器时代晚期的陵川塔水河、沁水下川、蒲县薛关等遗址，遍布全省各地。在距今两三万年前的朔州峙峪文化遗存中，发现了数百件表面刻有人工痕迹的骨片，原始的雕刻艺术由是而生。年代上处于新旧石器时代过渡时期的吉县柿子滩遗址，近年来的连续发掘取得了重要收获，尤其是石磨盘的发现预示着一场新石器革命的到来，该遗址被评为 2001 年度全国十大考古新发现。

通过几十年的努力，山西新石器时代的时空框架，初步搭建，目前共发现遗址和墓地 1200 余处。翼城枣园遗址、北撖遗址，夏县西阴村遗址，大同马家小村遗址的发现与研究，清晰的勾勒出庙底沟文化的发生、发展、传播以及分化的全过程。垣曲丰村、古城东关、宁加坡遗址的发掘，基本搞清了庙底沟二期文化在山西的发展情况。到新石器时代末期，也就是传说中的尧舜时代，山西已经走在文明的前列，文献中记载的"尧都平阳"、"舜都蒲坂"，都和晋南有关。襄汾陶寺遗址发现了规模空前的史前城址以及随葬品规格很高的贵族大墓，此外，宫殿、宗庙、观象台等建筑均有发现，陶寺大墓中出土了难以计数的稀世珍品，龙盘、玉礼器、乐器、彩绘陶器等象征王权的重器重现天日。这些考古发现从聚落形态、社会形态以及文明化程度等方面证明陶寺遗址应该是当时的一个中心聚落，或许就是当时的尧都平阳。被评为 2004 年"全国十大考古新发现"的芮城清凉寺墓地，出土了大量高等级的随葬玉器，反映了文明进程中的等级分化，其年代和活动区域都与文献记载的虞舜文化相吻合，为探索舜都蒲坂的地望提供了重要的证据。

山西在探索夏文化方面具有得天独厚的条件，晋西南素有"夏墟"之称。中华人民共和国成立后，考古工作者在这个地域里发现了几十处夏时期文化遗址，经过大规模发掘的夏县东下冯遗址，出土有复合范铸造的青铜器和精心彩绘的成套漆木用具，充分反映了夏代的生产力发展水平。晋中地区的太原狄村、东太堡、光社、许坦、太谷白燕、忻州游邀、汾阳峪道河、杏花村等遗址发现的夏文化"东太堡类型"，器物组合及陶器特征独特，明显地不同于周边地区的晋南东下冯类型、先商文化的河北漳河型、内蒙古朱开沟文化等。在研究夏文化中也是一支不可忽视的文化因素。

山西商文化的研究和发现表明，在早商时期，二里岗文化遗址在山西境内分布地域较广，忻州尹村遗址发现了山西目前最北的一座二里岗文化墓葬，垣曲古城南关发现的商代城址很可能就是为了守卫附近的中条山铜矿而营建，平陆前庄出土了典型的商文化重器。晚商时期的山西与商王朝的关系是时服时叛，在长期的文化交流与战争中，逐渐形成了中原文化与北方草原文化相融合的独具特色的文化面貌，其中青铜铸造工艺代表了方国文化发展的最高水平，在吕梁山一线的石楼、永和、保德以及晋中的灵石旌介等地发现的青铜器，一些具有显著的殷商特征，另一些却带有鲜明的地方特色，这应是商王朝边区存在着许多方国青铜文化的实证。

山西西周考古最重要的发现无疑是曲沃北赵晋侯墓地的发现。在已经发掘的 9 组 19 座晋侯及其夫人墓葬，出土有大量玉器、青铜礼器等随葬品。随葬的玉器种类繁多，装饰华美，是迄今为止发现的西周时期等级最高的玉器。晋侯墓地考古因此被评为 1992 年、1993 年度"全国十大考古新发现"和"20 世纪中国百大考古发现"之一。闻喜上郭西周晚期晋国墓地的发现充实了我们对晋系青铜器的认识。被评为 2005 年度全国十大考古新发现的绛县横水西周墓地的发掘，发现的"倗伯"应该是西周时期比晋侯低一级的诸侯国国君。墓中发现多部铜质车马器构件的陪葬车和大量玉器、铜器，出土的荒帷是目前我国发现最早、保存最好、面积最大的墓内装饰图案织品实物。同时，该墓地的发掘一开始就将文物保护放在了重要的位置，采取了很多全新的理念和方法，因此荣获了多年空缺的国家文物局田野考古一等奖。

◆翼城大河口西周墓葬 M1 墓室发掘现场

◆晋侯鸟尊（西周）

山西东周时期的考古工作收获颇丰，侯马铸铜遗址出土大量陶范，在图案和风格上都表现出晋国青铜文化已经进入繁荣发达的新阶段，并显示出晋国青铜文化独具一格的艺术色彩和精细的制作工艺。侯马盟誓遗址出土盟书约 5000 件，这些不仅是探讨晋国内部斗争的原始资料，而且对研究我国古代礼制、文字、书法都有极大价值。春秋末年，晋国六卿专权，公室大权旁落，赵简子鼎立龙城，独霸一方，埋葬其骸骨的太原一电厂 251 号大墓，出土器物 3400 余件，其数量、规格、精美程度早已超过卿大夫所能享受的最高礼遇，这是春秋战国之际礼崩乐坏的真实写照。

秦汉时期，山西成了北抗匈奴的前沿阵地，战争过后留下的不仅仅是累累白骨，许多极具巧思的文物古迹也保存至今。从 1982 年起，平朔考古队历时 10 年大规模发掘，共清理秦汉墓葬 1800 多座，出土各类文物近 2 万件，其中不乏珍品，比较富有时代特色的有雁鱼灯、博山炉、昭明镜等。吕梁山里的离石汉画像石，具有极高的艺术价值，代表了此时期山西地方文化的发展水平。平陆枣园村发现的汉墓绘有牛耕、耧种、天象以及山水人物等生产、生活气息浓郁的壁画，是我国目前发现最早的牛耕图像之一。夏县禹王城发现大量汉代手工业作坊和铸钱遗址，为研究汉代的手工业史、经济史和货币铸造史提供了重要的实物资料。

公元4世纪，崛起于东北白山黑水之间的拓跋鲜卑人与其他游牧民族一样，带着凌厉的北风一路南来，他们最终平定了北方，选择大同作为都城，建立了北魏王朝。那时的大同货物聚散，商贸交流，异常繁荣，此间流传下来的文物也充满了异域气息，其中玻璃碗、鎏金银碗等具有典型波斯萨珊王朝风格的遗物出土，对研究北魏文化和中外文化交流都有重要价值。大同北魏司马金龙墓、寿阳库狄回洛墓、太原东安王娄睿墓出土的墓室壁画、木构建筑、雕刻等都是我国艺术史上的瑰宝。

隋唐时期，山西的历史地位不容小觑，李唐王朝龙兴于此，武则天祖籍也在山西，特殊的历史背景决定了特殊的历史文物流传于世，虞弘墓石椁、蒲津渡大铁牛、薛儆墓的线刻侍女，无不体现了隋唐盛世的丰腴富饶。

宋辽金元时期，戏曲艺术在山西晋南地区有独特的发展。20世纪50年代以来，在侯马、稷山、新绛等地的此时期墓葬中，出土了大量的戏剧文物资料。侯马董氏墓中即有雕刻精巧的砖雕戏剧舞台和正在作戏的生、旦、净、末、丑五个戏俑表演场面，是研究我国戏剧史的重要实物，因此山西还被称作"戏曲的摇篮"。

"十五"期间，配合基本建设，山西完成了47项国家和省重点建设工程的文物保护工作，共计勘探面积3000余万平方米，发现古遗址314处，发掘古墓葬4200座，出土各类文物1.52万件。与此同时，山西不断加强对大遗址的保护。"十五"期间，大同平城、太原晋阳古城两处大遗址调查、勘探工作取得可喜进展，曲村—天马遗址、侯马晋国遗址等3个大遗址总体保护规划编制完成。

2.地上文物抢救维修扎实有效

地上文物是山西文物资源的一个主体部分，古代寺观、庙宇、城池、民居、古塔、古桥、军事设施以及依附于这些古代建筑、历史纪念建筑中的石刻、雕塑、壁画、琉璃等，星罗棋布，蔚为大观，素有"中国古代建筑博物馆"之美誉。我省现存各类古建筑18118处，上起魏晋，下至民国，时代连续，品类齐全，构成中国古建筑史上独一无二的标本体系。特别是宋辽金以前的木构建筑106座，占全国同期同类建筑的72%以上。

山西省人民政府1965年公布了第一批省级重点文物保护单位124处，1986年公布了第二批省级重点文物保护单位180处，1996年公布了第三批省级重点文物保护单位152处，2004年公布了第四批省级重点文物保护单位228处。文物保护单位公布制度的积极实施，使我省一大批重要的不可移动文物依法得到有效保护。

建国伊始，山西在极其困难的情况下，克服时艰，投入资金，对五台山佛光寺、显通寺、延庆寺，太原晋祠鱼沼飞梁、献殿，大同九龙壁、善化寺，朔州崇福寺、晋城青莲寺等23处重要古建筑进行了维修。尤其是1957～1965年，历时8年，耗资200万元，完成了我国有史以来规模最大、意义极其重要的永乐宫迁建工程。此举在世界建筑史和文物保护史上，都堪称创举和奇迹，受到广泛瞩目。20世纪60年代至70年代中期，在周恩来总理的亲切关怀下，山西克服多种困难，顺利进行了云冈石窟裂隙灌浆加固，五台山南禅寺大殿复原修缮、洪洞广胜寺毗卢殿维修等三大古建筑维修工程。80年代至90年代，我省古建维修量大增，先后投入巨资，对朔州崇福寺弥陀殿、

◆晋祠圣母殿落架大修情景

◆永乐宫搬迁前揭取壁画的情景

解州关帝庙、万荣东岳庙、浑源悬空寺、平遥双林寺、长子法兴寺、太原晋祠圣母殿、双塔寺等320余处文物保护单位得到保护修缮，周边环境明显改善。

"十五"时期，我们按照轻重缓急，集中人力、财力物力，以元代以前的早期建筑、世界文化遗产和历史文化名城（镇、村）所在地的文物建筑、旅游热线上的省级以上文物保护单位为重点，先后抢救维修了濒临危险的古建筑、石刻、壁画和革命纪念建筑、革命遗址等不可移动文物226处。特别是近几年来，文物保护领域得到拓展。保护工业遗产的行动开始启动。在新农村建设中，乡土建筑进入文物保护视野。有代表性的近现代建筑、"老字号"等文化遗产保护工作积极推进，文化景观、文化线路、20世纪遗产等新类型文化遗产保护工作稳步实施，大遗址保护全面启动。

其他文物保护重点工作和工程进展顺利：

①五台山申报世界遗产获得成功。2005年12月，我局正式参与五台山申报世界文化与自然混合遗产工作，负责五台山文化遗产方面的有关事宜。组织大会战，高效完成了佛光寺等10个寺庙文物建筑的维修保护和周边环境的整治任务，组织专门力量协助五台山区政府，划定公布了县级以上文物保护单位的保护范围和建设控制地带，完成了五台山1091卷"四有"档案建档工作，编制完善了《五台山文物保护总体规划》、《佛光寺等11处寺庙文物保护总体规划纲要》等一系列法规性文件。2009年6月，在西班牙召开的联合国第33届世界遗产大会上，五台山以文化景观成为世界文化遗产，正式列入《世界遗产名录》。

②平遥古城维修保护工程。根据近年来勘察和日常监测发现的险情，重点对平遥古城西门城

◆八路军总部砖壁旧址

◆五台山

◆平遥古城

◆应县木塔

楼北侧墙体进行了抢险维修，对该段墙体下面发现的防空洞进行了堵砌。对镇国寺地藏殿、天王殿、日升昌中厅和双林寺千佛殿实施了抢险修缮。

③云冈石窟防水保护工程。为治理水对云冈石窟造成的危害，2002年国家文物局启动了云冈石窟防水保护工程。目前，完成了窟顶试验区和一区的考古调查、勘探和发掘工作。组织专家对北京建工学院编制的保护性窟檐概念设计方案进行了两次论证，设计方案正在进行修改完善。由省古建所编制的保护性窟檐设计方案已经完成。

④应县木塔保护工程。这项工程从1991年开始进行前期勘测研究，完成了40多个科研课题和四类五种修缮设计方案。由中国文化遗产研究院技术总负责、山西省古建所承担、应县人民政府组织实施的木塔保养维护工程，已完成了漏雨比较严重的一层屋面和钟鼓楼的维修保护，安全监测工作按计划实施。截至目前，环境监测、地震监测、结构变形监测、动力特性监测等第一阶段数据采集工作已经完成。

⑤山西南部早期建筑保护工程。这项工程是"十一五"期间列入国家文物局规划的重点工程，地域范围包括长治、晋城、运城、临汾四个市，工程规模主要是有元代以前木构建筑的105处国保单位的整体保护，工程总投资约4亿元。已组织完成了首批4个试点项目、第二批5个项目、第三批14个项目，共23个项目的招投标工作，并在平顺九天圣母庙举行了南部工程开工仪式。组织完成了40个保护规划和61个维修方案的编制工作，61个维修方案已全部评审完毕，整个工程进展顺利。在四川召开的全国文物建筑工程经验交流会上，我省南部工程的管理经验作了重点介绍，受到了国家文物局和全国同行的好评。

◆"三普"队员正在进行田野调查

⑥明长城资源调查工作。根据国家文物局统一部署，我省明长城资源调查自 2007 年 4 月至 2008 年 12 月，历时近 20 个月，完成了大同等 6 个市的 29 个县（市、区）境内明长城资源的全部调查任务，获得了大量调查资料，摸清了我省明长城的分布、形式、结构、走向、长度、保存现状等资源家底。我省明长城长度为 896.53 千米。

⑦第三次全国文物普查工作取得阶段性成果。2007 年 4 月，由国务院安排部署的第三次全国文物普查工作，是全国规模的一次重要的国情国力调查工作。由于各级政府高度重视，社会各界大力支持，人民群众积极参与，我省"三普"工作扎实推进，成效明显。自 2008 年春进入田野实地调查阶段以来，全省共组建 97 支文物普查队，投入普查人员 1500 余人，各级财政累计投入文物普查经费 4000 余万元。截至 2009 年 5 月底，全省共登记不可移动文物 30186 处，其中新发现 19173 处，复查 11013 处。

3. "四有"工作扎实推进

1962 年，国家文物局在我省侯马晋国遗址进行了"四有"工作试点，取得的经验在全省全面铺开，进而在全国推广。经过长期工作，截至 2008 年，全省 271 处国保单位、428 处省保单位划定保护范围工作全部完成。第六批国保单位"四有"档案建档工作基本完成。国保、省保单位中有 290 处建立了保护管理机构。同时，完成了 699 处省级以上文保单位的管理维修现状调研和数据录入，文物保护的基础管理工作迈上了新台阶。

4. 文物库房建设力度加大

中华人民共和国成立来，我省县级文物单位文物保管存放条件一直很差，欠账很多。为改变县级文物库房的破旧状况，从 2002 年起，我局集中财力新建了一批标准较高的县级文物库房。至 2008 年，共安排专项经费 565.8 万元，重点补助完成了 40 座县级文物库房建设。

5. 文物科研工作进展明显

20 世纪 50 年代初期，当时的省文管会即派员参加国家专业训练班，为山西的文物事业培养了一批骨干力量。根据文物事业发展的需要，1958 年成立山西省考古研究所，1979 年成立了山西省古建筑保护研究所，为山西文物科研打造了两大主阵地。同时，山西省华夏文明研究中心、山西省考古学会、山西省博物馆学会、山西长城研究会等群众性学术团体大力发挥协作功能，积极开展活动，促进了山西文物科研工作的开展。近年来，仅省文物局直属单位科研人员承担国家和省级文物科研课题 31 项，在省部级以上报刊共发表学术论文 300 多篇，出版专著 20 余部。已发现的晋侯墓地和晋国遗址，为我国重点科研项目"夏商周断代工程"中西周纪年体系的建立提供了科学的年代学标尺。匼河遗址、陶寺遗址等重要遗存，为人类文明、华夏文明起源和夏文化、晋文化研究及北朝考古等，提供了广阔的学术研究领域，深受海内外学术界关注。

（三）博物馆事业蓬勃发展，服务能力不断提高

建国初期，我省仅有山西民众教育馆等屈指可数的几座博物馆。党的十一届三中全会后，尤

其是进入新世纪以来，山西的博物馆事业开始步入快速发展的新阶段，形成了综合、专题和民俗，国家、集体和个人等多种形式、共同发展的新格局。

1.全省博物馆体系初具规模

我省建国以来最大的文化设施——山西博物院，其建筑工程历时三年多，于2005年9月正式建成并向社会开放。并得到国家文物局和社会各界的高度好评。我省爱国主义教育基地建设和发展红色旅游的"一号工程"——八路军太行纪念馆扩建改陈工程，历时一年多也于2005年8月胜利竣工。在原山西省博物馆基础上成立了山西省民俗博物馆和山西省艺术博物馆，省城博物馆规模进一步扩大，还新增了吕梁汉画像石博物馆、晋城市博物馆和阳泉市博物馆。从而使全省市级博物馆总数达到14座。大同市博物馆新馆建设改造工程已经完成。太原市博物馆重新确定了馆址，完成了土地预审和建筑方案的初步设计，完善了可研报告和陈列内容设计。运城市博物馆建设已通过省发改委批准立项。大型遗址博物馆——曲沃晋国博物馆已经动工兴建。正在筹建

◆ 山西博物院

的临汾市博物馆已进入可研、立项阶段。同时，侯马晋国古都博物馆、榆社化石博物馆和平遥中国摄影博物馆等一批不同类型的博物馆也相继建成开放。我省以山西博物院为龙头，以市级博物馆为主干，以县级特色博物馆为支点的博物馆体系逐步形成。目前，我省有国家一级博物馆3个，国家二级博物馆13个，国家三级博物馆7个。2006年10月，国家文物局在我省召开了全国博物馆建设与发展现场会。

2.博物馆社会功能明显发挥

随着时代的发展，全省博物馆积极融入社会，更新服务理念，强化服务意识，充实服务内容，探索展示手法，基本陈列和专题展览的水平都有较大提高。尤其是近年来，全省各级各类博物馆、纪念馆和文物开放单位，坚持"三贴近"原则，突出优势，打造精品，共举办各种展览1300多个，在弘扬优秀民族传统文化、加强爱国主义教育、发挥社会服务功能方面做出了贡献。运城市

河东博物馆的"河东名碑展"，荣获 2001 年"全国十大精品陈列展览"提名奖；吕梁汉画像石博物馆的"铁笔绣像 浪漫汉风"陈列展、晋城市博物馆的"太行魂·晋城古代文明展"、山西博物院的"晋魂"陈列展等 3 个展览，分别荣获 2003、2005、2007 年的"全国十大陈列展览精品"奖；八路军太行纪念馆的"八路军抗战简史"获 2007 年"全国十大陈列展

◆小讲解员义务在博物馆为观众讲解

览精品"特别奖。博物馆已经成为传播先进文化、普及科学知识、树立社会正气、塑造美好心灵的生动课堂。

3.山西的文物对外交流合作

起步于 20 世纪 70 年代，最初主要是选派文物精品分别参与了我国在美国、法国、英国、西班牙、澳大利亚、新加坡、韩国、香港、澳门、台湾等 20 多个国家和地区举办的中国文物展览。80 年代后期，山西分别在日本埼玉、姬路、高崎、大阪等重要城市独立举办了"山西文物展"、"海外姐妹城市名品展"、"山西北朝文物展"、"关公文化展"、"傅山书画展"、"兔年展"等文物展览，获得成功。1992 年我省在意大利罗马举办的"黄河魂——山西文物精粹展"，受到两国政府的高度重视，产生了很好的效应。

近年来，我省在澳门举办了"春秋争霸展"、"晋侯古玉展"，在香港举办了"山西馆藏道教文物精品展"，在台湾举办了"永乐宫壁画展"、"关公文物展"，在上海举办了"晋国奇珍——山西晋侯墓地出土文物精品展"；参与组织召开了晋侯墓青铜器国际学术研讨会，选送 73 件（套）藏品，分别参加了国家文物局在美、意、日、韩举办的多个对外文物精品展览。

与此同时，山西大力开展对外合作交流，不断拓展研究领域，扩大合作范围，派出专家及工作人员出访、讲学、考察、出版专著、承揽援外工程等。同时，接待了大批国外专家学者访问、考察、交流，并与近 20 个国家和地区的学术机构和文化团体建立了学术联系。这些活动都在国内外产生了良好反响，很好地发挥了文物在我省对外文化交流与合作中的桥梁、纽带作用。

4.免费开放取得突破

改革开放以来，我国逐步完善博物馆对未成年人、老年人、军人、残疾人等社会特殊群体的门票减免费制度。2008 年，全国博物馆、纪念馆向社会免费开放工作正式启动，使更多的公众走进博物馆，加快了博物馆融入社区、融入校园、融入社会的步伐。公众踊跃参观博物馆，并给予积极评价。目前，全省已有 30 个博物馆、纪念馆实行免费开放，观众量比以往同期增长近 2 倍。

5. 文物市场管理逐步规范

山西的社会流散文物十分丰富。改革开放初期，按照"归口经营、统一收购、统一价格、加强管理"的原则，确立了国有文物商店负责统一收购流散文物的管理体制。1978 年成立了山西省文物总店，在社会流散文物管理和流通工作中较好地发挥了主渠道作用，产生了良好的经济效益。随着社会主义市场经济的发展，以及文物监管品市场和文物拍卖的出现，文物商店对文物独家经营的格局被打破，逐渐形成相互竞争的局面。山西认真开展文物市场管理规范整顿，对社会主义市场经济体制下的文物市场发展，进行了积极的探索，文物市场的经营主体、流通范围趋向多样化，实现由国家统管专营向依法管理的转变。民间文物收藏呈现快速发展态势，收藏的规模、范围、品质和社会影响都达到了前所未有的高度。

（四）强化措施打防并举，文物安全形势好转

1. 打击文物犯罪力度加大

山西是文物犯罪活动较为严重的地区之一。建国以来，历届省委、省政府高度重视打击文物犯罪活动。1995 年，全省开展了声势浩大的"南征北战"，在长达 8 个月的斗争中，共破获各种文物案件 500 余起，端掉文物犯罪团伙 72 个，抓捕文物犯罪分子 546 人，追缴各类文物 2049 件，依法判处死刑的 15 人，其他刑事责任的 131 人，沉重打击了文物犯罪分子的嚣张气焰。1997 年，我省又开展了全省打击盗窃田野石刻文物的专项斗争，取得了显著成效。2001 年，为统一领导和协调打击文物犯罪，省里成立了以省委、省政府领导为组长，18 个相关部门领导为成员的"山西省打击文物犯罪领导组"，办公室设在省文物局。在各级党委、政府和有关部门的密切配合下，2002 年以来，全省文物犯罪案件共立案 219 起，侦破 201 起，破案率达 92%，抓获文物犯罪分子 507 名，缴获各类文物 2805 件，其中珍贵文物 213 件。运城、临汾、晋中、忻州等市分别开展了打击文物犯罪专项斗争，有力地震慑和遏制了文物犯罪。2003 年，省公安部门向文物部门移交涉案文物 6099 件，其中珍贵文物 165 件。

2. "金铠甲"工程达标活动深入进行

为全方位做好文物安全工作，从 2003 年起，在全省文博单位开展了文物安全"金铠甲"工程达标活动，经检查验收，至 2008 年共计 282 个文博单位达标挂牌，有效增强了安全防范能力。从 2002 年起开展的全省文博系统风险等级单位达标活动不断引向深入，目前已有 42 个单位达标。

3. 安全消防和技防工作不断强化

截至 2008 年底，国家和省里累计投入文物安全经费 3721 万元。全省 271 处国保单位中，已建设消防设施 59 处，占应建总数的 27%。不少文博单位制定了突发事件应急预案，提高了抵御风险的能力。2001、2003、2005、2007 年连续四次我局被省政府评为"消防工作先进单位"。

（五）文物宣传成效显著，社会氛围日渐浓厚

长期以来，我们不断克服自我封闭、孤芳自赏的旧观念、旧做法，不断加大文物宣传力度，

扩大文物工作社会影响。截至 2008 年底，共投入宣传经费 420 万元，开展了一系列大规模的宣传活动，收到了明显的宣传效果，一个全社会关心、爱护并参与文物保护的热潮已初步形成。

1. 利用节庆契机集中宣传

在每年的"5·18 国际博物馆日"、"12·4 全国法制宣传日"，尤其是"中国文化遗产日"，我们都要紧紧抓住这些重要契机，组织开展规模浩大、内容丰富、形式多样、隆重热烈的系列活动，通过散发宣传资料、制作版面、街头咨询、文艺表演、座谈会等多种形式，大张旗鼓地向社会大众宣传文物保护和文物法律法规知识，取得了广泛深入的社会效应。

2. 借助新闻媒体广泛宣传

各级文物行政部门和文博单位普遍重视新闻媒体的导向与监督作用，与当地新闻单位密切合作，进行文物保护宣传。省局与山西日报社联合创办了《守望文明的家园》专栏，对国保单位的文物价值、保存现状等分别进行评介，目前已全部完成；通过山西电视台《记者调查》、《追踪报道》、《人说山西好风光》、《一方水土》等名牌栏目，既宣传山西丰富的文化遗迹，又报道文物保护工作中正、反两方面的典型，引起了较大的社会反响。

3. 开展各种活动深入宣传

2002 年以来，全省文物宣传活动连续不断，高潮迭起。省文物局与省委宣传部联合先后举办了全省文物保护工作先进典型评选活动；与山西日报社联合举办了全省文物保护知识竞答活动；在全省举办了"晋祠杯"文物保护文艺节目展演活动，与山西电视台联合主办并推出了"守望文明——文物保护特别节目"。

4. 制作宣传品重点宣传

2001 年以来，省文物局先后印制了《保护好我们的共同遗产（2001）》、《守望文明的家园（2002）》、《华夏文明的交响（2003）》、《让历史告诉未来（2004）》、《不可忘却的记忆（2005）》、《光耀千秋的华章（2006）》、《和谐社会的根脉（2007）》、《继往开来的基石（2008）》、《科学发展的支撑（2009）》等 9 个宣传册近 20 万份，在当年元旦、春节前向全省县以上四大班子领导、省人大代表、政协委员及国内外广泛寄发宣传。

（六）多重效益不断发挥，社会贡献日益提升

这些年来，我们在重点做好文物保护、管理工作的同时，十分注重文物的合理利用，积极探索在发展文化产业、建设文化强省中发挥文物优势和作用的有效途径，努力开拓以开发文物信息产业为主线的文物展览、文物旅游、文物复（仿）制品、文物出版物、文物社会化服务的市场，并逐步整合资源，深化内部改革，努力增强文博系统特别是对外开放文博单位的生机和活力。据统计，全省对外开放的文博单位接待观众数量和门票收入逐年递增。门票收入 2003 年 1.26 亿元，2004 年 1.85 亿元，2005 年 2.83 亿元，2006 年 3.4 亿元，2007 年 4.2 亿元，2008 年 4.39 亿。文

物事业的经济价值愈益凸显，文物事业的社会贡献率大幅度提升，在我省经济社会发展中发挥了越来越大的作用。

60年艰苦创业，60年辛勤耕耘，60年发展进步，60年硕果喜人。今天，我省文物保护工作的社会环境明显改善，社会地位明显提高，社会作用明显发挥，社会影响明显扩大，社会化进程明显加快，社会贡献率明显提升，保持了蓬勃发展的好势头，取得了前所未有的好成绩。平遥等6个县先后被国家文物局授予全国文物保护先进县。运城市文物局、云冈石窟研究院、山西博物院等先后被人事部和国家文物局评为全国文物系统先进集体，10名同志先后被人事部和国家文物局授予文化遗产保护先进个人称号。我省加强文物保护管理机构建设、文物宣传、"四有"工作、数据库建设、文物保护工程、博物馆建设、文物安全等项推动文物保护工作的作法，都在国家文物局召开的相关会议上，做了典型发言并得到了肯定和表彰。

三　60年的经验总结

60年来，山西文物事业能够取得如此成就，归功于省委、省政府的坚强领导，归功于国家文物局的悉心指导，归功于各级党委和政府的大力支持，归功于广大人民群众及社会各方面的热情参与，归功于山西一代又一代文物工作者的辛勤努力和无私奉献。

60年来，山西文物事业取得的一切成绩和进步的根本原因，归结起来就是：

1.必须坚持中国特色

中国特色文化遗产保护道路，是事业之本，发展之基，力量之源。能否坚持中国特色文化遗产保护道路，关系到文化遗产事业发展的兴衰成败。我们必须在中国特色社会主义伟大旗帜指引下，沿着中国特色社会主义道路，立足我国基本国情，立足我国丰富的文化遗产资源，牢牢把握中国文化遗产事业所处的历史发展阶段，牢牢把握国际文化遗产保护的发展趋势，不断丰富和构建中国特色文化遗产事业的理论体系。

2.必须坚持解放思想

解放思想是发展中国特色社会主义的法宝，也是发展文物事业的法宝。我省的文物保护事业之所以能取得今天这样的成就，与解放思想是分不开的。今天我们站在一个新的历史起点上，面临着前所未有的机遇和挑战，文物事业要继续解放思想，立足于基本国情省情，认真分析新世纪新阶段面临的新特征新情况，正视前进道路上的问题与困难，冲破陈旧观念束缚，以新思路新举措，推进文物事业不断开创新的局面。

3.必须坚持科学发展

科学发展观是建设中国特色社会主义必须坚持和贯彻的重大战略思想。科学发展观从理论的高度凸现了文化遗产事业的重要性，是我党关于文化遗产事业思想认识的飞跃和升华，从根本上改变了过去文化遗产工作受冷落的局面，为文化遗产事业创造了前所未有的发展机遇。文化遗产事业必须以科学发展观为统领，把实现自身科学发展与为全社会科学发展服务紧密结合起来，为经济社会全面协调可持续发展做出更大贡献。

4.必须坚持大局观念

经济发展是社会全面进步的物质前提和基础。坚持把发展作为第一要务，始终以经济建设为中心，把文化遗产事业放在全面建设小康社会的时代大背景中来把握，努力实现文化遗产保护与经济社会发展高度融合，破解经济社会发展与文化遗产保护协调发展难题。从经济建设大局出发统筹思考文化遗产事业，从宏观战略层面切入解决文化遗产问题，形成科学合理的保护、传承和利用模式，推动文化遗产保护工作在更高层面、更广阔的范围得以推进、落实。

5.必须坚持主体地位

文化遗产是中华民族共同的精神记忆，是推动经济社会发展的文化"软实力"。文化遗产事业是中国特色社会主义伟大事业的重要组成部分。山西文化遗产事业具有丰富多彩、博大精深的资源优势，在全省经济社会格局中具有十分突出的地位。在努力构建社会主义核心价值体系，建设中华民族共有精神家园，促进社会主义文化大发展大繁荣，推动我省经济社会发展的伟大实践中，文化遗产事业必将发挥不可替代的重要作用。

6.必须坚持基本准则

"保护为主、抢救第一、合理利用、加强管理"的工作方针是指导文物事业科学发展的基本准则。加强保护，才能保持文化遗产本体及其原生环境的真实性完整性，为合理利用提供基础；合理利用，才能使文化遗产保护的成果满足人民群众不断增长的文化需求，为保护创造更好的条件。要正确处理科学保护与合理利用的关系，正确处理经济社会发展与文化遗产保护的关系，实现经济建设和文化遗产保护的互动双赢。

7.必须坚持政府主导

文化遗产保护是全社会的共同责任，政府处于关键性地位、具有决定性作用，文物行政部门负有监督管理的重大职责。各级政府要以守土有责的精神，按照现代化建设"四位一体"的总体布局，将文化遗产保护摆上重要议事日程，研究解决文化遗产保护工作的重大问题。采取切实有效措施，依法推进以经费投入为切入点、突破口的文物工作"五纳入"，制定和完善有关政策制度，吸纳社会资金投入文化遗产保护。

8.必须坚持惠及民众

伴随着经济社会的迅速发展，物质生活逐步改善，人民群众的文化素养不断提高，精神文化需求也日益增长。人民是文化遗产的真正主人，文化遗产保护必须惠及民众。要按照以人为本的要求，把实现好、维护好、发展好最广大人民群众的利益作为出发点和落脚点。让群众在文化遗产保护过程中感到真真切切的变化，得到实实在在的利益，真正形成"文化遗产人人保护、保护成果人人共享"的生动局面。

◆丰富多彩的文化遗产日活动

9.必须坚持改革开放

要适应国际形势变化和社会主义市场经济发展要求，不断深化改革，完善法规体系，创新体制机制，强化政府职能，推进内部改革，调整资源配置。要善于借鉴其他国家和民族文化的长处，充分汲取世界文化遗产保护理论的精华。要积极配合国家外交大局，通过"走出去"、"引进来"，扩大对外文物展览的影响，拓宽人员交流和科技合作渠道，不断把中华文明推向世界，提高我国在国际文化遗产保护领域的地位和作用。

10.必须坚持创新发展

今天，文物概念的内涵和外延都发生了重要变化，文化遗产工作的领域得到拓展，文化遗产保护的要素、类型、空间尺度、时间尺度、性质和形态等呈现新的发展趋势。要开展大遗址保护，探索工业遗产、乡土建筑、文化景观、文化线路等新类型文化遗产保护利用的新思路。要按照建设创新型国家的要求，进一步增强创新意识，整合创新优势资源，推进创新平台建设，着力突破文物保护维修的基础研究、关键技术和前沿技术。

经过几代人的艰苦奋斗，今天的山西文物事业呈现出一派蓬勃发展的景象。到山西体验古代文化、观仰华夏文明，已经成为人们文化生活的一种愿望。更多的山西人越来越认识到，山西经济社会的长远发展，需要文化遗产做支撑；保护好祖先留下的文化遗产，是我们共同的责任。

潮平两岸阔，风正一帆悬。我们要在省委、省政府的正确领导下，以对国家、对人民、对历史、对后代高度负责的态度，认真落实科学发展观，团结奋斗，开拓进取，努力推动我省文化遗产事业的科学发展，为实施文化强省战略，构建和谐新山西做出新的更大的贡献！

（执笔人：许高哲）

内蒙古自治区文物事业60年

内蒙古自治区文物局

概　述

内蒙古自治区位于中国北部边疆，是我国重要的文物分布区域和国家确认的文物大省区。全区总面积118.3万平方公里。东与黑龙江、吉林、辽宁三省接壤，南与河北、山西、陕西三省和宁夏回族自治区毗邻，西与甘肃省为邻，北与俄罗斯和蒙古国交界，有4200多公里的国境线。全区地处蒙古高原中部，呈东北向西南斜伸的狭长形。地貌形态多样，有高原、山地、平原、盆地、熔岩台地和沙漠戈壁。

内蒙古的文物与考古事业，在研究草原文明的发展历程中，发挥着创史、补史和证史的重要作用。在创史上所起的作用至少有三个主要方面：第一是远古人类的创世史方面。远古人类在与大自然的斗争中，创造了人类本身。呼和浩特市郊区大窑村旧石器打制场发现了70万年前的遗存，当时人类本身还处于猿人阶段，而这处石器打制场一直沿用到距今1万年前的旧石器时代晚期，遗址上还发现了新石器时代的遗存。从这个地点可看出远古人类进化的过程。人类在与大自然的斗争中开创了社会。第二是内蒙古以及北方地区的史前史研究方面，通过全面普查和重点发掘，确认了从旧石器时代经新石器时代，以至青铜器时代的一系列考古学文化，有大窑文化、河套人文化、扎赉诺尔人文化、兴隆洼文化、赵宝沟文化、富河文化、红山文化、夏家店下层文化、庙子沟文化、阿善文化、朱开沟文化、鄂尔多斯青铜文化、夏家店上层文化等等，这些可统称为原始文化的各种考古学文化，对于研究我国的史前史都有重要作用。没有文字记载的史前时期，中原地区约自公元前21世纪的夏代以前算起，而内蒙古地区的夏、商、周时代以及春秋时期，都没有可靠的文字记载，因而内蒙古地区的史前时期的下限，应推延至战国时期，也就是公元前475年前后。迄今为止在内蒙古境内发现的考古学文化，已可为史前时期的历史排出一个可靠的时代顺序，从而为研究内蒙古地区的史前史提供了重要的依据。第三是我国北方民族史研究方面。自有文字记载的历史时期开始，内蒙古地区为多民族长期活动的地方，其中匈奴、鲜卑、契丹、蒙古等民族都是从这里兴起和发展的，研究其族源及其发展历程，仅凭少量的文字记载是远远不够的，而更为详尽的史料，却依赖于考古资料的获取。

内蒙古文物与考古所获取的实物资料，是研究人类社会创造各种物质文明史的重要依据，其中包括有建筑、青铜器、碑刻、简牍、货币、玺印、岩画、绘画、雕塑、陶瓷、纺织、印刷、书法、文化用品以及各种工艺美术等多种领域。其中既包括文字、音乐、舞蹈、戏剧、体育、杂技等文化方面，又包括原始信仰、佛教、道教、伊斯兰教、基督教等各种宗教信仰方面。这些对于研究我国各民族的传统文化、各民族间的文化交流以及中国文化吸收外来文化等等方面，都有不可估量的重要作用。

内蒙古地区获取的大量考古资料中，有许多是属于古代科学技术方面的，包括有冶金、纺织、农业、建筑、天文、地理、数学、化学、物理、机械、造纸、印刷、医药等等，不仅可以研究我国古代科学技术的发展进程，更重要的是，应利用这些宝贵资料来为社会主义建设服务。近年来新兴起几门科技考古，都采用了内蒙古地区的考古资料，其中有沙漠考古、农业考古、地震考古等多种分支学科。如对于内蒙古境内各个沙漠和沙地的科学考察中，就成功地运用了沙漠考古资料，因而很有现实意义。

在半封建半殖民地的旧中国，内蒙古宝贵的民族历史文化遗产，经常遭受帝国主义分子和军阀、奸商的破坏与掠夺，有大批珍贵的文物横遭破坏，甚至被掠夺和贩卖到国外。

为了维护民族的尊严，促进内蒙古自治区的社会发展与进步，内蒙古自治区人民政府从成立伊始，就十分重视文物保护工作。建国60年来，自治区党委、人大、人民政府，根据党和国家保护文物的法规、政策，结合内蒙古实际，相继发布了一系列保护文物的文件和地方性法规，组织建设了全区的文物保护与文博展览和科学研究队伍，积极投入资金，大力发展文物考古和博物馆事业。建国60年来，国务院和国家发展与改革委员会、文化部、财政部、国家文物局对内蒙古文物事业的发展，给予了极大的支持，受到了内蒙古各族人民的衷心拥戴。在国家财政和地方财政的努力下，内蒙古境内一大批具有历史、艺术和科学研究价值的文物得以保护，并且发展了具有一定规模的文博展览场所；这些文物古迹和文化设施，已成为社会文明进步和开展爱国主义和民族团结教育的重要阵地。建国60年来，国务院先后公布了六批全国重点文物保护单位名单，自治区人民政府先后公布了三批内蒙古自治区重点文物保护单位名单，推动了内蒙古的文物保护基础建设。全区各级文物保护单位的"四有"建设(即有保护标志，有保护范围，有科学记录档案，有专人或专门机构进行管理)以及珍贵馆藏文物的鉴定和建立档案的工作也在稳步进行。

在党中央、国务院和内蒙古自治区各级党委、政府重视下，"保护为主、抢救第一"的文物工作方针以及"有效保护、合理利用、加强管理"的文物工作指导思想，已在全区贯彻落实；内蒙古文物保护法制建设和队伍建设进一步加强；考古发掘和文物建筑维修扎实前进；博物馆事业不断繁荣；文物市场管理逐步发展；各项科研成果层出不穷，对外文物交流与展览事业也取得可喜的成绩。全区境内经过文物普查查明的不可移动的文物古迹共有2万余

◆普查队员跋山涉水

处，其中属于国家级重点文物保护单位的有 79 处；属于自治区级重点文物保护单位的有 315 处。属于旗（县）级的重点文物保护单位有 700 余处。自治区首府呼和浩特被国务院公布为全国历史文化名城；呼伦贝尔市敖鲁古雅鄂温克民族乡，包头市美岱召乡被自治区人民政府公布为自治区民族历史文化保护区和历史文化名镇。全区共有文博工作者 2000 余名，有文物考古研究所 1 个，博物馆 50 座，有 12 个盟市和 70 个旗县 (区)，成立了文物保护事业单位。根据国家、自治区文物法规的规定，内蒙古自治区文物局负责全区文物保护行政管理工作，在业务上接受国家文物局的指导。自治区各盟市、旗县的文化、文物行政管理部门，负责本盟市、旗县的文物保护行政管理工作，在业务上接受自治区文物局的指导。

建国 60 年来，内蒙古文物保护成果显著，辽上京、辽中京、嘎仙洞、成吉思汗陵、五塔寺、美岱召、"五·一"大会会址、王若飞同志革命活动故址等一大批历史文物、革命文物遗址得以妥善维修并对外开放，经过考古发掘和征集的文物藏品，全区已达到 50 万件 (套)，具有重要价值的珍贵文物为 1335 件 (套)。辽代陈国公主墓、契丹大贵族耶律羽之墓、宝山辽墓以及兴隆洼遗址、辽代吐尔基山贵族墓、元代集宁路遗址等重大考古成果，陆续被国家文物局评为"全国重大考古发现新成果"。在马克思主义唯物史观的指导下，内蒙古文博工作者开展了大量的科学研究，其内容涉及古代北方民族、近现代民族民俗、革命历史文物、博物馆管理以及古生物化石考古、岩画考古、长城考古、早期青铜文化考古等，补充了历史文献记载的不足，受到了国内外诸多学科的关注。

一　文物保护的重要历史记录

1947 年 5 月 1 日，内蒙古自治政府在乌兰浩特正式成立。1948 年 2 月，内蒙古自治区主席乌兰夫签发命令，指示内蒙古自治区各级政府认真贯彻中共中央东北局制定的《东北解放区古迹文物保护管理暂行办法》，从这时起，全区即开始了初步的文物保护工作。

1949 年 11 月 28 日，新中国刚刚成立，乌兰夫同志又签发了《内蒙古自治区政府关于收集革命文物的命令》，要求各盟广泛收集革命文物，上溯"鸦片战争"、太平天国革命以及其他革命党派团体的革命文物。同时，着重收集东北抗日联军和解放战争方面的革命文物。1950 年元月 28 日，内蒙古自治区人民政府指示各地，要妥为保管各召庙所藏的蒙古文和藏文经典，使大批佛教经典得以保护。

1961 年 3 月 4 日，中华人民共和国国务院发布《关于文物保护管理暂行条例的通知》。同日，国务院公布了"全国 (第一批) 重点文物保护单位名单"，内蒙古赤峰市辽上京遗址和辽中京遗址荣列其中。

1964 年 10 月 22 日，内蒙古自治区人民委员会公布"内蒙古自治区 (第一批) 重点文物保护单位名单"，共计 24 处。

1982 年 11 月 19 日，全国人大常委会颁布《中华人民共和国文物保护法》，这是我国保护历史文化遗产的一项重大措施，受到自治区各级党政部门和文化行政管理部门的高度重视，促进了内蒙古文物保护管理工作的健康发展。

1986 年 5 月 10 日，内蒙古自治区人民政府公布"内蒙古自治区（第二批）重点文物保护单位名单"，共计 55 处。

1990 年 4 月 14 日，第七届内蒙古自治区人大常委会第十三次会议，通过了《内蒙古自治区文物保护条例》。《内蒙古自治区文物保护条例》共 9 章 43 条，明确规定"自治区境内地上、地下和水域中的一切文物属于国家所有"；"任何单位和个人不得损毁、改建、添建、拆除和侵占各级文物保护单位"。2005 年 12 月 1 日，自治区第十届人大常委会再次对《条例》进行了全面修订，并且公布实施。

1996 年 6 月 18 日，内蒙古自治区人民政府公布"内蒙古自治区（第三批）重点文物保护单位名单"，共计 102 处。

2005 年 1 月，内蒙古自治区人民政府办公厅向全区批转了内蒙古自治区文化厅《关于全区特色博物馆建设的指导意见》，提出要在 2010 年之内，使全区博物馆的总数达到 50 座。并且在内容特色化、布局重点化、规模适度化、功能标准化、体制多元化等方面提出了要求。

二 文物保护管理与文博事业的发展历程

新中国成立后，在党和人民政府的关怀与支持下，内蒙古自治区的文物保护管理工作与文博事业逐步从无到有，发展壮大。其发展情况为：

1952 年 12 月，原绥远省人民政府决定成立省文化局，下设由 5 人组成的文物工作组。到 1954 年元月，经中央人民政府批准，内蒙古自治区与绥远省合并，撤销绥远省建制，内蒙古自治区文物工作组正式成立，编制 5 人，负责全区的文物保护管理、田野考古调查和清理工作。

1954 年初，由内蒙古自治区文物工作组筹办"全区首届文物展览"，在呼和浩特隆重开幕。次年，又举办了"全区革命文物与民族文物展览会"。乌兰夫主席每次都出席开幕式，勉励文物工作组的同志们，要大力开展对历史、革命和民族文物的保护宣传工作。

1954 年 3 月 15 日，根据乌兰夫同志的指示，内蒙古自治区人民政府派出"迎成吉思汗灵柩代表团"一行 29 人从呼和浩特出发，前往青海省塔尔寺。4 月 3 日，在塔尔寺安放 6 年的成吉思汗灵柩，从青海省运回内蒙古鄂尔多斯市。4 月 23 日，乌兰夫主席亲率代表团前往鄂尔多斯市伊金霍洛旗，参加祭祀成吉思汗大典和

◆ 内蒙古博物馆外景

成吉思汗陵奠基仪式。1955年10月30日，新建成的成吉思汗陵园，在伊金霍洛旗胡痕敖包落成，这是党的民族政策和文物保护政策在内蒙古的具体体现，受到广大蒙古族同胞的热情赞颂。

1956年8月6日，内蒙古博物馆正式破土动工兴建。为支持内蒙古的博物馆事业，国家文物局指示故宫、南京博物馆等部门，调拨了一批珍贵的明清书画、瓷器，以充实内蒙古博物馆的藏品。内蒙古文物工作组向内蒙古博物馆提供了大批的考古发掘出土文物，区内的一些知名人士也向内蒙古博物馆捐献文物。

1957年5月2日，在庆祝内蒙古自治区成立10周年的大喜日子里，中央政府代表团团长、国务院副总理李先念同志，在乌兰夫同志的陪同下，为新落成的内蒙古博物馆开幕剪彩，并且与全国少数民族参观团一起，观看了"内蒙古自治区十年建设成就展览"。民族特色浓郁、造型典雅、建筑面积达5000平方米的内蒙古博物馆的落成，结束了内蒙古没有博物馆的历史。

1961年7月，乌兰夫主席邀请国家文物局局长王冶秋同志在北京组织了"内蒙古访古团"前来考察指导工作，我国著名历史学家范文澜、翦伯赞、吕振羽、翁独健、刘大年等五位先生前来访问。从7月24日至8月8日，该团先后考察了呼和浩特、包头、海拉尔、鄂伦春自治旗。考察工作结束后，国家文物局责成文物出版社出版一部全面反映内蒙古文物考古成果的专著，以向全国介绍内蒙古丰富而独具特色的文物。

"文化大革命"期间，内蒙古自治区的文物事业受到严重破坏，许多干部职工和专家学者受到迫害，尽管当时的形势极为严峻，但广大文物工作者还是尽最大努力抢救和保护文物。内蒙古博物馆展厅和文物库房被及时封闭，免遭冲击和破坏。赤峰市巴林左旗慈昭寺珍藏的蒙文《甘珠尔经》，于1967年被文物干部妥善保存下来，免受火焚之灾。全区几处著名的古代建筑，如呼和浩特市大召、包头市美岱召、五当召等寺庙，也在部队和地方群众支持下得以保护。

进入20世纪70年代后，内蒙古自治区的文物工作在困难的条件下，逐步克服干扰再度恢复和发展起来。1978年，经内蒙古文化局党组决定，恢复成立内蒙古文化局文物处。 1981年，内蒙古博物馆再度开馆，并推出了"内蒙古古生物陈列"、"内蒙古历史文物陈列"、"内蒙古民族文物陈列"、"内蒙古革命文物陈列"。1986年，经内蒙古文化局批准，内蒙古文物工作队正式更名为内蒙古文物考古研究所，承担全区考古发掘和配合基本建设的考古工作。与此同时，各盟市、旗县的文物保护管理机构和事业单位也相继成立。

◆ 包头五当召

◆ 内蒙古博物院

◆内蒙古博物院免费开放后观众排队入场

◆塔吉克斯坦总统一行参观内蒙古博物院

2005年初，内蒙古博物馆新馆（2007年更名为内蒙古博物院）建设工程正式破土动工，该馆设计宏伟、特色鲜明，建筑面积5万平方米，设有历史、民族、古生物、现代生物、地质矿产、航天陈列等多个展厅。

经过多年的努力，内蒙古自治区文博单位的数量，从20世纪50年代初期的一个只有5名工作人员的文物工作组，发展为拥有100余个文博事业单位，有干部职工2000余人，文物藏品数量50余万件（套）。为加强全区的文物保护与管理工作，经自治区人民政府批准，2004年内蒙古自治区文物局正式成立。

三　文物保护与维修工程

党的十一届三中全会以来，内蒙古各级文化、文物部门开展了大规模的文物保护和维修工程，20几年来，完成国家级、自治区级和部分市县级重点文物保护单位的保护工程和保护项目共计100余项，将有些文物遗址、古建筑、革命纪念建筑辟为参观场所和革命传统教育基地。全区重点大中型文物维修保护工程和保护项目主要有：

(1) 二连盐池恐龙化石区保护（自治区级，白垩纪）；(2) 鄂尔多斯鄂托克旗查布苏木恐龙足迹化石保护（自治区级，白垩纪）；(3) 乌兰察布四子王旗古犀牛化石区保护（第三纪）；(4) 呼伦贝尔扎赉诺尔煤矿猛犸象化石区保护(第四纪)；(5)呼和浩特大窑旧石器时代遗址保护工程(国家级)；(6) 鄂尔多斯乌审旗萨拉乌苏文化遗址保护（国家级，旧石器时代晚期）；(7) 赤峰市敖汉旗兴隆洼文化遗址保护工程（国家级，新石器时代早期）；(8) 乌兰察布凉城县老虎山遗址及园子沟遗址保护工程（国家级、新石器时代）；(9) 乌兰察布察右前旗庙子沟遗址保护工程（国家级，新石器时代）；(10) 乌海市召烧沟岩画保护工程（自治区级，新石器时代～青铜时代）；(11) 巴彦淖尔阴山岩画保护（国家级，新石器时代～青铜时代）；(12) 包头市固阳县岩画保护（市级，青铜时代）；(13) 赤峰市红山文化遗址保护（国家级，新石器时代）；(14) 包头市西园遗址保护工程（自治区级，新石器时代～青铜时代）；(15) 赤峰市敖汉旗大甸子夏家店下层文化遗址保护（国家级，青铜时代）；(16) 赤峰市林西县大井古铜矿保护（国家级，青铜时代）；(17) 呼和浩特托克托县古城村古城保护（国家级，战国至北朝）；(18) 鄂尔多斯东胜区秦直道保护（国家级）；(19) 包头市固阳县秦长城保护工程（国家级）；(20) 阿拉善盟额济纳旗汉代居延遗址保护工程（国家级）；(21) 包头市麻池汉代古城及古墓群保护工程（国家级）;(22) 呼和浩特和林格尔县土城子古城保护（国家级，汉至唐）；(23) 和林格尔县东汉壁画墓保护工程（自治区级）；(24) 巴彦淖尔磴口县鸡鹿塞汉代遗址保护（国家级）；(25) 呼和浩特王昭君墓保护工程（国家级，汉代）；(26) 磴口县鸡鹿塞古城与沙金套海汉墓保护（国家级）；(27) 满洲里市扎赉诺尔古墓群保护（国家级，东汉）；(28) 鄂伦春自治旗嘎仙洞及祝文保护工程（国家级，北魏）；(29) 鄂托克旗百眼窑石窟寺保护工程（国家级，北魏至明）；(30) 赤峰市巴林左旗辽上京遗址保护工程（国家级，含辽上京南塔、北塔维修）；(31) 赤峰市宁城县辽中京遗址保护工程（国家级，含辽中京大塔、小塔维修）；(32)、赤峰市巴林右旗辽庆州遗址保护工程（国家级，含庆州白塔维修）;(33)、呼和浩特辽代万部华严经塔维修保护工程（国家级）；(34)、赤峰市辽代真寂之寺石窟保护工程（国家级）；(35) 通辽市奈曼旗辽代陈国公主与驸马合葬墓保护工程（国家级）；(36) 赤峰松山区缸瓦窑遗址保护（国家级，辽、金）；(37) 通辽市库伦旗奈林稿辽代墓群保护（自治区级）;(38) 赤峰市巴林左旗、巴林右旗辽陵及奉陵邑保护工程（国家级）；(39) 阿盟额济纳旗黑城遗址保护工程（国家级，西夏、元）；(40) 呼伦贝尔额尔古纳左旗黑山头古城保护工程（国家级，元）；(41) 锡林郭勒盟正蓝旗元上都遗址保护工程（国家级）；(42) 通辽开鲁县元代白塔保护工程（国家级）；(43) 赤峰市喀喇沁旗龙泉寺保护工程（国家级，元至清）；(44) 赤峰市克什克腾旗元代应昌路遗址保护（国家级）；(45) 包头市达茂旗敖伦苏木古城保护（国家级，元）;(46) 包头市美岱召保护工程（国家级，明清）;(47) 呼和浩特大召保护工程（国家级，明清）;(48) 呼和浩特席力图召保护工程（自治区级，明清）；(49) 呼和浩特金刚座舍利宝塔保护工程（国家级，清）;(50) 呼和浩特公主府保护工程（国家级，清）。(51) 包头市五当召保护工程（国家级，清）;(52) 赤峰市巴林右旗荟福寺保护工程（自治区级，清）；(53) 阿拉善盟延福寺保护工程（自治区级，清）；(54) 通辽市库伦旗兴源寺保护工程（国家级,清）;(55) 赤峰翁牛特旗梵宗寺保护（自治区级,清）;(56) 呼和浩特将军衙署保护工程（国家级，清）；(57) 通辽市奈曼旗王府保护工程（自治区级，清）;(58) 阿拉善王府保护工程（国家级，清）;(59) 锡林郭勒盟苏尼特左旗查干敖包庙保护工程（自治区级，清）；(60) 锡林浩特市贝子庙保护工程（国家级，清）；(61) 锡林郭勒盟多伦县山西会馆保护工程（国家级，清）；(62) 赤峰市喀喇沁旗灵悦寺保护工程（国家级，清）；(63) 丰镇市牛王庙、大王庙保护工程（自治区级，清）；(64) 锡林郭勒盟苏尼特右旗德王府保护工程（自治区级，清）；(65) 鄂尔多斯伊金霍洛旗郡王府保护工程（自治区级，清）；(66) 呼和浩特清水河县明代长城保护（国家级）；(67) 鄂尔多斯成吉思汗陵保护工程（国家级）；(68) 鄂尔多斯乌

◆航空摄影考古航拍工作现场

◆辽中京大塔

审旗嘎拉图庙悉尼喇嘛革命遗址保护工程（国家级，近代）；(69)呼和浩特市巧尔气召革命遗址（自治区级，1925年）；(70)包头市泰安客栈王苦飞同志革命活动故址保护工程（自治区级，1931年）；(71)呼和浩特武川县德胜沟大青山抗日游击根据地司令部旧址保护工程（自治区级，1938～1941年）；(72)呼和浩特土左旗乌兰夫同志故居保护工程（国家级，近代）；(73)呼和浩特土左旗贾力更烈士故居保护工程（自治区级、近代）；(74)乌兰浩特市"五·一"大会会址保护工程（国家级，1947年5月，内蒙古自治政府成立处）；(75)乌兰察布集宁战役旧址保护工程（自治区级，1948年，保护维修项目含老虎山阵地，面粉厂旧楼阵地）；(76)呼伦贝尔新巴尔虎左旗"诺门罕战争旧址"保护（自治区级，抗战时期）；(77)海拉尔市日军工事及万人坑遗迹保护（自治区级）；(78)乌兰察布凉城县贺龙同志革命活动旧址保护工程（自治区级、

1945年）；(79)呼和浩特郊区多松年烈士故居维修保护（自治区级，近代）；(80)呼和浩特托克托县李裕智烈士纪念塔维修（自治区级）；(81)兴安盟科右前旗乌兰夫同志办公旧址维修工程（自治区级，1947～1951年）；(82)鄂尔多斯鄂托克前旗中央民族学院旧址及中央三段地工委旧址维修保护工程（自治区级，1936～1946年)；(83)通辽市开鲁县麦新烈士纪念馆保护工程（自治区级）；(84)赤峰市松山区柴火栏子事件烈士陵园保护（自治区级，1947年）；(85)呼和浩特抗日阵亡将士公墓保护工程（自治区级，1933年）；(86)兴安盟乌兰浩特市成吉思汗庙维修保护工程（国家级，1940年）；(87)通辽科左后旗博王府维修工程（国家级）；(88)阿拉善盟额济纳旗东风航天基地卫

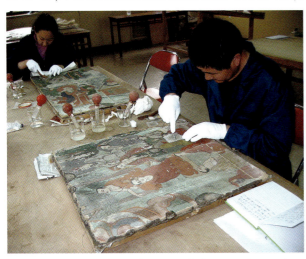

◆内蒙古壁画保护中心修复呼和浩特博物馆馆藏大召壁画

◆内蒙古文物考古研究所修复后的土尔基山辽墓出土彩棺

星发射场遗址保护（自治区级）。

以上不完全统计，基本上反映了内蒙古自治区境内国家级、自治区级重点文物保护单位的维修保护情况，体现了党和国家对内蒙古文物保护事业的关心、重视和支持，有效地保护了祖国优秀的文化遗产。

四 文博队伍的人才培养与对外文物交流

1958年9月23日，由内蒙古文物工作队和内蒙古博物馆合办的全区首届文物、博物馆工作训练班在呼和浩特举办开学典礼，来自全区各盟、市、旗县的文物专业人员数十人参加学习，这是我区自办的第一届文博干部训练班，在全区各地播撒了文博专业人员的种子，并且形成了一个良好的习惯，在各个不同时期，根据工作重点和需要，就地举办培训班，采用课堂教学与实际操作相结合的方法，比较快地培训业务人员。此类学习班大约举办过30余期，大致可分为：(1) 文物保护政策法令学习班；(2) 文物考古技术学习班；(3) 文物普查培训班；(4) 文物鉴定 (含瓷器、玉器、书画、钱币等) 培训班；(5) 讲解员培训班；(6) 革命文物学习班；(7) 民族理论与民族文物学习班；(8) 文物保护单位管理与文物建筑维修培训班；(9) 中国通史与文博理论读书班；(10) 文物展览与陈列设计培训班；(11) 文物修复学习班；(12) 实用美术与雕塑技术培训班；(13) 古生物基础知识学习班，等等。

此外，内蒙古文物行政管理部门以及各盟市文化、文物部门，还注重抓好从大专院校招录文物考古、历史、地质、化学、蒙古语文、美术等专业毕业生的工作。20世纪五六十年代，一批内地大专院校的毕业生，来到内蒙古文博系统工作，受到热情欢迎并被委以重任，这些同志均成长为自治区文博事业的专家。"文化大革命"后期，先后又有许多同志从大学、部队和其他部门进入文博系统，大家刻苦学习，原来基础较差的同志通过参加短训班，或者报考夜大、电大和函授大学，提高了文化专业水平。20世纪90年代，自治区文化厅举办了两期文物干部大专班，即"吉林大学考古系内蒙古文博干部大专班"和"内蒙古自治区文物考古、博物馆专业大专班"。2004年，"全区文博系统在职研究生班"在内蒙古大学人文学院正式开班，共有50多名具有大专以上学历的文博专业人才进入该班深造。2005年，"鄂尔多斯地区文博专业班"在内蒙古大学人文学院开班，这是专门为文物大市鄂尔多斯举办的本科教育文博班。此外，内蒙古师范大学人文学院在本院内，开设了"文物考古本科专业班"于2005年正式向区内外招生，共招收学员40余人。在国家文物局和有关大学帮助下，内蒙古选送一批干部，赴北京、天津、上海等地的大专院校深造，有的同志还获得了博士研究生的学位。全区还注意培养了外语和电脑操作以及文物养护技术人员，以内蒙古博物馆为基地，开展文物藏品档案的电子信息化管理实验，并逐步在全区各大博物馆推广。随着全区文博专业职称评定和专业技术职务评聘工作的进展，全区文博系统中，有文博研究馆员20人，副研究馆员110人，还有500余人取得了文博中级或初级专业技术职务。此外，一批长期在文博岗位上工作的技术工人，也获得了相应的技术职务。通过十几年努力，内蒙古自治区的文博人才的总体素质已有很大的提高。

为了扩大内蒙古在国际上的影响，自治区文化厅积极开展了对外文物交流工作，取得了可喜的成果。内蒙古最早的一次对外文物交流始于1969年。当时，根据国务院关于选送部分文物展品出国展览的指示，选送了从赤峰市宁城县南山根出土的十余件青铜器，参加了"中华人民共和国出土文物展览"。

1983年10月至1984年5月，由内蒙古博物馆会同中国对外文物交流中心，组织了大型的"中国内蒙古北方骑马民族文物展"，赴日本东京、大阪、京都、名古屋、北九州等五大城市巡展。此次展览共展出文物125件(组)、包括东胡、匈奴、乌桓、鲜卑、突厥、契丹，女真、党项和蒙古等民族的文物。这些文物，代表了内蒙古地区各个时代民族文化的特点和风格。此次展览，是内蒙古文博界首次举办的大型出国文物展出，共有40多万日本观众参观了展览。

根据内蒙古文物在历史、民族、古生物化石三方面所占据的优势，自治区文化厅从1990年起，举办了一系列富有特色的对外文物展览，分别赴日本、美国、加拿大、新西兰、法国、新加坡等国家的20多个城市进行展出。据统计，内蒙古对外文物展览共接待观众达400余万人；共派出出国文物团组30批，既开展了对外文物展览，又宣传了内蒙古的文化事业，同时还举办了多次学术交流讲座。特别是"辽代陈国公主墓文物展"在日本展出时，每到一地均举办学术讲座，增进了中外学术交流。

五　内蒙古自治区的重大考古成果

（一）岩画和长城考古成果

内蒙古地区的古代岩画，在我国及世界岩画保护与研究界享有盛誉。中国是世界上最早记录岩画的国家。内蒙古的阴山岩画，是我国最大的岩画宝库，它分布在东起包头市固阳县西至阿拉善左旗的阴山之中。岩画内容有飞禽走兽和家畜以及虎、狼、鹿、熊、牛、马、羊等动物形象40余种。还有独猎、双人猎、群猎和围猎等场面；有骑牧、步牧等放牧场景。岩画的上限，始于旧石器时代晚期，经新石器时代、青铜时代、铁器时代等各个阶段，一直延续到明清。绘制岩画的民族，有原始部落先民，有匈奴、突厥、回纥、党项、蒙古等民族，阴山岩画是形象的中国古代北方民族史卷，对于它的发现和研究，为中国文化史、民族史、艺术史、原始社会史的研究，提供了珍贵的形象资料。随着岩画考古的深入，一批学术著作陆续出版，主要有《阴山岩画》、《乌兰察布岩画》、《中国岩画》等。

举世闻名的我国古代长城遗迹，分布在全国的16个省、市、自治区，而内蒙古地区的历代长城，以其修筑的朝代最多，里程最长而居于全国之首。据了解，全国长城约为5万余公里，在内蒙古分布约有1.1万公里，占全国长城总长度的1/5。其建筑朝代包括战国、秦、汉、北魏、金、明等。秦始皇统一六国后，在燕、赵长城的基础上，兴筑了著名的万里长城，在鄂尔多斯西部、乌海市、巴彦淖尔、包头、呼和浩特、乌兰察布、锡林郭勒、赤峰等地区，均发现秦始皇长城遗迹，特别是在巴彦淖尔乌拉特前旗至包头固阳县的阴山峻岭中，发现保存较完整的秦长城遗迹。据调查，这段秦长城全长约200公里，全由石块垒砌，气势宏伟，高3.5米，底宽4.1米，顶宽1.5米，每隔0.5至1.5公里即筑一处烽火台，在长城南侧，还筑有驻军的小障城，这段秦长城是国内保存最完整的一段秦朝万里长城。汉代沿用秦代长城并加以改造加固和增筑，在阴山地区的考察中，发现汉代增筑的3段长城。内蒙古汉代长城中最著名的，是位于阿拉善盟额济纳旗的汉代居延遗址。居延遗址全长约250公里，包括城障、烽隧和塞墙等遗址。始建于西汉武帝太初三年(公元前102年)，废弃于东汉末年。1930年，中瑞西北科学考察团曾在居延大湾、地湾、破城子等30处遗址中发掘和采集了1万枚汉简。20世纪70年代，阿拉善盟划

◆秦长城

归甘肃省管辖期间，甘肃省居延考古队在居延出土汉简2万余枚。北魏时期，为防御柔然骑兵南下，在阴山一线曾修筑有长城，在乌兰察布商都县、察右后旗、四子王旗等地，发现有北魏长城遗迹。金代为防御蒙古骑兵南下而兴筑的堑壕，宛似城墙，又称为金界壕，有部分在蒙古国，但主要遗址分布在内蒙古地区东部和北部几个盟市。金界壕分为双堑双堤和只挖单壕，在壕南侧堆土成长堤的两种形制。在界壕沿线，都筑有戍堡、关隘、边堡等一系列屯驻军队的驻所。明代兴筑的长城，分布于内蒙古中部，有主边和次边两条。主边基本上是内蒙古、山西两省区的分界线，原分别属于宣府、大同、山西等3镇管辖，次边南距主边20至40公里不等。

（二）原始文化的考古与研究成果

我区旧石器时代考古学方面的重大成果，是20世纪70年代在呼和浩特市郊大窑村南山，发现了距今70万年之前的旧石器制造场。1983年，内蒙古博物馆在大窑村南山四道沟进行发掘，发现了典型的地层剖面，共分为7层。第4层至第7层为红色土层(离石黄土层)，形成于更新世中期。在第4层底部发现有肿骨鹿化石，以及远古人类打制的石片、刮削器、砍砸器和石刀、石核等，其时代属于旧石器时代早期。经科学测定，其年代为距今70.3万年。

在鄂尔多斯乌审旗萨拉乌苏河一带，发现属于旧石器时代晚期的萨拉乌苏文化遗址(距今5万～3.7万年)，以及"河套人"化石。在呼伦贝尔扎赉诺尔，发现中石器时代的"扎赉诺尔人"头骨化石等，其年代距今约1万年。此外，在阿拉善盟、乌兰察布、巴彦淖尔、呼和浩特、赤峰等地，也发现若干处旧石器时代文化遗址。

在内蒙古东南部发现的新石器时代文化，时代最早的首推以赤峰市敖汉旗发现的小河西文化，距今约9000年。其次，是赤峰敖汉旗的兴隆洼文化。在赤峰林西县白音厂汗村则发现了这一文化的另一种类型。继后是以敖汉旗赵宝沟聚落遗址为代表的赵宝沟文化，以赤峰红山后遗址为代表的红山文化，以巴林左旗富河沟门聚落遗址为代表的富河文化。在赤峰附近发现了继红山文化之后的小河沿文化，由于这种文化发现不多，有学者称之为小河沿类型。

内蒙古中南部的新石器时代文化，发现有以乌兰察布市凉城县王墓山下遗址为代表的文化，

称为王墓山下类型，其年代约距今 6000 年。有以黄河流域托克托县海生不浪遗址为代表的海生不浪文化，其年代距今约 5000 年。在发掘了察右前旗庙子沟和大坝沟两处遗址后，进而发现了环岱海、环黄旗海周围山地都分布有同时期遗存，学术界称之为"庙子沟文化"。在凉城县老虎山遗址，还发现与包头郊区阿善遗址相同的聚落遗址和石围墙，命名为"老虎山文化"。

（三）春秋战国至秦汉时期的考古成果

考古发现表明，在春秋战国时期，我国古代北方游牧民族一直活跃在今内蒙古地区。大致而言，这些北方游牧民族在春秋时统称为狄人或北狄；战国时期称为匈奴、林胡、楼烦等。对这一时代的考古发现，重要的发现有 2005 年，在和林格尔土城子遗址出土的春秋、战国时期的大批墓葬。而 1972 ~ 1973 年在鄂尔多斯杭锦旗阿鲁柴登沙窝子中保护征集的一批匈奴王族金银装饰品则最为珍贵。其中金饰件为 218 件，银饰件 5 件，主要有鹰形金冠饰、金冠带、大型虎牛争斗纹金饰牌、虎纹和羊纹饰件、鸟纹金扣、金项圈、刺猬、兽头形金饰件、狼鹿纹银饰牌、银虎头饰件等。

1973 年在鄂尔多斯杭锦旗桃红巴拉沙窝中发掘的 6 座匈奴墓，是内蒙古地区首次发掘的早期匈奴墓。从墓中出土的文物有青铜短剑、铜鹤嘴斧、小铜锤以及铜饰件。从发掘情况看，当时匈奴人死后，挖一长方形坑，把尸体及随身佩带的物品一起埋入，再将死者生前用过的各种兵器、工具和生活用品放到里面，最后割取牲畜的头蹄殉葬，这反映了早期匈奴人特殊的埋葬习俗，构成了草原游牧民族文化的显著特点，为内蒙古地区匈奴考古提供了较为可靠的依据。对中原地区汉民族开发内蒙古地区的情况，经调查发现了数十座战国时期的古城，以及大批春秋战国时期的货币、钱范、武器、用具等。现已查明准确地理位置的古城有：战国时期，赵国云中郡城址在今托克托县古城村古城，九原城址在今乌拉特前旗三顶帐房古城，燕国右北平郡治平刚城址在今宁城县甸子乡黑城古城。

秦代的秦人墓葬，有 1975 年在准格尔旗秦代广衍县城址附近发掘的 14 座秦墓。其中，有 10 座为屈肢葬，随葬品有陶器、铜器。秦代由咸阳修到九原郡 (今包头、巴彦淖尔市前旗一带) 的"直道"遗迹，也于 1974 年，在东胜漫赖海子乡发现，其路基断面明显，路面宽达 22 米，秦直道的发现，有助于研究秦代交通及中原地区与北部边疆的联系。

全区境内共发现并勘测了近百座汉代古城遗址，这些两汉时期的郡县古城遗址，反映了当时开发建设北部边疆的情况。1973 ~ 1974 年，在鄂尔多斯杭锦旗霍洛柴登古城址中，出土有"大泉五十"、

◆ 匈奴王金冠

"小泉直一"泥质钱范及"中营司马"、"西河农令"等官印。证明该城为汉代西河郡所在地。1972～1976年，考古人员为配合乌兰布和沙漠农田开发，调查了汉代朔方郡的三座县城遗址，试掘了有名的鸡鹿塞。发现数以万计的汉墓，并确认是汉代朔方郡屯田将士和平民的墓葬。在汉代考古中，最重要的发现是1972年在呼和浩特和林格尔县发现的东汉壁画墓。墓主人为东汉中央政府派往边地的"护乌桓校尉"，墓内共绘有彩色壁画50多幅，描绘了社会生活的丰富内容，有车骑、乐舞、百戏、筵宴以及衣冠、祥瑞、历史故事等，堪称东汉时期的社会缩影。在当时困难的条件下，内蒙古文物工作者，细致认真地临摹了主要的壁画。其后，由文物出版社出版了《和林格尔汉墓》大型画册。这是"文革"期间内蒙古文物考古界首次出版的考古著作，至今仍是研究汉代社会历史和民族关系以及汉墓形制、壁画艺术的重要参考资料。

由内蒙古考古人员最先确认的汉代鲜卑人的墓葬，是1959～1960年在呼伦贝尔呼伦湖畔发掘的扎赉诺尔古墓群，以殉葬马、牛、羊等牲畜，随葬红褐陶罐、狩猎纹骨板、鱼骨串和弓弭为特征。以后，又在陈巴尔虎旗完工、巴林左旗南杨家营子、察右后旗三道湾等地，陆续发现了此类文物。这些发现表明，鲜卑族曾在东汉时期游牧于东部草原，以后随着势力的增长，逐渐向西迁移，最后到达了匈奴故地，即今阴山河套地区。

（四）魏晋南北朝、隋唐时期的考古发现

在魏晋南北朝考古中较重要的发现，有在鄂尔多斯乌审旗出土的赫连勃勃大夏国纪年墓志铭，这是十六国时期文物的首次发现。更为重要的发现，是1980年7月，在呼伦贝尔鄂伦春自治旗阿里河镇西北10公里的嘎仙洞石壁上发现北魏太平真君四年(443年)，北魏太武帝拓跋焘派中书侍郎李敞等人到先祖石室祭祀祖先的石刻祝文。祝文与《魏书》所记内容基本相合，证实了嘎仙洞即是北魏王朝的创建者——拓跋鲜卑人的发祥地(即"先祖石室")。从而解决了学术界长期争论的拓跋鲜卑起源地的重大课题，对于研究拓跋鲜卑早期历史，以及古代北方民族历史地理等问题，具有重要价值。

在南北朝时期，鲜卑、乌桓民族与中原民族友好交往，有关这段历史的文物遗存，较重要的有1956年在乌兰察布凉城县小坝子滩发现的西晋王朝颁赐给乌桓、鲜卑上层人物的金印和银印。其中，"晋乌丸归义侯"、"晋鲜卑归义侯"为驼钮金印；"晋鲜卑率善中郎将"为驼钮银印。此外，还发现有金耳环、金饰牌等。在一件兽纹金饰牌上，还刻有拓跋鲜卑部落首领的名字，这对于研究拓跋鲜卑部落分布，具有重要意义。1976年，在内蒙古大学附近，发现一座北魏墓葬，出土34件陶质文物，有舞乐俑、赶车和牵马人俑、镇墓武士俑，还有家畜、牛马、牛车等。这些文物造型生动、形态各异，真实地反映了鲜卑人吸收中原文化及其社会经济的发展状况。

自1975年以来，在通辽市科右后旗和科左中旗多次发现鲜卑墓葬，出土金饰件有：金马牌饰、兽形金牌饰、金扣、银钗等。1981年，在包头达茂旗发现金饰件5种，有金龙、金牛头鹿角、金马头鹿角饰件，金龙是用金丝编成，龙身由270环连缀，可自由错动，极为罕见。20世纪80年代初，在和林格尔县、土左旗发现了一批鲜卑金器，和林格尔的金器有金碗、野猪纹金带饰牌等。野猪作奔跑状，腹部嵌有宝石，共2件。土左旗的金器有神兽纹金带饰、火焰纹金饰牌等，是很珍贵的鲜卑贵族金饰品。此外，在商都、包头、通辽等地，都发现有鲜卑文物和城镇建筑遗

址，现已基本确定的北魏古城有：北魏旧都盛乐城址，位于今和林格尔县土城子古城，云中镇城在今托克托县古城村古城，沃野镇城在今乌拉特前旗根子场古城，怀朔镇城在今固阳县城库伦古城，武川镇城在今武川县土城梁古城，抚冥镇城在今四子王旗城卜子古城，柔玄镇城在今察右后旗白音查干镇古城，白道城在今呼和浩特坝口子古城。关于鲜卑民族生活场景的壁画，较重要的发现是20世纪90年代在和林格尔县出土的北魏时期的"狩猎图"和"杂技图"、"出行图"。

隋唐时期的考古成果，在内蒙古各地不断发现，这时期的文物发现，包括了墓葬、城址、金银器、碑刻等，还有一些文物则反映了隋唐时期中外文化交流和丝绸之路与民族交流的情况。1976年在巴彦淖尔乌拉特前旗阿拉奔公社，清理一座唐墓，出土了"王逆修墓志"。从铭文得知，王逆修生前任天德等军州都防御马步都虞侯等官职，死后"安茔于军南原五里。"据此，解决了长期众说纷纭的唐代天德军的位置问题。

在辽阔的锡林郭勒草原和乌兰察布北部草原地区，发现许多的石墓，有的在墓地上立着石人。这种石人墓由圆、方或长方形石圈拦着，石雕人像的造型、姿态不尽相同，考古工作者认为：这些石人墓与不同历史时期活动在蒙古草原上的游牧民族有关，有的墓葬可能即是隋唐时期突厥人的墓茔。

有关唐代中西交流的文物发现，有1975年在敖汉旗出土的一批银器和金带饰。其中，有一件带柄银扁执壶，在其柄部和口缘相接处，饰有鎏金的胡人头像。其状为高鼻深目、有八字胡须，短发向后，经考证，这是典型的波斯银执壶。1965年，考古工作者在呼和浩特坝口子古城内，曾经发现波斯萨珊王朝银币4枚；还在毕克齐发现东罗马金币等，这些文物表明了内蒙古地区在唐代，也是中西交通贸易的重要地区之一。内蒙古出土的唐代文物中，最精美的是1976年在喀喇沁旗哈达沟发现的6件银器，其中金花大银盘4件，其上有鎏金花卉、火焰宝珠、狮、鹿等图案。这些银器是唐朝宣州的地方官向朝廷进贡的，后来才流散到草原地区。大银盘的直径达47厘米，工艺十分考究，在内蒙古尚属首次发现，在国内也极为难得和珍稀。关于隋唐突厥民族文物的发现，1981年，在锡林郭勒盟苏尼特右旗吉日木图出土的97件文物，包括金腰带饰件和铁刀等物。这条腰带上的皮革已朽，金饰件上既有中原的鱼子纹和卷草纹，也有草原上的狩猎纹和动物纹，是隋唐文物而又反映游牧民族的特点，应当是此期突厥民族的金器。

（五）五代、宋、辽、西夏、金、元时期的考古成果

对这一时期的考古调查、发掘与研究，是我区考古界的重点，成果也比较多，现择其精华略述其详。

1994年五六月间，考古工作者在清水河县的山跳峁村发掘7座五代时期的墓葬。在砖室墓壁上，有砖雕若干，题材有格门、剪子、尺子、熨斗、茶具、弓箭等。在墓室中出土的文物有鎏金铜腰带、酱釉穿带瓶和陶塔罐等，在墓内壁画中，发现有汉族和少数民族人物形象以及武戏、劳作、吹奏、侍应等内容，反映了游牧文化与中原文化的交融。

宋代的钱币铸造十分精良，在我区境内有大量实物，还发现北宋时期的银铤多件，这是当年宋辽和平交往后，由北宋王朝输入辽境岁币银的一部分。宋代在今内蒙古地区有辖城1座，为藏才族首领王承美所筑，北宋王朝授予其官职，赐名丰州，故址经确认，在鄂尔多斯市准格尔旗五

字湾乡境内。

西夏考古较重要的发现有：1958年在伊金霍洛旗出土的西夏文"首领"铜印；同年在巴彦淖尔市临河高油房古城出土的大批西夏铁钱；1966年在该城又发现一批金器，有金佛、金盏托、金碗和耳坠等；1963年，在额济纳旗绿城子西夏小庙中，出土被沙土掩埋的25尊彩色塑像，有佛、菩萨、金刚力士和供养人像，其造型各异，神态端庄，服饰多样，十分精美，堪称我国西夏彩塑艺术品中的上乘之作。在鄂尔多斯市鄂托克旗阿尔巴斯苏木，发现西夏壁画艺术的宝库——百眼窑石窟群，其中有西夏早、中、晚三期壁画百余幅，包括有佛教显宗与密宗多种内容，特别是藏传佛教早期派别苯教以及宁玛派、嘎当派的护法神、双身曼荼罗绘画，这些绘画保存较好，内容丰富，是研究早期密宗教派的宝贵实物。考古工作者还调查发掘了额济纳旗西夏黑水城遗址，出土了许多西夏文书档案。

关于契丹—辽代考古，可分为城址与墓葬两类。1959～1960年间，重点发掘了赤峰市宁城县辽代中京遗址，基本上探明了辽中京建筑的分布情况：它由外城、内城和皇城组成，城内街道布局整齐，坊市和主要建筑物都对称地分布在中轴线两侧。1962年，曾对契丹族所建的第一座都城辽上京遗址进行勘测，基本上了解到辽上京皇城和大内的建筑和街道布局。近几年来，又对辽中京城墙、辽中京大塔塔基以及辽代的一批古城进行勘察试掘，取得了新的认识。

对辽墓的发掘，"文革"前的重要发现是宁城县大明城辽墓、小刘仗子辽墓和赤峰市大营子乡的辽驸马赠卫国王墓，该墓出土文物达2162件，有大量精美的金银器、瓷器、玛瑙器，还有8组完整的马具，以及许多盔甲、刀剑，箭镞（包括鸣镝实物）。据出土墓志，墓主人为辽太祖之女质古与驸马萧室鲁（即肖屈列）。"文革"期间，主要发掘了通辽市库伦旗的前勿力布格辽墓群，发现巨型壁画若干幅，内容有出行、仪仗、狩猎等，人物众多、场面浩大，具有很高的艺术水平。

1981年，考古工作者在乌兰察布市察右前旗豪欠营子湾子山辽墓群，发现一具身穿一套特制的铜丝网络葬服，面戴鎏金铜面具的完整的契丹女尸，提供了契丹人埋葬习俗的较为完整的资料。1985年，乌兰察布市文物工作站与内蒙古人民出版社合作，出版了《契丹女尸》一书，汇总了各学科的研究成果。全国发现的辽代墓葬中，出土文物最丰富、保存最完整的契丹贵族墓葬，应是1986年6月至8月，在奈曼旗青龙山发掘的辽代陈国公主与驸马合葬墓，墓主人为辽景宗的孙女、辽圣宗的侄女陈国公主和她的丈夫萧绍矩，葬于辽开泰七年（1018年）。墓中出土精美的金银器、陶瓷器、玻璃器等千余件文物。公主和驸马都是头枕金花银枕，脸部罩有金面具，头戴鎏金银冠，脚穿金花银靴，尸体全身着银丝网络。这两套完整的金银殡葬服饰葬具，第一次展示了契丹大贵族独特葬俗的全貌。这是轰动全国的辽代考古重大发现，被评为"七五"期间"中国十大考古新发现"之一。

契丹文物的另一次重大发现，是1992年在赤峰市阿鲁科尔沁旗打击盗掘古墓犯罪斗争中，抢救发掘的契丹大贵族耶律羽之墓。该墓于1992年6月被犯罪分子盗掘，窃走文物200余件。7月，内蒙古文化厅文物处会同阿旗公安局、文管所，在公安部、国家文物局以及自治区、赤峰市、阿旗党政领导重视支持下，奋战数月一举破案，被盗文物大部追回，又收缴回100余件流散在村民中的文物。自治区人民政府指示文化厅对公安部门予以隆重表奖，颁发奖金20万元，国家司法部门，依法严惩了盗掘耶律羽之墓的罪犯。同年8月，自治区文化厅责成内蒙古考古所、博物馆，会同赤峰文物部门，对被盗古墓予以抢救清理。耶律羽之墓是内蒙古地区有纪年的契丹墓中时代相当早的，据墓志所记，会同四年 (941 年) 耶律羽之病故，同年下葬。耶律羽之其人，《辽史》有传，是早期契丹皇族成员之一，其墓室建造得十分豪华，由绿色琉璃砖砌筑，这种形制在辽墓中罕见。据墓志所记，耶律羽之家族先祖为鲜卑石槐，这为契丹族与鲜卑族的继承关系提供了有力的证据。所收回的 300 余件文物，包括金银器、瓷器、铁器、木器和大量的丝织品，其中，錾花金杯工艺精湛，有唐代遗风；白、褐釉瓷瓶，器型硕大、胎质细腻、釉色莹润，为辽瓷中的精品；刻有"万岁台"3 字的包银砚台，应为皇帝御用赏赐之物，极为珍奇；丝绸长袍虽经千年仍可舒卷，其上花纹繁丽多姿，丝工精良，是辽代丝织物中的瑰宝。尤为可贵的是，通过对耶律羽之墓的抢救保护，推动了考古发掘的深入进行。在这座墓周围，陆续又发掘了耶律羽之其子甘露、其孙元宁、曾孙道宁等人的墓葬，还发掘其旁枝耶律祺之墓，获得契丹大字墓志一方，全文近 3000 字，仅新发现的"新"字就有数百个，属重要发现。

随着阿鲁科尔沁旗耶律羽之墓的保护与发掘，考古工作者在旗境开展重点调查，于 1994 年在宝山发掘 2 座契丹大贵族墓。在 1 号墓壁上，发现"天赞二年 (923 年)"题记，这是全国迄今发现的有纪年辽墓中时代最早的一座。墓内建有由雕刻精细的巨石板组成的石房子，其外围建寝帐式圆形建筑，在墓壁上绘有战马、花鸟、文具、武器，用笔着色十分考究，绘画中使用了大量金箔，至今依然光彩照人。在 2 号墓的壁画中，发现有"苏娘"题记的 6 位仕女画，具有典型的中原唐代风格。仕女着盛装，梳唐式发髻，可视为唐、五代画风在草原地区的延续，填补了晚唐至五代绘画作品的遗缺，其价值颇为重要。

2003 年春夏之际，考古工作者在"非典"的威胁下，抢救清理了位于通辽市科左后旗吐尔墓山的一座辽代大贵族墓，这是继陈国公主墓之后，内蒙古的辽代考古中，又一项重大的考古发现。墓内出土彩绘双层棺木、金银器、琉璃器、丝织品、铜器以及相关的丝绸织物上百件，墓主人为年轻的契丹贵族、女性，随葬品中有银号角，铜铃等法器，对其身份及我国学术界有多种推测。2003 年夏秋时期，由中国文物研究所与国家博物馆、吉林大学等部门共同合作，对出土的文物和尸骨进行了科学保护和研究，促成了多学科保护文物局面的形成。关于辽代壁画的探寻，有对巴林右旗辽庆陵东陵壁画的全面临摹 (共计 120 平方米)，其中"四季山水图"技法高超，描绘了庆州地区的四季风光。对赤峰敖汉旗羊山辽墓的揭取和临摹，获得了"契丹烹饪图"、"西瓜图"、"打马球图"等大批宝贵的辽壁画原作。

关于辽代佛教文物的重大发现，主要是 1989 年，在维修巴林右旗释迦佛舍利宝塔时，在塔顶"天宫"处发现的一大批珍贵的佛教文物。这批文物不仅有佛、菩萨像、小型法舍利塔及诸供具等 160 件，还有装置在小型法舍利塔内的陀罗尼咒、经卷及塔幡等，共达 600 余件之多，而且保存状况较好。此次发现的佛经很多，最小的两部手写《佛说摩利支天经》和《金刚经》，只有5 厘米见方，佛经为小楷手抄，工整精巧，是辽代写经中罕见的袖珍经书。写于辽应历十七年 (967年) 的《大般若波罗密多经·卷第七十六》，是迄今发现的辽代最早的写经。

关于辽代制瓷遗址的重大发现，是 1995 年对赤峰市松山区缸瓦窑遗址的发掘与研究，出土大批辽代窑具、瓷器残片，并确定了辽代官窑遗址的位置。在这处方圆数公里的烧瓷遗址区，遍布辽金元三代的瓷片，有辽白瓷、青瓷，也发现部分三彩器残片，文化层堆积厚达 2 米，被学术界命名为"草原瓷都"，国务院将其列为全国重点文物保护单位。

金代考古工作的重点，首先是查清了一批金代城址的确切位置，例如：金代北京路城址在今赤峰宁城县大明城，临潢府路址在今巴林左旗林东镇南古城；西京路城址在今呼和浩特东郊白塔古城，云内州城址在呼和浩特西郊西白塔古城。此外，这些路下辖的州县故城也有的被查清，这就为金代考古确定了方向和重点。内蒙古地区金代制瓷遗址，也在松山区缸瓦窑出土有"大定"等年号的瓷片，并发掘出许多晶莹亮泽的黑蓝色瓷罐、碗、盏等，制作工艺十分考究。内蒙古发现的金代墓葬较多，但多为中小墓，发表的资料较少。已清理发掘的金代墓，大致分为两种类型，一种为埋葬尸体，另一种为埋葬火化骨灰。

内蒙古草原是蒙古民族的故乡，因而在内蒙古地区蒙元时期的文物考古工作，一直受到普遍的关注，并取得了十分重大的发现。其中，最重要的发现，是20世纪90年代在呼伦贝尔海拉尔河流域发现的谢尔塔拉古墓群。出土有独木棺葬具、大弓、箭镞、骨器木器等。根据中国社会科学院考古研究所碳−14测定，谢尔塔拉墓群的年代为公元9～10世纪。属于原蒙古人的墓葬。此项重大考古发现，证明了呼伦贝尔是原蒙古人（即蒙兀室韦人）的发祥地，中国社会科学院于2006年出版了《谢尔塔拉墓地》报告。

1974年考古工作者在武川县五家村征集到1方铜印，重1.4公斤，印文为"监国公主行宣差河北都总管之印"。监国公主是成吉思汗的三女儿阿剌海别吉，她嫁给汪古部首领，成为汪古部的代表人物，并管辖河北地区，权重位高，监国公主印是我区发现的与成吉思汗家族有关的重要文物。1993年，考古工作者在鄂托克旗百眼窑石窟中，发现元代"祭祀成吉思汗家族图"大型壁画，壁画中绘出了盛大的祭祀场面，成吉思汗及其3位夫人和4个儿子端坐正中，接受祭拜，这是国内已知时代最早的成吉思汗家族图。1988年，考古工作者在镶黄旗哈沙图发现1座蒙古汗国时期的贵族墓，出土有金马鞍饰件、金耳坠、金杯、铜镜以及丝绸残片和固姑冠残片。元代墓葬的发现，主要有1982年在赤峰元宝山区宁家营子和1991年在凉城县后德胜村发现的2座壁画墓。元宝山元墓壁画人物生动、构图准确，形象地反映了元朝贵族的宴居生活。这两座墓中的壁画上，墓主人都穿蒙古服装、戴圆盔帽，民族特点鲜明，为研究元代舆服制度和民族学等问题，提供了珍贵的实物资料。

内蒙古地区元代瓷器、纸币、丝织品和生活用品的发现十分丰富。1970年在呼和浩特东郊白塔村的辽、金、元丰州故城内，发现窖藏的6件元代大型瓷器，制作工艺十分考究，其中精致的钧窑大香炉，高达42厘米，器型硕大、胎骨厚重、通体施天青釉，经过烧制窑变，使

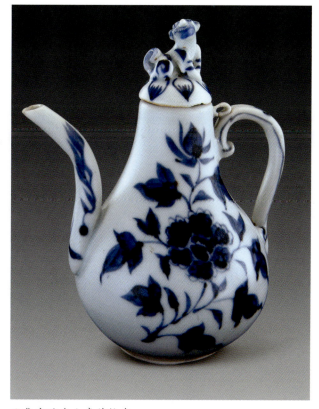

◆集宁路出土青花执壶

天青釉色中呈现灿烂的红霞，显得气势雄浑、美观大方。2003 年，考古工作者在乌兰察布察右前旗元代集宁路遗址中，出土元代瓷器窖藏数百件，包括元代 12 大著名窑系的产品。

内蒙古是世界上保存有时代最早的纸币实物的地区。1982 年考古人员在维修呼和浩特万部华严经塔时，在塔内发现了一张现存的时代最早的元代纸币"中统元宝交钞"(1260 年，元中统元年发行)。发表之后，在国际纸币研究界引起强烈反响。1985 年，考古人员又在额济纳旗黑城遗址中，陆续发掘到元至正十年发行的"中统元宝交钞"(1350 年版)，以及元朝至元二十四年(1287 年) 发行的"至元通行宝钞"。同年，这两种纸币又在额济纳旗吉日格郎图发现一批。目前，内蒙古已成为全国保存各类元代纸币最多的省区。

关于蒙元时期丝织文物的发现，主要有 1976 ~ 1977 年，在察右前旗元代集宁路遗址出土的数十件元代丝织品，有织锦、素罗、提花罗、绢和纱等。丝织衣物有被面、夹衫、长袍，有的仍可折叠，特别是 1 件左衽提花绫长袍，印有块状金花与天青色的绫面相辉映，显得典雅而灿烂。其后，考古工作者又在达茂旗明水村发现一批蒙元时期的丝织物，有纳失石辫线袍、绢质绣花靴套等物。"纳失石"为波斯语，意为"金线"。在明水出土的这件纳失石辫线袍上，还绣有头戴王冠的人面狮身像，具有西方文化的特征。对于研究蒙古汗国时期的对外交流，具有重要价值。

蒙元时期对外交流十分活跃，各种宗教遗物在内蒙古时有发现(包括有佛教、基督教、伊斯兰教和景教、道教的文物)。在达茂旗敖伦苏木古城及周围，发现许多刻有十字架和叙利亚文字的墓顶石，在东苏旗恩格尔墓中出土的金十字架，这些都是景教的文物遗存。在额济纳旗黑城遗址，发现伊斯兰教清真寺建筑；在鄂托克旗百眼窑石窟寺，发现元代喇嘛教壁画和蒙古文书写的佛、菩萨、罗汉颂词。在元上都古城中，发现有佛教、道教、伊斯兰教遗存等等。元代的驿路交通十分发达，在四子王旗达忽拉嘎查，发现元代驿站遗址，在当地罕乌拉山顶，还发现元代守卫驿站的军事设施，后又改建为敖包，其直径达 30 余米，是内蒙古地区现存规模最大、历史最久的敖包遗存。反映元代驿路交通的珍贵文物，还有赤峰出土的元代"富裕站印"、兴安盟出土的五体文夜巡铜牌、凉城县出土的"常乐驿站"铜印。特别是五体文夜巡铜牌，其中心部位铸"元"字，右侧铸"天字拾壹号夜巡牌"，牌背面铸有八思巴文、回鹘蒙古文、察合台文、蒙文及汉文。这是迄今发现的元代各种牌符中，使用文字最多的一件铜牌，也是反映元代驿站管理制度的珍品。

元代的碑铭石刻在内蒙古多有遗存，在赤峰喀喇沁旗龙泉寺，发现元代龙泉寺碑和巨形石狮，其年代分别为元世祖至元二十四年(1287 年) 和元顺帝至正元年(1341 年)。在翁牛特旗国公府村，保存有元代张应瑞家族碑，即举世闻名的"张氏先茔碑"。该碑高达 4.3 米，宽 1.8 米，龟趺螭首、规格极高,碑文计有汉字 2000 余(正面)、蒙古文 3000 余(背面)，书丹者为元代大书法家康里子山，该碑是研究元代蒙汉关系史和书法艺术的珍贵文物。此外，翁牛特旗还出土有"住童先德碑"、"竹温台碑"(已佚，现存抄件)，均为康里子山书丹，价值很高。在内蒙古地区其他地方，著名的元代碑铭也有不少，如达茂旗敖伦苏木古城的"王傅德风堂碑"(已佚，抄件尚存) 是研究汪古部历史和景教史的重要文物；克什克腾旗应昌路遗址的"应昌路曼陀山新建龙兴寺记"，是研究元朝皇族与蒙古弘吉剌部关系的文物。在几处主要的元代古城中，还发现有关兴建儒学、尊奉孔子的石碑，反映了元朝重视汉文化，在草原地区推崇儒家学说的历史情况。

对于元朝在草原所建都城和重要城邑的研究、考察与发掘工作，也取得令人瞩目的成就，其发现元代古城遗址 30 余处，分为都城、路城、府城、州城、县城，还有蒙古汗国时期分封宗王所建的城邑等。已探明的蒙古汗国时期的古城主要有：成吉思汗母亲月也伦太后和幼弟斡赤斤在其封地内兴筑的城郭，故址在今呼伦贝尔市鄂温克自治旗巴彦乌拉古城，附近还有两座护卫城，今名为大浩特罕和小浩特罕古城；成吉思汗二弟哈撒儿在其封地内兴筑的城郭，今呼伦贝尔市额尔古纳市黑山头古城是其中的 1 座。元朝初年，由分封诸王所建的城邑，主要有：汪古部在元初于黑水岸边 (今艾不盖河) 所筑黑水新城，后更名德宁路，又称"赵王城"，城址在今达茂旗敖伦苏木古城；弘吉剌部在其封地所建城郭——应昌路城址 (又称"鲁王城")，在今克什克腾旗达尔罕苏木鲁王城；亦乞列思部兴建的宁昌路城址，在今敖汉旗五十家子村古城。

对元朝古城重要的调查发掘工作，主要在今锡林郭勒盟正蓝旗元上都遗址进行。现已发掘出元上都宫殿基址的一部分，发现大型的雕刻有龙纹的汉白玉建筑构件，以及琉璃和装饰宫殿的用品残件，从而证实了《马可波罗游记》中，关于元上都宫殿豪华壮丽情况的记载。经多年调查，对于元上都这座元朝建立之地的情况，已基本掌握，由于元上都所具有的重大的意义，国家文物局已正式将元上都遗址列为我国政府向联合国教科文组织世界文化遗产中心申报世界文化遗产的预备名录之中。

六 内蒙古的民族文物与近现代文物

内蒙古自治区不但拥有众多的历史文物，而且拥有极为丰富的民族文物与近现代文物。这些文物遗产与历史文物共同构成了内蒙古草原文化宝库中的重要组成部分。

（一）民族文物

1. 蒙古族 是内蒙古实行区域自治的民族。分布在内蒙古各地，大多聚居在农村牧区，部分散居在城镇。蒙古族发源于额尔古纳河流域。"蒙古"的汉文译写始见于唐代文献的"蒙兀"，元代文献中才开始汉译成"蒙古"。内蒙古博物馆是全区收藏、研究与展示蒙古民族文物的重点博物馆。在鄂尔多斯、阿拉善、呼伦贝尔、通辽、赤峰、呼和浩特、包头、巴彦淖尔、锡林郭勒、兴安盟、乌海市、乌兰察布博物馆中均收藏有近现代蒙古民族不同部落，不同地区的文物。在包头市达茂旗敖伦苏木遗址；在锡林郭勒盟正蓝旗元上都遗址，还建有当地蒙古民族生态文化博物馆。

2. 达斡尔族 是内蒙古自治区实行区域自治的民族。主要分布在内蒙古东部的呼伦贝尔市，莫力达瓦达斡尔族自治旗是其主要聚居区。内蒙古博物馆、呼伦贝尔民族博物馆以及呼伦贝尔莫力达瓦达斡尔族民族博物馆，是收藏、研究与展示达斡尔族文物的重点博物馆。

3. 鄂温克族 是内蒙古自治区实行区域自治的民族。主要分布在内蒙古东部的呼伦贝尔市，鄂温克族自治旗是其主要聚居区。内蒙古博物馆、鄂温克族民族博物馆是展示、收藏鄂温克民族文物的主要场馆。

4. 鄂伦春族 是内蒙古自治区实行区域自治的民族。主要分布在内蒙古东部的呼伦贝尔市，鄂伦春自治旗是其主要聚居区。内蒙古博物馆、鄂伦春民族博物馆，是展示收藏鄂伦春民族文物的主要场馆。

5. 满族 居住在自治区的少数民族之一。分布在内蒙古各地区，其中东部地区的赤峰市、呼伦贝尔市、兴安盟、通辽市偏多。内蒙古清代绥远将军衙署博物馆，以及社会贤达佟靖仁教授创办的满族文化陈列馆，是内蒙古地区收藏、研究与展示满族文物的重点馆所。

6. 回族 居住在自治区的少数民族之一。散居内蒙古各地，但又相对形成了大小不等的聚居区，如呼和浩特市的回民区、赤峰市元宝山区小五家回族乡等。内蒙古博物馆、阿拉善盟博物馆、呼和浩特博物馆、通辽博物馆是收藏、研究与展示回族文物的重要博物馆。呼和浩特等地的一部分清真寺，也被列为重点文物加以保护。

7. 朝鲜族 居住在自治区的少数民族之一。分布在内蒙古各地区，但东部地区的赤峰市、呼伦贝尔市、兴安盟、通辽市偏多。在内蒙古地区，通辽市、兴安盟、呼伦贝尔、呼和浩特、包头市博物馆，是收藏、研究与展示朝鲜族文物的重点博物馆。

8. 汉族 内蒙古各民族中人口最多的民族。分布于内蒙古各地。其民族文物遗存在全区各地博物馆均有所收藏、研究和展示。

（二）近现代文物

1840年鸦片战争后，内蒙古地区先后有俄、日、英、美等列强侵入。"甲午战争"后，内蒙古地区又沦为俄、日帝国主义的势力范围。在反对外国列强和国内封建势力的斗争中，内蒙古各族人民进行了英勇顽强的战斗。例如：在鸦片战争中，蒙古族将领——两江总督裕谦，为抵抗英军而战死沙场，他是鸦片战争中中国方面阵亡的官级最高的将领。在抵抗沙俄侵略的战争中，内蒙古的达斡尔族爱国同胞，曾多次与沙俄军队在东北森林中激战。在旧中国，随着内蒙古社会半殖民地半封建化的加深，各族人民的反帝爱国斗争、反封建斗争、以抗垦为中心的反清斗争不断开展起来。此外，清政府在新的形势下，开放禁垦、禁矿之令，使内蒙古地区的近代工商业和近代工业有所发展，这也为后人留下了一批反映近代历史发展的文物，如旧商号、作坊、会馆、银行、邮电、铁路、工场、旧街区遗址等。有的现已列为重点文物加以保护。

1921年，中国共产党成立后，对少数民族地区的革命斗争予以关注。1924～1925年，由中共党员李大钊、赵世炎在北京蒙藏学校发展了乌兰夫、多松年、李裕智、奎璧、吉雅泰、高布泽博、赵诚、孟纯、佛鼎、云润等一批蒙古族革命青年加入了中国共产党。

在北京蒙藏学校，由乌兰夫、多松年、奎璧等主持，创办了内蒙古第一个革命刊物《蒙古农民》（共出版两期）现已列为珍贵的一级文物。大革命失败后，乌兰夫冒着生命危险从苏联返回国内，现珍藏在内蒙古博物馆的俄文版《资本论》，就是乌兰夫从莫斯科东方大学带回国内的马克思主义著作，现也已列为一级文物。在白色恐怖中，中国共产党人不畏敌人的屠杀，在满洲里开辟了秘密的红色交通站，通过这个交通站把参加中共五大、六大的代表送往莫斯科。内蒙古自治区文物局于2005年，将满洲里中共秘密交通站旧址与乌兰夫同志故居以及武川县大青山抗日游击根据地遗址、乌兰浩特"五一"大会会址等一批重要的近现代革命遗址，列入申报"全国重点文物保护单位"名录和"爱国主义教育基地"。

内蒙古自治区成立之后，特别是全国解放以后，内蒙古自治区文物部门先后三次报请自治区人民政府批准公布了三批自治区级重点文物保护单位。其中，把反映近现代革命斗争与抗日救国战争、民族解放斗争的一批具有历史和纪念意义的文物遗址和纪念地列为自治区级重点文物保护单位加以公布与保护。2005～2006年，内蒙古自治区文物局又在全区调查，登记了一百余处不可移动的重点文物，报请自治区人民政府列入自治区重点文物保护单位。其中，近现代文物遗址占有较大比例，例如建于1956年的内蒙古博物馆旧馆大楼；建于1958年的东风航天城导弹、卫星发射场遗址（位于内蒙古阿拉善盟额济纳旗境内）。此外，为了全面保护近现代历史文化遗产，还将旅蒙商"大盛魁"旧址，傅作义先生创办的奋斗中学旧址，俄国铁路技师建的扎兰屯吊桥，小火车站、"木克楞"小屋等，列为近现代文物遗产加以保护。除了大量地保护自治区境内不可移动的近现代文物遗产外，内蒙古自治区各级政府和有关文化、文物部门，还注重加强对流散在社会上的可以移动的近现代文物进行调查、收集和保护。例如：内蒙古文物局对收藏在内蒙古图书馆的珍贵文献《绥远通志稿》和蒙古文《大藏经》进行了认真的登记和保护。呼和浩特市人民政府鉴于著名收藏家杨鲁安先生向国家捐献8000余件历史文物和近现代名家字画，而对杨鲁安先生进行了隆重的表彰奖励。

内蒙古博物馆在抗击"非典"的工作结束后，通过自治区防"非典"部门的协助，并经过严格的安全处理，征集了一批抗击"非典"时期的珍贵文献、照片和现代文物。此外，还向包头钢铁公司、东风航天城、内蒙古民族歌舞剧院等单位，征集了一批反映新中国航天成就以及自治区经济文化建设事业发展的珍贵文物。例如：神舟飞船模型；用包钢炼出的第一炉钢水所铸造的钢锭；马头琴演奏家齐·宝力高先生在维也那金色大厅举办"马头琴演奏会"上使用过的马头琴等等。

七 结 语

内蒙古自治区的文物宝藏，是祖国文物宝库的重要组成部分，回顾近60年来全区文物保护管理与文博事业所走过的光荣历程，更加感到内蒙古文物所具有的重大价值。60年所取得的辉煌成就，离不开党和政府及各族人民群众的关怀、支持、帮助，离不开全体文物工作者的艰苦奋斗和长期不懈的努力。60年全区文物保护管理工作与文博事业的成就表明：任何时候都必须坚定不移地贯彻执行党和国家制定的保护文物的政策法令，同时，要结合自治区的实际情况，创造性地加以宣传和执行。在少数民族自治区，要特别注重在党和政府的领导下，通过保护文物的实际行动，认真宣传、贯彻、执行党的民族政策，只有这样，才能动员和依靠各族人民群众，把文物保护管理工作做好，才能发展和繁荣自治区的文博事业。在开展文物保护工作的实践中，要自觉地围绕党的中心工作，为自治区的社会主义经济建设服务，为全区的社会主义精神文明建设服务。只有这样，文博事业才能坚持正确的方向，在各级党委、人大、人民政府的支持下，不断发展走向繁荣。60年的实践表明：文物工作是一项涉及全民族、全社会文明与进步的重要工作，只有密切依靠群众，发动社会力量，协调各方面的关系，才能稳步发展。随着社会的进步，要不断深化改革、扩大开放，努力加强队伍建设和人才培养，才能保证文博事业兴旺发达，后继有人。文物工作承担着教育人民，弘扬民族精神和革命传统的光荣使命，要大力加强对民族文物和革命历史文物的保护，积极建设爱国主义教育基地，抓好基础建设，使全区各族人民通过形象、生动、直观的文物展览，激发热爱家乡、建设家乡、继承光荣革命传统的热情。

60年的实践表明：文物考古发掘研究与博物馆展览工作，必须以马克思主义唯物史观为指导思想，运用文物考古所获取的资料，说明历史发展的过程；揭示人类历史发展的奥秘；反映出内蒙古所具有的悠久历史和灿烂文化；描绘出各民族人民团结奋斗，共同开发建设内蒙古的雄伟历史篇章；展示出内蒙古各族人民，在中国共产党领导下，战胜内外敌人，夺取胜利，并且建设美好家园的历史面貌。

（执笔人：王大方）

辽宁省文物事业60年

辽宁省文物局

中华人民共和国成立后，新中国的文物事业翻开了崭新的篇章。60年来，辽宁的文物事业也同全国一样，进入了健康发展的轨道。特别是党的十一届三中全会以来，全省文博战线干部职工以邓小平理论和"三个代表"重要思想为指导，深入学习贯彻落实科学发展观，坚决贯彻执行"保护为主、抢救第一、合理利用、加强管理"的文物工作方针，在文物法制建设、文物保护、考古发掘、博物馆事业、对外交流诸方面均取得了令人瞩目的成就。

一　辽宁文物事业60年的发展历程

（一）1949～1978年：文物事业基本框架构成阶段

这一时期，经过解放30年的不懈努力，为辽宁文物保护事业发展的打下了坚实基础。早在建国前夕，东北就率先在全国建立了文物管理机构。1948年4月，东北行政委员会成立了东北文物保管委员会，1949年2月，成立东北文物管理处，8月，成立东北文物管理委员会。1954年8月，东北行政区撤销，成立了辽宁省文化局，1960年5月改为辽宁省文化厅，文物工作纳入社会文化科（处）管理。1975年，作为省政府领导下的文物工作的协调机构——辽宁省文物管理委员会成立，办公室设在省文化厅文物处。

东北文物保管委员会成立后，就先后制定并颁布了《东北解放区文物古迹保管办法》及《实施细则》、《东北解放区文物奖励规则》等重要文件，并刊登在当时的《东北日报》上，这是第一次有关文物法规的宣传。随着基本建设项目不断增加，省政府先后颁布了《为进一步贯彻关于在农业生产建设中保护文物的通知》、《关于在挖找石源砖料时应注意保护文物的紧急通知》、《关于利用旧石料时注意保护文物的通知》等法律性文件，内容主要规范在基本建设中要注意保护文物，不能毁坏古建筑等。1961年4月，辽宁省人民委员会发布了《关于贯彻执行国务院〈关于进一步加强文物保护工作的指示〉的通知》。

摸清文物家底并及时公布各级文物保护单位并制定和落实保护法则措施，是文物保护工作的重点。1951年8月，为全面了解东北地区文物古迹的保存状况，东北文物管理处派出三个工作组分赴辽宁、吉林、黑龙江省开展文物调查。为确定辽宁省文物保护单位，辽宁省文化局于1954～1956年开展了全省第一次文物普查。根据这次调查，1956年，辽宁省人民委员会公布了第一批117处重要文化古迹保护名单。1960年末，省文化厅又组织了一次重点复查，并培训了

第一批文物干部。在此基础上，分别于 1960 年 9 月和 1962 年向国家文化部报送了第一批和第二批全国重点文物保护单位名单。

1961 年国务院公布了第一批 180 处全国重点文物保护单位，其中辽宁有 4 处；1963 年辽宁省人民委员会公布了调整后的第一批省级文物保护单位，共计 48 处；同时期，全省有市级文物保护单位 55 处，县（区）级文物保护单位 38 处。1962 年，辽宁省人民委员会转发省公安厅、建设厅、文化厅《关于文物保护单位保管状况和今后意见的报告》，提出加强对已公布的各级文物保护单位的"四有"工作。1973 年，为了解"文化大革命"中省级文物保护单位的状况，组织全省干部对已公布的 562 项（含当时划入辽宁省的内蒙古昭乌达盟 8 项）进行了一次普查，并进一步落实了"四有"工作。

这一时期，辽宁文物考古工作者贯彻"重点保护、重点发掘，既对基本建设有利，又对文物保护有利"的文物工作方针，配合工农业生产，进行了一系列抢救性考古发掘工作，取得了很大成就。1954 年，正式成立东北文物工作队，配合国家第一个五年计划，首先在鞍山、辽阳、海城等地开展了大规模的田野考古工作，成为辽宁田野考古工作迈入正规化、专业化的起点。在喀左发掘了一处距今 5 万～7 万年的旧石器时代中期遗址，这是东北地区最早发掘的旧石器时代遗址；在沈阳北郊发现了一处新石器时代较早阶段的聚落址——新乐遗址，出土了世界上最早的煤精工艺品，把中国利用煤精制造工艺品的历史提早到 7000 多年前；在辽西大凌河流域发现多个青铜窖藏坑，出土了包括燕侯盂在内的一批商周时期的青铜器，说明至少在西周初年，燕国势力已达辽西；在辽阳北园、棒台子和三道壕等地发现一批汉魏晋时期壁画墓群及三道壕村落遗址；在法库叶茂台发现以辽代北府宰相萧义为代表的萧氏家族墓地，这是辽代考古的重要发现。此外，朝阳十二台营子青铜短剑墓，沈阳郑家洼子青铜短剑墓，大连岗上、楼上墓地，西丰西岔沟匈奴墓地，北票房身墓地，北燕冯素弗墓等发掘也在国内外引起很大反响。长海小朱山等遗址的发掘，为辽南地区新石器文化序列建立奠定了基础。这段时期，辽宁考古工作者较全面地掌握了辽宁历史文化发展序列的有关材料，初步建立起了辽宁田野考古的时空框架。

◆辽宁省博物馆老馆照片

从辽宁解放后到 1978 年，辽宁的博物馆数量也有了一定的发展。早在 1949 年 7 月 7 日，东北博物馆（即今辽宁省博物馆）作为新中国成立前夕建成的最早的博物馆在沈阳对外开放。1951 年和 1952 年，人民政府先后在大连和沈阳接收并成立了旅顺历史文化博物馆、故宫陈列所，并陆续更名为旅顺博物馆、沈阳故宫博物院。辽宁省博物馆、沈阳故宫博物院、旅顺博物馆，作为共和国

初期建成开放的、为数不多的第一批博物馆,成为辽宁博物馆事业发展的基础,并称"辽宁三大馆"。这三大博物馆以馆藏文物丰富、档次较高而享誉国内外,特别是辽宁省博物馆馆藏历代书法、绘画、辽代文物,沈阳故宫博物院院藏清早期宫廷文物,旅顺博物馆馆藏甲骨文、新疆文物、外国艺术品等堪称稀世珍品。到 1978 年,金州博物馆、大连自然博物馆、雷锋纪念馆、抚顺市博物馆、锦州市博物馆、朝阳市博物馆、金县博物馆、凌源县博物馆等市、县级博物馆也先后建成并对外开放。

早在 20 世纪六七十年代,辽宁的博物馆的管理,文物保管,陈列展览以及研究工作即处于全国领先水平,李文信、杨仁恺等同志作为全国著名博物馆学、考古学及文物鉴定专家,均有高水平的论文及专著问世,为提高辽宁文博事业做出了较大贡献,在国内外均产生了一定影响。

(二)1978年至今:文物事业的日趋完善阶段

党的十一届三中全会以来,辽宁文物事业的发展驶入了快车道,法制建设、文物保护、博物馆建设、考古研究、流散文物管理、对外交流等各项工作都取得了前所未有的成就。1982 年,《中华人民共和国文物保护法》颁布以后,文物保护工作逐步走上法制管理的轨道。1985 年 12 月,调整后的辽宁省文物管理委员会作为办公室常设机构,设于省文化厅内,负责全省的文物管理工作。随后,绝大部分市也相继建立了市级文物管理机构,有的市还成立了文物管理委员会,负责本地区的文物保护管理工作。各县也相继成立文物管理所,负责本县的文物保护工作。与此同时,文物的法制建设也得到了进一步加强。1986 年,省人大公布了《辽宁省关于〈中华人民共和国文物保护法〉实施办法》。1995 年,省人大常委会又颁布了《关于进一步加强文物保护工作,严厉打击盗窃破坏文物违法犯罪活动的决定》,为打击盗窃古墓葬的违法犯罪活动提供了强有力的执法依据。随后,省政府也相应地发布了一些政府规章。1996 年,省政府办公厅转发了《辽宁省文物勘探管理办法》,为在文物埋藏区域内妥善解决基本建设与文物保护的矛盾,规范文物考古行为提供了依据;1997 年,为贯彻全国文物工作会议精神,省政府又颁布了《辽宁省关于加强文物工作有关问题的通知》,就新时期建立文物保护新体制,落实各级政府"守土有责"作了全面部署。2004 年"申遗"成功之后,省编办批准省文物局挂牌,并成立了文物执法监督处,增加了文物行政执法人员编制,进一步加大了执法力度,使文物行政执法工作落到了实处。

遵照中央关于文物"五纳入"的精神,各级政府已将本地的文物保护工作纳入各级政府议事日程,每年出资数百万元用于文物保护和博物馆基础设施建设,上下级政府和政府与其职能部门之间都建立起文物保护责任制。

文物保护单位"四有"工作基本落实到位。按照《文物保护法》对文物保护单位"四有"工作的具体要求,省政府先后四次颁发了省级以上文物保护单位保护范围和建设控制地带。1988 年和 2009 年,省文化厅先后两次统一制作并树立了省级以上文物保护单位的保护标志碑。第一批至第五批全国重点文物保护单位记录档案备案基本完成,全国博物馆一级文物藏品建档、全国重点文物保护单位保护状况调研等工作取得了阶段性成果。

历史文化名城的建设与保护工作得到应有的重视。全省现有国家级历史文化名城 1 处,省级历史文化名城 7 处,国家级历史文化名镇 2 处,省级历史文化名镇(村)4 处。根据历史文化名

◆奉国寺大殿七尊大佛

◆修缮后的兴城古城墙

城保护的需要，各级建设和文化主管部门密切配合，制定历史文化名城保护条例和历史文化名城保护总体规划，历史名城中地上地下文物古迹、具有传统特色的地段以及古城的格局和风貌特色、城市的传统文化都得到了有效的保护。改革开放以来，配合城市改造，各地相继开展了文物勘探工作，保护了一大批文物。

全省古代建筑维修工作取得了前所未有的成就。改革开放以来30年间，先后对全国重点文物保护单位兴城城墙、朝阳北塔、义县奉国寺、盖州玄真观、沈阳故宫、张学良旧居、锦州广济寺塔、圣水寺、兴城文庙和省级文物保护单位铁岭银冈书院、崇寿寺塔等进行了全面维修和加固，使这些文物古迹重新焕发了青春。

考古工作成就斐然。1978年以后，辽宁考古事业迎来了新的春天。营口金牛山古人类洞穴遗址、朝阳牛河梁红山文化遗址和绥中姜女石秦汉宫殿遗址的发掘，被并称为辽宁20世纪80年代"三大发现"。金牛山遗址发现了一具相当完整的女性头骨及部分体骨化石，其年代距今约28万年，被定名为"金牛山人"。这是迄今东北地区发现最古老、保存又较完好的人类化

◆维修中的海城银塔

石，为研究早期人类演化提供了极为珍贵的科学资料，被评为1984年世界十大科技进展项目之一。在牛河梁50平方公里的范围内，考古工作者发现了女神庙、积石冢群、祭坛和金字塔式巨型建筑，出土了形神兼备的女神头像和大批制作精美的玉猪龙、玉璧等玉器及形制特异的红色彩陶器。确凿而丰富的考古资料说明，牛河梁这处规模宏大的史前礼仪性建筑群址不仅是红山文化的古城古国之所在，也是中华5000年文明的象征，将中华民族的文明史提前了1000年，证明辽河流域是中华文明重要起源地之一，而中华文明的起源和发展之火，如同满天繁星，遍布神州大地。姜女石秦行宫遗址是一处以石碑地为中心，止锚湾、黑山头为两翼组成的一宫双阙的大型夯土高台建筑，加上周围的附属建筑，面积达25平方公里。整个遗址是一处兼有苑囿和礼仪性质的大型行宫遗址，为秦始皇东巡碣石，"择地作东门"的帝国国门之所在。碣石宫遗址是秦汉统

◆ 牛河梁遗址第十六号地点鸟瞰

◆ 苏秉琦先生（中）在牛河梁

一的多民族国家形成的象征，也是秦汉中央政权开发东北地区的纪念碑。三大遗址的发现，标志着辽宁田野考古事业真正迈入辉煌时期。建立遗址博物苑等大遗址保护的观念和相关的大遗址保护措施也随之提到日程。

20世纪80年代至90年代末，围绕科研课题的研究，还先后在本溪庙后山旧石器时代遗址、阜新查海新石器时代遗址、朝阳北塔塔基遗址、北票喇嘛洞三燕贵族墓地和桓仁五女山高句丽山城等几处重要遗址进行了考古发掘。庙后山遗址是我国旧石器时代早期遗址中最北的一处；距今约8000余年的查海遗址是一处大型村落遗址，发掘出了大型龙形堆石和浮雕龙纹陶片，这是目前我国最早的龙形图案，为探索龙的起源提供了依据。同时发现了玉玦、玉匕等精美玉器，这是目前发现的我国最早的真玉器，被誉为"文明发端，玉龙故乡"。配合朝阳北塔维修工程，对北塔基址和天宫、地宫的发掘取得了丰硕成果。确认了塔所在地为北魏"思燕佛图"遗址；在塔天宫和地宫也发现大量珍贵的辽代佛教文物，被评为当年"全国十大考古新发现"提名奖。喇嘛洞三燕贵族墓地共计发掘墓葬369座，出土文物约5000余件(套)，包括陶、铁、铜、金银器等，为研究公元三四世纪北方少数民族的社会经济形态及其与中原地区的关系以及三燕文化对古代朝鲜半岛和日本列岛的影响提供了新的资料。

改革开放以来，随着国家经济大规模发展，配合基本建设所进行的田野考古成为考古工作的重要方面。省文物考古研究所配合白石水库、观音阁水库、阎王鼻子水库和沈大、沈本、沈山高速公路及秦沈高速铁路等建设工程，进行了百余项考古发掘工作，既有力地支持了工程建设，又保护了大批珍贵的历史文物，丰富了辽宁的历史与文化内涵。

博物馆事业取得长足进步。1978年以后，沐浴着改革开放的春风，我省的博物馆事业进入了空前的发展时期。30年间，全省博物馆数量由9座增加到90座。目前，全省14个地市，除盘锦市外，13个市都建立了博物馆，文物较多的县(市)也成立了博物馆，成为当地爱国主义教育的阵地。各市除兴建了历史艺术类博物馆外，名人纪念馆、重大历史事件纪念馆、

◆ 喇嘛洞 M101 铜鎏金鞍桥包片

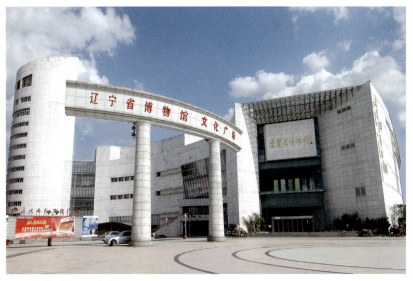

◆ 辽宁省博物馆外景

遗址博物馆、自然及专门类博物馆也相继出现。辽沈战役纪念馆、抗美援朝纪念馆、沈阳"九·一八"事变纪念馆的建立和扩建标志着我省重大历史事件博物馆（纪念馆）建设走在了全国前列。特别是辽沈战役纪念馆和抗美援朝纪念馆的全景画馆，在全国享有较高的知名度。凌源市博物馆、建平县博物馆以狠抓基础工作为重点。各项业务工作在全省乃至全国县级博物馆中名列前茅，先后受到文化部和国家文物局的表彰。

经过几十年的发展，全省各级各类博物馆的藏品数量有了较大增长。目前全省文物藏品总数已达 28 万余件，其中一级文物（不含书画类）1275 件。自 20 世纪 90 年代初，全省馆藏文物的清库建档工作全面展开，为摸清馆藏文物、科学保管藏品和文物合理利用起到了积极作用。改革开放以来，特别是中共中央印发《爱国主义教育实施纲要》以来，辽宁各级各类博物馆在爱国主义教育活动中发挥着其他行业无法比拟的作用。辽沈战役纪念馆、抗美援朝纪念馆、雷锋纪念馆、沈阳"九·一八"事变纪念馆、旅顺万忠墓纪念馆被团中央等单位评为"全国百家优秀爱国主义教育基地"，辽宁省博物馆、辽宁省近现代史博物馆、旅顺博物馆等 14 个文博系统的博物馆、纪念馆被省委宣传部、省教委、团省委等 6 个部门命名为"省爱国主义教育示范基地"。全省已有19 个博物馆、纪念馆先后向中小学生免费开放，创造了良好的社会效益。

同时，各级博物馆、纪念馆进一步加大了科研工作力度，成功地举办了"辽宁地方史专题陈列"、"孔繁森同志事迹展览"、"千古功臣张学良将军业绩展览"等数百个基本陈列或专题展览，为宣传辽宁悠久的历史、弘扬爱国主义的主旋律做出了突出贡献。

据初步统计，全省各级各类博物馆每年接待中外观众达 500 余万人次。人们通过参观博物馆，不仅学到了科学文化知识，了解了历史和国情，还自觉接受丁爱国主义和革命传统教育，提高了审美情趣。而外国朋友则通过参观辽宁的博物馆，更加了解了中国和辽宁。

改革开放以来，辽宁省各级文物商店的业务得到了迅速发展，相继在省内建立了 12 个市级文物店（站），20 个县、30 个乡镇文物收购点。

二 辽宁文物事业60年的发展成就

新中国成立 60 年来，辽宁文物事业得到党和国家的高度重视，得到全社会的大力支持，得到人民群众的热情参与，取得显著成果，积累了丰富的经验。党的十一届三中全会以后，随着国家和我省经济实力的增长和精神文明建设的不断加强，在以往成果的基础上，在省委、省政府的

高度重视下，在国家文物局的大力支持下，在省文化厅党组的正确领导下，全省文物系统广大干部职工以邓小平理论和"三个代表"重要思想为指导，坚持科学发展观，紧紧围绕辽宁老工业振兴这一中心工作和构建和谐辽宁，全面发挥文物行政系统职能作用，进一步提高文博业务水平，文物事业实现了重大发展。

（一）基础工作进一步夯实

地方立法工作进一步推进。根据省政府《关于切实加强文化遗产保护的通知》要求，全面收集资料，积极配合有关部门，完成了制定《辽宁省文物保护条例》的准备工作，为做好我省文物立法工作奠定了基础。

在第二次全国文物普查的基础上，2007年启动了第三次全国文物普查。2007年4月，国务院下发《关于开展第三次全国文物普查的通知》后，辽宁各级党委、政府及相关职能部门高度重视"三普"工作，按照通知精神和国家"三普"办要求，在围绕思想认识抓提高、围绕组织实施抓协调、围绕保障经费抓落实、围绕职责分工抓细化、围绕人员队伍抓素质、围绕内容标准抓规范、围绕社会氛围抓宣传等几个方面积极开展工作。经过2007年9月、11月两次全省业务培训，我省的第三次文物普查田野调查工作从2007年11月底正式开始，截至2009年5月1日，各级普查办人员495人，一线从事田野调查的普查队员538人。自第三次全国文物普查启动至2009年5月1日，全省各级财政累计到位文物普查经费3245.3万元，其中省级财政到位821万元，14个地市级财政到位1151.7万元，100个县级财政到位1272.6万元；截至2009年4月30日，共有95个县级行政区域启动了实地文物调查。全境普查启动率为70%（启动率=已启动乡镇数/全省乡镇总数）；共有18个县级行政区域完成实地文物调查，全省普查完成率为51.4%（完成率=已完成乡镇数/全省乡镇总数）。截至2009年5月1日，共调查登记

◆辽宁文物普查队员在夜间整理资料

◆辽宁文物普查新发现的积石冢群

不可移动文物 13484 处，其中新发现 7314 处，复查 6170 处（我省"二普"登记不可移动文物为 11300 处）。我省的"三普"取得了可喜的成果。

长城资源调查调查工作进展顺利并取得阶段性成果。根据国务院有关领导关于切实做好长城保护工作的指示和要求，在国家文物局和国家测绘局的部署下，2006 年初至 2007 年，辽宁在完成了建立组织机构、组建调查队伍、编制和审批方案、建立规章制度、落实工作经费、组织业务培训、与相邻省划定调查范围、配备工作设备和装备等各项准备工作的基础上，于 2007 年 5 月初，正式启动了明长城资源调查工作。截至目前，经过近三年的野外调查和室内资料整理，取得了明长城资源调查阶段性工作成果。

明长城资源野外文物调查工作和室内资料整理工作全部结束。经统计，调查并初步确认长城墙体约 1075 公里，其中土墙、石墙、山险墙、山险、河险等有效墙体约 695 公里，消失墙体约 380 公里。调查中还发现了多处单体建筑，其中敌台 508 座，烽火台 541 座，关、堡 104 座，另外还发现居住址、采石场等相关遗存 71 处。填写各类登记表 2000 多份，采集照片和影像资料 500G，采集 GPS 点 3600 多个。

辽宁明长城长度数据测量工作顺利完成。我省率先与测绘部门签署了《明长城测量工作委托协议》，在参与明长城资源调查的 10 个省（区）中，我省首先启动了测量工作。经过省文化厅和省测绘局密切配合和共同努力，辽宁明长城长度数据测量工作于 3 月底全部完成，经国家长城项目组验收认定，我省境内明长城总长度为 1218.8 千米（不包括蓟镇长城部分）。4 月 18 日，国家文物局和国家测绘局联合在北京八达岭举行明长城长度数据发布仪式，经国务院授权公布中国明长城总长度为 8851.8 千米，我省明长城长度在全国 10 个明长城省份中位居前列。

燕、秦、汉、北齐、辽等早期长城资源调查工作进展顺利。2009 年 3 月底，担负辽宁早期长城资源调查的 6 个工作队陆续抵达各自的工作区域开展野外工作，标志着我省早期长城资源调查工作全面启动。截至目前，已有三个调查队基本完成野外调查并转入室内资料整理阶段，其余三个调查队野外调查工作进展顺利。

执法力度逐步加大。近几年来，连续在全省范围内部署开展文物行政执法专项督察，文物执法专项督察工作初见成效，执法程序进一步规范，依法行政能力不断提高。文物安全防范工作得到加强。大量珍贵文物的保管条件得到改善，文物系统博物馆风险等级和安全防护级别达标工作继续推进。防范和打击文物领域犯罪活动的力度加大，进一步遏制文物走私、犯罪活动。

文物队伍建设势头良好。60 年来，全省文物从业人员的知识结构、学历结构、职称结构都有了很大改善，形成了一支具有较高政治和业务素质、结构比较合理的文博工作队伍。文物保护专业技术人员的管理体制日臻完善。加强行业准入管理，对从业人员资格进行规范，提高了行业管理水平。全省文博系统通过采取引进高学历人才、对现有人员脱岗再培训等办法，加强了文物系统队伍建设。文物教育培训工作得到加强，省文化厅通过与辽宁大学合办文博班的形式，为全省培养了一批文博骨干力量。

目前，我省有以郭大顺、徐秉琨等为代表的一批国内外知名的专家学者，有近百名副研究员以上精通业务的中坚力量，有一大批高学历的专业后备人才，逐步形成了考古、博物馆及相关的文物保护专业的业务队伍，为文物事业的发展奠定了基础。几年来，专业人员撰写各种专业论文数百篇，出版专著几十部。

完成了旅顺博物馆、沈阳故宫博物院、锦州市博物馆、北镇市文管所等20余个单位的安防设施建设工程；对全省重点文博单位和重点部位进行了安全检查，落实了安全责任制度和值班、值宿制度，连续十几年实现了馆藏文物安全年。

（二）不可移动文物保护卓有成效

文物保护力度明显加大。多年来，各级财政对文物保护工程投入了大量资金，已得到维修的古建筑有近百处，重要的项目主要有沈阳故宫维修工程、张学良旧居维修工程、清永陵维修工程、平顶山惨案遗址保护工程、广济寺古建筑群维修工程，奉国寺古建筑群维修工程，万佛堂石窟维修工程，北镇庙维修工程等等。这些工作的开展，也得到了地方政府的大力支持，各地在动迁、修路、绿化等配套工程中投入大量资金，极大地改善了文物周边环境。

根据省委、省政府《关于贯彻落实扩大内需方针,促进全省经济持续较快发展的意见》及《2009年省政府工作报告》提出"做好古塔修缮工作"的有关要求和部署，自2009年起，我省全面启动了包括文物本体保护和环境整治及基础设施建设两个部分在内的辽塔保护工程。全面、系统实施辽塔保护工程，将有利于加强辽塔文物本体保护并建立辽塔保护长效机制，改变我省辽塔破损较为严重的现状，形成政府主导、全社会参与文化遗产保护的良好社会氛围；将可以改善辽塔的历史风貌和周边环境，使辽塔成为当地文物旅游的品牌和亮点，促进当地经济与社会的协调发展；同时，全面启动辽塔保护工程，是落实国家和省确定的"保增长、扩内需、调结构、惠民生、促改革"总体目标的实际举措，将会对构建和谐社会和实现辽宁全面振兴起到积极的促进作用。

动员社会力量集资用于保护文物，是我省实施多年，并被证明是行之有效的好办法。继20世纪80年代末辽宁大规模开展"爱我中华，修我长城"的赞助活动后，近年来，沈阳、锦州、丹东、铁岭、葫芦岛等市都曾发起过动员全社会力量、调动各类社会组织和广大人民群众保护文物的积极性，共同捐资保护文物。全省先后捐款修建和修复的博物馆和文物保护单位有沈阳"九·一八"历史博物馆、绥中九门口长城、义县万佛堂石窟、丹东虎山长城、铁岭银岗书院——周恩来少年读书旧址、葫芦岛莲花山

◆爱我中华、修我长城——维修后的九门口长城

◆辽宁省绥中县锥子山明长城

圣水寺等。

考古工作扎实开展。辽宁地下古代文化遗存十分丰富，田野考古工作始终备受重视。继20世纪80年代营口金牛山古人类洞穴遗址、朝阳牛河梁红山文化遗址和姜女石秦汉宫殿遗址发掘被评为辽宁20世纪80年代"三大考古发现"后，朝阳北塔塔基遗址发掘被国家评定为1995年"重大考古新发现提名荣誉奖"，北票喇嘛洞三燕贵族墓地发掘被评为1996年"全国十大考古新发现奖"，绥中姜女石遗址发掘被评为1997年"全国十大考古新发现奖"，北票康家屯城址发掘被评为1998年"全国十大考古新发现奖"，桓仁五女山山城发掘被评为1999年"全国十大考古新发现奖"，朝阳牛河梁遗址第十六发掘地点被评为2003年"全国十大考古新发现奖"，朝阳三燕龙城宫城南门遗址被评为2004年"全国十大考古新发现奖"。经过全省考古工作者的共同努力，我省田野考古发掘水平不断提高。在国家文物局举行的全国优秀考古发掘工地评选中，姜女石遗址发掘工地、喇嘛洞墓地发掘工地、康家屯城址发掘工地先后被评为1994～1995年度、1996～1997年度、1999～2000年度"全国优秀工地"。迈入新世纪，辽宁考古工作进一步发展，由辽宁省文物考古研究所主持完成的"朝阳三燕龙城宫城南门遗址"发掘项目，成功入围了2004年度"全国十大考古新发现"。

大遗址保护工程稳步推进。经过积极争取，我省牛河梁遗址、姜女石遗址、凤凰山山城、五女山山城4处遗址被列入了全国100处大遗址保护名单。

积极推进牛河梁遗址的大遗址保护工作。积极争取国家文物局支持，推进牛河梁遗址保护利用项目的规划论证、方案设计、申请立项、资金争取等基础工作。国家文物局分别批准了牛河梁

◆姜女石秦汉行宫遗址鸟瞰图

◆五女山山城远眺

遗址第一、二地点保护工程设计方案。组织省文物保护专家组有关专家就《牛河梁遗址第一地点保护工程实施方案》进行了论证，并核准同意实施牛河梁遗址第一地点保护工程。协调国家文物局组织有关专家召开了牛河梁遗址博物馆设计方案评审会，专家原则同意博物馆选址及博物馆设计第二方案。协调国家文物局与中国文化遗产研究院共同议定，由中国文化遗产研究院承担牛河梁红山文化国家遗址公园详规编制任务，目前已开展相关工作。

对永陵南城址、凤凰山山城等处遗址进行了考古发掘和资料整理；完成了对永陵南城址、凤凰山山城、上古城子墓群等遗迹的野外测绘工作，完成了石台子山城、桓仁米仓沟墓群的前期测绘准备工作；完成了凤凰山山城北城墙维修、永陵南城址保护规划编制、永陵南城址防洪坝工程向国家文物局申报立项及相关的工作。

世界文化遗产申报和管理工作取得进步。2002年，世界遗产"九门口长城"挂牌。2004年，在第28届世界遗产大会上，"高句丽王城、王陵及贵族墓葬"项目及清盛京三陵、清沈阳故宫项目顺利列入《世界遗产名录》，使我

◆清昭陵

省拥有了6处世界遗产地，位居全国前列。"申遗"工作得到了省委、省政府的充分肯定，并总结出"知难而进、志在必得的信念，齐心协力、团结拼搏的作风，精益求精、追求卓越的品格"的申遗精神。在"申遗"工作表彰会上，全省共有14个单位分别被省委、省政府授予"申报世界文化遗产工作突出贡献单位"和"申报世界文化遗产工作先进单位"称号，70名同志受到表彰。

"申遗"成功后，在各级政府的领导下，在国家文物局的大力支持下，各世界遗产地在管理、保护、宣传、展示工作方面有了长足的进步，取得了令人可喜的成绩。2006年，牛河梁遗址和兴城城墙被列入国家文物局重设的《中国世界文化遗产预备名单》。世界文物遗产事业带动了遗产所在地社会经济和文化的发展，极大地提高了当地广大人民群众的生活水平，改善了他们的生活环境，真正给他们带来了实惠。

（三）博物馆事业蓬勃发展

博物馆业务建设成果显著。在2004年，两年一度的全国博物馆系统最高级别的政府业务评奖——第六届（2003～2004年度）"全国博物馆十大陈列展览精品"评选活动中，辽宁省博物馆参评的"新馆文物专题展"以高票入围，名列精品展览第二位，标志着我省近年博物馆业务建设取得了重大成绩，工作有了新的突破。

省博物馆通过整合全省文物资源,协调8个市、16个文物收藏单位,借调554件(组)精品文物,于2007年举办了"辽河文明"基本陈列,展览设"文明曙光"、"商周北土"、"华夏一统"、"契丹王朝"、"满族崛起"五个专馆,展出文物精品1421件(组)。同时,省博物馆还不断推出内容各异的专题展览,观众达到12万多人次,社会反响良好。先后接待了中共中央政治局常委李长春,全国政协副主席陈奎元、董建华等党和国家领导人。

各级博物馆基础设施建设取得了新的进展。沈阳金融博物馆、朝阳北塔博物馆、建平县博物馆、辽阳市博物馆相继建成并对外开放。丹东市博物馆、本溪市博物馆新馆建设进展顺利,抚顺平顶山惨案遗址博物馆完成改扩建,旅顺博物馆库房改造试点工程完成并通过验收。

2008年6月,根据《全国博物馆评估办法(试行)》的规定,经各博物馆自评申报,省评估委员会评估推荐和国家专家评议审定,国家文物局公布了83个博物馆为首批国家一级博物馆,我省的省博物馆、沈阳"九·一八"历史博物馆、旅顺博物馆、抗美援朝纪念馆等4个博物馆、纪念馆成功入选,入选数量与江西、山东、河南3省并列第5位。

2009年6月,经省内各家博物馆自评申报,省评估委员会评议推荐,国家文物局最终批准,我省沈阳故宫博物院、大连现代博物馆、张氏帅府博物馆、旅顺日俄监狱旧址博物馆等4家博物馆被评为国家二级博物馆,沈阳新乐遗址博物馆、锦州市博物馆、营口市博物馆、铁岭市博物馆等4家博物馆被评为国家三级博物馆。

中小博物馆提升展示服务水平工作。巩固和发展"中小博物馆建设发展座谈会"成果,以营口市博物馆、建平县博物馆为典型,探索中小博物馆建设发展新途径。以营口市博物馆展示服务水平提升试点项目为契机,加大投入,改善中小博物馆的基础设施,充实展览内容,丰富展览形式,着力提升全省中小博物馆展示服务水平。铁岭博物馆展示与服务水平提升工作实施方案得到批准,项目实施进展顺利。

2008年1月,中宣部、财政部、文化部、国家文物局联合下发了《关于全国博物馆、纪念馆免费开放的通知》。为落实上级文件精神,2008年3月1日,省博物馆、沈阳"九·一八"历史博物馆、抚顺平顶山惨案纪念馆、东北抗联史实陈列馆、抗美援朝纪念馆、辽沈战役纪念馆等首批6家博物馆向全社会免费开放。博物馆免费开放后,社会反响强烈,观众参观人数剧增。截至2008年底,6家首批免费开放单位共接待观众280余万人次,同比增长5倍以上,取得了良好的社会效益。

◆群众广泛参与文化遗产日活动

（四）对外交流与合作成绩斐然

从 90 年代初，辽宁先后举办了环渤海考古国际学术讨论会、东北亚旧石器文化国际学术讨论会、中国古代服饰国际学术讨论会、中日文字文化国际学术讨论会等大型国际学术会议，美、日、俄、韩等国家的专家学者参加了会议。

辽宁省博物馆、辽宁省文物考古研究所、沈阳故宫博物院、旅顺博物馆等单位先后赴日本、美国、韩国、新加坡、西班牙、挪威、加拿大、芬兰等国举办了"辽宁省文物展"、"中国古代文明展"、"中国古代皇陵展"、"清代帝后生活展"、"中国末代王朝展"等展览，为进一步加强中国同世界各国人民的文化交流做出了重大贡献。

近年来，全省各级文博单位进一步加强了同国外文物考古界的学术交流。省文物考古研究所于 l991 ～ 1993 年与日本"中国考古学会"合作进行"东北亚古代文明渊源的考古学观察"，1997 ～ 1998 年与日本奈良国立文化研究所合作开展"三燕出土铁器保护与研究"；旅顺博物馆先后与日本有关单位合作出版了《旅顺博物馆藏品展图录》、《旅顺博物馆藏新疆文物研究文集》等学术专著；全省 50 余名文物系统的专家、学者先后赴美国、法国、日本、韩国、新加坡等 10 余个国家进行国际学术交流，进一步加深了中国人民同世界各国人民的传统友谊。

（五）文物市场逐步走上健康发展轨道

全省的文物店从建店以来共征集文物 70 余万件，其中一、二级文物 600 余件，先后提供给各级各类博物馆的入藏品就达 2249 件，为保护国家珍贵文物、丰富馆藏做出了重大贡献。正因于此，1985 年在全国文物工作会议上，辽宁省文物总店受到了文化部的表彰，荣获全国文物店中唯一一块"全国文物博物馆系统先进单位"金牌。

在文物出境鉴定管理方面，辽宁省也走在全国前列。几十年来，辽宁省文物鉴定组在外贸出口文物及私人携运文物出境鉴定工作方面做了大量工作，鉴定文物这几十万件之多，多次截获涉嫌走私的珍贵文物，为防止珍贵文物外流、打击文物走私犯罪做出了较大贡献。

文物市场管理逐步规范。特别是 1997 年颁布施行的《拍卖法》以法律的形式规定了经营文物拍卖的资质条件和文物拍卖标的鉴定、许可程序，有力地促进了文物拍卖的发展。新修订的《文物保护法》颁布后，国家文物局先后出台了《文物拍卖管理暂行规定》等一系列规范性文件，我省文物市场的发展进入了依法管理的新阶段。

（六）全社会参与文化遗产保护势头方兴未艾

文博社会组织得到发展。改革开放以来，文博社会组织焕发了勃勃生机，各社会组织规范内部管理，加强自身建设，调整管理机构，提高整体素质，显现出组织不断壮大、事业和谐发展的良好局面。各文博社会组织积极开展政策宣传、技术咨询、业务指导、建言献策等活动，多方筹集资金，拓宽了文化遗产保护领域，扩大了社会组织影响，为文化遗产事业提供了技术、经济上的支撑。

文物宣传工作不断深化。30 年来，全省文物部门以文物为依托，大张旗鼓开展丰富多彩的宣传活动，宣传《中华人民共和国文物保护法》，普及文化遗产保护知识。将文物保护法纳入全民普法规划，纳入国家全面推进依法行政实施纲要，努力形成全社会珍爱文化遗产的良好风尚，促进全社会依法保护文化遗产意识的提高。国家设立"文化遗产日"以来，我省文物部门以"文化遗产日"为契机，不断拓宽宣传思路，各种宣传活动卓有成效。

为了适应社会主义市场经济的发展，努力拓展一条以国家保护为主，动员全社会共同保护文物的新体制。辽宁在全国率先利用世界银行贷款进行文物保护工作，目前已对姜女石遗址、九门口长城进行有效保护。九门口长城维修工程作为世行贷款项目的第一个古建筑维修工程受到国内外的瞩目。此外，还组织企事业单位、机关、部队和个人开展赞助修复九门口长城、广济寺塔、银冈书院的活动。

三　辽宁文物事业60年的经验和启示

60年来，我省文物事业能够取得如此成就，总结起来主要有以下几点经验和启示：

（一）文物事业的发展必须认真贯彻国家法律、法规和方针政策

1987年国务院《关于进一步加强文物工作的通知》提出了文物工作的任务和方针，深化了对文物工作规律认识。2002年修订的《文物保护法》提出"保护为主、抢救第一、合理利用、加强管理"文物方针，使党和国家文物工作方针更加完整，更加确切，更加切合实际。2005年，国务院下发了《关于加强文化遗产保护的通知》，提出了新时期文化遗产保护的总体要求。党的十七大明确了文化建设的总体思路和目标任务，提出了推动文化大发展大繁荣、兴起社会主义文化建设新高潮的战略部署，指出了发展国家文化软实力的重要性。

在中国特色社会主义理论体系指导下，我省牢牢把握党和国家的中心工作，认真贯彻党和国家的文物工作方针和《中华人民共和国文物保护法》，不断探索文化遗产工作的自身规律，努力处理好有效保护、合理利用、加强管理、弘扬传承的关系。多年来，根据本省实际，制定了切合地方实际的文化遗产保护地方法规、规章。各级公安、城建、规划、工商、国土资源、宗教、旅游、文化（文物）、环保、海关等部门密切配合，认真贯彻国家法律、法规和方针政策，依法严厉打击盗掘、盗窃、倒卖、走私文物和破坏文物本体及其历史风貌等违法犯罪行为。加强对文物流通市场的调控和监督管理，规范文物市场秩序，严格把握文物流通市场的准入条件，规范文物经营和民间收藏文物行为。严格执行文物商店销售文物、文物拍卖企业拍卖文物的审核备案制度和文物出入境审查监管制度，防止珍贵文物流失。

（二）文物事业的发展必须依靠党和各级政府的坚强领导和高度重视

辽宁各级政府和有关部门充分认识保护文化遗产的重要性和紧迫性，从对国家和历史负责的高度，从维护国家文化安全的高度，将文化遗产保护工作列入重要议事日程，纳入经济和社会发展计划及城乡建设规划。积极建立健全文化遗产保护责任制度和责任追究制度，以保障和监督各地文化遗产保护工作的落实。省政府成立了辽宁省文化遗产保护领导小组和文化遗产保护专家咨询委员会，各市、县（市、区）政府也成立了相应的文化遗产保护协调机构。同时，各级政府正

逐步将文化遗产保护经费纳入本级财政预算，根据本地文化遗产的数量、规模、现状和财力状况，安排相应的文化遗产保护专项经费。

（三）文物事业的发展得益于国家文物局的悉心指导和大力支持

1992年召开的全国文物工作会议针对国家发展社会主义市场经济的新形势，提出了"保护为主、抢救第一"的文物工作方针。1995年召开的全国文物工作会议进一步提出了"有效保护、合理利用、加强管理"的文物工作原则。多年来，国家文物局一直大力支持和全面指导我省文化遗产工作的开展，确保了我省文化遗产保护工作可持续发展，先后开展了全省文物普查及长城资源调查、全省6处世界文化遗产保护规划编制工作、全国重点文物保护单位和省级文物保护单位的保护规划编制及档案编制、牛河梁"大遗址保护"工程、博物馆免费开放等项重点工作。

（四）文物事业的发展必须依靠广大人民群众及社会各方面的热心关注和积极参与

我省文化遗产资源十分丰富，保护工作不可能由政府及其相关部门全部包揽下来。多年来，我省通过大力宣传动员人民群众参与文化遗产保护的全社会行动，研究制定发挥人民主体地位和作用的政策措施，拓展社会参与文化遗产保护的渠道，充分发挥社会组织的积极作用。通过各种形式开展宣传教育活动，营造保护文化遗产的社会环境和舆论氛围。逐步建立文化遗产保护宣传教育工作的长效机制，使文化遗产保护深入人心，变成全社会的自觉行动。各新闻媒体加强对文化遗产的宣传，营造了保护文化遗产的良好氛围。同时，结合对各类破坏文化遗产案件的曝光和剖析，提高全社会的文化遗产保护意识，逐步建立文化遗产保护社会监督机制。

（五）文物事业的发展必须依靠扎实的基础工作

1979年，辽宁在全国较早地在全省范围内开展了建国以来最大的一次文物普查工作，共确认辽宁省古遗址、古建筑、石窟寺及石刻、近现代重要史迹及代表性建筑类文物遗存11300余处，这为辽宁新时期文物管理、保护、展示、利用、宣传和研究工作的开展奠定了坚实基础。国务院先后公布了六批全国重点文物保护单位，使我省全国重点文物保护单位数量增至53处；辽宁省人民政府先后公布了八批省级文物保护单位，使省级文物保护单位数量增至296处；各市、县（区）人民政府也先后公布了若干批文物保护单位，使全省地市级文物保护单位达到1530处。经过相关方面的共同努力，辽宁的文物安全保障机制初步建立，文物保护机构逐步健全，从业人员数量不断增加，文物安全防范工作得到加强，大量珍贵文物的保管条件得到改善，文物系统博物馆风险等级和安全防护级别达标工作继续推进，一批重要古建筑消防安全设施得到完善。

（六）文物事业的发展必须要有一支特别能战斗的高素质的专业队伍

多年来，在文化厅党组的坚强领导下，全省文物战线上的广大干部和职工齐心协力，以昂扬的精神状态，务实的工作作风，扎扎实实开展文化遗产保护工作。特别是党的十一届三中全会以来，全省文博战线干部职工以邓小平理论和"三个代表"重要思想为指导，深入学习贯彻落实科学发展观，坚决贯彻执行"保护为主、抢救第一、合理利用、加强管理"的文物工作方针，才使得我省在文物法制建设、文物保护、考古发掘、博物馆事业、对外交流诸方面取得了可喜的成就。

　　60年耕耘，60年收获。我们已经拥有一个值得自豪的过去，我们还必将创造一个更加辉煌的未来。我们将紧紧围绕中央的战略部署，积极面对当前机遇和挑战，乘势而上、奋发有为、开拓创新，为努力实现我省文化遗产保护事业大发展、大繁荣，为构建和谐社会和实现辽宁全面振兴做出应有的贡献，信心百倍地开拓文化遗产保护事业的美好未来。

（执笔人：吴炎亮　刘胜刚　付兴胜）

吉林省文物事业60年

吉林省文物局

　　吉林省位于我国东北的中部。东南部属长白山地，海拔一般在1000米以上，间有河谷低地分布。龙岗山脉以东区域临近朝鲜、俄罗斯。长白山地区以长白山主峰为界，向北为图们江流域，以南地区属鸭绿江流域。西部松辽平原位于东北平原的中部，海拔一般约200米。西连内蒙古，北接黑龙江省，地处欧亚草原东部。松辽平原以松辽分水岭为界，北为松嫩平原，南属辽河平原。吉林省的中部属第二松花江流域，多山间盆地和河谷平原，海拔大部在500米以下，是长白山地向西部平原的过渡地带。

　　吉林省历史悠久，是一个多民族聚居的省份。大约在距今100万年前的前郭县王府屯就已有古人类活动的遗迹。目前，吉林省境内共发现古遗址、古墓葬、古建筑等不可移动文物约1万余处。其中包括584处县（市）级文物保护单位、272处省级文物保护单位、33处全国重点文物保护单位，集安高句丽王城、王陵及贵族墓葬被联合国教科文组织列入世界遗产名录。吉林省现有各级各类博物馆70个，馆藏文物达20余万件，其中一级文物500余件。吉林省辖区内有省级文物主管部门1个、市（州）级文物主管部门9个、60个县（市、区）也相继成立了文物管理部门。

　　1949年以前，吉林省的文物工作处于混乱无序的状态，特别是日伪时期，许多文物古迹遭受到日本某些学者的毁灭性发掘，所发掘的文物遗迹没有得到有效的保护。新中国成立后，特别是改革开放以来，社会经济快速发展，国家及省委、省政府对文物工作十分重视，为文物事业发展提供了良好的机遇。全省各级文物部门认真贯彻落实《中华人民共和国文物保护法》，坚持"保护为主、抢救第一、合理利用、加强管理"的文物工作方针，加强文物保护单位"四有"建设，积极推进文物保护"五纳入"工作，考古发掘、文物保护、博物馆工作得到全面发展，文化遗产保护状况得到明显改善，文化遗产体系逐步建立，公众的文物保护意识日益提高，全省文物保护和博物馆事业取得了令人可喜的成绩。

一

　　新中国成立后，吉林省考古发掘、调查工作大体经历为四个阶段。第一阶段，20世纪50～60年代，试掘调查和小型发掘。本阶段主要以年代学研究、填补区域性考古学遗存的空白为主，发掘集中于西团山文化遗存和高句丽墓葬。第二阶段，20世纪70～80年代，侧重于新石器时代、青铜时代及两汉时期遗存的编年分期和专题研究，初步建立起吉林省的考古学文化区

◆丸都山城局部及山城下墓区

系类型框架与编年。第三阶段，20 世纪 90 年代，学科目的日趋明确，课题化意识增强，围绕着高句丽文化起源、夫余王城探索、高句丽、渤海、金代城址研究而进行的万发拨子、揽头窝堡、汉书、永胜、干沟子墓群、宝山—六道沟铜矿址、二龙湖、东团山、塔虎城、敖东城等的发掘，收获斐然。夫余考古、高句丽考古、渤海考古、金代城址研究体系逐渐形成。第四阶段，2000 年以来，为配合集安高句丽王城、王陵及贵族墓葬和吉林省重点渤海遗存的大遗址保护工作，对国内城、丸都山城 12 座高句丽王陵，26 座贵族墓葬、赤柏松古城、自安山城、罗通山城、西古城、八连城、敦化六顶山墓群、和龙龙头山墓群等进行了大规模的调查、测绘与考古发掘工作，获得了重要学术研究成果，在高句丽王陵研究、高句丽城址研究、渤海都城建制研究、渤海墓葬研究等方面取得了突破性进展。

20 世纪 60 ~ 90 年代，吉林省境内陆续发现了一些旧石器时代遗址和古人类与古动物化石产地，例如榆树周家油坊遗址、榆树大桥屯遗址、前郭王府屯遗址、前郭青山头遗址、抚松仙人洞遗址、乾安大布苏细石器地点、安图石门山遗址，"榆树人"、"安图人"的发现以及省内诸多大小河流域内猛犸象、披毛犀、原始牛等化石的出土。到 20 世纪 90 年代初，吉林省考古研究所多次与吉林大学考古学系、吉林大学边疆考古研究中心展开合作，分地区以旧石器时代考古专题调查研究的形式，在我省内又陆续新发现了十几处旧石器时代遗址及地点，如桦甸寿山仙人洞、蛟河新乡砖场、吉林九站西山、长春红嘴子、延边珲春北山、和龙柳洞、和龙石人沟、和龙青头、和龙大洞、安图砂金沟、图们歧新 B、C 地点、龙井后山、安图石人沟、安图立新、图们下白龙、白山抚松新屯子西山、辉南邵家店，镇赉丹岱大坎子等等。以上诸多遗址及地点的发现不但在空间和时间上填补了空白，其丰富的文化内涵也为进一步研究人类迁徙，文化传播提供重要的资料。吉林省境内发现的旧石器时代遗址或地点年代跨越旧石器早、中、晚的各个时段，受文化传统、环境等因素影响，体现出文化面貌的多样性、复杂性。

吉林省新石器时代考古起步较晚，自 20 世纪 60 年代，张忠培先生对吉林市附近发现的"文化一"遗存性质确认之后的 20 多年间，多为地面调查。1985 年吉林大学考古专业对左家山遗址、吉林省文物考古研究所对元宝沟遗址的发掘与研究大大拓展了人们对吉林省新石器时代遗存的认识。此后，陆续发掘的东丰西断梁山，镇赉黄家围子，长岭腰井子，九台腰岭子、大青嘴、二青嘴，白城靶山墓地，伊通羊草沟、杏山，长春腰红嘴子，公主岭肖家屯，龙井金谷，和龙兴城以及通化万发拨子等，基本揭示出吉林省不同时期、不同地域新石器时代遗存的文化面貌。

约当中原地区夏代纪年内，吉林省进入青铜时代。素面陶器和广泛使用的磨制、打制石器构成了吉林省青铜时代文化的主要特征。目前资料显示，吉林境内青铜制品的较多发现约在西周中晚期，兴盛于战国至汉初。从总体上看，吉林省青铜时代文化多见铸造的青铜短剑、矛、镞、扇形斧、小刀及草叶纹镜等小型制品，未见大型礼器。各区域青铜器的数量与种类也存有一定的差异，东部山地青铜器所见较少，多为镞、小刀类；北部松嫩平原常见环扣、泡形饰等马具；青铜短剑、矛、扇形斧、草叶纹镜较集中出土于鸭绿江流域和第二松花江流域中上游的吉长地区，石质剑、矛、斧、镜范在此区域也屡有发现，是东北地区含青铜短剑遗存较重要的分布区域之一。

战国晚期，中原的燕、赵文化已直达到吉林省中南部和南部。在中部东辽河流域，以四平市梨树县二龙湖古城为代表的战国末至西汉遗存，既含燕文化和汉文化的因素，又有浓郁地域性特色的土著文化因素，是一种以中原文化为主体的考古学遗存。这是目前所知地理位置最偏北的一座战国古城，为战国时期燕国的北界树立了鲜明的标尺。赵文化的影响主要见于长白山南坡的鸭绿江流域和第二松花江中上游。1980年至今，陆续在集安、柳河、长白等地发现过赵国的钱币和一批带有铭文的青铜钺、铁铤铜镞、铜戈等。其中长白县八道沟镇葫芦套发现的刻有"相邦"、"廿年（蔺）相女（如）邦左□庀智冶阳"等铭文的长胡三穿铜戈更是弥足珍贵。

汉武帝元封三年（公元前108年），武帝在东北设立汉四郡。汉代政治势力直接到达吉林，对这里原有的土著文化产生了强烈而深刻的影响，其最鲜明的标志是铁器很快得到普遍使用。这一点在吉林各地发现的该阶段考古遗存中有相当清楚的反映。吉林省哈达岭以南的吉南地区属汉玄菟郡辖地，通化县赤柏松古城、集安国内城等西汉城址就发现于这一区域。吉南地区的汉代土著遗存在接受汉文化影响的同时，仍保持着自身的文化传统。以通化万发拨子四期为代表的遗存陶器以素面夹砂、夹蚌粉陶为主，流行叠唇鼓腹罐、柱把豆。

总体看，吉林省境内吸纳汉文化因素最多、分布最为广泛的，是以吉林市为中心、南界达

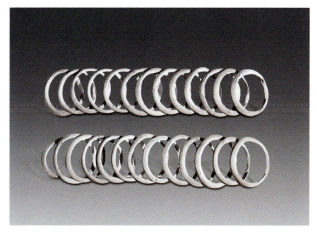

◆万发拨子出土饰品

通化地区北部的夫余文化。目前，该文化已发掘的地点有榆树大坡墓地、吉林市帽儿山墓地、东团山古城、泡子沿上层，东丰县宝山上层、大架山上层等。榆树大坡墓地和吉林市帽儿山墓地性质基本相同，只是前者年代稍早，约当西汉至东汉初年，后者则大致相当于西汉中晚期至南北朝。此外，二者在墓葬形制、出土遗物等方面所反映出的某些差异，代表着大坡与帽儿山墓葬的高下之别。根据已有资料，帽儿山墓地范围很大，墓葬分布密集，总数当在七八千座以上。墓群中发现敷有膏泥的单椁、双椁、三椁的竖穴墓，精美的漆奁盒、耳杯、勺、丝织品及铁制生产工具和

武器均与中原汉文化相似。具有浓郁地域性特色的素面夹砂陶双桥耳罐、横桥耳斜颈壶是夫余文化墓地陶器群的主要标识。动物形金牌饰、金泡饰、鎏金铜泡、人头形车辖饰、铜釜等则表现出与北方草原地带同时期遗存的某些共性。位于帽儿山西侧的东团山古城，有学者认为属夫余早期王城。现有发掘资料显示，此城确有经夯打的土垣，城内也发现有相当于西汉中晚期的遗存，但城内布局尚不清晰，城址的性质有待进一步确定。相当于这一阶段的遗址经发掘的有宝山上层、大架山上层、泡子沿上层等，其中以大架山上层遗存最为丰富，发掘者将其命名为大架山上层文化。陶器以手制素面夹砂褐陶罐、壶、碗、盆、豆为基本组合，流行斜颈壶、筒形罐、叠唇盆。从墓葬与遗址普遍发现的斜颈壶看，其与松嫩平原青铜时代晚期墓葬出土的同类器具有文化渊源关系。值得注意的是，这类器物的出现与吉长地区和辽源地区土坑墓出现的年代大体吻合，由此推测，夫余文化是源自松嫩平原青铜时代文化，结合吉长、辽源地区土著文化因素，并大量吸纳中原汉文化而形成的一种独具特色的考古学遗存。

吉林省西部松嫩平原地区在吸纳汉文化的影响开始广泛使用铁器的同时，文化的主体仍保持着固有的文化传统。从汉书二期文化和相当于该阶段的通榆兴隆山、大安鱼场墓地所获资料看，这一区域西汉时期遗存承续了松嫩平原青铜时代晚期的文化因素。陶器多泥质红陶，器形以绳纹鬲、船形器和彩绘的壶、罐、碗、钵最富特色。有学者认为这两处墓葬属西汉时期鲜卑遗存，通榆兴隆山年代略早，约当西汉中期，大安渔场的年代则在东汉前后。

鸭绿江流域是古代高句丽的发祥地。公元前37年，高句丽建都卒本川（今辽宁桓仁）。公元3年，高句丽迁都国内城（今吉林集安），并筑有尉那岩城（丸都山城）。至公元427年迁都平壤（今朝鲜平壤）前的425年间，国内城与丸都山城一直是高句丽的政治、经济、军事和文化中心。濒临鸭绿江的国内城是一座石城，周长2741米，有城门6座，四面城墙共有14个马面。据文献记载，尉那岩城始建于公元3年，公元198年山上王迁都后更名为丸都山城。经实测，丸都山城呈不规则长方形，周长6395米。城内大型宫殿址的发现，证实丸都山城不仅为国内城的军事卫城，也可能在东川王、故国原王期间曾作为高句丽王都使用。

1997年调查、测绘资料表明，洞沟古墓群现存墓葬6854座。其中，可确认王陵12座、壁画墓32座。以国内城为中心，高句丽王陵、王室贵族墓（壁画墓）呈半环状分布，形成了以王都为中心的较完整的王陵区。以禹山2110号王陵为中心的大型陵墓群，包括俗称"五盔坟"与"四盔坟"的两排封土石室墓、四神墓和2112号墓，在葬制上反映了高句丽王室与宗室、亲缘、辈行、尊卑等关系。高句丽壁画多姿多彩的画面和场景，鲜明生动地展示了高句丽社会生活、精神世界、绘画艺术的方方面面。其中1041号墓第一次表明高句丽壁画墓也包括积石墓；而仅以黑墨绘制简洁影作梁枋的1368号墓，则标示了高句丽壁画墓的全新类型。1997年清理的3319号墓发现有"万世太岁在丁巳五月廿日"铭文瓦当，墓内西北砖墙上发现有壁画残迹，初步认定年代为4世纪中期。这一发现对认识高句丽石室墓和壁画墓的起源具有不容忽视的珍贵价值。50年来，吉林省清理、发掘高句丽古墓约1200座。现有研究表明，高句丽古墓分积石墓和封土墓两类，前者早于后者；积石墓向封土墓的演变大致在4世纪中叶至5世纪前叶，与之相适应的是高句丽火葬墓向土葬墓的转变。高句丽遗址和建筑址发掘不多，1959年在集安城东东台子清理发掘的一组建筑群是4世纪末高句丽王室的社稷遗址。相关的遗迹在韩国公州百济都城遗址也有发现，显示出高句丽文化对古代百济的深刻影响。20世纪80年代，我国学者对著名的好太王碑开展调查研究，新识读出碑文67字，被国内外学者誉为开辟了此碑研究的新时期。高句丽遗址只发现万发拨子五期一处，年代约在魏晋之际。这类遗迹具有浓郁的地域性特色，同时融入了中原文化因素。

在靺鞨—渤海考古方面，进入21世纪以前，吉林省主

◆太王陵和好太王碑

要遵循了保护为主的方针、政策，学术认识仅仅局限于浑江永安遗址、永吉杨屯墓群、榆树老河深墓群、永吉查里巴墓群、和龙北大墓群、敦化六顶山墓群、和龙龙头山墓群等少数遗存的清理结果。近10年来，随着大遗址保护工程的启动，吉林省在渤海都城、王室贵族墓葬考古学研究方面取得了突破性进展。在都城研究方面，学术界依据历史地理学研究，认为敦化境内的城山子城址、敖东城城址、永胜遗址与渤海政权建立初期的都城有关，和龙的西古城城址是渤海国中京显德府故址，珲春的八连城城址是渤海国的东京龙原府故址。2001～2002年对永胜遗址、敖东城城址的清理，获取的主要是金代的遗迹、遗物，从而基本上颠覆了以往有关渤海早期都城的学术认识。2000～2007年，对西古城城址、八连城城址的大规模考古清理，获取了一批极为丰富的田野考古学资料，结合黑龙江省宁安渤海上京城址的考古发掘，基本上廓清了渤海都城的发展历程。西古城城址的发掘，对学术界推测的内城5座大型宫殿遗址进行了全面清理，不但获取了大量的建筑类遗物，而且充分掌握了内城大型宫殿建筑的布局与功能。西古城发掘确立了该城址的都城地位并进一步明确了界定渤海都城的3项标准：城市设施的中轴线布局、大型宫殿建筑、高等级的釉陶建筑构件。八连城城址的发掘，对其内城的1、2号宫殿区域进行了全面清理。通过发掘，一方面明确了八连城的渤海都城地位，另一方面补充、印证了西古城城址宫殿的基础设

◆西古城一、二殿全景

◆西古城出土瓦当

施细节，并在类型学方面明确了西古城、八连城的建筑构件可能出自相同的手工作坊。随着新的考古学资料的公布，八连城作为东京龙原府故址的认识已经得到学术界的普遍认同，在西古城的都城归属问题上则存在一定的分歧。20世纪50、80年代，由于在敦化的六顶山墓群、和龙的龙头山墓群分别发现了渤海第三代王大钦茂女儿贞惠公主、贞孝公主墓，从而确立了上述墓区为渤海早期王室贵族墓地的地位。2004～2005年，随着渤海遗存大遗址保护工作的启动，对六顶山墓群、龙头山墓群进行了保护为主的新的考古工作，获取了一批极为重要的资料。在六顶山墓群1墓区，通过对1、3、5号墓清理，纠正了以往发掘的错误与疏漏，认定它们属于具有墓上建筑类型的高等级王室贵族墓葬，从而印证了文献记载的靺鞨人"冢上做屋"的丧葬习俗。同时，由于在2墓区发现了数量众多的土坑墓，促使学术界思考1、2墓区的相互关系。此外，在龙海墓区山脚下清理的未经扰动过的同封异穴合葬墓，出土了一批珍贵的随葬器物，是诠释渤海文明所达高度的最佳物证。

长期以来，辽金时期的考古学研究一直是吉林乃至东北地区的薄弱环节，由于相对缺少系统的考古发掘工作，从而导致学术界一般将这一时期的遗存笼统地混称为辽金遗存。吉林省1998～1999年，发掘了德惠揽头窝堡遗址；2000年，发掘了前郭塔虎城城址。通过资料的整理，上述遗址、城址被确认为单纯的金代遗存，在类型学方面为辨识剥离辽、金遗存确立了重要的标尺。揽头窝堡遗址历时两年的发掘，清理揭露了10余座具有取暖设施火炕的地面式房址，这一发现为了解金代居民的住房类型提供了重要的实物资料。通过综合分析，可以确认该遗址属于金代晚期遗址。在遗物方面，出土了一批珍贵的瓷器标本，其中翠蓝釉玉壶春瓶、盘、炉，在金代遗址中属较罕见的品种。塔虎城城址一直被学术界笼统地称为辽金时期城址。2000年开展的抢救性考古工作，发掘面积达5000平方米，在数以千计的遗物中没有发现明确的辽代遗物。通过对揽头窝堡遗址、塔虎城城址的发掘，可以促使学术界思考，辽代掌控东北时期，虽然辽的政治统治达到了吉林省境内，但此时此刻的文化载体仍以当地的土著习俗为主，这应该是吉林省境内鲜见典型辽代遗址的原因之一。

二

吉林省的文物保护工作是伴随着新中国的成立而兴起、发展并逐步走向成熟的。新中国成立后，随着社会主义建设的发展，意识形态领域里观念的更新，文物保护的意识得到了国家的重视。经过几代文物工作者的辛勤努力，我省的文物保护工作获得了丰硕的成果。

吉林省的文物遗迹绝大多数分布在地下，清代以前的古建筑仅有长白灵光塔和农安辽塔两处。因此，吉林省的文物保护工作主要是针对这些地下遗存展开的。

20世纪60年代至90年代，全省工作着重于建立健全工作机构和相关法律法规，做好重要遗迹的抢救性保护工作。60年代后，由于自然灾害及"文化大革命"的影响，全省的文物保护工作不可避免的受到一定程度的冲击，在一段时期内甚至处于停滞状态。1982年，《中华人民共和国文物保护法》颁布，为了适应改革开放形势的发展和文博事业发展的客观需要，1978年组建成立了吉林省文物局（1982年并入吉林省文化厅），全面负责吉林省境内的文物博物馆工作。

1986年，吉林省第六届人民代表大会常务委员会第二十次会议通过了《吉林省文物保护管理条例》，作为地方法规，使吉林省文物保护管理工作得到了政府有力的支持和法律保障。同时，一些市县也出台了相应的地方管理法规。如吉林市针对历史文化名城在1994年通过了《吉林市文物保护管理条例》、集安市2003年通过了《集安市文物保护管理办法》。这些法律、法规的颁布都为文物保护工作的有效进行提供保障。

这一时期吉林省文物工作的重点主要是进一步恢复、健全文物"四有"制度，根据经济发展形势重新划定省级以上重点文物保护单位的保护范围及建设控制地带，宣传、落实《中华人民共和国文物保护法》和《吉林省文物保护管理条例》，加强地方文物管理机构，开展文物保护和考古研究工作。同时利用科学手段，对损失、损害严重的不可移动文物进行保护、封护等工作。如集安高句丽壁画墓壁画的封护、封土回填、墓门加固，洞沟古墓群的勘测、著录，农安辽塔、长白灵光塔（渤海）、吉林文庙、长春文庙等古建筑的维修、加固，好太王碑、阿什哈达摩崖石刻、大金得胜陀颂碑等化学封护及修建保护碑亭等工作，使这些具有重要的历史、科学价值的遗存得以有效保护。

▶农安辽塔

2000年以来，吉林省文物保护工作开始由被动保护向主动保护转变。2006年5月，在国务院公布第六批全国重点文物保护单位名单后，全省全国重点文物保护单位的数量由原来的18处增至33处，文化遗产范围更加广泛，内容更加丰富。进入21世纪，随着我国文物

▶大金得胜陀颂碑

保护理念的更新，吉林省高度重视大遗址保护工作，加大投入力度，通过编制大遗址保护规划，加强基础设施建设等工作，成功地实施了多项大遗址保护与展示项目，在文物的保护与利用方面获得了可喜成果。2002年以来，全省相继完成了《集安高句丽王城、王陵及贵族墓葬总体保护规划》、《通化万发拨子遗址保护规划》、《柳河罗通山城保护规划》、《桦甸苏密城保护规划》等10余个大遗址保护规划。2004年7月，集安高句丽王城、王陵及贵族墓葬被列入世界文化遗产

名录，集安的大遗址保护实践已成为我国大遗址保护的典范之一，作为成功案例在全国推广。

在"集安高句丽王城、王陵及贵族墓葬"项目实施过程中，力求既完整地保护遗迹本体和遗迹周边环境风貌，又将文物本体的保护与展示利用有效地与当地社会、经济发展相互协调、统一，充分体现了文物保护的"两利"原则。集安文物保护工程的成功实施，极大地带动了城市建设及经济建设的快速发展，使这项大遗址保护工程成为促进当地人民生活水平不断提高，增强群众文物保护意识，建设和谐社会的一项利国利民的正确举措。

与全省大遗址保护工作迅猛发展的形势相适应，各级文物管理机构日益健全，各项法律法规逐渐完善。各级政府对文物保护工作给予了高度重视，3个市县成立了文物局，许多县市原本设在文化局的兼职文物干部被剥离，成立了文物管理所，由此，全省的文物保护工作逐级走向规范化、正规化管理的轨道。2007年5月24日，吉林省第十届人民代表大会常务委员会第三十五次会议审议通过《吉林省文物保护条例》，2009年7月31日，吉林省第十一届人民代表大会常务委员会第三十二次会议审议通过《高句丽王城、王陵及贵族墓葬保护管理条例》。

三

吉林省第一座博物馆始建于1951年5月，1952年在吉林市江湾路12号正式开馆，使用面积2240平方米，由中国科学院院长郭沫若题写馆名。1954年9月，吉林省博物馆随吉林省人民政府自吉林市迁至长春市伪满皇宫（今长春市光复北路3号）院内。

吉林省博物馆的成立，为吉林省博物馆事业的发展奠定了基础，培养了人才，提供了经验，成为吉林地区博物馆发展的孵化器。在吉林省博物馆的示范、带动下，一批省市级博物馆建立起来，至1978年，吉林省已有博物馆11座。

党的十一届三中全会召开后，拨乱反正，吉林省博物馆事业进入快速发展时期。省市博物馆继续增加，县办、行业办博物馆发展迅速。1978年12月吉林省博物馆革命史部单独分离，成立吉林省革命博物馆。1982年伪满洲国十四年史陈列部从吉林省博物馆中分离，恢复建制，成立吉林省伪皇宫陈列馆（伪满皇宫博物院）。1983年吉林省文物工作队从吉林省博物馆分离，成立了吉林省文物考古研究所。1987年5月自然史部从吉林省博物馆中分离，成立吉林省自然博物馆。吉林省博物馆由地志博物馆转变为历史艺术博物馆。2003年3月，原吉林省博物馆和吉林省近现代

◆东北沦陷史陈列馆

◆吉林省自然博物馆侧景

◆伪皇宫同德殿

史博物馆（原吉林省革命博物馆）合并组成吉林省博物院。进入新世纪，随着吉林社会经济持续稳定地向前发展，综合实力的不断增强，文化建设的扎实推进，吉林的文化遗产保护事业有了长足的发展，吉林省的博物馆事业进入了一个快速发展时期，博物馆数量迅速增加，博物馆展示水平与社会服务能力得到提高，博物馆在社会经济和文化的全面发展中发挥了积极的作用。吉林省的博物馆不仅数量增加迅速，而且地域分布广泛、类型丰富、办馆主体多元化，已初步形成了以历史类博物馆为基础、专题性博物馆为特色；以文化文物系统管理的博物馆为主干，行业博物馆为辅助的博物馆体系。现经登记注册的各级各类博物馆、纪念馆共70所，覆盖了全省9个市州和46个县区。其中文化、文物系统管理的47所，占总数的67.1%。系统外的行业博物馆23所，占总数的32.9%。国家一级馆1家、二级馆3家、三级馆1家。

博物馆的类型日渐丰富，已由单纯历史类扩展为各种专题类、科技自然类、民族民俗类、文化艺术类、革命纪念馆和遗址类、院校类等多种类别。

办馆主体趋向多元化，非文化、文物系统管理的博物馆、纪念馆在全省博物馆中所占比例呈逐年上升之势。近些年，以吉林大学地质博物馆、东北师范大学自然博物馆、长春大学萨满文化博物馆、长春中医药大学医史博物馆等为代表的高等院校博物馆得到快速发展，以丰满水电博物馆、通化板石矿业博物馆等为标志的企业博物馆也相继建成。高校、企业办博物馆蔚然成风，全省已逐步形成了包括各级各类历史博物馆、专题博物馆等具有地方特色的博物馆、纪念馆群体。

"十五"以来，吉林省各级政府和相关主管部门十分重视博物馆事业的发展，把相关项目列入当地重点工程、政府为民办实事项目和财政预算，对博物馆事业的建设、发展投入了大量的人力、物力和财力。截止到2008年底，全省新增博物馆27所，重建、改扩建博物馆17所。这些新馆的相继落成开放，既是当地文化事业发展的重要组成部分，也成了当地的标志性文化设施，构成了吉林省博物馆的一道亮丽风景线，受到了国内博物馆界的广泛关注。

吉林省馆藏文物的民族和地域特色十分突出。如高句丽白玉耳杯、鎏金铜钉鞋、鎏金马具、金耳饰、金针、鎏金案足、鎏金虎纹马饰、人形车辖、四耳陶壶、陶仓、莲花纹瓦当等；渤海石狮、贞孝公主墓壁画、渤海时期的三彩壶、绞胎碗、石狮、贞慧、贞孝石碑，渤海贵族墓出土的镶嵌水晶、绿松石的黄金带饰、金钗、金钏、渤海时期双人驭马铜饰；辽鸡冠壶、鸡腿坛、契丹文铜镜、契丹文银牌、搅釉瓷盒、紫釉印花碗、定瓷匜、刻花龙纹盘、刻花鱼纹钵、绿釉执壶等等都是稀世

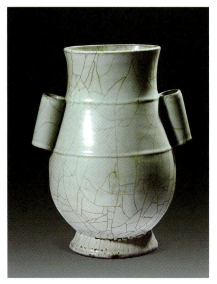

◆ 吉林省博物院馆藏文物

珍品、弥足珍贵。清宫旧藏法书绘画及近现代的满族民俗、朝鲜族民俗文物亦颇具特色。吉林省文化系统所属博物馆共收藏各个历史时期各类文物20余万件。一批玉器、石器、陶器、铜器、金银器、印鉴、铜镜、钱币、法书、绘画、服饰、文告、旗帜、手迹等具有历史、科学、艺术价值的珍贵文物，成为吉林省文物收藏的精粹。

近年来，省内博物馆的基础工作得到了提升，藏品管理和保护工作力度也在逐步提高，馆藏文物管理规范化、制度化、合理化的建设逐步强化。全省一级文物的建档备案工作基本完成。全省博物馆的文物库房条件逐步改善。其中，吉林省博物院、伪满皇宫博物院、吉林省自然博物馆等博物馆已拥有省内一流的文物库房，库房保管条件和藏品保存环境已达到国家规定的使用标准。全省博物馆的安全防范达标工作得到了加强，各市、县博物馆按照安防达标的要求，高度重视本馆的安防达标建设，认真制订方案，从严把握，积极实施。省文化厅和省文物局每年都安排专项经费，扶持各博物馆的馆藏文物保护和安防工程建设。

◆ 吉林省博物院馆藏文物（文姬归汉图）

人才是博物馆事业发展的关键，科学研究是博物馆事业发展的动力。60年来吉林省博物馆系统重视人才培养，研究成果频出。全省博物馆专业人员始终把学术研究和学术交流作为中心任务，坚持不懈，涌现了一大批高水平的专业人才。在博物馆学基本理论、文物藏品的研究与鉴定、陈列展示、科技保护等研究领域取得了丰硕成果。特别是1978年改革开放后，一大批有分量的专著、论文推出，受到学界的关注。如王承礼著《渤海简史》（省社会科学优秀成果奖）、《吉林省历史概要》、《中国东北的渤海国与东北亚》；王健群著《好太王碑研究》；各馆编著的《中国博物馆·吉林省博物馆卷》、《九十年代东北地方史研究资料索引大全》、《吉林省出土官印》、《吉林省出土铜镜》、《明清扇画集》、《中华边疆文物精粹》、《苏轼洞庭春色赋·中山松醪赋》、《昼锦堂记》、《辽海印信图录》、《翰墨遗珍——中国历代书画探考》、《吉林省博物院藏张大千画集》、《吉林扶余出土红绿彩瓷器》、《中国东北沦陷十四年史纲要》、《伪满宫廷秘录》、《日军暴行录——吉林卷》、《日本帝国主义对中国东北的侵略》（译著）、《勿忘"九·一八"图片集》、《伪满洲国旧影》（吉林省优秀社会科学成果二等奖）、《从皇帝到公民展览画册》、《勿忘"九·一八"——日本侵略中国东北史实》、《长春伪满遗址大观》、《伪满国务院总理大臣张景惠》、《日本古今画家名典》、《日本古陶瓷》、《中华民国时期军政职官志》（合著，北方十五省市区哲学社会科学优秀图书奖）、《以史为鉴——日本炮制伪满洲国图证》《吉林抗日图鉴》《元史探源》(全国优秀图书一等奖)《萨满文化研究丛书》(共 11 部)《西团山文化考古报告集》《吉林史迹》《西团山文化学术论文集》《西团山文化研究》《吉林市文物、博物馆志》《吉林市考古文博论集》《夫余王国论集续编》《中国吉林陨石雨》《宇宙、地球和人类》《霓裳羽衣话蝴蝶》《四平文化史略》《东北靺鞨》《科尔沁沙地环境与考古》等。据不完全统计,出版了专著 80 余部,发表各类论文 2300 余篇,获省社会科学优秀成果一等奖 5 项、二等奖 8 项、三等奖 15 项。

编辑出版《博物馆研究》。《博物馆研究》是吉林省博物馆学会与吉林省考古学会主办的全国文博学术期刊,多年来始终坚持办刊原则,坚持办刊的政策性、学术性、知识性,兼顾可读性。从 1982 年 12 月创刊到现在一共出刊 106 期,计 1453 万字。本刊被国内多家专业刊物转载、交流,得到全国行业文博单位和高校同行的认可。《博物馆研究》在全国乃至东亚博物馆、考古、文物界享有较高的声誉和影响力,为专家学者和相关工作人员提供了一个学术交流及知识更新的平台,促进了业务发展,美国一些大学也收藏了本刊。《博物馆研究》被列为全国文博学术期刊、中国教育部清华大学中国学术期刊电子杂志网络出版期刊、中国科技部中文科技期刊数据库收录期刊、《中国期刊全文数据库》收录期刊、《中国知识资源总库》收录期刊、台湾华艺数位股份有限公司电子出版期刊。

陈列展览是博物馆的重要职能,是博物馆发挥社会作用的外在方式。近 60 年来,吉林省共举办陈列展览 2000 多个。吉林省博物馆(院)举办的基本陈列"吉林省历史文物陈列",陈列内容始自远古,延至明清,精华荟萃,内涵十分丰富。由旧石器时代、新石器时代、青铜时代、乌桓、鲜卑、高句丽、渤海、辽、金、元、明、清等部分组成。吉林省自然博物馆举办的"吉林省自然博物馆基本陈列",古生物展区内陈列着 81 件珍贵古生物化石标本,其中有距今 5 亿年的海洋生物化石,有曾经活在东北地区,现已绝灭的动物,猛犸象、披毛犀、原始牛骨骼化石。鸟兽展区陈列着珍稀鸟兽标本,蝴蝶展区展示来自世界各地 300 多种、630 件珍贵亮丽的蝴蝶标本,林海展区以吉林省最具特色的自然景观——长白山为背景,采用仿真技术,模拟长白山生态环境,展示长白山不同森林景观。吉林市博物馆举办的"吉林陨石雨展览",2003 年荣获第五届"全国博物馆十大精品陈列展览评选精品奖"。伪满皇宫博物院举办的"从皇帝到公民——爱新觉罗·溥仪的一生"开展以来收到了极好的社会反响,2005 年,荣获第六届"全国十大精品陈列展览评选精品"奖;"勿忘'九·一八'——日本侵略中国东北史实",2007 年,荣获第七届"全国博物馆十大精品陈列展览评选精品"奖。这些陈列展览传播了具有鲜明吉林地方特色的先进文化、满足了人们求知、求乐的需求,对社会主义精神文明建设起到了不可替代的作用。近年来,全省各博物馆、纪念馆根据自身的特点,把"贴近实际、贴近群众、贴近生活"的精品陈列作为自己的工作目标,在创意、设计、制作和宣传推广等各个环节上,引进新理念,尝试新模式,运用新技术,做到导向正确、主题突出,手段先进、方法新颖,努力实现思想性与艺术性、科学性与观赏性、教育性与趣味性的结合,推出反映地方历史和特色的基本陈列,引进国内外形式多样、内容丰富的临时展览,为广大观众提供了精美的文化大餐。

提高服务功能,是吉林省博物馆贯彻落实党的惠民政策的行为体现。吉林省各博物馆的办馆理念是:让每一位观众都满意,为群众提供想看爱看、健康向上的陈列展览,使展览内容更加亲切可信，深入人心，真正做到"观众走进博物馆，把知识带回家，把快乐带回家"。

免费开放对博物馆来说是一次革命性的发展与进步，观众参观门槛的去除意味着博物馆进一步贴近大众，成为人们自我学习和文化休闲娱乐的场所。2004年以来，吉林省的博物馆、纪念馆陆续对未成年人等特殊社会群体参观实行免费开放，部分博物馆已对全社会实行免费开放，免费开放的规模和范围在不断扩大，深受社会各界的欢迎。2008年3月，吉林省博物院等3家博物馆在全省率先免费向社会公众全部开放，从而实现了博物馆历史上一个崭新的跨越。截止2009年1月底，全省已有30家博物馆免费开放。免费开放是保障人民文化权益的大事，为做好免费开放工作，各免费开放博物馆精心组织，周密安排，制定了《免费开放应急预案》、《免费开放接待方案》、《免费开放须知》，同时排查开放区域的安全隐患，对所有可能威胁文物安全、观众安全、公共设施安全的问题进行整改。在硬件建设和软件建设上做好了充分准备。一方面在博物馆基础设施、安全防护上加大投入、加强管理。一方面努力提升服务水平，提高展览质量，尽力满足观众的需求，让观众满意。各免费开放单位在原有基础上提高了接待能力与水平，添加了轮椅、电子触摸屏、急救药箱和饮水机，扩大了观众服务部，增设了休闲区，改造了卫生间，改善了展厅通风与保暖设备，同时增加了保洁员和服务员，体现了人性化的服务原则。针对观众群的变化，重新制定了讲解制度与方法。如讲解员工作制度、讲解员工作职责、干部值班（展厅）工作制度及干部值班分组表等，同时建立了工作日记，尤其强化了讲解员培训、志愿者培训、考核等相关制度的落实，使每项工作都能有理有据的开展。在完成为集体观众免费讲解的同时，又开展了定时讲解工作。吉林省30家博物馆全面对外实行免费开放以来，为观众提供了诸多精彩纷呈的展览，大批观众涌进博物院，出现了过去少有的观众盈门的场面，获得了广大观众的好评，也得到社会各界极高的赞誉，社会反响热烈，社会效益显著。

（执笔人：金旭东　宋玉彬　赵聆实　唐　音）

黑龙江省文物事业60年

黑龙江省文物管理局

黑龙江省地处祖国东北边陲，北边、东边以黑龙江、乌苏里江与俄罗斯为界；面积45.4万平方公里，人口3800余万，是包括汉、满、蒙古、达斡尔、锡伯、柯尔克孜、鄂温克、鄂伦春、赫哲等10余个世居民族在内的多民族聚居省份。

黑龙江省历史悠久。先秦时期，中国古代肃慎、东胡、秽貊三大族系的部分先民，就已经定居在黑龙江地区。秦以后，在黑龙江地区生息活动的先后有挹娄人、夫余人、鲜卑人、勿吉人和靺鞨人等。698年，粟末靺鞨人建立唐地方政权渤海国，其最盛时辖5京15府62州，地域远跨今朝鲜、俄罗斯，其上京龙泉府位于今黑龙江省宁安市渤海镇。辽时设东京道，金代则以上京路下辖三路，即恤品路、胡里改路、蒲峪路，金最早的都城上京会宁府即位于今阿城市郊。蒙古灭金后，设开元路、水达达路。明设奴儿干都司，清分设黑龙江将军和吉林将军，管辖黑龙江地区。

在漫长的历史岁月中，包括汉族在内的黑龙江古代先民，在开发、建设和保卫祖国边疆的斗争中，共同创造了灿烂辉煌的文化遗产，留下了十分丰富的文物宝藏。旧石器时代的典型遗址有阿城交界镇洞穴遗址，距今17.5万年；五常学田遗址，距今4.6万年。新石器时代有齐齐哈尔昂昂溪遗址、密山新开流遗址等。青铜时代有肇源白金宝、泰来平洋等遗址。战国至汉代有东宁团结遗址、三江平原汉魏时期遗址等。唐代以及后来的宋辽金元明清的遗址，更是广有分布。在近现代和当代史中，黑龙江地区还是抗俄、抗日、抗美援朝、东北剿匪等重大历史事件的发生地。

为了保护、利用、继承这些珍贵的文化遗产，半个多世纪以来，黑龙江省几代文物工作者和其他各行各业的人士，经过艰辛努力，取得了丰硕成果。目前，全省共发现各类不可移动文物6600余处，其中全国重点文物保护单位29处，省级文物保护单位191处，市、县级文物保护单位400余处；国家级历史文化名城1处，省级历史文化名城5处，历史文化名镇1处。全省有各级各类博物馆102座，其中文物部门博物馆58座、其他部门行业博物馆24座、私人博物馆20座；馆藏文物标本总数近22万件，其中一级文物380件、二级文物1544件、三级文物15765件。这些宝贵的文物资源是黑龙江省各民族在这块土地上不断繁衍生息、共同开发、建设和保卫祖国边疆的历史见证，凝结着先民们杰出的智慧和薪火相传的创造精神，是建设社会主义先进文化的宝贵资源。其中一大批各时代文物遗存，在国内外享有很高知名度，有很多已成为地区和城市的名片。

一　成绩斐然的黑龙江省文物调查与考古发掘工作

我国学者在黑龙江地区的文物调查与考古工作始于20世纪30年代初梁思永先生在齐齐哈尔昂昂溪遗址和尹赞勋先生在哈尔滨顾乡屯遗址的田野发掘工作。东北沦陷时期，日本人频繁地在黑龙江地区进行了考古调查和盗掘，并把大量文物掠往日本。

新中国成立后，黑龙江地区的文物调查和考古发掘工作进入了一个新的历史时期。根据国家关于"必须进行经常性的文物调查"和"重点保护、重点发掘，既对基本建设有利、又对文物保护有利"的方针，以及"一切考古发掘单位都要以配合经济建设为主"的政策，文物调查经历了由点到线（沿江河），再扩展到面（地区及全省）的发展过程。考古发掘工作则从清理试掘、配合基建抢救发掘，发展到有计划地为学术研究和文物保护工程而进行的大规模田野发掘，并获得了一批重要成果。

1. 文物调查与文物普查逐渐深入

建国初期，为配合生产建设，开始了文物调查工作；文物普查则始于20世纪50年代中期。据统计，截至目前，全省共开展了150余个单项文物调查、3次全省文物普查和8次专项文物普查，共发现各类文物遗存6600余处，勘探面积200万平方米，采集文物标本12400余件。

20世纪50年代中期，开展了第一次全省文物普查。普查工作主要由省博物馆组织开展，普查范围为嫩江、牡丹江流域以及松花江中游和金东北路界壕边堡沿线。发现新石器时代至辽、金时期各类不可移动文物遗存近200处，采集文物标本2000余件，初步了解了全省文物遗存概况。

20世纪70年代初，根据国家关于加强边疆考古的要求，由省文化局组织开展了沿绥芬河上游、乌苏里江左岸、黑龙江上中游右岸（含今内蒙古呼伦贝尔市）及黑河地区的专项文物普查。通过普查，对全省边境地区文物遗存的文化面貌，有了进一步认识。

1981～1984年，黑龙江省文物管理委员会组织开展了第二次全省文物普查。全省14个地、市，共计78个市、区、县的文物机构和省直文博单位的人员参加了普查，共计855人组成158个普查队、组，在全省范围内开展了规模空前的文物普查工作。总行程约8.7万公里，新发现各类不可移动文物遗存、化石共1784处，复查616处，采集征集各类文物、标本1.3万余件。通过这次考察，基本掌握了全省不可移动文物遗存的底数，在此基础上出版了《黑龙江省文物志》《黑龙江省文物地图集》等专著。

1989～1991年，为配合中苏在黑龙江中游建设三级水电站，省文物管理委员会组织开展了黑龙江中游右岸专项文物普查。这次文物普查共有90余人参加，分为9个普查分队，普查了11个市、县，黑龙江沿岸及注入的180余条河流下游沿岸，陆路行程8900公里、水路行程2000余公里，新发现各类不可移动文物141处，复查81处，摸清了库区和坝区范围内的文物遗存情况。

1990～1992年，为配合建设牡丹江莲花水库工程，省文物考古研究所承办了水库坝址及淹没区的专项文物普查工作，投入普查经费20万元，新发现文物遗址46处，并按照水库建设要求，对其中重要遗址开展了考古发掘，出版了学术专著。

1999～2000年，配合嫩江尼尔基水库工程，开展了嫩江左岸的水库坝址及淹没区范围内的文物普查工作，投入普查经费100万元，发现文物遗址43处。

2001～2005年，配合黑龙江省30余个基建项目，投入经费2000余万元，调查勘探面积110余万平方米，发现100余处遗址。

2006～2007年，配合20余个基建项目开展的文物调查考古发掘工作，新发现遗址98处。

2008年，配合基本建设，对哈同公路等33项基建项目进行了考古调查和勘探工作，发现遗址80余处。

◆调查队员调查测量齐齐哈尔金长城马面

2007年起，第三次全国文物普查工作启动。全省13个市、66个县（市）成立了文物普查领导小组及办公室，各级普查办常设人员695人，一线普查人员705人，普查工作正在全省逐渐展开。经过全省普查人员的努力，至2009年10月30日，已完成30%的工作量，新发现7902处、复查4139处各类文物遗存。

2007年，全国长城资源调查工作启动，黑龙江省的唐代、金代长城资源调查列入其中。按照黑龙江长城分布特点，组建了4支调查队伍，其中金代长城（金界壕遗址）调查工作队伍2支，唐代长城（牡丹江边墙）调查工作队伍2支。至2008年底，金长城调查已完成碾子山区段和龙江县部分段落30公里的调查任务，新发现关堡一座，烽火台一处，并发现一处长度为300米左右的第三道界壕，获取了长城沿线两侧一定范围内的基础地理信息数据和专题要素数据，完成了6处关堡的绘制工作。

此外，建国初期与20世纪60年代初期、两次全省文物普查之间以及近20年来，各市、县文物机构和省文物考古研究所几乎不间断地开展了近150个单项文物调查、普查工作，配合了其他经济建设活动，为制定更加科学全面的全省文物保护规划提供了坚实的科学依据。

2.考古发掘与重要考古发现成绩显著

考古发掘项目以配合经济建设，保护文物为主。新中国成立之初，即有配合当时小规模生产活动的抢救性考古发掘。20世纪50年代中期，开始了有计划的科研项目的考古发掘，继之，是配合大型基本建设工程和重大遗址保护的考古发掘项目。据统计，建国后，全省共开展了250余项考古发掘和古生物化石发掘工作，发掘面积20余万平方米，出土文物5300余件，以及大量第三纪和第四纪古生物化石标本。其中，有4处考古发掘项目被评为"年度全国十大考古新发现"，1项列入1949～1999年《中华人民共和国重大考古发现》。

1956年，省博物馆在齐齐哈尔富拉尔基北满钢厂基建工地发掘、清理出土一具更新纪晚期披毛犀骨架化石，受到国外专家重视。

1964年，中国、朝鲜联合组成考古队，对渤海上京首次进行大规模发掘和钻探，朝、中分别先后发表了发掘报告。

1972年，黑龙江省博物馆对密山新开流遗址进行了调查和发掘，发掘面积280平方米，发现了32座墓葬，出土文物760件，石器以压制为主，属细石器传统的石镞。新开流遗址距今年代6080±130年，器物群有显著的自身特色，被命名为新开流文化。

1973年，省博物馆在肇源县三站乡松花江边抽水站建设工地，清理出一具较为完整的猛犸象骨架化石，定名为松花江猛犸象，为我国第一具完整的猛犸象骨架化石。

1978～1996年，省博物馆联合省地质局及长春地质学院博物馆等单位或自己单独组队，对嘉荫龙骨山进行6次大规模野外发掘，共出土恐龙等同时代其他动、植物化石约2000件。龙骨山恐龙化石产地是中国最早发现恐龙化石地点。

1974年、1980年、1986年，省博物馆、省文物考古工作队、省文物考古研究所联合吉林大学，分别对白金宝青铜时代遗址进行了三次考古发掘；发现居住址57座，灰坑（窖穴）近400个，出土各类文物标本100余件。白金宝文化陶器种类繁多，火候高、纹饰丰富，以绳纹和篦点几何纹为主，绳纹主要饰在大量的高等器物上。

◆阿城城子村齐国王完颜晏墓出土褐绿地全枝梅金锦绵褡裙

1981～1985年，经国家批准，省文物考古工作队和牡丹江市文物管理站联合对渤海上京宫城南门与一殿等进行了考古发掘，并依据发掘成果对遗址开展了保护复原工程。

1983～1984年，省博物馆在哈尔滨新香坊铁路仓库建设工地的两次发掘，共清理墓葬16座，出土珍贵文物300余件。新香坊金代贵族墓地为黑龙江省发掘的最大的金代墓群。

1984～1985年，省文物考古工作队发掘了农民烧砖被破坏的古代墓地——平洋墓葬，共清理了118座墓葬，出土文物2270余件。平洋墓地是黑龙江省发现的一处规模最大的青铜时代至早期铁器时代墓地。

1988年，省文物考古研究所发掘清理阿城巨源乡金代齐国王墓，棺内除尸体软组织腐烂外，男女主人所着之丝质衣冠、履带及骨架均保存完好，珍珠、玉、金、银、象牙、角料、玳瑁、玛瑙、松石、藤、木、皮革和铁等质料的各类佩饰和用具一应俱全，被称为北方的"马王堆"。金齐国王墓大部分出土文物被列为馆藏一级文物，发掘工作被国家文物局收入1949～1999年"中华人民共和国重大考古发现"。

1991年、1996年和2004年，省文物考古研究所对宁安渤海国王陵区三陵二号墓、四号墓和三号墓分别开展了清理发掘工作。二号墓是一座大型石室壁画墓。墓葬朝南，用雕凿整齐的玄武岩石块砌就，由墓道、甬道、墓室三部分组成，墓室上

◆阿城城子村齐国王完颜晏墓墓主服饰外观

◆阿城城子村齐国王完颜晏墓出土紫地云鹤金锦绵袍外襟展开

◆宁安渤海上京城出土宝相花纹砖

部为抹角叠涩藻井；壁画内容可分为花卉和人物两类，墓室上部为花卉、四壁及甬道两侧为人物，多已脱落。墓室内摆放着10余具骨骸，为多人合葬，没有发现随葬品。四号墓也是石室墓，出土了渤海三彩薰炉等珍贵文物。三号墓为一座象征性的陪葬墓，内填块石。二号墓的发掘工作被评为1991年"全国十大考古新发现"。

1992年，省文物考古研究所与吉林大学考古学系联合开展了肇源小拉哈青铜时代遗址的发掘工作，发掘面积1100平方米，发现房址4座、墓葬7座、灰坑146个、灰沟6条、蚌壳遗迹2个，出土文物453件。小拉哈遗址发现了松嫩平原地区新石器时代至早期铁器时代考古学文化序列。

1992～1995年，省文物考古研究所对宁安虹鳟鱼场渤海墓群进行了连续4年的发掘清理工作，发掘面积10000余平方米，清理墓葬323座，祭祀坛7座，出土文物2000余件。墓葬形制复杂，葬俗多数为多人二次葬。出土文物为陶、铜、铁、玉、金银、玛瑙质地的生产、生活用具及兵器、马具、装饰品等。大批完整骨骸，是研究渤海时期人体特征的珍贵标本。宁安虹鳟鱼场渤海墓群是我国迄今发掘清理墓葬数量最多、延续时间最长、形制最复杂、出土文物最丰富的靺鞨晚期至渤海中期的墓群，被评为1995年度"全国十大考古新发现"。

◆宁安渤海上京城俯瞰图

1994～1995年，省文物考古研究所联合吉林大学对海林河口遗址与振兴遗址开展考古发掘工作，发掘面积3060平方米，清理房址47座、坑穴284个、沟10条，出土文物1200件。

河口与振兴遗址，是迄今牡丹江流域揭露的文化堆积最为复杂、时代跨度最大的两处新石器时代至隋唐时期遗址。

1997 年，省文物考古研究所对阿城市交界镇旧石器时代早期洞穴遗址进行了发掘工作，发掘面积 100 余平方米，发掘深度 7 米余，出土石制品 100 余件，梅氏犀、鹿等 12 个种属哺乳动物化石 2000 余件，年代距今约 17.5 万年。阿城交界遗址是黑龙江省发现的第一处旧石器时代早期遗址，拓展了我国旧石器时代早期文化向北分布的空间。

1997 ~ 2006 年，黑龙江省文物考古研究所对渤海国上京城进行了系统的科学的大规模的考察和发掘，重点是对渤海上京宫城、御花园、外城等重点部位开展了有史以来最大规模的考古发掘和钻探，发掘面积 4.6 万平方米，钻探面积 20 万平方米，出土文物 6000 余件。渤海上京的发掘，为研究渤海国的建筑规模、形制、技法乃至其反映的历史、文化提供了新资料。

1998 ~ 2002 年，省文物考古研究所实施了《七星河流域汉魏遗址群居落考古计划》。发掘面积 4200 余平方米，清理房址 40 座、灰坑（窖穴）48 座，出土文物约 1550 件。发现、测绘 16 处遗址群 426 处遗址（城址 113 处，遗址 313 处），开展了航空遥感考古和环境考古。七星河计划是一项由中国学者独立完成的计划性强、设计科学和操作规范的大规模的聚落考古实践。

2002 年，301 国道阿城亚沟刘秀屯段扩建工程发现一处建筑基址，省文物考古研究所对其进行了大规模发掘，揭露面积 10000 余平方米，清理出一处大型金代建筑群基址。出土文物近 400 件，有石龙螭首、石螭虎、陶神鸟、人面瓦当等非民间用品，应为皇家建筑。发掘工作受到省委省政府领导的高度重视，公路建设部门为此将路基改线，国家文物局专家组两次抵现场考察论证，认为"该基址是迄今考古发掘所见的宋金时期规模最大、等级最高的宫殿建筑基址，无论对黑龙江考古，还是全国宋金时期考古，都是极为重要的发现。"刘秀屯金代大型宫殿基址的发掘工作被评为 2002 年"全国十大考古新发现"。

2002 ~ 2003 年，省文物考古研究所对讷河市工农村明清墓地进行了发掘，清理 57 座墓葬，出土文物 1000 余件。

◆ 宁安渤海上京城出土的三彩陶兽头

◆ 宁安渤海上京城第 50 号建筑址俯瞰

这是黑龙江省明清墓葬发掘中清理墓葬最多、延续时间较长、形制最复杂、出土文物最丰富的一次考古发掘工作。

2006～2007年，配合大型基本建设项目，发掘遗址11处，共计10000余平方米，出土文物1000余件。

2008年，对双佳高速公路集贤太华南和桦川胜利金代遗址等8处遗址进行了考古发掘，发掘面积8500平方米。同时对侵华日军第731部队罪证遗址核心区域的10万多平方米，进行了包括地球物理勘探和专业测绘在内的较全面的探测，取得了阶段性成果。

3.不可移动文物遗存特色鲜明

60年来，经过黑龙江省几代文物工作者的不懈努力，在不间断地开展文物调查、勘探、发掘、研究的基础上，总结出黑龙江省不可移动文物遗存的鲜明特色：第一，第四纪古生物化石出土地点较多，许多与人类活动有关。继哈尔滨阎家岗遗址和五常学田遗址之后，又在阿城交界镇发现了距今17.5万年的洞穴遗址。第二，遗址类文物遗存数量众多，且保存较完好。如分布于三江平原一带的全国重点文物保护单位汉魏时期城址等。特别是分布广泛、保存完好、高耸于地表的渤海、辽金时期的各类城址和长城类遗址尤为突出。第三，文化线路文物及其相应环境保存尚好或有进一步工作的基础。如唐渤海的朝贡道、辽金的交通道、明海西东水路城站和清驿站等，均具有重要历史价值。这些文化线路文物遗存，将边疆与内地、黑龙江省发达地区与边境紧密联系在一起，是我国东北边疆沿线的实物例证。第四，抗击外来侵略遗址和帝国主义侵略罪证遗址占有重要地位，如黑龙江省文物保护单位依兰巴彦通抗俄要塞、全国重点文物保护单位哈尔滨侵华日军第731细菌部队罪证遗址等。第五，20世纪初至二三十年代工业、商业遗产，新中国成立之初的大型企业的工业遗产独具特色，以受帝俄、苏联文化的影响为著。如绥满铁路沿线城镇的铁路、其他工商业和宗教建筑，哈尔滨、齐齐哈尔、牡丹江、佳木斯等城市苏联援建的大工厂，还有大庆油田早期的建筑物等，都记录了黑龙江乃至我国东北近现代工商业发展的艰难曲折历程。第六，反映我国以汉族为主体的多民族国家及东北疆域形成史的古代遗存链条，保存完整。如全国重点文物保护单位唐渤海上京龙泉府遗址、辽塔子城遗址、金上京会宁府遗址、金蒲与路故城遗址、元桃温万户府故城遗址、明莽吉塔站故址、清瑷珲新城遗址等，以及其他众多的不同时代、不同类别的省级、市县级文物保护单位和一般古代文物遗址等，历史脉络清晰，环环相扣，牢不可破。

二 蓬勃发展的博物馆事业

建国之初，黑龙江省只有省博物馆和1948年成立的东北烈士纪念馆。1958年，曾有过县县建博物馆的举措，部分市县建立了一批市、县级博物馆。到1960年末，全省共有各级博物馆、展览馆、纪念馆46个。不久，在贯彻"调整、巩固、充实、提高"的方针后，大部分停办，少数改为县级文物管理机构。至改革开放前，全省只有6家博物馆。随着改革开放的深入进行，博物馆事业得到迅速发展，到1988年底达到16座。上个世纪90年代以后，加快了博物馆的发展速度，到1998年全省共有博物馆41座。进入21世纪，博物馆进入了蓬勃发展时期，兴建了一批市县博物馆。同时,行业博物馆、民办博物馆开始兴起。到 2009 年,全省博物馆总数达到 102 座。其中, 1985 年建立的黑龙江省民族博物馆,是全国第一座省级民族博物馆;革命领袖纪念馆是建国初期毛泽东同志视察黑龙江省时居住过的地方,他并在此题写了"学习奋斗"、"不要沾染官僚主义作风"等五幅题词,在全国领袖纪念馆中具有重要地位;侵华日军第 731 部队罪证遗址陈列馆、阿城金上京历史博物馆、瑷珲历史陈列馆、伊春恐龙博物馆、齐齐哈尔市博物馆、佳木斯市博物馆、黑河市博物馆、大庆历史博物馆、铁人纪念馆等一大批博物馆已经成为具有鲜明地方特色的文化品牌,在开展精神文明建设,推动地方经济社会发展中,发挥了重要窗口作用。博物馆建设网络体系已经形成,综合指标明显上升。

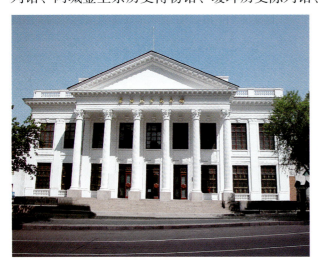

◆东北烈士纪念馆

◆金上京历史博物馆

◆侵华日军第七三一部队遗址

1. 文物征集工作全面展开

1913 年,黑龙江省行政公署发出"训令"要求各县、旗"征集古物"。1920 年代初,东省文物研究会及其陈列所成立后,即大力开展文物征集活动。1928 年,东省文物研究会陈列所收藏的文物、标本已达 62062 件。1954 年,黑龙江省博物馆成立时,收藏的文物、动植物标本已达 105847 件。此后文物征集主要是通过文物调查、考古发掘及从其他单位调拨、从社会收购等方式进行。另外,经过中央文化部门协调,20 世纪 50 年代中期曾从故宫博物院调拨一部分文物入藏。

1948 年,东北烈士纪念馆筹建期间,松江省人民政府主席冯仲云在《东北日报》上刊登《征求东北抗日烈士遗物启示》,广泛征集革命文物。1955 ~ 1957 年省博物馆与东北烈士纪念馆先后发掘七星砬子抗联兵工厂遗址,出土机床等一批重要文物,入藏东北烈士纪念馆。此后,陆续征集到大量革命文物并入藏东北烈士纪念馆。1982 年,为筹备黑龙江省革命博物馆,东北烈士纪念馆接收省博物馆移交革命文物、资料近 7000 种。

20 世纪 50 年代末,省博物馆曾将 5600 余件文物下拨到新建的县博物馆。这批藏品,经过"文革"的浩劫，少量文物成为改革开放以后逐渐建立的市文物管理站、县文物管理所的第一批藏品。1978 年以后，各地陆续建立的地、市文物管理站和县文物管理所，以及 1980 年代中期以来陆续建立的部分市、县博物馆，通过文物调查、文物普查和宣传国家文物政策法规，在各自辖区内征集文物。省文物考古研究所从省博物馆独立出来以后，通过考古发掘，入藏了大批珍贵文物。至 1985 年，全省文物、标本近 14 万件，2009 年达到 22 万件。

黑龙江省文物藏品收藏特点鲜明。一是古生物化石、动物标本收藏丰富。省博物馆、伊春博物馆、嘉荫博物馆的恐龙化石骨架全国驰名。省博物馆猛犸象、披毛犀化石骨架国内仅有，外国仅见，弥足珍贵。省博物馆的动物标本、鱼类标本、蝴蝶标本种类全数量多。二是反映与中原古代文化有密切联系的文物及汉魏、渤海、辽金等时期黑龙江历史的文物有重要发现。如压制石镞、陶鬲、陶豆、渤海的石灯幢、渤海官印"天门军之印"、辽大安七年残刻题记、金初的铜座龙、确定金代边界地理坐标的"蒲峪路印"，证明元朝和明朝对黑龙江管辖的"管民千户之印"铜印和"朵颜卫左千户所百户印"、金完颜晏夫妇合葬墓出土的文物，阿城近 300 枚金代铜镜等，都具有极高的价值。三是少数民族文物得到抢救。赫哲族、鄂伦春族是我国人口数量最少的民族之一，反映它们生产生活、民族风俗和历史的文物，相关博物馆极为关注。一些博物馆收藏了一批反映赫哲族渔猎文化，反映鄂伦春族狩猎文化、桦树皮文化的文物和复制品。四是收藏有大量黑龙江人民抗俄、抗日斗争以及近代各时期的革命文物。如中俄雅克萨之战的无敌大将军铜炮，记录清代官员巡查黑龙江的《巡边记》，抗日英雄赵尚志、杨靖宇、赵一曼等烈士的遗物等。现在全省有三级以上文物 1.7 万余件。

2. 陈列展览工作不断丰富

黑龙江省的博物馆陈列展览工作，始于 20 世纪 20 年代初的东省文物研究会文物陈列所推出的自然标本与历史、风俗、文物综合性陈列展览。1948 年，东北烈士纪念馆举办东北抗日战争和解放战争烈士事迹陈列展览。建国后，省博物馆和东北烈士纪念馆，根据各自的职能、藏品和不同阶段的任务以及国家有关要求，不断调整、修改基本陈列，并适时推出临时展览或流动展览。比较重要的基本陈列有："文革"前，省博物馆的"自然之部"、"黑龙江省古代文化资料陈列"、"黑龙江省近代革命历史陈列"等；"文革"后，省博物馆的"古动物陈列"、"动物陈列"、"黑龙江人民抗俄斗争史陈列"、"黑龙江古代历史文物陈列"、"自然陈列"、"黑龙江省历史文物陈列"，东北烈士纪念馆和省革命博物馆的"东北抗日战争时期烈士事迹陈列"、"东北解放战争时期烈士事迹陈列"、"黑龙江省近代革命历史文物陈列"，省革命领袖纪念馆的"老一辈革命家视察黑龙江纪念陈列"，大庆油田开发科学实验陈列馆的"大庆油田开发科学实验陈列"，侵华日军第 731 细菌部队罪证陈列馆的"侵华日军第 731 部队罪证陈列"，黑河爱珲历史陈列馆的"爱珲历史陈列"等。据统计，全省各级各类博物馆、纪念馆举办的陈列展览如下：1948 ~ 1985 年，基本陈列约 30 个，临时或流动展览约 112 个；1986 ~ 1992 年基本陈列约 40 个，临时或流动展览 130 个；1993 ~ 1998 年，基本陈列 48 个，临时或流动展览 165 个；1999 ~ 2005 年，基本陈列 79 个，临时或流动展览 210 个；2006 ~ 2008 年，基本陈列 90 个，临时或流动展览 120 个。

半个多世纪以来，陈列展览的数量、面积有了巨大增长，内容和形式更加丰富多彩，尤以形式设计理念的变化和技术进步显著。其中，阿城金上京历史博物馆的"金上京历史文物陈列"被评为1998年度"全国十大优秀陈列展览精品奖"，省博物馆的"自然陈列"被评为1999年度"全国十大优秀陈列展览精品奖"提名奖，黑河爱珲历史陈列馆的"爱珲历史文物陈列"被评为2003年度"全国十大优秀陈列展览精品奖"，刘明秀的"俄罗斯艺术陈列"被评为2003年度"全国十大优秀陈列展览精品奖"提名奖。

这些基本陈列和临时或流动展览，以宣传科学知识，进行革命传统教育为己任，受到了以青少年为主的广大观众和外国朋友的欢迎。据不完全统计，仅以文博系统的各级各类博物馆、纪念馆接待和宣传观众的人数为例，1948 ~ 1985年期间，省博物馆800万人次，其中外宾4.5万人次；东北烈士纪念馆680万人次，其中外宾7000人次；省革命领袖纪念馆40万人次；侵华日军第731细菌部队罪证陈列馆4万人次，其中外宾800人次。1986 ~ 2006年间，平均每年接待和宣传观众约80万人次。其中，2002年达90万人次，2003年亦为90万人次，2004年增至100万人次，2005年约为110万，2006年为120万人次，2007年为140万人次。2008年，免费开放的省直四馆及全国爱国主义教育基地接待观众160万人次，加上全省各级各类尚未免费开放的博物馆，接待观众总数达到270万人次。

三 不断完善的文化遗产保护工作

建国60年来，为了保护、利用、继承珍贵的文化遗产，黑龙江省几代文物工作者和其他各行各业的人士，经过艰辛努力，全省的文物保护工作成绩斐然。

1. 文物管理机构不断健全

1948年，中共中央东北局在哈尔滨市建立了当时解放区第一座纪念性博物馆——东北烈士纪念馆。新中国成立后，文物保护工作得到党和政府的高度重视。20世纪50年代末，部分市县建立了一批市、县级博物馆，到1960年末，全省共有各级博物馆、展览馆、纪念馆46个。不久，在贯彻"调整、巩固、充实、提高"的方针后，大部分停办，少数改为县级文物管理机构。70年代，随着国家把黑龙江省列为边疆考古的重点地区，博物馆、纪念馆的机构得到恢复。1977年以前，全省文物工作由省文化局主管。1978年，省文物管理委员会成立，管理全省文物考古、图书馆、博物馆工作。同时，在全省建立了14个地、市级文物管理站，13个县级文物管理所。1986年，《黑龙江省文物管理条例》颁布实施，没有文物管理机构的县，基本都建立了县文物管理所，健全了文物管理体系。1995年，机构改革，黑龙江省文物管理委员会与省文化厅合并，同时成立了黑龙江省文物管理局，与省文化厅合署办公。

目前，全省共有文物管理机构99个，各级管理人员389人，文博系统的各级各类博物馆工作人员581人。其中具有高级职称人员133人，中级职称的人员288人。1/3的工作人员接受过国家和省组织的业务培训。

2. 文物保护基础工作扎实推进

1981年，黑龙江省政府在1956年、1957年公布的省级文物保护单位基础上，公布了第一批省级文物保护单位 31 处；1986 年，公布第二批省级文物保护单位 54 处；1990 年，公布第三批省级文物保护单位 32 处；1999 年，公布第四批省级文物保护单位 64 处；2005 年，公布第五批省级文物保护单位 53 处。60 年来，经过国务院、黑龙江省政府和各市县政府确认、公布，受到各级政府重点保护的各级文物保护单位 620 余处，一大批珍贵文物资源得到了妥善保护。

各级文物保护单位"四有"逐步健全。"四有"建设是文物保护重要的基础工作之一，多年来，黑龙江省各级政府对该项工作十分重视。目前，省级以上文物保护单位基本达到了"四有"，其中，保护范围的标准比《文物保护法》的标准还要高。1986 年以来，还先后统一为全部国保和部分省保单位树立了保护标志、说明碑（牌）、界标等。2008 年，按照国家新的标准，又在全省开展了省级以上文物保护单位保护标志的统一制作、安装工作。为完成国保单位文物记录档案，多次召开有全省基层骨干力量参加的培训会议、培训班，有效推动了该项工作的开展，使档案编写的全面、准确、规范化程度进一步提升，省级以上文物保护单位档案全部制作完成，达到了国家标准。同时，国家重点文物保护单位、省级文物保护单位所在的群众性保护组织普遍建立，而且对兼职的群众保护组织成员有专项经费补助，省、市、县、乡、村级文物保护网络已基本形成完整体系。

文物保护经费专项投入逐年增加，大遗址保护工作全面启动。文物保护是政府的首要责任，财政投入是文物保护最主要的支撑力量。建国后，在国家和各级政府的努力下，逐步开展了对省级以上文物保护单位的保护维修和环境整治工作。1965 年，国家出资，将金上京宫城 1.3 万余平方米建筑基址范围土地征用为文物保护用地。1985 年国家拨款，对渤海上京宫城及部分皇城土地 70 余万平方米征用为文物保护用地，同时对渤海上京、金上京及重要汉魏时期遗址进行远红外航空摄影。1997 年，将占压渤海上京宫城内重要遗迹的渤—沙公路改迁至内城东垣外通过。2001 ～ 2004 年，先后开展了渤海上京城外城正北门址、宫城二至五殿基址、宫城正南门东西外门墩保护工程的实施。2004 年起，国家又投入近 2 亿元，对渤海上京遗址开展了全面保护维修和环境整治工程。2006 年，国家文物局对 731 遗址保护投入资金 3000 万元。此外，国家还投入大量资金，对 1 至 5 批全部国保单位和部分省保单位的抢救项目进行保护维修，包括维修文物本体工程，制订具体抢救维修方案，以及制订大遗址保护规划等。其中比较大的项目有哈尔滨文庙维修开放、东北烈士纪念馆维修、颐园街一号维修、省博物馆维修、索菲亚教堂环境整治及维修开放、哈尔滨 731 日军侵华罪证遗址环境整治及文物保护工程、海林横道河子教堂维修等多项文物保护工程。据不完全统计，"九五"以来，中央、地

◆哈尔滨圣·索菲亚教堂

方财政共投入 5580 万元，其中中央财政投入 3080 万元，地方投入（含省、市、县三级）2500 万元。多年来，省政府也将文物保护专项资金列入预算，加强对省保和部分国保单位的保护工作。1996 ~ 2002 年，黑龙江省政府财政预算中的文物保护专项经费为每年 70 万元，2003 年起增至每年 200 万元。在中央和省两级财政的主导作用下，各市、县（市）也分别有不同程度的增加。

3. 流散文物管理逐步规范

"文革"前，黑龙江省基本不存在流散文物市场，流散文物入藏主要是从废品收购单位的杂物中拣选或是群众捐献。如"神威无敌大将军"铜炮等珍贵文物，就是从废旧金属堆中发现的。改革开放后，对流散文物的管理基本通过三种方式进行。除上面提到的方式外，一是在工商、公安等有关部门配合下，由省直文博单位和地市文化部门、文博机构依法管理；二是通过省文物商店及其代购部进行收购和销售，这是监管文物市场的主渠道。20 世纪 90 年代中期以来，省文物商店逐渐退出文物市场，全省文物市场开始失去有效监管。为扭转这种被动局面，省文化厅充分发挥文化市场管理站的职能，并调入人员充实队伍，组建了专门文物执法机构，开展新形势下流散文物市场监管工作。

4. 文物保护利用效益显著

黑龙江省的很多文物遗址保持着自身的原生态，有些文物遗存经过维修，恢复了原来的面目。它们既是自然景观，又是人文景观，有丰富的文化内涵，具有特殊的魅力，是旅游的重要资源。目前，全省主要的旅游线路，都包括文物遗址和纪念地。其中哈尔滨—镜泊湖旅游热线中，颐园街 1 号欧式建筑、哈尔滨文庙、圣·索菲亚教堂、阿城金上京遗址、侵华日军 731 部队罪证遗址、海林中东铁路建筑群、渤海上京遗址、兴隆寺、城墙砬子山城等国保、省保单位被完整纳入，成为旅游者必到之处。据有关部门统计，文物对旅游业总收入贡献率达到 20%，成为旅游业重要的依托力量。据文物部门统计，全省各类不可移动文物遗址所在地，各级爱国主义教育基地，如侵华日军 731 部队、虎头要塞、东宁要塞罪证遗址等，2003 年接待总人数达 1000 余万人次。文物遗存的丰富程度及保护、展示、利用程度、价值程度愈来愈成为当地城市、乡村发展经贸所依托的重要品牌。

◆黑龙江省虎头要塞地下房间设施

文物事业的发展，也促进了黑龙江省历史文化名城建设工作扎实推进。1994 年，国务院公布哈尔滨市为第三批国家级历史文化名城。1996 年，省政府公布齐齐哈尔、阿城、呼兰、依兰、宁安等五市县为全省第一批省级历史文化名城。历史文化名城公布后，在一定程度上增强了这六座城市保护城市历史及其文物的意识，可以更系统地在更深层次上加强工业革命以来的文化遗产的保护力度。

5. 文物立法、执法不断加强

1916年，黑河道尹公署公布了黑龙江地区第一个地方性文物法规《保护古物暂行办法》。此后，黑龙江地区曾先后执行中华民国、伪满洲国的古物、古迹保存法，东北解放区文物古迹保管办法。新中国成立后，在认真贯彻、执行中央人民政府公布的一系列文物政策、法规、条例、法律的同时，结合本省实际，适时制定和发布了近20项地方保护文物的规定、布告、通知和条例。

1986年，黑龙江省人大常委会颁布实施《黑龙江省文物管理条例》。《条例》规定：有省级以上文物保护单位的市县，要设立文物管理机构；文物保护经费纳入各级财政预算；省级以上文物保护单位要设立特别保护区、重点保护区、一般保护区和建设控制地带。《黑龙江省文物管理条例》是当时最早颁布的省级地方文物法规。1993年，省人大常委会根据新修订的《文物保护法》，对该《条例》作了修订。

2000年，黑龙江省政府以省长令形式，公布实施《黑龙江省文物调查勘查管理规定》。《规定》对生产建设单位和文物保护机构在生产建设中如何加强文物保护工作，开展文物调查、勘查等事宜作出了具体规定。《规定》对全省各级文物保护机构配合经济建设，搞好文物保护工作提供了强有力的法律支持。

2006年，省人大常委会颁布实施了《黑龙江省唐渤海国上京龙泉府遗址保护条例》。该《条例》对如何保护、利用这处珍贵的文化遗产做出了具体规定。《条例》颁布实施后，渤海上京龙泉府遗址的保护水平得到全面提升。

此外，1997年，黑龙江省政府发布了《黑龙江省人民政府关于进一步加强文物保护工作的通知》，2006年省政府发布了《黑龙江省人民政府关于加强文化遗产保护工作的意见》，2009年哈尔滨市以政府令形式公布了《侵华日军731部队罪证遗址保护办法》。出台了一批文物保护和管理的专项规范性文件，如《关于划定、公布省级文物保护单位保护范围的通知》、《黑龙江省文化厅关于规范和加强基建考古工作的通知》、《关于严禁防止文物被盗、丢失、破坏的紧急通知》等。这一系列法规、规章和规范性文件的公布实施，构建了文物法制建设的框架，使文物工作逐步进入了法制化、规范化的轨道，有力地推动了文物事业的发展。

四 硕果累累的文物科研和对外交流工作

对黑龙江地区文物古迹历史的研究探索，始于清初。清中期以后，东北边患日甚，一些清朝官员开始关注研究边疆历史古迹。同时，日本、俄国学者也开始染指黑龙江地区古遗址的调查、研究。1922年，在哈尔滨成立了以中国人为会长的东省文物研究会，但研究的主导权由外国学者掌握。1937年，伪大陆科学院在哈尔滨设立分院，加强考古活动。1948年，中共中央东北局建立了东北烈士纪念馆，对黑龙江省文物研究保护的主导权才重新回到中国人手中。

1. 学术团体和学术机构不断健全和规范

新中国成立后，黑龙江省没有成立专业研究的学术团体，学术研究活动主要由省博物馆、东北烈士纪念馆组织专业人员结合业务工作进行。1980年4月25日，在哈尔滨召开了黑龙江省文物博物馆学会成立大会。大会通过了《黑龙江省文物博物馆学会章程》。《章程》规定：黑龙江省文物博物馆学会（简称文博学会）把"开展边疆考古和博物馆学的研究，推动黑龙江地区文博事业的发展"作为自己的宗旨。为了适应新世纪文化遗产事业的形势要求，省文博学会在2006年5月召开的第五届会员代表大会上，修订通过了新的《黑龙江省文物博物馆学会章程》，改选、组成了新的理事会。省文博学会下设陈列艺术、群众教育、文物保管、自然科技、民族民俗、流散文物鉴定、考古、文物保护、学术等9个专业委员会，按各自专业分别组织会员开展学术活动。省文博学会现有团体会员79个，个人会员725名。

《北方文物》杂志创刊于1981年（原称《黑龙江文物丛刊》），1984年下半年在国内公开发行，为当时东北第一家公开发行的文博专业期刊。《北方文物》以反映研究东北和北方地区文物考古工作为重点，兼顾地方史和民族史研究，并重视博物馆学的理论研究与实践。《北方文物》亦是黑龙江文博人发表成果的学术园地。据统计，自创刊以来，《北方文物》共发行108期，发表文章约2700篇，计1840万字，其中60%以上为研究我国北方，特别是东北地区的考古与历史、民族学方面的文章。《北方文物》杂志现已被评为中国社会科学核心期刊之一，也是东北目前唯一保存下来的公开发行的文博期刊。

2.科研工作成果显著

在省文博学会及各团体会员单位的组织和领导下，全省的专业人员结合业务工作，积极投身于文化遗产保护和研究工作。1979年2月，黑龙江省文博系统召开了建国后的第一次学术讨论会，专业人员代表和有关领导87人出席会议，提交论文46篇。此后，1980～1990年共召开了11次省内或省际学术研讨会。2006年5月，省文博学会在哈尔滨市举办第五次学术研讨会，包括其他系统的文博专家、学者在内的200人出席会议，提交论文180余篇，创历次学术研讨会之最。据统计，近30年来共有省内外专家、学者857人次出席在黑龙江召开的学术研讨会，提交论文527篇。

1978年以前，全省文博系统专业人员共撰写文章60余篇，在当时极有限的专业刊物和报纸上发表了52篇。1979～1985年间，撰写文章（含参加学术会议）326篇，发表90余篇。1986～1992年撰写文章(含参加学术会议)422篇,发表272篇。1993至1998年共发表文章431篇。1999～2005年发表的文章也达400余篇。这些文章，包括自然、历史、考古发掘、文物调查、博物馆学等学科或专业，其中《密山新开流遗址》、《辽代五国部及其物质文化特征》、《金代曹道士碑之调查与初步研究》、《靺鞨故地上的探索》、《试论金代女真贵族墓葬类型及演变》、《渤海上京城营注时序与形制渊源研究》、《虹鳟鱼场发掘简报》、《黑龙江古代民族和中原文化的关系》、《松嫩平原陶鬲研究》、《新石器时代石材绳切技术研究》、《松嫩平原战国两汉时期文化遗存研究》、《渤海上京三朝建制的探索》、《靺鞨——渤海考古学新进展》、《试论生女真人的宗族文化》、《渤海陶器类型学传承渊源的初步探索》、《肇源小拉哈遗址发掘报告》、《中国的貂熊》、《论文物永续保护与永续利用的辩证统一》、《数字化博物馆的建设》比较重要。

上个世纪50～70年代，出版专著11种，自然类较多，有的作者还是苏联侨民；70～80

年代出版 12 种书；1986 ～ 1992 年出版专著 20 余部；1993 ～ 1998 年，出版专著 15 部，300 余万字；1999 ～ 2005 年出版专著 10 部。在将近 70 部著作中，以文物与历史类综合研究成果占多数，其中《室韦史研究》、《黑龙江古代简史》、《黑龙江古代民族史纲》、《平洋墓葬》、《黑龙江区域考古学》、《金源故都》、《东北历史地理》、《七星河流域汉魏遗址群调查测绘报告》、《渤海的历史与文化》、《黑龙江古代文物》、《金代服饰研究》、《渤海史稿》、《河口与振兴》、《黑龙江古代官印集》、《伊兰县文物志》、《探赜索引集》、《一足印稿》、《黑龙江博物馆 70 年》、《东北亚考古资料译文集》、《东北抗日联军史》、《日军侵华 731 细菌部队罪证史》、《抗日英雄赵一曼》、《东北抗日烈士传》、《黑龙江省的野兽》、《自然研究》比较重要。

在上述科研成果的基础上，专业人员为各个博物馆举办的基本陈列撰写的陈列大纲、陈列计划，为临时展览、专题展览撰写的陈列方案以及依据陈列计划、陈列方案形成的陈列展览的形式设计制作方案等，也都充分体现着科研人员的智慧和劳动。

3.国内学术交流不断活跃

黑龙江省地处边疆，科研工作与内地省份相比有较大差距。20 世纪 50 年代初期开始派出专业人员参加东北地区和全国的考古培训班，同时，也迎来了国内知名学者到黑龙江进行学术考察和讲演活动。著名古人类学家裴文中，著名历史学家翦伯赞、吕振羽，书画鉴定专家张珩、谢雅柳、刘九庵，文物鉴定专家朱复戡、陈维信、于希宁，沈阳农学院教授张中标，著名古脊椎动物学家杨仲健，著名古人类学家贾兰坡等于"文革"前来黑龙江，计有 10 个团组、25 人次知名学者来考察、讲学、鉴定文物、动植物标本。

党的十一届三中全会以后，国内学术交流有了新的进展，其中，以召开或参加学术研讨会和博物馆间互换小型专题展览的形式展开的交流活动最为活跃。1979 ～ 1983 年，黑龙江共召开了 4 次学术研讨会，有北京、内蒙古、辽宁、吉林学者与会交流。1986 年以后，除自己组织研讨会外，更多的是参加省外的各类学术会议。据统计 1986 ～ 1992 年共有 276 人次出席了 117 个会议，提交论文 308 篇；1993 ～ 1998 年，共有 297 人次参加了 126 个会议，提交论文 314 篇，基本实现了与国内文博界各学科的比较充分的学术交流。与此同时，宿白、邹衡、高明、徐苹芳、严文明、张忠培、林沄等知名考古学家到黑龙江考察、讲学。此外，20 世纪 80 年代是国内各博物馆互相交流展览最盛行的一个阶段，省博物馆一年要组织十几个走出去、引进来的临时展览。通过馆际展览资源共享，既活跃了展览市场，也达到了学术交流的目的。跨入新世纪以来，这种沟通和交流向更高的层次发展。

4.国际学术交流领域不断拓展

黑龙江地区文物考古方面的国际学术交流始于东省文物研究会时期。建国后，由于当时的国际环境，"文革"前来访的人士主要是社会主义国家学者，而我们自己没有一位专业人员到国外去进行学术交流。1957 ～ 1964 年，德意志民主共和国科学院古生物学家卡尔克博士、苏联科学院院士谢列夫及朝鲜考古学家等到黑龙江考察、发掘。"文革"期间，同国外的学术交流完全停止。改革开放后，国际学术交流逐步恢复起来。美国考古学家斯坦福博士和地质学家海因斯博士、日本著名考古学家江上波夫、日本北海道大学吉崎昌一教授、美国人类学教授宾福德和台湾旅美学者何传坤等来考察，并同省内学者座谈。1985 年前，共有德、苏、美、日、朝等国 7 批 20 人左右学者来访。1986 ~ 1992 年，接待了日、美、朝等 46 个团次的 125 人来访，其中加拿大阿尔伯塔省学者考察白金宝遗址发掘工地，参加阎家岗遗址发掘工作。1993 ~ 1998 年，省直单位接待了外国 62 个团次 175 人来访，包括加拿大阿尔伯塔省学者参加学田遗址发掘工作。1999 ~ 2005 年，全省文博系统接待日、俄、朝、韩、加、美等国及港、台地区来访学者 200 人左右。

从 1986 年开始，黑龙江省文博人员开始迈出国门之旅，这是历史上黑龙江文博工作者从未有过的经历。1986 ~ 1992 年，共有 57 人次出访日本、俄国（苏联）、意大利、加拿大、法国、朝鲜等国家，共有 4 人提交了学术论文。1993 ~ 1998 年，有 28 个团组的 97 人次，到日本、俄国、朝鲜、加拿大、英国、韩国、美国等国及香港、台湾地区进行访问。1999 ~ 2005 年，又有许多人赴日本、英国、埃及、意大利、希腊、土耳其、法国、加拿大、俄国、美国、朝鲜、韩国等国以及台湾、香港、澳门地区考察访问，开展多学科的学术交流。其中，2001 年省文物考古研究所与俄罗斯哈巴罗夫斯克边疆地志博物馆开展了亥赫法尔考古区奥西诺瓦亚列西卡遗址群第十、十一号地点合作发掘项目。此外，近 20 年来，省文物管理委员会和省文化厅，与日本北海道开拓纪念馆、加拿大阿尔伯塔省博物馆建立了经常性的业务交流，人员按计划多次互访。

5.赴外展览初见成效

1991 年，黑龙江省文博人实现了历史突破，省博物馆的古生物化石展赴日本伊丹市、姬路市展出。1992 年，省博物馆的大恐龙展二赴东瀛，在大阪市展出。1993 年，省博物馆的恐龙化石展又赴台湾台中市展出，受到台湾同胞的热烈欢迎，使他们通过展览对改革开放的祖国大陆有了新的了解。1996 年，第 26 届奥运会在美国亚特兰大举行，省博物馆的馆藏书画珍品展在赛会期间开幕。同年，省博物馆的"中国黑龙江恐龙化石及历史文物展"在日本札幌市展出。1999 年省博物馆历史文物展——"黑龙的升起"在加拿大阿尔伯塔省博物馆展出。2001 年，省博物馆的历史文物展，第二次赴阿尔伯塔省博物馆展出。在此期间，东北烈士纪念馆的揭露日军侵华罪证展和哈尔滨平房侵华日军第 731 部队罪证陈列馆的展览，分别到日本巡展，向日本人民展示了第二次世界大战中日本侵华的真相，受到许多日本民众的欢迎。2001 年，省民族博物馆和省博物馆的民族民俗文物展赴澳门展出，向当地民众和游客展示了东北民间春节风俗民情。

6.文化遗产宣传活动丰富多彩

各级各类博物馆、纪念馆的陈列展览是宣传文化遗产事业的主要场所，大家都十分重视。一是推出贴近实际、贴近生活、贴近群众的陈列展览。二是通过吸引人才和业务培训等措施，提高专业人员素质，特别是观众接待、宣传部门的讲解人员的素质。其中，组织讲解员业务大赛，是最受欢迎的活动。2004 年，省文化厅和省文博学会组织的黑龙江省第四届博物馆、纪念馆讲解员大赛，就吸引了全省 50 余家单位参加，其中的 13 支代表队的 52 名选手参加了比赛。三是组建流动展览小分队，带展板到群众中去宣传展览。1948 年，东北烈士纪念馆就采取到工厂、学校向群众作报告形式宣讲烈士事迹。1977 年该馆组建了常年流动展览小分队，在省内许多市县和全国 16 个省、市展出，观众和听众近 70 万人次，受到解放军总政治部和民政部、国家文物局及省政府的表彰、奖励。1955年，省博物馆组织了流动展览小分队，到农村宣传农业生产和文物保护知识。四是利用"5·18国际博物馆日"和每年6月的"中国文化遗产日"宣传文化遗产事业，普及文物保护知识。从1997年起，以哈尔滨市为中心，全省文博系统各级各类博物馆、纪念馆，包括许多行业博物馆和私人博物馆，都在5月18日这一天，将流动展览摆到城市中心宣传观众，或是在馆内免费接待观众。2006年6月10日，省委、省人大、省政协领导出席了在哈尔滨中央大街举行的第一个"中国文化遗产日"活动，利用博物馆的流动展板和非物质文化遗产民族歌舞的演出，宣传中国的文化遗产事业。五是在报刊上发表科普文章、在网络上发表文物信息等方式，宣传文物保护和文化遗产事业。据粗略统计，在全省文博系统专业人员发表的文章中，约有20%属于科普类文章。预计未来几年，网络宣传文化遗产事业的文章将大幅度提升，并将受到广大青少年网民欢迎。

回首60年，黑龙江省几代文物工作者继承前辈衣钵，以高度的责任感和使命感履行着自己的职责，付出的是辛勤汗水，回报的是累累硕果。我们可以欣慰地看到，经过全省文物工作者的不懈耕耘，黑龙江省已勘察到的文化遗产从石器时代直到近现代遗存丰富，历史链条清晰，表明黑龙江省自古以来就与中原有着密切的联系，是各族人民共同开发、建设、保卫黑龙江流域的实物载体，也是确保国家统一和维护领土完整的重要证明。今天，继续守望这片黑土地，保护好祖先留下的丰富文化遗产，繁荣家乡灿烂的黑土文化是我们义不容辞的责任。

（执笔人：吴　疆　孙长庆）

上海市文物事业60年

上海市文物管理委员会

上海是一座历史文化名城，有着丰富的历史文化底蕴。上海是中国近代革命的发源地，是中国共产党的诞生地，是中国现代工业的发祥地，同时也是近代中西方文化的交汇点。目前，上海拥有历史古迹、革命遗址、优秀近代建筑和名人故居等4000多处，各类博物馆纪念馆已达到110座。自新中国成立后，上海一直十分重视文物和博物馆工作，在经历了新中国成立初期的恢复与发展阶段，20世纪60年代的发展和曲折阶段，改革开放后的全面振兴阶段，步入新世纪后的科学发展阶段，上海文博事业全面实施文物保护法律法规，认真贯彻执行国家"保护为主、抢救第一、合理利用、加强管理"的文物保护方针，学各地之长、创上海之新，立足"落实、聚焦、突破"的工作基调，走出一条具有中国特色、时代特征、上海特点的发展之路，取得了令人瞩目的成就。

60年来，上海的文物事业与全市经济社会发展进程风雨同舟，共同走过了不平凡的发展历程。在新中国成立60周年之际，回顾我市文物博物馆事业60年来所走过的历程和取得的成绩，是深入开展科学发展观学习实践活动，统一思想，提高认识，推进事业又好又快发展的重要工作。

一　新中国初期的恢复与发展阶段

1949年9月17日，上海成立了古代文物管理委员会。这是全国较早成立的文物保护机构。1950年1月更名为上海市文物管理委员会，直属市人民政府，下属单位编制人数为528人。上海市文管会成立以后，积极进行了地面文物（主要是建筑类文物）保护、文物出口鉴定、文物市场管理、文物征集以及古代文化遗址的调查、保护和考古发掘、研究工作。

在此期间，上海经历了第一、二阶段的文物普查。第一阶段即第一次全国文物普查，从1956年4月～1957年5月，调查范围主要集中于上海市区，因为现属上海市的郊区当时尚归江苏省管辖。第一阶段共调查了历史文物800余处，其中有许多是上海市通志馆、文献委员会所未掌握的。第二阶段从1959～1965年，调查的重点是1958年后由江苏省陆续划归上海市管辖的十个郊县。上海市文管会与各郊县文化部门，对市郊文物进行复查和鉴定，提出了一批上海市级文物保护单位。

新中国建立初期，上海的博物馆事业也开始起步。上海市人民政府接管和改造了遗留的博物馆，并着手筹建具有一定规模的博物馆、纪念馆，如上海博物馆、上海自然博物馆、中共一大会址纪念馆、上海鲁迅纪念馆以及青浦博物馆、嘉定博物馆等。在"文化大革命"中，博物馆、纪念馆遭受了冲击，直到 20 世纪 70 年代后期才重新恢复和发展。

上海是近代中国主要的文物商业集散地之一。建国后，整个行业逐渐萎缩，60 年代初，仅存上海珠宝文物总店等少数国营商店，20 世纪 70 年代末，形成了由文物商店统一负责文物经营的体制。

考古方面，1961 年发掘青浦崧泽遗址时，发现一处新石器时代墓地，叠压在马家浜文化地层上，其文化内涵具有鲜明的自身特征，与当时在长江下游地区已经发现的良渚文化和马家浜文化明显不同。这类遗存被命名为崧泽文化。1961 ~ 2004 年，崧泽墓地被多次发掘，共清理 148 座崧泽文化墓葬。崧泽墓地延续时间长，随葬器物丰富，是这个阶段规模最大的墓地。根据 1960 ~ 1970 年代的发掘资料，主要以陶器的形制演变和器类组合为依据，将墓葬分为三期。1990 年代新发现 17 座墓葬有叠压或打破关系，为分期提供了可靠的地层学依据。崧泽墓地的三期基本上代表了崧泽文化完整的发展过程。通过崧泽墓地的分期工作建立了崧泽文化的年代标尺。崧泽文化的石器多施精磨，穿孔用管钻法，形制有斧、锛、凿等。1995 年崧泽墓地出土了一件带有骨镦的石斧，开良渚文化玉钺安装形式的先河。崧泽文化玉器用量增多，器形多见璜，少量环、镯和玲等。崧泽遗址出土的玉玲形制多样，有小饼形、鸡心形和环形等。装饰品中还有象牙镯。

二　改革开放后的全面振兴阶段

1986 年国务院颁布上海为历史文化名城，博物馆事业有了很大的发展，尤其是 90 年代，上海市委、是政府大力推进，改建和新建了一批博物馆纪念馆。其中上海博物馆新馆建设，使用了上海市中心的黄金地段，从建筑功能到外形完全按照现代博物馆的要求设计兴建，并采用先进的陈列手段和齐全的服务设施，起到了良好的示范引导作用。同时对上海的几个主要博物馆纪念馆的建设加以支持，如中共一大会址纪念馆的扩建工程、上海鲁迅纪念馆的拆除重建工程、上海龙华烈士陵园内辟建烈士纪念馆。嘉定、青浦、松江、金山、奉贤、崇明等区县博物馆根据本馆藏品特色先后进行了陈列改版，加大对社会文化服务的力度。当时，全市的博物馆、纪念馆每年接待观众量达 200 多万人次。

在此期间，上海经历了第三、四阶段的文物普查。第三阶段从 1978 ~ 1991 年。由于经历了"文化大革命"，前两阶段文物调查的档案资料多有散失，故市文管会从 1978 年 2 月起，对全市境内的文物进行了复查。这次复查共查实近现代史迹 240 处，古建筑及近现代代表性建筑 972 处，石刻及其他文物 52 处。此阶段的文物调查包括 1981 ~ 1985 年的第二次全国文物普查。至此，上海市的城乡地面文物基本做到了有案可查。第四阶段从 1999 ~ 2001 年，在第二次全国文物普查的基础上进行复查，共查得文物点 2000 余处。

1986 年 10 月 21 日，市文管会与市规划局经过多年艰巨、细致的调查研究，划定了国家级和市级文物保护单位的保护范围和建设控制地带，并报市政府批准公布。此后，各区、县也相继对区、县级文物保护单位的保护范围和建设控制地带作出规定，从而规范了全市各级文物保护单位环境保护的管理。

此外，上海的文物保护组织逐步得到加强和完善，形成了以市文管会、区、县文管会、文化局为领导，各区、县博物馆、纪念馆、文保所为骨干，由众多文物使用单位、文物保护小组和广大文物保护员参与的文物保护网络。

考古方面，1980年后开始发掘福泉山遗址，取得重大发现。1980年代在这里多次发掘，以发现良渚文化贵族墓地而著名。一般提到福泉山都指这个墓地，实际上1980年代发掘的墓地只是福泉山遗址的一部分。2008年底至2009年初，在这个墓地以北大约300米处的回龙村吴家场又发现一处新的贵族墓地，称福泉山遗址吴家场墓地以示区别。

福泉山墓地虽然不是最早发现的良渚文化贵族墓地，但是第一次确凿无疑地从地层堆积过程识别出人工堆筑土台型墓地的特征，为随后环太湖地区发现多处良渚文化高等级贵族墓地、祭坛奠定认识基础。福泉山墓地的另一重要性是长期延续使用，有多组相互叠压关系，在良渚文化墓地中比较罕见。这为良渚文化的分期研究提供了可靠依据。

吴家场墓地是人工堆筑的平面近似于长方形的台地，高2.45米，已经发掘2座墓葬。其中M204有弧形木棺，棺内葬有2具人骨个体。随葬重要玉器有琮、钺、璧和锥形器等，1件神像纹玉琮套在一墓主右前臂上。随葬陶器多放置在脚后端，有尊、鼎、壶、盉、簋、豆等。墓葬年代同福泉山墓地M9相当或略晚。

福泉山墓地和吴家场墓地是上海发现的最高等级墓地，墓葬随葬品丰富精致。玉器数量大、种类多、工艺精、用途广。玉器种类有琮、钺、璧、璜、梳背、项饰、柄形器和锥形器等，并发现年代最早的玉带钩。福泉山还以出土形制多样、制作精湛的陶礼器堪称良渚文化之最。

三　步入新世纪科学发展阶段

随着改革开放的推进，依托丰富的藏品资源和相对雄厚的经济实力，上海各区兴建、改扩建博物馆的热情空前高涨，博物馆建设事业快速推进。到2001年年底，上海的博物馆、纪念馆、陈列馆总数达到64座；而到2005年年底，上海的博物馆、纪念馆、陈列馆总数达到100座。在推进博物馆建设数量的同时，上海逐步进入到对博物馆建设理性思考和注重质量的阶段，目前，上海的博物馆、纪念馆、陈列馆等总数约110座，其中艺术类的6家、科技类3家、综合类14家、革命史类14家、人物类18家、高校类12家、行业类43家，覆盖了社会生活的多个方面。

上海拥有较为丰厚的博物馆纪念馆文化资源，并在数量、类别、质量方面具有一定的优势。在2008年开展的首批国家级博物馆评审中，上海博物馆、中共一大会址纪念馆、上海鲁迅纪念馆被国家文物局公布为国家一级博物馆；最近上海孙中山故居纪念馆、上海宋庆龄故居纪念馆、青浦博物馆、上海公安博物馆等7馆被公布为国家二级博物馆；上海淞沪抗战纪念馆、上海工艺美术博物馆、上海银行博物馆等7馆被公布为国家三级博物馆。

上海进行了第五阶段的文物普查，即2007年至今的第三次全国文物普查。这是上海市建国以来规模最大、持续时间最长、最为广泛深入的一次文物普查。自第三次全国文物普查启动至2009年4月底，全市共组建20个文物普查办公室、114个文物普查队，一线普查队员1064人。上海市累计到位文物普查经费2700万余元（不含中央财政补助经费），其中市级财政到位1000万元。共调查登记不可移动文物3350处，其中新发现1632处，复查1718处。

1995年后，上海市文管会根据国家文物局关于文物档案的工作规范，整理了各种访问记录、修缮资料、有关论著、报告、照片和图纸等档案，分别为全国级和市级文物保护单位设立了主卷、副卷和备考卷，上海的记录档案工作从此进入了新的起点。

经过60年的发展，上海的文物市场呈现出多种经营形式、多种经营主体的繁荣局面。文物监管品市场和文物拍卖打破了国有文物商店的独家经营，逐渐形成相互竞争的局面，上海的文物市场重新活跃，截至2008年，国有或股份制文物经营单位20余家，销售金额1.3亿元左右；文物拍卖企业40余家，2005年成交25.5亿元左右。2001年1月9日，上海市政府颁布了《上海市文物经营管理办法》，实现了地方立法的突破，使得上海法制建设取得了重要的阶段性成果。市文管委依法加强文物市场监督管理，与工商、公安等部门密切配合，各司其职，共同管理，严肃查处无证经营、超范围经营，坚决杜绝出土文物、出水文物经营和拍卖等违法行为，维护了文物市场的正常秩序，保障了民间文物收藏的良性发展。文物市场的繁荣发展，吸引和促进了文物回流，扭转了文物出境大于进境的局面，使民间收藏显山露水，进一步丰富了国有文物收藏单位的馆藏。上海博物馆征集了翁氏藏书、从文物拍卖中征集了南宋艳艳女士花鸟草虫图卷等许多珍贵文物，仅上海文物商店就向上海博物馆等单位提供文物千余件，其中有吴王戈、明永乐暗花白釉瓶、明夏昶墨竹卷等国家一、二级文物。

考古方面，世纪之交发现广富林文化和上海志丹苑元代水闸遗址。松江广富林遗址发现于20世纪60年代初。在1999~2000年的发掘中，发现并确认了非当地文化传统的新石器时代文化遗存，2006年我们根据考古学文化的定名原则，以其首先在广富林遗址得到确认而正式命名为广富林文化。在广富林遗址，发现了广富林文化的村落。这一时期的居住点比较分散，其中一处位于遗址的北部，它的东北部是湖泊，湖岸线在这处居住点的东部向东南方向延伸。居住在湖岸上的广富林文化先民十分重视对湖泊的开发和利用，在湖边地带发现了大范围的竹、木建筑遗存，面积约900平方米。地面式建筑有单间，也有多间，有的居住面经过烧烤。广富林文化墓葬共发现9座，其中6座分布在前述居住点的西北部，是一处相对集中的墓地，其余3座分散分布。通过这些墓葬，我们对广富林文化的埋葬习俗有了一定了解。广富林文化遗物有陶器、石器和骨角器。陶器按陶质分为夹砂和泥质两大类，泥质陶中包含少量印纹陶。广富林文化中有几件特殊器物的残片，它们是白陶鬶、竖条纹杯和封口盉，都是孤器，虽然并不能反映广富林文化的基本特征，但对理解文化的源流关系具有非常重要的意义。广富林文化的石器有犁、镰、刀、斧、锛和凿等。犁为等腰三角形，中线上琢钻四孔。刀有半月形和双孔长方形等。镰的前锋截面有三角形、菱形和六边形等不同形制。

志丹苑水闸遗址，位于上海市普陀区志丹路和延长西路交接处，2001年发现，2002~2006年，进行了试掘、小范围发掘和全面开挖，揭露出遗址全貌。水闸总面积1500平方米，由闸门、闸墙、底石、夯土等部分组成。闸门宽6.8米，由2根高大的青石门柱构成，闸槽内保留有木闸板、木门槛及木构附件等。闸墙，长47米，青石条层层砌筑而成，以折角分为三段。石墙外镶砌衬河砖，衬河砖外再用荒石和土垒砌。底石，表面铺一层青石板，石板上凿凹槽并镶嵌铁锭。石板下满铺衬石枋，衬石枋下有木梁和地丁支撑。底石的东西两端向下侧立2米高的木板墙。板墙外栽粗大密集的擗石桩。闸墙的荒石外用碎砖瓦和黄土层层相间夯筑，夯土下栽密集分布的地钉。部分地钉的上半部有墨书文字，个别地钉的文字旁发现八思巴文戳记。根据考古发掘及出土文物，结合文献记载，确定志丹苑水闸遗址为元代建造，距今有700年历史，是已发现的同类遗址中规模最大、做工最精、保存最好的一处，在中国水利工程发展史上有极其重要的地位。它是宋代《营造法式》总结之后的官式工程在长江三角洲特殊地貌环境下，水利工程又有很大发展的实例，对研究宋元时期江南地区的水利工程、吴淞江流域的历史变迁、吴淞江对整个长江三角洲的经济发展等，都具有非常重要的科学价值。同时也是上海地方史研究中一个标志性的重要物质文化遗产，再次证明上海不仅是现代化的大都市，而且具有深厚的历史文化底蕴。志丹苑元代水闸遗址被评为2006年"中国十大考古新发现"之一。

文物行业人才队伍建设方面也有了很大发展，上海市文博单位从业人员近3000人。上海市委、市政府从最初开始，就把最有影响力的文博专家放到博物馆的馆长岗位，从而带动了上海的文博事业发展，先后有10位文博专家享受了国务院颁发的政府特殊津贴，有2位文博专家被评为"文化部优秀专家"，有1位文博专家成为"地方队领军人才"，有3位同志、2个集体荣获国家文物局颁发的"全国文博系统先进"，有3人荣获"上海市劳动模范"；2个集体荣获"上海市模范集体"，4人荣获"上海市三八红旗手"，4人荣获"上海市先进女职工标兵"，3个集体荣获"上海市先进女职工集体"，1人被授予首届"上海市五一劳动奖章"。

四　文物事业发展的各项基础工作得到落实

（一）具有上海特点的文物保护法制框架逐步建立

新中国建立以来，特别是改革开放以来，结合文物保护管理工作的实际，上海各级文物主管部门从提高依法行政观念和能力、转变文物行政职能、提高制度建设质量、完善行政监督机制等方面着手，努力建设成为直接管理与间接管理相结合、动态管理与静态管理相协调、事前行政许可与事后严格监管相配合、加强管理与提高服务相统一的文物行政管理机关。

完善文物工作制度建设。重点推进文物行政许可制度的制定和实施、文物行政执法责任制度建设、文物行政监督评议考核制度建设、文物行政信息公开制度建设等。

加强文物行政监督机制建设。强化社会监督，完善网上投诉信箱、专线投诉电话的设立，加强人民来信、来访办理，加大对新闻媒体反映问题的处理。加强专门监督。健全内部监督。

（二）文物安全保障机制逐步健全

上海文博系统积极采取联合检查与抽查相结合，平时检查与节假日检查相结合，专项检查与巡查相结合等各种有效安全防范措施，坚持经常检查，加强安全监督、确保文物的绝对安全。

此外，加大对安全防范设施的投入。一方面积极争取政府的支持，另一方面在文物安全经费使用上拨出专项资金用于改善文物安全设施建设。近几年来，在新建、改扩建工程上，克服困难，筹措经费，大大地改善各级博物馆的文物和防盗消防报警设施，提高了安全防范的科技含量，并开始在一级风险单位建设现代化的安全系统。

通过定期开展职业道德教育、业务培训和技能训练，培养了一支懂管理、懂技术、有素质的专业的安全保卫队伍，他们承担各个单位的文物安全职能，他们以身作则、率先垂范，认真学习各类相关的治安、消防业务知识，严格遵守和履行各项纪律制度，为文物安全保卫工作作出了贡献。

五 不可移动文物和历史文化名城保护成效显著

（一）不可移动文物保护体系日趋完善

通过开展文物普查，上海的文物保护单位数量日益增长，快速提升了文物资源的规模和数量，完善了文物保护体系。截至 2009 年 6 月，上海市共有不可移动文物 1270 处，其中全国重点文物

◆国保挂牌仪式

保护单位 19 处，上海市文物保护单位 112 处，区（县）级文物保护单位 378 处，上海市优秀历史建筑 571 处，上海市纪念地点 29 处，古文化遗址保护地点 14 处，以及日本帝国主义侵略上海遗址纪念地 8 处。此外，还有上海市登记不可移动文物 710 处。

（二）文物保护抢救维修工作全面展开

1.近现代文物建筑保护

上海是中国近代百年史中具有特殊地位的城市。近代上海不仅是中国的商业中心、贸易中心和金融中心，也是全国建筑活动最为频繁、成就最为突出的城市。上海自 1843 年开埠后，随着租界的不断扩展，各国将不同建筑风格的教堂、银行、办公楼、旅馆、影剧院、商店、医院、花园住宅、公寓、夜总会等西方建筑形式引入上海并大批建造，使上海成为世界建筑博览会。与此同时，在西方建筑东渐上海的影响下，上海出现了一种以传统建筑为基础，融入西方建筑风格和手法的新型住宅建筑——里弄建筑。上海的近代建筑不仅是中国近代建筑史的重要组成部分，同时也是世界建筑文化遗产中的宝贵财富。

上海对近现代文物建筑的研究起步较早。1958 年时，上海市文管会即已参加《上海近代建筑

史稿》的调查、研究和编写工作。进入 20 世纪 80 年代以后，随着国家对近代优秀建筑的不断重视，市文管会会同市规划局共同组织各有关单位，对本市的近代优秀建筑进行了大规模全面调查，最后在深入研究和专家评审的基础上，将具有典型英国大住宅式样的英国领事馆，文艺复兴风格的法国领事馆，希腊陶立克柱式装饰的江海关大楼，英国古典主义式样的英国总会，法国文艺复兴古典主义风格的法国总会，西班牙式的新康花园住宅，挪威式的马勒住宅，美国式的美童公学，仿罗马风的中法学堂，哥特式建筑风格的徐家汇天主教堂，芝加哥学派的沙逊大厦，现代建筑风格的国际饭店等 61 处近现代文物建筑，于 1989 年 9 月和 1993 年 7 月，分两次上报市政府批准公布为上海市文物保护单位。其中的上海外滩建筑群和上海邮政总局，已于 1996 年 11 月，被国务院公布为第四批全国重点文物保护单位。

1992 年 1 月 1 日，为了更好地保护近现代文物建筑，市文管会与市规划局、市房地局共同研究、制订了《上海市优秀近代建筑保护管理办法》，经上报市政府批准后实施。从此，上海的近现代文物建筑纳入法制化管理的轨道。

2.古代建筑维修

上海是国务院公布的国家历史文化名城，不仅有众多著名的近、现代革命文物，同时也有着丰富的古代文化遗产。上海的五百余处各级文物保护单位中，近 50% 是各类古代建筑，其中不乏松江方塔、真如寺正殿、松江唐经幢、豫园、龙华塔、嘉定孔庙、松江清真寺等全国著名的古建筑。建国 60 年来，市文管委对文物古建筑的维修从未有过间断。至今，各级文物保护单位绝大多数已经过保养维护或维修，市级以上的古建筑，大多数进行了全面维修。鉴于文物建筑的维修，既是建筑施工的过程，更是对文物建筑研究的深入和继续，市文管会通过古建筑维修实践，不仅取得了一些适应上海实际情况的古建维修管理经验，同时也对上海的古建筑有了更深层次的了解。在此基础上，上海的古建筑维修，取得了一些可喜的成果：

①通过 1954 ～ 1955 年对龙华塔的维修，发现塔的底层地下有 20 层砖基，下有 13 厘米厚的垫木，其下还有 3 米深的木桩。如此坚固的塔基，尤其是桩基的使用，在中国古塔建筑史上实属罕见。这一发现，引起了国内外古建专家的瞩目，填补了中国古代建筑史中古塔基础研究的空白。

② 1963 ～ 1964 年的真如寺正殿落架大修中，发现大殿的额枋底部，有双钩阴刻始建年代，证实了大殿是元代延祐七年的建筑，为江南仅存的两处元代木构建筑之一，极为珍贵。大修中还在大批木构件的榫卯隐蔽处，发现许多工匠墨书的构件名称和部位名称。这些墨书与宋《营造法式》和《清式营造则例》相对照，证明真如寺正殿是中国古代建筑史上承前启后的实例，具有极其重要的研究价值。

③ 1975 ～ 1977 年，市文管会对松江方塔进行大修，发现全塔留存的 177 垛木斗拱中，尚有宋代原物 111 垛，占 62.7%。斗拱的形制符合宋《营造法式》中大木作制度的规定。修缮中还发现三层塔身外墙面绘有宋代彩色跏趺坐佛像壁画两幅。松江方塔是国内极少保存得如此完整的北宋塔，也是我国楼阁式砖木结构古塔的杰出代表。它以其修长的塔身，平坦的腰檐，古朴的平坐，被誉为江南最美的古塔。

④运用现代科技对青浦青龙塔和嘉定法华塔进行整体纠偏。青龙塔纠偏前残高 30 米，向东

北倾斜 2°50′，中心位移 1.2 米。1991 年 10 月～1992 年 4 月，市文管会会同杭州曹氏建筑物纠偏加固研究所，运用沉井纠偏法，将塔纠正。经长期观察，证明塔身稳定，整体纠偏不失为古塔保护的理想手段。青龙塔的纠偏，成为我国古塔纠偏的先声。它为此后太原双塔的纠偏成功，提供了有益的经验。1995 年 9 月～1996 年 1 月，市文管会还与浙江大陆建筑特种工程公司合作，运用改进后的沉井纠偏法，对法华塔进行了整体纠偏。纠偏前的法华塔高 40.83 米，向东南倾斜 2°0′45″，中心位移 1.2 米。纠偏后，法华塔的垂直度符合 3‰的国家标准，中心位移仅 5 厘米。法华塔的纠偏成功，说明沉井纠偏已是一项成熟的技术，可在国内外古塔保护中广泛应用。

⑤在东林寺大殿、宝山孔庙大成殿、张闻天故居的大修中，运用整体顶升（吊升）新技术，减少材料损耗，缩短工期，节约资金，使这些建筑的木结构最大限度地保持原样，免去了落架时木构件的登记、编号、拍照等繁琐工序，避免了可能发生的错乱，保证古建筑维修中"不改变原状"，从而提高了古建维修的质量。

⑥60 年来，上海的 13 座古塔均得到了彻底维修。一些古塔在依据充分的前提下恢复了原状，如松江的西林塔、李塔；青浦的泖塔；嘉定的法华塔、南翔寺砖塔等。通过这些古塔的维修，掌握了上海地区不同时代的古塔法式特征、建筑手法、建筑材料和建筑工艺，为今后的古塔维修打下了坚实的基础。

⑦抢救维修了奉贤县"华亭东石塘"。1996 年上半年，在奉贤县奉柘公路降坡与拓宽工程中，一段长 4 公里，高约 4 米，顶宽 1.5 米，底宽 3 米的古代海塘暴露出地面。海塘全部用青、黄条石垒砌，远远望去宛若长城，十分壮观。经查史料，这条海塘就是清雍正三年（1725 年）至十三年（1735 年）建成的华亭石塘之一段。华亭石塘全长 23.76 公里，清代号称"四十里金城"，是我国东南沿海最古的石构海堤遗物。"华亭东石塘"的发现，为研究中国海堤建筑史提供了珍贵的实物例证，具有十分重要的历史和科学价值。但在发现初期，由于建设部门未能采取有效措施，致使大量堤顶条石被移作他用。后在市文管会的直接干预下，县政府迅速采取措施予以制止，并将此段海塘公布为文物保护单位。在华亭东石塘的维修中，发现海塘设计合理，施工精良，塘身极其坚固。其石榫、石卯、梅花桩基、铁榫、铁销的科学使用，代表了我国古代东南沿海海塘建筑史上的最高成就，对现代江、海大堤的建设，具有十分重要的借鉴作用。

（三）革命旧址的保护及开发成为亮点

上海是中国近现代史上重要的革命中心之一。上海人民具有反帝反封建的光荣传统。鸦片战争、太平天国革命、小刀会起义、辛亥革命、抗日战争和解放战争等重大历史事件，都在上海留有革命史迹。五四运动以后，上海成为中国工人运动的摇篮和中国共产党的诞生地。中国共产党的"一大"、"二大"和"四大"都在上海召开。中共中央机关曾长期设在上海，领导全国的革命斗争。五卅运动、工人三次武装起义等重大革命事件，影响全国，震惊世界。毛泽东、周恩来、刘少奇、邓小平等许多革命先辈在上海工作过、战斗过。上海在中国革命史上留下了许许多多的光辉篇章。

上海的革命史迹，是上海人民宝贵的历史文化遗产。新中国成立以后，上海市委、市政府非常重视革命史迹的勘查和保护。截至 1998 年底，上海的革命史迹中，经国务院批准公布为全

◆ 鲁迅原葬地揭幕仪式

国重点文物保护单位的有 6 处；经上海市人民政府批准公布为市级文物保护单位的有 38 处，纪念地点 21 处，抗日战争纪念地 9 处。此外，市郊各区、县也公布了革命史迹 42 处，其中区、县级文物保护单位 30 处（包括革命旧址 15 处），纪念地点 12 处。

上海市区革命旧址的保护和开发利用，虽已引起各方面的热切关注，成为文物工作的热点，但同时也是文物工作的难点。市文管委从实际出发，采取了积极有效的措施，切实保护好这些珍贵的文物资源。①认真执行文物保护法，加强和完善革命旧址的保护工作，避免城市建设中损毁文物建筑的现象发生，为今后革命旧址的开发利用，做好基础工作。②革命旧址的保护和开发利用，坚持"国家保护为主并动员全社会参与"的文物保护新体制，遵循"有效保护、合理利用、加强管理"的文物保护原则，调动国家、集体、个人三方面的积极性，有钱出钱，有力出力，同时争取国内外所有致力于革命旧址保护、开发利用的团体和人士各种方式的资助。③建立革命旧址保护、开发利用专项基金。④制定优惠政策，鼓励各行各业投资于革命旧址的保护和开发利用事业。⑤结合城区的旧式里弄改造，有规划、有重点地将革命旧址分期分批进行修复开放。⑥调动地方积极性，将部分市文物管理部门所属的革命旧址，委托区文化、文物部门保护管理和对外开放。

六 博物馆建设事业蓬勃发展，形成具有上海特色的博物馆网络

目前，上海的博物馆、纪念馆、陈列馆等总数约 110 座，其中艺术类的 6 家、科技类 3 家、综合类 14 家、革命史类 14 家、人物类 18 家、高校类 12 家、行业类 43 家，覆盖了社会生活的多个方面。

上海博物馆建设事业蓬勃发展的同时，也形成了自己的地域特色。上海作为近代中国诸多工业行业的发源地，不少行业在全国都占有重要的地位，据有关资料统计：全国共有 160 多个经济门类，上海就拥有将近 150 个。深厚的历史积淀为上海保存了一批重要的工业遗存和记忆，为文博事业的发展提供了相当可观的物质和非物质资源。近年来，上海地区的博物馆建设持续发展，在直属市文物管理委员会、市机关事务管理局、市民政局、各区县文化局等一批相对建成时间早、功能设施完备、管理成熟规范的博物馆、纪念馆之外，带有财经、工业、农业、教育、科研、文化艺术等行业色彩的普及意义上的博物馆、陈列馆、展示馆不断涌现。这些行业博物馆具有鲜明行业特色、地域特征和独特个性，反映出了上海在自身经济实力、文化意识和博物馆观念上的领先。

经过近二十年大致三个阶段的发展和积累，上海的行业博物馆呈现出数量上增长、质量上渐进的特点，到 2008 年底，全市的行业博物馆已近 40 余家，涵盖了银行、烟草、公安、司法、铁路运输、邮政、船舶制造、汽车、工艺美术、城市交通建设等几十个行业门类。行业博物馆不仅是上海这座城市的文化象征，而且也是社会和谐、经济和文化繁荣的一个缩影，在上海城市文明

发展中具有重要的继承和启迪作用。

七　切实落实免费开放政策，博物馆社会效益日益显著

根据中宣部、财政部、文化部、国家文物局联合下发的《关于全国博物馆、纪念馆免费开放的通知》，在上海各类博物馆多种免费方式的基础上，从 2008 年 3 月 10 日起，上海博物馆、中共"一大"会址纪念馆、上海鲁迅纪念馆、陈云故居暨青浦革命历史纪念馆向社会长期免费开放。四家博物馆免费开放后，参观人次明显增加，获得观众普遍认同，社会反响良好。2008 年，上海博物馆共免费接待观众约 135 万，较 2007 年同期增长了 35.9%，其中单日最高参观流量为 11020人次。中共"一大"会址纪念馆从免费开放后接待观众约 34 万人次，比 2007 年同期增长 11 万人次，增幅达到 50.5%。上海鲁迅纪念馆，2008 年全年接待观众约 26 万人次，是 2007 年度的 1.3 倍。

陈云故居暨青浦革命历史纪念馆从 2008 年 3月 10 日起至 12 月 31 日接待观众 159068 人次，同比增长 106%。

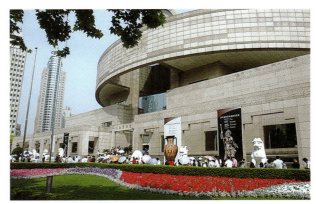
◆上海博物馆免费开放

由于中共上海市委宣传部的高度重视、全面协调和科学推进，有关前期准备工作十分充足。在实际免费开放工作中，博物馆纪念馆一线工作人员的不懈努力以及内部管理的不断跟进，使四家博物馆、纪念馆始终保持科学有序。

2009 年，上海地区博物馆纪念馆的免费开放工作进一步推进。目前，已实行长期免费开放的约有 50 余家。由于文物保护建筑、行业内部管理、高校校园秩序等原因暂未实行长期免费开放的博物馆也对积极采取各种方式，比如对未成年人、70 岁以上老人、残疾人、现役军人、离休干部等特殊人群团体预约免费或优惠票价参观，特殊人士散客凭有效证件免费参观，"5·18 国际博物馆日"、文化遗产日等特殊时间段免费参观等。

八　积极开展文化服务和社会教育活动，充分保障人民的文化权益

（一）博物馆公共服务能力增强

长期以来，上海地区的博物馆纪念馆依托自身的文博资源优势，围绕"爱国主义、民族精神、传统文化"，紧密结合"贴近实际、贴近生活、贴近群众"三贴近的要求，积极开展形式多样的文化服务和社会教育活动。

面向社会观众，成功举办"晋唐宋元书画国宝展"、"光辉的历程——中共一大至十七大"大型图片展览、"孙中山在上海图片史料展"、"永不放弃——上海公安抗震救灾纪实展"等。

面向文博爱好者，开设一系列的博物馆专题讲座，提供专家讲解，组织文化遗址考察，编辑出版文博艺术普及读物。

针对未成年人，开设学生暑期讲座、开展中小学生博物馆体验活动、组织全市性的"我与博

物馆"征文活动和文博夏令营活动，编写大学、高中、初中、小学四套党史教案，建立"上海市中学生鲁迅文学社"等等。

上海的博物馆、纪念馆、陈列馆为上海的城市文化建设、公众文化服务以及未成年人思想道德教育提供了丰厚的历史、文化、艺术、科技资源。

（二）对外文化交流与合作日益增强

上海在文化交流工作方面取得了辉煌的成绩。举办出国出境展共87个，涉及全球21各国家和地区；与此同时还引进境外展览48个，涉及全球17个国家和地区。这些交流展览对弘扬中华文化和传统，推动博物馆事业的发展，提高博物馆学术水平，让中国博物馆融入世界发挥了积极的作用。

九 文物经营市场得到有序发展，文物进出境得到有效管理

市文管委严格执行国家法律法规，推进文物进出境审核管理工作，严厉打击了文物走私活动，有效防止了文物流失，为国家抢救了许多珍贵文物。①充分重视机构建设，确保了文物进出境审核管理工作不间断地进行，培养了一支忠诚于文物事业、具备相当业务能力的基本工作队伍。1950年，中央人民政府政务院颁布《禁止珍贵文物图书出口暂行办法》，陈毅市长就要求上海市文物管理委员会做好这项工作。1956年，成立"上海市文物图书暨特种手工艺品鉴定委员会"，配合海关鉴定上柜零售、邮寄和个人携带出境的文物图书。1978年，受国家文物局委托，负责江苏、安徽、福建、云南4省文物商店零售文物的鉴定任务。1994年，根据国家文物局的部署，改称国家文物出境鉴定站。即使在"文革"十年动乱期间，上海的文物进出境审核机构依然坚守岗位，行使着保护文物、防止珍贵文物流失的职责。②与海关建立了良好的工作机制，在工作实践中建立健全了较为严密的工作制度，开发使用了文物进出境审核信息管理系统，有效提高了审核工作的信息化管理水平，为建立全国性的文物进出境审核信息管理系统作了有益的探索。③有力打击了文物走私，抢救了大量珍贵文物。上海曾是文物走私的口岸。建国初期，对张雪庚等上海古玩业"四大金刚"的文物走私大案进行处理，基本遏止了文物走私活动。改革开放以来，抢救了数千件珍贵文物，上海海关据此建立了自己的展示陈列，用以教育员工。历年来，上海文物行政部门接受上海海关移交的文物几千件，其中有明代项元汴山水轴、汉代琉璃蝉等珍贵文物。在对出境文物审核中，抢救征集了元青花梅瓶、宋白釉莲花口六管瓶等文物，相当数量的禁止出境的玉器、陶瓷、书画、竹刻等入藏国有文物收藏单位。

十 文物考古发掘工作取得重要成果

上海文博事业的科研工作从无到有逐步形成了领先全国的研发水平。松江广富林遗址发掘解开了上海"外来移民"、"良渚文化实证"、"最早城镇雏形"的三大考古之谜。崧泽遗址发现了上海最早的房屋遗迹、最早的人类头骨、最早的已被驯化圈养的家猪。志丹苑元代水闸遗址被评为

2006 年度"全国十大考古发现"。福泉山遗址、马桥遗址的保护和考古研究，均取得了令人瞩目的成绩。为长江流域作为中华民族的起源地之一进行了较为科学完整的考古实证。

上海的考古工作在长期探索发展过程中，以苏秉琦先生的区系类型理论为指导，扎实做好本地区考古学文化的年代与谱系研究，树立将考古发掘与文物保护、展示成果相结合的理念，牢牢抓住中国文明起源的重大课题，全方位研究古代社会，取得了令人可喜的成绩。

十一　人才培养和专业队伍建设取得显著成绩

上海市按照围绕深化文化体制改革，加快人才队伍建设，建设文化人才高地，加强文化人才工作的基本原则，以科学发展观为统领，牢固树立"人才资源是第一资源"的观念，遵循文化、文博人才成长的基本规律，抓住培养、选拔、吸引和使用等重点环节，坚持公平公正原则，积极探索，严格人才管理，努力提高文博文化人才工作的实效和水平，探索符合上海文博事业行业特点和发展规律的培养之路，努力培养和造就一支符合文博人才成长规律、结构合理、素质优良的文博文化人才队伍。

60 年来，上海文博系统不断健全学术竞争机制，激励和促进高层次人才的发展，保证和鼓励专业技术人员，多出学术研究成果，定期举行专家学术演讲会和文物鉴定学术报告会。采取有效措施，积极培养文博人才，有组织、有计划地加强各类干部培养和交流，让年轻同志有机会在搭建的平台上展示才华，通过政府特贴和领军人才选拔、推荐工作及文化部优秀专家选拔、推荐工作推动人才培养工作的有序进行。

上海非常重视文物行业的各级各类培训，为文物工作的有效开展提供了智力保障。2005 年，随着新文物法的出台，市文管委为规范文物经营行业，首先推出《文物经营》项目书画类和陶瓷类专业水平认证。2006 年度的认证工作上海市启动增加了玉器类的初级、中级水平认证和书画类、陶瓷类的高、中、初级水平认证。上海市在继续推行《文物经营》专业水平认证工作的同时，根据《文物经营》项目面向社会开放，涉及文物拍卖、文物销售、文物典当和文物收藏等行业，初级作为入门的能力水平，逐步面向社会大众；中、高级作为文物拍卖行业专业人员申报中、高级文物博物系列专业技术职务资格的准入条件，予以开放。2007 年，市文管委组织了文物保护工程项目的起草工作，在听取各方专家意见后，2008 年报国家文物局批准，于 2009 年正式实施，已经培训了文物保护施工人员 123 人，监理人员 132 人，勘察设计人员 145 人，并将成为一个系统工程，每年举行培训、验证工作。2007 ~ 2008 年，还组织了三期全市博物馆纪念馆的馆长班，共有 74 位馆长参加了培训，反响热烈。2009 年，组织了全市的讲解员培训班、全国性的文物保护标准推广实施培训班等。

十二　信息化建设迈上新台阶

上海博物馆从 1984 年成立"电脑组"，开始了规划博物馆的电脑应用工作，为全国最早开展这方面工作的博物馆。从藏品编目管理系统开始，陆续完成藏品编目图像系统、商周青铜器铭文选索引系统、多媒体导览服务系统、楼宇自动化管理系统等多项应用。2000～2004年，上海博物馆信息化建设开始了新一轮建设。完成了"两网三库"项目，"两网"即上海博物馆网站和上海文博信息网，"三库"指上海博物馆数字化文物信息管理系统、数字多媒体数据库、国际文博数据库。上海文博信息网以上海文管委为核心，并聚合了中共一大会址纪念馆、上海鲁迅纪念馆、上海市历史博物馆、上海文物商店等文博单位的信息于一体，采用统一的后台信息管理系统实现了上海文管委系统信息的发布和共享。2003年，上博信息化工程荣获了上海市信息化优秀应用项目奖。上海博物馆网站也在第四届中国优秀文化网站调查评估活动中作为文物类网站荣获优秀文化网站的奖项。

今年，根据国家文物局关于《〈全国文物、博物馆事业信息化建设"十五"规划〉的通知》精神，以及《上海地区文物、博物馆事业信息化建设"十五"规划》，《上海市政府信息公开规定》，《上海市网上行政审批管理办法》要求，为适应目前上海地区文博信息化建设的需要，市文管委力求统一设计、统一规划，制定了文管委综合信息化平台的建设方案。

综合信息化平台包括：上海文博信息资料综合管理系统、上海市文管委综合业务管理系统、上海市考古信息综合管理系统以及上海市文物普查与保护地理信息系统。

通过综合信息化平台建设，构建文博数据库体系为基础，建设网上办公体系和资源收集展示体系，在提高政务公开和业务处理能力的同时，合理的利用并深化信息整合技术，充分发挥文管委信息化的综合功能，实现分散数据和资源的集中收集、存储、管理、展示和发布功能。

综合信息化平台完成后，将实现全市文博信息交流共享，达到更好服务社会的建设目标；通过网络平台，实现以电子文件流转为基础，覆盖行政和业务各部门的信息数据采集，电子档案管理，网上行政审批，网上信息公开的办公自动化系统；并通过信息化技术加强文物保护和文物基础信息管理的能力。

60年来，我市文物博物馆工作取得的成就，是在市委、市政府、市委宣传部的正确领导和国家文物局的有力支持下，在有关部门的通力协作、各级文物主管部门的密切配合和广大文物工作者的共同努力下取得的。

在今后的工作中，上海市文物系统将继续坚持科学发展观，牢牢把握先进文化的方向，把握为人民服务的目标；坚持解放思想、实事求是、与时俱进，积极推动改革与创新；不断增强率先意识、机遇意识和创新意识；加强协调，理顺关系，坚持依法抢救、保护、管理、利用文物，大力推动上海的文物事业揭开崭新的辉煌篇章。

江苏省文物事业60年

江苏省文物局

江苏是中国现代文博事业的发源地之一。中华人民共和国成立后，作为社会主义文化事业的重要组成部分，江苏的文物保护工作在党和政府的高度重视下，在全省文物工作者的辛勤耕耘和不懈努力下，取得了令人瞩目的辉煌成就，真正成为国家的、人民大众的、群众教育的科学活动和普遍形式。

一　江苏文物事业60年的发展历程

60年来，江苏文物事业的发展取得了有目共睹的成就，大体可以分为三个大的阶段。

（一）1949～1978年：江苏文物保护事业起步阶段

建国肇始，百废待兴，随着工作重心向和平建设的转移，江苏第一代文物工作者在战争的废墟上，筚路蓝缕，艰苦创业，为江苏文物事业发展奠定了基础，先后在省及地区一级组建了文物管理委员会，颁布了一些重要的法规性文件，成立专业的文博事业单位，培养了一批忠于事业、素质较高的专业文保干部和专业人才，逐步建立起较为完整的文物管理、保护、利用和科研体系。

随着全国的工作重心向和平建设的转移，江苏文物工作者配合基础建设的开展，积极开展各类文物抢救保护工作。江苏省文物管理委员会成立后，在省内先后开展了四次文物普查工作。在全面普查的基础上，分别于1956年、1957年公布两批文物保护单位342处，对一些有重要价值的文物保护单位有计划地进行抢救性维修保护。配合全省基本建设工程，对全省古文化遗址进行调查，对一些重要遗址进行清理和发掘，初步建立起江苏考古文化系统与序列。初步形成以南京博物院为首的省地两级公共博物馆体系，博物馆的教育、文化功能得到重视，1961年南京博物院推出的江苏历史文物陈列，在全国博物馆中开创了地方历史陈列的先河。

（二）1979～2004年：江苏文物保护事业的恢复和发展阶段

党的十一届三中全会以后，随着改革开放的不断深入，江苏的社会、经济发展不断取得新的突破，江苏文物保护事业也迅速得到恢复和发展。

1982年《中华人民共和国文物保护法》颁布以后，江苏各级政府更加重视文物保护事业。

全省各市县普遍组建文物保护管理机构，文物保护地方性法规体系日渐完善。1982年，重新公布了省级文物保护单位263处，其中29处报经国务院公布为全国重点文物保护单位。南京、苏州等7个城市被列入前三批国家历史文化名城。1997年，苏州古典园林被联合国教科文组织列入世界文化遗产目录，实现江苏世界文化遗产零的突破。全省各地考古队伍充实壮大，基础研究活跃，基本完成了对全省考古学文化区系的划分。博物馆事业蓬勃发展，一批以反映江苏经济文化特点为主的专门性博物馆陆续成立，各市博物馆也都开办了各自有代表性的地方历史展览。

（三）2004年至今：江苏文物保护事业全面发展、科学发展阶段

进入21世纪以后，江苏进入全面建设小康社会的新时期，各级党委、政府和社会各界给予文物保护事业前所未有的重视，江苏文物事业进入了一个又好又快发展的历史新阶段。

2004年，在江苏省文物管理委员会办公室和省文化厅文物处的基础上，正式成立江苏省文物局，履行全省文物保护的行政管理职能。江苏省文物局的成立，标志着江苏省、市、县三级文物行政管理体制基本形成。省文物局成立近5年来，在文化部、国家文物局的关心指导下，在江苏省委、省政府的重视关怀下，在全社会的热情参与下，江苏文物工作坚持"保护为主、抢救第一、合理利用、加强管理"的方针，贯彻落实《国务院关于加强文化遗产保护的通知》，在法制建设、制度建设、基础工作、人才培养等各方面都取得了较大的成绩。至2007年，全省共有文物事业机构192个，从业人员3076名。全省现有各级文物保护单位总数近3000处，其中省级文物保护单位645处，全国重点文物保护单位120处，国保单位总数位居全国第七位。现有世界文化遗产2处。国家历史文化名城9座，省级历史文化名城6座。中国历史文化名镇14座，中国历史文化名村2座。全省现有各类博物馆、纪念馆180余座，其中国家一级博物馆5座。国有馆藏文物总量90余万件（套），其中珍贵文物一级品1818件。

近年来，全省文物工作坚持以科学发展观为指导，逐年加大文物保护经费投入力度，率先实现博物馆、纪念馆免费开放，有序实施"名人故居、古民居抢救保护工程"，积极推进大运河江苏段保护与申遗工作，扎实开展全省第三次全国文物普查，努力推动文物行政执法体制改革和制度创新，精心组织文化遗产日、江苏省文物节系列宣传活动，为促进江苏经济社会全面协调可持续发展、推动"两个率先"做出了应有的贡献。

二　江苏文物事业60年的主要成就

长期以来，江苏广大文物工作者坚持党的文物工作方针，文物保护工作取得了显著的成绩。

（一）形成重视文物保护工作的优良传统

江苏各级党委和政府一贯重视文物保护工作。1949年5月，南京解放不久，硝烟未散，南京市军事管制委员会就发布了《关于保护公共财产、文化机关及名胜古迹的布告》，将一些重要的文物古迹列入保护行列。各地军事管制委员会也先后发布了类似的通令、布告等。20世纪50年代，

江苏各级政府先后发布了一系列文物保护规范性文件，建立起较为完善的文物保护事业体系。

1978年党的十一届三中全会以后，我国迈入改革开放和社会主义现代化建设新时期，江苏文物保护工作也开始了一个新的历史发展阶段，各项文物保护工作全面恢复。1982年，江苏省人民政府发布《关于加强文物保护的通知》，要求各级政府和部门单位高度重视文物保护工作。

1992年，邓小平同志视察南方重要讲话和党的十四大以后，我国改革开放的步伐进一步加快，文物事业的发展也注入了新的活力。在江苏省委、省政府明确提出把江苏建设成为与经济发展相适应的文化大省战略目标后，1996年，省政府在徐州召开全省文物工作会议，将文物事业的发展提高到推进江苏文化大省建设的高度来认识。2003年全省文物工作会议上，省政府又对新世纪全省文物保护工作进行了全面部署，提出了要求。2004年、2006年，省政府先后出台下发《关于进一步加强文物工作的意见》、《省政府关于加强文化遗产保护工作的意见》，进一步提出了明确的目标和要求。2007年9月26日，江苏省政府在南京召开全省文化遗产保护工作会议，总结交流近年来全省文化遗产保护工作情况和经验，对今后一个时期工作任务进行了部署。由于各级党委和政府的高度重视，江苏文物保护事业逐步走上了全面发展、科学发展的轨道。

近年来，江苏文物保护经费快速增长。1979年，全省博物馆经费仅115.98万元，其中业务费29.28万元，文物保护单位维修费和考古发掘费34.04万元，其中省级仅3.54万元。改革开放以来，江苏文物维修的投入逐年增加。自2001年江苏省全省文化工作会议后，江苏省省级财政预算内每年安排省级文物维修保护补助经费1000万元，重点文物基础设施建设经费500万元。省级经费的分配实行倾斜政策，将大部分文物保护经费用于苏北等经济欠发达地区，而对于苏南等经济发达地区，文物保护经费主要由地方自行解决。2006年，省政府发布《关于进一步加强文化遗产保护工作的意见》、《关于发展先进文化建设文化江苏的决定》、《关于加快文化事业和产业发展的若干经济政策》等文件，明确"省财政每年在预算中安排专项资金支持文化事业的发展，并视财力逐年增加"，"利用文物设施和文物保护单位开展旅游项目的旅游单位，每年提取不低于门票收入的10%，专款用于本景区文物的维修保护"，文物保护经费投入由此进入快速增长期。2007年，全省文博系统收入合计38767.3万元，其中各级财政拨款28984.5万元。2009年，江苏省级文物保护专项经费预算达3000万元。地方各级财政文物经费投入增长明显，苏州、扬州两市财政投入均超过5400万元。

（二）建立和健全文物管理体制机制

1.建立起省市县三级文物保护管理体制

为了有效地加强江苏文物的保护，江苏在建国之初就十分重视各级专业文物管理机构的建设。1949年12月，南京市文物保管委员会成立。1950年7月，苏州市文物保管委员会成立。1950和1951年，苏南、苏北行政公署分别在无锡、扬州设立苏南、苏北文物管理委员会。1953年恢复江苏省建制后，省文化局主管全省文物工作，各市（地区）文物行政管理工作也归口到各市文化局。同时将苏南、苏北两文管会合并成立江苏省文物管理委员会，为全省文物事业管理机构，具体管辖、从事全省文物调查发掘、维修保护工作。1959年，省文物管理委员会迁至南京博物院，与南京博物院合署办公。淮阴地区、南通地区、镇江地区、苏州地区也先后成立文物管理委员会。1977年，"文革"刚结束，又在江苏省文化厅内增设文物处，专司全省文物保护行政管理工作。至1979年，全省共有省市（地区）两级文物管理委员会8个，文物保管所2家（扬州地区、镇江地区），另有专职文保干部13人。

1982年《中华人民共和国文物保护法》颁布以后，江苏各级政府更加重视文物保护事业。文物保护法明确由各级政府负责本地文物保护工作，全省各市县普遍组建文物保护管理机构，1994年，全省共有市级文管会10个、县（市、区）文管会、文管所58个。2007年，全省共有文物事业机构192个，其中文物保护管理机构63个，从业人员341名。为加强文物行政管理能力，一些有条件的地级市陆续组建文物局，1993年，南京市文物局率先成立。目前，苏州、无锡、常州、扬州、淮安、盐城、宿迁等市先后成立了文物局、文化遗产局等。2007年6月，常熟市文化局增挂文物局牌子，成为了全省第一个设立文物局的县级市。

在完善市县文物保护机构的同时，江苏省还大力加强省级文物行政管理能力。1988年，江苏省文物管理委员会办公室迁至省文化厅，开始与省文化厅文物处合署办公。2004年，在江苏省文物管理委员会办公室和省文化厅文物处的基础上，正式成立江苏省文物局，内设综合、法规（执法督察）、文物保护、博物馆4个处室，与省文物管理委员会办公室两块牌子一套班子，受省政府委托，履行全省文物保护的行政管理职能。省文物局成立后，每年召开一次全省文物工作会议，全省各市、县（市、区）文物行政主管部门负责人出席会议。江苏省、市、县三级文物行政管理体制基本形成。

2. 逐步建立起较为完善的文博事业体系

江苏文博事业原有基础较好，新中国建立后，逐渐建立起较为完整的文物博物馆事业体系，为江苏文物事业的健康发展奠定了组织与人才基础。除各级文物管理委员会外，还成立了一批专业的文博事业单位，建立起较为完善的文博事业体系。

20世纪50年代以来，江苏初步形成以南京博物院为首的省地两级公共博物馆体系。1956年，江苏省博物馆在苏州成立，1958年迁到南京，与南京博物院合并。各市（地区）也先后建立起地方性博物馆。至1979年，全省有博物馆19家，从业人员499名。

1956年以后，江苏全省各地的古玩玉器业相继实行了公私合营，相继建立了南京、苏州、无锡、扬州等文物商店。1978年，江苏省文化厅设立江苏省文物出口鉴定小组。1979年，全省有文物商店9家，从业人员192名。

20世纪80年代以后，江苏文博事业单位及从业人数有了较大幅度的发展。博物馆事业蓬勃发展，2007年全省文化、文物系统管理的博物馆共108家，其中国家一级博物馆5家，二级博物馆12家，三级博物馆15家，从业人员2360名；文物商店9家，从业人员291名；文物拍卖企业12家，具有一、二、三类文物拍卖资质2家，具有二、三类文物拍卖资质10家。文物科研机构3个，从业人员24名；其他文物机构9家。文物保护工程资质单位从无到有，全省现有文物维修勘察设计资质甲级单位3个，乙级单位15个，丙级10个，暂定级2个；甲级监理资质单位1个；文物维修施工资质一级单位8个，二级单位10个，三级单位13个，暂定级9个。拥有可移动文物保护设计资质甲级单位 2 个，乙级 2 个；修复资质一级单位 2 个，二级 3 个。

3.培养和造就了一支专业水平较高的文物工作队伍

从 20 世纪 50 年代起，江苏各级地方政府、文管会、博物馆就很重视文物专业人才的培养。一方面举办各种类型的短训班，另一方面依托南京大学历史系考古专业、南京博物院等高校、科研单位培训专业人才。1953 年，由中央文化部文物局、北京大学和中国科学院考古研究院联合培训全国考古工作干部，我省先后派干部参加了 4 期培训。1956 年，南京博物院举办了"考古民俗训练班"，为南京博物院和华东各省培训了一批文博干部。1958 年，江苏省文化局分别在宝应、扬州文化艺术学校开办文博班，培养江苏文物、博物馆在职干部。1972 年、1973 年在南京举办了江苏省第一、二期文博干部训练班。1982 年起，国家文物局在扬州创办培训中心，轮流培训在职专业干部，到 1987 年共举办 13 期，江苏受惠最大。1998 年举办了江苏省第一期古建筑保护培训班，为我省文物保护工程的有序开展，保障文物保护工程质量奠定了基础。

南京大学历史系 1950 年就开设考古学通论、秦汉考古等课程，又因附设有文物室的条件，于 1972 年成立考古专业，有近 200 名本科生毕业，大部分输送到江苏的文博机构。1979 年起，该系开始招收考古学硕士研究生，1983 年获考古学硕士研究生学位授予权。2003 年 12 月，省文管会与南京大学合作，举办了第一期欧盟"亚洲城市合作项目——文化遗产保护"高级研修班，聘请意大利文物保护专家及省内有关专家为学员讲课，全省文物系统内从事地面文物保护的行政管理和专业技术人员 40 余人参加了培训，取得了良好效果。

省文物局成立后，进一步加大文物保护人才培训力度。2005 年，省文物局制定实施《2005 ~ 2007 年全省文物行政管理和执法人员法制培训规划纲要》，大规模、有计划地开展文物培训工作。2005 年 7 月，全省文物保护工程技术与管理培训班在南京举行，来自全省 13 个市 35 名文物工作第一线的学员参加了培训。2006 年，省文物局举办的培训班有，与省文化厅、省建设厅联合举办的"全省文化遗产保护与城市规划建设培训班"，"2006 年全省文物法制培训班暨文物行政执法经验交流会"，"全省博物馆保管人员培训班"，"江苏省文物保护工程资质管理与资质申报培训班"和"全省文物外事干部培训班"等。2007 年，先后举办了全省第三次全国文物普查、全省文物法制、全省博物馆讲解员和文物项目经费管理等培训班，仅文物普查培训就有 1000 多人参加。2008 年，有与国家文物局联合举办的"江苏省全国重点文物保护单位暨世界文化遗产地保护管理培训班"，与公安、宗教等多个系统联合举办的文物保护法制培训班，与省公安厅联合举办的"江苏省文物行政执法与刑事司法相衔接法制培训班"，"全省县级博物馆馆长培训班"等。江苏的培训工作规模大、范围广、层次高、内容多、形式新，特别注重培训方式、手段的创新，特别注重跨地区、跨部门培训，成效显著，对全省文物保护事业的健康发展起到了极大的推动作用。1994 年全省共有专业人员 1064 名，具有高级职称的 96 人。2007 年，全省从业人员 3076 人，具有高级职称的达 252 人。

4.学术研究硕果累累，群众学术团体逐步发展壮大

由南京博物院主办的《文博通讯》，经过 10 余年的发展，1985 年改为国内外公开发行的《东

南文化》杂志，现已成为文博、考古界的重要学术刊物。历年来，江苏编著出版的专著、发掘报告，如《南唐二陵》、《沂南古画像石墓发掘报告》、《南京人化石地点 1993～1994》、《花厅——新石器时代墓地发掘报告》、《东方文明之韵——吴文化研究论文集》、《龙虬庄——江淮东部新石器时代遗址发掘报告》、《北阴阳营——新石器时代遗址发掘报告》、《江苏考古五十年》、《江苏馆藏文物精华》、《江苏省志·文物志》、《南京文物志》、《江苏文物古迹通览》、《明孝陵》、《中山陵园》、《南京明清建筑》、《南京民国建筑》、《中国古城墙保护研究》等，均被同行所高度重视。

在群众性学术团体方面。1980 年省考古学会和博物馆学会成立，1984 年省民俗学会成立，1990 年吴文化研究会从考古学会中独立，成立吴文化学会。1994 年年底，各学术团体共有分支机构 15 个，会员 1200 余人。

5.社会宣传

近几年来，全省各级政府及文物行政部门不断提高对文物宣传工作重要性的认识，加大宣传力度，创新宣传方式，拓宽宣传渠道，全省文物宣传工作取得了良好的成效。2003 年，省文化厅推出首届"江苏省文物节"，此后每两年举办一届。2006 年起，国务院确定每年 6 月的第二个星期六为我国"文化遗产日"。"文物节"、"文化遗产日"活动主题鲜明、内容丰富，特别是两年一届的江苏省文物节突出艺术性、学术性、群众性、服务性的结合，已经成为江苏文化遗产保护宣传工作的知名品牌，社会影响不断扩大。2008 年 12 月，省文物局召开全省文物宣传工作会议，建立起全省文物宣传通联员网络和考核考评机制。通过深入宣传，既提高了我省文化遗产知名度，凸显了特色文化品牌，又提高全社会对依法保护文物的认知度、认可度和参与度。

（三）文物法制工作硕果累累

1.逐步建立起较为完善的文物保护地方性法规体系

江苏各级党委和政府特别重视对文物保护的立法和依法行政工作。在 20 世纪 50 年代，江苏根据和平建设时期的新情况、新问题，依据中央相关文件精神，先后发布了《为通知在基本建设中做好保护文物工作》的通知（1954 年）、《为通知制止乱掘古代墓葬》的通知（1955 年）、《江苏省保护文物暂行奖惩办法》（1957 年）等重要的规范性文件，对江苏文物保护事业中的一些重要问题提供了指导依据。但总的来讲，改革开放之前，江苏与全国一样存在着文物工作无法可依、执法无人的不正常状况。

1982 年《中华人民共和国文物保护法》颁布实施后，江苏文物工作逐步迈进法制化轨道，在贯彻实施文物保护法的同时，制定公布了一系列地方性文物保护法规规章。

1994 年，《江苏省实施〈中华人民共和国文物保护法〉办法》公布施行，这是江苏省人大通过的我省第一部文物保护地方性法规。1997 年，又对该法规进行了修正。

2001 年，《江苏省历史文化名城名镇保护条例》分布并于次年 3 月 1 日起施行。这是在国家有关历史文化名城保护法律法规未出台前，我省颁布的一部地方性法规。《条例》突出了地方各级人民政府在保护历史文化名城名镇中的责任，对规划、文物两个行政主管部门的具体职责作了分工，对旅游、公安、园林、民族宗教等相关行政部门在各自职责范围内的有关保护责任也作了规定。《条例》中提出了"历史街区"和"地下文物埋藏区"（合称"重点保护区"）的法律语汇，突出强调整体保护以及规划先行的文物保护理念。《条例》将非物质文化遗产的保护作为申报历史文化名城保护的重要前提，对非物质文化遗产的保护起到了一定的推动作用。

2003年，《江苏省文物保护条例》公布并于次年1月1日起施行，这是2002年文物保护法修订后，全国各省、自治区、直辖市中出台的第一部文物保护地方性法规。《条例》是在结合我省实际情况，总结我省文物保护成功经验的基础上制定的，是我省实施文物保护法的重要补充。《条例》理顺了文物保护体制，强调文物保护工作由政府统一领导、协调，各部门各司其职、相互配合。《条例》强化了文物行政部门对涉及文物的工程建设必要的前置审批权，对"历史文化街区"、"尚未核定公布为文物保护单位的不可移动文物"的保护措施作了程序性和限制性的规定。对在施工中故意破坏文物的行为，《条例》在要求其依法承担民事责任的同时，规定给予其较重的行政处罚，对博物馆设立也规定了一些具体的要求。

2003年，江苏省文物管理委员会出台了《江苏省文物管理委员会委员单位文物保护工作职责》，对省发展改革委、财政厅、省公安厅、省文化厅（省文物局）、省工商局等省文物管理委员会22家委员单位的文物保护职能做了合理划分。各市也参照省里做法陆续出台了相关规定，这对协调地方政府各职能部门的关系起到了一定的作用。

2005年，《国务院关于加强文化遗产保护的通知》下发后，江苏制订下发了《省政府关于进一步加强文化遗产保护工作的意见》，明确了各级政府及相关部门在文化遗产保护工作中的责任。

此外，各地结合地方实际，相继制订地方性法规、政府规章。南京市先后出台了《南京市文物保护条例》（1989年）、《南京城墙保护管理办法》（2004年）、《南京市地下文物保护管理规定》，苏州市出台了《苏州市实施〈中华人民共和国文物保护法〉办法》（2005年）和《苏州市古村落保护办法》（2005年）、《苏州市地下文物保护办法》（2006年），其余各市也相继出台了《镇江市文物保护管理办法》、《无锡市文物保护管理办法》、《淮阴市文物保护管理办法》，以及《苏州市昆曲保护条例》、《无锡市宜兴紫砂保护条例》等20多部地方法规，对加强各市的文物保护工作起到了重要作用，有力地推进了全省文物工作法制化进程，收到了明显的效果。

2. 创新文物行政执法体制

2004年省文物局成立，内设法规处（执法督察处），从体制上保证了文物行政执法工作的开展。为改变文物执法无机构、无编制、无人员的"三无"现象，2007年，省文化厅、省文物局会同省编办联合下发《关于在文化体制改革中加强文物保护行政执法队伍建设的意见》，要求各地将文物行政执法工作纳入文化行政综合执法范畴，落实机构、编制和人员。文化部、国家文物局充分肯定《意见》和我省的做法，文化部将《意见》在《文化政策法规通讯》上全文刊载，国家文物局向全国转发。常州、淮安、苏州、无锡、宿迁等市已根据要求建立文化行政综合执法机构，并将文物行政执法纳入文化行政综合执法范畴。

3. 文物法制培训工作成效显著

为增强全省文物行政管理和执法人员的法制意识，提高依法保护文化遗产水平，2005年，省文物局制定了《2005～2007年全省文物行政管理和执法人员法制培训规划纲要》，并积极指导推动全省文物法制培训工作。2004年以来，累计举办7期文物法制培训班，主要对各市县文物行政管理部门的领导干部进行培训，培训对象达3000人次。利用文化厅每年举办的10多期乡镇文化站长培训班，对全省1000多名乡镇文化站长进行文物法律法规的培训和教育。通过培训，全省文物行政执法人员的素质得到明显提高，改变了过去不想执法、不会执法、不敢执法的现象，全省文物行政执法工作得到加强。国家文物局全文转发了我省的《培训纲要》，并向全国推广我省做法和经验。在2006年全国文物法制培训班和省级机关"五五普法"培训班上，我局被邀请作文物法制工作先进经验介绍。

4.文物行政执法工作取得重大成果

为有效保护我省的文化遗产，督促各级文物行政部门依法履行职责，省文物局以典型案件的督查为全省文物行政执法工作开创了新局面。各级文物行政部门积极开展行政执法工作，查处了一批群众关心、社会关注、影响较大的违法案件，对40多起文物违法案件实施行政处罚，罚款人民币近300万元。2005～2007年，共破获涉嫌文物犯罪案件195起，抓获犯罪嫌疑人254名，追缴失散文物600余件。2007年，在苏州召开全省文物法制工作会议，举办了全省文物法制工作成果展，全省各市县文化（文物）局分管局长、文物处长等150人参加了会议。在已举办的两届全国文物行政处罚案卷评比活动中，我省成绩名列前茅，因组织案卷上报及时，报送案卷整体质量较好，省文物局两次均获得组织奖。

（四）文物保护工作基础扎实，大批珍贵文物得到修复

1.公布了一大批文保单位

中华人民共和国成立后，江苏先后开展了四次文物普查工作，并分别于1956年、1957年公布两批省级文物保护单位合计342处。1982年，又对前两批省级文保单位核对清查，取消169处，保留128处，从原来待公布的第三批名单中选出135处，重新调整公布省级文物保护单位263处，其中11处报经国务院公布为全国重点文物保护单位。各地也分别公布了新的市县级文物保护单位。1984年，江苏省人民政府又发出通知，在全省开展文物普查，前后历时近两年。到80年代末，全省各市县级文物保护单位达1400余处。1995年，省政府公布第四批省级文物保护单位112处（后又增补4处）。

2000年以来是我省文物保护单位数量迅速增长的时期。省政府于2002年10月公布第五批省级文物保护单位163处；2006年6月公布第六批省级文物保护单位104处。国务院2001年核定公布了第五批全国重点文物保护单位，我省有11处；2006年核定公布了第六批全国重点文物保护单位，我省有66处（另有4处被作为扩展项目与已公布的国保单位合并）。至2007年，全省共登记文物点1.1万余处，各级文物保护单位近3000处，其中省级以上文物保护单位645处。全国重点文物保护单位120处，位居全国第七位。第七批全国重点文物保护单位遴选申报工作也已全面开展。

江苏从2007年1月起开始了第三次全国文物普查试点工作。省政府于同年7月7日下发《关于做好我省第三次全国文物普查工作的通知》。在国家文物局直接关心指导下，在省委、省政府及各级党委、政府领导支持下，经全省文物普查人员共同努力，江苏文物普查工作在宣传发动、普查试点、工作部署、方案制订、人员培训、队伍组建、机构建立和实地文物调查等方面做了大量工作，成效显著。截至2009年4月底，全省共调查登记不可移动文物点20003处，其中新发现文物点11141处，复查文物点8862处；全省13个省辖市106个县级行政区域已初步完成实地文物调查工作，文物普查启动率、完成率均为100%。其中江苏无锡阖闾城遗址入选国家文物局"2008年度全国十大考古新发现"，这是"全国十大考古新发现"中唯一一处文物普查重要新发现成果；江苏苏州志仁里、句容城上村遗址、太仓海运仓遗址入编国家文物局《2008年第三次全国文物普查重要新发现》。

2. 大批珍贵文物得到保护和修复

江苏各级政府特别重视对重要文物保护单位的保护和维修工作。早在改革开放以前，江苏就对一些重要的文物保护单位，如武进淹城遗址，苏州云岩寺塔（五代时期），苏州瑞光寺塔，盱眙明祖陵等进行了专项维修。如苏州虎丘云岩寺塔在20世纪50年代就进行过重大维修，70年代因塔身倾斜，又进行了重大的基础打桩加固的工程。苏州园林在20世纪50年代尚存114处，对它们进行的调查、实测、绘图、研究、维修从未间断过。1953年，苏州市成立园林古迹修整委员会，由财政局、建设局、劳动局、人事局、文管会等有关部门负责人及部门专家学者组成。1953～1957年，先后整修了留园、浪亭、怡园、狮子林、西园戒幢寺、寒山寺、行春桥等古园林、古寺院和古桥梁，为苏州市的文物、园林、旅游事业的发展奠定了基础。

◆南京长干寺地宫出土的阿育王塔

省文物局成立后，以重大项目为抓手，推动文物保护工作。2007～2009年实施了首批"江苏省名人故居（纪念馆）、古民居抢救保护工程"，在省委宣传部的领导下，在地方政府的关心及文物、建设等部门的积极努力下，无锡阿炳故居、扬州胡笔江故居、苏州张凤翼故居、南京高淳吴氏宗祠、徐州李可染旧居、东台鲍氏大楼、常州管干贞故居、泰州市梅兰芳纪念馆维修工程等项目竣工并通过验收。扬州市阮家祠堂、如皋市集贤里民居维修工程也将于2009年年底前完成。目前，第二批江苏省名人故居、古民居抢救保护工程正在积极准备之中。

3. 文物保护维修管理工作逐步走向科学化、规范化、制度化

文物保护单位的维修保护是文物保护工作的重点内容，在整个文物保护工作中占有举足轻重的地位。20世纪90年代以前，由于经济方面的原因，加之各地文物保护意识和观念的落后，文物保护工程缺乏制度和规范性规定的约束与指导，对一些重要的修缮工程主要采取由省文物

主管部门指派技术人员组织修缮，缺乏对方案设计、工程施工、竣工验收等必备程序的具体研究审查。通过长期实践，江苏逐步探索出通过专家论证、文物保护工程资质管理和规范工程验收程序等环节加强文物维修保护工作管理的工作思路，全省文物保护管理工作更加科学化、规范化、制度化。

文物保护单位维修保护工程的报审论证程序逐步规范。1993年淮安市制定的《淮安苏皖边区政府旧址维修方案》，是我省第一份真正意义上的送审方案。2002年我省率先建立了专家论证制度和竣工验收制度。所有文物保护单位维修保护方案在批准前，必须由省文物保护专家组论证。方案报审和专家论证制度的实施，大大提高了决策的质量，为提高文物保护单位维修保护质量提供了有力的保证，同时也为文物保护单位维修资料的建档带来了方便。为提高维修方案的通过率，保证维修质量，各地在维修方案的制作方面也加大了投入，聘请专业人员参与方案设计。

2006年，省文物局根据文化部《文物保护工程管理办法》、国家文物局对文物保护工程验收工作的规定和要求，印发并启用了《江苏省文物保护工程竣工验收文本》，进一步规范与加强我省文物维修保护工程竣工验收工作，有效提高了全省文物保护工程的监管力度。根据《文物保护法》和文化部《文物保护工程管理办法》的有关要求，2005年4月启动了"首届江苏省文物保护优秀工程评比活动"。经过组织专家审核，并由活动领导小组集体研究，最后评选出方山定林寺塔纠偏加固工程等4项获设计奖，师俭堂维修工程等7项获技术奖，东林书院修缮工程等4项获工程组织奖，扬州吴道台宅第维修工程等4项获特别贡献奖。薛福成故居建筑群和吴江师俭堂两项维修工程获得了"优秀工程奖"。为了总结经验，不断提高我省文物保护工程水平并促进设计单位、施工单位交流经验，省文物局还编辑出版了《首届江苏省文物保护优秀工程评比集萃》。评比活动得到了国家文物局领导的肯定和有关文物维修保护设计单位和施工单位的响应，目前第二届江苏省文物保护优秀工程评比活动已经启动。

4. 文物保护基础工作不断规范和加强

随着我省文物保护单位数量的增长，文物保护单位基础工作也在不断规范，并得到逐步加强。为了切实贯彻《文物保护法》，1992年5月，我省制定了《江苏省文物保护单位"四有"工作规范》。在省文化厅、省文物局的推动下，全省第一至三批省级以上文物保护单位的"四有"工作已经完成，第五批省级文物保护记录档案备案工作完成，第六批省级以上文物保护单位记录档案备案工作正在进行。第一至五批全国重点文物保护单位记录档案纸质文本和电子文本制作工作已完成并上报国家文物局，苏州、常州、淮安、镇江第六批全国重点文物保护单位记录档案备案工作已经完成。在2005年12月召开的全国文物局长会议暨全国文物工作先进县表彰大会上，江苏省文物局被评为"全国重点文物保护单位记录档案备案工作先进集体"。

1996年，省政府办公厅转发了省文化厅、省建委关于公布江苏省第一、二、三批全国重点和省级文物保护单位保护范围及建设控制地带的请示的通知，对省第一、二、三批全国重点和省级文物保护单位保护范围及建设控制地带进行了划定。全省第四至六批省级以上文物保护单位保护范围、建设控制地带划定工作正在推进。目前，苏州市已全面完成省级以上文物保护单位保护范围及建设控制地带划定工作。

5. 文物保护工程资质队伍建设得到不断加强

为加强对全省文物保护工程领域的行业监管力度，省文物局提出了方案非资质单位编制不予受理、项目非资质单位不得投标、工程无监理不予竣工验收等要求。2006年8月，省文物局举办了"江苏省文物保护工程资质管理与资质申报培训班"，来自全省文物系统及部分从事文物保护工程的140余名学员参加了培训；9月启动了我省文物保护资质申报工作，并于2007年、2008年先后公布了两批文物保护工程勘察设计乙级、丙级、暂定级单位和文物保护工程施工二级、三级、暂定级单位。目前，全省已拥有文物维修勘察设计资质的甲级单位3个，乙级单位15个、丙级10个、暂定级2个；拥有文物维修施工资质的一级单位8个，二级单位10个、三级单位13个、暂定级9个。自2007年规范资质队伍以来，我省未发生一起因工程管理不规范而造成文物损坏的现象。

6. 积极推进全国重点文物保护单位保护规划编制

当前，省文物局通过对问题复杂、涉及面广、社会关注度高、矛盾较突出的全国重点文物保护单位规划编制进行跟踪督促与指导，实行重点突破，全面推进文物保护单位保护规划编制工作。南朝陵墓石刻、南京城墙、大运河保护规划的编制是当前工作的关注点。经过不懈努力，目前南京城墙保护规划、丹阳南朝陵墓石刻保护规划已编制完成并提交国家文物局审批，南京南朝陵墓石刻保护规划已取得阶段性成果。

为推动大运河遗产保护规划的编制，为申报世界文化遗产打下坚实基础，省文物局先后召开了多次会议并组织起草了《大运河江苏段保护规划编制规范》，受到国家文物局的高度评价，并作为全国大运河保护规划编制的蓝本。2008年10月，我省运河沿线八市文化（文物）局与规划编制单位东南大学建筑设计研究院签署了大运河（江苏段）遗产保护规划第一阶段编制委托合同，

◆按照国家文物局统一部署，大运河（江苏段）保护与申遗工作按计划有序推进。图为大运河淮安段。

标志着我省大运河保护规划编制在全国率先启动。

7.世界文化遗产实现突破

　　1997年，苏州古典园林狮子林、拙政园、留园和网师园被联合国教科文组织列入世界文化遗产目录，实现江苏世界文化遗产零的突破。2001年沧浪亭作为"苏州园林"组成部分被列入世界文化遗产。2003年，南京明孝陵又被增补列入"明清皇家陵寝"项目。至此，我省共有世界文化遗产2处10个点。2004年6月，第28届世界遗产大会在苏州召开，扩大了苏州及江苏的文化影响力。2006年年底，国家文物局公布了《中国世界文化遗产预备名单》共35项，我省苏州古典园林拓展项目（苏州古典园林及历史街区）、大运河江苏段、瘦西

◆世界文化遗产明孝陵神道

湖及扬州历史城区、江南水乡古镇（周庄、角直）、明清城墙（南京城墙）等5个项目位列其中。2007年，扬州市被国家文物局确定为中国大运河联合申报世界文化遗产牵头城市。为了做好全省世界文化遗产工作，加强对世界文化遗产地的保护与管理，2007年召开了"江苏省世界遗产地保护管理工作会议"，加强与有关部门的沟通与协调，回顾总结我省的世界文化遗产保护工作历程。目前，江苏已完成了我省世界文化遗产苏州古典园林和明孝陵"十一五"专题保护规划制订工作。大运河江苏段遗产保护规划编制工作顺利进行。

8.历史文化名城、名镇、名村保护成效显著

　　江苏十分重视对文物整体原生环境的保护，1962年，江苏将苏州吴江县同里镇作为江南水乡古镇代表纳入整体保护，开创我国历史文化名镇保护先河。改革开放后，我国历史文化名城名镇名村保护工作发展迅速。1982年和1986年，我省南京、苏州、扬州和镇江、徐州、淮安、常熟分别被国务院公布为全国第一批、第二批历史文化名城。为推动历史文化名城的保护工作，1987年，在无锡召开了江苏省历史文化名城保护工作座谈会。1995年，省政府也公布了我省第一批省级历史文化名城、省级历史文化名镇及历史文化保护区。2008年以来，我省无锡、南通两座城市又先后被国务院公布为全国历史文化名城。目前，全省共有国家历史文化名城9座，省级历史文化名城6座，中国历史文化名镇14座，中国历史文化名村2座，历史文化保护区3个，总数位居全国前列。

　　在进行文物保护的同时，江苏还按不同城市性质拟定保护措施，使各座历史文化名城独有的古城特色风貌在城市建设中得到保护。2001年，江苏颁布实施《江苏省历史文化名城名

◆中国历史文化名镇周庄

镇保护条例》，在全国较早实现了历史文化名城名镇依法保护。为加强对全省历史文化名城名镇中的历史街区保护，加强文物保护单位周边环境的保护，2007年，省政府办公厅向全省转发省建设厅、省文物局《关于加强历史街区保护工作的意见》。对历史街区的保护提出了具体的要求，全省历史文化名城名镇（村）及历史街区保护规划编制工作得到全面开展，形成点、线、面立体化保护格局。通过历史文化名城名镇（村）申报保护工作的大力推进，使全省文物古迹的原生环境保护力度进一步加大，为文物资源的合理利用提供了更加真实的历史与地理空间。

9. 文物保护社会效果显著

建国60年来，在各级文物管理部门的努力下，我省的文物保护工作水平上了一个新的台阶。1950～1980年，江苏共维修文物单位154处，开支维修费用8380万元。20世纪80年代以后，随着经济条件的改善，江苏对文物维修的投入逐年增加，仅对重点项目的维修，即开支达569.6万元，其他逾100万元以上的文物维修项目共20余处。2007年，全省完成文物保护单位保护维修项目151个，维修面积11.1万平方米，累计拨入项目经费19388.6万元，完成项目支出17233.5万元。经省、市文物部门的共同努力，全省一大批不可移动文物得到维修保护。在加强保护的同时，通过对文物资源的合理利用，有力地促进了地方文化旅游事业的发展，营造了良好的投资环境，改善了城市人居环境，推动了爱国主义教育，在促进社会经济发展和丰富文化生活、全面建设社会主义物质文明、政治文明和精神文明等方面发挥了重要作用。一大批文物保护单位如南京城墙、南京甘熙故居、无锡寄畅园、徐霞客故居、苏州园林、扬州个园、何园、扬州龟山汉墓、徐州北洞山汉墓等，经过维修作为旅游资源的一部分对外开放；一大批具有教育意义的革命纪念地、革命史迹如南京雨花台烈士陵园、南京大屠杀纪念馆、焦山炮台、梅园新村、瞿秋白故居、周恩来故居等已成为我省重要的爱国主义教育基地。在国家2004年度中国人居环境奖评选中，"江苏省南京市明城墙保护项目"获"中国人居环境典范奖"。

（五）博物馆事业蓬勃发展，公共文化服务效益明显

1.博物馆体系日渐完善，博物馆管理水平不断提高

　　江苏是中国博物馆事业的发源地。新中国成立后，1950年，在原中央博物院筹备处的基础上成立了南京博物院，为全国性历史艺术博物馆，后改由华东文化部领导，是华东区的中心博物馆。1954年，转由江苏省文化局领导。1956年，江苏省博物馆在苏州成立，1958年迁到南京，与南京博物院合并，仍称南京博物院，为调查、征集、保护、管理江苏地区历史文物，举办陈列展览、出版文物、考古研究资料、开展文物、考古、博物馆等学术活动的文化事业单位。此外，各市先后重建了南通博物馆，成立南京、苏州、扬州、无锡、常州、镇江、徐州、连云港、淮阴、盐城等地方性博物馆和南京地质陈列馆、太平天国博物馆等专题博物馆，至1979年，全省有博物馆19家，从业人员499名，所有博物馆均归属于文化系统，无一家社会办馆。其中省级馆1家，即南京博物院，地级7家，市级9家，县级2家。博物馆建筑面积38137平方米，其中陈列室13986平方米，文物库房13578平方米。全省博物馆藏品总数570346件，其中一级品1953件。1982年后，一批以反映江苏经济文化特点为主的地方性、行业性专门博物馆陆续成立。1994年，江苏全省有博物馆和纪念馆115家。

　　进入21世纪以后，江苏博物馆建设迎来新一轮高潮，扬州双博馆、苏州博物馆新馆、常州博物馆、连云港博物馆等一批新馆相继建成，镇江博物馆、淮安博物馆完成改扩建并对外开放。在发挥大型公共博物馆骨干作用的同时，民办博物馆发展方兴未艾。目前，全省13个地级市和大部分县(市)均建有综合类博物馆，逐步形成了以省级馆为中心，市级馆为骨干，地方、行业馆为特色，民办馆为补充的博物馆事业发展格局，博物馆门类多样化、办馆主体多元化、发展趋势特色化。部分地区开始注重博物馆规模化、集中化、互补化的发展途径，着力于博物馆群的建设，逐步打造具有鲜明地方文化特点的博物馆城，如南通的环濠河博物馆群、扬州的文化博览城等，提高了博物

◆南博的昨天与明天：1949年国立中央博物院筹备处

◆国立南京博物院成立典礼

◆国家一级博物馆：南京博物院

馆的社会影响和地位。

　　2007 年，全省文化、文物系统管理的博物馆数量达到 108 家，从业人员 2360 名，其中高级职称 210 名。国有馆藏文物 90 余万件（套），其中一级品 1818 件（套）。全省博物馆建筑面积

◆金蝉玉叶　明　南京博物院藏

◆玉琮　新石器时代良渚文化　南京博物院藏

◆南通博物苑

◆苏州市博物馆新馆

◆扬州双博馆

50.2 万平方米，其中文物库房面积 3.6 万平方米，资产合计 7.53 亿元。完成博物馆建设项目 19 个，建筑面积 14 万平方米，完成投资额 11040.4 万元。

目前，江苏积极推进博物馆综合管理工作，大力开展县级博物馆提升工作。2008 年，在国家文物局组织的全国博物馆评估定级工作中，南京博物院、苏州博物馆、南通博物苑、扬州博物馆、侵华日军南京大屠杀遇难同胞纪念馆被公布为国家一级博物馆，南京市博物馆等 12

◆侵华日军南京大屠杀遇难同胞纪念馆

家博物馆被公布为国家二级博物馆，南京市云锦博物馆等 15 家博物馆被公布为国家三级博物馆，在全国位居前列。常熟博物馆、仪征市博物馆、宝应博物馆率先完成全国县级博物馆服务展示提升工作试点单位的各项工作。在此基础上开展全省县级博物馆服务、展示提升工作，以此带动县级博物馆综合管理、科学研究、社会服务等全面提升，培养和锻炼博物馆的专业人才和队伍。

2. 博物馆社会效益显著提升

江苏的博物馆积极推进"三贴近"的工作方针，主动融入社会、更新服务理念、强化服务意识、提高服务水平，举办、引进了形式多样、内容丰富、具有地方特色的陈列展览，在创意、设计、制作和宣传推广等各环节上，努力做到导向正确、主题突出、手段先进、方法新颖，尤其注重对展览科学性和艺术性的挖掘，不断增强展览的吸引力、感染力。

从 20 世纪 50 年代起，江苏各级博物馆就十分重视展览陈列的建设。早在建国初期，南京博物院就举办过"社会发展史"、"原始社会陈列"、"中国历史文物陈列"等展览陈列。1961 年，南京博物院推出的江苏历史文物陈列，在全国博物馆中开创了地方历史陈列的先河。此展延续近 30 年，直至 1989 年方撤展。1979 年，南京博物院牵头，会同省内各文博单位联合举办"江苏省三十年出土文物联展"，展出自新石器时代起至明代出土文物 450 件。全省各地博物馆也陆续开办了具有浓郁地域特色的地方历史展览。1979年，全省全年推出展览35个，参观人数209.6万人次。至20世纪90年代，全省各地博物馆陆续开办了具有浓郁地域特色的地方历史展览。1993年，全省共举办展览252个，共接待观众500万人次，平均每个展览2万人次。近年来，江苏每年都组织全省馆藏文物精品巡回展览，将一些精品展览送到市县博物馆，努力满足基层观众的精神文化需求，社会效益明显。2007年，全省举办各类陈列、展览848个，参观人数达到1726.6万人次，其中未成年人参观者477.5人次。江苏有关博物馆还先后到日本、美国、澳大利亚、比利时等国和我国香港举办过展览。

3.博物馆的陈列展示水准和服务水平不断提高

近年来，南京市博物馆的"六朝风采展"、南京博物院的"历史艺术馆陈列"和南京太平天国历史博物馆的"太平天国历史陈列"，先后被评为"全国十大精品陈列展览"。南京博物院的"泗水王陵考古展"获最佳形式设计奖，苏州中国昆曲博物馆的"中国昆曲博物馆陈列"获最佳制作奖。南京市博物馆"六朝风采展"、南京市太平天国历史博物馆"太平天国历史陈列"、南京博物院"历史艺术馆陈列"等6个展览在"全国十大精品陈列展览"中获奖。组织了"江苏省优秀陈列展览"评选和全省讲解员比赛。开展"历史的回顾——江苏省馆藏精品系列巡回展"。开展博物馆信息化和数字化建设，连接全省的"江苏省文博信息网络"覆盖全省各地级市中心博物馆和部分县级馆、专题馆。全省大部分博物馆、纪念馆被确定为各级爱国主义教育、科学普及等方面的基地。博物馆已逐渐成为青少年学习的第二课堂，成年人终生学习的文化圣地。

4.博物馆免费开放全国领先

2008年年初，江苏省文化厅在全国率先提出省级三大文化场馆——南京博物院、南京图书馆、江苏省美术馆永久性免费开放。在各级政府部门的领导和组织下，全省文化、文物系统管理的市级综合博物馆和具备开放条件的县级博物馆、专题博物馆在条件成熟的情况下陆续对社会免费开放。省委宣传部向社会公布的全省首批174家公共博物馆、纪念馆和爱国主义教育基地已全部实行了免费开放。截至2008年年底，全省文化、文物系统管理的134家博物馆、纪念馆和开放的文保单位实现免费开放，数量多、范围广、力度大，在全国处于领先地位。部分尚不能实行全部免费开放的各类文物建筑和遗址类博物馆，继续实行低票价，继续对未成年人、老年人、现役军人、残疾人等社会群体实行免费或优惠参观，加大门票的减免力度，扩大优惠范围。博物馆免费对公众开放，是我省落实党的十七大关于"坚持把发展公益性文化事业作为保障人民基本文化权益的主要途径"精神的具体行动，意在保证人民群众的公共文化鉴赏权，满足群众的精神文化需求。免费开放之后，社会各界反响热烈，各博物馆、纪念馆在2008年全年接待观众近1600万人，其中免费参观观众数量近1300万人，博物馆的社会效益得到进一步的有效发挥。

5.博物馆藏品保护逐步提升

江苏省文化（文物）系统博物馆、纪念馆馆藏文物已达90余万件（套），为江苏"文化大省"建设、宣传江苏文化特色做出了积极贡献。全省13个省辖市综合性博物馆及大部分县级博物馆设施齐全，藏品保管、库房建设、展示环境有了明显改观。2003～2004年，省文化厅（文物局）、省财政厅联合启动"博物馆精品库房建设"项目，进一步提升了博物馆库房硬件设施和文物保存环境。全省一级文物1818件/套（实际数量3266件）上报国家文物局建档备案，其中，南京博物院一级文物建档备案材料被国家文物局评为优秀档案。全省13个省辖市的二级文物4159件/套（实际件数7617件）在省文物局建档备案。全省博物馆、纪念馆90%以上设计安装了入侵报警系统，并与110联网。全省一级、二级、三级风险单位按程序和规范要求建设安全技术防范系统，达到了安防目标和安防要求。

从20世纪六七十年代开始，江苏在使用传统方法的同时，就注意采取现代的科学技术保护文物。目前，江苏在旧纸张加固技术、纸张脱酸、饱水木漆器脱水定型、文物防霉、书画防虫复方中草药制剂、红外检测技术、高分子复制大型文物以及防止石刻风化、壁画揭取、糟朽丝织物与旧版书页的剥离揭取等方面，都取得很好的成绩，并获得国家、省级的奖励。野外大型石刻艺术品的加固保护和原大复制、明代天文仪器浑仪简仪的修复、东汉玉衣的修复与复制、明代针灸铜人的青铜复制等等，技术保护手段和保护成果在同行业内得到较高关注。

（六）考古发掘成绩卓著，文物流通工作规范有序

1.考古工作扎实开展，课题研究卓有成效

自20世纪50年代起，江苏考古工作者采用现代考古学方法开展田野考古调查与发掘工作，基本掌握了全省古文化遗址分布规律、发展序列和年代标尺。一些重要遗址和墓葬的发掘，重要研究课题、考古报告和论著，在全国考古学术界均具有一定影响。20世纪五六十年代，以全面普查和发掘所得的重要材料，提出了"青莲岗文化"和"湖熟文化"的命名，将江苏区域考古纳入到系统研究的范畴。同时期，一些重要考古发现在我国考古学界产生了一定的反响，如邳州四户大墩子新石器时代墓地，铜山丘湾商代祭祀遗迹，南京象山王氏家族墓地及出土墓志，南京宫

◆江宁上坊大墓墓室

山砖印壁画"竹林七贤"以及南唐二陵等。70年代以后，江苏的考古工作逐步复苏，着力于构建史前和商周时期文化序列的框架。吴县草鞋山遗址的发掘确立了太湖地区古文化的发展序列和年代标尺，具有江苏特色的江南土墩墓和六朝陵寝制度等研究课题启动。80年代以后，全省各地考古队伍充实壮大、基础研究活跃，考古工作涉及各历史时段，及遗址、墓地、矿冶、窖藏、城址等多方面内容，如对扬州唐城的全

面考古勘探与发掘。90年代以后，随着江苏考古队伍不断充实壮大，结合国家大型基本建设工程的考古发掘，新发现遍及大江南北，在深化重点课题的同时，补充各阶段的空白区。如开展江淮文化面貌探讨、汉代诸侯王陵综合研究、六朝建邺——建康城调查等。进入21世纪，环太湖流域史前文化和吴越文化，六朝建康宫城布局等研究课题，由于它在我国考古学研究领域占有重要地位，受到学术界的充分关注。

2.配合基本建设的抢救性考古发掘取得了重要成果

"十五"以来，南水北调，宁常、镇溧高速公路，京沪高速铁路，沪宁、宁杭城际铁路，西气东输、川气东送等国家大型基本建设相继开工建设，考古工作者配合工程进行了大规模的考古调查、勘探和抢救性发掘，在保障工程建设的同时，有效地抢救保护了一批文物资源，也取得了一系列重要的学术成果。2004年配合无锡锡山家具城进行的无锡鸿山越国贵族墓发掘、2005年配合宁常、镇溧高速公路建设的金坛句容土墩墓发掘均获得了当年的"全国十大考古新发现"，金坛句容土墩墓发掘还被评为国家文物局田野考古二等奖（一等奖空缺）。2007～2008年配合南水北调工程进行的邳州梁王城遗址发掘连续两年入围"全国十大考古新发现"。

2007年，省文物局制定《江苏省抢救性考古发掘暂行管理办法》，进一步加强全省抢救性考古发掘工作，全年完成考古发掘项目185项。1992年以来，昆山赵陵山遗址等13项考古发掘成果被列入"全国十大考古新发现"。

3.文物流通事业规范有序

1956年以后，江苏全省各地的古玩玉器业相继实行了公私合营，相继建立了南京、苏州、无锡、扬州等文物商店。"文革"期间，文物商店的正常业务受到极大的干扰。"文革"结束后，各地文物商店的正常工作逐渐恢复。为加强流散文物管理，1978年，江苏省文化厅设立江苏省文物出口鉴定小组，先后为各地文物商店鉴定、鉴印文物（工艺品）20余万件，留存并提供博物馆收藏文物珍品上万件。1979年，全省有文物商店9家，从业人员192名。1980年，又在南京博物院流通部的基础上成立了江苏省文物商店。2007年，全省共有文物商店9家，从业人员291名，2006年年底库存文物957249件（套），资产总计12858.3万元；文物拍卖企业12家，具有一、二、三类文物拍卖资质2家，具有二、三类文物拍卖资质10家。

三　江苏文物事业60年的经验和启示

新中国成立以来，江苏文物事业走过了风风雨雨的60年，取得了前所未有的成就。站在新的历史起点上，回顾总结江苏文物工作60年的成就，我们得出几点感受。

（一）加强文化遗产保护是江苏实现科学发展的内在要求

文物作为不可再生的精神资本、文化资本、经济资本和社会资本，对经济社会的发展有着潜移默化而又深刻长远的影响。江苏地处长江三角洲，历史悠久，人文荟萃，是我国文物资源十分丰富的省份之一，有文物大省之誉。江苏文物既蕴含了中华民族的核心精神价值，又凝练了"创业、创新、创优"的新时期江苏精神。如此丰富多样、底蕴深厚、特色鲜明、价值珍贵的文化遗产，已经成为一种越来越宝贵的发展资源与软实力，为江苏经济社会的全面、协调和可持续发展发挥着重要的作用，也为江苏文物事业的科学发展奠定了比较坚实的现实基础。科学发展是全面、协调、可持续的发展，更高水平小康社会要求人与自然、社会和谐发展。文化遗产保护事业是社会整体发展的重要组成部分，是社会文明发展的标志，是向人民提供公共文化服务的重要手段，更是建设更高水平小康社会的题中应有之义。

（二）实现文化遗产事业科学发展必须坚持的原则

对照科学发展观的要求，江苏文物事业的科学发展应当坚持下列原则：一是可持续发展的原则。处理好加强保护与合理利用的关系，建立健全适应社会主义市场经济发展规律的文物保护体制机制，做好文物事业中长期规划。二是与经济社会协调发展的原则。正确处理文物保护与经济建设、社会发展、生态保护的关系，既保持文物的原真性，又使传统文化与时代同行。三是以人为本的原则。加强文物专业人才队伍建设，推动文物保护成果面向百姓，服务社会，惠及全民。四是精品化带动的原则。加强博物馆、纪念馆设施建设，切实做到"三贴近"，提高展陈水平，推出精品力作，发挥文物的教化引导功能。

（三）坚持以科学发展观统领和指导江苏文物工作

以科学发展观统领和指导文物工作，要正确处理文物保护与经济社会发展诸方面的关系，实现文物保护与经济发展、社会进步、城市建设、环境保护等各方面全面、协调发展。要坚持文物事业与时代同行，不断拓展文物保护的范围，充实文物保护的内涵，创新文物保护的形式，使文物事业随经济发展和社会进步实现可持续发展。一要坚持在发展中做好文物工作。必须坚持以发展的观点认识文物工作，充分发挥国家在文物保护中的主渠道作用，同时积极鼓励和动员社会力量参与，探索新形势下文物保护的新思路、新模式。要用发展的办法解决文物保护过程中的问题，创新文物事业发展的机制手段，在继承和保护的基础上，通过科学有效的工作，使文化遗产为时代所用，在合理利用中传承、升华，满足社会发展和人民群众需求，推动社会主义文化大发展大繁荣，促进国民经济又好又快发展；二要坚持以人为本，增强文物事业可持续发展能力。人民群众是文物的创造者，也是文物的传承者和守护者，要积极动员和依靠人民群众保护文物，让更多的普通百姓走近文物、了解文物，共享文物保护的成果。要推进公共博物馆、纪念馆向社会免费开放，推出更多更好的文物展览项目，使文物保护成果更好地惠及百姓，让更多的人感受博大精深的中华文化，增强民族自豪感和民族凝聚力。要加强人才队伍建设，大力培养和引进专业技术人才，建立一支较为稳定的具备多学科、多成分、复合型的文物保护专业队伍，以适应新形势下文物保护事业的新要求；三要坚持统筹兼顾，促进文物事业全面协调可持续发展。文物事业不能孤立于社会发展的全局，必须纳入到经济、政治、社会、文化"四位一体"的发展全局中统筹规划、统筹协调、统筹实施，正确处理好文物保护与经济建设、社会发展、文化繁荣的关系，实现相互促进、共同发展。各级政府要认真落实国家关于加强文化遗产保护工作的要求和文化经济政策，将文物保护经费列入年度财政预算，切实加大投入。在现有法律法规允许的范围内，积极探索多元化的投入机制，引导民间资金积极参与文物保护。加大对经济欠发达地区的资金扶持力度和财政转移支付力度，省级文物保护专项经费要向经济落后地区倾斜；四要坚持与时俱进，不断推进文物事业体制机制和手段方式创新。加强文物保护机构和队伍建设，落实编制、经费、设备等方面的投入。加强文物法制建设，建立健全文物保护法律法规体系，加大执法力度，依法查处文物违法犯罪行为，推进运用刑事手段打击文物违法犯罪。加快文物保护信息化、数字化、网络化建设，建立较为完备的全省文物信息数据库和博物馆信息数据库，为文化遗产的保存、研究、展示、传播提供网络平台和科技支撑。

中华人民共和国成立60年来，江苏文物保护工作取得了不俗成绩，但与上级要求相比，与江苏经济社会发展水平相比，与人民群众的迫切期待相比，还有不小差距。我们将在国家文物局的关心指导下，在省委、省政府的重视支持下，在全省各级文物行政部门的共同努力下，继续奋发进取，锐意创新，脚踏实地，努力工作，推动江苏文物保护工作不断迈向新的高度，为文化强省建设、为社会主义文化大发展大繁荣，做出新的更大的贡献。

（执笔人：宋　炯）

浙江省文物事业60年

浙江省文物局

新中国成立后，中共浙江省委、省政府高度重视文物工作。在国家文物局领导下，在广大文物工作者艰苦努力下，我省文物事业取得了显著的成绩，获得了许多弥足珍贵的经验。改革开放以后，文物事业与时俱进，得到了长足发展。进入新世纪，在党的十六大、十七大精神指引下，我省文物事业坚持以人为本，树立全面、协调、可持续的发展观，对经济社会与人的全面发展的促进作用日益凸显。

"忆往昔峥嵘岁月稠"，本文从浙江省文物行政管理机构的变迁入手，对浙江省文物事业60年作一梳理，以展现浙江文物事业的曲折历程和不断努力适应经济社会发展并逐步发展壮大的历史。

一 浙江文物事业60年发展历程

（一）开基创业，初步奠定文物事业基础（1949～1959年）

新中国成立的前十年，我们党领导全国各族人民开展了有计划的经济建设，完成了对生产资料私有制的社会主义改造，开始全面建设社会主义，对旧中国的教育科学文化事业，也进行了卓有成效的改造。浙江省人民政府针对我省众多的文物古迹，给予了高度重视，将其作为社会主义革命和建设的一项重要工作，设立文物管理的行政机构和学术研究机构，建立文物保护管理制度，初步形成了较为完善的文物行政管理体系。

1.接管改造文物事业，创建社会主义文物管理制度基础

新中国成立伊始，浙江省人民政府迅速将文物工作提上重要议事日程，积极组织关心文物保护和研究的人士，召开座谈会，对文物管理工作对象进行调查研究，规划讨论浙江省文物管理体制。同年11月，浙江省人民政府教育厅即颁布《关于保护历代文物的决定》（草案），要求"各级政府聘请当地关心历代文物或从事研究之人士，共同组织，专事调查、保护、整理、管理历代文物之责；军队、机关、团体、人民对于所在地具有历史意义之文物，均须尽力保护，不得加以破坏；出土文物归政府所有，严禁偷盗与私人发掘，私人文物仍归属于私人，自愿捐献"。

为使文物工作迅速走上正轨，1950年3月，浙江省文物管理委员会成立，省政府聘任邵裴子先生为首任主任。文物保护工作机构的设立，为我省文物保护事业发展和繁荣奠定了组织基础。

同年 5 月，浙江省人民政府颁布了《关于保护历史文物的决定》，要求"各市县应逐步设立机构，尤其是各市必须尽速设立机构，以防止文物之毁灭与遁逃"。宁波、温州、绍兴、嘉兴、临海、余姚等一批保存文物较丰富的市县，相继设立了文物管理委员会或文物保护小组；杭州市则在市建设局内设杭州市都市建设委员会，与省文管会保持着业务工作联系。1957 年夏，浙江省文物管理委员会编制已增至 35 人，建立了中共浙江省文物管理委员会支部，发挥了省级文物行政管理机构对全省行使行政管理和业务指导的双重职责，文物保护管理工作纳入了各级政府工作的职能范畴。

2. 接受文物捐献，国有文物资源得到充实

浙江省人民政府设立专职文物管理的机构后，加强宣传和调查研究，开展文物征集和调查，调查对象包括文物收藏家、古迹、石刻、地下埋藏；摸清沉在民间的收藏家情况，动员捐赠。文物收藏家出于爱国热忱，慷慨捐献，形成新中国成立以后的一个捐赠热潮。一大批社会著名人士、收藏家以及他们的后代捐献了各类文物，包括石器、瓷器等各类文物以及图书碑帖、史料笺札等 2.63 万余件。捐献者包括马叙伦、马一浮、邵裴子、凌励生、童心安、钱镜塘和沈曾植后代沈慈护、陆心源后代陆思安、明代学者祝淇、祝渊的后裔祝氏家族以及黄宾虹子女等 30 余人。这一阶段浙江唯一的一座博物馆西湖博物馆（至 1953 年改名为浙江博物馆）积极开展文物征集工作，征得大批文物，有力地充实了国有馆藏文物资源。

3. 文物保护各项基础性工作逐步展开

建国之初，浙江考古工作由华东文物工作队负责，直至设立浙江省文物管理委员会开始，全省范围内地下区域性或专题性的考古调查和考古发掘一直在持续开展。如新安江、富春江、瓯江

◆良渚古城遗址城基

水库（后未建）库区、龙泉大窑龙泉窑系窑址，余姚（现慈溪）上林湖越窑窑址的调查；配合基本建设对绍兴浬渚铁矿、宁波火车站、黄岩秀岑水库、瑞安桐溪水库内的古墓葬群、杭州老和山

遗址、吴兴（今湖州）钱山漾遗址、邱城遗址、杭州水田畈遗址、嘉兴马家浜遗址以及杭州郊坛下南宋官窑窑址进行了考古发掘。1955年以后，良渚安溪等地又发掘出一批黑陶等文物，长江以南太湖沿岸地区也陆续出土同时期文物。1957年3月，制订《浙江省考古研究工作十二年远景规划草案》，有计划开展考古研究。1958年夏秋浙江省文物管理委员会组织开展了以全体干部

◆ 郊坛下作坊遗址

为主体的全省第一次文物普查工作，发现了一批地上地下的文物史迹，为公布省级文物保护单位打下了基础。1959年，夏鼐在《长江流域考古问题》一文（载《考古》1960年第2期）中，正式为浙江"良渚文化"命名。

浙江博物馆的浙江历史文物陈列，浙江革命文物陈列，浙江动物、植物、地质矿产等陈列以全新的面貌对外开放。1956年浙江博物馆举办了"浙江省民间美术工艺品展览会"、"文物改革展览"、"华东地区出土文物展"等紧密结合当时形势的展览；开展文物外事交流，根据中捷文化合作协定，举办"中华人民共和国浙江省蚕丝展览"；1953年1月，绍兴鲁迅纪念馆建成对外开放；1958年，温州市成立温州地区地志博物馆。文物商业活动通过了社会主义工商业改造。并先后举办了小规模的考古训练班和两期博物馆干部训练班，为一部分文物较丰富的市县培养了一批专业干部。

这个阶段正值我国第一个五年计划开始，各地开展了大规模的基本建设，在少数市县也发生了一些破坏地上、地下文物的严重事件。1953年，绍兴县平水、富盛、漓渚、柯桥等区乡发生了大规模的盗墓事件，浙江省人民政府责令绍兴县人民政府严厉制止破坏文物的行为，一批犯罪分子被绳之以法。1956年，龙泉县有关部门因修路缺砖，竟拆毁了城区内的崇因寺双塔和城郊的金沙寺塔，用塔砖铺路，在拆塔过程中发现了大量唐宋时期的写经、木刻经卷、唐代彩色画像等百余卷佛教文物，却均被当作"迷信品"烧毁；"开元通宝"、"太平通宝"等唐宋钱币六七十斤和一座小银塔，一枚鎏金钱币及银牌等，被分别卖给了人民银行和供销社熔化。《人民日报》和《浙江日报》对这一毁坏文物的事件均予以披露，社会各界予以强烈谴责，中央及省的纪律检查、司法监察、文化文物等部门组成调查组进行了调查，浙江省人民政府发了通报，对责任人做了查处。

（二）逆势而为，文物工作呈现新亮点（1960～1977年）

1959年到1961年，由于"大跃进"、"反右倾"的错误，加上当时的自然灾害，我国国民经济发生严重困难，提出了"调整、巩固、充实、提高"的八字方针政策，国家机关开始实行精兵简政，文物管理机构也相应缩减；1966年，"文化大革命"开始，文物事业受到很大影响，文物工作在艰难曲折中坚持发展。

1960年10月，浙江省文管会响应当时号召，提出了与浙江博物馆合并的方案。1962年9月，浙江省文物管理委员会与浙江博物馆合署办公，原文管会全部业务归属博物馆历史部，从事文物保护与考古调查发掘的专业人员被骤减到四人，工作受到很大影响。1966年"文化大革命"开始，大批文物和珍贵图书被毁，博物馆被关闭，文博单位的工作人员进了"斗批改干校"，文物工作受到极大冲击。

1961年3月4日，国务院发出了《关于进一步加强文物保护管理工作的指示》，提出了重点保护、重点发掘，既对基本建设有利，又对文物保护有利的工作方针，颁布了《文物保护管理暂行条例》，公布了第一批全国重点文物保护单位180处名单。我省杭州六和塔、岳飞墓、余姚（今归宁波市）保国寺等三处榜上有名。1961年4月15日，浙江省人民委员会公布了第一批省级重点文物保护单位42处；1963年3月11日，浙江省人民委员会公布了第二批省级重点文物保护单位58处。1967年3月14日，中共中央发布了《关于无产阶级文化大革命中保护文物图书的意见》，在浙江省革命委员会文艺革命领导小组下设立了文物图书清理小组，落实政策，负责处理"红卫兵"在"抄家"时查抄来的文物图书，同时也代行省文物管理委员会的部分行政职能。各地也相应成立了组织，抢救和集中保护了一批文物图书，有的因落实政策而被退还给被查抄的所有者。

1970年5月，随着国务院成立"图博口领导小组"，文物管理机构开始恢复。1972年，合署办公的浙江省文物管理委员会和浙江博物馆开始分别使用公章，以利开展文物、博物馆工作。1970年，我省省级文博单位的所有人员从"斗批改干校"返回原单位"抓革命、促生产"，他们克服重重困难，排除各种干扰，逐步恢复了正常工作。我省举办了"太平天国展览"、"浙江出土文物展览"、"浙江文物考古十年新成就展览"；为部分市县培训了考古专业人员；1974年，为配合紧水滩水电站建设作考古调查，发现龙泉窑系窑址200余处；闻名全国，轰动海外的余姚河姆渡遗址的考古发掘先后在1973年11月～1974年1月，1977年10月～1978年1月胜利完成。

从1974年起，随着我国经济的逐步恢复，我省财政开始核拨用于省级文物保护单位保护维修的专项经费（23万元），并随我省的财政好转而逐年递增。国家文物局也于1974年开始核拨用于全国重点文物保护单位维修的专项经费。1974年12月，国务院批转外贸部、商业部，文物局《关于加强文物商业管理和贯彻执行文物政策的意见的通知》，明确提出文物商业应执行"少出高汇、细水长流"的方针，对文物市场则应"归口经营、统一收购、统一价格、加强管理"，为"文化大革命"后期文物商业归口文物部门经营和正常运作，提供了强有力的政策依据。杭州、宁波、绍兴等文物商店开始统一收购各市县在"文化大革命"运动中被抄家且已无法查清归属的各类文物。

新中国成立以后的前28年，文物工作的发展受到政治运动、经济发展水平等因素的制约，甚至受到了"左"的思潮及政治运动的冲击,但就总体而言,我省文物工作仍然展现了许多亮点,主要是包括文物市场通过了社会主义工商业改造,形成了收藏家"献宝"热潮,涌现了考古发掘成果,培养了文物保护的骨干技术力量,为文物事业的发展积累了工作经验。这一阶段文物工作中心集中于文物的保管和科研,博物馆展览较少、功能狭窄,文物事业由于历史的局限与社会、公众的互动较少,文物在服务社会的功能发挥方面比较薄弱。

(三)拨乱反正,恢复文物事业管理秩序(1978～1982年)

"文化大革命"结束后,我国社会主义建设事业迈入新的历史时期。1978年,党的十一届三中全会做出改革开放的重大决策,工作重点转移到以经济建设为中心上来。文物事业与其他行业一样,贯彻了实事求是的思想路线,重新焕发新的生机与活力,逐步走上了改革、开放的实践之路。

1.文物事业得到党和政府的重视

为扭转"文革"十年浩劫对文物事业造成的干扰破坏,使文物工作重新走上正轨。1979年3月,省委恢复了浙江省文物管理委员会,由省委宣传部副部长李远兼任主任。1979年5月,经省编委同意成立浙江省文物考古所(后更名为浙江省文物考古研究所)和浙江省文物商店,加强考古发掘和全省流散文物管理。1980年5月,国务院发布《关于加强历史文物保护工作的通知》,浙江省人民政府随即于1981年4月13日发布《关于加强文物保护的通告》,提出了加强文物保护管理工作、制止破坏文物的有力措施。

2.整顿秩序,文物事业重回正轨

这段时间全省文物系统开始了全面恢复和整顿被"文革"扰乱的秩序,开展文物安全检查、解决文物保护单位被占用的问题、加强流散文物的管理。为了做好流散文物的收集和保护工作,克服当时文物市场混乱无序的状况,有计划地外销文物,浙江省人民政府出台了《关于文物市场管理暂行规定》。为适应改革开放和市场经济条件下发展的新形势,正确处理好经济建设与文物保护的矛盾,从1980年开始,我省在绍兴市开展文物保护单位的"四有"工作(即"划定必要的保护范围,作出标志说明,建立记录档案,并区别情况分别设置专门机构或专人负责管理")试点。这一时期,我省广大文物工作者开始了第二次文物普查工作,调查的文物史迹达2.38万余处。《中国文物地图集·浙江分册》也开始着手编辑。1981年,省人民政府重新调整公布省级文物保护单位104处。1982年,我省的杭州飞来峰造像、宁波天一阁、余姚河姆渡遗址被公布为第二批全国重点文物保护单位。1982年11月8日,我省杭州、绍兴被国务院公布为第一批国家历史文化名城。1982年11月19日,第五届全国人民代表大会常务委员会第二十五次会议通过了《中华人民共和国文物保护法》,我省组织全省文物干部开展了大张旗鼓的宣传活动。

(四)建章立制,确保文物事业有序管理(1983～1991年)

1.文物管理机构得到加强

1983年5月,浙江省文物管理委员会与浙江省文化局合并,组建浙江省文化厅,设立浙江省文物局（副厅级）全省各市县也先后成立文物管理委员会、文物局、文物处、文物保护管理所、文物馆等机构，杭州市和宁波市还建立了文物考古所等专业性机构。1986年7月，浙江省考古学会和浙江省博物馆学会成立，为繁荣文博事业提供了学术交流平台。1987年8月，浙江省文物鉴定委员会成立，是全省具有权威性的文物鉴定机构。1989年3月25日，经省文化厅批准，浙江省文博干部培训基地建立，负责对全省文博系统干部的业务培训。机构的建立，为浙江全省文博事业的大发展完成了组织上的准备工作。

2. 探索文物事业规律，促进文物立法

这段时间，文物工作受到了基本建设、旅游开发等活动的冲击，流散文物管理困难。国务院下发《关于进一步加强文物工作的通知》，指出文物工作的任务和方针是："加强保护，改善管理，搞好改革，充分发挥文物的作用，继承和发扬民族优秀的文化传统，为社会主义服务，为人民服务，为建设具有中国特色的社会主义做出贡献。"为做好当时的文物工作统一了思想，理清了思路。省人大于1986年、1987年分别下发关于加强文物工作的决议；1988年11月28日，浙江省第七届人民代表大会常务委员会第六次会议通过了《浙江省文物保护管理条例》，我省文物法制建设取得重要进展。

3. 狠抓文物安全

这个时期，各地盗掘和走私文物活动十分猖獗，我省地处东部沿海，是当时文物犯罪的重灾区之一。1981年，查处了平湖、慈溪、余姚等地四家玉雕厂非法经营文物案。1982年查处了杭州文物商店偷盖火漆印事件。1985年8月，龙泉、丽水、浦江等市县文物、工商、公安部门联合打击了文物盗掘和走私贩卖活动。为了严厉打击文物违法犯罪活动，1987年国务院下发《关于打击盗掘和走私文物活动的通知》，省人民政府下发《关于贯彻执行〈文物保护法〉严厉打击盗掘和走私文物活动的决定》。省文物局成立"浙江省文物局打击盗掘和走私文物活动办公室"，并与公安、司法、工商、海关等部门密切配合，加强协作，出台了一系列政策措施，有效遏制了文物违法犯罪活动。

4. 文物和博物馆事业取得重要进展

1990年10月，浙江省文物局编制了《浙江省各级文物保护单位"四有"工作规范细则》（试行）。这一时期，考古发掘获得了重要成果。1986年和1987年，浙江省文物考古研究所发掘的余杭反山、瑶山发掘获得了"七五"期间"全国十大考古新发现"的殊荣。1991年在反山遗址以西的汇观山又有类似于瑶山的重要发现，荣获1991年度"全国十大考古新发现"。1990年开始考古发掘的萧山跨湖桥遗址，也发现了全新文化类型堆积。

博物馆事业发展速度加快，全省许多市县创造条件，克服财力不足的困难，改善和扩建近20个市县级博物馆；利用古建筑、纪念性建筑等文物保护单位建成了一批博物馆、纪念馆，衢州南宗孔氏家庙、长兴苏浙军区司令部旧址、嘉兴南湖烟雨楼、桐乡的茅盾故居、绍兴市的秋瑾故居等先后建成博物馆、纪念馆对外开放；1984年在原浙江博物馆自然部基础上新建立了浙江

◆织造坊

◆蚕桑厅

◆胡庆余堂中药文化深深吸引着国外游客

◆胡雪岩亲笔提写的戒欺匾

省自然博物馆；中国丝绸博物馆、中国茶叶博物馆、胡庆余堂中药博物馆、杭州南宋官窑博物馆等也开始投资建设，截至1991年，我省有各类博物馆、纪念馆51个（不含非文化文物系统），工作人员684人。

（五）统筹发展，确立文物事业新机制（1992～1999年）

1992年年初，邓小平同志视察南方等地并发表重要讲话，厘清了改革开放以来束缚和困扰人们思想的许多重大问题。1992年10月党的十四大召开，大会根据邓小平南巡讲话，明确提出我国经济体制改革的最终目标是建立社会主义市场经济体制。1993年11月，党的十四届三中全会又作出了《关于建立社会主义市场经济体制若干问题的决定》，勾画了社会主义市场经济体制的基本框架。随着社会主义市场经济体制改革目标的确立，改革开放和现代化建设进一步加快，社会主义精神文明建设进一步得到重视，为文物博物馆事业的快速发展创造了有利条件。1996年10月，浙江省政府任命鲍贤伦为浙江省文物局局长，文物事业进入了一个新的历史发展时期。

1. 贯彻新时期文物工作方针和原则

在发展社会主义市场经济的大背景下，需要正确处理文物保护与经济建设、社会效益与经济效益、文物保护与利用的关系问题。1992年5月，国务院在西安召开了新中国成立以来规格最高、规模最大的一次全国文物工作会议。会议明确提出了"保护为主、抢救第一"的新时期文物工作方针。1995年，全国文物工作会议又提出了"有效保护、合理利用、加强管理"的原则。1997年，国务院印发《国务院关于加强和改善文物工作的通知》（国发〔1997〕13号），提出了"国家保护为主并动员全社会参与"的文物保护方针，要求将文物保护工作"纳入当地经济和社会发展计划，纳入城乡建设规划，纳入财政预算，纳入体制改革，纳入各级领导责任制"。为新时期市场经济体制下如何做好文物保护工作提出了准则，为正确处理好经济建设与文物保护工作的关系、社会效益与经济效益的关系指明了方向。1998年8月，浙江省人民政府为深入贯彻党的十五大精神和落实国务院文件精神，出台了《浙江省人民政府关于加强和改善我省文物工作的通知》，就全面落实"五纳入"，推进文物的有效保护和文博事业的发展；依法行政，依法管理，加大文物执法力度；深化文物体制改革，增加文物事业发展的活力以及加强文物工作队伍建设，不断提高管理和业务水平等方面提出了要求。全省各地市纷纷出台和落实各项有利于文物保护的措施和政策；对历史文化遗产保护给予了前所未有的重视，"五纳入"措施逐步得到落实。

2. 文博单位加快自我发展的自觉性和主动性

这段时间是改革开放和社会主义现代化建设事业承前启后、继往开来的重要时期。1996年，中共十四届六中全会《中共中央关于加强社会主义精神文明建设若干重要问题的决议》（中发〔1996〕11号）明确把博物馆、革命纪念馆作为社会主义文化事业的组成部分，确定其为

◆河姆渡遗址标志

公益性事业单位，由各级政府提供经费保证。1997年国务院印发《国务院关于加强和改善文物工作的通知》（国发〔1997〕13号），要求确定并建设好一批重点博物馆，对文物系统以外的部门、企事业单位或个人兴办博物馆，要加强指导和监督。全省文博单位以此为契机开始快

◆河姆渡遗址博物馆鸟瞰

◆浙江绍兴鲁迅故居

◆浙江自然博物馆地球的礼物展

◆温州博物馆序厅

◆浙江省博物馆全景

◆中国茶叶博物馆展厅

速发展，浙江省博物馆、省自然博物馆进行了改扩建，一批地方综合性博物馆、专题性、纪念
性博物馆以及行业办博物馆如雨后春笋般兴起，私人创办的博物馆也渐露新姿。全省博物馆积
极推出陈列展览，充分发挥爱国主义教育、革命传统教育以及普及科学知识教育的作用。截至
1998年年末，我省已有国家优秀社会教育基地1处（绍兴鲁迅纪念馆）、国家优秀爱国主义教
育基地2处（浙江省博物馆、河姆渡遗址博物馆）。绍兴鲁迅纪念馆、大禹陵、嘉兴南湖革命
革命纪念馆、镇海口海防历史纪念馆、河姆渡遗址博物馆和浙江省博物馆先后被国家文物局评

为 1994 ~ 1996 年度全国文物系统爱国主义教育基地。在省委、省政府公布的浙江省爱国主义教育基地中，文物保护单位和博物馆、纪念馆约占 60% 以上，充分证明了文物博物馆事业在爱国主义教育中的重要作用。

3. 做好经济建设快速发展中的文物保护工作

随着经济建设步伐加快，大型基本建设增加，许多城市开展旧城改造，文物保护和历史文化名城保护工作受到一定程度的冲击。为妥善处理文物保护与经济建设的矛盾，我省开展了大规模的文物抢救维修工作和名城规划；配合基本建设做好考古发掘工作。推进良渚遗址群保护。1994年，良渚遗址被列入中国申报《世界文化遗产名录》预备清单和《中国二十一世纪议程优先项目计划》，省政府批复了《良渚遗址群保护规划》；杭州市为保护南宋太庙遗址不惜停止开发建设，实行原地复土和永久性保护，妥善解决文物保护与建设的矛盾。1997 年成立浙江省历史文化名城保护专家委员会，建立和完善了相应的咨询和监督机制。绍兴强化古城保护意识，转变工作方法，"点"、"线"、"面"结合，有力地促进了旅游业的发展，走出了一条符合绍兴实际的古城保护之路。水乡古镇湖州南浔、桐乡乌镇，嘉善西塘等都积极投入资金对传统街区及民居进行维修整治，改善环境并增强旅游服务能力，成为名城、名镇保护开发的典范。这段时期发生了省级历史文化名城舟山定海传统街区遭拆毁等事件，省人民政府于 2000 年 12 月 4 日向全省各市县人民政府发出了《关于舟山定海历史文化名城保护问题的通报》。

4. 对外开放和学术工作成果丰富

随着改革开放的进一步深化，文物行业与国外、境外的双向交流日趋频繁，对外文化交流任务越来越重。据不完全统计，1992 ~ 1998 年的 5 年间，我省仅省级和杭州、宁波、绍兴等市、县文博单位单独和参与组团出境出国文物展览就有 10 余次，在日本等地举办了"中国浙江省文物展览"、"亚洲文明交流展"、"浙江古代青瓷展览"等展览；主办和联办"河姆渡文化国际学术讨论会"、"中国良渚文化国际学术讨论会"等国际学术性会议。由省委宣传部牵头组织的反映我省文物藏品概貌的大型画册《浙江七千年》正式出版，填补了我省文物出版工作方面缺少大型综合性画册的空白。全省各地整理、出版的著述也日益丰富。

◆庞贝展开幕式

◆巴伐利亚当地政府官员观看西湖龙井茶冲泡表演

5.文物市场管理渐趋有序

发挥国有文物商店的主渠道作用，做好文物商店机制转换，发挥优势。文物市场从单一的打击转向对文物市场的有序管理。国有文物商店数量增至17家，新增了文物监管物品市场8家和监管物品个体经营户134户。国有文物商店仍发挥着主渠道的作用，在经营模式上已由单一的外汇（只向外宾供货）向内外柜（即向国内群众与外宾同时供货）供货以"藏宝于民"。重视了为博物馆提供藏品，同时也加大了对文物监管品市场、拍卖行的监管力度，密切了与海关与司法机关的联系。1995年，国家文物局指定我省为全国八大鉴定口岸之一，提高了我省文物出境鉴定机构行政管理和专业地位，我省出境文物鉴定站开始提供出境文物的鉴定和司法鉴定等服务工作。

6.具有浙江地域特色文物保护法律框架基本形成

1997年7月25日，浙江省第九届人民代表大会常务委员会第十四次会议通过了《浙江省历史文化名城保护条例》，这是关于历史文化名城、街区、村镇保护的最早出台的地方性法规之一。1997年12月31日，浙江省第八届人民代表大会常务委员会第四十二次会议对《浙江省文物保护管理条例》部分条款作了修改，对设立文物保护管理机构提出明确要求、对文物保护单位改变管理部门设定了程序，对改变文物保护单位用途、使用文物建筑等提出了相关法律责任，进一步加大了对文物保护单位的保护力度。

至20世纪结束，我省已形成了具有88个文物行政管理机构，1所科研单位，69个各类博物馆、19个文物商店，1个文博干部培训基地，1个出境文物鉴定站、1个文物鉴定委员会和1 647名干部职工（其中具有正副高级职称的109人，中级职称339人）的文物系统。

（六）谋划方略，文物事业加快改革创新（2000年至今）

进入新世纪，浙江经济社会进入了新的发展阶段。面对新形势新任务新要求，省委、省政府明确作出了加快文化大省建设的战略部署，深入实施文化建设的"八项工程"，文物事业赖以生存和发展的经济基础、体制环境、社会需求等宏观发展环境明显改善。我省文物工作加快改革创新，积极探索、勇于实践，取得了显著成效，文物事业进入良性的发展时期。

1.政府重视，保护历史文化遗产作为"文化大省"建设重要组成部分

改革开放以来，浙江省勇于开拓、敢为人先，经济实现了高速增长，跃居全国前列。在这样的前提下，浙江省委、省政府作出了关于我省2020年提前基本实现现代化的判断和建设"文化大省"的号召。1999年，我省在全国率先提出建设文化大省的战略。2000年，浙江省制定了《浙江省建设文化大省纲要（2000～2020）》；同年，省委宣传部，省文化厅、建设厅、旅游局、文物局联合下发《关于加强历史文化遗产保护，建设文化大省的通知》，有力地指导、督促我省文化遗产保护工作快速发展。2003年12月，全省文物工作会议在杭州隆重召开，这是省政府在新世纪召开的第一次文物工作会议，会议下发了《关于进一步加强文物工作的意见》，成立了由分管省长任主任，由21个相关职能部门负责人任委员的浙江省历史文化遗产保护管理委员会。2005年，省委作出《关于加快建设文化大省的决定》，将历史文化遗产保护工程作为"八大工程"

之一，作为文化大省建设的重要组成部分，提出了"坚持公益性发展方向，努力为最广大的人民群众提供优质文化服务；坚持保护优先原则，争取实现遗产保护抢救与开发利用双赢；坚持政府保护为主，同时以改革的思路调动全社会保护遗产的积极性"、"坚持依法管理，确保遗产保护、利用行为规范有序"的基本原则。2005年，国务院《关于加强文化遗产保护的通知》，设立"文化遗产日"；文物事业的保护理念进一步发展，文物事业的宣传工作进一步增强；省政府立即下发《关于进一步加强文化遗产保护的意见》，推出了落实文化遗产保护的具体举措。

2.几经反复，文物行政执法机构逐步健全

随着社会主义市场经济体制的确立，国家行政机构改革逐步深入，几经反复，我省省级文物保护管理机构和队伍建设逐步健全，执法机构得到完善。2000年3月，根据浙江省机构改革方案"不再保留省文物局，其职能并入省文化厅，对外挂省文物局牌子"。2004年，省编办下文，恢复省文物局副厅级建制，作为省文化厅内设机构。同年，《行政许可法》实施，省法制办、省编办明确了省文物局行政许可执法主体资格。2005年《浙江省文物保护管理条例》修订，省人大常委会以立法形式明确了省文物局为省级文物行政管理部门。2009年，浙江省委、省政府机构改革方案决定"为加强文物行政执法，省文物局调整为部门管理机构"。至此，省文物局行政执法主体地位得到确定。经省机构编制委员会同意，于2005年成立省文物监察总队作为我省的省级文物行政执法机构，归属省文物局管理。随着文物行政执法机构的建立健全，执法管理不断增强，行政许可逐步规范，文物违法案件查处力度加大，文物工作走上依法行政轨道。

3.改革创新，不断开创文物工作新局面

随着浙江经济社会等宏观环境的深刻变化，经费投入不断增加，我省文物事业加快改革创新，积极探索和实践，取得了显著成效，文物工作呈现诸多亮点。财政投入加大，据统计，2006~2008年，全省财政投入文物保护经费分别为2.9亿元、6.3亿元和7.7亿元；省本级文物保护专项经费分别为5000万元、6600万元和6400万元。全省建设各类博物馆200余座，文物保护专门保护机构180余个，从业人员3600多名。文物抢救维修速度加大、积极探索历史文化名城保护新途径、文物保护单位"四有"建档扎实推进、博物馆事业蓬勃发展，申遗工作有新进展。2007年4月，第三次全国文物普查工作全面展开，普查工作走在全国前列。把握时代脉搏，积极引导公共文化设施服务方向，2003年，在全国开创了博物馆、纪念馆免费开放的先河。2008年，中央将浙江省作为全面实施博物馆免费开放的7个试点省份之一，我省文化文物部门归口管理的国有博物馆、纪念馆和全国爱国主义教育示范基地全部向社会免费开放。在向公众实行免费开放的基础上，我省各级博物馆、纪念馆大幅提升公共服务水平，整合国内外文物资源，积极打造精品展览，营造文化活动热点，充分发挥了博物馆的公共服务功能，发挥文化遗产事业促进科学发展和社会和谐作用。

二 浙江文物事业60年的发展成就

建国60年以来，我国改革开放和经济建设取得了重大成就，浙江持续发展的经济基础、和

谐发展的社会环境为文物事业创造了现实条件，我省文物工作者抓住机遇、勇于创新、讲求实效，文物事业实现了持续健康发展。

（一）文物事业发展的各项基础工作得到夯实

1. 具有地方特色的文物法规体系逐步形成

继 1988 年，省七届人大常务委员会第六次会议通过并颁布了《浙江省文物保护管理条例》后，省人大常委会分别于 1997 年，2005 年对该条例进行了修订，为我省文物行业依法行政提供了有力依据。1999 年 7 月《浙江省历史文化名城管理条例》经省人大审议通过，将历史文化名城保护纳入了法制化管理轨道。《杭州市文物保护管理若干规定》、《杭州良渚遗址保护管理条例》、《浙江省文物流通管理办法》、《杭州市历史文化街区和历史建筑保护办法》、《宁波市文物保护管理条例》、《宁波市文物保护点保护条例》等法规、规章相继出台。在推进法制建设的同时，我省全面贯彻实施依法行政基本方略，促进文物行政部门职能转变，提高行政管理效能。在加强立法的同时，规范审批程序，强化执法力度，严肃法律的权威性，打击文物违法犯罪现象，为文博事业发展提供了可靠的安全保障和健康有序的法律秩序。

2. 文物资源调查和建档规划工作深入实施

建国以后，我省已进行了三次文物普查，分别是 1956 年和 1982 年开展的全国文物普查，2001 年开展的省历史文化遗产普查。2007 年，开展第三次全国文物普查，至 2009 年 5 月新发现 47263 处不可移动文物。通过普查，了解文物家底，科学确定保护对象，我省各级政府陆续公布了各批文物保护单位，快速提升了文物资源的规模和规格，完善了文物保护体系。全国重点文物保护单位及前四批省级文物保护单位"四有"记录档案建档工作基本完成，历史文化名城保护规划编制工作全面推进。

3. 文物安全保障机制逐步健全

我省文物管理机构从 1950 年 3 月浙江省文物管理委员会成立，至省文物局调整为部门管理机构，省、市、县三级文物管理体系基本形成。以国有单位为主体、社会力量为补充的文博行业队伍渐成规模，文物保护机构逐步建立健全。文物监察三级执法队伍建立，及时消除和解决巡查中发现的各类安全隐患、违法行为，执法力度明显加大。2008 年，省文物鉴定中心更名为省文物鉴定审核办公室，定性为监督管理类事业单位，我省作为全国八大文物进出境口岸之一，文物进出境监管力量得到进一步加强。推进安全技防项目建设，切实提高我省文博单位技术防护能力，确保风险单位的安全无事故。新建、更新和完善安全技防项目 65 个，全省一、二级文博风险单位已全部达标，三级风险单位多数达标。迄今为止，全省文博单位风险达标已达到 80.58%，达标率继续保持全国领先。除加强安全设施建设和安全执法工作外，浙江各级文物部门还与公安、工商、海关等部门通力协作，对盗窃、盗掘、走私等各种文物犯罪活动进行了严厉打击，收到明显成效。

（二）不可移动文物与历史文化名城（街区、村镇）保护成效显著

1.不可移动文物保护体系日渐完善

通过开展文物资源调查，我省文物保护单位数量成倍增长，快速提升了文物资源的规模和规格，完善了文物保护体系。全国重点文保单位132处，居全国第5位；省级文保单位有323处；市、县级文物保护单位2762处。全省已有杭州、绍兴、宁波、临海、衢州、金华6座国家级历史文化名城，中国历史文化名镇、名村总数达到了19个；省级历史文化名城11座，省级历史文化街区、村镇（保护区）78个。与此同时，积极推进我省申遗工作，以杭州西湖、大运河（浙江段）等项目为引导，整体而有重点地推进我省世界文化遗产申报工作，"杭州西湖"已经国务院批准推荐为我国2010年申报世界文化遗产项目。我省大遗址保护工作以良渚遗址管理委员会的成立为标志，也进入了新的发展阶段。

2.文物保护抢救维修工作全面展开

建国60年，我省抢救修缮了湖州飞英塔、杭州六和塔、瑞安孙诒让故居、绍兴鲁迅故居（老台门）、兰溪长乐大宗祠、东阳卢宅（一、二期）、宁波天一阁、杭州文澜阁等百余处重要的文保单位。落实文物保护法律法规规定的各项保护措施，加大了文物抢救维修速度，大批濒临毁坏的文物得到妥善保护。仅2007年我省实施文保单位维修项目有171个，位居全国第1位，共投入资金近1.68亿元。历史文化名城、街区整治取得突破，2003年，西塘、乌镇、南浔等浙北三镇和绍兴仓桥直街分别获联合国教科文组织亚太地区文化遗产保护二、三等奖；2005年，庆元廊桥保护项目又荣获一等奖。与此同时，认真实施"文化保护工程"确定的"文物保护利用示范项目"，藉此全面推动和提升全省文物保护工程质量和利用水平。加强对文物保护工程的指导和监督，依法开展文物保护设计、施工、监理资质的申报和管理工作。当前我省文物保护工程资质单位总数已达到53家，拥有勘察设计资质单位15家、施工资质单位37家、监理资质单位1家，基本实现我省勘察设计、施工、监理文物保护工程资质的体系框架。

3.考古工作硕果累累

浙江考古学肇始的重要标志是1936年，省立西湖博物馆工作人员施昕更发现良渚遗址，次年著《良渚》发掘报告并出版。建国以后，我省立足于文物资源现状，坚持以配合大型基本建设进行抢救性考古发掘的基本原则，结合科学研究进行了一系列的考古发掘活动，在探索浙江文明起源的史前文化考古和青瓷起源的瓷窑址考古研究领域取得了丰硕的成果。1959年良渚文化命名。1973年河姆渡遗址发掘、1986年、1987年反山和瑶山大型墓葬群祭坛遗址的发现震惊了考古界和历史学界，把中国文明起源的探索推向了新的高潮。2004年，以萧山跨湖桥遗址命名的"跨湖桥文化"被考古界正式确认。2006年11月，以上山遗址下层文化为代表的遗存正式被命名为"上山文化"，这是长江下游及东南沿海地区发现的年代最早的考古学文化。2007年，良渚发现了迄今为止中国最大史前城址，被考古学界誉为继20世纪殷墟发现之后中国考古界的又一重大发现。目前已有"河姆渡文化"、"马家浜文化"、"良渚文化"、"跨湖桥文化"、"上山文化"等多个考古学文化相继命名。

浙江作为青瓷之乡，瓷窑址考古成为极具地方特色的专题研究方向。1998年以来，相继对杭州老虎洞瓷窑遗址、慈溪上林湖寺龙口越窑遗址、龙泉大窑枫洞岩窑址重要窑址的考古研究活动，浙江遂成为中国瓷窑址考古的一方热土。此外，1995年以来的杭州南宋临安城遗址系列考古发掘项目，1997年的绍兴印山越国王陵发掘，2001年对杭州雷峰塔遗址发掘，都是浙江具有重大影响的考古发掘活动。

60年来，经过考古工作者的艰苦探索，浙江省河姆渡遗址、良渚遗址、龙泉青瓷窑址被评为20世纪中国百大考古新发现，反山墓地、瑶山祭坛被评为"七五"期间"全国十大考古新发现"，汇观山祭坛、莫角山大型建筑基址、跨湖桥遗址、小黄山遗址等13个发掘项目荣获当年度"全国十大考古新发现"。全国十大考古新发现数目位列全国第二。另外，有6项考古发掘获"国家田野考古奖"，10余部大型考古发掘报告相继出版发行。目前，我省已拥有浙江省文物考古研究所、宁波市文物考古研究所等2家具有考古发掘资质的考古科研机构，33名具有考古发掘领队资格的考古科研人员。

（三）博物馆事业蓬勃发展，初步形成具有浙江特色的博物馆网络

1.博物馆事业方兴未艾，蓬勃发展

浙江作为中国博物馆事业发展较早的省份之一，其近代博物馆业之发端可上溯至1929年11月浙江省西湖博物馆的建立。而且1949年前，我省博物馆也只此1家。1978年，全省"挂牌"的博物馆不到20家，且真正名副其实的只有4家。改革开放特别是近几年来，依托丰富的藏品资源和相对雄厚的经济实力，我省各地兴建、改扩建博物馆的热情空前高涨，博物馆建设事业快速推进。至2008年，全省各级各类博物馆数量达242家，其中文化文物系统博物馆135家，非文化文物系统博物馆107家。全省共有民办博物馆57家，民办博物馆快速增长的态势明显。博物馆在数量增加的同时，发展类型格局也日趋合理。中国丝绸博物馆、中国茶叶博物馆、胡庆余堂中药博物馆、南宋官窑博物馆等一批特色专题馆在全国已具有广泛影响，成为浙江博物馆建设有别于其他省的鲜明特色。形成了省级博物馆为龙头、市级博物馆为骨干、县级博物馆为基础、民办博物馆为补充、专题博物馆为特色的博物馆网络。

2.馆藏文物保护管理基础工作得到切实加强

改革开放前夕，全省所有文博单位的馆藏文物总数不足20万件。随着博物馆数量的增加，文物藏品达88万余件。其中有馆藏文物70万余件；一级珍贵文物2024件，二级文物9795件，国宝级文物16件。我省馆藏文物保护管理基础工作得到切实加强，工作进展和质量水平在全国均处于领先水平。全省有一级博物馆1家，二级博物馆15家，三级博物馆24家。12家博物馆、纪念馆等列入全国爱国主义教育示范基地。馆藏珍贵文物建档工作基本完成。全省博物馆风险单位的安全技防达标率已达80.58%。

3.文物展览展示水平积极提升

在向公众实行免费开放的基础上，我省各级博物馆、纪念馆强化精品意识，探索创办精品展

之路，按照"贴近实际，贴近生活，贴近群众"的要求，进行了整合国内外文物资源的尝试，积极打造精品展览。省博物馆推出了意大利"庞贝末日——源自火山喷发的故事"展；湖州博物馆成功举办"归去来兮——赵孟頫书画精品回家展"等高规格的展览。每年全省各级各类博物馆共举办陈列展览项目近600个，接待观众逾1000万人次。共荣获"全国十大陈列展览精品"奖和单项奖的项目8个。

（四）文物博物馆单位公共服务能力明显增强，对社会经济发展的贡献越来越大

1. 博物馆公共服务能力增强

建国以后，我省文物博物馆积极融入社会建设，大幅提升公共服务水平，对社会经济发展的贡献越来越大。国有博物馆在全国率先实行免费或优惠开放之后，积极进行爱国主义、集体主义、革命传统教育以及普及科学知识，成为人民精神文化生活的一大热点。各个博物馆加强与部队、学校的联系，创建"爱国主义教育基地"、"思想政治理论课教学实践基地"，并将第二课堂活动全面纳入学校的教育计划。2008年度全省文化文物系统博物馆举办陈列展览660个，观众参观人次达到1140余万。浙江省"陈列展览精品项目"实施的有序推进，17个陈列展览精品项目获省精品奖或单项奖。

2. 文物合理利用迈出新步伐

随着经济改革的大潮涌动，我省加快合理利用步伐，积极发挥文物的教育、科研和经济功能。近些年来，我省在有效保护文物的前提下，整合利用历史文化资源，杭州、宁波、绍兴、临海以及嘉善西塘、桐乡乌镇等文物资源比较丰富的地区，通过保护文物资源有力地促进了旅游业等第三产业发展。以2007年度为例，我省文物保护管理机构2007年度门票收入约35443万元，占收入合计的35%。我省文物拍卖行业发展势头良好，文物拍卖资质企业有28家，2007年拍卖58场，拍卖文物标的数24732件，成交额13.077亿元。

3. 文物对外交流和合作不断拓展

改革开放之前，我省文物对外交流活动极少。自改革开放打开国门，尤其是进入20世纪90年代以后，我省大力发挥文物资源的独特作用，积极参与国家重要的对外文化交流活动，加强国际文化遗产保护机构的联系，文物行业与国外、境外的双向交流日趋频繁。我省先后组团或派员到日本、欧洲等地就文化遗产管理、考古发掘、文物科技保护、博物馆展示等问题进行专题研修和学术交流，承办了多个国际会议和论坛，取得了良好的效果。据统计，近年来我省开展对外及我国港台地区文物交流活动或项目年均20余个。

（五）科研和宣传工作达到新水平，文物博物馆事业的科技条件与舆论环境有所改善

1. 文物科技研究取得新成效

我省文物保护技术的基础研究和应用都不同程度地得到了加强，启动了利用遥感等技术对古遗址进行无损探测的项目；开展了文物材料、工艺、环境等方面研究；实施了纺织品、书画、木

质、石质等文物保护修复实验以及大型木质文物就地保护工程。"河姆渡出土大型饱水木质文物的室外冷冻脱水定型研究"获得国家科技进步三等奖,"长效防霉防虫装裱粘合剂的研究"获得国家文物局科技进步一等奖。

重视科研基础设施建设,文物保护科研基地(中心)建设颇有成就。依托浙江省博物馆的"浙江省文物保护科研基地"、中国丝绸博物馆"中国古代纺织品鉴定保护中心"、浙江考古研究所"浙江省科技考古实验室"、浙江省生物多样性研究中心,为国内文博单位提供了大量的文物科研保护技术服务。为进一步推进我省文物保护科技研究,2005年9月,根据省委建设文化大省的决定,将文物保护科技项目列入"文化保护工程"。并于2007年正式启动了浙江省文物保护科技项目,针对我省文物保护的难点问题,联合高等院校、科研院所,开展了重点攻关,取得了初步成效,部分项目已申报国家发明专利。

2. 文物宣传渠道进一步拓宽

建国60年来,我省文物系统以《中华人民共和国文物保护法》等文物保护法律法规的宣传为中心,将日积月累的常规宣传与重大纪念活动的集中宣传进行有机结合。每年"5·18国际博物馆日",各级文物部门都根据"国际博协"确定的不同主题,精心组织宣传活动。2006年以来,全省各地上下联动,举办丰富多彩的"文化遗产日"系列活动,文物宣传渠道进一步拓宽。一大批先进典型得到了表彰。迄今为止,我省共有7个县市区获得了"全国文物工作先进县"称号,近100个先进单位和个人受到各种形式的表彰,营造了人人参与文化遗产保护的文明意识,使全省文物宣传工作达到了前所未有的广度和深度,有力地增强了全社会的文化遗产保护意识。

"上善若水,有容乃大。"纵观新中国成立60年来浙江文物事业发展的轨迹,从中我们可以勾勒出其发生、发展的脉络。现有的文物工作成果归功于建国以后,尤其是改革开放后,经济繁荣、政治稳定、社会进步的积极推动;更是基于多年来国家文物局积极推动,我省各级党委、政府高度重视,逐步形成政府为主、全社会参与文物保护的新格局,为文博事业发展创造了良好的工作环境。文物法制体系日臻完善,文物工作依法行政切实加强,为文博事业发展营造了有利的法律秩序。财政保障力度明显加大,社会资金踊跃投入,为文博事业发展打下了必要的物质基础。人才培养常抓不懈,队伍建设卓有成效,为文物事业发展提供了必要的组织保障。

回首过往,我省文物事业60年的发展成就,是基于全省文物工作者秉承着一种与时俱进、开拓进取的创新要求和坚韧不拔、求真务实、艰苦奋斗的结果。特别是改革开放以来,我省文物事业在全国文物事业日新月异的总体格局下,顺应整个社会的巨大演变,积极融入经济发展大潮,对国家精神文化和物质文明建设的促进作用日益凸现。

展望未来,我们将进一步以科学发展观为指导,探索新形势下文物工作的新规律、新特点,以满足人民群众日益增长的精神文化需求为目的,按照中共浙江省委"干在实处,走在前列"和加快建设文化大省的工作要求,深入贯彻落实《文物保护法》和"保护为主、抢救第一、合理利用、加强管理"的文物工作方针,奋发有为,大力推动浙江文物事业不断向前发展。

(执笔人:周向丽)

安徽省文物事业60年

安徽省文物局

安徽风光秀丽，地腴物丰，历史悠久，人文荟萃。文物古迹众多，遗存星罗棋布，从旧石器时代距今 200 万年前的繁昌人字洞古人类活动的遗址到近现代的安庆反清暴动马炮营起义旧址，从第一次国内革命战争时期的红色暴动到解放战争时期的淮海战役、渡江战役等，具有连续不断、种类齐全、影响深远、特色独具的悠久历史文明，凸显了安徽深厚的文化底蕴。自新中国成立以来，在安徽省委、省政府强有力的领导下，在国家文物局的精心指导下，在省文化厅的直接率领下，经过全省几代文物工作者的共同努力，全省文物事业在 60 年间从零起步，稳健发展，曲折前进。

一 安徽文物事业60年的发展脉络

安徽文物古迹丰富，是全国文物资源大省之一。至 2009 年，拥有各种不可移动文物 1.7 万余处，其中国保单位 56 处、省保单位 455 处，市县保单位 2000 余处，有世界文化遗产 2 处，全国历史文化名城 5 座，省级历史文化名城 9 座，中国历史文化名镇名村 15 处，省级历史文化名镇、名村及街区 39 处，中国历史文化名街 1 处。有各级各类博物馆、纪念馆 60 多座，馆藏文物 55 万余件，一级文物 1663 件。60 年来，安徽文物事业的发展历程，可以分为以下几个阶段：

（一）1949～1965年：文物事业的起步阶段

1. 各级人民政府重视文物事业

1953 年 4 月 6 日，安徽省人民政府发出保护文物的通知，要求：一、本地区在基本建设或治淮工程中发现地下文物呈交主管部门妥为保管；二、各地发现古遗址、古墓葬应立即上报，未得中央人民政府文化部指示前不得擅自开掘；三、严禁盗掘古墓、破坏文物，违者进行查处。1956 年 4 月 30 日，安徽省人民委员会发布《为了更好地在农业建设中保护文物，防止破坏文物的现象发生布告》。1952 年，安徽歙县"老屋阁"经文物专家鉴定为明中叶建筑。1996 年国务院公布"老屋阁及绿绕亭"为全国重点文物保护单位。1957 年 7 月，安徽省文化局发出在全省范围内开展文物普查工作的通知。至 1959 年年底，共查出各种地面文物遗迹近千处。

2. 文物保护工作得到加强

1956 年，安徽省人民委员会公布第一批省级重点文物保护单位 72 处，1961 年公布第二批共 31 处。

◆战国鄂君启金节

考古发掘工作取得进展。1956年，安徽省博物馆清理安庆市棋盘山元朝尚书右丞范文虎墓，出土玉器等一批珍贵文物。1957年4月，安徽寿县城东郊邱家花园出土鄂君启金节4块。1959年在该处又发现一块。节形如竹，每节均有错金篆书，分别记载水陆两路由鄂至郢所经城邑。这些节是战国时代楚王颁发给鄂君启的免税凭证。1959年6月，安徽阜南县朱砦区发现商代龙虎尊等铜器13件。该尊使用内范花纹凸出和支钉的工艺，两次浇铸而成，是商代珍贵的典型器物。1959年3月，安徽省文化局文物工作队在屯溪市西郊弈棋村附近发掘西周墓2座。1965年1月和1972年7月，省博物馆两次在此发掘西周墓5座。1975年7月，省文物工作队又在此发掘土墩墓1座。出土器物主要为青铜器和原始瓷器，有中原地区同时期的文化因素，更主要的是反映了皖南地区土著文化特征。土墩墓墓底铺鹅卵石，有些学者认为无墓穴土墩墓是春秋时期的。1960年12月，安徽省博物馆对萧县花家寺新石器时代遗址进行试掘，出土石、骨、蚌和陶器等大批文化遗物。遗址面积1.5万余平方米，高约9米，其上层为龙山文化，下层为大汶口文化，并有承袭关系。此地是鲁、豫、皖三省接壤处，出土器物具有山东龙山文化和河南龙山文化的某些特点，这是安徽境内首次发现的龙山文化和大汶口文化遗址。

3. 博物馆建设从无到有

1956年11月，"安徽省博物馆"正式成立并开馆，标志着博物馆事业在安徽的崛起，1958年陈毅副总理题写了馆名。此后，一批规模不等的地志性综合馆、名人纪念馆、革命纪念馆在各

◆安徽省博物馆陈列展览大楼

地相继建立。北有阜阳、淮南、寿县、亳县博物馆和华佗纪念馆；南有徽州、歙县博物馆和马鞍山李白、全椒吴敬梓、泾县新四军军部旧址纪念馆。

4. 文物征集、整理工作取得成效

1955年，省文物管理委员会先后在芜湖市、安庆市、屯溪市、桐城县等地设立了首批文物收

购站，对民间流散文物的征集起到了积极作用。1954 年 5 月，省博物馆筹备处派员奔赴各地进行历史文物调查征集工作，共征集到历史文物 1589 件。1953 年，省博物馆筹备处接收 20 世纪 30 年代安徽寿县朱家集李三孤堆楚王墓出土的 27 箱楚器，后来整理编辑出版了《楚器图录》一、二集。1954 年，省博物馆筹备处征集和整理出 138 种珍贵中医古书，系金、元、明、清四个朝代的木刻版本、稿本和抄本。其中明末方以智《医学会通》、《内经经络》两种稿本在国内是首次发现。

5. 民众踊跃捐献文物

清朝首任台湾巡抚刘铭传后人刘肃曾捐赠西周晚期铜器"虢季子白盘"，文化部特颁发奖状表彰；和县尹伯西捐赠恽代英烈士遗墨 1 件；巢湖县丁硕仁、丁润先将中日甲午海战时海军提督丁汝昌生前所用锁子金盔甲全副捐赠给当地政府；歙县书画收藏家方文隽后人方晴初等将方氏所藏书画、汉印、碑帖、铁花等文物 8 箱 230 件捐献给国家，省博物馆予以表扬奖励；桐城中学教员方鸿寿将先人方密之遗著 18 部 32 册捐献给省博物馆筹备处；该馆还收到桐城左光斗后人捐献的左氏后人捐献的左氏遗砚 1 方和寿县张震赠汉代砖砚 1 方。

（二）1966～1977年：文物事业艰难发展阶段

1. 文物事业遭到严重破坏

在"文化大革命"中，全省文物事业遭受破坏，损失巨大。以"破四旧"为引导，大批地面文物被摧毁，无数图书、瓷器、家具、文玩被焚毁打碎。文物博物馆机构被迫关闭，合并撤销或名存实亡。全省大批文物专业干部下放到农村，文博事业陷于瘫痪。省博物馆先后改名为"毛泽东思想胜利万岁"馆、省展览博物馆。泾县新四军军部纪念馆大会堂被拆除。据不完全统计，在"文化大革命"期间，安徽省共有 66 处文物保护单位遭受不同程度的破坏，其中全国重点文物保护单位 1 处、省级 25 处、县级 40 处；砸毁国有馆藏文物 2757 件，失盗文物 1404 件。散落在民间的文物，被毁坏的数量不计其数。

2. 文物事业在艰难中发展

在形势极其艰难的条件下，我省广大博物馆干部职工冒着被打被抓的危险，仍然坚守岗位，保护文物库房，保护文物。省博物馆和亳州、蚌埠博物馆的考古人员还相继清理发掘包拯家族墓、曹操家族墓、汤和墓、天长汉墓等遭到破坏的古墓葬，抢救了 500 多件珍贵文物。还选送一批文物赴京参展。蔡侯墓出土铜器参加"中华人民共和国出土文物展"先后赴法、英、奥、瑞（典）、加、美等国巡回展出。

（三）1978～1982年：文物事业的恢复发展阶段

1. 文物工作全面恢复开展

1978 年，中共安徽省委决定成立安徽省文物事业管理局，为正厅级建制，从领导机构上加强了对全省文物工作的领导，开始构筑省、市、县三级文物管理网络。1981 年 9 月，安徽省人民政府调整重新公布了第一批省级文物保护单位 102 处。1981 年，省文物局在歙县召开全省文物保护单位工作会议，讨论了安徽省文物保护单位"四有"工作意见。1979年，省文物工作队开始发掘潜山县薛家岗新石器时代遗址。1980年，省博物馆试掘安庆市张四墩遗址及和县陶店龙潭洞遗址。1980年，省文物工组队在舒城县九里墩清理一座大型春秋晚期墓葬。1987年，省文物局对明中都古城午门、西华门和明皇陵石刻群进行维修。1981年，省文物工作队发掘亳县傅庄新石器时代遗址。1982年，中国科学院古脊椎动物与古人类研究所和省文物工作队联合在安徽巢县银山化石点发掘。

2. 博物馆展览逐渐增多

博物馆事业从动乱重创中逐渐复苏。在清点藏品，加强保管的基础上，由举办出土文物展览到筹办基本陈列向公众开放，并开展了正常的宣传教育活动。1980年，省博物馆基本陈列"安徽革命史"正式展出。1982年，省博物馆基本陈列"安徽古代史"正式展出。1981年，省文物商店总店在合肥市举办"安徽流散文物展览"，展出文物3000多件。1982年，青阳县九华山历史文物馆成立，馆址在九华山化城寺内，该馆藏品以宗教文物为主，基本陈列为馆藏文物陈列，展品470余件。

3. 重视文物科研、教育工作

1979年3月1日，安徽省考古学会在合肥市成立。1980年7月，安徽省文物出境鉴定组成立。1981年6月5日，安徽省博物馆学会在合肥市成立。1980年10月，安徽省博物馆主办的《安徽文博》创刊。1978年3月，安徽省滁县地区文化局文物工作组与其他单位合作完成饱水漆器脱水定型。6月，文物保护科学技术研究所派工程技术人员赴安徽亳州勘查制定花戏楼维修方案。1981年9月，省文物局委托安徽大学创办文博专业进修班，学制2年，至1995年共办五期，培养文博大专生148名。

4. 加强文物市场的管理

1981年5月，省文物局召开文物市场管理工作会议。6月，省文物局、省公安厅、省工商局联合发出《关于加强文物市场管理的通知》。1981年10月24～27日，中国文物商店总店协助安徽省文物商店在合肥市召开文物商店小型交易会，文物商店之间调剂文物5000件。1982年8月，安徽省文物局在合肥市召开全省流散文物工作会议，表彰奖励了部分地、市文物收购店、站。

（四）1983～1991年：文物事业的探索发展阶段

1. 探索文物事业发展新途径

为了加强全省的文物管理工作，探索在新的历史条件下发展文物事业的新途径，省文化厅、省文物局结合工作实践，多次召开专题会议，总结经验，传达全国会议精神，部署工作任务。1985年，省委宣传部、省文化厅联合召开全省文物工作会议。1986年，省文化厅文物局在青阳县召开文物工作现场会。1990年，省文物指导委员会经省人民政府批准在合肥市成立。1991年3月，在合肥市召开第一次全体委员工作会议，听取省文物局关于全省文物局工作汇报，研究了当前文物工作存在的问题，讨论了委员会工作职责和会议制度。1991年，省文物局在金寨和六安两地召开全省革命文物工作会议，省人大、省委宣传部、省党史工委、省文化厅等有关部门负责人及各地、市文化局局长、文物保管所所长 50 多人与会。

1988 年 6 月 9 日，省文物局召开全省文物商店经理座谈会，省文化厅领导及全省 17 家文物收购店（站）负责人与会。1986 年，安徽省文博系统表彰会在合肥市召开，共表彰 13 个先进集体、27 名先进工作者，并颁发了证书和奖品。1991 年省文化系统劳动模范、先进集体、先进个人表彰会在合肥市举行，6 个文博单位被授予先进集体，6 人被授予劳动模范、先进个人光荣称号。

2. 文物保护维修与考古发掘成果显著

根据国家的统一部署，1984 年，省文化厅发出开展全省第二次文物普查工作的通知，普查工作历时两年结束，共发现地上地下文物遗存 1.7 万余处。1986 年 7 月，省人民政府公布第二批省级文物保护单位 52 处。1989 年 6 月，省人民政府公布第三批省级文物保护单位 46 处。至此，全省有 200 处省级文物保护单位。

1988 年 9 月，绩溪县龙川胡氏宗祠第一期维修工程竣工；1991 年 10 月开始第二期工程。1990 年 5 月，潜口民宅博物馆在安徽黄山市徽州区潜口村建立。1991 年 10 月，歙县许国石坊维修工程开工。1990 年，宣州市广教寺双塔维修工程竣工。

1983 年，省文物工作队两次调查楚都古寿春城遗址，初步确定古寿春城位于寿县城东南。1985 年，省文物考古研究所发掘寿春城遗址内柏家台战国晚期大型建筑基址。1984 年，省文物考古研究所发掘清理马鞍山市三国东吴将领朱然墓。1985 年，省文物考古研究所两次发掘定远县侯家寨新石器时代遗址。1986 年，省文物考古研究所对大工山——凤凰山铜矿遗址进行考古调查。1987 年，省文物考古研究所发掘含山县凌家滩新石器时代遗址。1987 年，省文物考古研

◆歙县牌坊群

◆凌家滩遗址发掘现场

◆东吴朱然墓发掘现场

◆汉代环形龙玉佩

◆凌家滩遗址出土玉鹰

◆含山凌家滩遗址出土玉人　　　◆六安双墩一号汉墓出土错银铜壶　　◆六安双墩一号汉墓黄肠题凑墓室木结构

究所等单位在铜陵市 6 个区乡进行调查，发现西周至宋代铜矿遗址 27 处。1988 年，省文物考古研究所对水阳江旧石器地点群的主要地点宣州市向阳地点进行发掘。1988 年，省文物考古研究所、合肥市文物管理处清理发掘合肥市城南乡北宋政和年间马绍庭墓，出土 3 件墨锭、毛笔等国宝级文物。1988 年，省文物考古研究所在巢县岱山乡调查，发现十几件旧石器。11 月，在巢县城南望城岗地区调查，又发现 4 个新的含石制品的地点。1988 年，省文物考古研究所发掘濉溪县石山孜新石器时代遗址。1988 年，省文物考古研究所和淮南市博物馆联合发掘淮南市上窑区古寿州窑遗址。1991 年，省文物考古研究所发掘蚌埠市双墩新石器时代遗址。

3. 博物馆事业得到快速进展

1983 年，金寨县革命博物馆建成开馆。1984 年，渡江战役总前委旧址纪念馆在肥东县撮镇瑶岗村成立。1986 年，芜湖市王稼祥纪念园揭幕。1986 年，黄山市程大位故居陈列馆对外开放。1987 年，马鞍山市建立三国朱然墓文物陈列馆，陈列馆展出朱然墓墓室及墓内出土文物。1987 年，黄宾虹故居纪念馆在歙县潭渡村建成并对外开放。1987 年，六安市皖西博物馆开馆。1988 年，宣州市梅文鼎纪念馆开馆。1988 年，潜山县张恨水陈列馆建成开放。1988 年，省地质博物馆开馆。

1985 年，省博物馆应日本书道教育学会邀请，在东京举办“安徽古代文房四宝展”。1985 年，省博物馆举办的“旅法女画家潘玉良画展”在省内与江苏等地巡回展出。1986 年，省文物局在省博物馆举办“全省文物普查成果暨珍品展览”，展品近 2000 件。1987 年，省博物馆举办“孙大光捐献古代艺术珍品展览”，展出原地质部部长、中央顾问委员会委员孙大光捐赠给该馆的文物 194 件，包括书画 164 件、瓷器 17 件、古墨砚台 8 件及杂项 5 件。1989 年，省博物馆举办“捐献文物展”，展出该馆 40 年来接收的捐献文物 8500 多件中精选出的 450 件。

4. 文物科研、教育工作上了新台阶

1988 年，省文物保护技术协会在合肥市成立。1985 年 12 月，安徽省文物考古研究所、安徽

省考古学会主办的《文物研究》创刊。1988年4月，省文物事业管理局编辑的内部刊物《安徽文物工作》出版。

1985年，由安徽省滁县地区文物保护科学技术研究所参加完成的"石窟加固工程中检测新方法的研究"科研项目，获1983～1984年度文化部科技成果三等奖。1987年，省考古研究所主持编写的《潜山薛家岗新石器时代遗址》发掘报告获省社会科学1978～1985年优秀成果一等奖。1987年5月，省文物考古研究所和省地质局遥感站合作，应用红外遥感技术勘查出寿春城地下遗址的具体范围，绘成了1：10000寿春城遗址图。1987年，滁县地区文物保护科学技术研究所、文化部文物保护科学技术研究所、故宫博物院联合完成的"应用直流电阻率法等综合方法勘探地下文物"科研项目，获安徽省科委科技进步四等奖和1985～1986年度文化部科技成果二等奖。1989年3月，黄山市潜口民宅白蚁防治研究所承担的"古建筑白蚁防治"课题通过省级鉴定，获1988年省级科技成果奖。

1984年，纪念渐江逝世320周年大会暨黄山画派学术讨论会在合肥、黄山两地举行。全国35个省级博物馆和收藏单位的239件作品参加"渐江暨黄山画派名作展"。1991年6月，国家文物局在安徽合肥市召开苏鲁豫皖四省考古座谈会，20多名专家与会。

1984年，省文化厅委托省博物馆举办全省第一期文物保管人员培训班。1988年，省文物商店在合肥市举办为期两周的古陶瓷鉴定培训班，来自湖南、辽宁和本省的50多名文物工作者参加了培训。1989年，省文化厅和文物局委托安徽大学历史系首次开办文博专业证书教学班，学制两年。1991年第二期文博专业证书班开学。两届共招收学员55人。

5. 重视文物法制与安全工作

1982年《中华人民共和国文物保护法》颁布后，全省文物工作实现了"有法可依"，开始走上依法管理的轨道。1987年7月，省人民政府发出《关于打击盗掘和走私文物活动，加强文物保护管理的通知》。9月，省文化厅发出《关于文物保护管理工作列为农村文化站职责范围的通知》。1988年，省文物局、省乡镇企业局、省土地管理局为制止乡镇窑厂对文物的破坏，联合发出《关于加强砖瓦窑厂工地文物保护工作的通知》。1989年，省第七届人民代表大会常务委员会第十三次会议通过并颁布《安徽省实施〈中华人民共和国文物保护法〉办法》。1991年8月，省文物事业管理局发出《关于在我省大中型基本建设项目的建设中切实依法保护文物的几点意见》。9月，省文物事业管理局等单位联合发出《关于充分运用文物进行爱国主义和革命传统教育的通知》。

1984年，省级文物保护单位六安县西古城遗址在5个月中遭到城北二轮窑厂的两次大规模取土破坏，省文化厅、文物局接到报告后，立即采取有力措施予以制止，督促当地政府对肇事者予以查处。1986年4月，怀宁、潜山两县交界处因非法收购出土文物，诱发一起千余人大规模盗墓案，374座古墓被掘毁。省政府办公厅于6月间向全省发出《关于严肃处理怀宁、潜山县盗掘古墓事件的通知》，主犯姚和兆与余传和被判处有期徒刑。1986年11月，寿县博物馆3尊明代铜罗汉造像被盗，1987年7月破案，案犯刘生、杨雪、沈庆华三人被分别判处13年、11年、8年有期徒刑。

1988年，省博物馆展室被盗走6件商代青铜器，均系馆藏一级文物。案发后，文物部门总结经验教训，查找漏洞，采取措施，亡羊补牢。1990年，青阳县依法查处大规模盗掘古墓事件，依法判处主犯吴成友有期徒刑 5 年，同案犯分别判处有期徒刑。1990 年，省文物局、省公安厅联合发出《表彰全省文物安全保卫工作先进集体和先进工作者的决定》，授予蚌埠市博物馆、蚌埠铁路公安分局等 10 个单位为省文物保卫工作先进集体，23 名同志为先进工作者光荣称号。

6. 对外交流与合作取得突破

1987 年，省文化厅应日本三国志展施行委员会邀请，挑选马鞍山市朱然墓和亳州市曹操宗族墓群出土文物 10 件赴日本东京，参加为纪念中日恢复邦交 15 周年举办的"三国志展"。1988 年，省博物馆应德意志联邦共和国下萨克森州科艺部邀请，在联邦德国举办"安徽省古代工艺品展览"。1990 年，32 个国家的驻华使节和夫人 51 人，参观安徽省博物馆"安徽古代史"、"雕刻艺术"等展览。

（五）1992~2001年：文物事业的稳步发展阶段

随着国家经济建设发展，基本建设项目增多和城市改造力度加大，促使文物古迹不断被发现，文物保护与建设的矛盾在冲突化解的过程中凸现，客观上促使文物保护事业的各方面工作较前都有很大的变化和进展。2001 年新增第五批全国重点文物保护单位 21 处。

1. 考古发掘成果显著

1992 年，省文物考古研究所在潜山县近郊彭岭发现一处旧石器时代晚期文化遗址。1993 年，省文物考古研究所和绩溪县文物管理所组成的联合考古小组发掘绩溪县霞间窑址对面窑。1995 年，黄山市屯溪老街被建设部列为国家级历史文化保护区。1996 年发掘巢湖市放王岗西汉吕柯墓。1998 年，省文物考古研究所发掘含山县新石器时代凌家滩遗址。1999 年，中国科学院古人类研究所发掘繁昌县人字洞旧石器遗址，省文物考古研究所发掘了濉溪县柳孜镇的隋唐大运河遗址。

2. 加强文物执法力量

1999 年 6 月，省人大领导就《安徽省皖南古民居保护条例》的贯彻实施情况，到青阳、绩溪等地进行调研。要求加强执法力度，依法做好文物保护工作。1994 年，省文物局在合肥举办了"全省第一期文物行政执法人员培训班"，依法组建了我省第一批文物行政执法队伍。1998 年，省文物局在含山凌家滩考古发掘工地举办了法制讲座，使参会的文博工作者深受教育。

3. 博物馆新馆建设方兴未艾

随着经济社会的发展，各级人民政府开始对兴办文化事业、兴建文博机构投入了更多的关注和资金，许多市县开始着手博物馆的兴建。如淮南新馆、歙县新馆、铜陵铜都博物馆、天长县博物馆、芜湖博物馆、怀宁博物馆暨邓石如纪念馆、泾县宣纸博物馆、繁昌古瓷博物馆、濉溪博物馆、青阳博物馆、绩溪三雕艺术馆、定远汉画像石刻馆、安庆市戏剧馆、省科技馆等等。

4. 文物宣传逐渐加强

为扩大宣传，安徽省文物局从 1997 年开始，首创了安徽"十大文物新闻"，在每年的年初评选出上一年度的全省十件文物大事，并向社会发布。我省已经连续开展了 10 多年的"年度十大文物新闻"评选活动，受到国家文物局领导和省政府有关领导的肯定。1995 年，省文物局和安徽日报社周末副刊联合举办了《保护文物有奖征文活动》。

1992 年，省文物局召开天长县三角圩汉墓群的抢救性发掘工作新闻发布会；同年省博物馆就潘玉良的遗作 8 年来的情况召开记者招待会；2000 年，淮北市政府举行淮北柳孜大运河遗址考古重大发现新闻发布会。

1998 年 9 月 9 日、1999 年 9 月 19 日和 12 月 12 日，省文物局和有关单位分别在《中国文物报》开辟专版，宣传安徽的文物保护工作。

（六）2002年至今：文物事业的持续发展阶段

1. 夯实基础，文物保护工作进展快速

2006 年，安徽新增第六批全国重点文物保护单位 20 处，另有两处合并项目。2004 年，安徽省政府公布了第五批省保单位 120 处，另有 10 处与现有省保单位合并项目。为加强对文物保护单位的保护，全省通过各种渠道筹集了大量资金，按照"修旧如旧，不改变文物原状"的文物维修原则，重点抢救和维修了一大批文物古迹。省人民政府将"每年维修 15 处文物保护单位"任务，列入省政府任期目标任务进行年度考核。通过维修，使一大批濒临倒塌的文物建筑恢复了原貌。

2003 年以来，安徽省相继有蒙城县、繁昌县、潜山县、岳西县、寿县被评选为"全国文物工作先进县"。

2. 文物执法、安全工作全面加强

2002 年和 2007 年两次举办全省文物系统行政执法人员培训班，近 500 人获得省人民政府颁发的执法资格证书，为我省扎实有效地开展文物执法、普法工作打下了坚实的基础。2004 年省文物局成立了安徽省文物执法总队，随后大部分市县也相继建立文物执法队伍，全省文物行政执法网络逐渐形成。执法工作取得进展，南陵县大工山古铜矿国保单位被破坏等一系列法人违法破坏文物、违法经营文物行为，得到纠正和查处。

2002 年、2005 年省公安厅、省文物局两次联合发出通知，将文物犯罪活动列入"严打"范围，开展了严厉打击盗掘古墓葬、古遗址的专项斗争，掀起了"严打"热潮。相继破获了多起破坏、盗窃、盗掘、走私文物案件，特别是 2004 年省公安厅侦破了震惊全国的"3·25"特大盗掘、倒卖、走私文物案，严惩了一批危害极大的盗墓团伙的主犯、首犯，有效地保护了文物安全。

3. 结合实际，多渠道进行普法宣传

2006 年，省文物局征订了《文物保护法律指南》普法教材，组织编印了近 30 万字的《安徽省文物行政法规选编》和翻印了《安徽省实施〈中华人民共和国文物保护法〉办法》小册子，将材料散发给各市县的文物部门，指导基层文物工作者开展文物执法工作。同时还把安徽文物实施办法小册子在每年的"国际博物馆日"、"文化遗产日"、"全国法制日"当日，向观众散发，宣传文物法律知识，以增强人们学法、守法、护法、爱法的法制意识。

4. 博物馆功能得到强化

淮南、淮北、寿县、和县等地新馆已经落成，省博物馆老馆加固维修工程顺利竣工，对外开放；2007年，投资总额达3.5亿元的省博物馆新馆建设工程开工，并将在2010年交付使用。各地的文物库房建设得到普遍重视，藏品保管条件有了较大改善；完成了馆藏一级文物的鉴定确认工作，全省计有馆藏一级文物1663件（套）。为摸清家底，全面掌握全国现有馆藏文物的保护现状，2004年全国开展"馆藏文物腐蚀损失项目调查"，我省全面清点了文物库房，整理了藏品账册，完善了藏品档案。全省博物馆在做好基础工作的同时，认真整合全省文物资源，组织系列专题展览。2006年省博物馆"英雄的史诗、不朽的丰碑——长征中的安徽人纪念展"，受到省委、省政府领导的充分肯定和广大观众的广泛称赞。隆重举行安徽省博物馆建馆50周年及毛泽东同志视察48周年纪念庆祝活动，产生了很好的社会反响。同时，一批有关博物馆学术研究、馆藏文物研究等专业论著相继编辑出版，学术研究取得了进展。2008年3月，作为全国7个试点省之一，全省49家博物馆、纪念馆同时成功实现了免费开放。2009年启动了文物调查及数据库管理系统建设项目。2008年，安徽省博物馆被评为国家一级博物馆，2009年，安徽中国徽文化博物馆、安庆市博物馆、寿县博物馆、新四军军部旧址纪念馆被评为国家二级博物馆，淮北市博物馆、亳州市博物馆等17家博物馆被评为国家三级博物馆。

5. 积极拓展馆际和对外文化交流

2004年参与国家有关部门组织的在韩国首尔开幕的"英雄时代——三国文物展"、2005年在香港文化博物馆举办的"世外桃源——安徽古民居建筑展"都取得了圆满成功；省博物馆的"潘玉良作品展"先后在上海、北京、台湾等地展出，深受观众欢迎；2005年中法文化年，省博物馆藏潘玉良艺术作品回到创作地巴黎展出；省文物考古研究所的凌家滩玉器于2007年赴香港参加"中国考古新发现展"，积极拓展了馆际和对外文化交流。为迎接2008年北京奥运会，安庆市提供战国"越王丌北古剑"在中国人民革命军事博物馆参加"孙子兵法"展；省考古所及有关单位提供了玉鹰等5件精品在首都博物馆参加"长江文明展"；北京奥运会期间，省文物局提供玉龙等10件精品在首都博物馆参加"中国记忆——5000年文明瑰宝展"；提供青铜龙耳尊等3件精品在中国科技馆参加"奇迹天工——中国古代发明创造文物展"；提供我省馆藏元青花瓷器参加"元青花瓷器珍品大汇展"，并在北京、湖北、河南等地巡展。

6. 隆重热烈庆祝我国"文化遗产日"

国务院决定从2006年起，将每年6月的第二个星期六作为中国的"文化遗产日"，我省文化、文物部门在省委、省政府的领导下，加大了对全省物质文化遗产和非物质文化遗产的保护力度，连续4年举办了内容丰富、特色鲜明的"文化遗产日"宣传庆祝活动，使全省人民共享文化遗产保护的成果。

2006年6月10日是我国第一个"文化遗产日"，主题是："保护文化遗产，守护精神家园。"省文化厅举行隆重仪式，热烈迎接我国第一个文化遗产日。宣传庆祝活动得到省委、省人大、省政府、省政协领导及有关部门领导的高度重视，隆重表彰了全省35位文博战线做出贡献的先进个人。安徽省黄梅戏剧院、安徽省徽京剧院、安徽省泗州戏剧院和合肥市庐剧院联合组成"安徽省入选第一批国家非物质文化遗产名录"专场演出，将花鼓灯、泗州戏、庐剧、徽剧等富有浓郁安徽地方特色的戏曲歌舞表演呈现给观众，现场感受我省非物质文化遗产的独特魅力。由省直几家文博单位联合选出的十几位专家免费为群众提供了文物咨询鉴定。

2007年6月9日是我国第二个"文化遗产日"，主题是："保护文化遗产，构建和谐社会。"省领导和省发改委、财政厅、建设厅、教育厅、公安厅、省法制办、旅游局等省文化遗产领导小组成员单位的领导以及省委宣传部、省人大教科文委和省高速公路管理局的领导参加了庆祝仪式。庆祝活动有《江淮遗珍——安徽省全国重点文物保护单位巡礼》一书的首发式；为我省第一批非物质文化遗产省级名录授牌；公布全省十大文化先进社区和十大省级文化产业示范基地授牌；公布一批安徽民间艺术之乡和民间艺术传承人并授牌。授牌之后，"安徽省建设工程考古成果展"、"孙大光捐献文物20周年纪念展"（预展）、"回望历史 礼赞文明——安徽省非物质文化遗产展"和安徽17个市文物图片展同时向社会开展。整个庆祝仪式十分圆满，内容丰富，精彩纷呈。

2008年6月14日是我国第三个"文化遗产日"，主题是"文化遗产人人保护，保护成果人人共享"。省文化厅成立了由厅、局及相关处室负责同志组成的活动领导组，下设宣传组和联络组。活动中，省领导为我省第二批22个国家级非物质文化遗产传承人颁发证书；为怀远等三县农民和基层文物单位保护和上交国家珍贵文物颁发奖状和奖金；为省博物馆荣获国家一级博物馆和4A景区揭牌；举行《安徽馆藏珍宝》大型文物图书首发式；宣布"鉴宝江淮行"活动开始（首站六安）；为"凌家滩史前文明探秘——凌家滩出土文物特展"剪彩。

2009年6月13日是我国第四个"文化遗产日"，主题是："保护文化遗产，促进科学发展。"遗产日当天，省文化厅在省博物馆广场主办了庆祝仪式。仪式上，省领导为新公布的我省中国民间文化艺术之乡的24个县（市、区）和乡（镇）的代表授牌；宣布"未成年人走进博物馆"系列活动开始，向青少年代表赠送《走进博物馆·安徽省博物馆》和《安徽省首批非物质文化遗产名录图典》；向著名已故老书画家葛介屏家属颁发捐赠书画作品收藏证书；宣布"建国60周年安徽重要考古成果展"开幕。

在各级领导的高度重视下，在全省文化、文物系统的共同努力下，我省每年的"文化遗产日"活动都是丰富多彩、反响热烈。岳西县文物管理所在2007年还荣获了国家文物局颁发的"文化遗产日奖"。新华社、《安徽日报》、省电视台、合肥电视台、《安徽商报》、《安徽市场报》、《合肥晚报》、《江淮晨报》以及有关网络媒体等每年都参加宣传庆祝仪式，并对遗产日活动纷纷进行报道。

二 安徽文物事业60年的重要成果

60年来，在安徽省委、省政府的正确领导下，在全省广大文物工作者的努力下，全省文物部门认真贯彻执行《中华人民共和国文物保护法》等法律法规，坚持"保护为主、抢救第一、合理利用、加强管理"的文物工作方针，解放思想，开拓创新，艰苦奋斗，扎实工作，文物保护各方面工作都取得了令人瞩目的成就。

（一）文物管理机构和队伍不断发展壮大

1949 年 12 月，皖北、皖南两个行署分别成立了"皖北区革命历史文献实物收集委员会"和"皖南区文物收集委员会"，负责安徽长江南北的革命文物保护工作。随后又相继成立了带有博物馆性质的文物机构——皖南人民文物馆、皖北革命历史文物陈列馆、皖北科学馆、皖南科学馆 4 个馆。1953 年，在 4 个馆合并的基础上成立了"安徽省博物馆筹备处"。1954 年年底，"安徽省文物管理委员会"在合肥成立。该委员会以调查、保护并管理全省古建筑、古文化遗址、革命遗址为主要任务。1958 年 4 月，以省博物馆部分考古人员为基础组建成省文化局文物工作队，担负全省文物考古调查、发掘工作。1964 年 2 月与省博物馆合并。1974 年重新组建，命名为安徽省文物工作队，1983 年 5 月 7 日改名为安徽省文物考古研究所。

1978 年以后，全省的文博工作拨乱反正，逐步走上正轨。1978 年 7 月，中共安徽省委决定成立"安徽省文物管理局"，正厅级建制。1983 年 9 月机构改革，易名为安徽省文化厅文物局。1987 年更名为安徽省文物事业管理局。1995 年，省人民政府办公厅通知称省文物局为省文化厅 9 个职能处室（局）之一。为加强对全省文物的宏观管理，根据文化遗产事业发展的需要，在国家文物局领导和省委、省政府的高度重视下，2007 年 10 月省编办发出通知，对省文物局整体高配为副厅级单位，内设文物保护、博物馆、办公室 3 个处室。1978 年，省文物局成立后的短短几年里，全省 1/2 以上的地、市、县纷纷成立文物管理处（所）、博物馆和文物收购店（站）。到 2008 年，全省基本形成了省、市、县三级文物管理网络。1990 年，为加强全省文物工作的领导，协调解决文物保护中的重大问题，省及各重点文物市、县又相继成立了由政府领导同志挂帅的议事协调机构——安徽省文物保护委员会。1996 年，改名为安徽省文物指导委员会。由此形成了管理与保护机构结合、专业与业余结合、城市和乡村结合的多层次、多方位比较健全的文物保护网络，使文物保护法的贯彻有了组织上的保障。2007 年，成立了安徽省文化遗产保护领导小组（领导小组由 20 个成员单位组成，2008 年增至 21 个），已经成功召开了两次省文化遗产保护领导小组会议，研究、协调解决我省文化遗产保护工作中的重大问题。

（二）文物保护与维修成效显著

根据"保护为主、抢救第一"的文物工作方针，全省通过各种渠道筹集了大量资金，重点抢救和维修了一大批文物古迹。尤其是 1993 年以来，省人民政府把文物维修任务列入省长任期目标，逐步加大文物抢救保护的力度。在文物维修中，按照具体情况分期实施，例如西递古建筑群的维修按照统筹规划、突出重点、分步实施的原则进行。全省每年重点维修文物在 20 ~ 35 处，使一大批濒临倒塌和毁灭的文物得到了较好的维修保护。如潜口民宅搬迁修工程、西递、宏村、呈坎、渔梁坝、棠樾古建筑群等一批皖南古民居，亳州花戏楼、古地道、凤阳明皇陵及中都城、寿县孙公祠、合肥李鸿章家族住宅和享堂以及岳西、六安、金寨一批革命旧址等均得到了较好的维修保护，有的已辟为博物馆、纪念馆对外开放，成为重要的参观游览场所和爱国主义教育基地。

◆世界文化遗产黟县西递全景

（三）考古发掘成果丰硕

中华人民共和国成立60年间，我省田野考古从无到有，从小规模发掘到大面积揭露，反映了我省田野考古水平的提高和人才的成长。重要发现有：在古人类与旧石器文化探索方面有繁昌人字洞、和县猿人、巢县智人的发现；在新石器时代考古方面的收获有薛家岗文化、双墩文化、凌家滩文化和大汶口文化尉迟寺类型；在夏商周考古方面有含山大城墩、六安堰墩、霍邱堰台、合肥烟墩等遗址的发现与发掘；战国时期的考古发现主要有潜山彭法山、林新、枞阳银塘、六安城郊、舒城秦家桥、淮南九里、寿县城北、长丰杨公等一批古墓葬；秦汉以来的考古成果涉及到古遗址、古墓葬、古代窖藏、古瓷窑、古代城市、矿冶、水利等各个方面，十分引人注目。重要发现主要有，萧县汉墓群、天长三角圩汉墓、阜阳西汉汝阴侯夫妇墓、巢湖放王岗西汉墓、六安双墩汉墓、寿县西汉坝堰工程、亳州曹氏宗族墓、马鞍山东吴朱然墓、淮南寿州窑、繁昌窑、淮北柳孜大运河遗址、合肥包拯家族墓、休宁南宋朱晞颜墓、安庆元代范文虎墓、蚌埠明代汤和墓等。

回顾安徽的重要考古发现举不胜举，怀宁孙家城遗址和固镇垓下遗址发掘取得重大收获，发现了安徽目前所知最早的史前城址。滁州市十里村何郢遗址获2001~2002年度国家文物局田野考古三等奖。天长三角圩西汉墓群（1992）、蒙城尉迟寺（1994）、含山凌家滩（1998）、淮北柳孜（1999）、六安双墩墓地（2006）的发掘被评为当年的全国十大考古新发现。这些发现涉及社会生活的各个方面，出土文物丰富精美，不仅大大充实了各地博物馆的收藏，而且对研究安徽境内的政治、经济、科技、文化、社会习俗、历代墓葬制度等有着证史补史的作用，具有重要的价值。

（四）博物馆事业快速发展

随着我省经济社会的发展，各级政府高度重视博物馆建设和发展，不少地方把博物馆建设作为政府重视公共文化基础设施的任期目标，投入巨资兴建博物馆，以满足当地群众对高品质精神文化的需求。全省博物馆数量从无到有，截至2009年，隶属文物系统的博物馆有49座，全省共有不同类型的博物馆 60 多座，在品种和布局上突破了旧的格局而呈现"四个趋向"：即从单一的历史类馆趋向专题小型多样化馆，初步形成包括历史、科技、艺术、自然、人物、事件在内的博物馆网络；从文化部门独家办馆趋向各行各业办馆，如民政、教育、园林、地质、农业、纺织等行业博物馆；从国家官办趋向企业公办、乡镇民办和私人自办。近年来，非国有博物馆建设快速发展，至 2008 年年底，全省已有 30 家非国有博物馆，其中 7 家在省文物局审批备案，业务上接受指导。文物库房建设也得到普遍重视，切实改善了藏品保存条件。省级财政也增加了对馆藏文物科技保护经费和文物鉴定专项经费的支持，一批馆藏珍贵文物得到了及时的修复和技术保护。

全省博物馆以服务为要务，创新发展，不断推出内容丰富、形式多样的专题陈列和展览。新四军军部旧址纪念馆推出了"新四军在皖南"，2001 年 6 月被评为全国"十大精品陈列"。合肥市文物管理处举办的"李鸿章家族住宅旧址陈列"荣获 1999 年全国十大精品陈列提名奖。省博物馆在建馆 50 年庆典之际，承办大型纪念展"英雄的史诗，不朽的丰碑——长征中的安徽人"，受到各级领导和观众的广泛赞誉，专题陈列"徽州古建筑陈列"从内容选择到形式设计都有出彩超凡之处，取得了良好的社会反响，2007 年 5 月获得全国"十大精品陈列奖"。我省博物馆陈列展览水平有了较大的提高，马鞍山、铜陵博物馆、合肥市李鸿章故居陈列馆等新推出一系列专题陈列。

全省博物馆在加强未成年人教育等方面发挥了重要作用，我省采取的对未成年人集体参观实行免票、免费讲解的做法受到普遍欢迎。每年"5·18"国际博物馆日，全省各地博物馆、纪念馆全天免费开放，并根据自己的特点开展丰富多彩的宣传活动，举办专题讲座、对社会开展公益性鉴定、咨询等，受到社会的欢迎，树立了良好的公共文化形象。

（五）文物法制建设成果显著

文物立法从政府的规章制定向地方法规发展，从对应国家大法的实施办法向专门性的有针对性的地方立法延展，不断取得新突破。1989 年，安徽省人大通过并公布实施了《安徽省实施〈中华人民共和国文物保护法〉办法》。2006 年，该《办法》通过修订并颁布实施，修改后的《办法》对不可移动文物、考古发掘、馆藏文物和民间收藏文物及法律责任等问题进行了具体规定，进一步完善了我省文物保护法规体系。1997 年，安徽省人大通过《安徽省皖南古民居保护条例》，2004 年 6 月进行了修正。《条例》对保护与管理、维修与利用、经费、法律责任等问题做了具体规定，这是全国第一个古民居保护方面的地方性法规。2003 年，安徽省人民政府颁布了《安徽省建设工程文物保护规定》，2003 年 8 月 1 日实施。这是我省近 10 年来制定的最重要的文物规章，也是全国第一部关于建设工程中文物保护的政府规章。2007 年省文物局起草制定了《安徽省非国有博物馆管理暂行办法》，2008 年上报省政府待批。该规章的起草、制定，是适应新形势发展、管理民营博物馆的创新举措。

（六）文物安全工作常抓不懈

文物安全保卫的主要任务是防火、防盗，确保馆藏文物和地面文物的安全，同时与公安、工商、海关等部门配合依法严厉打击盗掘、盗窃、走私、非法经营文物等犯罪活动。在加强文博单位的安全防范能力，推动全省文博系统安全工作的规范化、制度化管理方面，省文物局与省、市公安、消防部门积极配合，把平时安全检查和重大节假日安全检查、年终全省安全大检查结合起来，狠抓各地文博单位的安全规章制度的落实。在加强人防的同时，重视和加强文物安全技术防范能力建设。全省大部分单位已按国家要求配备了"三铁一器"，重点馆、所按《风险规定》还建立了一整套防盗、防火报警系统，大大提高了文博单位自身的防范能力。全省文物安全保卫的整体能力有了很大提高。文物系统各级风险单位基本都安装了防盗报警系统，有防火责任的单位均配有消防器材，博物馆基本上都配有消防栓或消防水源，重要的古建筑保护单位均安装了消防泵及避雷设施。

（七）对外交流日趋活跃

随着对外开放的不断深入，文物对外交流日趋活跃。通过出国（境）办展、引进外展、外资捐赠、合作考古、联合拍摄和民间个人学术交流等灵活的方式和多样的渠道，拓展了文物对外交流工作，有效地发挥了文物作为"文化特使"的重要作用。开展与其他省市的展览交流和互动，参加全国博物馆文化交流博览会及博物馆工作论坛，进一步促进省内外学术交流的不断扩展。此外，在对外学术交流、影视拍摄、引资维修等方面也取得了显著成就。

（八）社会管理得到加强

安徽省在全国较早实现了文物归口管理，有效改变了十几年来多头经营、多口管理以致珍贵文物大量流失的混乱局面。上世纪90年代以前，经国家批准在全省设立了20多个文物商店或书购店（站），发挥国有文物店主渠道作用，通过商业手段为国家收集社会流散文物35万件，同时，选出各类文物精品1600余件提供各博物馆收藏和向大专院校、科研单位提供资料。还通过废品收购站捡选工作和接收银行、工商、公安、海关等执法部门移交的大批文物。根据"少出高汇、细水长流"的文物外销原则向境外销售少量经鉴定可以出境的文物；1984年起为适应新形势需要和满足国内广大群众和文物收藏者的爱好需求，广开国内内销文物市场，在旅游热线和饭店设立了文物销售点。2000年以来，省文物店改变经营作风，走出店堂外出展销，拓宽了渠道，进一步建立健全各项规章制度，强化内部管理，及时调整经营思路，先后组织人员奔赴北京、天津、长沙、武汉等地组织货源。积极参加郑州、太原、广州、无锡等地的文物展销活动。2007年以来，鉴定站开展了每月一日的为民义务鉴定活动，2008年，省文物局组织专家奔赴全省各地开展了"鉴宝江淮行"活动，深受群众好评和欢迎。

（九）科学研究硕果累累

高质量完成了《中国大百科全书·考古卷·博物馆卷》、《中国博物馆志》、《安徽省志·文物志》的撰写工作。出版了一大批文物著作，如《和县猿人遗址》、《凌家滩文化研究》、《李则纲遗著选编》、《蒙城尉迟寺》、《淮北柳孜运河遗址发掘报告》、《潜山薛家岗》、《屯溪土墩墓发掘报告》、《凌家滩玉器》、《安徽省博物馆藏瓷》、《安徽省博物馆藏画》、《安徽省出土玉器精粹》、《中国出土玉器全集·安徽卷》、《江淮遗珍——安徽省全国重点文物保护单位巡礼》、《安徽馆藏珍宝》等。

省博物馆"激光全息无损探测文物"，滁州市文物保护研究所"古代饱水漆器脱水定型"，电法、磁法勘探地下文物，潜口博物馆"白蚁防治"等项目先后获文化部、省、市科技奖。我省承担完成了多项国家科研课题的研究，如《应用磁法勘探地下文物的研究》、《砖石结构古建筑的渗浆加固》、《地下古建筑渗漏水综合治理技术》、《薛家岗文化综合研究》、《南宋"关子钞版"的交叉科学研究》、《陶质文物的高分子材料渗透加固与保护研究》。文物科研基础工作得到了进一步加强，文博系统信息化建设步伐进一步加快。

多起国内外学术会议的承办，大大提高了安徽的知名度和美誉度。1990年"纪念和县猿人头盖骨发现十周年暨南方地区旧石器文化研讨会"、1995年"中国古陶瓷研究会'95年会暨学术研讨会"，2000年"薛家岗遗址考古成果报告会及保护规划研讨会"、2001年"涂山与淮河文明研讨会"、2002年"全国楚文化研究会"、2005年"蚌埠双墩遗址暨双墩文化学术讨论（研讨）会"、2006年"江淮文明进程国际研讨会"等均产生了重大影响。

（十）文物事业作用日显

各级文物部门充分发挥文物保护的社会作用，在做好文物保护工作的同时，始终把社会效益放在首位，努力实现社会效益与经济效益的统一。文物旅游对全省经济发展有着很大的促进作用，依托于各级文物保护单位的文物旅游成为安徽旅游业新的增长点。特别是皖南古村落旅游潜力、作用巨大。西递、宏村、棠樾、潜口、呈坎、渔梁坝、泾县新四军军部旧址、李鸿章故居等多处文物旅游的效益显著。西递、宏村、棠樾等文物景点已成为全省在海内外旅游市场具有较大影响和较强竞争力的文物旅游景区。国务院公布的安徽第六批国保中有4处为革命旧址，这些都是开发红色旅游的重要资源。实践证明，只有有效地保护好文物旅游资源，才可以实现资源永续利用。

三　安徽文物事业60年的成功经验和启示

60年来，安徽文博事业蓬勃发展，在文物保护各个方面不断取得新成果。回顾60年来走过的历程，获得了许许多多的成功经验和启示。

（一）领导重视，狠抓基础工作

中华人民共和国成立后，安徽文物保护工作在中国共产党和人民政府的重视下得到逐步建立和发展。1953年至1958年，省人民政府和省人民委员会3次发出通知、公告和指示，要求各地在生产建设、农田基本建设中注意加强对文物的保护。这一时期，各地在治淮等生产建设中发现了大批文物。"文化大革命"初期，受极"左"思潮的影响，文物被当作"四旧"，经历了一场空前的浩劫，许多珍藏与民间的字画、古籍善本被烧毁，大量地面不可移动文物在群众运动中被损毁。"文化大革命"后期，安徽省各级革命委员会先后发出通知，要求在工农业生产中注意保护文物古迹，一批在生产建设中发现的古墓葬得到了及时的抢救和保护。1978年以来，改革开放给境内的文物保护工作带来了新的发展机遇。随着1982年《中华人民共和国文物保护法》的颁行，省人大常委会、各级人民政府，以及省文化、文物管理部门相应制定了一系列地方文物法规和规章，文物保护管理工作逐步走上了法制的轨道。1993年，省人民政府把文物维修列入省长任期目标，不少地方也把博物馆建设作为政府任期目标，逐步加大了文物维修和博物馆建设的力度。2003

年省政府颁发《关于进一步加强文物工作的通知》，明确提出文物保护"五纳入"。全省不少市、县均结合本地实际，积极采取措施，加强文物保护机构建设，逐步加大保护经费的投入，有力地推动了全省文物保护工作的健康发展。2006年，省政府颁发了《关于加强文化遗产保护的通知》，指出文化遗产蕴含着中华民族特有的精神价值、思维方式和想象力，体现着中华民族的生命力和创造力，要求全省各级加强领导，全面推进文化遗产保护工作。

（二）经费保障，专款专用

安徽文物事业经费基本来源于各级财政预算拨款。建国以来至1978年前，文物事业经费大都含在文化经费中列支。1978年以来，文物工作受到各级人民政府的重视，经费投入逐年加大，文物经费已作为文化经费的重要组成部分而单独列支统计。同时，省文物保护专项经费随着经济社会发展而大幅度增长，在保证重点的前提下，采取政府投入为主，部门、地方、个人集资和接受国（境）外捐资等形式筹资，经费的增加保障了文物保护中各项工作的开展。2006年，会同省发改委完成我省"十一五"抢救性文物保护设施建设项目核报工作。核定8个抢救性文物保护设施建设项目，总投资4747万元，申请国家补助资金2848万元，要求增补6个抢救性文物保护设施建设项目，总投资为8586万元，申请国家补助资金4430万元。2007年，全省文物经费累计达到4578.6万元。虽然文化遗产保护经费逐年增长，但相对于我省这样一个文物资源大省文物保护工作的实际需要来说，远远不能满足需求，经费的缺乏，仍然是制约我省文化遗产保护利用的瓶颈。

（三）重视人才的培养和教育

随着社会进步和科学的发展，建立一支专业的文博人才队伍对文物保护工作中具有举足轻重的作用。全省一直高度重视人才的培养和教育工作，派员参加全国文物局长、考古所长、博物馆长培训班学习，省、市、县多次举办各种培训班。除多年来接受北京大学、吉林大学、山东大学、厦门大学、武汉大学、西北大学、四川大学、南京大学等省外高校毕业生以外，还想方设法加强文物在职教育，培养急需人才，提高在职人员的素质，从1981年到1995年，省文物局先后在安徽大学举办了5期具有大专学历和大专性质的文博干部专修班，培养了100多名业务骨干。为加快文博专业人员的培养，改变文博系统人才匮乏，青黄不接的局面，省文物局、省文物考古研究所等在有关单位的大力支持下，经省教育委员会批准，安徽大学1991年开办了文博专门化。

（四）创新宣传形式，营造全社会共同关心文物保护的良好氛围

1.结合本省实际加强宣传

1989年《安徽省实施〈中华人民共和国文物保护法〉办法》公布并实施以来，全省各地都掀起了文物法律法规宣传的热潮，采取口头讲解、张贴标语、广播对话、图片及实物介绍等形式向群众宣讲文物政策、文物知识，教育群众自觉保护文物，取得了良好效果。省文物局还编印教材和小册子，散发材料给各市县的文物部门，指导基层文物工作者开展文物执法工作。并且还多次组织文物专家现场为群众义务鉴定，宣传文物法律法规，以增强人们的法制观念。积极利用我

省文物考古发掘和第三次全国文物普查时机进行宣传，如在各地文物保护单位、各考古工地和文物普查点悬挂宣传标语。1983年，省文物局主办的《安徽文物工作》创刊（季刊），每期4万多字，每期印数500本，分送领导部门和文博单位、国家文物局、全国各省市文物管理机构以及其他刊物进行交流。常设栏目有：文博要闻、文博动态、博物馆工作、考古发掘、文博论坛、文物随笔等。为拓宽宣传渠道，省文物局开通网络，在文物局的网站上开辟了政策法规、文博动态、安徽文物资源、博物馆之窗、文博论坛专栏，宣传我省的文物资源，了解最近的文博动态。

2.借助公共资源进行宣传

2008年年底，省文物局联合合肥市专门制定省城合肥区域的文物普查宣传计划，在合肥市区公交车上制作了车身广告；在市区及机场设置了彩虹门；在火车站出站口及宿州路指示路牌上的宣传栏里制作了宣传画。这些活动使得社会参与文物保护的热情得到提升。

3.借助媒体力量进行广泛宣传

省文物局组织召开新闻发布会；在《中国文物报》《安徽日报》等报刊上开辟专版、专刊或专栏；与安徽电视台合作，在《天下安徽人》栏目中先后推出5集《考古探秘系列》、6集《考古专家系列》、《国宝回归》、《古墓发现》，专题报道文物工作。

4.充分调动群众的互动性，提升宣传效果

1995年，省文物局和安徽日报社周末副刊联合举办了"保护文物有奖征文活动"。

广泛动员全社会关心支持文物保护工作，鼓励和引导社会参与文化遗产保护，充分发挥新闻媒体和广大群众的监督作用，使文物保护成为全社会的共识，成为全体公民的一种自觉行动，构建起政府为主、全社会共同参与的文物保护新格局。

（五）文物保护工作任重道远

保护好文化遗产，对于推动我省科学发展与可持续发展，对于建设和谐社会和实现跨越式发展，都有着极其重要的意义。文物保护任务繁重而紧迫，文物保护与利用、文物与旅游、文物与宗教、文物与基本建设的关系有待进一步理顺。在管理体制方面，当前文物保护单位存在文物、旅游、宗教等行政部门多头管理的问题，对文物的保护与利用、文物保护资金投入等工作都带来不利影响。下一步工作中，要继续加大文物保护"五纳入"的力度，坚持依法行政。要正确处理好保护与利用、长远利益与眼前利益、整体利益与局部利益的关系。特别要正确处理和协调好文化与宗教、文化与旅游、文化与基本建设的关系，不以牺牲和破坏文化遗产为代价，换取一时的经济发展，要达到更好地保护文物和利用文物的目的。

60年来，考古发掘成果令人瞩目，但工作主要疲于应付基本建设及盗掘所带来的抢救性发掘，而配合国家重点课题和本省课题所进行的重点发掘和研究远为不够，一些重要遗址的进一步发掘和研究有待加强。

博物馆虽然从无到有，再到如今的60多座，但总体水平不一，特别是一些市县的博物馆比

较落后。博物馆、纪念馆、文物库房的馆舍、设施现状跟不上时代发展的要求，制约着其功能和作用的进一步发挥。省际、国际交流有待进一步加强。馆藏文物的科技保护，如馆藏漆木器脱水保护，青铜器的除锈保护等工作力度有待进一步加大。

　　进一步开展文物保护法律法规的学习与宣传，充分认识文化与经济和政治相互交融的关系，不断依法加强文物保护。文物法制建设有待进一步完善。文物执法队伍单薄，执法力量薄弱，执法工作困难较大，文物案件时有发生，文物违法难以遏制。文物安全形势依然相当严峻。尽管近年来我省文物安防总体水平有所提高，但各级文物收藏单位和文物保护单位的安全技防条件仍相当落后。不法分子盗掘古墓葬、古遗址活动屡禁不止。文物古建筑消防工作的形势也不容乐观，特别是古建筑火灾（重点是非文物单位使用管理的地方）隐患较为突出。

（执笔人：张宏明　钟向群）

福建省文物事业60年

福建省文物局

福建简称闽，因古为"七闽"地而得名，跟我国宝岛台湾隔海峡相望。全省陆域面积12.14万平方公里，毗邻海域面积13.63万平方公里。全省人口3604万（2008年末）。旅居世界各地的闽籍华人华侨有1300多万人，是我国华侨最多的省份之一。台湾同胞中祖籍福建的占80％，两岸相互间交流十分密切。全省9个设区市、14个县级市、45个县、26个市辖区，其中原中央苏区县20个、革命老区分布在全省62个县（市、区）。

作为中华文明的一方沃土，福建在历史长河中积淀了丰富多彩的文化遗产。收录到《中国文物地图集·福建分册》的文物点有10311处（不含子目），其中古遗址3537处、古墓葬954处、古建筑4065处、石窟寺及石刻778处、近现代重要史迹812处、近现代代表性建筑165处。迄今福建拥有：国家历史文化名城4座，全国重点文物保护单位85处，中国历史文化名镇3个、历史文化名村9个；省级历史文化名城4座，省级历史文化名镇17个、历史文化名村28个，省级文物保护单位510处，县（市、区）级文物保护单位3463处。1999年"武夷山"列入世界文化和自然遗产名录，2008年"福建土楼"列入世界文化遗产名录。在非物质文化遗产方面，福建现拥有84项国家级非物质文化遗产项目，55名国家级代表性传承人；200项省级非物质文化遗产名录，232名省级代表性传承人。2009年，"福建南音"、"妈祖信俗"双双"列入世界人类非物质文化遗产代表名录，"中国木拱桥传统营造技艺"列入世界《急需保护的非物质文化遗产项目名录》。这些，都从不同侧面反映了福建不同历史发展阶段的政治、经济、文化和社会生活状况，是福建文物事业60年赖以发展的基础，是构建社会主义和谐社会、开展爱国主义教育等的重要载体。

◆永定承启楼内景

◆永定初溪土楼群

一 文物机构与法规建设

为了推进和保障文物工作的开展，福建一直非常重视文物机构与文物法规建设。

（一）机构建设

早在中华人民共和国成立伊始的 1949 年 12 月 25 日，福建省人民政府就设立福建省革命文物搜集委员会，负责在全省各地搜集革命文物。1950 年又设立福建省文化古物保管委员会，由省政府主席张鼎丞亲自兼任主任委员，省委宣传部部长、省文教委员会主任兼省文教厅厅长等任副主任委员；在省文教厅内设文物保管处，由省文教厅副厅长兼任处长，下设秘书、保管、调查研究三科，承担全省文物保护任务。次年，即在全省组织开展首次文物调查，并结合文物调查取得的成果举办了"福建省第一届文物展览会"。考虑到工作发展的需要，1951 年福建省人民政府决定将福建省文化古物保管委员会与福建省文教厅文物保管处合并，成立福建省文物管理委员会，核定编制 18 名，负责全省的文物管理、保护和配合基本建设的考古发掘工作，并暂时接收、保管、鉴定各地方征集到的文物、图书和革命遗物等。1959 年龙岩专区行署成立了福建省第一个地（市）级的文物管理委员会，随后各级政府即陆续成立文物管理委员会，以协调、管理本地区的文物工作。除了"文化大革命"期间一度中断外，1977 年福建省文物管理委员会恢复至今，主任委员一直由分管文教工作的副省长担任，副主任由省政协、省委宣传部、省人民政府办公厅领导和省文化厅的主要领导担任，委员由 20 余个厅级成员单位的领导及省内专家、学者担任，下设办公室，与福建省文化局（1984 年 5 月改称福建省文化厅）文物博物馆处（1997 年 12 月改称文物处）合署办公。全省各市县亦相继恢复文物管理委员会，有的专设办公室或与文化行政部门、当地文博部门合署，负责处理日常事务。1984 年，福建省文物管理委员会文物鉴定小组成立，负责全省馆藏文物、涉案文物、出入境文物等鉴定工作；同时成立的福建省文物管理委员会文物考古工作队与此前成立的省博物馆考古部合署，负责全省的田野考古等工作。1996 年，首个设区市一级的文物局于福州市成立，此后泉州市亦成立了文物管理局。1997 年，着手组建福建省文物行政执法队伍，统一配发福建省人民政府制作的"福建行政执法检查证"和"福建行政执法标志"。2000 年，福建省文物局成立，与福建省文物管理委员会办公室合署办公，两块牌子一套人马，归福建省文化厅管理，核定编制 10 名。福建省文物局的职责是：制定文物博物馆事业发展规划，研究拟定文物保护地方性法规，负责全省文物保护，协调解决文物保护工作中的重大问题；审批、指导、监督重点考古发掘、文物保护维修项目、开发利用等业务；指导文物、博物馆（纪念馆）业务建设；依法管理文物流通和社会流散文物工作；承担省文物管理委员会日常工作。2008 年，首个县一级的文物局于永定县成立，极大地推动了当地文物事业的发展。

（二）法规建设

为了加强文物的保护，福建在地方立法方面，1951 年就由省人民政府发布了《福建省名胜及古文物建筑的保护办法》和《关于执行中央政务院规定，保护古文物与征集管理各项法令的补充通知》。根据这一保护办法和补充通知，1953 年福建省文物管理委员会、文化教育委员会、财政经济委员会联合发出《关于配合本省经济建设、保护文物古迹的通知》,福建省文化局随即在《为配合本省经济建设加强保护文物工作的领导》之通知中规定了《工程中发现文物古迹处理原则》。1956 年福建省人民委员会又发布《切实做好保护文物古迹工作的通知》和《关于在农业生产建设和各项工程中保护文物的指示》,并在 1958 年出台了《福建省保护文物奖惩暂时办法》,且针对在"全民大炼钢铁"运动中福州、泉州等地群众挖掘古遗址、古墓葬造成文物大量毁坏的情况,发出了《关于在全民炼钢铁运动中应注意保护文物的通知》,抢救文物于第一线之中。为了尽可能减少"文化大革命"带来的负面影响,1972 年 8 月 9 日,福建省革命委员会批转省文化组《关于加强文物保护和管理工作的请示报告》,要求各地做好历史文物和革命文物的保护管理工作；1978 年 9 月福建省革命委员会印发了《关于加强文物保护管理的布告》,对文物保护管理方面的"拨乱反正"做出了明确规定。

当改革开放的春风吹遍了神州大地,迎来了建设社会主义四个现代化的大好时机,给文物工作带来了新的发展机遇和新的挑战之时。1987 年和 1997 年,福建省人民政府适时发出了《关于进一步做好文物保护工作的通知》和《福建省人民政府关于进一步加强文物保护工作的通知》。1987 年 12 月 13 日,福建省人大常委会审议通过了《福建省文物保护管理条例》,这是福建省出台的文物保护方面贴近本省实际的第一个地方法规,为全省文物事业规范有序发展提供了法律法规保障。1996 年和 2009 年,福建省人大常委会又针对形势的发展、社会经济状况发生的变化和海峡两岸悠久的"五缘"关系,及时将《福建省文物保护管理条例》进行较大幅度的补充、修改,特别是在 2009 年的修订中增加了涉台文物保护、水下文物保护、中央苏区革命文物保护等章节,就一些长期困扰文物保护的问题作了明确的规定,体现了地方立法适当超前的原则,赋予了文化文物行政部门一定的行政执法权,有效地保障了文物事业的健康发展。此外,福建省还相继出台了《福建省"武夷山"世界文化和自然遗产保护条例》《福建省民族民间文化保护条例》、《福州市历史文化名城保护条例》、《福建省"海上丝绸之路泉州史迹"文化遗产保护管理办法》、《福建省"福建土楼"文化遗产保护管理办法》、《关于加强厦门摩崖石刻管理的规定》、《厦门市鼓浪屿历史风貌建筑保护条例》等地方行政法规,有力地促进了全省文物事业的发展。

（三）文物保护单位

中华人民共和国成立以来,福建省组织开展了数次全省文物普查或专题调查,发现了上万处不可移动文物点,其中有近 4000 处被各级政府公布为文物保护单位。

1956～1958 年,根据《国务院关于在农业生产建设中保护文物的通知》,福建省文物管理委员会、省文化局在文物调查的基础上,先后推荐了三批共 330 处文物保护单位名单,报请省人民委员会确定公布,并由省人民委员会专函致达市、县人民委员会,要求在文物保护单位所在地作出保护标志,切实加强保护。当时的文物保护单位虽然还没有明确级别,但是众多优秀的文化遗产首次被冠以文物保护单位的称号,并置于政府保护之列,这无疑是文物保护工作的一大进步,对 20 世纪 50 年代在大规模基本建设中注意保护文物,起到积极作用。

1961 年 3 月 4 日，国务院发布《文物保护暂行条例》，正式规定全国重点文物保护单位、省（自治区、直辖市）级文物保护单位、县（市）级文物保护单位三级保护管理体制。同日，国务院公布第一批全国重点文物保护单位，其中福建省境内有古田会议旧址、安平桥、清净寺 3 处列入；同年 5 月 10 日，福建省人民委员会公布第一批省级文物保护单位 61 处。随后，福州市、泉州市、厦门市和连江县、德化县等也相继公布第一批市、县级文物保护单位。文物保护单位的三级保护管理体制，从此在福建省境内确立。

为了加强全国重点文物保护单位和省级文物保护单位的"四有"工作，推动市、县（区）级文物保护单位"四有"工作的落实，1963 年福建省人民委员会就为境内的第一批全国重点文物保护单位和省级文物保护单位分别树立保护标志说明。1985 年和 1991 年，在省人民政府公布第二批和第三批省级文物保护单位后不久，省文物管理委员会、省文化厅就统一制造了保护标志说明牌，分送给各文物保护单位树立。1996 年，省人民政府公布第四批省级文物保护单位后，省文物管理委员会、省文化厅又拨专款给各地，要求各地在碑文经省文化厅审定后，按统一格式自行打制保护标志说明牌，同时补齐第二批至第四批全国重点文物保护单位的保护标志说明牌。此后基本上做到了公布一批保护单位文物，就随着树立一批保护标志说明牌。记录档案方面，省里通过举办全省性的文物保护单位记录档案编制培训班的形式，对全省所有从事文物保护单位记录档案编制工作的文物干部全部轮训一遍，使他们在工作第一线能够得心应手地工作，保证了文物保护单位记录档案编制和保管质量。对在文物保护单位设置专门机构或专人负责管理，我省基本实现了境内的全国重点文物保护单位基本都设有文物保管所或指定专门的保护机构；省级或市、县（区）级文物保护单位除设立博物馆、纪念馆（有的也兼文物保管所）外，其他文物保护单位至少设有专职或业余保管员，负责日常保护管理工作；对于非文化文物部门管理的文物保护单位，由当地文化文物行政管理部门与管理使用单位签订责任书，管理使用单位负责文物的保养、维修和安全防范工作，并接受文化文物行政管理部门的指导、监督。在划定文物保护单位保护范围方面，1993 年省人民政府公布了境内第一至三批计 117 处全国重点文物保护单位和省级文物保护单位的保护范围。为了更好地推动这项工作，省文物管理委员会、省文化厅在各地申报第四批省级文物保护单位时规定，划定保护范围是申报省级文物保护单位的必要条件，没有确定保护范围的不予受理。1996 年 9 月 2 日，省人民政府在公布第四批省级文物保护单位时，同时公布保护范围。同日，省人民政府还公布境内第四批全国重点文物保护单位的保护范围。此后，省人民政府在公布省级文物保护单位或推荐福建省境内的全国重点文物保护单位时就同时公布划定的文物保护范围。全省市、县（区）级文物保护单位的保护范围，绝大部分也已由文物所在地的市、县（区）人民政府划定公布。

（四）世界遗产

1985 年 12 月，我国正式成为保护世界文化与自然遗产公约的缔约国，随之也给福建带来一种全新的机遇和挑战。大量来自国际社会的遗产保护管理理念，引起福建人民的高度关注。1996 年，福建省政府决定正式启动"武夷山"申报列入世界文化与自然遗产名录工作。经过 4 年多的不懈努力，终于实现了福建在进入世界遗产名录方面零的突破。2000 年，将"福建土楼"整合成一个整体申报列入世界文化遗产名录的方案；2003年，将"海上丝绸之路——泉州史迹"整合成一个整体申报列入世界文化遗产名录的方案，经过充分酝酿相继出台。2006年，"福建土楼"、"丝绸之路中国段——福建泉州"被正式列入《中国世界文化遗产预备名单》。经过长达8年的刻苦努力，2008年，"福建土楼"实现了列入《世界遗产名录》之梦。

为了加强世界遗产保护，2002年福建省人大常委会根据国家有关法律、法规，结合本省实际，审定颁布实施了《福建省武夷山世界文化和自然遗产保护条例》，适用于本省行政区域内列入联合国教科文组织《世界遗产名录》的武夷山世界文化和自然遗产的保护和管理；2003年福建省政府根据国家有关法律、法规，结合本省实际，审定颁布了《福建省"海上丝绸之路：泉州史迹文化遗产保护管理办法》，2004年1月1日起执行，适用于本省"海上丝绸之路：泉州史迹"文化遗产的保护和管理，这里所称的"泉州海丝遗产"是指具有历史、艺术、科学价值的与"海上丝绸之路"有关的文物、建筑群和遗址；2006年又根据国家有关法律、法规，结合本省实际，审定颁布了《福建省"福建土楼"文化遗产保护管理办法》，适用于本省"福建土楼"列入申报世界文化遗产项目的保护和管理。从而使福建的世界文化遗产保护管理工作，既有法律法规的要求与规范，又有地方政府制定的专项保护文件和编制的专项保护规划指导，且有各级政府对遗产保护的高度重视和广大居民的自觉保护意识与主动参与，确保了一定能够更好地履行《保护世界文化与自然遗产公约》规定的责任和义务，保护遗产不受改变用途的威胁。在整个的申报过程中，乃至申报列入后的保护管理中，当地居民保护遗产的意识得到普遍提高。省市县三级政府和文化文物等部门，通过引进国际保护管理理念加强遗产地的保护和管理，积极筹措资金整治内外环境，开辟场所举办各种陈列展览，建章立规范管理使用行为，开展人才培训提高从业人员综合素质，强调依法管理，确保申报成功后不发生背弃承诺现象。一环扣一环，使得遗产地的整体保护状况得到明显改善，社会效益、环境效益和经济效益三丰收，广大人民群众从中看到了保护世界遗产惠及社会的好处。

二 博物馆建设

福建省的博物馆建设在中华人民共和国成立前几乎是空白。1953年，汇集了林惠祥教授多年搜集的全部文物和专业图书资料的厦门大学人类博物馆正式对外展出，标志着中华人民共和国成立后福建省境内有了第一座博物馆。

（一）馆舍建设

1953年1月，福建省博物馆筹备处成立，馆址设在省文物管理委员会并合署办公，着手接收省文物管理委员会此前征集的文物和原福建省人民科学馆馆藏动植物标本。根据文化部《对地方博物馆方针、任务、性质及发展方向的意见》，福建省博物馆发展方向，以本省的"自然资源"（包括地理、民族、生物、资源等）、"历史发展"（包括革命史）、"民主建设"（包括政治、经济、文化等方面的建设成绩）三部分作为陈列内容，经过几十年的努力，成为了福建省第一家综合性地志博物馆。此后，福建省相继成立了才溪革命纪念馆（后改名上杭县才溪乡调查纪念馆）、闽南

革命纪念馆 (1962 年更名为毛主席居住纪念馆，1967 年改称毛主席率领红军攻克漳州纪念馆)、古田会议纪念馆等革命纪念馆等。

1956 年 9 月，爱国华侨领袖陈嘉庚先生倡议在厦门兴办了华侨博物院，许多爱国华侨、归侨纷纷解囊资助。陈嘉庚把多年来从全国各地购买的各种文物近 2000 件全部捐献出来。1958 年年底厦门华侨博物院落成，次年 5 月正式开放，成为中国第一个系统介绍华侨历史、华侨问题的博物馆。

1958 年"大跃进"中，由于受"左"的思想影响，福建省在博物馆建设中，一度出现了无视科学规律、盲目发动群众、急躁冒进突击办博物馆的现象。1958 年 7 月，福建省文化局在闽侯县召开全省县级博物馆现场会议，不切实际地提出在年底前实现"县县有博物馆、乡乡社社有展览馆或陈列室"的目标。被这次会议树为典型的闽侯县博物馆，荣获《人民日报》报道称为的全国第一个县级博物馆，但由于本身不具备办馆条件，与其他所谓的博物馆一道很快就销声匿迹了。

1959 年 7 月，应国家文物局局长王冶秋在闽视察期间的建议，泉州海外交通史博物馆正式成立，并在泉州开元寺辟出殿堂对外展出，成为中国第一座航海史博物馆，在海内外产生了一定的影响。1962 年，为纪念民族英雄郑成功收复台湾 300 周年，福建省文物管理委员会在厦门鼓浪屿西林别墅、泉州开元寺檀越祠、南安石井郑氏宗祠分别成立郑成功纪念馆，并于当年同时开馆。至"文化大革命"前夕，福建省共拥有博物馆、纪念馆近 20 个。

1966 年"文化大革命"开始后，福建省博物馆、泉州海外交通史博物馆、厦门郑成功纪念馆、厦门华侨博物院、厦门大学人类博物馆等相继停止开放。博物馆专业技术人员有的下放农村劳动，有的调离改行，博物馆建设事业遭到严重挫折。1971 年 12 月，福建省革命委员会印发文化部文物管理局局长王冶秋关于"建国以来文物工作是红线而不是黑线"为主题的讲话全文，对澄清思想认识起到一定作用。1972 年泉州海外交通史博物馆率先恢复业务活动，1973 年福建省博物馆、厦门郑成功纪念馆相继恢复对外展出，随后其他被封闭的博物馆也陆续恢复业务活动。1974 年10 月古田会议陈列馆新馆正式对外展出。

"文化大革命"结束后，特别是 1978 年以来，福建的博物馆事业得到全面恢复、进而科学地迅速发展，博物馆建设进入历史最好时期，博物馆、纪念馆的数量显著增加。截至 2009 年，全省文化文物系统的博物馆、纪念馆共有 87 座，连同其他部门或私人开办的博物馆、纪念馆达到 110 多座，从业人员数千人。基本上实现了市市和文物重点县有博物馆或纪念馆。博物馆类型向综合、历史、纪念、专题、科技、自然等多样化方向发展。馆藏文物数量大增，质量明显提高。其中 1995 年 10 月，由旅菲华侨黄先生捐资 288 万元独资建设的连江县博物馆落成，这是福建省"三胞"捐建的第一座县级博物馆。2002 年在福州落成的福建省博物馆新馆，2006 年在泉州落成的中国闽台缘博物馆，是福建省迄今最大的省级博物馆建设项目；2008 年落成的厦门市博物馆，2009 年落成的龙岩市博物馆等，是目前全省设区市级中建筑面积最大的博物馆建设项目；2002年落成的晋江市博物馆新馆，2006 年落成的长乐市博物馆，2008 年落成的德化县陶瓷博物馆等，是目前全省县级市中最有特色的博物馆建设项目，有力地推动着全省博物馆、纪念馆的新一轮建设，逐步形成了全省比较完整的博物馆、纪念馆网络，且具有地方特色和一定影响。

（二）博物馆管理

为了实现对全省各级博物馆（纪念馆）规范化、法制化管理，促进博物馆的硬件和软件建设，2000年开始，我省在对博物馆（纪念馆）的现状进行普查摸底的基础上，依据有关法律、法规制定了《福建省博物馆（纪念馆）达标标准》，首先在全省文化文物系统管理的博物馆（纪念馆）中施行，每两年进行一次评估定级。达标的馆，由省文物管理委员会和省文化厅予以公布，颁发牌匾。全省经评估达标的博物馆、纪念馆有33个，其中一级达标博物馆7个、纪念馆2个，二级达标博物馆9个、纪念馆1个，三级达标博物馆10个、纪念馆4个，在全省起到了很好的示范作用。按照《文物系统博物馆风险等级和安全防护级别的规定》，全省文化文物系统管辖的各个博物馆、纪念馆全部确定了风险等级。在国家文物局为了全面推进博物馆质量控制体系建设，于全国组织开展博物馆评估定级工作，我省又积极对照《全国博物馆评估办法（试行）》标准，找差距，抓整改，促提升，全省博物馆、纪念馆管理和免费开放等各项工作普遍跃上新台阶。福建博物院、古田会议纪念馆、泉州海外交通史博物馆、厦门华侨博物院、中国闽台缘博物馆5家博物馆成为国家一级博物馆，福建省革命历史纪念馆、福州市博物馆、泉州市博物馆等7家博物馆成为国家二级博物馆，三明市博物馆、龙岩博物馆等13家博物馆成为国家三级博物馆。

在博物馆的免费开放方面，经历了从2003年认真贯彻落实中央领导对博物馆等公益性文化事业提出的"贴近实际、贴近生活、贴近群众"的"三贴近"精神，组织向未成年人和持有相关证件的现役军人、老年人、残疾人等特殊社会群体免费开放，发展到今天全面向社会公众免费开放的稳步推进过程。按照中宣部等《关于全国博物馆、纪念馆免费开放的通知》的部署，我省从2008年3月31日起，除以省级以上文物保护单位的文物建筑作为馆址的博物馆、纪念馆和遗址类博物馆暂不实行免费开放外，由各级文化文物部门管理的62家博物馆、纪念馆和福建省革命历史纪念馆，实行向社会免费开放。随后又决定在第一批博物馆、纪念馆向社会免费开放的基础上，至2008年年底前，全省文化文物部门管理的尚未免费开放的27座博物馆、纪念馆全部向社会免费开放，并决定每年安排专项资金重点扶持免费开放的两个设区市级博物馆、纪念馆和20个县（市、区）级博物馆、纪念馆，以提升和改善安全技术防范设施和场馆基础设施。博物馆、纪念馆实行向社会免费开放后，深受广大人民群众的热烈欢迎。每日到博物馆、纪念馆的观众数量相比同期成倍增长，观众结构从主要是专业人员和中小学生向各阶层、不同层次人员都走进博物馆转变，成为大家学习、休闲、娱乐的良好社会公益活动场所。

（三）文物征集

中华人民共和国成立后，福建省相继通过各级文物管理部门、博物馆和纪念馆征集、收购民间文物，以及省市国营文物商店运用商业手段收集流散在社会上的文物，为各级博物馆和纪念馆提供了大量文物藏品和资料。文物考古部门积极配合城乡基本建设，抢救、发掘了一批古墓葬、古遗址等，出土大量珍贵文物入藏博物馆，使馆藏文物的品种、数量迅速增加，质量明显提高。文物收藏者捐献珍贵文物入藏博物馆，大大拓展了藏品来源的渠道，成为福建各级博物馆、纪念馆藏品来源的一大特色。特别是我省建瓯籍军队离休老干部陈英、金岚夫妇捐献了精心收藏数十年的古今珍贵书画622件；连城籍张南生将军的家属捐献革命文物1000多件；永定县博物馆抢救性地征集永定籍老将军、老革命捐献的革命文物 750 件；中国科学院学部委员、院士王世真应邀参加"闽籍院士八闽行"活动期间，捐献其祖父王仁堪、母亲林剑言等收藏的祖传文物 40 余件。福州市博物馆新馆落成之际，当地市民 10 余人自愿捐献收藏的 238 件珍贵文物等，在社会产生了强烈的反响和积极效益。迄今为止，全省文化文物系统管辖的博物馆、纪念馆拥有文物藏品（包括历史文物、近现代文物和自然标本）30 多万件，其中经国家文物局专家组确认的一级历史文物 683 件 (套)，一级近现代文物 68 件 (套)。

为了加强革命文物保护，我省还认真组织在全省进行革命文物普查和对馆藏近现代文物的清理、自鉴、建档及巡回鉴定，基本摸清了全省馆藏革命文物的家底，从中确认了一级革命文物 68 件（套、组），为进一步加强革命文物的保护宣传和管理利用奠定了坚实的基础。

（四）陈列展览

陈列展览是博物馆、纪念馆向社会进行宣传普及，实现"三贴近"服务的主要途径，是博物馆、纪念馆工作的中心环节，也是衡量博物馆、纪念馆工作质量的重要标志。60 年来，全省博物馆、纪念馆积极围绕体现本馆性质和任务的主题、内容、展品和较完美的艺术形式，构成相应的基本陈列体系，积极举办或引进临时展览，服务于各个时期社会的需求，成为备受公众关注的文化活动项目。

前 30 年，陈列展览主要围绕社会主义建设、革命传统教育史和对敌斗争需要展开。从举办的"福建省工业建设展览"、"水利模型展览"、"益鸟害兽展览"、"福建森林矿产资源展览"、"兴修水利与农业作物优良品种展览"、"福建民间工艺品展览"、"福建动物与矿产资源展览"、"福建农业学大寨展览"，"福建十年社会主义建设成就展览"、"动物分类陈列"，以及在修建鹰厦铁路的沿线举办的"新发现文物巡回展览"和在福州举办的"华东地区基建工程出土文物展览"、"福建出土文物展览"中，可见当年博物馆在配合社会主义建设方面还是很有特色的。在承担革命传统教育方面举办的"福建省革命文物展览"、"抗大校史展览"、"南昌起义与秋收起义文物展览"，在配合军事斗争和阶级斗争方面主要有"反对蒋军阴谋窜犯大陆展览"、"闽南地区胜利粉碎蒋军小股武装窜犯展览"、"福建海防前线对敌斗争展览"、"福建省阶级斗争教育展览会"等，亦颇有时代特色。其中"福建革命史略展览"和"福建海防前线对敌斗争展览"，还首次走出福建，先后赴上海、南京、济南、合肥等城市巡回展出。

后 30 年，围绕着以经济建设为中心，坚持四项基本原则，构建和谐社会，博物馆、纪念馆陈列展览的视野不断开阔，陈列展览的内容与形式日益丰富多彩，受到社会各界的广泛好评。在基本陈列方面，各级博物馆、纪念馆更加注重展示内容的科学性、多元性，并在与新材料、新技术运用的结合中得到质的提升。从 20 世纪 80 年代，几乎是清一色的地方史与出土文物的陈列，诸如福建省博物馆以"福建近代史迹文物展览"、"福建古代历史文物陈列"、"福建革命史陈列"构成基本陈列体系，力求全面反映福建地方史；福州市博物馆的"国家历史文化名城——福州"、厦门市博物馆的"厦门历史"、泉州海外交通史博物馆的"泉州港与古代海外交通"等，基本都属于这种类型。发展到 20 世纪 90 年代与 21 世纪初，处处是历史、文物与富有地方特色文化、民俗、生态环境等有机结合的生动活泼陈列。福建博物院举办的"福建古代文明之光"、"福建近代风云陈列"和"福建戏剧大观"、"福建古代外销瓷陈列"、"工艺藏珍陈列"、"馆藏中国书画精品陈列"、"恐龙世界"、"动物万象"等固定陈列,福州市博物馆的,厦门市博物馆的,福建中国闽台缘博物馆的,厦门华侨博物院的,晋江市博物馆的"晋江历史风景线展"等,构成了一个较为完整的、多角度地展示福建的博物馆陈列体系。反映了全省博物馆的固定陈列,基本上与馆舍建设或改造同步,实现了每十年一个周期地更新,常年为社会服务,适应了人民群众日益增长的文化需求,也为博物馆、纪念馆免费向社会开放创造了良好的条件。其中,福州市博物馆"国家历史文化名城——福州"展,获第四届(1999 ~ 2000 年度)"全国博物馆十大陈列展览"提名奖;厦门市博物馆"闽台民俗文物展",获第二届(1997 年)"全国博物馆十大陈列精品"奖;福建博物院"福建戏曲大观"展,获第六届(2003 ~ 2004 年度)"全国博物馆十大陈列展览精品"奖;厦门华侨博物院"华侨华人"展,获第六届(2003 ~ 2004 年度)"全国博物馆十大陈列展览最佳新技术、新材料运用"奖;福建·中国闽台缘博物馆"闽台缘"展,获第七届(2005 ~ 2006 年度)"全国博物馆十大陈列展览最佳内容"奖。

各级博物馆的临时展览,更是经常轮换,展览内容结构和艺术形式也较自由灵活,专题特色鲜明。自行组织举办中,较有特色的有"明清书画展览"、"陈英、金岚捐献字画展览"、"畲族民俗文物展览"、"德化古今陶瓷展览"、"中国历代货币展览"等;引进举办或联合举办的,主要有"清代帝后生活文物展览"、"马王堆出土文物展览"、"内蒙古民族文物展览"、"洛阳唐三彩展览"、"中国古代农业技术展览"、"国际友谊珍品展览"、"满城汉墓金缕玉衣文物展览"、"秦始皇兵马俑大型国宝珍品展"、"汉玉衣及古玉器展"、"塞上丝绸之路瑰宝展"、"中国国家博物馆馆藏精品特展"、"越魂闽魄"等,皆为广大群众喜闻乐见,频往观赏,在社会上产生了良好的反响。

拓展与境外馆际交流方面,开始了走出去办展与学术交流并举。主要有:赴香港举办的"福建古木雕艺术展览"、"德化窑古陶瓷展",到台湾举办的"妈祖信仰民俗文物展览"、"郑和与海洋文化——郑和下西洋六百周年特展"等;赴新加坡举办的"泉州与海上丝绸之路"展览,在日本举办的"福建——海上丝绸之路的起点"等。有的还采取了与所在地联合举办的形式,如与日本共同举办的"唐物天目——福建省建窑出土天目与日本传世天目展"和"中国福建省出土明代素三彩与日本传世交趾瓷",在美国联合举办的"相遇太平洋——中国海洋文明的发端展"等。既密切了双方的文化文物交流与合作,又促进了福建文博事业与国际水平的接轨。

经国家文物局批准,引进厦门荣光文物宝藏展览有限公司与厦门胡里山炮台管理处合作举办"厦门荣光文物宝藏展览",展品为新加坡方面提供私人收藏的 258 件古代剑铳及天然奇石,1997年 4 月开始展期暂定 5 年,为福建首次长时间引进的国外私人收藏文物展。

此外,各级博物馆、纪念馆还充分利用文物优势,发挥爱国主义教育基地的窗口作用,结合本地实际,积极开展《文物保护法》宣传等内容丰富、形式多样教育普及活动;积极利用"5·18世界博物馆日"、每年 6 月第二个星期六的"中国文化遗产日"等重大纪念日,或配合经济建设的中心工作,编印各种宣传资料,组织专题展览,组织爱国主义教育小分队下乡巡回展出,以及建立馆外教育网络等,受到社会好评。

三 文物考古事业

福建文物考古工作视为一门事业,是随着中华人民共和国的诞生而发展起来的。伴随着 20

世纪 50 年代初期福建省文物管理委员会和福建省博物馆筹备处的成立，一批通过中国社会科学院考古研究所、国家文物局和北京大学联合举办的"全国考古人员训练班"学习、实践归来的专业人员和毕业于历史、考古等专业的大学生加盟，开始了福建以配合基本建设为主的考古调查和发掘工作。历经半个多世纪几代文物考古工作者的不懈努力，为福建的文物考古研究积累了丰富的资料，取得了一系列重要的成果，不断填补或印证了福建的历史。其中三明万寿岩遗址荣获2000 年度"全国十大考古新发现"，浦城猫儿弄山商代窑址群荣获 2005 年度"全国十大考古新发现"，浦城管九周代土墩墓群荣获 2006 年度"全国十大考古新发现"，进一步实证了福建在中国乃至世界文明演进中的重要地位。

（一）队伍建设

　　1951 年 9 月，福建省人民政府决定将福建省文化古物保管委员会与福建省文教厅文物保管处合并，成立福建省文物管理委员会时，就安排有专人全省负责文物调查和考古发掘工作。1953年 1 月，福建省博物馆筹备处成立后，福建省文物管理委员会与省博物馆筹备处合署办公，下设文物组负责文物保护管理和考古调查发掘工作。1981 年，福建省博物馆设立考古部，负责全省考古发掘工作。1984 年 6 月，为了便于推动全省文物考古工作的开展，成立福建省文物管理委员会文物考古工作队与此前成立的省博物馆考古部合署办公，两块牌子、一套人马，负责全省的文物保护和田野考古等工作。50 多年来，为配合建设工程或解决重要学术问题，先后对近千处古遗址、古墓葬和洞穴遗迹进行了文物调查或考古发掘。厦门大学于 1958 年在历史系中设立考古专门化，1972 年开始设立考古专业，为福建乃至全国培养了一批又一批考古、研究等方面的专门人才，积极参与了福建省内的许多重要遗址或墓葬、洞穴的文物调查与考古发掘，成为与福建博物院并列的具备国家文物局颁发的考古发掘团体领队资格的两个单位之一。1992 年福州市文物考古工作队成立。2004 年泉州市文物考古队成立。截至 2009 年，全省共有 21 位考古工作者具备国家文物局颁发的考古发掘个人领队资格（其中厦门大学 5 位）。

（二）文物调查

　　我省文化文物部门组织进行了三次全省性、大规模地对地面、地下文物的全面普查。第一次是在 1958 年，由福建省文物管理委员会、福建省文化局从各地、市、县抽调干部，组织开展全省性文物大普查。根据对当时 43 个县、市的统计，调查、登记文物点2179 处。此次文物普查，培养出具有一定文物常识的地

◆南安郑成功墓

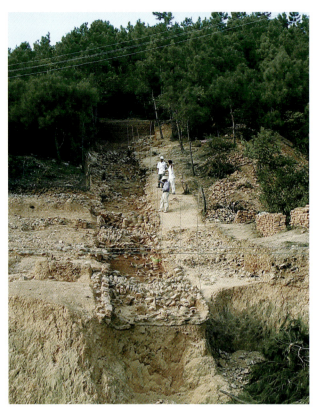

◆南安南坑窑蓝溪窑址窑炉遗迹全景

方干部 180 人，结合普查举办小型展览 500 多场（次），受益观众达 30 余万人次。其中，武夷山市的城村汉城遗址和散见于闽北、闽西、闽南、闽东等地的新石器时代和青铜时代遗址，莆田三清殿、南安郑成功墓等，是这次文物普查的重要发现。第二次在 1981 年至 1988 年，全省前后组织了 2821 人次参加，踏勘路线 249547 公里，足迹覆盖了 99.1% 的乡镇和 81.8% 的村庄，填写表格 20949 张、记录文字 495.1 万字、拍摄照片 26465 张、制作拓片 18447 张、绘图 9767 张，登记文物点 13960 处。其中，清流县狐狸洞发现有明确地层依据的 1 万多年前旧石器时代人类下臼齿化石，填补了福建省旧石器时代考古的空白；以及罗源陈太尉宫、漳浦赵家堡、华安二宜楼、泰宁尚书第和晋江俞大猷墓、福州清代戍守台湾将士墓等一大批有重要历史、艺术、科学价值的文物，是这次文物普查的重要发现。第三次是从 2007 年开始至 2011 年结束的第三次全国文物普查，目前已经基本完成全省实地调查，进入逐县审核验收阶段。晋江庵山新石器至青铜时代沙丘遗址、德化寮田尖山青铜时代窑址、莆田南日岛海域沉船遗址、霞浦明代飞来塔摩尼教题刻、同安清代至今的湾仔口窑场、宁德三都近代建筑群、南靖大跃进时期的炼钢高炉等，是这次文物普查的重要发现。

60 年来，各级文化文物部门配合日常工作开展的文物调查，亦收获颇丰。福州屏山南麓的华林寺大殿，就是文物工作者在日常调查中发现的，经 20 多年的研究论证，确认其建筑主体仍保留北宋乾德二年 (964 年) 始建时的原状，是中国长江以南最早的木构建筑。

为了学术研究或配合中心任务而进行的专题文物调查，福建一直是从未间断。主要有：1952 年，为了配合"中央老革命根据地慰问团"赴福建慰问活动，由省、地、县联合组成工作队，在闽西、闽北、闽南、闽东开展革命文物的专题调查和征集工作，发现并收集到革命根据地人民冒着生命危险保存下来的大量革命文物和资料，其中重要的有中央苏维埃第一号布告、古田会议决议文件、毛泽东的公文箱等，成为革命斗争的历史见证和开展党史研究、进行革命传统教育的生动教材。1966 年，为了解德化窑生产的外销瓷的内涵及其发展变化，福建省文物管理委员会和厦门大学历史系联合组织对德化窑遗址进行重点调查，发现宋、元、明、清各代窑址 100 余处，采集到许多珍贵的标本，为进一步考古发掘研究提供科学依据。1990 年，为了解福建沿海水下文物分布规律，中国历史博物馆、澳大利亚阿德莱大学东南亚陶瓷研究中心、福建省博物馆、福州市文物管理委员会和连江县文化局联合组织在连江县定海白礁进行水下文物调查，发现了宋元时期沉船，采集到青白瓷碗、黑釉瓷盏等一批文物，为日后进一步开展水下文物调查和发掘、研究培养了人才、积累了经验。1996 年开始的全省第四纪哺乳动物化名地点和旧石器时代遗迹专题调查，经调查发现的全省已知旧石器时代文化遗址或旧石器和化石出土地点就有 45 处，旧石器发现点 100 多处。2000 年开始的全省闽越时期考古调查，2005 年进行的晋江流域史前遗址专题调查，2006 年至今的全省历史文化名镇、名村调查等，都有许多收获，有的资料还填补了历史空白。

福建与台湾一水相连，隔海相望，为了见证闽台间的地缘相近、血缘相亲、文缘相承、商缘相连、法缘相循关系，福建省文化厅、省文物局于 2005 年开始组织了全省涉台文物专题调查，共登记在册涉台文物点 1076 处，其中古遗址 51 处、古墓葬 128 处、古建筑 778 处、题刻造像 42 处、近现代重要史迹代表性建筑 77 处。这些涉台文物资源，既有历史上体现闽台之间政治、经济、文化、军事等各个方面交流交往的重要遗址、遗迹，名人故居、墓园、碑刻等，亦有反映与台湾同胞有着密切关系的祖居、祖祠、祖坟、祖宫、祖庙，文化教育、工商业建筑，纪念性建筑物等，充分佐证了台湾自古以来就是我国神圣领土重要组成部分。

（三）考古发掘

我们始终坚持以配合基本建设为主，在做好抢救性发掘的同时，积极根据福建的科研需要，有计划、有重点地进行一些专题性考古发掘和研究。主要有古遗址（包括古窑址）调查发掘、古墓葬清理和古建筑基址的发掘三个方面。在不断填补或印证福建历史的同时，也展示了福建文物考古的美好前景。

福建旧石器时代的考古，直到 20 世纪 80 年代末才实现了零的突破。清流县沙芜乡洞口村狐狸洞 6 枚属于距今 1 万年以前人类的臼齿化石发现，是福建首次发现的有层位记录的古人类化石。1999～2000 年对三明万寿岩的抢救性考古发掘，从灵峰洞内出土了距今约 18.5 万年的石制品及动物化石，是福建旧石器时代文化的最早年代记录；在船帆洞内中下文化层揭露的距今 2 万～3 万年的人工石铺地面遗迹，为迄今国内首见。新石器时代考古，从 20 世纪 50 年代至 80 年代，大量的工作多限于文物调查和小规模的考古发掘，而这些小规模的考古发掘也主要集中在闽江下游地区。其中最为重要的是首先发现、并历经七次发掘的闽侯县石山遗址，为福建确立了第一个新石器时代的考古学文化"昙石山文化"。自 20 世纪 80 年代以来，随着改革开放带来的大规模经济建设挑战与机遇，福建新石器时代至青铜时代的考古发掘区域和规模空前扩展，考古工作者的汗水洒遍福建沿海、流域和山区，换来了较为丰富的科学发掘资料，使得考古综合研究逐步深入，初步梳理出了沿海与山区各自文化发展序列与脉络；特别是东部沿海地区面向海洋，又受到闽中大山带所造成的地域分界的影响，在其文化内涵中显示出浓郁的地域特色。在闽北的武夷山脉区域考古调查与发掘的悬棺遗存，说明距今 3500 年前后，当地生活着实行船棺悬葬习俗的古代部族。在漳州虎林山墓葬中出土的一件陶罐内壁发现有人形刻划符号，对华安仙字潭岩画性质及其年代的确定提供了比较令人信服的证据。特别是考古工作者长期辛勤劳作所得的青铜时代考古材料，反映出约相当于中原的商周时期，福建境内存在着闽北、闽南、闽江下游三个区域青铜文化类型，从而为建构福建先秦史文化框架，探讨福建古代"七闽"社会奠定了坚实基础。

对古窑址的文物调查与考古发掘，一直是福建考古的一大特色。文物普查资料和考古发掘材料显示，在福建全省发现有许多不同历史时期的陶窑或瓷窑址。先后经过考古发掘清理的窑址主要有：新石器时代的闽侯昙石山陶窑址，青铜时代的浦城猫儿弄山陶窑址，秦汉时期的武夷山城村陶窑址，南朝时期和唐代的福州怀安窑址，唐代的建阳将口窑址，宋元时期的德化碗坪仑、屈斗宫窑址，唐五代～宋元时期的建阳水吉窑址、南平茶洋窑址、武夷山遇林亭窑址、漳浦罗宛井窑址、同安汀溪窑址、三明中村窑址、晋江磁灶窑址等，明代的德化甲杯山窑址，明代的平和大垅、田坑等窑址，清代的华安东溪窑址等。从而为福建乃至中国窑系、制作陶瓷业的历史与工艺以及外销等研究谱写了新的篇章，一些外销瓷研究中尚不明确的窑口和产地问题也因此渐显清晰。

在古墓葬清理方面，范围遍及全省各地，但一般规模不大。浦城管九青铜时代土墩墓的抢救性考古发掘，是福建省一次性出土青铜器最多的考古发现。在闽侯庄边山清理的9座战国晚期至西汉初的古墓葬，为探讨当时福建的社会形态提供了依据。对三国、晋以至隋唐砖构墓群及晚唐以后石构墓群的考古清理，考古工作者通过纪年砖或碑铭资料梳理的墓葬与器物系列，为文物断代和窥见当时社会经济文化等发展演变的轨迹提供了宝贵资料。从福州南宋黄升墓和端平二年墓中出土的数百件制作精美的丝织品等服饰，为研究福建乃至中国古代纺织史以及印染、刺绣、纹样、服饰等科技发展史提供了不可多得的资料。在将乐、南平、尤溪一带考古发现的宋代壁画文官、武士、仕女、四神、瑞兽、动物生肖以及山村、房屋建筑等图案的墓葬，亦有助于了解当时社会状况、民俗风情及绘画艺术。

对古建筑基址的发掘，近半个世纪以来重点是武夷山城村汉城遗址的考古发掘与研究，基本摸清了该城址的总体面貌、形制布局、年代性质及周边的情况，初步呈现了内城（宫城）外郭、郭外还有郊野的闽越王城历史风貌。90年代以来，在福州市区、近郊，为配合各行各业的基本建设所进行的抢救考古发掘中，发现的十几处西汉时期建筑遗迹及该时期的文化堆积层，出土了一些铺地砖、筒瓦、板瓦和瓦当等建筑材料，发现有云纹、箭镞纹和"万岁"、"万岁未央"、"龙凤"兽面纹瓦当构件，不少筒、板瓦面上戳印有许多无法辨认的古文字，由此表明了在福州市区的确存在相当规模和规格的闽越时期汉代建筑群，这对论证闽越国的政治中心，闽越和东越的两王并立之史实，冶城的地望、范围、规模等都具有十分重要的意义。在福州城内的考古发掘，还于市区冶山东侧工地发现有西晋时期的木柱、排水设施等遗迹，其上叠压着一座面阔四间以上、有着大型柱础的唐代建筑，在唐代建筑之上又叠压有晚唐代时期的马球场遗迹；在冶山附近的省二建工地揭露出一处五代时期闽国所筑北月城的夯土城墙、城门、门道及排水沟等遗存；在市区北大路工地揭露的唐宋时期的建筑基址，特别是发现了五代时期构筑的从皇城通往西湖的夹道遗迹。这些都对研究福州古城布局演变具有重要意义。为配合高速公路的建设，对闽浙交界处福鼎分水关五代闽国时期古城墙遗迹进行的全面勘测，并对基建所涉及的部分城墙及附属设施进行清理和考古发掘，再现了跑马道、关门、烽火台、古驿道、古灶台等遗迹，出土了交界碑铭和一批陶瓷器标本，为推断和修复该城墙及附属遗迹功能，探究其反映的历史提供了考古凭证。在泉州城区配合基本建设考古中发现的德济门遗址，对了解宋元时期泉州城市的繁荣及其在海上"丝绸之路"中的地位具有十分重要的价值。对泉州清净寺奉天坛基址的考古发掘，基本上弄清了现存奉天坛的建筑形制、结构及建筑年代等以往学术界尚有争议、悬而未决的问题。对莆田林泉院和福清少林院的考古发掘，亦有利于论证宋代以来的福建武术活动、民间传说的"南少林"等问题。

对福鼎太姥山国兴寺和云霄将军山、下营庙等寺庙基址的发掘，为中国古代寺院庙堂建制、门类、布局等建筑史研究提供了实物例证。在建瓯焙前村发现茶事摩崖石刻及进行的北苑御焙遗址发掘，与文献记载互证，解决了宋代著名的"漕司行衙"、"御茶堂"等北苑御焙的地望问题。

从20世纪90年代至今，相继进行的对连江定海湾宋元时期沉船的水下考古探摸，东山冬古湾明末清初沉船的考古发掘，平潭"碗礁一号"沉船的水下文物考古打捞等，标志着福建考古工作已经从陆地走向海域，出水的大量瓷器和船体残件等文物，是海外交通史研究不可多得的珍贵资料。

四　文物维修保护

根据不改变文物原状的原则，在国家文物局与省委、省政府的关心重视下，省里的直拨文物专项经费，自1982年起就从每年70万元逐渐往上增加，1993年起又从20世纪80年代的每年130万元增至180万元，而后又增至200万元，2005年增至500万元。用于专项的文物维修保护经费，则依需要另行安排专款拨给。各级文化文物部门积极对亟待维修的文物保护单位进行抢修、加固，做到了不塌、不漏、基本无险情。古建筑、近现代代表性建筑、历史纪念地的修缮，以及古遗址、古窑址、古墓葬、古石刻、海外交通史迹、近现代重要史迹、闽台关系史迹等的保护维修得到了加强。有200多处全国重点文物保护单位和省级文物保护单位为主的文物古迹得到了维修保护。其中较大的项目有：1956年、1985～1990年、1999年几经维修的福州华林寺大殿，1962年、1982年几经维修的南安郑成功墓，1962年、1982年、1990年、2003年几经维修的泉州伊斯兰教圣墓，1963年、1980～1985年、1997年几经维修的泉州安平桥，1973～1984年、2003～2006年几经维修的泉州开元寺，1981年、1990年、1997～1999年几经维修的惠安崇武古城墙，1982年、2000年几经维修的泉州清净寺，1982年、1988年、2005年、2009年几经维修的福州林则徐祠堂，1982～1989年、2003～2009年几经维修的泰宁尚书第建筑群，1983～1984年、1997年、2005年几经维修的马江海战炮台、烈士墓及昭忠祠，1984年、1993年、1995～1996年、1999年、2009年几经维修的泉州天后宫，1984～1988年、1997年、2004～2009年几经维修的漳浦赵家堡，1984年、2003年、2008年几经维修的泉州文庙建筑群，1985年、1992～1996年、1999年、2003年几经维修的泉州洛阳桥(万安桥)，1987年、2000年、2004年几经维修的福州于山大士殿，1995～1996年维修的漳州石牌坊群，1996～2000年、2006～2009年几经维修的福建土楼

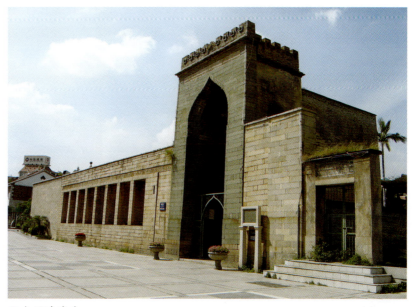

◆泉州清净寺

◆屏南万安桥

◆泉州伊斯兰教圣墓

群，1996～2000年维修保护的城村汉城遗址，1996年至今实施保护、加固的闽侯县石山遗址，1997～1999年、2006年几经维修的莆田三清殿，1988～1999年、2003年几经维修的漳州文庙，1999年、2005～2009年维修的上杭古田会议会址，2000年至今一直实施保护、加固的三明万寿岩遗址，2005～2009年维修的漳州江东桥，2006年开始着手大规模维修保护的福州"三坊七巷"建筑群等等。其中不少文物保护单位经维修整理后，陆续辟为博物馆、纪念馆对外开放，成为爱国主义教育和革命传统教育的重要场所。

在加大政府对文物抢救保护投入的同时，遵循文物工作的自身规律，充分调动社会各界和人民群众的积极性，特别是从省情出发，多方吸纳华人华侨和民营企业家等社会资金，不断拓宽融资渠道，在全省形成了政府保护为主，动员全社会参与的文物保护新机制。多渠道筹集资金抢救维修的重要文物保护单位，省级以上、规模较大的就有：泉州开元寺大雄宝殿和天王殿，厦门青礁慈济宫和龙海白礁慈济宫，泉州天后宫，晋江陈埭丁氏宗祠，泰宁尚书第，福州闽王王审知墓，仙游蔡襄墓，惠安施琅宅、祠、墓，晋江西资岩和南天寺，莆田湄州妈祖庙，云霄高溪庙、福州"三坊七巷"建筑，等等。1999年和2009年，为了全面总结全省文物工作成就，向中华人民共和国成立50周年和60周年献礼，由省文物管理委员会、省文化厅主持，经专家评选两度产生了福建省文物史迹保护成就，并与重大考古发现、博物馆建设成果等一道组成专题展览，安排到全省巡回展出。

◆龙岩戴氏祠堂

◆莆田湄州妈祖庙

◆南靖塔下张氏祠

福建的文物科技保护，早期主要进行的是自然标本和出土文物的初步处理。1974年泉州湾宋代远洋木帆船出土，泉州海外交通史博物馆为保护出土的宋代海船，1981年5月成立文物保护实验室。1986年改为文物保护研究室，1990年12月改称为文物保护研究部，在古船及共存物的脱水处理，锈蚀铁钉的防护，古船的保护修复，花岗岩石质文物的防风化，微波文物杀虫，PG材料在纤维质文物保护上的应用，放射钴源对有机质文物的虫菌的杀灭等方面，都取得显著成绩。其中"YL表面封闭剂"和"新型木质稳定剂"适用于开放性环境下竹、木、藤等文物的长远保护处理系国内首创，"微波文物杀虫"研究项目获得国家文物局科技成果三等奖，PG材料在纤维质文物保护上的应用研究项目获得福建省文博优秀成果二等奖。福建博物院文物保护实验室于1986年4月成立以来，着力在丝绸保护，漆金木刻消毒、防腐，漆器脱水保护，石刻、泥塑修复保护，武夷山出土汉代铁器的防锈处理，墓葬壁画揭取，馆藏字画修复保护，海底沉船出水构件和瓷器等器物脱水保护方面，做了大量工作，积累了不少经验。福建省昙石山遗址博物馆与日本专家合作，对新石器时代遗址的防霉、加固和出土人骨架的封护等，亦取得成效。

五　文物市场管理

新中国成立初期，福建只在福州、厦门、漳州、泉州等地有几家小古玩店，1958年实行公私合营划到省废品回收公司。20世纪60年代初，成立福建省文物总店和厦门文物分店，以加强对民间流散文物的收购和经营文物商品的内销业务。"文化大革命"后，文物作为特殊商品仍贯彻国家制定的"归口经营、统一管理"和"少出高汇、细水长流"的方针，以外销为主，主要由国家批准的文物商店专营。90年代以来，随着社会主义市场经济建立和人民生活水平不断提高，国内私人收藏文物需求迅速增长，市场日趋活跃，福州、厦门、泉州、漳州、莆田、武夷山等地先后自发形成古旧物品交易市场。除原来经国家批准的文物商店外，社会上文物艺术品拍卖、文物典当、抵押等经营活动相应出现，文物黑市和文物走私活动猖獗，国家珍贵文物频频流失。针对这种情况，根据国家文物局〔1992〕文物字第209号文件通知，省文化厅决定：凡从事与文物经营（包括文物销售、收购、拍卖、典当等）有关活动，必须报经省文化文物行政管理部门审批、鉴定、许可，统一实行经营许可证制度。并限定其经营范围和场所。同时，加强了文物与公安、工商、海关等国家执法部门之间的合作，对全省文物流通秩序实行有效监控，使文物市场管理逐步走上健康有序的发展轨道，初步形成了国营文物商店、文物艺术品拍卖市场、文物监管物品市场（2002年后依新修订的《中华人民共和国文物保护法》，其间符合条件的另行审定为民营文物商店）的文物市场新格局。

（一）文物商店管理

文物商店是国家法定的文物收购和出售机构，分为国营和民营两大系列。

福建的国营文物商店，产生于1961年省人民委员会根据国务院的相关文件，决定成立福建省文物总店和厦门文物分店，为实行企业经营管理方法的文化事业单位，负责收集全省流散在社会上的传世文物，并有计划地供应国内、省及各市、县博物馆、科学研究机关、学校作为陈列或研究参考之用，有计划、有选择地供应市场需要和适当地组织出口，并办理废旧物资中的文物检选工作。"文化大革命"期间，文物商店被迫关闭，1969年撤销建制。1976年4月重建福建省文物商店，1979年9月恢复福建省文物总店名称，同年8月成立厦门文物店，并在两店增设外宾门市部作为国家外销文物商品定点单位。1980年成立福州市文物店（已停业）。1993年成立泉州市文物商店（已停业）。1981年国家文物局规定国营文物商店的主要任务是，通过商业手段收集和保护流散在社会上的传世文物，把其中具有收藏价值的珍贵文物提供博物馆充实馆藏。同时，将一般不需要由国家收藏的文物投放市场，满足国内文物爱好者需要，或为国家创造较多的外汇收入。秉承这一宗旨，40多年来，福建的国家文物商店通过征集、收购为中国历史博物馆、福建省博物馆、厦门市博物馆、厦门华侨博物院、福州市博物馆、泉州海外交通史博物馆、闽台关系史博物馆、南安市博物馆等提供珍贵文物数千件，其中国家一级文物十几件；为国内外的文物收藏爱好者以及北京、上海、广州等文物店提供了数万件文物商品，为国家创造了千万元的外汇收入，在活跃福建内外销文物市场中发挥了重要作用。福建省文物总店和厦门文物商店自身，分别在福州和厦门市区的繁华地段建起了拥有数千平方米的文物综合大楼。

民营文物商店管理，始于2002年新修订的《中华人民共和国文物保护法》规定文物商店应当由国家文物局或省级文物行政部门批准设立，依法进行管理之时。我省在总结自1997年以来对厦门、漳州等地文物监管品市场实施文化、工商、公安等部门联合监督管理经验的基础上，省文化厅、省文物局组织对已获得的《文物监管品经营许可证》者进行全面检查，并依据《中华人民共和国文物保护法》的新规定，受理符合条件者开办民营文物商店，使之纳入有效的法制管理轨道。截至2009年11月底，全省已有民营的漳州市丹霞园文物商店和福州市东方文物商店等经核准具备文物内销资格，由省文化厅发给文物经营许可证，每二至三年组织进行年检。

（二）拍卖市场文物管理

在我国境内正式准许开展文物拍卖，始于1993年。1996年12月24日国家文物局下发《关于加强文物拍卖标的鉴定、管理的通知》，与1997年1月1日实施的《中华人民共和国拍卖法》相配套，成为文化文物行政管理部门进行文物拍卖管理工作的重要规范。1997年1月22日，福建省文化厅转发国家文物局《关于加强文物拍卖标的的鉴定管理的通知》，对文物拍卖标的鉴定、许可的管理办法和标准、鉴定机构资格的审定、文物拍卖标的征集来源、文物拍卖人、买受人、委托人各自承担的法律责任以及与之相关的其他问题都作了具体规定，并补充通知：(1)福建省文化厅为福建省负责文物拍卖标的鉴定许可机构，福建省文物管理委员会文物鉴定组受省文化厅委托具体承办日常事务；(2)文物拍卖人应在发布拍卖公告前二个月将文物拍卖标的全部资料报告省文化厅行政管理部门申请鉴定；(3)文物拍卖人应在文物拍卖活动结束后一个月内将该次文物拍卖情况向省文化厅行政管理部门提交书面报告。同年7月，福建省人民政府发出《关于进一步加强文物保护工作的通知》对文物拍卖活动的管理进又行了强调，标志着对文物拍卖工作实施规范管理正式在福建启动。截至2009年11月底，全省已有10家是经有关部门核准、具备有文物拍卖资格的合法企业（具备第一、二、三类文物拍卖资质的有福建省拍卖行有限公司、厦门特拍拍卖有限公司等2家，具备第二、三类文物拍卖资质的有福建省海峡拍卖行有限公司、福建省金盛拍卖有限公司、福建华兴拍卖行、福建运通拍卖行有限公司、福建省贸易信托拍卖行、福建省华宏达拍卖行、福建省佳富拍卖行有限公司、福建鼎丰拍卖有限公司等8家）。以上各拍卖行报经省文化厅批准，先后举办文物、艺术品拍卖会248场（次），经鉴定，其中可上拍的文物及文物监管物品23836件，新工艺品36432件，禁止出境文物308件，撤拍文物标的57件，定向拍卖文物4件，适应了社会的需求。

六 文物考古研究与对外交流

（一）文物考古研究方面

60年来全省文化文物部门、相关博物馆等，积极主持或会同有关单位，相继举办了漳州古代摩崖石刻、泉州宋代海船和泉州外销瓷、海上丝绸之路、闽台古文化、闽越考古、中国古陶瓷、林则徐与鸦片战争、中国古桥等学术研讨会，吸纳社会各界人士共同来开展学术研究，通过学术交流扩大宣传普及力度。编写出版了《泉州宗教石刻》、《福州南宋黄升墓》、《德化窑》、《泉州港与古代海外交通》、《泉州伊斯兰教石刻》、《泉州湾宋代海船发掘与研究》、《福建华安仙字潭摩崖石刻研究》、《福建积翠园艺术馆藏书画集》、《中国与海上丝绸之路》、《福建积翠园艺术馆藏书画集》《福建历史文化与博物馆学研究》《闽越考古研究》《闽越国文化》《唐物天目》《交趾香合——福建省出土文物与日本传世品》《玲珑木雕》、《福建陶瓷》、《漳州窑》、《海神妈祖》、《福建大观·福建文物》(画册)、《福建省志·文物志》、《闽侯县石山遗址第八次考古发掘报告》、《虎林山遗址》、《漳州乌仑遗址发掘报告》、《福建北部古村落调查报告》、《宁德市虹梁式木构廊屋桥考古调查与研究》、《福建第四纪哺乳动物化石考古调查与研究》、《福建三明万寿岩旧石器时代遗址1999～2000年、2004年考古发掘报告》、《中国出土瓷器全集·福建卷》、《红色遗珍》、《21世纪初福建基建考古重要发现》等书籍；编辑发行了《福建文博》、《海交史研究》等刊物。为提高福建文博事业学术研究水平，促进文博事业队伍的建设，培养和推出学术新人，福建省文物管理委员会、福建省文化厅和福建省考古博物馆学会从 1989 年以来，连续组织进行了 4 次文博考古优秀学术成果评奖。这些都对深入探索福建历史文化、活跃学术气氛、促进学术交流，发挥了良好作用。

（二）对外交流方面

长期以来，福建省文化文物部门充分发挥对外、对台文化文物交流优势，努力做好对外、特别是对台文物交流工作。出访成行的对外文物交流项目，出访、来访的人次，每年都有稳步增长。其中较重要的诸如：福建省考古博物馆学会与日本关西近世考古学研究会在福州联合召开"明末清初福建沿海贸易陶瓷的研究——漳州窑出土青瓷、赤绘瓷与日本出土的中国 SWATOW"学术讨论会。应日本国冲绳县教育厅邀请，组织福建省中琉交流史迹考察团赴冲绳考察访问。参与承办"中国文化周暨海上丝绸之路泉州文化节"赴科威特、土耳其、埃及等国家举办展览，举办"中日陶瓷研讨会"等。

随着对外开放和中外文化交流的进行，不少国外专家学者慕名而来福建参观访问或进行学术交流。日本古陶瓷专家三上次男，日本北海道大学语言文化部教授中野美代子，日本博多遗址研究会专家田中克子，日本庆应大学名誉教授江坂辉弥、美国科学院院士、哈佛大学教授、华裔考古学家张光直，芝加哥历史博物馆班臣博士，华盛顿大学人类学系杰克森国际研究院副教授赫端，英国麦金农博士，以及英国东洋陶瓷学会代表团等，通过参观、交流，都对福建省文物、博物馆事业取得的可喜成果深表赞赏，感到颇有收获。在福建省开展的中外学术交流活动中，最引人注目、也是最成功的是联合国教科文组织的"海上丝绸之路"考察队对泉州的访问。考察队员由来自 25 个国家的 90 名专家组成，1990 年 10 月 23 日，乘阿曼国王卡布斯的超豪华游轮，从意大利威尼斯启程，途经希腊、土耳其、埃及、阿曼、巴基斯坦、印度、斯里兰卡、泰国、马来西亚、印度尼西亚、文莱、菲律宾、中国、韩国等 16 个国家的 21 个港口，1991 年 3 月 9 日在日本大阪结束。1991 年 2 月 14 ~ 20 日考察队到达泉州，专门在华侨大学举办"中国与海上丝绸之路"国际学术讨论会，并参加泉州海外交通史博物馆新馆落成典礼，参观泉州海外交通史博物馆的陈列展览，考察伊斯兰教圣墓、草庵摩尼教石刻、清净寺、开元寺、洛阳桥、老君岩、九日山、陈埭回族村等海外交通史迹，在泉州天后宫举行隆重的祭海欢送仪式，还在九日山摩崖题刻以志永久纪念，影响深远。与此同时，福建省文物工作者也不断走出国门，受派遣或受邀请到日本、韩国、法国、德国、美国、瑞士、奥地利、荷兰、阿曼苏丹、埃及、希腊、澳大利亚、马来西亚、新加坡、

◆泉州老君岩

菲律宾以及我国港澳台地区参加文物考察、专题演讲、比较研究和开展学术交流活动，密切了福建与海内外的学术往来。正是学术交流引路，结下深厚情谊，泉州海外交通史博物馆得到了阿曼国等捐赠的建馆费，以及叙利亚等阿拉伯国家捐赠的文物资料。

（三）人才交流培训

长期以来，我们主要通过组织人员参加国家文物局或国家文物局各培训中心举办的博物馆学，考古学，古陶瓷、青铜器、玉器、古字画等文物鉴定，藏品保护与管理，书画裱褙和修复技术，摄影技术，田野考古，古建筑维修，文博讲解，民族民俗，文物保护与管理，博物馆建设与管理等培训班学习的形式，来促进不同层次的从业人员专业技术水平的提高。同时积极鼓励在职人员报考北京大学、厦门大学、吉林大学、上海复旦大学、南开大学、中国人民大学、清华大学、香港大学等的考古专业、博物馆学专业、古脊椎与古人类专业、人类学专业、古文字专业、对外宣传专业等进修、研读，与厦门大学联合举办文博专业大专结业证书班、研究生结业证书班，以培养工作在第一线的专业人员。亦通过在省内举办各种有针对性的短期培训班的形式，来扩大不同层次的从业人员，交流学习文物政策法令和文物考古学、博物馆学、古陶瓷鉴定、古建筑维修保护等专业知识，不断扩大文物普查知识、文物行政执法知识、古建筑维护知识、文物考古技术知识、博物馆建设和运行知识等的受众面，既将各种文物考古、博物馆方面的新知识通过人才的交流培训深入浅出地告诉了大家，又提高了从业人员的业务素质和实际工作能力。进入21世纪，人才交流培训更是走向美国、日本、西班牙、意大利、荷兰等国，培训内容涉及文物保护、古建筑维修、水下考古、新科技新材料运用、博物馆学等领域。这些都为福建文博事业的发展输入了许多新理念、新思维和新知识，培养了服务于海峡西岸经济区建设和文化强省建设的新一代，视野与作为必将更加广阔。

（执笔人：郑国珍）

江西省文物事业60年

江西省文物局

一 概 况

江西古代文明灿烂，革命历史辉煌，文化遗产十分丰富，是历史文物大省，革命文物强省，革命文物、陶瓷文物、青铜文物、宗教文物和书院文物在国内外都有重要地位。新中国成立60年来，在党和国家的重视与关怀下，在省委、省政府的正确领导下，全省文物工作者共同努力，以法律法规和文物工作方针为指导，在中国特色社会主义伟大实践中谱写了江西文物事业的辉煌篇章。特别是改革开放30年来，全省文物工作体系逐步健全，文物管理水平不断提高，文物事业在推动全省经济发展和社会进步方面发挥了重要的、不可替代的积极作用。

60年来的江西文物事业，在党和政府的领导重视下，经历了从无到有，从打基础到稳步前进和深入发展几个阶段。建国前，江西几乎没有真正的考古调查和发掘工作，博物馆事业处于萧条状态，仅在赣州建立了新赣南博物馆，在南昌市设立了江西省科学馆。1942年，蒋经国在赣南推行新生活运动，在赣州市公园内兴建了新赣南博物馆，1943年，新赣南博物馆竣工，蒋经国主持博物馆的竣工典礼。值得指出的是，在中央苏区时期，江西的文物事业在中国共产党和中华苏维埃共和国中央政府的重视下得到了一定程度的发展，1931年11月，中华苏维埃共和国中央政府成立之后，制定了一系列的政策、法令，并发布了公告，宣传和发动苏区广大军民征集和保存文物，以作为博物馆的藏品。1933年5月，中国革命博物馆筹备处在瑞金成立，1934年1月，中央革命博物馆正式开馆。这成为新中国江西文物事业发展的先声。

新中国成立后，江西文物事业的发展与社会主义革命建设和改革开放的发展进程风雨同舟、共历沧桑，走过了极不平凡的历程。

1949～1966年，江西文物事业在旧中国遗留下来十分薄弱的基础上开始起步。1953年，成立了共有23名成员的江西省文物管理委员会，聘请有关部门领导和专家为委员，由一位副省长兼任主任。省文物管理委员会下设秘书、田野和研究3个小组，具体负责调查、保护、管理全省古建筑、古文化遗址和革命遗址，这是我省建立的第一个全省性文物保护管理机构。省文物管理委员会成立后，首先接收了省财经委员会和省物资局两批文物，还接受了捐献的文物，使这些散落文物得到妥善保护。在建国初期，我省在农村土地改革和城镇民主改革运动中，贯彻中央人民政府政务院颁布的一系列文物法令，注意保护没收地主和官僚资本财产中的文物，集中在当地文化馆保存，全省达上万件之多，这是我省文化部门收藏保护文物的开端。

1953 年，我国执行第一个五年计划，为了在大规模建设中保护好文物，中央人民政府政务院发出了《关于在基本建设工程中保护历史及革命文物的指示》。1956 年为配合水利建设又发出了《关于在农业生产建设中保护文物的通知》，并及时提出了"重点保护，重点发掘、既对基本建设有利，又对文物保护有利的方针"。在这一方针指导下，1956 年我省配合国家重点建设工程，在樟树对营盘里遗址进行考古发掘，出土了大批夹砂陶和印纹陶器，为研究我省新石器时代晚期至春秋战国时期的文化提供了实物资料。这是江西首次考古发掘，揭开了我省配合基本建设工程抢救保护文物的序幕。

建国以后，党和政府对博物馆建设给予了极大的关注。上世纪 50 年代为江西博物馆事业初步发展时期。1953 年 3 月，在原江西省科学馆基础上筹建江西省博物馆。1961 年 7 月，江西省博物馆正式开馆，分自然与资源馆、江西地方史馆、江西革命史馆、社会主义革命和社会主义建设馆四馆陈列。1952 年景德镇陶瓷馆筹建，1954 年 1 月开放，起初隶属文化部管理，1958 年后移交景德镇市文化局管理。1953 年开始筹建瑞金革命纪念馆，1958 年 1 月开放。1956 年 1 月，筹办安源路矿工人运动纪念馆，1957 年筹建南昌八一起义纪念馆，周恩来总理为该馆审订"关于八一起义的编写提纲"，1958 年 8 月 1 日举办试展，同年陈毅元帅为南昌八一起义纪念馆题写馆名。1958 年秋，筹建井冈山革命博物馆，1959 年年底试展，1963 年正式开馆。1962 年 3 月朱德委员长视察井冈山革命博物馆，并题写馆标。1959 年 7 月，筹建八大山人书画陈列馆，1959年正式开馆。在此期间，我省陆续建立了一批博物馆、纪念馆。

1956 年省文物管理委员会在上饶市举办文物展览，宣传保护文物，开展文物调查征集工作，了解文物分布情况，收集流散文物。1958 年省委、省人民委员会、省军区发出通知，开展收集革命文物资料的活动，全省收集到革命文物 2.1 万件。与此同时，在全省开展了革命遗迹的调查，特别是井冈山、湘赣、湘鄂赣、闽浙赣和中央革命根据地以及南昌市的调查，就有革命遗迹 150余处。1957 年我省召开了文物普查工作会议，部署开展文物普查工作。在全省文物普查和革命遗址调查的基础上，我省于 1957 年、1959 年先后两批报省人民委员会核定公布了江西省文物保护单位共 155 处，其中革命遗址及革命纪念建筑物 45 处，古建筑及历史纪念建筑物 48 处，古文化遗址 16 处，古墓葬 15 处，石窟 8 处，石刻及其他 23 处，确定了我省文物保护的重点对象。

正当江西文物事业初步发展的时候，1966 年"文化大革命"开始了，它给文物事业带来空前的浩劫，初步建立起来的博物馆被封闭，革命纪念馆被停办，后则加以改造，塞进极"左"的东西，文物工作人员大部分下放农村。1969 年江西省博物馆的建制被撤销，合并到江西省展览馆。不少文物丢失，文物古迹遭到严重破坏，全省被毁文物约计 5 万件，文物事业受到严重挫折。1971 年 8 月，国务院成立了图博口，全国博物馆机构逐步得到恢复，文物工作也逐步得到开展。江西省革命委员会于 1971 年 8 月根据国务院的文件精神发出《关于建立和健全博物馆，加强文物管理工作的通知》，提出了重建江西省博物馆，加强文物管理工作的要求。从此，江西的博物馆机构逐步得到恢复，下放的专业人员陆续调回，文物工作得到继续发展。

"文革"结束后，江西文物事业逐渐步入正轨，特别是党的十一届三中全会以后至 1992 年，江西文物事业在恢复中快速发展。1982 年全国人大常委会通过并颁布了《中华人民共和国文物保护法》，为了结合江西实际情况，更好地贯彻执行《中华人民共和国文物保护法》，1987 年 12 月，江西省人大常委会通过了《江西省文物保护管理办法》，于1988年2月正式施行。此外，根据工作的需要，省文物行政管理部门报请省人民政府或与公安、工商、乡镇企业管理、土地规划管理等部门联合分别发出了有关文物保护管理和文物安全保护等规章性文件。这些地方性法规、行政规章的制定和施行，对江西的文物保护管理工作发挥了重要作用，有力地推进了这一时期全省文物工作的全面开展。

在文物保护基础工作方面，为了摸清家底，1981年江西省又一次开展了全省范围的文物普查。这次普查采取试点培训、分区分批的方式进行，经过3年时间，发现了大量文物。据统计共登记文物点8400余处，收集流散文物2.2万余件。同时，查明原省级文物保护单位在"文革"中被毁坏32处。通过文物普查，各县、市相继公布文物保护单位。1987年以江西省人民政府核定公布了我省第三批省级文物保护单位140处。同时，对第一、二批省级文物保护单位进行了审核，予以重新公布。

在文物管理工作方面，1986年，江西省人民政府建立了省文物管理委员会，加强对文物管理的协调领导工作。从1980年开始，全省重要文博单位陆续建立。1980年在省博物馆考古队的基础上组建江西省文物工作队，1989年改为江西省文物考古研究所，充实了专业人员，积极配合基本建设，进行考古发掘抢救保护文物。同时，为加强对古建筑的保护，1993年新建立了江西省文物建筑保护中心，负责文物维修的设计任务，加强对文物维修工程的指导工作。南昌八一起义纪念馆、井冈山革命博物馆、安源路矿工人运动纪念馆、瑞金中央革命根据地纪念馆等重点文物保护单位保护管理机构一直由省文物行政部门直属管理，确保了文物保护、管理工作的有效开展。各市、县的文物保护机构，有的成立文物管理委员会，博物馆为其办事机构；有的设文物管理所，或者文物管理所与博物馆两块牌子一套人马；有的是单独设置文物局。实现了县市都有文物管理保护机构。

在文物考古工作方面，先后进行了几十项考古调查与发掘，取得了较为丰硕的成果。如瑞昌铜岭铜矿采冶遗址、九江神墩遗址和德安石灰山遗址的发掘获得重要成果；景德镇珠山御窑厂遗址出土了大批明代瓷片，修复出永乐、宣德、正统、成化年间的大量珍贵器物；新干大洋洲出土了大批精美的青铜器；德安杨桥南宋周氏墓出土了大批服饰和丝织品，其中星象图选为国宝；南昌火车站工地晋墓出土了极为精美的漆器等。

在文物保护维修方面，国家和江西省先后拨款实施了几十项文物保护维修工程，从1977年开展纪念八一起义、秋收起义和创建井冈山革命根据地50周年纪念活动开始，对革命旧址进行了一次全面维修。形成每逢十年一大修、常年搞小修，因此，革命旧址维修做到了制度化、经常化。历史文物维修在"文革"后正式列入文物保护的议事日程，我省着手修复"文革"中遭受破坏的文物。从1977年起我省文物维修经费从80万元增加到130万元，加上国家下拨的重点文物维修保护经费每年约200万元，这是我省文物维修保护经费的主要来源。八一起义、安源工人运动、井冈山、瑞金、湘赣、湘鄂赣、闽浙赣等重要文物保护单位首先得到维修保护，一些常年失修破坏严重的古建筑、古墓葬也得到抢救维修，如浮梁、安远、信丰、石城等地的古塔，萍乡、安福、新余、鄱阳的文庙、庐山白鹿洞书院、铅山鹅湖书院、安义古戏台、星子的观音桥等及一批历史名人墓葬均得到修复，使一批濒危珍贵文物得到了有效保护。

在博物馆建设管理方面，1978年江西省革命历史博物馆改称江西革命博物馆，江西省博物馆改称江西历史博物馆。1981年两馆合并，仍称江西省博物馆。江西的革命纪念馆进行了调整，经过调整，全省有革命纪念馆19所。一个从第一次国内革命战争时期的萍乡安源工人运动纪念馆到抗日战争时期的南昌新四军军部旧址陈列馆的革命纪念馆系列已经形成。为了适应改革开放和社会主义物质和精神文明建设的需要，这一时期，各地市和一些县市的历史文物陈列室，相继从文化馆分离出来，成立县市博物馆；又有部分县市的革命纪念馆改为县市博物馆。到1995年，全省有省级综合性博物馆1座，由省管的革命纪念馆4座，地市博物馆8座，纪念馆3座，县市博物馆52座，纪念馆14座。

◆安源路矿工人运动纪念馆

◆江西省博物馆全貌

◆井冈山革命博物馆新馆

在文物学术研究方面，1978年8月由江西省历史博物馆与文物出版社联合召开"江南地区印纹陶问题学术讨论会"，排列出南方地区古代文化的发展系列，初步勾划出南方地区古代文化的面貌。1982年10月受中国古陶瓷研究会的委任，由江西省博物馆等单位联合在吉安召开"吉州窑和其他黑釉系统的学术讨论会"，这是建国以来我国古陶瓷和古外销瓷学术研究的一次盛会，对于总结以吉州窑为代表的黑釉陶瓷系列的成就，促进我国对古陶瓷和古外销瓷历史的研究，更好地继承传统工艺和弘扬传统民族文化都有促进和提高的作用。1988年举办了"中国百越民族研究会第六届年会，1989年举办"贵溪崖墓研讨会"，同年举办"中国青花瓷器研讨会"。1993年举办"中国南方青铜器暨殷商文明国际学术研讨会"。通过各种研讨会，交流了学术研究成果，提高了学术水平。

在文物对外交流方面，文物成为宣传江西的文化大使。改革开放以前，江西文物极少走出国门举办展览，仅在1974年江西有2件文物参加中华人民共和国出土文物展览。1985年我省博物馆首次单独组展文物出国展览，在罗马尼亚首都布加勒斯特展出了江西宋、元、明、清的精美瓷器。1988年"中国江西文物展"在日本岐阜县展出。1988年"景德镇出土古陶瓷展"赴日本展出。这些文物展览在国外展出，产生了巨大的影响，增进了国外观众对江西古代文明的了解，促进了各国人民之间的友谊。

党的十一届三中全会以后，精神文明建设在拨乱反正后逐步走上了正轨。江西的革命旧址（旧居、纪念馆）和江西的文博事业继续得到新一代党和国家领导人的重视和关怀。1989年10月15日，中共中央总书记江泽民视察井冈山革命博物馆时指出："井冈山革命的星星之火之所以燃遍全国，走向胜利，就在于老一辈无产阶级革命家坚定的共产主义理想和始终不渝的信念。我们今天建设中国特色的社会主义现代化强国，也必须具有这种理想和信念，这就要学习井冈山的光荣传统，井冈山的革命传统一天也不能忘掉。"1997年江泽民同志又为南昌八一起义纪念馆题词"军旗升起的地方"。1990年10月10日，中共中央政治局常委、国务院总理李鹏在江西考察期间，来到南昌八一起义纪念馆参观，并题写了"英雄城南昌"五个大字。从改革开放以来至20世纪90年代初，江西的文物事业在中央领导的关怀下得到很大发展，除革命纪念馆外，各类专门性和历史博物馆大大超过六七十年代。在考古发掘、文物研究、陈列展览、学术活动等方面都取得了较大的成就。

◆南昌八一起义纪念馆　　◆瑞金中央革命根据地纪念馆

从90年代以来，江西文物工作在改革开放以来较大发展的基础上又取得了令人瞩目的显著成绩，文物事业得到了长足进步。

1. 文物保护基础工作扎实有序

　　1996 年以来，国务院先后三次公布全国重点文物保护单位，江西共有 30 余处文物保护单位入选，使全省全国重点文物保护单位总数增至 52 处。庐山经联合国教科文组织命名为世界文化景观，南昌、景德镇、赣州市 3 座城市为国家历史文化名城，吉安、瑞金、井冈山、九江市 4 座城市为省级历史文化名城，流坑、瑶里、渼陂、理坑等 15 个村镇为中国历史文化名镇（村），同时有省级历史文化名镇（村）67 个，省级文物保护单位 333 处，市、县级文物保护单位 2700 多处。目前，第三次全国文物普查工作正在全省全面开展，重要发现不断出现。可以预见，江西文物资源总量和文化遗产的品类将大幅增加，有助于进一步夯实和筑牢文化遗产资源大省的地位。与此同时，全省文物保护单位"四有"(有保护标志、有记录档案、有保护范围和建设控制地带、有专职管护机构或人员) 工作稳步推进。现省级以上文物保护单位的"四有"工作已基本完成，省级文物保护单位的保护范围事先按照要求划定界限，与文物保护单位同时上报公布。记录档案曾先后 3 次召开文物建档工作会议，研究部署，交流经验，逐步完善。

◆普查新发现的龙南太平桥

◆普查新发现的定南虎形围

◆普查新发现的金溪牌坊

2. 文物考古工作成果丰硕

　　20 世纪 90 年代以来，江西地下考古发现方面捷报频传，考古研究可谓硕果累累，如新干商代大墓和中美合作对万年县仙人洞和吊桶环遗址的发掘先后被评为我国"七五"和"八五"期间"全国十大考古新发现";瑞昌铜岭铜矿采冶遗址、唐代洪州窑、万年县仙人洞和吊桶环遗址、进贤李渡元代烧酒作坊遗址、景德镇珠山御窑厂遗址、靖安李洲坳东周墓葬的发掘分别被评为1991年、1993年、1995年、2002年、2003年、2007年度"中国十大考古新发现"。

◆李渡元代烧酒作坊遗址发掘现场　　　　　　　　　　　◆新干商代大墓发掘现场

3. 文物保护工作由"五纳入"拓展为"七纳入"

对文物保护"五纳入"工作,省委、省政府十分重视。2002年7月,省政府下发了《江西省人民政府关于进一步加强文物保护工作的意见》,2003年3月,省政府又下发了《关于开展全省文物保护工作"五纳入"落实情况及文物安全工作督查的通知》,省政府组织省文化厅、省计委、省财政厅、省建设厅、省公安厅等有关部门开展了为期10天的专项督促检查,并将检查内容细化为19项,对检查结果由省政府分管领导在地市分管市长的会议上进行通报。2003年9月,省文化厅、编办、计委、财政厅、建设厅、国税局又联合转发了国家七部委局办《关于进一步做好文物保护"五纳入"的通知》。2005年1月21日,在全省第三次文物普查工作先进表彰暨2005年文物工作会议上,省人民政府副省长、省文物管理委员会主任赵智勇提出了文物保护要做到"七纳入",即在文物保护纳入经济和社会发展规划,纳入城乡建设规划,纳入财政预算,纳入体制改革,纳入各级领导责任制的基础上,增加文物保护纳入社会治安体系、纳入社会防灾体系,在全国率先把文物保护与社会治安体系和社会防灾体系相结合,具有开拓性的意义。2005年4月1日,省文物局组织省公安、消防、水利厅、省气象局、地震局等相关部门和省直、南昌市直文博单位召开文物保护"七纳入"座谈会,研究具体落实措施。各级文物部门也积极主动做工作,借东风,争取领导重视,不少地方采取了切实有效的措施,解决了一些老大难问题,如南昌市将市本级文物保护专项经费由每年30万元增加到80万元;赣州市落实了提取通天岩景区门票收入的10%用于文物维修;新余市恢复了市文管会,并将原属市党史办的"珍宝馆"和"爱教馆"、原属园林部门的"傅抱石展览馆"划归文化部门管理;九江市对瑞昌市、九江县等地震中文物受损情况及时开展调查抢救。

4.探索文物保护新模式

按照以国家保护为主，动员全社会参与的文物保护新体制的要求，针对我省文物古迹众多，保护任务重，各级财力困难的实际，我们进一步解放思想，开拓进取，探索出一条符合江西实际、具有江西特色、行之有效的文物保护新模式。如以庐山为代表的文物保护与旅游相结合的模式，以井冈山为代表的文物保护与基地建设相结合的模式，以瑞金为代表的国家保护与"社会认护"、"寻根问祖"相结合的模式，以婺源为代表的文物保护与生态保护建设相协调的模式等，既发展了红色、古色、绿色旅游，又保护了大批文物古迹。这些具有江西特色的保护模式，得到了国家文物局和社会各界的充分肯定。

5.文物基础设施大为改善

近年来，江西博物馆基础设施不断得到改善。特别是新世纪以来，我省掀起了博物馆建设的新高潮。被中宣部定位全国爱国主义教育基地"一号工程"，投资1.9亿元，面积2万平方米的井冈山革命博物馆改扩建工程已竣工；瑞金中华苏维埃共和国历史纪念馆总投资6800万元，总建筑面积1万平方米，目前也已建成；定位为中国人民解放军军史教育和爱国主义教育示范基地、国防教育基地、青少年教育和活动基地、4A级红色旅游经典景区以及八一起义研究中心的南昌八一起义纪念馆改扩建工程也已兴建，该工程总投资1.4亿元，建筑面积8700平方米。这些建设项目投资规模大、规划设计起点高、陈列展示手段先进，其建筑设计、硬件设施、陈列展览均处于全国同类博物馆、纪念馆的领先水平，大大提升了我省博物馆在全国的地位。同时，近年来，在国家文物局、省财政及各级地方财政的支持下，我省抢救保护了井冈山革命旧址、瑞金革命旧址、八一起义旧址、安源路矿工人运动俱乐部旧址、上饶集中营、通天岩石窟、赣州古城墙、白鹿书院、吴城遗址等国保单位和大圣塔、绳金塔、宝福院塔、聚星塔、水口塔、鹅湖书院、赣州文庙、安福文庙、文天祥墓、景德镇明清古建筑群等一大批省、市、县级文物保护单位，公布了首批省级历史文化名镇（村），全省大遗址保护、文物库房建设、文物安防设施建设等工作取得显著进展。据不完全统计，"十五"期间，我省各级地方政府共投入专项经费1亿多元用于文物保护。如赣州市投入1000多万元对文庙、龙南围屋进行维修，抚州市投入数百万元对抚州会馆进行维修，宜春市投入200多万元对袁州天文台进行维修，上饶市投资200多万元对三清宫进行维修等。

6.博物馆事业蓬勃发展

近年来，全省博物馆建设不断掀起新的高潮，博物馆数量持续增加，博物馆品类日渐丰富，博物馆藏品保管和陈列展示条件显著改善。目前，全省共有各级各类博物馆100家，其中文化（文物）系统管理的93家，行业博物馆6家，非国有博物馆1家；综合类博物馆3家，革命题材纪念馆21家，历史题材博物馆56家，名人纪念类博物馆12家，专题类博物馆8家。全省有南昌八一起义纪念馆、井冈山革命博物馆、瑞金中央革命根据地纪念馆等14处被评为全国爱国主义教育示范基地，有江西省博物馆等59个博物馆、文物旧址被确定为省级爱国主义教育基地，市、县级爱国主义教育基地已达到336处。以省博物馆为龙头、以设区市博物馆为骨干、县级博物馆为支撑的具有江西特色的博物馆体系已初步形成。全省各博物馆、纪念馆充分利用文物资源的独特优势和阵地优势，以爱国主义教育基地为阵地，以文物资源为依托，以办大展、精品展为突破口，以服务人民、教育群众尤其是加强和改善未成年人思想道德建设为己任，以提高讲解员队伍素质为桥梁，以改善服务质量和水平为标准，把馆藏文物打造成陈列展览向公众展示，开展了主题鲜明、丰富多彩的宣传教育活动，加强全民的思想道德建设，为加快江西发展提供了经济动力、智力支持和精神支撑。据统计，"十五"期间我省共推出展览1500多个，接待观众1000多万人次，拉动消费近10亿元，取得了良好的社会效益和经济效益。如2001年的"圆明园国宝回归展"和"诺贝尔科学奖百年展"，2002年的"崛起中的江西图片展"和"血染的丰碑"，2003年的"井冈山精神大型展览"，2004年的"全省第三次文物普查成果展"和中国客家文化节上的客家文化系列展览，2005年的"先锋颂"、"泛珠三角文物精品展"等展览，都引起轰动，参观人潮如流，效果良好。博物馆、纪念馆正日益成为传播先进文化、普及科学知识、树立社会正气、塑造美好心灵的公民终身教育的课堂。按照中央统一部署，2008年，江西省被中宣部、国家文物局列入全国免费开放七个试点省份之一，经过周密组织，全省文物系统管理的博物馆和纪念馆开始分期分批向公众免费开放，共有84个博物馆、纪念馆实行了免费开放，2009年又有部分博物馆、纪念馆被国家列入免费开放计划。据不完全统计，全省博物馆实行免费开放以来，每年接待观众量约1400万人次，其中青少年观众达620万人次，社会反响巨大，产生了很好的社会效益，大大提高了江西的知名度和美誉度。全省各级各类博物馆藏品不断丰富，藏品管理和保护修复工作规范有序。目前，全省文物库房85座，现有文物库房面积总计12012平方米，文物系统管理的国有博物馆共有藏品30多万件(革命文物4万多件)，其中一级文物2700多件，二级文物8891件，三级文物5.3万件，目前全省正在实施馆藏文物调查及数据库建设项目，初步建成了全省馆藏珍贵文物数据库和覆盖全省的两级三层文物信息网络，为全省博物馆藏品管理和利用信息化奠定了基础。

7. 文物对外交流广泛开展

近年来，江西利用文物资源的特色优势，多方联系，主动工作，文物外展接连不断，既创造了可观的经济效益，又打造出江西文物展览的品牌，提升了江西文物在国内外的地位，影响深远。继2002年"江西元明青花瓷器精品展"成功赴香港展出、2003年"瓷艺留馨——景德镇陶瓷文化展"成功赴澳门展出后，2004年，江西文物对外展出创造历史辉煌，"景德镇千年陶瓷文化展"在日本引起轰动，展期被一再延长；"燃烧的辉煌——中国景德镇12～18世纪陶瓷杰作展"赴法参加中法文化年展览，被法国媒体誉为"白金流璨，中国美瓷"，受到法国主流社会的热烈欢迎；"薪火英华——20世纪景德镇瓷艺回顾展"在港隆重开展；2007年，由省博物馆、景德镇市文化(文物)局推出的"中国年"之"中国文化节"开幕展"白色的金子——中国瓷器精品展"，在举世闻名的莫斯科特列恰克夫美术博物馆隆重开幕，唱响中俄文化年，在俄罗斯引起巨大反响，为中俄文化年增添亮丽色彩，成为俄罗斯"中国年"活动精彩灵动的一笔，展览共展出119件陶瓷精品，尽显景德镇瓷器"白如玉、明如镜、薄如纸、声如磬"的风采。2008年省博物馆参加国家文物交流中心组织的"华夏瑰宝展"赴南非展出等。这些展览荟集珍品，显现魅力，宣传了江西灿烂的历史文化，提高了江西的国际影响力。

8.文物机构队伍不断壮大

在 2009 年新一轮机构改革以前，江西省文物行政主管部门为江西省文化厅，内设文物处（对外称江西省文物局），正处级建制，编制 8 人，人员 5 人。2009 年，根据省政府新确定的省文化厅"三定"方案（《省政府办公厅关于印发江西省文化厅主要职责内设机构和人员编制规定的通知》赣府厅发〔2009〕42 号），明确省文物局为省文化厅副厅级内设机构，设置博物馆处、文物保护处和文物执法处，均为正处级，编制数为 12 名。主要职责是指导、管理文物保护、文物考古、文物和博物馆公共服务体系建设工作，履行文物行政执法督察职责，负责世界文化遗产保护和管理的监督工作。在各设区市文物管理机构中，设立了文物局的有 4 个，为景德镇、上饶、赣州、吉安；在县市区文物管理机构中，有 15 个县（市、区）设立了文物局。其他均为文化局履行文物管理职能。目前，全省文博系统现有职工 2515 名（包括离退休人员），其中硕士 9 名，本科生 147 名，大专生 649 名，中专以下 1036 名；研究员 4 名，副研究员 59 名，中级职称 272 名，初级职称 415 名，具有大学本科以上学历的占总数的 8.2%，学历层次主要集中在大专及中专文化水平，分别占 35.3% 和 56.4%。一大批集体和个人先后荣获国家各类文物保护荣誉称号和奖励。近年来，江西按照国家文物局的要求，结合本省文博队伍青黄不接、人才缺乏的实际，切实加强培训，大力实施文化人才"5511"工程，先后举办了全省保管人员培训班、全省文物普查人员培训班、全省法律知识培训班、全省建档培训班、全省讲解员培训班等各类专业培训班，通过文博教育培训工作，我省文博人才队伍状况得到一定的改观。

二　思　考

60 年来，江西文物事业取得的显著成就，是在各级党委、政府的正确领导下取得的，是全省文物工作者坚定贯彻落实文物保护法和文物工作方针，开拓创新，无私奉献的结果。回顾 60 年来江西文物事业的发展历程，我们深深体会到：

（一）各级党委、政府的重视与支持是事业发展的重要前提

江西当代文物事业的发展史，是紧紧围绕党委政府中心工作任务、积极探索适合江西实际的文物事业发展道路的实践史。在不同历史时期，党中央、国务院和省委、省政府始终高度重视江西文物事业的发展，出台了一系列指导江西文物事业发展的重要政策，制定全省文物事业发展的大政方针，对于全省文物事业发展起到了积极的推动作用。2008 年，投资近亿元的瑞金中央革命根据地历史博物馆正式开馆，江泽民同志亲自为新馆题名。

江西省文化厅、江西省文物局每年都在全省范围组织开展隆重热烈、形式多样的宣传纪念活动，通过组织开展"全国文化遗产日"和"5·18 国际博物馆日"暨文物保护宣传周等，先后举办过知识竞赛、专题展览及组织公众走进博物馆等活动，有效地拉近了公众与文化遗产事业间的距离，对于宣传江西文物工作起到了积极作用。

（二）依法保护文物是文物事业发展的有力保障

新中国成立以来特别是改革开放以来，江西始终坚持依法保护文物，预防和坚决打击文物违法犯罪活动,努力为文物事业发展创造和谐安定的环境。全省文物保护管理工作逐渐步入法制化、规范化轨道，在深入贯彻执行《中华人民共和国文物保护法》及其实施条例和其他国家文物行政部门颁布实施的部门规章及规范性文件的同时，江西加大了地方文物立法工作力度，1987 年江西就颁布了《江西省文物保护管理办法》，公布了省级文物保护单位的保护范围。1992 年，全国重点文物保护单位的保护范围亦经省政府核准公布。2002 年 7 月，省政府印发了《关于进一步加强文物保护工作的意见》。2006 年《江西省文物保护条例》颁布，并于 2007 年 1 月 1 日开始实施。此外还制定了一系列规章制度，如《江西省文物违法事件、安全事故报告制度》和《江西省文物安全突发事件应急预案》等。

改革开放后尤其是上世纪八九十年代以来，在市场经济大潮的冲击和利益驱动下，全省文物犯罪活动有所增加，文物保护与城市建设的矛盾比较突出，破坏文物环境风貌的事件时有发生，特别是有关单位出于自身利益，不顾法纪，造成文物破坏的现象时有发生。进入 21 世纪后，随着"鉴宝热"、"考古热"、"收藏热"的盛行，全省文物安全形势十分严峻。综合起来分析，其中比较典型的案件类型一是盗掘古遗址、墓葬，如瑞昌市码头镇三源村牛头岭古墓被盗案、樟树市"6·11"盗挖古墓案等；二是对不可移动文物本体的违法案件，如上饶市横峰县葛源镇闽浙赣省委机关旧址农民违章建房案、赣州通天岩石窟内寺庙违法建设案等；三是因基础建设造成的文物违法案件，如河南路桥公司毁坏抚州市金溪县宝山银矿遗址事件等。针对这种严峻局面，江西省文物局坚持打防并举的原则，采取了多种有力措施。一是以省级政府机构改革为契机，加强文物行政执法机构建设。在江西省政府的重视支持下，我省于 2006 年 5 月成立江西省文物保护执法队（与省文化市场稽查总队合署办公，人员 11 人），2008 年 4 月又成立了文物执法处，负责全省行政执法和文物安全管理工作，处理文物违法违规行为等。2009 年 5 月，在新一轮省政府机构改革中，在要求机构精简、综合执法的背景下，省政府还明确加强文物行政执法督察职责。二是以督办相关文物安全及文物违法事件为切入点，加大文物执法督查工作力度。在各级党委、政府的领导下，在省文物局的指导和公安部门的大力配合下，全省先后召开多次文物安全工作会议，开展文物安全专项整治行动，破获了一批文物案件，收缴了一批涉案文物，从严惩处了一批盗窃、盗掘文物的罪犯，有效降低了文物案件发案率，遏制了文物犯罪回潮的势头。三是以加快建章立制、形成机制为保障，努力构建职能明确、运转协调的文物安全工作机制。文物安全和文物执法工作重在健全管理制度，形成长效工作机制。我省制定了《江西省文物违法事件、安全事故报告制度》和《江西省文物安全突发事件应急预案》等制度，从而建立和完善全省文物安全应急响应机制，增强预防和应对突发事件、确保文物安全的能力。

（三）树立和落实科学发展观是事业发展的根本保证

60 年来，江西文物事业始终紧密围绕党和国家不同历史阶段的中心任务，紧跟党的理论创新步伐，合理制定发展战略，确保了江西文物事业的正确发展方向，取得了显著成绩；６０年来，江西文物事业始终坚持国家文物政策和文物工作方针，与各种不利于文物事业健康发展的不良倾向作坚决斗争，确保了文物事业的公益性质；60年来，江西文物事业始终服务服从于全省经济社会协调发展，对经济建设和旅游等第三产业的蓬勃发展起到了重要的推动作用。

60年来，江西文物事业始终坚持人民群众是历史的创造者，人民群众是文化遗产的创造者和保护者，人民群众是文化遗产保护发展成果当然享用者的原则，将全心全意为人民服务、满足人民群众日益增长的精神文化需求、维护人民群众文化权益作为工作的出发点和落脚点。在文物事业发展的基础上，人民群众通过参观文物古迹和作为文明殿堂的博物馆，受到了深刻的爱国主义教育、革命传统教育和科普教育，对于伟大祖国的热爱之情更加增强；文物部门通过营造和巩固不同类型的文物宣传阵地，开展形式多样、贴近公众的文物宣传活动，使保护文化遗产，守护精神家园的理念日益深入人心，文物事业的社会影响力不断扩大，政府主导、全民参与的文物保护体制初步形成；全省文物系统所属博物馆、纪念馆逐步免费开放，人民群众得以共享高质量的文化遗产保护成果，切身体会和谐社会的魅力。

60年来，江西文物事业发展的基本经验是将文物事业的发展纳入全省经济社会发展的总体布局，正确处理文物保护和经济社会发展的关系，在总揽全局、统筹规划的同时，统筹兼顾，着力抓好牵动全局的重点工作，着力抓好事关全省文物事业长远发展的重大项目建设，努力实现全面协调可持续发展。当前，在工作实践中仍然存在这样那样影响和制约江西文物事业全面协调可持续发展的问题，主要表现在文物保护"五纳入"尚未得到全面贯彻落实，地方财政对文物事业的投入不足，文物事业发展的地区差异比较明显，文物系统抓项目、抓落实的能力亟待提高，特别是文物工作者的思想观念和文物事业发展理念距离科学发展观的要求还有一定距离。这些问题的存在既反映了我们事业发展中的薄弱环节，同时也激励我们不断与时俱进，开拓创新，实现科学发展。

回顾往事，欢欣鼓舞；展望未来，豪情满怀。60年风雨历程，江西文物工作者与共和国共同走过。今天，我们面对的依旧是一张充满挑战与机遇的答卷，任重而道远。深厚的历史文化底蕴和丰富的文物资源是江西文物事业发展的优势与特色，我们有信心也有能力在新的时代，描绘江西文物事业美好的发展前景。

江西文物事业已经走过了辉煌的60年，我们坚信，江西文化遗产保护工作必将迎来更加辉煌的未来。

（执笔人：史文斌　潘之钰　蔡　宇）

山东省文物事业60年

山东省文物局

山东，素有"孔孟之乡，礼仪之邦"之誉，历史悠久，人杰地灵，名人辈出，是中华文明的重要发祥地之一。在漫长的历史长河中，生活在齐鲁大地的先民用自己辛勤的劳动和卓越的智慧，创造了博大精深、辉煌灿烂的齐鲁文化，留下了极其丰富的文物古迹。1949年中华人民共和国成立后，党和政府高度重视文物保护，设置专门机构和队伍，开始了历史上从未有过的田野考古发掘和大规模文物保护管理工作。60年来，全省文物事业自小而大，蓬勃发展，取得了令人瞩目的巨大成就。

一 山东文物事业60年的发展历程

60年来，山东文物工作虽然进程曲折，有起有伏，但文物事业的发展一直是主流，在促进经济和社会发展、繁荣文化事业方面做出了巨大的贡献。

（一）新中国成立初期的山东文物工作

1.党和政府高度重视文物事业

由中国共产党领导的文物保护事业可以追溯到抗日战争时期。1943年10月，中共胶东区党委、胶东区行政公署成立胶东图书馆，着手收集根据地内的古籍和金石古物。同年，胶东、渤海等抗日民主政权通令有关部门注意古代文物的收集与保护。这一时期由中国共产党领导的文物保护工作实践，为新中国成立后迅速发展的文物事业奠定了基础。1948年4月，中共胶东区委率先成立了由中国共产党领导的文物管理机构——胶东文化古物管理委员会。同年8月中共华东局设立山东古代文物管理委员会，10月迁至济南。1949年6月，山东全境解放，陆续建立文物管理机构的有胶东区、渤海区、滨北专署、新海连特区、潍坊、曲阜、泰安、邹县、益都、费县、滨县、青岛、济宁等。山东古代文物管理委员会自1950年起隶属文教厅。1952年9月改隶省文化事业管理局。1953年，山东古代文物管理委员会改称山东省人民政府文物管理委员会，1955年易名山东省文物管理处。

新中国建立之初，全省各地沿袭了战时机制。随着行政区划、隶属关系及机构体制的变更，文物管理机构也相应发生变化。1956年，全省有省文物管理处，泰山管理处，曲阜、邹县、嘉祥管理所，蒲松龄故居筹委会等6个文物管理机构。

2. 文物事业全面起步

文物征集工作取得了明显的效果。祖国的新生，激发了广大人民群众当家做主的热情，许多爱国人士将珍贵文物捐献给国家以表达自己的一份爱国心愿。建国一年后，全省共收集精品、佳品文物65643件。1956年11月，山东省人民委员会召开全省文物工作会议，随后在全省范围内展开了文物普查工作。到1957年6月，发现古遗址1008处，古墓葬4805座，古建筑864所，石刻5698处，收集文物23987件。

文物建筑维修工作开始起步，政府从财政中挤出部分经费用于文物建筑维修。建国之初，山东人民政府就维修了长清灵岩寺罗汉像和孔庙围墙。1950～1951年，先后维修加固了柳埠四门塔、曲阜孔庙大成殿、大成门及周公庙、嘉祥武氏祠、济南正觉寺、泰安岱庙、碧霞祠、南天门、博山赵执信故居、崂山华严寺藏经阁、邹县孟庙前殿等。1955年投资100万元，对泰山文物古迹全面整修。到1967年，维修的重要项目有：泰山唐摩崖石刻、经石峪挡水坝、蓬莱阁及水城、历城九顶塔、广饶南宋大殿、曲阜颜庙、长清灵岩寺钟鼓楼、郭氏祠、莒县浮来山定林寺、淄川蒲松龄故居、邹县孟庙亚圣殿、嘉祥武氏祠等。

各地对散存的汉魏碑刻和汉画像石等石刻文物作了适当集中。将原在汶上、东平、新泰的汉《衡方碑》《张迁碑》和西晋《孙夫人碑》移入泰安岱庙；原在兖州的《贾使君碑》和北京大学的《北陛刻石》移入曲阜孔庙。北魏《马鸣寺碑》、北齐《临淮王像碑》、《文殊般若碑》，隋《舍利塔下铭》、《龙华寺碑》等，由荒野或破旧文庙中移至当地文化部门收藏。曲阜、邹县、滕县、嘉祥等地分别设立了汉画廊或陈列室。

考古发掘工作陆续展开。上世纪50年代初，山东古代文物管理委员会组织了滕县岗上、日照两城镇、济南大辛庄等数十余处地点的考古调查和试掘工作。1953年，华东文物工作队山东组成立，配合兰烟铁路工程清理了即墨姜家沟和古城村新石器时代遗址。1954年山东省文管会、华东文物工作队发掘了沂南北寨东汉画像石墓。

博物馆事业稳步发展。新中国建立后，经文化部批准，以山东古代文物管理委员会和山东自然博物馆为基础成立山东省博物馆筹备处，并作为省级地志性综合博物馆的试点，抽调江苏、黑龙江等省、市专业人员协同工作。1956年2月，结束筹备工作，对外开放。当时整理编目并定级入藏的文物共10.9万余件，其中一级藏品1531件，待整理的历史文物和文献资料15.7万余件，自然标本7000余件，资料室藏书12万余册。先后举办过影响较大的陈列和展览50多个，接待观众共约300万人次。1960年5月，山东省博物馆出席全省文教战线群英会，获先进集体称号。6月上旬，又出席全国文教战线先进单位和先进工作者代表大会，获全国文教战线先进单位称号。

3. 政策保护力度不断加大

建国后，中央和地方就开始制定出台一系列文物保护政策、制度，依法管理文物事业。山东省人民政府陆续发布了《通行征集保存古代文物令》、《关于建立各级古管机构并加强文物征集管理工作的指示》、《为破坏古迹事例，请加强文物保管工作》等政令，有力推进了山东文物管理工作的规范化进程。

◆孔庙全景

◆五岳独尊

（二）"文化大革命"时期的山东文物工作

"文化大革命"在政治上和经济上给党和国家带来了空前浩劫，也给中华民族悠久灿烂的历史文化造成了永远难以弥补的损失。但是一些文物工作者顶住了各种政治、精神压力，冒着风险，冲在抢救文物的第一线，在祖国的危难关头，保护了大批文物，使很多重要文物免遭厄运。1969年，济南市博物馆在济南无影山清理发掘汉墓14座，出土乐舞杂技俑、陶车马和陶鸠等重要文物。1970年5月，山东省博物馆发掘曲阜县九龙山南侧大型汉墓4座，墓室凿于山崖，结构复杂，出土文物1900余件，其中有银缕玉衣残片、"庆忌"铜印等。另外，山东省博物馆发掘邹县明鲁荒王朱檀墓，出土银器、铜器、玉器、瓷器、文房四宝、琴棋书画、仪仗木俑等千余件。1972年，山东省博物馆等单位发掘临沂县银雀山西汉武帝时期的墓葬2座。出土文物中以竹简最为珍贵，有《孙子兵法》、《孙膑兵法》等竹简4900多枚。1975年，山东省博物馆发掘嘉祥县杨楼隋开皇四年（584年）徐敏行墓，发现墓室壁画。

（三）改革开放三十年来的文物工作发展情况

1976年"文化大革命"结束后，山东文物事业也步入了理性、健康、快速的发展时期。

改革开放以来，在省委、省政府的正确领导下，全省文物战线以邓小平理论和"三个代表"重要思想为指导，全面落实科学发展观，坚持"保护为主、抢救第一、有效管理、合理利用"的文物方针，解放思想，干事创业，与时俱进，大力推进文物工作，文物事业不断快速发展。

1. 立足工作需要，加强文物机构队伍建设

改革开放以后，为适应文物事业发展的新需要，省及地方加大力度，推进文物保护机构和队伍建设。目前，全省的文物管理机构发展到97个，各市和文物县（市、区）普遍建立了文物保护机构，如文物局、文物处、文物管理委员会办公室或文物管理所，从业人员3939名，其中专兼职执法人员300多人。在加强机构建设的同时，全省注重提高文物队伍业务水平，先后举办了"全省文博干部培训班"、"第三次文物普查培训班"、"齐长城资源调查培训班"等培训项目，开办了"齐鲁文博讲坛"，组织文物执法人员参加了国家文物局举办的"文物安全与行政执法管理信息系统培训班"、省政府法制办举办的"公共法律知识培训班"等一系列执法培训班。自1982年以来，山东省文物局与大专院校合作共同举办了5期文博干部进修班、6期

成人高等教育文博专业证书班，培训在职专业人员 1000 余人，收到了很好的成效。

2.采取切实有效措施，规范不可移动文物和馆藏文物管理

1978 年之前，国务院先后公布了一、二、三批全国重点文物保护单位，山东有 16 处。1978年以来，国家公布了四、五、六批全国重点文物保护单位后，山东的全国重点文物保护单位达到 101 处；曲阜"三孔"、泰山、齐长城被列入世界遗产清单或扩展项目；省政府先后公布了 3批省级重点文物保护单位，共 687 处。各市、县（市、区）相继公布了本地重点文物保护单位5000 多处。根据法律法规要求，全省为文物重点保护单位划定了保护范围和建设控制地带，重点文物保护单位的"四有"工作不断加强，"五纳入"机制得到有效落实，"县、乡、村"三级文物保护网络逐步建立。在馆藏文物方面，狠抓各项基础工作，层层落实责任，相继开展了文物基本单位普查、博物馆一级文物藏品建档备案、馆藏文物腐蚀损失调查等系统普查工作，文物保护日趋规范化、科学化。

3.大力推进文物保护工作

一是借"申遗"推力，促进我省文物保护工作与国际接轨。泰山、"三孔"、齐长城被列入世界遗产名录后，进一步激发了全社会文化遗产保护热情。目前，根据国家文物局的统一安排，我省启动大运河申报世界文化遗产工作，先后开展了运河资源调查、文物点筛选、保护规划编制等工作。曲阜尼山孔庙、邹城孟庙孟府孟林、嘉祥曾庙、临淄齐国故城遗址等 6 个文物单位列入了国家公布的世界文化遗产预备名单。二是加大力度，有计划、有重点地实施文物保护工程。各地集中人力、财力、物力，采取切实有效措施，对重点文物进行保护维修，取得了显著成绩。三十年来，在国家文物局和省财政的大力支持下，先后实施了近千项重点文物维修工程，全省各级文物保护单位保存状况得到了较大改善。"三孔"、蓬莱水城、岱庙、颜庙、天柱山、烟台山等一大批重点文物保护单位的文物本体得到了科学保护，周边环境得到了有效治理，为文物的合理利用创造了有利条件。

4.服务经济建设，加强文物抢救性保护工作

改革开放以来，随着经济社会的快速发展，南水北调、高速铁路、高速公路、电厂、水库、机场等一系列国家和省重点基本建设项目陆续展开，文物保护任务非常繁重。全省文物考古发掘工作以配合重点建设工程为重点，不断加大文物抢救性保护力度。为解决经济快速发展、城市化进程和新农村建设中出现的文物保护的新情况、新问题，省政府 2008 年专门出台了《关于进一步加强文物保护工作的通知》，坚持基本建设项目要尽可能避开文物保护区，所有建设工程必须实施先行文物调查勘探的原则，规范建设过程中的文物保护工作。三十年来，根据文物考古发掘，先后建设了临淄车马坑博物馆、临沂洗砚池晋墓博物馆等文物保护设施；全省考古调查 18700 余公里，勘探面积 4400 多万平方米，仅 2008 年，全省配合基本建设的文物考古发掘面积就达 2 万多平方米。洛庄汉墓、危山汉墓、青州龙兴寺佛造像、寿光盐业遗址等 14 项考古成果被评为年度"全国十大考古新发现。"

◆ 寿光盐业 014A 遗址

◆ 北齐贴金彩绘佛造像

5. 以博物馆建设为基础，积极发挥文物社会功效

一是加快博物馆设施建设步伐。改革开放以来，尤其是"三个代表"重要思想和科学发展观提出以后，山东在全国率先提出了经济文化强省建设的战略目标，文博设施建设的步伐进一步加快。山东省博物馆新馆于 2007 年 12 月 29 日奠基，该馆建筑面积 8.3 万平方米，2009 年年底将全部建成并对外开放。潍坊市诸城新建博物馆，投入近 3 亿，建筑面积 3 万多平方米；莒县投入 7000 多万建设了新博物馆；临沂市、德州、莱芜市正在筹建市博物馆；莒南县先后筹措 2500 万元，修复了八路军 115 师司令部和山东省政府旧址，修复了当时成立的七个厅局办公场所，建设了八路军 115 师司令部纪念馆和山东省政府成立纪念馆。目前，全省已新建、改建了 14 座市级博物馆，160 多个文物收藏单位的安全设施得到改善。二是大力提高服务水平。全省各级各类博物馆强化服务理念，每年都推出了一大批文物展览，如《山东重大考古新发现文物展》、《全省文物精品大展》、《孔子文化展》、《青州龙兴寺出土佛教造像展》等大型展览，产生很大的社会影响。为发挥博物馆的服务功能，2008 年 1 月 23 日，按照国务院统一部署，全省博物馆、纪念馆正式向社会免费开放，满足了社会公众日益增长的文化需求。截至 2009 年 5 月底，全省免费开放博物馆达 95 家，已免费接待观众 1000 余万人次，受到社会各界的广泛欢迎。

6. 依法行政，推进文物行政执法工作

一是建立健全文物法规规章制度。上世纪 80 年代初，国家先后出台了《文物保护法》、《文物保护法实施条例》等法律法规。山东省人大于 1990 年出台《山东省文物保护管理条例》，之后又颁发了《山东省历史文化名城保护条例》、《山东省刘公岛甲午战争纪念地保护管理规定》、《泰山风景名胜区保护管理条例》等一系列地方性文物法规；山东省政府印发出台了《关于进一

步加强文物保护工作的通知》，济南市、青岛市、淄博市出台了地方性文物保护法规，其他市地政府也推出了相应的文物保护规范性文件。省文物局根据文物保护工作需要，先后出台了《山东省文物安全突发事件应急预案》《山东省文物拍卖标的审核程序规定》等17项管理制度。目前，已经初步形成了一个健全、配套的文物保护法规体系。二是大力加强文物行政执法工作。全省各级文物部门根据《文物保护法》赋予的法定职责，采取切实有效措施，依法行政、依法管理文物事业。省文物局在山东文博网上开通了局长信箱，公布了举报电话，畅通各类文物违法案件和安全事故的受理渠道，编制了《山东省文物违法事件、安全事故登记表》，做到"事事有登记，件件有回音"。出台了《山东省文物行政执法巡查办法（试行）》，定期和不定期组织开展对各级文物保护单位等不可移动文物、国有文物收藏单位、文物保护工程、考古发掘工地、文物市场等的执法巡查工作，有条件的市还配备了专人专车和专门设备，文物行政执法巡查工作逐步走上正轨。仅2008年以来，全省就出动1000多人次，组织开展了文物行政执法专项督察、文物消防安全大检查、考古和文物保护工程工地安全检查、奥运期间文物安全大检查、文物安全专项检查、重点文物古建筑消防安全专项检查、文物安全百日督查等多次安全检查，向存在安全隐患的单位下达了限期整改通知书和督查意见，对存在的问题进行整改。同时，文物部门还与建设、公安、海关等部门密切合作，联合打击盗窃、破坏、走私文物等违法活动。仅2008年，省文物局就及时查处了中国石油化工股份有限公司天然气分公司胶州至日照天然气管道工程非法施工案、兖州兴隆塔地宫文物被盗案等十余起文物违法案件，消除了一批安全隐患，全省文物安全形势持续好转。

7.大力开展文物普查工作，进一步摸清全省文物底数

为掌握、了解全省现存不可移动文物状况，上世纪80年代初，我省组织开展了第二次文物普查工作，取得了巨大的成绩。通过长期的考古调查、勘探和发掘工作，山东已经建立起了距今万年以来至诸历史时期的考古学文化发展谱系，取得了许多突破性的科学成果。2007年，根据国务院的统一部署，全省启动了第三次文物普查工作。这项工作开展以来，省政府先后召开了文物普查电视会议和全省普查工作调度会，对做好普查工作进行了动员部署。各市各有关部门按照国务院和省政府的统一部署和要求，高度重视，认真履行职责，做了大量工作，取得了显著成绩，圆满完成了第一阶段队伍组建和培训任务，顺利完成了预期任务。截至2009年8月31日，全省共调查登记不可移动文物26227处（较2009年6月30日增长13.7%），其中新发现16463处，占总量的62.8%，复查9764，占总量的37.2%。全省实地文物调查启动率为90%，完成率为83%。大部分市进展都较迅速，济宁、德州、莱芜、枣庄、滨州五市以及68个县已经完成实地调查；青岛、威海、东营、淄博四市完成率超过83%。

8.依托山东文物资源优势，广泛开展对外文物交流与合作

30年来，全省出访文物团组共460余起，2700多人次，接待来访250余起，200多人次，并且出访、来访人次逐年增多。通过举办一系列文物对外展览、合作活动，有效地宣传了山东，宣传了中国。"青州龙兴寺出土佛教造像展"、"孔子文化展"等一系列展览先后在美国、德国、英国、日本、瑞士、西班牙、意大利、新加坡等地展出，引起巨大轰动，成为我国对外文化交流的品牌。在"中法文化年"、"中俄国家年"等对外交流活动中，我省文物展都是重要组成部分，受到中外国家领导人的高度关注和国际友人的热烈赞扬，为中外文化交流作出了积极贡献。同时，我省还开展了对外文物合作研究工作，如中德合作北朝摩崖石刻调查研究、中瑞合作发掘白龙寺佛教遗址、中美合作两城遗址发掘和区域调查等，对于引进发达国家的文物保护和研究理念，促进我省文物保护科研水平的提高起到了积极作用。

二　山东文物事业60年的发展成就

建国60年来，全省文物工作取得了巨大的进步。与60年前相比，全省文物事业发生了天翻地覆的变化，迈上了一个新台阶。主要体现在以下几方面：

（一）文物法制建设从无到有，逐步健全配套

建国之前，由于内战和外国入侵，文物保护环境极差，文物法制基本上是一片空白。建国以来，尤其是依法治国成为国家的根本治国方略后，文物法制建设进程不断加快，国家、国家有关部委出台了一系列文物保护政策与法规，再加上《山东省文物保护管理条例》等地方法规、规章、文件，全省涉及文物事业的相关法律法规、部门规章和规范性文件等近百项。目前，全省以《文物保护法》为核心的法律法规体系框架已经初步形成，全省文物事业正在步入法制化、规范化的轨道。

（二）文物保护基础工作全面启动，成效显著

60年前，由于战争不断，民不聊生，文物保护工作只是一鳞半爪，文物保护基础十分薄弱。60年来，全省人民艰苦创业，奋发努力，文物保护基础工作取得了巨大进步。

一是文物底数逐步明晰。建国以来，全省先后开展了三次文物普查工作。尤其是第三次文物普查，是建国以来规模最大、范围最广、时间最长、政府力度最强的一次重大文物调查工程。通过文物普查，进一步摸清了文物资源底数和保护状况，实现文物事业可持续发展。目前，全省已发现文物点达2万余处，各级重点文物保护单位7000余处，其中全国重点文物保护单位101处，省级重点文物保护单位687处；省级优秀历史建筑373处；历史文化名城17座，其中国家级历史文化名城7座；馆藏文物121.9万件，其中一级品6623件。考古发掘标本和文物商店库存流通文物约40万件。

二是"五纳入"、"四有"和文物资源建档工作积极推进。根据文物法律法规要求，全省文物"五纳入"深入推进；不可移动文物"四有"工作得到全面落实，县、乡、村三级保护网络基本建立，各级重点文物保护单位划定了保护范围和控制地带，树立了保护标志，落实了保护机构；全省开展了馆藏文物资源调查建档工作，文物数据库建设正在推进之中。

三是全社会文物保护意识深入人心。文物保护不是部门行为，而是全社会的共同责任。多年来，全省广泛开展普法、宣传活动，通过各类媒体、网络、宣传栏、书籍材料以及节庆活动等，宣传文物保护政策、法律法规，普及文物保护知识。尤其是自1985年我国加入联合国《文化遗产保

护公约》后，泰山、"三孔"先后成为我国第一个文化与自然双遗产、文化遗产，齐长城也随后作为长城遗产的一部分列入了世界文化遗产，进一步激发了人民大众参与者文物保护的热情和意识。目前全省正在大力开展大运河"申遗"工作。

四是初步形成了一支政治强、业务精、作风正的专业队伍和较为完整的文物行政管理体系。建国60年来，文物保护机构逐步健全。建国之初，全省文物管理机构屈指可数，至1956年，全省文物管理机构仅6个；1983年，全省各地共有文物管理机构24个。目前，全省文物保护管理机构97个，省级以上文物保护单位、自然保护区、风景名胜区都分别设立了文物管理处、所，已形成了一个较为完整的文物行政管理体系。60年来，全省文物从业人员从建国初期的几十人到现在的近4000人，是60年前的近百倍。知识结构、学历结构、职称结构都有了很大改善，形成了一支具有较高政治和业务素质、结构比较合理的文博工作队伍。

五是文物科研取得长足进步。建国前，山东文物保护薄弱，科研更是一片空白。建国后，全省在文物保护实际工作中，注重理论研究和经验积累，推进科技创新。2000年以来，先后有2个发掘项目获得国家文物局田野考古二等奖和三等奖。先后承担了多项国家社会科学重点课题和国家文物局重点课题，出版和发表了一批较高水平的专著和学术论文，获文化部科技进步奖1项，夏鼐考古学研究成果二等奖1项，获得山东省社会科学优秀成果奖10余项。编辑出版了《沂南画像石墓》、《鲁国故城》、《山东文物地图集》、《辉煌30年——山东考古成就巡礼》、《山东省历史文化遗址调查与保护研究报告》等一系列学术著作。

（三）文物重大保护工程和抢救性工作全面展开，文物保护水平大幅度提高

一是重大文物保护工程成就显著。新中国成立之前，由于各方面原因，文物保护措施处于一片空白，绝大多数文物尤其是野外不可移动文物处于无人看管、濒临毁灭的危险境地。1949年以后，全省加快保护机构建设，集中人力、财力、物力，对不断加大对重点文物保护工作力度，即使在建国初期财力十分有限的情况下，一些石刻、古建筑等重点文物也得到了一定程度的保护。随着经济社会发展，文物保护范围也逐步扩大，已经涉及到所有的古建筑、古遗址、古墓葬、石刻、庙宇以及革命文物、工业遗产、民俗文物等方面。尤其是改革开放以后，随着国家和地方经济实力的增长，各级财政给予文物保护大力支持，全省先后有计划、有步骤地安排了近千项重大文物保护工程，"三孔"、岱庙、蓬莱阁、四门塔、灵岩寺等一大批重点文物保护单位得到了有效保护，在促进地方经济、发展文化服务业等方面发挥着重要的作用。

二是文物保护抢救性工作稳步推进。新中国成立后，特别是改革开放以来，我国经济、社会发展进入高速期，国家、省和地方一系列基本建设项目如高速公路、铁路、电厂、机场、水利设施、工业项目等全面展开，文物抢救性保护任务十分繁重。全省文物系统以经济建设为中心，组织大批专门力量，根据文物保护法律法规要求，规范文物保护程序，加大文物抢救性工作力度。近30年，全省考古调查18700余公里，勘探面积4400多万平方米，先后转移一大批文物，建设了临淄车马馆、临沂洗砚池晋墓博物馆等文物保护设施，抢救了一大批珍贵文物。

三是馆藏文物保护水平不断提高。建国初期，文物科技保护水平较低，技术落后。改革开放后，全省通过举办培训班、学习班、"送出去、请进来"等方式，着力培养文物科技保护人才，馆藏文物复制、修复、维护的科技水平有了显著提高，一些濒临损毁的文物得到有效保护。

（四）文物考古发掘取得丰硕成果

建国前，山东考古界人才极为匮乏，济南大辛庄遗址、泰安大汶口遗址等一些考古发掘，主要是依靠外部力量来完成。建国后，全省不断加强文物考古专业力量，目前已经形成了包括3家考古研究所在内的较为雄厚的文物考古队伍。继临沂银雀山汉墓发现"孙武"、"孙膑"兵法竹简后，近几十年来，为配合国家和地方重点基本建设，全省先后开展了一系列文物考古发掘工作，获"新中国十大考古发现"、"中国20世纪重大考古发现"各1项，洛庄汉墓、危山汉墓、青州龙兴寺佛造像、寿光盐业遗址等14项考古成果被评为年度"全国十大考古新发现"。其中一些考古成果甚至改变了人类文明史，如寿光边线王龙山文化城址和五莲丹土大汶口文化城址的发现，填补了我省史前城址考古的空白；临淄后李文化和沂源扁扁洞遗存的发现，将我省新石器时代由7300年左右提前到8500年至10000年；寿光付家遗址头盖骨考古发现，证明了5000年前大汶口人就可以成功开展复杂的人工开颅手术。寿光双王城盐业遗址的发掘，揭露了世界已知规模最大、保存最完整的制盐作坊群，并把我国海盐制盐史前提到商代中期。

◆考古工作者在整理竹简

◆银雀山1号2号汉墓

◆大汶口文化遗址

◆银雀山出土竹简时的场面

（五）博物馆事业蓬勃发展，基础设施建设明显改善

1949年，山东仅有十余座博物馆，而且大多陷于馆舍差、藏品寡、人员少，运行难以为继的窘境。新中国建立后，文博设施建设百废待兴，在政府和全社会的支持关心下，博物馆建设和设施条件不断改善。1986年，全省博物馆增至45处。目前，全省各级各类各所有制博物馆已达170余座，其中，文化系统管理的94座。不仅有综合性博物馆，也有艺术、科技、民俗、遗址、地矿、自然等专题博物馆，初步形成了门类丰富、特色鲜明的博物馆发展新格局。共有35家博物馆分别被评为国家一、二、三级博物馆，总量在全国排名第二。其中，国家一级博物馆4家，二级博物馆7家，三级博物馆24家。全省现有馆藏文物121.9万余件，一级藏品6623件。

山东省博物馆新馆的建设，是山东文物事业发展史上的一件大事。2006年5月11日，山东省人民政府第67次常务会议正式确定建设山东省博物馆新馆，打造文化品牌，这是山东省委、省政府贯彻十七大精神、落实科学发展观的具体实践，也是促进文化资源大省向文化强省跨越、推进重大文化设施建设的开篇之作。山东省博物馆新馆占地230亩，建筑面积8.3万平方米，毗邻省奥体中心，位于交通便利的经十大道北侧。馆内设八馆四厅，即："山东发展史馆"、"齐鲁名人馆"、"民俗馆"、"石刻艺术馆"、"文物精品馆"、"古代交通馆"、"考古馆"、"自然馆"等八馆和"交流展览厅"、"学术报告厅"、"青少年实践活动厅"和"文化艺术品展示厅"等四厅。2007年12月29日，山东省博物馆新馆举行隆重的开工奠基仪式。该工程自2008年4月10日开工以来，进展十分顺利，2009年1月20日完成了混凝土的浇注，顺利实现了封顶；2009年底将全部开放。山东省博物馆新馆的建成，将成为全国最大的综合性地方性博物馆，作为山东省会济南的标志性文化设施，必将在经济文化强省建设进程中发挥着更大的作用。

（六）文物对外交流硕果累累，对外文物合作初显成效

文物对外交流与合作已成为我省改革开放的一个重要窗口，作为全人类共有的历史文化遗产，山东文物以其独特的魅力成为世界优秀的亮点。建国初期，山东赴境外文物交流活动极其稀少；改革开放以来，随着国门的逐步打开，对外文物交流逐年活动增多，主要体现为三方面特点：一是文物交流活动水平高，成为山东乃至全国对外文化交流的品牌项目。如"青州龙兴寺出土佛教造像展"、"孔子文化展"等一系列文物精品展览先后在美国、德国、英国、日本、瑞士、西班牙、意大利、新加坡等地展出，引起巨大轰动；在"中法文化年"、"中俄国家年"等对外交流活动中，我省文物展作为重要组成部分，受到中外国家领导人的高度关注和国际友人的热烈赞扬。二是文物交流活动不断活跃。随着改革开放的不断深入和发展，全省对外文物渠道不断拓宽，既有政府间的友好互访，也有民间的相互往来；既有国家主管部门举办的文化交流项目，也有地方友城间的交流合作；既有外出交流活动，也有引进交流项目。一个官民并举、双边往来与多边交流相结合，文化交流与经贸往来相结合的多渠道、多层面的对外文化交流格局已经形成。据不完全统计，近30年来，全省对外交流活动共700余起、2900多人次，并且出访、来访人次逐年增多。三是积极开展对外文物合作活动。在考古调查、发掘和文物保护方面，与欧、美、亚等国相关部门和单位开展了一系列的交流、合作，在借鉴国外先进保护理念与经验、提高文物保护水平方面起到

了积极的作用。

（七）文物保护社会价值日益凸显，综合社会贡献率不断提高

文物是珍贵的不可再生资源，具有重要的社会价值。60年来，随着全省文物保护工作水平的不断提高，全省文物资源得到了科学有效的保护，文物事业发展的成就得到了社会的广泛认同。一些博物馆、遗产地、大型展览和特色文物，已经成为了一座城市、一个地区的窗口和名片，成为了大众情感和意识链条上的重要亮点，成为了文化传承发展和民族记忆中的重要纽带。通过卓有成效的文物保护工作，文物资源的巨大潜能得到了充分的发挥，成为当地第三产业和经济发展不可或缺的支柱性资源，其社会影响力得到了越来越大的彰显。

三　山东文物事业60年的经验和启示

60年来，山东文物事业在各级党委和政府的正确领导下，在全社会共同关心、支持下，取得了丰硕的成果。在这60年的文物工作历程中，积累了极其宝贵的经验和启示。

（一）以人为本是做好文物工作的根本要求

文物资源是祖先留下的宝贵财富，是全社会的共同财产。文物工作只有落脚到人民群众，充分尊重人民群众对文化遗产工作的知情权、参与权、监督权和受益权，以人为本，不断满足人民大众的文化需求，切实为人民群众服务，才能不断推进文物事业的可持续发展。人民群众是文化遗产的真正主人，他们应该享受到文物事业发展的成果；同时，人民群众也是文物事业发展的重要力量，他们的参与和支持，是文化遗产事业赖以存在和发展的决定性力量，也是文化遗产事业的未来和希望。60年文物工作实践已经证明，文物事业的每一步发展，都是全社会共同努力的结果，过去是这样，文物事业的将来也是如此。要做好文物工作，繁荣文物事业，必须要坚持以人为本，切实把实现好、发展好、维护好最广大人民的根本利益作为文物事业的出发点和落脚点，夯实群众基础，文物事业才能在新的发展历程中取得更大的辉煌。

（二）服务中心、服务大局是做好文物工作的根本前提

文物工作面大量广，涉及方方面面，需要全社会的支持，但相对于国计民生和经济、社会发展，文物工作仅仅是政府工作的一方面。因此，做好文物工作，必须要围绕经济建设这个中心，在经济和社会发展的总体框架中去布局，在服务大局中求谋划，文物事业才能得到更好、更快的发展。例如，在考古勘探方面，改革开放以来，全省主要是配合国家和省重点基本建设工程，在服务经济建设这个大前提下，规范了考古发掘程度，开展了一系列的考古工作，洛庄汉墓、青州龙兴寺佛造像、寿光盐业遗址等考古项目取得了重大新发现，不仅顺应了经济发展形势，也积极推进了文物保护工作。因此，要做好文物保护工作，必须要围绕中心、服务大局，正确认识和处理经济建设与文物保护的关系，把文物保护与发展区域经济、提高居民的生活质量结合起来，使文物工作进一步融入城市发展、融入社区生活、融入经济建设，充分发挥文物资源的社会作用，为发展

旅游业和文化产业、推进区域经济和社会发展提供良好的人文环境，只有这样，文物工作才能赢得各方面的关心与支持，才能保持蓬勃的发展活力。

（三）奋发拼搏是文物事业繁荣发展的重要基础

文物事业的发展，离不开广大文物工作者的辛勤劳动；保护文物是全社会的义务，更是文物工作者的职责之所在。文物工作具有特殊性，需要专业知识，需要保护文物的责任感和使命意识，需要科学、严谨、一丝不苟的奉献精神。在长期的文物保护工作中，广大文物工作者不畏严寒酷暑，经风沐雨，克服点多线长面广、工作条件艰苦等重重困难，默默无闻地工作着，无论在深山野外、在考古现场，还是遗址、博物馆等地，只要有文物的地方就会留下文物工作者的脚印，他们在平凡的工作岗位上，用自己的青春和智慧，为文物事业的发展做出巨大的努力，如几十年在野外勤恳工作的文登市天福山革命遗址管理所所长宋爱华，勇于与文物犯罪分子殊死搏斗农民义务文保员李志海、文物稽查队员王凯等。正是因为文物保护工作者的辛勤努力，文物事业才能持续、健康、繁荣发展。文物资源是前人留下的宝贵财富，保护文物是长期而艰巨的任务，需要一代又一代文物工作的继续努力他们的智慧、汗水和劳动是文物事业持续发展的重要基础。

保护文化遗产、守护精神家园，是时代的召唤和文物工作者的神圣使命。我们要以党的十七大精神为指导，认真贯彻落实省委工作会议精神，围绕中心，服务大局，抢抓机遇，开拓创新，信心百倍地开拓我省文物工作美好未来，为促进社会主义文化大发展大繁荣，建设经济文化强省作出新的更大的贡献！

（执笔人：由少平　李　涛　李晓丹　汪海涛）

河南省文物事业60年

河南省文物局

建国60年来，在党和政府的殷切关怀及河南省委、省政府的正确领导下，在国家文物局支持指导下，河南文物工作者高举中国特色社会主义伟大旗帜，以邓小平理论和"三个代表"重要思想为指导，深入贯彻落实科学发展观，不断解放思想，改革创新，推动全省文物事业科学发展，在文物法制建设、机构队伍建设、文物抢救保护、博物馆事业等各个领域都取得了丰硕成果。

一 文物法制建设成绩显著

河南各级文物行政部门坚定不移地推进依法行政、加大行政执法力度，文物法制建设取得了显著成绩。

（一）持续完善地方文物保护法规体系，确保文物行政执法有法可依

河南省文物法制建设一直走在全国前列。1983年，《中华人民共和国文物保护法》刚刚颁布一年，省人大常委会便在全国各省直中率先颁布了文物保护地方性法规——《河南省〈文物保护法〉实施办法》。其后，又审议通过或批准了《河南省历史文化名城保护条例》、《河南省安阳殷墟保护管理条例》、《河南省新乡潞简王墓保护管理条例》、《郑州市嵩山历史建筑群保护管理条例》、《洛阳市龙门石窟保护管理条例》、《洛阳市隋唐洛阳城遗址保护条例》、《洛阳市汉魏故城保护条例》、《洛阳市〈文物保护法〉实施细则》等8部文物保护地方性法规。1995年9月1日，省政府颁布了《河南省古代大型遗址保护管理暂行规定》，并先后下发了《关于进一步加强文物工作的通知》、《关于加强大遗址保护工作的通知》等规范性文件。这些法规和政策为全省文物事业的健康发展提供了强有力的保障。各级文物部门努力提高依法行政和行政执法能力，文物行政执法水平日益提高。目前，省人大常委会已将《河南省〈文物保护法〉实施办法》、《河南省开封城墙保护条例》列入立法计划，相关准备工作正在抓紧进行。河南省文物法制建设已基本形成体系，有法可依成为现实，为文物行政执法打下了坚实基础。

（二）加强文物行政执法队伍建设，提高文物行政执法水平

省文物局积极争取省政府支持，下发了有关加强文物行政执法机构建设的文件，同时通过开展文物保护法执法检查，或向文物丰富的省辖市和县级政府发出专函，大力推动文物行政执法机

构建设。截至目前，全省共有专兼职文物行政执法机构 146 个、人员 801 名，其中省辖市级有专职文物行政执法机构 4 个、专职执法人员 42 名，县 (市) 级有专职文物行政执法机构 10 个、专职执法人员 76 名。为了提高文物行政执法人员素质，近年来我局多次举办全省性文物行政执法培训，并将文物行政执法作为文物管理干部培训的重要内容。洛阳、郑州等省辖市也先后开展了多种形式的执法培训。通过层层培训，广大文物行政执法人员的法律素质和执法水平有了明显提高。

（三）加强文物保护法规宣传，不断提高全社会保护文物的法制观念

各地坚持开展经常性的文物保护法规宣传活动，如不断加强与新闻媒体的宣传合作，邀请党政领导发表电视、广播讲话，电视台播放文物法制新闻，报纸设立文物法宣传专版，文物部门制作板报、专栏、固定标语和文物法图解、挂图、宣传车，推出互联网上文物法宣传活动，组织义务咨询鉴定服务，举办普法培训班和公安、司法部门打击文物犯罪案例展览，向有关职能部门赠送文物法规材料等。通过深入持久的宣传活动，各级领导干部和广大群众的文物法制观念得到了提高，为文物工作者依法行政、开展行政执法工作提供了良好的法治基础。

（四）健全配套的规章制度，规范文物行政执法行为

河南省文物局狠抓文物行政执法责任制及相关配套规章制度的建设，一是成立了推行行政执法责任制领导小组，由局领导担任组长，全面负责文物行政执法工作的领导监督工作；二是认真梳理行政执法依据，通过对我局实施的法律法规进行全面梳理，形成了《河南省文物管理局行政执法依据梳理结果》，并经省政府法制办核定依法应当实施的执法行为为两类 57 项，即行政许可 23 项和行政处罚 34 项；三是科学分解执法职权和确定执法责任，在梳理执法依据的基础上，制定了《河南省文物管理局行政执法标准》、《河南省文物管理局行政执法岗位责任制度》、《河南省文物管理局行政过错责任追究办法（试行）》等三项制度，将全局行政职权分解为行政许可审批、行政处罚调查、行政复议、行政诉讼共四类 39 个行政执法岗位，明确了每个岗位的执法标准，并把行政执法岗位分解到人；四是制定考核考评制度，考核实行百分制，以 100 分为标准，分解确定各项分值，实行倒扣分办法，采取日常检查和年终考核相结合的方式，将行政职权的行使与执法人员的年度考核奖惩紧密挂钩；五是建立健全内外部相结合的监督体系，在局网站公开行政执法依据，公开行政执法程序，公开执法结果;同时认真接受省人大对河南省《文物保护法》、《河南省〈文物保护法〉实施办法》贯彻落实情况的检查；六是根据 2005 年文化部发布的《文物行政处罚程序暂行规定》重新制发了包括《文物行政处罚案件立案审批表》、《调查询问笔录》、《行政处罚听证告知书》、《行政处罚决定书》和《强制执行申请书》等在内的 30 余种执法文书，并下发各地执行。在国家文物局开展两年一度的执法案卷评比中，河南获奖项目数量在全国名列前茅。河南省文物局分别获得 2007 年度、2009 年度优秀组织奖，郑州市文物稽查大队、洛阳市文物监察大队的四个卷宗分别荣获优秀案卷二等奖、优秀奖。

（五）加大文物行政执法力度，依法查处各类文物违法案件

省文物局坚持把调查处理文物违法案件与加强文物行政执法实践培训相结合，与加强文物保

护法宣传相结合，与从机制和制度上预防类似案件发生相结合，不断提高行政执法水平，每年督查处理的文物违法案件都在 20 起以上。各地文物行政部门也加大了文物行政执法力度，如：洛阳市文物局文物监察大队自 2003 年 10 月成立至今，共办理文物行政处罚案件 30 余起；郑州市文物局文物稽查大队自 2004 年 2 月成立至今，共办理文物行政处罚案件 20 余起，依法处理了一大批文物行政违法行为，维护了文物保护法律法规的尊严。

二　全省文物机构和队伍建设日益加强

新中国成立前，河南省仅有 1927 年设立的河南博物馆和 1935 年设立的南阳汉画馆两家文博单位，十几名人员。自新中国成立至 20 世纪 70 年代末期，河南文物机构和队伍建设快速发展，全省文物机构达到 54 个（其中博物馆 13 个），从业人员共有 1067 人。20 世纪 80 年代以来，全省文物机构队伍飞跃发展。据 2008 年底统计，全省文物机构已达 259 家，其中文物保护管理机构 143 个，博物馆（含纪念馆，不含民间博物馆）95 个，文物科学研究机构 10 个，文物商店和其他文物机构 11 个，从业人员 7657 人，文物机构和从业人员与 20 世纪 80 年代初相比分别增长了 5 倍以上。

河南文物机构及职工队伍的发展情况有以下特点：一是加强了管理职能。河南省文物局经过几次变动，2009 年机构“三定”规定在副厅级，内设 6 个处室（正处级，加挂 3 个处室牌子），人员编制 45 人；省辖市一级的文物行政管理机构逐步增加，至 2008 年，省辖市设立文物局的有 16 个，占到 18 个省辖市总数的 90%。在县（市、区）设立文物局的有 33 个，占全省 158 个县（市、区）的 20%。二是增加了文物机构的类型。从建国之初仅有的 2 个博物馆，发展到 20 世纪 80 年代初有了局、馆、所、队、店，到 2006 年又新增加了科学研究、鉴定、交流、公安、钻探等机构。三是人员业务素质有显著提高。20 世纪 80 年代的从业人员中，具有大学学历的约占总人数的 5%，而到了 2006 年，具有大学本科以上学历的达到 10% 以上，具有大学专科学历的达到 33%，其中具有高级专业技术职称的人员 377 人。在人才结构方面，门类不断细化、健全，形成了较为齐全的人才结构体系。

文物行政管理机构方面，河南省共有三级（省、省辖市、县）文物行政管理机构 49 个，其性质可分两类：一类是实行公务员系列的行政管理机构，如河南省文物管理局、洛阳市文物管理局和少数市、县级局，另一类是具有行政管理职能的事业机构，这一类占多数。20 世纪 80 年代以前的文物工作均由各级文化局管理，以后逐步设立相对独立的文物行政管理机构，但多数仍归文化局管理。全省文物行政管理机构在设立的时间上可分为前、后两个时期：前期是 20 世纪的八九十年代，这一时期设立的文物局有省文物局，省辖市有洛阳、三门峡、鹤壁，当时的郑州、开封、焦作为文物管理处；县级有登封、汤阴、沁阳、辉县、永城等。后期是进入 21 世纪以来，又有 13 个省辖市设立了文物局，市县文物行政管理机构建设加快。这一状况表明，河南在省和省辖市两级的文物管理机构体系已初步建成，文物管理工作得到了进一步加强。

各级政府十分重视博物馆、纪念馆的建设工作。全省已建成开放各类博物馆、纪念馆 150 余座。随着中国文字博物馆、洛阳博物馆新馆等一批现代化博物馆的兴建，全省博物馆建设掀起了新的高潮。河南省的博物馆、纪念馆可分为三个类型：一是历史类的综合性博物馆。如河南博物院、各省辖市博物馆和多数县级博物馆。二是专题性的博物馆或纪念馆，如郑州二七纪念馆、鄂豫皖苏区首府革命博物馆、确山竹沟革命纪念馆、开封艺术博物馆、三门峡虢国博物馆、南阳汉画馆等。三是名人博物馆、纪念馆，如张衡博物馆、杜甫纪念馆、张仲景博物馆、岳飞纪念馆、朱载堉纪念馆等。另外，在文物系统以外，还有河南地质博物馆、黄河博物馆等行业博物馆和非国有博物馆。

专业科研机构有 11 家，均为省、省辖市编制机关批准设立的科研院、所。主要的科研机构有省文物考古研究所、省古代建筑保护研究所、郑州市文物考古研究院、洛阳龙门石窟研究院、洛阳历史文物考古研究所、三门峡市文物考古研究所、新乡市文物考古研究所、安阳市古代建筑保护研究所、南阳市古代建筑保护研究所、南阳市文物考古研究所和漯河市文物考古研究所（许慎文化研究开发中心）。

在文物保护管理事业机构方面，到 2007 年共有 152 个机构：一是多数为县一级的文物保护管理机构。县一级的文物工作，多数为文化局主管，另设一文物事业机构，有的称为文物管理所，有的称文物管理委员会办公室，还有一些其他机构，构成了县一级文物保护管理工作的基础队伍。二是为单项文物保护单位的管理机构，如郑州市商城遗址保护管理所、洛阳市白马寺汉魏故城文物管理所、开封城墙文物保护管理所等。三是为文物工作队、文物钻探队一类的事业机构。文物工作队是省辖市设立的文物考古发掘机构，从性质上，也可以归入科研机构。总之，这一部分机构数量多，工作任务繁重，成为全省文物保护管理工作的中坚力量。

文物经营及其他机构方面，全省有文物经营、鉴定、公安及其他机构共 34 家，其中 3 家国有文物经营机构，即河南省文物交流中心、洛阳市文物交流中心和开封市文物商店，非国有文物商店 7 家，文物拍卖企业 7 家。文物公安派出所有 12 家，行政执法队 3 家，其他两家。

政府部门文物保护协调机制方面，20 世纪 80 年代以来，河南省、省辖市、县三级政府根据《河南省〈文物保护法〉实施办法》的规定均成立有文物保护管理委员会（以下简称文管会）。这是由各级政府出面组成的协调、指导机构。文管会一般由本级政府主管文物工作的副省（市、县）长出任主任，委员会由文物、公安、财政、建设、工商、规划、环境保护、旅游、国土资源、民政、水利、宗教等部门的负责人以及社会知名人士组成，办公室设在本级政府的文物行政管理部门。文管会还根据人事变动而随时换届调整组成人员。实践证明，这是加强文物保护工作、便于处理文物保护工作重大问题的有效组织形式。河南省文物保护管理委员会是 1984 年 3 月由河南省人民政府根据《河南省〈文物保护法〉实施办法（试行）》的规定而成立的协调指导机构，由主管文物工作的副省长任主任，并根据人事变动情况而换届。

三　扎实做好文物保护基础工作

建国以来，河南省十分重视文物保护的基础工作，建立了所有国保单位和省保单位的"四有"档案。在历次文物普查、长城资源调查、国保单位和省保单位的申报和管理、历史文化名城（村、镇）的申报和管理等方面做了大量工作。

（一）历次文物普查情况

1956 年下半年至 1957 年上半年，河南在全省范围内开展了第一次文物普查工作。河南省文化局对这次普查工作做了较充分的准备和具体的部署，拟定了计划，编写了宣传提纲和文物知识介绍，印发了传单和登记表，对各市县文物干部进行了短期培训。由河南省文化局文物工作队（河南省文物考古研究所前身，当时承担地上文物的调查与维修、地下文物的发掘与保护的任务）成立调查组，与各市县联手进行文物普查。据当时 111 个县市统计，共调查不可移动的文物点 2397 处，其中古文化遗址 531 处、古墓葬 466 处、古建筑 570 处、古碑碣 635 通、古石刻造像 95 处、革命遗址 36 处、其他文物 64 处，70% 以上是新发现的。

1961 年，河南省开始了第二次文物普查。由河南省文化局文物工作队组成七个调查组，与各地市县配合，对 118 个县、市 500 多处重要文物点的保护情况进行调查，并新发现了 200 多处文物点。

1962 年，河南又进行了第三次文物普查。以河南省文物工作队为主，各地市县文物干部配合，这次主要是对全省古代碑碣、石刻、墓志进行调查登记，共调查登记了 7439 通碑刻，较全面地掌握了当时全省碑刻遗存情况。

1961 ~ 1962 年河南省第二次、第三次文物普查可视为第一次全国普查在河南的延续，应纳入第一次全国文物普查的范畴之内。第一次全国文物普查或河南前三次文物普查的成果，主要是 1961 年 3 月国务院公布了第一批全国重点文物保护单位 180 处中河南的 13 处；1963 年 6 月河南省人民委员会公布的第一批河南省文物保护单位 253 处。从而把河南省的文物保护工作推向了一个新阶段。

河南第二次全国文物普查也即是河南第四次文物普查，是在 1984 ~ 1986 年进行的。当时，河南省人民政府办公厅下发了《关于深入开展文物普查工作的通知》，省、市（地）、县各级文物主管部门都成立了文物普查领导小组，全省动员专业和业余文物干部 4 万余人，共复查和新调查了包括古遗址、古墓葬、古代建筑、古代石刻、近现代重要史迹等不可移动的文物点 28168 处，征集或登记流散文物 76544 件。在这次文物普查过程中，全省召开过多次文物普查情况汇报会、经验交流会，印发了十多期河南省文物普查简报，并举办了全省文物普查成果展。这对各地市的文物普查工作起到了督促、引导、推动作用。这次文物普查活动，搞清了经过十年浩劫后河南省的文物状况，为新时期文物工作的全面开展做了必要准备。

第二次全国文物普查在河南的成果是，1986 年河南省人民政府公布了第三批文物保护单位 274 处，各县、市也公布了一批县、市级文物保护单位，而后来国务院公布的第三至六批全国重点文物保护单位的河南部分和河南省人民政府公布的第四批省文物保护单位也多半是这次文物普查的成果。与此同时，根据这次普查的资料，在 1991 年出版了《中国文物地图集·河南分册》及《河南省全国重点文物保护单位、省级文物保护单位分布图》（挂图）。这为河南省的文物保护、管理、科研、利用以及在基本建设中做好文物保护工作，避免建设性破坏，都提供了重要的基础资料。

2006 年，河南省承担了第三次全国文物普查试点工作，并取得圆满成功。2007 年 4 月国务院发布《关于开展第三次全国文物普查工作的通知》后，河南省的第三次全国文物普查工作全面铺开。全省 158 个县（市、区）都组建了文物普查队，共约 1700 余人直接投入到了文物普查工作中。截至 2009 年 8 月，全省共调查登记不可移动文物 36608 处，其中新发现 25623 处，复查 10985 处，普查工作取得了显著的成绩。

（二）公布文物保护单位

1956 年 8 月 28 日，河南省人民委员会发出《关于保护古迹名胜的通知》，公布了 500 处古迹名单。1961 年 3 月 4 日国务院公布第一批全国重点文物保护单位 180 处，其中河南省 13 处。1982 年 2 月 23 日国务院公布第二批全国重点文物保护单位 62 处，其中河南省 3 处。1988 年 1 月 13 日国务院公布第三批全国重点文物保护单位 258 处，其中河南省 14 处。1996 年 11 月 20 日国务院公布第四批全国重点文物保护单位 250 处，其中河南省 21 处，另有合并项目 3 项。2001 年 6 月 25 日国务院公布第五批全国重点文物保护单位 518 处，其中河南省 45 处。2003 年 4 月 3 日国务院核准增补焦裕禄烈士墓为第五批全国重点文物保护单位。2006 年 5 月 25 日国务院公布第六批全国重点文物保护单位 1080 处，其中河南省 92 处，另有 6 处被合并到其他全国重点保护单位。至此，河南省全国重点文物保护单位达 189 处 (198 项)。

为了加强河南省的文物保护工作，河南省先后公布了 5 批省级文物保护单位。1963 年 6 月 20 日河南省人民委员会公布河南省第一批文物保护单位 253 处。1986 年 11 月 21 日河南省人民政府公布河南省第二批文物保护单位 274 处。2000 年 9 月 25 日河南省人民政府公布河南省第三批文物保护单位 203 处。2006 年 6 月 8 日河南省人民政府公布河南省第四批文物保护单位 224 处。2008 年 6 月 16 日河南省人民政府公布河南省第五批文物保护单位 283 处。

目前，河南省公布的省级文物保护单位共计 1237 处，除掉消失的、升级的和重复的之外，实有省级文物保护单位 1046 处。

（三）历史文化名城的保护工作

1982 年 2 月 8 日，国务院公布了 24 个国家历史文化名城，其中河南省有洛阳和开封。1986 年 12 月 8 日，国务院公布了第二批国家历史文化名城 38 个，其中河南省有安阳、南阳和商丘；1994 年 1 月 4 日，国务院公布了第三批国家历史文化名城 37 个，其中河南省有郑州和浚县；2004 年 10 月 1 日，国务院批复河南省人民政府，同意将濮阳市列为国家历史文化名城。目前河南省有 8 个国家历史文化名城。全国八大古都中，河南省占其四，是全国最多的省份。2005 年 9 月 16 日，河南省禹州市神垕镇和淅川县荆紫关镇，郏县堂街镇临沣寨（村）被建设部、国家文物局公布为第二批中国历史文化名镇（村）。2007 年 5 月 31 日，河南省社旗县赊店镇被公布为第三批中国历史文化名镇。2008 年 10 月 14 日，河南省开封朱仙镇、郑州市古荥镇、确山县竹沟镇和郏县李口乡张店村公布为第四批中国历史文化名镇（村）。

1989 年 7 月 1 日，省政府公布河南省第一批省级历史文化名城（镇）15 个。此后，省政府又先后公布了 7 个省级历史文化名城（镇），目前省级历史文化名城（镇）达到 22 个。2006 年 9 月 30 日，省建设厅、省文物局公布河南省第一批历史文化名镇 6 个、名村 3 个。2007 年 4 月 11 日，省政府公布河南省第二批历史文化名镇 12 个、名村 6 个。2008 年 11 月 14 日，省政府公布河南省第三批历史文化名镇 9 个、名村 8 个。目前，河南省有历史文化名镇 27 个、历史文化名村 17 个。

（四）长城资源调查工作

2006年,在《国务院关于核定公布第六批全国重点文物保护单位的通知》(国发〔2006〕19号)中,河南省的长城(战国至明)作为与现有全国重点文物保护单位合并的项目第45项被予以公布,归入第五批全国重点文物保护单位"长城"(河南段)。

河南省境内的长城资源分布情况是:豫北主要有分布于安阳、鹤壁和新乡的赵(魏)长城,豫南主要是分布于南阳、信阳、平顶山、驻马店等市的楚长城,其他城市也有零星分布。长期以来,河南省对境内的长城调查及保护做了大量基础工作,已有4处长城遗址被公布为省级文物保护单位,10余处长城遗址被公布为市级文物保护单位。

◆豫北长城资源调查队员调查狮豹镇山险墙遗迹　杨华南摄

为摸清河南长城资源的家底,掌握全省长城资源的分布、数量和保存的基本状况,河南省在国家文物局和测绘局的统一安排部署下,专门成立了河南省长城资源调查领导小组、办公室和专家组,并抽调省文物考古研究所和省古代建筑保护研究所的业务骨干组建了3支长城资源调查队,于2008年8月正式启动了长城资源调查工作。目前,已完成了培训和前期的各项准备工作,正在进行全面的田野调查。

四　不可移动文物保护和展示卓有成效

（一）地上文物保护展示卓有成效

新中国成立以来,河南省地上文物保护工作按照各阶段指导思想的不同,可以划分为前中后三个时期。前期指1949年至1979年间的30年,这一时期地上文物保护工作的指导思想是"重点抢修,保证不塌不漏"。由于保护经费严重短缺等因素影响,保护工作的重点是文物本体,以修漏补缺为工作重点,强调只要不塌不漏,能不动就不动,能不修就不修。中期主要指20世纪80年代,这一时期的地上文物保护工作以"重点维修,兼顾一般"为指导思想,逐渐重视古建筑群中非主体建筑的保护维修,开始古建筑群整体布局的保护。后期主要指20世纪90年代以来,随着文物旅游事业逐渐发展,各级政府对文物事业的重视,加上国家文物局对河南省的重点支持,文物维修经费有了大幅度增加,河南省文物保护维修工作的指导思想也开始向"保护为主、抢救第一、合理利用、加强管理"方面转变,重点加强维修利用和对外开放工作,文物保护维修工作向前迈进了一大步。

1949～1979年30年间,国家和省财政累计拨款345.96万元,共抢修和保护了洛阳龙门石窟、少林寺塔林、开封祐国寺塔、济源济渎庙等85处文物保护单位。其中，南阳武侯祠、开封龙亭、相国寺、淮阳太昊陵等30多处文物保护单位维修后对外开放。20世纪80年代文物保护维修工作有了较大发展，文物维修总投资达2185.78万元，共维修保护385处古建筑、古遗址和古墓葬，其中国家文物局补助河南省1442.5万元，省财政补助734.28万元。在此期间，文物保护维修工作逐步走上规范化的道路。一是抢修了一批濒临毁灭的古建筑，每年80%的维修款用于抢救维修，10年间共抢修了新乡东岳庙、郑州城隍庙、襄县乾明寺、开封繁塔等300多处（座）濒危的文物建筑。在抢修的同时也进行了部分重点保护工程，如投资200多万元历时10年对嵩岳寺塔的维修保护，投资近100万元对内乡县衙、武陟嘉应观、洛阳潞泽会馆、安阳城隍庙的维修保护等；二是整修开放了一批重点文物保护单位。如洛阳潞泽会馆整修后辟为洛阳民俗博物馆；汤阴岳飞庙整修后辟为汤阴岳飞纪念馆；周口关帝庙整修后辟为周口市民俗博物馆；内乡县衙整修后辟为内乡清代县衙博物馆等。此外，还整修了开封山陕甘会馆、汝州风穴寺、洛阳关林、开封延庆观、新安千唐志斋、登封嵩阳书院等，共有65处文物保护单位对外开放。三是对已开放的文物保护单位进行完善。如龙门石窟等一批文物保护单位，随着参观人员的增加，已不能适应形势的需要。对此，河南省继续拨款维修了东山各窟，另对洛阳关林、南阳武侯祠、张

◆ 登封嵩岳寺塔

◆ 林州慈源寺平移搬迁保护

仲景墓及祠、登封观星台、少林寺、中岳庙、浚县大伾山等近20处文物保单位进行了局部维修和环境治理，扩大开放面积，增设有关配套设施。

20世纪90年代以来，河南省地上文物保护维修经费大幅度提高，地上文物保护工作迈上了一个新的台阶。这一时期，国家文物局共补助河南省5000多万元，省财政投入4000多万元（2006年统计数字）。文物保护维修工作转向重点项目的维修，如社旗山陕会馆、巩义石窟寺等保护维修工程；新安西沃石窟、安阳小南海石窟的搬迁工程。同时，还对300多处（座）文物建筑进

行了抢救性保护维修（2006年统计数字）。这一时期，河南省的古建筑维修工作不仅数量增多，规模加大，而且也采用了许多先进技术，如河南省古代建筑保护研究所完成的郑州文庙大成殿的整体抬升保护技术和省古建所与河北省建筑技术研究院合作完成的林州市慈源寺整体迁移保护技术，都具有一定的技术进步与创新精神，在文物建筑保护工作上是近年来一项突出成果，受到了社会广泛的关注与好评。

这一时期，地方政府也大量投入资金，围绕重点文物保护单位开展环境整治、基础设施建设，大力发展文物旅游，取得了良好的经济和社会效益。诸如洛阳龙门石窟、安阳殷墟、开封山陕甘会馆、洛阳东周"天子驾六"车马坑、三门峡虢国博物馆等文化内涵丰富、具有较高品位的文物景点，已经成为河南省文物旅游业的有力支撑点。同时，加强了对近现代重要史迹及代表性建筑的保护工作。其中新县鄂豫皖革命根据地旧址、兰考县焦裕禄墓、河南大学近代建筑群、郑州二七纪念塔等经过整修后，均得到了妥善保护，有的还辟为博物馆或纪念馆，常年对外开放，有的成为发展红色旅游项目。

（二）地下文物保护与展示成绩突出

河南是中国现代考古学的发祥地。新中国成立以后，河南省文物考古工作者在配合基本建设的过程中，大规模开展以考古发掘为主要内容的地下文物保护工作，为中国考古学研究积累了丰富的资料，为各类博物馆、研究机构提供了大量文物藏品，为我国文物事业的发展做出了突出贡献。

从新中国成立到改革开放之前的30年，河南省地下文物保护工作开展的频率和规模都不是很大，据不完全统计（洛阳地区这一时间段内的统计数据缺失），共进行考古发掘145项，并取得重要考古学成果。2001年7月，我国权威考古机构共同评选出"中国20世纪100项考古大发现"，河南省入选17项，在全国各省市中遥遥领先，其中的11项都是这一时期发现的。如1951年发掘的禹县白沙宋墓，1952年发掘的洛阳烧沟汉墓，1955年郑州商城遗址的勘探与发掘，1956年陕县庙底沟遗址的发掘以及同年对三门峡虢国墓地的发掘，1959年偃师二里头遗址的发现，1962年汉魏洛阳故城遗址的勘探与发掘，1965年新郑郑韩故城遗址的勘探与发掘，1975年登封王城岗遗址的发掘，1977年新郑裴李岗遗址的发掘等等。此外，许多著名的考古学文化、考古学类型，诸如新石器时代的裴李岗文化及其裴李岗、中山寨类型，仰韶文化及其庙底沟、大河村、阎村、后岗、大司空、下王岗类型，庙底沟二期文化，煤山、王湾、三里桥、后岗、王油坊、下王岗等龙山文化类型，夏商时期的二里头文化、二里岗文化、殷墟文化等，均在这一时期被发现或者得到定性。

改革开放以来的30年间，河南省地下文物的保护工作突飞猛进。全省共进行考古发掘4120项，是前30年考古发掘项目数的28倍多，其中95%以上都是配合基本建设项目开展的。另有统计数据表明，近些年，在全国每年配合基本建设进行的考古发掘项目中，河南省几乎能占到三分之一左右。以考古发掘为主要内容的地下文物保护工作已经涉及大至水库、铁路、公路，小至住房改造等方方面面的基本建设项目，配合基本建设的地下文物保护工作的日趋科学规范。河南省文物部门按照"两重"和"两利"（即"重点保护、重点发掘"和"既有利于文物保护，又有利于经济建设"）的原则，既积极服务于经济建设这个中心，又恪尽职守做好建设工程所涉及文物的文物勘探、考古发掘等抢救保护工作。全省基本做到了大中型建设工程事先进行文物保护处理，抢救保护了大批文物，获得了大量重要的考古发现。自 1978 年以来，河南省在配合基本建设开展的文物保护工作中，产生了一大批在中国文物考古学界产生过重大影响的考古发现。如 1978 ~ 1989 年间发掘的

◆南水北调考古成果展

淅川下寺楚墓及车马坑，淮阳平粮台遗址，渑池仰韶村遗址，舞阳贾湖裴李岗文化遗址、平顶山应国墓地，宝丰清凉寺汝官窑遗址等。而自 1990 年"全国十大考古新发现"评选活动开展以来，河南省已先后有三门峡上村岭虢国墓、殷墟花园庄商代甲骨窖藏等 34 项考古发掘项目入选，在全国各省市中遥遥领先。

（三）大遗址保护展示成绩突出

河南省是我国古代大遗址最为集中的地区之一，大遗址保护工作时河南文物部门始终致力解决的重点和难点问题，在国家文物局和河南省委、省政府的重视支持下，河南是的大遗址保护工作取得了突出成绩。

1994 年是我国由计划经济向社会主义市场经济转轨的第一年，大规模的经济建设和文物保护之间的局部矛盾凸显。当年 10 月，时任中央政治局委员、国务委员兼国家经济体制改革委员会主任的李铁映同志在郑州召开了由豫、陕、晋、冀、鄂、湘等 6 省文物部门负责人参加的文物保护工作座谈会，突出强调了大遗址保护工作。河南省委、省政府高度重视，全省文物部门不断进行探索，把河南省大遗址保护工作推向前进。1995 年 9 月 1 日，河南省人民政府政府第 18 号令《河南省古代大型遗址保护管理暂行规定》正式颁布实施，这是当时，也是目前全国唯一的由省级政府颁布的大遗址保护规章。此后，省人大常委会先后颁布或批准了《洛阳市龙门石窟保护管理条例》（1999 年）、《河南省安阳殷墟保护管理条例》（2001 年）、《郑州市登封观星台嵩岳寺塔少林寺塔林保护管理条例》（2003 年）等 3 部大遗址保护专项地方性法规。据统计，1994 ~ 2004 年 10 年间，河南省各级政府公布的有关大遗址保护的专项法规、规章、规范性文件等已达 17 部，初步建立起了河南省大遗址保护的政策法规体系，河南省大遗址保护工作逐步走上法制化轨道。1995 年，省建设厅和省文物局部署开展了大遗址保护规划编制工作，逐年完成了安阳殷墟、洛阳龙门石窟、郑州商城、郑韩故城、宝丰清凉寺汝官窑遗址、虢国墓地等 10 余处大遗址保护规划的编制工作。而且，这些大遗址保护规划多被纳入当地城乡建设规划，并得到较好的落实。

◆清凉寺汝官窑遗址

◆郑州商城遗址

　　随着我国综合国力的增强和科学发展观的确立，社会各界对文化遗产保护愈益重视，大遗址保护工作进入了一个新的阶段。2005年，国家发展改革委、财政部和国家文物局启动了大遗址保护项目，确定了"十一五"时期国家重点保护的100处大遗址（其中有河南省14处），同时设立2.5亿元国家大遗址保护专项补助经费，并规定以后逐年增加。截至2008年，4年间国家文物局已向河南拨付大遗址保护专项经费2.1亿元。2006年7月28日，河南省人民常委会审议通过《洛阳市汉魏故城保护条例》，2008年9月26日批准《洛阳市隋唐洛阳城遗址保护条例》。到目前为止，河南省有关大遗址保护的专项法规、规章、规范性文件等已近20部，涉及全省40余处大遗址。2007年3月，国家文物局和河南省政府在洛阳联合召开了大遗址保护工作洛阳现场会。会后，河南省各地特别是14处大遗址所在地纷纷出台举措，切实加强大遗址保护工作。同年5月，省政府印发《关于加强大遗址保护工作的通知》，全省大遗址保护工作进一步加快。

　　截至目前，河南大遗址保护各项工作进展顺利。列入国家"十一五"大遗址保护规划的14处大遗址中，新密古城寨遗址、偃师二里头遗址已完成总体保护规划编制。巩义宋陵、内黄三杨庄遗址分别完成了保护规划大纲的编制，总体规划正在编制过程中。灵宝北阳平遗址群中的西坡遗址编制了保护规划，总体保护规划的编制尚在筹备中。巩义窑址、洛阳邙山陵墓群、隋唐大运河河南段、河南段长城等大遗址由于研究基础薄弱，加之分布范围过于广大，目前主要是进行考古调查、勘探，并进行局部的考古发掘，为保护规划的编制获取基础资料。内黄县三杨庄遗址在总体保护规划尚未出台的情况下，已先期编制了二号庭院建筑基址保护大棚方案并得到国家文物局的批准，保护大棚工程于2007年10月动工，目前主体工程建设已经完成，正在进行内部装修。安阳殷墟在申遗成功以后，进一步推进安阳殷墟大遗址公园（示范园区）建设，安阳市成立殷墟保护总体规划修编工作领导小组，委托西北大学开始安阳殷墟遗址的修编工作。宝丰清凉寺汝官窑遗址的保护总体规划2005年就已获国家文物局批准，主要是围绕遗址核心区域开展工作，先后修建了临时性的保护大棚，编制了博物馆、防洪工程等保护方案。郑州商代遗址与郑韩故城均已完成总体保护规划编制，并已获国家文物局批准。2006年以来，郑州市制订了《郑州商城东、南城垣遗址专项保护展示方案》，保护工程已经启动。郑韩故城郑国贵族车马坑博物馆整体提升改造工程设计方案已获国家文物局同意。

洛阳市作为全国大遗址保护重点片区工作力度大、成效突出。隋唐洛阳城洛南里坊区保护展示工程自 2005 年底开始，洛阳市政府已累计投资 8000 余万元，进行了大规模环境整治，已部分实现了绿化保护。隋唐洛阳城定鼎门遗址保护展示工程是近年河南省大遗址保护的一项重点工程，目前主体工程已经开工建设。隋唐洛阳城宫城区明堂、天堂遗址及应天门遗址将实施整体保护，洛阳市拟对占压宫城核心区的洛玻集团进行整体搬迁，对该区域内分布的九洲池遗址群进行整体保护，并同明堂、天堂、应天门保护展示区域连成一片，从而在洛阳市城市中心区形成一个占地达 1000 余亩的大遗址保护展示园区。汉魏洛阳故城大遗址保护工作中实施的第一个保护展示项目——北魏永宁寺塔基遗址保护展示工程已经于 2005 年底正式对外开放。北魏宫城正门阊阖门遗址的考古发掘与保护展示工程于 2008 年 4 月完工开放。《洛阳汉魏故城总体保护规划》正在编制，内城城墙的保护展示方案已经获国家文物局批准，灵台遗址、北魏太极殿遗址、宫城西南城墙遗址等的保护展示方案正在修改完善。2007 年，偃师商城大城西城墙保护展示工程启动，已完成 1000 米的城墙垫土工程，相应拆迁工作进展顺利。

五　世界文化遗产事业快速发展

河南省的世界文化遗产申报工作在上世纪末开始，虽然起步较晚，但在省委、省政府和国家文物局的领导支持下，取得了显著进展。目前，河南省有世界文化遗产 2 项，即洛阳龙门石窟和安阳殷墟，另有 4 项被列入《中国世界文化遗产预备名单》，即郑州登封嵩山历史建筑群、丝绸之路（河南段）、大运河（河南段）和新乡潞简王墓。河南的世界文化遗产申报和保护管理工作，对于提升全省文物保护利用水平，展示河南悠久灿烂的历史文化，扩大河南的国际影响均起到了积极作用。

（一）洛阳龙门石窟

洛阳龙门石窟是中国石窟艺术极为重要的组成部分，以大量的实物形象和文字资料从不同侧面反映了中国古代政治、经济、宗教、文化等许多领域的发展变化，对中国石窟艺术的创新与发展做出了重大贡献。龙门石窟的历史、艺术、科学和鉴赏价值，使其成为石窟艺术系列中不可缺少的主要代表作之一。

1996 年，洛阳市委七届三次全会明确提出"争取龙门石窟列入《世界遗产名录》"。1997 年市政府有关领导和文物专家，先后赴北京、敦煌、承德等地考察，初步理清了龙门石窟申报工作的思路。1998 年《龙门石窟保护区规划》在国家文物局、省文物局及全国各地 20 余位专家的评审下顺利通过。1999 年 3 月，市人大抽调专人组成立法修改小组，进一步完善了《龙门石窟保护管理条例》，并经市人大常委会通过。5 月 30 日，河南省人大批准该条例，使龙门石窟保护走上了法制化管理轨道。此后，完成了申报文本编制和环境整治等大量工作。2000 年 1 月，龙门石窟顺利通过了联合国教科文组织专家的实地考察和评估。6 月，在巴黎举行的世界遗产委员会主席团（7 个成员国）会议上，龙门石窟顺利通过了主席团审议。11 月 30 日在澳大利亚凯恩斯市举行的联合国教科文组织第 24 届世界遗产委员会全体会议上，一致通过将龙门石窟列入《世界遗产名录》。

龙门石窟始终严格遵守《保护世界文化和自然遗产公约》的规定，做了大量卓有成效的保护工作。首先针对行将崩塌的洞窟、雕刻品及危岩进行了一系列抢险加固工程，使洞窟、雕刻品转危为安。接着几年时间投资 2 亿多元整治了龙门石窟区内外大量违章和不协调建（构）筑物，彻底改善了龙门石窟的环境面貌，并实施了一系列工程，使整个保护区实现了封闭式管理，彻底解决了保护区汽车过境造成的震动和污染问题，提前实现了申报时对教科文组织的承诺。同时对东山原破旧不堪的香山寺进行了改造，对白居易墓园进行了修复和绿化。文物安全问题得到解决和环境改善后，龙门石窟又进行了洞窟病害调查、环境与病害监测、石窟的日常维护与保养等工作，完善了龙门石窟保护资料与档案。2001 年进行了洞窟雕刻品表面石灰岩凝浆清洗研究。2002 年完成了宾阳洞和看经寺雕像的清洗保护工程和莲花洞石灰岩凝浆清除试验工作，在莲花洞揭露出了色彩鲜艳的彩绘造像。2003 年完成了惠简洞主佛、东山新出雕像的清洗工作，研究制定了《龙门石窟洞窟病害调查方案》和《龙门石窟环境与病害监测方案》。2004 年对药方洞外壁白色结晶盐进行了清理，并拍照记录。2005 年开展了石窟防渗漏勘查、漏水治理、防风化、地质灾害调查、石窟微生物病害调查及治理工作的前期准备、方案设计和初步意向的商定，为龙门石窟进行大规模的保护工程积累了经验。此外，龙门石窟还通过同国际科研机构的合作，了解、学习先进的保护理念、方法和技术，以新的理念来指导工作，以新的技术来保护文物，开创了龙门石窟保护研究的新局面。

（二）安阳殷墟

2001 年 4 月，安阳市委、市政府正式启动了殷墟申报世界文化遗产工作。此后的五年多时间，顺利完成了申报文本编制、保护规划及法规制定、周边环境整治、文物遗址保护展示、殷墟博物馆建设等各项工作。2006 年 7 月 13 日，在立陶宛共和国首都维尔纽斯召开的联合国教科文组织第 30 届世界遗产大会上通过评审，获准进入《世界遗产名录》。

由于年代久远，殷墟遗址长期湮没于地表之下，虽然在历史上曾受到自然和人为的损害，但是在国家和安阳地方政府的努力下，通过控制殷墟范围内村庄、道路与企业发展规模，逐步迁移保护区内村庄、居民等措施，使殷墟遗址得到了有效保护。建国 60 年来，安阳地方政府先后成立了殷墟管理处、殷墟博物苑、殷墟王陵遗址管理处等机构，对王陵遗址、宫殿宗庙遗址采取了地下封存、地表植被展示或部分揭露展示的方法进行了科学保护。目前，除历史上自然形成的村庄、道路外，在殷墟世界文化遗产申报保护范围内均为农田和绿地，地表上保持了殷墟原有的环境和历史面貌，体现了遗址的真实性与完整性。

殷墟成功列入《世界遗产名录》后，2007 年 8 月，安阳市政府又成立了殷墟世界文化遗产保护和管理委员会，具体负责殷墟大遗址保护工作的日常行政管理事务。为增强基层防护力量，还在遗址所在的区、乡政府建立了文物保护领导小组，在自然村建立了文物保护小组，形成了群防群治的文物保护网络，有效地保证了殷墟遗址的安全。

目前，安阳市殷墟世界文化遗产保护和管理委员会正按照联合国教科文组织关于世界遗产的

◆殷墟全景

要求，进一步加强遗产地的保护与管理，加强对遗产的科研工作，继续做好申报范围和缓冲区内遗迹，特别是洹北商城等遗迹的补充勘探和研究以及做好小屯村、花园庄搬迁的准备工作，进一步完善和提高遗址的配套设施。逐步把殷墟遗址打造成一个集文物博览与服务、遗址展示、文化休闲、园林绿化和环境保护于一体的大型考古遗址公园。

（三）登封嵩山历史建筑群

登封嵩山历史建筑群，包括太室阙和中岳庙、少室阙、启母阙、嵩岳寺塔、少林寺建筑群（常住院、初祖庵、塔林）、会善寺、嵩阳书院、观星台等8处11项历史建筑。自公元2世纪起一直延续至今，在不同历史时期体现出各自不同的兴盛与发展，集中地展现了中国古代建筑的精华。这些历史建筑，种类丰富，年代久远，上下2000年，构成中国中原地区形象、直观的建筑史，代表着人类的创造精神，为已消失的传统文化提供了特殊的实物见证，具有很高的历史、艺术、科学价值。

登封嵩山历史建筑群申报世界文化遗产是河南省继洛阳龙门石窟、安阳殷墟成功申报世界文化遗产之后的第三次申报工程，也是省委、省政府提出"中原崛起"、"文化强省"战略的一项重要文化工程。2008年《河南省人民政府工作报告》明确要求"积极推动登封嵩山历史建筑群申报世界文化遗产"。登封嵩山历史建筑群2006年被国家文物局正式列入世界文化遗产预备名单。2007年，各项申报工作全面展开，先后完成了申报文本编制、拆迁补偿安置、文物维修保护、外部环境整治、档案资料建设等项工作。2009年6月，第33届世界遗产大会决定嵩山历史建筑群直接进入次年召开的第34届世界遗产大会的审议。

登封嵩山历史建筑群保护与管理自1936年设专门机构至今，经历了古物保管委员会、文物专干、文物保管所、登封县文物保护管理委员会、登封市文物管理局的演变，其行政管理、监测评估、研究与咨询系统，共同组成了遗产保护管理体系，使保护与管理工作体系达到了科学化、精细化和专业化。保护与管理工作中，始终遵循了文物保护法和世界文化遗产保护管理办法的有关规定，特别是 2007 年 10 月国家文物局批准的《嵩山古建筑群保护总体规划》，为登封嵩山历史建筑群科学保护和管理提供了重要依据。登封市政府根据有关法律法规，制定了一系列加强历史建筑群保护的规定，各个文物保管所制定了相应的管理制度。同时，建立了比较完善的记录档案，制作、设立了登封嵩山历史建筑群的保护标志和界桩，相关村落制定了保护文化遗产的《村规民约》，立于村头巷尾。登封市政府还制定了火灾、水灾、地震等灾害应急措施，设置了现代化监控系统和安全标志，在 8 处 11 项申报地全部安装了避雷、防盗等安防、技防系统。这些完善的法律制度体系和工作程序，在登封嵩山历史建筑群保护管理工作中得到了全面贯彻和认真执行。

（四）丝绸之路（河南段）

2007 年 6 月，国家文物局决定把我国的河南、陕西、甘肃、宁夏、青海、新疆六省区和中亚五国联合将丝绸之路作为线性文化遗产申遗项目，于 2011 年提交世界遗产委员会会议审议。经专家对丝绸之路沿线相关遗产进行现场评估后提出的推荐意见，国家文物局确定把河南省的巩义石窟寺、汉魏洛阳故城、隋唐洛阳城、白马寺、函谷关与崤函古道等 5 处列为丝绸之路遗产选点。

巩义石窟寺为北魏皇室开凿，是北魏时期最重要的石窟，至今已有 1500 多年的历史，石窟寺的造像和题记，反映了丝绸之路上的佛教文化传播与交流。汉魏洛阳故城曾是中国古代东汉、曹魏、西晋和北魏等朝代的都城，是汉魏时期丝绸之路的东方起点。隋唐洛阳城是隋唐时期的东都，是西安之外的又一个全国政治、经济和文化中心，见证了隋唐时期丝绸之路商旅不绝的盛况。汉魏洛阳故城和隋唐洛阳城面积太大，只能申报故城中的一些点。洛阳白马寺创建于东汉永平十一年（公元 68 年），是佛教传入中国后由封建国家创立的第一座佛寺，其建筑开创了中国佛教建筑的先河。函谷关和崤函古道是丝绸之路的直接证据，该古道为丝绸之路必经之路，填补了丝绸之路遗产类型的缺环。

目前，河南段的申报文本已经数易其稿，基本完成，正在按照新的要求加以补充和完善。按照国家文物局的意见，河南省申报文物点的保护规划编制由中国建筑设计研究院建筑历史研究所承担。其中，《巩义石窟寺总体保护规划》、《洛阳汉魏故城总体保护规划》和《隋唐洛阳城整体保护规划》已基本完成，白马寺、函谷关与崤函古道的规划正在编制中。

（五）大运河（河南段）

大运河已列入我国申报世界文化遗产预备名单，并初步确定为 2013 年的申报项目。河南省境内所分布的大运河遗址主要是隋唐大运河永济渠的南段与通济渠的北段，涉及郑州、开封、洛阳、商丘、安阳、鹤壁、新乡、焦作等 8 个省辖市。目前，国家文物局已组织专家对河南省境内大运河的遗址点进行遴选，确定遗产选点 30 余处。中国文化遗产研究院已基本完成规划编制工作。

（六）新乡潞简王墓

2000 年，明清皇家陵寝列入世界遗产名录。2006 年，新乡潞简王墓作为"明清皇家陵寝"扩展项目，列入了《中国世界文化遗产预备名单》。潞简王墓作为"明清皇家陵寝"扩展项目申报世界文化遗产的工作开始于 2002 年，由于当年联合国教科文组织世界遗产委员会改变了申报世界遗产的规则，每个国家每年只能有一项文化遗产项目提请联合国世界遗产大会审议，这就大大迟滞了潞简王墓的申遗之路。但六年来，新乡市有关部门按照市委、市政府"积极工作、不张扬"的工作要求，陆续开展了潞简王墓周边环境治理、协调豫北监狱搬迁、潞简王墓保护管理条例制定、编制潞简王墓总体保护规划、开展文物修缮工程等一系列扎实有效的工作，积极为潞简王墓申报世界文化遗产做着准备。2007年9月，《河南新乡潞简王墓保护管理条例》经省人大十届三十三次常委会议审议通过，该条例自2008年1月1日起施行。目前，《潞简王墓保护总体规划》已编制完成并上报国家文物局审批。申遗文本初稿已完成，正在进行补充完善。同时，新乡市正在开展次妃墓维修保护工程，并召开了首届潞王学术研讨会，还与台湾宁靖王墓进行学术交流，积极为潞简王墓申报世界文化遗产探索各种途径。

六　博物馆事业蓬勃发展

建国前，河南省对社会观众开放的博物馆有两所：一所是1927年国民革命军第二集团军总司令冯玉祥任河南省政府主席时，在他的建议、支持下建立的"河南博物馆"（河南省博物馆，河南博物院前身）为综合性博物馆；一所是1935年河南省第六行政区督察专员兼南阳县县长罗震见画像石散存各地，日渐损坏，遂拨款令将搜集到的118块汉画像石镶嵌于民居墙壁上进行展示，时称"南阳民众教育馆"（今南阳汉画馆前身)，为专题性博物馆。

建国以后,河南省博物馆事业大踏步前进、迅猛发展。到1959年,河南省新建了安阳市博物馆、郑州市博物馆、洛阳博物馆、新乡市博物馆、南阳市博物馆、汤阴县岳飞纪念馆和原中共中央中原局所在地的确山县竹沟纪念馆等7所博物馆、纪念馆。20世纪60年代,由于三年自然灾害和"文化大革命",经济和文化建设受到很大影响。博物馆事业也是如此,只是在三年自然灾害后,"文化大革命"前的短暂时间里,新建了开封市博物馆、焦作市博物馆和浚县博物馆、所。20世纪70年代,文化建设相应较慢,十年来,只新建了郑州二七纪念馆、鹤壁市博物馆、辉县市博物馆、沁阳市博物馆、淅川县博物馆5所。

20世纪80年代,由于十一届三中全会的召开,拨乱反正,改革开放的进行,经济建设有了突飞猛进的发展,文化建设也随之迅猛剧增,相继建立了洛阳古代艺术馆、渑池县八路军兵站纪念馆、中原石刻艺术馆(1997年与河南省博物馆一起组成河南博物院)、周口市博物馆、商丘博物馆、新县鄂豫皖首府革命博物馆、南阳张仲景博物馆、内乡县衙博物馆、汝州市汝瓷博物馆、舞阳县博物馆、三门峡市文物陈列室、郾城许慎纪念馆、扶沟县博物馆、项城县博物馆、方城县博物馆、武陟县博物馆、镇平彭雪枫纪念馆、社旗县博物馆、信阳地区博物馆、郏县三苏纪念馆、淮阳县博物馆、八路军驻洛阳办事处纪念馆、新安县千唐志斋博物馆、郑州大河村遗址博物馆、开封古代艺术馆、封丘县博物馆、洛阳民俗博物馆、洛阳古墓博物馆、偃师商城博物馆、三门峡市博物馆、南阳张衡博物馆、新野汉画像砖博物馆、济源市博物馆、卫辉市博物馆、洛阳都城博物馆、安阳市民间艺术馆、鹿邑县博物馆、新密市博物馆、禹州钧瓷遗址博物馆等44座博物馆、艺术馆和纪念馆。

20世纪90年代,一些具备条件的、尚未建立博物馆的县、市也都纷纷新建了博物馆,相继有沁阳市朱载堉纪念馆、博爱县博物馆、孟州市博物馆、邓州市博物馆、南召县猿人博物馆、虞城县博物馆、新郑市博物馆、修武县博物馆、周口平粮台博物馆、林州市博物馆、汤阴羑里周易博物馆等博物馆、纪念馆。同时，黄河博物馆、河南省工业展览馆、河南省农业科技展览馆、河南地质博物馆、河南省科技馆、中原国际博览中心、淮海战役陈官庄地区歼灭战纪念馆、开封烈士事迹陈列馆、扶沟吉鸿昌将军纪念馆、确山杨靖宇故居纪念馆、兰考焦裕禄纪念馆、河南大学文物馆、河南师范大学生物标本陈列室、河南中医学院医史陈列馆、河南地质学校地质陈列馆等一系列行业博物馆也相继建成开放或得到提升改造。

　　进入新世纪以来，博物馆的发展进入新的高潮，全省各地纷纷新建、改建、扩建博物馆，中国文字博物馆、周口市博物馆、驻马店市博物馆、平顶山市博物馆、淮河博物馆、新安县博物馆、仰韶文化博物馆等一批新馆建设起来。另外，根据国家文物保护法律法规的规定，文化收藏热的兴起，非国有博物馆不断发展，全省已有非国有博物馆14座，其他行业办博物馆17家。截至目前，全省共有各级各类各行业博物馆150余座，其中，50%多属于综合类博物馆，26%为专题类，23%为纪念类；90%多属于历史类博物馆，5%为自然科技；90%以上是政府主办的，10%为社会或民间主办。2008年国家文物局实行博物馆定级以来，河南省的河南博物院、郑州市博物馆、洛阳市博物馆、南阳汉画馆等4家博物馆被认定为国家一级博物馆。被认定为国家二级博物馆的有8家，被认定为国家三级博物馆的有18家。自2008年3月以来，全省已免费对外开放博物馆80余家，接待观众2000万人次。

◆河南博物院全景

◆洛阳博物馆外景

◆郑州博物馆全景

◆中国文字博物馆主体馆夜景效果图

七 文物外展与交流合作成绩斐然

新中国成立以后，河南省的文物外展逐渐增多，尤其是改革开放以来，文物外展频繁，合作渠道逐渐拓宽，课题研究、项目合作、馆际交流人员往来等，文物对外交流与合作呈现出欣欣向荣的趋势。

（一）文物外展日趋活跃

建国 60 年来，河南省赴日本、韩国、法国、澳大利亚、丹麦、比利时 6 个国家及港澳台地区独立举办不同类别、不同规模、不同主题文物外展 27 个，参展文物 1800 件组之多，观众量达 250 万人次。

河南与日本文物界有着密切的友好合作和交流合作。1973 年，中日恢复邦交后，中国政府决定在日本举办文物展览，以增进两国文化交流。由于河南文物资源丰富，遂决定从河南的碑刻拓片中选取精品，赴日本举办展览。"河南碑刻拓片"展览，是新中国成立以后河南文物首次迈出国门。1990 年，为纪念河南省与日本三重县缔结友好省、县关系四周年，河南省在日本斋宫历史博物馆举办了"河南省文物展"，随后又于 1994 年再次合作举办了"河南文物展——恐龙蛋化石与甲骨"。为让日本国民更加广泛地认识河南的悠久历史和灿烂文化，1998 年至 1999 年，河南省与日本经济新闻社、日中文化交流协会合作在日本东京、福冈、京都等地举办了"大黄河文明"文物展，当时的日本国皇太子夫妇参观了整个展览，给予了积极评价。1998 年 9 月至 1999 年 8 月，河南省联合陕西省、山西省与日本 NHK（日本放送协会）合作在日本东京、神户、福冈、名古屋等地举办了"武则天及其时代"文物展。2004 年 4 月至 2005 年 3 月，河南省文物局与日本朝日新闻、大广株式会社合作举办了"黄河之梦·唐三彩世界"大型文物展，在日本东京、新潟、秋田、爱知、岛根和山口县 6 个地方展出。2005 年 7 月至 10 月，河南文物参加了由中华文物交流协会、日本东京国立博物馆、奈良国立博物馆、日中友好协会、朝日新闻社共同举办的"遣唐使和唐代的美术展"，展览在东京国立博物馆开幕后，日本明仁天皇和皇后美智子参观了整个展览。2008 年 10 月"黄冶唐三彩窑的考古新发现展"，展出文物 71 件（组），集中展示了 2002 ~ 2004 年巩

◆法国观众参观河南外展

义黄冶窑考古发掘的最新成果。这是河南省文物考古研究所与日本奈良文化财研究所开展合作研究巩义黄冶唐三彩项目8年的重要成果之一，受到业内专家的好评。这些文物展览进一步展示了河南辉煌灿烂的古代文明，增进了日本与河南省之间的文化交流与合作。1991年6月至10月"河南史前文物展"作为河南与法国索恩—鲁瓦尔省缔结友好省的第一个交流项目，在法国索卢特博物馆和罗当博物馆展出。展览在法国很受欢迎，很多观众对精美的文物予以高度评价，并为展览能在法国展出而感到骄傲。1993年9月至11月，河南省文物局在丹麦王国举办了"东方文明瑰宝展"，即华夏帝王展，参展文物116件（组），这是河南省首次单独在欧洲举办文物展。

我们在独立举办外展的同时积极参与国家文物局和中国文交流中心等单位举办的文物外展50余个，展品从一亿年前的恐龙蛋化石到8000年前新石器时代的石器和骨器，从夏商周时期的青铜器到汉唐时期的楼阁陶器、唐三彩，每件都是河南历史发展的见证，反映了河南的历史是中华文明的主脉；涉及美国、英国、法国、德国、意大利、希腊、澳大利亚、比利时、墨西哥、南非、瑞士、丹麦、日本、韩国等20多个国家和地区，参观者达3000余万。特别是这些国家当时的领导人或社会高层人士大多都参加了在本国举办的展览开幕式或参观了整个展览。如1995年5月至1997年6月，有河南省文物参展的"人与神"文物展在德国、英国、瑞士、丹麦展出：在德国展出期间，德国总统陪同江泽民主席、钱其琛副总理参观了展览；在英国展出期间，英国前首相希思·撒切尔登参观了展览；在丹麦展出期间，丹麦女王参观了展览。1998年2月"中华五千年文明艺术展"在美国展出，联合国秘书长安南等一批要人出席了开幕式，在展览进行中，有的国家高层人士还参观了整个展览。1998年9月至1999年3月，河南省独办的"大黄河文明展"在日本东京、福冈、京都等地巡回展出，参展文物105件（组），当时的日本国皇太子夫妇参观了展览，参观人数达15万人。这些政府要员对展览的重视、关注及新闻媒体的大力宣传报道，极大地扩大了河南的影响力。随着对外交流的不断加强，近两年河南省文物外展工作出现新高潮。

自上世纪70年代河南省第一个文物外展拉开走出国门的序幕，到80年代的逐步发展，90年代走向成熟，在新世纪达到了黄金高峰。展览数量从改革开放前10年间举办1个到1990年至1996年每年1个，1997年以来每年2～4个展览，尤其是2008年举办和参与8个文物展览，文物外展工作不断开创新局面。在独立举办外展的同时，我们还积极联合兄弟省份举办展览，如1998年9月至1999年8月，河南省联合陕西省、山西省与日本NHK（日本放送协会）合作在日本东京、神户、福冈、名古屋等地举办了"武则天及其时代"文物展，这是这是秦晋豫三省第一次联合在国外举办文物展览，整合了资源，达到双赢的效果。

文物作为对外使者，在宣传河南方面，发挥着越来越重要的作用。文物作为中华文明的物质载体，宣示着河南文明历史的辉煌历程，它的频繁出访，吸引了越来越多的人欣赏璀璨而古老的中原文化，让世界人民近距离感受中华文明的独特魅力。

在走出去的同时，河南省加强国外精品展览的引进，先后引进和举办了"国盛宝归展"、"卢浮宫馆藏版画展"、"古罗马文明展"、"西天诸神——古代印度瑰宝展"等精品展览，在社会上引起强烈反响。

（二）文物对外合作与交流领域不断扩大

文物外展，带动了馆际合作，实现了"以文物促合作，以合作促发展"的目的。建国60年来，我们逐渐与日本、韩国、比利时、意大利等国进行了合作研究，双方并互派员交流，取得了良好效果。

1. 联合国教科文组织龙门石窟保护修复工程项目

1998年11月，江泽民主席访问日本期间与日本首相小渊惠三举行了会谈，双方就进行中国丝绸之路地域现存的古代文化遗产保护事业达成了协议。2001年11月"联合国教科文组织龙门石窟保护修复工程"项目正式签署并于2002年开始实施。项目选定龙门石窟的潜溪寺、路洞、皇莆公窟三个洞窟作为实验洞窟，并将取得的成功经验推广到龙门石窟。该项目是龙门石窟保护历史上规模最大得国际合作保护工程，对龙门石窟得保护具有重要的意义。龙门石窟保护修复工程的实施对龙门石窟保护工作的开展起到了积极的推动作用。工程所进行的地质测绘、地质调查、地质勘探、区域环境监测、洞窟内外环境监测、洞窟病害监测、大气污染监测等的全面实施，构成了龙门石窟较为完善的环境监测框架，使龙门石窟研究院对石窟保护的基础工作上了一个新的台阶，同时各项数据资料的取得极大地丰富了龙门石窟的基础资料，为试验洞窟治理方案的确定提供翔实、可靠的依据，第二阶段的洞窟病害保护修复工作的进行将为龙门石窟的全面治理提供样板和示范。

2. 与日本奈良文化财研究所合作研究唐三彩

2000年，河南省文物考古研究所与日本奈良文化财研究所合作，开展了对巩义黄冶窑址出土唐三彩的调查研究合作项目。双方每年互派学者进行学术交流和考察研究，实地考察了河南巩义、洛阳等地出土唐三彩和日本奈良、福冈等地出土三彩，并与奈良三彩进行比较研究。双方学者在日本奈良举行了三次专题报告会，中国学者主要介绍了河南巩义黄冶窑址出土唐三彩情况、河南近年考古新发现，并与日本同行就相关课题进行共同研究和探讨。双方合作对河南历年出土唐三彩文物进行搜集和整理,出版了中文版《巩义黄冶唐三彩》《黄冶窑考古新发现》及日文版《奈良三彩关系文献目录》、《巩义黄冶唐三彩》、《黄冶窑考古新发现》等。双方每年互派学术代表团进行学术交流活动。2008年10月"黄冶唐三彩窑的考古新发现"文物展作为双方共同的研究成果在日本奈良飞鸟资料馆进行为期三个月的展出，成果显著。

3. 与意大利博洛尼亚大学企业管理学院合作进行课题研究

2004年，在国家文物局和中国文化遗产研究院的协调支持下，洛阳市文物局和意大利博洛尼亚大学企业经济管理学院以"洛阳文化遗产保护与利用战略研究——现代化进程中考古发现、遗产保护和利用面临的管理挑战"为题，开展合作研究。中意专家组在搜集洛阳市各文化遗产管理机构、财务收支、人员编制等资料的基础上，深入分析这些管理机构的管理水平、管理职能以及不足之处，并根据西方国家文化遗产的管理经验，初步提出解决方案。2008年底该项目结束，中意合作研究的成果《文化遗产管理在中国——以洛阳为例》，以中英文形式出版发行。

河南的博物馆与国外博物馆、考古科研机构的交流与合作日益密切。2004年、2006年河南博物院分别与法国遗产学院和日本奈良国立博物馆、建立了馆际间的友好合作关系，每年互派专业人员进行学术交流；继"洛阳文物名品展"在韩国巡回展出后，洛阳博物馆与韩国国立扶余博物馆签订了友好协定，每年互派一名专业人员进行交流学习，特别是通过交流建立了洛阳博物馆文物保护修复室等。这种国际性交流，提高了河南省博物馆专业队伍素质，也以后进一步的交流合作打下了基础。此外，洛阳市文物部门与日本奈良橿原考古研究所、滋贺大学的合作也取得了丰硕的成果。河南省文物考古研究所与日本奈良文化财研究所合作研究唐三彩，与日本九州大学合作开展了古代人类学的研究。

八　文物科技保护和科学研究成果丰硕

建国以来，河南省文博科学研究工作逐步发展。1977年，原河南省博物馆创办了省内文物界第一家学术季刊《河南文物通讯》，有了开展学术研究的阵地，《河南文物通讯》后改名为《中原文物》。河南文物考古研究所创办了《华夏考古》季刊，开封、洛阳、焦作、商丘等文物部门也创办了一批内部刊物。20世纪80年代后，全省文物科研工作快速发展。

第一，博物馆研究进一步发展。各博物馆一方面研究、宣传自己本馆的文物藏品，另一方面也为其他科学研究单位提供资料，达到文物利用、资源共享的目的。如原省博物馆编写的由中国文物出版社与日本讲谈社合作出版的《河南省博物馆》(1983年日文版，1985年中文版)，由香港摄影艺术出版社出版的《河南省博物馆馆藏青铜器选》；洛阳博物馆编写的由河南美术出版社出版的《洛阳唐三彩》；南阳市博物馆编写由河南人民出版社出版的《岳飞书诸葛亮前后出师表》；南阳汉画馆编写的由文物出版社出版的《南阳两汉画像石》；郑州市博物馆编写的由中州古籍出版社出版的《馆藏碑刻选》；安阳市博物馆编写的由中州古籍出版社出版的《安阳殷墟青铜器》；洛阳龙门石窟研究所(实为露天博物馆，河南省博物馆学会团体会员)编写的由知识出版社出版的《龙门石窟》等等。同时，博物馆学理论与博物馆工作的研究也不断发展。1984年河南省博物馆界成立了河南省博物馆学会，联合全省博物馆界同仁，共同探讨博物馆的工作规律，促进河南省博物馆事业的发展。在博物馆学会内部，1991年成立了社教专业委员会，1993年又成立了保管专业委员会，今后还计划成立陈列专业委员会，文物保护专业委员会和鉴赏家协会。河南省博物馆学会已主编出版《博物馆学论丛》1、2、3、4辑。

◆河南省动物考古研究基地标本室

◆河南省金属文物保护研究基地工作人员正在对青铜器进行分析检测

第二，以省直文博单位为代表的河南文物考古研究不断发展。河南省文物考古研究所取得了丰硕的研究成果，由该所编著出版的考古报告专集与图录57部，由该所学者撰写完成的学术专著55部，在专业刊物上累计发表考古发掘报告、简报、简讯千余篇、研究论文和其他文章数百篇，取得了丰硕的科研成果。其中有全国哲学社会科学基金资助项目20项，全国自然科学基金资助项目1项，国家夏商周断代工程项目3项，国家中华文明探源工程项目10项，国家文物局文物科研项目3项，河南省社会科学基金资助项目4项等；科研成果还分别荣获全国社科基金项目优秀成果三等奖1项，夏鼐考古学研究优秀成果二等奖4项、三等奖1项、鼓励奖5项，国家文物局科进步二等奖1项，国家重点科技攻关计划优秀科技成果奖1项，全国优秀科普作品三等奖1项，河南省社科优秀成果一等奖9项、二等奖7项，河南省文物科技一等奖1项等奖项。河南省古代建筑保护研究所在不断提升文物保护实践能力的同时，该所注重文物保护的科学研究和理论探索，在古代建筑史、古建筑设计与构造理论、古代建筑及石窟石刻的加固与维修保护技术、古建筑抗震防震研究、古代壁画的揭取保护和复原技术、古代桥梁技术、石窟寺艺术及佛教考古、石刻艺术、勘舆学研究等学术领域成果丰硕，成就斐然。《中岳汉三阙》、《宝山灵泉寺》、《安阳修定寺塔》、《少林寺千佛殿壁画》、《社旗山陕会馆》、《中国民族建筑》、《临颍小商桥》、《古建筑石刻文集》等一批有重要价值的学术专著相继问世，数百篇、300余万字科研论文先后发表于各种相关专业报刊。所承担完成的《安阳修定寺塔模制花砖复制及补嵌工艺研究》、《少林寺大雄宝殿构架与外形整体复原设计研究》、《壁画揭取复原技术》、《古代建筑不落瓦整体下降技术》、《西沃石窟整体搬迁技术》等科研项目分获国家文化部、文物局及河南省科技成果奖或科技进步奖。

第三，对有关学科的研究不断深化。文物博物馆的工作涉及到很多学科，社会科学、自然科学都包含在内，在历史性博物馆、历史学、考古学联系更为紧密。原省博物馆许顺湛先生利用考古资料写出的《中原远古文化》、《黄河文明的曙光》，获得了河南省社会科学优秀论著一等奖。洛阳龙门石窟研究所温玉成先生编著的《中国石窟与文化艺术》、洛阳都城博物馆宫大中先生编著的《洛都美术史迹》，这两本书则是用石窟与考古史迹来阐述中国宗教艺术和洛阳历史上的世俗艺术的。原省博物馆任常中写的《两周禁梜初探》和开封艺术博物馆韩顺发写的《〈清明上河图〉所反映的北宋东京城的建筑与等级制度》等论文，则是以馆藏文物来论证历史的。河南省文物局编辑、中原农民出版社出版的《河南文物丛谈》，则是以文物来叙述历史、传播知识的。原省博物馆等等一些单位成立了文物保护实验室，配备科技人员，购置科学仪器，专门从事文物保护理论研究及实践工作。21世纪以来，河南省文物科技保护和科学研究成果更加丰硕。河南博物院与台北历史博物馆建立了稳定的馆际交流合作，2001年两馆合作研究的《新郑郑国大墓青铜器》分别在两岸同时出版，还在两岸举办了"海峡两岸青铜器学术研讨会"。特别是河南博物院的永城西汉墓"四神云气图"壁画综合保护研究项目取得重大成功，于2004年获国家文物保护科学和技术创新二等奖。由河南科技大学承担的"洛阳城市发展与文物保护的经验与教训研究"、郑州大学承担的"两汉帝陵研究"、省文物考古研究所承担的"河南境内京杭大运河的考古学研究"和"新蔡楚简研究"等一批国家文物社科研究项目已完成结项。省文物局实施了省级文物科研课题制，启动了由河南科技大学承担的"洛阳工业遗产的调查与研究"和省文物考古研究所承担的"出

◆许昌人头盖骨化石

土变形干缩木器复原研究"等科研项目，并取得一定成果。

2008年，经过精心组织，科学评审，河南省文物局批准设立了河南省"金属文物保护研究基地"、"动物考古研究基地"、"'许昌人'研究基地"、"石窟寺考古研究基地"、"古代壁画保护研究基地"、"文物鉴定培训基地"和"讲解培训基地"等首批7家省级重点文物科研基地和培训基地。河南省重点文物科研基地及培训基地的设立，是河南省为加强文物科研工作和人才队伍建设而采取的重大举措，将实现省内文物科研及培训力量的有效整合，更好地发挥科研人才和技术优势，必将进一步提高全省文物科研水平，加速科研成果转化，推动河南省文物事业的科学发展。

九　文物经营活动健康发展

长期以来，河南始终坚持以抢救保护文物为前提，以积极引导、规范管理为手段，以满足人民群众日益增长的精神文化需求为目标，不断推动文物经营活动健康发展。

（一）文物经营活动发展情况

河南省先后成立三家国有文物经营单位，即1961年成立的开封市文物商店，1975年成立的河南省文物商店（现名河南省文物交流中心）和1985年成立的洛阳市文物商店，全省国有文物商店从业人数110余人，占全省文物职工的2.8%。

1992年以后，随着改革开放的不断深入和社会主义市场经济体系的逐步完善，自发的文物监管品市场和文物拍卖活动相继出现，打破了文物商店对文物的独家经营，并在文物市场上逐渐形成了相互竞争的局面。河南省根据国家有关加强文物市场管理的通知精神，先后批准成立了郑州古玩城、三门峡市甘棠古玩市场、洛阳豫深文博城、洛阳潞泽文物古玩市场等四个文物监管物品市场。2002年新修订的《文物保护法》颁布实施以来，河南省有7家拍卖企业先后取得国家文物局颁发的文物拍卖许可证，即河南日信拍卖有限公司、河南正源拍卖有限公司、河南万邦拍卖有限公司、河南天龙拍卖有限公司、河南豫呈祥拍卖有限公司、嘉信诚（郑州）拍卖有限公司、河南省新恒丰拍卖行有限公司。省文物局也先后批准成立了7家非国有文物商店，即河南天成文物有限公司、郑州四夷文物艺术品有限公司、郑州中州文物艺术品有限公司、安阳市殷商文物交流中心、洛阳香魁居文物艺术品有限公司、平顶山瀚墨金石文物商店、周口市文物商店。根据国家文物局指示，2003年我局专门下发通知要求各地文物行政部门会同工商、公安等部门依法取缔各类文物监管物品市场。

（二）依法加强文物经营活动监督管理

在文物经营活动管理方面，河南省通过加强文物市场法制建设、规范民间收藏文物行为，严格涉案文物鉴定移交，定期开展专项清理整治活动等举措，进一步净化文物流通市场。

1. 加强文物市场法制建设

为了加强对文物市场的管理，1999 年制定了《河南省文物代购点管理办法》和《文物监管物品经营许可证》申办规定，对批准的文物监管物品市场进行了公告，会同省物价部门调整了文物鉴定收费标准。2003 年，下发了加强文物市场管理工作的通知；2004 年，下发了《关于加强文物购销管理工作的通知》、《关于加强社会流散文物管理工作的通知》；2006 年，下发了《河南省文物管理局关于设立文物商店的暂行规定》、《河南省文物经营单位文物收购人员持证上岗管理暂行办法》，并会同省工商局、省公安厅联合下发了《关于切实加强文物流通市场管理工作的通知》；上述规章制度的实行，进一步把文物市场纳入法制化的管理轨道。

2. 规范民间收藏文物行为

1989 至 1990 年，我局在焦作开展了流散文物登记试点工作，共登记文物 18520 件，经鉴定其中二级品 28 件，三级品 1108 件。2001 年，对全省文物市场情况进行了调查，全面摸清了河南省文物市场的现状。近年来，针对文物市场出现的一些新情况、新问题，我局进一步加强文物经营单位设立审批和日常监督检查，规范经营行为，对申报设立文物经营单位的，严把注册资金关、技术人员关和场所设施关，对不符合要求的，一律不予批准；建立联合监督检查机制，会同工商、公安部门定期开展文物市场专项检查，对发现的问题，均及时督促整改；实行文物经营单位资质年检制度，每年年初，对各经营单位上一年度文物经营情况进行全面检查，并将年检结果抄送工商部门，其中对存在重大文物违法经营活动的，依法取消其文物经营资质，并建议工商部门吊销其营业执照。

3. 严格涉案文物鉴定移交

为加强文物市场管理，有效配合各级司法机关严厉打击各类文物违法犯罪活动，1989 年成立河南省文物鉴定小组，1997 年改扩为河南省文物鉴定委员会。2001 年 6 月，信阳、许昌、三门峡、焦作、洛阳、南阳、安阳、新乡、开封等市相继成立鉴定组。为规范涉案文物司法鉴定工作，2005 年，制定了《河南省文物鉴定委员会涉案文物司法鉴定管理办法》。1989 年以来，各级鉴定机构认真履行职责，为各级司法机关、执法部门鉴定涉案文物 12000 余件，为保护河南省历史文化遗产，防止珍贵文物流失，规范文物市场秩序，打击文物违法犯罪作出了积极贡献。

为强化文物出境鉴定力量，2001 年 4 月，根据国家文物局有关规定，经省编委批准，成立了"国家文物出境鉴定河南站"，负责全省文物出境鉴定及文物商店内销文物、社会文物、涉案文物鉴定等工作，并协助省文物局行使对全省文物市场的管理工作，2005 年以来，共鉴定审核各类文物近三万件，其中文物出境审核 778 件，其他鉴定审核 28000 余件。积极协调各级执法和司法机关及时移交涉案文物,《依法没收、追缴文物的移交办法》(国家文物局等七部委 1999 年 4 月 5 日发)颁布实施以来,协调各级司法机关、执法部门向文物部门移交涉案文物共计 4562 件。对于兄弟省市公安机关在破获的文物案件中,追缴的属于河南省的涉案文物,我局同样给予高度关注,并尽全力协调移交。如 2008 年 7 月,我局会同省公安厅专程赴山西,协调移交"2001 年三门峡虢国墓地特大文物被盗案"流失文物,在不懈努力下,成功追回 15 件带有"虢姜"铭文的青铜器,经国家文物鉴定委员会鉴定全部为一级文物,同时移交的还有其他青铜器物共计 34 件。

4. 开展整顿和规范文物市场秩序专项活动

2001 年,为认真贯彻国务院召开的全国整顿和规范文化市场电视电话会议精神和国家文物局等六部委关于整顿和规范文物市场的具体方案,省文物局、经贸委、工商局、公安厅、文化厅、郑州海关等 6 部门联合下发了《关于印发〈整顿规范文物市场〉方案的通知》,在全省范围内集中开展了整顿和规范文物市场专项行动。通过专项行动在六个方面取得了较大成绩:一是整顿了文物监管物品交易市场,建立了严格的审批制度,控制了市场规模和数量;二是全面整顿和规范文物拍卖市场,加强了对文物拍卖标的的鉴定和许可审批工作;三是取缔了非法利用互联网销售、拍卖文物的活动;四是清理整顿了文物复仿制品市场;五是整顿文物购销经营单位的经营活动,查处了多起未经鉴定擅自销售文物等违法违规行为;六是加强了文物出境鉴定和文物出入境监管工作,加大私人携带文物和货运文物的查验力度,严厉打击了非法贩运、走私文物犯罪活动。

十 文物安全工作稳步推进

河南各级文物部门认真贯彻执行"预防为主、确保重点、打击犯罪、保障安全"的文物安全工作方针,筑牢防范基础,创新工作机制,推动文物安全工作逐步走上制度化、规范化的轨道,为文物事业的繁荣发展提供了有力保障。

(一)积极争取各级领导的重视支持

省文物局对文物安全方面发生的重大问题和重要工作部署,都及时向省委、省人大、省政府报告。1983 年以来,河南省连续发生盗墓和盗窃馆藏文物案件,引起省委、省政府的高度重视。1986 年 10 月,省政府办公厅印发《关于坚决刹住盗掘破坏古墓犯罪活动的紧急通知》,省公安厅、文化厅、工商局联合发布《关于严禁文物走私和盗掘破坏古墓犯罪活动的布告》。1987 年 6 月,省政府在郑州召开了贯彻落实国务院《关于打击盗掘和走私文物活动的通告》电话会议,在全省范围内部署开展打击文物犯罪专项行动。1989 年初,省政府召开常务会议研究文物安全问题,决定在省财政十分困难的情况下,每年拿出 60 万元,用 5 年时间补助尚无文物库房或文物库房简陋的 10 个市、地建造标准文物库房,同时,每年拨出 30 万元文物安全经费,帮助基层文博单位添置文物安全防范设施。1991 年 6 月、10 月,省委、省人大、省政府两次联合召开由省公、检、法、司、工商、海关、财政、编委、文化、文物等部门负责同志参加的"河南省文物安全综合治理联席会议",对打击盗掘古墓、走私文物犯罪活动和文物安全综合治理等问题进行研究部署。

同年 9 月，省政府又下发了《关于进一步加强文物安全工作的通知》。1992 年 1 月，省委办公厅、省政府办公厅联合转发了《省公安厅、省文物局〈关于贯彻落实中办发〔1991〕12 号文件精神，严厉打击盗掘古墓葬犯罪活动的意见〉的通知》，要求各级党委和政府切实加强对文物安全工作的领导，把打击盗掘古墓、走私文物犯罪活动纳入政府的任期目标。同年 3 月，省委、省人大、省政府联合在盗掘古墓犯罪活动严重的洛阳市召开了全省文物安全工作现场办公会。按照省委、省人大、省政府的安排部署，全省各市、地相继召开专门会议或电话会议，制定具体的贯彻落实措施，积极开展打击文物犯罪专项行动，破获一大批文物案件，取得明显成效。

上世纪 90 年代中期以来，随着基层文博单位安全条件的改善，馆藏文物安全得到有效保障，但田野文物安全形势仍较严峻。1998 年 3 月，省政府办公厅印发《关于切实加强古墓葬保护工作的通知》，要求各级政府把古墓葬保护列入重要议事日程和责任目标。2001 年 5 月，省政府召开全省文物安全工作座谈会，部署开展田野文物安全大检查，重点解决保护机构不健全和措施不到位的问题。2005 年 3 月，省政府办公厅又印发《关于切实加强田野文物保护工作的紧急通知》，进一步强化了各级政府和各有关部门保护文物的职责。在日常工作中，省委、省政府领导经常过问河南省文物保护重大事项，听取全省文物工作汇报，组织召开文物保护重点工作的专题会议，多次深入文物工作第一线，协调解决文物安全工作中存在的突出问题，并要求以"命案攻坚"的精神全力侦破文物案件。各级党委和政府把文物安全工作摆上重要议事日程，各级公、检、法、司、工商、海关、文物等部门密切配合，协同作战，狠狠打击各类文物犯罪活动，使全省的文物安全形势有了明显的好转。另外，各级人大、政协经常检查文物工作，把打击文物犯罪、馆藏文物安全以及文物经费落实情况作为检查重点，在很大程度上推动了全省的文物安全工作。

（二）认真做好文物安全基础工作

1. 加强机构队伍建设

河南省坚持专职保护为主、动员全社会力量共同支持、参与文物保护工作的指导思想，重点推进专职文物安全保卫机构、群众性文物保护组织和文物公安派出所相结合的"三位一体"的文物安全保卫机构队伍建设，使安全保卫力量得到加强。

一是加强专职保卫机构队伍建设。河南省把加强内部专职保卫机构建设放在队伍建设的首位，积极督促协调地方党委、政府强化专职保卫力量。目前，全省文物系统 170 余个收藏单位基本设置了专门的保卫机构，专职保卫人员已近千名。有近 70% 的全国重点文物保护单位设立了专门的保护机构，未设置专门保卫机构的其他各级各类文物保护单位，也基本指定了专职保护人员，健全了群众性文物保护组织。为提高文物安全保卫人员业务技能，定期举办文物安全保卫人员培训班。为调动广大文物安全保卫人员的工作积极性，1994 年、2001 年、2006 年、2008 年，先后召开全省文物安全工作会议，集中表彰一批文物安全工作先进单位和先进个人。

二是建立健全三级文物保护网络。上世纪 80 年代末，河南省在全国率先建立了县、乡、村三级文物保护网络，即由县文物行政部门、乡（镇）文化站、村业余文物保护员组成的文物保护组织，聘请责任心强的文物爱好者担任业余文物保护员，协助文物部门负责田野文物保护、动员群众出资出力抢救维修文物及提供文物违法犯罪线索，同时根据其工作成绩给予适当减免农业税费或免除义务工,以此调动其工作积极性,广大业余文物保护员在文物保护方面发挥了重要作用,有效弥补了田野文物保护力量薄弱的困难。针对近年来农村税费体制改革的变化,2006 年,省文物局在全省实行文物保护员登记、备案、持证上岗及表彰奖励制度,加强对业余文物保护员队伍的正确引导和监督管理。同时,商丘、济源等省辖市和巩义、新郑等县(市、区)还将保护员补助经费纳入当地财政预算,极大调动了保护员的工作积极性,保证了三级文物保护网的稳定运行。截至目前,河南省业余文物保护员数量已达 6000 余名,先后有 388 名优秀保护员受到省文物局表彰奖励。

三是大力推动文物公安派出机构建设。2006 年以来,省文物局积极争取省委、省政府和省公安厅支持,大力推动文物公安派出机构建设。省公安厅把该项工作列入规划,各地积极行动,先后在洛阳、信阳、平顶山、济源等地设立 12 个专司防范和打击文物犯罪的文物公安派出所,有效整合了防范和打击文物犯罪的力量,使文物行政执法、治安行政执法和刑事执法三股绳拧成一股劲,有效破解了防范力量薄弱和打击文物犯罪不力的难题。为推动文物公安派出机构稳步发展,省文物局每年专门拿出经费给予适当补助,并首批补助 8 个文物公安派出机构共计 40 万元。2008 年全省文物安全工作会议期间,省公安厅和省文物局又对进一步加快文物公安派出机构建设作出统一安排部署,逐步推动在文物集中区域和特别重要的全国重点文物保护单位设立文物公安派出所,在省级以上田野石刻、古墓葬、瓷窑遗址等重点文物保护单位和二级以上文博系统风险单位设立警务室,成熟一个、批准一个,努力打造自上而下的防范和打击文物犯罪工作体系。2008 年 7 月 5 日,国家文物局局长单霁翔等一行专程到河南调研文物公安派出机构建设情况,对河南省文物公安派出所在打击文物犯罪方面做出的突出成绩给予充分肯定。

2.强化内部管理

从 1989 年开始,河南省把文物安全工作的重点放到加强内部管理上,对库房展室设施、值班、巡逻、调运展出、发掘工地、古建消防等提出具体要求和规定,并狠抓落实。从 1994 年开始,省文物局实行与各市、地文物主管部门、省直文博单位签订"文物安全经济奖惩责任书"制度,极大地增强了全省各级文物部门和专职保卫人员的责任感。1998 年,省文物局印发《河南省文物、博物馆单位十项安全规章制度》;2004 年,在全省实行文物安全周日报告制度;2006 年以来,又相继制定《河南省文博单位安全防范管理暂行规定》《河南省文物管理局突发事件应急预案》《河南省文物安全检查办法》、《河南省文物安全报告制度》等一系列规章制度,逐步形成以文物安全法规为基础,各项具体制度相配套的文物安全保卫工作法规体系,把文物安全保卫工作的各个环节纳入了制度化的管理轨道。

3.完善防范设施

从 1989 年到 1992 年省财政拨出 400 多万元补助省直文博单位及市、地新建文物库房和增添报警设施。省文物局每年还从文物经费中拨出 40 余万元补助县级新建或维修文物库房,购置安全防范设施。2001 年至 2006 年期间,共投入资金 2600 万元,补助 105 个文物收藏单位新建或加固了文物库房。各地财政也不同程度地拨出经费,帮助文博单位解决实际困难,配备必要的安全防范设施。目前，全省 170 余个文物收藏单位库房、展室条件得到改善，物防设施进一步完善，大大提高了文物安全系数。河南省积极推进文博单位技防达标工作。1996 年省文物局、省公安厅成立"河南省文物安全技术防范工程审核组"，1998 年，省文物局会同省公安厅下发《河南省文物安全技术防范工程管理办法》，2006 年制定了《全面开展文物收藏单位技防达标工作方案》。2006 年以来，共争取专项资金近千万元，补助 40 余个文物风险单位实现了技防达标。各市、县均将文博单位技防达标工作纳入文物事业发展总体规划，新建的洛阳、平顶山、安阳、鹤壁、新乡、濮阳等博物馆都在工程规划立项前，安排了专项资金，统筹用于技防工程建设，与馆舍建设同步设计、同步施工，同步投入使用。目前，全省 12 个一级风险单位中已有 9 个达标，二、三级风险单位基本上都安装有防盗报警设备。安全防范设施建设的稳步推进，全面提高了河南省文博单位的安全防范能力。在全面推进文物收藏单位技防达标工作的同时，河南省积极探索田野文物技术防范的新举措，在国家文物局的支持下，2006 年，投入 550 万元完成巩义宋陵地下拾音集群报警系统工程，2007 年、2008 年投入 200 万元完成信阳城阳城址技防一期工程，另有一批全国重点文物保护单位安装了必要的防盗、监控设施，田野文物技术防范水平得到进一步提高。

（三）严厉打击各类文物犯罪活动

在打击文物犯罪方面，通过与公安机关适时开展专项打击、联合督办文物案件、建立长效机制等举措，严惩文物犯罪，取得了明显成效。

1.适时开展专项打击

1989 年以来，结合全省文物安全形势，及时组织开展三次打击文物犯罪专项行动，有力震慑了文物犯罪。第一次在 1989 年秋季至 1990 年，针对洛阳、南阳、三门峡等地较大规模盗墓事件的发生，省委、省人大、省政府召开由公、检、法、文物等部门参加的专题会议，决定把文物保护纳入社会综合治理，开展打击盗掘古墓专项斗争，建立省委、省人大、省政府的联席会议制度，统一部署专项斗争。洛阳市抓获犯罪嫌疑人 568 人，其中批捕 60 人，追缴各类文物 910 件。三门峡市打击处理违法人员 286 人，查获文物 1500 余件，收缴赃款 130 余万元。南阳淅川县打击处理 276 人，批捕 24 人，判刑 4 人，缴获文物 363 件。打击盗掘古墓专项斗争取得了胜利。

第二次是在 1997 年。1996 年下半年全省（主要是豫北地区）共发生盗窃田野石刻案 14 起，省委、省政府决定再次开展打击盗窃田野文物的专项斗争。1996 年 12 月，省综治委、省文物局、省公安厅联合召开全省加强田野文物保护工作电话会议，部署专项斗争。1997 年 4 月，省公安厅、省文物局联合召开田野石刻文物被盗案件侦破工作协调会，制定打击犯罪活动的方案。公安机关抽调大批警力，在短短一个月的时间内，共破获文物案件 84 起，摧毁犯罪团伙 27 个，抓获犯罪嫌疑人 234 名，收缴各类文物 415 件，一批田野石刻被盗案件相继破获。

第三次是在 2005 年。2004 年，河南省盗窃、盗掘田野文物案件重新抬头，且有逐步蔓延的趋势。2005 年 3 月，省文物局与省公安厅联合召开了全省打击田野文物犯罪专项行动工作会议，部署在全省开展打击盗窃田野文物犯罪的专项行动。国家文物局专门派员出席会议并作了重要指示。省公安厅下发《关于对 10 起未破文物被盗案件挂牌督办的通知》，同时成立督导组，赴巩义、周口、信阳、商丘等案发地，督促案件侦破工作。在公安机关的不懈努力下，5月10日，开封县朱仙镇岳飞庙特大文物被盗案成功侦破，9月10日，巩义宋陵"1·26"、"5·26"特大石刻文物被盗案也胜利告破，被盗文物全部追回，犯罪嫌疑人全部抓获。通过多次专项斗争，有效遏制了文物犯罪活动，狠狠打击了犯罪分子的嚣张气焰。

2.对重特大文物案件实行督办

河南省对发生的重特大文物案件，加大案件侦破督促、指导、协调力度。1987年10月，巩县公安局、文化局侦破"3·13"特大盗掘走私唐三彩文物案件，缴获各类文物8718件，其中二级文物28件，三级文物272件。1989年10月，焦作市公安局侦破涉及2省5市的文物走私案件，抓获犯罪嫌疑人16名，追缴文物13613件，其中三级以上珍贵文物54件，并缴获赃款1.9万元。1990年1月4日，三门峡市公安局湖滨分局侦破盗掘、走私虢国墓地文物案件，摧毁犯罪团伙9个，逮捕51人，追回文物1100件，其中三级以上珍贵文物257件，并缴获赃款人民币31万元。1990年，淅川县公安局历时5个多月破获和尚岭等楚墓被盗案，追缴文物459件，其中三级以上珍贵文物224件，查缴赃款23万元，逮捕犯罪嫌疑人173人。1998年1月，偃师公安机关在20余天内胜利破获盗掘国保单位偃师唐恭陵"娘娘冢"案，抓获全部犯罪嫌疑人，全数追回被盗的64件文物。同年9月29日，洛阳市中级人民法院在偃师召开宣判大会，主犯张少侠、宋延军被押赴唐恭陵现场执行枪决。1999年1月15日，洛阳市中级人民法院对盗窃龙门石窟东山唐代立佛的主犯高云疗进行了公开审判，终审判决高云疗死刑，并验明正身，押赴刑场，执行枪决。2001年4月，三门峡市公安局破获全国重点文物保护单位虢国墓地特大盗掘古墓葬案件，7名盗墓分子被全部抓获，其中2人被判处死刑，1人被判处无期徒刑。2003年5月，洛阳市公安局仅用26个小时就成功破获了发生在少洛高速公路伊川县槐庄七标段，持械盗挖唐墓案件，摧毁翟建国、宋风朝为首的盗墓团伙，依法逮捕9人，追回被盗抢唐代文物11件（套），其中二级文物1（件）套，三级文物3件（套）。2008年3月4日，尉氏县公安局侦破"2·23"康王冢古墓葬被盗掘案，抓获全部犯罪嫌疑人，追缴挖掘机等作案工具。

3.建立防范和打击文物犯罪长效机制

为有效防范和打击各类文物犯罪，2006年，省文物局与省公安厅正式建立和实施联合打击文物犯罪工作机制，成立了省级联合打击文物犯罪工作领导小组，明确了各自的工作职责，确立了联席会议、信息通报、专项打击、案件督办、表彰奖励等工作制度，使打击文物犯罪工作逐步纳入制度化轨道。工作机制建立以来，省文物局与省公安厅每两年召开一次全省文物安全工作会议，总结工作、表彰先进、分析形势、部署任务；定期召开联席会议，通报犯罪线索，交流心得体会，会商侦破工作；适时组织开展打击文物犯罪专项行动，坚决遏制文物案件高发势头；及时协调督办重特大文物案件，始终保持对各类文物犯罪的高压态势。三年多来，全省各级公安机关与文物部门密切协作、克难攻坚，相继破获300余起有较大影响的文物案件，抓获犯罪嫌疑人400余名，追缴文物1000余件，30余起省级挂牌督办案件基本做到了有案必破，有力震慑了文物犯罪。同时，各市、县也普遍建立健全了相应工作机制。如，2006年8月30日，获嘉县公安局破获徐营镇邢韩村特大盗掘古墓葬案，抓获犯罪嫌疑人 5 名，追缴被盗文物近 300 件，其中三级以上文物 55 件。2006 年 10 月 19 日，洛阳市公安局破获公安部督办的倒卖国家一级文物——大秦景教宣元至本经经幢案，抓获犯罪嫌疑人 3 名，追回被盗经幢并追缴三级文物——太原王女郎墓志铭一件。2006 年 10 月 31 日，灵宝市公安局在短短十几天内快速侦破豫灵镇麻庄村石刻文物被盗案，抓获犯罪嫌疑人 12 名，追缴被盗石刻 3 件，其中二级文物 1 件，三级文物 2 件。2006 年，叶县公安局文物派出所共打掉盗掘古墓葬犯罪团伙 4 个，抓获犯罪嫌疑人 9 名，逮捕起诉 9 人。2007 年 3 月 27 日，安阳县公安局破获全国重点文物保护单位安阳灵泉寺大留圣窟石佛被盗案，抓获犯罪嫌疑人 9 名，追缴被盗的卢舍那佛一尊。2006 年，洛阳市政府组织文物、公安、工商、海关等部门联合开展了打击盗窃破坏田野文物、盗掘古墓违法犯罪专项行动，抓获犯罪嫌疑人 230 余名，摧毁盗墓团伙 8 个，破获盗掘古墓、走私倒卖文物案件 200 余起，追缴文物 360 余件。为了总结经验，表彰先进，省文物局和省公安厅先后对 16 个全省文物安全工作先进集体、15 个打击文物犯罪成绩突出单位和 113 名文物安全工作先进个人进行了表彰奖励，累计颁发奖金 30 余万元，进一步激发了广大公安干警和文物工作者的工作积极性。

60 年在历史长河中只是短短的一瞬，但在社会主义制度下，河南文博人却发生了翻天覆地的变化。在各级党委、政府的正确领导下，河南文博人深入贯彻落实科学发展观，牢固树立政治意识、大局意识和责任意识，强化将文物事业融入经济社会发展大局、让文物事业发展成果惠及人民群众现实生活的新理念，不断开拓文物工作新领域，正以崭新的姿态迈向新的辉煌。

（执笔：河南省文物局"河南省文物事业60年"撰稿组）

湖北省文物事业60年

湖北省文物局

　　湖北是楚文化的发祥地和近现代革命策源地之一，文物资源十分丰富。全省现有馆藏文物115万余件，其中，三级以上文物171251件，一级藏品2514件（套），国宝级文物19件（套），曾侯乙编钟、越王勾践剑、郭店楚简、云梦秦简以及楚国丝绸、漆木器、青铜器等，在国内外享有盛誉。湖北省拥有武当山古建筑群、钟祥明显陵两处世界文化遗产及各类不可移动文物5073处，其中全国重点文物保护单位91处，省级文物保护单位825处。现有各类博物馆、纪念馆131座。全省有武汉、荆州、襄樊、钟祥、随州5座中国历史文化名城，有红安七里坪镇、黄陂大余湾村等7处中国历史文化名镇（村）。

　　随着新中国的成立，湖北即开展了文物古迹保护工作，1949年，湖北省文物整理保管委员会成立，翌年改称湖北省文物管理委员会。1996年，湖北省文物事业管理局成立。60年来，湖北文化遗产保护事业伴随新中国成长步伐，在省委、省政府和国家文物局领导下，紧紧抓住不同历史阶段发展机遇，克难攻坚、大胆探索、拼搏创新，乘势而上，取得了巨大发展与进步，实现了前所未有的历史性跨越。

一　文化遗产保护能力不断增强

　　文物法制建设不断取得新进展。1982年，《中华人民共和国文物保护法》颁布，湖北省政府于1985年审议公布了《湖北省文物保护管理实施办法》，并于1993年进行了修订。2002年，新修订的《中华人民共和国文物保护法》颁布，2005年11月26日，湖北省第十届人大常委会第十八次会议审议通过《湖北省实施〈中华人民共和国文物保护法〉办法》，自2006年2月1日起在全省施行。2007年5月，湖北省第十届人大常委会第二十七次会议又专门审议通过了《湖北省人大常委会关于加强文物保护的决议》。我省文物保护法律法规体系建设迈出了重要步伐。

　　文物资源调查建档基础性工作明显加强。在1981年第二次全国文物普查基础上，2002年编辑出版了《中国文物地图集·湖北分册》。根据国务院的部署，在湖北省政府领导组织下，2007年，我省正式启动全省第三次全国文物普查。文物保护单位"四有"工作扎实推进。完成我省第一至五批52处全国重点文物保护单位，第一至四批457处省级文物保护单位保护、维修及管理基本情况调研；配合国家文物局《全国重点文物保护单位》的编辑出版，完成全省第一至六批91处全国重点文物保护单位文字、图纸、影像三项资料的收集整理工作；完成了全省各级文物保护单位的确认登记、代码编制工作。

文物安全保障机制初步建立。60年来，我省的文物安全保护工作不断得到加强。近年来，全省文物系统有32处全国重点文物保护单位、42个重点博物馆以及部分省级文物保护单位安装配备了相应的安防、消防设施设备。加强了技术防护手段，提升了文物安全保障能力。

文物人才结构合理、队伍建设势头良好。60年来，全省文物从业人员知识结构、学历结构、职称结构皆有较大改善，文物保护专业技术人员管理体制日臻完善。建立了有效的人才培训模式，依托我省高校优势，多渠道联合办学，教育培训模式日渐成熟，先后举办文物局局长、博物馆馆长和各类专项培训班，为我省文化遗产保护事业的发展提供了智力支持与人才保障。

文物科技水平在全国处于靠前位置。湖北省博物馆研究的对古代饱水漆木器进行脱水、加固、定型的乙二醛脱水法获全国科技进步奖，并广泛运用到国内大批量漆木器脱水保护中。全国文物系统首批行业科研基地——出土木漆器保护国家文物局重点科研基地依托湖北省博物馆挂牌成立。科研基地主要骨干承担的"生物技术在文物保护领域的应用研究——出土丝织物加固处理"科研项目，获国家文物局"2005年度文物保护科学和技术创新奖"一等奖。湖北省博物馆、荆州文物保护中心取得可移动文物修复一级资质、可移动文物技术保护设计甲级资质，武汉市博物馆等取得了可移动文物修复二级资质。

文物信息化及数据库建设进展顺利。湖北是全国"文物调查及数据库管理系统建设"项目试点省份之一。通过进一步加强人才队伍培养、项目规范制度建设、基础信息设备建设，项目建设扎实稳步推进。通过集中组织交流学习，为基层单位培训业务干部380余人次，配备计算机、数码相机等设备90余台，文物信息存储总量达460G。目前，馆藏珍贵文物现有家底基本摸清，省级文物信息中心机房建设基本结项，初步建立起省、市、县三级存储的馆藏文物数据库动态管理系统，获得国家文物局、中国文物信息咨询中心以及专家的一致好评，为项目在全国推广起到了良好示范作用。

二 不可移动文物维修保护卓有成效

湖北古称荆楚，地处长江中游，交通便利，有九省通衢之称，中华文明两大源头——长江文化和中原文化在此交汇。千百年来，荆楚儿女在这块古老土地上，创造了无数辉煌，留下了丰厚文化遗产，武当山古建筑群、明显陵先后被联合国教科文组织列入世界遗产名录。

新中国成立后，全省不可移动文物保护工作开始进入新的历史发展阶段。为了积极做好文物保护管理工作，1951年10月，中共湖北省委宣传部、湖北省人民政府文教厅向全省转发省文物管理委员会关于在"土改工作中必须重视文物古迹、加强保护管理"的通知。为了加强古建筑的保护管理，1954年，省文管会派员维修武当山紫霄宫与当阳玉泉寺，同年，全省第一个单体文物保护机构"襄樊市古隆中文物管理处"成立。1956年11月，省人民委员会公布了第一批湖北省文物保护单位102处。"文化大革命"中，不可移动文物保护管理虽然受到冲击，但仍有群众自发起来保护文物古迹，抢救保护濒临毁坏的寺观庙宇，使文物的破坏减少到最低限度。"文化大革命"后，不可移动文物保护工作走上了正轨，1980年，在全省范围内开展了大规模文物普

◆ 米公祠

查，基本摸清不可移动文物家底。2007年7月18日，省政府成立了湖北省第三次文物普查领导小组，正式启动普查工作。截至2009年6月30日，共新发现文物点16841处，至此全省共调查登记不可移动文物25038处。

湖北古建筑点多、线长、面广，部分年久失修状况严重，残破程度较重。特别是革命文物，由于多处于边远山区，交通不便，经济落后，不利于保护，加之这些文物建筑多为普通民房，建造质量较差，自然损毁较严重。建国后，为了消除文物建筑安全隐患，省文物主管部门投入人力、财力用于全省古建筑、革命旧址及纪念建筑、名人旧居、陵墓等不可移动文物的维修工作，使得武当山建筑群、当阳玉泉寺、宜昌黄陵庙等100余处遭受损坏甚至濒临坍塌的文物得以完整保留。改革开放以后，湖北省不可移动文物保护工作进入了快速发展的新阶段，相继完成了武当山紫霄宫、明显陵双茔城、大水井李氏宗祠、荆州城墙、武昌起义军政府旧址主楼等300多项文物保护工程，工程总量约100万平方米，有效地保护了一批濒于毁坏的珍贵文物古迹，为合理利用文物资源创造了条件。在全省濒危文物建筑的抢救保护中，亦采取将分散于全省各地、濒临消亡、原地无法保存的明清古民居集中搬迁复建于武汉黄陂区木兰湖风景区，既形成一个文物集中保护区域，也成为展示湖北优秀地域建筑文化的旅游景点，为我省不可移动文物保护与利用探索出新的模式。

◆ 米公祠山门

◆ 黄陵庙禹王殿

三　文物考古发掘硕果累累

1949年，湖北省文物整理保管委员会成立(翌年改称湖北省文物管理委员会)，20世纪50年代，湖北省博物馆、荆州专署博物馆先后成立，是省内较早的考古专业机构。武汉大学历史系考古专业于 1976 年成立，此后为湖北及周边省份培养了众多专业人才。经过数十年发展，我省已有国家文物局授予考古发掘团体领队资格单位 4 家，分别是湖北省文物考古研究所、武汉大学、武汉市文物考古研究所、荆州博物馆，具备国家认可考古发掘个人领队资格的人员 40 余人。

20 世纪 50 年代京山屈家岭遗址的发掘，60 年代以来楚纪南城遗址的考古发现，70 年代荆州凤凰山 168 号出土的完整男尸、随州曾侯乙墓出土的青铜编钟，80 年代荆州马山一号墓的"丝绸宝库"、包山墓的楚简，90 年代郧县人遗址出土两具完整头盖骨，21 世纪以来梁庄王墓、郢靖王墓和九连墩墓的发掘，湖北文物考古发掘硕果累累，大大提高了湖北考古事业的影响力，文物考古发掘工作愈益受到社会各界的关注与支持。

湖北文物考古发掘课题研究成绩显著：旧石器时代遗存，已发现的有鄂西北、鄂西山地、江汉平原、汉江中游平原和鄂东南丘陵。主要遗址有郧县学堂梁子遗址，出土了两具完整的人类头骨化石，距今约 100 万年；建始直立人遗址，出土数枚早期直立人牙齿，距今约 200 万年。

新石器时代遗存，曾对京山屈家岭、天门石家河、房县七里河、宜都红花套、枝江关庙山、枣阳雕龙碑、武穴鼓山等百余处新石器时代遗址进行考古发掘，已建立起湖北新石器时代文化发展序列，即城背溪文化—大溪文化—屈家岭文化—石家河文化。

夏商周时代遗存，在宜昌白庙子、随州西花园等遗址发现二里头文化因素的陶器，反映了中原夏文化对湖北本土文化的影响。武汉盘龙城遗址，发现商代前期大型宫殿基址，出土青铜器、玉器，说明商王朝势力已到达此地。此外，夏商时代湖北各地还存在不同面貌的土著文化，如长江三峡地区的中堡岛三期类型、江汉平原的荆南寺和周良玉桥类型等。两周时期，楚文化因素发展扩张，逐渐征服湖北境内的"汉阳诸姬"和原有古国，这时期遗址和墓葬有代表随、邓、巴等小国文化面貌的，如随州曾侯乙墓、荆州万城遗址、黄陂鲁台山墓、蕲春毛家咀遗址等，更多的反映楚文化的，如荆州纪南城遗址、当阳季家湖城址、宜城楚皇城遗址、大冶五里界遗址、潜江龙湾遗址、荆州雨台山墓群、九店墓群、马山墓群、荆门包山墓、枣阳九连墩墓等。鄂东南一带则发现了多处商周时期的矿冶遗址，最著名的为黄石铜绿山遗址。

秦汉时期，湖北纳入大一统帝国地域，关中秦文化在湖北的影响力上升，楚文化因素继续传承渐渐淡化，重要考古发现有云梦睡虎地墓地出土的秦简、荆门郭店楚简、包山楚简、荆州张家山汉简、随州孔家坡出土的汉简、江陵凤凰山墓地出土的完整男尸等。

魏晋南北朝至明清时期遗存，对三国时期吴都武昌故城——鄂州吴王城遗址和数百座六朝时期墓葬进行了发掘，出土了品类齐全的铜镜数百件及青瓷坞堡模型"孙将军门楼"等珍贵文物。对郧县唐代李泰家族墓、安陆唐代吴王妃墓等进行了发掘，出土了湘阴窑、长沙窑瓷器和金器。明代，有 12 位藩王封在湖北境内，已正式发掘了武汉楚昭王墓、钟祥梁庄王墓、钟祥郢靖王墓，为研究明代藩王葬制葬俗提供了重要资料。

配合大型基本建设工程的文物保护及考古发掘是我省考古发掘工作之重中之重。多年来，在各级党委、政府和相关建设单位支持配合下，我省考古工作者以对历史负责的态度，积极投身到各项建设工程的文物保护与考古发掘工作中，取得了丰硕成果。1954 年，为配合石龙过江水库建设，考古工作者通过调查发现了屈家岭遗址，之后进行了发掘，此类文化遗迹被命名为"屈家岭文化"，为研究长江中游的新石器时代文化提供了标尺。1978 年，为配合部队营房建设，对曾侯乙墓进行了发掘，包括全套 65 件青铜编钟、"二十八宿"漆衣箱在内的 1.5 万余件精美文物出土，震惊了世界，提升了湖北在全球的知名度。改革开放后，我国进入经济快速发展阶段，建设项目中文物保护任务更加繁重。仅近 10 年来，湖北在 100 多项大型工程中开展了考古发掘工作，发掘遗址 360 多处，墓葬近 2000 座，较重要的有 1998 年配合长荆铁路建设发掘的应城门板湾遗址、1999 年配合京珠高速公路建设发掘的赤壁土城遗址、2002 年配合孝襄高速公路建设发掘的枣阳九连墩墓、2006 年配合武合铁路建设发掘的麻城金罗家遗址等。

湖北省列入国家"十一五"期间重点保护的大遗址项目有屈家岭遗址、石家河遗址、盘龙城遗址、楚纪南城遗址、龙湾遗址，是南方省份中数目最多的。根据国家有关规定，在地方政府和文物部门的努力下，近几年来，大遗址保护工作取得重要成果。龙湾遗址、盘龙城遗址保护总体规划和相关保护展示方案已编制完成并获国家文物局批准，遗址现场保护性工程已经启动；屈家岭遗址、石家河遗址、楚纪南城遗址的保护规划编制与审批也接近完成。目前，国家财政和地方政府用于湖北大遗址保护的经费已达上亿元。

四　世界文化遗产保护与利用相得益彰

湖北有世界文化遗产两处：武当山古建筑群于 1994 年列为世界文化遗产；钟祥明代显陵与河北清东陵、西陵一起作为"明清皇家陵寝"合并项目，2000 年被列为世界文化遗产。2007 年，荆州古城墙被列入中国世界遗产预备清单，为下一步申报世界遗产打下基础。

湖北省委、省政府历来重视、支持世界遗产保护。2003 年 6 月 17 日，中共中央政治局委员、湖北省委书记俞正声，湖北省省长罗清泉到武当山现场办公，重点研究武当山古建筑群保护问题；2008 年，省委书记罗清泉两次赴钟祥明显陵进行调研。世界遗产所在地党委、政府成立专门机构管理世界遗产，并在基础设施配套建设、资金投入等方面加大力度，加强了世界文化遗产的保护与管理。

武当山古建筑群建筑规模庞大，自上世纪 80 年代至 90 年代初，湖北省先后拨款千万元，对太和宫、复真观、磨针井等文物建筑进行了维修。自 1994 年武当山古建筑群列为世界文化遗产

◆ 修缮后的武当山紫霄大殿

◆ 武当山金殿

以来，省财政每年拨付专项资金用于武当山古建筑群维修，1998年将专项资金从原每年80万元增加至每年100万元。截至2008年，国拨、省拨专款及地方筹资共计投入资金近亿元，先后对治世玄岳牌坊、琼台中观、磨针井、复真观、回心庵、剑河桥、元和观、黄龙洞等文物建筑，以及一天门到朝圣门古神道进行了修缮；对玉虚宫、五龙宫遗址进行了清理，对冲虚庵、老君堂等处进行了抢修加固，对其余各处古建筑进行了经常性保护维修。为确保文物建筑周边历史风貌的原生性，对保护范围内居住的村民进行了逐步迁移，实施土地退耕还林，景区"三线"入地工程，使武当山环境得到明显改善。

为做好明显陵的维修保护，钟祥市文物部门委托天津大学制定了《显陵总体规划》（已上报国家文物局审批），全面统筹文物保护项目。在各级财政支持下，已先后投入3000多万元，维修了九曲河、明楼、新旧红门、外罗城、双茔城等文物点，对石像生实施了保护。同时，加大环境整治力度，对景区内新建筑进行了搬迁。目前，显陵保护范围与建设控制地带范围内没有任何与文物保护无关的建筑。

◆明显陵

根据《中国世界文化遗产监测巡视管理办法》，进一步完善了遗产地监测制度，健全了监测体制。武当山文物局专门制定了《武当山古建筑群日常监测工作管理制度》，对单体遗产的监测责任主体、监测内容、监测要求等作出了明确规定；明显陵管理处根据自身特点，依据相关规范，专门制定游客承载量、文物受损分析两套检测指标体系。实施这些措施使遗产地监测工作更具操作性，取得实效。

武当山古建筑群、明显陵作为世界文化遗产，其爱国主义教育、科学文化研究、旅游观光等功能得到进一步发挥，参观游览人数大幅上升。"十五"期间，明显陵共接待游人近70万人次，实现门票收入2000余万元；武当山古建筑群仅2008年就接待游人120万人次，实现门票收入1.3亿余元，对当地经济增长和社会发展起到了十分重要的推动作用。

五 博物馆事业蓬勃发展

1953年3月，湖北省人民政府批准成立湖北省博物馆（筹备处），配备工作人员11人。这是湖北省成立的第一个博物馆，可以说是湖北博物馆事业的开端。1954年，中南地质局配合地质调查勘探和研究工作，筹备成立了湖北武汉地区第一所自然科学类博物馆——湖北省地质博物馆。1958年前后，湖北相继成立博物馆、纪念馆27所，加上省博物馆和地质博物馆，全省共有博物馆29所。1962年，国家实行精简机构，湖北全省19所博物馆、纪念馆被撤销，仅保留湖北省博物馆、"二·七"纪念馆、中央农民运动讲习所旧址纪念馆等9所博物馆、纪念馆。"文化大革命"中，博物馆事业同其他事业一样受到严重破坏，许多专业人员被审查、批判或下放劳动，大多数博物馆被迫关闭、撤销或改作他用，许多文物图书被封存、遭毁坏。"文革"后期，由于周恩来等中央领导人重申国家制定的文物法令，强调加强文物保护工作，湖北省博物馆事业与全国一样有所恢复。"文革"结束，湖北博物馆事业得到全面恢复，原有的一批博物馆、纪念馆重新对外开放。

80年代后期，博物馆建设数量增长速度大大加快。大多数没有博物馆的县、市陆续创造条件建立了博物馆。到1990年年底，全省有博物馆、纪念馆85个，馆舍总面积达到9.77万平方米。90年代后，伴随着全国博物馆建设高潮，湖北博物馆事业建设资金投入也明显增加，出现前所未有的发展前景。同时，对全省博物馆建设进行了结构性调整，在社会历史类博物馆比例偏大情况下，注意自然科技类、艺术类、民族民俗类和专门博物馆的建设与发展，建立了一批较有特色的博物馆，如长江博物馆、荆州城墙博物馆、汉正街博物馆等。2001～2008年，赤壁、宜都、麻城、红安、大冶、石首、武当山等一批重点特色县级博物馆新馆落成并对外开放。全省中等城市博物馆建设力度进一步加大。2007年，十堰市博物馆暨湖北省南水北调博物馆、中共五大会址纪念馆落成并对外开放。2008年年底，黄石市博物馆、随州市博物馆竣工并对外开放，鄂州市博物馆（三国吴都博物馆）、咸宁市博物馆新馆建设项目先后开工。

◆湖北省博物馆鸟瞰

博物馆免费开放取得突破性进展。2007年11月，根据中共中央政治局常委李长春同志指示精神，湖北省博物馆向社会实行免费开放。免费开放以来，在国内外引起广泛影响，受到广大人民群众热烈欢迎。免费开放实施后，中央领导同志作出批示，湖北的做法很好，在全国产生很大影响，要很好地总结经验，以利在全国推广。文化部、国家文物局对此也给予充分肯定和高度评价，为此，国家文化局单霁翔局长、张柏副局长专程带领工作组来鄂就博物馆免费开放情况进行专题调研，系统总结湖北省博物馆免费开放经验，并形成《湖北省博物馆免费开放经验的调研报告》上报党中央、国务院全面推广这一经验。湖北省博物馆为全国博物馆全面、顺利推行免费开放进行了有益尝试、积累了宝贵经验。至 2008 年，全省共有 64 所博物馆、纪念馆对社会全面实行免费开放。

◆武汉市博物馆

◆国家文物局领导来鄂调研博物馆免费开放工作

　　湖北全省现有各类博物馆、纪念馆 131 座，数量位居全国前列，并形成全省博物馆布局五大系列：以湖北省博物馆和荆州、荆门博物馆为代表的楚文化特色博物馆；以辛亥革命博物馆和红安、洪湖革命博物馆及二七纪念馆为代表的革命历史博物馆、纪念馆；以湖北省地质博物馆和黄

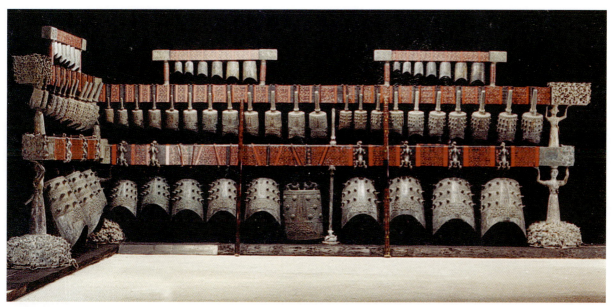
◆战国曾侯乙编钟

石大冶古矿冶遗址博物馆为代表的自然科技博物馆；以恩施州博物馆和中南民族大学民族学博物馆为代表的民族与民族学博物馆；以屈原、李时珍、闻一多纪念馆和以毛泽东、董必武、李先念纪念馆为代表的历史文化名人和老一辈无产阶级革命家纪念馆。全省以省级博物馆为龙头，以重点市、州博物馆为骨干，以特色县级博物馆为补充的博物馆体系逐步形成。

　　据统计，目前全省博物馆收藏各类文物和自然标本共 115 万余件，与 1990 年的 48 万余件

◆虎座鸟架鼓

◆越王勾践剑

藏品相比，增加了一倍余，是1956年4.3万件藏品的近27倍。这些藏品一部分来源于征集，更多则来自于考古发掘成果。类别齐全，历代均有精品，可谓纵不断线，横不缺项。在115万余件藏品中，三级以上文物共171251件，其中，一级文物2514件套，国宝级文物19件（套）。古代文物数量最多，最为珍贵的是两周和秦汉时期文物，其中楚及其相关文物极具特色。最著名的藏品如曾侯乙编钟及同时出土的青铜器，青铜兵器越王勾践剑与吴王夫差矛，漆木器彩绘木雕动物小座屏和虎座鸟架鼓，战国丝织品，战国秦汉竹简等等。在近现代文物方面，最具特色的则是辛亥革命文物和中国共产党所领导的新民主主义革命时期文物。全省各博物馆、纪念馆藏品已形成各自特色。

六 文物外展交流奏响华彩乐章

随着湖北对外开放领域与规模不断扩大，以文物对外展览为主要内容的文物对外交流与合作迈出新步伐。2000年4月，以湖北随州曾侯乙墓及擂鼓墩二号墓出土编钟为主体的"孔子时代的音乐"文物展，在美国首都华盛顿展出，引起西方社会及美国民众的巨大反响。2000年10月，"中国福祉的期盼"编钟展演与学术交流在德国科隆举行，来自遥远东方国度的古老文明同样引起了德国观众的共鸣。1992年以来，湖北众多馆藏文物随着国家对外文化交流走出国门，让世界各国人民逐步了解荆楚文化魅力所在。先后参加由国家文物局组织的"中国考古黄金时代"、"世界四大文明——中国文明"、"中国国宝展"、"走向帝国"、"大三国志展""天子——中国帝王艺术展"、"明代艺术展"、"秦汉—罗马文明"等大型对外文物展览，向世界人民介绍了博大精深的荆楚文化，也展现了改革开放给湖北带来的深刻变化。与此同时，境外来鄂文物展览也不断增多。文物对外展览为湖北文物对外交流合作构建了宝贵的人员交往与学术交流平台，尤为重要的是，通过文物展览，在文物领域，湖北开始认识世界，世界也开始了解湖北。

似乎是历史巧合，当中国拉开改革开放序幕时，被誉为20世纪最重要考古发现之一的曾侯乙编钟，1978年在湖北随县（今随州市）成功发掘。30年来，曾侯乙编钟用2400余年的历史积淀，奏响了穿越中国改革开放进程的时代乐章，同时也奏响了湖北文物走向世界的华彩音符。编钟见证着改革开放以来的重大事件。1984年国庆节，当北京天安门前的游行队伍中展出"小平您好"的横幅时，湖北"编钟乐团"再次应邀赴北京，为共和国35岁生日献上了以编钟为主的大型民族交响乐，并到中南海怀仁堂作汇报演出。1984年12月，为庆祝中英两国政府关于香港问题的联合声明发表,湖北省文物展览代表团携擂鼓墩曾侯乙墓部分出土文物、曾侯乙编钟的部分复制件赴香港展出,并出席香港中国文物展览馆开馆暨湖北随州战国曾侯乙墓出土文物展开幕式。1997年7月1日,在中英政府举行的香港政权交接仪式现场,来自世界各地的数千名嘉宾,欣赏了由音乐家谭盾创作并指挥、用湖北的曾侯乙编钟(复制件)演奏的大型交响曲《一九九七:天地人》,雄浑深沉的乐声,激荡人心,震撼寰宇。为加强海峡两岸文化交流,1997年11月至1998年3月,湖北省博物馆藏品精华展在台北、高雄两地举行。随后,台湾"文建会"通过台北鸿禧美术馆,向湖北省博物馆订购了一套曾侯乙编钟复制件,作为台湾"民族音乐中心"的珍宝入藏。

"编钟外交"拉近湖北与世界距离。曾侯乙编钟先后在美国、德国、法国、日本等国家随展演奏,1992年,"曾侯乙墓出土文物特别展"在日本东京举行,以纪念中日邦交正常化20周年。期间,曾侯乙编钟等古乐器随展演奏。宽敞的演奏大厅内,"楚觞"、"樱花"、"四季"等中日两国人民所熟悉名曲,令听众陶醉不已。1995年春,一年一度的"欧洲文化节"在卢森堡举行。由于意识形态等原因,卢森堡新闻媒体一直很少介绍中国的信息。湖北省博物馆举办的"中国周代艺术品展"在卢森堡举行,编钟、编磬同时进行现场演奏,引起卢森堡、德国、英国、法国等国10多家媒体争相报道。神奇的编钟演奏使欧洲观众从"极感兴趣",发展到对中国日益好感和关注。2005年9月,荷兰阿姆斯特丹"荷兰艺术节",湖北编钟乐团进行了为期半个多月的演出,在当地引起轰动。美国前国务卿基辛格博士曾于1982年和1996年来过湖北省博物馆。1999年6月,基辛格利用在武汉商谈合作项目的机会,再次到湖北省博物馆参观,编钟演奏的《友谊天长地久》等乐曲,博得了阵阵惊叹和热烈掌声。编钟作为中国文化使者,至今已涉足20多个国家和地区,占世界人口约1/10的人通过各种方式领略了编钟的神采,有150多个国家和地区的外宾在中国聆听了编钟演奏,许多外国领导人还亲自进行演奏,零距离体验来自2400多年前的曾侯乙编钟的独特魅力。

近年来,我省与港澳台地区馆际交流日益加强,这对于增强港澳台地区民众对中国传统文化的认知和认同,加强港澳台地区与我省的联系与交流发挥了重要的作用。2006年1月,应香港大学邀请,湖北省博物馆在香港大学冯平山博物馆举办了"荆楚辉煌"大型文物展;近年来,我们还特别注重引进香港、台湾地区展览,加强荆楚文化与港澳台地区的交流,台湾鸿禧美术馆"心游目想·鸿禧美术馆藏中国书画系列"、台北历史博物馆"南张北溥——张大千、溥心畬书画展"、香港中文大学文物馆"岭南三高画艺"等展览在湖北省博物馆陆续展出。文物展览超越政治色彩,不仅有助于维系两岸人民感情,密切两岸关系,而且通过传播中国传统文化,进一步增强台湾民众,特别是年轻一代对中国历史与文化的认同感。

七 文物市场管理步入法制轨道

建国60年来,我国社会政治经济文化各领域经历了前所未有的深刻变革。社会文物管理工作也同其他行业一样,从百废待兴开始,为适应出现的新情况、新问题,不断完善管理理念、方法和手段,管理工作总体水平逐步提高。60年来,湖北省社会文物管理工作始终坚持以抢救保护文物为前提，以积极引导、规范管理为手段，以满足人民群众日益增长的精神文化需求为目标，在文物市场管理、文物进出境审核和避免文物流失等方面不断取得新的进展。

建国初期，社会文物尚沿用民国以来古董、古玩称谓。1956年以前，在武汉永安市场、和平市场、民生路等地的少数私营商店和一些收购古董的小商小贩，从事文物古玩收购和销售。1956年以后，武汉市第一商业局在接收合营部分古董商店基础上，建立了国营武汉市珠宝玉器商店。1961年，根据国务院批复下发的《关于改变文物商业的性质和管理体制的方案》文件精神，国营武汉市珠宝玉器商店改名为武汉市文物商店，由原来的武汉市第一商业局移交给武汉市文化局领导。武汉市文物商店此后主要任务为负责收购、整理、处理本省范围内社会流散文物；办理废旧物资中文物的拣选工作；本省外贸部门所需出口外销文物的审查、鉴定及组织供应；并对省内其他文物商店进行业务联系与辅导。与此同时，荆州、襄阳、宜昌专署文教（化）局（科）在接收当地有关行业中文物部分的基础上，分别在沙市、襄阳、宜昌市设立了文物商店。为加强全省社会文物的管理工作，1961年，湖北省文化局设立湖北省文物商店管理处，具体负责检查、督促、协调有关业务工作，并组织成立了湖北省文物鉴定委员会，负责收购入店珍贵文物的鉴定和出境文物的审查。至此，湖北省境内社会文物管理工作基本走上正轨。"文化大革命"中，社会文物管理工作严重受挫，致使许多文物流失受损。"文革"结束后，湖北省社会文物管理工作得到恢复加强。

改革开放初期，国家规定"归口经营、统一收购、统一价格、加强管理"的原则，国有文物商店负责统一收购流散在社会上的传世文物，其中的珍贵文物优先为博物馆提供藏品，一般文物经鉴定后可用于出口外销。湖北省文物总店于1979年经湖北省政府批准成立，为文物事业单位，内部实行企业管理。其主要职能是收集保护社会流散文物，为博物馆和有关科研单位提供文物藏品和科研资料。同时将一般不需由国家收藏的文物投放市场，通过外销为国家争创外汇，并开展内销满足人民群众日益增长的文物爱好和收藏需要。该店立足武汉，面向全省，在部分市县常设文物收购点，以商业手段大量收集社会文物。至2000年年底，该店共为市、县文物博物馆单位提供文物藏品4458件，收藏珍贵文物1000余件，一般商品文物与艺术品23万余件。

1992年以后，我国实现了由计划经济向社会主义市场经济的转型。文物监管品市场和文物拍卖的出现，打破了文物商店对文物的独家经营，并在文物市场上逐渐形成了相互竞争的局面。为了加强全省旧货市场的管理，1996年，经湖北省文化厅审批，武汉市设立了"文物监管品市场"，由武汉市文物管理办公室监管。1994年国家文物局开展了文物拍卖试点工作，1996年对文物拍卖实行了直管专营，并建立文物拍卖标的鉴定许可制度。1997年颁布施行的《拍卖法》首次以法律形式规定了经营文物拍卖的资质条件和文物拍卖标的鉴定、许可程序，有力地促进了文物拍卖市场的发展。为规范湖北省文物拍卖经营活动，促使文物市场健康有序发展，2006年，湖北省文物局依法为武汉中信拍卖有限公司和武汉市大唐拍卖有限责任公司向国家文物局申领并取得了文物拍卖许可证。

为加强湖北省出境文物管理，1990年12月8日，经湖北省机构编制委员会批准，成立了湖北省文物出境鉴定组，与湖北省文物管理委员会办公室合署办公。1994年8月4日，经国家文物局重新审核确认，依托湖北省文物出境鉴定组设立了国家文物出境鉴定湖北站。1997年，湖北省文物事业管理局成立，湖北省文物进出境鉴定组又与湖北省文物事业管理局文物安全鉴定处合署办公。2008 年，经国家文物局批准，更名为"国家文物进出境审核湖北管理处"（湖北省文物进出境鉴定组）。国家文物进出境审核湖北管理处担负着湖北省进出境文物、内销和外销文物、文物与艺术品拍卖标的、馆藏文物以及涉案文物的审核鉴定及相关的管理工作，并为社会上法人单位和公民提供文物鉴定咨询。

八　文物犯罪得到有效遏制

党和政府历来重视文物保护与安全。建国以来，国家制定了一系列文物保护管理法律、法规，采取了一系列的文物保护措施。特别是 1982 年，制定了《中华人民共和国文物保护法》，为加强文物保护及打击文物犯罪活动提供了强有力的法律武器。

湖北省的文物安全保护工作，从新中国成立至"文化大革命"以前，一大批文物保护单位和可移动文物得到了保护，文物保护工作取得了很大成绩。"文化大革命"中，受极"左"思潮影响，一大批图书、文物和文物保护单位遭到破坏。改革开放以后，一方面，随着我国改革开放的不断深入和市场经济的快速发展，文物的正当交易和文物违法买卖以及文物走私出境迅速活跃起来。另一方面，在生产劳动、基本建设动土施工中，破坏古遗址、古墓葬等情况也时有发生。为切实加强全省文物安全保护，在国家文物局和省委、省政府的高度重视与支持下，通过深入贯彻实施《中华人民共和国文物保护法》，加强经济社会建设中的文物安全保护；完善各级文物博物馆单位和文物保护单位的人防、物防和技防设施设备，采取打防并举，标本兼治的办法，严厉打击各种文物违法犯罪活动，加大文物行政执法督察力度，使我省的文物安全保护工作不断得到加强。

1979 年以前，我省文物博物馆单位馆藏文物被盗案件时有发生，1974 ～ 1979 年间，全省共发生馆藏文物被盗案件 5 起。1980 ～ 1992 年间，全省共发生馆藏文物及文物复制品被盗案件 48起。面对全省馆藏文物被盗案件频繁发生的严峻形势，1989 年 1 月 10 日，省武警总队派出兵力进驻省博物馆，进一步加强了省博物馆的安全保卫工作。1993 年后，全省文物博物馆单位馆藏文物安全形势得到明显好转，1993 ～ 2000 年全省发生馆藏文物被盗案件 5 起。2001 ～ 2009 年连续 9 年实现了全省馆藏文物安全年。

古墓葬、古遗址和田野石刻造像安全保护不断得到加强。湖北古墓葬分布广、数量多、保存好，特别是荆州、荆门、当阳、枝江等地古墓葬密集，仅这一地区有封土堆的楚墓就多达 1000 余座。1992 年以前，湖北未发生大规模盗掘古墓葬犯罪活动，仅在邻近赣、湘、川等省边界的少数县市及偏远乡村发生过一些盗掘古墓葬犯罪案件。但从 1993 年开始，在全国出现的盗掘古墓葬犯罪狂潮冲击下，湖北的古墓葬也遭到浩劫，盗掘古墓葬案件直线上升，一些文物犯罪团伙或不法分子将目光盯在荆州、荆门、当阳、枝江等地的古墓，大肆鼓吹"要致富、挖古墓，一夜变成万元户"、"辛辛苦苦干一生，不如一夜挖个坑"，煽动、组织法制观念淡薄、利欲熏心之人大挖古墓，使我省古墓葬遭到严重破坏，造成大量珍贵文物损毁或流失。1993 年古墓被盗 40 座，另有43 座战国墓葬被盗未遂。盗掘古墓葬所造成的损失和危害无法估量，如 1993 年荆门市一座被盗残墓经发掘清理，出土了迄今所见最早的包括《老子》在内的五部竹书楚简；1994 年年初，荆门郭家岗一号墓被盗掘，墓中一具保存完好的战国女尸被犯罪分子弄得面目全非，一批精美丝绸被撕成碎片，从墓中盗出的我国唯一一件蒙皮尚在的战国虎座凤鸟悬鼓鼓框被砸碎，鼓皮被盗卖。仅据荆州、荆门两地统计，1993年至1994年年底，就有400余座古墓被盗或被盗未遂。如此大肆盗掘古墓，不仅使湖北大批珍贵文物遭受严重损失，同时也败坏了社会风气，扰乱了社会治安，干扰了正常的农业生产活动，严重影响了全省两个文明建设。1993年和1994年先后两次组织打击文物犯罪专项活动，仅荆州、荆门就投入600多人次，共破获盗墓案33起，走私文物案8起，抓获盗墓团伙17个，走私团伙5个，抓获犯罪分子160人，判刑39人，现场击毙作案犯罪分子1人，缴获了大量作案工具和凶器，追缴了部分文物。

湖北省委、省政府于1995年1月17日在荆沙市（现荆州市）召开了严厉打击文物犯罪活动专题会议。省委、省政府领导对盗掘古墓恶风极为关注，要求各级党委、政府高度重视，采取坚决有力措施，严惩罪犯，刹住盗墓恶风，开展全面整治，建立领导责任制和群防群治机制，确保文物安全。1995年5月29日，省委副书记杨永良主持办公会议，研究部署严厉打击文物犯罪活动、切实加强文物安全保护的相关工作。在省委、省政府及地方各级党委、政府的重视支持下，经过各级文化（物）、公安等部门的共同努力，不断加大文物保护和打击文物犯罪的力度，湖北省文物安全保护工作出现了良好局面。1996～2009年，湖北基本遏制了大规模盗掘古墓葬犯罪活动。

九　文物保护经费投入持续增长

新中国成立以来，湖北的现代化建设突飞猛进，国民经济和社会事业不断取得辉煌成就，综合实力日益增强，从而为湖北文物事业的长足发展与进步提供了强大的支撑和保障，全省文物事业面貌发生了根本改变。

从建国之初到1972年，全省每年用于文物保护的经费平均只有20余万元。1973年，中央财政开始设立"国家重点文物保护专项补助经费"，但规模很小，到1978年，全省用于文物保护的经费仅100余万元。1982年，《中华人民共和国文物保护法》颁布实施，此后，中央财政每年安排国家重点文物保护专项补助经费逐年增长，至1991年，中央财政拨付我省文物保护补助经费已达300万元，并初步建立中央政府文物保护经费投入主渠道；至2001年，拨付我省文物保护补助经费增长到900万元。2002年，全国人大常委会颁布新修订的《中华人民共和国文物保护法》，明确规定"国家用于文物保护的财政拨款随着财政收入增长而增长"，从而，文物保护经费投入有了法律依据，2003～2008年，湖北文物保护经费快速增长。

一是国家财政补助专项经费在资金总量上实现"井喷"式增长。2005年，国务院印发了《关于加强文化遗产保护的通知》，中央财政在短时间内新设3个文物保护专项经费，使国家财政投入总量再创新高。2005年，中央财政设立"大遗址保护专项经费"，当年对湖北投入480万元，2006年增至1730万元，2007年1420万元，2008年1700万元；2007年4月，国务院印发《关于开展第三次全国文物普查的通知》，中央财政设立了第三次全国文物普查专项经费，补助湖北专项经费700万元；2008年，为配合全国博物馆、纪念馆免费开放，中央财政及时设立博物馆免费开放专项经费，2008年即下达湖北博物馆免费开放补助资金6424万元。"中央抢救性文物保护设施建设专项资金"总量也得到显著增长。2006年,国家文物局与国家发改委联合编制《国家"十一五"抢救性文物保护设施建设专项规划》得到全面实行,湖北列入14个项目,资金概算6807万元,其中中央财政补助4084万元。

二是地方政府文物保护经费投入大幅增加,中央与地方分级负担文物保护经费保障机制初步形成。随着规模扩大与数额增加,中央财政文物保护专项经费对地方财政的带动作用日益显现,地方各级财政对文物保护经费投入也迅速增长。"十五"以来,省级财政设立的文物保护专项经费年度"基数"不断增长,1994～2005年,年度基数为400万～660万元;2006年达1000万元,后每年有所增长。对于省级文物保护重大专项,也得到省政府及财政的大力支持,省博物馆扩建工程,总投入2.31亿元,其中省财政投入1.495亿元;2007年省博物馆在全国率先免费开放,当年,省财政追加预算4000万元,用于省博物馆免费开放补贴;第三次全国文物普查,省级财政预算安排1100万元。

在逐年加大文物保护经费财政投入的同时,湖北还积极探索建立多渠道的文物保护经费保障体系:一是将文物保护事业所需经费列入本级财政年度预算,并使文物保护经费随着财政收入增长而增加。二是制定财政资金配套政策,引导社会各方面增加投入。对部分文物保护项目采取财政资金配套、注入启动资金等办法,吸引调动民间资本投入文物保护事业。三是做好基础工作,积极通过多种途径向上级有关部门展示和宣传文物保护与开发成果,积极争取支持,取得良好社会效益。

据不完全统计,2008年,湖北省文物保护经费达2.74亿元,仅中央财政下达湖北的文物保护专项经费就达1.4亿元,30年增长了270倍。文物保护经费投入的持续增长,成就我省文物事业得以健康发展。

新中国成立以来,省级文物主管部门机构设置及其直属单位历经多次变化。湖北省博物馆设立于1953年,是当时湖北仅有的文物机构;1979年省文物总店落成;1981年辛亥革命武昌起义纪念馆挂牌成立;1987年省政府恢复设立省文物管理委员会,下设办公室;1989年省考古所从省博物馆分离成为独立法人;1996年,湖北省文物事业管理局成立,全面管理我省的文物保护工作;2003年,湖北省文化厅古民居抢救保护中心成立,2006年在该中心加挂了湖北省古建筑保护中心的牌子;2005年三峡工程库区文物管理中心成立,截至目前,省级文物主管部门机构设置及其直属单位达到8个。2008年省文物局及直属单位部门预算支出规模为1.33亿元,其中当年财政拨款为8800万元。

目前,国家设立的文物保护专项经费已有"国家重点文物保护专项补助经费","抢救性设施保护专项经费","大遗址保护专项经费","第三次全国文物普查专项经费","博物馆免费开放专项经费",我省也相应设立"省级重点文物保护经费"、"古墓葬保护经费"、"文物普查专项经费"等。这些专项经费的设立,不仅意味着经费数量的增加,也为建立文物保护经费投入长效机制奠定了基础。

1993年以来,湖北结合国家相关法规、规章,先后制定和完善了《湖北省重点文物保护专项补助经费管理办法》、《湖北省南水北调中线工程丹江口水库文物保护经费使用管理办法》、《湖北省南水北调汉江中下游治理工程文物保护经费使用管理办法》、《湖北省三峡工程文物保护经费使用管理办法》以及《湖北省第三次文物普查专项经费使用管理办法》、《湖北省博物馆纪念馆免费开放专项资金管理办法》《湖北省文物保护支出项目绩效考评办法》等各类专项经费管理办法，涵盖了项目立项审批、资金安排、项目实施、工程竣工及考核评估等资金使用管理各环节，对各类文物保护经费的使用范围、支出内容、审批程序、财务管理与监督作了全面规定。

通过建章立制，全面推行政务公开，保障社会和群众的知情权、参与权和监督权等民主权利，逐步做到将涉及文物保护经费管理的规章制度和标准公开、项目审批和经费分配程序公开、项目及经费安排结果公开、经费到位及使用情况公开、工程验收及决算审计结果公开、典型案例检查及绩效考评结果公开等，用制度安排来规范和约束资金的分配和使用，大大减少了随意性和盲目性。经过多年努力，湖北省文物保护经费使用监督管理体系已基本建立形成，项目需求的真实性、预算编制的科学性和经费使用的规范性得到明显提高，初步做到从注重以项目库建设、立项审批、方案及预算论证和批复为主要环节的事前控制，转变到以工程质量检查、现场会、联合执法检查为主要手段的事中控制，再到以年度经费到位和使用情况年报制度、竣工验收、决算审计、项目绩效评估为途径的事后控制及深化。这些做法，既是成功的经验，无疑也是今后必须继续坚持的文物保护经费使用管理的基本工作方法。

十 三峡、南水北调工程文物保护成绩斐然

三峡工程文物保护工作历经 16 年之久，圆满完成国家批复的各项规划任务，取得辉煌成绩。

在三峡工程文物保护中，湖北首次将工程建设管理机制引入到文物保护工程中，突破文物保护计划管理格局，率先建立并实施了严格的文物保护项目合同管理制、检查验收制、经费决算、结项审计制等，得到国家文物局、国务院三峡建设委员会的充分肯定，并在三峡库区文物保护工作中广泛推广。

16 年来，三峡工程坝区及湖北库区文物保护工作圆满完成地下 217 处文物点、45.8 万平方米的考古发掘和 190.6 万平方米勘探任务。三峡湖北库区已出土不同时代、不同质地的文物标本 6 万余件，其中珍贵文物约 5000 件，特别是距今 6000～7000 年前的"太阳人"石刻和石人雕像、精美的新石器时代玉器、图案精美的巴文化铜戈、矛及保存完好的一组弓箭，堪称库区文物瑰宝。这些大量重要遗迹文物的抢救保护，填补了峡江地区史前考古学文化研究的空白，使该地区原本并不清楚或只有一些初步认识的考古学文化时空框架得以系统完善。秭归官庄坪、庙坪、巴东雷家坪等一批遗址典型楚文化遗存的

◆三峡工程文物保护凤凰山搬迁复建古建筑群 郑坤 摄

发现，对研究楚文化向西扩张及巴、楚文化的关系具有重要的学术价值；秭归何光嘴、朝天嘴等一批夏商时期的遗存揭示了巴、蜀、华夏诸部族文化在库区交流的史迹；大批汉、六朝墓葬的发掘，揭示了当时的三峡地区已融入了中华民族的文化版图。其中，巴东旧县坪遗址2002年被评为"全国十大考古新发现"，成为三峡文物保护的一个亮点。

按"集中保护，规模发展"的思路，三峡工程湖北库区集中搬迁复建了各类文物建筑41处，并组织开展了文物集中复建区环境整治与基础配套设施建设，文物复建区周边环境得到整体提升。秭归凤凰山文物复建区——凤凰山明清古建筑群2006年被评为第六批全国重点文物保护单位。

认真贯彻落实"保护为主、抢救第一、合理利用、加强管理"的文物工作方针，南水北调中线工程文物保护工作稳步推进。几年来，在国务院南水北调办公室、国家文物局和湖北省委、省政府及库区各级政府的重视与支持下，湖北已累计实施考古发掘项目58个，累计完成考古发掘面积15.7万平方米，勘探面积434.5万平方米，出土重要文物1.7万余件。郧县辽瓦店子遗址与《湖北省南水北调工程重要考古发掘Ⅰ》一书分别被评为2007年度"全国十大考古新发现"和"全国十佳文博考古图书"。

60年来，湖北省文物事业在省委、省政府和国家文物局领导下，紧紧抓住各个发展阶段的战略机遇，大胆探索、奋力拼搏、攻坚克难、迎难而上，取得了前所未有的发展和进步，实现了前所未有的历史性跨越。随着国家经济、社会、政治、文化四位一体建设步伐日益加快，在国务院《关于加强文化遗产保护的通知》提出的新时期文化遗产保护第一步目标初步实现的基础上，湖北省文化遗产保护及文物事业必将进一步开创新的局面。

（执笔人：杜玉辉）

湖南省文物事业60年

湖南省文物局

1948年8月4日，国民党爱国将领程潜、陈明仁审时度势，在长沙通电起义。8月5日，人民解放军进入长沙，湖南宣告和平解放。从此，湖南进入了崭新的历史时期。建国后，我省文物事业在历届党委、政府的领导下，经历了从无到有，从小到大，从弱到强的艰苦发展历程。特别是改革开放以来，全省文物工作者高举中国特色社会主义旗帜，以邓小平理念和"三个代表"重要思想"为指导，深入贯彻科学发展观，坚持改革开放，锐意开拓创新，推动科学发展，湖南文物事业实现了跨越式发展，呈现出喜人的发展势头。

一　湖南文物事业发展历程

中华人民共和国成立前，湖南省官方几乎没有开展过文物保护工作。新中国成立以后，湖南文物事业受到中共湖南省委和省人民政府的重视。从1950年起，新成立的省文物保护管理机构就承担起全省文物保护和管理工作。可以说，湖南文物事业在建国60年来，取得了迅猛发展和质的飞跃。60年来，湖南文物事业的发展过程，大体可分五个阶段：

（一）"文化大革命"前17年（1949～1966年），湖南发展文物事业的起步阶段

1950年，湖南省人民政府下设湖南省文物管理委员会(1952年后改属省文化事业管理局)，开始竭力抢救在解放战争、土地改革、民主建设中流散的文物，同时重点发掘了一批文物，并修复保护了一批重点文物单位。1956年，省人民委员会公布了第一批省级重点文物保护单位(共73处)。据1957年不完全统计,在这几年中共收集各种流散文物2.3万多件、各类古铜器近万件(约5000公斤)、古旧图籍70多万册，初步修复14处古建筑与名胜古迹，从而为湖南文物事业的发展打下了基础。

1957～1963年间，省文物管理委员会撤销，其人员及收藏的文物并入湖南省博物馆，由省博物馆继续负责收集流散文物、收购古铜器以及清理基建中发掘的古墓葬(其文物工作队改为省博物馆考古部后，主要从事考古、鉴定工作)。为了培养文物工作干部，省文化局在1957年、1958年连续举办两期全省各县市文物普查干部讲习班，其后，以地区为单位，集中力量分期分批对所辖县市逐个进行普查，共查出有保护价值的历史、革命文物1950多处，同时配合省内大型水电工程兴建，对皂市、五强溪两水库可能淹没区内的文物作了重点调查，共查出文物古迹约

400 处。在普查的基础上,又由湖南省人民委员会于 1959 年 1 月公布了第二批省级重点文物保护单位名单(共 59 处)。1961 年,省文化局组织力量对所有省级重点文物保护单位的保护情况作了一次全面的检查。这些文物单位一般都做到了有保护范围,有标志说明,有记录档案,有负责保护的机构或专人。与此同时,还对 18 处古建筑与名胜古迹先后共进行了 27 次修缮。

1963 ~ 1966 年间,省文化局于 1964 年和 1965 年两次组织对省级重点文物保护单位保护情况进行普查,重新建立了省文物保护管理委员会。1965 年 3 月,省文物保护管理委员会一方面与省土建学会、省建筑设计院等单位共同组织湖南古建筑鉴定小组,对省内现有的沅陵龙兴寺等 11 处建筑物作出科学鉴定,另一方面把 31 个编制分配到重点县、市和重点文物保护单位,成立文物管理所或文物工作队等,为湖南省创办了第一批基层文物管理事业单位。到 1966 年"文化大革命"前,全省文物管理单位共有 6 个、职工 32 人,文物工作队 11 个、职工 13 人,文物商店 1 个、职工 12 人。

(二)"文化大革命"十年(1966~1976年),湖南文物事业遭受破坏与曲折发展的阶段

1966 ~ 1969 年间,全省文物事业单位先瘫痪后撤销。各级重点文物保护单位、古建筑和部分革命纪念建筑,以及古文化遗址、古墓、石刻等遭到不同程度的破坏。被彻底破坏的:有 36 处古建筑(其中有衡阳花药寺等 7 处省级文物保护单位,郴州东塔等 29 处市、县级文物保护单位);2 处革命纪念建筑物(平江起义秘密会址、贺龙故居);24 处古文化遗址、古墓葬、石刻(其中罗子国城遗址等 14 处、七星古堆等 10 处)。遭到严重破坏的,古建筑中有南岳大庙等 21 处省级文物保护单位,另有永顺观音岩等 9 处;革命纪念建筑物中有刘少奇故居等 7 处省级文物保护单位,另有桑植革命烈士纪念塔等 12 处;古文化遗址、墓葬、石刻等 5 处省级文物保护单位,另有石刻孔子像等 8 处。综上所述,遭到破坏的省级重点文物保护单位共有 55 处,占全部省级重点文物保护单位 132 处的 42%。

1968 年,省革命委员会成立"毛主席早年革命活动纪念地建设办公室",对毛泽东早年在湖南活动和工作过的地方,分别进行复原修建(如长沙市望麓园等毛泽东短期住过的旧址);或兴建纪念馆(如"省立第一师范'等毛泽东较长时间学习和工作的地方)。据不完全统计,兴建或修复的大小纪念场所达 110 处之多。1972 年湖南省革命委员会重新公布省级重点文物保护单位 100 处,其中革命文物 51 处(与毛泽东早年革命活动有关的占 39 处),历史文物 49 处。第一、二批公布的 132 处省级重点文物保护单位中被保留下来的有 62 处,其中革命文物 18 处(原有 26 处),历史文物 44 处(原有 115 处),新增 38 处,其中革命文物 33 处(与毛泽东早年革命活动有关的占 25 处),历史文物 5 处。同年,湖南省博物馆发掘长沙马王堆汉墓获得大量珍贵文物,引起各级革命委员会对出土文物的重视,"文化大革命"初期被撤销的文物工作队和文物管理所开始陆续恢复。1975、1976 年先后开展了"红军长征在湖南"与"湖南农民运动历史情况"等调查活动。至"文化大革命"结束,全省已恢复 4 个文物管理所,共有职工 17 人。

(三)"文化大革命"后两年(1977~1978年),是湖南文物事业发展的停滞阶段

这两年,全省文物工作由湖南省革命委员会文化局统一管理,省博物馆继续配合工农业生产

建设，对五强溪水库文物进行复查，对东江水库文物进行调查，同时协助和指导各地文物保护、管理部门对古墓葬、古遗址的重点发掘。1975年，省博物馆成立文物商店，开始收购业务，并成立"湖南省文物出口鉴定小组"，将收进的文物进行鉴定，对线下文物（指1795年以后的文物）开始外销，1978年设门市部正式对外营业（到1983年止，共创利润71.5万元）。同年还开始修复"文化大革命"中被破坏的重点文物保护单位。

（四）中共十一届三中全会以后的21年（1979～1999年）湖南文物事业全面恢复发展阶段

1979年，恢复了省文物管理委员会。1981年省文物管理委员会办公室与省文化局（厅）文物处合署办公，对全省文物工作统筹安排、管理。自1977～1982年年底，先后6年共投入550多万元全部修复"文化大革命"中被破坏的古建筑和革命纪念地。1979年开展了湖南农民运动历史调查，并于1982年3月将"文化大革命"中公布的省级重点文物单位100处，调整为154处：①革命遗址，革命纪念建筑物57处（保存原51处中的29处，撤销22处，新增28处，内有13处原属第一、二批公布的，实际新增15处）；②古建筑、历史纪念建筑物51处，石刻及其他17处，古遗址、古墓葬29处，共计97处（保存原有49处中的44处，撤销5处，新增53处，内有18处原属第一、二批公布的，实际只新增35处），1983年10月由省人民政府正式公布。此时省内盗运文物出口和盗窃、破坏文物案件增多。其中最大的偷运文物出口案件有湖南省工艺品出口公司盗运国家禁止出口的文物1110件和津市外贸局、物资调拨商店盗运文物2468件两起案件。偷窃、破坏文物案件有"湖南省文物商店职工柳铁武偷窃文物案"、"湖南省博物馆马王堆汉墓珍贵文物被盗案"、"永顺老司城祖师殿4000多斤重的铜造像被砸碎出卖案"和"耒阳坪田乡古墓被盗掘案"。省人民政府于1981年两次发出《关于加强文物保护管理的通知》，重申奖惩原则。同年省文化局部署各地对全省文物进行安全检查与复查，其后又与省公安厅组织力量进行重点检查和公开处理盗卖和破坏文物案件。各地对文物日益重视，加强了文物的保护、管理工作。1983年农村经济体制改革时，全省各级文物管理单位已发展到32个，共有职工287人；另有文物商店1个，职工41人。

1983～1989年，在中央改革开放方针的指引下，湖南文物事业已进入向纵深开拓的阶段。自1982年国家公布《文物保护法》以后，湖南开展了广泛、深入、持久的宣传。特别结合1984年全省开展的第二次全国文物普查工作（已查出古文物、史迹共达1.7万多个点），进行了一次文物保护法的大普及宣传教育。1984年3月，湖南省第六届人民代表大会常务委员会通过并颁发了《关于加强文物保护工作的决议》，1986年9月又通过并颁布了《湖南省文物保护条例》（并于1994年八届人大常务委员会第九次会议进行了修正）。《湖南省文物保护条例》是湖南省第一部保护文物的正式法规，从此湖南省文物保护工作步入了法治轨道。同年依法查处了全省各类文物案件140多起，收缴文物3764件、古钱币3000多公斤，判处80多名犯罪分子，并表彰和奖励了一批保护文物有功的单位和个人（自1985年以来有44个单位、166名个人受到文化部、国家文物局和省人民政府奖励）。1987年5月，省人民政府发出《关于打击盗掘和走私文物活动的通知》，坚持依法奖惩。1988年，湖南省实现了馆藏文物安全年，受到文化部文物局的通报表扬。自1983年以来，为了加强对文物的利用与研究，弘扬中华文化，省级文物保护单位陆续对外开放。特别是革命遗址、革命家故居复原陈列及其辅助陈列的开放，这是向人民群众进行生动的革命传统教育的十分有效的形式。1984～1988年间共接待观众1100万人次。在这几年，湖南馆藏文物多次出国展出，赢得了声誉。从1984年在湖南省博物馆考古部的基础上筹建湖南省文物考古研究所起，到1986年省文物考古研究所正式建立，湖南文物考古工作在古墓葬清理发掘（全省共发掘8000余座）的基础上转向对新石器时代商周古遗址和唐宋窑址的发掘清理；从对楚文物、马王堆出土文物等的研究，扩展到对湖南新石器时代文化的追寻与湖南文化发展的系列探索。1987年在新晃县发现了旧石器遗址，接着相继在沅、澧、湘、资水流域发现旧石器点60多处，开始取得重大的突破，并有不少新的研究成果。1988年，全省有文物管理机构64个，工作人员476人；文物工作队11个，职工36人；文物商店1个，职工74人。1988年，经省人民政府批准，省文化厅文物处改名为湖南省文物事业管理局；1996年，省文物事业管理局升格为副厅级事业单位。1998年3月31日至4月2日，省人民政府在长沙召开了全省文物工作会议，这次会议的主要目标是根据国务院的文件精神，贯彻落实文物保护"五纳入"，即把文物保护纳入当地经济和文化发展规划，纳入城乡建设规划，纳入财政预算，纳入体制改革，纳入领导责任制等。

（五）新世纪以来的10年（2000～2009年），是我省文物事业快速发展的时期

2000年，省人民政府文件提出，设置湖南省文物局，为省文化厅管理的副厅级事业单位。并明确：省文物局受省人民政府委托，主管全省文物、博物馆工作。2002年4月，省政府召开文物保护"五纳入"工作现场会，并确定了26个"五纳入"工作示范县；12月，省政府通报表彰了浏阳市、炎陵县、安仁县、双峰县和通道县为全省文物保护"五纳入"工作先进县。12月20日，唐之享副省长在全国文物工作会议电视电话会议上，就湖南省文物保护"五纳入"工作向全国作经验介绍。2005年9月29日，湖南省第十届人民代表大会常务委员会第十七次会议通过了对《湖南省文物保护条例》的修订并予以公布，进一步加大了对地下埋藏文物、地面不可移动文物和馆藏文物的保护力度，规范了文物的合理利用和民间文物收藏行为。为贯彻实施《国务院关于加强文化遗产保护的通知》精神，切实加强湖南省文化遗产保护工作。2006年4月12日，召开省文物管理委员会第一次全体委员会议，专题研究全省文物工作的有关问题。2006年成功申报国家重点文物保护单位25处，同年，省政府公布了第八批省级文物保护单位82处。2006年9月21日，省人民政府发布实施了《关于切实做好文化遗产保护工作的通知》。2006年，制定了《湖南省"十一五"文物事业发展规划》，并纳入了《湖南省国民经济和社会发展第十一个五年规划》当中。9月19日～24日，由国家文物局组织的"驻华外交官走近中国文化遗产活动·湖湘文化遗产之旅"在湖南省成功举行。来自希腊、马耳他、菲律宾、塔吉克斯坦、哈萨克斯坦、巴基斯坦等国家的驻华大使、公使、文化参赞及夫人一行共13人参加了此次活动。在湘期间，外交官们考察了马王堆汉墓遗址、省博物馆马王堆汉墓陈列、"走向盛唐"归国汇报展、韶山、风蓬岭汉墓考古工地、桃花源、岳麓书院、凤凰古城、张家界等自然和文化遗产地。自2007年以来，启动了第三次全国文物普查（为期五年），至2009年上半年，复查和新发现文物点8000多处。2007年，省政府组建了世界自然文化遗产申报协调领导小组，完善了湖南省文物管理委员会。2008年4月9日省人民政府第四次常务会议通过了《湖南省文物保护单位管理办法》，

自 2008 年 7 月 1 日起施行。省政府逐步加大了文物保护经费的投入。2000 年省级文物保护专项经费为 270 万元，2002 年增长到 500 万元，2005 年增长到 750 万元，2007 年增长为 1100 万元，2009 年增长为 2100 万元。

二　湖南文物事业发展成就

60 年来，湖南文物系统在历届党委、政府及文化部门的正确领导及大力支持下，艰苦创业，与时俱进，开拓创新，取得了一系列成绩，文物事业实现了持续发展。

（一）文物事业得到各级党委、政府高度重视

中华人民共和国成立后，凡有关全省文物保护管理的方针政策和部署，大都由省人民政府以命令、布告或通知的形式进行颁布，如 1952 年，省人民委员会颁发《湖南省名胜古迹保护暂行办法》，1981 年，省人民政府发出《关于加强文物保护管理的通知》，1986 年，湖南省第六届人民代表大会常务委员会第二十一次会议通过并公布了《湖南省文物保护条例》（并于 1994 年第八届人大常务委员会第九次会议进行了修正）。1997 年，省人民政府发出《关于加强文物保护有关问题的通知》，文中强调贯彻中央提出的"保护为主、抢救第一"的方针和"有效保护，合理利用，加强管理"的原则，对"九五"期间文物保护的目标也作了规定。1998 年 3 月召开了全省文物工作会议。2002 年 4 月，省政府召开文物保护"五纳入"工作现场会。2005 年 9 月 29 日，省第十届人民代表大会常务委员会第十七次会议通过了对《湖南省文物保护条例》的修订并予以公布。2006 年 9 月 21 日，省人民政府发布实施了《关于切实做好文化遗产保护工作的通知》（以下简称《通知》）。《通知》指出，加大物质文化遗产保护工作要做好以下工作。一是做好文物普查工作。二是编制文物保护规划。2010 年前，县级人民政府组织完成辖区内省级以上文物保护规划的编制。三是合理利用文物资源。四是加强建设工程中的文物保护力度。五是加强历史文化名城（街区、村镇）保护，六是实施文物保护重点工程。七是加强博物馆建设和管理，逐步建成具有湖湘文化特色的博物馆体系。八是加强革命文物的抢救、保护、管理和宣传。九是清理整顿文物市场。十是加大"世界文化遗产"申报工作力度。就如何加强对文化遗产保护工作的组织领导，《通知》指出，一是加强领导，落实责任。二是建立多元化的文化遗产保护经费投入机制。三是加快文化遗产保护法制建设，积极推进《湖南省非物质文化遗产保护条例》出台。四是营造保护文化遗产的良好氛围，要求各地坚持创新内容，创新形式，创新手段，认真组织开展好每年的"文化遗产日"的宣传教育活动。《通知》重在"落实"，对加强文化遗产保护工作的各个方面都做了具体、可行的规定，对"十一五"期间湖南省文化遗产保护具有很强的指导性作用。

自 2007 年以来，湖南省委、省政府领导有关文物保护的批示达 33 件。省委书记张春贤、省长周强多次深入到文物保护单位进行视察，并作了重要指示。周强省长先后 6 次专门听取了文物工作情况汇报，还专程访问国家文物局，争取支持。省政府组建了世界自然文化遗产申报协调领导小组，完善了湖南省文物管理委员会，下发了《关于切实做好文化遗产保护工作的通知》，批准实施了《湖南省"十一五"文物事业发展规划》，颁布实施了《湖南省文物保护单位管理办法》。

按照国家文物局办公室函件精神要求，2008年12月26日周强省长主持召开了第二十一次省政府常务会议，听取了省文物局的工作汇报，并进行了研究讨论。会议议定：湖南省是文物资源大省，革命文物、历史文物丰富，文物保护利用已成为促进我省经济社会发展的积极力量、旅游发展的重要基础、改善民生的有效途径、宣传湖南的重要窗口。加强文物资源保护，对弘扬湖湘文化、提升湖南软实力、扩大湖南影响、加快文化强省建设，具有重要意义。各级各有关部门要提高认识，增强文物保护的紧迫感，支持文博事业发展，把文物保护事业作为经济社会发展的重要内容，纳入《湖南省国民经济和社会发展第十二个五年规划》。会议还同意，文物部门机构编制问题，由省编办研究支持，在本轮政府机构改革中统筹考虑；2009年增加1000万元文物保护专项经费，今后视财政收入情况予以增加；同意设立博物馆建设专项资金；原则同意组建湖南博物院和实施省博物馆扩建工程；同意在2009年上半年适时召开全省文物工作会议。

（二）不可移动文物保护卓有成效

　　文物保护力度明显加大。我省已发现文物点2万多处，先后组织了六批全国重点文物保护单位申报工作，已公布为全国重点文物保护单位的有59处（70个点）；组织了四批国家历史文化名城、名镇、名村申报工作，先后公布了国家历史文化名城3座，中国历史文化名镇3座、名村4座；积极组织了多次世界文化遗产申报工作，进入国家世界文化遗产预备名单1处、进入文化与自然

◆ 南岳庙航拍全景

◆ 古桥·古阁·古道

◆ 龙兴讲寺鸟瞰

◆古城之灵

双遗产预备名录 2 处；先后公布了八批省级文物保护单位 381 处、各市县人民政府公布了市县级文物保护单位 3000 余处；与省建设厅一起组织了两批省级历史文化名城、名镇、名村申报工作，先后公布省级历史文化名城 7 座，省历史文化名镇 11 座、名村 16 座，省级历史文化街区 1 座。目前，全省已初步形成单体文物、历史地段、历史性城市等多层次保护体系。

一大批文物保护单位得到保护修缮，周边环境明显改善。凤凰古城文物保护工程、韶山毛泽东故居维修工程、岳阳楼维修工程、柳子庙维修工程、屈子祠保护工程、宁远文庙保护工程、岳阳文庙保护工程、张谷英村古建筑群维修工程、邵阳北塔加固工程、浯溪摩崖石刻保护工程等取得成果。特别是近几年来，文物保护领域得到拓展。工业遗产、乡土建筑、文化景观、二十世纪遗产等进入保护视野。启动了"十大主题文物保护利用体系"建设，通过重点规划、重点投入、重点研究、重点指导，来重点保护、建设、展示"湖湘文化"文物、名人文物、革命文物、始祖祭拜文物、古城古镇古村文物、宗教文物、大遗址文物、石刻文物、民族民俗文物和湖湘文化特色博物馆体系等。目前，革命文物、大遗址保护全面启动。里耶古城遗址保护工程、城头山遗址保护工程、铜官窑遗址保护工程等重点示范项目稳步实施。岳阳楼、里耶古城遗址、凤凰古城、炎帝陵遗址和城头山遗址保护工程等产生了良好的社会效益和经济效益，推动文化遗产保护成果惠及民众。

（三）考古事业成绩斐然

湖南的近代考古学是从建国后开始的。1951 年冬，以著名考古学家夏鼐为队长的中国科学院考古研究所长沙工作队，在长沙近郊进行了 3 个多月的考古发掘，这是湖南进行科学考古的开端。60 年来，湖南考古事业取得了辉煌的成效，特别是 1986 年省文物考古研究所成立后，以之为龙头的湖南考古工作更是取得了突破性的进展。湖南考古不断取得令世人瞩目的大发现：

① 1972 ～ 1974 年发掘的长沙马王堆一、二、三号汉墓，是 20 世纪最重大的考古发现之一。墓主人分别为西汉长沙国丞相轪侯利苍和夫人辛追及其儿子。出土珍贵文物 3000 余件，为研究汉初政治、经济、科技文化提供了翔实的资料，也为汉初考古确立了年代标尺。它被评为中国"20世纪百个重大考古发现"之一。

② 1987 年 4 月 25 日，湖南考古工作者在新晃侗族自治县兴隆乡发现旧石器 2 件。同年 6 月，

省文物考古所等在此试掘了 18 平方米，出土旧石器 20 余件。大桥溪旧石器地点为湖南省第一次发现的旧石器地点，它的发现使我省旧石器时代考古实现了零的突破。

③道县寿雁镇白石寨村玉蟾岩石器时代遗址。1995 年 10 ~ 12 月，省文物考古研究所对其进行第二次发掘。出土打制石器、骨角器、动物残骸、迄今所见世界上最早的稻谷和原始陶片等文物，其中稻谷栽培化已较明显，近于现代籼稻类型，是一种由野生稻到栽培稻演变的古栽培稻特征。该遗址被评为 1995 年"全国十大考古新发现"之一。

④澧县城头山新石器时代城址，为澧阳平原的中心区，由护城河、夯土城墙组成，略呈圆形。自 1991 ~ 2001 年，省文物考古研究所连续 11 次进行发掘，发现有大溪文化至屈家岭文化时期的壕沟、城墙、祭坛，在东墙下发现迄今所知世界上最早的水稻田。该城为我国迄今所见最早的城址，号称"中国第一城"。1992 年城头山屈家岭文化城址被评为"全国十大考古新发现之一"；1997 年该城址大溪文化城墙及汤家岗文化水稻田又被评为"全国十大考古新发现"之一。它还被评为"二十世纪百项考古大发现"之一。

⑤宁乡炭河里西周城址。西周时期古城址是首次在湖南发现，在整个南方地区也不多见。炭河里西周方国都城遗址的发现，对研究湖南地方史、地方青铜文化和早期国家社会的形成等具有重大意义。找到了备受学术界关注的"宁乡铜器群"所属的考古学文化，为湘江流域乃至整个南方地区商周青铜文明的研究提供了重要素材。该发现被评为 2004 年度"全国十大考古新发现"。

⑥龙山里耶战国秦汉城址，东临酉水，面积约 2 万平方米。为配合省重点工程碗米坡水电站的建设，省文物考古研究所自 2002 年 4 月以来在这里进行考古发掘，面积已达 1000 余平方米，发现古城墙、古井、古墓群及简牍、青铜器、铁器、玉器等文物，尤为珍贵的是，在一号古井发现的 3 万余枚简牍，字数达数十万，记述内容涉及战国至秦汉时期政治、经济、军事、文化和社会生活诸方面，其中秦代简牍不仅超越了 20 世纪出土秦简的总和，而且纪年完整，秦王政廿五年至始皇卅七年，记事详细到了月、日，是罕见的秦代地方文献，弥补了史载的缺失，因而震惊学界，被评为 2002 年"全国十大考古新发现"。

⑦长沙古坟垸西汉长沙王室墓，占地面积约 20 亩，由"黄肠题凑"（短木枋）、"外藏椁"（回廊）等部分组成。1993 年长沙市文物工作队主持发掘。

◆盖在内棺上的引导亡灵的"非衣"　　◆1972 年考古发掘现状照

◆马王堆汉墓棺椁陈列

◆一号井保护施工

该墓虽遭盗掘，仍出土金、银、玉、铜、铁、陶、琉璃、玳瑁、漆木及丝织品等各类文物2000余件。据研究，该墓年代属西汉早期，墓主为吴氏长沙国某一代王后"渔阳"（前202～前157年），是湖南省迄今所见保存最为完整的一处西汉王室墓地。被评为1995年"全国十大考古新发现"之一。

⑧吴阳墓坐落在沅陵县虎溪山，1999年省文物考古研究所主持发掘。吴阳是长沙王吴臣的儿子，汉初封于沅陵，属于汉代的王子侯。墓内出土印章、漆器、竹简等。其中竹简数量达1000余支，内容为《黄籍》、《食谱》、《日书》，总计3万余字，对研究西汉的饮食、占卜等具有非常重要的文献价值。被评为1999年"全国十大考古新发现"之一。

⑨三国吴纪年简牍。1996年6～12月，长沙市文物考古研究所对平和堂商厦建设区域内的古井群进行了抢救性发掘，在原走马街50号房基下编号为J22的古井中发现了大批三国吴纪年简牍。据统计，简牍的总数为10万余枚。从现已释读的部分来看，这批简牍被认为是三国吴长沙郡临湘县及临湘侯国的文书。该发现被评为1996年"全国十大考古新发现"之一，"二十世纪百项考古大发现"之一。

⑩洪江高庙遗址。考古人员先后于2004年3～10月、2005年4～5月进行了两次发掘清理。发掘出距今7800～6500年内陆河谷贝丘遗址，揭示出完全不同于两湖平原区的一种渔猎采集社会形态。包括发现了距今6500年的高等级墓葬、出土了湖南最大史前玉钺，还发现了大量动物遗存、距今7000年的祭祀场，复原了近千件纹饰复杂的陶器。发现的祭祀场为迄今全国最大的。被评为2005年"全国十大考古新发现"之一。

以省文物考古研究所为龙头的全省各级考古工作机构密切配合，共同努力，坚持为经济建设服务的大方向，坚持既有利于基本建设又有利于文物保护的原则，积极配合各项建设工程开展文物的调查、勘探和抢救性发掘工作，重点完成了中美合作课题道县玉蟾岩、宁乡炭

◆城头山古城航拍图

河里遗址等主动发掘项目。仅"十五"期间，全省共开展重点建设工程中的考古调查勘探项目200余个、考古发掘项目182个，共出土文物5万余件。湖南省的考古项目自1991年起有9年获得"全国十大考古新发现"，成绩十分突出。

（四）博物馆工作成效显著

1951年3月，湖南省文教厅决定成立湖南省博物馆筹备处，并开始征集藏品。1955年筹建馆舍。1956年2月，湖南省博物馆正式建成开馆，成为湖南第一座综合性的新型博物馆。在此后两三年内，又新建了第一座民族博物馆——湘西土家族苗族自治州博物馆和第一座县级博物馆——湘乡县博物馆。在"文革"期间，博物馆工作遭到否定，部分陈列展览被拆毁。另外，革命纪念馆却备受重视，很快即兴建了中共湘区委员会旧址纪念馆、毛泽东青年时期革命活动纪念地等10多处。这些纪念馆突出宣传毛泽东的革命实践活动，在当时的历史条件下，每年都吸引了数以百万计的观众。20世纪70年代初，由于长沙马王堆汉墓的发掘，在国内外引起了轰动，经国家文物局批准于1975年兴建了马王堆汉墓陈列馆，中外参观者踊跃。中共十一届三中全会以后，博物馆事业得到了新的发展。到2008年，湖南省共有各类博物馆、纪念馆106处。其中文物系统的博物馆、纪念馆74处，拥有藏品114万件（套），从业人员达1681人。全省各级各类博物馆（纪念馆）坚持贴近实际、贴近生活、贴近群众，坚持创新内容、创新形式、创新手段、创新体制机制，认真组织实施陈列展览"1210"工程和精品工程，陈列展览活动丰富多彩，社会效益突出。2008年，全省文物系统博物馆、纪念馆共举办、引进各类展览453个，接待观众达2325万人次，其中未成人902万人次。

各级博物馆、纪念馆接待观众能力逐步提升。由国家和省共同投资近1.3亿元兴建的湖南省博物馆新陈列大楼，自2003年1月正式对社会开放以来，已成为我省对外宣传接待的形象窗口和重要阵地，每年吸引着大量的国内外观众游客。仅2004年该馆共举办或引进展览27个，全年共接待国内外观众67万人次（其中免费接待15万人次）。到2008年，观众突破了159万人次。凡是来省博物馆视察过的党和国家领导人都对该馆给予了高度评价，中共中央政治局常委李长春同志在参观省博物馆陈列后赞誉该馆是国内所见的少数几个有亮点的博物馆之一。其他各类博物馆、纪念馆观众人数也不断增多，如韶山毛泽东故居、纪念馆、铜像广场2005年就接待观众270万人（其中免票接待未成年人19万人，大中专学生5.5万人），刘少奇纪念馆全年接待观众120余万人（其中免票接待未成年人、大中专学生40万人）。

陈列展览质量水平不断提高。省博物馆的"马王堆汉墓文物陈列"，荣获第六届"全国博物馆十大陈列展览精品"。韶山毛泽东纪念馆举办的"中国出了个毛泽东"、任弼时纪念馆举办的"任弼时生平业绩陈列"、湘西自治州博物馆举办的"湘西土家族、苗族民俗文物展览"、齐白石纪念馆举办的"齐白石生平陈列"等获"湖南文物陈列展览精品"奖。2007年以来，省博物馆举办了"国家宝藏"、"坚强柱石　光辉历程——纪念中国人民解放军建军80周年展览"、"古典与唯美——西蒙基金会藏欧洲19世纪绘画精品展"，奥运期间，还在北京参与举办了三大奥运展览及"越来越好——改革开放30年湖南民生发展展览"等。

博物馆建设面临新的发展机遇。随着韶山"一号工程"方案的批准实施，为韶山毛泽东纪念馆提供了新的发展契机，毛泽东遗物馆的筹建工作圆满完成。省博物馆改扩建工程已被省委列入"十一五"省会文化建设重点工程。益阳市博物馆抓住纪念抗战胜利60周年的机遇，初步解决了馆址馆舍问题，并于2008年顺利建成。郴州市博物馆多方争取支持，扩建了新馆舍。中国书院博物馆、中国浏阳花炮博物馆等也正在积极筹建中。2008年、2009年，参加了全国两批博物馆评估定级工作，共有一级博物馆、纪念馆3家，二级7家，三级8家。

名人故居多。"九五"和"十五"期间，我省以百周年纪念为契机，共投入32436万元对20处名人故居实施了抢救保护和环境整治等工程。新建、改建、扩建了25个纪念馆，制作、更新了25个陈列展览，完善了设施。我省名人故居保护和纪念馆建设有了很大的发展，同时也取得了较好的社会效益和经济效益。2003年，是毛泽东同志诞辰110周年，省政府投入1个多亿，更新了韶山毛泽东同志纪念馆的陈列展览，整治了故居、毛泽东铜像广场周边环境，成效显著。征用故居土地缓冲范围的48亩国有和集体土地，拆迁了多年来影响故居环境风貌的毛家饭店和韶山宾馆等建筑3600平方米。毛泽东同志在诗词中所描绘的那种"喜看稻菽千层浪，遍地英雄下夕阳"的历史风貌逐步得到恢复。

2006年7月28日～10月22日，"'走向盛唐展'归国汇报展"在湖南省博物馆展出。此次展览，由湖南省人民政府、国家文物局联合举办，旨在展现中国盛唐时期的社会、经济、生活、文化状况和历史发展进程。之前，该展览一直在国外巡展，长沙之行将是其首次在北京以外的城市举行的归国汇报展。"走向盛唐展"大型国宝珍品展展出近300件各类展品，包括金银瓷器、木雕、佛画、壁画等，其中有100多件属于国家一级文物，其余100多件也是各博物馆的馆藏珍品。近3个月的展览共接待观众180145人次，创新了湖南省博物馆文物展览的观众纪录。10月21日一天接待观众6330人，创新展览日接待观众纪录。同日省博新陈列大楼接待观众10400人，创造了湖南省博物馆新陈列大楼的日接待观众纪录。"'走向盛唐展'归国汇报展"开展以来嘉宾云集。国家文物局副局长董保华、副省长许云昭、省人大副主任唐之享、中国文物交流中心主任罗伯健出席开幕式并对展览给予了高度评价。希腊大使及夫人、塔吉克斯坦公使及夫人和菲律宾公使一行特地参观该展；澳门特别行政区行政长官何厚铧等也参观了该展。"'走向盛唐展'归国汇报展"作为全国文博界的盛事，吸引了国内外同行。据不完全统计，共接待日本、澳大利亚以及故宫博物院、国家博物馆、首都博物馆、青岛博物馆等国内外同行近40批，展出88天，展览门票和文化产品经营收入近300万元。展览反响之好、影响之大超过了以往在湖南举办的任何一个展览。

免费开放工作取得重大突破。改革开放以来，我省逐步完善博物馆对未成年人、老年人、军人、残疾人等社会特殊群体的门票减免费制度。2008年正式启动免费开放工作，全省14家博物馆、纪念馆统一向社会免费开放，全年免费开放工作共接待观众998.2万人次，比上一年增加41%，其中省博物馆观众达159万人次。中央财政下拨我省免费开放工作补助资金9551万元，占全国的1/10。2009年，我省免费开放的博物馆、纪念馆增加到57家。

（五）文物资源合理利用成效突出

在确保文物安全的前提下，湖南省文物工作者不断进行理念创新，从只讲文物保护管理、不讲利用，到以保护为主、合理利用，再到保护为主、抢救第一、合理利用、加强管理，文物保护理念与时俱进。特别是 2007 年以来，湖南省积极探索实践"文物大保护大利用"理念，以科学发展观为指导，用文物资源的有效保护和开发利用来推动地方经济发展。

全省各级文物部门抓住"红色旅游"机遇，认真做好"红色旅游"、"一号工程"中涉及的文物保护与利用规划，加强了革命文物的保护、研究、展示、宣传，推动了我省"红色旅游"热潮，促进了当地经济的发展。

通过加强对大湘西地区文物资源的发掘、发现、保护、研究、宣传、展示，争取了从中央到地方各级财政对大湘西文物资源保护开发的重点投入，有力地促进了大湘西旅游热，龙山、凤凰、芷江、通道等地都已成为了我省旅游的热点。

通过对炎帝陵、舜帝陵的保护和进一步研究、宣传、展示，以无可辩驳的考古学证据在学术上证明了炎帝陵、舜帝陵自古以来就在湖南，确定了湖南自古就是中华始祖炎帝、舜帝的安寝之地，积极配合了省政府对炎帝、舜帝的公祭。我省也理所当然地成为中华始祖陵寝所在地，成为海内外炎黄子孙缅怀先祖、祭奠凭吊之圣地。炎帝陵、舜帝陵也因此成为了旅游热点。

通过对岳阳县张谷英村、会同县高椅村、中方县荆坪村、江永县上甘棠村、通道县侗族村寨等古村寨的进一步发现、研究、保护、宣传、展示，为这些历史文化村寨的保护和开发利用打下了较好的基础，引起了当地政府和社会各界的关注和重视，使这些村寨成为了旅游热点，促进了当地经济的发展，改善和提高了当地村民的生活。

据统计，2008 年度，全省各级文物保护单位和各级各类博物馆、纪念馆、爱国主义教育基地，共举办和引进各种陈列展览 500 余个，观众和游客人数达 3000 万人次，门票收入达 3 亿多元，带动旅游业、加工业、服务业等相关产业产生效益近 50 亿元。这表明文物大保护大利用在我省经济和社会发展中正在发挥出越来越重要的作用，对文物保护事业的投入所产生的社会效益与经济效益也越来越大。

（六）文物基础工作进一步夯实

文物法制建设得到加强。自 1982 年颁布《中华人民共和国文物保护法》后，我国文化遗产保护正式进入法制化进程。湖南也先后颁布实施了《湖南省文物保护管理条例》（进行了三次修订）、《湖南省文物市场管理办法》（现已失效）、《湖南省文物保护单位管理办法》。各地市也陆续出台一大批地方性法规。我省已颁布施行涉及文物保护的法律法规、部门规章和规范性文件超过 20 件。同时认真贯彻了《行政许可法》，减少审批项目，规范审批程序，简化审批环节，加强监督制约，推动文物行政部门职能转变。

文物资源调查建档工作成效显著。1956 年、1981 年我省按照中央部署先后开展了第一次、第二次全国文物普查。2007 年 7 月启动了第三次全国文物普查，至 2009 年 4 月 30 日，全省共调查登记不可移动文物 7542 处，其中新发现 3525 处，复查 4017 处。文物保护单位"四有"工作扎实推进。第一至六批全国重点文物保护单位记录档案备案工作全部完成，全省馆藏文物腐蚀损失调查顺利完成，博物馆一级文物藏品建档、重点文物保护单位保护状况调研等工作取得了阶段性成果。在国家文物局的指导下，我省启动了文物调查及数据库管理系统建设项目，是全国 11 个实施项目的省区之一。

　　文物安全保障机制初步建立。60 年来，文物保护机构逐步健全。从 1950 年开始正式成立湖南省文物管理委员会，到 1966 年"文化大革命"前，全省文物管理机构发展到 6 个，到 1980 年全省文物系统有各类文物保护机构 21 个，到 2007 年达到 125 个。至 2008 年年底，全省有 14 个市、自治州都成立了副处级以上的文物局（处），111 个县市区成立了文物局或文管所，部分县市还成立了正科级文物局。2005 年以来，连续 4 年开展文物行政执法专项督察，加大防范和打击文物领域犯罪活动的力度。推进文物系统博物馆风险等级和安全防护级别达标工作。一批古建筑消防安全设施得到完善。

　　文物队伍建设势头良好。全省文物从业人员从建国初的 10 多人发展到改革开放之初的 592 人，再发展到如今的 2800 多人，知识结构、学历结构、职称结构都有了很大改善。文物保护专业技术人员的管理体制日臻完善。建立了有效的人才培训模式，大教育、大培训观念进一步强化，多渠道联合办学的教育培训模式日渐成熟，为事业的发展提供智力支持和人才保证。

　　科技的引领和支撑作用日益凸现。制定了湖南省中长期科技发展规划。建有一个国家文物局重点科研基地。一批重点课题被列入首批启动的国家科技支撑计划重点项目。国家文物局"博物馆数字展示"重点科研基地落户湖南省博物馆。湖南省博物馆和中南大学联合成立"马王堆汉墓文物研究保护中心"，整合资源，锐意创新，搭建了文物科技工作的新平台，取得了文物科技工作的新突破，"马王堆型湿尸类文物保存技术及应用"研究课题，获得了教育部科技进步推广类一等奖，完成了古尸保存室空调及层流改造工作。湖南省博物馆承担的科技部科技支撑计划课题"古代建筑保护知识库系统研发"已通过第三方评估机构认定。湖南省考古研究所承担的"中华文明探源工程"中的"澧阳平原区域聚落的演变"研究课题取得了阶段性成果；在稻作农业和环境考古的研究中，省考古所对水稻硅质体研究、现代水稻和遗址碳化稻米的对比研究、古遗存中的植物、微体螺类研究等科技考古做了大量工作，取得了可喜的成果，获得国内外同行的好评。文物调查及数据库管理系统建设项目今年将能结项。

三　湖南文物事业发展经验和启示

　　60 年来，我们建立了一个比较健全的文物保护机构体系，形成了一支相对稳定的文物人才队伍，构建了一套逐步完善的文物大保护大利用大惠民的机制，全省人民对文物工作满意度不断提高。

　　60 年来，我省文物事业取得了令人瞩目的成就，这主要得益于历届省委和省人民政府的高度重视和大力支持，得益于历届省文化厅（局）党组的正确领导，得益于全省各级党委、政府及文化部门的全力支持与具体指导，得益于全省广大人民群众的热心关注与积极参与，得益于一辈又一辈文物工作者的辛勤劳动与艰苦奋斗。

　　60 年来，我省文物事业为全省经济、社会、文化建设做出了积极努力，并积极探索了新时期具有湖南特色的文化遗产事业发展之路，积极探索了文化遗产保护利用与"经济强省"、"文化强省"建设的协调发展之路，积极探索了文物大保护大利用大惠民新理念、新机制。

　　（一）60 年湖南文物事业发展的实践证明，党和政府的正确领导是发展文物事业的重中之重。

要深入贯彻落实好科学发展观，积极借鉴发达国家有关文化遗产保护的先进经验，提高文物事业的领导与指导水平。

党和政府的领导是文物事业向前发展的舵手。领导的正确与否直接关系到事业的发展速度与发展质量，正确的领导将保证事业持续健康发展，不正确的领导将导致事业发展受挫，甚至受到灾难性打击。"文化大革命"期间及其后两年，湖南文物事业出现了严重偏差，导致全省文物事业发展出现了历史大倒退，文物保护机构大量被撤除，队伍被解散，数十起文物保护单位遭到严重破坏，成百上千件文物遭到损毁，造成了无法挽回的重大损失，教训十分深刻。改革开放后，特别是近10年来，在省委、省政府的正确领导与高度重视下，我省文物事业步入了历史发展最好时期，保护机构逐步健全，保护经费逐年增长，文物保护单位与馆藏文物大量增加，科技水平不断提升，陈列展览全国有名，免费开放全国领先，群众文化享受权得到极大尊重，文物事业在社会、经济、文化建设中发挥出越来越重要的作用。

（二）60年湖南文物事业发展的实践证明，不断增长的财政投入是发展文物事业的重要基础。要进一步落实各级政府的文物保护费投入的责任，创新机制，广泛吸引各种渠道资金投入文物保护工作中来。

湖南文物事业的发展历程，也体现在湖南经济社会发展的曲线图中，因为文物事业的发展离不开经济实力的支撑。60年来，国民经济和社会财富的逐步增长是文物事业发展的重要物质基础。湖南省人民政府对文物保护经费的专项资金投入也是随着经济的发展而逐步增长的。新世纪以来，是我省文物保护经费投入的快速增长期，省、市、县各级财政都落实了"五纳入"责任，逐年加大的文物保护经费的投入。

在坚持文物保护经费以政府投入为主的同时，我省积极探索社会与民间资金投入机制，积极倡导社会、企业、个人向文物事业捐赠、投资，通过畅通文物保护经费的新渠道，吸引了大量社会有识之士投资于文物事业。据不完全统计，近10年来，全省文物事业中直接与间接的非政府投入资金达10多亿元。

（三）60年湖南文物事业发展的实践证明，教育引导群众积极参与是发展文物事业的重要举措。要加大宣传，提高全社会对文物保护重要性的认识；要通过教育，让全社会知道，人民群众才是文化遗产的真正主人。

文化遗产与广大群众紧密相关，我省相当部分的文化遗产还是群众的私有财产。因此，在文化遗产的保护与开发利用中，就必须先做好群众工作，积极引导群众自觉参与，不能与群众争利，只能让利于民；在引进战略投资时，要以实现资本与文化遗产拥有者共赢为前提。要发挥各级职能部门的教育引导作用，教育群众学习掌握文物保护法律法规、文物保护基本专业知识，号召广大群众积极参与文物的保护，争当文物安全工作的信息员，坚决抵制盗窃、损毁、拆除文物等违法违规行为。

要坚持不懈地针对社会大众开展宣传教育，借助各种媒介、载体、平台，采取专题讨论、讲座、新闻报道、咨询展示、演示等多种形式来普及文化遗产保护利用的知识，还要不断创新形式，开展文化遗产保护志愿者行动等，吸引群众特别是青少年主动参与文化遗产保护的具体活动中，让群众增强公民社会的整体保护意识。

（四）60年湖南文物事业发展的实践证明，完备有力的法规体系是发展文物事业的重要保障。要进一步加大文物法规建设力度，坚持依法行政，严格执法，加大打击文物违法犯罪行为的力度。

历史实践证明，只有健全的法律法规，才能有效保障文物事业的健康持续发展，任何靠行政命令、强权手段推动的事业都不能长久。我省文物事业60年发展过程中，前33年主要是靠行政手段来推进的，特别是"文化大革命"的十年，更是异化发展文物事业的十年，造成了较大的负面影响。自从《文物保护法》颁布实施后，我省文物事业逐步走上了法制化轨道，各项工作严格按照法律法规的要求进行落实。通过不断宣传普及，各级文物工作者的依法行政意识与全社会公民文物法制意识不断增强。各级政府加强了文物法规建设，对文物违法犯罪行为，也依法加大了打击力度。

随着社会的进步，人类的文明法制水平会越来越高，将来的社会定是一个以法制约束为主的民主社会。因此，文物部门在发展文物事业的过程中，一定要始终重视文物法制建设，营造文物法制环境，建设文物法制文化，用完善的法律法规来约束人们与文物相关的一切行为，打造和谐的文物保护生态。

（五）60年湖南文物事业发展的实践证明，与时俱进的理念创新是发展文物事业的重要动力。要进一步解放思想，更新观念，以解放了的思想来指导文物工作理念、机制的创新。

1992年召开的全国文物工作会议提出了"保护为主、抢救第一"的文物工作方针。1995年召开的全国文物工作会议提出了"有效保护、合理利用、加强管理"的文物工作原则。2002年修订的《文物保护法》则提出了"保护为主、抢救第一、合理利用、加强管理"的文物工作方针。湖南在认真贯彻这一系列逐步完善的文物工作方针中，结合湖南实际，实事求是调研，大胆解放思想，锐意理念创新，提出了"文物大保护大利用"的新理念和探索了"文物大保护大利用大惠民"的工作机制，产生了积极影响。

近年来，湖南省委、省政府为推动文化大发展大繁荣，做出"努力把湖南建设成为社会文明程度高、文化事业和产业走在前列、在国内外享有较高知名度和影响力的文化强省"的决策，并大力实施了"文化强省"战略。文物事业作为文化事业的重要组成部分，应充分发挥自身资源优势，通过体制改革、机制创新，大力发展文博产业，在加强保护的同时，合理地挖掘、开发文物资源的经济价值，为建设经济强省、提高人民生活水平发挥积极作用。

（执笔人：夏凯红）

广东省文物事业60年

广东省文物局

　　广东是岭南文化中心地，古代海上丝绸之路发祥地，中国近现代民主革命策源地，改革开放的前沿阵地，岭南特色文化遗产资源非常丰富。新中国成立以来，全省各级文物行政部门坚持筑牢基础工作、抓好重点项目的工作思路，深入贯彻《文物保护法》和"保护为主、抢救第一、合理利用、加强管理"的文物工作方针，坚持"全面规划、突出重点、统筹安排、加强管理"的原则，根据广东水下文物丰富，近现代文物丰厚，华侨文物众多,20世纪遗产、海防设施、佛教寺院、园林建筑、民间建筑等富有浓郁地方特色等突出特点开展工作，不断开创广东文化遗产事业发展新局面，部分项目居于全国甚至世界领先水平。

　　全省现有一项世界文化遗产——开平碉楼与村落；国家历史文化名城6座，省级历史文化名城16座；中国历史文化名镇、名村19个；全国重点文物保护单位66处，省级文物保护单位356处，市县级文物保护单位从数百处增至2165处；全国近现代优秀建筑9处；全国爱国主义教育基地10个；全国文物先进县5个，博物馆、纪念馆221座（含非国有），成为全国博物馆、纪念馆数量最多的省份之一；国家一级博物馆3座、二级博馆11座、三级博物馆14座；"全国十大陈列展览精品"3个；"全国十大考古新发现"7项；"田野考古奖"获得2项二等奖。

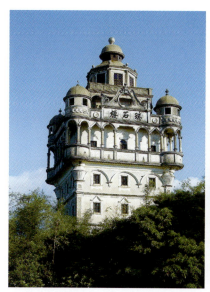

◆有开平碉楼第一楼之称的百合镇锦江里瑞石楼　◆开平碉楼与村落（牛群瑞石楼）

60 年来，广东文化遗产保护资金投入不断增大，投资主体和投资渠道日益多样；文博队伍不断壮大，整体素质日益提高；对外交流不断扩大，管理水平日益提高；保护理念不断拓展，保护技术与方法不断进步。

一　文物保护机构与队伍建设

1950 年 11 月，广东省人民革命文献征集委员会成立。1951 年 4 月，省文教厅筹备成立广东省文物保管委员会，同年 12 月，广州市文物管理委员会成立，副市长朱光为主任委员。这是建国后省内成立的第一个文物管理机构。1952 年 9 月，省文物保管委员会成立，同年改名为省文物管理委员会，随即着手进行文物古迹的调查、保护和修缮工作。1953 年 8 月，省文物管理委员会并入省文史馆。10 月，省文物管理委员会与省文史馆又恢复分开设立。1956 年 2 月，广东省文物工作队成立，开始第一次全省文物普查工作。1958 年 2 月，省博物馆筹备会与省文物工作队合并，省博物馆负责省文物管理委员会日常工作。1975 年 7 月，广东省文物管理委员会成立，9 月召开第一次会议。1976 年 4 月，广东省文物店成立，1977 年 5 月开业。1980 年 6 月，省文化局内专设文物处。1982 年 1 月，省编制委员会批准设立省文物管理委员会办公室，核定事业编制 15 人。1983 年省编制委员会批准省文物出境鉴定组事业编制 12 人，作为省文物管理委员会办公的内设科室，省文物管理委员会办公室编制总数达 27 人。1995 年机构改革，撤销省文物管理委员会办公室事业编制，在省文化厅文物处加挂省文物管理委员会办公室牌子，编制减至 8 人。2000 年机构改革，省文化厅文物编制减至 5 人。2005 年 9 月 15 日，省编制委员会批准省文化厅文物处更名为省文物局（挂省文物管理委员会办公室牌子），仍为正处级，编制增至 8 人。1990 年成立广东省文物考古研究所，1997 年成立广东省文物鉴定站（挂国家文物出境鉴定广东站牌子）。

改革开放以后，随着广东经济建设的发展和文物保护工作的需要，全省博物馆事业进入了快速发展时期，全省绝大多数，市、县先后都成立了博物馆，各市、县相继成立文物管理委员会，在文化局内设立文物科或社文科，负责本辖区内的文物博物馆管理工作。1978 年，全省仅有文物博物馆单位 34 个，从业人员 578 人，没有高级职称人员。至 2006 年年底，全省有文物博物馆机构 202 个，其中保护管理机构 39 个，其他文物机构 6 个，文物商店 2 个（文物代销点 15 个），文物科研机构 2 个，国有博物馆 146 座；文物博物馆从业人员近 3000 人，其中高级职称人员 100 多人。

中华人民共和国成立以来，省文物管理委员会、省博物馆、省文化厅先后举办了 50 多期文物业务培训班，培训人员达 4000 多人次。其中 1999 ~ 2004 年，广东省文化厅与德国有关机构合作，在德国举办了 5 期文物保护与博物馆管理培训班，参加培训学员 95 人次。自 1988 年国家文物局在广州举办首届水下考古培训班以来，每期全国水下考古培训班中都有广东学员参加。2005 年，省文化厅举办了广东首期水下考古培训班，培训学员 10 人，使广东成为全国水下考古技术力量最强的省份之一。2007 ~ 2008 年，以普查办、普查队员和文博业务骨干为对象，全省 2200 多人次参加了由省文物普查专家统一授课的第三次全国文物普查培训班学习，为普查工作积聚了坚实的专业力量。2008年,省文化厅举办地级以上市文博单位管理干部暨文物行政执法业务培训班、全国重点文物保护单位保护管理机构负责人培训班,聘请了国内知名专家20多人授课,全省21个地级以上市文化文物行政和执法部门以及全国重点文物保护单位负责人共计190人参加了培训,规模之大,规格之高,都是不多见的。通过培训,极大提高了广东文博队伍的管理和专业技术人员的整体水平,培养了一批作风正、专业水平较高的文博人才,为全省文博事业的发展奠定了良好基础。

二 文物保护经费投入

中华人民共和国成立初期,广东省的重大文物保护项目主要由国家文物局和省革命委员会投入经费。如1953年5月,文化部拨款9.4亿元(旧人民币)为修缮广州农民运动讲习所旧址。改革开放后,文物经费随着国民经济的发展和财政收入的增加呈逐年递增趋势,1992年以前省财政没有固定的文物保护单位专项费,1992年省财政拨款100万元,1993年后每年拨款200万元,2002年后每年拨款1000万元,专门用于补助省重点文物保护工作。1993年4月,省政府拨款100万元成立广东省文物保护基金会。随着省财政加大对文物保护专项资金的投入,增强了地方政府和社会各界的文物保护的意识和热情,例如:广州市近两年来投入近亿元用于文物抢修,仅锦纶会馆的迁移、修缮就已耗资超过1000万元;佛山市顺德区政府决定投入8000万元以上用于文物保护;在开平碉楼与村落申报文化世界文化遗产过程中,民间捐资1000多万元;全国重点文物保护单位潮州广济桥维修工程,海外华侨和当地群众捐资3000余万元;省级文物保护单位开平风采堂维修工程,海外华侨捐资500多万元等。从2005年起,对中央和省财政投入的文物保护专项经费进行全面的绩效评估,建立了文物保护经费绩效评估制度,提高了文物保护专项经费使用绩效。

三 文物保护法制建设

1950年1月至9月,省人民委员会先后发出《饬令各专、县不得随便拆除城墙的通令》、《关于防止古文物偷运出口的通令》、《关于保护文物建筑的命令》、《关于学习土改法令和保护文物法令的通知》和《关于禁止盗掘古文化遗址并应注意事项的通知》。11月,省文教局发出《关于在土改期间必须切实做好保护民族文物的通知》。1951年5月,省政府发出《严禁各地造纸厂收购古书古纸为造纸原料的通知》、《在土改时期发现或没收地主、恶霸、官僚之古物须即送交省文教厅保管的通知》、《转知如销毁庙宇器物应先经文物保管委员会验定批准的通知》和《通令全省各级政府须遵照中央人民政务院指示切实保护文物古迹的通知》,并转发中南军政委员会《关于征集革命文物的命令》。9月,省人民委员会发出《转知所属清理旧档案中关于革命文物及有关革命的或反革命的文卷应造册报核的通知》。1953年3月,省文化事业管理局转发中南行政区文化局《关于切实保护土改中没收的文物图书的通知》,12月,中南行政委员会文化部发出《对保护光孝寺古建筑、古迹、文物的意见》。1954年3月,省文物管理委员会发出《关于药材中所谓龙骨之类系属重要文物请有关机构禁止出口的通知》。6月~7月，省文化事业管理局向各行署、县、市人民政府发出《关于保护文物古迹事项的通知》，并通知各地驻军对文物古迹应加强保护管理。1956年8月，省人民委员会转发国务院《关于贯彻在工农业建设中保护文物的指示的通知》。1957年3月，省人民委员会颁布《广东省文物保护暂行条例》和第一批广东省文物保护单位共219处。10月31日，省人民委员会发出《关于在收购废旧资料工作中加强文物保护的通知》。1959年10月，省文化局发出《关于进一步加强文物保护工作的通知》。1961年4月，省人民委员会发出《关于贯彻执行国务院指示进一步加强文物保护和管理工作的通知》。1966年11月，省文化局发出《关于立即加强我省大革命时期的革命特别是琼崖纵队坚持长期斗争革命文物的征集工作的通知》。1975年12月，省革命委员会发出《关于加强文物保护工作的通知》。1980年4月，省政府批转省文化局《关于进一步做好文物调查征集工作的请示报告》。1981年9月28日，省人民政府批转了省文化局《关于加强全省文物管理工作的报告》；1982年11月20日，省人民政府发出了《关于加强文物保护的通知》。针对20世纪80年代文物盗掘、走私活动日益增加的情况，1986年4月12日，省人民政府发出了《关于加强文物市场管理的通知》；1987年1月5日，省人民检察院、省高级人民法院、省公安厅、省文化厅联合印发了《关于当前办理盗运珍贵文物出口等案件的具体意见》；7月13日，省人民政府又发出了《关于坚决打击盗掘，走私文物活动的通知》。这些文件对于规范文物经营行为、打击文物犯罪活动起到了重要的作用。20世纪90年代初，随着广东经济的发展，文物收藏热升温，省内一些旧货市场成为文物非法交易和走私的重要场所。为规范文物及文物监管物品经营行为，1993年6月23日，省人民政府相继颁布《广东省文物商业管理办法》和《关于对旧货市场文物监管物品实行管理的通告》。1997年3月24日，省人民政府办公厅发出了《关于加强全国重点文物保护单位保护利用工作的通知》。2002年以来，省政府颁布了《广东省开平碉楼保护管理规定》、《中共广东省委、广东省人民政府关于加快建设文化大省的决定》和《贯彻落实国务院关于加强文化遗产保护工作的通知》。省财政厅、省文化厅印发了《广东省文物征集管理办法》，省文化厅印发了《广东省文物保护专家委员会工作规程》、《广东省文物鉴定委员会工作规程》和《广东省文化厅文物突发事件应急预案》。《广东省实施〈中华人民共和国文物保护法〉办法》于2008年11月通过省人大审议，于2009年3月1日起实施。

四　文物普查

1956年2月，广东省文物工作队成立，开始第一次全省文物普查工作。6～8月，省文物管理委员会副主任委员商承祚率领省文物工作队及中山大学历史系师生40多人赴潮阳县金溪水库工地进行考古调查，发现石器、陶器一批，此后分组到梅县、丰顺、揭阳、蕉岭、兴宁、五华、博罗、增城、东莞、宝安等县进行文物普查。1957年12月25日至1958年1月5日，省文物管理委员会在广州光孝寺内举办"1957年文物普查汇报展览"。

1982年至1986年，全省参与第二次全国文物普查人员3000多人，拨出专款300多万元，共调查古遗址1913处，古墓葬1428处，古建筑3670处，石刻303处，革命旧址1129处，近现代代表性建筑136处；征集文物66276件，古钱币311500枚。这次普查基本摸清了全省文物分布和保护状况，培养了一批文物专业人才，为全省文物保护研究工作奠定了良好的基础。根据第二次文物普查成果，省文化厅编印的《中国文物地图集·广东分册》于 1989 年 9 月 25 日在全国率先出版发行。该地图集被省文化厅评为 1990 年度广东省科技进步一等奖，被省委宣传部、省新闻出版局和省出版工作者协会评为广东省 1989 年度优秀图书一等奖。1990 年 3 月，由省文物管理委员会办公室、省博物馆合编的《广东省文物普查成果图录》出版。

2007 年 4 月，国务院印发了《关于开展第三次全国文物普查的通知》（国发〔2007〕9 号），标志第三次全国文物普查工作正式启动。与前两次普查相比，此次普查的突出特点是普查范围广，科技含量高，标准和规范全国统一。第三次全国文物普查将用 5 年时间分三个阶段完成。2008 年年底，我省全面完成第一阶段工作，成立了普查机构，组建了普查队伍，召开了普查动员大会和电视电话会议，开展了普查培训和普查试点，制定了普查工作方案和普查资金使用管理办法。2009 年全面进入第二阶段即田野调查阶段。截至 2009 年 4 月 30 日，各级普查办人员合计 928 人，一线普查队员合计 1082 人；累计到位文物普查经费 5170.565 万元（不含中央财政补助经费），其中省级财政到位 1000 万元，共有 21 个地市级财政到位 2222.825 万元，114 个县级财政到位 1947.74 万元；共有 121 个县级行政区域启动了实地文物调查全境普查启动率为 57.21%；已有 2 个县级行政区域完成实地文物调查；共调查登记不可移动文物 13727 处，其中新发现 9157 处，复查 4570 处。

五　不可移动文物的核定公布

中华人民共和国成立后，国务院分别在 1961 年、1982 年、1988 年、1996 年、2002 年和 2006 年公布了第一至第六批全国重点文物保护单位，广东共有 66 处。

1957 年 3 月，省人民委员会颁布《广东省文物保护暂行条例》和第一批广东省文物保护单位共 219 处，此后于 1962 年 7 月，重新核定公布第一批文物保护单位共 63 处。1979 年，省革命委员会核定公布第二批广东省文物保护单位 27 处。1982 年，省人民政府单独公布广州廖仲恺、何香凝纪念馆（即仲恺农校旧址）和海口市海瑞墓为广东省文物保护单位。1983 年，省人民政府公布珠海市三灶镇"万人坟"遗址（包括"千人坟"遗址）、潮阳县海门镇"万人冢"遗址、崖县田独铁矿万人坑遗址、东方县八所满港万人坑遗址和昌江县石禄铁矿死难矿工遗址等 5 处日本侵华罪证史迹为广东省文物保护单位。1989 年，第二次文物普查的基础上，省人民政府公布第三批广东省文物保护单位 106 处。2002 年，省政府核定公布第四批广东省文物保护单位 122 处，并重新核定第一至第三批广东省文物保护单位为 130 处。2008 年，省政府核定公布第五批广东省文物保护单位 104 处。

1990 年，广州沙面英法近代建筑群、岭南大学马丁堂、中山纪念堂（含纪念碑）、石室（圣心教堂）、十九路军淞沪抗日阵亡将士坟园、余荫山房、已略黄公祠、人境庐、硇州灯塔等 9 处建筑被建设部、国家文物局和中国建筑学会列为全国近代优秀建筑。

1982 年、1986 年和 1994 年，国务院先后公布第一至第三批国家历史历史名城，广州、潮州、肇庆、佛山、梅州、雷州被列为国家历史文化名城。1991 年，省人民政府公布肇庆、佛山、梅州、雷州、惠州、东莞、揭阳、海丰、罗定、平海、惠州、东莞、揭阳、海丰、罗定、平海、佗城等 17 个城镇为第一批历史文化名城，其中肇庆、佛山、梅州、雷州于 1994 年升为国家历史文化名城。

1996年，省人民政府公布韶关、新会、高州、连州、英德、德庆、棉湖、碣石、南雄9个城镇为省第二批历史文化名城。至此，全省共有国家历史文化名城6个，省级历史文化名城16个。

2003年、2005年、2007年和2008年，建设部、国家文物局公布了第一至第四批中国历史文化名镇、名村，广州市番禺区沙湾镇、吴川市吴阳镇、开平市赤坎镇、珠海市唐家湾镇、陆丰市碣石镇、东莞市石龙镇、惠州市惠阳区秋长镇、普宁市洪阳镇、佛山市三水区乐平镇大旗头村、深圳市龙岗区大鹏镇鹏城村、东莞市茶山镇南社村、开平市塘口镇自力村、佛山市顺德区北滘镇碧江村、广州市番禺区石楼镇大岭村、东莞市石排镇塘尾村、中山市南朗镇翠亨村、恩平市圣堂镇歇马村、连南瑶族自治县三排镇南岗古排和汕头市澄海区都隆镇前美村先后被列为中国历史文化名镇、名村。至此，广东有中国历史文化名镇8个、名村11个，位居全国前列。

六　文物保护单位"四有"工作

中华人民共和国成立初期，广东省不可移动文物的资料档案较为松散。改革开放后，广东省文物保护单位"四有"（有专门机构或专人管理、有保护范围和建设控制地带、有标志说明、有科学的记录档案）工作取得显著进展。省人民政府、省文化厅于1990年、1991年和1992年召开专门会议，部署全省文物保护单位"四有"工作。1994年3月，省人民政府（粤府〔1994〕42号）核定公布了154处全国重点文物保护单位和省级文物保护单位的保护范围及建设控制地带。1994年8月，省文化厅在广州召开了全省文物保护单位"四有"工作表彰会议，表彰了10个先进单位和7位先进工作者。2001年,第五批全国重点文物保护单位"四有"档案报国家文物局备案，是全国最早上报的省份。2006年，省文化厅、省建设厅印发了《关于划定全国重点及省级文物保护单位保护范围和建设控制地带的通知》（粤文物〔2006〕93号），统一了划定的标准和规范要求。

七　文物保护工程

1952年1月，广州市文化主管部门遵照中央人民政府副主席宋庆龄的指示，重修黄埔军校孙中山故居旧址，辟为孙中山纪念室，交由海军黄埔港湾勤务处管理。1957年10月，省文化局和龙川县政府拨款1.6万元重修佗城正相塔，1959年10月竣工。此后近60年，随着国民经济的发展，文物保护经费不断增加，在各级政府和社会各界的大力支持下，全省实施了200多项文物

◆潮州广济桥

◆黄埔军校旧址

◆虎门炮台

保护工程，投入的文物保护工程经费超过 10 亿元，其中 2004～2007 年，广东各级财政共投入文物保护保护工程达经费 2.45 亿元，已竣工或施工中文物保护工程项目共 146 项。2006～2007 年，由省文物行政管理部门组织专家进行验收工程有 23 项，其中评为"优秀"等级 6 项，评为"良好"等级 10 项。20 世纪 90 年代，中共广东省委和省政府决定由虎门大桥公司出资 4000 万元，省财政拨款 3000 万元，东莞市、番禺市各出资 1500 万元，合共 1 亿元用于虎门炮台维修和海战博物馆的建设，维修文物建筑 9.5 万多平方米，修复暗道、暗室 6000 多平方米；中央财政投入 370 万元、潮州市政府拨款 450 万元对许驸马府进行大规模的修复工作，搬迁许驸马府内 40 余户居民，辟为潮州民俗博物馆对外开放；中央财政和广州市政府投资过亿元，保护南越王墓和南越国宫署遗址；投入 4000 余万元，维修黄埔军校白鹤岗炮台，重建黄埔军校校本部；省财政拨款 400 万元对省港罢工旧址进行维修；国家拨款 140 万元、地方投入近 500 万元，修复德庆学宫等。2000 年以来，各级财政和社会各界捐款共 7000 多万元对开平碉楼进行修缮和环境整治工程，投入 7000 多万元修缮潮州广济桥，投入 5000 多万元对大鹏所城进行维修和环境整治工程，投入 3000 多万元对佛山祖庙进行修缮，投入 700 多万元修缮满堂围等。

2004 年和 2007 年，广东出现 3 例文物保护工程重大质量事故：2004 年 7 月底，广东省保护单位——功武村古建筑群中的廖氏宗祠两廊原有瓦面脊饰被在维修施工中全部拆毁并用水泥重建，原有墙体彩绘受到严重破坏；2007 年 5 月 24 日中午，维修竣工后仅 8 个月的河源市龙川县的龙川学宫发生正脊坍塌，瓦面大面积下滑脱落；2007 年全国重点文物保护单位广州沙面建筑群中的 A 类建筑法国汇理银行旧址在装修过程中遭到严重损坏。

为加强对文物保护工程的管理，广东省文化厅于 2006 年成立了广东省文物保护专家委员会，印发了《广东省文物保护委员会工作规程》，开展了文物保护工程资质审核工作。广东现有文物保护工程勘察设计和规划编制的资质单位 12 家，其中甲级 2 家，乙级 9 家，丙级 1 家；文物保护工程施工资质单位 18 家，一级、二级和三级各 6 家；监理资质单位 1 家。

八 不可移动文物被毁情况

"文革"时期是建国后我省文物资源受破坏的最严重时期，大批珍贵的馆藏文物、古籍、文物科研资料等被红卫兵以"破四旧"为名损毁，许多重要不可移动文物、博物馆、文物库房也被抢砸。改革开放后，在全省大规模基本建设过程中，全国重点文物保护单位虎门炮台旧址中的威远炮台清兵营房遗址，省级文物保护单位广州"沙基惨案"烈士纪念碑、徐闻县的贵生书院门前古道，市、县级文物保护单位广州黄氏宗祠、清光绪三十二年（1906年）兴建的中国最早的民办铁路台山新宁铁路总站旧址、海丰县苏维埃政府旧址，登记公布的不可移动文物广州南海学宫、八路军广州办事处、惠州黄氏宗祠等被擅自拆毁。古遗址、古墓葬、古建筑、近现代重要史迹等不可移动文物被毁情况难于统计，总数估计不少于数百处。2000年2月，在广州北二环高速公路建设过程中，正在进行考古发掘的史前文化遗址和宋代村落遗址被施工单位摧毁，面积达300多平方米，这是全国罕见的考古发掘现场被毁事件。

九　文化遗产保护成就

开平碉楼与村落成功于2007年6月28日列为世界文化遗产名录，实现了广东世界文化遗产零的突破，也是我国华侨文化遗产、乡土建筑被世界广泛认可的典范。广州南越国遗迹被国家文物局列为中国申报世界文化遗产保护的预备项目。2006年，东莞市在300多个城市参与评选的国际花园城市评比中，荣获联合国环境规划署颁发的最佳文化遗产保护奖。广东省文物保护单位广裕祠的维修工程在2003年9月获得联合国教科文组织亚太地区文物保护杰出项目奖第一名，兆祥黄公祠的保护项目在2006年5月8日获得联合国教科文组织亚太地区文化遗产保护奖。

十　博物馆事业发展

建国后，尤其是改革开放30年来，广东的博物馆事业呈现勃勃生机，是广东历史上博物馆数量增长最快、质量极大提升的时期。1985年后，广东民间工艺馆、省博物馆、广州博物馆、雷州市博物馆、湛江市博物馆等先后被文化部或国家文物局评为先进集体或优秀博物馆。1993年，东莞市鸦片战争博物馆荣获首批全国优秀社会教育基地称号。1999年，广州西汉南越王博物馆建筑设计获国家金质奖和国际建协(UIA)下属组织颁发的"二十世纪世界建筑精品"等多项国际、国内大奖。2001年年初，孙中山故居纪念馆导入ISO9001质量管理和ISO14001环境管理体系，以国际公认的标准实施管理，荣获全国精神文明建设先进单位、全国文化系统先进集体、国家首批4A级旅游景区等称号。2008年5月，广东省博物馆、广州西汉南越王博物馆、孙中山故居纪念馆被国家文物局评为国家一级博物馆，另有11座博物馆和14座博物馆分别被国家文物局核定为二、三级博物馆。据不完全统计，全省共有博物馆、纪念馆共227座，其中文博系统国有博物馆152座，非文博系统国有博物馆36座，民办博物馆39座，成为国内博物馆数量最多的省份；文博系统国有博物馆藏品70余万件（套），其中一级藏品1172件（套）。

各级党委、政府重视对文博事业的发展，加大资金投入，改善办馆条件，完善服务设施。2004年，省政府投资9亿元的广东省博物馆新馆开工建设，该工程是省政府十大工程之一，也是我省最大的文化标志性工程。为配合"南海 I 号"整体打捞，省政府又投资 1.5 亿元在阳江闸坡建设广东海上丝绸之路博物馆，2007 年 12 月，"南海 I 号"沉船成功拉移进广东海上丝绸之路博物馆。1988 年 11 月开馆的深圳市博物馆，是国内首家采取全封闭方式的博物馆。20 世纪末，在广东出现了私人开办的博物馆，非文化系统设立的行业博物馆、私人博物馆数量快速增长。东莞市从 2005 年开始着力推进的"博物馆之城"建设是博物馆事业发展模式、管理体制和营运机制的创新之举，建成了蚝岗遗址博物馆、东莞科技博物馆、东莞展览馆、东莞民间工艺博物馆、桥头荷花博物馆、李任之革命历史陈列馆、石龙博物馆、粤剧博物馆、唯美陶瓷博物馆等。2006 年，中山市制定了博物馆群建设方案，建立了国内首家收音机博物馆和商业文化博物馆。2007 年，深圳市着力打造博物馆强市，已建成或正在建设十里红妆博物馆、钟表博物馆、翡翠博物馆、中国画收藏馆、青铜博物馆、古典钢琴博物馆、劳务工博物馆等。江门市建立了全国收藏华侨华人文物最为丰富的华侨华人博物馆。

◆"南海 I 号"进馆典礼

◆建设中的广东海上丝绸之路博物馆与运抵码头的"南海 I 号"沉箱

　　陈列展览是博物馆的主要精神产品。早在 1950 年，省文教厅就与十五兵团在广州光孝寺联合举办"广东人民革命史料展览"，观众达 40485 人次。此后到"文革"结束前，全省共举办各类文物展览近 20 场。仅 1958 年 10 月省博物馆与省直有关厅（局）联合举办的"广东省经济与文化建设成就展览"，观众就达 55.5 万人次。改革开放以来，全省博物馆每年举办陈列展览上千个，观众 1000 多万人次。博物馆陈列水平不断提高，深圳市博物馆"深圳改革开放成就展"、广州市文化局主办的"羊城文物珍藏"和孙中山故居纪念馆"孙中山先生生平事迹展览"分别被国家文物局评为 1997 年和 1999 年"全国十大陈列展览精品"，广州艺术博物院的"藏品陈列"和东莞海战博物馆的"鸦片战争海战陈列"分别获得 2000 年度全国博物馆陈列最佳制作奖和最佳形式设计奖。

　　改革开放使我省博物馆得以广泛开展对外文化交流。1979 年 10 月，广东省博物馆、广州博物馆与香港大学冯平山博物馆在港联合举办"石湾陶展"。这是建国后广东首次赴港举办的文物展览会。《石湾陶展》一书同时出版。1981 年 11 月 7 日，省博物馆、广州美术馆、香港中文大学文物馆在港联合举办"明清广东书法展览"，揭开了本省博物馆馆藏文物出境展出的序幕。1982 年 3 月 19 日，"广州博物馆、广州美术馆藏陶瓷书画展"赴日本参加 1982 年福冈大博览会

◆2007年9月23日广东民间工艺博物馆送展到村

◆流动博物馆

展出，是广东省馆藏文物展览首次出国。2002年以来，粤港澳三地定期召开文化合作会议，建立了有效的合作机制，由粤港澳文化部门共同主办的汇聚三地162件（套）文物精品的"东西汇流——粤港澳文物大展"于2005年9月28日至2006年7月31日成功在三地巡回展出。至2007年年底，广东省共有30多个文物展览分赴加拿大、日本、法国、韩国、德国、澳大利亚等国家和我国香港、澳门、台湾地区展出。

2005年5月1日以来，广东省享受省财政支持的各级各类博物馆、纪念馆、纪念建筑物、名人故居等公益性文化设施已全部免费向未成年人开放。2008年3月28日，根据中共中央宣传部、财政部、文化部、国家文物局联合印发的《关于全国博物馆、纪念馆免费开放的通知》（中宣发〔2008〕2号）要求，广东省博物馆和被中宣部公布为全国爱国主义教育基地的毛泽东同志主办农民运动讲习所旧址纪念馆、三元里人民抗英斗争纪念馆、黄埔军校旧址纪念馆、海丰红宫红场旧址纪念馆、叶挺纪念馆、叶剑英元帅纪念馆、鸦片战争博物馆、孙中山故居纪念馆等共9家博物馆、纪念馆同时免费向公众开放，受到群众的热烈欢迎。此前，全省已有54家博物馆免费向公众开放。根据国家的要求，2009年除文物建筑及遗址类博物馆外，全省各级文化文物部门归口管理的公共博物馆、纪念馆和全国爱国主义教育基地将全部向社会免费开放。

2004年3月启动的"广东省流动博物馆网"，到2008年5月止，参与的成员单位有55个，已制作了30个不同类型的展览，举办了88场次的巡回展览，总参观人数250多万人次，受到了国内外同行的关注，得到了广大人民群众热烈欢迎，产生了极好的社会影响。2007年，"广东省流动博物馆网"与"广东省流动图书馆网"及"广东省流动演出网"一起获得由国家文化部颁发的文化工作创新奖的唯一特等奖。

十一　考古发现与发掘

改革开放30年来，是广东考古的黄金时代。在配合全省经济建设过程中，发现和发掘了一大批遗址和古墓葬，取得了丰硕成果，如河源市恐龙化石埋藏地、广州西汉南越王墓、南越国宫署遗址、南越国时期木构水闸遗迹、南汉二陵、深圳市屋背岭墓地、咸头岭遗址、东莞市村头遗址、连平县黄谭寺遗址、博罗县横岭山墓地、银岗遗址、乐昌市对面山墓地、封开县乌骚岭遗址、高明市古椰贝丘遗址等，其中有7个发掘项目列为当年的"全国十大考古新发现"之一。

1995年，在广州市中山四路城隍庙西侧，发掘出大型石构水池，水池壁的石板刻有"蕃"字等多处石刻文字，经确认该处建筑遗址和遗物属于南越国时期，为岭南地区首见。这次发现被评为1995年"全国十大考古新发现"之一。

1997年，在广州市中山四路发掘出保存基本完整的南越宫苑的曲流石渠，该石渠与1995年发掘的石构水池通过导水木质暗槽相连，两者组成了宫苑的园林水景，是迄今为止我国发现的年代最早、保存较为完整的秦汉宫苑实例，被评为1997年"全国十大考古新发现"之一。

2000年2月～7月，为配合广惠高速公路建设，广东省文物考古研究所对博罗县横岭山墓地进行了抢救性发掘。在约8500平方米的发掘范围内，共清理墓葬332座，其中商周时期墓葬302座，秦汉时期墓葬2座，晋至明清墓葬28座。横岭山先秦墓地的分期研究建立起岭南地区从商周之际到春秋时期的考古学年代标尺，为印证广东地区商周阶段与周边文化的交流提供了很好的证据，在复原区域文化面貌方面起到了不可替代的作用，被评为2000年全国十大考古新发现之一。省考古所编写的《博罗横岭山——商周时期墓地2000年发掘报告》被评为2005年全国最佳发掘报告。

2001年4月～2002年3月，为配合深圳大学城建设，广东省文物考古研究所和深圳市博物馆考古队对深圳岭遗址进行了抢救性发掘。在1400平方米的发掘范围内，共清理商时期墓葬94座。根据屋背岭遗址的特殊土质和随葬陶器特点，发掘中进行了墓坑形成机理的模拟实验，在古资料的数字化提取和土壤植硅石、年代标本的浮选或者提取上采用了最新的科技手段。屋背岭遗址发掘出迄今为止广东地区规模最大的商时期墓葬群。考古资料的分期研究有助于建立三角洲及港澳地区商时期文化编年的年代标尺，为研究该地区商时期墓地的布局和葬俗提供了重要的素材，被评为2001年"全国十大考古新发现"之一。

2003年10月～2004年8月，为配合广州大学城建设，广州市文物考古研究所发掘了五代十国南汉（905～971年）的德陵和康陵。德陵为长方形多重券顶砖室墓，坐南朝北，分前、后室，前置墓道，出土青瓷罐和釉陶罐共272件。康陵设有陵园地面建筑和地下玄宫，积达1.28万平方米。在前室近封门处立一块完整的石质"高祖天皇大帝哀册文"碑，共1062字，是目前年代最早的哀册文碑石，确证此墓为南汉高祖刘岩龑的陵墓。南汉二陵被评为2004年"全国十大考古新发现"之一。

2006年9月～2007年3月，为配合广明高速公路建设，广东省文物考古研究所对距今

◆广东高明古椰贝丘遗址航拍图

◆ 国家文物局、省文化厅领导与"南海I号"水下考古队合影

4500年左右的高明古椰贝丘进行了抢救性发掘，发掘面积1000平方米。根据遗址特点和勘探资料，发掘工作针对岗顶、缓坡、坡脚和水田四种地貌类型采用了不同的清理方法，并利用多种技术手段提取不同的信息。发掘主要收有四个：一是发现了一种全新的考古学文化类型，在珠三角地区的考古学文化编年序列中占有特别重要的地位；二是遗址中出土的大量的动植物遗存，为研究岭南史前经济形态，特别是采集经济和稻作农业起源提供了珍贵的实物资料；三是遗址中的大量石器与著名的西樵山石器有较多相同点，为确定西樵山石器的年代提出了新的线索；四是遗址中发现了大量有加工和使用痕迹的竹、木器，在珠三角地区新石器时代遗址中属首次发现，丰富了对当时工具质地、种类认识。古椰贝丘遗址被评为2006年"全国十大考古新发现"之一，并荣获国家文物局"2006～2007年田野考古奖"二等奖。

深圳咸头遗址面积1万多平方米，年代为新石器时代中期。深圳市博物馆于1985年、1989年、1997年和2004年在遗址的东南部、中部和北部进行过4次发掘，深圳市文物考古鉴定所和深圳市博物馆于2006年2～4月在遗址西北部进行了第五次发掘，发掘总面积近2300平方米。遗址出土的器物丰富，每一阶段器物的变化特点明显，是目前珠江口沿岸同类型遗址中发掘面积最大、出土文物最为系统、器物制作工艺水平最高的一处，成为新石器时代沙丘文化遗址中判别年代的标尺，被评为2007年"全国十大考古新发现"之一，并荣获国家文物局"2006～2007年田野考古奖"二等奖。

举世瞩目的"南海I号"发现于1987年，整体打捞工作于2007年4月启动。在国家文物局的大力支持和省政府的领导下，省文化厅积极与交通部广州打捞局、阳江市政府配合，各有关部门精诚合作，克服一道道难关，出色完成了打捞任务。2007年12月22日，"南海I号"浮出水面，并于12月28日整体搬迁进广东海上丝绸之路博物馆的水晶宫内，开创了全新的水下考古和文物保护方法，实现了水下考古和海洋打捞工程的完美结合。"南海I号"整体打捞及保护技术指导思想独具创新性、工艺具有先进性。它的成功实施，为实现"南海I号"沉船遗址的异地考古提供了可行性，是世界水下考古技术的一大创新。

2007年5月，在汕头南澳海域发现了"南海II号"明代沉船。省文化厅迅速报告国家文物局，协调省公安厅、汕头市政府、南澳县委、县政府和公安边防部门加强文物的安全保卫工作。省文物考古研究所及时开展了抢救性考古调查工作，采集了沉船周边散落的近千件精美文物，完成了外围散落文物的采集和沉船主体的定位、测量、水下摄像、摄影、绘图工作，初步掌握了该沉船的基本状况、保存状态和文物种类，制定了沉船水下发掘工作方案，为下一步的沉船抢救性发掘奠定了基础。

十二 文物出入境管理

广东一直是国家文物出境审核管理的重要口岸。1982年，省编制委员会批准设立省文物管理委员会办公室，内设文物出境鉴定组。1986年，省外事办公室、省文化厅和省文物管理委员会等联合印发了《关于外国人携带文物出入广州口岸的规定》，明确了外国人携带文物出入广州口岸的具体办法。1994年，省文化厅批准成立省文物鉴定委员会，负责省内馆藏文物、捐赠文物和罚没文物的鉴定、定级、评定价值等工作，与国家文物出境鉴定广东站合署办公。1994年，国家文物局发出《关于审定文物出境鉴定团体资格的通知》，广东省文物鉴定组获得文物出境鉴定团体资格，获准使用"国家文物出境鉴定广东站"的名称履行文物出境鉴定任务，并承担湖南、广西、海南省的文物出境审核工作。针对境外文物入境增多的情况，1995年4月20日，国家文物局、海关总署印发了《暂时入境复出境文物管理规定》，国家文物出境鉴定广东站被准予办理暂时入境复出境文物手续。1997年1月，成立广东省文物鉴定站，同时挂国家文物出境鉴定广东站牌子，现有12名专业技术人员，其中8名获得国家文物出境鉴定责任鉴定员资格，在全国文物出境鉴定机构中名列前茅。2000年以来，省文物鉴定站在全国文物鉴定机构中率先开发使用文物鉴定管理系统、开展文物科技鉴定、网上鉴定和文物鉴赏进校园活动。2007年，在广东省文物鉴定站成立10周年之际，被国家文物局授予"全国文物进出境审核工作先进集体"荣誉称号。

十三 文物流通管理

改革开放后，随着国民生活水平提高，收入增加，文物收藏队伍不断扩大，广东的文物商店进入了快速发展时期，至1994年达到顶峰，总数达19家，遍布全省。此后，随着文物拍卖业和个体经营的文物监管物品市场兴起，国有文物商店受到冲击，韶关、潮州、湛江等市文物商店没有开展文物经营业务，中山、东莞、梅州等市文物商店相继退出文物经营业务。目前，仅有省文物总店、广州市文物总店、广州集雅斋、佛山市文物商店等少数国有文物商店从事文物经营业务。

改革开放前，个体经营文物的行为基本绝迹。20世纪80年代初，随着国民生活水平提高，文物收藏渐兴，广州市清平街花鸟虫鱼市场形成了全省最早经营古旧工艺品的市场。至90年代初期，省内形成规模的古旧工艺品市场主要有：广州带河路胜源西玉器陶瓷工艺街、六二三路古物市场，江门中心市场，深圳纺织大厦文化艺术品一条街。汕头、佛山、肇庆、中山、梅州、潮州等市出现了从事古旧工艺品经营的零星店铺或个人走街串户收购文物的情况。由于法规和管理上的漏洞，这些旧货市场成为不法分子非法交易和走私文物的重要场所。为有效保护文物，规范文物经营行为，打击非法交易和走私文物活动，省政府于1986年，省政府发出了《关于加强文物市场管理工作的通知》，在1993年颁布《广东省文物商业管理办法》和《关于对旧货市场文物监管物品实行管理的通告》。此后，广州、深圳、佛山、汕头等市成立了由文化、公安、工商等部门负责人员组成的文物监管物品市场监管领导小组，并由文化行政管理部门向经营者核发《文物监管物品经营许可证》。至 2000 年，全省经营文物监管物品的店铺达 1000 多个。自 2002 年新修订的《文物保护法》颁布实施后，法律条款已没有明确的文物临管物品市场概念，但明确规定合法经营文物的只有经批准的文物商店和拍卖企业，文物临管物品市场（古玩市场）基本处于监管"真空"状态。

1994 年 7 月 21 日，国家文物局"首批确定北京市文物局、上海市文管会、广东省文管会对本行政区域内的文物拍卖试点予以审批和监督管理"。广东成为全国最早进行文物拍卖试点的省市之一，开创了许多国内文物及艺术品拍卖之最：首次举办玉器、古代书画及岭南名人书画等专场拍卖会；首创无底价拍卖方式和普及性的"周日拍卖会"、"巡回拍卖会"；首次在全国直播拍卖会实况等，为我国文物拍卖试点管理工作积累了经验，做出了贡献。1996 年，国家文物局对文物拍卖实施"直管专营"政策，文物拍卖资格由国家文物局直接审批，广东没有拍卖企业获得文物拍卖资格，但国家文物局批准了拍卖海外回流文物的 3 场拍卖会。1997 年《中华人民共和国拍卖法》实施后，文物拍卖"直管专营"政策失效。为贯彻拍卖法，规范文物拍卖活动，省文化厅于 1997 年 3 月在广州举办了全国最早的文物拍卖专业知识人员培训班。2000 年，经省文化厅核准从事文物拍卖业务的拍卖企业有 10 个，成为全国最早给拍卖企业核发《文物经营许可证》的省。2002 年新修订的《文物保护法》颁布实施后，《文物经营许可证》由国家文物局统一核发。目前，广东有 8 家经国家文物局批准的文物拍卖企业。

十四　打击文物犯罪

由于广东毗邻港澳，海岸线长，对外交流活动频繁，人员和货物进出境数量大，逐步成为全国走私文物的重要通道之一。2001 年 6 月 15 日，广东在全国率先成立了省文化厅、省公安厅、省工商局和海关总署广东分署在广州召开了打击文物犯罪协调会议，成立了协调小组，建立了联席会议制度，形成了较为完善的打击文物犯罪的新机制。通过密切而有效的合作，广东各级执法机关依法没收、追缴了大量属于国家的文物，为保护祖国文化遗产，做出了卓越贡献。

1986 ～ 1994 年，香港执法机构通过新华社香港分社向国家文物局移交了走私出境的文物 7858 件，其中部分存放在广东省博物馆、广州博物馆、深圳市博物馆和西汉南越王博物馆等单位。1999 年 6 月，广州海关向省文化厅移交文物 22886 件，其中二级文物 28 件，三级文物 404 件，是全省执法机关向文物部门移交文物最多的一次。2001 年 9 月 5 日 ～ 10 月 23 日，深圳海关将依法没收、追缴的 18011 件文物移交给省文化厅，并于 10 月 23 日在深圳举办了文物移交暨共同打击文物走私犯罪合作备忘录签字仪式。2001 年 11 月 17 日 ～ 12 月 30 日，拱北海关将 1988 ～ 2001 年依法没收、追缴的 15573 件文物及标本移交省文化厅，并于 2002 年 2 月 5 日在珠海举办了文物移交仪式。2004 年，省文化厅与省公安厅合作，查扣了某公司准备申报出口的 45 件金元时期珍贵墓葬彩绘石雕，其中一级文物 4 件，二级文物 18 件，三级文物 23 件，查扣如此多的高级别文物，为全省历年之最。

走私文物诱发了盗窃、非法交易文物活动。1982 ～ 2000 年，广州市文化、公安、工商部门先后7次联合对清平路、丛桂路等旧货市场进行清查，共查处非法交易文物3000多件。2001年，省文化厅与省经贸委、省公安厅、省工商局、海关总署广东分署部署我省整顿规范文物市场秩序工作，取缔了一个非法交易市场，撤销、关停了一个逾期年审的市场，取缔超范围经营文物监管物品的经营者百余户，暂扣涉案文物85件。1986年5月，广州市公安局侦破以谭青平、黄乃超为首的特大文物犯罪案，查获文物3643件，古钱币近万枚，其中珍贵文物192件。2000年8月8日，乳源县博物馆在文物普查时发现该县泽桥山40多座汉—宋代墓葬被盗，是建国以来广东最严重的古墓被盗案，该案被公安机关侦破；2000年11月14日，省级文物保护单位广州南海神庙收藏的东汉铜鼓被盗。该铜鼓直径138厘米，高77.4厘米，是全省馆藏最大的铜鼓。2006年11月，潮州市潮安县彩塘镇金一村全国重点文物保护单位从熙公祠门口屋檐下2块石雕构件被盗，公安机关经过一个多月的缜密侦查和调查走访取证，于2007年1月9日抓获正在交易赃物的3名犯罪嫌疑人，被盗的2块石雕构件被追回，同时查获汕头市被盗木雕一批。2007年4月，公安机关在侦办流失美国恐龙蛋化石案件中，缴获大量的珍贵化石，抓捕了犯罪嫌疑人，为保护恐龙蛋化石发挥了重要作用。2007年6月，广东省文物保护单位罗定文塔内的2件清代铁钟被盗，接到情况报告后，省文物局配合省公安厅，迅速派人赶赴现场，联合督办案件。经过长达两个多月的全面细致侦查，抓获8名犯罪嫌疑人，追缴被盗文物古钟10个(二级文物5件、三级文物3件、不定级2件)，香炉钵2个，陶瓷壁画2幅。公安边防部门为保卫"南海Ⅰ号"和"南海Ⅱ号"，默默工作，付出了大量劳动。与公安部门的精诚合作，震慑了犯罪分子，为有力打击文物犯罪活动发挥了积极作用。

为表彰先进，1984年春，省文化厅、省公安厅、省工商行政管理局和海关总署广东分署联合在省博物馆举办了"反文物走私斗争成果展"，同时召开了"反文物走私斗争表彰大会"，对47个打击走私文物活动有功的单位进行了表彰。1987年4月，公安部刑侦局、国家文物局在广州市公安局召开侦破特大文物案表彰会，全省有17个单位受到表彰。

60年来，广东文博工作人员在艰苦的日常工作当中，将理论与实践相结合，积极坚持开展科研工作，取得了显著科研成果。社会各界人士和海外华侨、华人、港澳同胞向广东省各博物馆、纪念馆捐献了数以万计的文物，丰富了博物馆的藏品。由于全省科研出版和文物捐献数量众多，实难一一列举。

十五 文物保护经验

广东的文化遗产事业的发展，是不断遇到新问题、不断解决新问题的过程。纵观新中国诞生60年来的广东文物事业发展历程，文化遗产保护的基本经验是：

①只有坚持将文物保护工作充分融入到党和国家全面发展社会主义的伟大事业之中，与时俱进，开拓创新，才能促进文物事业全面发展。文物保护是社会主义事业发展的重要组成部分，文物保护事业的发展与社会主义建设事业的发展紧密相连。改革开放后，广东文物保护工作出现了许多新情况和新问题，党和国家及时调整文物保护政策，广大文物工作者与时俱进，探索出许多有效保护文物与合理利用文物的模式和方法，全省文物事业得到了快速发展，取得了显著的成绩。

②只有坚持贯彻《文物保护法》和文物工作方针，完善文物保护法规体系，才能确保各类文

物得到有效保护，促进文物事业健康发展。随着经济建设突飞猛进，城市化和现代化进程加速，每年数以千万计的农村人口涌入城市，引发大规模的城市建设和基础设施建设，保护与发展的矛盾异常尖锐。同时，随着我省现代化进程的深入，我省的文化生态正在发生巨大变化，一些地方文化遗产消失的速度加快，对文物保护与传承造成了直接威胁。面对经济建设破坏文物的行为，许多文物工作者坚持依法行政，依法管理，使许多文物免遭经济建设的破坏。但是，个别地区的个别领导重视经济利益，轻视文物保护，以权代法，以言代法，造成破坏文物的事件时有发生。

③只有坚持党和政府的正确领导，全力争取各级领导对文物保护工作的重视和支持，才能把更多人力、物力用于文物事业，促进文物事业快速发展。在全省各级党委和政府的高度重视下，文物保护经费不断增加，60年来，全省开展了历史上最大规模的文物抢救维修和保护工作，新建了一批设施先进的博物馆。事实证明，什么地方党委和政府重视文物保护工作，什么地方的文物事业发展得又快又好。

④只有建立国家保护为主、全社会参与的文物保护机制，才能有效遏制破坏文物行为发生，促进文物事业又好又快发展。广东文物事业发展的实践证明，文物保护工作涉及面广，仅靠文物部门自身的力量是远远不够的。要真正做好文物保护工作，必须建立有效的合作机制，与财政、城建、国土、公安、海关和工商等有关部门通力合作，发挥人大、政协和专家学者的监督、指导作用，动员新闻媒介和社会各界的共同参与。

⑤只有相信科学，尊重科学，才能提高效能，节约资源，保证文物保护工作的质量和水平，促进文物事业科学发展。文物保护是一项专业性很强的工作，在历史文化名城、文物保护工程、文物保护规划、博物馆建设与陈列展览、考古发掘与大遗址保护、文物安全技术防范等方案编制与评审中，都必须聘请有关专家充分论证，严格把关，才能保证工作质量和水平。方案未经论证，仓促施工，不仅会造成资金的巨大浪费，甚至导致文物本体和环境风貌受到破坏、无法挽回的严重后果。

⑥只有坚持做好文物保护各项基础工作，才能促进文物事业稳步发展。开展文物普查登记工作、建立规范的文物保护单位"四有"档案和博物馆藏品档案是一项系统性的基础工程，是文物部门主动工作，开拓创新的体现。只有做好文物保护各项基础工作，才能为做好历史文化资源保护、规划和利用奠定坚实基础。

⑦只有合理利用文物，充分发挥文物的教育功能，才能更好地保护文物，促进文物事业良好发展。实践证明，完善博物馆、纪念馆的设施，把各级文物保护单位和博物馆、纪念馆建设成为爱国主义教育基地和文化旅游的重要场所，实现文物保护—利用—再保护—再利用的良性循环，是文物事业良好发展的有效途径。

⑧只有培养和造就一支高素质的文物队伍，充分调动文物工作者的积极性和主动性，才能保障文物事业持续发展。文物工作者是文物保护事业的参与者，是保护文物的中坚力量。广东历代文物工作者，在极艰苦的条件下，始终坚持依法行政，严格执行和广泛宣传文物保护法律法规，认真学习业务知识和业务技能，在本职工作中积极主动，诚实肯干，甘于奉献，思路明确，使广东的文物保护事业一直向前发展。

（执笔者：汪园园　邱立诚）

广西壮族自治区文物事业60年

广西壮族自治区文物局

广西壮族自治区地处祖国南疆，是以壮族为主体的少数民族自治区，也是全国少数民族人口最多的省（区），境内居住着壮、汉、瑶、苗、侗、仫佬、毛南、回、京、彝、水、仡佬等12个世居民族。先秦时期，广西为百越之地。公元前214年，秦统一岭南，设置桂林、南海和象郡，广西大部分地区属于桂林郡，广西的简称"桂"由此而来。宋代广西属广南西路，简称广西路。元末设"广西行中书省"，为广西设省之始。1949年12月11日，广西全境解放，设广西省，1958年广西壮族自治区成立。

一 广西文物事业60年发展历程

（一）20世纪50～70年代末：初步发展阶段

1950年广西省人民政府接管旧博物馆，成立广西省文物馆筹备处。1950年11月，广西省政府颁发了在实行土改过程中必须切实做好保护民族文化遗产的政令。1956年8月，广西省文物管理委员会正式成立。"文化大革命"中文物管理委员会被迫停止活动，1976年恢复广西壮族自治区文物管理委员会。

1956年、1958年、1960年，广西人民委员会曾三次发文公布文物保护单位。1963年2月26日正式公布第一批自治区文物保护单位共56处。1978年再次公布第二批自治区文物保护单位。

中华人民共和国成立后，广西各级政府采取征集、挖掘出土、收缴、鼓励捐赠等办法，共珍藏各类文物近4万件，古籍图书3.7万多册。馆藏文物中以铜鼓类型最为齐全，数量居全国各博物馆之冠。1956年重建广西省博物馆。之后，梧州市博物馆、柳州市博物馆、桂林市博物馆筹备处、合浦县博物馆、八路军桂林办事处纪念馆、百色右江革命文物馆、中国工农红军第八军革命纪念馆、田东县右江革命纪念馆、东兰县革命纪念馆、桂林桂海碑林石刻陈列馆、桂林市甑皮岩洞穴遗址陈列馆、兴安县文物管理所等博物馆、纪念馆、文物管理所相继成立。广西文物工作队成立于1973年，负责全自治区的文物调查、考古发掘、保护维修、研究和宣传。1978年，自治区人民政府拨款240多万元，兴建了拥有1.2万平方米的自治区博物馆陈列大楼，名列全国十大博物馆之一。

从1954年起，开展文物古迹的调查、保护、维修、研究，60年代～70年代中后期组织开展了部分地市的文物普查。初步查清广西境内地上地下文物资源，左江岩画、百色盆地旧石器遗址、桂南地区大石铲遗址、甑皮岩遗址、武鸣马头墓群、贵县罗泊湾一号墓和合浦望牛岭一号墓、永福窑、田岭窑址等文物调查、发掘、研究项目引起国内外学术界的重视。

（二）80年代至今：快速发展阶段

改革开放以后，广西文物事业迎来了一个发展高潮期，文博事业管理体制和机构逐步建立和完善。至90年代末，自治区、地（市）、县三级文物保护管理体系已完全建立，先后成立了本级文物管理委员会。南宁、柳州、桂林、玉林、百色、崇左等市先后设立了文物科（局），各级文博管理机构129个，形成了覆盖全自治区100%的三级文物保护网络。2006年12月，自治区人民政府批准成立广西壮族自治区文物局。文物保护管理机构得到了进一步加强和完善。

1993年12月，为了更好地贯彻民族区域自治政策，自治区人大常委会根据广西文物保护和管理工作的实际，颁布了《广西壮族自治区文物保护管理条例》。又于1997年、2004年两次进行了修订。2005年4月1日自治区人大常委会通过《广西壮族自治区民族民间传统文化保护条例》。2001年1月自治区人民政府办公厅下发《贯彻落实国务院办公厅〈关于西部大开发中加强文物保护和管理工作的通知〉的通知》，强调在西部在大开发中，切实加强我区的文物保护和管理工作，妥善处理好文物保护与经济建设的关系。自治区人民政府和地方人民政府针对文物保护的情况，出台了多项文件规定和政策，使文物保护法规建设日益完善。

1989～1992年开展馆藏文物清库、登记、建档工作，摸清了馆藏文物数量。建成了广西博物馆、桂林博物馆、柳州市博物馆、百色起义纪念馆、龙州起义纪念馆、百色右江民族博物馆、靖西县壮族博物馆、三江侗族自治县侗族博物馆、金秀瑶族自治县瑶族博物馆、罗城仫佬族自治县仫佬族博物馆、融水苗族自治县民族博物馆、广西自然博物馆等一批综合类、民族类、民族生态类、自然科技类、遗址类、纪念类及专题性博物馆、陈列馆。2008年12月11日，建国以来广西最大的文化设施建设项目，自治区成立50周年献礼工程——广西民族博物馆建成开放，并由中央代表团揭牌。

邕宁县顶蛳山新石器时代遗址考古发掘，获得1997年度"全国十大考古新发现"殊荣。百色革新桥新石器时代遗址发掘获得2002年度"全国十大考古新发现"。

1986～1989年，组织了第二次全区文物普查，调查了我区14个地市88个县的85%的村庄，发现各个时期各类不可移动文物点1万余处，收集各类文物及标本2.35万件，调查登记入册的文物点8427处，其中新发现7231处，为全区文化遗产保护打下了坚实基础。2007年7月起，根据国务院和自治区人民政府的统一部署，组织开展全区第三次文物普查，至2009年6月已新

◆第三次文物普查新发现的清代营盘遗址　　　　◆文物普查新发现的客家围屋

发现 3377 处不可移动文物点。

至 2008 年统计，广西有文博事业机构 127 个，其中各类博物馆、纪念馆 60 个，各级文物保护管理所、站 58 个、文物科研机构 5 个、文物商店 4 个，从业人员 1281 人。拥有业务用房 19.4 万平方米，文物库房 1.9 万平方米。各级博物馆、纪念馆和文物管理机构收藏文物 308370 件，其中一级文物 332 件，二级文物 4379 件。被列入全国重点文物保护单位共 42 处 300 余点。2009 年 5 月，自治区人民政府公布了第六批自治区文物保护单位，自治区文物保护单位达 355 处。市、县级文物保护单位近 2000 处。

二 广西文物事业60年发展成就

（一）地方民族特色鲜明，博物馆事业蓬勃发展

1.逐步建立和完善博物馆、纪念馆机构，建立起品类多样、有民族特色和地方特色的博物馆体系。1958 年广西壮族自治区成立时，广西只有一家重建于 1956 年的广西壮族自治区博物馆。20 世纪 50 年代末和 60 年代，柳州市博物馆、梧州市博物馆、八路军桂林办事处纪念馆、田东县右江革命纪念馆、百色右江革命文物馆（百色起义纪念馆的前身）、桂林桂海碑林石刻陈列馆相继成立，1978 年广西博物馆新馆和桂林甑皮岩遗址博物馆建成开放。自治区成立 20 周年时的 1978 年，全区博物馆、纪念馆共 8 个。20 世纪 80 年代，是广西各类博物馆增长速度最快的时期，那坡县博物馆、合浦县博物馆、中国红军第八军革命纪念馆等县级博物馆，柳州白莲洞洞穴科学博物馆、百色市右江民族博物馆、桂林博物馆等市级博物馆，广西自然博物馆、广西博物馆民族文物苑等相继建成开放。自治区成立 30 周年的 1988 年，全区博物馆、纪念馆的总数已达 44 个。从"十五"开始至今，广西又迎来了一个博物馆、纪念馆建设新高潮。百色起义纪念馆、龙州起义纪念馆、柳州市博物馆、河池市革命纪念馆等大型的新馆相继建成开放。广西民族博物馆成立，于 2008 年 12 月 11 日自治区成立 50 周年纪念日时正式对外开放。该馆总投资 2.5 亿元，占地面积 130 亩，建筑面积 3.35 万平方米，是广西建国以来规模和投资最大的公共文化设施建设项目。南宁市孔庙博物馆、崇左市壮族博物馆已开工建设。南宁、贵港、玉林、来宾、梧州等市都正在积极规划建设市级博物馆。

◆ 新落成的广西民族博物馆

◆ 贺州生态博物馆

◆ 百色起义纪念馆

2003 年，广西实施民族生态博物馆建设"1+10"工程。以广西民族博物馆为龙头，同时建设 10 个有民族代表性、保存民族文化遗产比较完整和在地域上有较大影响的民族生态博物馆。这 10 个民族生态博物馆作为广西民族博物馆的工作站和研究基地。至今已建成了三江侗族、南丹里湖白裤瑶族、靖西旧州壮族、那坡达文村黑衣壮族、贺州莲塘镇客家围屋等 5 座民族生态博物馆。目前正在建设灵川灵田乡长岗岭村汉族、东兴京族、金秀古陈瑶族、融水安太乡苗族、龙胜龙脊壮族等 5 座民族生态博物馆。"十一五"末，广西将形成国内最大的民族生态博物馆群，这些民族生态博物馆成为民族文化遗产保护、收藏、活态展示、研究的重要场所。

截至 2008 年年底，全区有各级各类博物馆、纪念馆 60 个，形成了品类多样、民族特色和地方特色浓郁的博物馆体系。现已有以广西博物馆、柳州市博物馆、桂林博物馆为代表的综合类博物馆共 39 个，以广西民族博物馆、三江侗族自治县侗族博物馆为代表的民族类博物馆 13 个，以百色起义纪念馆、龙州起义纪念馆、八路军桂林办事处纪念馆、田东右江革命纪念馆为代表的革命类纪念馆 7 个，以柳州白莲洞洞穴科学博物馆、桂林甑皮岩遗址博物馆、桂林靖江王陵博物馆为代表的遗址类博物馆 4 个，以忻城县土司博物馆、桂海碑林博物馆、南宁孔庙博物馆为代表的旧址类博物馆 3 个，以广西自然博物馆、广西地质博物馆为代表的自然科技类博物馆 2 个。全区博物馆、纪念馆馆舍建筑面积业务用房建筑面积共 15.9 万多平方米，陈列展览建筑面积 8.36 万平方米，文物库房面积 1.5 万平方米。百色起义纪念馆、龙州起义纪念馆、八路军桂林办事处旧址纪念馆、田东县右江革命纪念馆被列为全国爱国主义教育示范基地。

◆ 广西壮族自治区博物馆

广西各级各类博物馆、纪念馆重视专业人才队伍的建设，通过多种形式培养人才，使专业人员胜任从事的岗位工作任务，做好文博工作。

2.不断丰富馆藏，努力举办陈列展览，积极开展文化交流。长期以来，广西各级各类博物馆、纪念馆认真开展文物调查、文物征集、接受社会捐赠和考古、文物商店、海关、公安、工商、商贸等机构移交文物，不断丰富馆藏。据统计，至 2008 年，广西全区博物馆、纪念馆收藏各类文物和标本共 27.89 万件（套），其中一级文物 289 件（套），三级以上珍贵文物近 7 万件（套）。各博物馆、纪念馆藏品也已形成各自的特色，为举办陈列展览打下良好基础。

1989 ~ 1992 年开展馆藏文物清库、登记、建档工作，基本摸清馆藏文物数量，各文博单位基本完成一级文物的建档工作，编制了一、二级文物的藏品目录，完成三级文物的鉴定定级工作。现正在进行二、三级文物的藏品档案编制和参考品的清理、登记、造册工作，《广西壮族自治区馆藏文物珍品目录》已出版，为科学规范管理藏品奠定了基础。

从 2006 年开始，我区开展馆藏文物调查及数据库建设工作试点，今年年底基本完成试点任务。2007 年起开始进行馆藏文物腐蚀情况调查试点，摸清馆藏文物保存情况。

全区各级各类博物馆、纪念馆根据各自的条件与特点，积极举办基本陈列、专题陈列、临时展览和流动展览，举办了一系列令观众喜爱的陈列展览，有历史文物、革命文物陈列展览，还有自然科技与民族民俗文物陈列展览及重大历史事件与名人纪念展览等。其中，"广西历史文物陈列"、"广西革命文物陈列"、"广西民族民俗文物展览"、"太平天国革命在广西历史陈列"、"古代铜鼓陈列"等陈列展览有较大的影响，深受观众欢迎，"广西民族文化陈列——'五彩八桂'"、"穿越时空的鼓声——铜鼓文化"、"八桂瑰宝——广西十四个城市博物馆收藏精品展"、"百色风雷"、"赤色龙州"、"靖江藩王遗粹——桂林出土明代梅瓶陈列"、"柳州历史文化陈列"、"深邃的侏罗纪世界——古生物化石展"、"古代书画扇面艺术"等，陈列的内容和形式都有较大水平的提高。百色起义纪念馆"百色风雷"在 2000 年获得国家文物局"全国十大精品陈列展览奖"，这是我区博物馆、纪念馆陈列展览首次获国家级奖。近年广西正组织实施县级博物馆展示水平提升工程，旨在逐步提高县级博物馆、纪念馆的陈列展示和服务水平。

广西的文物多次随国家组织的外展赴多个国家和地区展出，广西也积极自己组织陈列展览赴国内外展出，在宣传广西的优秀历史文化，开展文化交流上发挥了积极作用。在北京举办"靖江藩王遗粹——桂林明代梅瓶展"、参与"声震神州——滇、桂、黔铜鼓大观"展览，在陕西举办"揭开神秘面纱——广西壮族自治区民族文化展"、赴广东、浙江等地举办"瓯骆遗粹——广西百越文化文物精品展"等，在美国肯塔基州莫海德大学举办"中国广西少数民族服饰艺术展览"，配合 2003 年法国"中国文化年"活动，"广西古代文物巡回展览"在法国普夏大区普瓦捷、干邑、卢丹、拉罗舍尔、圣让·昂热利、尼奥和等 6 个城市进行了为期 14 个月的巡回展览，这是广西首次独自组织赴国外举办文物展览。2007 年广西博物馆在越南举办"中国广西文物精品展"，越南国家历史博物馆的"越南铜器——传统与特色"也在南宁回访展出。

3. 不断加强文物安全设施建设，努力建设标准文物库房。60 年来，广西加强各级各类博物馆、纪念馆文物安全设施建设，博物馆的文物安全条件有了较大改善。广西博物馆、广西民族博物馆、桂林博物馆、柳州市博物馆、百色右江民族博物馆等重点博物馆、纪念馆的技防、消防设施都得到了进一步完善。截至 2008 年年底，广西全区博物馆、纪念馆一级风险单位已达到 23 个，二级风险单位达到 29 个，三级风险单位达到 19 个。

（二）夯实基础、重点突破，考古工作硕果累累

1. 摸清文物家底，建立考古序列体系，打好考古发展基础。60年来，为了摸清家底，广西先后开展了三次文物普查，基本摸清了广西文物家底。建立考古学文化时空框架体系是考古工作的首要任务。50年来，随着工作的深入开展，特别是20世纪90年代以后西南出海大通道建设和西部大开发战略的实施，为广西文物考古工作带来了千载难逢的发展机遇，配合基本建设开展的文物调查、考古发掘的项目接连不断，考古新发现层出不穷，围绕重大学术课题而开展的主动考古项目也不断取得重大突破，解决不少长期困扰学术界的问题。多年的积累，考古资料日益丰富，广西各主要流域的史前考古学文化的年代序列基本有了头绪，先秦及秦汉时期的考古学文化分期编年也取得了较大进展，为考古学的深入研究和文物保护打下了较好的基础。

旧石器时代考古除了发现了"柳江人"等一批重要的古人类化石外，发现了100多处旧石器时代遗址或石器散布点，采集和发掘出土打制石器2万件以上。在百色盆地发掘了坡洪、那赖、百谷、檀河、大梅、小梅、枫树岛等20多处遗址，在田林、南宁、梧州、桂林、柳州等地发掘了龙皇庙、八六坡、小崩山、虎头岭、木铎冲、宝积岩、大岩、鲤鱼嘴、白莲洞等遗址，初步建立了从旧石器时代早期到旧石器时代晚期的基本年代序列框架。

新石器时代考古发现了400多处遗址，发掘了40余处，主要分布在广西境内的10多个大小河流流域中。右江流域的百色百达、革新桥、那坡感驮岩遗址，左江流域的扶绥江西岸、崇左何村、冲塘、扶绥那淋屯遗址，红水河的大化琴常弄石坡、大化音墟、都安北大岭、马山六卓岭遗址，

◆ 百色百达新石器时代遗址发掘现场

邕江流域的邕宁顶蛳山、南宁豹子头、横县秋江、西津、江口、隆安大龙潭遗址，柳江流域的柳州鲤鱼嘴、白莲洞、柳江兰家村、象州南沙湾遗址，漓江流域桂林甑皮岩、临桂大岩遗址，湘江流域的灌阳五马山遗址，资江流域的资源晓锦遗址，郁江浔江流域的桂平大塘城、上塔、长冲根、平南相思州、石脚山遗址和环北部地区的防城亚菩山、马兰嘴、钦州独料等遗址的发掘，为这些流域和地区新石器时代考古学文化的发展序列的建立打下了坚实的基础。邕宁顶蛳山遗址的发掘和百色革新遗址的发掘还分别获得1997年和2002年度的"中国十大考古新发现"殊荣，学术界提出的"顶蛳山文化"是广西第一个以考古学文化命名的史前文化。

先秦时期的考古发现研究表明，在中原和岭北文化的影响，商末周初广西进入了青铜文化的萌芽阶段，到春秋战国时期，广西先秦时期的考古学文化面貌基本呈东西两块并行发展，表现在遗址上，东部地区以几何印纹硬陶为特征的文化遗存为主，而西部地区则主要为夹砂绳纹陶遗存，在墓葬方面，东部地区流行带腰坑的长方形竖穴土坑墓，随葬品主要是几何印纹硬陶瓮、罐、盒、

钵和青铜剑、矛等青铜兵器组
合，此外还有鼎等青铜容器，
文化面貌明显受到中原和楚地
的影响，西部地区则流行窄长
形不带腰坑的土坑墓，随葬品
流行夹砂圜底釜罐类和斧、钺、
剑、矛、镞等青铜工具、兵器
组合，此外还有鼓、钟等铜器，
文化面貌含有较多云贵高原的
文化因素。岩洞葬则是西部地

◆百色大梅旧石器时代遗址发掘现场

区最具特色的文化现象，其年代早、延续时间长、文化面貌独特。

  秦汉考古是60年来广西考古的重要方面，主要进行了汉代城址的调查和试掘，发现了兴安
秦城等10多座汉代城址，发掘了梧州富民坊、兴安七里圩"王城"城址、贵港贵城、合浦草鞋
村等遗址，还在贵港、合浦、兴安、贺州、梧州等地发掘了包括贵县罗泊湾1、2号墓、风流岭
31号墓、合浦望牛岭1号墓、风门岭26号墓、中站寮尾13号墓，贺县金钟1号墓等墓葬1000
余座，出土了大量南越国时期至东汉时期的遗迹和遗物，构建起广西地区两汉考古学文化编年，
同时对广西汉代政治、经济、文化等方面的研究也取得了丰硕成果。

  三国两晋南朝的考古主要是此一时期的墓葬发掘。三国墓葬在贺州、钟山、合浦三市、县有
零星发现，比起东汉墓来，最大的变化，一是墓砖装饰纹样繁缛，出现如"八田大吉"之类吉祥语；
二是质量较高的青瓷器增多；三是青铜器錾刻花纹消失。晋墓在梧州、藤县、贺州、平乐、兴安、
象州有过发掘，发现数例带有纪年的铭文砖，年代最早的为西晋晚期。南朝墓多在桂北、桂东北
发现，年代分属宋、齐、梁三代，出土有大明六年（462年）的墓砖和泰始五年（469年）、永明
五年（487年）、中大通五年（533年）的滑石买地券，广西南朝墓有了可靠的断代标尺。

  隋、唐、宋三代考古主要是墓葬和窑址的发掘，在柳州、贵港发掘少数几处唐宋时期的建筑
遗址。重要的墓葬有钦州久隆宁氏家族墓、灌阳新街车头村画眉井隋墓、全州凤凰大毕头村麻子
冲唐墓、兴安护城乡红卫村唐墓，这些墓葬多有可靠的断代器物和纪年铭文砖，为广西隋唐墓的
断代树立了标尺。对古窑址的调查发掘和对陶瓷器的研究则投入了最多的力量。在4个县市发现
隋朝窑址5处，均属青瓷窑址。已发掘的桂林桂州窑址，发现隋、唐和宋代坡式龙窑各一座，隋
代窑的匣钵垫托烧工艺居全国先进水平。其他唐代窑址还有4处，其中容县琼新瓷窑属一填补空
白的考古发现，4个窑区遗存的40余座窑床，均为马蹄形窑，前所未见，窑址遗物丰富，但各
个窑区产品种类自有侧重。与隋唐的相比，宋代的窑址发掘材料最精彩。发现数量多，分布地域
广，涉及几十个市县，其中发掘了7处窑址，获得一大批有关瓷窑结构、烧制工艺、产品特征等
方面的重要资料。它们表明，广西宋瓷可分为青白瓷和青瓷两大系统，各自形成一定的分布地带。
青白瓷集中于北流河沿岸，以藤县中和窑、容县城关窑为代表。烧造青瓷的窑址主要分布于湘江
上游、漓江、洛清江、柳江等河流沿岸，以兴安严关窑、永福窑田岭窑为代表。宋代瓷窑的产品
大量外销。柳州灵泉寺、贵港贵城的唐宋建筑基址以及藤县灵济寺、田阳田州土司建筑遗址、柳

◆贵港罗泊湾汉墓 M1 清理现场 　　　　　　　　◆合浦草鞋村汉代窑址发掘现场

州东门城墙遗址、柳州开元寺建筑遗址、柳侯祠建筑遗址等明清时期建筑基址的发掘，则为了解广西唐宋至明清时期建筑的时代特点、规模布局、建筑技术和建筑材料的演化提供了珍贵的资料，均填补空白的重要发现。

2. 抓住特色，重点突破，考古研究不断取得新成果。60 年来，广西考古工作者以具有广西地方特色和民族特色的古遗址、古墓葬、左江岩画、铜鼓、大石铲等为重点开展考古研究工作，重点突破，取得了重要的成果。

百色盆地的旧石器研究是引起国内外考古学界特别关注的课题。自从 1973 年在百色上宋村发现旧石器分布以后，通过 20 世纪 80 年代百色地区文物普查，在百色、田阳、田东，沿右江两岸，发现分布这种石器的遗址和散布点近 100 处，通过多年工作，采集和出土旧石器标本 2 万多件。百色旧石器有砍砸器、手镐、刮削器、手斧和薄刃斧等。砍砸器的数量最多，是石器组合中的主体类型；呈舌状的手镐是百色旧石器特征性器物，手斧是百色旧石器中最典型的器物。百色手斧的发现，表明莫维士划分的所谓"砍砸器文化圈"内同样存在手斧文化，东亚早期直立人同样具有高超的行为能力和先进的石器制作技术，因而打破了统治学术界长达半个世纪之久的"莫维士理论"，具有极为重要的学术意义。2000 年 3 月，百色旧石器的研究成果——《中国南方百色盆地中更新世类似阿舍利石器技术》在美国《科学》杂志发表。2001 年 1 月，中国国家科技部将百色旧石器的发现和研究成果，与纳米技术、人类基因组等重大发现一起，评为"2000 年中国基础科学研究十大新闻"。在 2005 年配合南宁至百色高速公路建设而进行的大规模考古发掘中，共发掘百色旧石器遗址 12 处，总发掘面积 2.5 万平方米，在多处遗址文化层中发现时代有早晚叠压关系，证明砖红壤土层中的石器年代最早，距今约 80 万年，手斧和玻璃陨石均出自此层，解决了手斧的出土层位问题；位于砖红壤土层之上的地层年代较晚，遗物缺乏手斧和玻璃陨石。这种早晚关系的确立，使百色旧石器的年代、分期、文化面貌等问题的认识取得了重要突破，为建立右江流域史前文化展序列提供重要资料。

旧石器时代如何向新石器时代过渡是史前考古的一个重要课题。柳州白连洞、鲤鱼嘴、临桂大岩遗址的发掘，为这一课题的研究提供了重要的材料。经过多年的资料积累，对这种过渡形态有了比较明确的认识，表现在洞穴遗址的文化层中含有大量的软体动物介壳，文化遗物绝大部分为石片和制作简单的打制石器，部分遗址有少量磨刃石器和穿孔砾石。动物化石几乎全部是现生种类。它们同旧石器时代遗址相比，没有绝灭种动物化石；同新石器时代相比，没有陶器。如白连洞遗址的第二期文化，灰黄色和棕黄色螺壳堆积，含大量的打制石器、小量的磨刃石器和穿孔砾石，打制石器中有不少具有类似细石器特色的燧石小石器，动物化石有野猪、水牛、鹿、豪猪、猕猴等，全属现生种。这种过渡形态，具有较浓的地域色彩。

广西在新石器时代早期文化发掘研究做了积极的探索。桂林庙岩和甑皮岩、邕宁顶蛳山、柳州鲤鱼嘴等遗址的发掘证实广西地区在距今1万年前后就进入了新石器时代，远古人类的生业模式与北方地区有很大的不同。如甑皮岩遗址第一期文化，石器以单面打制的砾石石器为主，有砍砸器、尖状器、切割器、穿孔器及制作石器的石锤、石凿等。骨蚌器较多，有骨锥、骨镞、骨铲、穿孔蚌刀等，磨制和加工技术较此前有所发展。陶器为手捏成型的夹粗砂敞口、浅弧腹的圜底釜，年代为距今1.2万～1.1万年。顶蛳山遗址第一期文化，陶器数量较少，基本上属灰黄陶，器壁厚薄不匀，火候不高，夹石英颗粒，器类简单，仅见手制圜底罐（釜），器表均施以粗绳纹，器物口沿上多捺压花边，沿下见有附加堆纹，此期还见有大量的玻璃陨石质细小石器、石核和少量穿孔石器等，年代约在距今1万年。这些新石器时代早期遗存均未见到稻作农业的痕迹，采集渔猎经济仍是其主要的生业模式，可能还存在块茎植物的栽培。

文献记载和考古发现证明合浦是汉代重要的港口城市。自汉武帝元鼎六年（公元前111年）设立合浦郡以后，合浦成为岭南西南部的政治、经济中心，是汉代海上丝绸之路的始发港，经济十分繁荣，留下大批文化遗迹和遗物。在合浦环城乡廉北、堂排、清江、冲口、廉东、中站、平田、杨家山、禁山、廉南等10个行政村方圆68平方公里范围内，到处都可以看到大大小小隆起如馒头状的汉墓封土堆，历年来配合基建，已先后在金鸡岭、四方岭、凸鬼岭、风门岭、母猪岭、黄泥岗、七星岭、九只岭、盘子岭、中站寮尾等处发掘汉墓800多座。其中1985年配合南（宁）北（海）二级公路建设工程，在两年多时间内抢救发掘汉墓200多座。从1986年起，在风门岭一带陆续发掘50多座汉墓，其中10号墓出土了成套的葬玉，包括猪形手握、蝉形玉琀、眼形瞑目、耳塞、鼻塞、肛门塞等；26号墓出土的铜马、牛、狗、禽鸟、池塘模型、提梁壶、藤编铜吊桶等都异常精美。1990年发掘的黄泥岗一号墓，出土大批铜器、陶器和玉石器，其中出廓六字玉璧、母子玉带钩、蟠螭纹玉珮、金花球串饰、金带钩，精美绝伦，有一枚"徐闻令印"滑石印，墓主是徐闻县令。合浦汉墓出土的琉璃、琥珀、玛瑙、水晶、绿松石、肉红石髓等串饰及金花球、香料等是合浦作为汉代海上丝绸之路始发港的重要物证。

◆合浦中站寮尾汉墓M13发掘现场

岩洞葬是广西很有特色的考古研究对象。岩洞葬是利用悬崖峭壁上的自然洞穴安葬死者的一种葬俗。中华人民共和国成立后，考古工作者跋山涉水，攀悬崖，登峭壁，对广西崖洞葬陆续开展调查，特别是进入20世纪80年代以后，成立了崖洞葬调查研究课题组，于1984～1989年间对分布在广西各地的崖洞葬做了比较全面的调查和清理，前后到达天等、大新、隆安、龙州、崇左、忻城、武宣、来宾、象州、柳江、永福、全州、河池、大化、贺州等10多个县市，调查了近50个地点,逐渐揭开这些历史之谜。现已查明,已在广西26个县市发现140多处古代崖洞葬。主要集中在桂西北、桂中、西南桂和桂西地区,部分见于桂北地区,而以左江、右江和柳江、红水河流域最密集。仅南丹县里湖瑶族乡就有38处,大新县有16处,大化县11处,平果县9处,河池市、隆安县各8处,天等县7处。其时代跨度很大,延续时间较长,年代最早的为新石器时代末或夏商时期,最晚的清代末期,历经西周、春秋、战国、南北朝、隋、唐、宋、明、清,连绵不断。早期崖洞葬主要集中在红水河流域的来宾、忻城、大化,柳江支流龙江沿岸的宜州,右江流域的武鸣,左江流域的大新,湘江上游的海阳河和漓江流域的灵川,贺江流域的贺州。不挖坑,不掩土,直接将尸骨和随葬品放入天然洞穴,有的用大石将洞口封堵。晚期崖洞葬普遍分布于柳江、左江、右江和红水河流域。分布密集,每一处洞穴所置棺材众多,有的层层叠叠,多达数百具。

此外,新石器时代贝丘遗址、桂南地区的大石铲遗址以及唐宋瓷窑址和铜鼓、岩画等都是广西地区很有特色的考古对象,也取得了丰硕的研究成果。先后出版《广西出土文物》、《中国古代铜鼓》、《贵县罗泊湾汉墓》、《百色旧石器》、《桂林甑皮岩》、《合浦风门岭汉墓》、《广西先秦岩洞葬》、《广西考古文集》(1～3辑)、《广西博物馆文集》等一批著作。百色革新桥遗址发掘工作还荣获国家文物局田野考古三等奖。甑皮岩发掘荣获国家文物局田野考古二等奖,《桂林甑皮岩》荣获最佳考古报告奖和夏鼐考古学研究成果二等奖。

(三)法制化、规范化、科学化,文物保护渐入佳境

1. 认真落实"四有",依法保护文物。广西先后组织了三次文物普查,初步摸清了广西境内古遗址、古墓葬、石窟寺及石刻、近现代史迹及代表性建筑等七大类文物分布和保存情况,共发现文物点1万余处。从1961年国务院公布第一批全国重点文物保护单位开始,在国务院已公布的六批全国重点文物保护单位中,广西已有42处共300多点。从1963年起,自治区人民政府已先后公布了六批自治区文物保护单位,目前自治区文物保护单位总数共355处。桂林市、柳州市为国家历史文化名城,灵川大圩古镇、昭平黄姚古镇、阳朔兴坪古镇及玉林高山村、钦州大芦村、富川秀水村,分别被建设部、国家文物局列为中国历史文化名镇、名村。花山岩画和灵渠被国家文物局列入国家申报世界文化遗产预备清单。

各级政府和文物部门认真落实文物保护单位的"四有",自治区人民政府先后划定公布了大部分全国重点文物保护单位和自治区文物保护单位的保护范围和建设控制地带。各市、县人民政府认真划定市县级文物保护单位的保护范围和建设控制地带,树立文物保护单位的标志牌、说明牌。广西各级政府重点抓好国保和区保单位的专门管理机构或专人管理,不少文物保护单位成立文物保护管理专门机构,进行保护和管理,开展维修和对外开放,使之成为当地重要的博物馆、纪念馆或参观游览的文物景点。各级文物部门认真完成文物保护单位的记录档案,健全文物保护单位的管理制度。这些工作深化和推进了文物保护单位的保护和管理工作,使文物保护单位的保护管理逐步落到实处。未公布为文物保护单位的重要不可移动文物,各市县人民政府文化行政主管部门进行必要的登记,并采取适当的形式进行公告,在法律上取得保护的合法地位,使之得到有效的保护。

各级政府文物行政主管部门认真执行《文物保护法》和《广西壮族自治区文物保护管理条例》等法律法规,认真保护文物保护单位安全和历史环境风貌的不受破坏。长期以来,广

西各级文物行政主管部门在各级党委和政府的大力支持下，按照国家和自治区的有关规定进行严格管理。腾退迁移占用文物保护单位的单位和个人，拆除占用保护单位保护范围违法建筑，依法处理破坏或拆除文物保护单位的单位或个人的违法行为，纠正利用文物保护单位的不当使用和违规经营。

2. 投入大量资金抢救保护各类文物保护单位。60年来，广西努力开展各级文物保护单位的保护维修工作。1978年前，由于经济发展等原因，投入全区文物维修保护工程的经费还不多，开展维修保护的项目也不多。改革开放以后，随着经济的发展，各级党委和政府对文物维修保护工作的逐步重视，特别是20世纪90年代以后，逐步开展了大规模地开展文物维修工作。多年来，已陆续对金田起义地址，经略台真武阁，程阳永济桥，灵渠，大士阁，靖江王陵，花山岩画，八路军桂林办事处旧址，刘永福、冯子材旧居建筑群，临贺故城，李宗仁故居，友谊关，莫土司衙署，中国工农红军第七军、第八军军部旧址，中共广西省第一次代表大会旧址，岑氏家族建筑群，青苌馆等300余处各级文物保护单位实施了文物保护维修工程。"十五"期间，完成省级以上文物保护工程项目近70项。第一至五批全国重点文物保护单位全部得到了修缮保护，第六批全国重点文物保护单位的修缮工作也列入了"十一五"重点计划。国家、自治区和市（县）人民政府对文物保护单位的保护维修非常重视，投入了大量资金，"九五"、"十五"期间各级财政投入文物维修保护的资金达

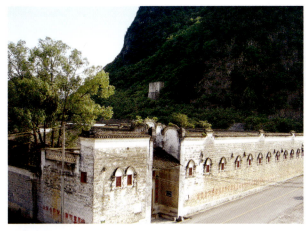

◆李宗仁故居

◆北海市珠海路历史街区

4000多万元，"十一五"前三年已安排的保护维修资金3000多万元。

广西各有关市县对本地文物保护给予高度重视。1985年起桂林市规定将桂林市城市维护费的3%设立文物保护专项经费，用于市内文物保护单位的维修。1997年起柳州市财政设立文物保护专项资金，并先后投资维修柳州东门楼和整治改造其周围环境，恢复柳侯祠清代规模等。从2002年起南宁市政府连续5年将文物保护单位维修列入为民办实事项目，2005～2008年已累计投入3000多万元用于昆仑关战役旧址、共青团南宁地委旧址、两湖会馆、广西高等法院旧址等文物保护单位的修缮工程。1999年北海市政府对北海市英国领事馆旧址实施整体平移保护，该项目是我国通过整体平移保护历史建筑的首例。近年，梧州市投入巨资，对建于民国时期的骑楼街进行修缮、改造，北海市也分期对珠海路等古建筑进行维修，划定历史文化街区加以保护。大圩古镇、高山村、大芦村的居民在政府的指导和扶持下，对古民居进行维修改造。兴安灵渠、凭祥友谊关、桂平金田起义地址、百色红七军军部旧址、龙州红八军军部旧址等先后利用国债开展了文物保护和完善

基础设施建设。

广西持续开展的文物保护工程有效地改变了这些文物保护单位残损的状况，一定程度上缓解了文物建筑存在的严重安全隐患，较好地改善了这些文物保护单位的环境风貌，对地方的经济和社会发展做出了的积极贡献，文物保护工程成了让人民群众得实惠的工程、满意的工程，从而进一步提高广大群众保护文物的责任和意识，对促进文物所在地精神文明建设和旅游事业的发展起了积极推动作用。

3. 加强保护规划编制，推进大遗址保护和申报世界文化遗产工作。广西依照《全国重点文物保护单位保护规划编制审批办法》的要求，全面启动全国重点文物保护单位的保护规划编制工作，先后完成了金田起义地址、中国工农红军第八军军部旧址、靖江王陵、花山岩画等文物保护单位的保护规划编制，对桂林石刻、合浦汉墓群、灵渠、顶蛳山遗址、忻城莫土司衙署等的保护规划进行修改完善。

靖江王陵和合浦汉墓群被国家列入了"十一五"期间重点大遗址保护项目。桂林市政府将靖江王陵大遗址保护纳入地方经济发展计划和城市建设总体规划，2005年开始逐步搬迁一些在重点保护区范围内的工厂、学校等，使大遗址周边的环境风貌得到了一定改善，从2004年起开展了悼僖王陵、康僖王陵和恭惠王陵的维修整治工程。合浦汉墓群保护规划修改工作和汉墓博物馆的建设步伐正在加快，博物馆于2008年12月建成开放。合浦县政府划定合浦汉墓重点保护区，对保护区内的建设和农业活动进行了有效规范。

广西积极开展花山岩画和灵渠申报世界文化遗产的前期工作。2005年国家文物局与广西壮族自治区人民政府就共同做好花山岩画的保护和申报世界文化遗产的工作达成协议，自治区政府专门成立了由自治区有关部门及地方人民政府组成的花山岩画保护与开发综合协调办公室，全面开展花山岩画文物保护、旅游开发及申报世界文化遗产的工作。2006年启动了花山岩画第一期病害治理工程及危岩体抢救性加固保护工程。自治区有关厅局积极配合文物保护工作，编制完成了《广西花山风景名胜区花山岩画核心景区保护规划》、《左江壮文化生态保护区土地利用总体规划》、《广西宁明花山风景旅游区总体规划》等。兴安县人民政府制定了《兴安县河段绿化治沙规划》、《兴安县城战略发展规划》、《灵渠河水

◆花山岩画保护工程是广西60年来最大的文物保护项目

治理规划》等管理规定，加强对灵渠的保护和管理工作，完成了秦堤、铧嘴、大小天平等维修工程，保护规划已完成3次修改稿，正组织有关部门再审。

4. 培养技术人才，壮大文物保护工程专业队伍。经过多年的实践和培养，广西的文物保护工程专业团队由弱到强，专业人才队伍逐步壮大。2003年，国家文物局授予广西文物保护研究设计中心"文物保护工程甲级勘察设计单位资质"、"文物保护工程一级施工单位资质"，授予广西文物考古研究所"文物保护工程乙级勘察设计单位资质"、"文物保护工程二级施工单位资质"。2007～2009年，自治区文化厅分别授予南宁市文庙管理处、桂林市文物工作队

等 7 家单位相应的文物保护工程资质。另有多人获国家文物局颁发文物保护工程个人岗位技术资格证书。

三 广西文物事业60年的经验和启示

回顾广西文物事业 60 年的风雨历程，我们深深体会到只有认真执行《中华人民共和国文物保护法》，贯彻"保护为主、抢救第一、合理利用、加强管理"的文物工作方针，做好"五纳入"，文化遗产保护事业才能兴旺发达。

（一）国家、自治区各级领导的关怀是广西文化遗产保护事业发展的动力

邓小平、江泽民、胡锦涛等党和国家领导人曾先后到广西的博物馆或文物保护单位进行视察工作。1977 年 8 月，邓小平同志亲自为右江工农民主政府旧址题名；1978 年 1 月，叶剑英元帅为广西农民运动讲习所旧址题名。1978 年 8 月，邓小平为百色起义指挥所旧址题书"中国工农红军第七军军部旧址"；1986 年 2 月，邓小平在桂林考察时，专门到甑皮岩遗址参观。1990 年 11 月，时任党中央总书记的江泽民同志到百色市视察中国工农红军第七军军部旧址，并题词"百色起义的英雄业绩光照千秋"。吴邦国、温家宝、贾庆林、李长春、李鹏、朱镕基、曾庆红、罗干等党和国家领导人来广西考察工作期间，都曾到过相关文物保护单位进行视察。

2008 年 2 月 8 日，在广西各族人民合家团圆，欢度春节之际，胡锦涛总书记继 2002 年以后，第二次亲临百色起义纪念馆视察，还与纪念馆的部分工作人员合影留念，勉励大家努力工作，这是对广西文物工作者莫大的鼓舞和鞭策。

2008 年 12 月 11 日，在广西壮族自治区成立 50 周年之际，以周永康为团长的中央代表团亲自为广西民族博物馆揭牌。

中央有关部门对广西的文化遗产保护工作非常支持。文化部、国家文物局领导多次前来广西指导工作。2004 年 5 月，国家文物局单霁翔局长到花山岩画检查工作，与自治区人民政府签订共同做好花山岩画的保护和申报世界文化遗产的工作协议。2006 年 3 月，文化部部长孙家正到灵川县江头村考察乡土建筑保护工作。2006 年 11 月，国务委员陈至立同志率国家有关部委领导同志到花山岩画视察，协调解决文物保护的有关问题，有力地推进了花山岩画的保护工作。2007 年 5 月单霁翔局长专程前来出席广西文物局、广西第三次文物普查领导小组办公室挂牌仪式，并为参加文物普查培训班的各级文博干部作文物保护专题报告。

自治区主要领导同志对文物工作也十分关心。原自治区政府主席、现全国政协副主席李兆焯于 2002 年 5 月对自治区文物保护单位西林县岑氏土司府进行考察后，决定从自治区财政中拨款 400 万元用于文物维修项目；原自治区党委书记刘奇葆亲自指导龙州起义纪念馆和广西民族博物馆的建设。2003 年 8 月，自治区政府主席陆兵在桂林市桂海碑林博物馆召开现场办公会，决定在 5 年内每年投入 300 万元对全国重点文物保护单位桂林石刻等进行保护和展示设施建设。自治区党委书记郭声琨、自治区政府主席马飚多次到自治区成立 50 周年重点项目——广西民族博物馆建设工地视察，确保了工程顺利完工。

（二）各级政府和部门履行职责是广西文化遗产保护事业发展的根本

文化遗产事业发展必须始终坚持政府主导的原则，这是落实科学发展观的体现。保护文物，是法律赋予政府的职责，是发展公益文化事业，满足人民群众文化生活的重要措施。50年来，广西各级地方党委、政府和有关部门认真执行文物法律法规，为文化遗产保护做了大量工作。1985年起，桂林市通过规定，将城市维护费中提取3%设立文物保护专项经费，纳入市财政预算，用于各类文物保护单位的维修，并先后投资建设桂林博物馆等6个博物馆、纪念馆。1997年起，柳州市财政设立文物保护专项资金，并先后投资维修柳州东门楼和整治改造其周围环境，恢复柳侯祠清代规模，建成大韩民国临时政府纪念馆、胡志明旧居陈列馆、美国飞虎队在柳州陈列馆，2007年，由柳州市政府投资5500万元、占地1.7万平方米、建筑面积1.3万平方米的新柳州市博物馆建成开放。从2002年起，南宁市政府连续5年将文物保护单位维修列入为民办实事项目，维修了一批重要文物，2006年成立由政府直接管理的昆仑关战役旧址管理委员会，维修陆军第五军昆仑关战役阵亡将士墓园和投资2000万元建设昆仑关战役纪念馆，动工建设南宁孔庙博物馆。1999年，北海市政府对北海市英国领事馆旧址实施整体平移保护，该项目是我国通过整体平移保护历史建筑的首例。近年，梧州市投资修缮改造民国时期的骑楼街，河池市、崇左市先后建设市博物馆，来宾、贵港、玉林、梧州等市都在积极筹建市级博物馆。

各有关部门配合文化、文物部门依法和管理文化遗产。自治区设立文物管理委员会，成员单位包括发改委、财政、公安、建设、国土、民委、海关、法制办、工商、旅游、环保等部门。为做好民族生态博物馆建设和第三次全区文物普查工作，自治区也专门成立了由相关厅局组成的工作领导小组。各有关部门在涉及文化保护、规划、建设方面给予高度重视，密切协作。

（三）人民群众的支持是广西文化遗产保护事业发展的保障

文化遗产保护事业离不开人民群众的支持和参与，只有积极融入区域社会与经济发展的活动中去，才能有生存的基础，才能有发展的动力，也才能在贴近社会与经济建设的活动中真正实现唤起全社会的保护共识，从而形成保护的良性循环。南宁、柳州、桂林等市在进行城市改造时，文物保护单位修缮中，注意听取市民意见，鼓励群众积极参与文化遗产保护工作，使文物保护工程做成了让市民得实惠的工程、满意的工程，进一步提高广大群众保护文物的意识和自觉性。60年来各级文博机构从民间接受捐赠或征集的馆藏文物达5万多件。许多乡镇（村）都建立有群众自发组织的文物保护小组。在三次的文物普查中，各地群众踊跃提供文物线索，为普查工作出谋献策。

随着改革开放的不断深入，国家西部大开发战略的拓宽实施，广西与东盟国家文化交流的深入，北部湾经济区的建立与快速推进，广西的文化、文物事业将迎来一个新的发展机遇，我们将紧紧围绕中央和自治区的战略部署，准确把握文物事业发展面临的形势，落实科学发展观，开创广西文物事业新未来。

（执笔人：覃　浦　谢日万　吴　兵　陆　卫）

海南省文物事业60年

海南省文物局

海南省位于祖国的南端，隔琼州海峡与广东雷州半岛相望。其辖区包括海南岛和西沙、中沙、南沙群岛、黄岩岛等岛礁及其海域。由于特殊的地理和人文环境，海南有着鲜明地方特色的海洋文物、民族文物、历史文物和展现"二十三年红旗不倒"光辉业绩的革命文物资源。

一 海南文物事业60年的发展历程

中华人民共和国成立后，海南的文物事业发展大体可以分为四个阶段。

（一）1949～1966年：文物事业起步阶段

建国初期，在祖国各行各业百废待兴，国家经济建设国防建设任务十分繁重的情况下，海南行政区及所属各市县人民政府遵照中央人民政府和广东省机构设置要求，设置文化局（文教科）负责管理各地的文博事业，积极开展文物调查、加强文物保护管理、博物馆建设、考古研究等工作。1951年广东省人民政府民族事务处、海南行政区人民政府文化局在文昌县昌洒镇凤鸣村开展了新石器时代文化遗迹的调查工作。这是海南解放以来开展的第一次文物调查。此后，海南的文物保护工作全面开展。1957年开展了全区文物普查，发现古文化遗址135处（点）。这一阶段，对五公祠、海瑞墓、见龙塔以及一些革命纪念建筑物和名人故居进行了修缮，同时开展了一些零星的考古调查和试掘工作，修缮了大批的革命建筑和名人故居，为海南文物事业发展打下基础。

（二）1966～1977年：文物事业缓慢发展阶段

"文化大革命"期间，与政治相去甚远的文物事业受到冲击，1966年下半年，广东省重点文物保护单位海瑞墓、丘浚墓等遭到破坏；1968年，定安县九所墟附近明代南京礼部尚书王弘诲墓被破坏。但是，在此期间文物工作并未间断，维修了五公祠、文昌孔庙，并于1974～1975年间，对西沙群岛先后开展了两次文物调查。

（三）1978～1988年：文物事业恢复发展阶段

1978年，我们党召开了具有历史意义的十一届三中全会，重新确立了解放思想、实事求是的思想路线，随着党和国家工作中心的转移，我省文物事业逐步恢复发展。国务院及省、市（县）

453

政府公布各级文物保护单位，抢救维修了五公祠、李硕勋烈士纪念亭、儋州东坡书院等一批文物保护单位；全岛开展文物普查工作，并组织了文物普查专题展览；清理发掘遗址墓葬近50处；协助处理文物走私案数宗，接收收缴走私和罚没文物1000余件。并成立了海口市博物馆、海南黎族苗族自治州民族博物馆、临高县博物馆等一批博物馆。文物工作有了初步发展。

（四）1988～至今：文物事业全面大发展阶段

1988年，海南建省办特区，文物工作得到了省委、省政府的高度重视，文物保护"五纳入"工作、文物保护单位"四有"工作逐步得到落实，政府和社会各界投入大量资金，及时抢救修缮了一批重要文物；少数民族文物工作得到加强；考古工作有了实质性的推进；博物馆建设进入新的发展阶段，博物馆社会化进程健康有序；社会文物保护和流通逐步走向规范；文物部门还组织制定了海南省"九五"、"十五"、"十一五"文物抢救保护计划，确定了各阶段文物工作的重点，文物、博物馆事业已经成为社会主义文化事业的重要组成部分。

二　海南文物事业60年的发展成就

（一）文物法制建设取得重要进展

建省后，为了加强海南的文物保护管理工作，省政府一方面认真贯彻执行国家制定的各项文物法律法规，同时根据海南经济特区开发建设的实际情况，加强文物法规建设。1990年，省政府办公厅下发了《关于加强文物市场管理的通知》，于1991年下发了《关于在基本建设中加强文物保护的通知》。1994年，省人民政府发布《海南省文物保护管理办法》。为了加强对水下文物的保护，1998年，海南省人民政府办公厅下发《关于立即制止盗掘倒卖西沙水下文物的紧急通知》。1999年，为保护省级文物保护单位东山岭摩崖石刻群，万宁市政府公布了《东山岭文物保护管理办法》，成为海南省第一部针对某一处文物而制定的专项规章。

为了使文物保护意识深入人心，开创全民保护文物的新局面，文物部门还积极宣传文物政策法规。省文物保护管理办公室和各级文博单位每年都充分利用"5·18国际博物馆日"和"中国文化遗产日"活动，加大《文物法》的宣传力度，组织媒体报道海南历史文化遗产。通过宣传活动，大大提高了文物工作和博物馆的知名度，缩短了文物、博物馆与社区和公众之间的距离。同时也宣传了国家和省里的文物政策法规，让更多的人了解了文物、博物馆和文物法规，使文化遗产保护意识深入人心，为更好地保护文物，形成全民自觉保护文物的良好社会风气打下了基础。

（二）文物资源普查成效显著

随着解放后国家经济建设的全面铺开，海南的文物普查、调查工作逐步展开。为摸清我省文物家底，海南解放后至建省前，先后开展了两次较大规模的文物普查工作。第一次在1957年，第二次在1983～1986年。根据国务院《关于在农业生产建设中保护文物的通知》以及广东省的要求，1957年7～8月，海南行政区文物部门积极支持和配合由广东省文化局文物工作队与

◆ 文物普查队员在海南昌江叉河镇老烈村

◆ 文物普查新发现的儋州市木棠镇李坊村清光绪敬字亭

中山大学历史系组成的文物普查团，对海南地区进行文物普查，这次普查发现和登记文物古迹272项，其中原始文化遗址135处（点）。1981年国务院下达《关于开展文物普查工作的通知》，1983～1986年，根据通知精神，海南开展全岛文物普查工作，参加普查人员近400名，调查时间约两年，调查面积达5000平方公里。结合1957年的普查情况，全区共发现古遗址180处，古建筑218处，近现代重要史迹99处，石刻、碑刻70处，近现代代表性建筑27处，其他文物83处，共775处。征集文物3000多件。

1988年海南建省后，省政府更加重视全省的文物普查工作。1992年，中山大学海南文博干部文博专业证书班学员和省文物保护管理委员会办公室在儋州、三亚、陵水三市县开展文物调查，发现新石器时代以来的古遗址、古墓葬近60处。1995～1999年，为编辑《中国文物地图集·海南分册》，省文体厅、省博物馆与海南省19个市、县文体局在海南岛开展文物复查、补查工作，参加人员约430人，调查面积约6000平方公里，复查文物930处，重新核定古文化遗址135处，发现新石器时代以来文物234处，征集文物200多件。到2006年年底，全省发现的不可移动文物遗存近1700处。

20世纪50年代末和80年代初的两次文物普查，在海南区发现和登记了一大批自新石器时代以来各个历史时期的遗存和遗物。在此基础上，海南行政区文物部门开展了《文物志》的编撰工作。1987年，海南行政区第一部文物志《定安县文物志》由中山大学出版社出版发行。随后，澄迈县、琼海县、文昌县、琼山县、万宁县和海口市的《文物志》相继出版。

2007年，国务院下发《关于开展第三次全国文物普查工作的通知》。2007年11月，海南省人民政府办公厅印发了《关于做好第三次文物普查工作的通知》，我省第三次全国文物普查工作随即启动。12月，省政府办公厅下发了《关于成立全省第三次全国文物普查工作领导小组的通知》，成立了省第三次全国文物普查领导机构。自我省第三次文物全国普查开展以来，共有各级普查办人员149人，一线普查队员合计869人参加了这次文物普查，全省18个市县全部启动了野外文物调查工作，启动率实现了100%，共调查登记不可移动文物1274处，其中新发现 576 处，复查 698 处。

（三）文物保护单位的公布与修缮扎实推进

海南解放后，各级人民政府极为重视文物保护工作。1994 年 11 月 2 日，海南省人民政府下发《关于公布海南省第一批省级文物保护单位的通知》（琼府〔1994〕100 号），将 42 处重要的不可移动文物列为第一批省级文物保护单位。1996 年、2001 年、2006 年，国务院分别批准公布我省国家级文物保护单位 14 处 17 个地点：中共琼崖第一次代表大会旧址、美郎双塔、丘浚故居及墓、五公祠、东坡书院、儋州故城、落笔洞遗址、西沙甘泉岛遗址、北礁沉船遗址、藤桥墓群、海瑞墓、秀英炮台、蔡家宅和陵水县苏维埃政府旧址。2009 年公布第二批省级文物保护单位，将华光礁 1 号沉船遗址、洋浦盐田、蔡家宅等 66 处不可移动文物列为省级文物保护单位。各市县人民政府审批公布的市、县级文物保护单位 291 处。

1994 年，琼山市被国务院批准为国家历史文化名城。2004 年，原琼山和海口两市行政区划调整实施，2007 年，国务院批复海口市为国家历史文化名城；三亚市崖城镇被建设部和国家文物局评为中国历史文化名镇。2009 年，文昌铺前镇、儋州中和镇、定安定城镇被列入第四批中国历史文化名镇。

2009 年 6 月，海口骑楼老街以其唯一性、独特性入选首批十大"中国历史文化名街"，名列第九。

中华人民共和国成立后至今的 60 年，我省在文物保护单位的维修和保护方面也做了大量工作。中华人民共和国成立后至 20 世纪 70 年代末，先后维修了五公祠、见龙塔、海瑞墓、汉马伏波之井、文昌文庙、明代王弘诲墓、明代聚奎塔等文物保护单位。进入 20 世纪 80 年代以后，随着国家经济实力的增强，中央和地方各级政府加强了对文物维修的资金投入。先后重建及维修了海瑞墓、吴贤秀墓、东坡书院、陵水县苏维埃政府旧址、云龙改编旧址、林文英烈士墓、冯白驹故居，定安县人民政府维修王氏宗祠后殿、五公祠、宋氏祖居、崖城学宫、青云塔、文昌文庙等文物保护单位。建省以后，政府在制定文物政策法规、开展文物调查和发掘的同时，对文物的保养和维修投入了大量资金，文物维修工作有了明显的加强。至 2006 年年底，政府和社会各界先后投入几千万元对东方县汉马伏波之井、陵水县农民协会旧址（顺德会馆）、临高县澹庵井、万宁县潮州会馆、三亚市崖州学宫（崖州文庙）、崖州古城、文昌学宫、溪北书院、临高文庙、东坡书院钦帅堂、海瑞墓、美榔双塔、八所死难劳工旧址纪念碑、五公祠、王氏宗祠、宋氏祖居、冯白驹故居、云龙改编旧址、丘浚故居、琼台福地、秀英炮台、见龙塔、琼台书院奎星楼及中楼、郭母李太夫人王夫人纪念亭、东坡书院、中共琼崖第一次代表大会旧址、聚奎塔、陵水县苏维埃政府旧址（琼山会馆）等几十项古代和近现代重要建筑进行了保养和维修。

在进行抢救性文物保护修缮工作的同时，省文物部门还着重开展了文物保护基础研究工作，特别是加强文物保护维修的前期研究工作。各种文物保护规划、方案不断出台，发挥了很好的指导和监督作用，目前，已完成保护规划和维修方案的有：《崖城文物保护规划》《丘浚墓保护规划》、《唐胄墓保护规划》、《崖城学宫保护方案》、《陵水县苏维埃政府旧址保护方案》、《海口历史文化名城保护规划》、《三亚市落笔洞遗址保护和利用规划》、《五公祠保护方案》、《中共琼崖第一次代表大会旧址保护方案》和《东坡书院保护方案》、《蔡家宅保护规划》、《美榔双塔文物保护规划》。

以及编制府城鼓楼、儒符石塔、东坡书院碑林、东坡塘、东坡井、桄榔书院、藤桥墓群等文物保护单位的维修设计方案。编制完成东坡书院安全防范系统工程设计方案，根据国家文物局的意见对中共琼崖第一次代表大会旧址、蔡家宅、丘浚故居、海瑞墓、丘浚墓4处保护单位的安全防范系统工程设计方案再次进行修改补充。不仅如此，省文物保护管理办公室还组织完成了全省各级文物保护单位代码编制工作和全省第四批、第五批、第六批14处17点全国重点文物保护单位记录档案的建档和备案工作，基础工作更加完善。同时，各级政府还不断完善"四有"工作，并制定相应的措施以加强对重要文物的保护管理。其中，万宁市政府公布了《东山岭文物保护管理办法》，澄迈县政府划定了"澄迈县美榔历史文化保护区"。

（四）田野考古工作扎实开展

海南建省前隶属广东省管辖，自海南解放至建省前期，由于各种条件所限，考古工作基本上处于调查阶段。这期间先后对文昌县凤鸣村、通什发现新石器时代和唐宋时期的5处文化遗址，澄迈县太平公社5座古瓷窑，澄迈、文昌、陵水等地的古窑址、古建筑和古遗址等进行了调查。对定安佳龙坡、琼中荒堂坡、通什1~4号地点、屯昌吉安、陵水县大港村新石器时代遗址等原始文化遗址进行探掘，一些遗址进行了选择性试掘。清理了陵水、崖县交界的军屯坡和番岭坡的东汉到宋代的墓葬40座，抢救清理了府城镇的明代海南卫指挥使陈姓墓葬，等等。这些考古发现反映出海南古代文化与祖国大陆一脉相承的渊源联系，特别是同岭南地区考古学文化具有高度同一性和鲜明的承继关系。

海南建省后，考古工作得到了较大的推进。文物部门在配合基建进行考古工作的同时，也为解决学术问题开展了调查和发掘。随后10年间，先后对陵水石贡遗址、三亚落笔洞等10多个遗址进行了考古发掘和调查。1992年，发掘了陵水石贡遗址。1992~1993年，发掘了三亚落笔洞洞穴遗址。落笔洞遗址是海南已知较早的人类活动的石器时代文化遗存，将海南史前文化的历史提早到1万年前，填补了中国最南部地区石器时代遗址分布的空白。同年为配合大型基本建设工程和开发区的建设对陵水县福湾开发区、大广坝电站水淹区等进行了考古调查。1994年，对大广坝库区内II号遗址进行抢救发掘，对美兰机场拟建场址进行文物调查。1995年，对位于陵水县福湾开发区内的赤岭港工地进行文物勘察和调查，对龙塘镇博抚村的一处古城址进行考古调查。1996年，对海口美兰国际机场动土区内的大明孙宅慈母林大娘碑墓进行了抢救性发掘；对儋州市光村镇泊潮新村和新隆村的2座珊瑚石棺墓进行抢救性发掘。1998年发掘了东方荣村遗址，对昌江县信冲洞化石地点进行了调查。1999年，对琼山龙塘博抚村的古城址进行了勘探和发掘，对金牛岭工地11座明清墓葬进行了抢救性清理。2000年，对永兴镇美秋村2座被破坏的宋墓开展抢救清理工作。2002年，抢救清理了陵水县岭门农场包春岭明代石棺墓。2002年和2004年，省文物考古研究所对澄迈县福安窑址开展了两次发掘工作，共出土文物近4000件，为研究清初海南民窑的形制结构和烧造特点及探讨当时的经济文化生活提供了科学资料，同时也对海南在海外交通的地位和作用有了初步的认识。

2004年以来，配合大型建设工程而开展的考古调查、勘探和发掘已经成为考古工作的重中之重。2004年8月，为配合省重点工程大隆水库水利枢纽工程的建设，省文物保护管理办公室指派省文物考古研究所对大隆水库淹没区进行了文物调查，为工程的顺利进行创造了条件。2005年4月，为配合昌化江大广坝水利水电二期（灌区）工程建设，由省文物保护管理办公室牵头，组成了有省文物考古研究所、昌江县博物馆、东方市博物馆和乐东县文体局相关业务人员参加的联合考古调查队，对昌化江大广坝水利水电二期（灌区）工程建设用地约25平方公里（渠线长约240公里）的地区进行了科学的考古调查。2005年，根据省政府常务会议要求，由省文物保护管理办公室牵头，组成了有省文物考古研究所、三亚市博物馆、东方市博物馆和乐东县文体局相关业务人员参加的联合考古调查队，对西环铁路叉亚段提速改造工程可能改线的建设用地进行了科学的考古调查。为做好全国重点文物保护单位美榔双塔新的总体规划，对美榔双塔周边遗迹宋代灵照墓、石牌坊和清代仙寿庵遗址开展第一期考古发掘工作，出土一批宋代和清代文物，并发现了买榔桥、牌楼、古村道等宋代建筑遗迹，为制定美榔双塔总体保护规划提供了依据。2006年，开展了丘浚墓一期、海南昌化江流域燕窝岭旧石器地点、东方市新园村遗址、昌江县大仍村遗址和信冲洞化石地点进行了考古发掘工作，对东方市戈枕村遗址、那都村遗物点、昌江县排齐村遗址、老羊田村遗物点和乐东县翁毛村遗物点进行了考古勘探。2007年，先后开展了华能海南西部电厂建设用地的考古钻探工作、海南东环铁路沿线文物调查工作、安久村古墓葬的抢救性发掘工作、移辇村古遗址的抢救性发掘、文城镇湖美村明代钟氏古墓的清理工作。2008年，完成了华能电厂建设工程的文物调查工作及琼中红岭水库的文物调查工作。2009年，为配合大型建设工程开展了昌江核电厂工程建设用地考古调查、洋浦省燃料乙醇工程建设用地考古调查。经国家文物局批准，完成了对崖州古城文明门、盛德堂等文物保护单位进行考古调查与勘探三亚市崖城镇水南村盛德堂考古。

海南省考古工作起步虽晚，但通过多年的不断努力，文物保护的意识正逐步深入人心，考古工作已经逐步走上良性发展的正轨。

（五）水下文物保护取得长足进展

海南是全国唯一拥有海洋管辖权的省份，水下文物资源丰富。对南海文化遗产的保护工作，从20世纪70年代的南海自卫反击战后就开始了，1974年3~5月，1975年3~5月，由海南省行政区与广东省博物馆共同进行西沙群岛的考古调查并且在甘泉岛进行了考古发掘。在这两次考古调查中，考古人员于西沙群岛的各个岛礁上采集的文物标本多达数千件，年代最早可到南北朝，晚至清末、民国。随后的数十年间，海南的水下文物保护工作一直没有间断过。1989年12月，在文昌县宝陵港和琼海县博鳌港发现了2艘明清时期的沉船，打捞起铜锣、手镯、铜丝、铜炮和瓷器100多件。1990年，国家文物局、中国历史博物馆和海南省文物管理委员会办公室对文昌县龙楼镇宝陵港南面的明代沉船遗迹进行了水下考察，打捞到一批铜锣、铜锅、铜首饰、铜线、铁器及骨器、瓷器等一批遗物，这是我国第一次自己组织的水下考古调查；1991年5月29日，国家海洋局"向阳红14号"科学考察船载着西沙群岛资源综合调查大队57名成员，开始了海南省首次大规模的西沙群岛资源综合调查，取得了一些有考古价值的第一手资料；1996年4月，为配合全国文物普查、出版文物地图集，由省文化广播体育厅会同中国历史博物馆（现国家博物馆）共同对西沙群岛的所有岛礁及部分水域进行了一次文物调查，这是我国水下考古专业人员首

◆ 中国西沙考古队调查西沙华光礁礁门铁炮

◆ 西沙水下考古

次在这一海域开展水下考古工，考古队分为陆地、水下两组进行，对西沙群岛 22 个岛屿和沙洲、4 个环礁进行了调查、测绘和摄影，这是海南建省后所进行的一次重大文物普查，共采集唐代以来的文物标本 1800 多件，发现水下遗物点 8 处。普查中再次发掘了甘泉岛遗址，并竖立了省保标志碑。1998 年 12 月 18 日 ~ 1999 年 1 月 24 日，海南省文体厅和中国历史博物馆联合开展西沙水下考古调查工作，这是继广东省文物部门和 1996 年海南省文物部门对西沙群岛岛礁进行考古调查之后对西沙群岛水下文物进行的一次比较系统的考古调查，水下考古队先后对永乐环礁、华光礁、北礁进行调查，总行程 500 余海里，对西沙群岛水下文物遗存线索进行了科学、系统的水下调查和确认，共发现五代、宋、元、明、清各个年代的水下文物遗存 13 处，近代遗存 1 处，采集和发掘出水文物（包括标本）1500 余件，特别是华光礁 I 号沉船遗址和北礁 3 号沉船遗址的发现，为今后西沙群岛水下考古工作的开展奠定了很好的基础。2007 年 3 月 15 日 ~ 5 月 8 日，国家博物馆和海南省文体厅联合，对华光礁水下 I 号沉船遗址进行抢救性发掘，同时对附近海域开展水下考古调查工作。华光礁 I 号沉船遗址的发掘共出水文物 1 万余件，这些古代文物中以陶瓷器居多，另有少量石器、石雕器物、铜器、铁器、钱币等，其中宋影青瓷盒、盘口瓶、双鱼洗等均为传统的外销瓷器，基本摸清了船体的保存状况和大致结构，为下一步船体的发掘提供了第一手资料。在华光礁沉船遗址发掘工作期间，西沙考古队还分别对华光礁、玉琢礁、北礁等进行了考古调查，新发现 10 处沉船遗址。2008 年，华光礁 I 号沉船遗址第二阶段发掘工作开展，对沉船的发掘工作是在是在 2007 年工作的基础上，将船体进行拆解，共发掘出水船板 511 块。西沙华光礁 I 号沉船遗址发掘是完整的水下沉船遗址发掘，是我国首次真正意义上的水下船体发掘，也是我国远海沉船遗址发掘的首例，填补了中国远海水

◆ 水下遗物

下考古的空白。华光礁 I 号沉船的成功发掘，对研究我国的造船史、海外交通史、对外贸易史以及地缘政治都有着非常重要的意义。2009 年 5 月 10 日～5 月 29 日，根据国务院关于开展第三次全国文物普查的要求，由海南省西南中沙办事处牵头，对西沙永兴岛、东岛、浪花礁、玉琢礁和七连屿一带海域进行了水下文物普查，普查海域面积约 7096 平方公里，新发现 11 处重要的文物遗存。在普查工作中，对发现的遗址和遗物点均采用高精度的全球卫星定位系统（GPS）进行定位。通过对遗物点和遗址的准确定位，摸清其现状，了解其文化内涵，进一步的调查、发掘和保护工作提供了珍贵的资料。

海洋文物的保护和研究是我省文物工作的一个重点。各级政府在对南海水下文物加大普查和抢救发掘力度的同时，也加大对盗掘倒卖西沙文物行为的打击力度。1998 年省政府办公厅发出了《关于立即制止盗掘倒卖西沙文物的紧急通知》，公安边防部门立即行动，于 1998 年和 1999 年查获两批被盗掘的西沙文物 1500 多件。2009 年 4 月，国家文物局、公安部和海南省人民政府在海南省琼海潭门边防派出所召开表彰大会，授予海南公安边防总队琼海公安边防支队潭门边防派出所"文物保护特别奖"，表彰潭门边防派出所为保护国家水下文化遗产做出的突出贡献。

南海水下文化遗产是海南省具有领先优势的独特资源，随着南海水下文化遗产保护工作的推进，它必将成为海南省文物事业独具亮点和具有国际影响力的研究领域。南海水下文化遗产保护课题的研究也将奠定海南省参与世界文化遗产项目的坚实基础，为南海问题的和平解决开创可能或者有效的途径，对国家外交大局有利。

（六）博物馆事业蓬勃发展

新中国成立后，海南的博物馆事业开始从无到有逐步发展，迎来了属于自己的春天。1951 年七八月间，崇祀唐、宋两代被贬来琼的 5 位历史名臣的海口五公祠稍事修整，率先开放，接待社会各界民众参观。1957 年 4 月，原广东省文化局组织"广东省文物巡回展"在海南 17 个市县进行了为期两个月巡回展出，参观人数众多，盛况空前，成为海南解放以来，首次在全岛范围内进行的文物宣传展览活动，推动了海南博物馆事业的发展。1980 年，海南第一个市县级博物馆—海口市博物馆成立，标志着海南博物馆事业的发展进入一个新的阶段。1986 年，海南黎族苗族自治州博物馆（现名海南省民族博物馆）落成开放，成为当时岛内最大的博物馆。1988 年，海南建省办大特区，博物馆事业也得到较快发展。2000 年 9 月，海南师范学院筹建海南生物多样性博物馆，12 月，该馆主展厅"海南生物多样性展厅"落成，2001 年 1 月开始面向社会试运营开放。2002 年 5 月 20 日，省文化广电出版体育厅同意海南师范学院建立"海南生物多样性博物馆"，该馆正式对外开放。这是海南省第一个以生物多样性为主题的专业博物馆。2005 年，省文化广电出版体育厅审核同意海南五指山蝴蝶博物馆和海南天涯雨林博物馆建馆，开创了我省民办博物馆建设的先河，随后，三亚自然博物馆、琼台书院博物馆、黎族织锦博物馆等行业博物馆也如雨后春笋般涌现。2008 年，省博物馆海南省博物馆新馆建成开馆。海南省博物馆是我省"十五"期间十大重点工程和省委、省政府为民所办的实事之一，于 2005 年年底开始动工兴建。海南省博物馆一期工程投资 1.3 亿元，建成展厅面积约 8000 平方米，设有 10 个展厅，其中 6 个展厅为博物馆的基本陈列，主要包括海南历史陈列、海南少数民族陈列、海南非物质文化遗产及保护陈列、海南馆藏文物精品陈列 4 个专题。为丰富馆藏文物，省博物馆从省内多个市县调拨一批文物精品入藏省博物馆。同时，国家文物局批准将越王亓北古剑、唐三彩马、宋青白釉花口凤首壶作为"馆藏三宝"入藏海南省博物馆。作为全国最后一个开放的省级博物馆和全省最大的现代化博物馆，海南省博物馆是我省科学、教育、文化事业的重要组成部分。海南省博物馆的建成开馆不仅是我省重要的社会文明标志，也必将对全面推动我省政治、经济和文化发展起到积极的作用。

截止到 2009 年，全省共有国有博物馆 16 个，文物保护单位管理处、名人故居陈列馆、革命纪念馆近 30 个。这些文博单位在弘扬传统文化，荟萃民族精华，普及科学知识等方面做了大量的工作，对进行历史唯物主义和爱国主义教育，发挥了重要的作用，在海南省的爱国主义教育基地名录中，文博单位占 90% 以上；在海南"千里文化长廊"建设中，也占有很大比重，越来越显示了文博单位在特区精神文明建设中的重要地位和作用，引起各级党委和政府的重视，得到广大群众的认可，赢得社会的好评。

各级博物馆根据自身条件，发挥特有优势，征集了一大批珍贵的文物。特别是近年来，为适应改革开放的新形势，丰富馆藏工作有了新的进展。海南省民族博物馆以民族文物的抢救征集为工作重心，征集黎、苗、回族文物 200 余件；海南省博物馆和海口市博物馆征集西沙文物 3000 余件，革命文物 350 余件，并从公安、边防等部门接收追缴罚没文物 2000 余件，2007 年海南省博物馆利用有限的资金，在近现代重要文物、民族文物的专项征集中收获颇丰。为开馆陈列之需，派员赴上海与上海市徐汇区文管办互助征集到黄道婆改进的棉纺织工具若干件，同时还多次派员前往昌江、东方、白沙、三亚、保亭、五指山、琼中和乐东等民族市县，征集到民族生产、生活和宗教用具近 300 件，为少数民族陈列奠定了基础，并大大丰富了馆藏。截至 2009 年，我省国有文物收藏单位文物藏品总量约 4 万件，其中经鉴定为一级文物的 80 多件，二级文物 250 件，三级文物 1280 件。众多的文物藏品，极大地丰富了海南各级博物馆的内涵，为进一步搞好陈列展览，展示海南悠久历史文化提供了条件，加深了人们对海南风貌的了解。同时，为了加强对文物的规范化管理，全省各级博物馆重视对馆藏文物进行登记建档的工作，建立和健全了科学的藏品保护管理制度，使藏品研究、展览有章可循、有案可稽。为了确保文物万无一失，各级博物馆根据条件、结合实际，或维修或新建了文物库房，或加固或增添了防护设施，又连续多年实现了全省馆藏文物安全年。

文博专业人才的培养，是博物馆事业发展的根本保证，建省前，广东省文化局、广东省博物馆、中山大学等在海南各地进行文物普查、考古发掘时，多次举办培训班，提高各市县文博干部的业务水平，为海南文博专业人才的培养和成长，奠定良好的基础。海南建省后，省委、省政府更加重视文博的人才培养。1990 年，海南省文体厅委托中山大学举办"海南文博专业证书班"，选派 20 余名文博干部参加为期两年的专业学习和培训，毕业学员现已大都成为各个博物馆的业务骨干，有的已走上领导岗位，肩负起重要的文博工作。同时，引进省外专业人才 20 余人，对缓解全省文博专业干部的短缺，提高业务素质起到了积极作用。1993 年，海南省文管会在定安县博物馆举办"海南首届文物藏品保管鉴定培训班"，各市县博物馆有关人员 60 余人参加培训班学习。1995 年，海南省文体大楼举办"全省民族文物保护研讨班"，16 个市县 35 名学员参加，学员们全面系统地学习了文物法规，掌握了民族文物调查、保护、发掘等知识。此外，海南省文管办每年都选派各市县文博干部参加全国性的各类文博培训班学习。通过一系列的学习活动，培养了一大批的文博系统业务骨干，提高了全省文博队伍的综合素质，为海南文博事业的可持续发展积蓄了后备力量。

免费开放顺利进行。截止到 2006 年，全省共有博物馆 16 个，文物保护单位管理处、名人故居陈列馆、革命纪念馆近 30 个。这些博物馆、纪念馆中，馆舍功能齐全，具备陈列展览条件，对外正常开放的有海南省民族博物馆、海口市博物馆、定安县博物馆、昌江县博物馆、三亚市博物馆、陵水县博物馆、保亭县博物馆、琼海市博物馆、儋州东坡书院和文昌文庙、冯平纪念馆、宋庆龄陈列馆、崖州学宫、李振亚纪念馆、庄田纪念馆、万宁革命斗争史陈列馆、五公祠、中共琼崖第一次代表大会旧址、秀英炮台、海瑞墓、李硕勋烈士纪念亭等。改革开放以来，我省按照国家规定，实行博物馆对未成年人、老年人、军人、残疾人等特殊社会群体的门票减免制度。2008 年，全国博物馆向社会免费开放工作正式启动，截至 2009 年，共有省博物馆、海口市博物馆、李硕勋烈士纪念亭、定安县博物馆等 21 家博物馆、纪念馆列入中央免费开放范围，向社会免费开放。其他博物馆、纪念馆也积极探索开展实行低票价、优惠参观、自行免费开放等灵活多样的制度，吸引公众走进博物馆、纪念馆。

海南省博物馆事业，虽然底子薄、起步晚、客观条件差，但经过建国 60 年，特别是改革开放与建省办经济特区 18 年来的发展，随着馆舍的扩大，藏品量的增加，业务成果的涌现，博物馆事业已经从无到有初具规模，在大特区宣传文化教育方面起到了重要作用。

（七）科研工作稳步推进

文物博物馆的科学研究是结合业务工作进行的。建国以来，海南文物工作者结合业务在各级学术刊物及报刊发表大量专题文章、考古发掘报告、学术研究专著、文物图录等科研成果，较重要的有建省前的《海南文博》、《海南黎族苗族自治州民族博物馆馆刊》以及东坡书院出版的《纪念苏轼贬儋 890 周年学术讨论集》、《天涯雪爪》、《桄榔庵·东坡书院历代诗选》、《桄榔庵·东坡书院楹联选》和《载酒堂诗草》等。建省后，1993 年，省博物馆完成《新民主主义革命时期文化史(海南部分)》的编写任务；1994 年，省民族博物馆完成《中国海南省的少数民族》撰稿任务，李元茂出版《徐徐斋印痕》，丘达民出版《〈琼台诗话〉评注》；1995 年许荣颂出版《乡土杂录》；1996 年省民族博物馆完成《中国少数民族大辞典·黎族卷》部分撰稿任务，参加了《海南黎族通史》撰稿工作；1998 年，郝思德、黄万波等出版了《三亚落笔洞遗址》研究专著；1999 年，琼山市政协办公室和琼山市文化体育局联合编印了《琼山——国家历史文化名城》；2000 年，在海南解放 50 周年之际，省文物保护管理办公室组织省博物馆、海口市博物馆等单位在《中国文物报》上整版登载文章《艰苦创业五十载，琼岛文博著新篇》，介绍、宣传海南的文物工作；同年，邱达民出版《微言俚句》。2001 年，《中国黎族传统文化》出版，李元茂《名石治印》出版；2002 年，李元茂出版《古书画仿制研究》；2003 年，吴锐、王亦平、黄培平等出版《海南丘濬故居修缮工程报告》，填补了我省文物保护维修研究的科研空白；同年，文物部门在《考古》杂志上发表了《海南考古的回顾与展望》、《海南东方市荣村遗址试掘简报》和《海南琼山市珠崖岭古城址 1999 年发掘简报》；2004 年《中国黎族》、《龙被艺术》出版；2005 年，省民族博物馆编印第一期《海南省民族博物馆馆刊》；2006年，《中国水下考古报告系列二：西沙水下考古1998～1999》《黎族传统织锦》出版。2007年《海南省文化志·文物篇》初稿完成，《海南文物地图集》通过审核向地图出版社提交。2008年，《海南历史文化大系·文博卷》出版，向读者展现了海南古遗址、海南古建筑、海南古墓葬、海南古陶瓷、海南古村落等文物考古的各个领域。

此外，文物部门还协助国家文物局等单位编撰了《中国边疆民族地区文物精粹》（海南部分）、《中国博物馆》画册（海南部分）、《中华人民共和国文物博物馆事业纪事》（1949～1999海南部分）、《中国考古学年鉴》（海南部分）、《中国文物年鉴》（海南部分）以及《中华人民共和国地名大词典》海南省重点文物保护单位和历史文化名城词条、《广东省志·文物志》（海南不可移动文物部分）、《海南古迹名胜词典》部分市县词条和《海南年鉴》文物考古、博物馆内容等。

三 海南文物事业60年的经验和启示

建国60年来，随着社会经济、文化建设的发展，海南的文物保护工作，在经历了几届文博工作者的努力开拓与无私奉献，文物保护的各项工作取得了丰硕成果，并摸索了一系列文物保护与利用工作的经验和启示。

1.经济的壮大是文物保护工作的快速发展的根本保证

文物建筑的保护与延续，需要社会财力的支持和保障。由于建国以后很长一段时期国家经济处于百废待兴阶段，不可能拨出大量资金保护文物，我省文物建筑普遍存在因年久失修而出现的诸多险情。随着国家改革开放发展的步伐和我省经济实力的不断增强，政府部门和社会各界在文物保护上的投入也随之不断增加，文物保护状况也有了很大的改善。特别是在第三次文物普查工作中，省政府每年投入500万元用于开展文物普查工作，保证我省的文物普查工作顺利开展。由此可见，社会经济是文物保护的物质基础，文物保护的发展离不开社会经济的壮大。

2.文物保护对经济发展有着巨大的推动作用

海南正在建设国际旅游岛。推动国际旅游岛建设的一个关键问题是突出文化建设，展示文化特色。文化是旅游的灵魂，没有文化的旅游根基是肤浅的，没有文化的旅游必将失去市场的竞争力和吸引力，难以得到可持续发展。海南除了是旅游大省之外，还应该是文化大省。海南的考古发现海南岛1万年前就有古人类活动（三亚落笔洞），在漫长的历史长河中，海南岛各族人民在生产生活实践中创造了独特的文化形态，既有独特的黎苗族文化，也有红色文化。作为海洋大省，水下文物也是海南省最具特色的文物资源，200万平方公里的南海水域内，水下文物资源十分丰富。近年来，组织对南海水下文物资源进行了多次调查，已发现西沙海域沉船遗址60多处。这些资源都是内地省份无可比拟的。旅游离不开文物古迹，文物古迹借旅游发挥其作用，流传其历史，传播其信息。两者相辅相成，相得益彰。相信海南的文物保护一定能在国际旅游岛建设中做出更大的贡献。

3.在城市建设发展的环境中正确处理文物保护与利用的关系

正确处理好文物保护与城市发展的关系，是一项十分重要而艰巨的任务。随着改革开放政策的实施，带来了海南城市建设的空前发展，文物保护工作始终面临着城市建设与发展的挑战。可以肯定的是，历史文物是不可再生的，这就需要我们在坚持文物保护的原则，处理好建设与保护的尖锐矛盾，在首都城市的现代化建设中，做好文物保护工作。回顾60年，我们一方面取得了大批文物建筑在城市建设中得以保存的巨大成果和经验，但另一方面也有教训，个别的建设项目轻视历史文物古迹，盲目追求经济效益和简单处理旧城改造项目，一些文物古迹轻易消失。

4.坚持以人才保障文物事业发展

尊重知识，尊重人才，尊重劳动，尊重创造，牢固树立"人才是文化事业发展第一资源"的理念，文物专家和社会团体及各界有识之士，是文物保护的一支影响巨大的社会力量。几十年来，我省的一批著名的文物专家、各界学者及为数众多的有识之士，对海南历史文化的保护有着高度的历史责任感，在文物保护上发挥了巨大的作用。今后，人才培养仍然是我们保持事业可持续发展的根本保障。高度重视人才培养、引进和使用工作，创造和营造各类人才成长和发挥才干的良好环境，营造"想干事，会干事，干成事"的用人和人才成长的人才机制。

建国60年，海南省的文物工作发生了巨大的变化，在今后的工作中，我们将站在新的历史起点，以崭新的姿态推动海南文物事业迈向新的辉煌。

（执笔人：王大新　潘先若　黎吉龙　于　洋）

重庆市文物事业60年

重庆市文物局

重庆具有悠久的历史和光荣的革命传统，1986 年被国务院公布为第二批国家历史文化名城。巫山龙骨坡发现的距今约 200 万年前的"巫山人"化石，据研究可能是目前世界上发现最早的人类化石标本之一。旧石器时代的铜梁文化、烟墩堡遗址、高家镇遗址，新石器时代的大溪文化、玉溪遗址、哨棚嘴遗址、中坝遗址等发现，表明重庆自古以来就是人类活动、文明起源和发展的重要区域。殷末周初，重庆地区出现了巴国，秦以后重庆历称江州、巴郡、楚州、渝州、恭州，公元 1189 年，取"双重喜庆"意，得名"重庆"。1929 年，重庆正式设市。1937 年至 1946 年，重庆成为中华民国战时首都和陪都，是中共中央南方局所在地，世界反法西斯东方战场指挥中心。新中国建立初期重庆作为中共中央西南局和西南军政委员会驻地，是西南地区政治、经济、文化中心，为中央直辖市。1954 年西南大区撤销后改为四川省辖市。1983 年率先成为全国经济体制综合改革试点城市，实行计划单列，赋予省级经济管理权限。1997 年 3 月 14 日，经八届全国人大五次会议审议批准，重庆正式成为中国第四个、西部地区唯一的直辖市，掀开了重庆文物事业崭新的一页。

重庆古老悠久和灿烂峥嵘的历史孕育了重庆独具特色的巴渝文化、三峡文化、抗战文化，留下了弥足珍贵的文化遗产。据统计，现有不可移动文物 12898 处，大足石刻列入《世界遗产名录》；涪陵白鹤梁题刻列入世界文化遗产预备名单；全国重点文物保护单位 20 处；重庆市文物保护单位 148 处；区县级文物保护单位 1131 处；国家级历史文化名镇 13 个，市级历史文化名镇 20 个，历史文化传统街区 2 个，市级历史文化风貌保护片区 12 个，三峡库区迁建保护的传统风貌镇 6 个。

重庆市博物馆、纪念馆、陈列馆共有 51 家，其中属于民间性质的博物馆有 5 家。全市文物系统共有馆藏文物 394090 件（套），一级文物 848 件（套），二级文物 1559 件（套），三级文物 17749 件（套）。博物馆库房面积达 14362 平方米。有从业人员 1455 人，高级职称 108 人，中级职称 154 人。

为全面反映新中国成立 60 年来重庆市文物事业发展的总体情况，我们主要从"新中国成立至 1976 年"、"1977 年至 1996"、"1997 年（重庆直辖）至今"三个阶段进行简要概述。

一 新中国成立至1976年的文物工作

新中国成立之初，重庆市文物工作在老一辈文物工作者的辛勤努力下，开展了大量的工作，初步建立了文物保护、考古发掘、博物馆、纪念馆等专业机构，为我市的文物事业打下了坚实的基础。

建国后到 50 年代中期，是重庆文物事业的奠基时期，西南博物院的成立是这一时期的标志性事件。1951 年，西南军政委员会文教部部长楚图南主持筹建西南博物院。3 月召开第一次筹备委员会会议，10 月，西南博物院正式成立，徐中舒任院长。1953 年 10 月，西南博物院自然博物馆筹备处与原中国西部博物馆（解放后更名为西南人民科学馆）合并，组成西南博物院自然馆。1955 年，西南大区撤销，6 月，西南博物院更名为重庆市博物馆，马耕渔任馆长，馆址迁至枇杷山。1958 年 5 月 1 日，红岩革命纪念馆正式建成开放，并先后开放了曾家岩、红岩村、新华日报营业部旧址等；1963 年 11 月 27 日，"美蒋罪行展览馆"即现在的歌乐山烈士陵园正式开放。

西南博物院的成立在重庆文物事业发展中具有划时代的意义，标志着重庆市文物工作的历史性起步，也对新中国西南地区文物事业的发展有着巨大的推动作用。首先，为重庆文物事业奠定了一个基本的学术框架，即历史人文、自然环境、当代社会的综合性、全方位发展；其次，当时调集了国内相当一批知名的学者，为重庆文物事业培养了一批影响深远的骨干人才；其三，来自社会踊跃捐献（接受各界人士捐赠文物 3 万余件）、西南军政委员会拨交和大量田野考古、民俗调查的文物构成了今天仍然具有重要意义的馆藏文物基础；其四，取得了丰硕的学术考古成果。1951 年，在开展成渝铁路文物调查时，出土了"资阳人"头骨化石；1954 年，在巴县冬笋坝、昭化宝轮院发掘出土巴人船棺葬墓群等大批巴蜀文物，对巴蜀文化的研究起到促进作用；1958 年，发现涪陵白鹤梁石鱼文字题刻等重要水文考古资料 300 多幅，白鹤梁由此奠定世界最古老水文站美誉；1959 年，巫山县大溪遗址首次发掘命名的"大溪文化"，是长江流域史前考古的重大突破，被评为"中国 20 世纪 100 项考古大发现"；1972 年涪陵小田溪战国墓的发现，证实了巴人先王葬于涪陵的重要史实；1976 年铜梁县距今 25000 年的旧石器时代遗址以及涪江、沱江流域同类旧石器遗址的发现，被著名考古学家张森水先生命名为"铜梁文化"，是重庆旧石器时代考古最重要的收获，该发现，对于华南旧石器文化的总体认识具有很大的启发作用。同时，这一时期，博物馆的社会功能也发挥充分，经常出现观众排长队参观的局面。

1961 年，国务院公布了第一批全国重点文物保护单位，重庆市的北山摩崖造像（南山－石篆山摩崖造像及多宝塔归入）、宝顶山摩崖造像（石门山摩崖造像归入）和八路军重庆办事处旧址（中共代表团驻地旧址、《新华日报》营业部旧址归入）3 处文物单位名列其中。

"文革"期间，重庆文物事业经历了一个漫长曲折的发展历程，尤其是"文革"期间推行的"政治挂帅"对文化遗产保护事业造成干扰，一大批文物工作者受到了冲击，部分文物受到损毁。但此间，重庆市的文物保护工作仍未完全中断，国家文物局拨款 5.92 万元用于北山 136 窟治水和保护关栏及北山接待室修建，四川省文化局拨款 2.1 万元用于宝顶卧佛脚部崖顶部岩檐修复和宝顶山文物区接待室修建。

二　1977至1996年的文物工作

改革开放以来，以《中华人民共和国文物保护法》颁布为重要标志，全国文物工作步入法制化轨道，重庆文物保护工作也迎来新的春天。

建立健全机构，公布各级文物保护单位。1983年，重庆市公布了第一批市级文物保护单位，共24个。1988年，国务院公布了第三批全国重点文物保护单位，白鹤梁题刻和"中美合作所"集中营旧址2个文物保护单位名列其中。1990年6月6日，重庆市成立了文物委员会，同时市政府召开了首次文物工作会议。1992年，重庆市公布了第二批市级文物保护单位，共88个。1996年，国务院公布了第四批全国重点文物保护单位，龙骨坡遗址、钓鱼城遗址2个文物保护单位名列其中。

开展第二次全国文物普查工作。1987年至1988年，重庆市开展了第二次全国文物普查工作。调查登记各类不可移动文物7498处，有各类文物点12212处。发现了巫山龙骨坡遗址人化石，被定名为"直立人巫山亚种"；在万州发掘出重庆地区第一座唐墓；开展了南岸区宋代涂山窑的系列考古调查、发掘工作，引起了国内外陶瓷界的广泛关注；发掘了元末红巾军领袖、"大夏国"皇帝明玉珍墓，出土文物"玄宫之碑"，是国内农民起义领袖墓的首次发现。

开展三峡文物保护规划编制工作。1992年4月，全国人大正式通过兴建长江三峡水利枢纽工程的决议，由此拉开三峡文物保护大会战的大幕。1994年12月至1995年7月，三峡工程库区文物保护规划组，组织全国30余家文物考古、古建、人类学等研究机构和大专院校的500余名科研人员，在三峡库区开展了全面的调查、复查和试掘工作。1996年，编制完成《长江三峡工程淹没及迁建区文物古迹保护规划报告》。

博物馆事业驶入加速发展的快车道。西南大学、重庆师范大学和万州、铜梁、綦江、江津、沙坪坝文管所因教学和文物保管、研究、展示需要，先后设立了文物陈列室，具备了部分博物馆功能。此外，随着部分文物保护单位对外开放，也具备了遗址博物馆功能，如奉节白帝城、云阳张飞庙、忠县石宝寨、涞滩摩崖造像、赵世炎旧居、黄山抗战遗迹等。各级文物保护单位数量的增加和文博单位的成立，使重庆市的文

◆白帝城白帝庙大门

物力量得到了极大地增强。同时，广泛开展了文物鉴定和藏品建档工作，鉴定文物12600余件，全国书画鉴定小组认为重庆市书画藏品和精品数量位列全国前茅。值得一提的是，1996年，"红岩魂——白公馆、渣滓洞革命先烈斗争史实展览"首次在中国革命博物馆展出，观众达26万人次。这是解放以来重庆"中美合作所"集中营史实为基本内容的规模最大、规格最高的一次展出活动。

三 1997至今的文物工作

直辖以来，重庆市文物工作在中央、市委市政府的高度重视和社会各界的大力支持下，取得了令人瞩目的成就，文物保护形势越来越好。1998年，市政府发布《重庆市大足石刻保护管

◆ 大足石刻

理办法》。1999 年，大足石刻成功列入《世界遗产名录》。2000 年，重庆市公布了第一批直辖市级文物保护单位，共 148 个。2001 年和 2006 年，重庆市的高家镇遗址、丁房阙－无铭阙、石宝寨、张桓侯庙、赵世炎故居、桂园、白帝城、湖广会馆、潼南大佛寺摩崖造像、涞滩二佛寺摩崖造像、杨氏民宅、中国西部科学院旧址、育才学校旧址共 13 个文物保护单位被列为全国重点文物保护单位。2006 年涪陵白鹤梁题刻成功列入《世界文化遗产预备名单》。2004 年，市政府发布《红岩遗址保护区管理办法》。2005 年 9 月 29 日，市人大第二届常务委员会第 19 次会议通过了《重庆市实施〈中华人民共和国文物保护法〉办法》，是重庆市文物保护法制建设的重要里程碑。重庆市的渝中区、江津区、丰都县、沙坪坝区、云阳县先后被评为全国文物工作先进区县。

2009 年 2 月，国务院下发了《关于推进重庆市统筹城乡改革和发展的若干意见》（国发〔2009〕3 号），明确提出：加强国家文化和自然遗产保护、历史文化名城保护和文物抢救保护三大保护的要求。同年 6 月，重庆市召开了市委三届五次全委会，做出《中共重庆市委关于推动文化大发展大繁荣的决定》（渝委发〔2009〕12 号）。为贯彻落实好《决定》精神，市级有关部门也相应下发了《关于保护利用重点文化遗产的实施意见》和《关于做大做强红岩联线品牌的实施意见》，提出了加强保护利用重点文化遗产和做大做强红岩联线品牌的具体要求。重庆市的文物事业站在新的历史起点，取得新的成绩。

（一）三峡文物保护抢救工作取得决定性成果

1997 年重庆市成为中央直辖市，三峡工程原属四川省辖区的文物保护工作移交重庆市管理，6 月，重庆市政府与国家文物局联合组织召开了全国文物系统对口支援重庆库区文物抢救保护工作会议，与全国 31 个文博科研单位及大专院校签订了 1997 年度重庆库区文物抢救保护项目协议和意向。这次会议奠定了历时十年的全国文物系统会战三峡库区的基本格局。三峡文物保护工作实行项目目标责任制管理，建立市、县分级工作组织体系，采取文物保护经费包干使用等办法推进。2000 年 6 月国务院三峡工程建设委员会批复了《三峡工程淹没区及迁建区文物保护项目和保护方案》，其中，重庆库区的文物为 752 处，包括地下文物 506 处，地面文物 246 处，需要搬迁保护（含异地复建）90 项、原地保护 58 项、留取资料 98 项。2002 年 10 月国务院三峡工程建设委员会批准了库区一般文物保护经费 3.79 亿元，后来又先后批准了张桓侯庙、白鹤梁、石宝寨专项保护项目投资概算 2.6 亿元。截至目前，三峡工程重庆库区文物保护任务基本完成，确保了三峡工程各阶段按期蓄水目标。

地下文物保护方面。已全部完成 506 项目规划内田野阶段考古任务及登记建档工作，发掘面积 126.88 万平方米，勘探面积 1015.25 万平方米。出土一般文物 14.3 万余件，其中珍贵文物 8

千余件。另还完成了丰都、万州、开县、渝北规划外项目22项，发掘面积3.54万平方米。取得了一批重要的考古收获和阶段性学术成果，在很多方面填补了重庆地区历史文化研究的空白，建立了重庆库区史前文化发展序列。中坝遗址、李家坝遗址和烟墩堡遗址考古发掘先后入选"全国十大考古新发现"。

地面文物方面。三峡工程重庆库区地面文物保护项目共246项，已全部完成98项留取资料类项目和58项原地保护类项目；搬迁保护类项目90项，已完成70项新址复建工程，20项已完成搬迁和复建前期准备工作。

四大文物保护重点工程。2003年完成云阳张桓侯庙搬迁复建工程，并对外开放。2008年巫山大昌古民居搬迁复建工程通过竣工验收，并对外开放。2008年忠县石宝寨保护工程通过竣工验收，2009年4月对外开放。2009年5月18日，基本完成涪陵白鹤梁文物保护工程，成功举办了涪陵白鹤梁水下博物馆开馆仪式，标志着三峡文物保护重点工程基本结束。

文物资料及科研状况。累计完成地下、地面项目档案4811卷，出版《重庆库区文物考古论文集》、《万州大坪墓地》、《老棺丘墓群》、《瞿塘峡题刻保护工程》、《三峡文物珍存》、《三峡古栈道》等文物保护专题报告。

文物保护经费的使用情况。截止2008年12月，国务院三峡办累计已安排下达重庆库区文物保护项目经费计划6.49亿元（动态），其中地下2.47亿元，地面3.88亿元（含三大项2.85亿元）。目前已实际拨付使用5.77亿元。

三峡文物的抢救保护是新中国成立以来继黄河水库后又一次全国规模的文物保护大会战，也是我国在社会主义市场经济条件下配合大型基本建设实施文物保护的一次创举，三峡文物保护的许多成果已广泛应用于南水北调、西气东输等工程的文物保护工作中，其规划先行、分步实施、分省负责、分级管理、强化监管的基本理念已成为开展跨区域文物保护工作的成功经验。

（二）抗战遗址保护呈现新起色

重庆抗战遗址是抗战历史文化的物质载体，是中华民族的宝贵财富。对于重庆来说，更是诸多历史文化资源中，历史价值最重要、发展现状最薄弱、抢救保护最紧迫的工作。据1985年至1987年第二次全国文物普查调查统计，重庆抗战遗址321处。2007年10月，重庆市启动第三次全国文物普查试点工作，对重庆抗战遗迹进行了新的全面普查，调查结果为720处，较"二普"有较大增加。其中，现存348处，占48.3%；已经消失372处，占

◆冯玉祥旧居

◆特园　　　　　　　　　　　◆特园内部陈列

51.7%。重庆是全国保存抗战遗址最多的城市之一。

现存348处抗战遗址，主要集中在以"一岛（渝中半岛）、三山（缙云山、歌乐山、南山）、三坝（沙坪坝、北碚夏坝、江津白沙坝）"的主城及周边13个区县。目前保存完好的148处，占42.5%；亟待维修200处，占57.5%。其中，全国重点文物保护单位（5个）12处，占3.4%；市级文物保护单位（30个）65处，占18.7%；区县级文物保护单位89处，占25.6%；尚未定级182处，占52.3%。已有63处对外开放，占18.1%。总体看，重庆抗战遗址具有数量多、内涵丰富、分布集中等特点。这些年来，重庆市在抗战遗址的保护利用方面做了大量工作，取得了一定成效。主要表现在：

加强组织领导。2009年，成立了以市委常委、宣传部长何事忠、市政府谭栖伟副市长任组长的"重庆市抗战遗址保护利用工作协调小组"，办公室设在市文物局；市政府下发《关于切实加强危旧房改造工程中文物保护工作的通知》，强调抗战遗址保护工作；6月，市委召开三届五次全委会，专门研究我市文化建设，将重庆抗战遗址保护列入九件实事之一。

加强规划编制。公布了一批抗战遗址为各级文物保护单位，编制了《黄山抗战历史文化遗址保护规划》等一批专项保护规划。目前，正在抓紧编制重庆市抗战遗址保护利用总体规划。

加强挂牌保护。对全市已经公布为各级文物保护单位的166处重要抗战遗址遗迹，建立了保

◆重庆谈判旧址　　　　　　　◆重庆谈判旧址内部陈列

护标志和说明牌。2009 年 7 月，对全市尚未定级的 182 处抗战遗址实施统一挂牌保护。

加强抢救性维修。近年来，已完成宋庆龄重庆旧居、黄山抗战遗址、大韩民国临时政府旧址、冯玉祥旧居、史迪威旧居、宋子文公馆、特园、重庆谈判和市委机关内抗战建筑等 78 处抗战遗址的抢救性维修。累计投入维修资金 3 亿多元。

加强开发利用。在做好维修保护的同时，对外开放抗战遗址 63 处，建立和开放了黄山抗战遗址博物馆、史迪威陈列馆、重庆宋庆龄旧居陈列馆、冯玉祥旧居陈列馆等 10 个博物馆、陈列馆,2008 年共接待参观群众 180 万人次。

加强课题研究。全市征集抗战文物 3000 多件及重要抗战影像资料 600 多分钟，对我市 200 多处抗战遗址进行了现状拍照和摄像。开展了《重庆谈判》、《国民参政会》、《重庆大轰炸》、《抗战大后方工业研究》、《抗战大后方金融研究》、《抗战大后方教育研究》、《抗战大后方美术研究》、《抗战大后方文学研究》、《中国大后方全民抗战研究》、《中国抗战大后方研究现状的调查研究》，编写了《重庆抗战史》等专著。

（三）红色文化资源保护和利用成效显著

重庆是国家历史文化名城，同时也是"红岩精神"的发祥地。孕育了众多杰出的革命英烈，这里有民主革命先驱邹容，诞生了国家主席杨尚昆、共和国元帅刘伯承、聂荣臻和早期革命家杨闇公、赵世炎烈士；毛主席为争取抗战胜利来渝举行重庆谈判；为新中国解放而牺牲的江竹筠、

◆ 杨闇公旧居

◆ 重庆八路军办事处大楼

陈然等一大批革命先烈弘扬了"红岩精神"；建国初，邓小平，贺龙等人在渝领导西南局工作，为重庆写下了光辉的一页，留下大量的革命文物遗址。据现有资料统计，目前重庆市共有革命文物 297 处，现存 267 处，其中全国重点文物保护单位 6 处，市级文物保护单位 36 处，区县级文物保护单位 135 处，革命文物点 58 处，第三次文物普查新发现 32 处；消失 30 处。已对外开放的革命文物遗址 80 处。在全市 90 个各级爱国主义教育基地中，革命文物纪念馆、旧址、烈士陵园等保护管理机构 47 个，工作人员 451 人，2008 年接待观众 661 万人次，其中青少年观众 112 万人次。革命文物已成为我市最为宝贵的精神财富，是开展爱国主义和革命传统教育，弘扬培育城市精神的重要阵地。

为充分保护并合理开发利用以红岩文化为代表的重庆红色文化资源，积极改革探索，创新管

◆红岩魂陈列馆

◆歌乐山烈士陵园

理体制和运行机制，2004年4月，经市委、市政府批准，成立了"红岩联线"研发中心，整合全市红色文化资源，"红岩联线"共整合景点30余处，遍及15个区县，初步形成我市革命文化整体合力，并向市外延伸，推出《血铸红岩》剧等产生重要影响的作品。烈士陵园陈列总馆改扩建一期工程和红岩魂广场二期工程于2007年年底全面竣工投入使用。"红岩联线"已成为全国红色旅游的著名品牌之一。

（四）第三次全国文物普查顺利推进

重庆市委、市府高度重视第三次全国文物普查工作，将这项工作作为确保文化遗产安全、推进社会主义文化大发展大繁荣、构建和谐社会的一项重要内容来抓，做到了机构、经费、培训、人员、设备五落实，各项工作扎实有效推进，取得了阶段性成效。

市和各区县（自治县）均成立了领导小组暨办公室，召开了"三普"工作动员会，各区县（自治县）均与市政府与签定了文物普查目标责任书。举办了6次集中培训和4次分片培训，参加培训人员近1000人次。编印了2期文物普查手册，并下发到每名普查队员手中。突出重庆特色开展了抗战遗址、革命文物、工业遗产、商业老字号等专项调查，建立了信息定期报送制度。

截至目前，各级普查办人员合计245人，一线普查队员合计587人；累计到位文物普查经费1888.31万元（不含中央财政补助经费），其中市级财政到位678.21万元，区县（自治县）级财政到位1210.1万元；2009年市级财政已到位238.02万元，区县（自治县）级行政区域到位516万元；共有15个区县完成了实地文物调查，其中有2个区县已验收合格；实地文物调查乡镇启动率为100%，普查完成率为87%；调查登记不可移动文物22401处，其中新发现14072处（其中：古遗址538、古墓葬9447、古建筑2210、石窟寺及石刻912、近现代建筑187），新发现率126%；复查8329处；调查登记消失文物2868处。

（五）文物保护维修取得新进展

近年来，我市集中财力和人力维修了大足石刻、钓鱼城、湖广会馆、人民大礼堂、黄山抗战陪都遗迹、通远门城门城墙等一批国家、市级重点文物保护单位，开展了主城区危旧房改造中的文化遗产保护工作，编制了《重庆市主城区危旧房改造文物保护规划》，要求有关区县采取各种措施保护好位于危旧房改造片区的文化遗产。先后实施了一批重点文物保护工程。如2008年大足石刻千手观音造像抢救性保护工程被列为全国石窟寺保护的一号重点工程。前期勘察工作现已取得阶段性成果，得到了国家文物局领导和专家的高度评价和充分肯定。2009年5月，彭水电站酉阳库区龚滩古镇搬迁复建工程完工，并对外开放。成功尝试了一种全新的搬迁模式，即除文物建筑外，民居采取政府统一规划，统一指导，统一验收，让百姓自建。真正做到了让人民群众参与文化遗产的保护，让文化遗产保护的成果由人民群众共享，受到领导、专家和群众的一致认可。

（六）博物馆事业凯歌高奏

重庆直辖后，博物馆事业进入飞速发展的黄金时期，与直辖市的经济社会发展比较同步，与人民群众日益增长的物质文化需求比较协调。重庆中国三峡博物馆入选国家级重点博物馆，拥有重庆自然博物馆1家国家级二级博物馆和万州博物馆等7家三级博物馆。

◆重庆中国三峡博物馆外景

形成专业化、网络化的博物馆群。一是体系日益完备，呈现出种类齐全、百花齐放的局面。从种类看，已从30年代的唯一综合类博物馆发展到今天的历史类、自然类、遗址类以及各种专题类博物馆兼具，种类更加丰富；从发展方向看，以大足石刻（重庆市唯一的世界文化遗产）、重庆湖广填四川移民博物馆、重庆警察博物馆等为标志，全市博物馆向专业化、多元化方向稳步推进。二是地域分布更加广泛，重庆主城区和区县约各占一半，初步形成了网络化的博物馆群，文化设施分布趋于均衡；四是办馆主体日益多元化，伴随着重庆民间医药博物馆、重庆火锅博物馆、奉节县诗城博物馆等一批民间和行业博物馆的崛起，打破了原来国有博物馆的"大一统"局面，呈现出博物馆投资主体多元化的国际

◆重庆中国三峡博物馆大厅

◆三峡博物馆远古巴渝展厅

◆ 白鹤梁

发展潮流。

博物馆建设迎来新高潮。伴随三峡工程的修建，重庆市的文博建设迎来千载难逢的机遇与挑战。2005年6月18日，国家重点建设工程——重庆中国三峡博物馆建成开馆，代表国家对库区文物进行编目造册、保护研究和展示，中国三峡博物馆的建成开放，标志着三峡文物保护工作从抢救阶段进入后期整理修复、综合研究和全面展示的新阶段。该馆外观设计恢宏大气，荣获中国建筑工程鲁班奖。该馆馆藏精品众多，尤以书法收藏见长。其中秦良玉龙凤袍文物的凤凰图案作为北京奥运会火炬接力景观图形。

2009年5月18日，世界第一座水下博物馆——涪陵白鹤梁水下题刻博物馆建成开馆，其建设采用葛修润院士提出的"无压容器"方式修建，这项设计使得现代技术与古老的历史文化水乳交融，达成了建筑与科技的完美结合，其建筑本身也是一大奇迹，不少技术填补了国内空白。它的建成标志着三峡工程重庆库区文物保护重点工程基本完成，也向世界表明了中国对历史文化遗产的尊重。

当前，三峡文物保护进入后续发展阶段，反映三峡百万移民精神的三峡移民纪念馆正在万州区稳步推进。国家三建委已原则同意在巫山、奉节、云阳、万州、忠县、开县、涪陵、丰都等8个库区核心区县规划建设博物馆，每个博物馆定额补足1000万元，这将为三峡出土文物提供一个家，成为百万三峡移民的精神家园，目前，巫山博物馆已破土动工、奉节县博物馆已实现奠基。

2009年6月，中共重庆市委召开第三届委员会第五次全体会议，通过推动文化大发展大繁荣的决定，提出到2012年，建成重庆自然博物馆，规划建设重庆工业遗产博物馆、重庆三线建设博物馆和大足石刻陈列总馆等重大文博设施项目，同时实现多数区县有博物馆的宏伟目标，重庆博物馆事业将迎来新的高潮。

社会功能和价值体现日益彰显。一是免费开放取得突破，文化惠民能力不断增强，2008年和2009年，全市相继免费开放了三峡博物馆、红岩革命纪念馆、自然博物馆等31家博物馆、纪念馆，近2000万人走进了博物馆，保障了市民的基本文化权益。二是以文化人的能力不断增强，全市60%以上的博物馆均建立了自己的互联网门户网站，部分博物馆还开设了网上电子博物馆。对外宣传和服务的手段、形式与时代发展和观众参观诉求的变化同步。三是服务方式更加注重以人为本，为适应免费开放和扩增接待能力的需要，全市博物馆系统投入资金升级馆舍的硬件设备，添设了中央播音系统、语音导览等设备，优化了参观路线，建立志愿者服务队伍，社会对博物馆事业的关注度和参与度日益增强，接受度日渐提高，参观者的主体地位得到尊重，改变了博物馆过去那种高高在上、陈列展览冷冰冰的施教者形象，搭建了互动交流、寓教于乐的新形式。

文化影响力日益增强。举办了"千秋红岩——中共中央南方局历史陈列"、"为了共和国的诞生——革命英烈事迹展"、"长江文明的华彩乐章——三峡文物保护成果展"、"世界遗产——大足石刻精品展"、"不朽的红岩——红岩历史文物文献展"、"三峡移民精神展"、"历史的见证——红岩文物展"等精品文物展览。出版了《重庆文物论丛》、《三峡考古发掘报告·1997年卷》、《重庆大轰炸图集》、《千年图典》等重要图集。尤其值得一提的是，作为 2008 年北京奥运会的重要文化项目，由重庆中国三峡博物馆创意策划并历时两年筹备的"长江文明展"正式亮相北京首都博物馆，为人文奥运打上重庆印记。全市文博单位年接待观众由 80 年代中期的年 30 万人次增加至年 800 万人次。重庆歌乐山革命纪念馆在宣传革命烈士的崇高精神和弘扬红岩精神上发挥了重要作用，推出了"红岩魂形象报告展演"、"时代先锋"、"血铸红岩"等一系列文艺、宣传精品项目，该馆的"红岩魂"展览在全国 280 个城市巡展，观众达 3000 万人次。"红岩魂形象报告剧"被列为 2001 年全国十大演出盛事之一和 2002 年中宣部重点宣传剧目之一，获全国"五个一工程奖"。

（七）配合基本建设的文物考古工作成绩突出

重庆直辖以来，市文物部门积极开展文物调查与考古发掘工作。据初步统计，共开展了 150 项文物调查与考古发掘，调查里程 7484 公里，调查面积 546 平方公里，勘探面积 23.62 万平方米，考古发掘面积 40121 平方米，发现文物点 2124 处，出土文物及标本近 10 万件，保护抢救了大批文物，丰富了城市历史文化内涵。

（八）历史文化名城保护取得成效

2002 年，重庆市公布了第一批市级历史文化名镇 20 个，历史文化传统街区 2 个，市级历史文化风貌保护片区 12 个，三峡库区迁建保护的传统风貌镇 6 个。2003 年到 2008 年，国家建设部、国家文物局公布了四批中国历史文化名镇（村），重庆市合川涞滩镇等 13 个古镇名列其中，名镇总数约占全国的十分之一。编制完成了 13 个国家级历史文化名镇的保护规划、18 个市级历史文化名镇的保护规划，部分规划已由市政府审批通过。市文物局、市城乡建委、市规划局联合印发了《重庆市历史文化名镇（历史文化传统街区）保护管理暂行规定》。2007 年，修编完成了《重庆历史文化名城保护规划》，并将其主要内容纳入《重庆城乡总体规划》，已经国务院批准实施。2007 年，公布了《重庆历史文化名城保护规划》。2008 年，完成万盛区青年镇、綦江县东溪镇等 8 个第二批市级历史文化名镇的申报评选工作，已上报市政府。2009 年，开展了第五批中国历史文化名镇（村）的申报评选工作，荣昌县路孔镇、江津区白沙镇、巫溪县宁厂镇和酉阳县长潭村通过专家评审，已报送国家建设部和国家文物局核定公布。

近年来，实施了磁器口古镇、涞滩古镇、中山古镇等 8 个古镇维修保护，开展了川道拐吊脚楼风貌区危房整治，洪崖洞民居传统街区，湖广会馆及东水门传统街区的修复保护和更新改造等一系列工程。2009 年，渝北区龙兴镇、江津区中山镇、石柱县西沱镇等 8 个名镇投入 1.6 亿元开展文物维修和基础设施建设。通过这样的多途径保护，使得一大批传统建筑得到有效保护，山城特色的传统民居式的建筑——吊脚楼也获得再现，做到了在城市建设和旧城改造中加强历史文物建筑与传统风貌的保护相结合，取得了较好的效果。

（九）积极开展抗灾救灾及灾后援建工作

自 2008 年 1 月 12 日以来，重庆市遭遇 50 年来最大的冰雪低温冷冻气候，全市文物保护单位受灾严重，据统计，全国重点文物保护单位有 2 处受损，省（市）级文物保护单位有 5 处受损，区县级文物保护单位有 30 处受损，考古发掘工地有 3 处受到不同程度的影响，直接经济损失 621.1 万元。

灾情发生后，全市文博单位立即启动应急机制，明确工作责任，制订具有针对性的保护和防范措施，加强文物保护单位重点部位的检查、监测，保证文物本体安全，组织文博职工积极开展自救，认真做好灾害损失情况核查工作，提出阶段性抢救保护方案，对危险文物建筑，采取临时加固等措施，及时排除险情。经全市文博广大员工的努力，我市的文物保护单位和馆藏文物未发生重大的损失，未发生一起人员伤亡事故。

2008 年 5 月 12 日，四川汶川大地震对重庆文物造成了一定程度的损害，据统计，全市共有 84 处文物和 13 处博物馆展厅、库房受损，涉及 26 个区县和 4 个直属文博单位，其中，全国重点文物保护单位 13 处 20 个点，省市级文物保护单位 20 处，区县级文物保护单位 35 处，文物点 15 处，国家级历史文化名镇 1 处，市级历史文化名镇 1 处。受损情况主要是墙体倾斜、裂缝，屋顶瓦片脱落，部分垮塌，部分成为危险建筑，直接经济损失 1846.8 万元。

灾情发生后，全市文博系统紧急行动，全面展开了文物抢险救灾工作。成立了抗震救灾工作小组，下发了《关于加强震后文物保护和信息报送工作的通知》，要求全市各区县（自治县）文物行政主管部门、各文博单位立即启动应急机制，排查险情，加强文物监测，严密注意震情通报。要求地震发生时对外开放的博物馆、纪念馆，组织群众有序疏散，保证观众和文物安全。组织专家分别赴钓鱼城古战场遗址、湖广会馆、中国西部科学院、涞滩二佛寺摩崖造像、八路军办事处旧址、重庆大韩民国临时政府旧址等文物保护单位进行核实灾情，指导文物抗震救灾工作。

在应对重大灾害的同时，重庆积极组织文博精干力量开展对口支援地震灾区——四川省崇州市的文物抢险救灾工作，编制了麒麟街民居和昙云寺的抢险维修方案。

国家文物局局长单霁翔带领国家文物局抗震救灾工作组奔赴重庆灾区检查指导文物抗震救灾工作时，充分肯定了我市文博系统在抗震救灾中行动迅速、措施有力，展现了良好政治、业务素养和精神风貌，经受住了自然灾害严峻的考验。红岩联线被国家文物局评为抗震救灾先进集体。

（执笔人：幸　军　吴渝平　许　雨　黄宇星）

四川省文物事业60年

四川省文物局

60年的风雨，60年的历程，共和国在这欣欣向荣繁荣发展时期迎来了60周年华诞。60年来广大文物工作者在既有欢欣也有艰难的岁月中默默的坚守，崇高的奉献，珍爱和守望着人类共有的精神家园、珍爱和守望着人类共有的瑰宝——文化遗产。

新中国成立60周年，改革开放也走过了30年，在国家文物局、省委、省政府的领导和关心下，在我省广大文化遗产保护工作者的辛勤努力下，文化遗产保护工作始终坚持围绕和服务于社会主义建设和经济建设这个中心，发挥着传承中华文明、弘扬传统文化的重要作用。

60年来我省文化遗产保护工作所走过的道路，是极不平凡的道路。改革开放前30年，我省的文化遗产保护从无到有，文化遗产保护事业举步维艰。改革开放后，全省文化遗产保护工作者攻坚克难，努力开创文化遗产保护事业新局面，我省的文化遗产事业得到了空前发展。

四川自古以来素有"天府之国"的美誉，物华天宝，人杰地灵，不仅山水风光秀美，而且文物古迹众多，是一个名副其实的文物大省。四川历史文化悠久，具有很强的四川地域文化特色的三星堆文化、巴蜀文化、三国文化等，蜚声海内外。据统计，四川目前已知的不可移动文物有近3万处（在第三次全国文物普查工作结束后其数量还将大幅度增加。目前全省共调查登记不可移动文物92667处，其中新发现79028处，新发现数量暂居全国第一），其中全国重点文物保护单位128处，省级文物保护单位578处，县级文物保护单位3035余处；拥有博物馆、纪念馆130处，馆藏文物130余万件，其中三级以上珍贵文物近20万件；拥有国家级历史文化名城7座，省级历史文化名城26座；四川现在已有乐山大佛—峨眉山、都江堰—青城山、九寨沟、黄龙、大熊猫栖息地等5处文物古迹和风景名胜区被列入了《世界遗产名录》，世界遗产数量与北京并列全国第一；分布于我省丹巴、理县、茂县等地的"中国藏羌碉楼"、"古蜀文化遗址"（包括金沙遗址、成都古蜀船棺合葬墓、三星堆遗址）、"中国白酒酿造古遗址"（包括水井街酒坊遗址、泸州大曲老窖池群、剑南春天益老号酒坊遗址）于2006年被国家列入《中国世界文化遗产预备名单》；成都金沙遗址出土的太阳神鸟已成为中国文化遗产标志，中国皮影博物馆落户成都。这些都可谓是四川的自豪和骄傲。

为全面反映新中国成立60年来我省文物事业发展的总体情况，我们主要从"新中国成立至改革开放前"、"改革开放后至2000年"、"2001～2008年"、"2008年至今"四个阶段进行简要概述。

一 改革开放前的文物保护工作

新中国建立伊始，百废待兴，文物保护工作经过了艰难的初创阶段。1951年，全国开展了第一次文物普查，我省的老一辈文物工作者克服困难，辛勤工作，共发现不可移动文物3000多处。

1961年，国务院公布了第一批全国重点文物保护单位，我省成都武侯祠、杜甫草堂、广元皇泽寺等10处文物单位名列其中。

建国初期，为配合成渝铁路建设，出土了著名的古人类化石"资阳人"，填补了我国人类发展史上的空白。1959年，我省的考古工作者对彭县竹瓦街发现两处西周大型铜器窖藏进行清理，出土一大批等级高、数量多、类型丰富的青铜礼器，这对研究我国西周史提供了重要的实物资料。

抢救修复峨眉山、青城山等一大批文物保护单位。

同时，在老一辈文物工作者的辛勤努力下，初步建立了文物保护、考古发掘、博物馆、纪念馆等专业机构和科研单位，为我省的文物保护事业打下了坚实的基础。"文化大革命"使

◆成都杜甫草堂

四川的文物遭受严重破坏，文物保护事业一度处于停滞状态。但是，广大的文物工作者仍然坚守岗位，抢救了一批重要文物。

二 改革开放后至2000年的文物保护工作

十一届三中全会以后，我国迈入改革开放和社会主义现代化建设新时期，文物工作也进入了一个新的历史发展阶段，在文物保护、考古工作、博物馆建设、人才队伍、对外交流等方面，都取得了可喜的成绩。可以说，我省的文物保护事业处在了最好的历史发展时期之一。整个文博事业发展目标明确，思路清晰，队伍精干，欣欣向荣。

从1981年开始，组织开展建国以来的第二次文物普查、复查工作；为了将更多的珍贵文化遗产纳入法律保护的范围，实现依法保护。由于1956年和1961年我省公布的两批省级文物保护单位很多在"文革"中遭到破坏，有的受自然侵蚀严重，已经面目全非，因此，1981年省政府在调查研究的基础上，重新公布省级文物保护单位共140处，这是我省实际意义上的第一批省级文物保护单位。1982年，国务院又抓紧公布了第二批全国重点文物保护单位。为了挽救、保护一些城市中保存的丰富的文物遗存、较完整的历史风貌，同年，国务院又公布了第一批历史文化名城24座，成都、重庆（当时属于四川）位列其中，有关部门还组织各种培训班，抓紧培训人才，重整队伍。通过这一系列措施，文物保护工作很快走上正常轨道。

1982年11月全国人大常委会通过了《中华人民共和国文物保护法》，这是我国文化领域第一部由国家最高立法机构颁布的法律，同年12月，四川省第五届人民代表大会常务委员会第十七次会议通过了《四川省文物保护管理办法》，为我省文物保护管理工作提供了具体的、可操

作的法律依据,标志着我省文物保护管理工作进一步纳入法制化轨道。

1987年四川的文物普查工作全面展开,到20世纪90年代初大部分地区初步完成了田野调查。这次普查不仅发现了大量的文物点,使在册登记的文物点总数大幅度上升,填补了大量的文物年代的缺环和文物分布的空白,初步奠定了四川文物大省的地位。普查后开始组织编辑的《中国文物地图集·四川分册》,全面总结了普查的成果,是我省文物保护和研究的重要基础工作。1986年,国务院核定公布了第二批国家历史文化名城,四川有阆中、宜宾、自贡3座城市当选,通过历史文化名城的公布和历史文化名城保护规划的制定,积极引导和协调各地解决日益严重的城市建设、经济开发与文物保护之间的冲突。1988年,国务院公布了第三批全国重点文物保护单位名单。1991年省人民政府公布了第三批省级文物保护单位25处。1991年、1992年省政府相继公布了由省建委、省文化厅共同核定的第一批、第二批省级历史文化名城23个、名镇18个。1993年、1994年,根据《文物保护法》的规定,省政府相继公布了三星堆遗址、武侯祠等151处全国重点、省级文物保护单位保护范围,在文物保护单位的周围划出建设控制地带,有的还明确规定了相关控制管理要求,以控制建设活动对文物周边环境风貌的破坏,这是我省文物保护单位管理工作中的又一项极其重要的基础工作。为解决严重的人员缺失问题,从1980年以后,通过举办各种培训班、联合办学等形式,培训了一大批管理人才和专业技术人才。

在文物维修方面,1986年,文化部颁发《纪念建筑、古建筑、石窟寺修缮工程管理办法》,确立了"不改变原状"的文物保护维修科学原则、比较合理的文物修缮工程分类,是我国文物工程发展史上的一项重要法规。文物维修经费不断增长,地方财政也拨出了一部分经费用于文物保护,使各级文物保护单位的保护和维修有了一定的保障。顺利开展了大足石刻、乐山大佛、广元黄泽寺等一批重要维修工程。

1985～1997年,随着长江三峡水库项目的立项和建设,对如此超大型水库淹没区的文物保护是一项前所未有的艰巨任务。受国家文物局委托,我们动员了上百人的专业队伍,集中了全省文物考古、古建筑、文物保护的精英,对三峡水库淹没区四川段进行了大规模的文物调查,对沿江十几个县市进行拉网式调查,最后形成了《三峡水库淹没区(四川段)文物保护大纲》,该方案经国家文物局、国务院三峡建设委员会审定通过,成为日后三峡地区文物保护的纲领性文件。

1987年12月国务院发出的《关于进一步加强文物工作的通知》(即101号文件),提出了新形势下文物工作的基本方针和任务:"加强保护,改善管理,搞好改革,充分发挥文物的作用,继承和发扬民族优秀的文化传统,为社会主义服务,为人民服务。"这是我国对改革开放新形势下文物工作方针的第一次重大探索。1988年9月省政府根据国务院101号文件的精神要求和我省实际情况,紧接着出台了《关于切实加强全省文物工作的通知》,提出了要加强文物的保护、管理和利用;要逐步建立具有四川

◆江油云岩寺雪景

地方特色的博物馆体系；各地的文物保护管理要纳入全省城乡建设总体规划。

在考古发掘方面，新都马家大墓、荥经严道古城、青川战国墓，石棺葬考古调查等工作都取得了突破性进展。开展了以三星堆遗址、三峡地区忠县中坝遗址、华蓥安丙墓、成都水井街酒坊遗址、宣汉罗家坝墓群为代表性，在国际国内都有较大的影响的考古发掘项目。其中三星堆遗址的发掘、研究，使古蜀文明历史前推了2000年。三星堆已成为四川旅游品牌，仅门票的年收入就上千万元，带动的相关产业收入大大超过门票收入。忠县中坝遗址有着厚度达十几米的文化堆积层，从新石器时代到明清，是三峡地区最具代表性的文化遗存。成都水井街酒坊遗址是我国第一个经考古发掘的酒坊遗址，被国家文物局评为1999年"全国十大考古发现"，全兴集团以此为契机，适时推出高档白酒"水井坊"，在国内同行业中独树一帜，成为新的利润增长点。

1992年在西安召开了全国文物工作会议，李瑞环同志代表党中央、国务院提出了"保护为主、抢救第一"的工作方针；1995年，在西安再次召开的全国文物工作会议上，国务委员李铁映同志又提出了"有效保护、合理利用、加强管理"的原则，这就形成一个文物工作完整的方针原则，文物工作从此有了处理保护与利用、保护与管理等问题的政策依据。根据1992年、1995年两次全国文物工作会议上所确定的文物工作方针和原则，1997年国务院发出《关于加强和改善文物工作的通知》（13号文件），提出了要正确处理好文物保护与经济建设的关系，处理好文物事业发展中社会效益与经济效益的关系。

在新方针的推动下，我省文物保护各项工作继续稳步前进：1994年，国务院核定公布了第三批国家历史文化名城，四川又新增乐山、都江堰、泸州三城市，国家历史文化名城的总数已达7座；1996年、2001年，国务院先后公布了第四、第五批全国重点文物保护单位，我省全国重点文物保护单位的总数有了大大增加，1996年省政府也公布了第四批省级文物保护单位44处。1995年全国文物工作会议上提出了文物保护工作又一项重要的基础工作："五纳入"，要求各级政府把文物保护纳入地方经济和社会发展计划、纳入城乡建设规划、纳入财政预算、纳入体制改革、纳入各级领导责任制。1997年国务院《关于加强和改善文物工作的通知》（13号文件），再次提出要把"五纳入"工作落到实处。

与此同时，我省文物维修工作也有了巨大发展。长期困扰文物事业发展的经费短缺问题，获得了突破性的解决，我省的文物专项补助经费大幅增加。1993年财政部和国家文物局共同制定了《国家重点文物专项资金管理办法》。全国重点文物保护单位濒临危险的状况有了很大的改善。另外一方面，我国文物维修工程开始展开了跨省、跨行业的文物保护交流、合作活动，通过乐山大佛、安岳石窟、广元黄泽寺等维修工程，推动了我省文物保护工程的发展，也培养了一批文物保护专业力量。

三　2001～2008年的文物保护工作

跨入新世纪以后，随着经济的不断发展，文物保护越来越受到全社会的广泛关注。四川省省委、省政府以及各级地方政府也进一步加大了文物保护力度，我省文物保护事业继续稳步向前快速推进。

（一）健全机构，强化职能

为适应改革开放和文博事业发展的新形势、新任务，我省于 2001 年成立了四川省文物管理局，并于 2003 年增加编制 10 名，增设了政策法规处和国家文物局出境鉴定四川站（事业编制 7 名）。我省各地的文博机构及管理从业人员也得到了逐步充实和加强。根据国家文物局 2005 年度公布的统计数字，四川全省现有文物业机构 222 个，从业人员 3905 人，高级职称 136 人，中级职称 455 人。其中，按管理机构分，文物保护管理机构 162 个，从业人员 1385 人，高级职称 30 人，中级职称 150 人；文物科研机构 3 个，从业人员 255 人，高级职称 36 人，中级职称 34 人；博物馆机构 55 个，从业人员 2116 人，高级职称 68 人，中级职称 250 人。按行政级别分，省级文物业机构 4 个，从业人员 338 人，在编人数 321 人，高级职称 35 人，中级职称 56 人，具有考古发掘个人领队资格 13 人；市（州）级文物业机构为 36 个，从业人员 1512 人，在编人员 973 人，高级职称 77 人，中级职称 220 人，具有考古发掘个人领队资格 13 人。其余为县级文物业机构。值得一提的是，2004 年绵阳成立了全省第一家市级文物管理局，2003 年安岳成立了全省第一家县级文物管理局。目前，全省共有 12 个县（区、市）和 4 个市、州成立了文物局。

以上数据和事实表明，我省的文博系统已初步形成了一个管理体制健全，专业人才队伍不断充实的良好发展态势；全省的文物保护力量和宏观管理能力随着机构的完善、人员的增加、职能的加强得到了明显提高。

（二）法制建设步伐明显加快

2002 年 3 月颁发了《四川省世界遗产保护条例》；2003 年颁布了《四川省人民政府关于加强文物博物馆事业发展的通知》（川府发〔2003〕31 号）；2006 年颁发了《四川省〈中华人民共和国文物保护法〉实施办法》和《四川省人民政府贯彻〈国务院关于加强文化遗产保护的通知〉的实施意见》（川府发〔2006〕21 号）。这些法规制度的制定和颁布，使全省各级政府和相关部门增强了法制观念，提高了加强文物保护、坚持依法行政的意识和能力。同时也为我省文物工作的开展提供了强有力的法律保障，标志着新世纪我省文物保护进入一个新的发展阶段。

（三）文物保护经费逐年大幅增长

在省委、省政府及国家文物局的高度重视和亲切关怀下，"九五"以来，我省的文物保护经费逐年大幅增长（中央、省和市、州各级财政文物保护专项经费投入情况如下表所示）。其数量虽然不能与陕西、山西等文物大省相比，但其增长幅度却在全国名列前茅，在西南地区更是首屈一指。充分证明了党和国家对文物保护工作的高度重视和大力支持。

改革开放以来我省文物专项经费投入表　　单位：万元

年度	1996	1997	1998	1999	2000	2001	2002	2003	2004	2005	2006	2007	2008
中央	668	560	500	920	875	1283	1749	1592	1900	3830	2516	4320	14000
省组	380	360	400	500	400	400	400	730	1020	1120	1240	2800	3440
市州	165	190	200	200	280	280	320	385	421	436	586	650	1230

说明：1978～1995年国家、省、市州各级财政共投入文物保护专项经费约5000万元

（四）一大批重点文物保护单位得到有效保护

近年来，我省通过积极申报全国重点文物保护单位，认真开展大遗址保护，加强省级文物保护单位和项目的申报、审批和管理等工作，使一大批重点文物得到了有效保护。"十五"期间我省增加全国重点文物保护单位共90处（其中第五批24处，第六批66处78个点），尤其是第六批全国重点文物保护单位的数量，超过了前一至五批的总和；首批公布的全国非物质文化遗产保护项目，我省有27项；三星堆遗址、金沙遗址、成都古蜀船棺合葬墓及邛窑什邡堂遗址，已被国家文物局列入"十一五"大遗址保护项目库；开展了第七批省级文物保护单位的申报，经评审又有339处文物保护单位准备上报省政府核准公布；完成了全部六批省级文物保护单位保护范围的划定和公布工作，等等。目前，国家投入2000余万元，正在建设中的金沙遗址博物馆正抓紧布展，今年一季度正式对外开放；成都古蜀船棺博物馆正在积极筹建之中；已建成并对外开放多年的三星堆博物馆，正在积极修改陈列计划及启动新的文物保护项目，其扩建的新展厅也已开展。自贡西秦会馆、新津观音寺、阆中永安寺、松潘古城墙、成都杜甫草堂等，都得到了很好的维修保护。据统计，全省128处全国重点文物保护单位中已有近50%已进行了较为妥善的维修，578处省级文物保护单位近30%得到了有效的修缮保护。

（五）博物馆事业稳步发展

改革开放以来，我们通过博物馆备案登记、省级重点博物馆评选、馆藏文物腐蚀损失调查、馆藏文物清理建档、中心库房馆藏文物保存环境达标建设、馆藏文物调查及数据库系统建设、馆藏文物鉴定、馆藏文物征集、馆藏文物保护修复等工作，加强了对全省博物馆的管理，提升了对博物馆的管理水平，为实现博物馆公共服务功能奠定了良好的基础。

充分发挥博物馆陈列展示功能，满足广大人民群众的精神文化需求。近年来，我省各级博物馆结合自身特点和实际，成功的推出了一批精品陈列展览。在国家文物局组织开展的"全国博物馆十大陈列展览精品"中，四川省博物馆的"巴蜀寻根"、广汉三星堆博物馆的"古城、古国、古遗址"、自贡恐龙博物馆的基本陈列"恐龙时代"、峨眉山博物馆的"世界遗产——峨眉山"、"金沙遗址博物馆基本陈列"等陈列展览，分别获得当年的"全国十大陈列精品"奖。杜甫草堂博物馆的"诗圣铸千秋"和"凉山州奴隶社会博物馆的基本陈列"分别获得当年"最佳创意"奖和"最佳内容设计"奖。"广安邓小平故居基本陈列"获2006年"十大陈列精品特别"奖。金沙遗址博物馆基本陈列获得2008年度"全国十大陈列精品"奖。

与此同时，各地博物馆还充分利用各种民间民俗文化节日，如"国际桃花节"、"郫县赛歌会"、"古蜀文化节"、"中国道教文化节"、"春节游喜神方"、"人日游草堂"等，举办展览，开展活动。据统计，"十五"期间，各地博物馆举办展览52次，广泛宣传了文物保护的相关法律法规，普及了文物保护相关知识，弘扬了民族精神，增进了民族自信心和民族自豪感，取得良好的社会效益。

加快博物馆建设步伐。"十五"期间，我省先后完成了绵阳博物馆、遂宁博物馆、峨眉山博物馆等新馆建设和自贡恐龙博物馆、广汉三星堆博物馆等的改扩建工程。四川省博物馆新馆、金沙遗址博物馆也于今年建成并对外开放。成都古蜀船棺遗址博物馆、成都·中国皮影博物馆也正在筹划之中。成都杜甫草堂进行了水环境改造，完成了唐代遗址保护展示和万佛楼的复建，参观环境得到进一步改善。成都武侯祠博物馆实施总体规划，打造出了更加优美的园林景观和三国文化氛围。自贡恐龙博物馆改善了展厅环境，使展厅内部陈列焕然一新。广安邓小平纪念馆和仪陇朱德故居纪念馆也已全面建成开放。依法加强了对民营博物馆的管理。

2000年以来，随着社会经济发展，国家加大了对博物馆事业的投入，我省相继建成了成都金沙遗址博物馆、四川博物院等大馆，博物馆事业得到了空前的发展。截至2008年12月31日，在四川省文物管理局备案的博物馆已达130座，其中，国有博物馆103座，非国有博物馆27座，覆盖了全省21个市州和64个县（市、区）。我省现有自贡恐龙博物馆、广汉三星堆博物馆、广安邓小平故居陈列馆、成都杜甫草堂博物馆、成都武侯祠博物馆5家国家一级博物馆；有成都永陵博物馆等7家国家二级博物馆；凉山彝族奴隶社会博物馆等9家国家三级博物馆。全省初步形成了以国有博物馆为主体，非国有博物馆为补充的基本格局。

（六）考古工作成果丰硕

1986年广汉三星堆遗址发现了两个器物坑，出土的青铜雕像群和大量精美文物轰动世界，举世瞩目。2001年年初成都金沙遗址以及相继发现的成都宝墩文化古城遗址、成都商业街古蜀

◆广汉三星堆考古发掘现场

◆金沙遗址出土"太阳神鸟"金饰

◆金沙遗址出土大金面具

◆船棺发掘现场

◆金沙遗址遗迹馆原状展示的考古发掘现场

船棺遗址、达州宣汉罗家坝遗址等，都引起了海内外的关注。此外，还有西昌大石墓、中江崖墓彩绘壁画、华蓥山安丙墓、泸县宋墓、岷江上游营盘山遗址、成都水井坊遗址、绵竹剑南春天益老号酒坊遗址、蒲江战国船棺葬等一系列重要考古发现。这一系列考古发现，在国家、学术界及广大人民群众中影响巨大，其中有10次被评为了"全国十大考古新发现"。金沙遗址的发现，被誉为"中国二十一世纪第一个重大考古发现"，被评为2001年度"全国十大考古新发现"称号。继金沙遗址之后，绵竹剑南春天益老号酒坊遗址、成都江南馆街唐宋遗址分别被评为2004年度、2008年度"全国十大考古新发现"；有些重要考古发现如成都水井坊遗址、绵竹剑南春天益老号酒坊遗址，还带动了我省的相关产业经济发展，产生了良好的经济效益。仅以全兴酒业为例，其70%利润来自于"水井坊"酒（成都水井坊遗址为全国重点文物保护单位）。

学术研究成绩显著。这些年,我省考古界相继出版了《三星堆祭祀坑》《四川考古报告集》《四川考古研究论文集》、《巴蜀考古论文集》、《前蜀王建墓发掘报告》、《四川文物览胜》、《泸县宋墓》、《绵阳双包山汉墓》、《凉山大石墓》、《什邡船棺葬》、《华蓥安丙墓》、《雅安汉代石刻精品》、《三

◆水井坊遗址

星堆传奇》(台湾展出图册)、
《三星堆》(日本展出图册)《假
面之谜——三星堆出土中国古
代青铜器》(澳大利亚展出图
册)、《殷商文明暨纪念三星堆
遗址发现七十周年国际学术研
讨会论文集》、《宋瓷精萃·金
鱼村窖藏》、《四川彭州宋代金
银器窖藏》、《广元石窟艺术》、
《金沙遗址——成都金沙村遗

◆1989年王建墓大揭顶维修保护工程

址出土文物》、《成都历史文化
名城》、《金沙——再现辉煌的古蜀王都》、《金沙玉器》、《金沙——21世纪中国考古新发现》、《成
都考古发现》(每年年度考古报告)等考古报告和学术著述。我省考古界专家、学者们出版了一
系列学术著述,发表了数量众多的学术论文,在学术研究领域取得了可喜的成绩。值得一提的是,
集中了我省文博界多位专家学者,经过多年努力编撰而成的《四川文物志》上、中、下三巨册,
已出版问世,这一工作走在了全国的前列。工作量极其浩大的《中国文物地图集·四川分册》的
编撰工作,经过多年努力,已完成终审前的最后审查。

(七)文物普查顺利推进

2007年4月,国务院发出了《关于开展第三次全国文物普查的通知(国发〔2007〕9号,以
下简称《通知》)。为认真贯彻落实《通知》精神,我省迅速成立了四川省第三次全国文物普查领
导小组和办公室。随即,全省各地立即成立了相应的文物普查领导小组和办公室以及普查工作队
和普查工作小组。按照国家文物局的统一部署,至2007年9月30日,我省圆满完成了对文物普
查组织机构建立、人员培训和试点等第一阶段工作。

2007年10月,我省第三次全国文物普查工作(以下简称"三普"工作)全面转入第二阶段
(田野调查阶段)。全省各地投入大量的人力、物力和财力,积极开展田野调查工作,新发现了一
大批具有一定历史、艺术、科学价值的不可移动文物,其中包括大量的乡土建筑、工业遗产、近
代优秀建筑等,进一步丰富了我省文化遗产的类型。

(八)对外文物交流成效显著

改革开放以来,我们组织了三星堆出土文物到日本、澳大利亚、美国、欧洲、等国家和我国
台湾地区举办展览,所到之处,反响强烈,引起轰动。"十五"期间,我省举办了赴日本、美国、
法国、加拿大等国的文物外展。通过文物外展,充分展示了古蜀文明的灿烂辉煌和四川古代历史
文化的魅力,有力地配合了我国的对外文化交流,进一步扩大了四川的影响,提升了四川的国际
形象。

加强对外学术交流。采取请进来、走出去的方式,多次举办或参加国际学术研讨会。这对

◆三星堆出土文物在国外展出

我省的文物保护和考古工作以及学术研究起到了积极的促进作用。加强了同海外同行们的多方面合作，今年我国文化部同法国文化部签署协议，成都文物保护与修复中心纳入了两国政府间的合作项目；开展了南方丝绸之路中日联合考古调查；进行了中日联合漆木器保护与修复有研究；参与了越南文物保护工作等。这些对外学术研究的开展，使我省的对外文物交流，从单纯地举办对外文物展览，逐步向多方位、多层次的国际交流和协作迈进，充分反映了我国和我省文博事业的昌盛与繁荣。

在这一时期，我们认真贯彻"保护为主、抢救第一、合理利用、加强管理"的文物工作方针，建立了适应社会主义市场经济体制、遵循文物工作自身规律、国家保护为主并动员全社会共同参与的文物保护体制。

四　2008年至今的文物保护工作

2008年，我省的文物工作继续稳步向前推进，第三次文物普查工作成绩显著，博物馆免费开放工作顺利进行，一大批不可移动文物得到了妥善的抢救保护，但2008年的5月12日一场突如其来的特大地震，不仅给四川人民的生命和财产造成了巨大损失，也给四川的文化遗产造成了前所未有的破坏。世界文化遗产——都江堰古建筑群和列入《中国世界文化遗产预备名单》的3处全国重点文物保护单位遭到严重损毁；83处全国重点文物保护单位、174处省级文物保护单位和814处市、县级文物保护单位以及数量难以统计的文物保护点受到不同程度损毁；65处博物馆、文管所文物库房和办公、管理用房遭受不同程度的破坏和损毁；3167件馆藏文物受损。面对这突如其来的巨大灾难，面对文化遗产遭受的惨痛损失，坚强的四川文博人毫无畏惧、毫不气馁，知难而上、真抓实干，在党中央、国务院

◆地震发生后，都江堰文物管理部门迅速展开二王庙清理排险工作

的坚强领导下，在四川省委、省政府的高度重视下，在文化部、国家文物局和兄弟省、市的全力支持与帮助下，坚强的四川文博工作者忍着失去家园、失去亲人的痛苦，挺起不屈的脊梁，团结一心，不等不靠，以高度的责任感和使命感，奋力拼搏在抢险救灾第一线，用生命护卫着中华民族传统文化瑰宝，使一大批珍贵的文化遗产得到及时抢救保护，取得了抗震救灾的阶段性胜利。

"5·12"汶川地震发生后，我省各级文物部门主要开展了以下工作

（一）灾后文物抢救保护工作

1. 在第一时间迅速启动应急预案，迅速调查灾情并及时上报灾情报告。

2. 根据灾情报告编制了《四川省文物抢救保护修复规划》，并被发改委、财政部、国家文物局等 11 家部委纳入了《汶川地震灾后恢复重建公共服务设施建设专项规划》中。全省共有 153 个不可移动文物保护项目和 65 个博物馆、文管所抢险加固、可移动文物保护项目被列入该规划中。

3. 建立了"灾后文物抢救保护领导小组"，负责灾后文物损失调查和评估、抢救保护工程的组织和协调等工作。

4. 成立"四川汶川大地震灾后文物抢救保护工程专家组"，负责灾后文物抢救维修保护规划、方案的技术指导、损失评估以及规划、方案评审、工地检查和指导等工作。

5. 编制出台了《四川汶川大地震灾后文物抢救保护工程管理办法（暂行）》。

6. 在国家文物局大力支持下，积极组织，动员了全国 30 余家勘察设计单位，对 39 个极重灾县（市、区）不可移动文物抢救维修方案、规划编制进行对口技术援助。

7. 采取支护、棚护、清理等临时性应急措施，对全省受损的不可移动文物保护单位进行抢险排危；对部分受损的文管所、博物馆等进行采取了清理、遮盖、消毒、支护、棚护；对受损的馆藏文物进行清理、登记。

8. 采用同步勘察设计、同步施工、同步监理的方式，及时开工了"世界遗产都江堰古建筑群"、"羌族村寨与碉楼"、"松岗直波碉楼"等社会关注度高、影响重大、涉及民生民计的重点文物抢救保护工程；目前"松岗直波碉楼"已经竣工，都江堰古建筑群伏龙观工程也将在年内竣工。

9. 本着及时抢救保护少数民族文化遗产、传承少数民族建筑传统技艺、为少数民族地区培养一批专业技术队伍的目的，借助灾后文物抢救保护工程的实施，先后举办了两期"四川藏羌地区传统建筑维修保护技术工匠培训班"。

10. 积极向国家文物局汇报，协调省发展改革委、省财政厅等部门，努力争取政策和落实灾后文物抢救保护资金；

◆抢险支护后的古建筑

及时召开全省灾后资金项目对接会议，基本保证了灾后资金科学合理的运用到每个项目上。

11. 加快对各地上报的维修保护方案和规划及时组织审批。

12. 全省文博系统的同志们千里奔徙，及时转运灾区馆藏文物，把文物损失降至最低。其中，积极转运茂县羌族博物馆文物和绵阳中心库房文物等一批馆藏文物的工作尤为突出。

13. 积极进行"地震文物"征集，目前全省已征集到地震10余万件。

14. 积极开展"5·12"地震遗址遗迹保护和博物馆（纪念馆）建设前期工作。

截至目前，在全省广大文物工作者的共同努力下，我们主要完成了以下工作：

1. 储备项目

全省39个极重灾县（市、区）中，已完成不可移动文物抢救维修方案、保护规划共计171个，储备灾后不可移动文物抢救保护项目100项，占《汶川地震灾后恢复重建公共服务设施建设专项规划》中不可移动文物抢救保护项目总数的65.36%。这为科学系统、及时有效的推进全省灾后文物抢救保护工程奠定了坚实的基础。

2. 清理支护

利用总理应急资金和地方财政垫支，完成了理县桃坪羌寨、广元千佛崖等43处文物保护单位的第一期抢险加固工程；完成都江堰文物局、汉源文管所等15处文管所、博物馆的馆舍抢险加固和馆藏文物清理工作。

3. 开工竣工

通过前期的努力，广元皇泽寺、阆中白塔、都江堰普照寺、青城山天师洞皇帝祠、江油红军胜利纪念碑、江油蒋德均德政坊、汶川万寿台、汶川通鹤城墙、汶川平正庙、汶川川主庙等10个灾后抢救保护工程已经竣工；广元市朝天区文管所、元坝区文管所、剑阁县文管所和阿坝州黑水县文管所4个文管所的修复和重建工作已经完成。

目前，39个重灾县(市、区)已新开工13处文物保护单位和3处少数民族村寨的抢救保护工程。今年内德阳、绵阳、成都、雅安、阿坝等地的20余个工程陆续开工。

4. 落实资金

目前全省共下达了两批灾中央后文化遗产抢救保护基金，总数已达20.9223亿元，占国家核定24.22亿元的86.38%。

5. 灾后信息

为及时掌握灾后文化遗产抢救保护工程进展情况，我局利用四川省文物管理局网络平台，专门建立了"四川省汶川地震灾后文化遗产保护网"。

为及时掌握灾后文化遗产抢救保护相关信息，对各地灾后资金到位、工程开工、完工、勘察设计、施工、土地划拨、援建单位、援建资金、招标投标、工程进度等内容实行月报。

6. 资质管理

为加强对文物保护工程资质单位的监督管理，促进我省文物保护工程的有序开展，保障各资质单位在川工作期间的合法权益，为我省文物保护工程营造良好的市场环境，我局积极与四川省建设厅联系，将在川承担文物保护工程施工资质单位的相关资料在四川省建设网进行了公示（以后凡进入四川境内施工的资质单位必须持当地省级文物行政主管部门的许可证明到我局备案；川内文物保护工程资质单位按照有关规定每年到我局进行资质年检）目前已经公示三批。

7. 招标投标

为规范和加强我省文物抢救保护工程的管理，确保文物保护工程，特别是灾后文物抢救保护工程的顺利实施，根据相关法律、法规，综合国家发改委关于招投标专家分类（征求意见稿）和地方实际情况，省文物局拟定了《四川省文物保护工程招标专家库名单》，并对文物招投标专家进行分类，目前省文物局正在积极与省发展改革委协商，争取进入灾后评标专家库，以便于建立和完善文物抢救保护专家评标制度。

现江油市发改委招投标工作已从省文物局评标专家库中抽取文物专家参与评标工作。

8. 争取政策

为确保四川省灾后文物抢救保护工作的顺利进行，针对灾后文物保护工程推进中存在的问题及有关法律、法规的事宜，我局积极向国家文物局汇报，并得到了国家文物局的大力支持。近日，国家文物局根据针对四川灾区专门下发了"关于四川省灾后文物抢救保护工程中有关问题的意见"，这为我省加快实施灾后文物抢救保护工程提供了政策支撑。

我们的工作得到了国家文物局和省委、省政府领导的充分肯定。今年10月17日，国家文物局局长单霁翔在四川专门听取文物工作汇报时指出：四川省文物系统全体职工在省委、省政府的正确领导下，发扬抗震救灾精神，取得了抗震救灾文物抢险修缮的伟大胜利，也取得了各项文化遗产保护重点工程的重要成果。四川省文物系统为保护祖国文化遗产所做出的艰苦卓绝的努力和所取得的伟大成果，将对全国文化遗产保护工作给予巨大鼓舞，也将激励全国文物系统广大职工更加努力地工作。四川省目前由于抗震救灾和拉动内需，进入了城乡建设的高潮，即是四川省经济社会发展的"重要机遇期"，也是文化遗产保护的"矛盾凸现期"，我们要继续振奋精神，凝聚力量，做好当前的文化遗产保护的各项工作，更多地创造中国经验和世界经验。

沉舟侧畔千帆过，病树前头万木春。诚然，灾难给我们造成了巨大的不幸，但，坚强的四川人民将会从废墟中顽强地站起，用自己的双手建设一个更加美好的家园。我们相信，在党中央、国务院，省委、省政府的坚强领导和统一部署下，在国家文物局、全国文博同仁和社会各界的大力支持与无私帮助下，有四川文博系统这样一支忠于职守、坚忍不拔、吃苦耐劳、无私奉献的队伍，我们一定不会辜负国家和人民的期望和重托，圆满完成四川灾后文化遗产抢救保护的各项工作任务，向党、向国家、向全国人民交出一份满意的答卷。

（二）第三次全国文物普查工作

2008年1月，我省"三普"工作设备（包括笔记本电脑、数码相机、GPS等）全部配发到了全省21个市、州和181个县（区、市）；我们按照财政部、国家文物局《第三次全国文物普查专项经费管理办法》与省财政厅联合下发了《四川省第三次全国文物普查专项经费管理办法》（该办法在全国是第一个出台）。上述两项措施，有力地促进了全省"三普"工作的顺利进行。

同时为了保证普查质量，充分发挥专业院所的作用，我省第三次全国文物普查第二、三阶段的业务指导工作主要由四川省文物考古研究院（以下简称省考古院）承担。省考古院对此高度重视，立即成立了以该院业务骨干为主的"四川省第三次全国文物普查办公室督导组"，落实专门人员负责全省21个市、州"三普"的督导工作。"四川省第三次全国文物普查办公室督导组"的成立，有力地推动了全省"三普"工作。

至2008年5月12日，全省"三普"新发现共计4300多处。

"5·12"汶川大地震发生后，我省"三普"工作受到严重影响。在抢救人民生命财产、保民生保民计、重建物质家园为第一要务的艰难时期，我们一手抓抗震救灾、一手抓"三普"工作，及时召开会议，研究对策，统一思想，超常工作、真抓实干，开创了我省"三普"工作的新局面。这其中，灾区文物工作者忍着失去亲人、失去家园的痛苦，面对普查设备、资料被毁、普查成果消失等种种困难，仍然坚守岗位、忠于职守，继续顽强的开展"三普"工作，没有因地震而拖全省的后腿。

为了切实推进我省"三普"工作，2008年11月17日，四川省人民政府召开第三次全国文物普查领导小组（扩大）会议。在会上，省人民政府黄彦蓉副省长与全省21个市、州人民政府分管市、州长签订《四川省第三次全国文物普查目标责任书》，落实市、州政府"三普"工作的目标责任，从而有力地保障了全省灾后"三普"工作顺利进行。

随着全省"三普"工作的不断推进，经过全省文物工作者的共同努力，我省"三普"工作相对落后的局面得到了改变。2009年7月，省人民政府副省长黄彦蓉在《四川文物简报》2009年第25期《四川省第三次全国文物普查工作取得新进展》上批示："很好！望继续加大工作力度，对处于后进的地区要加强督察，确保全省任务圆满完成。"

至2009年10月31日，全省共调查登记不可移动文物92667处，其中新发现79028处，复查13639处；调查登记消失文物4522处，全省普查完成率80.2%，共有61个县完成了实地文物调查，其中有一个县已验收合格。目前调查登记不可移动文物总量和新发现文物数量暂时排名全国第一。

（三）博物馆、纪念馆免费开放工作

按照国家安排，全省首批12家博物馆、纪念馆于2008年3月以来向社会免费开放。今年，四川博物院也建成并免费开放。同时，今年还有38家博物馆、纪念馆拟免费开放，目前正在申请免费开放资金。

为确保免费开放工作的顺利实施，中央财政和省级财政分别拨付2008年度和2009年度博物馆免费开放专项资金共计1.3亿余元，用于首批12家博物馆的免费开放工作。同时，与省财政厅联合下发了《四川省博物馆、纪念馆免费开放专项经费管理办法》。

我局高度重视博物馆免费开放工作，与省委宣传部、财政厅等部门多次召开工作会议，审核免费开放博物馆名单，落实有关资金，部署有关工作。同时，开展了对免费开放博物馆的调研以及对免费开放资金使用情况的检查。

为做好免费开放工作，首批12家博物馆和四川博物院都纷纷采取措施，制定切实可行的管理制度，增加管理服务人员，完善服务设施，并实行"免费不免票"、"预约参观"等手段控制参观人数，确保了免费开放博物馆的正常运行和文物、人员的安全。

免费开放的实施，极大地扩大了博物馆的社会效益。2008年度，12家免费开放博物馆参观人数500万人次，同比增长1倍；四川博物院开馆以来，每天接待观众3000人次以上，极大地满足了群众的基本文化需求。

60年来，我省的文化遗产事业有挫折，更有辉煌，她不仅见证了中国文化遗产事业的发展，更见证了新中国的发展历程。同时也充分说明了没有改革开放，就没有文化遗产事业的迅速发展；没有改革开放，就没有文化的大发展大繁荣；没有改革开放，就没有我们今天所取得的辉煌成就。

60年来，文化遗产事业的发展历程使我们坚信：在党中央、国务院和省委、省政府的坚强领导下，随着国力增强和社会经济的发展，我省的文化遗产事业必将走向更加灿烂辉煌的明天！

（执笔人：王　琼　濮　新　何振华　贺晓东）

贵州省文物事业60年

贵州省文物局

一 概 述

贵州地处中国西南的云贵高原东部。在这17万平方公里的土地上，贵州各族先民在历史的长河中，创造了丰富的物质文化和精神文化，留下了一笔丰厚的文化财富。1949年中华人民共和国成立以来，经考古发掘和几次大的文物普查，基本摸清了贵州文物的"家底"，特别是通过第三次文物普查，贵州境内发现的文物点将超过1万处，新发现文物点3000多处。这些丰富的文化遗存，证实了贵州是伟大祖国悠久历史和灿烂文化的重要组成部分。在文物普查的基础上，先后公布了各级文物保护单位2481处。其中有全国重点文物保护单位39处，省级文物保护单位342处、县级文物保护单位（包括州、市、特区）2100处。各级文物保护单位是经法律形式确定的贵州文化遗产的集中体现。在全国重点文物保护单位中古文化遗址6处，古墓葬3处，古建筑16处，近现代重要史迹9处。省级文物保护单位中古文化遗址有35处、古墓葬及历史人物墓葬57处、古建筑及纪念性建筑140处、摩崖、石刻及崖壁画28处、近现代史迹71处。

1982年2月8日和1986年12月8日经国务院批准，遵义、镇远公布为全国历史文化名城，1992年6月4日，经贵州省人民政府批准，花溪青岩镇、织金城关镇、大方城关镇、安龙新安镇、福泉城厢镇、石阡汤山镇、黄平旧州镇、雷山西江镇、黎平德凤镇九镇公布为省级历史文化名镇。2001年安顺市被公布为省级历史文化名城。

1986年以雷山上郎德苗寨和镇宁滑石哨布依寨为标志的民族村寨保护开始起步，至2002年，经省民族村镇保护与建设联协会议办公室批准，公布了20个省级民族村镇，这20个民族村镇代表了苗、布依、侗、彝、水、瑶、土家、仡佬等民族。2005年11月经国务院批准，花溪区青岩镇、习水县土城镇被公布为历史文化名镇；西秀区七眼桥镇云山屯村被公布为历史文化名村。2007年5月经国务院批准，黄平县旧州镇、雷山县西江镇被公布为历史文化名镇；锦屏县隆里乡隆里村、黎平县肇兴乡肇兴寨村被公布为历史文化名村。

上述各级文物保护单位，各级历史文化名城、名镇，民族村寨，基本反映了贵州的文化面貌，同是也凸现了贵州文物的地域特点：即旧石器时代文化，近现代史迹中的长征文化，民族文化。

二　基本情况

　　贵州的文博事业的发展是指文物机构、经费，文博队伍建设，文物普查与征集、文物考古、文物抢救维修，文物"四有"，博物馆建设和开放，近现代史迹的保护和利用，民族文物的保护和利用，文物法规，文物研究与出版，文物展览与宣传，对外交流等方面成绩的总和。

（一）文物机构

　　民国时期，贵州没有全省性的文物行政管理机构，只有局部的短暂的管理职能机构。民国二十七年（1938年）由贵阳市警备司令部、民政厅、财政厅、教育厅、保安处和贵阳市政府根据贵州省政府第186次常务会的决定，成立了"贵州省会名胜处所保管委员会"。民国三十一年（1942年）8月，安龙县成立了"安龙县名胜古迹保管委员会"。

　　中华人民共和国成立后的1952年，成立了贵州省文化事业管理处（后改为文化局）。次年成立了贵州省博物馆筹备委员会。1958年贵州省博物馆开放正式成立，直至中共十一届三中全会以前，全省文物管理工作由省博物馆代行其职，但更多的是省博物馆自身的业务建设。严格意义上说还是一种间接性的管理，直接的行政管理仍是贵州省文化局。

　　1978年，中共十一届三中全会以后，贵州省文物行政管理才又开始有了建置，之后，省文物管理机构逐步得到健全和升格。1978年即由贵州省文化局社文处具体实施对全省文物行政管理工作。1981年，经贵州省人民政府批准，成立了贵州省文物管理委员会，下设办公室于省文化局（办公室人员编制5人）。省文物管理委员会成员单位有：省委宣传部、省民族事务委员会、省财政厅、省公安厅、省建设厅、省环保局、省文化局、贵阳师范学院、省民族研究所、省文史馆、省博物馆。省文物管理委员会设主任委员1人，副主任委员4人，委员11人。其中党政领导8人，专家学者5人。省文物管理委员会由省政府副省长秦天真任主任委员。同时还聘请省内外（省外主要是北京的专家）领导专家学者、新闻记者共54人为贵州省文物保护顾问。贵州省文物管理委员会的成立，大大提高了贵州省文化局对文物管理协调的规格，推进了贵州文博事业的快速发展。1983年贵州省文化出版厅设立文物处（编制3人），与省文物管理委员会办公室合署办公。此期间，经贵州省编委批准，成立了贵州省文物商店，编制7人。贵州省有8个市、州、地和福泉、黎平、遵义、镇远、湄潭、织金、松桃、江口、石阡、德江、沿河、兴仁、晴隆、贞丰、册亨、望谟、安龙、盘县、六枝等20多个县成立了文物管理委员会。市、州、地文化局设立了文物科，与同级文管会办公室合署办公。1993年，在机构改革中，省文物管理委员会撤销，但省文物管理委员会的功绩永载文物史册。

　　1995年，经贵州省编委批准，成立了贵州省文物考古研究所（处级），编制15人，设所长1人、副所长2人。结束了"贵州省博物馆考古队、考古所"的历史。

　　2000年经省人民政府批准，成立贵州省文化厅文物局（处级局），对外为贵州省文物局，编制10人，设局长1人、副局长2人。2002年，经省编委批准，成立贵州省文物研究保护中心，编制3人与省文物考古研究所两块牌子一套"人马"。设主任1人，副主任1人，省文物考古研究所所长任主任。2006年，经省人民政府批准，成立贵州省文物局（副厅级局），隶属贵州省文化厅。编制10人，设局长1人，副局长2人；局设综合处、文物保护处。2008年增设文物资源利用处、文物监督管理处等2个处，内设副厅级领导职数1名、非领导职数1名，处级领导职数6名，非领导职数1名，人员编制17名。

截至2009年，全省9个市、州、地成立了文物局。镇远、赫章等县成立文物局(正科级)，铜仁市、大方县、织金县、黄平县等成立了副科级文物局。80余县（县级市、区、特区）成立了文物管理所。

（二）文物经费

中共十一届三中全会以前，贵州省文化主管部门没有专项文物事业经费。1981年，省文物管理委员会成立之初，文物经费列入省财政文物事业经费，预算不到5万元。1983～1995年逐年增至130万元。1996年，翻了一番，增至260万元。

2007年以后，省文物事业经费增至650万元、省专项经费300万元、国家文物保护补助经费500万元、国家补助文化传媒经费1000万元、国家文物库房建设费800万元。博物馆免费开放补助费3764万元，全年经费达7000余万元，是1996年全省总文物经费的30倍。

（三）文物员队伍

中共十一届三中全会以前，贵州尚无全省性的文物保护队伍，仅有省博物馆、遵义会议纪念馆两馆有行政和业务人员77人。其中博物馆职工总数39人，行政干部6人，业务干部33人。大专以上学历者20余人。遵义会议纪念馆职工总人数38人，专业干部35人，大专以上学历者11人。

中共十一届三中全会以后的1979年，为开展全省性的文物普查，县级文物干部都是由县文化馆文化干部兼职，有100多人。1983年之后，全省相当一部分县（县级市、区、特区、）成立了文物管理所，原来由文化馆的兼职文物干部成为专职文物干部。到2000年，这支文物员队伍总数达486人，民族成分除汉族以外，有苗、布依、侗、彝、回、壮、满、仡佬、土家、水等10多个民族。

（四）干部培训

贵州省文物主管部门，针对文物干部文物基础知识差的特点，加大干部培训。先后选送190多人次到省外的承德培训中心、四川大邑培训中心、北京文化干部学院、北京大学、西南师范学院、中国古脊椎动物与古人类研究所、武汉长江流域规划考古培训班、南京保管工作人员培训班、云南大理西南少数民族培训班、湖南板仓、河南郑州、山东泰山、陕西咸阳、江苏扬州、北京周口店、北京师范大学、中央民族学院等培训深造。学习的课程有：考古、动物标本剥制、中国古代史、中国近现代史、博物馆学、文物鉴定及保管、考古领队、古人类及动物骨骼测量、美术书画等。省内在毕节、安顺、玉屏、镇远、铜仁、兴义、六枝、遵义、贵阳、贵州电视大学等地先后举办了考古、拓片、古建、民族文物调查、文物四有、文物法规、夜郎考古、文管所长管理、生态博物馆理论等为内容的培训班。

这些培训班中，规模最大的一次是1985年由省文物主管部门在全省内推荐49名文物员在中央民族学院的培训，这是一次针对性很强、目标很明确、时间长达一年的脱产培训。这次培训的内容是民族学，其目的是为加强贵州的民族文物工作培养干部作准备。

2007～2009年，省文物局加大对文物干部的培训力度，每年投入培训费50多万元先后培训干部400多人次。培训内容有：文物保护，博物馆长、文管所长岗位培训，第三次文物普查岗位资格培训。2008～2009年，委托北京大学文博学院在贵州大学举办了研究生进修班。

为了认定文物干部的专业水平、自1987年开始进行职称评定。截至2009年，我省文物干部中被评聘为研究馆员者11人、副研究馆员49人、馆员120人。自此，全省文物干部评聘为馆员以上的职称人数为180人。基本形成了一支专业化的队伍。

（五）文物普查

贵州省的文物普查分为三次，1956年为第一次，1981年为第二次，2007～2011年为第三次。

第一次主要是省博物馆和遵义会议纪念馆开展的文物征集活动。省博物馆自1953年成立了筹备委员会之后，即开展有历史文物（含传世文物）、民族文物、革命文物、社会主义时期的文物和标本采集等方面的征集工作。现省博物馆已征集历史文物藏品和自然标本9万余件、其中历史文物类藏品60244件、自然标本3.5万余件。

遵义会议纪念馆自1956年，派出两组文物征集队在遵义地区各县征集与红军活动有关的文物。1957年和1972年又派出文物征集工作队调查沿中央红军长征入黔、四渡赤水、进军云南的路线征集文物。与此同时，先后从中央档案馆、中国革命博物馆、中国人民军事博物馆、韶山、南昌、江西、四川、贵州、天津、重庆等省市博物馆、广州农民运动讲习所、及贵州省军区、遵义军分区等调拨部分文物。共征集到文物700多件、复制品679件、代用品169件。为该馆的复原陈列、辅助陈列打下了物质基础。

全国性的第二次文物普查始于1981年，事实上，贵州全省性的文物普查始于1979年。是年，省文化局以（1979）65号文，发出了《在全省范围内开展文物普查的通知》，并发"文物古迹登记表"、"红军长征调查表"、"红军标语登记表"、"革命纪念建筑登记表"进行登记。据统计，此时期全省共组织了800多人的文物普查队伍，行程上万公里，翻阅图书资料2000多册，召开各种座谈会8000多次，调查访问1.2万多人次。普查文物古迹5000多处，拍摄照片1万多张，捶拓摩崖、碑碣拓片500多幅，征集文物3000多件，收集整理文物普查资料4800多份、3000多万字。

2007年贵州开展第三次文物普查，参加全省性的"三普"岗位培训文物干部就达400多人。通过2007年和2008年两年时间的"三普"，到2009年年底，已核查文物点1万多处，其中新发现文物点3000多处。

（六）文物考古

1949年中华人民共和国成立前，贵州的考古事业等于零。

中华人民共和国成立以来的60年，贵州考古事业成绩斐然。贵州的旧石器考古，在全国名列前茅。贵州的旧石器文化遗址主要分布在贵阳以西的安顺、毕节、黔西南州等三个地区，此外在遵义的桐梓境内也有发现。目前，贵州发现的旧时代文化遗址计40多处，经过发掘清理的则有 23 处。

1964 年冬，中国科学院古脊椎动物和古人类研究所和贵州省博物馆联合对黔西观音洞进行发掘，拉开了贵州旧石器时代考古的序幕。1965 年冬，我国著名旧石器考古学家裴文中教授主持系统发掘，1972 年和 1973 年，又再次发掘。几次发掘共获得 3000 多件石制品和大量的哺乳动物化石，文化堆积层达 9 米多高。黔西观音洞石器工业与欧洲已知的旧石器文化和中国猿人文化比较很少有相同之处，因此命名为"观音洞文化"。观音洞遗址的地质年代属更新世中晚期，文化时代为旧石器时代早期。在白寿彝主编的《中国通史》中认为：在我国南方"属于更新世中期的遗址，首推贵州黔西观音洞"。黔西观音洞文化与山西西侯度文化、北京周口店文化鼎足而三，成为我国旧石器时代早期著名的文化遗址。该遗址于 2001 年 6 月 25 日，经国务院批准，公布为全国重点文物保护单位。

1971 年和 1972 年，中国科学院古脊椎动物与古人类研究所对桐梓岩灰洞进行发掘，出土石制品 12 件，人牙化石两枚，哺乳动物 24 种，陆龟 1 种，还发现炭屑、烧骨。石器主要为刮削器，原料以燧石为主。打制方法系锤击法打片。人牙化石一为老年个体上内门牙，一为年轻个体右上第一前臼齿。具有北京猿人和尼安德特人同样门齿特征。因而可归属于早期智人。桐梓岩灰洞遗址是继黔西观音洞遗址发现后的又一次重大发现，对研究贵州高原人类进化和环境演变有着特殊的意义。

属于旧石器时代中晚期遗址的代表是水城硝灰洞。1973 年夏修公路发现，同年冬贵州省博物馆进行发掘，"锐棱砸击法"是硝灰洞遗址石器工业的主要特点，可能代表一种新型的区域文化。属于旧石器时代晚期的遗址的代表是兴义猫猫洞遗址。1974 年冬，贵州省博物馆调查发现石器、骨角器、大量石制品，遗址文化特征：打片有多种方法，但锐棱砸击法突出。80% 的石片是用锐棱砸击法，为国内少见。。猫猫洞遗址的地质年代属更新世晚期至全新世初期。文化时代为

◆ 鸡公山遗址 4 号祭祀坑上部出土器物

◆ 鸡公山遗址远景

旧石器时代晚期。"猫猫洞文化"对研究中国史前文化的多样性和区域性有重要的意义。

普定穿洞遗址于 1978 年发现，1982 年冬两次正式发掘，获得人遗骸数十件，石制品 1 万件，骨器近千件，较为完整的头骨是贵州的首次发现。出土人类遗骸之多，堪称贵州史前遗址之最。故考古学界称为"穿洞人"。该遗址出土的骨器最富有特色的工具，不仅数量

◆ 大洞全景

多，类型多，且形制精美，实为国内罕见。穿洞遗址下部地层的地质时代为晚更新世末期，文化时代属旧石器时代晚期。其文化内涵在于两种不同性质的文化类型的重叠和骨器的突出程度，在史前考古中有着相当重要的意义。1988 年 1 月 13 日，经国务院批准，公布为全国重点文物保护单位。

安龙龙广观音洞则是旧石器向新石器过渡的一处重要遗址。遗址的堆积时代从临近更新世结束，一直延续到全更新世早期，其文化时代从旧石器时代晚期之末一直延续到新石器时代早期结束，该遗址填补了贵州新石器时代早期文化的空白，1985 年 11 月 2 日，经省政府批准，公布为省级文物保护单位。

1990 年，六盘水市文物部门发现了盘县大洞遗址。1992 ~ 2000 年，由六盘水市文管所、中国科学院古脊椎动物和古人类研究所、贵州师范大学联合考古队对该遗址进行了 6 次发掘。洞系的堆积层的时间上跨越中更新世和晚更新世两个地质时代。文化时代文旧石器时代早期。与黔西观音洞遗址属同一时代。该遗址的发掘于 1993 年评为年度"全国十大考古发现"。1996 年 11 月 20 日，经国务院批准，公布为全国重点文物保护单位。

自黔西观音洞旧石器遗址发掘以来，贵州境内又先后发现了旧石器时代早、中、晚三个时期的古人类文化遗址数十处，建立了早期的黔西观音洞、中期的水城硝灰洞、晚期的兴义猫猫洞三个文化类型。

商周迄至两汉古遗址共有 20 余处。除贵州东南部尚无线索外，在其他地域已有所突破，毕节地区、黔西南自治州、安顺市发现较多；黔北的仁怀市，黔东北的沿河县境也又所发现。在毕节青场、瓦窑，赫章可乐、柳家沟，普安铜鼓山、安顺宁谷、沿河洪渡、贞丰者相发现一批自商周迄于两汉的古遗址。

赫章柳家沟遗址于 1977 年试掘，该遗址的石器磨制技术等方面与铜鼓山遗址有某些共同之处。但柳家沟遗址所出陶器均素地无纹饰，较铜鼓山遗址陶器显得更古老原始，其时代即战国晚期或更早些。其中赫章可乐遗址（含柳家沟遗址、大山炼铜遗址）于 2001 年 6 月 25 日经国务院批准列为全国重点文物保护单位。

普安铜鼓山遗址于1978年省博物馆调查发现，调查时采集到纯纹陶片、石臼、石杵及青铜一字格件。1980年正式发掘。出土文物1000余件。地层分早晚两期。该遗址年代约为春秋至西汉时期，它为研究贵州青铜器铸造和古夜郎国相关问题，提供了珍贵的实物资料。1982年2月23日，经省人民政府批准，公布为省级文物保护单位。

贵州已发现的入土葬式的古墓，时代在汉、明以前已调查发掘的墓葬有60余处，其中汉以前的墓葬有25处，三国魏晋南北朝的墓葬有2处，唐墓1处；宋墓15处，明墓有20处。主要分布在贵阳以西安顺、毕节地区、黔西南自治州、遵义市、黔南自治州等地区。有土坑墓、石室墓、砖室墓、石刻墓、石板墓。汉和汉以前的墓葬主要有威宁中水战国墓、赫章可乐战国墓、赫章可乐战国及汉墓群；安顺宁谷汉墓群；兴义万屯汉墓群、兴仁交乐汉墓群；清镇、平坝汉墓群、平坝天龙汉墓群；务川大坪汉墓、仁怀合马汉墓。两晋南北朝时期的墓葬有平坝马场东晋南朝墓、安顺八番六朝壁画墓。唐有平坝马场唐墓，桐梓夜郎坝宋墓。明墓有遵义赵家坝明墓、贵阳晒田坝许氏明墓群、惠水城关明墓、玉屏城关塔坡明墓等。

在考古过程中，贵州境内还发现了不入土的墓葬，其时代上迄汉，下延至明清，有崖墓、悬棺和岩洞葬。在贵州境内分布在黔北、黔东北、黔中、黔南等区域，已清理发掘的有10余处。岩墓、崖墓有赤水马鞍山岩墓群、有明确纪年的习水三岔河蜀汉岩墓、长顺交麻崖墓、三都羊福崖墓；岩洞葬有平坝下坝棺材洞、花溪甲定岩洞葬、紫云宗地岩洞葬、龙里摆省岩洞葬、罗甸栗木岩洞葬、思南彭家洞洞棺。此外还有松桃云落屯悬棺葬、岑巩悬棺葬。

发现的历史人物墓有20多处。年代最早的有宋遵义杨粲墓、明大方奢香墓，其他历史人物墓大多是清至近现代人物墓。如清代遵义"西南大儒"郑珍、莫友芝、黎庶昌墓，贵阳有晚清状元赵以炯墓、李端棻墓、周素园墓，遵义红军邓平墓等，还有威宁石门坎法国传教士柏格理墓，苏联红军金角罗夫墓。

贵州的夜郎考古自新中国成立以来，备受社会各界人士的关注。社会科学界曾召开过几次夜郎问题学术讨论会。贵州省人民政府对夜郎考古尤为重视。1995年，成立了贵州省夜郎考古领导小组，有关厅局为成员单位，分管文化副省长任组长，下设办公室于省考古所。领导小组决定，自1996年开始，每年由省财政拨出10万元作为夜郎考古专项经费，配置夜郎考古专用车一辆。为搞好夜郎考古，夜郎考古领导小组办公室出台了《贵州夜郎考古安排意见》。省文物主管部门于1995年、1996年、1997年先后在镇远、兴义举办"夜郎考古"培训班，学员主要来自黔西南州的安龙、普安、兴义、兴仁、六枝等县的文物员。自1997年以后，省考古研究所的主要任务放到黔西南地区的夜郎考古调查，重点调查了48个乡镇，240多个自然村寨，发现一批新的遗址和墓葬。

20世纪70年代虽然没有进行夜郎考古的专门调查发掘，但在贵州的毕节、黔西南地区开展的战国至西汉时期的考古中，出土大量的实物与夜郎文化有密切的关系。如普安铜鼓山遗址的考古，该遗址年代约为春秋至西汉时期，对研究贵州青铜铸造和古夜郎的相关问题，提供了珍贵的实物依据。

又如在赫章可乐古墓群的168座小型土坑墓的发掘中，有20座墓葬的葬式极为特殊，考古界称为"套头葬"，这种葬式截至目前国内尚未发现。这类墓葬的主人可能就是当时被称为"椎结"

之民的夜郎地区的濮人。

（七）文物维修

　　贵州的文物抢救维修始于 20 世纪 80 年代初。之前，1950 ~ 1970 年先后公布的两批省级文物保护单位 45 处中，仅 10 余处文物保护单位进行了维修。

　　自 20 世纪 80 年代以后，是贵州各级文物保护单位进行全面的抢救保护时期。80 年代初，我省绝大多数的文物保护单位由于十年"文化大革命"的浩劫，已是满目疮痍，破烂不堪。最大的问题是文物保护单位被占用或挪作

◆黎平会议会址

他用。全国重点文物保护单位镇远青龙洞古建筑群，"文化大革命"期间修湘黔铁路时住有修铁路的工人，古建筑的木料被拆后当柴禾用。被占用的文物保护单位粗略统计就有上百处之多。突出的有：贵阳甲秀楼、贵阳阳明祠、贵阳文昌宫，贵阳达德学校、息烽集中营旧址；遵义会议会址的一部分即毛泽东、张闻天、王稼祥等同志住处、遵义会议辅助陈列室（原为市图书馆）、黎庶昌故居、湄潭文庙；安顺府文庙、安顺武庙；兴仁寿福寺、兴义刘氏庄园；毕节红二、六军团中华苏维埃革命委员会旧址、威宁玉皇阁；盘县文庙（作盐库）；镇远周达文故居、天后宫、

◆东山寺全景

◆石阡万寿宫山门

◆增冲鼓楼

◆ 镇远青龙洞

◆ 杨粲墓

周公祠,黎平两湖会馆、黎平会议会址、台江文昌宫、铜仁川主宫、石阡万寿宫。最突出的是贵定的城隍庙被一家弹花社整整占了10多年才搬出。此期间在当地政府的努力和新闻媒体的大力支持下,文物保护单位被占用的情况逐步得到了解决。最典型的是息烽集中营旧址在1997年全面维修阶段,绝对保护范围内的40多家村民已全部迁出。

1982 ~ 2009年,国家文物局和省文化厅投入的文物保护经费初步统计已达3200万元,仅贵阳市自1981年至今就投入文物保护经费近3000万元。全省抢救维修各级文物保护单位有120余处,其中全国重点文物保护单位除旧石器时代遗址外,有贵阳甲秀楼及翠微园、息烽集中营旧址、遵义杨粲墓、遵义会议会址、遵义海龙屯、安顺文庙、大方奢香墓、镇远青龙洞10余处得以全面维修。省级文物保护单位达70余处。

(八) 文物"四有"

文物"四有"是指有科学记录档案、有保护范围、有标志说明、保护组织。20世纪60年代以来在全国施行。时贵州未开展文物"四有"工作。

1982年是全省开展文物"四有"工作的起步阶段。此时期在全省747处各级文物保护中,有286处划定了保护范围、188处树立了标志说明、504处建立了科学记录档案,220处成立了保护组织。全省推处了文物保护义务员制度,符合贵州的省情。

到了20世纪90年代,贵州加大了文物"四有"工作的力度,举办文物"四有"培训班,抓文物"四有"试点县。1998年8月20日,由省文化厅、省建设厅、省国土厅向省人民政府呈送了《关于加快我省划定文物保护单位保护范围及其周围建设控制地带的意见》,得以批复。同年黔府发(1999)2号文下达后,9个市、州、地和大部分县(市、区、特区)发布了划定"保护范围"的文件。至2009年,全省共完成省级以上文物保护单位保护范围及其周围建设控制地带的划定共

153 处，占总数的 58%。

（九）博物馆建设

1949 ~ 1978 年的 30 年间，贵州仅有一座地志性博物馆即省博物馆。这是贵州最大的一家省级博物馆。2007 年，贵州省博物馆新馆建设已列入计划，馆址选定在贵阳市金阳开发区，占地 2 万平方米，预计投入建馆经费 3.98 亿元。

2000 年前，贵州所辖市、州、地没有地志性博物馆。2006 年 11 月，遵义市人民政府拨款 5000 万元，占地 1.48 万平方米，建筑面积 8201 平方米，兴建了遵义市博物馆，开贵州市、州、地建地志博物馆的先河。1998 年，在贵州 86 个县市中，仁怀市建第一个县级地志性博物馆。

纪念性博物馆又分为两类，一是历史人物类，一是近现代史迹类。历史人物类博物馆新建于 20 世纪 90 年代，有大方奢香墓博物馆、修文王阳明纪念馆。

近现代史迹类在贵州建立最早的一家是遵义会议纪念馆，该馆是展示中共党史上伟大历史转折的一家纪念馆。建于 1951 年，1959 年建成对外开放；2006 年习水县人民政府拨款 5000 余万元，兴建占地 7710 平方米，建筑面积达 3659 平方米的"四渡赤水"纪念馆，展线长 600 多米。这是目前贵州规模最大的一座红军长征纪念馆。此外，在全省范围内还利用红军在贵州活动中的旧址、会址建的陈列室和烈士故居 20 余处；2002 年瓮安县人民政府拨款 120 万元、占地 9000 平方米，建筑面积达 2000 平方米，兴建的"猴场会议纪念馆"。

抗日战争时期的最具规模的是息烽集中营旧址陈列馆。馆舍面积达 4000 平方米。其陈列手法在贵州为上乘。

民族类博物馆有黔东南、黔南两自治州民宗局于 20 世纪 80 年代建的两家"州民族博物馆"。2009 年由贵州民族文化宫建立的"贵州民族博物馆"对外开放。

专题博物馆创建于 20 世纪 80 年代末。是省文物主馆部门利用已维修好的文物保护单位创建而成。其特点小型多样，具有浓郁的地方特色和民族特色。有遵义贵州酒文化博物馆、平坝天台山地戏博物馆、安顺文庙贵州蜡染文化博物馆、兴义下五屯"贵州民族婚俗博物馆"、福泉大夫第"贵州古城垣博物馆"、雷山上郎德苗族村寨博物馆、黄平飞云崖民族节日博物馆、台江文昌宫贵州民族刺绣博物馆、镇远青龙洞贵州民族建筑博物馆、铜仁东山傩文化博物馆。

有县文物主馆部门办的专题博物馆，如思南乌江博物馆。

生态博物馆在我国博物馆界是一种新型的博物馆，诞生于 20 世纪 70 年代的法国。1995 年在中国博物馆学会和国家文物局的支持和帮助下，贵州生态博物馆成为中国和挪威国际间文化合作项目。1997 年 10 月 23 日，中国国家主席江泽民和挪威国王哈拉尔五世在北京出席该项目的签字仪式，1998 年在贵州六枝梭戛创建了中国第一座生态博物馆——梭戛生态博物馆。2005 年又先后建成花溪镇山、锦屏隆里、黎平堂安生态博物馆，形成了贵州的生态博物馆群。

此外还有自然类博物馆，如台江古生物化石博物馆、关岭海百合化石博物馆、兴义绿荫村"贵州龙博物馆"。

民办博物馆有已建和在建的各类博物馆 7 座。

（十）近现代史迹的保护和利用

近现代史迹是指从 1840 年鸦片战争至现代的重要遗址、遗迹、遗物。分为清咸丰、同治时期，辛亥革命时期，红军长征时期和抗日战争时期、解放战争时期等几个时期在贵州留下的旧址、会址、革命志士旧居、故居和遗址、遗迹。但清咸同时期和辛亥革命时期仅存遗址、遗迹，更多的是各族义军的战斗遗址和遗迹。如曾经震惊全国的青崖教案也仅存遗址。保留得最多的是红军长征时期和抗日战争时期的会址、旧址战斗遗址和革命烈士的故居，红军长征经过贵州留下的遗址、遗迹是近现代史迹中最丰富的一个组成部分。1930 ~ 1936 年，红七军、红三军，红二、六军团，中央红军先后转战贵州，时间长达 6 个年头，遗留 100 余处，红军所到之县，遗存有红军标语和漫画，还有不少动人的红军故事。这些遗址、遗迹形成了贵州特有的"红军文化"。

贵州对近现代史迹的保护抢救和利用大体上分两个阶段：第一阶段是 20 世纪 50 年代至中共十一届三中全会。这一阶段是对近现代史迹的调查和征集工作。但其范围很小，不是全省性的调查征集，仅限于博物馆、纪念馆的业务需要。第二阶段即 1978 年至今，是全省性的抢救、保护和利用阶段。1979 年，全省性的文物普查最先是革命文物的普查。在普查的基础上，对近现代文物的保护和利用采取了三方面的措施。

一是将已普查的近现代史迹，根据其价值公布为不同级别的文物保护单位。如遵义会议会址和黎平会议会址、息烽集中营旧址等先后公布为全国重点文物保护单位。全省范围内已有 80 余处近现代史迹已公布为省级和县级文物保护单位，使之纳入法律保护的轨道。二是抢救性的保护维修。此项工作自中共十一届三中全会以来的 30 年一直未中断过，而且保护措施和力度不断加大。30 年来，文物主管部门和各级人民政府投入上千万元的财力对贵州 80 多处近现代史迹进行了抢救性的保护和维修。三是突出重点，在近现代史迹中抓"长征文化"的保护和利用，形成贵州的"长征文化"品牌。

自 2000 年以来，以遵义会议纪念馆为"龙头"的"长征文化"在保护上加大了投入。遵义市人民政府拨款 2000 多万元，兴建了"遵义会议纪念馆"辅助陈列馆，面积达 2000 平方米，并修复、陈列开放了中华苏维埃国家银行旧址、遵义警备司令部旧址、遵义会议期间秦邦宪（博古）住处、红军总政治部旧址、红军总政治部地方工作部旧址、遵义会议期间邓小平住处、赤色工会旧址，形成了"百年杨柳街上的红军遗址"。还整治了"遵义会议期间毛泽东、张闻天、王稼祥等同志住处"的环境，新建 400 平方米的陈列室，拓宽了地面面积 1800 平方米。习水县人民政府拨款兴建"四渡赤水"纪念馆，占地面积 7710 平方米，展览再现了红军四渡赤水的恢弘场面，是贵州目前最大的纪念馆，20 世纪 90 年代在茅台渡口新建了气势宏伟的"红军四渡赤水纪念塔"。

2004 年黎平县人民政府又在会址附近收回毛泽东同志住处、红军干部休养连住处、红军教导师住处、福音堂（李德、博古住处）总面积 7000 余平方米。2004 ~ 2007 年，投入经费 200 余万元进行维修，同时征集与之有关的文物布置展览，同年开放。

2002 年，瓮安县委、县政府作出了修复"猴场会议"会址的决定，同年征地 1.2 万余平方米，投入经费 100 余万元，于 2003 年建成对外开放。

在贵州境内的红七军、红三军、红六军团、红二、六军团几支红军经过时遗留的会址、旧址都得以保护维修，并建了陈列室。据不完全统计，新建的陈列室有30多个。上述纪念馆、陈列室的恢复和建立，形成了红军长征在贵州的史迹网。

对第一次国内革命战争期间贵州籍革命志士的故居都受到了当地政府的重视，如王若飞、周逸群、龙大道、冷少农、旷继勋等志士的故居都建了陈列室。

抗日战争时期的旧址投入最大的是息烽集中营旧址，2000年以后，贵阳市投入巨资新建陈列馆，占地达4000余平方米。成为贵州进行革命传统和爱国主义教育的重要基地。

自2008年，在"红色文化"旅游中免费开放的遵义会议纪念馆、黎平会议会址、息烽集中营旧址等地的参观人数得以猛增，成为贵州"红色文化"旅游品牌。

（十一）民族文物的保护和利用

民族文物是贵州文物中的一朵奇葩。

贵州是一个多民族的省区，民族成分49个，其中世居民族17个，少数民族人口占全省人口的1/3，上百万人口的民族有苗族、布依族、侗族、土家族。民族个数居全国第三，民族人口比重为全国第五位，民族自治区域面积9.7万平方公里，占全省总面积的55.4%。全省建有3个自治州，11个自治县，254个民族乡。

民族文物的保护工作分为三个方面的内容：民族文物征集和普查，民族村寨的保护和利用，民族资料（包括实物）的收藏和展示。

民族文物征集和普查。贵州省博物馆自1953年筹建之日起，即征集具有历史、艺术及民族研究价值的服饰、银饰、蜡染、刺绣、剪纸、兵器、生产生活用具和各种节日节庆活动的文物资料。1955年，又派员参加由费孝通、王静如教授带队的中央民族工作队赴大方、黔西、织金等县搞民族历史调查。1958年，省博物馆为完成"民族工艺美术展览"，组织工作队赴黔西、安顺、毕节等地区的20多个县，征集各类民族文物。1959年在天柱、锦屏、纳雍征集民族文物210件。

1981年、1984年在紫云、望谟、册亨、安龙、镇宁、惠水、雷山、榕江、从江等地征集苗族、布依族、侗族文物470余件。这些珍贵的民族文物不仅得到了永久性收藏，还为民族文物的研究和展示提供了重要的实物史料。

1984年，贵州省文化出版厅（1984）黔文物字第1号文件，发布了《关于调查民族村寨的通知》，全省3个自治州、7个自治县，组治了300多人

◆黄平旧州古建筑群

的民族文物普查队伍，深入侗乡苗寨，普查民族文物2000多处，拍摄照片5000多张，摩崖、碑碣300多幅，获得民族文物调查资料2400多份；调查有7个民族成分的村寨20个，编写60多万字的调查资料。1992年，又补充调查民族村寨20多个。

民族村寨的保护和利用（其中含省级历史文化名城名村）。1986年，雷山郎德上寨（苗寨）、镇宁滑石哨（布依寨）是贵州省文物主管部门最早实施的民族保护村寨。1995年经省人民政府批准，花溪镇山公布为省级民族文化保护村（布依族）和省级文物保护单位。2002年，经贵州省民族村镇联席会议办公室批准，苗族寨有：六枝梭戛、从江岜沙；布依族寨有花溪镇山村、贵定音寨、贞丰纳孔、镇宁滑石哨；水族寨有三都怎雷寨；侗族寨有黎平肇兴、黎平堂安；彝族寨有毕节三官村；瑶族寨有荔波董蒙寨；仡佬族寨有务川龙潭村；土家族村寨有江口云舍；屯堡村有平坝天龙村、安顺云山八寨；历史名镇有花溪青岩、黄平旧州镇、雷山西江镇、锦屏隆里古城、赤水大同镇等20个民族村镇为省级民族村镇。2001年，郎德上寨古建筑群经国务院批准，公布为全国重点文物保护单位。1986年，省文物主管部门拨款对郎德上寨和镇宁滑石哨进行寨容整理和道路的铺墁，在郎德上寨建有清咸丰、同治年间苗民起义领袖杨大六陈列室，在滑石哨建民族文物陈列室。1994年、1995年省文物主管部门拨专款对镇山村的村容村貌和古建筑武庙进行整理和修缮，利用武庙建成文物陈列室。

1999年以六枝梭戛生态博物馆现场会为契机，成立了以分管文化副省长为组长的"贵州民族村镇保护与建设联协会议办公室"（成员单位有：文化厅、建设厅、财政厅、民宗局、社发改委、交通厅、旅游局、国土厅、扶贫办等）。自2001～2003年，在贵阳举办了"贵州省民族村镇保护与建设培训班"受训学员有200余人，学员有分管文化和建设的副县长和村镇所在的乡镇领导。2000～2005年，联协会议办公室委托省城乡规划建设研究院、省建筑设计院对20个民族村镇进行保护建设规划。在规划的基础上，成员单位和当地政府联合拨款，每年投入1000余万元，分期分批地对20个村寨进行全面的保护和建设。梭戛就投资2000多万元铺通了六枝到梭戛的柏油路面，结束了梭戛、陇嘎寨不通公路的历史，堂安寨亦然，修通了1.5公里到村子的公路。

2007年，省文物主管部门又投入经费对一个具有传统工艺即台江控拜银匠村进行保护。自1986年，雷山郎德上寨和镇宁滑石哨布依寨保护建设开放以来，至2009年，有10个省级民族村镇成为贵州民族文化旅游的热点。最突出的有花溪青岩古镇、花溪镇山（布依）、平坝天龙古镇（汉）、安顺云山八寨（汉）、贵定音寨（布依）、雷山西江镇（苗）、锦屏隆里古城（汉）、从江岜沙（苗）、黎平肇兴（侗）、三都怎雷（水）、荔波董蒙（瑶）、江口云舍（土家）、务川龙潭（仡佬）、贞丰纳孔（布依）、赤水大同古镇（汉）。

通过不同类型的博物馆建设达到对民族文物征集、收藏、展示，达到对民族文物的永久性保护和有效利用。贵州省博物馆在迄今近60年时间的民族文物征集工作，使几千件民族文物得以入藏保存，并对该馆的民族文物的研究和举办展览提供了实物资料。

20世纪80年代迄今，省文物主管部门加大了对全省性的民族文物保护力度，用建专题博物馆、生态博物馆、文化景观园等方式对民族文物进行保护。如民族节日博物馆、民族刺绣博物馆、民族婚俗博物馆，民族蜡染博物馆等，都是对民族文物保护和利用的好办法。生态博物馆则是对生存环境和民族文化社区进行整体保护，其中最重要的理念是不要将文物从使用者的生活中分裂出去，为文化的主人所拥有。文化景观除对文化场景实施保护外，更重要的是对人们的活态文化活动进行保护，如在台江建立的控拜村文化景观园是对传统的活态的银饰工艺进行有效保护。

1986～2009年，上述民族村镇在贵州民族地区，推进该地区社会经济的发展，对于弘扬贵州民族文化，促进民族文化旅游的发展起了积极的作用。

（十二）文物的展览、研究和出版

民国时期的贵州只有两次展览活动：1930年10月9日～11月13日，在贵阳举办的"贵州全省实业展览会"，分8个展区，其中的历史文物、金石书画类为一个展区；1940年4月，故宫博物院的历代书画精品展在贵阳举办。

1949年，中华人民共和国成立以后，建立了贵州省博物馆。1958年迄今，省博物馆共举办各种内容的展览200余个，1959年10月24日，中华人民共和国副主席董必武参观了省博物馆举办的"贵州十年经济建设成就展"和"贵州矿产资源展"即兴赋诗称赞。1988年4月，省博物馆在北京推出的"贵州苗族风情展"备受欢迎。20世纪80年代省博物馆举办了"可爱的贵州"基本陈列展。

1985年5～6月，贵州省文物管理委员会、贵州民族事务委员会、贵州省文化出版厅在北京举办"贵州侗族建筑及风情展"、"贵州酒文化展"、"贵州蜡染文化展"，在西安举办"贵州民族节日文化展"。

1998年3月12～30日，由中共贵州省委、省人民政府主办，国家文物局、共青团中央、中国革命博物馆协办，省文化厅、贵阳市、遵义市人民政府参与具体工作，在北京举办了"遵义会议、息烽英烈历史回顾展"。

2001年8～10月，由广西壮族自治区文化厅、云南省文化厅、贵州省文化厅联合举办、中国历史博物馆承办的"桂滇黔铜鼓大观展"。

纵观贵州自中华人民共和国成立至今，推出的各种文化类别的展览大小有200余个。这些展览从不同角度，生动形象地介绍了贵州的历史文化、民族文化和山水风光，对宣传贵州起了积极的作用。

1949年以前，贵州的文物研究出版是一张白纸。中华人民共和国成立至今的60年，文物研究出版取得了丰硕成果。贵州省博物馆于1984年成立了研究室，创办了《贵州省博物馆馆刊》。贵州省文物管理委员会成立以后，又创办了《贵州文物》季刊，后改为《贵州文物工作》。省文物局成立后，2008年改为《贵州文化遗产》双月刊。

研究贵州文物不仅只限于贵州文物、博物界，还有史学界、民族学界、社会学界；研究人员不仅是省内，而且有省外和国外的学者；研究的内容有贵州旧石器文化时代考古，贵州古夜郎、战国至明的考古、贵州古建筑、贵州民族建筑，贵州民族村寨、贵州崖画、摩崖、石刻，贵州近现代史迹，贵州长征文化等。

代表性出版物有：《黔西观音洞》、《贵州田野考古四十年》、《贵州省墓志铭》、《贵州省博物馆藏品志》、《贵州省博物馆馆藏珍品》、《贵州脊椎动物名录》、《贵州鸟类志》、《红军长征在贵州》、《黔山红迹》、《张闻天与遵义会议》、《毛泽东于遵义会议》、《遵义会议纪实》、《贵州民间传统工艺研究》、《姚茫父书画集》、《贵州苗族银饰》、《贵州历史人物》、《贵州省文物概况一览表》、《贵州民族节日一览表》、《贵州省文物资料汇编》、《侗族鼓楼研究》、《贵州节日文化》、《贵州侗族音乐》、《贵州省志·文物志》、《中国文物地图集·贵州分册》、《贵州生态博物馆国际论坛论文集》等。

（十三）文物法制建设与宣传

民国二十七年（1938年），贵州省政府公布了《贵州省名胜处所保护管理办法》，此《办法》仅限于贵阳市内的文物管理，不针对全省。

1958年1月31日,贵州省人民委员会(58)省文字第67号文《关于加强保护祖国文物的指示》,并附《贵州省第一、二批文物保护单位》名单。

真正意义上的文物法则是1986年9月3日，经贵州省第六届人民代表大会常务委员会第二十次会议通过的《贵州省文物保护管理办法》，共十章四十条，为贵州省文物保护与管理提供了法律武器。其中的第四章民族文物，突出了贵州的特点，促进和加强了贵州的民族文物保护管理。2004年，对《贵州省文物保护管理办法》有局部的修改。1995年贵阳市第九届人民代表大会第二十三次会议通过，同年11月28日贵州省第八届人民代表大会常务委员会第十八次会议批准，颁布施行《贵阳市文物保护管理条例》。2000年8月14日，经遵义市人民政府第三十次常务委员会通过，公布了《遵义市文物保护管理办法》。

自20世纪80年代以来，贵州有40多个县（市）先后发布了文物保护的布告和通告。

1982年，《中华人民共和国文物保护法》(简称《文物保护法》)公布施行为契机，贵州省文物管理委员会、贵州省文化局和市、州、地、县翻印《文物保护法》和《文物保护法》宣传图片，组织文物宣传小分队到各地巡回宣传。1992年，为纪念《文物保护法》公布施行十周年，贵州省文物管理委员会、贵州省文化厅联合向全省发出了《关于〈文物保护法〉公布施行10周年纪念活动的通知》。分管副省长发表电视讲话，全省发放《文物保护法》宣传资料10余万份。通过广播、电视、报刊等新闻媒体宣传《文物保护法》50多次。

1998年10月，黔东南自治州文化局、教育局等单位联合举办"文物知识讲座"。

2000年12月，贵阳市文化局、市电视台联合举办"文物知识竞赛"。

（十四）对外交流

中共十一届三中全会以来，以贵州文物为内容的组团不断地走出国门，有中国博物馆代表团、中国民族文化代表团、贵州少数民族文化艺术展示团、中国文化经济学术考察团、贵州省政府代表团、中挪生态博物馆国际研讨班、贵州民族文化展示团，贵州盘县大洞旧石器考古学术交流代表团、国际博协会议中国代表团。应邀出访和学术考察、文化展演、学习培训的国家有匈牙利、美国、日本、挪威、荷兰、比利时、卢森堡、法国、德国、新加坡、西班牙等10多个国家。

1997年10月23日，国家主席江泽民和挪威国王哈拉尔五世在北京出席了中挪文化合作项目——梭戛生态博物馆的签字仪式。1998～2005年，挪威三任驻华大使，环境大臣，国家议会首脑先后到贵州进行友好访问。此期间，由分管副省长为团长的文化代表团和中挪生态博物馆研讨班学员应邀到挪威访问学习。

2005 年 6 月 2 ~ 5 日中国博物馆学会、贵州省文化厅联合在贵阳举办了"贵州生态博物馆国际论坛"，有 20 多个国家和地区的生态博物馆专家学者 50 多人出席了此次论坛，并参观了梭戛、镇山生态博物馆。2008 年 10 月 24 ~ 26 日，贵州省文物局在北京举办了"中国、贵州村落文化景观保护和可持续利用国际学术研讨会"，出席论坛会的 80 余位专家学者来自英国、法国、意大利、日本等国家和我国香港、台湾地区以及国内兄弟省市区共 80 余人，从而加大了贵州的国际学术交流。

1978 年中共十一届三中全会以前，贵州的文物事业处于开创时期。中共十一届三中全会以后，是贵州文物持续发展的时期。文物保护管理逐步走向法制化的轨道。文物员队伍由 20 世纪 80 年代初的"杂牌军"逐渐走向专业化。

贵州文物主管部门坚持从贵州的省情出发，走贵州文物事业发展的路子，在突出地方特色和民族特色以及博物馆的建设等方面，取得了可喜的成绩。贵州文物是一个不断发现、不断认识、不断探索、不断创新的过程。改革开放的大环境，给贵州文物事业的发展提供了一个广阔的空间，贵州文物工作一定可以走向更加光辉灿烂的明天。

云南省文物事业60年

云南省文物局

云南的文物事业始于清光绪三十二年（1906 年），从云南省高等学堂设博物科算起，至今已有 100 年的历史。民国十九年（1920 年），云南省立博物馆正式成立，由时任省教育厅厅长的龚自知兼任馆长。此后，卞美年、贾兰坡、杨钟健等老一代古生物与古人类学家在云南进行的古脊椎动物与旧石器时代遗址的调查取得成果，以卞氏兽化石及禄丰恐龙的发现而闻名于世。

1937 年抗日战争爆发，北京大学、清华大学、南开大学南迁昆明，重组为国立西南联合大学，为云南文化教育事业的发展带来了契机；中国营造学社梁思成、刘敦桢等一批古建筑学家，在昆明、大理等地进行的古建筑调查和测绘，为今天留下了第一手文物建筑的珍贵资料；中国中央研究院历史语言考古组的吴金鼎、曾昭燏、王介忱在大理进行的考古调查与发掘，取得了重要的成果；李霖灿、向达等民族史专家在大理、丽江等地进行的民族历史调查，成为云南民族学研究的起点。

自 1949 年新中国成立以来的 60 年，云南文物事业发展可以 1979 年党的十一届三中全会召开为界标，划分为前 30 年与后 30 年两个历史阶段。

一　奠定基础的30年（1949～1979年）

1950 年 2 月云南和平解放。解放伊始，党和政府就十分重视文物工作：1950 年 11 月，设于重庆的西南军政委员会文教部即发出《保护石钟山石窟致云南省人民政府通知》，要求做好石钟山石窟的保护和管理工作。1952 年 9 月，文化部文物局拨出第一笔文物维修专项经费人民币 1 亿元（约今 1 万元）维修剑川石钟山石窟，开始了建国以来云南省的第一项文物保护工程。1951 年 4 月，云南省人民政府文物保管委员会成立，丁兆冠任主任委员；1951 年 8 月，云南省博物馆筹备委员会成立，徐嘉瑞任主任委员，组织开展全省文物保护、发掘、研究工作。云南文物事业的前 30 年主要有五方面的成就。

（一）文物专业队伍初步建立

云南文物事业的奠基，得益于云南文化界的前辈徐嘉瑞、方国瑜、李群杰、陈一得、李家瑞等先生们的不懈努力和突出贡献。其后，随着云南省博物馆、云南省文物工作队等文物事业单位的建立，文物专业人才得以不断充实和加强。建国初，文化部文物局在北京大学举办了四期考古人员培训班，云南参加培训的有孙太初、熊瑛、马月仙、马荫何等人，他们成为云南最早的文物考古工作者，在早期进行的文物保护和考古发掘工作中发挥了骨干作用；20 世纪 60 年代初，北京大学、四川大学、云南大学等大批文物考古专业的大学生加入到云南文博专业队伍中来，成为云南文物事业的中坚力量。其中大部分培训和毕业的专业人员被充实到云南省博物馆，使省博物馆成为领引云南文物事业发展的主力军。

（二）考古发掘工作成绩显著

云南的考古发掘，肇始于抗日战争时期。1942 年，吴金鼎、曾昭燏等撰写的《云南苍洱境考古报告》是云南省第一本正式出版的考古报告。新中国成立以来，随着经济建设的发展，地下文物不断被发现，考古发掘工作随即展开。20 世纪 50 年代云南最为重要的考古发现是晋宁石寨山青铜器时代墓地的发掘，这次发掘不仅出土了大量具有鲜明地方特色的青铜器，而且出土了蛇钮金印"滇王之印"，可与历史文献记载相印证，证明了古滇国的存在。因此晋宁石寨山青铜墓地的发掘在 60 年代就被评为"新中国十大考古发现"之一。

20 世纪 70 年代的"文化大革命"，使云南得文物事业遭受严重损失。但在周恩来总理的关怀下，云南文物事业与全国一样得以最早恢复。70 年代初所进行的元谋大墩子、宾川白羊村等新石器时代遗址的发掘以及江川李家山、楚雄万家坝青铜时代墓地的发掘，均为云南文物考古工作最为重要的发现，为云南考古学体系的建立打下了基础。

（三）民族文物调查成绩突出

云南地处西南边疆，民族众多，历史悠久，民族文物丰富多彩。1954 年，云南省博物馆筹备处组织 3 个工作组分赴滇西、滇南及昆明市西山区调查征集少数民族文物，次年 3 月举办了首次"云南少数民族文物展览"，展出 1600 件展品，历时 10 个月，观众达 25 万人次。1955 年 4 月 30 日，出席亚非会议归来的周恩来总理、陈毅副总理在云南省省长郭影秋的陪同下参观了这个展览。周总理要求云南的文物工作者，要通过文物和考古工作，研究云南和中原地区的关系，探讨与东南亚邻国的文化交流及贸易往来。周恩来总理为云南省博物馆题词"中国各民族团结起来"，陈毅副总理题词"各民族大团结，巩固国防"，为云南的文物工作指明了方向。随后，全国人大教科文委组织全国少数民族社会历史调查，北京大学及中央民族学院的广大师生参加了云南的少数民族文物调查。北京大学历史系考古专业教师李仰松深入独龙江和佤族地区，开创了云南民族学与考古学研究相结合的先河，使云南成为全国最早开展民族文物保护的省份之一。

（四）近现代史迹调查成果丰硕

1972 年 8 月，"文革"后期恢复云南省博物馆建制，首先开创性地进行了"红军长征过云南"这一重大革命历史遗迹的全面调查。1973 年，云南省文化局召开红军长征过云南革命史料座谈会，并在昭通、曲靖、昆明、楚雄、大理、丽江、迪庆的调查中认定了一大批红军长征过云南的史迹，如威信扎西会议会址、寻甸柯渡红军长征路居旧址、金沙江皎平渡口、丽江石鼓渡口等。许多地方被调查确认后建立了纪念碑、纪念馆，成为云南近现代史迹保护和展示的重要项目。同时开展了近现代重要遗迹的调查，昆明的云南陆军讲武堂和西南联合大学旧址，保山、腾冲、龙陵等地的滇西抗战史迹的确认，形成了云南具有地方特色的近现代史重要遗迹遗址体系。

（五）文物维修工作迈出步伐

1956年8月，云南省人民委员会公布云南省第一批重要文物保护单位28项；1961年3月，国务院公布第一批全国重点文物保护单位名单，其中有云南省大理太和城遗址、大理崇圣寺三塔、剑川石钟山石窟、曲靖爨宝子碑、陆良爨龙颜碑、曲靖段氏与三十七部会盟碑等6处。文物保护单位的"四有"工作也随即展开，使我省不可移动文物的管理纳入了法制的轨道。1959年，云南省人民政府拨款29万元，维修昆明太和宫金殿、剑川石钟山石窟、大理太和城遗址（南诏德化碑）等文物项目。1963年，云南省人民政府拨款35万元维修宾川鸡足山古建筑群，使我省不可移动文物的保护维修迈出了重要的一步。

二 蓬勃发展的30年（1979～2009年）

新中国改革开放的30年，也是云南文物事业全面发展的30年。回顾这30年的发展历程，有九个方面的成就。

（一）文物普查摸清家底

为全面了解云南不可移动文物的资源状况，根据国务院的安排部署，我国前后进行了三次全

◆文物普查新发现迪庆同乐村磨房、庄房

◆ 文物普查新发现同乐傈寨　李钢摄

国性的文物普查。第一次全国文物普查始于1956年,由于当时对文物的认识有局限性,普查的深度和广度不够,认定的文物数量较少;第二次全国文物普查始于1981年,结束于1985年,我省参加调查的人数达2500人次,共调查各种不可移动文物项目5300多处,调查征集社会流散文物

◆ 文物普查新发现昆明李氏宅院大门

◆ 文物普查新发现团山发信台

◆ 文物普查新发现香格里拉藏族民居

1万余件,初步查清了不可移动文物的家底,为进一步做好全省的文物保护和管理工作打下了基础。例如普查前我省仅有全国重点文物保护单位6项,省级文物保护单位26项。通过第二次全国文物普查,据1989年的统计,全省各级文物保护单位已增加到1256项。更重要的是通过普查中的层层培训和工作实践,普及了文物专业知识,为全省文物保护管理机构的设立培养了大批人才。

目前正在进行的第三次全国文物普查始于2007年,计划于2011年结束。第三次全国文物普查作为我国文化遗产保护领域的一项国家工程,党中央和国务院给予了高度重视,各级政府均成立了领导机构,各地文物部门加强了人员培训及经费投入,普查工作已经取得显著成绩。截至2009年10月30日的统计,我省各级"普查办"有工作人员1183人,深入一线开展普查工作的队员有1315人,累计到位文物普查经费4096万元,已调查登记不可移动文物11290处,其中新发现8020处,复查3270处。我省文物普查不可移动文物数量由5300处新增到11290处,极大地丰富了云南文化遗产的数量和类型。

(二)文物保护全面加强

据统计,改革开放30年来,云南省的全国重点文物保护单位由原来的一批6项增加为六批76项,云南省级文物保护单位由原来的一批25项增加至六批243项;16个州(市)级政府公布了224项文物保护单位,129个县(区)级政府公布了1503项文物保护单位,使我省拥有了2046项各级文物保护单位。

1978年5月,在国家文物局局长王冶秋同志的重视和关怀下,国家文物局拨款40万元维修全国重点文物保护单位大理崇圣寺三塔,维修工程对塔身进行了加固处理,于1980年竣工。1984年,国家文物局拨款56万元维修剑川石钟山石窟,加固岩体,修建保护房。1988年,国家文物局补助14万元,省文化厅拨款83万元,开展了建水双龙桥、通海秀山古建筑等12个维修项目,从此开创了云南文物保护单位维修工作的新局面。30年来,我省共投入文物保护维修经费约10亿元,积极开展不可移动文物的普查认定、规划编制、抢救维修、技防配置工作,重点实施濒危文物抢救维修工程、明代以前早期建筑维修工程和安防消防设施建设工程,使我省全国重点文物保护单位得到全面维修,85%的省级文物保护单位和重要的文物建筑得到有效保护,一

◆大理崇圣寺三塔

大批文物点被建设成文物旅游景点和爱国主义教育基地，为社会经济的发展发挥了积极作用。2005年，云南省文物局与瑞士文物保护组织共同实施剑川沙溪古镇文物复兴工程，被联合国教科文组织亚太地区委员会评为"文化遗产保护杰出成就奖"。

（三）考古发掘成果丰硕

◆大理古城南门

改革开放的30年来，随着全省公路、铁路、电站建设和城乡经济社会的发展，为配合基本建设而进行的考古发掘和文物保护任务十分繁重。云南省文物局和移民局密切配合，云南省文物考古研究所和各州市文物工作者共同努力并长年累月奋战在基本建设第一线，为保护我省历史文化遗产，配合做好国家重点建设工程做出了积极贡献。在完成各项配合基本建设的考古调查、发掘任务和文物搬迁工程的同时，还开展了许多主动性的考古发掘研究项目，基本构建了云南考古学研究的体系和框架。其中有4个考古发掘项目被评为中国年度十大考古新发现，即1992年江川李家山青铜时代墓群的发掘，1999年昆明官渡羊甫头青铜时代墓群的发掘，2007年富源大河旧石器时代考古遗址的发掘和2008年剑川海门口遗址的发掘。重点实施云南人类起源、滇文化起源、云南地方古陶瓷、古代岩画、石棺墓的考古发掘和研究，重视现代化科技手段在考古工作中的应用。开展云南茶马古道文化线路遗迹遗物的调查勘探和研究课题；建立东南亚考古研究中心，加强与西部地区考古学文化交流，推动与东南亚邻国的区域性考古调查研究；

◆古道　杨新梅摄

完成边疆民族地区考古调查研究课题，使我省在涉外考古方面居于主动地位。

（四）博物馆事业蓬勃发展

改革开放前，云南省只有1个博物馆即云南省博物馆，2个纪念馆即威信县扎西会议纪念馆、寻甸县的柯渡纪念馆。改革开放后，我省博物馆、纪念馆的数量由3个增加到62个，其中文物系统国有博物馆44个，专业人员518人；非文物系统国有博物馆11个，经省文物局批准设立的民办

◆扎西会议会址免费开放后观众踊跃参观

博物馆7个。一个以国有博物馆为主体，民办博物馆为补充，各行业各所有制博物馆全面发展的博物馆体系初步建立。云南省博物馆新馆建设工程正在抓紧实施。西双版纳、德宏、昭通、普洱、临沧、曲靖等地正在建设功能齐全，特色鲜明的博物馆，建成后将使我省州市级博物馆达到15个（除怒江州外），成为展示和研究本地区历史文化的重要窗口。

全省文物系统国有博物馆收藏文物30万件，非文物系统国有博物馆收藏文物5万件，民办博物馆收藏文物1万件。近几年来，共举办陈列展览920个，参观人数1500万人次，其中旅游者600万人，有外宾52万人。云南省博物馆"滇国——云南青铜文明陈列"荣获第七届（2005～2006年度）"全国博物馆十大陈列精品"奖。填补了我省在此奖项方面的空白。2009年，省委、省政府核定并命名了99处爱国主义教育基地，其中有各级文物保护单位和博物馆、纪念馆90项。

2008年，为了规范博物馆的管理，全国开展了博物馆评估定级工作，云南省博物馆、云南民族博物馆被国家文物局评定为国家一级博物馆，昆明市博物馆等13家博物馆被评为二级博物馆，禄丰县恐龙博物馆等17家博物馆被评为三级博物馆，使我省博物馆的建设、管理和服务具备了规范性的标准。2009年，为了凸显博物馆的公益性质，更好地为公众提供文化服务，全省文化（文物）系统的所有博物馆、纪念馆向社会公众免费开放，为宣传云南的历史文化知识，进行爱国主义教育发挥了重要作用。

◆国殇墓园免费开放后迎接抗战老兵

（五）名城管理成效显著

云南省十分重视历史文化名城、名镇、名村的申报列级和保护管理工作。1982年，昆明市、大理市被国务院公布为第一批国家级历史文化名城；1986年，丽江古城被公布为第二批国家级历史文化名城，并于1997年12月被联合国教科文组织列为世界文化遗产；1987年，云南省人民政府根据《云南省实施〈中华人民共和国文物保护法〉办法》的规定，公布巍山、建水、腾冲、威信四城市为省级历史文化名城；公布禄丰黑井、会泽娜姑、大姚石羊为第一批省级历史文化名镇。其中建水和巍山又于1994年被公布为第三批全国历史文化名城。截至2009年10月，全省共有各级历史文化名城、名镇、名村55处，其中国家级历史文化名城5个，国家级历史文化名镇、名村8个，省级历史文化名城11个，省级历史文化名镇14、省级历史文化名村16处，省级历史文化街区1个，数量位居全国前列。

历史文化名城、名镇、名村的保护使文物保护工作从单体保护上升为整体保护，更突出了文物保护工作的真实性、完整性，多样性和可持续性。多数历史文化名城、名镇、名村都依法制定了保护规划，并

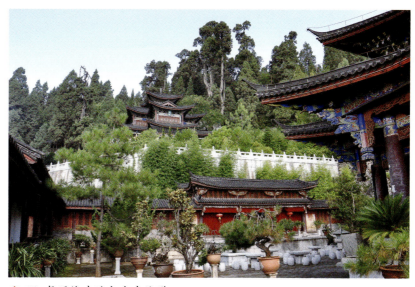
◆丽江复原修建的木府建筑群

◆丽江古城鸟瞰

纳入了当地的经济社会发展规划和城乡建设规划，产生了良好的社会效益及经济效益，为促进旅游，推动经济和社会发展做出了重要贡献。

（六）社会文物管理得到加强

1962年云南省文物商店成立，1966～1975年被撤销，1975年又恢复，并归入云南省博物馆编制。1980年，云南省文物商店改为自收自支的文化事业单位，实行企业化管理，1994年改称为云南省文物总店。其主要任务是通过商业手段和捡选等途径收集全省范围的社会流散文物，向博物馆和有关科研单位提供藏品和资料，同时按照国家政策将允许销售的一般文物投放市场，供应国内外文物收藏者，为国家创汇和增加经济收入。据统计，自1975年恢复建制以来，云南省文物商店共征集社会流散文物达10万余件，其中清乾隆以前的文物5000余件，不仅取得了良好的社会效益与经济效益，还为规范文物流通领域发挥了重要作用。

1994年，云南省文物总店成立云南省文化艺术品拍卖中心，作为省文物总店的下属单位；

2003年，根据《文物保护法》的规定，拍卖中心与省文物商店脱钩，成立了仁恒文物拍卖中心以及云南典藏拍卖集团公司，每年举办春秋两季文物拍卖会，取得了较好的业绩，奠定了我国西部文物拍卖市场以昆明为中心的良好格局。2007年6月，由云南典藏拍卖集团公司和云南省文物总店等企业组建云南文物产业集团，成为我省文物行业的龙头企业，有力地推动了文化遗产资源的开发利用。

1986年6月，云南省文物管理委员会鉴定组成立，负责全省馆藏文物的鉴定、定级工作；1994年8月，经国家文物局审定批准，成立"国家文物出境鉴定云南管理处"，负责办理滇、黔两省的文物出境鉴定工作；2006年组织开展了全省馆藏文物残损情况调查；2008年启动全省馆藏珍贵文物数据库建设，并与国家数据中心对接，有力地推动了馆藏文物的管理现代化。

（七）科学研究与学术交流成绩斐然

改革开放以来的30年，随着文博队伍的壮大和业务素质的提高，科学研究成果如雨后春笋，水平不断提高。据《云南省志·文物志》统计，1979～2008年，全省共出版考古专著及文集39部、文物图集11部、主要研究论文97篇、田野考古报告简报95篇，内容涉及古猿与人类起源研究、石器时代文化研究、青铜时代文化研究、铁器时代文化研究、近现代文物研究以及文物保护与信息管理研究等诸多方面。

以文物考古为主要内容的国际文化交流日益频繁。据1981～2000年的不完全统计，我省文博界出国访问交流19起，外国学者来访15起，其中对越南、缅甸、泰国等东南亚地区的交流占较大比重，与欧美国家的交流则偏重于古人类研究与青铜文化研究。举办的国际学术会议主要有：1988年在昆明召开的"中国南方及东南亚古代铜鼓和青铜文化国际会议"；1995年在元谋召开的"元谋人发现三十周年纪念暨古人类国际学术研讨会"；2005年在昆明召开的"湄公河区域国家手工造纸国际学术研讨会"及2005年在元谋召开的"元谋人发现四十周年纪念暨古人类国际学术研讨会"。这些国际学术交流会的召开，扩大了云南文博事业在国际学术界的影响，也极大地提升了我省的学术研究水平。

以精美的云南青铜器和南诏大理国佛教文物为主要内容的出国文物展览，自1993年起分赴德国、瑞士、奥地利、意大利、日本、英国、新西兰等国家展出；云南民族文物赴新西兰、俄罗斯，恐龙化石分别赴美国、日本等国家和我国香港、台湾等地区展览，宣传介绍云南的历史文化，受到广泛赞誉。

（八）文物管理步入法制轨道

云南省委、省人大、省政府历来十分重视文化遗产保护工作。1984年，省人民政府成立了云南省文物管理委员会，负责全省文物保护的领导和协调工作。1987年9月29日省人大第二届人大常委会第二十九次会议通过了《关于加强文物保护、严厉打击盗窃、走私、破坏文物活动的规定》，对全省打击文物犯罪活动起了很好的作用。如1989年4月12日昆明铁路公安分局破获特大文物走私案，缴获走私文物1422件，受到云南省人民政府及国家文物局表彰。1989年11月，云南省第六届人大常务委员会第十次会议通过《云南省关于〈中华人民共和国文物保护法〉的实施办法》，在少数民族文物的保护，地区、州级文物保护单位的公布，历史文化名城的评定等方面做出了新的规定，促进了云南文物工作的法制化管理。1991年，省政府发出《云南省人民政府转发省文化厅关于开展文物"四有"意见报告的通知》，促进了云南文物"四有"工作的较好开展，受到国家文物局的肯定。云南省人民政府分别于1965年、1983年、1987年、1993年、1998年、2003年公布了六批省级文物保护单位共计318项（其中76项被国务院公布为全国重点文物保护单位），使我省重要的文物古迹得到认定并受到国家法律的保护。

2000年5月，省人大常委会颁布《云南省民族民间传统文化保护条例》，使我省在全国范围内率先依法开展非物质文化遗产的调查和保护工作。2003年12月25日，省政府批准成立云南省文物局，使省级文物行政管理机构得到加强。2004年7月2日，省政府根据国务院通知精神，发出了《关于加强丽江古城世界文化遗产保护管理工作的意见》，要求完善科学决策和监督机制，使我省世界遗产管理工作更加规范化。2005年，国务院发布《关于加强文化遗产保护的通知》，确定从2006年起每个6月9日为"中国文化遗产日"。云南省文化厅、省文物局连续数年举办文化遗产日宣传活动，取得了良好的宣传效果。2007年，省政府颁布《云南省建设工程文物保护规定》，为做好配合公路、铁路、电站等国家大型基本建设项目的考古调查和文物搬迁提供了政策依据。目前，全省有各级文物保护机构达121个，文物工作者669人，文化遗产保护事业已成为社会主义文化事业的重要组成部分。

（九）世界文化遗产管理依法展开

云南省政府和文化、建设等部门积极推进世界遗产的申报和管理工作，丽江古城于1997年被联合国教科文组织列为世界文化遗产，哈尼梯田于2006年被国家文物局列入"申报世界文化遗产预备清单"，石林于2008年被联合国教科文组织列为世界自然遗产，使云南成为我国保存世界遗产较多的省份。

1995～1997年，编制完成了《丽江历史文化名城保护规划》、《丽江古城修建性详细规划》、《丽江古城震后恢复重建规划》、《丽江古城重点地段修建性规划》、《世界文化遗产丽江古城保护规划》。2000年以来，先后投资10亿元加强了丽江古城的基础设施和服务设施建设。2001年10月，联合国教科文组织亚太地区文化遗产管理第5届年会在丽江召开并发表《丽江宣言》，充分肯定了《中国丽江古城保护行动计划》（丽江模式），得到了国际文化遗产组织的广泛赞誉。2004年11月，制定了《丽江古城世界文化遗产管理动态信息系统和预警系统》方案，并通过国家文物局验收合格。2004年12月，"世界文化遗产丽江古城保护管理委员会办公室"更名为"世界文化遗产丽江古城保护管理局"，使丽江古城的保护和管理工作得到加强。2006年，编制了4个《丽江古城世界文化遗产环境整治详细规划》，上报国家文物局和世界遗产中心备案。由于丽江古城民居建筑维修管理工作成绩显著，获得了联合国教科文组织亚太地区委员会颁发的2007年度"亚洲太平洋地区文化遗产保护成就奖"。

2007年6月，世界遗产委员会第三十一届会议在新西兰基督城举行，会议根据有关规定和反映对丽江古城的保护状况进行监测。2008年7月和2009年6月，世界遗产委员会第三十二届会议和第三十三届会议分别在加拿大魁北克和西班牙塞维利亚召开，云南省组成文化遗产代表团参加会议，为广泛宣传云南文化遗产的保护成果，有效维护丽江古城的世界文化遗产地位发挥了重要作用。

在各级党委、政府的重视和支持下，各有关部门积极配合下，经过全省广大文物工作者60年的不懈努力，我省文化遗产资源状况全面掌握，具有云南特色的文物古迹网络初步形成；以国家保护为主、全社会共同参与的文化遗产保护管理体制基本建立；文化遗产资源的保护、管理和利用为云南经济社会的发展做出了重要贡献。

（执笔人：熊正益　邱宣充　余剑明）

西藏自治区文物事业60年

西藏自治区文物局

西藏自治区简称"藏"，位于亚洲大陆腹心地带，地处我国西南边疆，北界昆仑山、唐古拉山与新疆维吾尔自治区和青海省相毗邻，东隔金沙江与四川省相望，东南与云南省相连接，南界喜马拉雅山与尼泊尔、锡金、不丹、印度、缅甸等国接壤，面积122.84万平方公里，位居全国第二位。平均海拔约4000米，有"世界屋脊"之称。西藏现有人口约为287万，是以藏族为主体的民族自治区，藏族占全区总人口的95%左右，此外还有汉、回、门巴、珞巴等民族。

西藏是中国不可分割的一部分，藏族是中华民族大家庭中的重要一员。以藏族为主体的各民族长期以来繁衍生息在西藏这块地球高地上，创造了悠久的民族历史和辉煌灿烂的民族文化，成为这个民族走向世界、走向未来的深厚根基，成为中华民族历史文明宝库中一颗璀璨的明珠。数千年的文明史，藏族先民们为我们留下了数不清的各类文物，这些文物具有十分珍贵的历史价值、科学价值和艺术价值，成为全国乃至世界文化遗产中无可代替的艺术奇葩。

西藏是全国文物重要省区之一，文物资源丰富，文物风格独特。西藏和平解放以来，特别是改革开放以来，在党中央、国务院的高度重视和关心下，在自治区党委、政府的坚强领导下，在国家文物局和兄弟省市文物单位的大力支持和无私支援下，西藏的文物保护事业从无到有、从小到大，得到了可持续发展，部分领域逐步具有了一定的规模和影响，在促进西藏经济跨越式发展、社会长治久安和建设小康西藏、平安西藏、和谐西藏、生态西藏的历程中发挥了很好的作用，做出了应有的贡献。

一 基本情况

（一）文物管理机构

旧西藏没有文物管理机构。西藏和平解放后的1959年，西藏工委下发了《关于加强文物档案工作的决定》，而后成立了"中共西藏工委文物古迹档案管理委员会"，下设文物管理小组，这是西藏最早的文物管理机构。为了加强这一机构，又从内地调来了3名文物管理干部。1964年，在文物管理小组的基础上成立了"西藏文物管理委员会（县级事业单位），作为统管行政区的文物保护管理工作，办公地点设在罗布林卡，下设布达拉宫管理科。1969年9月，西藏自治区革命委员会成立以后，自治区文物管理委员会作为自治区文教局的下属单位，由自治区文教局社会文化处负责文物管理工作。1977年，自治区文化局和教育局单设，自治区文物管理委员会又成为自治区文化局的下属单位，由自治区文化局社会文化处负责文物管理工作。

改革开放以来，国家和自治区更加重视、关心西藏的文物保护事业，从机构设置、人才培养等方面给予了大力扶持。1985年，自治区批准在文管会下成立西藏自治区文物总店（正区级事业单位）。1989年，自治区批准在文管会下成立西藏布达拉宫管理处（正处级事业单位）。1996年，正式批准成立副厅级的西藏自治区文物管理局，负责全区的文物保护和管理工作。同时，批准成立西藏罗布林卡管理处（副处级事业单位）、西藏博物馆。2001年，自治区批准成立西藏文物鉴定组（区级建制）。2005年，自治区批准成立西藏自治区文物保护研究所。

改革开放30年期间，全区先后成立了拉萨市文物管理局(副处级)、山南地区文物管理局（正区级）和山南雅砻历史博物馆、日喀则地区文物管理局（正区级）、札达县文物管理局（正区级）、江孜县文物管理局（正区级）和拉萨朗孜夏陈列馆，昌都、林芝、那曲、阿里地区在文化广播影视局内设有文物科。日喀则地区的日喀则市和江孜、吉隆、拉孜、昂仁、康马、萨迦县共7个县（市）成立有正科级文物局；阿里地区的扎达、普兰、革吉、日土、噶尔、措勤、改则县共7个县成立有正科级文物局。截至目前，全区有各级文物管理机构24个、博物馆2个、文物科研机构1个、文物总店1个和文物鉴定机构1个。

（二）文物点的分布及藏量

改革开放前，西藏还没有全面摸清文物点的分布和文物藏量，仅有全国重点文物保护单位9处，自治区级文物保护单位7处。改革开放30年中，国务院于1982年、1988年、1996年、2001年、2006年分别公布了第二批至第六批全国重点文物保护单位名单，我区全国重点文物保护单位由9处增加到35处。1996年，西藏自治区人民政府公布48处文物点为第三批自治区级文物保护单位；2007年，又公布64处文物点为第四批自治区级文物保护单位；自治区级文物保护单位由7处增加到112处（其中7处已成为全国重点文物保护单位）。改革开放期间，各县（市）人民政府也先后公布了本辖区内的文物点为县（市）级文物保护单位。目前，西藏已调查登记的文物点有3440余处，各级文物保护单位328处，其中全国重点文物保护单位35处，自治区级文物保护单位112处，县市级文物保护单位181处；世界遗产1处3个点，即布达拉宫及其扩展项目大昭寺和罗布林卡；馆藏文物数10万件，其中一级文物1万多件。

（三）人才培训及文物队伍现状

西藏和平解放之初，可以说全区没有一人专门从事文物工作，到改革开放前，西藏从事文物工作的不足140人，文物专业人才极为匮乏。改革开放后，中央和自治区高度重视西藏文博人才培训工作，通过定向培养和参加培训等形式，西藏的文物队伍发生了质和量的变化。1988～1992年，西藏在四川大学历史系定向培养了30名本科专科生；2001～2005年，自治区文物局委托西藏民族学院定向培养了34名文博专业本科生；目前，这两支队伍已成为西藏文博事业发展的骨干力量。

特别是自"九五"以来，西藏先后举办了"民族文物鉴定研讨班"、"全国重点文物保护单位记录档案培训班"、"藏族文物鉴定建档培训班"、"全区文物专业知识培训班"、"全区重要历史和革命文物调查保护工作培训班"、"全区文物法规知识培训班"等，培训人员约300人次；派出100余人次参加了国家文物局举办的各类培训班；邀请专家100多人次进藏，对古建维修、保护设计、展览陈列设计、科技保护、考古调查、勘察设计等专业人员在工作实践中代培。这些培训班的举办，有力地提高了在职人员的专业水平。

目前，西藏现有从事文物工作的人员270名，其中藏族占84%。专业技术人员约100人，占总人数的37%，其中获得文博副研究员的13人，文博馆员30人，合计为43人，共占总人数的16%。

（四）重要法规的制定

1. 在地方立法方面：1990年5月31日，西藏自治区第五届人民代表大会第三次会议通过实施《西藏自治区文物保护管理条例》，1996年和2007年，自治区人大常委会对其进行两次修订，2007年8月3日自治区人大常委会公布实施了《西藏自治区文物保护条例》。2. 在政府行政规章方面：1997年11月18日自治区人民政府发布施行《西藏自治区布达拉宫保护管理办法》，2009年1月25日自治区人民政府发布施行了修订后的《西藏自治区布达拉宫保护办法》。2003年自治区人民政府发布施行了《西藏自治区文物单位消防安全管理办法》。3. 在政策和规范性文件方面：20世纪80年代，西藏先后出台、颁布了《西藏自治区人民政府关于加强文物保护的布告》、《西藏自治区流散文物管理暂行规定》等法规。1993年以后，西藏还陆续出台、颁发了《关于进一步加强文物管理工作的决定》、《关于加强西藏文物工作的通知》、《关于进一步做好文物利用及涉外管理工作的意见》、《西藏自治区寺庙文物保护管理暂行规定》、《关于加强西藏革命文物工作的意见》等。上述法规的公布实施，为依法开展文物保护工作提供了法律支撑和政策保障。

（五）文物保护

在旧西藏，绝大部分社会、文化、自然资源都垄断在封建农奴主手里，文物工作没有存在的土壤，没有真正意义上的文物保护。西藏实行民主改革后，文物保护工作受到中央人民政府的高度重视，给予了大量的人力、物力和财力的投入，已累计安排资金近14亿元，对西藏的文物进行维修保护。其中在20世纪80年代到20世纪末投入资金3亿多元，先后实施布达拉宫、大昭寺、甘丹寺、扎什伦布寺、萨迦寺、昌珠寺、桑耶寺、江孜宗山抗英遗址、夏鲁寺、古格王国遗址、托林寺等重要文物古迹的抢救性维修保护工程；中央第三次西藏工作座谈会确定的加快西藏发展的63项工程中，安排资金9600万元新建西藏博物馆；中央第四次西藏工作座谈会确定的加快西藏发展的117项工程中，安排资金3.8亿元实施布达拉宫、萨迦寺、罗布林卡维修保护工程，2009年8月23日上午，西藏三大重点文物保护工程竣工典礼在布达拉宫广场举行；2007年1月31日国务院第167次常务会议通过的西藏"十一五"项目规划的180项工程中，安排资金5.7亿元实施大昭寺、扎什伦布寺等22处文物保护单位的维修工程；同时，自治区财政也安排资金上亿元，实施了日吾其金塔、丹萨梯寺、向康大殿、达杰林寺、鲁定颇章、同卡寺、邦纳寺等30多处全区抢救性保护维修工程和50多处文物单位的安防、消防工程建设。

◆日喀则扎什伦布寺保护维修工程开工仪式现场

◆大、小昭寺保护维修工程

◆布达拉宫一期维修照片

◆萨迦寺保护工程

改革开放30年中，西藏共完成了35处第一至六批全国重点文物保护单位、48处一至三批自治区级文物保护单位以及第四批64处自治区级文物保护单位记录档案建立和备案工作；完成了全区部分馆藏文物腐蚀调查工作；建立了区直文博单位371件组一级文物藏品的纸质档案。据不完全统计，全区共完成约9万件馆（寺）藏文物的登记建档工作，累计鉴定"三级"文物约4000件。

自2003年以来，西藏的吉隆县、乃东县、洛扎县、拉孜县、比如县先后荣获全国文物工作先进县。

同时，在实施重点文物保护工程中，按照自治区党委、政府"惠民富民"、"确保农牧民增收"等一系列决策部署精神，在保证质量的前提下，尽可能吸纳当地农牧民群众参与文物工程建设，帮助群众增收，共享文化成果。据不完全统计，在近几年实施的文物保护工程中，共使用农牧民工4万多人次，增加农牧民现金收入4000多万元，1000多万元用于购买当地的原材料，极大地改善了当地农牧民群众的生产和生活条件，且无一拖欠农牧民工工资现象。

（六）文物研究出版工作

先后出版《昌都卡若》、《拉萨曲贡》、《布达拉宫维修工程修缮报告》、《西藏阿里文物抢救维修工程报告》、《青藏铁路（西藏段）田野考古报告》书籍和《布达拉宫》、《西藏唐卡》、《西藏文物精粹》、《西藏佛教寺院壁画艺术》、《西藏岩画艺术》、《中国古代建筑·布达拉宫》、《宝藏》、《西藏博物馆馆藏瓷器精品》、《西藏博物馆馆藏元明清玉器精品》画册以及拉萨市、乃东县等 20 多个市县文物志。

（七）对外交流合作

1985 年 11 月，自治区文管会在广州举办"西藏唐嘎绘画艺术展"，之后 20 多年，我区先后在北京、云南、上海、南京、香港等地举办的"拥抱吉祥——西藏珍宝展"，向兄弟省市的人民群众宣传和介绍了西藏的文化。1987 年 4 月，我区在法国巴黎首次举办"西藏珍宝——唐嘎文物展览"，此后，组织文物赴日本、阿根廷、意大利、韩国、加拿大、比利时、美国、德国等国家进行展览。特别是 2003 年 10 月 ~ 2005 年 9 月在美国洛杉矶、旧金山、纽约、休斯敦共 4 个城市举办的"雪域藏珍——中国西藏文物展"；2006 年 8 月 ~ 2007 年 5 月在德国柏林和埃森市举办的"中国西藏——寺殿藏珍"；在当地引起良好反响，有力配合了对外文化交流工作，很好地展示了我国政府保护西藏传统文化所取得的成就。

（八）文物资源普查调查工作

1951 年以前西藏的文物考古工作几乎处于空白状态，只有少数西方学者在这个地区开展了一些极不系统的零星的地面调查和对一些寺院宗教文物的考察等。西藏和平解放之后，特别是西藏民主改革以后，西藏的广大文物考古工作者在区内进行了数次文物考古发掘，发现了 15 处旧石器地点、66 处新石器遗址（地点）、407 处古建筑遗址、135 处古墓葬、8 处植物生物化石点和 44 处石刻石碑，调查登记各类文物点 2300 多处，基本上掌握了全区现存各类文物古迹和遗址的分布和保存状况。民主改革初期的 1959 年 6 ~ 11 月，中央文化部组织西藏文物调查小组，赴西藏拉萨地区、山南地区、日喀则地区等地进行了有系统的文物调查。1979 年 6 ~ 9 月，西藏自治区文管会和新疆维吾尔自治区文管会共同组织对阿里古格王国遗址进行了首次专题性的文物调查。1981 年 9 月，西藏工业建筑勘测设计院组织专业人员对古格故城进行了测绘，并调查了札达、普兰两县其他地方的古代建筑。20 世纪 80 年代以来，在国家文物局的统一布置之下，由西藏自治区文物管理委员会（后改为西藏自治区文物局）组织领导了西藏全境文物普查，在陕西、湖南、四川等省区文物部门和院校的支援下，前后历时 8 年（1984 ~ 1992 年）。通过对西藏全境地上、地下文物进行的全面调查，基本上掌握了西藏境内各类文物、古迹以及重要考古遗址的分布状况。2000 年以来，西藏自治区文物局又组织力量对山南、林芝、藏北、日喀则、拉萨市等地市作了重点复查与补查；2003 年对青藏铁路西藏段沿线开展了文物普查工作，共调查发现 36 处文物点，发掘面积 3500 余平方米、出土 3800 余件古代遗物。2007 年 4 月，根据国务院的统一部署，我区启动第三次全国文物普查工作，截至目前，我们全面启动并已完成 53 个县的田野调查工作，共调查登录各类文物点 2126 处，其中新发现文物点 1434 处。

（九）文物考古调查和发掘工作

20 世纪 50 年代以来，中国科学院青藏高原综合科学考察队、我国民族学界在西藏考察的过

◆青藏铁路加日塘遗址

◆萨迦北寺考古现场

程中，先后在藏北那曲、定日县苏热等地发现并采集到一批石器标本及原料，在林芝、墨脱等地也发现了一批可能属于新石器时代的考古遗存。1961 年，西藏文物考古工作者在拉萨市彭波农场以东的坡麓地带，发现并清理了 8 座洞穴墓葬，这是有史以来第一次由中国汉、藏两个民族的考古工作者独立进行的考古发掘，并从此揭开了西藏科学考古发掘工作的序幕。1977 ~ 1979 年，由西藏自治区文管会与四川大学考古专业联合进行了昌都卡若遗址发掘，这是西藏历史上第一次较大规模的考古发掘，地层关系明确，年代关系清晰，将西藏史前史提早到了距今 5000 ~ 4000 年，在国内外藏学界引起了强烈的震动，标志着西藏考古工作进入到一个新的发展阶段。此后，西藏自治区文管会与中国社会科学院考古研究所、陕西省考古研究所、四川大学等合作，还发掘了拉萨曲贡遗址、山南昌果沟遗址、阿里高原石丘墓、托林寺迦萨大殿、阿里皮央·东嘎佛教石窟寺与佛寺遗址、萨迦北寺遗址等，并调查发现了吉隆哈东淌、却得淌旧石器地点、雅鲁藏布江流域细石器与打制石器地点、西藏西部和藏北地区的石构遗迹与岩画以及阿里象泉河流域的古遗址、古墓葬、古代佛教寺院与石窟寺遗址等。

（十）三次全国文物援藏工作

为认真贯彻落实中央关于"全国支援西藏"的决策和部署，促进西藏文物事业的发展，1997 年，国家文物局在拉萨组织召开了第一次全国文物援藏工作会议，为西藏部分文物单位改善了相应的办公设施。2001 年，国家文物局在拉萨组织召开了第二次全国文物援藏工作会议，全国 16 个省市共 22 个援助单位与我区文物单位议定了 13 个援藏项目（包括人才培养、文物建档、古建筑维修、文物展览和配备办公设备等），援藏资金和项目共计 406 万元。2007 年 1 月，文化部和国家文物局在云南昆明组织召开了第三次全国文化文物援藏工作会议，自治区文物局分别与 14 个省级文物部门、8 家文物单位签订了援藏项目、资金和人才培养协议书，协议资金和项目折合 718 万元。比第二次全国文物援藏会议协议资金（含项目）增长 76.8%。这三次全国文物援藏工作会议，切实为西藏文物事业的发展解决了一些实际困难和问题，极大地推动了西藏文物事业的发展。

（十一）文物普法宣传与安全保卫

西藏各级文物管理部门年年都充分利用"5·18 国际博物馆日"、"中国文化遗产日"、"12·4 法制宣传日"和各地的物交会、文化艺术节等时机，在人员流量较多的主要街道设立文物宣传咨询点，散发《文物法》、《西藏自治区文物保护条例》等宣传单，讲解文物保护和安全防范知识。

自 2003 年以来，自治区文物局每年都与区直文博单位和各地市文化（文物）局签订《年度文物安全责任书》，各地市文化文物部门年年与辖区内文物单位层层签订《年度文物安全责任书》，同时，定期不定期的邀请人大代表、政协委员以及公安、消防等部门组成文物安全专项检查组对自治区级以上文物保护单位的安全防范情况进行全面的大检查，以及时消除各种安全隐患，确保文物和古建筑的安全。

二　促进我区文博事业持续发展的科学经验

通过民主改革 50 年的发展，西藏自治区初步建立了符合社会主义市场经济体制要求、国家保护为主、全社会共同参与的文物保护新体制，初步建立了以规范文物的保护、管理以及合理利用的地方性法律法规体系，初步建立了文物保护维修、考古发掘、安全防范、藏品管理、科学研究、陈列展览等各项工作领域的管理体制和工作机制，初步建立了一支具有强烈的政治意识、忧患意识、责任意识，业务精湛、作风过硬、纪律严明的干部人才队伍。

文化遗产事业是文化大繁荣的重要组成部分，文物工作者是繁荣文化的生力军，50 多年来特别是改革开放 30 年来我区文物事业发展的历程，积累了极其宝贵的经验和启示：

1．发展我区文物事业，是我国发展文化遗产保护事业、保护传承和弘扬中华民族文化的现实需要，是建设社会主义先进文化的需要，是我区实施"一产上水平、二产抓重点、三产大发展"经济发展战略、实现跨越式发展的客观需要，是我区开展反分裂斗争和确保国家安全与西藏长治久安的客观需要。

2．发展我区文物事业，必须紧紧围绕自治区党委、政府的中心工作，立足于西藏处于社会主义初级阶段低层次发展阶段的客观实际，不断探索中国特色、西藏特点的文物事业发展路子，建立并逐步完善适应社会主义市场经济、国家保护为主、全社会共同参与的文物保护新体制。

3．发展我区文物事业，必须坚持中国特色的文化遗产保护理论体系，坚持"保护为主、抢救第一、合理利用、加强管理"的文物工作方针，解放思想，遵循规律，创新机制体制，促进文物维修保护、资源调查、考古发掘、博物馆建设、陈列展示、科学研究、人才队伍、对外交流等各个领域全面发展。

4．发展我区文物事业，必须坚持经济建设和文物保护的统一，坚持提高人民群众物质生活水平和文化生活水平的统一，坚持经济效益与社会效益的统一，努力实现经济建设和文物保护工作的良性互动。

5．发展我区文物事业，必须始终坚持"文物保护为了人民，文物保护依靠人民，文物保护成果由人民共享"，依法增强人民群众保护文物的意识，依法动员全社会、全体人民参与和支持文物保护工作，充分发挥文物的特殊教育作用，不断满足人民群众日益增长的精神文化需求。

促进西藏文物事业的科学发展，是我国发展文化遗产保护事业、保护传承和弘扬中华民族文化的现实需要，是建设社会主义先进文化的需要，是西藏自治区实施"一产上水平、二产抓重点、三产大发展"经济发展战略、实现跨越式发展的客观需要，是西藏自治区开展反分裂斗争和确保国家安全与西藏长治久安的客观需要。西藏自治区文物工作者将抓住机遇，紧紧围绕西藏自治区党委、政府的中心工作，立足于西藏处于社会主义初级阶段低层次发展阶段的客观实际，不断探索中国特色、西藏特点的文物事业发展路子，建立并逐步完善适应社会主义市场经济、国家保护为主、全社会共同参与的文物保护新体制；进一步坚持中国特色的文化遗产保护理论体系，坚持"保护为主、抢救第一、合理利用、加强管理"的文物工作方针，解放思想，遵循规律，创新机制体制，促进文物维修保护、资源调查、考古发掘、博物馆建设、陈列展示、科学研究、人才队伍、对外交流等各个领域全面发展；进一步坚持经济建设和文物保护的统一，坚持提高人民群众物质生活水平和文化生活水平的统一，坚持经济效益与社会效益的统一，努力实现经济建设和文物保护工作的良性互动；始终坚持"文物保护为了人民，文物保护依靠人民，文物保护成果由人民共享"，依法增强人民群众保护文物的意识，依法动员全社会、全体人民参与和支持文物保护工作，充分发挥文物的特殊教育作用，不断满足人民群众日益增长的精神文化需求，努力推动西藏文物事业的科学发展，为全面建设小康西藏、和谐西藏、平安西藏，为推动中国文化遗产事业的全面发展做出应有的贡献！

（执笔人：王协锋）

陕西省文物事业60年

陕西省文物局

陕西省位于我国内陆腹地，历史上曾有周、秦、汉、隋、唐等14个王朝建都于此，作为中华民族的政治、经济、文化中心长达千余载，历史文化积淀深厚，遗留下大量的文物古迹，奠定了陕西作为中华文明重要发祥地的历史地位。自1949年新中国建立以来，陕西省的文物事业在党和各级政府以及国家文物行政主管部门的关心、领导和支持下，几代文物工作者以保护祖国文化遗产、守护民族精神家园，传承历史文化血脉为己任，呕心沥血、不懈努力、艰苦创业，薪火相传，不断加强依法科学管理的基础建设，在文物保护与科学技术进步、考古发掘与研究、文物普查、博物馆建设与发展、对外文化交往与交流等诸多方面，取得了辉煌的成就。今日陕西的文化遗产事业，正日益成为促进陕西经济社会发展、推动陕西文化产业发展和社会主义文化大发展大繁荣、提升陕西国际影响力的一种积极力量，并为全国文物事业的发展做出了应有的贡献。

抚今追昔，在举国欢庆新中国成立60华诞的喜庆日子里，认真回顾60年来陕西文物事业所走过的曲折而艰难的历程，深刻总结长期实践中的经验教训，必将有助于我们更好地认识肩上所承担的历史重任，把握和领会科学发展观的实质，振奋精神，继往开来，从而开创出陕西文化遗产保护的新局面。

一 文物保护与管理工作

陕西省是我国历代文化遗迹、遗址、遗物分布最为密集的省份之一，自古以来，历代社会贤达、仁人志士，筚路蓝缕，殚精竭虑，为保护、整理和研究三秦文物遗存曾付出艰辛的努力。1949年新中国成立，与中国社会翻天覆地的变化一致，文物保护与管理工作也迎来了划时代的春天。从1949年至今，陕西文物保护事业的发展大体经历了三个历史时期。

（一）1949~1965年，文物保护与管理工作的奠基时期

这一阶段的主要工作成就在于：一是设立管理部门，初步做到管理机构落实。建国初期，西北军政委员会和陕西省人民政府先后设立了文化部文物处、省文化局、文教厅等，虽名称殊异，隶属和职责也不尽相同，但均明确了文物管理行政职能。而几乎与此同时，陕西省文物管理委员会的成立，以及随后相继设立的西北工程地区文物勘察清理队、陕西省名胜古迹整修委员会、陕西省考古研究所以及相关博物馆、陈列馆，更为文物具体业务管理机构的不断壮大发展奠定了基

础。二是文物法规建设开始起步。建国以后，随着中央政府一系列保护文物古迹的法规政策颁布施行，西北军政委员会和陕西省人民政府也相继出台了诸如《为拟奖保护文物古迹办法仰各遵照并希扩大宣传的函令》、《配合建设工程进行保存古迹文物计划草案》、《关于三门峡水库陕西工程区文物保护清理工作规定的通知》、《关于加强保护文物的通知》等政令规章，为此后文物工作的逐步依法行政做了前期准备。三是抢救修复了一批重要古代建筑。建国初始，百废待兴，许多古建筑历经战乱，年久失修，岌岌可危，亟待抢救。这一时期先后抢救性修复的重要建筑包括西安碑林建筑、卧龙寺、清真寺、大雁塔、小雁塔、钟鼓楼、广仁寺、八仙庵、兴教寺等多处。随后又在广泛调查的基础上，对以韩城古建筑群为重点的一批古代建筑和以延安革命旧址为重点的一批革命遗址进行了及时的规划维修，避免了大批濒危古建筑、古遗址和革命旧址的损毁湮灭，这在当时社会经济刚刚复苏，资金十分紧缺的情况下实属难能可贵。特别值得指出的是，1956年和1957年，陕西省人民政府先后公布了两批省级文物保护单位283处，县级保护单位700余处。1961年，国务院公布了第一批全国重点文物保护单位，其中陕西20处。陕西及时部署开展了"四有"工作。所有这些，标志着文物保护管理工作逐步走向规范化轨道。四是流散文物征集成效显著。新政权建立后，高度重视流散于社会的各类文物的搜集整理工作，从1949~60年代前期，在接管了旧政权遗留的陕西省历史博物馆馆藏文物的基础上，还先后组织专门力量，深入城乡各地，通过文物勘探调查和全面普查的方式进行了多次较大规模的流散文物征集活动，共征集各类文物数万件。这些文物，就成为陕西馆藏文物的基本"家底"。

毋庸讳言，这一时期，也发生过不少令人惋惜的文物损毁事件，主要是1958年"大跃进"期间，在"全民大炼钢铁"运动中，大量的庙宇宗教文物和民间金属文物被当作"废铁"、"废铜"回炉冶炼；在"公社化"以及三年困难时期，"以粮为纲"、扩大耕地过程中，将不少古代陵墓和碑刻损毁。而在城市建设中，盲目拆除了许多具有重要民俗和历史价值的民居建筑，明代西安城墙也部分受损……这些都造成了无可挽回的损失。

（二）1966~1976年，"文革时期"

这一时期，文物工作整体呈现出较为复杂的非正常局面。一方面，"文革"前期，在所谓"破除四旧"、"砸烂封资修"极"左"思潮的影响下，不少庙宇被毁，佛像被砸，古代匾额被焚，民间收藏的字画和古籍损坏丢失，致使许多珍贵文物遭到严重破坏；文物专业干部也普遍受到冲击，各级文物管理机构长时间处于瘫痪或半瘫痪状态。另一方面，在中共中央、国务院关于保护文物的三令五申下，陕西也先后下发了诸如《在战备工作中应加强对文物的保护》、《关于在农田水利建设中加强文物保护工作的通知》、《关于文物工作几个问题的通知》等文件。同时，多次组织人员对各地文物保护状况进行调查，先后5次召开全省范围的文物工作会议，积极推广组建群众文物保护小组和文物通讯员队伍的经验。这些工作，客观上起到了遏制大范围文物破坏现象持续蔓延的积极作用。这期间，文物调查和勘探工作以及各文博单位的文物征集活动仍在进行。秦始皇兵马俑坑、丰镐西周车马坑、周原微氏家族青铜器窖藏、唐章怀太子和懿德太子墓等的考古发掘，在全国引起轰动。在配合基本建设工程开展文物保护方面，除了继续对一些古代建筑开展维修外，汉中褒斜道石门十三品的搬迁保护以及西安南郊何家村金银器窖藏的发现与清理堪称最具影响的重大收获，一时间成为全国关注的热点。

（三）改革开放以来30年，文物保护与管理工作全面、持续、健康发展时期

这一时期，沐浴着改革开放的春风，全省文物系统在以邓小平理论和"三个代表"重要思想的指导下，扎实践行科学发展观，认真贯彻"保护为主、抢救第一、合理利用、加强管理"的方针，坚持理念与实践并重的原则，立足自身发展需求，依托丰富的文物资源，努力探索，开拓创新，取得了令人可喜的丰硕成果。其主要成就表现在如下方面：

1. 文物行政管理机构不断加强

改革开以来，随着社会发展，各级党委和政府对文化遗产保护事业的日益重视。1979 年 6 月，陕西省文物事业管理局成立，标志着全省文物工作有了专门的管理机构。1983 年 4 月，陕西省文物事业管理局与陕西省文化厅合并成立陕西省文化文物厅，下设陕西省文物事业管理局（副厅级建制）。1985 年，陕西省文物事业管理局从陕西省文化文物厅分出，成立陕西省人民政府文物事业管理局，为正厅级建制，设 10 个处（室）。1993 年又更名为陕西省文物事业管理局。2000 年，为进一步强化管理职能，在政府体制改革过程中，正式明确为陕西省文物局，为省政府直属行政管理机构。

与省级文物管理机构的不断加强相一致，各地（市）、县的文物管理机构也随着事业的不断发展而逐步建立和完善。目前，全省 11 个市（区）中，6 个市（区）单设文物局，其他则设立了文化文物局或文物旅游局。全省 107 个县（区）都设立了专门的文物保护管理机构。各类文物管理机构达到 317 个。无论从机构的规格，机构数量，还是人员编制情况看，都具有了相当规模，成为陕西文物事业健康发展的重要保证。

除上述外，为加强和协调对有关业务工作的具体领导，1994 年，省文物局还专门成立了专职的陕西省文物鉴定组，同时承担国家文物出境陕西站（2008 年更名为国家文物进出境陕西管理处）的工作职能。本世纪以来，又成立了专职的陕西省文物交流中心、陕西省文物信息咨询中心等机构。这些机构的设置，在馆藏文物、司法文物、社会流散文物的鉴定，出入境文物管理，文物出国（境）展览，文物信息的收集整理与管理利用，文物数据库建设等诸多方面发挥着积极的作用，成为省级文物行政管理部门的有力辅佐。

2. 文物法规建设日益完善，文物工作步入法制化轨道

改革开放以来，特别是 1982 年《文物保护法》颁布后，陕西先后制定了《陕西省文物保护管理条例》、《陕西省文物出国展览规定》、《陕西省文物复制品生产和销售管理办法》、《延安革命遗址保护条例》、《陕西省重大文物安全事故行政责任追究规定》等一系列法规、规章。这些法规和规章对于加强文物保护管理、促进全省文物事业发展，发挥了重要作用。2002 ~ 2003 年新修订的文物保护法和文物保护法实施条例相继颁布施行，为制定地方性法规提供了新的可靠的上位法依据。2005 年，陕西制定出台了《陕西省秦始皇陵保护条例》，为秦始皇陵的保护和利用工作提供了法规保障。在其后的几年时间内，依据上位法的有关要求，又对综合性的、也是最重要的

第一部地方性文物法规《陕西省文物保护管理条例》进行了全面修订。新《条例》针对陕西改革开放以来文物保护的新情况、新问题，在坚持文物保护基本原则的基础上，总结了新经验、提出了新办法，规定了新的原则和措施，是一部适应陕西社会主义现代化建设、具有时代特征的法律。此外，经省人大批准，西安市相继出台了《西安历史文化名城保护条例》、《西安市周丰镐、秦阿房宫、汉长安城和唐大明宫遗址保护管理条例》等地方性法规，为古都长安和著名大遗址的保护提供了法律依据，也有效地推动了全省文物保护事业依法行政的进程。与此同时，文物执法机构建设取得突破性进展；各类大型文物法制宣传活动在全省范围内充分展开；"保护文物、人人有责"的观念深入人心；捐献文物、保护文物的感人事迹不胜枚举。全省文物保护与开发利用呈现出健康发展的良好态势。2007 年，在文物部门的积极促进和倡导下，陕西省律师协会成立了"陕西省律师协会文物保护法专业委员会"，此举为全国首创，不仅为法律界参与文物保护提供了很好的平台，也为进一步做好文物依法行政工作提供了有力的支持。

3. 重视教育培训工作，人才队伍建设不断加快

改革开放初期，百废待兴而人才匮乏。1979 年，全省仅有文博工作者数百人，根本无法适应文博事业迅猛发展的需要。为加快文博专业队伍的培养和建设，在国家文物局的大力支持下，1983 年，在咸阳建立了国家文物局咸阳培训中心，为陕西乃至西北地区文博人才的培养提供了良好的条件。随着改革开放的不断深入，陕西省文物局牢固树立起人才资源是第一资源的观念，始终重视人才队伍的建设，认真贯彻科教兴国战略，确立了人才培养工作在文物事业中的基础性地位，使得培训工作逐步步入了科学化、制度化和规范化轨道。自 20 世纪 90 年代以来，为了提高系统在职人员素质，鼓励支持在职人员继续参加学历教育，省文物局与西北大学联合举办了两期两年制的文博大专专修班。与此同时，还举办了数十期全省文物系统讲解员、藏品管理人员、基层文博单位领导以及县（市、区）主管文物工作的副县（市、区）长（副书记）培训班。2005年，由陕西省文物局、西北大学联合组建的文化遗产学院在西北大学正式成立，同时依托文化遗产学院成立了陕西省文物干部教育培训中心。 所有这些富有成效的工作，使得文物系统人员的学历、职称和年龄结构不断优化，逐渐趋于科学合理，有力地提升了文博队伍的整体素质。截至目前，全省从事文博工作的在编职工人数达 5194 人，其中具有博士学历者 16 人，硕士学历 99 人；高级职称 283 人，中级职称 643 人，技师 93 人。局直属系统享受政府特殊津贴的专家 17 人，省内有突出贡献的专家 13 人，"新世纪三五人才工程"第一、二层次人选 15 人，为推进陕西文物事业可持续发展提供了坚实的人才保障。

4. 文物保护经费投入大幅度增加

改革开放以来，随着国民经济的增长，各级政府对文物事业越来越重视，文物保护经费逐步得到落实，投入不断加大。1978 年用于全省文物保护的经费投入仅 119 余万元，1990 年为 4600余万元，2004 年为 26547 万元，特别是 2005 年文物系统实行"收支两条线"以来，通过积极争取上级财政支持，合理调配使用资金，全省的文物保护经费投入得到大幅度增加，2007 年达到68318 万元，到 2008 年更达到 69217 万元，是 1978 年经费投入的 581 倍，为全省文物事业的又

好又快发展提供了坚强的经费支撑。

5.文物保护观念更新，保护的对象、范围和水平不断延伸和提高

1992年和1995年，全国文物工作会议两次在西安召开，确定了我国新时期文物工作"保护为主、抢救第一"的基本方针和"有效保护、合理利用、加强管理"的原则；2005年，国际古迹遗址理事会第十五次大会在西安举行，并发表《西安宣言》。这些重要会议的成功举办，极大地鼓舞着陕西文物工作者进一步解放思想，在文化遗产的保护领域开拓创新。据最新初步统计，在1982年、1987年两次全省文物普查的基础上，通过规模空前的陕西省第三次全国文物普查以及明长城资源调查工作，截至2008年年底，全省各类文物点已超过4.3万处。与改革开放初期相比，省内全国重点文物保护单位从原来的20处增加到现在的140处，省级重点文物保护单位从原来的283处增加到现在的668处，并深入开展了文物的"四有"工作。这些数字的变化，反映出保护的对象和范围，已由传统的古遗址、古墓葬、古建筑、革命旧址等类型，扩展到工业遗产、20世纪遗产、文化景观、文化线路等近现代人类进步中所创造的各种新型文明成果方面，既丰富文化遗产宝库的内涵，又极大地深化了文物保护的概念和意义。

特别值得总结的是，自20世纪末以来，围绕地方经济社会发展和文物保护事业的实际，陕西省提出了"变资源大省为保护强省"的目标，积极探索有效保护与合理利用完美结合的方法和途径，寻求文物保护工程社会效益和经济效益的最大化，在实践中不断总结经验教训，纠正各类偏差和失误，创造性地总结出集文物历史价值评估、考古信息调查、文物科学检测分析、文物保护修复工程项目实施于一体的文物保护修复新理念。近30年来，陕西文物部门共承担了省内外各类重点文物保护单位保护规划、文物保护工程设计、古建筑维修设计、可移动文物修复方案设计和修复、文物保护工程施工及监理等任务共计300余项，其中70%以上为全国重点文物保护单位的维修。业务范围涉及全国20多个省、市、自治区。经过长期的实践和锻炼，截至目前，陕西省文物局及下属单位，已拥有国家文物局颁布的甲级文物保护工程勘察设计资质、一级文物保护工程施工资质、甲级可移动文物技术保护设计资质、一级可移动文物修复资质等。资质范围涉及文物保护规划设计、文物保护工程实施、古建筑设计与维修、近现代建筑维修、各类可移动文物保护方案设计和修复等多个方面。显而易见，随着文物保护工作整体水平的大幅度提升，陕西已成为全国文物保护行业中一支不可忽视的重要力量。

6.大遗址保护成就突出

陕西是我国大遗址数量分布最多的省份之一，这些大遗址或为见证民族文化起源的大型遗迹，或为封建帝国最辉煌时期的都城遗存，或为中国古代鼎盛时期的帝王陵园，普遍具有等级很高、面积广大、内涵丰富、遗址地面情况复杂等特点，它们是古代中华文明的物质载体，具有不可代替的历史、文化、科学和艺术价值，是文物保护需要特别关注的对象。改革开放以来，陕西省各级政府和文物管理部门高度重视大遗址的保护工作，不断更新保护理念，创造性地提出并坚持了大遗址保护的"四结合原则"，即：文物保护与当地经济社会发展相结合，与当地群众生产生活水平提高相结合，与当地城市建设和新农村建设相结合，与当地生态环境和人文环

境改善相结合。在国家有关部门的大力支持下，不断加大投入力度，通过制定大遗址保护的专项法规，建立健全保护机构，组织编制保护规划，加强基础设施建设等工作，成功地实施了多项大遗址保护与展示项目，使得全省大遗址保护工作取得了举世瞩目的成就。相继完成或开展的重点项目包括：黄帝陵全面整修工程、汉长安城遗址保护、西周沣镐遗址保护、汉阳陵整体征地保护与帝陵外藏坑保护展示厅建设、大明宫含元殿和麟德殿遗址保护、阿房宫遗址保护等。同时，积极实施并推进秦始皇陵国家遗址公园、唐大明宫国家大遗址保护示范园区暨大明宫遗址公园等建设项目的进展；指导地方政府完成了唐长安城延平门遗址公园、唐长安城城墙遗址公园、曲江遗址公园等文化项目的建设。上述这些重点工程项目，由于理念创新，技术手段先进，探索并总结出不少成功经验，许多方面在我国大遗址保护领域具有普遍的典型示范意义，在促进城市建设和区域经济发展、改善遗址周边生态与人居环境、实现文物保护与经济社会和谐发展等方面都产生了积极而深远的影响。

7. 古建维修成效显著

改革开放以来，在建国后前30年工作的基础上，全省古建维修工程全面展开。在此期间，按照"修旧如旧，不改变文物原状"的原则，三原城隍庙古建群、佳县白云山古建群、耀县药

◆ 西岳庙古建筑群

王山古建群、韩城元代古建群、岐山周公庙古建群、华阴西岳庙古建群、西安明代城垣以及留坝张良庙、勉县武侯祠、汉中古汉台、蓝田水陆庵、榆林镇北台、长武昭仁寺、西安钟鼓楼、大雁塔、小雁塔、大清真寺等一大批重点古代建筑得到维修保护，使得这些中华民族的建筑艺术精品完好地屹立在三秦大地，展现出昔日的夺目风采。

在承担国内古建保护修复项目的同时，自20世纪80年代以来，陕西省文物局还应国外有关方面的邀请，派遣专业队伍走出国门，承接了日本奈良西大寺五重木塔的复原设计工程和蒙古国博格达汗宫门前区古建筑维修工程。项目完成后，受到了日本和蒙古国各方的高度赞扬。

8. 文物保护科学与技术得到了长足发展

随着改革开放的深入和科学技术的进步，全省文物保护工作的科学与技术含量日益提高，以科学技术为先导，极大地促进了全省文物保护和管理工作逐渐达到国际先进水平，取得一系列重大成果。主要表现在：

一是文保科研机构从无到有，专业人才队伍从小到大，初步形成了以省级专业文物保护

机构为主体、高等院校为依托、门类较为齐全的文物保护科研体系。1989年，省文物局直属的西安文物保护修复中心成立，通过引进国际先进的文物保护理念和实验仪器设备，构建起陕西省第一个专业的文物保护科研机构，成为陕西乃至全国文物保护科研的一支生力军。近年来，陕西省文物局又与中国煤炭地质总局航测遥感局组建了"联合遥感考古中心"，与西北大学联合成立了"文化遗产保护规划中心"，与西安建筑科技大学联合成立了"陕西省文化遗产保护研究中心"，与陕西省档案馆和陕西师范大学共建了"陕西历史文化遗产保护科学研究中心"。这些文保科研机构的成立，壮大了陕西省文化遗产保护的研究实力，对培养文化遗产保护专门人才、增进学术交流、培育重大科研成果起到了极大的推动作用。与此同时，以秦俑博物馆、陕西省考古研究院、陕西历史博物馆等单位为代表的一批省直文博单位，根据自身文物、人才优势和保护需求，还先后建立起以彩绘陶俑、出土金属文物、唐墓壁画、丝织品保护为重点的具有一定规模和较高专业科技能力、设备先进、技术领先的文物科技保护实验室。目前，在全国6处国家文物局重点科研基地中，就有"陶质彩绘文物保护国家文物局重点科研基地"和"砖石质文物保护国家文物局重点研究基地"2处落户陕西，成为全国文保科研工作的重要骨干力量。

除了与省内、国内有关高校和科研院所携手联合搭建科技保护平台外，改革开放以来，陕西还积极与国际组织和国外科研机构联系，在文物保护科学技术领域进行广泛的国际合作与交流。多年来，已先后与德国、意大利、日本、美国、比利时、英国、法国等国家合作，在包括土遗址、石窟寺、大型石刻、墓葬壁画、陶俑彩绘等保护以及磁测考古探测、霉菌防治、环境监测、数字化资料提取、最新技术工艺与材料的运用、人才培养等多方面开展合作与科学研究，实施课题项目达数十个。由于引进了国外最先进的保护理念、技术手段和工艺材料，不仅解决了许多文保方面的重大难题，也有力地提升了陕西文物科技保护的整体实力，在很短的时间内，使得陕西的文物科技保护和人才培养与国际接轨，并达到国际先进水平。

二是科研水平不断提高，重大科研成果层出不穷。改革开放以来，陕西共承担了各级文物保护科学和技术研究课题近100项，其中列入国家、省部级立项的研究课题有70余项，其他科研课题20多项。在众多的科研成果中，有近30项分别获奖。其中"褪变文献字迹恢复与保护"系列科研项目，获得了两项国家发明三等奖和两项国家档案局科技进步一等奖；"秦陵一号铜车马修复"先后获国家文物局科学技术进步二等奖和国家科学技术进步二等奖；"秦俑彩绘保护技术研究"分别获陕西省科学技术一等奖和国家科技进步二等奖；汉阳陵帝陵外藏坑地下保护展示厅工程获得国优工程银奖。此外，"古柏防虫技术研究"、"秦俑二号坑陈列艺术照明工程实验研究"、"长江瞿塘峡摩崖题刻的保护和复制工程"、"风化褪色古代壁画、文物彩绘、建筑彩画的显现与加固"、"秦始皇陵遥感与地球物理综合探测技术"、"秦俑小气候研究和环境质量评估对策"、"青莲寺彩绘泥塑及壁画保护修复方案"、"秦俑土遗址及相关文物防霉保护研究"、"汉唐墓室壁画规范化保护研究"、"汉阳陵祭祀建筑遗址保护工程方案"等项目也分别获得省部级以上的奖励。上述众多科研成果的取得及其应用推广，不仅使陕西乃至全国的大量珍贵文物得到了积极有效的保护，也为我国文物科技保护事业的发展积累了宝贵的经验。

9. 文物安全与执法督查工作日益强化

陕西省文物资源丰富，多年来一直是文物犯罪分子觊觎和实施犯罪的重点地区，安全管护的任务十分艰巨。改革开放以来，针对社会主义市场经济建立完善过程中文物安全所面临的新形势和新问题，全省文博系统干部职工的安全意识不断增强，安全设施不断完善，防护水平不断提高，全省文物案件和安全事故逐年减少，文物安全形势逐步平稳。自20世纪90年代初开始推行文博单位风险等级和安全防护级别达标工作，至2008年年底，全省有安全防护任务的文博单位，基本都按要求建成了技防设施，实现了单位风险等级和安全防护级别相一致；一批省直单位还安装了安检门、X光机等安检设施，使安防手段更加完善；省局指导和协助技防公司，研制成功田野文物安全防范设施——地波探测装置，已在咸阳汉平陵、汉长陵、汉安陵、唐顺陵安装使用，将现代科技应用于田野文物安全防范，起到了很好的防护和震慑作用；消防设施的建设和消防器材的配置也不断完善，所有一级风险单位以及一些防火任务较重的文物保护单位，都按国家规范配备了消防设施，极大地提升了预防和处置火灾的能力；由于在全省长期推行文物安全岗位责任承包制度，层层分解安全责任目标，使全体干部职工的安全意识和应对突发事件的能力不断提高。与此同时，全省文博单位的安全保卫力量也不断壮大，除了重点文博单位普遍设立了专职安全保卫机构外，各地文物安全稽查队从无到有，发展到目前的30多个，聘请了3500多名群众文物保护员，形成了专业与业余相结合的文物保卫力量，在履行自身守土责任以及配合公安机关打击盗窃、盗掘、倒卖、走私文物等各类犯罪活动的斗争中发挥了重要作用。

2002年，新修订的《中华人民共和国文物保护法》赋予文物行政管理部门对文物违法行为明确的行政处罚职能。根据新形势的要求，省文物局及时成立了执法督察处，文物重点县市也陆续健全和成立了文物执法队伍。经过严格培训，使文物行政执法人员普遍熟悉了解了有关文物执法方面的法律规定，严格掌握文物执法程序，规范文物行政执法行为。近年来，已先后开展了对于唐帝陵"开山取石"和汉长安城遗址内违法建设的专项治理活动，在推动各级文物行政部门依法履行监管职责，查处纠正以及发现并制止各类文物违法活动方面，取得了显著成效。

10. "申遗"工作有序推进

1987年12月，秦始皇陵入选"世界文化遗产名录"，成为我国第一批世界文化遗产。此后，申遗工作进一步得到重视。2006年，中国、哈萨克斯坦、吉尔吉斯斯坦、塔吉克斯坦、乌兹别克斯坦、土库曼斯坦六国跨国联合申报丝绸之路为世界文化遗产。经过大量细致的资料准备和科学论证过程，目前，陕西的汉长安城遗址、茂陵、张骞墓、唐长安城遗址、唐昭陵、唐乾陵、鸠摩罗什舍利塔、兴教寺塔、大秦寺塔、法门寺塔地宫、彬县大佛寺石窟以及西安大清真寺共12处20个遗产点被列入丝绸之路跨国联合申报世界文化遗产预备名单。这些卓有成效的工作，不仅标志着全省申遗工作正步入一个新的历史阶段，也极大地提高了陕西在国际上的影响力。

11. 信息网络建设成效显著

早在20世纪90年代，陕西历史博物馆、秦始皇兵马俑博物馆、西安碑林博物馆等单位就对文物藏品信息化、数字博物馆等信息网络建设工作进行了初步探索，并建立了自己的网站。2005

年9月，陕西省文物局汉唐网正式建成，首页版面年年更新，受众面和社会认可度逐步提高，行业影响力与社会效应日益显现．在及时发布有关文物信息、宣传文化遗产保护知识和政策法规等方面，发挥了越来越积极的作用。其著名版块"汉唐论坛"作为公众互动平台所起到的积极作用，受到了上级部门的充分肯定，已被推荐和设定为陕西省人民政府门户网站的重要栏目。

二 考古发掘与研究工作

自1949年中华人民共和国成立以来，陕西的考古研究工作大致可以分为"奠基期"（1949～1976年）和"发展期"（1976年以后）两个阶段。在"奠基期"，随着新中国的诞生和新政权对于文化事业的高度重视，建立完善了文物考古研究机构，与大规模的基本建设同步，全面的考古调查以及重点的考古研究项目同时开展起来。这一时期，中国科学院、北京大学、中央考古训练班等先后派遣考古队到陕西，进行考古调查、发掘和实习。中国古代都城的首次科学调查、发掘在汉长安城开展；中国考古学对同一个遗址中的同一种考古学文化进行分期研究、对一个区域的考古学文化进行序列研究在西安半坡实施；中国最早的大规模的汉唐墓葬发掘在汉唐长安城周围进行。初步统计，该时期共发掘清理各个时代的典型遗址10余处，古墓葬4000多座，出土了大量珍贵文物，积累了丰富的的考古资料。在此基础上，随着"文化大革命"的结束和改革开放新时期的到来，陕西的考古学也由此而进入了"发展期"或者说是"黄金期"。陕西的考古工作者高举解放思想的旗帜，依托丰富的地上地下文物资源，立足陕西周秦汉唐文明的中心地位，以科学严谨的态度，在三秦这块蕴藏无限的神奇大地上，辛勤劳作、不断探索，在从旧石器时代至宋元明清等各个时代的考古和研究工作中，更是取得了一系列举世瞩目的辉煌成绩，先后有汉景帝阳陵从葬坑及其彩绘陶俑、汉长安城陶俑官窑窑址、隋仁寿宫唐九成宫37号殿址、隋唐灞桥遗址、洛南盆地旧石器地点群、眉县西周青铜器窖藏、昭陵北司马门遗址、扶风周原李家西周铸铜作坊遗址、韩城梁带村两周遗址、高陵杨官寨遗址、岐山周公庙遗址等10多项考古项目荣获年度"全国十大考古新发现"殊荣，引起国内外的高度关注并受到各级政府部门的表彰，为陕西乃至中国的考古事业做出了巨大的贡献。

（一）史前时期考古

陕西省旧石器时代考古以公王岭蓝田猿人、陈家窝直立人及其旧石器遗存的发现与研究为代表性的成果。1963年和1966年，中国科学院古脊椎动物与古人类研究所等单位在蓝田陈家窝和公王岭进行调查和发掘，分别发现了一个完好的猿人下颌骨化石和一枚猿人牙齿与头盖骨化石，并出土了一批动物化石和旧石器，第一次提供了陕西旧石器考古和古人类化石完整的资料。通过深入的对比研究，这种猿人已经为学术界命名为蓝田中国猿人。这是我国科学家自己发现、自己发掘和研究的第一批古人类化石，由于这一发现扩展了对于猿人地理分布范围的进一步了解，在探索和考察人类起源方面具有重要价值，极大地促进了我国古人类学和旧石器考古学的发展。

继蓝田猿人发现之后，1978～1980年期间，中国科学院古脊椎动物与古人类研究所联合西北大学、西安半坡博物馆、陕西省考古研究所等单位对位于大荔县西北解放村的大荔人遗址进行了联合调查和发掘，并获得重大成果。在这一遗址中发现一具完好的男性古人类头骨化石，经测定距今大约 20 万年，分析其体质特征介于直立人和早期智人之间，属早期智人的古老类型。与此同时，与大荔人伴出的还有大量的以小型石片器为主的出土遗物，这些重要发现，在时间上弥补了我国更新世旧石器文化的缺环，空间上又是东西小石器文化的中间地带，对研究小石器文化具有重要意义，填补了我国乃至东亚古人类研究的空白。

20 世纪 70 年代初期，通过长武县窑头沟及鸭儿沟、韩城禹门口等旧石器地点及黄龙县人类头盖骨化石等的发现与研究，同样为确立和完善陕西及邻近地区旧石器时代文化序列与谱系提供了资料。而 80 年代初对位于陕西汉中地区南郑县汉水南岸的梁山旧石器时代文化遗存的发掘与研究则发现，该石器兼具"匼河—丁村系"和华南一些文化特征，这种南北文化因素混合的特点，使人们第一次对地处南北自然地理交汇地带的陕南远古文化有了认识。此外，对洛南盆地旧石器地点群及聚落系统、龙王辿遗址等重要遗存的新发现也取得重大收获。

截至目前，陕西已发现旧石器文化遗存或化石地点超过 190 余处，拥有人类演化三个阶段的化石标本，从而建立和完善了陕西的旧石器时代考古以蓝田猿人及其文化、大荔人及其文化、河套人及其文化为代表的早、中、晚期的发展序列。

与旧石器考古一样，陕西新石器时代考古研究的成绩也十分突出。目前大部分地区已经建立起了比较完整的考古文化编年系列，为周边地区的考古年代研究提供了较为可靠的参照系。20 世纪 50 年代末到 60 年代初，通过对渭水、泾水、汉水、嘉陵江上游、无定河、北洛河、延河等陕西主要河流两岸的新石器时代遗址进行的调查与试掘，为全面了解陕西地区新石器时代遗存提供了线索。

1960 ~ 1961 年，陕西省考古研究所在西乡县李家村遗址发掘中，发现了老官台文化李家村类型遗存，为陕西目前发现最早的新石器时代考古文化，随即受到了考古界的高度关注。20 世纪 80 年代，汉水与安康两个考古队又先后在何家湾、龙岗寺、白马石、马家营、阮家坝等遗址发现了"李家村类型"遗存，这些发现，使"李家村类型"遗存的研究逐步走向深入。2002 年，为配合宝兰铁路二线工程建设，对宝鸡关桃园遗址进行了较大规模的发掘，发现了丰富的遗存和复杂的层位关系，据此可将该遗址的前仰韶时期遗存分为三期，使渭水流域同类遗存的面貌变得越来越清晰，关桃园遗址的发掘对我国新石器时代早期的考古研究具有重大的意义。

陕西是仰韶时代的中心，据统计，这一时期的遗址全国共发现 5000 余处，陕西就占了 2040 处。1954 ~ 1957 年发掘以及 1971 年再次补充发掘的半坡遗址，是仰韶文化的代表性遗存。截至 20 世纪 90 年代以前，陕西已经对 60 多处这类遗址进行过考古发掘，其中彬县下孟村、西乡何家湾、南郑龙岗寺、紫阳马家营、汉阴阮家坝、临潼姜寨、宝鸡福临堡、渭南史家、临潼零口村、陇县原子头、华县泉护村、彬县水北、千阳丰头等遗址的发掘以及考古简报和报告的相继问世，使得仰韶时代的研究取得了巨大的成就。毫无疑问，这一时期的研究重点主要集中在半坡文化阶段。在上述遗址中，以泉护村、福临堡、原子头等遗址西阴文化（庙底沟文化）阶段遗存较为丰富，为西阴文化的分期研究及类型划分提供了重要资料。其中，泉护村遗址灰坑中发现的碳化稻米，第一次将我国新石器时代稻米实物的发现推广到了黄河流域，为探讨中国稻作农业的发展过程有着十分重要的意义。而对杨官寨遗址进行的长达 4 年的考古发掘工作，首次发现了属于西阴文化时期的完整环壕以及成排的房址和陶窑，也为陕西地区仰韶晚期文化遗存的研究提供了非常重要的资料。

陕西的龙山时代大致可以分为早晚两个阶段，早期与庙底沟二期文化相当，晚期基本和客省庄文化同时。庙底沟二期文化时期的遗址除旬邑下魏洛、韩城呇村、西安米家崖等遗址外，其他主要集中在陕北地区，如绥德小官道、甘泉史家湾、神木寨峁、府谷郑则峁、横山瓦窑渠、金山寨、佳县石摞摞山、吴堡关胡圪塔等遗址。而通过发掘研究可以看出，陕北地区无论是相当于庙底沟二期文化阶段还是客省庄文化时期的遗迹遗物，既反映出与同期周边文化的密切关系，也表现出鲜明的地域特点，所有这些，都为陕西北部地区龙山时代晚期及夏商时期考古文化的研究提供了难得的资料。

总之，建国60年来，陕西新石器时代考古工作取得长足发展。通过配合三门峡黄河水利枢纽工程、长江流域规划和第一次文物普查，在关中渭水、泾水流域和陕南汉水、嘉陵江上游地区发现了大量遗址，发掘了西安半坡、长安沣西、华县泉护村、宝鸡北首岭、华阴横阵村、邠县下孟村，西乡李家村重要遗址，为初步认识陕西新石器时期的文化面貌、内涵、分期、谱系、聚落、埋葬制度、生业形态与环境、社会结构和社会性质等问题提供了大量资料，初步确立了以关中渭水流域为核心的新石器时代考古学年代序列。

（二）夏商周考古

有关夏代的考古遗存在陕西地区发现较少，主要集中于关中特别是西安以东地区。华阴横镇村、西安老牛坡等商州东龙山遗址等的考古发掘，发现了既有关中地区龙山时代客省庄二期文化特征，又含有甘青地区齐家文化和中原地区二里头早期文化因素的"老牛坡类型"文化遗存，表明约在夏代早期，关中东部及丹江上游地区就形成了一支与这些文化有密切联系，但又有一定差别的新型考古学文化。而在大荔赵庄、华县南沙村、商州东龙山等遗址发现的二里头三、四期文化遗存的事实则告诉我们，到了夏代晚期，关中东部及丹江上游地区已属于夏王朝的势力范围。

商代考古遗存在陕西的发现已比较普遍，并反映出不同地区的考古学文化复杂性，呈现出丰富多彩的特点。很可能正是由于夏代晚期的疆域已进入陕境，故在商王朝建立之初，早商文化就迅速覆盖了关中东部及丹江上游，大荔赵庄、西安老牛坡、商州东龙山等遗址发现了二里冈下层早段的遗存已对此做出了较好的说明。礼泉朱马嘴、扶风壹家堡以及周原等遗址发现的二里冈上层或略晚的商文化遗存，则表明在商代中期，商文化在占据关中东部的基础上，进一步将其控制的范围推进到关中西部偏东的周原以东地区，形成了以商文化为主但也含有一定地方因素的"京当型"商文化。与之共存的有活动于泾、漆地区，以武功郑家坡、彬县断泾等遗址为代表的先周文化，以扶风刘家墓地、宝鸡纸坊头遗址为代表的刘家文化、长武碾子坡、麟游蔡家河等遗址为代表的碾子坡文化等古羌族系统的文化。远在陕南汉水上游地区，以城固、洋县青铜器及城固宝山遗址为代表，与早期巴蜀民族有关的宝山文化，陕北高原地区与北方草原民族有关的朱开沟文化、李家崖文化等，相互均曾发生过程度不同的联系。到了商代晚期，随着关中西部商文化势力的衰退，先周文化开始崛起于泾渭地区并终居统治地位，从而促使了凝聚多种文化优势的西周文明的诞生。

◆陕西韩城梁带村两周墓地考古发掘现场

到了西周时期，大量的重要考古发现显示了陕西特别是关中地区作为周王朝的王畿之地，由附属于中原文化边缘跃居中心区域的特殊地位。有关西周的考古发掘和研究，自建国以后几乎未曾中断，主要集中于包括岐山贺家、董家、凤雏、礼村以及扶风齐家、庄白、召陈等地为主的周原和位于西安西南沣河两岸的丰镐遗址。

两地大型宫室宗庙类建筑、大量青铜器窖藏、大型墓地以及甲骨文的发现，往往带给世人以强烈的震撼，显示出作为周代王朝都邑的恢弘气势和厚重的文化积淀。从周公庙、杨家村、赵家台等大型遗址的重要发现，可以见出周代贵族世家所居的采邑性质聚落的基本面貌和特点。矢国遗址的发现、梁带村等重要墓地发掘，使我们有机会了解到可能属于周代畿内封国文化发展的特征。这些考古发现从不同层次、多方面地提供了研究西周历史、文化、政治以及社会结构的珍贵资料，在其他地区不可能有机会获得如此全面的科学信息。丹江上游商南过风楼、商州陈塬等遗址为代表的西周遗存，与关中及其他地区的西周文化的特征均有比较明显的差别，反映出与东周楚文化特征有较明显的传承关系，极有可能是探寻早期楚文化的重要线索。

周原、沣西地区西周考古学文化基本序列的建立，不仅为全国周代考古树立起了年代学的标尺，而且，新近关于周代社会结构、经济形态、礼制等深层次探索的大周原考古、采邑考古、大型建筑性质等问题的提出，必将有力地推动西周考古研究的深化，区域类型在丹江上游地区初露端倪，均可以说开拓了新的研究领域。

陕西是发现商周青铜器及金文和西周甲骨文最集中和最重要的地区，也是青铜器、古文字以及相关研究的关注点，历来被称为"中国青铜器之乡"，许多重要铭文和甲骨文都提供了非常珍贵的历史资料。仅建国以来所出土的著名的青铜重器就有史墙盘、何尊、利簋、速盘，兴壶、多友鼎等等，数量众多，均有内容重要的铭文。而大批西周甲骨文的出土，更具有重要的史料价值，成为《商周金文资料通鉴》、《金文字库和金文输入法》等为代表的研究成果的重要资料支持。此外，周原、周公庙等遗址发现的铸铜、制骨、制玉（石）和制陶等作坊，为商周时代手工业发展状况、分布特征以及经济地位的研究，也提供了极为重要考古资料，具有重要的学术价值。

上述这些工作和成果充分表明，经几代考古人的辛勤耕耘，对陕西地区夏商周时期的考古学文化已有比较清楚的认识，使文献记载匮乏的三代历史得到了程度不同的充实。

（三）秦汉考古

陕西为秦和西汉兴国建都之地，其文化遗存之丰富自然为其他地区难以匹俦。秦代考古工作，20世纪60年代主要集中于位于凤翔县等秦都雍城和位于临潼的栎阳古城而展开。前者不仅探明了雍城的平面形制及规模，大致区分出姚家岗春秋宫殿区，马家庄春秋宫殿、宗庙区及铁沟、高王寺战国宫殿区三大宫区；还先后发现青铜、铸铁、制陶等手工业作坊多处。另外在雍城南郊的千河东岸还找到了蕲年宫、橐泉宫、来谷宫、竹泉宫等遗址。而雍城陵区等考古勘探，也获得重大发现。已钻探出的49座大墓，平面形制可分为丰字形、中字形、甲字形、凸字形、刀把形、目字形、圆形等七个类型。已发掘的秦公一号大墓，虽屡经盗扰，但仍出土铜、铁、金、陶、玉、漆器及纺织品等各类文物3500多件。根据墓中出土的石磬刻文，基本确定墓主为春秋中晚期的秦景公。椁室中南北两壁带有的由伸出的柏木榫头组成长方形框式规范的主椁，初步认为是我国

◆工作人员登记秦都咸阳出土器物

◆秦咸阳宫一号建筑遗址

◆秦始皇兵马俑一号坑发掘现场

◆秦始皇陵园出土的文吏俑

古代最早的一套"黄肠题凑"葬具。

与此同时，从20世纪60年代延续到70年代，秦都咸阳的考古调查与发掘也全面展开。虽整体布局目前尚未明晰，但已发现20多处分布于渭北咸阳塬上的宫殿建筑群遗址。而已发掘的一、二、三号宫殿遗址可能就是当时"咸阳宫"的一部分。这一带先后发现了冶铜、铸铁、制陶、建材、骨器等多处手工业作坊和铜器窖藏，出土了包括秦始皇诏版、秦二世诏版、铜人头像、各国货币在内的大批珍贵文物，对于秦文化的研究具有难以估量的重要意义。

此外，对汧邑、汧渭之会、平阳、泾阳、栎阳、商邑、毕陌陵区、芷阳秦东陵、西安南郊神禾园陵区等，也进行了一些调查、发掘和研究，收获颇丰。对于秦长城、直道、驰道、郑国渠等军事防御、交通、水利工程设施的研究，也取得了阶段性成果。

当然，秦代考古，最为世人所关注的还是秦始皇陵。1974年，随着秦始皇兵马俑的破土问世，这里更成为举世瞩目的热点。历经30余年的不懈探索和研究，现已证实，秦始皇陵区东西长约7公里，南北宽8公里。陵区的中心是封土，现为平顶的四方截尖锥形台体。探测认为其封土堆下、墓圹周围有一组环绕墓圹周边、上部高出地表，体量巨大的台阶式墙状夯土台。夯土台内部即墓室上部以粗夯土填充。封土以外是内城，呈南北向长方形，长1355米，宽580米。外城南北长2185米，东西宽976米。内、外城均由夯土筑成，且有数量不等的城门。陵区的北侧和东侧发现有大面积的建筑遗址，可能是寝殿、便殿和园寺吏舍等陵园建筑。陵区内还发现各类陪葬坑及墓葬600多处。主要有兵马俑坑、铜车马坑、珍禽异兽坑、马厩坑、石铠甲坑、百戏俑坑、文吏俑坑、铜禽坑、鱼池、防洪堤、修陵人墓地等，确实是"宫观百官，奇器珍怪徙藏满之"。其当之无愧地成为20世纪最为重大的考古发现之一。

在上述以及其他有关秦代考古研究的基础上，许多学者分别从不同类别的考古资料、不同角度、不同领域、不同层次对早期的秦文化、秦人的族源、农业与饲养业、手工业、都邑、陵墓、军事、交通、生活用器、文化艺术等方面进行了全方位的综合探索，发表了大量的研究成果。

陕西的汉代考古工作也起步较早。从20世纪50年代开始，中国社科院考古所和陕西的考古工作者对西汉长安城遗址进行了全面、系统的勘察工作，确认了汉长安城的规模、形制及大体布局，发掘了"王莽九庙"等建筑遗址。在对西汉十一陵进行了全面、系统地考古调查和勘测的基础上，基本确认了咸阳原西汉九陵的名位及排列顺序，纠正了历史文献中的多处错误记载。特别是通过对杜陵的从葬坑、门阙、寝园遗址的发掘和对阳陵的大规模、全面的勘察钻探和发掘，大致掌握和了解了西汉帝陵的形制结构和布局特点。近年来，汉武帝茂陵、汉平帝康陵的大规模勘察、钻探工作也接近尾声，并有许多新的发现。

建国以来，陕西地区发掘了数千座西汉墓葬，多集中于汉长安城周边地区，其他地区也有少量的发现。其中，中型墓葬发掘主要有咸阳杨家湾汉墓、西安新安砖厂积炭墓、汉景帝阳陵陪葬墓园M130、西安北郊枣园西汉早期墓等。而小型汉墓数量巨大，难以胜数。比较重要的有西安北郊龙首原汉墓、东郊白鹿原汉墓、北郊尤家庄、张家堡汉墓、方新村汉墓，高陵梁村汉墓等。已出版刊行的《白鹿原汉墓》、《龙首原汉墓》、《长安汉墓》等报告，对发掘成果进行了全面记载和系统研究，基本上再现了长安地区西汉时期中小型墓葬演变历程，也折射出西汉京都地区种种社会文化习俗的嬗变。在已发掘的西汉墓葬中，保存较好的壁画墓有西安交通大学壁画墓和西安理工大学壁画墓，均为西汉晚期遗存。其中西安交大汉墓的壁画上，彩绘有完整的日、月和二十八宿星象图，而二十八宿又以其含义，被形象化地绘为各种人物或动物等图形，宛如古希腊罗马的星座图。此为汉墓壁画中所仅见，故有着特殊价值。

◆ 陕北郝滩汉墓壁画

此外，较为重要的还有：1957 年在西安灞桥附近的一座不晚于武帝时期的墓葬中发掘出的麻类纤维纸的残片；1978 年扶风中颜的西汉铜器窖藏中发现的坚韧耐折、色泽较好的麻纸；80 年代前期，在华阴县发掘的建于汉武帝时期的京师仓；1980 年发掘的澄城县善坡头村西汉铸钱遗址；1996 年调查试掘的户县三官城铸钱遗址；2004 年，在宝鸡市凤翔县孙家南头村西发掘的一座汧河大型码头仓储建筑遗址等。这些发现对西汉漕运、金融、科技史的研究均具有重大意义。而数十年来发现的汉代城址大部分位于陕北地区，如榆林市红石桥乡古城界城址、鱼河镇郑家沟城址、神木县何家圪台城址、大阿包城址，府谷县大昌汗城址、石马川城址、前城城址、古城梁城址、佳县石家瓜城址、横山县石刻峁城址等。这些城址一般规模较小，多处于山梁之上，作为边城的可能性较大。已经发表资料的有神木大保当汉代城址、靖边县瓦渣梁古城遗址等。

陕西省的东汉墓葬具有较明显的区域特色，可分为西安、西安周围、陕南、陕北四个区域。据已发表公布的资料显示，大体分布为西安地区百余座；西安周围地区 50 余座；陕北地区近百座；陕南 10 余座。在这些东汉墓葬中，潼关吊桥汉代"关西孔子"、"四代三公"杨震家族墓，总计七座，排列整齐，其规模为陕西之最，全国少见。旬邑县原底乡百子村东汉壁画墓一座，壁画内容丰富，有青龙、羽人、方相氏、园囿、仓楼、牧牛马、牛耕、亭长夫人、丞主簿、邻王、力士等，对研究东汉政治、经济、文化、职官、意识形态、服饰及绘画艺术等具有极高的价值。而陕北地区的东汉墓则以画像石见长，墓葬多以砖石结合筑造，奠定了陕北作为中国四大画像石出土地之一的地位。另外，近年来在靖边郝滩、杨桥畔新发现壁画墓两座，壁画保存之完整，颜色之艳丽，场面之宏大，在迄今为止所发现的东汉壁画墓中尚不多见。

（四）南北朝隋唐及宋元明清考古

陕西魏晋南北朝考古的重点及其收获主要是：先后三次对大夏统万城进行了系统的勘探调查，对西城西南隅及"永安台"进行了清理，发现内城外侧的护城壕，并测绘出外郭城、东西城的遗迹分布图，使得这个匈奴族最后的王国的历史面貌日渐清晰；北朝墓葬 20 世纪 50 年代仅在咸阳、西安发现数座。80 年代之后多座西晋、十六国和南北朝时期墓葬陆续发现，其中咸阳国际机场北周墓葬群的发现最为引人注目。西安北郊陆续发现安伽墓、史君墓、康业墓等北周粟特人墓葬，出土的围屏石榻或石棺椁基本反映了入华定居的外来民族的丧葬习俗，引起学界的轰动和重视。而20世纪90年代，抢救发掘了北周武帝孝陵，出土的帝、后陵志、皇后金玺、十三环铜带具、大型玉璧等均为国内罕见或仅见。此外，陕西发现的南朝墓多集中于安康地区，以中小型单室砖墓为主，对研究南北朝时期民族融合、文化交流等都具有相当的价值。

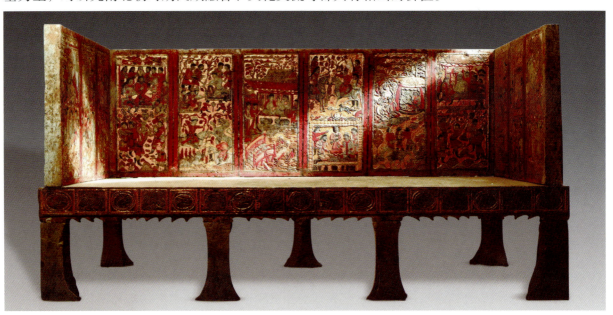

◆西安北郊北周安伽墓出土的彩绘石榻

　　建国以来，隋唐考古方面，陕西省更堪称蔚为大观。自20世纪50年代始，陕西省文管会拉开了对隋唐长安城勘探和调查的序幕。此后，社科院考古所在此展开了长期的勘探和发掘。先后完成了对外郭城、皇城、宫城和城内街道、坊市、宫殿、渠道等遗址的初步勘察，绘制出了长安城遗址实测图和初步复原图。此后陆续发掘了大明宫、兴庆宫等宫殿遗址；青龙寺、西明寺、实际寺等寺院遗址；胜业坊、兴化坊、太平坊、安定坊等里坊遗址；以及明德门、皇城含光门、西市、东市及圜丘遗址、大明宫丹凤门遗址、大明宫太液池遗址等，大量的新成果为我国古代城址的研究提供了实证依据。此外，调查或发掘过的隋唐离宫别馆有隋仁寿宫、唐九成宫、华清宫、玉华宫和翠微宫等。隋仁寿宫37号宫殿遗址的发掘填补了隋代宫殿考古的空白。唐九成宫总体布局大体探明，还发掘了缭墙及北门址、殿址、井亭遗址等。唐华清宫遗址先后发现星辰汤、太子汤、贵妃汤、莲花汤和尚食汤5个结构各异的石砌浴池以及作为宫内道场的朝元阁、老君殿遗址和一组庭院式建筑基址。唐玉华宫的范围以及南风门、玉华殿、肃成殿的位置已经确认。

　　1994年和2002年，陕西的考古工作者先后两次在西安东郊灞河发掘出隋灞桥遗址，共清理出9座桥墩，可以确定这是一座规模较大的石条砌筑联拱桥遗址。80年代初发掘的唐东渭桥遗址，规模宏大，结构复杂；是研究唐代桥梁建筑技术以及渭河河道变迁的重要资料。

　　建国以来，唐代帝陵的考古调查引人注目，目前昭陵、乾陵、建陵、贞陵、崇陵、泰陵的陵园规模、布局已经探明；这几座陵园的下宫遗址已经探明，其中昭陵、乾陵、桥陵的下宫遗址保存较好；唐僖宗靖陵、昭陵北司马门、乾陵陵园建筑、顺陵门阙等陵园建筑遗址以及韦贵妃、新城长公主、永泰公主、懿德太子、章怀太子、节愍太子、惠庄太子、高力士等唐陵陪葬墓已经发掘。1995年，对靖陵的考古发掘，是科学发掘的第一座唐代皇帝陵，使我们得以了解晚唐帝陵的形制。

2002～2003年度，发掘昭陵北司马门遗址，揭露出唐代和清代两个时期的建筑遗迹。首次发现了唐代建筑中阶梯状长廊遗址和"昭陵六骏"的位置，出土了包括"昭陵六骏"和"十四国君长像"残块在内的一批珍贵石刻，对研究唐陵的布局、结构及其演变具有重大意义。

隋墓迄今已发掘30余座，多集中于西安附近。近年在长安清理的一批隋墓纪年明确，出土器物丰富，为西安地区乃至全国隋墓及陶俑演变及断代提供了依据。2005年在潼关税村发掘一座壁画大墓，出土的线刻石棺，描绘天界和神祇的形象，与北魏流行的"升仙"石棺图像如出一辙。墓道东西壁绘制场面较大的仪卫图，代表了隋代人物画的最高水平。

陕西已经发掘的唐代墓葬数量居全国之冠，西安及附近尤为密集，目前已发掘的墓葬数量达4000余座，一些纪年墓可作为分期断代的标尺。学术界将西安地区隋唐墓一般分为三期，也有四期或七期的划分，阶段特征明显。从隋唐墓葬内出土了大量其他地区无以比肩的石刻线画、壁画（100余座）和三彩俑、陶俑群等，成为中国古代文化全盛期的艺术宝库，受到学界的高度关注。

唐代金银器也是陕西隋唐考古的重点研究课题之一。1970年何家村发现窖藏唐代金银器205件，出土有舞马衔杯仿皮囊银壶、乐工八棱金杯、掐丝团花金杯、镂空银熏球等多件，埋藏时间约在德宗时期。1987年在扶风法门寺塔基地宫内发掘出金银器121件（组），主要为生活用具、供养器和法器三类，是唐代金银器的又一次重大发现。这批金银器制作年代明确，器物名称、重量、制作者等都有明确记载，为中晚唐金银器的研究提供了许多分期意义上的标准器。

唐代佛教考古，1985年临潼新丰镇发现唐庆山寺舍利塔基下的地宫，出土地宫壁画以及"上方舍利塔记"碑、石刻舍利宝帐、银椁金棺和数十件保存完好的舍利容器和供奉器物。时隔两年，法门寺塔基地宫的发掘更属建国以来最重大的考古发现之一。除上述大批皇室供奉的金银器外，4枚佛指舍利的出土被视为世界宗教史上的重大事件；秘色瓷的发现和确认使有关研究取得突破性进展；出土的伊斯兰早期玻璃为中外交流提出了新的课题；金银器錾文和物账碑，内容丰富，史料价值极高。

时代跨度较大的重要遗址首推铜川耀州窑及其前身唐代黄堡窑址具有代表性，是北方地区烧制陶瓷品种最为丰富的综合性窑场，已发现唐代作坊17座、窑炉8座。其中8座作坊、3座窑炉用来烧制三彩。五代时期，黄堡窑烧造技术更加成熟，逐渐确立了黄堡窑及耀州窑产品在中国瓷器史上的地位。成熟、稳定的天青釉是五代黄堡窑的主要釉色。宋代是耀州窑的鼎盛时期。发现宋代作坊40余座，瓷窑近30座，生产规模较前成倍增长，以烧造青釉瓷为主，划花、刻花及印花为主要装饰手法，达到其烧造历史的最高水平，成为我国北方青瓷的代表。进入金代，耀州窑继续烧造，陈炉窑也开始烧造。金代耀州窑仍以烧造青瓷为主，同时兼烧黑瓷、白瓷等。元代烧制的青瓷以姜黄釉为大宗，其釉色、造型、纹饰和工艺技术与五代、宋、金相比变化较大。

陕西五代和宋金时期墓葬发现较少，五代时期的主要有冯晖墓、李茂贞墓等，均是高等级墓葬。宋墓在关中、陕南、陕北各有数例，砖雕仿木作门楼、砖雕人物、多室是这个时期砖室墓葬形制的主要特点。另外，西安市曾发现金墓。西安、长安、高陵、户县、蒲城、延安等地先后发现元代墓葬10余座。从出土器物看，它们都有比较明显的时代特征。

陕西地区明代和清代考古主要以墓葬为主，先后在西安南郊清理了秦藩安僖王朱秉橛墓，汧阳端懿王朱公鏳、朱秉橘家族墓地，出土大量随葬陶俑。近年最为重要的清代墓葬考古发现是大荔县八鱼村李氏家族墓地。所发掘的5座均为大型石室墓，多数石构件上有精美的雕刻图案。出土墓志内容涉及到封捐官吏制度、回民起义等，是相关历史研究的重要资料。

陕西境内石窟及摩崖造像共发现近150处，其中北朝16处、隋唐40余处、宋金元各代90余处。北朝石窟多在陕北地区，隋唐石窟多分布在关中西部和延安地区，宋金元主要分布在延安地区。2007年在安塞县城附近新发现北魏或西魏石窟5座，其中4号窟内有保存较为完好的浮雕佛传故事。彬县大佛寺是最大的一处唐代石窟群，有初唐至明代的洞窟130余座。千佛洞和罗汉洞造像最能体现盛唐艺术的特点。麟游慈善寺石窟和麟溪桥窟龛群是目前省内保存最好的石窟群。陕北的隋唐石窟一般规模较小，较为典型的有铜川金锁关造像龛、富县石弘寺石窟、洛川寺家河石窟等，其中洛川寺家河石窟保存有罕见的盛唐以后密宗造像，颇为珍贵。以子长县钟山石窟为典型代表的延安宋代石窟技法纯熟，更趋于写实和世俗化，成为陕西石窟艺术的又一个高峰。其窟内有北宋纪年题刻多处。

除上述在陕西省境内的考古研究工作外，近数十年来，陕西考古工作者还接受国家文物局委托，先后参加了西藏古格故城、萨迦寺、托林寺、青藏铁路西藏段，重庆三峡库区，南水北调河南段、湖北段的抢救性发掘清理工作；与有关兄弟单位合作，应邀赴我国香港和越南参加考古发掘。这些跨省跨国的合作考古工作，锻炼了专业队伍，拓宽了研究领域，加强了国内外学术交流，极大地提升了陕西考古工作的整体水平和影响。

回顾60年陕西考古研究事业发展的历程，虽然在"文革"十年动乱时期受到一定的干扰和影响，但考古发掘与研究工作始终未曾中断，并按照科学序列开展。在中国社会科学院考古研究所、陕西省文管会、陕西省考古研究院（原陕西省考古研究所）、西安市考古所以及省内各文博单位几代考古工作者与广大同仁们长期不懈的努力下，初步奠定了陕西考古事业的宏基伟业，取得了多方面的重大成就。但回顾历史、纵览全局，各项工作还存在许多不足，有待加强和完善。诸如：在考古学理论的研究和探索、研究方法的更新和新技术的运用方面尚显薄弱；不同时期文化谱系和时代序列的建立尚有缺环；考古研究区域和类型分布不够平衡，一些深层次的重大问题由于尚缺乏系统全面的考古资料支持未能得到很好解决；考古发掘资料的整理与发表严重滞后等等，这些都需要在今后的工作中逐步弥补和完善。

三 博物馆建设与发展

建国以来，与我国各项社会事业发展同步，作为文化事业的重要组成部分和发展水平的标志之一，陕西的博物馆事业也经历了一个不同寻常的发展历程。建国初期，人民政府从旧政权手中接管了依托于西安碑林而设立的陕西省历史博物馆并进行了必要的改造，成为全省当时第一座也是唯一的博物馆。从20世纪50年代起，随着社会主义建设高潮的到来，博物馆事业开始得到了稳步的发展。50年代初期，延安革命纪念馆率先筹划建设，使得早年陕甘宁边区政府关于建设陕甘宁边区革命历史博物馆的意向成为现实。在此后的几年中，先后落成开放的还有八路军西安办事处纪念馆、西安半坡博物馆、宝鸡博物馆、汉中博物馆、西安植物园等，在全国均有重要的影响，不仅显现出陕西博物馆事业发展的巨大潜力，也初步奠定了陕西博物馆事业的基础。毋庸讳言的是，50年代末期，由于受到"大跃进"等"左"的思潮影响，盲目追求博物馆数量，一度曾提出"县社大办博物馆"的口号，致使博物馆数量急剧膨胀。由于严重违反了博物馆发展的客观规律，这一时期建立起来的许多徒有其名的所谓博物馆、陈列馆，昙花一现，旋即消歇关闭，成为博物馆事业发展史上的深刻教训。进入60年代以后，直至"文革"十年动乱时期，在众所周知的经济因素和政治因素的严重影响之下，陕西博物馆事业的发展基本处于停滞状态。这一时期，不仅鲜有新的博物馆建成，且已有的博物馆也无法开展正常的业务活动，难以向社会提供丰富而科学的精神产品。

70年代后期，随着"文革"的结束和我国改革开放新时期的到来，陕西博物馆事业迎来了全面恢复和发展的时期。在此后大约30年时间里，陕西博物馆事业高歌猛进，进入到一个前所未有的黄金时代。在大力发展博物馆事业、从实践中寻求文化遗产有效保护与合理利用完美结合的道路上，陕西各级党委、政府以及广大文物工作者积极探索，开拓进取，使得这一时期，陕西博物馆事业发展呈现出以下可喜的局面：

一是财政对于博物馆物馆建设的投入力度不断加大，新建博物馆数量大幅度增长。仅以文物系统为例，"七五"计划期间，全省文物系统博物馆建设发展的投资为13046万元；"八五"期间，投资为22346万元；"九五"期间投资为5147万元；"十五"期间投资规模进一步扩大，达

◆陕西历史博物馆外景

◆西安博物院外景

◆耀州窑博物馆外景

◆唐华清宫御汤遗址博物馆外景　　　　　　◆杨凌昆虫博物馆外景

到31275万元。进入"十一五"以后，仅2006年和2007年，投资就达28198万元。截至目前，陕西全省共有各类博物馆157座。其中85%以上的博物馆为改革开放以后新建立的博物馆。按全省3600万人口平均计算，大约每23万人拥有一座博物馆，远远高于每60万人口拥有一座博物馆的全国平均水平。除此之外，近年来，新建博物馆的热情依然持续高涨。一批新的博物馆建设项目陆续启动，如秦始皇帝陵博物院、唐大明宫国家遗址公园、宝鸡青铜器博物院、咸阳博物院、渭南博物馆、陕西历史博物馆唐代壁画珍品馆、西安碑林博物馆新石刻艺术馆、西安半坡博物馆半景画馆等一大批馆舍建设，预示着陕西博物馆事业更为璀璨的明天。

二是博物馆质量大幅度提升，博物馆现代化步伐明显加快。20世纪80年代以前建立的博物馆由于受到当时社会发展水平的限制，普遍设施落后，而此后一批由文管所改造过渡的博物馆、纪念馆也不同程度存在着硬件简陋，功能不全的缺陷。随着改革开放的不断深入，新理念的引入，高科技的应用，以及较前远为雄厚的经济财力的支持，使得新建博物馆建馆伊始就具有了较高的起点。1991年落成开放的陕西历史博物馆，是我国第一座具有现代化设施的大型博物馆，被誉为"中国博物馆发展史上的一座里程碑"。而一批老馆也得到不断改造完善，促进了全省博物馆总体质量的提高。近30年来，陕西的博物馆在传统陈列展示方法的基础上，广泛吸收最新科技成果，并将之运用到陈列展示中。半坡博物馆模拟复原以及动态演示的展示方式、秦俑博物馆环幕影院的尝试、多媒体的广泛运用等等都取得了较理想的效果，而汉阳陵地下博物馆更是在全国首创了将观众与遗址完全隔离的全新展示方式，被世界古迹遗址理事会主席誉为"古遗址保护的典范"。在国家文物局组织开展的全国十大精品陈列评选活动中，陕西省法门寺博物馆、汉阳陵博物馆先后获此殊荣。此外，还有多家博物馆的陈列分别获得了最佳提名奖和单项奖。特别是1988年以来，省文物局在省财政厅支持下在文物保护经费中设立了陈列专项经费。这项主要用于补助市、县博物馆陈列改造的经费发挥了积极作用。据不完全统计，仅20年间，有超过50座地、市、县的博物馆受惠于这项改革，不仅有力地带动了市县发展博物馆的积极性，也基本扭转了以往长期存在的大批"挂牌"县级博物馆，无陈列、不开放，空有其名的尴尬状况。与此同时，博物馆服务于社会的方式也呈现多样化趋势。博物馆普遍采用走出去举办巡回展览、举办社区及校园讲座、与大中小学校签订共建教育基地等方法，共同弘扬传统文化，为社会文明发展做出了应有的贡献。在保持传统的、具有自身鲜明特点的口头讲解的方式的基础上，宣教讲解的质量不断提升。2006年，中国博物馆学会将全国唯一的讲解员培训基地设立在西安半坡博物馆，2009年5月，又将此基地提升为西安培训中心，就是对这项工作的充分肯定。此外，博物馆的藏品管理也逐步走上了规范之路。到2008年年初，已建成的全省馆藏文物数据库，为全社会信息资源共享奠定了基础。

三是博物馆社会效益和经济效益日益明显，在社会发展中的作用不断增强。在社会效益方面，参观人数稳定、量大，社会受众面广，社会教育功能得到较好地发挥。初步统计，全省文物系统博物馆"七五"到2008年的23年中，共计接待参观者超过1.5亿人次。其中外国观光者近1800万人。在此期间，除了基本陈列外，全省各博物馆共举办各种临时或者专题展览约1600个，在普及宣传历史文化和科学知识，促进精神文明建设方面取得显著成就。

为贯彻执行中央关于开展爱国主义教育的指示精神，全省博物馆普遍与驻地的大、中、小学校签署了共建爱国主义教育基地和教学实习基地的协议，并率先推出了把博物馆教育纳入国民教育体系的一系列战略举措，对大、中、小学校教师学生、现役军人和70岁以上的老年人等特殊群体参观实行减免收费的办法。"八五"以来，全省国有博物馆共计免费接待参观者数百万人。特别是2008年以来，为努力营造"文化遗产人人保护，保护成果人人共享"的良好社会氛围，陕西历史博物馆、延安革命纪念馆、西安事变纪念馆、八路军西安办事处纪念馆、洛川会议纪念馆5座博物馆、纪念馆正式向社会免费开放，受到广大民众的热烈欢迎，真正做到了让改革开放和社会发展的成果惠及社会，惠及群众。

由于有以秦始皇兵马俑为代表的一批具有国际影响的著名博物馆，使得陕西也成为世界各界名人访华时选定的观光访问的重要目的地之一。1980年以来，全省博物馆接待的世界各国在任的国家元首、政府首脑就多达160多位。其中，尤以几任美国总统、法国总统、德国总理以及英国女王、日本天皇、俄罗斯总统、几任联合国秘书长等来陕西参观博物馆影响最大，成为一时新闻热点。一些国家元首、政府首脑和政党领袖甚至专程来陕西参观文物古迹和博物馆，充分说明陕西的博物馆在世界上享有很高的知名度。这些对于推进我国的外交政策，扩大陕西乃至中国在国际上的影响，增进我国与世界各国人民的理解和友谊，也起到了积极的作用。

此外，随着博物馆数量和种类的增加，以及经济社会发展为文物征集提供了较为充裕的资金支持，使得博物馆在抢救征集社会流散文物、守护文化遗产方面也发挥着越来越积极的作用。全省博物馆藏品数量逐年增加，质量不断提高。国有博物馆文物藏品总数由改革开放之初的19万件，达到了现在73万件（不含非博物馆的其他文物收藏单位藏品）。据初步统计，仅"八五"以来，从保护文物、丰富馆藏、提高陈列水准的目的出发，全省国有博物馆征集社会流散文物大约3万件（组）。这些工作，不仅显示出博物馆作为国家和民族文化财富管理保护者的自觉担当，也最大限度地避免了国家文物的流失和损毁。

在经济效益方面，改革开放以来，陕西省确立了把旅游业作为陕西经济发展支柱性产业的战略思想，而文物是陕西旅游的最主要资源，这使得各类博物馆事实上成为当地旅游产业链条中的关键环节，在地方经济发展的舞台上扮演着一个重要的角色。统计资料显示，不仅博物馆自身直接经济收入数量可观，自"七五"到2008年，直接收入超过23亿元，为博物馆自身运转和事业发展提供了重要的经费支持，更重要的是，由于陕西的旅游业基本依靠人文历史资源，因此，博物馆的成功运营，在很大程度上促进了铁路、公路、民航等交通运输业、餐饮业、宾馆酒店行业以及旅游商品生产销售行业等相关产业的发展，其所产生的间接经济效益更是难以估量。

回顾建国60年来陕西博物馆事业的发展历程，人们深切感受到，三秦大地深厚的历史文化积淀是博物馆事业茁壮成长的基础；按照客观规律办事，坚持科学的发展理念是博物馆事业的可靠保障；人民群众对精神文化不断增长的需求是博物馆事业的永恒推动力；新时期改革开放政策的全面推行为博物馆事业提供了千载难逢的发展机遇；而准确把握角色定位，摆正位置，在努力担负起保护民族文化血脉这一崇高历史使命的同时，与时俱进，自觉为地方经济文化建设服务，则是博物馆自身价值的充分体现。经过60年的不懈努力和发展，目前，陕西已经初步形成了风格独具、与众不同的博物馆体系，凸显出鲜明的地域文化特色。主要表现在：

（一）遗址类博物馆数量众多，居"半壁江山"

作为我国历史上14个王朝国都的所在地，陕西重要的古遗址遗迹数量众多，分布密集，这就使得遗址类博物馆成为陕西的一大优势。据统计，在全省现有的博物馆中，属于遗址类的博物馆就占到将近一半。这类博物馆将遗址保护与展示相结合，其展示的内容往往与历史上的重大事件、重要建筑和重要人物有着密切联系，具有原真性、直观性的特点，因此一直受到广大人民群众的欢迎和青睐。

（二）一批特色鲜明的博物馆影响力大，知名度高，成为我国此类博物馆中的佼佼者

由于得天独厚的历史遗存，以一些著名的历史古迹遗址为依托而建立的博物馆或以收藏宏富、规模宏大而著称的博物馆已经在我国乃至国际上形成了广泛而巨大的影响，可谓享誉全球。例如，被誉为"世界第八奇迹"的秦始皇兵马俑博物馆、被称为"华夏艺术殿堂"和中国第一座现代化

◆汉阳陵帝陵外藏坑保护展示厅内景

博物馆的陕西历史博物馆、有中国"翰墨渊薮"和"石质书库"之称的西安碑林博物馆、全国第一座母系氏族聚落遗址博物馆西安半坡博物馆、全国首座现代化地下遗址博物馆汉阳陵帝陵外藏坑保护展示厅以及延安革命纪念馆、杨陵昆虫博物馆等，这些博物馆不仅在中国博物馆的发展史上占有不可替代的一页，同时也成为旅游产业中遐迩闻名的龙头品牌，在一定意义上成为辉煌灿烂的中华文明的集中代表。在2008年全国首次开展的国家一级博物馆评估活动中，陕西历史博物馆、秦始皇兵马俑博物馆、延安革命纪念馆、汉阳陵博物馆、西安碑林博物馆、西安半坡博物馆共6家博物馆荣获"国家一级博物馆"称号，数量位居全国各省、市、自治区之首，充分说明了陕西博物馆事业在全国的地位和影响。

（三）博物馆类型逐步多样化，行业博物馆、民营博物馆异军突起

经过60年来特别是改革开放以来的稳步发展，陕西的博物馆门类日益齐备。一方面，陕西悠久历史的大跨度特点和文化内涵的异常丰富多样，造就了以文物类为主流的博物馆体系和各个博物馆与众不同的规模、神韵和风格。另一方面，综合类、科技类、艺术类、名人类、自然类、地矿类、民族民俗类等博物馆也有了长足的发展。特别值得一提的是，行业博物馆和民营博物馆数量增加，成为一道独特的风景。据统计，随着国家的提倡和政策的宽松，目前全省各行各业以及民营企业、个人兴办的博物馆已达41座，超过了总数的26%。这种多元结构，为博物馆事业的长远持续发展注入了新的活力。

当然，回顾总结并客观评价陕西的博物馆事业，不难看出，尽管经济社会的发展和得天独厚的历史文化资源为陕西博物馆事业的发展创造了较为优越的条件，也大体规定了陕西博物馆发展的基本方向，但是，陕西作为一个西部省份，基础的薄弱和经济发展水平与思想观念的相对滞后，也影响到博物馆事业持续、和谐、均衡的发展进程，使得陕西的博物馆事业整体发展水平尚不尽人意：全省博物馆在不同地区之间数量分布不平衡；博物馆门类结构还不尽合理；受隶属关系、所处地理位置、依托资源情况等因素影响，不同博物馆在规模、质量和管理水平方面悬殊较大，尤以县级博物馆普遍现代化程度不高，问题和困难较多；办馆主体单一，非国有的博物馆数量少，规模小，发展缓慢等。随着近年来陕西经济的快速增长和文化事业的蓬勃发展，相信上述问题和不足将会得到逐步解决。陕西的博物馆必将在构建和谐社会，弘扬传统文化，建设中华民族共有精神家园的伟大事业中发挥更大的作用。

四　文物出国（境）展览工作

作为中华文明的重要发祥地和周、秦、汉、唐等14个王朝的国都，陕西省丰富的文物资源，特别是拥有秦始皇兵马俑这样举世瞩目的文化瑰宝，为陕西文物出国出境展览工作卓有成效的开展创造了得天独厚的优越条件。在长期的工作实践中，陕西省的各级领导和文物工作者深刻认识到：由于文物是人类共同的精神财富，最易进入不同民族、不同信仰、不同意识形态、不同政治制度的国家和地区的主流社会，所以，认真扎实的做好文物出国出境展览，对于促进中外文化交流，弘扬和传播光辉灿烂的中华民族文明，推进陕西乃至全国经济社会发展都具有十分重要的意义。

陕西文物出国（境）展览始于20世纪70年代。1973年，国家文化部曾组织陕西在内的全国各地出土文物赴亚洲、欧洲、美洲和大洋洲的10多个国家举办"中华人民共和国出土文物展览"，在世界各国引起轰动。这次展览标志着陕西文物出国（境）展览工作拉开了序幕。改革开放以来，随着国际间的交流日益频繁，陕西文物出国（境）展览量大幅增加，陕西省文物局认真贯彻文物工作的指导方针，在积极做好全省文物保护、抢救的前提下，把文物出国出境展览工作放在突出位置，充分利用本地区文物精品多且自成系列的资源优势，发挥文物出国（境）展览作为文化交流的桥梁的作用，开创出文物出国（境）展览工作的全新局面，为陕西的两个文明建设，"让陕西走向世界，让世界了解陕西"做出了积极的贡献。据统计，自20世纪80年代陕西首次独立在

国外举办文物展览开始,截至 2009 年上半年,陕西省先后举办或参与的文物出国(境)展览达到 150 余次,分布于世界五大洲的 33 个国家和地区。展出内容除一些综合类展览外,还包括秦始皇兵马俑、古代青铜器、历代陶俑、法门寺出土文物、史记的时代、女皇武则天及其时代等几十个不同内涵的专题展览。展览所到之处,备受主办国家和地区社会各界和广大民众的热烈欢迎,境外观众超过 5000 万人次。不仅取得了显著的经济效益,而且还显现出多方面的社会功效。

(一)为增进中外的了解和友谊、传播中华文明发挥了重要作用

把文物展览作为国际间文化交流的重要载体,以中国人民友好使者的角色,向世界传播中华民族的悠久文明和中国人民的友好情谊,一直是陕西举办文物出国(境)展览的重要出发点之一。20 世纪 80 年代,秦始皇兵马俑博物馆建成不久,为了让更多的国外观众目睹这一中华国宝,认识和了解中国悠久的历史和灿烂的文化,在国家文物局的大力支持下,1982 ~ 1987 年的 5 年间,先后在澳大利亚、日本、瑞典、挪威、奥地利、英国、爱尔兰、美国等国成功举办了 12 次秦始皇兵马俑专题展览,成为我国改革开放初期最具影响力的对外文化交流活动之一。2006 年是中意文化年,为推动中国和意大利两国之间的文化交流,陕西省文物局在意大利首都罗马总统府博物馆举办了"中国秦汉文物精品展"。同年又是中国"俄罗斯年",为了增进中国和俄罗斯之间的文化交流和友好交往,应俄罗斯联邦国家历史博物馆的邀请,陕西省文物局赴俄罗斯举办了"中国秦兵马俑展"。

2007 年 9 月 13 日 ~ 2008 年 4 月 6 日,应英国大英博物馆邀请,陕西省文物局与大英博物馆联合举办了"中国秦兵马俑展",参展展品 120 件(组)。 展览从开幕之日起,每天观众络绎不绝,参观展览人数达 85 多万人(次)。精装图录销售 6.2 万册,简装图录销售 5.6 万册。该展览是大英博物馆自"埃及图坦卡蒙展"以来参观人数位居第二的古代历史题材的展览,对于增进中英两国民众的彼此了解,促使中英两国人民的交往进一步向着和谐、共赢的方面发展,起到了积极的作用,受到国务院领导的高度赞扬。

此外,文物展览还常常作为一种契机和媒介,促进了陕西省与许多国家的州、府、省,西安与许多国家的著名城市建立起友好省、市关系,并成为友好省、市纪念活动的重要内容。1994 年,是日本京都府和陕西省建立友好省府 10 周年,为了纪念这一活动并庆祝日本平安京建都 1200 年,陕西省文物局在日本京都文化博物馆举办了"大唐长安展",短短 80 天的展期,参观人数竟达 17.8 万人(次),创造了该馆特别展参观人数的最高纪录。1998 年,为纪念中日和平友好条约缔结 20 周年和陕西省与日本香川县结为友好省县关系 5 周年,双方又携手在日本香川举办了"大唐文明展",再次谱写出中日友好交流的新篇章。2006 年,为了庆祝陕西省与比利时安德卫普省两省建立友好关系 20 周年,陕西省文物局赴比利时举办了"中国汉代文物展"。

(二)服务于国家外交政策,成为我国重要外交活动的组成部分

长期以来,在文物外展工作中,陕西省文物局自觉把服从国家大局,服务于我国外交政策当做自己义不容辞的责任和义务,使文物外展工作往往在配合我国重要外交活动中发挥重要作用。

1999 年,为庆祝中华人民共和国成立 50 周年和江泽民主席访英,大英博物馆邀请"陕西文

物精华展"赴英国展出，作为中英两国重要的文化交流项目。这次展览参展展品 140 件（组），大多是 20 世纪 70 年代后陕西省境内考古发现的最新成果。正在英国进行国事访问的江泽民主席与英国女王伊丽莎白二世共同出席"陕西文物精华展"开幕式并为展览剪彩。同时，江泽民主席和英国女王还为展览图录题了词。江泽民主席在题词中写道："这些艺术精品既体现了中华民族文化的历史发展和创新，又体现了对外来文化的吸收和消化。这充分说明，中华民族是勤劳智慧、富有创造精神的伟大民族，具有善于学习吸收世界优秀文化成果的光荣传统。"英国女王也在题词中表示："我相信这种密切的文化合作将促进更深的相互理解，并增强业已在中英两国间存在的联系。"这些，充分反映了中英两国首脑对进一步发展中英关系和文化交流的高度重视。

2007 年 3 月 3 日～7 月 31 日，为了庆祝中华人民共和国和马耳他共和国建交 35 周年，应马耳他国家考古博物馆的邀请，陕西省文物局在马耳他共和国首都瓦莱塔马耳他国家考古博物馆举办了"中国秦兵马俑展"，参展展品 80 件。马耳他总理劳伦斯·冈奇和中国驻马耳他大使刘正修出席了开幕式。这次展览是秦兵马俑首次在马耳他展出，使得古代长安的秦汉文明与地中海的古代文明在历史名城瓦莱塔相汇，两种文明交相辉映，各领风骚，堪称是中马两国交流史上的一件盛事。

20 世纪 80 年代，陕西文物在瑞典和挪威展出，两国国王都亲自参加开幕式。在爱尔兰首都都柏林展出时，爱尔兰总理致开幕词，总统和夫人也前往参观。多年来，陕西在国外举办的各类文物展览中，先后有 20 多位各国元首和政府首脑出席展览的开幕式或者专程前往参观，这些，反映出文物展览客观上已经成为我国一些外交活动的重要组成部分所具有的重大影响力。

（三）在促进祖国统一大业，弘扬民族精神，增强民族凝聚力方面发挥了积极作用

在做好文物出国展览的同时，陕西省还积极做好赴港澳台的文物展览工作，共举办各类展览 17 次，在配合国家大政方针，加强与港澳台同胞的血脉之情、增强民族凝聚力和文化认同感、加强内地与港澳台的联系和交流方面发挥了重要作用。

陕西省在香港举办文物展览始于 20 世纪 80 年代。90 年代以后，在港澳的展览数量增加。2000 年 9 月，在澳门特别行政区临时市政局举办了"走向世界的唐代文明展"，在香港先后举办过"马年马展"、"丝绸之路——长安瑰宝展"等一系列文物展览。2004 年 5 月，应香港佛教联合会、香港国际会展中心的邀请，法门寺佛指舍利及 20 件法门寺地宫出土的一级文物在港展出。这是法门寺地宫出土的珍贵文物与舍利瞻奉活动随行第一次在外地展览。5 月 26 日，香港举行佛指舍利瞻礼祈福大会开幕典礼，同时"法门寺出土文物珍宝展"正式开幕，香港佛教界及民众纷纷表示，这次佛指舍利来港供奉并举办法门寺出土文物珍宝展，真是香港的福气，是一个不可多得的机会，希望佛指舍利为香港带来祥和、安定与繁荣。此外，2005 年还参加了国家文物局在香港主办的"走向盛唐展"，展期 3 个月，参观人数达 29.6 万人次，成为近年来香港地区最成功的展览。2008 年 7～10 月，为配合第 29 届北京奥运会马术比赛在香港举办，积极参与了由国家文物局与香港康乐及文化事务署、香港历史博物馆联合举办的"中国马文化展"，为人文奥运贡献了一份力量。

在国台办和国家文物局的指导下，长期以来，陕西省文物赴台展览也取得积极的成效。2000

年 12 月～2001 年 5 月，成功地在台北、台中两地举办了"兵马俑——秦文化特展"，该展览参观人数达 165 万人次，为台湾历年来所有专题文物展览中最有轰动效应的一次，引起了台湾同胞的普遍关注。2006 年 12 月～2007 年 8 月，应台湾台中自然科学博物馆和台北历史博物馆邀请，在台中、台北两地举办了"秦代新出土文物大展——兵马俑展 II"，这是兵马俑再次赴台展出，从一个新的角度向台湾观众展示秦代新出土文物精品和秦代绚丽多彩的时代风貌，受到台湾民众的广泛欢迎，对于密切海峡两岸人民的关系，增强台湾公众，特别是年轻一代对中华民族传统文化的认同认知，同样发挥了不可替代的促进作用。

（四）配合经贸活动，为陕西的经济发展做出贡献

随着我国的经济快速发展和国际地位的空前提高，我国同世界各国之间的经贸合作也更加广泛和深入。而文物出国（境）展览在促进文化交流的同时，往往还是会展经济中最具特色、最有吸引力的一项活动内容，为促进我省与有关国家的经贸合作搭建平台，起到助推作用。

2007 年为中韩建交 15 年，也是中韩两国政府确定的"中韩交流年"，为进一步增进韩国民众对陕西的了解，推动双方全方位、多领域的交流合作，陕西省人民政府在首尔举办了"中国陕西—韩国合作周"。应韩国首尔历史博物馆邀请，陕西省文物局于 2007 年 8 月 31 日～9 月 9 日在首尔历史博物馆举办了"陕西文物精华展"。展览期间，陕西省政府利用文物展览这个平台，举办了一系列投资贸易、旅游推荐、文化交流等活动，让前来参观展览的韩国民众感受了中国古代灿烂的文化和具有浓郁西北特色的关中民俗的风情画卷。

2007 年 5 月 15 日，陕西神华集团与美国陶氏化学公司（Dow Chemical Company）在美国芝加哥正式签订了神华陶氏煤化工程项目合作协议。该项目利用陕北榆林丰富的煤炭资源，生产高附加值的化工产品，一期投资 90 亿美元，计划 2009 年开工建设，2013 年建设投产。该协议的正式签订，标志着全球最大的煤化工程项目在陕西落户，这个项目也是我国改革开放以来利用外资数额最大的项目。为促进项目顺利实施，根据陶氏总裁的邀请，陕西省文物局同米兰德艺术中心埃尔顿 B 陶科学艺术博物馆合作，于 2008 年 1 月 19 日～4 月 13 日在美国米兰德艺术中心埃尔顿 B 陶科学艺术博物馆成功举办了"黄河文明展"。该展览在米德兰这个以石油工业为主（陶氏集团总部所在地）的工业化城市里，掀起了一股中国文化热，有力促进了美国陶氏化工集团同我省煤化工程项目的长期合作。

（五）作为馆际交流的重要形式，推进陕西与国际博物馆界的全方位合作

通过多年来的文物出国（境）展览，陕西文博界与国际博物馆界之间建立了良好的交流关系，促进了馆际之间全方位的合作。早在 20 世纪 90 年代，陕西历史博物馆与日本福冈市博物馆建立了"友好馆"，双方定期互派研究人员研修；由于在荷兰特伦特博物馆举办"陕西秦汉文明展"机缘，汉阳陵博物馆与荷兰德伦特博物馆也确立了友好合作关系。截至目前，全省已有 5 个博物馆与国外著名博物馆建立起"友好馆"关系，在博物馆管理、文物保护、博物馆教育与文化传播等诸多领域开展交流合作，对于全面提升我省博物馆的整体水平起到了极大的作用。

此外，以展览为契机，相关学术活动也十分频繁。近年来，几乎每一个专题文物展览，陕西

省方面均派遣学术团前往举办展览的国家和地区进行学术交流，使得举办展览的国家和地区不仅看到了陕西的文物精品，而且深入了解了我国文化遗产研究的新成果。仅从 20 世纪 90 年代以来，陕西派遣出访的学术团体就有百余批、300 余人次。例如：2000 年，在美国肯德基州举办"中国历史上马的艺术"展览，围绕展览举办了数十场学术演讲和论坛活动，在当地产生了很大的影响，并促进了该州马博物馆与陕西考古所和秦俑馆的进一步交流合作。2005 年，借文物在挪威展出之际，中挪双方专门召开了有关世界文化遗产保护与管理的学术报告会，双方专家就各自国家的世界文化遗产管理保护现状、问题以及对策进行了深入交流和探讨。而与上述派遣专家出国进行学术交流的情况相对应，一些举办展览的国家和地区也派遣了自己的专家学者来陕进行学术考察，开展学术报告，从而大大拓宽了我省文博领域专业人员的视野，促进了学术研究的深入开展。

（执笔人：吴晓丛　焦南峰等）

甘肃省文物事业60年

甘肃省文物局

一

　　甘肃地处黄河上游，独特的地理环境，悠久的人文历史，播撒在丝路古道上的各类遗珍以及众多民族遍布等因素，赋予我省丰富多元、异彩纷呈、个性鲜明的文化遗产。20世纪初，甘肃文物尤其是敦煌莫高窟遭遇帝国主义分子的大肆劫掠，蒙受巨大损失，一批爱国人士随之自觉开展文物调查、收集、保护、研究活动，甘肃文物事业在重重困难中孕育。新中国成立后，在党和政府的高度重视与关怀下，甘肃文物事业走过了60年的光辉历程，确立起在全省经济社会发展中的重要地位，发挥了不可替代的重大作用。

　　新中国甘肃文物事业发展历程大致分为五个阶段：

　　1949～1966年是初创阶段。这一时期，政府格外重视莫高窟、麦积山石窟、炳灵寺石窟、嘉峪关长城等重点文物的保护。1951～1958年，中央政府两次拨款维修加固莫高窟洞窟及危崖体，文化部文物管理局拨款首次维修加固嘉峪关关城；1966年5月，国务院拨款建设炳灵寺石窟防护堤，文物加固维修初步开展。1952年3月，甘肃省人民政府批准成立省文物管理委员会；1958年，投资280万元建成甘肃省博物馆展览大楼，全省文物管理体制初步建立。1957年、1960年，甘肃省人民政府先后公布第一、二批省级文物保护单位，1961年敦煌莫高窟等6处文物保护单位被国务院公布为首批全国重点文物保护单位，不可移动文物保护体系初步形成。配合兰新铁路、刘家峡水库等国家重点建设工程开展文物调查，科学发掘武威磨嘴子汉墓群、皇娘娘台遗址、莫高窟南区北中段等重要文物点，取得一批重要考古成

◆20世纪50年代观众参观甘肃省博物馆的场景

果，形成区域考古学文化序列的基本框架。从而纠正了甘肃史前文化"六期说"和"中国文化西来说"的谬误。

1966～1976年"文化大革命"时期，甘肃文物事业在前期基本处于停滞状态，后期稍有恢复，居延地区汉代长城及烽燧遗址的调查与发掘获得丰富遗物，居延新简对研究汉代历史、文书制度等具有重要参考价值。

1976～1982年是恢复发展阶段，尤其1978年十一届三中全会以后逐步走上健康发展轨道。1981年8月，中央军委主席邓小平视察敦煌莫高窟，指示一定要把敦煌文物"想方设法保护好"。随即国家拨款建设敦煌文物研究所办公楼、宿舍楼，促进了甘肃文物事业的发展。1982年，夏河拉卜楞寺被国务院公布为第二批全国重点文物保护单位，秦安大地湾、敦煌马圈湾、河西汉塞等考古发掘与调查产生了重大影响，麦积山石窟等重要文物保护单位得到维修加固，石窟"喷锚粘托"技术、古代壁画保护技术的研究和应用发挥了重要作用。

1983～1991年是甘肃文物事业探索发展阶段。1985年12月省委、省政府首次召开全省文物工作会议，标志着全省文物工作进入了新的发展时期。随后，敦煌文物研究所发展为敦煌研究院，甘肃省文物工作队改组为省文物考古研究所，各地州及市县也纷纷设立博物馆纪念馆，各级文物保护管理机构快速建立，布局渐趋合理。但是，这一时期，文物安全形势趋于严峻，发生了盗挖永靖三原乡古文化遗址、武威磨嘴子与汉滩坡汉墓群，盗割敦煌莫高窟第465窟壁画等多起案件，省政府组织了多次打击行动。1990年5月，省政府召开全省文物工作会议，文物保护工作逐步走上法制化轨道。

1992年至今是甘肃文物事业快速发展阶段。1992年5月，李瑞环视察敦煌莫高窟等文物单位，指出甘肃是文物大省，要求进一步健全文物保护机构。省委、省政府当年即决定成立了甘肃省文物局。1996年5月，又恢复了省文物管理委员会。之后，武威、酒泉、兰州、张掖、平凉、庆阳等市及部分县区成立了文物管理局。这一时期，文物法制建设不断加强，《甘肃省文物保护条例》、《甘肃敦煌莫高窟保护条例》等法规颁布实施，建立和完善了打击文物犯罪的部门联席会议制度。"八五"以来，投入几亿元专项经费，实施了250多项文物保护维修工程及诸多文物基础设施建设工程；全国重点文物保护单位、省级文物保护单位分别增至72处、517处，《秦安大地湾遗保护规划》、《敦煌莫高窟保护总体规划》等一批重要文物保护单位的保护规划相继完成，文物保护"五纳入"和文物保护单位"四有"工作逐步落实。博物馆建设兴起新高潮，各级政府投资新建和改扩建了一批重要博物馆，有丝绸之路特色的博物馆体系初步形成，其中投资1.3亿元的甘肃省博物馆新馆成为省会兰州的标志性建筑。考古成果众多，敦煌悬泉置遗址、张家川马家塬墓地、礼县大堡子山遗址、临潭磨沟齐家文化墓地先后入选全国十大考古新发现。敦煌研究院等文博单位承担的多项国家、省级文物保护科研项目取得重要成果，石窟综合保护、古墓搬迁和潮湿环境下古墓葬保护、馆藏文物保护修复、文物保护数字化等领域的研究和应用在国内处于领先水平。

当前，长城资源调查、第三次全国文物普查、丝绸之路整体申报世界文化遗产、全省博物馆免费开放等重点工作全面推进，全省文物事业进入更快发展的阶段。

二

建国前，甘肃考古已有一定基础。1907年、1914～1915年，匈牙利人斯坦因在敦煌、安西、酒泉调查发掘汉塞遗迹和烽燧，获得894枚简牍；1920年，法国传教士桑志华在今庆阳华池县赵家岔首次发掘出中国旧石器时代的石英制品；1923～1924年，瑞典人安特生先后调查发掘了卡约、辛店、齐家、马家窑、马厂、半山、沙井等文化类型的遗址和墓葬，提出了甘肃史前文化"六期说"。之后，西北史地考察团、西北科学考察团、教育部艺术文物考察团等学术团体在敦煌、酒泉、永昌、山丹、民乐、张掖等地进行了一系列文物调查和考古发掘活动。

建国60年来，甘肃考古工作者配合国家基本建设开展了许多区域性的文物调查，围绕学术研究开展了一批专题科研性的考古调查，并进行科学发掘和整理研究，不仅丰富了对甘肃考古学文化内涵与文物特色的认识，也为全省文物保护工作打下了基础。

（一）甘肃考古事业的发展历程

1.起步阶段（1949～1958年）

1952年3月，新成立的甘肃省文物管理委员会下设文物调查组，主要从事文物调查与考古调查与发掘工作。1953～1955年，省文管会对兰新、天成铁路工程沿线开展了文物调查及发掘，并在兰州市中山林、兰工坪、华林坪、盐场堡、西北民族学院、上西园、甘肃日报社等地清理一批古墓葬。1957年，省文管会发掘武威县磨嘴子汉墓群和皇娘娘台遗址。

2.探索发展阶段（1958～1983年）

1958年4月，省文管会与省博物馆合署办公，重新组建了省博物馆文物队。1959年省博物馆文物队组织实施了历时两年的第一次全省文物普查，共发现各类文物点1000余处。这一时期，黄河水库考古工作队、中国社科院考古研究所、省博物馆文物队等机构先后发掘清理武威磨嘴子汉墓群、雷台汉墓、旱滩坡汉墓群、兰州西坡圯遗址、王保保城遗址，敦煌新店台魏晋墓，马圈湾汉代烽燧遗址，武山石岭下遗址，泾川隋唐泾州大云塔地宫，灵台白草坡西周墓，嘉峪关新城魏晋墓群，漳县汪家坟元墓，永登蒋家坪遗址，景泰张家台新石器时代墓地，玉门火烧沟四坝文化墓地，东乡林家遗址，酒泉丁家闸魏晋墓，环县刘家岔遗址，秦安大地湾遗址，永昌

◆大地湾遗址F901考古发掘现场

三角城遗址等数十处古墓葬和古文化遗址，建立了较为完整的甘肃考古学文化发展序列。

3.全面发展阶段（1983年至今）

1983年，在省博物馆文物队基础上成立甘肃省文物工作队，1986年3月更名为甘肃省文物考古研究所。这一阶段，省文物考古研究所配合敦煌机场改扩建、宝中铁路、兰新铁路复线、西气东输及西气东输二线、兰－郑－长输油管线、九甸峡水库、疏勒河工程、兰渝铁路、西平铁路等一批基本建设工程进行了考古调查、勘探与发掘工作。同时，以学术研究为目的的考古调查和发掘工作取得重大成果，多家文博单位与科研院所联合开展课题研究发挥出极大优势。尤其是自2004年起，省文物考古研究所与陕西省考古研究院、国家博物馆、北京大学考古文博学院、西北大学文博学院联合开展早期秦文化研究项目，以礼县、天水为中心的周边地区进行连续的考古调查、钻探、发掘和研究，目前已取得重大突破。这一时期，一批重大考古新发现产生了重大影响，敦煌悬泉置遗址考古项目入选1991年度"全国十大考古新发现"及"八五"期间"全国十大考古发现"，张家川马家塬墓地、礼县大堡子山遗址考古项目入选2006年度"全国十大考古新发现"，临潭磨沟齐家文化墓地考古项目入选2008年度"全国十大考古新发现"。

（二）甘肃省重大考古成果

1.旧石器时代文化分布范围逐渐扩大

远古时期，泾渭流域是古人类频繁活动地带，1974～1975年泾川牛角沟发现了古人类头盖骨化，1984年武山苟家山发现一件与"河套人"年代相当的古人类头盖骨化石，1986～1988年庄浪县长尾沟、双堡子沟发现人类头骨化石及数十件石器。建国60年来的考古调查与发掘，使甘肃旧石器文化分布范围逐渐扩大，20世纪60～70年代旧石器文化地点主要集中在陇东的庆阳、平凉地区，如环县楼房子、刘家岔、镇原姜家湾、西峰巨家原等地点发掘或采集到石核、石片、尖状器等旧石器时代晚期打制石器，泾川牛角沟、大岭上等地点发现旧石器时代早期文化遗存。20世纪80年代以来，甘肃省文物考古研究所在东乡王家、肃北霍勒扎德盖发现旧石器时代遗址并采集到旧石器，使甘肃旧石器文化分布范围扩大到渭水、洮河流域，最西可达河走廊西端。

2.史前考古学文化序列不断完善

中华人民共和国成立后，纠正了安特生甘肃史前文化"六期说"（即齐家期、仰韶期、马厂期、辛店期、寺洼期、沙井期）的谬误，重建甘肃史前考古学文化序列是甘肃考古工作者面临的一项重要任务。20世纪50年代，武威皇娘娘台遗址出土红铜工具表明齐家文化处于铜石并用时代，临洮马家窑遗址的调查证明了马家窑文化是仰韶文化晚期的一个地方分支，刘家峡库区开展调查与发掘发现了青铜时代辛店文化张家嘴和姬家川类型。1962年，武山县石岭下遗址的发掘，发现由仰韶文化向马家窑文化过渡的文化遗存；1977～1978，发掘东乡林家遗址出土我国最早铜制品马厂类型模铸青铜工具。1978～1984年大地湾遗址的发掘，发现新石器时代早期的大地湾一期文化及中国最早彩陶、仰韶文化晚期F901大型宫殿遗迹与地画，证明从大地湾一期到齐家文化是连续不断的，对重建甘肃史前考古学序列、探讨中华文明起源产生具有特别重要的意义。1979年、1983年和1987年，中国社科院考古研究所发掘镇原常山和天水师赵遗址、西山坪遗址，更加丰富了甘肃史前考古的内容。2008年7起，与西北大学文化遗产与考古学研究中心联合发掘临潭磨沟遗址，发现葬制多样的大规模齐家文化公共墓地，对研究齐家文化的葬俗葬制、社会结构、齐家文化与寺洼文化的关系等重要学术问题产生了推动作用。经过多年的探索，已建立起较完善的甘肃史前考古学文化发展序列，同时，揭示了甘肃近五千年的彩陶文化史，证明甘肃是中国"彩陶之乡"。

3. 周秦文化探索出现重大突破

陇东、陇东南一直是探索周秦文化的重点区域。1965～1966年，省博物馆文物队发掘陇西西河滩周墓，首次发现了辛店文化层与西周文化层的叠压关系；1967、1972年，清理灵台白草坡9座西周墓葬，其中1号和2号墓出土青铜礼器34件，为研究陇东的西周封国提供可靠资料；1982～1986年，发掘崇信于家湾墓地，出土了上起先周下到西周末年的陶器；1982～1983年，发掘甘谷毛家坪遗址，发现与秦文化有联系的A组遗存。1993年、1998年省文物考古研究所抢救性发掘礼县大堡子山墓地和西和县赵坪墓地；2004年起围绕陇东南早期秦文化研究课题，在西汉水流域展开考古与发掘，2006年的发掘揭示出大堡子山遗址是一处有居址、高等级建筑、墓地等遗迹的春秋早期城址，其中大型乐器坑的发现对于秦公大墓墓主的确认以及早期秦人的礼乐与祭祀制度、铜器铸造工艺等研究提供了珍贵的材料。同年，发掘张家川县马家塬墓地，发现战国晚期的带台阶墓道的偏洞室墓，出土豪华漆车、釉陶杯等珍贵文物，对研究中西文化交流、秦戎关系等问题极具重要价值。

4. 秦汉简牍研究、长城及其烽燧考古形成优势

建国60年来，甘肃出土了大量秦汉简牍，1957年武威磨嘴子汉墓群6号墓中发现西汉晚期《仪礼》简（甲、乙、丙本共9篇）467枚；1959年磨嘴子汉墓群第二次发掘出土汉简498枚，其中18号墓出土的"王杖"诏令10简佐证了汉代奉行养老尊老制度的历史事实；1972～1976年，居延考古队发掘汉居延地区的肩水金关、甲渠候官及第四隧遗址，出土汉简及其他文物23000余件；1979年，省文物工作队发掘敦煌马圈湾烽燧遗址，出土汉简1217枚、毛丝织品等实物337件。1986年，省文物考古研究所发掘天水放马滩墓地，出土的木版地图为迄今为止中国发现最早的地图，秦简为甘肃首次发现；1990～1992年，发掘敦煌汉代悬泉置遗址，获得包括35000余枚简牍在内的大量文书及其他7万余件文物，证明悬泉置是我国最早设置的邮驿遗址。悬泉置出土汉简数量大，内容涉及汉代政治、经济、军事、法律、中外交流、民族关系、邮驿制度、屯田制度、水利建设等诸多方面，突破了以往敦煌、居延汉简的内涵。多年工作表明，甘肃既是简牍大省也是长城大省，据不完全统计，目前甘肃保存秦汉简牍50000多枚，绝大多数为汉代长城及其烽燧遗址出土，而且境内历代长城总长超过5000公里。

5. 石窟寺考古的影响日益深远

石窟寺与佛教艺术是甘肃文物资源的重要特色和优势，也是甘肃考古工作的重要内容。20世纪50年代，文化部、西北军政委员会文化部及省博物馆、敦煌文物研究所等部门全面勘察了莫高窟、炳灵寺石窟、麦积山石窟。1960～1977年，省博物馆文物队先后考察庆阳北石窟寺及河西地区的石窟；1963年，在炳灵寺第169窟发现西秦建弘元年（420年）墨书题记。1963～1966年，敦煌文物研究所对莫高窟南区北段和中段进行清理和发掘，揭露出洞窟初创时期的地面，探明底

层洞窟在五代至元代建有窟前殿堂，1979 年发现第 130 窟窟前遗址和第 493 窟。1988 ~ 1995 年，敦煌研究院发掘莫高窟北区，僧房窟、禅窟、瘗窟、仓库窟的发现证明北区主要是供僧众生活、修禅及死后瘗埋区域，出土的回鹘文、藏文、梵文、婆罗迷文、回鹘蒙文、八思巴文、叙利亚文等珍贵文献及波斯银币、西夏钱币、回鹘文木活字等，对研究敦煌、河西地区以及当时中西交流都有重要的学术价值。

◆1963 ~ 1966 年，为配合莫高窟石窟加固工程，敦煌文物研究所对窟前遗址进行了发掘

6.魏晋十六国时期墓葬独具特色

甘肃魏晋十六国时期的墓葬特色十分鲜明。1972 ~ 1977 年，省博物馆等单位在嘉峪关新城发掘 8 座魏晋墓、在酒泉丁家闸发掘 4 座晋墓，其中新城的 6 座为壁画墓，果园 5 号墓的双室内绘有大幅壁画，丰富、生动的壁画充实了魏晋绘画资料。1980 ~ 1987 年省文物考古研究所发掘敦煌祁家湾、佛爷庙墓群，1984 ~ 1985 年发掘武威旱滩坡西晋、前凉墓葬，佛爷庙湾的 1 座西晋末年壁画墓为研究莫高窟壁画的发展及开创年代提供了可靠资料，一批纪年明确的墓葬为该时期整个河西地区的墓葬断代提供了标准；1986 发掘崇信前赵墓葬 18 座，填补了甘肃前赵墓葬考古的空白；2002 年抢救性发掘玉门市毕家滩晋墓，发现的《晋律注》填补了我国晋代法律史研究的空白。

7.西夏考古与研究不断深入

历史上，甘肃河西走廊一带曾属西夏国的版图，尤其是丝路重镇武威是西夏在河西的文化中心，积淀了丰富的西夏文化。建国以来，这一地区出土了大量西夏文物，使之成为西夏考古与研究的重点区域。1959 年，敦煌文物研究所在一小型塔墓中发现首尾完好的西夏文佛经图解本《观音经》等两种。1972 年，省博物馆在武威县岘山洞发现一批西夏文书及竹笔 2 支，其中有西夏文《四言杂字》和佛经《佛说观弥勒菩萨上生兜率天经》刻本残页。1977 年，武威西郊林场西夏纪年墓出土了梵咒木缘塔、彩绘木板画等文物，为研究西夏社会习俗和民族关系提供了重要资料。1991 年，武威亥母寺出土西夏文经书、唐卡、藏文哈达等珍贵文物。1992 ~ 1993 年，省文物考古研究所发掘武威塔儿湾遗址，发现西夏制瓷工场和保存完整的村落遗址。

（三）甘肃考古资料整理研究与出版

在科学发掘与整理研究的基础上，出版了一批较有影响的考古发掘报告和研究论著。据不完全统计，建国以来敦煌研究院、省博物馆、省文物考古研究所等单位发表发掘简报 200 多篇，出版考古报告与研究著作 50 余部。

同时，甘肃的有关部门也举办许多重要考古学术会议。1986 年 8 月省博物馆、省文物考古研究所在兰州举办大地湾学术研讨会；1991 年 7 月省博物馆、省文物考古研究所等单位在兰州市召开中国简牍国际学术研讨会，2006 年省文物局在礼县召开了早期秦文化考古成果汇报会，2008 年省文物考古研究所在合作召开早期秦文化研究暨东天山地区早期游牧文化大型聚落保护研讨会。这些学术会议的召开，既宣传甘肃考古的成就，也扩大了甘肃考古的影响，促进了甘肃考古的发展、繁荣。

三

60 年来，甘肃省各级政府及文物部门在组织文物调查、公布文物保护单位并落实"四有"、加强保护管理措施，做了大量基础性工作。改革开放以来，国家、省财政投入大量资金维修、加固了一大批重要濒危国家重点及省级文物保护单位。近年来，省文物局组织开展文物保护规划编制工作，科学、规范地指导了有关重要文物保护单位的保护管理。敦煌研究院和嘉峪关市文物部门在世界文化遗产地的保护管理方面做了有效的探索，为全省文物保护提供了成功经验。

（一）文物保护基础性工作

1.组织实施三次全国文物普查和一次全省文物普查

1958 年，省人民委员会、省文物管理委员会按照全国统一部署，组织实施了第一次文物普查；1972 ~ 1976 年，省革命委员会、省博物馆根据甘肃省的情况和工作需要，组织分地区实施了一次全省性文物普查。1986 ~ 1989 年，甘肃省人民政府、省文化厅组织按照全国统一部署，组织开展了第二次文物普查，历时 2 年多，普查出全省共有各类不可移动文物点13603 处，基本上查清了我省文物资源的状况和文物点的分布；2007 年起，根据国务院统一部署，省政府、省文物局组织实施了第三次文物普查，此次普查历时 5 年，将于 2011 年结束。

2.组织实施石窟与长城资源专项调查

甘肃佛教石窟极具特色与优势，20 世纪的有关调查活动已在前述。2003 年，省文物局组织实施"甘肃中小石窟调查保护工程"，对全省中小石窟进行了全面调查。甘肃是现存长城遗迹较多的省份，1976 ~ 1981 年，定西地区组织考察了临洮、渭源、陇西、通渭等县境内的战国秦长城；1973 ~ 1982 年，省博物馆文物队等单位分阶段调查了敦煌、安西、玉门、酒泉、金塔、额济纳旗、高台境内的汉长城；1991 ~ 2002 年，省文物局组织长城考察队考察了河西地区和兰州市等 23 个县（区）的长城烽燧；2006 年起，按照国家文物局的统一部署，省文物局组织实施了长城资源调查项目，目前已完成明长城调查，甘肃省遗存的明代长城总长度1738.3 公里，居全国第一。

3.公布各级文物保护单位

1961 年、1982 年、1988 年、1996 年、2001 年和 2006 年，国务院先后公布了 6 批全国重点文物保护单位，其中甘肃共 72 处。1957 年、1959 年、1962 年，省政府公布第一、二、三批省级文物保护单位；1981 年，对前三批省级文物保护单位进行调整后重新公布省级文物保护单位230 处；1993 年、1996 年、2003 年分别公布第四、五、六批省级文物保护单位；2006 年，对前五批省级文物保护单位进行了调整和重新公布。目前，全省共有省级文物保护单位共 517 处（不含全国重点文物保护单位），县市级文物保护单位 3061 处。

4.建立完善文物保护单位"四有"工作

1961 年，省人民委员会划定公布了 6 处国保单位、130 处省保单位的保护区，统一制作了保护标志。改革开放以来，全省基本建立了专业保护组织"专管"和县、乡、村三级保护网络"群管"相结合的保护机制。2003 年，省文物局印发《业余文物保护员管理办法》，加强了对业余文保员的管理。2004 ～ 2006 年，省政府划定、公布第五批全国重点文物保护单位保护范围及建设控制地带，省文物局先后组织完成了第五批全国重点文物保护单位记录档案备案，第六批全国重点文物保护单位、第六批省级文物保护单位以及前五批省级文物保护单位中古遗址、古墓葬保护标志碑的制作等工作，并召开了全省文物保护单位"四有"工作会议。2009 年，省政府划定公布了第六批全国重点文物保护单位保护范围和建设控制地带。

◆1972 年嘉峪关保护维修施工

（二）文物保护维修工程

1.大力开展文物抢救、保护维修工作

建国初期，党中央、国务院即拨出专款对甘肃省一些重点文物实施保维修，1960 年实施了敦煌莫高窟危崖加固工程；1977 ～ 1984 年，投入 360 万元实施了麦积山石窟维修加固工程。据统计，从 1950 年到 1998 年，甘肃省共完成文物保护维修工程 497 项。1992 年西安全国文物工作会议之后，中央财政增加了文物保护维修经费，"八五"、"九五"期间共补助甘肃省文物保护维修经费 6700 多万元。1985 年 12 月甘肃省召开全省文物工作会议，确定省级财政每年安排文物保护专项经费 100 万元，进入本世纪以来逐年有所增加。1999 ～ 2008 年，甘肃先后完成了秦安大地湾征地和 F901 大厅加固、宕昌哈达铺红军长征纪念馆维修、张掖马蹄寺千佛洞加固维修、武威天梯山石窟围堰和大佛加固维修、安西东千佛洞加固、玉门关汉长城保护、莫高窟南区中段木栈道加固修复、

◆1977 ～ 1984 年麦积山石窟维修加固工程现场

安西榆林窟加固维修、炳灵寺加固维修、安西锁阳城保护维修、北石窟寺岩体加固和渗水治理、莫高窟北区岩体加固、武山县水帘洞石窟群保护修复等40余项重大工程。

2.规范加强文物保护工程管理

1995年，省文化厅制定了《甘肃省文物修缮保护工程管理实施细则》，2003年，省文物局制定了《文物保护维修工程管理办法》，规范了文物保护维修工程管理。另一方面，从规范文物保护修缮工程资质入手加强管理，至2006年组织评审、公布了我省第一批5家文物保护工程勘察设计乙级资质单位和5家施工二级资质单位。2007年，省文物保护维修研究所、中铁西北科学院有限公司获得文物保护工程勘察设计甲级资质。2008年，省文物保护维修研究所、甘肃经纬建设监理咨询有限责任公司获得文物保护工程监理甲级资质。

3.编制文物保护单位保护规划

1995年，省文物局开展大遗址保护规划制定试点工作，大地湾、悬泉置、骆驼城、锁阳城等遗址列为首批试点。2005年，省文物局组织各单位开展世界文化遗产地和全国重点文物单位保护规划的编制工作。目前《莫高窟保护规划》已获国家文物局批复，麦积山石窟、锁阳城遗址、骆驼城遗址及墓群、许三湾城及墓群、北石窟寺、水帘洞—大象山石窟的保护规划已通过了省级论证并上报国家文物局。2006年以来，配合"世界银行贷款甘肃文化自然遗产保护开发项目"的实施，省文物局组织编制了嘉峪关关城、鲁土司衙门旧址、榆中青城古建筑群的保护规划。2007年以来，配合丝绸之路申遗工作，省文物局组织编制炳灵寺石窟、悬泉置遗址、玉门关遗址等备选点的保护规划。

（三）世界文化遗产地管理

1987年12月，敦煌莫高窟、万里长城—嘉峪关关城经联合国教科文组织世界遗产委员会第11届会议审议同意列入世界文化遗产名录。20多年来，敦煌研究院和嘉峪关市文物部门在世界文化遗产地的保护管理、宣传利用、环境监测等方面的做了大量工作，为全省文物保护提供了成功经验。

1.保护管理

文化遗产法制建设、保护总体规划制定是文化遗产保护管理的必要基础。甘肃文化遗产保护法律法规除《中华人民共和国文物保护法》、《甘肃省文物保护条例》外，国务院和甘肃省还针对敦煌莫高窟、万里长城—嘉峪关出台了两部重

◆2007年8月3日至13日中国世界文化遗产委员会专家考察丝绸之路甘肃段备选遗产点玉门关

要的专项法规。2003 年 12 月，甘肃省人大常委会颁布《甘肃敦煌莫高窟保护条例》，这是甘肃省第一次专门针对世界文化遗产地敦煌莫高窟制定的地方性专项法规。2006 年 9 月，为加强长城的保护管理，国务院公布了《长城保护条例》。两个专项法规为敦煌莫高窟、万里长城—嘉峪关的保护提供了强有力的法律保障。

从 1999 年起，中国建筑设计院、美国盖蒂保护研究所、澳大利亚遗产委员会和敦煌研究院共同参与，在《中国文物古迹保护准则》指导下，历时 6 年编制完成《敦煌莫高窟保护总体规划》，目前已获国家文物局批复实施。这是经过的第一份遗址保护与管理总体规划，主要包括：遗产构成、遗产价值评估、遗产保护、利用和管理等 15 部分，包含大量、翔实的基础数据，吸收了国外先进的文物保护理念，使莫高窟的价值保护更加科学、规范。嘉峪关市委托中国城市规划设计研究院编制完成《万里长城—嘉峪关文物保护规划》文本并通过市级论证。

改革开放以来，莫高窟保护由抢救性加固修复进入综合、全面、科学的保护阶段。1998 年落架翻建了莫高窟下寺大殿；1985 年至 1987 年实施了西千佛洞加固工程；1992 年至 1995 年实施了安西榆林窟加固工程；1999 年开始，先后实施了莫高窟木桥廊段加固工程、莫高窟上寺大殿墙体扶正维修。

2. 宣传利用

作为全国、甘肃省爱国主义教育基地，莫高窟不断加强接待讲解队伍，提高服务质量，加大展示设施建设，丰富教育内容，对特殊参观群体实施优惠政策，加大文化遗产的宣传力度，积极支持开展文化遗产知识进校园、进课堂活动发挥了巨大的社会效益。为解决好保护与利用之间的矛盾，2002 年起在"游客承载量研究"项目开展过程中调节参观秩序，增加文物保护研究陈列中心、院史陈列馆、藏经洞陈列馆参观活动，缓解了游客参观对洞窟的压力。2003 年 8 月，樊锦诗等全国政协委员在全国政协十届一次会议上提案建议实施敦煌莫高窟保护利用工程。2004 年 3 月，敦煌莫高窟保护利用设施项目正式启动实施。

1988 年建成的嘉峪关长城博物馆是保护、研究、展示和宣传中国长城历史文化和进行爱国主义教育的主要阵地，设有基本陈列"伟大的长城"。1998 ~ 2002 年，嘉峪关市在核心区外建成嘉峪关文物景区。2003 年，成立嘉峪关文物景区管理委员会，负责全市文物资源的保护管理工作和文物旅游景区（点）的开发建设、经营管理工作。文物景区的建成，带动了相关产业的发展，提高和改善了文化遗产地周边居民的生活条件。

3. 环境监测

莫高窟建立了包括环境、文物本体、安全防范、游客等方面的综合监测体系，成为我国世界文化遗产地监测方面的样板。具有国际先进水准的全自动气象站，对窟区大环境、气象诸要素系统监测的同时还对洞窟小环境进行监测。1989 年起与美国盖蒂保护研究所合作开展"敦煌莫高窟生物固沙研究"课题，采取了三角形尼纶沙障阻沙、生物固沙、化学固沙的综合防护措施，有效防止流沙进入洞窟。包括洞窟调查、摄影监测、颜色监测、盐分监测以及壁画病害、壁画制作材料的监测分析等方面的文物本体的监测工作为修复、保护利用和管理提供了依据。

四

　　甘肃博物馆事业与建国前的省内各级科学教育馆和民众教育馆有渊源关系。建国初，成立于1939年的原甘肃省科学教育馆经过改组成为甘肃省博物馆，各地的民众教育馆也逐步改造为兼具收藏文物职能的文化馆。改革开放30年来，甘肃博物馆事业日益繁荣，至2009年全省博物馆达114个；行业和民办博物馆蓬勃发展，多元化趋势日益明显，甘肃特色的丝绸之路博物馆体系初步形成；博物馆藏品不断丰富，管理工作日益规范，馆藏文物科技保护与修复成果较为显著，展览陈列水平不断提高，正在深入开展的免费开放工作使博物馆在社会发展中的地位更加重要。

（一）甘肃博物馆事业发展概况

1. 艰难草创期（1949～1977年）

　　1949年8月26日西北军政委员会接管原国立甘肃科学教育馆，甘肃省博物馆事业从此翻开了新的一页。1950～1956年，将国立甘肃科学教育馆先更名为西北人民科学教育馆，后经改

组、筹备，最终成为甘肃省博物馆。1957～1959年，省委和省人民委员会拨出专款250万元，划拨地皮107亩，建设了建筑面积18000平方米、展览面积15000平方米省博物馆新馆，落成之时举办了"甘肃省十年建设成就展"。地区和县级博物馆发展比较缓慢，至1978年全省博物馆、纪念馆仅

◆ 1950年8月西北军政委员会文化部接收原国立敦煌艺术研究所时职工合影

有6个，大多因陋就简，依托古建筑、老房子开展工作，馆舍功能区分不甚明确，内部职能划分受前苏联模式影响较深。

　　十年动乱期间，甘肃博物馆事业遭受到一场劫难，各博物馆领导机构和业务工作普遍受到冲击，几乎陷于瘫痪。

2. 逐步恢复期（1978～1991年）

　　1976年，甘肃省博物馆界重新整顿机构和队伍，各项工作迅速恢复。十一届三中全会后，随着改革开放的深入和第二次全国文物普查的开展，全省博物馆建设和发展步伐明显加快，1979～1990年文物收藏较多的地区（市州）、县相继成立了博物馆，全省博物馆总数发展为61个，成为博物馆数量增长最快的阶段。但是，馆舍建筑严重滞后，基础设施建设薄弱，影响了功能的发挥。标准化、规范化、体系化、现代化是新时期全省博物馆事业发展的方向。从1989年开始，省文化厅和省计划委员会实施标准化文物库房建设计划，历时六年，相继为69个文物收藏单位

统一修建了标准化文物库房，对改善保管条件、保障藏品安全起到了重要作用。

3. 快速发展期（1992年至今）

1992年随着甘肃省文物局的成立，我省博物馆事业也进入全面发展阶段。博物馆的数量持续增加，博物馆类别日渐丰富，至2009年底，我省共有各级各类文物收藏单位113个，其中文物系统管理的博物馆纪念馆共90个（省级1个，市州级11个，县级博物馆78个），行业博物馆7个，民营博物馆3个；博物馆建筑渐趋规范，基础设施建设明显加强，藏品数量稳步增长，陈展水平大幅提升，人员队伍走向优化，博物馆科研成果累累，宣传和社会服务越来越受到重视，博物馆管理科学化程度日益提高，在社会事业中的地位越显重要，呈现出良好的发展态势。

1998～2006年，国家投资1.3亿元对省博物馆展览大楼进行加固维修和改扩建，建成了建筑总面积2.85万平方米的，展厅总面积13732平方米，设施先进、功能齐全、智能化的新展览大楼，成为全省博物馆建设向现代化目标迈进的重要标志。2000年召开的全省文物（文化）局长会议，提出了建设有甘肃特色的丝绸之路博物馆体系的发展构想，即紧密把握丝绸之路文化特色，在丝绸之路沿线，构建以省博物馆为龙头，市州级博物馆为骨干，县区级博物馆为支撑，行业和民办博物馆为补充的博物馆发展框架，明确了全省博物馆事业的发展方向和工作重点。为纠正各地博物馆建设中的偏差，避免造成无谓的浪费，从2003年起省文物局按照国家相关规定结合本省实际，逐步建立了《甘肃省各级博物馆初步设计方案审核论证暂行办法》等一系列管理制度，并大力推行，收到明显成效。2004～2005年，作为全国博物馆保存环境标准化建设试点单位的平凉市博物馆成功实施保存环境标准化建设试点项目（总投资690万元，包括安全防范、温湿度控制、信息化管理、文物库房保存设施设备、文物科学养护等7个子项目），其运作方式、管理方法和实施成果为西北地区乃至全国馆藏文物保存环境建设方面积累了许多可供借鉴的经验。依托该项目，省文物局组织专家完成了《馆藏文物保存环境试行规范（草案）》的拟订，编译了《博物馆环境》和《博物馆藏品保护和展览》，在普及与提高我国博物馆藏品预防性保护的知识和水平，推动我国博物馆藏品的预防性保护工作方面做了成功的尝试。

（二）藏品管理

1. 保管工作日趋规范

目前，全省各级文物收藏单位藏品共计42万件（套），其中珍贵文物共11万余件，一级文物3240件（含国宝30件），二级文物11386件，三级文物96299件。2000年，甘肃省文物局印发了《甘肃省各级博物馆藏品管理规章（试行）》，统一印制了藏品总账、分类账、编目卡、出入库凭证，并于2000～2001年举办了三期全省保管员培训班，对150名保管员进行了藏品保管工作各环节的系统培训，迈开了藏品规范化管理的第一步。2002年，我省被国家文物局确定为"全国文物调查暨数据库管理系统建设项目"试点省份。至2004年，完成了全省馆藏二、三级文物的鉴定定级、珍贵文物的数据采集工作以及数据库的建设工作。在此基础上，又相继完成了一级文物纸质档案建档备案工作，开展了二、三级文物纸质档案建档备案和馆藏一般文物数据采集工作。基本实现了藏品管理的制度化、规范化、信息化。大部分市县级博物馆设施齐全，藏品保存、展示环境有了明显改观。

2. 科技保护成效显著

自20世纪90年代至今，多渠道筹措资金，先后完成了灵台白草坡出土青铜器，漳县汪家坟出土丝织品，礼县大堡子山出土青铜器及全省馆藏水陆画、一、二级青铜器、珍贵书画、画像砖的科技保护和修复工作，并开展了全省木质文物、简牍以及天梯山石窟塑像壁画的保护修复工作。不仅使一大批珍贵文物得到了有效保护，延长了寿命，提高了利用率，而且培养了一批文物保护工作的中坚力量。2004年，完成了全省馆藏文物腐蚀损失调查，为国家制定馆藏文物保护政策和规划、推广先进的文物保护技术、采取有效的文物保护管理对策提供了科学依据。2008年7月，敦煌研究院获得可移动文物技术保护设计甲级资质和可移动文物修复一级资质，省博物馆获得可移动文物技术保护设计乙级资质和可移动文物修复二级资质，天水市博物馆获得可移动文物修复二级资质。为今后我省藏品科技保护的科学化、规范化奠定了基础。

3. 流散文物征集成果丰硕

我省流散文物征集工作主要由各博物馆根据本馆的性质和任务进行征集。省财政从80年代起设立流散文物征集专项经费，从最初的每年5万元，增至现在每年80万元，增长了15倍。为了用有限的资金抢救征集到更多更好的文物，省文物局从1997年起推行流散文物征集专家鉴定评估制度。即由省文物局组织专家对各地上报的征集方案进行鉴定评估，对于珍贵文物、能填补馆藏空白的文物、能上展览的文物，给予适当的经费补助。如果征集文物价值较高、数量多、又成体系，则由省文物局从国家文物局或省财政申请专项补助经费。据统计，近10多年来，我省共筹集资金近千万元，征集文物10000多件，其中被定为一级文物的有齐家文化青玉钺、玉琮、春秋云纹圭形金饰片、汉代蟠螭盖石砚、魏晋青白玉卧羊、隋代石观音菩萨立像、辽镂空凤鸟纹金冠、西夏黑釉剔花牡丹纹罐、西夏文"首领"铜印、元青花高足杯、明代"庄严妙相"象牙印、王铎草书中堂等。各级博物馆还通过捐赠、奖励等方式抢救了一大批珍贵文物，补充了馆藏，有效防止了文物流失。

（三）陈列展览

1. 展示水平大幅提升，社会效益明显增强

20世纪80年代以前，全省市县级博物馆基本没有独立的展厅，都是"藏展合一"的形式，且不对外开放。改革开放后，特别是近十年来，各级博物馆开始由重收藏向重展示转变。展览内容更加丰富多彩，主题更加鲜明突出，展览形式灵活多样，注重艺术手法和高科技、新材料的合理应用，陈列展览的科学性、观赏性、趣味性都有了较大提高。各级博物馆积极落实"三贴近"，更新服务理念，强化服务意识，充实服务内容，2006～2008年，秦安、通渭、会宁、高台、肃南、灵台等6个县级博物馆先后完成了展示服务提升项目。2006年，省文物局制订《甘肃省各级博物馆陈列展览方案审核论证暂行办法》，对各级博物馆的固定陈列从内容到形式严格把关，从而保证展览质量。敦煌研究院在中国历史博物馆举办的"敦煌艺术展"获"第四届全国博物馆十大

陈列展览"精品奖和最佳效益奖,省博物馆基本陈列荣获第七届"全国博物馆十大陈列展览精品"奖。全省有80多个博物馆、纪念馆被确定为爱国主义教育基地或科普教育基地。2009年,在全国博物馆评估定级中,我省4家博物馆被评为二级博物馆,9家博物馆被评为三级博物馆。目前,全省各级博物馆每年举办展览200多个,年接待观众300多万人次。博物馆正成为传播先进文化、普及科学知识、树立社会正气、塑造美好心灵的生动课堂。

2.免费开放开创新局面

早在2002年,八路军驻兰州办事处纪念馆就已率先免费向社会开放,成为我省第一家自行免费开放的纪念馆。2008年2月,甘肃被列为全国7个免费开放试点省份之一。按照"科学规划、整体推进、分步实施、保证质量"的原则,省文物局制定了《甘肃省博物馆、纪念馆免费开放实施方案》,兰州市博物馆、八路军兰州办事处纪念馆等9个博物馆、纪念馆于春节期间试行免费开放。3月27～28日,省文物局召开全省博物馆纪念馆免费开放动员部署会议,并举行全省博物馆纪念馆免费开放启动仪式,首批20个博物馆纪念馆正式向社会免费开放。至年底,全省列入免费开放名单的39个博物馆纪念馆全部向公众免费开放。免费开放一年来,各博物馆(纪念馆)参观人数达到免费开放前的三倍多。免费开放使更多的公众走进博物馆,加快了博物馆融入社区、融入校园、融入社会的步伐。

五

中华人民共和国成立之初,敦煌研究院、省博物馆就设立从事文物保护维修与科技研究的机构。敦煌研究院是我国最早从事石窟文物保护的专门机构,已发展成为从事壁画、彩塑、土遗址保护研究和修复、加固,石窟文物数字化的专门研究机构。省博物馆20世纪60年代建立了文物保护实验室,不仅承担着馆藏文物的保养、修复和保护研究工作,也负责全省地、县级博物馆文物保护、修复方面的业务指导。60年来,甘肃文物科技保护力量日益壮大,在文物保护单位及馆藏文物的管理、保护维修、研究等方面取得了许多成果。

◆常书鸿临摹莫高窟壁画

(一)甘肃重要文物保护科技发展概况

1.石窟科技保护

甘肃文物科技保护在石窟保护领域具有优势,各项保护技术在国内处于领先地位。早在1951年敦煌研究院就开始了对石窟、壁画、木构窟檐等文物的保护维修和风沙防治试验,1957

◆1953年敦煌文物研究所组织勘察安西榆林窟人员合影　◆1957年郑振铎考察莫高窟

年开始了对起甲壁画的修复工艺和材料的试验。1960年国家科技发展十二年规划就将敦煌壁画颜料变色问题列为研究课题。60年来，我省完成了由国家文物局、省级文物行政部门批准立项的有关石窟文物保护维修工程近百项，先后应用石窟"喷锚粘托"技术完成敦煌莫高窟、天水麦积山、敦煌西千佛洞、永靖炳灵寺、庆阳北石窟寺、庆阳南石窟寺、安西榆林窟、张掖马蹄寺石窟、张掖文殊山石窟等10余处石窟寺的崖体加固、保护工程。敦煌研究院、麦积山石窟艺术研究所、炳灵寺文物保护研究所等几个文物保护单位管理机构也都对这些石窟的壁画、彩塑、石雕等文物进行了大规模的抢救性修复、加固。

2.不可移动文物科技保护

　　1984年成立的省文物保护维修研究所也承担了全省一些文物保护单位及其他具有文物价值的古建筑、石窟寺、石刻及近现代纪念建筑物的勘察设计、保护修缮及科学研究工作。例如，对会宁红军会师旧址修缮、武康王庙大殿修缮、武康王庙拜殿迁建、武都福津广严院大殿修缮、大地湾遗址F901保护大厅修建、迭部俄界会议遗址修缮等。自1987年万里长城列入世界文化遗产以来，先后完成了嘉峪关城楼、敦煌玉门关、河仓城等部分长城段的保护、维修工程。敦煌研究院壁画、土遗址保护的科研成果、技术除广泛应用于本省的石窟、土遗址保护外，于改革开放以来先后承担了新疆、青海、西藏、宁夏、河南、内蒙古、浙江、陕西、山西、重庆、北京等10余省、市、自治区的壁画、彩塑修复及土遗址加固工程等数十项重大文物保护维修项目。

3.馆藏文物保护与修复

　　省博物馆文物保护实验室自20世纪60年代成立以来，承担了本馆文物的保养、修复和保护研究及地、县级博物馆文物保护、修复的指导，至目前共保护修复各类文物3000多件。

4.一批科研成果获得国家奖励

　　改革开放的30年中，敦煌研究院、甘肃省博物馆等单位，开始应用现代科技手段针对石窟、

568

壁画、土遗址、馆藏文物等方面的保护研究，取得了众多研究成果，现已完成和正在进行的由国家科学技术部、文化部、国家文物局、国家自然科学基金委、省科学技术厅、省文化厅等部门下达的保护科研项目 100 多项。主要包括：石窟、墓室、寺院等遗址内壁画和彩塑制作材料及工艺的研究，壁画、彩塑修复工艺和修复材料的筛选、研发、文物环境与病害机理研究，石窟工程地质与保护技术研究，馆藏品及可移动文物保护技术研究，土遗址保护技术研究，文物数字化信息技术研究，其他文物的科技研究，文物科技研究的国际合作项目等多个方面。其中，敦煌研究院就承担了 90 多项，特别是该院 2006 年承担了 "十一五" 国家科技支撑计划《大遗址保护关键技术研究与开发》重点项目中 "土遗址保护关键技术研究"、"出土文物现场保护移动实验室研发"、"古代壁画脱盐关键技术研究" 三项子课题，科研经费 2200 万元。这些科研项目中有 20 项获得国家及省部级奖，其中，敦煌研究院 14 项，省博物馆 3 项。

5. 与国外科研机构合作开展文物保护

20 世纪 80 年代末，敦煌研究院开始与美国盖蒂保护研究所、日本东京文化财研究所、日本东京艺术大学、美国梅隆基金会及美国西北大学、日本大阪大学等研究机构壁画制作材料分析、壁画病害研究、修复材料筛选和工艺研究、壁画数字化技术、莫高窟区域环境监测、周边水文地质调查等多方面开展合作，合作研究不仅取得了丰硕的成果，培养了保护科技人才，而且与这些世界著名的文物保护研究机构建立了良好的合作交流关系。炳灵寺文物保护研究所、甘肃省博物馆也与日本奈良文化财研究所及国内单位合作，分别完成了对炳灵寺第 16 窟北魏卧佛和天梯山石窟部分彩塑的科学保护、修复研究。从 2005 年开始，由敦煌研究院与美国盖蒂保护研究所、英国伦敦大学考陶尔德艺术学院、兰州大学联合培养壁画保护研究方面高级专业人才项目的 "壁画保护研究生班"。

6. 文物科研成果及学术交流活动

我省专家、学者单独或与国内外专家、学者合作，在国内外刊物上发表文物保护科技论文近 400 篇，出版文物保护科技著作 10 本。近 30 年来，敦煌研究院主（协）办的国内外文物保护学术会议有 10 多次，其中，重要的有与美国盖蒂保护研究所联合举办了两届 "丝绸之路石窟遗址保护国际学术讨论会"，与兰州大学联合举办了 "2008 古遗址保护国际学术讨论会暨国际岩石力学区域研讨会"。先后受联合国教科文委员会支助和国家文物局的委托，举办了 "中国石窟文物保护研究培训班"，受国家文物局的委托举办了 "土遗址保护培训班"，受省文物局委托举办了 "甘肃省壁画、彩塑保护修复培训班"。

（二）文物保护科研基地建设

2004 年 9 月，经过严格遴选审核，国家文物局批准在敦煌研究院保护研究所的基础上成立 "古代壁画保护国家文物局重点科研基地（敦煌研究院）"，使其成为国内唯一一家专门从事壁画保护研究和修复的国家级专业机构。科研基地依托于敦煌研究院，实行国家文物局、省级文物行政部门和依托单位三级管理制度。此后，在甘肃省科学技术厅的大力支持下，又组建成 "甘肃省古代壁画和土遗址保护工程技术研究中心"。在国家文物局重点 "科研基地"、甘肃省 "研究中心" 良好运行的基础上，在依托单位敦煌研究院的大力支持和国家文物局科研和工程项目倾力扶持下，又联合中国科学院上海硅酸盐研究所，兰州大学和浙江大学这些在相关学科基础理论研究方面具有雄厚势力的高等院校，科研院所组建"国家古代壁画保护工程技术研究中心"。经专家论证，科技部已于2009年审批同意组建我国文化遗产保护领域第一个国家工程技术研究中心。

六

新中国成立60年来，甘肃始终把文物法制作为大事要事来抓。1959年由兰州市文化局拟定的《兰州市文物古迹保护办法》是甘肃第一个地方政策性文物保护办法。1989年省人大颁布实施的《甘肃省实施〈中华人民共和国文物保护法〉办法》，2002年、2005年分别颁布实施《甘肃敦煌莫高窟保护条例》、《甘肃省文物保护条例》，这几个地方性法规和各级政府先后出台的一系列规章和规范性文件，为全省文物保护工作提供了有力保障。确保文物安全是甘肃文物工作永恒的内容，建国以来尤其是改革开放30年来，各级政府始终把文物安全摆在整个文物工作的首位，不断加大打击文物犯罪力度，构筑文物安全体系，改善文博单位安防设施并提高防范能力，强化社会流散文物管理，全省文物保护工作逐步走上法制化、规范化轨道。

（一）文物法制建设

1. 文物保护地方法规

早在1959年兰州市人民委员会制定了《兰州市文物古迹保护办法》，成为甘肃省第一个文物保护地方性法规。1982年《中华人民共和国文物保护法》颁布实施以后，甘肃省制定了一系列地方性法规、规章，1989年甘肃省人大常委会颁布了《甘肃省实施〈中华人民共和国文物保护法〉办法》，2002年颁布了甘肃省首部专门针对世界文化遗产的地方性法规《甘肃敦煌莫高窟保护条例》。2002年《文物保护法》修订后，2005年省人大常委会颁布了《甘肃省文物保护条例》。2008年，省政府又公布了《甘肃省文物重大安全事故行政责任追究规定》，使甘肃省文物保护管理工作逐步步入法制化轨道。

2. 文物保护规章和规范性文件

建国60来，甘肃省先后出台了一系列有关文物保护的规章和规范性文件，为全省文物保护事业的健康发展提供了有力保障。1950年，西北军政委员会颁布《关于重视文物保护与管理工作的通知》，是建国后西北地区发出的第一个关于文物工作的通知。1956年6月，甘肃省人民委员会根据国务院《关于在农业生产建设中保护文化的通知》精神，发布了《关于注意保护古文物的通知》；1960年6月，省文化局、公安厅联合发出《关于加强文物保护工作的意见》；1961年4月，省人民委员会发出《关于贯彻执行国务院进一步加强文物保护和管理工作指示的通知》；1962年12月，省人民委员会批转省文化局《关于当前文物保护管理工作的意见》；1971年9月，省革命委员会发出《关于加强文物保护工作的通知》。1980年、1982年、1996年省政府先后发出《关于加强历史文物保护的通告》、《关于加强文物市场管理的通知》、《关于实施文物保护"五纳入"

的通知》，2003 年 7 月、2006 年 6 月省政府发出《关于进一步加强文物工作的意见》、《关于进一步加强文化遗产保护工作的意见》等文件，有力地指导了我省文物工作。

3. 文物保护法律法规宣传

为进一步贯彻落实文物保护法律法规，省文物局多次组织召开专题座谈会，并利用每年的"文化遗产日"、"国际博物馆日"和"法制宣传日"等，在全省范围内组织开展文物保护法律法规宣传活动，使保护文物人人有责的观念逐步深入人心。

（二）文物安全保护

1. 打击文物犯罪

早在 20 世纪初，随着敦煌"藏经洞"的发现，国外帝国主义分子开始大肆劫掠甘肃文物，极大地伤害了中华民族的尊严。改革开放后，甘肃境内的文物犯罪活动异常猖獗。20 世纪 80 年代后期至 90 年代中期，全省发生馆藏文物被盗案件和事故 30 起、石窟文物被盗案件 8 起、野外文物被盗掘事件 27 起、火灾事故 1 起。1986 年，永靖县三原乡孔家寺新石器时代古遗址被盗掘，省政府组织临夏州、永靖县公安部门依法逮捕了文物走私犯罪分子，12 月 25 日省文化厅、公安厅、工商局在临夏市联合召开打击文物走私和加强文物市场管理工作会议。1987 年 6 月，省文物管理委员会专门召开会议部署全省打击盗窃、盗掘、走私文物犯罪行动，8 月起省文化厅、公安厅组织实施了全省文物安全防护工作大检查，要求有关部门进一步建立健全文物安全保卫责任制，各级公安机关加强文物犯罪案件的侦破工作。1989 年，莫高窟第 465 窟壁画被盗割，公安部、国家文物局和甘肃省有关领导赴敦煌部署侦破工作，案件告破后案犯被依法处决。同年，武威磨嘴子、旱滩坡汉墓群被盗挖，省政府责成武威地区行政公署严厉查处，次年 1 月查获盗掘和倒卖文物团伙 7 个，涉及案犯 36 人，其中依法逮捕 12 人，收容审查 24 人。1993 年，礼县大堡子山先秦墓葬被大肆盗掘，省政府召开全省严厉打击盗掘古墓犯罪活动电话会议，部署严打斗争，之后全省查处盗掘、倒卖文物案件 15 起，抓获涉案人员 224 名，逮捕 49 人。2000 年以来，文物犯罪发案率再度高涨，2000 ~ 2002 年后生发生华池双塔寺 1 号石造像、肃南金塔寺石窟、武山木梯寺石窟、高台许三湾墓群、庄浪云崖寺石窟、安西下洞子石窟、宁县湘乐砖塔、古浪县博物馆被盗等一批恶性案件。2003 年 3 月，省政府召开全省文物安全工作电视电话会议，部署加强文物安全防范和打击文物犯罪工作，很快扭转了文物安全被动局面。2007 年以来，又接连发生了数起盗掘野外文物、馆藏文物被盗案件、损毁文物事故。2008 年 9 月，省文物局组织开展了全省文物安全百日检查整治活动，采取多种措施加强文物安全工作，各地发案率明显下降。

2. 确定文博单位风险等级并加强防范

目前，全省共有文物保护管理专门机构 49 个，省级文物保护小组 436 个。公安部、国家文物局分三批确认了 47 处一级风险单位，省公安厅、省文物局确认二级风险单位 2 处、三级风险单位 69 处。1996 年至 2001 年，省文物局开始组织各级风险单位建设安防系统，累计投资 260 余万元，地方和单位配套 100 多万元，为 68 个市、县博物馆安装了报警设施。2002 年起，省文物局筹措

400多万元为全省重要中小石窟建设了安全防护设施。目前，除个别在建博物馆外，我省文物系统二、三级风险单位均达到了国家文物局、公安部的风险等级技防要求；9家一级风险单位的安防方案获国家文物局批准，其中，省博物馆、榆林窟、张掖大佛寺安防工程已建成并通过验收正式投入使用。安全防范设施的改善和防范能力的提高为保证文物安全奠定了必要的物质基础。

3.建设文物保护网络

自20世纪80年代以来，我省努力建立健全省、地（市）州、县（区）打击文物犯罪领导小组，推行县、乡、村文物保护三级责任制，在全省范围内建立了县、乡、村三级文物保护网络，逐步形成了"专管"与"群管"相结合的文物保护体系。目前，全省共有群众性业余文物保护小组1500个，业余文物保护员5100余名，成为甘肃文物保护工作的一支重要力量。2003年，省文物局制定了《甘肃省文物保护员管理暂行办法》，进一步加强对文物保护员的管理，省财政增加了文物保护员补助经费，极大地调动了其工作积极性。2006年以来，省文物局和各级政府对群众性文物保护网络进行调整、充实和强化，进一步完善"三级责任、四级保护"的野外文物保护网络，逐级签订了责任书。同时，建立和完善了行政、公安、文物（文化）三线野外文物保护责任网络。

（三）社会文物管理

1.文物商店

1978年9月，国家文物事业管理局批准成立了甘肃省文物商店。同年，甘肃省将其定为自收自支的事业单位，县级建制。国家对文物流通领域实行归口管理和直管专营，遵循细水长流、少出多进的原则，主要目的是为国家换取外汇。改革开放后，文物收藏逐渐成为国民追求高雅精神享受和资产保值增值的重要方式，省文物商店的销售重心逐步从境外人士向国内普通民众转移，业务快速扩展。1988年，省文物商店在武威和敦煌设立分店，销售对象主要为境内外游客。1998年前后，受东南亚经济危机波及，加之经营策略失误，省文物商店销售业绩急剧下滑，到2003年基本停业。2006年，省文化厅、省文物局重新配备了省文物商店的领导班子，对文物商店进行了整顿。经上下共同努力，目前省文物商店重新步入正轨。同年，省文物商店撤销敦煌分店和武威分店。2007年，省文物局批准设立省文物商店天水分店。

2.文物拍卖企业

2000年，经国家文物局批准，博乐文物拍卖有限公司成为甘肃省第一家取得文物拍卖资格的企业。2006年，甘肃四方拍卖有限公司和甘肃翰陇拍卖有限公司也取得了文物拍卖资格。从2000年到2003年，甘肃文物拍卖活动严格按照《文物保护法》、《拍卖法》及国家相关政策严格审核和执行，三年间共审核通过4场涉及文物的拍卖活动，制止过两场违规文物拍卖会。其后，根据2002年修订的《文物保护法》和国家文物局2003年6月颁布的《文物拍卖管理暂行规定》，甘肃的文物拍卖活动申报、审核更加规范。到2008年底，甘肃省共审核辖区内文物拍卖活动13场，与北京、云南等省市文物行政管理部门联合审核文物拍卖活动3场。同年，为进一步规范文物拍卖活动，国家文物局推行文物拍卖企业拍卖资格年审制度。目前，全省只有甘肃四方拍卖有限公司通过审核。总的来看，甘肃文物拍卖仅有10年的历史，目前仍处于发展初期，文物拍卖企业少，规模小，效益低，管理及从业人员素质有待提高。

3. 文物监管物品市场

建国初期，甘肃只有兰州、临夏、天水、敦煌等少数几个城市有古董店（如兰州致兰斋）和零星的古董销售摊点。20世纪50年代中期，随着国民经济结构的大规模调整、工商业公私合营制度的推行和文物保护政策的变化，古董店和古董摊点很快归于消失。改革开放后，全省涉及旧货交易的店铺和摊点快速增长，少数店铺还非法进行文物倒卖，甚至参与文物走私。1986~1995年，省文物（文化）主管部门联合公安、工商、海关等部门，多次召开会议，发出通知，开展联合检查，对遏制文物非法交易起到了积极作用。1996年8月，省文物局就文物监管物品管理做出了明确规定。同年，省文物局要求各地取缔零散摊点，实行监管物品的集中统一管理；临夏市和兰州市相继成立了文物监管物品市场管理小组和文物监管物品鉴定小组。1997年，省文物局开始在全省文物监管物品市场开展鉴定贴标识工作。2000年，省文物局联合省公安厅、省工商局、兰州海关对临夏和兰州市场进行了检查，认为文物监管物品鉴定贴标识工作进展较快，成效良好。到2002年底，全省共有文物监管物品市场两个，正在培育的监管物品市场4个，有经营户510多家。

七

文博机构与人才队伍建设是文物事业持续发展的一项基础性工作。新中国成立60年来，甘肃各级政府不断建立健全了各级文物行政管理机构，为文物部门配备各类专门人才，注重专业人员的培养。从20世纪90年代起，不断加大文博干部教育培训工作，文博队伍日益壮大，业务能力进一步提升，为全省文物事业的发展与繁荣奠定了人力基础。

甘肃文物资源内涵丰富，地域特色十分鲜明，备受世界青睐，因而文物对外交流具有先天优势。建国之初，敦煌文物研究所多次走出国门举办"敦煌艺术展"，为新中国外交事业做出了不可磨灭的贡献。改革开放后，甘肃文物外展活动更加频繁，内容更加丰富，不仅向世界展现了甘肃文物的独特魅力，而且促进了对外交流，促进地方经济发展。同时，甘肃以敦煌文物保护为核心，相继与美、日、澳、英等国文物科研机构合作攻关，研究解决文物保护领域中重大问题和技术难题，取得了一系列重要成果。

近年来，甘肃文物系统紧跟时代，重视文博信息化建设，敦煌研究院与国内外文物保护机构、科研院校合作开展"多媒体、智能技术与艺术复原"、"数字化敦煌壁画合作研究"等项目，省文物局组织实施珍贵文物调查及数据库管理系统建设，推动了全省文物保护与利用的整体水平与可持续发展。

（一）文博机构和人才队伍建设

1. 文博机构建设

1951年3月甘肃省文物管理委员会成立，其主要职责是调查、保护并管理全省古建筑、石窟寺、古文化遗址、革命遗迹,并暂时接受、保管、鉴定各地征集的文物,实际上行使着文物行政管理职能。"文化大革命"开始后中止工作。1986年恢复省文物管理委员会,主要职责是协调管理本行政区域内的文物工作。2003年6月,省政府调整充实了省文物管理委员会人员。除省文物管理委员会外,大部分市、州、县(区)设有相应级别的文物管理委员会。实践证明,文物管理委员会充分发挥了领导和协调作用,促进了全省文物事业的持续健康发展。

1992年9月甘肃省文物局成立,其前身是1973年11月成立的省文化局文物处(1983年4月改称甘肃省文化厅文物处)。2001年2月,省政府印发《甘肃省文物局职能配置、内设机构和人员编制规定》,确定省文物局为省政府主管全省文物博物馆事业的职能部门。现管理敦煌研究院、省博物馆、省文物资料信息中心、省文物考古研究所、省文物保护维修研究所、省文物商店、麦积山石窟艺术研究所、炳灵寺文物保护研究所、北石窟寺文物保护研究所、大地湾文物保护研究所10个省直事业单位。各市(州)县区相继建立了文物行政管理机构,其中兰州市、武威市、酒泉市、张掖市、平凉市、庆阳市及肃南、秦安、清水、武山、张家川、礼县、高台、山丹、敦煌、瓜州、甘州区、肃州区等县区分别成立了独立建制的文物局或文物事业管理局。

2. 文博人才队伍建设

我省历来重视文博队伍建设工作。建国之初,就开始专业人员的培养工作,曾先后举办或组织参加各类业务培训班。1952~1954年,全省有10余人参加文化部、中国科学院考古研究所和北京大学联合举办的考古培训班。20世纪90年代起,全省文博干部队伍教育培训工作逐步走上正轨。

1992年以来,省文物局依托高校、科研院所、文物研究机构培养了大批不同层次的专业技术人才。1993年起省文物局实施"甘肃省文博教育培训计划",委托西北师大成人教育学院举办三届文博专业大专班,2000年起委托西北师大成人教育学院举办函授博物馆专业本科班。省文物考古研究所与西北师范大学从1995年开始联办简牍学研究生班并设立历史文献学硕士点,敦煌研究院与兰州大学敦煌学研究所从1999年开始合作共建敦煌学博士点。2002~2004年,省博物馆与南开大学、西北民族大学联办文物与博物馆学研究生进修班。2005年,省文物局制定《甘肃省文博系统教育培训五年规划纲要》(2006~2010年),从2006年开始结合文物法制和文物行政执法工作对全省各市县文物(文化)局长、博物馆长、文管所长进行培训。

此外,每年都选派人员参加国家文物局举办的各类业务培训,1992~2003年分批选派业务干部参加由国家文物局组织的陈列设计、古陶瓷鉴定、古玉器鉴定、古代书画鉴定、文物安全防范管理、丝绸纺织品保护等内容的培训班;与日、美、英等国有关机构互派研修生或联合培养文物保护修复高层次人才,选派文博管理和业务骨干赴国外进修学习。

截至目前,全省文博系统工作人员已达2500多人,专业技术人员780余人,具有高、中级专业职称的人员410余人。

(二)文物对外交流与合作

1. 文物外展

甘肃省文物对外展览活动起步较早,建国之初,敦煌文物研究所组织最具代表性的文物就多次走出国门举办展览，在新中国对外文化交流中产生了积极的作用和重大影响。改革开放30年来，甘肃省文物外展的内容、领域和地域不断拓展，以"敦煌艺术展"为代表，具有浓郁地域特色的文物和代表"丝绸之路"系列文化的文物备受各国人民的欢迎，多次赴美国、英国、法国、日本等国家及台湾、香港等地区举办了一系列文物展览，文物对外展

◆1958年"中华人民共和国敦煌艺术展"在日本东京高岛屋展场外景

览的数量、质量和组织水平不断提高，为弘扬中华民族优秀文化，宣传甘肃，促进地方经济发展起到了积极的推动作用。新中国成立60年来，由我省独立举办或合作举办的外展共40余次。

2. 文物科技保护研究与合作

改革开放以来，甘肃以敦煌莫高窟保护为核心，与国外的文物保护科研机构、著名专家学者开展了多渠道、多形式的文物保护合作，相继与美、日、澳、英等国文物科研机构建立了友好合作关系。1988年开始，敦煌研究院与美国盖蒂保护研究所合作对莫高窟文物进行科技保护研究。其中，"敦煌莫高窟第85窟保护修复研究"项目获2004年度国家文物局文物保护科学和技术创新奖二等奖。1990 ~ 2005年，中日合作研究敦煌莫高窟第194窟、53窟保护、修复。1991年3月，敦煌研究院与日本东京国立文化财研究所开展的中日合作保护莫高窟合作项目开始实施。1999年至2004年，美国西北大学与敦煌研究院合作研究开发"敦煌壁画计算机存贮与再现关键技术攻关"项目。

3. 国际学术交流活动

改革开放以来，甘肃文博界与国际间的学术交流日益频繁，多次举办和派员参加国际学术会议、合作研究文物保护领先技术、讲学培训，同时邀请来自世界各地的文物保护专家与学者来指导工作，多次举办以敦煌学、简牍学、丝绸之路古遗址保护为主题的国际学术交流活动。1983年8月、1987年9月敦煌研究院先后举办"中国吐鲁番学会成立大会暨1983年全国敦煌学术讨论会"、"敦煌石窟研究国际学术讨论会"，1990年10月、2000年7 ~ 8月又举办两届"敦煌学国际学术讨论会"、"2000年敦煌学国际学术讨论会"；1991年7月，为纪念敦煌汉简发现85周年、居延汉简60发现周年中国古文献研究所、社科院历史研究所、省文物考古研究所、省博物馆联合在兰州举办"中国简牍国际学术研讨会"；1993年10月、2004年6月敦煌研究院、美国盖蒂保护研究所和中国文物研究所联合在莫高窟举办"丝绸之路古遗址保护研讨会"、"丝绸之路古遗址保护国际学术会议"；1994年8月，为纪念敦煌研究院成立50周年召开"1994年敦煌国

际学术研讨会"；2004 年 8 月，为纪念敦煌研究院成立 60 周年与常书鸿先生诞辰 100 周年，省政府和国家文物局主办、省文物局与敦煌研究院协办召开"2004 年石窟研究国际学术会议"。此外，从 1992 年起甘肃与日本秋田省实施文化交流研修项目，截至 2008 年底双方已互派交流人员 18 人。

4. 涉外联合考古发掘调查

随着文物对外交流的不断深入，涉外联合考古发掘调查工作逐步开展。1999 年 8 月，日本秋田县与甘肃省人民政府签署了"中华人民共和国甘肃省和日本国秋田县关于进一步发展两省县友好关系的备忘录"。经报请国务院批准同意，甘肃省考古研究所与秋田县埋藏文化财中心联合组成中日考古队，对甘肃武威磨嘴子遗址进行考古发掘。自 2003 年 10 月 5 日开始，至 2005 年 7 月 10 日结束，间断发掘共计 180 天，发掘遗址面积 800 平方米，共发现遗迹 208 个。

5. 博物馆管理经验交流

本着"以我为主，为我所用"的原则，甘肃省各级文物部门对文物对外交流与合作日益重视，主动与国外博物馆界建立联系，省文物局先后组织三批专业人员出国考察学习博物馆管理工作，学习交流博物馆管理先进理念，收到了很好的效果。

（三）文博信息化建设

1. 敦煌研究院信息技术与数字化应用

从 20 世纪 90 年代初，敦煌研究院与国内外保护机构合作，共同开始"数字敦煌"的探索。1998 年 1 月到 2002 年 4 月，与浙江大学合作开展"多媒体、智能技术与艺术复原"项目，在莫高窟第 17、45、85、205 等窟壁画与彩塑进行数字化摄影的基础上，开发了包括莫高窟外景的石窟虚拟展示与旅游参观系统。2000 年，与美国梅隆基金会达成协议，共同开展"数字化敦煌壁画合作研究"项目，成功完成了 20 个洞窟的壁画数字化。2003 年 8 月，长期从事文化遗产保护工作的樊锦诗等 10 位全国政协委员在全国政协十届一次会议上提出提案，建议借助现代化多媒体和数字化技术，推动文物保护与利用的整体水平与可持续发展。2005 年 3 月，洞窟实景虚拟漫游、多媒体展示、主题数字电影 3 方面的验证样片通过测试，9 月在上海和北京召开了"敦煌莫高窟保护利用设施项目数字展示技术验证专家论证会"。目前，敦煌研究院整合组建了敦煌研究院数字中心，正在开展为期 5 年的 170 个 A 级洞窟的数字化采集、三维重建、编录处理以及存储等工作，数字化工作将在莫高窟保护、管理和利用的中发挥重大作用。

2. 文物调查及数据库管理系统建设

2002 年 6 月甘肃被财政部和国家文物局列为"文物调查及数据库管理系统建设"项目试点省份，省文物局对试点工作进行了全面部署。2002 年 11 月省博物馆、省文物考古研究所和敦煌研究院 3 个直属单位先期开展调查工作，2003 年 2 ~ 3 月省文物局从全省各地抽调人员对于其他基层博物馆和文物收藏单位开展调查，当年完成了全省 11 万件（套）馆藏珍贵文物调查与信息采集任务。随之建立信息管理数据库系统，载入全省珍贵馆藏文物基本数据，并建成省文物局、各市（州、地）和直属文博单位、重要基层文博单位和县市区的两级三层文物信息网络。通过试点工作，2004 年 12 月，"甘肃文物"网站正式开通，省文物局机关装备了 OA 系统实现了网上办公自动化，并且为基层文博单位配备机等设备，提高了全省文博单位的现代化管理水平，塑造了甘肃文物工作新形象。近几年来，全省文物数据采集、存储、传输、管理的软硬件系统日臻完善，为实现文物资源的全社会共享，创造了便利条件。

3. 信息化培训工作

省文物局在"文物调查及数据库管理系统建设"项目试点中，报请省人事厅批准开展了面向数据业务人员、各数据节点工作人员和负责人员、全省广大文博职工等三个层次培训教育工作，并列入了行政机关公务员培训和事业单位专业技术人员继续教育计划。共举办 8 期培训班，培训人员 500 多人次。2002 年 9 月，对省博物馆、省文物考古研究所和敦煌研究院的 20 个工作组 80 人开展了第一期培训。2003 年 2 月，对自行开展调查的市州县级博物馆、省文物局抽组的 5 个专业调查组及巡视组人员进行第二期培训；8 月、9 月、11 月及 2004 年 8 月，先后举办了四期"全省文博系统信息化普及培训班"、一期省直文博系统公文处理培训班。2005 12 月，为了开展一般文物数据采集并对珍贵文物数据审核工作，又举办了一期全省馆藏文物数据采集、审核及管理工作培训班。信息化培训工作使我省文博工作者学习了新知识，掌握了新技术，解放了思想，更新了观念。

八

回顾 60 年来甘肃文物事业的发展历程，每一点进步、每一项成绩都汇集着各级党委和政府对文物事业的关怀，凝聚着全省广大文物工作者的心血和奉献。在看到成绩的同时，也就当清醒地正视影响事业发展的许多困难和问题，与其他省市尤其是东部发达省市相比，甘肃文物保护基础比较薄弱，经济欠发达致使经费投入不足，文物保护机构不很健全，体制性障碍仍然存在，文博人才和队伍建设严重滞后，文物安全形势不容乐观，文物工作的理念有待提高深化。展望未来，我们深信，在党和政府的坚强领导下，坚持解放思想，坚持科学发展，坚持求真务实，坚持统筹安排，甘肃文物事业必将取得更大的成就！

（执笔：甘肃省文物局"甘肃省文物事业60年"编写组）

青海省文物事业60年

青海省文物局

一 概　况

　　青海省位于青藏高原东北部，雄踞"世界屋脊"，因境内有我国最大的内陆湖——青海湖而得名，并因地处长江、黄河、澜沧江发源地，而称为"三江源"、"中华水塔"。全省地域辽阔，面积72万平方公里；地势高耸，平均海拔3000米以上；气温地区分布差异大，日照时间长，冬季漫长，各地区间降水分布差异显著；境内高山耸立，昆仑山、巴颜喀拉山、阿尔金山、祁连山、唐古拉山等几大山脉间分布着高原、盆地和谷地；全省地形可分为祁连山地、柴达木盆地和青南高原三部分。

　　青海历史悠久，至迟在30000年以前的旧石器时代晚期，人类已生活在这里。秦汉以前，这里被称为"羌戎之地"；汉宣帝时，在青海东部设县，青海被纳入西汉王朝郡县体制之内。王莽时设西海郡，下辖环湖五县，其统治范围扩大到青海湖周围；汉末建安中置西平郡，东晋时的前凉、前秦、后秦、西秦、后凉、南凉、北凉等地方政权在河湟谷地设西平、乐都、浇河、湟河、湟川、三河等郡，其中，南凉先后以乐都、西平为都城；北魏改西平郡为鄯州，北周增设廓州，隋设西平、浇河、西海、河湟四郡；唐置西平郡（鄯州）和宁塞郡；宋设西宁、乐、积石三州；元在湟水流域仍设西宁州，将西部牧区划归"吐蕃等处宣慰使司"管辖；明改西宁州为卫，增设积石、贵德两州；清改西宁卫为府，至清末，西宁府辖西宁、碾伯、大通县及贵德、循化、丹噶尔、巴燕戎格四厅；1928年9月，青海正式建省，定西宁为省会，中华人民共和国成立前，青海省辖1市20县；现在，青海省辖1个地级市、1个行署、6个民族自治州，有2个县级市、30个县、7个民族自治县、4个市辖区、3个行委。青海

◆青海省博物馆新馆外景

自古以来就是多民族聚居的地区,现有人口548万,除汉族外,还有藏、回、土、撒拉、蒙古等民族,少数民族占总人口的46%以上,民族自治州、县面积占全省面积的95%以上。

中华人民共和国成立以后,青海省的文博事业在省委省政府的正确领导下,在国家文物行政管理及其他相关部门的支持帮助下,经过几代文博战线

◆青海柳湾彩陶博物馆外景

同志的不懈努力,走过了从无到有、从小到大、从原始管理到各方面综合发展的辉煌道路,文物考古调查勘探发掘、博物馆建设及展陈、各类文物基础设施建设、文博管理和业务机构建设、文博队伍建设、文物法规建设、文物保护工程、文物安全、文物科学和学术研究、文物宣传、文物外事等各项工作都取得了突飞猛进的发展。目前,全省有省级文物主管单位1个(省文物管理局),省级文物事业单位4个(省博物馆、省文物考古研究所、省柳湾彩陶博物馆、省民俗博物馆),省级文物经营单位1个(省文物商店),州地市级文物管理单位2个,州地市级承担文物管理和展示双重职能的单位4个、县市级文物管理所22个;全省有省直博物馆3座、州、地、市级博物馆5座、县(市)级博物馆8座,此外,全省有非正式的、不固定展陈内容的县、市级文物陈列室近10座,还有非隶属文化系统的行业、高等院校、寺院和民营的博物馆、陈列室近20座;全省从事文博事业的专业、专职人员340余人,其中具有高级职称的31人,中级职称的70余人。经过20世纪50年代、特别是80年代的两次大规模文物普查,初步摸清了地上、地下文物分布情况。第三次文物普查前,全省已发现各个时期人类活动的各类遗迹(文物点)4300余处,正在进行的第三次文物普查又新发现1200余处(截至2009年6月底),其中已公布为全国重点文物保护单位18处、省级文物保护单位383处、县(市)级文物保护单位369处;全省有国家级历史文化名城1个(同仁县隆务镇)、省级历史文化名城3个(同仁县隆务镇、西宁市、湟源县城);全省现有各类馆(所)藏文物16余万件(不包括其他行业、寺院、民间和私人等所收藏的文物),其中经国家文物局及省内专家对其中部分文物进行鉴定,有珍贵文物8700余件,纳入国家一级文物建档数据库的397件。

二　文物考古工作成绩斐然

青海省的文物考古起源于20世纪20年代,瑞典人安特生以北洋政府矿业顾问的身份到甘青地区考察,在青海境内发现了西宁市的十里铺、朱家寨,湟中县的卡约、下西河,民和县的马场垣、黑土(核桃)庄,贵德县的罗汉堂等十多处新石器时代和青铜时代古文化遗址,并在西宁市朱家寨村和湟中县卡约村发掘古墓50余座。这是青海境内近代田野考古工作的开始。1948年,我国著名考古学家裴文中在湟水流域的西宁市、乐都、湟中、海晏县进行考古调查,又发现了一批新

石器时代、青铜时代和汉代的遗址和墓葬，为青海的田野考古增加了许多新的资料。

（一）文物调查工作

中华人民共和国成立后，青海省文物考古调查工作的发展大致经历了三个阶段：

第一阶段（1951～1961年）。1953年夏，省文物保管委员会在西宁市、乐都县调查发现古文化遗址、古墓葬多处。1954年夏，乐都县中学教员王少夫先生在湟水沿岸调查发现十多处新石器时代遗址。1956年夏秋季，省文化局玉树、海西文化工作调查组、省文物工作组、省文物管理委员会考古组，中科院地质研究所对玉树、都兰、湟中、互助县、西宁市、可可西里地区等地，做了大量的文物调查和零星发掘工作，发现多处古文化遗存。1957～1960年，省文物考古部门单独组织或会同中国科学院考古研究所组织了较大规模的田野考古调查和零星考古发掘，足迹涉及西宁市、湟中、湟源、大通、平安、互助、乐都、民和、化隆、循化、海晏、门源、贵德、共和、都兰、同仁、尖扎、班玛县、格尔木市、柴达木盆地等地，发现了数百处不同时期的古遗址、古墓葬、古城址、古建筑以及红军革命遗址，极大地丰富了青海古代和近现代文化内容。

第二阶段：(1962～1975年)。1963年，省文物管理委员会文物考古组对大通县东峡、宝库水库建设地区进行考古调查，发现古文化遗址6处。1972年，在刚察县沙柳河与甘子河两岸地区，发现古文化遗址4处。1974年，在民和县新发现古文化遗址2处。该时期省级文物部门几次调整改动，全省考古调查工作一度停顿下来。

第三阶段：（1976年至今）。这一时期主要是改革开放30年的新时代，青海省文物考古事业走上了新的发展道路，是青海考古调查取得辉煌成就的时期。期间，省文物考古研究所（原考古工作队）正式组建，专职承担文物考古工作。这一时期全省组织进行的专题考古调查主要有：1976年龙羊峡水电站库区调查，1978年隆务河流域调查，1980年循化、民和、贵德三县调查，1981年青海湖环湖和贵德县调查，1984～1985年唐蕃古道考察，1985～1987年青海岩画专题调查。同时，从20世纪80年代开始，紧紧围绕经济建设和国家"西部大开发"战略的实施，进行了李家峡、公伯峡、拉西瓦、积石峡、尼那、苏只、黑泉等黄河上游大中型水电站及大中型水库库区，青藏铁路格尔木—唐古拉山口段以及青藏铁路西宁—格尔木、兰州—西宁铁路复线、拟建的格尔木—敦煌、西宁—张掖铁路青海段、青海境内高等级公路、输变电线路沿线以及各类工业、生态、生物园区、其他各项重要的城乡基本建设项目的文物调查。

1982年，在国家文物局的统一部署下，青海省文化局组织实施全省文物普查工作，在环境艰苦的青海高原，全省文博系统通力合作，组织10多

◆长城调查所发现的海拔5000米处的德令哈怀头他拉地区古烽火台

个普查组，分赴各地，前后历经近 8 年，除青南和柴达木部分地区因条件所限未到达外，全省各地都进行了普查。共调查、复查了不同时期、不同类别的文化遗存 4000 多处，经筛选登记了 3700 余处，其数量是 1982 年前的 8 倍。基本摸清了青海主要地区历代文物的分布状况，为进一步进行文物的管理、保护、利用和发掘打下了坚实的基础。其后，全省又陆续发现古文化遗存近 600 处，使青海省文物遗存达 4300 余处。

2007 年 9 月，按照国务院《关于开展第三次全国文物普查的通知》和国家文物局的统一部署，青海省第三次全国文物普查工作正式拉开序幕，成立了以主管副省长为组长、各相关厅局和州、地、市政府主管领导为副组长和成员的青海省第三次全国文物普查领导小组，领导小组办公室设在省文物局，各地也成立了普查领导小组；10 月 11 日，省政府发出《关于开展第三次全国文物普查的通知》；同时，领导小组办公室组织编制了《青海省第三次全国文物普查工作实施方案》、《青海省第三次全国文物普查宣传工作方案》和《第三次全国文物普查培训班培训方案》；根据实际情况，全省以县（市）或州为单位，组建了 40 支调查队，有 200 余名调查队员，分级进行了全员培训，省文物考古研究所派员分赴各地进行业务指导，并确定了专家库名单和专家指导组。2008 年上半年，乐都、刚察、同仁县作为试点单位，先后启动田野普查，在试点基础上，同年下半年，各地陆续进入全面普查。经过全省上下的共同努力和普查队员辛勤工作，截至 2009 年 6 月底，共调查登记不可移动文物 3657 处，其中新发现 1232 处，复查 2425 处。

2005 年，国家制定了《长城保护工程（2005 ~ 2014 年）总体工作方案》；2006 年 10 月，国务院颁布了《长城保护条例》，同年，经国务院批准，由国家文物局和国家测绘局组织，开始启动全国长城资源调查工作。先期启动的长城调查涉及 13 个省、市、自治区，但未涵盖青海省。2007 年 5 月，青海长城正式纳入全国长城资源调查范围，之后，省文物局和省测绘局高度重视，在国家文物局、国家测绘局及长城项目办公室、国家基础地理信息中心的直接和有效关心支持下，做了大量前期工作。成立了长城资源调查工作领导小组及办公室、编制工作方案、组建调查队、进行全员培训，并确定了"统一组织、省级文物和测绘部门联合组队，按'三个阶段、六步走'的方式进行"的总体部署。2008 年 3 月，在进行了大量技术、物资准备的基础上，明长城资源田野调查工作正式启动，调查队员们以强烈的工作责任心和敬业精神，面对基础资料欠缺，青海长城"底数不清"，不确定因素多等多重不利因素，查阅相关文献，历经了春夏秋季，穿越了省内 11 个县，往返行程数千公里。按调查规范要求，首次对青海境内明长城资源的规模、分布、走向、结构特点，保存、保护与管理现状和人文与自然环境等情况，进行了全方位的调查。全省共整理完成各类调查登记表 336 份、照片册页 2909 张、图纸 527 份、录像 336 段、采集 GPS 点数据 3373 个。查明青海境内明长城本体总长 323.14 千米（文物部门测量的数据），敌台 10 座，烽火台 112 座，关、堡共计 47 座，取土坑 4 处，题刻 1 块。2008 年 11 月 7 日顺利通过国家长城项目组对长城本体墙体及壕堑进行的第一阶段检查验收。2009 年 4 月 21 ~ 23 日，明长城资源调查资料顺利通过国家专家组最终检查验收。

（二）文物考古勘探发掘工作

中华人民共和国建国后，20 世纪 70 年代以前，青海省的考古发掘工作，规模较大的只有

◆民和县喇家遗址 4 号房址内母子遗骸　　◆民和县喇家遗址 F20 面条出土情景

1959 年对柴达木盆地诺木洪塔里他里哈遗址进行的初步发掘，提出了"诺木洪文化"的概念，其他都是配合基本建设的零星发掘清理工作。70 年代以后、特别是改革开放以来，随着经济建设的高速发展，配合基本建设项目及文物科研工作需要的考古发掘日益增多，进行了大小数百次（点）的考古勘探发掘，大规模和较大规模的有：大通县上孙家寨汉晋墓、长宁遗址、明代柴国柱家族墓葬、黄家寨墓地，乐都县柳湾遗址和墓群、双二东坪遗址，民和县核桃庄遗址和墓葬、阳山遗址、阳洼坡遗址、喇家遗址、胡李家遗址，贵南县尕马台遗址、拉乙亥遗址，循化县阿哈特拉遗址和墓葬、潘家梁墓地、苏志遗址和墓葬、苏呼撒墓地，湟中县下西河遗址，西宁市沈那遗址、山陕台古汉墓群、陶家寨古墓群，湟源县大华中庄墓群，贵德县山坪台遗址，都兰县热水吐蕃吐谷浑墓群，同德县宗日遗址、平安县南滩东汉画像砖墓葬、尖扎县上下班主哇墓地、刚察县刚察墓地及海晏县西海郡故城、共和县伏俟城、兴海县龙曲城等古城堡。同时，还对境内黄河上游各水电站水库淹没区、大中型水库库区、青藏铁路青海段等大中型建设项目在内的各个时代的墓葬群和古文化遗址进行抢救性考古发掘。期间，中国社会科学院考古研究所、北京大学、西北大学、吉林大学、南京大学等学院考古专业师生曾给予大力支持。都兰热水吐蕃墓群、民和喇家遗址的发掘成果，分别被评为 1996 年和 2001 年"全国十大文物考古新发现"。

（三）出土文物情况

　　各项发掘共出土不同时期、各种质地的文物 10 余万余件，这些文物中，不乏珍品。有目前国内或时代最早、或体形最大、或富有浓郁地方和民族特色的舞蹈纹彩陶盆、双人抬物彩陶盆、裸体人像壶等陶器，尕马台铜镜、沈那铜钺、鸠首牛犬杖等青铜器，匈奴金牌饰、波斯银壶等金银器，虎符石匮、喇家石磬等石器，以都兰县热水墓群出土的波斯钵罗婆文字锦、含绶鸟、对鹿等图案为代表的丝绸及纺织品，以宗日和柳湾遗址出土骨叉、骨勺、骨刀为代表的骨器等等文物精品。

三　博物馆事业有了长足发展

（一）博物馆基础建设扎实推进

　　解放前，青海没有一座博物馆，文物展览、展示基本是空白。解放后，1957 和 1978 年两次组建青海省博物馆筹建处，1986 年正式命名为青海省博物馆，但其展览和办公地点在原青海军阀马步芳府邸"馨庐"内，成为当时国内唯一没有新建馆舍的省级博物馆。1999 年 4 月，在省委、省政府的关心支持和外国友人的鼎力资助下，总投资 1.1 亿元人民币（其中日本友人小岛镣次郎先生捐助 7 亿日元、约合 5000 万人民币），占地面积 17000 平方米，建筑总面积 20800 平方米的青海省博物馆新馆举行开工典礼，2001 年 5 月建成开馆。2004 年 5 月，占地面积 5800 平方米、建筑面积 2200 平方米、投入 450 万元（其中日本友人小岛镣次郎先生捐助 3000 万日元，约合 200 余万人民币）的中国青海柳湾博彩陶博物馆开馆；2006 年 5 月，利用"馨庐"房舍建成的青海民俗博物馆正式开放，使省直属博物馆达到 3 座。同时，各地方博物馆及文物库房建设得到国家大力支持，据不完全统计，"九五"以来，国家陆续下达的博物馆、爱国主义教育基地及文物库房建设资金超过 1 亿元，加上省及各地方政府的大力支持和投入，有效改善了文物保存、展示机构的基础设施条件。期间，海西、海北、海南州民族博物馆及青海湖博物馆、黄南州民族博物馆（热贡艺术博物馆）、西宁市博物馆等 5 座州（市）级博物馆，互助、湟中、民和、海晏、贵德、都兰县、格尔木市等 7 座县级博物馆相继建成使用，利用古建筑展示文物的湟源县博物馆也投入使用；乐都、化隆、循化、门源、祁连、尖扎等县市级非正式的、不固定展陈内容的文物陈列室近 10 座；还完成了集保护、研究、展览为一体的都兰吐蕃、吐谷浑文化中心、民和县喇家遗址博物苑一期（一号展示厅）、玉树大藏经珍藏馆等工程。玉树州博物馆等工程也计划建设。

近几年，中央和地方各部门也加大了文物展示基础设施的建设力度。在中宣部的直接关注下，围绕国保单位"第一个核武器研制基地旧址"保护、纪念和展示，由国家投资近 8000 万元修建的国家级爱国主义教育基地"中国原子城纪念馆"，于 2009 年 6 月在海北州西海镇建成开馆；由国家投资，在省保单位西宁市烈士陵园原址建设的西路红军纪念馆（国家级红色旅游项目），已封顶竣工；以展示元代手写古兰经为主的循化县撒拉族民族民俗文化中心，2009 年 7 月建成开馆。此外，省内行业、高等院校、寺院和民营的博物馆、陈列室也有近 20 座，如青海科技馆，青海国土资源、青海藏医药文化、循化西路红军、察尔汗盐湖、青海雪域民俗等博物馆，青海民族大学、青海师范大学、青海红十字医院、循化县红光村西路红军、湟中县塔尔寺、玉树县赛巴寺、民和县马营清真大寺、同仁藏医药等文物陈列展览室，海北州王洛宾音乐艺术馆、湟源县昌耀诗歌馆等。至此，初步形成覆盖面较广、包含不同内容、规模层次不一的省、州（地、市）、县三级博

◆第一个核武器研制基地旧址纪念碑

◆第一个核武器研制基地旧址纪念馆

物馆和不同类别的展览馆体系，极大地丰富了青海各族人民的精神文化生活。

（二）文物展陈内容丰富

1986年前，在无正式展陈地点的困难条件下，省文物部门积极组织文物展陈，主要有：1956年春节，省文物工作组在西宁工人文化宫举办文物展览，历时5天，观众达13000余人，这是青海历史上举办的第一个文物展览；1959年省文管会主办了"历史文物"、"柴达木出土文物"、"新旧社会对比"3个陈列；1961年7月，省博物馆筹建处举办了"中国共产党成立四十周年文物资料展览"；1965年，省文物工作组在西宁市文化馆联合举办"历史文物"、"出土文物"、"革命文物"3个展览；1984年，省文物考古队在文物商店举办"建国三十五周年青海省文物展览"；期间，在北京等地参加了多次联合陈展，并举办了多次出土文物专题展览。省博物馆正式成立后，就将贴近实际、贴近生活、贴近群众，不断提高展览水平，作为工作重心和追求的目标。1986年9月，即举办了"青海省历史文物展览"，展出文物近千件，是当时青海历次文物展览中规模最大的一次。之后省博物馆举办和引进丰富多彩的陈列展览，主要有"藏族与祖国内地关系史展"、"青海民族民间文化艺术展"、"青海社会发展成就展"、"青海解放45年图片展"等；2001年5月省博物馆新馆正式开馆，基本陈列展览有"青海史前文明陈列"、"青海民族文物展"、"青海藏传佛教艺术展"，并单独或引进举办了"可爱的青海"、"青海禁毒展"、"馆藏书画精品陈列"、"秦始皇兵马俑陈列"、"光辉的历程——中共一大至十六大图片展"、"中美合作集中营史实展览"、"故宫文物精品展"、"纪念抗日战争和世界反法西斯战争胜利六十周年展览"、"孔繁森同志事迹展览"、"党和国家领导人外交礼品精展"、"乃正书、昌耀诗展"、"毛泽东遗物展"、"恐龙文化展"、"拉萨3·14事件真相和西藏今昔图片展"、"抗震救灾、众志成城——2008中国抗震救灾大型图片展"等数十个展览，接待了中外游客百万人次。同时，也推出"青海藏传佛教文物精品展"、"青海民俗风情展"、"青海民族民间艺术展"、"江河之魂——青海历史文物展"等近20个展览赴省外展出。

各专业和地方博物馆也推出了丰富多彩的展览，其中有省柳湾彩陶博物馆的"柳湾墓地陈列"、"柳湾彩陶文物陈列"，省民俗博物馆的"馨庐公馆陈列"、"青海民俗文物展览"、"青海民族文物展"、"野生动物标本展"，海南州民族博物馆的"海南州历史文物展"、"海南州藏族民俗展"、"黄河奇石展"、西宁市博物馆的"西宁历史文物展"，海西州民族博物馆的"海西历史文物展"、"建州50年成就展"，黄南州民族博物馆的"1馆5展"（唐卡厅、民族文物厅、堆绣厅、雕刻厅、沙盘厅），海北州民族博物馆的"海北历史文物陈列"、"海北民族文物陈列"、"刺绣陈列"，乐都县博物馆的"乐都文物展"、"乐都县情展"、"乐都书画展"以及湟源、民和、湟中、互助县、格尔木市等县（市）博物馆举办的地方"历史文物展"。各行业、高等院校、寺院等博物馆、展览馆也展出了丰富多彩的文物、艺术品展览。近年来，随着旅游事业的发展，到我省的中外游客日益增多，仅2002年省博物馆接待中外观众达25万多人次，比上一年增加近5倍，省柳湾彩陶博物馆观众也相应地增加。省博物馆和省柳湾彩陶博物馆荣获全国博物馆陈列精品提名奖。同时，各级、各类博物馆还采取"走出去，引进来"等陈展交流，先后赴上海、北京、南京等地交流，引进展览达16个。

四 文物保护工程工作成效显著

解放以来，青海省文物保护工程工作，按其发展，基本上可分为三个阶段。

第一阶段：建国初期至20世纪70年代中期。保护工程工作基本上没有开展，20世纪50年代中期和70年代初分别由省政府拨款对国保单位湟中县塔尔寺进行局部修缮；1964年省文教厅拨专款对国保单位乐都县瞿昙寺进行了局部修缮加固。同时，个别地区由寺院僧众和民间自发组织实施了对古建筑寺庙的零星维修。

第二阶段：20世纪70年代中期到90年代中期。随着我国社会主义现代化建设的蓬勃发展、经济实力的增强，并随着大规模文物普查工作的有效开展，一大批具有重要文物价值的不可移动文物被发现和认识，从而使保护工程工作越来越受到全社会的关注，受到国家和各级地方、部门领导的重视，得到国家文物局及国家计委、财政部等相关国家行政管理部门在资金、业务等方面的大力支持。以塔尔寺为例，1978～1991年间，国家陆续投资290万元，寺院自筹160余万元，对部分殿堂进行了抢救性修缮；1992～1996年，由中国文物研究所拟定维修方案，经国务院批准，国家计委分两批共投资3600万元，进行了重点维修。此外，贵德县玉皇阁、白马寺、罗汉堂寺、玉树县大日如来佛堂、班玛县子木达红军标语、西宁市文庙大成殿、"馨庐"、湟源县城隍庙、互助县鼓楼、平安县洪水泉清真寺、循化县张尕、清水清真寺等一批重要的省级文物保护单位由国家投资得以部分修缮。同时，随着改革开放政策的深入实施及党的民族宗教政策的逐步落实，一大批在政治运动中被拆除、破坏的宗教寺庙主要由寺院自筹资金逐渐得以修缮、复建。期间，1995年，经国家文物局批准并由国家投资，国保单位瞿昙寺全面维修工程开始实施。这一时期的主要特点，一是保护工程工作已列入相关各级领导和部门的议事日程，建国以来最具规模的古建筑维修工程项目相继展开。二是工程组织、管理、监督工作比较薄弱，没有专门的业务机构、人员和施工队伍。三是施工过程不规范、特别是寺院的复建缺乏统一规划，盲目发展。四是除古建筑修缮以外的其他保护工程基本上未开展。

第三阶段：20世纪90年代中期以后。这一时期，无论古建筑维修，还是大遗址保护、保护规划编制等方面，都是保护工程工作开展最好的一个时期。古建筑修缮方面，国保单位中，由国家投资1000余万元，先后历经8年的乐都县瞿昙寺全面维修工程除安防项目外已基本竣工，其安防工程项目已经国家文物局批准，进入准备实施阶段；2003～2004年，国家投资1400万元的塔尔寺大金瓦殿重点修缮工程圆

◆ 2002年修葺一新的塔尔寺大金瓦殿

◆隆务寺维修工程开工典礼

满竣工，2008 年，国家文物局将塔尔寺维修工程列入全国重点维修项目，下拨经费 2500 万元，开始实施九间殿、三世达赖喇嘛灵塔殿等维修工程；2004 ~ 2005 年，由国家文物局批准维修的玉树县藏娘佛塔及桑周寺重点维修工程基本完工；2001 年以来，由国家文物局批准维修的同仁县隆务寺修缮工程陆续实施；2008 年，贵德县文庙及玉皇阁古建筑群修

缮工程设计方案已经国家文物局批复，开始实施修缮，第一阶段工程已完工。省保单位中，主要由国家和省、州、地（市）、县财政投资或由使用单位自筹资金，实施了对西宁市南禅寺、北禅寺宁寿塔、抗日纪念亭、东关清真大寺、大佛寺、城隍庙后寝宫和鉴心殿，湟中县总寨城门楼、西纳寺，湟源县城隍庙、小学堂、东科寺，大通县广惠寺、会宁寺，民和县塘尔垣寺、鸿化寺、东垣古塔，乐都县西来寺、扬宗寺、赵家寺、羊官寺、石沟寺、王佛寺、药草台寺，平安县夏琼寺、洪水泉清真寺，互助县五峰寺、却藏寺、佑宁寺，化隆县丹斗寺、阿河滩清真寺，循化县赞卜乎、孟达、苏志、科哇清真寺，共和县新寺，贵德县尕让寺、文昌阁、乜那寺、依什扎关帝庙、珍珠寺，兴海县赛宗寺，同德县石藏寺，门源县珠固寺、仙米寺、南关清真寺，尖扎县古日寺、阿琼南宗寺，泽库县和日石经墙，称多县赛巴寺、尕藏寺，玛沁县拉加寺等一批重要单位的重点及抢救性维修工程；完成了西宁孙中山纪念碑、循化县奄古录清真寺异地迁建工程；采用多渠道筹资，实施了对"馨庐"（马步芳公馆）的全面修缮，并辟为青海省民俗博物馆；另有一批重要省保单位的保护工程正在施工、修缮方案正在制定。

大遗址及古建筑保护工程方面，由国家投资的国保单位海晏县西海郡故城遗址保护工程"虎符石匮"保护亭（后移至新建的文化中心）、遗址博物馆、网围栏架设等得以实施；以都兰热水墓群为主的都兰吐蕃、吐谷浑墓葬群保护工程已建立 7 处文物保护站（点），设置网围栏 5300 多米；民和县马场垣遗址河道防洪堤修建工程于 2008 年开始实施。同时，

◆青海都兰吐蕃吐谷浑墓葬出土的刺绣鞍

随着文物保护事业的发展，遵循有效保护、宣传重要文物保护单位，合理利用和适当开发文物资源的原则，湟中县政府统一规划，在塔尔寺周边大面积绿化，种植树木千余亩；西宁市的省级文物保护单位南梁虎台遗址、宋代青唐城遗址、格尔木市"青藏公路建设指挥部旧址"等分别建成了遗址（主题）公园。国保单位贵德文庙及玉皇阁、隆务寺、却藏寺，省级文物保护单位西宁市"馨庐"、湟源县城隍庙、小学堂、火祖阁、尖扎县昂拉千户庄园、祁连县峨堡古城、同仁县保安古城等一批重要的文物保护单位的周边环境整治工程相继完成或开始实施。

国保单位保护规划、保护工程方案编制方面，相继完成了海北州"中国第一个核武器研制基地旧址"和塔尔寺保护规划和保护维修方案，初步完成了瞿昙寺、藏娘佛塔及桑周寺壁画保护方案。民和县喇家遗址、乐都县柳湾遗址和墓葬、都兰县热水墓群、瞿昙寺、隆务寺、囊谦县格萨尔三十大将军灵塔和达那寺、互助县却藏寺、西海郡故城遗址等保护规划和工程方案已着手编制。此外，大批省保单位抢救性保护工程方案已编制完成或着手编制。

这一时期的主要特点，一是保护工程管理工作初步走向依法有序运作，总体上已做到有计划、有安排，方案设计、论证、申报能按规定程序进行；二是文物保护工程普遍实行了公开招投标，设计、施工、监理等资质认证；三是充分发挥地方文物部门积极性，加强工程起始到验收全过程的有效管理，基本达到按工程规范进行施工，施工质量、进度普遍良好。四是能自觉将工程施工和科研结合起来，一支具备初步设计、施工、方案和财务预决算编制等职能为一体的队伍逐渐形成；五是保护工程工作不仅只限于古建筑维修，而且在大遗址保护、石刻文物、岩画、壁画等保护技术

◆青海都兰吐蕃吐谷浑墓葬出土的刺绣织锦袜

◆青海都兰吐蕃吐谷浑墓葬出土的金牌

◆青海都兰吐蕃吐谷浑墓葬出土的太阳神织锦

◆青海省都兰县热水血渭王陵

方面也开展了相应工作；六是相关学术研究成果得以问世。

五　文物事业管理工作稳步推进

解放前，青海经济落后，社会发展水平低下，文物事业管理基本是空白。中华人民共和国成立后，党和政府对文物事业十分重视，伴随着经济社会发展和人民生活水平的显著提高，文物博物馆事业正式纳入政府管理序列，逐步建立并发展了真正意义上的文博事业。

（一）文物管理机构建设

1951年青海省人民政府决定成立省文物保管委员会，1956年更名为文物管理委员会，由省政府副主席、副省长先后任主任，1955年省文教厅建立省文物工作组，配备业务干部，专职从事文物管理，1962年精简合并改组为省文物工作组，1964年文物工作组成员并入新成立的阶级教育展览馆，1973年中共青海省委批复成立省文物工作组，1975年4月文物工作组改建为青海省文物管理处，为县级事业单位，下设考古队，1988年3月省政府设立以副省长为主任的青海省文物指导委员会，2002年12月青海省机构编制委员会批复成立青海省文物管理局，为参照公务员管理的事业单位。期间；1959年成立文物管理委员会考古工作队，1979年6月成为独立单位，称为青海省文物考古队，1985年9月改名为省文物考古研究所；1978年成立了青海省文物商店；1986年，原属省文物考古研究所的柳湾彩陶研究中心升格直属省文化厅，2001年7月更名为青海省柳湾彩陶博物馆；2004年6月，组建成立了青海省民俗博物馆。

同时，全省各地文物管理和业务机构也相继组建成立。1959年，成立了塔尔寺文物管理所和瞿昙寺文物管理所，这是青海省最早的基层文物管理机构，进入20世纪80年代，各州、地、市、县相继设立文物管理机构。1981年4月，乐都县率先在文化局内设置文物管理股。至今，已有西宁市文物管理处、玉树藏族自治州文物管理所等2个州、地、市级文物管理单位，有海北藏族自治州文物局及博物馆、海南藏族自治州博物馆、海西蒙古族藏族自治州博物馆、黄南藏族自治州博物馆等4个州、市级承担文物管理和展示双重职能的单位，有西宁、格尔木市、湟中、湟源、民和、互助、贵德、海晏、都兰、大通、平安、乐都、循化、化隆、同仁、尖扎、共和、兴海、刚察、门源、祁连、玉树县等22个县市级文物管理所（其中前9个与市、县博物馆是两块牌子、一套班子），其余州、地、市、县、区、行委的文物管理职能由文化局直接行使。

（二）文博队伍建设

青海省自建立文物管理机构以来，就十分重视队伍建设工作。从1952年起，特别是20世纪七八十年代以来，在经费相当紧张的情况下，省级文物管理部门和省直文博单位为培养高素质人才，先后选派数百人次到国家文化部、国家文物局及其直属业务单位和培训中心、中国社会科学院考古研究所和古脊椎动物与古人类研究所、北京大学、中国人民大学、南开大学、西北大学、复旦大学、四川大学、同济大学、吉林大学、郑州大学、日本等国外相关院校、南京博物院等兄弟省区文博管理和业务单位，参加所举办的高校文博专业深造、各类文博进修、培训、业务实习等。

仅 2001 ～ 2006 年，就有十几人到国内外专业学院学习深造，60 余人次参加了国家文物局举办的 38 个培训班。省内也根据不同时期的工作任务和要求，自行举办各级、各类专业培训班数十期，并组织有关人员赴兄弟省区相关单位或考古发掘工地实习参观。同时，积极拓展渠道，吸收引进专业人才，尽可能多的招收文博专业的大专院校毕业生，使文博业务队伍结构日趋合理。经过广泛培训深造、广招人才和各项文博业务工作的实践锻炼，全省部分文博领域学术带头人已经逐步形成，一支政治、业务素质较高、具有一定业务水平的文物保护管理、考古调查勘探发掘、博物馆陈列展示、相关科研研究的专业队伍基本建立。

此外，部分市、县依法并针对当地实际，建立起文物保护员制度，逐步实现了县（市）、乡（镇）、村三级文物保护网络，使地上地下文物实现了有效保护。

（三）文物法治建设

始终围绕认真贯彻执行《文物保护管理暂行条例》、《中华人民共和国文物保护法》等相关法律法规和党中央、国务院制定的有关文物工作的各项政策、法令，省人大、省政府及省文物行政管理部门紧密结合本省实际，颁布制定了具体的法规和实施意见，早在 1953 年 8 月，省人民政府就发出了《切实做好基本建设工程中发现古文化遗址、古墓葬及古文物的保护工作》和《为保护古文物古建筑的通知》。1956 年 8 月，省人民委员会为贯彻《国务院关于在农业生产建设中保护文物的通知》精神，发出《补充通知》。1957 年 12 月，省人民委员会发出《配合农业生产建设高潮，做好文物保护工作》的指示。1966 年 3 月，省人民委员会批转省文教厅《关于进一步做好文物保护管理工作的报告》，下发通知。20 世纪 70 年代以来，《青海省革命委员会转发国务院〈关于加强文物保护管理工作的通知〉的通知》、《青海省革命委员会进一步加强文物保护管理工作的通告》、《青海省人民政府关于认真做好文物保护工作的通知》、《青海省实施〈中华人民共和国文物保护法〉办法》、《青海省贯彻〈国务院办公厅关于在西部大开发中加强文物保护工作的通知〉实施意见》、《青海省加强文化遗产保护实施意见》等一系列重要法规和规范性文件相继出台。根据新时期文物保护工作的要求，《青海省实施〈中华人民共和国文物保护法〉办法》（修订）、《青海省文物安全管理条例》、《青海省文物考古勘探管理办法》、《青海省建设工程项目涉及文物保护工作管理办法》、《青海省宗教寺庙文物管理办法》、《青海省文物市场管理办法》、《青海省移交罚没文物有关问题的通知》等法规、规范正在进一步修订完善。同时，部分州、地、市、县也陆续制订了文物保护相关地方性法规、专项法规。基本符合青海实际的文物保护法律法规体系初步形成。

1985 年 5 月、1992 年 10 月、1996 年 11 月、2002 年 1 月、2004 年 4 月相继召开了青海省文物工作会议或文物工作座谈会。

（四）文物保护单位筛选公布

根据法律法规规定，青海省自 20 世纪 50 年代就开始各级文物保护单位的筛选、申报、公布工作。目前有各类文物保护单位共有 770 处，占全部已知文物点 4300 余处的近 18%。

全国重点文物保护单位 18 处，它们是：塔尔寺、瞿昙寺、马场垣遗址、西海郡故城遗址、热水墓群、隆务寺、喇家遗址、塔温搭里哈遗址、贵德文庙及玉皇阁、藏娘佛塔及桑周寺、第一个核武器研制基地旧址、柳湾遗址、沈那遗址、格萨尔三十大将军灵塔和达那寺、却藏寺、贝大日如来佛石窟寺及勒巴沟摩崖、循化西路红军革命旧址、新寨加纳嘛呢。

1956年8月3日，省人民委员会公布第一批省级文物保护单位12处，其后，1957年12月13日、1959年3月6日、1986年5月27日、1988年9月15日、1998年12月22日、2004年5月10日、2008年4月10日，青海省人民政府（省人民委员会）先后公布八批省级文物保护单位，并根据复查情况，对部分单位进行合并、撤销、调整。现共有省级文物保护单位383处，其中古遗址164处、古墓葬45处、古建筑122处、石窟寺及石刻18处、近现代重要史迹及代表性建筑28处、其他6处。

各地区也积极筛选公布县（市）级文物保护单位，除去已公布为全国重点文物保护单位和省级文物保护单位外，共计为369处，其中古遗址219处、古墓葬58处、古建筑70处、石窟寺及石刻9处、近现代重要史迹及代表性建筑10处、其他3处。

（五）文物宣传工作

1956年11月，省文化局编辑出版了《文物保护资料汇编》，成为省内最早的文物法规宣传资料。1958年10月，为配合文物普查工作，省文物管理委员会编辑出版了藏汉文对照的大幅彩色宣传画。其后，特别是改革开放以来，为广泛宣传《文物保护法》及其他相关法律、法规、规范性文件，省文物管理处（2002年后为文物局）先后翻印《中华人民共和国文物保护法》及《中华人民共和国文物保护法实施细则》、《中华人民共和国文物保护法实施条例》藏汉文对照的小册子，下发全省学习和宣传，文物管理及业务单位编辑出版了《文物工作文件汇编》《文物保护资料汇编》《文物工作手册》等文集，成为广大文博工作者学习、工作和开展宣传的好帮手。同时，各级、各地文博部门多次编写印刷各类文物保护宣传资料，广泛张贴散发；充分利用"5·18国际博物馆日"、"文化遗产日"、相关重要节庆活动等，采取各种形式，在全省各地深入开展文物宣传，类似活动已成定例。

（六）严厉打击文物犯罪，保障文物安全

各级文物部门在职权范围内，依据相关法律法规，积极配合公安、司法、海关等部门，打击盗掘古墓葬、古遗址、倒卖走私文物等违法犯罪活动，积极举报报案，参与发案现场查勘和相关文物保护、涉案性质认定，组织对涉案文物鉴定定级，进行专项调研、大规模专题宣传、召开专项会议等工作。仅2008～2009年上半年，省文物局就组织专家对涉及23起文物案件的84件（套）文物进行鉴定。经过数十年连续不断的打击，惩处了一批犯罪分子。如都兰县，近几年抓获盗掘古墓葬、贩卖走私文物的犯罪嫌疑人近百人，逮捕判刑的近60余名；海东中级人民法院依法一审判处盗窃甘德东吉寺院文物的案犯死刑等。这些都极大地震撼了犯罪分子，一定程度上遏制了盗掘古墓葬、古遗址等违法犯罪活动的嚣张气焰。

为确保各级文物保护单位和馆藏文物安全，各级政府及文物管理部门尽可能加大资金投入，争取为各文博单位配备防火、监控等安保设备、健全安全防范规章制度、建立文物安全保卫队伍，

努力做到"组织落实、人员落实、责任落实"，一批忠于职守、乐于奉献的文物安全保卫先进集体和先进个人受到国家、省委、省政府的表彰。保证文物安全的"三级执法四级监督"网络体系正在创建之中。几十年来，各级文物保护单位和文物收藏、展示单位未发生大的安全事故，文物安全形势总体良好。

（七）加强社会文物管理

从20世纪90年代中期开始，为保障社会流散文物的安全，全省各级文物部门积极协调公安、海关、工商等部门建立不定期的工作联系制度，互通情况，共同商讨加强文物市场管理事宜，联合进行文物市场巡查，开展联合执法工作，逐步建立良好的文物市场秩序。目前，由于省级文物执法队伍尚不健全，因此，文物市场日常管理主要由工商、公安等部门实施管理。国有文物市场主渠道由省文物商店行使，省文物商店每年的营业额在20万~40万元之间，省级文物行政管理部门对文物商店库存文物进行过严格的登记建账。

加强文物征集收藏是社会文物管理的重要环节。解放前，青海仅有对西汉"三老赵橡碑"、东汉"石虎"征集收藏的记录。解放后，1955年初，刚成立的青海文物工作组就在格尔木市一次征集到元代中统和至元年号三种面值的纸币396张；1956年9月，在乐都县废品站拣选出唐代"索允"大铜钟一只；1958年，又从乐都县废铜站抢救出明代永乐、宣德年间，由皇帝御赐给瞿昙寺的鎏金铜佛、铜鼎、铜壶等珍贵文物；1961年，在调查班玛县红四方面军革命遗址时征集革命文物多件。改革开放三十年来，文物征集工作更加强化有序，各地各级文物部门广开渠道，运用各种合法方式，从各类法人和自然人手中抢救征集到大量社会流散文物，包括各类陶器、金银器、瓷器、玉器、木器、铁器、青铜器、古钱币、古字画、各类宗教造像、供器、法器、经卷、各类民族民俗文物、革命文物等等。其中不乏精品，如著名的匈奴金牌饰、提梁彩陶壶、鸭形壶、双连罐、靴形彩陶罐、西夏首领印、喇家石磬等。大批文物的抢救征集，丰富了各级博物馆藏品，青海省博物馆万余件馆藏文物中，大多属征集文物。同时，在文物征集工作中加强了文物捐赠和奖励工作。1954年，乐都县中学教员王少夫先生将征集到的30余件陶器，捐献给文物部门；1984年5月，乐都县侯国柱先生捐长17米的稀世珍品"敦煌经卷"一卷，为隋唐时期羯摩经真本，省政府对其爱国主义精神予以高度评价，并给予表彰奖励。闻名中外的"裸体人像"彩陶壶亦是乐都县柳湾墓地出土、由当地农民捐献的。

（七）文物对外交流工作

主要是对外文物展览、考古学术交流和吸引外资、加强基础设施建设。如近几年在省博物馆举办的"双艺合璧——瑞士摄影家鲜伊代克镜头中的大师贾珂梅梯"、"台北故宫博物院馆藏书画展"、"韩国高原花卉压花展"等十数个展览。同时积极向外推出展览，如在澳门举办的"申岁满盈西北情——青海、甘肃春节习俗展"，在美国大都会博物馆展出的"走向盛唐展"等。

文物对外学术、科研、技术交流工作也得到加强。1999~2001年，省考古所与日本丝绸之路研究中心合作开展每年一个月的青海丝绸之路考察，中方3人由日方出资到日本进修，并由日方出资，经我方审查，编辑出版了《中国青海丝绸之路考察》一书；1997~1999年，省考古所

◆2008年4月香港"大美青海"在香港会展中心的文物展

与日本山口县土井浜遗址博物馆合作，开展为期3年的青海卡约文化人类体质学研究和青海出土铜器、彩陶、瓮棺葬研究；2000、2003年，与瑞士阿贝格基金会里捷什堡博物馆进行学术交流，双方业务人员实现互访；2002～2003年度，由中科院考古研究所牵头，有德国考古院欧亚研究所4人参加，对互助县丰台甲卡约文化遗址等进行考察；2002～2004年，省考古所与日本熊本大学合作进行青海史前文化出土海贝研究；2004年，省考古所与德国考古院欧亚研究所合作，联合对循化县撒拉族民居进行考察研究；2004～2009年度，省考古所与瑞士阿贝瑞基金会合作，开展对青海都兰县等地出土丝织品文物进行保护研究和技术处理。

（八）申报世界文化遗产提上日程

2006年8月，包括中国在内的中亚五国正式启动了丝绸之路整体联合申报世界文化遗产工作。青海是古丝绸之路的重要区域，有幸与新疆等六省区被列入我国申报范围。青海省委、省政府高度重视申遗工作。2007年5月，成立了由省政府主管副省长为组长的丝路申遗领导小组，遗产地政府和相关部门组成申遗领导小组及办公室，省文物行政管理部门也将申遗工作列为重点之一。2007年9月，在国家文物局的统一组织下，几经研讨筛选，我省都兰县热水墓群、海晏县西海郡故城、共和县伏俟城、湟源县日月山古道等4处列入第一批"丝路跨国申遗"预备名单的遗产点。各遗产点政府和各级文物及相关部门认真组织，制定工作计划、参加国家文物局举办的专题培训班、搜集资料、编写文本、编制专项文物保护办法（条例）等工作。去年11月，省委书记专程考察了都兰热水大墓，省政府主管副省长又对另3处预备点进行了考察调研，并对申遗工作做出重要指示。社会各界对丝路申遗工作的反应强烈、热情高涨。目前，按照统一部署，4处遗产点申报文本初稿已完成，已报国家文物局进行了初审，正按照专家意见进行补充完善。其余工作正在有序展开。

六　文物科学和学术研究成绩喜人

建国以来，青海省文物事业发展，经历了从单纯田野考古调查到与科学和学术研究相结合的道路。

经过几代人几十年不间断的文物调查、普查、勘探、发掘与研究，填补了青海历史研究的空白。逐步确立和提出了青海境内诺木洪文化，马家窑文化马家窑类型、半山类型、马厂类型，宗日文化、齐家文化、卡约文化、辛店文化等青海旧石器时代至青铜时代的文化谱系、文化分期与分布状况，揭示了青海各个历史时期、特别是青海的史前文明，其中新石器时代考古发掘与研究工作奠定了青海"彩陶王国"的基础，对研究我国古代氏族、部落集团的分布、文明进程和各文化类型之间的相互关系，有着重大意义；逐步梳理清楚了青海各民族人民在漫长的历史进程中，繁衍生息、交流融合、共同发展的历史脉络；全面采集到青海明长城资源的各类信息，查明了青海境内长城本体及相关遗存情况及保存现状、保护管理情况；发掘了以乐都柳湾史前人类聚落遗址和墓葬群、民和喇家史前地震和洪水灾难遗址、都兰热水唐代吐蕃吐谷浑墓群等为代表的一批具有多行业科研价值、蜚声国内外的珍贵文化遗存；揭示了青海辉煌灿烂的历史文化，丰富了青海的历史文化内涵，确立了青海作为中华民族文明发祥地之一的地位，引起了国内外考古界的广泛关注，有很多重要发现填补了国内外考古空白。

文物考古资料整理、文博管理理论和业务学术研究等领域成果不菲，据不完全统计，近30年来，已发表在省级及以上学术刊物的各类文博专业论文、考古报告和简报至少有500篇。省文物管理和业务部门先后自办和协办了《青海考古学会会刊》(已出版7期)、《青海文物》(已出版11期)、《昆仑文荟》、《青海文化》等刊物，主编了《青海考古资料汇编》、《青海考古五十年文集》、《西部文博论丛》等文集。独立或合作编撰出版了《青海彩陶》、《青海柳湾》、《唐蕃古道》、《唐蕃古道考察记》、《唐蕃古道史料集》、《文物考古学文献目录》、《塔尔寺》、《瞿昙寺》(前后两版)、《青海彩陶纹饰》、《民和阳山》、《青海的寺院》、《上孙家寨汉晋墓》、《青海古代文化》、《青海金石录》、《青海高原的佛寺艺术》、《青海古城考辨》、《青海省志·文物志》、《青海省志·彩陶志》、《西宁市、大通县文物志》、《湟中、湟源县文物志》、《互助县、平安县文物志》、《化隆县文物志》、《青藏高原的古代文明》、《青海通史》、《青海岩画》、《宗日遗址文物精粹与论文选集》、《青海考古纪实》、《青海寺庙塔窟》、《乐都西来寺》、《民和核桃庄》、《黄河流域史前考古与传说时代》、《西陲之地与东西方文明》、《青海古迹概览》、《青海塔尔寺修缮工程报告》、《青海塔尔寺维修志》、《青海古建筑论谈》、《青海古建筑设计制图》等数十部专辑论著和《中国文物地图集·青海分册》、《唐卡艺术》、《青海文物》、《瞿昙寺》、《塔尔寺》、《青海文物精品图集》等图集、画册。上述著作和论文中的一部分荣获国家、省级多种奖励和荣誉。同时为《中国历代名人胜迹大辞典》、《青海百科大辞典》、《青海掠影》、《黄河上游的历史与文物》、《青海科技志》等10余种专著撰写有关章节和词条。考古报告《宗日遗址》和《都兰吐蕃吐谷浑墓葬》等考古发掘报告正在编纂出版之中。

文物保护科学研究也在丝织品、彩陶、纸质文物保护修复、高原古建筑保护修缮等方面，单独或与国内外相关权威机构合作研究、取得了一定的研究和实际成果。

总之，解放60年来，青海省文物事业在省委、省政府、国家文物局和相关部门及省内各地区、各部门的关心支持下，在全省文博系统职工的勤奋努力下，取得了明显的成绩和成果，整体上已具备了较好的规模和基础。但在全国范围内比较，仍有许多不足，省内各地区发展水平也不够平衡，文物事业的发展仍然任重道远。回首过去我们为辛勤努力所取得的成绩而欣慰；立足当前，我们将以百倍的努力承担起历史赋予的使命；展望未来，我们将以全新的思路编织青海文博事业的明天。

（执笔人：邵全才）

宁夏回族自治区文物事业60年

宁夏回族自治区文物局

宁夏回族自治区地处中华文明发祥地黄河中下游地区，黄土高原的西北边缘，正当东西南北经济文化交流的通道和要冲，自古以来，就是华夏诸民族生息、繁衍、聚集、交融、开发技术和传播文明的要地。新中国成立60年特别是宁夏回族自治区成立50年来，在国家和自治区的关怀下，经过全体文物工作者的辛勤努力，宁夏文物事业经历了从一片空白到逐步健全与壮大的发展历程，取得了显著的成就，在弘扬宁夏优秀传统文化，开展爱国主义教育和促进区域经济、社会和谐发展等方面发挥了积极作用。

一 新中国成立60年来宁夏文物保护工作的发展历程

宁夏回族自治区文物事业的发展与自治区经济社会的发展进程风雨同舟、命运与共。自治区成立50年来的文物事业发展大体经历四个阶段。

（一）1958～1977年：文物事业初创时期

20世纪50年代在中央确立的"重点保护、重点发掘、即对文物保护有利,又对基本建设有利的"文物工作方针指导下，文物工作者开始了艰难的创业阶段。

1958年自治区成立后，成立了文物管理委员会，设立自治区地志博物馆筹备处，负责全区的文物保护工作。组织十余名文物考古专业人员分赴全区各市县对文物古迹进行调查和部分发掘，主要是对西夏陵、西夏省嵬城进行了调查和试掘，对银川平吉堡汉墓、贺兰暖泉汉墓、青铜峡玉泉唐墓、泾源宋墓进行了发掘。中苏古生物学家、中科院古脊椎动物与古人类研究所考察队在灵武水洞沟遗址联合进行了发掘，第一次明确了水洞沟遗址包含了旧石器时代和新石器时代两个不同的遗存。公布了自治区第一批重点文物保护单位16处，其中革命遗迹2处、石窟寺2处、古建筑9处、古遗址及其他3处。完成了银川市海宝塔寺、承天寺、同心康济寺塔的初步维修保护，划定了海宝塔寺、承天寺保护范围、树立保护说明标志等四有工作；自治区人民政府发出《关于加强对我区文物保护的通知》，为做好文物保护工作奠定了良好的基础。1961年3月海宝塔被国务院公布为第一批全国重点文物保护单位。

（二）1978～1991年：文物事业恢复发展时期

党的十一届三中全会以来，由于党和国家对文物工作的重视，调动了社会各方面的积极性，特别是在国家文物局的扶持和自治区各级党政领导的大力关心、支持下，使我区的文物事业得到较快的恢复和发展。

1.地方文物保护法规建设逐步展开

1982年5月自治区人民政府发布《关于加强历史文物保护的通知》，针对文物屡遭破坏和文物工作面临的严峻形势，提出了加强我区文物保护管理工作的具体措施；8月，宁夏人大四届常委会第15次会议通过了《宁夏回族自治区文物保护管理暂行办法》，并颁布施行；1984年7月自治区人民政府批转文化厅《关于在基本建设施工中做好文物保护工作的建议》；1989年12月自治区人大六届九次会议正式通过了《自治区文物保护条例》，并颁布实施，进一步依法强化了我区的文物保护和管理。

2.文物保护的各项基础工作逐步铺开

一批重要的文化遗产公布为全国重点文物保护单位和自治区重点文物保护单位。1982年2月须弥山石窟被国务院公布为第二批全国重点文物保护单位；1986年12月，银川市被国务院公布为第二批国家历史文化名城；截止1986年宁夏全区各市县先后公布市县级重点文物保护单位144处；1988年1月西夏陵、水洞沟遗址、拜寺口双塔、一百零八塔、同心清真大寺被国务院公布为第三批全国重点文物保护单位；同年自治区人民政府公布了自治区第二批重点文物保护单位22处，其中古遗址11处、古墓葬3处、古建筑5处、石窟寺3处；1991年9月国务院批准《银川市历史文化名城保护规划》；中国文物研究所与自治区文物局联合编制《西夏陵保护规划》。

有计划有组织地对宁夏文物保护单位进行全面的专项调查。1981年组成"长城调查小组"，对宁夏境内的长城遗存进行全面调查，为开展保护和管理好长城遗存提供资料依据。1982年对弥山石窟综合测绘考察和重点洞窟考古调查，了解了各洞窟的时代序列、石刻内容、造像风格等。1986年宁夏文管会与北京大学考古系合作对圆光寺遗存进行测绘调查。1987年、1990年、1991年连续三次对西夏陵区进行了全面系统的调查与测绘，共发现帝陵九座、陪葬墓206座，初步完成分区实测图、九座王陵平剖实测图和规划图的绘制。1989年5月进行了中宝铁路沿线文物遗址勘探调查。80年代开始对贺兰山岩画进行综合考察。

有计划有组织地开展了宁夏的文物普查工作。1984年组织各市县十几个文物普查队140余名队员经过近一年的辛

◆西夏陵

苦努力，到1985年上半年全面完成了普查任务。通过普查发现各类文物遗存700多处，征集到各个时代的文物7000余件，对宁夏地上地下的历史文化遗存、革命文物和回族文物的状况有了比较全面的了解，为有计划地开展文物保护和管理，开展考古发掘、征集文物等提供了第一手资料，奠定了基础。

有计划有组织地对宁夏文物保护单位进行的维修保护。70年代末至80年代初，在国家文物局支持下，由中央和地方共拨文物保护维修经费180多万元，彻底整修加固了银川玉皇阁、海宝塔；对中卫高庙、同心清真大寺进行了全面落架翻修，保持了原建风貌。80年代以来，文物维修保护工作迅速得到开展。1984～1988年须弥山石窟修复加固工程，是宁夏最大的一项综合性抢险加固维修工程，国家文物局拨付维修费179万元，共加固处理危裂山体6处，修复洞窟74座，复原窟壁塌崩、冒顶的大型窟室7座，修复大型造像3尊，并恢复窟前木构建筑6座，修复凉亭、圆光寺院，并整治窟区环境、修筑道路桥涵、修装供电洪水等配套设施。80年代后期至90年代，重点对一批西夏古迹进行抢救维修。挖补维修了同心康济寺塔；中宁鸣沙塔塔身底层内外被扒拆残损的部位，并加固翻修每级塔檐、塔刹；加固修复了银川拜寺口双塔（1986年）；维修复原了青铜峡一百零八塔（1987年）；落架修复了贺兰宏佛塔（1987年进行勘测）等西夏古建筑。

在文物保护单位"四有"建设方面，1980年以来宁夏文化厅、城乡建设厅指导相关各县人民政府陆续对同心韦州古城、下马关古城、红城水娘娘庙、康济寺塔、灵武镇河塔、平罗玉皇阁保

◆ 维修后的一百零八塔

护范围进行了划定。1989年须弥山石窟、一百零八塔、拜寺口双塔、水洞沟遗址保护管理设施修建工程相继开工。1990年7月宁夏文化厅向各市县文化局、各文博单位发出《关于开展和完成文物保护单位"四有"工作的通知》，要求1993年前完成"四有"工作；1990年西夏陵区全面开展了划定保护范围、树立保护说明标志、编制记录档案的工作，1991年自治区人民政府公布了西夏陵区保护范围。至此，各市县相继成立了文物保护管理机构保护管理各市县的各级文物保护单位。

博物馆事业的全面振兴。宁夏自1973年成立第一家博物馆以来，博物馆的功效没能得到充分的发挥。根据全国工作重点转移到社会主义现代化建设的战略决策，1979年，国家文物局召开全国省、市、自治区博物馆座谈会颁布《省、市、自治区博物馆工作条例》，明确了新形势下博物馆的性质、方针、任务和工作方法。在宁夏成立30周年的1988年，博物馆的工作机构、业务活动和陈列展览等逐步恢复，自治区博物馆院落得到了规划重建，公开展出了自治区成立30年来的成就和博物馆多年来收藏的文物精品。与此同时，1983年成立的浓缩见证固原悠久历史

文化和贮存区域灿烂文物载体的固原博物馆，也举办不同类型的文物展览，标志着宁夏博物馆事业步入了一个新的发展时期。

3.考古工作取得重大突破

20世纪80年代以来，相继对灵武水洞沟旧石器时代遗址，海原菜园新石器时代遗址，隆德页和子遗址，灵武磁窑堡窑址，固原西周墓葬，中宁、固原等地春秋战国墓葬，同心倒墩子汉代匈奴墓葬群，吴忠关马湖汉墓，盐池张家场汉墓，固原北魏墓、北周李贤墓、隋史射勿墓、唐史诃耽墓、史铁棒墓、史道德墓、梁元珍墓，盐池窨子梁唐墓等进行了一系列的科学发掘，出土了一大批珍贵文物，取得重要的研究成果，在国内外产生了一定的影响，填补了多项考古空白。

4.文物对外交流与合作

随着国家对外文化交流事业的发展，我区以文物展览为起点的文物对外交流与合作也迈出了国门。为配合中日合拍电影"敦煌"对中国丝绸之路中外经贸文化交流成就的宣传，1988年1月由中国对外文物展览公司牵头，组织宁夏、甘肃、内蒙古多家文博单位，集中精品文物100余件，在日本举办"丝绸之路神秘王国——西夏文物展览"，此次展览活动弥补了我区多年以来文物对外交流与合作的空白，也是宁夏文物对外合作交流的起点。

（三）1992～2001年：文物事业稳步发展时期

依照1992年、1995年两次全国文物工作会议上确定的"保护为主、抢救第一"的文物工作方针和"有效保护、合理利用、加强管理"的原则，我区文物保护各项工作继续稳步发展。

1.文物保护各项工作继续稳步推进

1996年和2001年宁夏的贺兰山岩画、开城遗址、战国秦长城被国务院分别公布为第四、第五批全国重点文物保护单位，使得宁夏的全国重点文物保护单位达10处，各市县也分别公布了新的市县级文物保护单位，达218处。为加强宁夏文物法规建设，1996年宁夏文化厅编制了《宁夏重点文物保护单位管理办法》、《宁夏建设工程文物保护管理办法》、《宁夏文物市场管理办法》、《宁夏文物藏品管理办法》、《宁夏利用文物拍摄影视照片管理办法》、《宁夏复制拓印文物管理办法》等六个文物行政管理法规报送宁夏人民政府审定并颁布施行。1997年宁夏文物局为贯彻国务院《关于加强和改善文物工作的通知》精神，把"五纳入"工作落到实处，在全区进行法制宣传教育，并指导全区各市县开展依法管护工作。2000年7月，《西夏陵保护规划》经国家文物局审核通过并于2001年7月由自治区人民政府颁布实施，为西夏陵的长期保护和弘扬利用提供法规和科学依据。

与此同时，宁夏的全国重点文物保护单位和宁夏重点文物保护单位的文物保护维修工作有了进一步的发展。1992～2001年，中国文物研究所专家对须弥山石窟进行第一期岩石防风化化学保护实验，获得了良好的效果。1999年西夏陵管理处组织对陵区遗址再次调查与测绘，此次调查陪葬墓数量增加到253座。2000～2003年，在各级党委政府和文物行政主管部门的关心支持下，中央财政拨款1000万元对西夏3号陵园地面遗址遗迹进行清理，并对1、2、3、4、6号陵濒临倒塌的单体遗迹进行了抢救性的加固保护，取得了明显成效，初步摸清了西夏陵园的建筑特点，通过系统的科技保护，遗址的安全得到了保障，受到社会各界的一致好评同时水洞沟遗址防洪工程、拜寺口双塔塔院整修工程、开城遗址的道路修整、鸣沙塔塔院门楼整修工程、银川玉皇阁、鼓楼、南门楼的维修等工程也相继开工，各级文物保护单位安全状况有了很大的改善。

文物保护单位"四有"建设等基础性工作扎实推进。1993年1月宁夏文化厅向各市县文化局、各文博单位发出《关于加强重点文物保护单位"四有"工作的通知》，要求各市县组织完成"四有"工作任务，5月召开"全区四有工作座谈会"，并举办了"全区重点文物保护单位四有工作骨干培训班"。1999年又陆续在固原、中卫、彭阳、银川举办文物保护单位四有工作培训班，培训各市县业务骨干百余名。1994年宁夏文化厅向宁夏人民政府提交了《关于核定公布宁夏六处全国重点文物保护单位保护范围的请示报告》。1997年成立了西夏陵区管理处，专门从事西夏陵的保护和管理工作。

2. 博物馆事业的快速发展

进入20世纪90年代后，随着社会主义市场经济体制改革目标的确立，改革开放和现代化建设进一步加快，社会主义精神文明建设进一步得到重视，为博物馆事业的快速发展创造了有利条件。

1992年，中央和地方各级财政大幅度增加了博物馆工作经费。1996年，中共十四届六中全会《中共中央关于加强社会主义精神文明建设若干问题的决议》明确把博物馆、革命纪念馆作为社会主义文化事业的组成部分，确定其为公益性事业单位，由各级政府提供经费保证。1997年国务院印发《关于加强和改善文物工作的通知》，要求确定并建设好一批重点博物馆，对文物系统以外的部门、企事业单位或个人兴办博物馆，要加强指导和监督。

宁夏以自治区博物馆、固原博物馆为龙头，以各市县文管所（博物馆）为基础，相继建成盐池县革命烈士纪念馆、西吉县钱币博物馆、同心县博物馆、西夏陵博物馆、西夏文化艺术博物馆、中卫治沙博物馆等，并对外开放，吸引了大量的观众，引起了社会各界的广泛关注和巨大反响。

全区博物馆（文管所）的藏品保护、利用和管理得到加强。国家文物局1996年组织专家组对我区博物馆、文管所等文物收藏单位的一级文物藏品展开巡回鉴定，共对20个文博单位的一级文物379件进行了确认，我区根据国家文物局专家组鉴定和确认情况，完成了收藏单位的一级文物的登记、备案工作。以此为契机，推动了全区博物馆（文管所）藏品保护管理工作向科学化和现代化迈进。

3. 考古工作有序开展

1992年，与美国学术机构合作，对同心古生物化石进行联合考察；1995～1997年，与日本东京共立女子大学、滋贺县立大学、日本奈良橿原考古学研究所、北京大学等单位联合组成考古队，对固原北朝—隋唐墓地进行考古发掘；1995年与美国内华达州山间研究所对青铜峡鸽子新石器遗址进行了考察。

基本建设中的文物调查、勘探和保护。与自治区交通部门密切配合协调，及时组织文物考古力量抢救保护了古王高速公路、石中高速公路、中郝高速公路、陕宁天然气管道工程等建设施工区的文物遗迹，确保施工计划顺利进行。

3．对外交流有了进一步发展

针对本区文物的现状及特点，先后与周边的省区共同联合外展或配合国家文物局展览。在香港举办了"宁夏文物展"、"西夏文物精品展"；1992年，在日本多个城市举办"西夏文物展"；1996～1997年与甘肃合作在克罗地亚举办"丝绸之路中国文物展"及在马来西亚展出的"中国宁夏回族文物展"；2000年，与甘肃合作在美国纽约、佛罗里达等地举办"商人·僧侣：4～7世纪中国文物展"。在宣传宁夏的同时，也取得了显著地社会效益和经济效益。

（四）2002～2009年：文物事业持续发展时期

2002年新修订的《文物保护法》颁布实施和2005年国务院《关于加强文化遗产保护的通知》发出以来，在国家文物局的大力支持和宁夏党委、政府的高度重视下，我们认真贯彻执行"保护为主、抢救第一、合理利用、加强管理"的文物工作方针，不断加大工作力度，我区文物保护工作进入了一个新的发展阶段。

1．文物保护工作的法制基础不断加强

2006年，自治区人大常委会修订颁布了《宁夏回族自治区实施〈中华人民共和国文物保护法〉办法》，又先后批准出台了《银川市西夏陵保护条例》、《银川市贺兰山岩画保护条例》、《银川市历史文化名城保护条例》等具有地方特色的配套法规，拟订了《民间文物流通管理办法》，进一步完善了文物保护法规体系。

2．文物保护各项基础工作得到全面加强

近年来，相继编制并实施了《宁夏回族自治区文物保护"十一五"规划》、《水洞沟遗址保护总体规划》、《一百零八塔文物保护规划》、《宁东能源化工基地文物保护规划》、《董府文物保护总体规划》等，《承天寺塔保护规划》、《海宝塔保护规划》、《开城遗址保护规划》、《拜寺

◆明长城资源田野调查笔记

◆平罗县明长城资源田野调查

口双塔保护规划》《同心清真大寺保护规划》、《须弥山石窟保护规划》、《贺兰山贺兰口岩画保护总体规划》等正在编制和审批中。2004～2005年基本完成了一至五批全国重点文物保护单位记录档案备案工作，第六批全国重点文物保护单位记录档案备案工作正在进行。2006年宁夏的鸽子山遗址、菜园遗址、张家场城址、照壁山铜矿遗址、灵武窑址、承天寺塔、董府、将台堡革命旧址被国务院公布为第六批全国重点文物保护单位，宁夏全国重点文物保护单位达到18处。第七批全国重点文物保护单位申报遴选工作已结束，共21处，目前正在做申报材料的准备工作。2007年中卫市香山乡南长滩村被建设部和国家文物局公布为第三批中国历史文化名村。2007～2008年完成了宁夏明长城资源调查工作，2009年将完成战国秦长城资源调查。2008～2009年全面开展了宁夏第三次全国文物普查，年底完成田野调查工作。丝绸之路宁夏段申报世界文化遗产进展顺利，已完成申报文本，目前正在编制各单体保护规划和管理规划，文物本体维修保护、基础设施建设等工作。

文物维修工作取得了巨大进步。按照《中华人民共和国文物保护法》、《宁夏回族自治区实施〈中华人民共和国文物保护法〉办法》规定的文物保护工程的审批程序、资质管理等原则，针对宁夏文物维修保护工程没有国家审核，具有资质的勘察设计单位和施工单位、监理单位的现状，2007年开展文物保护工程二级施工资质的认定和审批工作，颁发了第一批文物保护工程二级施工单位资质证书和乙级监理资质证书，多家单位和各人分别获得施工和监理的从业资格，基本实现了文物保护工程资质管理。七年来，先后争取国家财政投入近2000万元，用于须弥山石窟、西夏陵、承天寺后大殿等全国重点文物保护单位文物本体维修保护和基础设施建设。自治区和市县财政投入1000多万元，对同心清真大寺、永宁纳家户清真寺、贺兰山岩画、银川玉皇阁、鼓楼、南门、平罗钟鼓楼、玉皇阁、固原魁星楼、石空寺石窟、盐池张家场汉墓、灵武南磁湾恐龙遗址等各级文物保护单位进行了维修保护，使濒临毁坏的文物保护单位得到保护，整体保护情况有了很大改观。目前董府抢险修缮保护工程已经开工，进展顺利；西夏陵6号陵抢救性加固工程前期准备工作已就绪，即将启动；明长城个别地段抢险加固保护方案已编制完成，将陆续实施。

3．博物馆事业日趋繁荣

进入新世纪以来，特别是党的十六大以来，我国进入构建和谐社会，全面建设小康社会的战略机遇期。博物馆作为建设社会主义先进文化的中坚力量，日益得到党和政府的高度重视。博物馆公共文化服务特征日益彰显，社会关注度空前提高。

自治区党委、政府高瞻远瞩，站在谋划我区经济和社会持续协调发展的历史高度，提出了政府规划指导，社会广泛参与，鼓励和支持各地区、各行业依托地域和行业优势，大力创建专题博物馆，构建门类齐全、风格多样、布局合理、功能完善的博物馆体系，促进文化事业大发展大繁荣的战略构想，确立了力争在"十一五"末，建成60座专题博物馆，实现每10万人拥有一座博物馆的宏伟目标。自治区文化厅作为全区行业专题博物馆建设的组织协调部门，按照自治区党委、政府的要求，强化组织指导，积极统筹协调，成立行业博物馆建设专门机构，规划指导，推进建设。各地、各部门高度重视，积极响应，竞相筹建，从选址、设计、建设、布展等方面系统规划，抓紧实施，全区行业专题博物馆建设工作有序推进，发展迅速。截至 2009 年 7 月，已建成各类行业专题博物馆47 座。

4.考古工作成绩斐然

相继对开城遗址北家山Ⅰ区、北家山Ⅱ区、长虫梁等地点进行了考古勘探与测绘，初步勘定了安西王府宫城规制，其中最重要的收获是发现了王府宫城高等级大型中央宫殿夯土台基和宫城的独特角台形制。和中国科学院古脊椎动物与古人类研究所组队，对水洞沟第 2、3、4、5、7、8、9、和 12 地点进行了科学发掘。在为期四年的工作，发掘石制品和动物化石 3 万多件，进一步准确掌握遗址每个地点文化内涵的面貌与相互关系；照壁山铜矿遗址考古调查，确定了铜矿遗址范围和时代；贺兰山山嘴沟石窟考古调查，石窟中发现了大量的西夏文佛经、藏文文献、世俗文献、陶器、瓷器等文物。为配合西夏 6 号陵的加固维修工作，对 6 号陵陵园地面遗迹进行了清理发掘，基本搞清了 6 号陵园的地面建筑情况，了解了西夏夯土建筑技术，对西夏的木作技术有一定了解。组织开展了对固原南隋唐墓葬群、闽宁县永宁村西夏墓地、王大户春秋战国墓地等抢救性考古发掘。

组织完成了国家重点工程南水北调工程，河南辉县赵庄墓地和湖北郧县上宝盖遗址田野考古勘探发掘工作；中沿高速公路、中武高速公路、太中银铁路、中盐高速公路、西气东输二线沿线、宁东能源化工基地工程建设中的考古调查、勘探及发掘工作，为今后基本建设工作中的文物保护工作提供了依据。

◆ 宁夏博物馆新馆

◆ 宁夏固原博物馆

◆ 宁夏回族博物馆

5.文物对外交流与合作取得重要成果

近十年来，在国家文物局的具体指导下，积极参与国际文化交流，先后组织区内精品文物赴韩国举办展出 2 次、赴美国展出 1 次、赴日本展出 1 次、赴意大利展出 1 次，赴香港展出 4 次。与此同时，文物领域对口业务交流与合作的多层次、多渠道、多形式、全方位发展的态势日趋形成。

二　新中国成立60年来宁夏文物保护工作的成就

自治区成立 50 年来，文物保护工作得到了自治区党委、政府的高度重视，得到了全社会的关心和大力支持，得到了全区人民群众的热情参与，文物事业实现了跨越式发展。

（一）地方文化遗产保护法制化进程进一步完善

自治区成立 50 年来，通过不断加强地方法制建设，有力地规范和保障了文物保护工作的顺利开展，并取得了一定的成效。自治区人大常委会修订颁布了《宁夏回族自治区实施〈中华人民共和国文物保护法〉办法》，又先后批准出台了《银川市西夏陵保护条例》、《银川市贺兰山岩画保护条例》、《银川市历史文化名城保护条例》等具有地方特色的配套法规；起草了《宁夏回族自治区人民政府关于落实〈历史文化名城名镇名村保护条例〉的意见》、《宁夏回族自治区人民政府办公厅关于加强田野文物安全保护工作的紧急通知》；制定了《宁夏回族自治区文物违法事件、安全事故报告制度》、《宁夏回族自治区文物局文物安全突发事件应急预案》，与公安厅联合下发《关于严厉打击盗掘古遗址和非法买卖地下文物的通告》，进一步完善了文物保护法规体系，为我区文物保护事业提供了完备的法制保障。

在工作中，积极与文化行政执法总队等有关部门协调配合，加大行政执法力度，多次组织开展文物执法检查和专项督察工作，以打击文物犯罪和以消防安全为主要内容的专项整治活动，先后依法查处纠正了西夏陵保护范围内违法建筑、吴忠市关马湖汉墓群遭破坏、彭阳县修建公路时擅自改道穿越古城遗址、青铜峡北岔口长城毁坏等事件。配合公安部门立案查处银川市、彭阳县、西吉县盗掘古墓葬等文物违法案件 20 余起文物刑事案件，为我区文物保护创造了良好的法制环境。

（二）文化遗产保护力度不断加强

1.文物保护基础工作全面扎实

经过多年的不断努力，基本可以摸清宁夏现存不可移动文物的家底和现状，全面掌握宁夏文物资源的数量、分布和保存状况。截止 2008 年底，我区已登记的不可移动文物有 3200 多处，各级文物保护单位 288 处，其中全国重点文物保护单位 18 处，自治区文物保护单位 101 处，市、县级文物保护单位 169 处。国家历史文化名城 1 座，中国历史文化名村 1 座。固原古城、固原北朝隋唐墓地、开城遗址、须弥山石窟列入"丝绸之路跨国联合申报世界遗产"推荐名单，贺兰山西夏王陵风景名胜区进入首批 13 家中国国家自然与文化双遗产名单。大部分文物保护单位基本实现了"四有"，划定保护范围，竖立标志说明，建立记录档案，设置专门机构或者专人负责管理。基本完成了第一批至第五批全国重点文物保护单位的记录档案备案工作，并基本完成了建设控制地带划定工作，文物周边环境得到了保护。保护规划的编制和实施逐步推广。文化遗产保护的影响日益扩大，各级政府越来越重视遗产保护工作，财政投入逐年增加，民众参与保护工作越来越多。目前第七批全国重点文物保护单位初审遴选工作已经完成，共遴选 21 处文物保护单位，按照国家文物局的申报要求做好申报材料和记录档案工作。自治区第四批文物保护单位申报编制工作也正在开展中。特别是近年来，我区的文物保护领域得到拓展，有代表性的近现代公共建筑、工业建筑等20世纪新类型文化遗产保护工作积极推进。大遗址西夏陵、水洞沟遗址、须弥山石窟、长城保护也全面展开。宁夏文物保护单位的数量、种类不断增加。

2. 一大批重要的文化遗产得到妥善保护和修缮

50年来，宁夏的文物保护经费不断增长。1978年国家重点文物保护专项经费下拨宁夏为8万元，到2008年达到1600余万元。2005年，大遗址保护专项经费390万元，2008年增加到500万元。同时宁夏地方政府也设立了文物保护专项经费。在中央和宁夏地方各级政府的支持下，宁夏大部分全国重点文物保护单位和部分自治区文物保护单位的重大险情得以排除，部分单位还得到了全面修缮，配备了必要的消防、安防设施。据不完全统计，1996年至2008年期间，中央财政共补贴文物保护维修项目30余项、保护规划11项、文物安防、消防设施建设3项。从整体上看，宁夏重要不可移动文物的保护得到了很大加强，安全得到了基

◆ 维修后的银川玉皇阁

本保障。特别是西夏古迹拜寺口双塔、一百零八塔、康济寺塔、宏佛塔、鸣沙塔等进行抢救维修；银川玉皇阁、海宝塔、中卫高庙、承天寺后大殿、同心清真大寺、纳家户清真寺、平罗钟鼓楼、魁星楼、石空寺石窟等整修加固。大遗址保护方面，完成须弥山石窟综合性抢险加固维修工程、防风化加固保护工程、安全防护工程、技术防范系统等工程；西夏陵3号陵濒临倒塌的单体遗迹抢救性的加固保护工程；水洞沟遗址抢救性文物保护基础设施建设工程。

3. 文化遗产保护利用实现双赢

在抢救和保护不可移动文物的同时，还注重对不可移动文物采取多种形式予以合理利用。我们改变以往重保护、轻利用的工作思路，积极推进文化遗产保护和利用的有机结合和良性循环，在有效保护的前提下，科学合理利用文物资源，大力发展文化旅游产业和文物复仿品开发经营，使文化遗产保护步入了可持续发展的轨道。目前，西夏陵、贺兰口岩画、西部影视城、水洞沟遗址、海宝塔、拜寺口双塔、一百零八塔、须弥山石窟等大批文物保护单位都已逐步成为具有较强吸引力的文化旅游热点，在产生良好社会效益的同时，也产生了一定的经济效益，从而使不可移动文物的保护与利用实现良性循环，也更加激发了广大群众对文物保护工作的关注，对我区文物保护工作产生了积极作用。

4. 文物保护工程管理逐步科学、规范

严格依据国家颁布实施的《文物保护工程管理办法》《文物保护工程勘察设计资质管理办法》、《文物保护工程施工资质管理办法》，对立项、招投标、勘察设计、方案制定、审核、申报、施工、监理、检查、验收等各个环节，依法进行规范管理。对每一个保护维修工程首先委托有文物保护工程勘察设计资质的单位，对古建筑进行实地勘察测绘，编制维修工程设计方案，组织专家对该方案进行了论证，根据专家论证意见进行修改。面向社会招标，做到文物维修保护工程的公开、透明、接受社会的监督，从而保证了文物建筑维修的质量。根据国家文物保护工程的相关规定，组织开展了全区文物保护工程相关资质的评定审批工作，公布了一批二级施工单位和乙级监理资质，多家单位和个人分别获得施工和监理的从业资格，基本实现文物保护工程规范化、科学化管理。

（三）文物保护管理机构和专业队伍不断加大

1958年，宁夏成立了文物管理委员会，设立自治区地志博物馆筹备处，负责全区的文物保护工作。至80年代以后全区的文物保护管理所、博物馆、文物考古研究所等文博机构逐步建立起来，到目前，宁夏有各类博物馆47座、文物考古研究所1个、市县级文物保护机构17个，全国重点文物保护单位管理机构4个，文物工作者队伍已达560人，其中有大专以上学历的有336人，具有高级职称的有23人，中级职称的66人，有6人获得国家文物局颁发的考古领队证书。通过参加国家文物局举办的各类培训班和我区举办的地市县文博管理干部和全国重点文物保护单位管理机构负责人培训班、普查培训班等，从业人员的管理水平、业务素质大大提高。

（四）考古工作不断取得新突破

在国家对考古事业的支持下，伴随着考古学理论与方法的不断成熟，现代科学技术的采用，科研队伍的逐渐壮大，宁夏的考古工作在50年的探索与实践中，在学术上不断取得新突破。其中，水洞沟遗址通过多年的系统发掘，利用动、植物考古学、环境考古学等多学科合作的优势，对古人类文化与技术特点、生存环境、生计方式和适宜行为等方面的研究信息不断有新的收获。

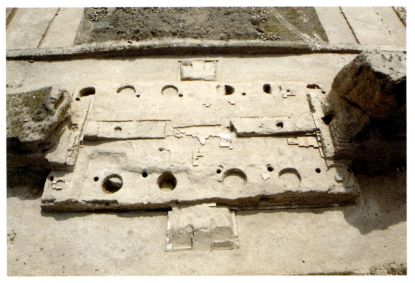
◆西夏6号陵南门遗址

宁夏地区在地理、气候上正处于农、牧业分界线之中，以北方系青铜器为主要特征的游、畜牧民族文化，使国际学术界关注的热门话题。近年已经发掘了数批春秋战国时期北方青铜文化墓葬，在学术界产生一定影响。宁夏处于丝绸之路东段北道，北朝至隋唐时我国与其他周边甚至遥远国家交往最为频繁的时期，大量的其他民族流寓中国，宁夏正处于少数

民族进入中原的丝绸之路孔道。关于这一课题的研究我们已经进行了一些有益的探索,也取得了国际间合作的经验;西夏考古作为宁夏考古工作的重点,继西夏陵3号陵之后,近两年配合西夏陵城的土遗址保护,又对6号陵地面遗迹进行了清理发掘,进一步搞清了陵园的布局和土建筑技术。

(五)具有地方和民族特色的博物馆体系已经形成

1.逐步完善独具特色的博物馆体系

宁夏回族自治区以自治区博物馆与固原博物馆为龙头、市县级博物馆为骨干,国有博物馆为主体、民办博物馆为补充,各行业和各种所有制博物馆各具特色、丰富多彩的新格局形成。截止2008年11月,全区建成充实了反映我区工农业生产、交通、电力、通信建设和科技事业发展、独特自然地理资源开发利用、重要历史特别是革命历史等为重点的各类博物馆47座,初步实现了第一阶段的建设目标,为我区文化事业的大发展大繁荣奠定了坚实的基础。

2.博物馆藏品日益丰富,藏品保管工作的规范化和现代化水平显著提高

全区文物系统博物馆(文管所)藏品达61899件,其中一级文物379件(套)完成建档备案。在国家文物局的大力支持下,在继承我国传统文物保护修复的基础上,积极推广和应用现代科技成果,运用多种科学方法和技术手段,对金属、木器、纸张和壁画类等文物进行有效保护。

◆北周田弘墓出土金币

◆鎏金铜牛

◆盐池出土金牌饰

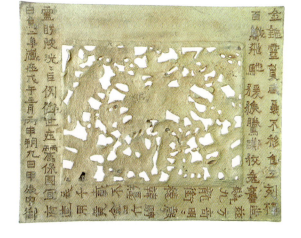

3.博物馆陈列展览影响广泛，社会功能日益显著

陈列展示是体现博物馆文化价值和功能的基本方式，是博物馆与社会、公众联系的重要渠道。全区各博物馆坚持贴近实际、贴近生活、贴近群众，注重运用最新研究成果和新技术、新工艺、新材料，举办各类陈列展览。主要有"汉唐丝绸之路文物展"、"荒漠里的文明——宁夏

◆西夏文物特展在南京博物院展出

古代民族文物展"、"宁夏贺兰山岩画展"、"世界岩画图片艺术展"、"大夏寻踪——西夏文物精品特展"、"红旗漫卷西风——宁夏革命文物陈列"、"百年国耻——八国联军侵华史实展"、"中国西夏王国文字世界展"、"考古宁夏世纪新篇——配合基本建设考古发掘成果展"、"五彩华章——馆藏瓷器精品展"、"贺兰山下尘封的文明——见证西夏展"、"同心红军西征纪念馆陈列"、"贺兰山下的遥远记忆——西夏文物特展"、"大漠上消逝的文明——西夏文物特展"、"西部记忆——五自治区博物馆民族历史文物精品联展"等。2002年8月隆重推出的"丝绸之路文物精品展"、"西夏文物精品展"的巡回展出，其历时之长、跨省之多、规模之大、文物之丰富，在全国文物巡展中亦名列前茅，在同行业间引起了很大反响。

4.全区博物馆体现以人为本的精神，更新服务理念，强化服务意识，充实服务内容，突出特色服务，逐渐成为公众文化休闲与旅游消费的上佳选择

2006年起，全区文物系统博物馆开始向社会免费开放，并逐步完善免费开放制度，取得了良好的社会效益。自治区博物馆、固原博物馆，贺兰山自然博物馆、六盘山红军长征纪念馆、将台堡红军会师纪念馆、西夏陵博物馆、盐池县革命烈士纪念馆、中卫治沙博物馆等被确定为全国的爱国主义、科普等方面的教育基地，博物馆逐步成为传播先进文化、普及科学知识、树立社会风气、塑造美好心灵的生动课堂。

（六）学术研究成果显著，对外文化交流活跃

1．在学术研究方面，已形成以两馆一所为中心的研究队伍，先后编辑出版了《西夏文物》、《西夏佛塔》、《贺兰山岩画》、《原州古墓集成》、《西夏陵》、《固原南郊隋唐墓地》、《唐史道洛墓》、《北周田弘墓》、《西夏陵三号陵园地面遗迹发掘报告》、《宁夏菜园》、《固原开城墓地》、《水洞沟1980年发掘报告》、《拜寺口方塔发掘报告》、《闽宁村西夏墓地》、《吴忠西郊唐墓》、《吴忠北郊北魏唐墓》、《山嘴沟西夏石窟》、《胡汉之间——丝绸之路与西北历史考古》等在国内外有一定影响的大型考古报告和论著。科研人员在各种学术刊物上发表了数百篇有一定水平的学术论文。先

后举办了北周李贤墓学术座谈会、宁夏贺兰山岩画国际学术研讨会、西夏国际学术讨论会、纪念水洞沟遗址发现 80 周年学术研讨会、"丝绸之路"国际学术研讨会等学术会议，为推动学术研究和合作开展文化交流提供了重要平台。

2．充分利用精品文物，组织特色文物外展先后在日本、美国、克罗地亚、意大利、韩国等国家和地区举办文物展览，扩大了宁夏的知名度，收到了较好的社会效益。同时同美国、日本等国家的文物考古、博物馆、科研机构开展了学术合作与交流；组织专家学者出访讲学、考察交流，繁荣了宁夏的文物考古事业。

三　自治区成立50年来文物工作的经验和启示

（一）正确的文物工作方针是指导文物保护工作科学发展的基本准则

我们要从落实科学发展观的高度，进一步提高对文物工作的方针认识，认真贯彻执行"保护为主、抢救第一、合理利用、加强管理"的文物工作方针，正确处理有效保护和合理利用的关系，进一步深化对保护和利用关系的认识和理解。加强保护，才能保持文化遗产本体及其原生环境的真实性和完整性，为合理利用提供基础；合理利用，才能使文化遗产保护的成果惠及人们，满足人民群众不断增长的文化需求，为保护创造更好的条件；加强管理，才能使文化遗产世代传承下去，把中华文明时代传承下去。只有坚持贯彻执行党的文物工作方针，才能保证文物事业始终沿着正确的方向科学发展。

（二）全面扎实的基础工作是文物保护工作顺利开展的可靠保证

50 年来，在我区文物工作者不断努力下，文物基础工作取得了一定成效，家底不清、基础数据不准的情况有了极大转变，管理制度也在不断的充实、完善。但是全面扎实做好基础工作，仍是一项长期、艰巨的任务，是我们应该永远放在首位的工作目标之一。只有不断夯实文物基础工作，才能为我区文物保护事业全面科学发展提供保障。继续做好配套的地方法规和单项法规建设；全国第三次文物普查和长城资源调查工作；第七批全国重点文物保护单位和自治区第四批文物保护单位的申报和公布工作；逐步完成我区境内全国重点文物保护单位的保护规划编制工作；丝绸之路联合申报世界遗产宁夏段遗产地前期准备和基础设施建设、环境整治、展示宣传等工作；做好西夏陵、水洞沟、董府等全国重点文物保护单位的维修保护项目。

（三）充实的经费保障是开展文物保护工作的基本依托

文物保护工作，特别是维修工作，离不开充实的资金保障。50 年来中央和地方文物保护专项经费的不断增长，为文物工作的发展提供了充实的动力。文物保护经费的增长，一方面说明文化遗产工作做出的成绩得到政府和社会的认可，另一方面说明文化遗产工作与经济社会的进步休戚相关。但是文物保护经费短缺仍是困扰我区文物事业发展的突出问题，文物保护的投入与实际工作需求之间存在较大的差距。要根据文物保护工作"五纳入"的要求，落实文物保护经费，使文物保护经费切实纳入到各级财政预算中，保证文物保护工作有效开展。要积极探索提高文物保护单位自我发展能力的有效途径，拓展社会资金渠道，鼓励社会资金投入，逐步形成政府主导、全社会共同参与文物保护事业的多渠道资金投入机制。

（四）专业的人才队伍是文物保护事业永续发展的动力源泉

文物保护专业人才的培养和队伍建设是全面提高文物保护工作特别是文物保护工程质量的关键环节之一。经过50年的发展，我区文物事业人才的缺乏，特别是文物保护工程专业人才的匮乏问题有所改观，但很有限。加快队伍建设，提高队伍素质，是我区一项重要的基础工作。鉴于目前我区文博系统干部队伍素质和知识结构的现状，主要对系统干部采取教育培训，采取管理干部培训和专业技术培训相结合，在职培训和岗前培训相结合，送出去和迎进来相结合的方式，特别是目前急需的古建保护修缮、文物保护修复、文物鉴定等短缺人才的培训，使全区文物研究、保护管理有一个较大地改善。

（执笔人：姚蔚玲　宋玉军　何慧琴）

新疆维吾尔自治区文物事业60年

新疆维吾尔自治区文物局

  新疆维吾尔自治区是我国西部边陲多民族聚居的地区，历史悠久，文化灿烂，底蕴深厚。在悠悠的历史长河中，各民族人民共同创造了辉煌璀璨的优秀文化，丰富了中华民族的文化宝库。新疆作为古代"丝绸之路"的中枢要地，是东西方文明交流荟萃的重要区域，留下了大量弥足珍贵的文物古迹，不仅成为世界文化宝库中的瑰宝，同时也是各民族共同缔造中华文明的历史见证。保护好这些文化遗产，对于传承中华民族优秀文化，加强各民族大团结，促进经济发展和社会进步，维护新疆长治久安具有重要的作用和深远的意义。

  新疆和平解放和新疆维吾尔自治区成立以来，在党中央和国务院的亲切关怀下，在自治区党委、人民政府的领导下，经过 60 年来各族文物工作者共同不懈的努力，新疆文物事业从无到有，取得了十分显著的成绩。新疆各级人民政府坚持"保护为主、抢救第一、合理利用、加强管理"的文物工作方针，认真贯彻《中华人民共和国文物保护法》，建立健全文物保护机构，依法加强文物保护和管理，使一大批濒临湮灭的古迹遗迹得到抢救和保护；同时，考古发掘、博物馆建设、文物科技、文物对外交流等各方面的工作也取得了新的成绩和丰硕成果。

一　新疆文物事业奠基阶段——建国至改革开放前新疆文物事业发展历程

  建国初期，百废待兴，新疆的发展和建设也面临各种困难和压力。在极其艰难的条件下，为了加强对新疆全区的文物保护管理工作，1952 年，新疆省人民政府发出了《关于保护文物古迹的通令》，根据《中华人民共和国土地改革法》和中央人民政府政务院颁布的《古迹、珍贵文物、图书及稀有生物保护办法》，为保护各民族的文化遗产规定："具有革命、历史、文化、艺术价值的珍贵文物在土改中不得随意分配、毁损和散失；土改地区的历史建筑和革命纪念建筑不得进行分配"，以及进行文物宣传和组织保护管理等事宜。同时还明确指示要对库车、拜城县的千佛洞进行重点保护。通令的发布标志着人民政府把文物保护正式纳入自己的职责范畴。1953 年 4 月 7 日，新疆省举行第一届文化行政会议，着重指出保护文物古迹的意义和重要性。1953 年 10 月 16 日，新疆省人民政府发布了《关于保护文物古迹的通知》。1956 年 9 月，新疆历史上第一个文物管理机构——新疆文物管理委员会筹备处成立，时任自治区人民政府主席赛福鼎兼任文管会主任委员，充分体现了人民政府对文物事业的高度重视和关心，新疆文物事业作为政府行为落实到各项工作中。1953 年成立新疆博物馆筹备处，1959 年 8 月，新疆维吾尔自治区博物馆正式成立，馆内机构设置有文物队、陈列组、保管组、征集组、行政办公室。1962 年 7 月 10 日，新疆维吾尔自治区人大常委会发布了《自治区文物保护管理暂行办法》。在我国第一个、第二个五年计划时期，随着基本建设和工农业生产事业的发展，埋藏于我区地下的文物古迹陆续被发现，为了加强文物考古研究，1960 年 5 月成立了新疆考古研究所，是属于新疆科学院哲学社会科学部属下的研究所之一。

由于历史的原因，1840 年至中华人民共和国成立，新疆文物几乎处于无人管理的境况。中华人民共和国成立后，为了摸清新疆文物古迹的遗存情况，1953 ~ 1958 年，由西北行政委员会文化局、新疆省人民政府文化事业管理局组织开展了新疆历史上首次正式的全疆大规模的文物调查工作，并于 1957 年 1 月，由新疆维吾尔自治区人民委员会公布了自治区第一批重点文物保护单位 77 处。1961 年，自治区又公布了自治区第二批重点文物保护单位 44 处。

1959 ~ 1961 年，又先后组织了对新疆重点文物地区的专项调查。在大规模文物普查基础上，1959 年，新疆文物工作者深入塔里木，在极其恶劣的环境中，对和田、洛浦、于田和民丰县等 7 处遗址进行考古调查，揭开了尼雅遗址发掘的新篇章。1959 年，对阿斯塔那墓地进行了发掘，出土了一批晋—唐时期的珍贵遗物。又在北疆地区开展了考古研究工作，对新疆新石器时代考古文化和新疆考古文化等问题进行探讨。20 世纪 60 年代，最重要的考古成就是对吐鲁番阿斯塔那北区墓葬的清理，前后共进行了十几次，发掘清理墓葬 400 多座，出土了大批晋—唐时期的陶、木、金属器、文书、织物、俑类和纸画、绢画等艺术珍品。其中汉文文书 2000 余件（号），内容涉及政治、军事、经济、思想等诸多方面，是研究新疆以及我国历史的珍贵史料。1961 年 5 月，新疆科学院考古组对昭苏汉代土墩墓进行了发掘，出土一批重要文物。同年，在准噶尔盆地发现距今 9000 万年至 1 亿年前的恐龙类古生物化石。1972 年，在疏附县发现阿克塔拉、温古洛克、库鲁克塔拉、德沃协克等 4 处石器时代遗址。接着，库木吐拉和克孜尔石窟相继发现新石窟。1974 年焉耆出土了吐火罗文（焉耆语）《弥勒会见记》剧本残页，连同 1959 年在哈密发现的回鹘文《弥勒会见记》，是迄今新疆发现古代民族文字文书最多的两批。

为适应新疆文博事业发展的形势，新疆先后举办了自治区第一届文物考古工作人员训练班、文物讲习会、文博干部培训班等，邀请国内著名的考古学家授课，为新疆培养了一批文物考古博物馆工作骨干。

二 改革开放30年来新疆文物事业发展历程

（一）新疆文物事业恢复和发展阶段（1978 ~ 1982年）

1978 年，党的十一届三中全会胜利召开，这是建国以来中国共产党历史具有深远意义的一次伟大的转折，全面纠正了"文化大革命"及其以前"左"的错误，做出把全党工作着重点转移到社会主义现代化建设上来的战略决策。在党的十一届三中全会以来的一系列方针政策指引下，新疆文物战线在实际工作中拨乱反正，在文物保护、机构和队伍建设等方面开展了大量卓有成效的工作，文物事业逐步走向正确的发展轨道。

1981年，自治区人民政府发布了《关于加强文物保护的布告》。在此期间，为了开创文物工作的新局面，经自治区人民政府批准，在自治区文化厅内设文物处，人员编制5人，专门负责全疆的文物工作，恢复成立了新疆社会科学院考古队，成立了新疆文物商店，先后成立了乌鲁木齐市文物保护管理所、巴音郭楞蒙古自治州文物保护管理所、阿克苏地区文物管理所、和田地区文物保护管理所、伊犁哈萨克自治州文物保护管理所等6家地州文物管理机构，标志着地州一级文物管理机构逐步建立。

从20世纪70年代末至80年代初组织了两次较大规模的文物考古调查工作。一次是从1979年开始自治区考古所与中央电视台《丝路》摄制组合作，首次组织了罗布泊楼兰古城地区的考古调查，确定了楼兰古城的位置，同年11月，在罗布泊地区调查发现了孔雀河古墓沟墓区，1980年在罗布泊北端出土了轰动世界的"楼兰美女"，在楼兰古城周围地区的调查，发现了3处古墓地，一座佛塔、两座烽燧；对古墓地的古墓组织清理发掘，出土了一批汉—晋时期的极为精致的丝毛织物，楼兰地区的考古工作引起了学术界的注目。在考古发掘发面，先后在南疆库尔勒和硕地区、阿图什发现了和硕新塔拉遗址、喀拉汗朝钱币窖藏处，在北疆和东疆也有石棺墓等一批新的考古发现。针对重点文物单位的保护问题，先后对苏巴什佛寺、喀什阿巴霍加玛扎等文物保护单位进行了维修加固和设立保护设施。为了适应观众的观赏审美需求，全区文物博物馆机构，先后举办了"新疆古尸展览"、"新疆千佛洞壁画展览"等高质量的展览，特别是在北京举办的"新疆文物与古尸"展览，参观观众空前踊跃。新疆10件珍贵文物，其中有丝织品、木俑、泥俑、文书等，还首次走出国门，远赴日本展览，开创了新疆文物外展的先河。

（二）新疆文物事业的初步发展阶段（1983～1991年）

1982年，在总结新中国成立以来文物工作的经验，以及发布的一系列有关文物保护法令、指示和办法的基础上，第五届全国人大常委会第二十五次会议通过了《中华人民共和国文物保护法》。《文物保护法》是在党的十二大制定的全面开创社会主义现代化建设新局面的新形势下颁布的，是我国文化领域第一部由国家最高立法机构颁布的法律，也是我国历史上第一次以法律的形式对文物保护工作进行了界定。根据《文物保护法》确定的立法原则，结合新疆文物工作实际，自治区人大常委会废止了《自治区文物保护暂行条例》，于1988年3月19日正式通过颁布了《新疆维吾尔自治区文物保护管理的若干规定》，把全区文物工作纳入法制化管理的轨道。

这一时期，是我国改革开放和现代化事业快速发展阶段，在城市化、工业化进程中，规模空前的基本建设与文物保护的矛盾日益突出，文物工作受到城市开发、旅游开发等活动的严重冲击。文物部门改革文物工作的运作方式上，打破常规，紧密围绕经济建设做好文物保护、抢救工作。一是大力加强文物机构建设。经自治区人民政府批准，先后成立了新疆龟兹石窟研究所、新疆文物保护维修办公室等自治区直属文博单位，新疆社会科学院考古所改称新疆文物考古研究所，划归自治区文化厅领导。在地州市县文物管理机构建设方面，先后成立了哈密地区文物保护管理所等6个地州文物管理机构和9个县级文物管理机构。二是配合基本建设积极开展抢救性考古发掘工作。根据文化厅的报告，自治区人民政府于1991年4月发出了《关于在石油勘探开发建设中做好保护文物工作的通知》。按照《通知》精神，全区文物工作者在配合石油、铁路、公路等大型基本建设中，做了大量的艰苦细致的文物踏勘、抢救、保护、宣传工作，既保证了基建施工的正常进行，又有效地保护了文物，充分体现了"守土有责"的献身精神。三是继续深入开展考古发掘工作。1983年，新疆考古人员在和静地区发现察吾呼沟大型古墓群，1986～1989年连续在此地区古墓地进行发掘，出土文物四五千件，有陶、木、石、骨及少量铁器，其中最引人注目是出土了大量彩陶器，带有浓厚的地区文化特点。在和田地区的洛浦县发现了山普拉古墓群。在且末县扎滚鲁克古墓区进行了考古发掘，出土了一批干尸，保存完好，发现时均着生前衣物，都为毛织物，具有非常浓厚的地区民族文化特色。后又陆续组织了北疆察布查尔地区的索敦布拉克古墓地发掘，在哈密地区发现了天山北路古墓群，在鄯善地区对洋海古墓进行了抢救性清理工作。四是深入开展全疆文物普查工作。1983年，在过去文物普查的基础上，组织全疆15个文管所，进行了重点文物地区的普查与复查工作，在部分地区组织了专题文物调查和试掘。1988年，召开了全疆文物普查工作会议，启动全疆第二次文物普查工作，同年在昌吉州发现了呼图壁康家石门子大型岩画。此次文物普查在全疆共发现文物遗迹点2000余处。这是自"文化大革命"结束以后，在新疆范围开展的又一次大规模的普查工作，建立和整理了内容丰富的文物普查档案。五是积极开展文博干部培训工作。为了适应自治区文博事业发展的需要，提高干部业务素质，自治区文化厅先后委托新疆大学历史系、西北大学历史系开办文物博物馆专修班和代培文博专业本科生。五是按照"以我为主、对我有利"的原则，积极开展涉外文物工作，与日本、法国和联合国教科文组织合作开展的交河故城维护、尼雅古遗址考察、克里雅河流域考察、交河沟西墓地调查等大型文物项目，取得重要收获。先后组织新疆文物赴日本展出，特别是1992年，新疆楼兰文物展走出国门到日本展出，引起轰动，为使世界进一步了解中国、了解新疆做出了积极的贡献。

（三）新疆文物事业的稳步发展阶段（1992～2001年）

1992年年初，邓小平同志视察南方发表重要讲话，从理论上回答了长期困扰和束缚人们思想的重大问题。同年召开的党的十四大，确定建立社会主义市场经济体制的目标，对改革开放和社会主义现代化建设作出战略部署。伴随社会主义市场经济的逐步建立和改革的不断深入，文物事业进入了一个新的发展时期。

一是健全文物保护机构体系。1997年4月经自治区人民政府批准成立了新疆维吾尔自治区文物事业管理局，标志着新疆的文物事业正式纳入正规化管理。2000年，为了加强全区文物管理工作的力度，经自治区人民政府批准，自治区文物局升格为二级局，截至2001年年底，自治区直属文博单位已达5个，全疆16个地、州、市成立了文物保护管理所和博物馆，全疆县（市）级文物保护机构已达99个，全疆三级文物保护网络基本建立，基层机构建设基本完善。

二是深入落实文物工作"五纳入"。为贯彻落实国务院《关于加强和改善文物工作的通知》，结合我区文物工作实际，1998年自治区人民政府下发了《关于实施文物保护工作"五纳入"的通知》，要求各地方、各有关部门应把文物保护纳入当地经济和社会发展计划，纳入城乡建设规划，纳入财政预算，纳入体制改革，纳入各级领导责任制。"五纳入"的规定，提升了文物事业的影响力。

三是文物保护工作取得新的进展。这一时期，新疆考古工作组织了多项考古发掘工作，取得了突出的成绩。1995年对尼雅遗址佛寺和墓地的发掘及对居址的清理获得重大考古收获，发掘的佛寺、清理出的佛、菩萨等壁画残片，为研究佛教及其艺术在丝路南道的传播有着重要的学术价值。尼雅出土的织锦种类有 10 余种，"王侯合昏千秋万岁宜子孙"、"五星出东方利中国"锦等都堪称国宝。尼雅考古发掘评获 1995 年度"全国十大考古新发现"。1995～1997 年新疆尉犁县营盘古墓经抢救性清理发掘获得重要文物 200 多件，发现了一批干尸和一批重要的出土文物，如墓中出土的"红地对人兽树纹罽袍"和"狮纹栽绒地毯"等汉晋时代的丝毛织品，在墓葬中还发现一戴面具的古尸，均十分珍贵罕见。营盘墓地被评为 1997 年度"全国十大考古新发现"。为了加强对文物保护单位的保护，自治区先后以主席令的形式颁布了《新疆维吾尔自治区克孜尔千佛洞历史文化遗址保护管理办法》和《新疆维吾尔自治区交河古城历史文化遗址保护管理办法》。为了加强对文物本体保护，中央和自治区投入大量资金对亟需保护的保护单位和古建筑进行了维修。如对喀什市艾提尕尔清真寺、吐鲁番苏公塔、和静王爷府、库车苏巴什佛寺、且末托克拉克勒克庄园、阿图什苏里坦·苏吐克·博格拉汗王陵等进行了维修保护与建设，在工程施工中，注重新技术与传统工艺相结合，保证了工程质量。这一系列维修工程，对文物保护单位和珍贵的古建筑遗址起到了及时而有效的保护。

四是积极举办陈列展览，充分发挥博物馆的宣传教育作用。1998 年在上海博物馆成功举办"丝绸之路考古珍品展"，1999 年为庆祝建国 50 周年举办"新疆文物考古成就展"，展览集中反映了90 年代以来，新疆文物考古工作取得的新成果。新疆文物部门进一步还加强与国外的交流，先后在日本东京、哈萨克斯坦、新加坡、马来西亚、意大利、韩国举办新疆文物展览。展览的成功举办，使国内外更多的人民了解和认识了新疆悠久的历史文化，对扩大新疆的对外文化宣传起到了重要的作用。

五是文物考古领域硕果累累，出版和发表的一大批学术著作和论文，在国内外产生了较大影响。《新疆文物考古新收获》、《新疆文物考古新收获》（续）全面系统的收集了 50 年代以来新疆田野考古发掘的重要成果。《吐鲁番出土文书》（十卷本）整理和汇集了吐鲁番阿斯塔那墓葬出土的汉文文书，是研究晋至唐代新疆乃至全国政治、经济、文化的重要史料，也是研究中国民族史、中外关系史的珍贵资料，1992 年获全国首届古籍整理图书一等奖。《中国美术分类全集·新疆壁画全集》（六卷本）获得全国 1996 年"五个一工程"一等奖。出版了《龟兹石窟》、《交河故城考古发掘报告》等专题研究著作和《龟兹乐舞》、《新疆佛窟人体艺术》、《新疆古代民族文物》等大型图册以及文献书目。先后举办了"鸠摩罗什诞辰 1650 周年国际学术讨论会"、"唐代西域文明安西都护府国际学术讨论会并佛教美术考察会"和"中日尼雅遗址学术研讨会"，参加人员包括中外代表，加强了新疆文物界与国内外文物专家学者的交流，开阔了学术视野。

（四）新疆文物事业的快速发展阶段（2002年至今）

进入新世纪，我们党对发展社会主义先进文化重要性的认识达到了新高度，对社会主义市场经济条件下文化建设规律的认识有了新提高。党的十六大提出了发展社会主义先进文化的重大任务，党的十七大提出了推动社会主义文化大发展大繁荣，兴起社会主义文化建设新高潮的战略部署。中央和自治区高度重视作为文化建设的重要组成部分的文物事业，加大了政策和资金支持力度。尤其是新疆在古"丝绸之路"上的特殊地理位置和历史过程，丰富的文化遗产使其成为我国西部地区重要的人文景观资源，加强新疆文物的抢救保护和展示工作，不仅成为国家安定、民族团结、社会进步的重要因素，而且对于拉动新疆的旅游业，促进经济和社会的发展，也将产生积极的作用。在中央和自治区党委、人民政府的正确领导下，在国家文物局等有关部门的支持下，新疆文物事业进入了蓬勃发展的新时期。

一是自治区、地州、县市三级文物保护管理机构体系已基本建立。截至 2008 年年底，新疆共有文物行政主管部门 18 个，从业人数 414 人，在编人数 278 人（具有职称的人数 78 人，其中高级 14 人、中级 30 人）；文物业机构 141 个（其中文物科研机构 2 个、文物保护管理机构 90 个、博物馆 47 个、文物总店 1 个、其他文物机构 1 个），从业人数 1450 人（其中在编人数 890 人），具有职称的人数 386 人（其中高级 85 人、中级 183 人）。全区各类文博单位共收藏文物藏品 114244 件，其中一级品 707 件、二级品 1339 件、三级品 4038 件。

二是文物法制建设取得长足进步。2002 年国家新修订了《中华人民共和国文物保护法》，2003 年 5 月 30 日，经新疆维吾尔自治区第十届人民政府第十次主席办公会议研究决定，将每年 6 月份的第三周定为自治区"文物保护宣传周"，通过宣传周举办的各种活动，广泛普及了《文物保护法》的相关知识，增强全疆各族人民的文物保护意识。2007 年 3 月 30 日自治区十届人大常委会第二十九次会议审议通过了《新疆维吾尔自治区实施〈文物保护法〉办法》，《自治区实施〈文物保护法〉办法》的颁布实施对促进新疆文物事业的协调可持续发展产生了深远的影响，对加强文物法制建设，推进依法行政，具有十分重要的意义和作用。近年来，自治区第十届人大常委会第十三会议又出台了《新疆维吾尔自治区吐鲁番交河故城遗址保护条例》等地方专项法规。为配合丝绸之路申报世界文化遗产，各地市县也陆续颁布实施了《巴音郭楞蒙古自治州楼兰故城遗址保护管理暂行办法》等 12 个地方文物保护专项法规，初步形成了新疆文物保护法制体系，有效地推动了新疆文物事业的法制化建设进程。

三是文物保护基础性工作不断加强。全区现有全国重点文物保护单位 58 处、自治区级文物保护单位 374 处、县市级文物保护单位 2134 处。全国重点文物保护单位和 80% 的自治区级文物保护单位已建立文物"四有"档案，已完成全区 41 处全国重点文物保护单位记录档案备案工作，

242 处自治区级文物保护单位的记录档案正在整理汇集。《文物地图集·新疆分册》经国家文物局地图集编撰委员会专家评审，现已报送国家文物局审定。《新疆通志·文物志》已于 2007 年 5 月由自治区地方志编撰委员会刊印出版。2003 年至今先后有巴里坤县、尉犁县、布尔津县、乌苏市、库车县被文化部、国家文物局授予全国文物工作先进县称号。

四是抢救性考古发掘工作有序开展。近年来，自治区文物部门坚持"两重两利"的方针（重点保护、重点发掘，既对文物保护有利，又对基本建设有利），本着"高度重视、积极参与、

◆新疆小河墓地出土的毡帽

主动配合，提前介入"的原则，实行集中管理、统一领导，紧紧围绕重点工程，大中型项目的建设，积极做好相关的文物保护工作。先后完成了一批抢救性考古发掘项目：尼勒克吉林台水库、特克斯恰甫其海水库、和静察汗乌苏水电站工程、塔什库尔干下坂地水库、恰甫其海南岸干渠工程、伊吾拜其尔墓地、哈密央打克佛寺的考古发掘等，取得了大量考古收获和成果；配合阿拉山口至独山子输油管线工程、西部原油成品油管道工程、精伊霍铁路、阿勒泰市克孜加尔水库、公路建设考古调查、发掘；中日联合对丹丹乌里克遗址调查和考古测量、中法联合对克里雅河流域圆沙古城以北地区的考古调查取得了一批新的考古收获。2002年，组织了对小河墓地的考古发掘，其墓葬形制和出土文物，估计距今4000多年前，为研究罗布泊地区远古时期的考古文化提供了极为丰富的资料，小河墓地考古发掘被评为"2004年度全国十大考古新发现"之一。库车晋十六国砖室墓、哈密巴里坤东黑沟遗址先后被列入2007、2008年度"全国十大考古新发现"。

五是启动"丝绸之路"新疆段重点文物工程。2005年，国务院批准了《丝绸之路（新疆段）重点文物抢救保护工程方案》，该项目被纳入国家文物局《"十一五"大遗址保护总体规划》，获得财政部大遗址保护专项经费支持。该工程是国家三大遗址保护工程之一，这项工程以新疆古代"丝绸之路"主干通道为主线，文物集中的大型遗址保护区为重点，用5～8年的时间，集中必要的财力物力投入，实施区域性、综合性大型文物抢救保护工程，使重点大遗址保护区文物抢救保护工作取得突破性进展，同时也将全面整体提高新疆文物保护和管理水平，从而推动全区文物保护事业的繁荣发展。项目范围包括交河故城遗址保护区（交河故城遗址，交河故城沟西、沟北墓地及雅尔湖石窟），高昌故城遗址保护区（高昌故城遗址、阿斯塔那古墓群、柏孜克里克石窟、

◆ 尔尕哈烽燧

◆ 高昌故城

◆ 苏巴什佛寺遗址

◆ 位尼雅遗址

台藏塔），楼兰故城遗址保护区（楼兰故城遗址、米兰遗址、罗布泊南古城等），龟兹佛教石窟遗址保护区（克孜尔千佛洞、森木塞姆千佛洞、苏巴什佛寺遗址、克孜尔尕哈石窟、克孜尔尕哈烽燧），喀什历史文化名城（阿巴和加麻札、艾提尕尔清真寺、喀什市），和田地区（安迪尔古城、买力克阿瓦提古城、尼雅遗址、热瓦克佛寺、山普拉古墓群、达玛沟佛寺），北庭故城等大遗址的抢救维修项目。工程于2005年启动至今已经4000年，国家已经累计投资2.65亿元。项目建设已经取得阶段性成果，已完成交河故城一期抢险加固工程、高昌故城遗址一、二期保护工程及考古发掘工作等16个项目。

六是全面推进文物普查工作。根据中央的部署，2007年，新疆启动了第三次全国文物普查工作，成立了以自治区副主席为组长的普查领导小组，自治区人民政府专门召开了自治区第三次全国文物普查领导小组会议，与各地州市签订了目标责任书。截至2008年年底，共有12个地级行政区域、63个县级行政区域召开了文物普查领导小组会议；上述12个地级行政区域、63个县级行政区域还签订了文物普查政府责任书；已有76个县级行政区域启动了实地文物调查，调查启动率为88%，省级行政区域内调查覆盖率为57%；已有17个县级行政区域完成实地文物调查，普查完成率为20%；累计培训人员12次，培训各类人员693人次。截至2008年年底，全区共调查登记不可移动文物2724处，其中新发现1429处，复查1295处。

七是启动丝绸之路联合申报世界文化遗产工作。2007年6月，丝绸之路跨国联合申遗工作会议在乌鲁木齐召开。经中国世界文化遗产专家委员会对新疆境内丝绸之路申报世界文化遗产拟认的遗产地进行了实地考察，新疆有12处13个文物点被列入预备清单。根据申遗工作计划，新疆全面展开各遗产点管理规划、申报文本的编制工作，12处遗产点已完成申报文本的编制工作完成，交河故城、高昌故城和库木吐喇石窟等6处已完成保护规划并开始实施，克孜尔石窟、森木塞姆石窟和楼兰古城等文物保护单位正在编制保护规划。现已完成新疆各遗产地管理法规的制定颁布。12处遗产地申报文本已汇总报送国家文物局。吐鲁番坎儿井保护工作历来受到党和政府的高度重视，2008年11月国家文物局局长单霁翔同志亲赴吐鲁番现场指导坎儿井保护工作，

◆新疆伊犁州波马古墓出土带盖金罐（镶嵌红宝石带盖金罐）

◆新疆吐鲁番阿斯塔那绿地对鸟对羊树文锦

国家文物局还专门对支持我区吐鲁番坎儿井申遗工作形成了会议纪要。在自治区有关部门的支持下，配合坎儿井申遗的保护工作已正式全面启动。

八是博物馆事业加快发展。自治区博物馆新馆建设工程是"十五"期间自治区重点工程，于2005年9月20日正式开馆。全区现有博物馆47座，其中自治区级1座、地市级15座、县市级31座。全区各类文博单位共收藏文物藏品114790件，其中一级品707件，二级品1339件，三级品4038件。自治区博物馆新馆于2005年9月20日正式开馆。近年来，乌鲁木齐市博物馆、伊犁州博物馆、石河子军垦博物馆、塔城地区、吐鲁番地区、阿克苏地区、哈密地区、博州等地新馆建设竣工。和田地区、昌吉州博物馆、布尔津县、且末县等一批地县级博物馆完成了新建、改扩建任务。2008年3月28日起，自治区文化文物部门所属的34家博物馆、纪念馆，3家爱国主义教育基地正式向社会免费开放，2008年免费开放期间共计接待观众人数达150万人次，其中青少年观众近50万人次。

九是文物对外交流展览也呈现出更加活跃频繁的趋势。继2002年在日本东京、大阪举办了"中国新疆丝绸之路文物特展"之后，2003年新疆文物参加了在美国代顿艺术博物馆、孟菲斯布鲁克斯博物馆举办的"辉煌的丝绸之路：中国古代艺术展"。2004年又与中央电视台、日本NHK合作进行大型纪录片《新丝绸之路》的拍摄等多项文物外展及学术交流合作项目。2005年4月～12月，在日本东京、神户、冈山等地举办"新丝绸之路文物展"。2005年12月～2009年3月在香港文化博物馆举办了"丝路珍宝——新疆文物大展"。2007年10月～2008年6月在德国柏林和曼海姆市举办"中国新疆古代文物展"，圆满完成在德国的展出。筹备选送文物参加了由中国文物交流中心组织的在日本举办的"天马传说与丝绸之路展"，在香港举办的"中国马文化展"。2008年12月6日与台北历史博物馆在台北市联合举办"丝路传奇——新疆文物大展"，开创了新疆台湾两地文物交流的先河。组织开展了新疆文物考古研究所与澳大利亚蒙纳士大学亚洲研究所学术合作项目、与日本综合地球环境学研究所合作对小河墓地出土动植物研究项目，与大英图书馆国际敦煌项目组的合作项目。这一系列活动展示了新疆源远流长多元的民族文化，增强了新疆文化的国际影响力。

十是加强安全保卫和业务培训工作力度。近年来累计投入160余万元用于改善安防设施条件。各级文物部门和单位配合公安部门严厉打击文物犯罪活动，全面推行安全检查制度，消除了重大安全隐患，有效遏制了文物案件的发案率。先后举办了10余期培训班，参加人员达400多人次。选派人员参加了国家文物局举办的博物馆长、考古所所长、维修保护中心主任岗位培训班。选派20多名业务骨干参加了国家文物局举办的各类业务培训班。2008年与北京大学考古文博学院联合举办了新疆文博系统文物鉴定高级研修班。这些举措极大提高了新疆文物系统业务人员的素质，造就了一批学科带头人。

三　几点体会

建国60年来，回顾新疆维吾尔自治区文物事业的发展历程，深深感到在中央、自治区及地方各级党委、人民政府的高度重视下，各级文物管理部门和单位始终坚持"保护为主、抢救第一、合理利用、加强管理"的方针，依法加强文物保护和管理，各项工作取得了新的进展和显著成绩，为文物事业的繁荣发展奠定了坚实的基础。目前，已初步形成了符合新疆文物分布和多民族自治地区特点的法规体系，形成了适应我区文物资源分布、地域特点的保护管理体制，建立了一支由各民族文物工作者组成的专业队伍。

60年来，新疆文物事业取得的成就，归功于党中央和国务院的亲切关怀下，归功于自治区党委、人民政府的正确领导和国家文物局的大力指导帮助下，归功于广大人民群众及社会各方面的倾心关注和热情参与。

60年来，新疆文物事业取得的成就，归功于文物战线的各族文物工作者所付出的血汗和辛劳，这些有志之士用他们的青春和热血为新疆的文物事业艰苦创业、开拓进取、无私奉献。

60年来，在党的民族政策的指引下，新疆文物工作者紧紧抓住文化事业大发展大繁荣的战略机遇期，认真贯彻落实中央国务院、自治区党委、人民政府重大战略部署，积极主动、科学谋划文物事业的发展，保证事业发展的正确方向，坚决贯彻执行《文物保护法》，贯彻落实党和国家的文物工作方针，深入探索全区文物工作规律，用发展的思路、改革的办法，着力研究解决新时期新形势下全区文物事业发展中遇到的新情况新问题，大力加强法制建设，推进理论创新、体制创新、制度创新，增强文物事业发展的生机和活力，使文物保护走上法制化、规范化的轨道。

60年来，新疆文物事业取得显著成绩，尤其是改革开放以来，新疆文物事业的快速发展不仅提升了文物事业的地位和影响力，对于建设社会主义先进文化，推动全面建设小康社会发挥了积极的作用，而且为进一步加快发展建设和谐社会打下了坚实的基础。

与贯彻落实科学发展观的新要求，与建设中国特色社会主义的新发展，与各族人民群众对文化事业的新期待相比，新疆文物事业面临的任务还十分繁重，十分艰巨，一是文物工作的基础依然薄弱，法律法规体系不健全，文物安全形势依然严峻；二是全社会对文物事业的重要地位和作用的认识有待提高；三是文物"五纳入"工作有待于深入落实，有的地方在处理经济建设、社会发展与文物保护的关系上仍有一定偏差，资金投入偏低，与新形势下的文物保护工作不相适应；四是人才队伍整体素质有待提高，文物科研工作薄弱。

在新中国成立60周年新的历史起点上，党和政府赋予我们开创新疆文物工作新局面的要求更高。面对新形势新任务，文物工作者要紧紧围绕中央的战略部署，准确把握文物事业发展面临的形势，统一思想，提高认识，积极稳妥推进文物体制机制创新，增强各级党委、政府和广大文物工作者做好文物工作的使命感、责任感，扎实工作，开拓创新，加快新疆文物事业的繁荣发展。

（执笔人：盛春寿　白建尧　张　青）

中国文物事业60年大事记
编辑说明

一、本大事记是"中国文物事业60年"系列文章的附录，收录自1949年1月至2009年10月中国文物、博物馆事业中重大事件。

二、编撰原则：

（一）尊重历史、实事求是；

（二）大事要事、只记不评；

（三）一事一条、言简意赅。

三、编撰体例：主要为编年体，收录条目主要按时间顺序排列。

四、本大事记收录内容为五个方面：

（一）党和国家领导人视察工作、重要批示、出席重要活动（收录经公开报道的；其中全国人大、政协领导只收录专程视察文物工作的活动）；

（二）国家文物局机构建立、变更和主要领导人任职（含国家文物局直属单位组织机构沿革）；

（三）法律、行政法规、部门规章、重要的规范性文件、有代表性的地方性法规、我国参加的国际公约；

（四）年度重点工作（列入局工作计划并实施完成）；年度重要会议（国务院召开会议、局召开的全国性会议及主办的各类会议）；年度重要外事活动（政府间合作及签署双边协议、国际组织重要活动、重要外展、合作培训）；

（五）全国范围文物、博物馆领域经公开报道的重大事件。

五、参考资料主要包括：国家文物局政府网站、《文物工作》、《中国文物报》、《中国文物年鉴》、《中华人民共和国文物博物馆事业纪事》、《中国文化遗产保护成就通览》、《文物法规及规章制度选编》、《国家文物局暨直属单位组织机构沿革及领导人名录》、《国家文物局预算、财务制度汇编》、《博物馆工作手册》、《国家文物局四川汶川特大地震抗震救灾工作文件汇编》、《"学习贯彻十七大精神　推进文化遗产事业科学发展"专题调研报告》等。

国家文物局办公室

2009年11月

中国文物事业60年大事记

国家文物局

1949年

1月16日　毛泽东主席在为中共中央革命委员会起草的关于积极准备（北平）攻城部署给平津前线总前委聂荣臻等负责人的电报中，强调指出："此次攻城，必须作出精密计划，力求避免破坏故宫、大学及其他著名而有重大价值的文化古迹。"

1月31日　北平和平解放。中国人民解放军北平市军事管制委员会和北平市政府进驻办公。军管会的文化接管委员会设有文物部，由尹达任部长，王冶秋任副部长，李枫、于坚、罗歌为联络员，负责接管市内的文物、博物馆、图书馆等单位事宜。自2月中旬至3月初，文物部先后接管了故宫博物院、北平图书馆、北平历史博物馆、北平文物整理委员会等单位。

2月7日　国立北平故宫博物院重新开放。

2月11日　北平市军事管制委员会派文物部罗歌等进驻国立北平故宫博物院担任联络工作。19日又派钱俊瑞等代表到故宫进一步商议并办理接管事宜。3月6日在故宫博物院太和殿召开接管大会，尹达宣布故宫正式接管，马衡留任院长，全体工作人员均留原工作岗位工作，职、薪不变。

2月18日　冀鲁豫行政公署印发《关于文物古迹征集管理问题的决定》，对文物发掘、文物古迹的征集范围、管理机构、保管办法等，都作了具体规定。

2月19日　北平市军事管制委员会文化接管委员会文物部接管北平文物整理委员会工程处。11月改名为北京文物整理委员会。

2月　东北文物保管委员会决定成立东北文物管理处。东北文物保管委员会于1948年4月在哈尔滨成立。

3月1日　国立北平故宫博物院总务处成立测绘室，对故宫内古建筑进行普查，并对乾隆花园进行测绘。经调查研究，故宫博物院开列修缮工程21项，其中用票款修缮工程12项，其余由文化接管委员会拨专款修缮。首先修缮的有乾隆花园、畅音阁、造办处大库、西六宫屋顶保养等工程。

3月2日　北平市军事管制委员会派尹达、王冶秋为军代表，于坚为联络员，接管北平历史博物馆，宣布韩寿萱留任馆长，其他工作人员将继续留用。要求清点全部藏品上报并按照社会发展规律组织新的历史陈列，使博物馆办成民族的、大众的、科学的社会教育机构。10月1日北平历史博物馆改名国立北京历史博物馆，隶属中央人民政府文化部。北平历史博物馆原名国立历史博物馆，创建于1912年，是中国第一个国立博物馆。

3月16日　北平文化接管委员会邀请郭沫若等10余位文化界人士，在北京饭店举行座谈会，讨论文物保护问题。

3月　中国人民解放军有关部门请清华大学梁思成主持，由国立清华大学和私立中国营造学社合设建筑研究所编写的《全国建筑文物简目》一书，正式发往部队，要求南下大军在作战及接管时，对古建文物注意加以保护。此《简目》后由华北人民政府高等教育委员会、中央人民政府文化部多次印发。

4月8日　华北人民政府发布《为禁运古物图书出口令》。

4月19日　中国人民解放军总司令朱德参观视察国立北平故宫博物院。

4月25日　中国人民革命军事委员会主席毛泽东、中国人民解放军总司令朱德发布《中国人民解放军布告》，宣布中国共产党、中国人民解放军和全国人民共同遵守的约法八章，其中第四条规定："保护一切公私学校、医院、文化教育机关、体育场所和其他一切公益事业。"早在1948年中共中央军事委员会就颁布了八条入城纪律，其中第四条明确规定："保护学校、医院、科学文化机关及城市公共设备、名胜古迹和建筑工业。"同年，中国人民解放军华北野战军第一兵团发布布告，其中第十条为："一切公营企业工厂公共建筑，文化教育机关（学校、报馆、图书馆、民教部、博物馆等）社会公益机关以及名胜古迹均需周加保护，严禁拆毁、破坏、盗窃，违者依法惩处。"

4月26日　中共中央宣传部电告中共中央华东局、第三野战军政治部，要求保护国立北平故宫博物院南京分院的文物。

4月28日　中共中央宣传部电告中共中央华东局，请保护宁沪古书等物。

5月7日　国立北平故宫博物院南京分院由南京市军事管制委员会高等教育处接管。该分院成立于1937年1月。1953年3月，文化部社会文化事业管理局决定故宫博物院南京分院收归故宫博物院领导。1954年7月，南京分院改为南京办事处。1959年5月改为南京库房，10月，经文化部批准，移交江苏省文化局管理。

5月17日　华北人民政府发布《为古玩经审查鉴别后出口令》。

同日　南京市军事管制委员会发布《关于保护公共财产、文化机关及名胜古迹的布告》。

6月6日　北平市军事管制委员会文化接管委员会文物部并入华北人民政府高等教育委员会，改称图书文物处，王冶秋任处长。原所接管的文物、博物馆等单位随同划归该委员会领导。

6月7日　周恩来副主席听取有关文物管理组织和整理散佚文物等问题，赞同郑振铎提出的保护和管理文物的建议。这是新中国文物事业的最初规划。

6月10日　冀鲁豫行政公署民政处通知各地调查名胜古迹应注意的事项。要求各地调查时，应注意名胜古迹之历史文化价值及现存情况，凡确实有保护价值的，要注明其历史渊源及文化价值。

6月22日　上海市军事管制委员会派代表正式接管上海市立博物馆并举行接管仪式。9月改名为上海市历史博物馆。1951年11月14日并入上海博物馆筹备委员会。

7月7日　东北博物馆开馆。该馆前身为1935年6月建立的伪满州国"国立博物馆"。抗战胜利后，定名为国立沈阳博物院，并成立国立沈阳博物院筹备委员会。1948年沈阳解放，由人民政府接收，并在此基础上筹建东北博物馆。1959年1月更名为辽宁省博物馆。

同日 南京市军事管制委员会在中央博物院筹备处举办的"中国西南部及南部少数民族文物展览"开幕。之后又举办"西南气候地理医药卫生及少数民族文字展览",以配合中国人民解放军进军西南。

7月15日 西北军政委员会文教委员会接管陕西省历史博物馆,该馆于1944年6月在西安建立,馆址设在西安碑林,并兼管碑林前的孔庙。1950年5月后更名为西北历史文物陈列馆、西北历史博物馆。1955年6月1日更名为陕西省博物馆。

8月26日 甘肃兰州解放。中国人民解放军第一野战军司令员兼政治委员彭德怀专门召开部署文物保护工作会议,提出重点保护敦煌石窟。

8月 北京大学文学院开办博物馆专修科,1952年全国院系调整时撤销。同年,北京大学历史系成立考古专业。

8月 上海市军事管制委员会批准成立上海市古代文物管理委员会(翌年1月20日改名为上海市文物管理委员会。1955年2月改名为上海市文物保管委员会)。

9月11日 国立北平故宫博物院、国立北平图书馆、北平历史博物馆、北平文物整理委员会发表启事:"北平解放后,我们四个文物……有了'向人民'、'为人民'的明确方针任务,……现在开辟了十一个新的陈列室于十一日同时开放。"11个陈列室即故宫的"帝后生活陈列室"、"禁书陈列室"、"纺织陈列室"、"玉器陈列室";国立北平图书馆的"美帝侵华史料展览室"、"抗日史料展览室"、"赵城金藏展览室";历史博物馆的"人民捐献文物陈列室"、"新收文物陈列室"、"景县新出土古物陈列室";文物整理委员会的"中国古建筑法式图片展览室"。

9月27日 周口店北京猿人遗址发掘工作(中断12年)重新开始。发掘主持人是贾兰坡和刘宪亭。

9月30日 中国人民政治协商会议第一届全体会议通过决议,在北京天安门广场建立人民英雄纪念碑,毛泽东主席为纪念碑奠基、题写"人民英雄永垂不朽"并撰写碑文,周恩来副主席书写碑文。纪念碑于1952年8月1日动工兴建,1958年4月竣工,同年五一国际劳动节举行揭幕典礼。

10月1日 中华人民共和国中央人民政府成立。

10月11日 中共中央宣传部向各中央局、分局宣传部印发《关于收集革命文物的通知》。

11月1日 中央人民政府文化部成立,设一厅六局,文物局是其中之一。文物局是以华北人民政府高等教育委员会的图书文物管理处为基础建立的,负责指导管理全国文物、博物馆、图书馆事业。局机关设在北海团城。文物局设有办公室、图书馆处、博物馆处、文物处和资料室。

11月9日 中央人民政府教育部致函文化部,将前华北人民政府高等教育委员会所属故宫博物院、北京历史博物馆、北京图书馆、北京文物整理委员会划归文化部领导。

11月26日 内蒙古自治区人民政府印发《关于收集革命文物的命令》。

11月 浙江省古代文物保管委员会成立。

11月 河南省博物馆划归河南省教育厅管理。该馆1927年7月筹建于开封。1928年~1930年期间曾改为民族博物馆。1961年7月18日迁郑州。

11月 湖北省文物整理保管委员会成立。

12月16日　中央人民政府政务院任命郑振铎为文化部文物局局长，王冶秋为副局长。

12月　上海市古代文物管理委员会致函上海海关，如发现偷运古物出口嫌疑时通知古代文物管理委员会，以便会同进行鉴定和处理。

12月　文化部派文化部文物局局长郑振铎等赴南京，参加政务院指导接收工作委员会华东工作团文教组，由郑振铎任组长。此行决定：1.将暂存故宫博物院南京分院的"南迁文物"万余箱全部运回北平分院，并立即开始筹运第一批文物。2.对国民党中央党政各部委遗留的档案、图书全部集中整理不得分散，并立即开始工作。后成立中国第二历史档案馆。3.中央博物院、中央图书馆的隶属、定名、领导班子等事宜。4.撤销北平图书馆、中央图书馆两驻沪办事处。

1950年

1月9日　西北军委委员会印发《重视文物的保护与管理的通知》，指出文物是历代劳动人民的遗产，各级干部必须自觉加以保护和管理。

1月19日　广东省人民政府印发《饬令各专区、县不得随便拆除城墙的通令》。

1月26日　国立北平故宫博物院将抗战时南迁文物陆续从南京运回北京，第一次运回1500箱。2月17日故宫博物院拣选返京文物180件举办"文物特展"。1953年5月运回716箱，1958年9月运回4027箱。

1月28日　内蒙古自治区人民政府指示各地，要妥善保管各寺庙所藏的蒙文和藏文经典，从而使大批具有文物价值的蒙文、藏文经典得以保护。

1月　《文物参考资料》创刊。该刊为内部不定期刊，由文化部文物局资料室编辑。1953年改为月刊。1957年1月《文物参考资料》的编辑、出版和发行工作移交文物出版社。1959年1月改刊名为《文物》，仍为月刊。

2月5日　广东省人民政府印发《关于防止古文物偷运出口的通令》。

2月24日　文化部文物局在北京召开文物管理工作会议，出席会议的有文物局局长郑振铎，还有郭沫若、梁思成等专家、学者。会议讨论了《为禁运文物图书出口令》、《为保护全国各地公私有古迹文物图书令》、《保护有关革命历史文化建筑物暂行办法》及《古文化遗址及墓葬发掘暂行办法》等文物法令。

2月25日　中央人民政府文化部制定了《中央人民政府文化部组织条例》。其中第四条（三）规定文物局主管全国文物之管理事宜。具体掌管下列事项：1.关于全国图书馆、博物馆之管理与指导事项；2.关于文物之登记、搜集、发掘研究与鉴定事项；3.关于古代建筑、陵墓及有关革命文化史迹建筑之保护与修缮事项；4.关于具有重大历史、文化、革命史迹价值之图书馆、博物馆之筹建与设置事项；5.关于古物、图书出口之审定、管理与交换事项；6.其他有关文物之管理事项。

2月26日　文化部拟订7种调查表，发至各省市文教机关、图书馆、博物馆及文物保管委员会进行填报，以了解全国各地图书馆、博物馆、重要文物、名胜古迹以及文物史料和革命建筑物的现状。

2月　国立北平故宫博物院更名为国立北京故宫博物院。

3月7日　中共中央宣传部和文化部批准，国立革命博物馆筹备处在北京团城成立。文化部文物局副局长王冶秋兼筹备处主任。7月29日更名为"中央革命博物馆筹备处"。8月迁至故宫博物院西华门宝蕴楼办公。

3月　文化部文物局就国立北京历史博物馆的陈列方针下达指示,首次提出在陈列中要贯彻科学性、思想性、艺术性的"三性"方针。

3月　浙江省文物管理委员会正式成立。

4月8日　西北军政委员会文化部内设社会文化事业管理处,1951年3月改为文物处。1952年11月西北军政委员会改为西北行政委员会,下设西北文化局,统一管理西北各省、区的文物工作。

4月10日　国立北京故宫博物院管理的太庙,移交北京市总工会使用,改称北京市劳动人民文化宫。其中的文物运回故宫博物院保存,故宫图书馆太庙分馆关闭。

4月11日　中国科学院郭宝钧率领考古发掘团进行殷墟考古发掘工作(中断13年)。发掘了武官村大墓,出土虎纹石磬等一批珍贵文物。

4月30日　周恩来总理视察国立北京故宫博物院西路养生殿和西六宫陈列。

同日　文化部文物局应捷克斯洛伐克政府邀请,选送国立北京故宫博物院155件展品参加该国举办的"中国月展览"。展览结束后又赴波兰、罗马尼亚、匈牙利、保加利亚和阿尔巴尼亚等国巡回展出。

4月　内务部通令各地,在开展为革命烈士立碑建塔、扫墓植树活动的同时,广泛征集革命文物史料和烈士遗物、遗著等。在此期间,西北军政委员会决定在延安筹建革命纪念馆,并修建烈士陵墓和纪念塔。另在山东胶东、广东、上海、北京、天津、锦州、南京等地开展立碑、建馆等纪念活动。

5月1日　北京大学将李大钊和毛泽东工作过的地方——北京沙滩红楼办公室,辟为"李大钊先生纪念堂"和"毛主席在校工作处"。1961年国务院公布北京大学红楼为全国重点文物保护单位。

5月20日　浙江省人民政府颁发《关于保护历代文物的决定》。

5月24日　中央人民政府政务院发布命令,规定古迹、珍贵文物、图书及稀有生物保护办法。同时颁发《禁止珍贵文物图书出口暂行办法》(因政务院财政经济委员会提出修改意见由中央人民政府文化部于1951年6月6日公布)、《古文化遗址及古墓葬之调查发掘暂行办法》两个文件。

5月　中央人民政府文化部与西北军政委员会商定将成立于1943年的国立敦煌艺术研究所更名为敦煌文物研究所,由中央人民政府文化部和西北军政委员会文化部双重领导,常书鸿任所长。1984年在该所的基础上建立敦煌研究院,段文杰任院长。

6月2日　文化部文物局召开有关图书编制分类法座谈会。会议由文化部文物局局长郑振铎主持。会议对编制新分类法的理论问题和技术问题进行了讨论,并决定成立分类法工作小组。

6月6日　文化部文物局局长郑振铎发表重要讲话,要求各地机关、部队、团体和人民中的积极分子一致注意保护古迹文物。

6月9日　河北省文物保管委员会成立。

6月13日　文化部颁发《国立北京故宫博物院暂行组织条例》,规定故宫"承中央人民政府文化部文物局之领导",负责"所有之古物、图书、文献之整理保管、研究、展览等事宜"。

6月14日　国家副主席刘少奇在人民政协第一届全国委员会第二次会议上所作的《关于土地改革问题的报告》中特别提到："各地名胜古迹，历史文物，如无人管理而又需要派人整理者，当地人民政府必须注意派人管理，不使破坏。"

6月16日　中央人民政府政务院发布《关于征集革命文物的命令》，要求全国各级人民政府普遍征集一切有关革命的文献与实物，妥交国立革命博物馆筹备处或大行政区或省市文教主管机关保管。1951年7月中共中央向全国印发《中央关于收集党史资料的通告》，号召"一切存有革命文物的同志，向革命博物馆踊跃捐献"。

6月19日　文化部文物局在北京举办"解放以来新收善本书籍展览"。展品自唐迄清代珍贵版本和历代手抄本。

6月　中央财经委员会印发《关于各地区在各项工程中应普遍注意古文化遗址的通知》。

7月6日　中央人民政府政务院印发《关于保护古文物建筑的指示》。

同日　上海市文物管理委员会开展古文物建筑调查。确定点春堂、内园等49处为保护单位，并在所在地张贴市政府布告。

7月8日　中南军政委员会文化部设文物处。

7月11日　中央人民政府政务院颁布《禁止珍贵文物图书出口暂行办法》。

7月13日　东北人民政府印发《关于保护古文物建筑办法的指示》。

7月15日　华东军政委员会文化部向文化部文物局报告上海筹设鲁迅纪念馆的计划。8月4日周恩来总理批示同意该计划，并为上海鲁迅纪念馆题写馆名。翌年1月7日上海鲁迅纪念馆在鲁迅故居旁成立。

7月21日　文化部文物局组织雁北文物勘查团，勘查团分考古、古建两组对山西山阴县南广武城北汉墓群进行调查。调查成果形成《雁北文物勘查团报告》一书，文化部文物局局长郑振铎为报告作序《重视文物的保护、调查、研究工作》。

7月29日　政务院通知各地，《古文化遗址及古墓葬之调查发掘暂行办法》、《关于保护古文物建筑的指示》、《为征集文物令》三个文件，作为轮训土改工作人员学习土改法令之参考文件。

7月　北京文物整理委员会编订《北京文物建筑等级评定表》。

8月1日　中国科学院考古研究所成立，文化部文物局局长郑振铎任所长。

8月17日　周恩来总理到故宫太和殿审查赴前苏联"中国艺术品展览"。

8月20日　河南省文物保管委员会成立。1953年1月文管会撤销。1984年成立河南省文物保护管理委员会。

8月22日　文化部文物局局长郑振铎主持召开博物馆工作座谈会。会议讨论了博物馆的任务及与文化馆、科学馆的区别和博物馆人才培养等问题。

同日　西北军政委员会文化部印发《保护文物古迹办法并扩大宣传的函令》，要求所属省市认真贯彻执行，切实加强文物古迹的保护管理工作。

10月1日　苏联部长会议邀请"中国艺术品展览"在莫斯科开幕。

10月1日　文化部文物局局长郑振铎在《文汇报》上发表《给"古董"以新生命》的文章。

10月2日　文化部文物局在北京北海团城承光殿举办"庆祝国庆文物展览"，展出一年来新收集到的重要文物。

10月10日　北京图书馆、博物馆及文物工作者百余人在中国社会科学研究会联合办事处礼堂举行抗美援朝座谈会。会议通过《北京市图书馆、博物馆、文物工作者抗美援朝宣言》。

10月11～16日　文化部文物局在北京召开各大行政区文物处长会议。文化部沈雁冰部长讲话，局长郑振铎作《一年来的文物工作及今后工作方向》报告。会议讨论了图书馆事业发展方向、博物馆发展计划、文物保管委员会及人才培养等问题。

10月17日　苏北历史文物保管委员会在江苏扬州成立（1951年改称苏北文物管理委员会）。

10月21日　西南军政委员会文教部印发《为保护修建成渝铁路发现古物致各省（署）人民政府通知》。

10月　中国科学院考古研究所派出由夏鼐任团长的考古工作团，前往河南辉县琉璃阁、固围村等地点进行大规模考古发掘。至1952年，在琉璃阁首次发现商代遗址。

10月　政务院颁布《关于在基本建设工程中保护历史及革命文物的指示》。

11月22日　西南军政委员会印发《为保护文物致成渝铁路工程局通知》，要求迅速转知各工务段，在施工中注意保护文物。

11月　故宫博物院所属景山整个建筑交拨解放军卫戍部队使用。1955年3月由北京市园林局接管，5月1日对外开放。

12月1日　河南省人民政府文教厅印发《关于在土地改革期间必须切实做好保护民族文物的通知》。

12月15日　西南军政委员会文教部印发《为保护各地文物致各省（署）人民政府通知》。

12月16日　山东省人民政府印发《关于加强与建立各地古代文物管理机构的指示》。

12月21日　西南军政委员会文教部印发《为减租退押期中应注意文物破坏、散失致各省（署）人民政府通知》。

12月25日　中国人民保卫世界和平反对美帝侵略委员会主办的"抗美援朝保家卫国展览"在故宫太和殿开幕。

12月　第一期治理淮河工程开始。经过华东军政委员会文化部批准，在治淮委员会下，成立治淮文物工作小组，开展文物保护收集工作。

1951年

1月8日　根据文化部指示，由文化部文物局、国立北京故宫博物院、颐和园三方，对颐和园北返文物进行的鉴定、提选、分配工作全部完成。

1月11日　华东军政委员会文化部文物处、上海市历史博物馆与南京市各文教机关联合举办的"太平天国起义百周年纪念展览"在上海跑马厅展出。

1月29日　河南省人民政府文物保管委员会、河南省治淮总指挥部联合印发《配合治淮工程进行保护古迹文物的通知》。

2月2日　毛泽东主席写信给文化部文物局局长郑振铎，将著名史学家姚虞琴赠送的王夫之手迹《双鹤瑞舞赋》卷由文物局转交故宫博物院收藏。

2月6日　国立北京历史博物馆的"原始社会陈列"在故宫午门外东朝房正式开放。这是中国博物馆最早尝试运用历史唯物主义观点组织历史陈列。在筹办期间，文化部文物局召开座谈会（1950年8月23日），局长郑振铎在会上指出：陈列要有正确的理论作基础，以实物为主，模型、图片为辅，布置上力求朴实。

2月21日　教育部召开座谈会讨论高等学校中图书馆、博物馆学系设置问题。

3月9日　山东省古代文物管理委员会召开济南市古玩商人座谈会。会议号召古玩业要保护祖国文物，杜绝文物外流。

3月22日　中央革命博物馆筹备处在《文物参考资料》上刊登启事，向全国各大行政区征集土地改革中的文献资料和实物。

3月31日　川西人民行政公署第十七次行政会议通过《川西区保护历代古迹文物暂行办法》。5月5日又印发《关于保护文物的补充指示》。年内，川南人民行政公署也指示各地成立文物保管委员会。

3月　文化部对国立北京历史博物馆的陈列方针指示如下：中国通史陈列以科学的历史观点和方法，将中国历史发展按年代、事件、人物布置陈列；设立物质文化专题陈列室、对生产工具、建筑、科学发明等历史上物质文化的发展过程予以系统陈列；并将考古材料作科学陈列。陈列中应贯彻科学性、思想性、艺术性。

3月　文化部向周恩来总理和文化教育委员会主任郭沫若报告，申请拨专款用于在香港抢救文物，并在香港成立收购小组。文化部文物局正式成立"香港秘密收购小组"，由徐伯郊、沈镛、温康兰三人组成。

4月13日　敦煌文物研究所在国立北京历史博物馆举办"敦煌文物展览会"。文化部部长沈雁冰等陪同各国驻华使节参观。文化部文物局局长郑振铎在《人民日报》上发表题为《敦煌文物展览的意义》的文章。

4月20日　文化部在1950年文化艺术工作报告与1951年计划要点中对图书馆、博物馆事业提出如下要求："整顿并充实中央、各大行政区及省市现有的图书馆，在有条件的村镇设立图书馆，发展农村图书网"。"整顿并充实中央、各大行政区及省市现有的博物馆、科学馆，筹设中央革命博物馆，在有条件的大行政区或省市筹设地方的综合博物馆。"该文件还提出：有步骤、有重点地改造旧有的文化艺术事业方针。

5月4日　文化部印发《关于政府所属文化事业机构概不再冠以"国立"、"省立"、"县立"等字样的通知》。

5月7日　文化部、内务部颁布《关于管理名胜古迹职权分工的规定》、《关于地方文物名胜古迹的保护管理办法》及《地方文物管理委员会暂行组织通则》。

5月15日　"中国艺术展览会"在德国柏林国立博物院开幕。

5月16日　中央人民政府政务院印发《关于带有歧视和侮辱少数民族性质的称谓、地名、碑碣、匾联处理办法的指示》。

6月2日　轻工业部发布《关于禁用旧版书做纸浆原料的通报》。

6月7日　政务院文教委员会在中国科学院举行嘉奖典礼，表彰敦煌文物研究所工作人员自

1943 年起八年在艰苦条件下对莫高窟壁画临摹和研究等工作所做的贡献。

同日　西北军政委员会文化部印发《关于防止发现文物的流散破坏和加强统筹保管的通知》，要求所属各地在土改反霸斗争中必须注意保护文物，各级政府要指定专门干部负责文物调查和征集工作。

6 月 28 日　北京历史博物馆与中国科学院考古研究所联合在北京举办的"安阳殷墟考古发掘的文物陈列"开幕。

6 月　国立北京故宫博物院改称故宫博物院。

6 月　陕西西安市人民政府发布《关于认真保护文物古迹的通告》，对保护管理西安市的文物古迹提出了具体规定和要求。

6 月　文化部文物局组织专家从本月到 9 月对甘肃省敦煌莫高窟进行全面勘察，提出保护维修方案。国务院拨出专款，分四期对莫高窟进行大规模维修加固。

7 月 1 日　中央革命博物馆筹备处筹办的"中国共产党 30 周年纪念展览"（"七一展览"）在故宫武英殿展出。

7 月 20 日　北京市人民政府文教委员会召开文物座谈会，副市长吴晗主持会议。会议强调当前文物工作以保护、抢救为重点。

7 月　中共中央印发《中央关于收集党史资料的通知》，"号召一切存有革命文物的同志，向革命博物馆踊跃捐献"。

7 月　北京市人民政府政府文教委员会文物调查组成立，傅振伦任主任。

8 月 1 日　贵州省文教厅成立文物审定委员会，负责鉴定文物真伪，评定文物收购价格。

8 月 21 日　文化部印发通知：政务院饬令严格执行《禁止珍贵文物图书出口暂行办法》。

同日　文化部办公厅印发《关于使用废置的庙宇改为学校问题》的通知。

9 月 10 日　中南军政委员会印发《关于健全各级文物管理委员会与加强保护文物图书手迹的指示》。

9 月 22 日　文化部决定文物局与科学普及局合并，成立社会文化事业管理局。社会文化事业管理局除负责原文物局主管的文物、博物馆、图书馆事业外，增管文化馆事业。

9 月　文化部文物局举办"伟大的祖国建筑展览"在北京历史博物馆展出。

10 月 1 日　文化部正式成立社会文化事业管理局。

10 月 2 日　文化部社会文化事业管理局同故宫博物院等单位在故宫太和殿举办"伟大祖国古代艺术展览"，同时还举办"抗美援朝保卫和平展览"。

10 月 18 日　中共湖北省委宣传部、湖北省人民政府文教厅转发省文物管理委员会《关于在土改工作中必须重视文物古迹，加强保护管理的通知》。

同日　中国科学院考古研究所夏鼐副所长带领工作队到长沙调查和发掘古墓葬，历时四个月，共清理古墓葬 162 座。这是中华人民共和国成立后湖南省对古墓葬首次进行科学发掘。1957 年出版《长沙发掘报告》。

10 月 27 日　文化部印发《对地方博物馆的方针、任务、性质及发展方向的意见》。提出：博物馆事业的总任务是进行革命的爱国主义教育；鉴于目前国家经济情况，博物馆事业仍应以改造原有的为主，仅在博物馆事业仍应以改造原有的为主，仅在个别有条件地区得筹建新的博物馆；各大行政区或省市博物馆，应当是地方性的和综合性的。即以当地的"自然富源"、"民主建设"、"历史发展"三部分为陈列内容，使之与地方密切结合。但同时又要注意全国性与地方性的配合。

11月4日　"中国文化艺术展览会"在印度首都新德里开幕。展览包括敦煌壁画复制品、介绍新中国情况的木刻和摄影以及公元前8世纪的手工艺品三部分。

11月12日　上海孙中山故居首次对外开放。

11月18日　文化部社会文化事业管理局副局长王冶秋和故宫博物院院长马衡、上海文物管理委员会副主任委员徐森玉赴香港，以48万港币重金赎回《中秋帖》和《伯远帖》。同年12月二帖入藏故宫博物院。

12月11日　北京市人民政府公布《北京市发现古物古迹暂行处理办法》。

12月14日　政务院任命郑振铎文化部社会文化事业管理局局长，王冶秋、王书庄为副局长。

同日　文化部、外贸部联合印发《关于选存各地收集废铜中古物的通知》。

12月17日　云南省文教厅文物保管委员会印发征集革命文物及古文化遗物启事。

12月25日　文化部社会文化事业管理局、北京大学历史系与中国科学院考古研究所召开1952年全国考古工作座谈会。

12月　《中国考古学报》复刊（该刊后改名为《考古学报》）。

1952年

1月6日　国家副主席刘少奇视察南京博物院。

5月14日　文化部、教育部联合决定各地人民文化馆划归文化部门领导，并确定文化馆的中央领导机关为文化部社会文化事业管理局。

8月8日　文化部印发收回故宫文物的通知。通知规定："为了保存这些古代最优秀的文化遗产，经报请政务院文教委员会批准，凡在各地'三反'、'五反'运动中发现的故宫文物，其已判决没收和已由当地政府收回的，均应及时送缴中央，拨还故宫博物院集中保管。"

8月11日　文化部社会文化事业管理局、中国科学院考古研究所和北京大学联合举办的第一期考古工作人员训练班开学。社会文化事业管理局博物馆处处长、考古学家裴文中任训练班主任。训练班经过三个月课堂学习和田野实习，于11月结业，本期共71人。该训练班自1952年~1955年，每年举办一期，共办四期，学员341人。

8月28日　湖南省人民政府公布《湖南省名胜古迹保护暂行办法》。

9月18日　新疆省人民政府印发《关于保护文物古迹的通令》。

10月　文化部社会文化事业管理局责成北京文物整理委员会举办第一期古建筑培训班。其后1954年2月、1964年4月、1980年9月又举办了三期。四期学员共127人。

11月1日　毛泽东主席在河南视察安阳殷墟。

11月22日　毛泽东主席在河北视察保定古莲池，对拆除改造古建筑提出批评并作重要指示，一定要把名胜古迹保护好。

12月5日　政务院任命刘平为文化部社会事业管理局副局长。

12 月 21 日　上海博物馆开馆。该馆为综合性艺术博物馆。

12 月 28 日　文化部社会文化事业管理局副局长王冶秋到浙江绍兴视察工作，了解绍兴鲁迅纪念馆筹建情况后指出，纪念馆征集文物应以收集当年故居遗物为主，对一般历史文物也应仔细调查，全面收集后再作整理。

本年　文化部报政务院周恩来总理批准，财政部逐年拨专款，用于重点文物保护维修、重点考古发掘和珍贵文物收购三项，并规定了专款专用、不得挪用、允许跨年使用等原则。

本年　文化部、中国科学院共同支持北京大学创办历史系考古专业。

本年　文化部社会文化事业管理局组织翻译苏联 1950 年出版的地志博物馆具有工作经验总结性质的五种文件，作为文献资料印发全国各地文博机构学习参考。这五种文件是：《关于地志博物馆科学研究、搜集、陈列与文化教育基本条例》、《地志博物馆的陈列方法——历史之部》、《地志博物馆的陈列方法——苏维埃时期之部》、《地志博物馆的陈列方法——自然之部》、《地志博物馆苏维埃时期材料的搜集工作》。

1953年

1 月 1 日　周恩来总理参观东北烈士纪念馆时指示：革命先烈抛头颅，洒热血，才换得了人民的解放和胜利，要广泛地宣传革命的历史和烈士们的英雄事迹，教育人们，并为纪念馆题词"革命烈士永垂不朽"。

1 月 20 日　浙江省人民政府发布《为配合基本建设做好文物保护工作》的命令。

1 月　文化部社会文化事业管理局局长郑振铎提出将局办公所在地北海团城被八国联军烧毁的衍祥门予以重建。由罗哲文、于倬云、李良姣共同组织设计施工，重建工程于当年 11 月完工。这是中华人民共和国成立后首次对古建筑按原状进行重建。

2 月 6 日　文化部印发《在修缮革命建筑及成立革命纪念馆时应以恢复原状为原则的通知》。

2 月 23 日　毛泽东主席视察江苏南京紫金山天文台。

3 月 6 日　出版总署印发《关于新华书店中南总分店及所属分支店收购旧书画作废纸出售的错误通报》。通报指出，收购的旧书中有经、史、子、集、县志、族谱、明版和殿版书籍……这些旧书古籍都是我们先人留下的文化遗产，即使是许多封建落后的旧书籍中也有其史料价值，不仅不应销毁而应有计划地保存。

3 月 25 日　文化部社会文化事业管理局为提高博物馆工作人员的业务水平，特由故宫博物院、北京历史博物馆、中央革命博物馆筹备处及中央自然博物馆筹备处，组成博物馆业务学习委员会。在成立大会上，局长郑振铎讲话，并请翦伯赞作参观苏联博物馆印象的报告。

3 月 30 日　贵州省文化局及省博物馆编印《文物政策法令》5000 册，发至各专、县（市），并由省博物馆的工作组带到各地，直接向群众宣传文物保护政策。9 月印发宣传文物保护标语 9 种共 9 千张，在全省各地张贴。

3 月 31 日　轻工业部印发通知，要求所属单位在进行基本建设时，如发现有历史价值的建筑物及地下文物，应随时与文化部社会文化事业管理局联系并注意保护。

4 月 27 日　北京市副市长吴晗、文化部社会文化事业管理局局长郑振铎，召集关于建立首都历史与建设博物馆的会议。

5月14日　粮食部发出指示："在建仓建厂工作中切实保护有价值的古代文物"。

5月29日　文化部通知各地图书馆、博物馆、文化馆的名称一律称"××省（市、县、区）图书馆、博物馆、文化馆"。

5月　文化部社会文化事业管理局局长郑振铎将其多年收藏隋陶黄釉牛车、唐画彩女舞俑、持笙女俑、三彩马等陶俑、瓷器506件捐献国家，后拨交故宫博物院。

6月4日　文化部社会文化事业管理局通知各省市文化局拨专款收购抢救濒于毁灭而有参考价值的书籍文献。收购范围为有关革命的或科学的书籍杂志，或明代及明代以前刊印的残本书籍。

6月27日　河南郑州市人民政府召开由建设部门和宣传教育部门30余人参加的保护文物工作会议。文化部社会文化事业管理局指出郑州市地下文物丰富，要求各有关部门密切配合，做好文物发掘和保护工作。

7月10日　内蒙古自治区人民政府发布《关于保护文物古迹的指示》。要求各有关部门对一切具有历史艺术价值的建筑、革命文物、古生物化石、古代图书，必须妥善保护。

8月3日　青海省人民政府印发《为在基本建设工程中发现古文化遗址、古墓葬及古文物时，切实做好保护工作》和《为保护古文物建筑》的通知。

8月21日　北京万里长城八达岭段修复工程开工，10月竣工。

9月11日　上海市人民政府发布通告，在各项工程中做好保护文物工作，如发现古墓及文物出土，由建设部门及时与市文物管理委员会联系，以便赴现场勘查。

9月21日　中国猿人陈列馆在北京市房山周口店遗址旁建成开馆。除室内展览外，观众还可参观周口店遗址。1971年陈列馆进行扩建，更名为北京猿人展览馆。

10月12日　中央人民政府政务院印发《关于在基本建设工程中保护历史及革命文物的指示》。

11月1日　文化部社会文化事业管理局从征集的历代名画中选出隋唐至明清的杰作500余件，在故宫博物院绘画馆首次展出。同日，局长郑振铎在《人民日报》上发表《中国绘画优秀传统》，在《光明日报》上发表《中国古代绘画概述》。

11月9日　文化部部长办公会议决定，社会文化事业管理局与办公厅合署办公。副局长王书庄调任办公厅副主任（1954年4月8日政务院通过任命）。

12月21日　文化部第三十七次部长办公会议，讨论《故宫博物院整顿改革方案》。提出故宫博物院的陈列方针，首先应以能充分表现中国历代艺术为主，同时注意现代的少数民族艺术品陈列，设立国际礼品馆，可先举办国际礼品展览。

本年　文化部印发《关于保护热河承德古建筑及文物的通知》。

1954年

1月30日　文化部社会文化事业管理局局长郑振铎邀请纺织部、卫生部、水利部、机械部的专家，讨论如何配合洛阳城市建设，保护和勘察文化古迹。4月发现汉河南县城，并对洛阳汉魏故城进行调查。

同日　文化部颁布《关于私人坟墓发现文物处理办法》，规定：一、基建过程中所迁无主坟发现文物，由文化主管部门清理，出土文物国有。二、基建中所迁有主坟或私人迁坟发现文物时，原则上出土文物国有，分别具体情况可动员墓主捐献，必要时捐献后给资金，或由政府收购。

1月　文化部社会文化事业管理局局长郑振铎著《基本建设与古文物保护工作》出版。

1月　绥远省与内蒙古自治区合并，撤销绥远省建制。内蒙古自治区文物工作组成立，负责全区文物保护工作。

2月15日　故宫博物院制定《整理历史积压库存物品方案》和《清理非文物物资暂行办法》。

2月　社会文化事业管理局迁至东四头条文化部内办公，有关行政、财务、党团和人事工作与文化部办公厅、人事司合并。

3月22日　文化部、海关总署联合印发《关于特种工艺品出口办法之规定的通知》，规定非现在生产的特种工艺品应视为文物，一律按文物出口法令之规定办理。现在特种手工艺工业中生产的具有民族色彩及高度艺术价值且产量极少的特种工艺品或古物复制品，须经有关机关鉴定、审查、批准后始得出口。

4月8日　文化部决定在北京鲁迅故居东侧筹建鲁迅纪念馆。叶剑英题写馆名。

4月14日　故宫博物院试行《故宫博物院整顿改革方案》，确定故宫为"艺术性博物馆"，要在普及与提高相结合以普及为主的方针下，首先进行中国艺术品陈列；既要组织好古代文物艺术品的陈列，也要做好宫廷史迹的陈列，在陈列展览工作中要不断提高思想性、艺术性和科学性。

5月21日　由文化部社会文化事业管理局主持、北京历史博物馆与中国科学院考古研究所合办的"全国基本建设工程中出土文物展览"在故宫午门城楼开幕。展出各地基建出土文物3760件。这批展品是从6年来全国基本建设中出土的13.1万余文物中选出的。展出近半年，观众达17万余人次。由局长郑振铎主持编辑的《全国基本建设工程中出土文物展览图录》，由中国古典艺术出版社出版。这是新中国第一本全国性出土文物图集。

6月5日　天津市人民政府发布《关于保护市内古文物建筑的指示》。

6月8日　广东省文化事业管理局印发《关于保护文物古迹事项的通知》。

6月10日　文化部办公厅印发《文化部对各省（市）地志性质博物馆现阶段工作的意见》。

6月19日　中央人民政府委员会任命郑振铎为文化部副部长。

6月　周恩来总理视察北京市北海团城，决定在北京市区道路工程中保留团城。

7月2日　福建省文化事业管理局、省合作总社和省文物管理委员会印发《关于在收购废铜中保护古文物的联合通知》。

7月6日　中共中央办公厅向故宫博物院移交国内外赠送给中央政府领导人的礼品3308件。

7月10日　文化部批准故宫试行《故宫博物院清理非文物物资与清除废料工作中严格审查的决定》和《故宫博物院审查文物和非文物暂行规定》。

7月20日　政务院批示由中央监察委员会、最高人民检察院、最高人民法院、文化部社会文化事业管理局及故宫博物院组成故宫博物院非文物物资处理委员会。1959年基本完成全部藏品的清理、鉴定、分类和登记，建立了统一账号和文物库房等一系列工作，摸清了院藏文物的底数。

7月29日　文化部副部长、社会文化事业管理局局长郑振铎在《人民日报》上撰文《在基本建设工程中保护地下文物的意义与作用》。

8月　文化部确定山东省博物馆为全国地质博物馆试点单位。

9月15日　第一届全国人民代表大会第一次会议在北京举行。政务院改名为国务院。省、自治区、市、县人民政府改称人民委员会。

11月25日　郑振铎兼任文化部社会文化事业管理局局长，王冶秋、刘平、王振华任副局长。

11月30日　中国人民银行总行颁发《关于保护具有历史艺术价值的古金银器物的通知》。

12月10日　文化部批复，同意将南京博物院旧藏文物7707件拨交沈阳故宫陈列所。

1955年

1月15日　文化部部务会议决定，鉴于社会文化事业管理局的机构，已不适应群众文化和文物工作发展的需要，3月底成立文化部文物管理局，主管文物、博物馆事业。图书馆事业不归文化部文物管理局领导管理。文物管理局设有办公室、文物管理处、博物馆管理处和资料室。

1月　中国科学院考古研究所主办的《考古通讯》创刊。1959年改名为《考古》。

4月30日　由周恩来总理、陈毅副总理率领的出席亚非会议的中国代表团途经云南，参观了"云南省少数民族文物展览"。周总理参观后指示，要做好民族地区的调查工作，要研究少数民族文物的社会经济形态，要反映少数民族在党的民族政策下所取得的成就，并要求云南文物工作者通过文物、考古工作，研究云南和中原地区的关系与东南亚邻国的文化交流及贸易往来。

8月7日　中共中央宣传部任命王冶秋为文化部文物管理局局长。

9月12日　内蒙古自治区人民政府印发《关于调查和征集革命文物的通知》。

9月27日　中共中央宣传部任命王振华为文化部文物管理局副局长。

10月15日　中国科学院院长郭沫若、文化部部长沈雁冰、中国科学院历史研究所第三所所长范文澜、全国人大常委会副秘书长张苏、《人民日报》社社长邓拓、北京市副市长吴晗就发掘北京市明十三陵长陵联合向国务院请示。11月3日周恩来总理批示：原则同意，责成北京市人民委员会协同中国科学院、文化部，指定专人议定开发计划，送批。当时，郑振铎、夏鼐同志对此表示反对，后通过协商，并经周总理同意，决定选择对定陵进行试掘。

1956年

1月6日　文化部决定：北京文物整理委员会改名为古代建筑修整所。

1月14日　周恩来总理在中共中央召开的知识分子问题会议上指出，为了实现向科学进军的计划，我们必须为发展科学研究准备的一切必要的条件，必须加强图书馆、档案馆、博物馆工作。

2月21日　中国科学院、文化部在北京联合召开第一次考古工作会议。参加会议的有北京和21个省、市的考古工作者、文物工作者、历史研究人员和大学考古学教师共180人。中国科学院院长郭沫若讲了话，文化部副部长郑振铎作题为《考古事业的成就和今后努力的方向》的报告。会议披露6年来全国共发掘地下文物20余万件。

2月　在全国基本建设工作会议上，文化部副部长郑振铎作《考古工作与基本建设工程的关系》报告。

2月　山东省博物馆向社会开放。这是新中国成立后建立的第一个完成地质博物馆陈列的省级博物馆。

3月24日　陈毅副总理视察陕西西安半坡遗址发掘现场时,指示应修建一座半坡遗址博物馆。

4月2日　国务院发布《关于在农业生产建设中保护文物的通知》。通知重申"两重两利"方针,要求各级人民委员会必须把文物保护纳入农村建设规划,在第三条提出:必须在全国范围内对历史和革命文物遗迹进行普查调查工作。要求各省、市、自治区、文化局提出保护单位名单,报请上级批准公布,并通知县、乡,做出标志,加以保护,然后将名单上报文化部汇总审核,并在普查过程中逐步补充,分批分期地由文化部报告国务院批准,置于国家保护之列。这是第一次提出在全国范围内进行这两项重要的基础工作。

4月23～27日　全国文化先进工作者会议在北京召开。文学艺术、文物博物馆等200多名先进工作者出席会议。

4月　在中共中央政治局扩大会议和最高国务会议第七次会议上,中共中央和毛泽东主席正式提出"百花齐放、百家争鸣"的方针。

4月　文化部第十次部务会议,作出成立文物出版社的决定。

5月21～26日　文化部在北京召开第一次全国博物馆工作会议。会议听取了文化部副部长郑振铎、夏衍和文化部文物管理局局长王冶秋的报告。这次会议的中心内容是为了解决配合向科学进军,如何加强博物馆的科学研究工作。会议交流了经验,提出了中国博物馆的基本性质是"科学研究机关、文化教育机关、物质文化和精神文化遗存以及自然标本的收藏场所";基本任务是"为科学研究服务,为广大人民群众服务",简称"三性二务"。

6月4日　《人民日报》发表《发展博物馆事业,为科学研究和广大人民服务》的社论。

8月25日　中共中央宣传部批准成立文物出版社。以文化部文物管理局资料室为基础成立文物出版社筹备处,资料室撤销。

9月3日　文化部、中华全国供销合作总社联合发布《加强保护文物工作的通知》。指出:供销合作社在废品回收中,必须加强对文物鉴选工作;各地文化部门在出售、处理废旧物资时,要严格注意保护有历史艺术价值的文物和文献资料,不要被混入废品中作了处理。

9月　鲁迅博物馆筹建工作基本完成。文化部文物管理局确定馆名为"鲁迅博物馆",于10月19日鲁迅逝世20周年纪念日时正式开放。

本年　本年开始的全国文物普查,公布省级文物保护单位5572处。

1957年

1月　文物出版社正式成立。其主要出版任务是:一、有关博物馆、文物事业方面的政策法令等书刊;二、博物馆藏品、石窟艺术、古建筑、基建出土文物等图录;三、博物馆及保管机关所藏之文献资料集刊;四、各种有关博物馆、文物事业的科学报告和专题论著;五、普及性的文物知识手册、博物馆手册和小型图集;六《文物参考资料》月刊(创刊于1950年1月)。同时,以故宫博物院印刷厂为基础,成立文物出版社印刷厂。

3月6日　北京定陵试掘考古队经过一年多的调查勘测等准备工作,开始发掘定陵。

3月29日　文化部召开部务会议,讨论故宫博物院、自然博物馆、中国革命博物馆的性质、方针、任务。会议认为：故宫博物院的性质为文化艺术性的博物馆。自然博物馆主要搞自然发展史。中国革命博物馆提出两个方案：一、以党史为中心的博物馆；二、从旧民主主义革命陈列起的革命博物馆。文化部倾向后一个方案，报请国务院、党中央决定。

4月22~26日　文化部文物管理局在湖南长沙召开第一次全国纪念性博物馆工作座谈会。会议在总结新中国成立以来工作的基础上，着重讨论了纪念馆的性质、特点、发展方向以及各项工作的原则与要求；交流了工作经验；批评了低估原状陈列的作用，追求规模、气魄和把纪念馆与专门性历史博物馆混同起来的作法；提出今后应本着勤俭办博物馆的方针，有重点地逐步发展小型多样、丰富多彩的纪念馆，对广大人民进行革命教育，普及历史知识。

7月9日　国务院批准北京市设立出口文物鉴定组。

8月2日　文化部文物管理局批准中国佛教协会申请，对北京房山云居寺南塔附近埋藏辽金石经的地宫进行发掘。

9月1日　中国科学院古脊椎动物研究室改称中国科学院古脊椎动物与古人类研究所。

9月18日　中共中央宣传部向中央转报《文化部党组关于所属革命博物馆的方针的意见》，同意"将陈列的内容由目前中共党史体系，逐步扩展，将我国新民主主义革命、社会主义革命和旧民主主义革命等几个阶段都加进去。根据筹备情况，责成文化部党组负责审查后逐步开放"。10月18日中央委员会总书记邓小平批示："拟予同意，但负责审查的，除文化部党组外，中宣部必须复审一次。"周恩来总理同意上述意见，并嘱告文化部党组：在新民主主义革命史料收集得差不多的时候，应着手组织收集旧民主主义革命的史料。社会主义革命和建设的资料可以暂缓一步，并应根据已批准的方针，拟出具体实施步骤。

9月29日　北京天文馆建成并正式对外开放。

11月20日　中共中央副主席陈云参观上海鲁迅纪念馆，并留言："鲁迅先生是新文化的旗手，是伟大的革命家。"

12月20日　北京市财政局、房地产管理局、文化局、园林局、道路工程局联合上报《关于检查现存各处拆除的古建材料的情况和处理意见》的报告。24日北京市人民委员会第十八次行政会议决定：古建筑应否拆除，以及已拆除的古建筑材料的保护与否或移作别用，均由北京市文化局负责鉴定、决定。

12月27日　故宫博物院确立古建筑保护维修的方针是："全面规划，逐步实施"，"重保护，重修缮"，"工精料实，保证质量，加强管理，提高技术"；古建筑管理部门要制定"保护维修的近期计划和长远规划"。自1953年以来故宫博物院进行大小古建筑维修工程共计70余项。

本年　国务院决定建立民族文化宫博物馆。该馆承担着三种重要职能：展示党和国家民族政策，民族工作成就；介绍55个少数民族的物质文化和精神文化；组织各民族的文化交流。1979年改名为"民族文化宫展览馆"。

本年　毛泽东主席为刘胡兰烈士陵园重新题词"生的伟大，死的光荣"。

1958年

1月5日　"中国敦煌艺术展览会"在日本东京开幕，此后该展又到大阪展出。

1月　文化部文物管理局组织燕下都文物工作队，配合农田水利建设，对河北省易县燕下都遗址进行勘察。

3月5～8日　文化部在北京召开16个省、市、自治区文物博物馆工作会议。文物管理局局长王冶秋作题为《反浪费、反保守、思想大跃进、工作大跃进》的报告。

4月1日　陕西省西安半坡博物馆对外开放。

7月　文化部部务会议通过《文物博物馆事业发展纲要》。纲要要求："1962年各种类型的馆达到3500个（展览馆或展览室未计算在内），做到县县有博物馆、社社有展览室，形成博物馆网"，"从1958年～1962年全国观众争取达到30亿人次。"

7月　根据中央精简机构下放干部的精神，故宫博物院、中央革命博物馆筹备处、北京历史博物馆、中央自然博物馆筹备处、古代建筑修整所和鲁迅博物馆等单位下放为北京市文化局领导。1960年古代建筑修整所回归文化部领导。

7月　北京市明十三陵长陵祾恩殿被雷击起火，文化部副部长郑振铎、古建专家梁思成亲往现场视察。周恩来总理为此作全国古建筑要迅速安装避雷针的指示。

8月16～26日　文化部在河南郑州召开11个省、市、自治区文物博物馆工作"跃进"现场会，讨论县县办博物馆、社社办展览室，开展群众性文物保护工作，配合基建多快好省进行考古发掘等问题。

8月　中共中央书记处北戴河会议决定，为庆祝中华人民共和国建国10周年，在北京新建中国历史博物馆、中国革命博物馆、中国人民革命军事博物馆、中国美术馆、民族文化宫、农业展览馆、北京自然博物馆、北京地质博物馆8个博物馆和展览馆。

9月4日　陕西省文化局针对大炼钢铁中出现的问题，向各地、市印发《关于在献卖钢铁中注意保护重要文物的通知》，规定明代以前的铁、铜钟一律不准砸毁。

9月12日　贵州省文化局印发通知，要求在废旧物资回收和农村利用旧石料中，注意保护文物。

9月17日　毛泽东主席视察安徽省博物馆，指示说："一个省的主要城市，都应该有这样的博物馆。人民认识自己的历史和创造的力量，是一个很要紧的事。"

9月28日～10月6日　文化部在安徽合肥召开16省、市文物博物馆跃进现场会议。

10月17日　文学史家、考古学家、文化部副部长、原文化部文物局局长、中华人民共和国文物事业的主要奠基人和开拓者郑振铎在出国访问途中，因飞机失事遇难，终年60岁。

11月6日　对外贸易部修订《海关处理没收物品办法》。

11月10日　文化部向全国各省、市、自治区的文化系统发布征集文物资料的通知，以支援中国革命博物馆和中国历史博物馆的新馆筹建工作。

11月15～27日　文化部在江西南昌召开全国省级地志博物馆、革命纪念馆馆长会议。会议由文化部文物管理局局长王冶秋主持，着重研究大力开展革命文物征集、展览和革命遗址、遗迹、纪念建筑的调查、保护、恢复工作。会议向全国印发了《配合全国开展社会主义、共产主义教育运动，大力开展革命文物工作的倡议书》。

11月20日　文化部文化学院举办的全国省、市、自治区文物、博物馆、图书馆研究班开学。

学习期间完成了《博物馆工作概论》、《文物工作概论》、《图书馆学概论》三本书初稿的编写工作。

11 月 28 日　周恩来总理、贺龙元帅陪同朝鲜金日成首相参观广州市博物馆。

本年　文化部、交通部印发保护古桥的联合通知。

1959年

1 月 22 日　国务院任命王冶秋为文化部文物管理局局长，王书庄为副局长。

1 月　《文物参考资料》改名为《文物》月刊。

1 月　文化部电告河南、山西、江苏、安徽、湖北、广西、甘肃、新疆等省、自治区文化局（厅），为配合全民积肥运动，注意文物保护工作。

2 月 27 日　经中共中央批准，中共中央宣传部印发《关于中央革命、历史博物馆调用文物的电报》，要求各地宣传部门支援两馆。

3 月 3 日　董必武副主席和聂荣臻元帅参观韶山毛泽东同志故居。

3 月 10 日　西藏地方政府和上层反动集团在拉萨发动武装叛乱。中国人民解放军驻西藏部队奉命迅速平息了叛乱并妥善地保护了文物古迹，使拉萨各寺庙、佛经珍本完好无损。

3 月 27 日　甘肃兰州市文化局拟定《兰州市文物古迹保护办法》，报请市人民委员会予以批转。此为甘肃省内草拟的第一个文物保护地方性法规。

5 月 10 日，中共中央办公厅印发通知，要求中央和地方的档案部门，为筹建革命博物馆帮助收集历史文件。

5 月 24 日　朱德委员长参观北京戒台寺时指出，大雄宝殿后檐坍塌部分及观音洞等几栋破殿应加修整；戒台寺游人多，要好好经营。

5 月 31 日　上海市文化局、上海市文物保管委员会和各博物馆纪念馆联合举办"上海市文物博物馆事业十年成就展览"。

6 月 8 日　故宫博物院试行《文物分类大纲（草案）》，开展院藏分类工作。截至年底，在"次品"和废料中清理和整理出无账无号文物 2876 件，其中珍贵一级品 500 余件。

6 月 18 日　文化部文物管理局组成以王毅为组长，文化部、北京大学、中国科学院考古研究所、古代建筑修整所、故宫等单位派人参加的西藏文物调查团，赴藏了解文物情况。

6 月　山东省文物管理处和济南市博物馆共同发掘泰安市大汶口村西南的一处新石器时代遗址，1964 年命名为"大汶口文化"。

7 月 29 日　国务院转发文化部《关于保护西藏文物的通知》，揭露帝国主义者散布人民解放军平定西藏叛乱是为掠夺西藏文物以解决经济困难的谣言。通知规定：凡西藏文物皆不许出口，也不准上市出售。

7 月 29 日　中国人民革命军事博物馆在北京建成。

8 月　山西永乐宫迁建工程正式开工，1965 年竣工。这是中国首次完成建筑群整体搬迁。

9 月 20 日　周恩来总理审查中国革命博物馆陈列。

9 月 22 日　中共中央书记处第一百五十九次会议，专门讨论了几个新建博物馆的展品陈列原则和开放问题。

9月　民族文化宫博物馆在北京建成开放。1979年改称民族文化宫展览馆。该馆收藏中国56个民族的历史、宗教、民俗、工艺美术等方面的文物，并经常举办各少数民族题材的展览。

10月　北京定陵博物馆在昌平县十三陵中的定陵原址建立并对外开放。

11月9日　北京市人民委员会印发《关于在生产建设中注意保护文物的通知》。

11月22日　河南省文化局印发《关于保护南阳古宛城址、汉代铁工厂、制陶厂、冶铜厂等重要遗址的通知》。

12月16日　陕西省人民委员会印发《关于加强保护名胜古迹的通知》。

本年至1961年，文化部文物管理局先后从全国各地博物馆抽调业务干部近百人，通过参加筹建中国革命博物馆和中国历史博物馆的陈列工作为各地方博物馆培训业务干部。

1960年

1月22日　文化部部务会议讨论并原则通过了《文物保护管理暂行条例》（草案）和《第一批国家级文物保护单位名单》（草案）。

2月　邓小平总书记视察安徽省博物馆。

3月15日　文化部在北京召开全国文物博物馆工作会议，传达贯彻中央负责同志对中国革命博物馆和中国历史博物馆工作的指示精神，总结十年来文物博物馆工作的经验，并贯彻中央召开的全国文化工作会议精神。文化部文物管理局局长王冶秋在会上作了《对中央负责同志关于中国革命博物馆、中国历史博物馆指示精神的体会》的发言。

3月22日　中共北京市委批发市文化局、市公安局党组《关于加强文物保卫工作，确保文物绝对安全的意见》。市委指出：首都是全国文物的集中地，所保存的文物，是我国几千年来文化艺术的结晶和我国革命历史的宝贵遗产。确保这些文物的安全，是一项重要的政治任务。

3月26～28日　文化部文物管理局召开文物出口鉴定工作座谈会。会议就文物出口鉴定标准、改变文物商业的领导关系等问题交换了意见。

3月27日　《人民日报》发表社论，题为《坚持政治挂帅，积极发展文物、博物馆事业》。《光明日报》发表社论，题为《积极发展文物、博物馆事业，更好地为政治服务》。

4月16日　刘少奇主席参观陕西西安半坡博物馆。

5月　文化部文物管理局、中国科学院考古研究所、长江流域规划办公室和湖北省文化局联合举办为期两个月的长江流域文物考古工作人员训练班。

5月　北京市文物商店正式成立。

5月　第一届全国地质博物馆会议在北京召开。

6月22日　国务院批转《文化部关于三、五年内各地暂勿组织发掘帝王陵墓报告的通知》。《通知》指出：目前考古发掘工作应当以配合各项建设工程为中心任务，凡不属于配合建设规划或土地范围内的帝王陵墓及其他发掘工作暂缓进行。

7月12日　文化部、对外贸易部联合印发《关于文物出口鉴定标准的几点意见》的通知，附《文物出口鉴定参考标准》。

8月　根据中共中央宣传部关于整顿期刊精神，《文物》月刊停刊；11月复刊，由文化部文物管理局直接领导，成立《文物》编辑委员会。

9月24日　国务院批复同意文化部、商业部、外贸部《关于改变文物商业的性质和管理体制的方案》。主要内容是：1.改变各地文物商业的纯商业性质为实行企业经营管理方法的文化事业单位，作为国家收集社会上流散文物的收购站和临时保管所，统一划归各地文化部门负责领导。2.今后的任务是负责收集流散在社会上的传世文物，并有计划地供应各地博物馆、研究机关和学校作为陈列或研究参考之用；有计划、有选择地供应国内需要和适当地组织出口，并办理废旧物资拣选工作。

同日　文化部文物管理局报经国家经济委员会物资局、林业部、国家计委批准，每年可直接从林区选购特殊规格、材质的储备木材数百立方米，以解决古建筑维修之用。

11月8日　北京市文化局、宣武区人民委员会在荣宝斋开会，决定恢复琉璃厂文化街。

11月17日　国务院由陈毅副总理主持召开105次全体会议，通过《文物保护管理暂行条例》，批准第一批全国重点文物保护单位名单180处。陈毅同志强调指出："在文物保护问题上，宁可保守，不要粗暴"，修缮文物"一定要保持它的古趣、野趣，绝对不允许对文物本身进行社会主义改造"。

本年　文化部文化学院成立文物博物馆系，文化部文物管理局局长王冶秋兼任系主任。1961年因机构精简，文化学院撤销，文物博物馆系也停办。

1961年

3月4日　国务院发布《关于进一步加强文物保护和管理工作的指示》、《关于发布〈文物保护管理暂行条例〉的通知》和《关于公布〈第一批全国重点文物保护单位名单〉的通知》三个文件。《文物保护管理暂行条例》规定文物保护的对象、范围以及文物古建筑在进行修缮、保养的时候，必须严格遵守恢复原状原则，提出了文物保护单位应有保护范围、标志说明、记录档案、保管机构（即"四有"）。第一批全国重点文物保护单位共180处。

3月18日　国务院转发中国科学院《关于保护古脊椎动物化石问题的请示报告》的通知。通知要求各地切实做好古生物化石的收藏和保管。在化石量特别多的地区，可以培养一定数量的业务干部专司此事。

4月22日　上海市人民委员会第二十八次会议通过《关于进一步加强文物保护和管理工作的决定》。

7月1日　中国革命博物馆于中国共产党诞生40周年纪念日正式开馆。该馆以中国革命史为内容的陈列，展品3600余件，展示了从鸦片战争到中华人民共和国成立一百多年来中国人民反帝反封建的英勇斗争和在中国共产党领导下所取得的伟大胜利。

9月17日　周恩来总理视察江西星子县观音桥。

9月25日　纪念鲁迅诞辰80周年，鲁迅博物馆经过充实和修改陈列，重新开放。

11月　陈毅副总理视察安徽省博物馆，并题写馆名。

1962年

1月1日　上海市文物保管委员会、上海博物馆联合举办"上海市出土文物展览"，展期两周。

展出上海马桥、崧泽等遗址的出土文物 600 余件。

2 月 21 日　河南省文化局印发《调查登记石刻、碑碣、古书、古书画等的通知》。河南省文物工作队对全省古代碑碣、墓志、石刻调查登记，共计有 7439 通。

2 月　在周恩来总理的关怀下，为保护文物，由文化部主建、部队工程兵协助的"480"战备工程开始为设计进行调研，1963 年初进行勘察选址，全部工程于 1969 年春竣工。

3 月 28 日　文化部印发《关于加强博物馆防盗工作的通报》。

5 月　文化部文物管理局指示贵州省博物馆：目前及今后一段时间的工作，应以提高为主。现有陈列要稳定下来，多搞征集、研究、打好基础。社会主义建设部分的陈列十年内不搞，十年后搞不搞再看，但材料应该收集保存。要有自己的特点，特别是陈列，要百花齐放，丰富多彩，不要互相抄袭，千篇一律。少数民族文物要抓紧收集。

6 月 1 日　国务院任命李长路文化部文物管理局副局长。

7 月 15 日　文化部印发《关于不属于配合建设工程的考古发掘问题的通知》。通知指出：对于不属于配合建设工程的考古发掘，国务院 1960 年 6 月 22 日通知中已有明确指示，一律暂缓进行。通知又称：对确有必要进行的不配合建设工程的考古发掘，报经文化部会同中国科学院审核批准后，始得进行。

8 月 22 日　文化部文物管理局印发《关于博物馆和文物工作的几点意见》（草稿），即通常简称的文博工作十一条。为更好地贯彻"百花齐放，百家争鸣"和"调整、巩固、充实、提高"的方针，文件要求各博物馆实行"五定"，即：定馆的性质、方针、任务和发展方向；定长远规划；定组织机构和各部门职责关系；定干部的工作岗位和专业方向；定经常的工作制度、学习制度，建立正常秩序。要求第一批全国重点文物保护单位迅速实现"四有"工作，即：有保护范围、有标志说明、有科学记录档案、有专人管理。

10 月 13 日　文化部印发《关于加强博物馆、文物机构的一级藏品的保管、编目工作的几点意见》。

10 月 26 日　国务院批转文化部《关于第一批全国重点文物保护单位保管和破坏情况及今后意见的报告》。

12 月　文化部文物管理局局长王冶秋视察上海鲁迅纪念馆，对鲁迅生平的陈列提出："人物性文学家的博物馆，应该有它的特色，应该是很感动人的，使人看了能有深刻印象，而久久不忘，希望你们研究，想出些办法来。"

本年　中共中央书记处书记李立三、国务院副总理薄一波等视察参观天津市艺术博物馆。

本年　在古代建筑修整所和博物馆科学工作研究所筹备处的基础上，成立文物博物馆研究所，保留古代建筑修整所机构名称，业务范围扩大，除古建筑修缮、还增加了馆藏文物化石保护、石窟寺及木构建筑的化学加固和博物馆工作研究等。

1963年

3 月 19 日～4 月 19 日　"雷锋同志模范事迹展览"在中国人民革命军事博物馆展出。

4 月 9 日　文化部印发《关于坚决防止陈列（展览）文物失盗案件的通知》。

4月17日　文化部颁发《文物保护单位保护管理暂行办法》。

5月6～15日　文化部在陕西西安召开文物保护工作座谈会。会议主要内容是交流各地"四有"工作的具体经验。

5月30日　故宫博物院完成《院藏一级品文物简目》。库藏文物科学整理工作至1965年完成。

6月18日　河南省人民委员会颁发《河南省文物保护管理暂行办法》。

7月20日　北京故宫午门正楼修缮工程完工。

8月27日　文化部颁发《革命纪念建筑、历史纪念建筑、古建筑、石窟寺修缮暂行管理办法》。

8月30日　"中国永乐宫壁画展览"在日本东京开幕。展览展出永乐宫壁画摹本及永乐宫建筑模型，展品中有22件元代瓷器作为特别展品同时展出。

10月　国家副主席董必武到宁夏回族自治区视察并参观银川市的文物古迹。

11月19日　文化部文物管理局在北京举办全国博物馆保管干部业务读书班，边读书、边总结、边讨论并修改《博物馆保管工作暂行办法》(初稿)。

12月23日　文化部在北京召开"文物保护科学技术工作汇报会"，交流工作经验。

本年　文化部文物管理局古代建筑修整所举办以测绘为主的古建训练班

1964年

2月10日　国务院批复同意文化部《关于全国重点文物保护单位的遗址范围内配合建设工程进行考古发掘工作批准手续问题的请示报告》。

3～6月　文化部文物管理局在陕西西安碑林举办山西、四川、河北、河南、陕西5省拓印训练班，并在碑林、昭陵、彬县大佛寺等文物点拓印拓片1120件。

3月18日　文化部在河北易县燕下都遗址召开古遗址保护工作座谈会。会议主要是通过参观现场，交流经验，提高认识，明确任务，更好地贯彻"重点保护，重点发掘，既对基本建设有利，又对文物保护有利"即"两重两利"的方针，进一步做好古遗址保护工作，解决文物保护与建设之间的矛盾。

6月26日　文化部文物管理局在北京举办革命纪念馆领导骨干学习班，交流革命博物馆业务工作经验，并研究草拟《现代革命纪念馆暂行条例》。

7月23日　文化部党组就中国革命博物馆复制毛主席手稿、中央文件和向各地博物馆提供复制品问题作出规定：复制、供应从严控制；复制范围只能复制陈列中展示部分；复制品一律加标记等。8月13日经中共中央宣传部同意，照此执行。

8月29日　国务院批准文化部颁发《古遗址、古墓葬调查、发掘暂行管理办法》。

9月8日　文化部文物管理局发布《对故宫、历史博物馆、上海博物馆馆藏一级品的复制、临摹工作的几点规定》。

10月1日　湖南韶山毛泽东同志旧居陈列馆建成开放。1982年11月更名为韶山毛泽东同志纪念馆，馆名为邓小平书写。基本陈列为"毛泽东生平业绩展览"，还设有"毛泽东同志的革命家庭"等专题陈列。

10月6日　国家副主席董必武在陕西视察八路军西安办事处纪念馆。

11 月 30 日　上海市人民委员会批转《关于严禁擅自挖掘古墓变卖文物等违法行为的通报》，附发《关于嘉定县城东公社北塘生产队擅自挖掘古墓事件的情况报告》。

1965年

5 月 1 日　中国地质科学院在云南元谋县上那蚌村采到 2 枚人类牙齿。后来命名为"元谋直立人"或称"元谋猿人"。这是中国境内发现的最早的猿人化石。

8 月 23 日　文化部决定将图书馆事业再次划归文物管理局领导，改为文化部图博文物事业管理局。图博文物事业管理局机构设有办公室、文物处、博物馆处和图书馆处、计划财务处。

10 月　文化部图博文物事业管理局在北京举办文物鉴定训练班，分设陶瓷、玉器两个专业。全国 14 个省、市的 24 名学员参加。训练班在"文化大革命"开始后中断。

本年　中国科学院考古研究所建成中国第一座放射性碳素断代实验室。

1966年

1 月 29 日　文化部印发《关于扩大天坛、颐和园游览路线和拆除泥神像的处理意见》。

4 月 9 日　刘少奇主席参观新疆维吾尔自治区博物馆，关心伊斯兰教的文化、历史和新疆石窟艺术陈列中壁画出版情况，指示要将汉唐时代古丝道上的丝履和文物丝织品等保护好。

5 月 16 日　中共中央政治局扩大会议在北京召开，会议通过《五一六通知》。

8 月 11 日　北京市"红卫兵"上街破"四旧"（旧思想、旧文化、旧风俗、旧习惯），北京市文物商店所有门市部不准开门，收购文物的工作停止。

8 月　中国历史博物馆闭馆。

10 月 8 日　中共陕西省委"文化大革命"办公室同意并转发陕西省文物管理委员会《关于在文化大革命运动的破四旧中应注意保护重点文物的几点意见》。

11 月 30 日　中国革命博物馆闭馆。

本年　全国大部分地区的田野考古工作因"文化大革命"而暂时中断，《考古学报》、《考古》和《文物》亦被迫停刊。

文物出版社除大量精印出版毛主席题词墨迹和毛主席诗词手稿之外，其他业务工作全部停止。

1967年

1 月 27 日　中央文革小组召集北京部分"群众组织"代表进行关于在"文化大革命"中加强文物保护、图书的座谈会。会上提出要调查研究，要搞倡议书。

2 月 15 日　北京造纸总厂、文化部机关、图博文物事业管理局、中国科学院考古研究所等单位的 13 个群众组织联合印发《关于保护革命文物和古代文物的倡议书》、《关于保护古旧书刊、字画的倡议书》。

2 月 16 日　根据中央文革小组指示，图博文物事业管理局等有关部门派专人赴重点地区——山西大同、太原，河南洛阳、开封，河北等地了解"文化大革命"中文物保护情况。

3 月 12 日　图博文物事业管理局、故宫博物院、中国历史博物馆等单位派人分赴华东、中南、东北、西南各地传达中央文革小组要保护古代铜器，一律不宜销毁，不宜打碎的批示。

3月13日　北京市古书文物清理小组正式成立。其主要任务是：收集、整理、保护自1966年8月以来"红卫兵"查抄的有价值的古书文物，并对革命文物和古代建筑等进行调查保护。

3月16日　中共中央、国务院、中央军委、中央文革小组印发《关于保护国家财产、节约闹革命的通知》。第四条提出："对文物、图书要加强管理和保护工作，不许随意处理和破坏。"

3月26日　国务院印发《关于炳灵寺石窟防护的通知》。

3月28日　文化部图博文物事业管理局将中央文革小组对保护古代铜器的指示，函告各省、市、自治区，要求对废旧物资回收中的古代铜器、破"四旧"过程中寺庙被抄的铜佛等，一律不得打碎销毁，不要交供销社，要就地集中妥为保管，留待运动后期处理。

3月　北京市古书文物清理小组开始对查抄的文物图书进行鉴选。

5月10日　北京市革命委员会文教组通知各区县、各单位，对查抄的古书、文物进行清理，由市古书文物清理小组派人协助。

5月14日　中共中央发布《关于在无产阶级文化大革命中保护文物图书的几点意见》。这个文件对在"文化大革命"中保护文物起了重要的作用。

5月18日　北京市古书文物清理小组印发《关于把在破"四旧"过程中查抄出来的古书文物统一集中到区县财政局实物库保管的通知》。

7月17日　北京市古书文物清理小组会同北京市文物工作队，对文物保护单位中破坏较严重的天坛、东南城角角楼、东岳庙碑林、雍和宫、西直门城楼、法海寺和五塔寺等7处古建筑进行检查，并提出了维修保护意见。

12月12日　物资部金属回收管理局、全国供销合作总社副业生产指导局发布《关于从供销社收购杂铜中挑选有价值的历史文物的有关问题的联合通知》。

12月23日　北京市古书文物清理小组派往东城、西城、宣武、崇文四个区的34个清查小组，清理出有保护价值的铜质文物约43吨。这些文物中有上至商、周、战国、秦、汉，下至明、清的历代器物。

1968年

2月20日　北京市革命委员会印发《关于无产阶级文化大革命中红卫兵查抄财物、房地产处理的通知》。规定凡属有保存价值的文物、图书、字画等一律由北京市古书文物清理小组派人挑选保存。

3月15日　北京卫戍区向鲁迅博物馆派驻部队，守卫文物库房。3月26日派军代表到鲁迅博物馆，领导该馆"文化大革命"运动。

6月　经周恩来总理批准，中国科学院考古研究所和河北省文化局文物工作队在满城县发掘西汉中山靖王刘胜及其妻子窦绾的2座古墓。

8月　首都工人、中国人民解放军毛泽东思想宣传队进驻文化部领导运动，局机关干部集中在办公大楼学习投入运动。

10月9日　北京市革命委员会印发《关于在清理查抄物资中对文物、图书工作的几点意见》。

12月21日　周恩来总理针对北京地下铁道工程要求通过北京建国门古观象台的问题指示："这个天文台不要拆"，要地下铁道绕过古天文台施工。

12月23日　首都工人、中国人民解放军毛泽东思想宣传队（简称军工宣队）进驻中国历史博物馆和中国革命博物馆。1969年9月军工宣队宣布，经国务院批准，中国革命博物馆和中国历史博物馆合并，称"中国革命历史博物馆"。

1969年

1月20日　北京市革命委员会文教组和财贸组共同召集北京市文物管理处、北京市外贸局和北京市工艺品进出口公司开会，研究旧工艺品的出口问题。决定：停止继续对外成交原文化部特许放行的文物商品。此前已成交的属原文化部特许放行的文物商品也不再放行。

5月　北京市文物管理处配合中国科学院考古研究所发掘清理在拆除西直门箭楼时发现元大都城的和义门瓮城城门和门楼。

9月22日　局机关干部随同文化部职工下放湖北咸宁文化部五七干校。

12月5日　国务院决定拆除天安门城楼，按原规模和原建筑形式重新建造，全部使用新的建筑材料。周总理批准天安门重建工程。中央和国务院组成由解放军总参谋部、北京卫戍区、北京市革命委员会等有关单位参加的"天安门城楼重建领导小组"。15日，重建工程正式开工，到4月7日全部竣工。天安门经过多年已下沉87厘米，此次重建升高87厘米，恢复了原有高度。

1970年

1月20日　北京市革命委员会印发《关于处理"红卫兵"查抄财物中有关文物图书问题的通知》。

2月6日　周恩来总理对反映泰山砍伐山林、乱打山石、破坏文物的人民来信作了批示。中共山东省革命委员会核心领导小组印发《关于认真做好文物古迹、山林保护管理的通知》。

5月　周恩来总理指示，图博口领导小组成立，由国务院办公室直接领导。领导小组下设政工组、办事组、业务组。组长郎捷（解放军宣传队干部）、副组长王冶秋（原文化部图博文物事业管理局局长）。领导小组在北京市东城区沙滩，今五四大街29号原北京大学旧址红楼办公。该小组于1973年2月撤销。

6月　文物出版社业务合并到人民美术出版社。

9月17日　周恩来总理在接见图博口五人领导小组成员会议上作重要指示。

1971年

2月7日　中共中央发布《中央转发统战部军管组对在京部分统战对象被查抄财产的处理意见》，毛泽东主席批示"照办"。这是北京市文物管理处落实处理查抄文物、图书政策的依据，也是北京和全国落实处理（清退）"文化大革命"期间"红卫兵"查抄文物、图书的开始。

7月5日　故宫博物院重新开放，并启用郭沫若题写的匾额。

7月22日　周恩来总理批准郭沫若关于《考古学报》《文物》《考古》三个杂志复刊的报告。

7月24日　周恩来总理批准《关于到国外举办中国出土文物展览的报告》。

7月　图博口领导小组在北京故宫博物院举办《无产阶级文化大革命期间出土文物展览》。

8月17日　国务院印发《关于选送出土文物到国外展览的通知》，指出对原有的专业人员应予使用，并要注意培养青年专业人员。

9月1日　北京市文物管理处正式开始落实处理查抄文物图书政策工作。

11月10～20日　陕西省第二次文物工作会议在西安召开。会议总结交流一年来文博工作的经验和文物考古发掘、保护及研究等方面的情况，讨论和布置今后文博工作的任务。图博口领导小组及全国18个省、市、自治区革命委员会派人参加。这次会议，对推动全国文物工作的恢复和发展起了重要作用。

11月16日　北京市文物管理处制定《图书馆和文物资料库提供服务的办法》。规定：1．毛主席办公室需用的文物和图书资料，仍按现行办法保证及时提供。2．中央政治局候补委员以上领导需用的文物图书（包括珍品、善本）采取不限期借用的办法提供，用毕退回。3．中央委员、候补委员和目前有联系的单位及市委常委需用文物时，可到该处查阅，不外借。4．现库存非文物，调拨给北京市文物商店，复本过多的一般图书，调拨给首都图书馆或中国书店。

12月4日　图博口领导小组副组长王冶秋在北京市对各省市参加筹备"中华人民共和国出土文物展览"工作的同志讲话，指出17年的文物博物馆工作虽受到黑线干扰，但主要是红线。

1972年

1月　《文物》月刊复刊，由图博口领导小组主办。1973年1月《文物》月刊由文物出版社主办。

2月25日　美国总统尼克松参观故宫博物院。

3月13日　北京市文物管理处对天坛等18处重点文物保护单位进行调查，发现自然损坏严重。北京市文物管理处建议召开全市文物工作会议。

5月11日　图博口领导小组函复同意甘肃省革委会政治部文化组"关于敦煌莫高窟丑恶塑像和残缺壁画处理的意见"。

6月17日　湖南省博物馆配合基建工程发掘长沙马王堆西汉墓（一号墓），发现保存完好的女尸。周恩来总理对长沙马王堆一号汉墓出土尸体和文物过早展出一事作批示。

7月25日　河北省革委会印发《关于加强文物保护和管理工作的通知》。

8月1日　河南省革委会文化局发布了《关于文物保护工作的通知》，要求各地对革命文物和古文化遗址、古墓葬、古建筑、石窟寺、石刻等注意保护，杜绝破坏文物的现象继续发生。

8月9日　福建省革委会批转下达省文化组《关于加强文物保护和管理工作的请示报告》，要求做好历史文物和革命文物的保护管理工作。

9月1日　湖南省革委会发布了《关于重新公布全省重点文物保护单位和做好文物保护管理工作的通知》。

9月28日　日本首相田中角荣参观故宫博物院。

11月22日　国务院副总理李先念陪同尼泊尔首相参观湖南长沙市马王堆汉墓出土文物陈列，同时访问韶山参观毛泽东故居。

11月　国务院批准《关于大同云冈石窟、五台山南禅寺、洪洞广胜寺三处国保单位抢修保护工程计划》。

12月3日　周恩来总理视察北京市北海公园时,察看了北京市文物管理处在北海的文物库房,了解该处正在筹办的"北京市出土文物展览"的情况,并参观了琉璃阁和中央文史馆。

12月19日　国务院图博口领导小组副组长王冶秋在湖北省博物馆向文博工作者作报告,提出十七年文博工作是红线和当前要防"左"的问题。

本年　吉林大学、南京大学、山东大学3校历史系设立考古专业。

1973年

1月16日　国务院批准《关于增加出土文物展览工作领导小组成员》和《组织中华人民共和国出土文物展览工作委员会》的报告。

1月22～27日　图博口领导小组副组长王冶秋在北京主持召开关于马王堆一号汉墓女尸解剖科学研究座谈会,讨论女尸解剖和保存问题。

2月3日　"林县红旗渠展览"在河南省博物馆开幕。

2月4日　周恩来总理批准图博口领导小组副组长王冶秋关于重建文物出版社的报告。4月批准重新建立文物出版社印刷厂。重建的文物出版社印刷厂是独立核算的企业单位。

2月5日　湖南省革命委员会向国务院呈报《关于长沙马王堆汉墓出土女尸的研究工作》报告。湖南医学院主编的《长沙马王堆一号汉墓古尸研究》,1980年由文物出版社出版。

2月14日　国务院印发《关于成立国家文物事业管理局的通知》。通知指出,为了加强对文物事业的管理,决定成立国家文物事业管理局,归国务院文化组领导。在文化组接管前,仍由国务院办公室代管。同日,国务院任命王冶秋为国家文物事业管理局局长,彭则放为副局长。同日,中国共产党国务院办公室核心小组印发《关于建立中共国家文物事业管理局临时委员会的通知》,通知称:国务院业务组决定撤销图博口领导小组,建立中共国家文物事业管理局临时委员会。刘仰峤任书记,王冶秋任副书记。

同日　图博口领导小组函复湖北省博物馆:"凡是重要出土文物其复制品可能作为出国展览或博物馆陈列用的,均不宜作为商品出售。但为争取外汇,可以在大小、色彩、质地或造型上加以变化与原物有所不同,作为'仿制品'出售。"

2月26日　周恩来总理对铁路通过红岩村和新华日报馆旧址问题作了批示。

4月20日　河北省文物局、外贸局等四个单位联合印发《关于对文物商业加强管理的联合通知》。

5月8日　"中华人民共和国出土文物展览"在法国巴黎珀蒂宫博物馆开幕,展品385件。法国外交部长和文化部长等出席开幕式。展览历时四个月。

5月13日　国家文物事业管理局致函北京市文化局、北京市文物管理处、中国佛教协会和故宫博物院,提出对存放在故宫的北京市有色金属提炼厂拣选出的西藏铜佛的处理意见:除留少数标本和准备拨给河北承德外八庙的之外,全部拨交中国佛教协会。

5月16日　国家文物事业管理局印发《关于进一步加强保护古窑址的通知》。

6月8日 "中华人民共和国出土文物展览"在日本东京国立博物馆开幕，展品236件。日本首相田中角荣出席开幕式并讲话，展览历时4个月。

6月18日 国家文物事业管理局重新印发1965年文化部《对外国人、华侨、港澳同胞携带、邮寄文物出口暂行管理办法》。

6月26日 国家文物事业管理局函复甘肃省革命委员会：同意对麦积山石窟进行维修，即东崖加固、西崖搬迁，整个工程可分年分期进行。

6月 文物保护科学技术研究所成立，隶属国家文物事业管理局领导，全面恢复古建筑修缮和文物保护研究工作。

8月1日 国家文物事业管理局印发《关于进一步加强考古发掘工作的管理的通知》。通知要求各地考古发掘要履行报批手续，要注意科学性。并重新印发国务院1964年批准的《古遗址古墓葬调查发掘暂行管理办法》。

9月15日 周恩来总理陪同法国总统蓬皮杜参观山西大同云冈石窟时，指示国家文物事业管理局妥善处理加固云冈石窟第五窟崖顶岩块脱落险情，并向100多名中外记者宣布："不管怎样，云冈石窟艺术一定要想办法保护下来。要三年修好。三年以后，请你们再来参观。"同年11月中共山西省委决定成立云冈石窟维修工程领导小组。

9月27日 浙江省革命委员会转发省文化局、商业局、外贸局《关于加强流散文物管理的请示报告》。

9月28日 "中华人民共和国出土文物展览"在英国伦敦皇家艺术协会大厅开幕。英国首相希思出席开幕式并讲话，国家文物事业管理局局长王冶秋率代表团参加开幕式。

9月29日 周恩来总理对国家文物事业管理局上送的马王堆二、三号汉墓发掘报告批示。同年11月18日~1974年1月13日，由湖南省博物馆发掘长沙马王堆二、三号汉墓。

10月14日 周恩来总理陪同加拿大总理特鲁多等参观龙门石窟并作重要批示。

10月31日 国家文物事业管理局印发《关于严禁将馆藏文物图书馆出售作外销商品的通知》。

11月16日 对外贸易部、商业部、国家文物事业管理局印发《关于加强从杂铜中拣选文物的通知》。

12月14日 根据李先念副总理关于故宫应进行修缮，要做好防火工作的指示，国家文物事业管理局向国务院呈报《关于故宫修缮问题的报告》。

12月28日 "中华人民共和国出土文物展览"在罗马尼亚布加勒斯特共和国艺术博物馆开幕，展品221件。

12月 中国科学院考古研究所在河南安阳市殷墟小屯村南发掘出卜骨、卜甲7150片，其中4511片刻有卜辞。这是中华人民共和国成立以来发现有字甲骨最多的一次。后编撰《小屯南地甲骨》一书，分上下两册，于1981年和1984年由文物出版社出版。

1974年

2月21日 "中华人民共和国出土文物展览"在奥地利维也纳实用艺术博物馆开幕，奥地利总统弗约纳斯主持开幕式，总理克赖斯基等出席。

2月　中央文革小组动员"批林批孔"。中国历史博物馆中国通史陈列中增加"评法批儒"内容。

3月29日　陕西临潼县晏寨公社西杨村社员在村南打井时发现秦俑残片和铜箭镞。

3月　广东省博物馆本月和1975年3月两次派员赴海南西沙群岛进行考古发掘调查，发现许多反映唐宋以来中国人民开发海南的遗存文物。数以千计的出土文物资料证实西沙诸岛自古以来就是中国的神圣领土。10月1日故宫博物院和广东省博物馆同时举办"西沙群岛出土文物展览"。

4月16日　上海《文汇报》发表署名"公常"的文章——《用无产阶级政治统帅文物的研究和展出》，认为新中国建立以来十七年文物考古工作不是一条红线领导。

6月30日　李先念副总理对《人民日报》6月27日第2396期《情况汇编》反映临潼发现秦俑情况作了批示。出土秦俑的情况是新华社记者蔺安稳回临潼探亲时发现的，之后写成稿件，通过《人民日报》记者王永安、马炳泉上报，并发表在《情况汇编》作内部报道。国家文物事业管理局局长王冶秋根据李先念副总理批示，陕西省文物管理委员会成立考古发掘领导小组，袁仲一任考古队长，于7月15日进驻工地进行考古钻探，发现了秦始皇陵兵马俑一号坑。1975年4月又在一号坑旁发现二、三号坑。这是中华人民共和国建国以来的重大考古发现。秦兵马俑坑是秦始皇陵的一个组成部分。

6月　被"四人帮"控制的国务院文化组派人接管国家文物事业管理局，并"发动群众"收集王冶秋等领导人的"材料"。国家文物事业管理局谢辰生向中央文革小组顾问康生写信反映了上述情况。28日康生对谢的信批了三点意见。国务院副总理李先念、华国锋对康生的意见表示同意。文化组派来接管人员全部撤离文物局。

6月　至1978年，国家文物事业管理局先后成立银雀山汉墓竹简、马王堆汉墓帛书、吐鲁番唐代文书、睡虎地秦墓竹简、居延汉简等5个整理小组。

6月　国家文物事业管理局印发《国家文物事业管理局对地方图书馆涉外事宜的处理意见》。

8月8日　国务院印发《关于加强文物保护工作的通知》。通知强调要严格按照国务院1961年3月颁布的《文物保护管理暂行条例》的规定，做好文物保护工作，并针对秦俑发现未及时上报的情况，特别强调对出土文物"任何地方、任何单位、任何个人都不得据为己有，凡是重要的考古发现，都要及时上报国家文物事业管理局"。

8月　由李先念副总理主持召开国务院办公会议，作出拨款150万元修建秦始皇兵马俑博物馆的决定。

9月　国家文物事业管理局马王堆汉墓帛书整理小组整理的《马王堆汉墓帛书》（壹）由文物出版社出版。本书至1985年共整理出版了九卷。

11月2日　"中华人民共和国汉唐壁画展览"在日本北九州市立美术馆开幕，展品141件。展览又在东京、大阪展出，展期三个多月。

12月4日　"中华人民共和国出土文物展览"在荷兰阿姆斯特丹国家博物馆开幕。

12月13日　"中华人民共和国出土文物展览"在美国华盛顿国立美术馆开幕。

12月14日　根据国务院领导指示，由北京军区、河北省革命委员会、国家文物事业管理局组成的调查小组，在对承德避暑山庄的现状进行调查后，向国务院递交了调查报告。1975年3月21日国务院批准驻避暑山庄内各单位的搬迁方案。

12月16日　国务院批转外贸部、商业部、国家文物事业管理局《关于加强文物商业管理和贯彻执行文物保护政策的意见》，令各省、市、自治区革命委员会、国务院各部委参照执行。这个文件要求文物商业市场归口经营、统一收购、统一价格、加强管理。提出了文物出口必须执行"少出高汇、细水长流"的方针。文件下达后，加强了文物商业市场的管理，对于贯彻执行文物保护政策，打击文物走私、投机倒把活动，防止珍贵文物外流都起了积极的作用。

1975年

4月9日　国家文物事业管理局在湖北红安县召开部分省、市、自治区革命文物工作座谈会。

5月30日　国家文物事业管理局就组织中国历史博物馆中国通史预展事宜上报国务院。6月24日中共中央政治局会议通过了中国通史陈列预展报告，10月1日正式预展。1978年1月21日修改后的"中国通史陈列"对外开放。

8月2日　国家文物事业管理局印发《关于认真保护出土文物的通知》。

9月5～12日　国家文物事业管理局在河北承德召开有新疆、黑龙江、吉林、甘肃、内蒙古、宁夏、辽宁、河北等省、市、自治区有关单位参加的北方考古工作座谈会。

9月30日　国务院印发关于调整国务院直属机构的通知，决定保留国家文物事业管理局为国务院直属局。设有办公室、文物处、博物馆处、图书馆处、外事处、计划财务处、党委办公室。

10月10日　国务院任命沈竹为国家文物事业管理局副局长。

同日　国家文物事业管理局和外交部联合印发《有关外国人在文物保护单位和博物馆照相问题的通知》。

10月23日　为解决地方文物经费被挤占问题，国家文物事业管理局商得财政部同意，并报国务院批准，从1976年起，在国家预算科目中，将文物事业费从原文化事业费中划出，单独设立文物事业费"款"级科目，并"戴帽"下达地方财政。这是文物经费管理体制上的重大变化，是保证文物保护及事业发展的一项重要措施。

11月5～11日　国家文物事业管理局邀请河北等七个省、市文物管理部门的负责人，座谈文博工作如何为农业学大寨服务的问题，提出要及时配合运动，采取有力措施，搞好文物保护。

11月22日～12月6日　北京市文化局文物管理处组成五个文物工作组先后赴12个区县进行文物调查、宣传。

12月17日　国务院转发外贸部、外交部、公安局、国家出版局《关于个人携带、邮寄我国印刷品出境的暂行管理办法》。管理办法对公开出售的旧书、古籍和个人旧存的古旧书刊的出境作了规定。

1976年

1月1日　鲁迅博物馆仍归国家文物事业管理局领导。

1月14日　国务院批准承德避暑山庄和外八庙全面整修工程十年规划，维修工程开始施工。

2月20日　国家出版事业管理局、国家文物事业管理局印发《关于古旧书籍出口鉴定问题函》，发至各省、市、自治区文化局（文管会）、出版局，转知各古旧书店、文物管理部门认真执行。

2月24日　美国总统尼克松和夫人参观中国历史博物馆的"中国通史陈列"。28日又参观了广州市农民运动讲习所旧址纪念馆。

3月29日　"中华人民共和国古代青铜器展览"在日本东京国立博物馆开幕。

4月　国家文物事业管理局组织鲁迅博物馆、文物出版社组成"鲁迅手稿全集编辑委员会"，负责研究和编辑《鲁迅手稿全集》，文物出版社负责全部出版工作。

4月　文物出版社主编出版的《文物·革命文物特刊》改名《革命文物》，双月刊，公开发行。1981年1月又改名为《文物天地》，仍为双月刊。1986年1月改由古文献研究室主办。

5月4日　作为参观兵马俑坑的第一位外国贵宾新加坡共和国总理李光耀参观西安市华清池和秦始皇陵兵马俑坑发掘工地。

9月20日　北京市文物管理处再次提出《关于我市重点文物保护单位在地震中受损情况的调查报告》。

10月11～22日　国家文物事业管理局召集全国多数省、市、自治区文物管理部门和博物馆的同志，参加湖北省文化局在阳新县召开的革命文物工作座谈会，讨论有关毛泽东同志工作旧址、旧居和文物的保护、宣传问题，并交流群众性的保护革命文物工作的经验。

10月　"四人帮"粉碎后，国家文物事业管理局的名称、体制和处室机构均未变。

1977年

1月21日　国家文物事业管理局邀请北京图书馆、北京大学图书馆、首都图书馆等在京有关单位就编制全国善本书目问题进行座谈。

2月15日　国务院批准国家文物事业管理局《关于在农业学大寨运动中加强文物保护管理的报告》。

3月2日　国家文物事业管理局向北京、上海、天津、广东等省（市）文化局印发《关于对不准出口的文物实行征购收购或登记发还的办法》。

4月22日　北京市物资回收公司、市文物管理处、市文物商店共同召开从废旧杂铜中拣选文物座谈会。国家文物事业管理局、北京市文化局的有关领导出席会议并讲话。1978年7月，北京市物资回收公司在北京举办了"北京市废旧物资回收利用展览会"。至此，编目入藏的珍贵文物近400件，捡选有历史价值的书籍、报刊450吨。

5月23日　国家文物事业管理局举办的"长江水文考古展览"在故宫博物院展出。

5月　国家文物事业管理局与北京大学联合在陕西岐山县周原举办考古训练班。

6月18日　国家文物事业管理局印发《关于请及时报告考古新发现的通知》。

8月2～15日　国家文物事业管理局在黑龙江哈尔滨召开全国文物博物馆图书馆工作学大庆座谈会，会议由副局长彭则放主持。局长王冶秋在会上讲话，再次明确提出建国以来文博图工作属于红线领导，对全国文博图职工以极大鼓舞。会议着重批判"四人帮"破坏文博图工作的罪行，学习大庆的经验。

9月9日　文化部和国家文物事业管理局主办的"毛主席永远活在我们心中——美术作品展览"在中国革命博物馆展出。"伟大领袖和导师毛泽东主席纪念展览"在中国人民革命军事博物馆展出。

9月10日　国家文物事业管理局在北京召开全国文物出口鉴定座谈会。15个省、市文化（文物）局，外贸部海关局，北京、上海、天津、广州等海关35人出席会议，学习了有关文物政策法令，讨论修改了《对外国人、华侨、港澳同胞携带、邮寄文物出口鉴定管理办法》（草案）。

10月5日　北京市文物管理处向北京市文化局提出《关于密云、怀柔、延庆等县境内长城破坏情况及处理意见的请示报告》。

10月19日　国家文物事业管理局颁发《关于对外国人、华侨、港澳同胞携带、邮寄文物出口鉴定管理办法》和《更换文物出口鉴定火漆印章的通知》。

10月21～30日　国家文物事业管理局在江苏苏州召开博物馆保管工作会议。会议讨论修改了《博物馆藏品保管暂行办法》和拟订了《博物馆一级藏品鉴选标准》。

11月18～23日　国家文物事业管理局在河南登封县召开告城遗址发掘现场会，就有关夏文化问题进行座谈。

11月　国家文物事业管理局印发《关于在当前农田基本建设高潮中，认真贯彻执行国务院13号文件，加强文物保护工作的通知》。

11月　国家文物事业管理局在北京和长沙分片召开文物事业计划财务工作汇报会。会议推广部分省、自治区、直辖市财政部门亦按文物事业费"款"级科目"戴帽"下达市、县一级的做法，并确定了文物事业费，特别是其中文物保护维修和考古发掘经费以及国家文物事业管理局直拨补助经费的财务管理原则。

12月31日　由国家文物事业管理局、中国社会科学院考古研究所和北京市文物管理处组成北京市地震考古组。

1978年

1月20日　国家文物事业管理局颁发《博物馆藏品保管试行办法》和《博物馆一级藏品鉴选标准》（试行）。

2月　经国务院批准成立古文献研究室，隶属国家文物事业管理局领导。银雀山汉墓竹简等五个整理小组随之撤销。

3月27日　全国古籍善本书总目编辑工作会议在江苏南京召开。会议主要研究制订编辑全国善本总目的领导、收录范围、著录条例和分类方法。

4月17日　"中华人民共和国出土文物展览"在香港举办。

4月24日　国务院批转《国家文物事业管理局关于图书开放问题的请示报告》。

5月3日　国家文物事业管理局印发《关于加强对长城保护的通知》。

5月15日　国家文物事业管理局与北京大学共同举办古籍整理训练班，全国26个省、市、自治区32名图书馆业务干部参与培训。

5月23日　国家文物事业管理局在北京故宫博物院举办"各省、市、自治区征集文物汇报展览"。

5月30日～6月4日　国家文物事业管理局在北京召开对外宾销售文物商品价格座谈会，

拟订《对外宾销售文物商品的全国统一价目录》。

6月10日　国家文物事业管理局将有关单位帮助审查中国革命博物馆"党史陈列"的情况报告中共中央，建议重新开放该馆陈列。

8月3～18日　胡乔木等中央领导同志多次到中国革命博物馆逐段审查该馆"中国共产党历史陈列"（民主革命时期）。

9月23日　法国前总理雅克·希拉克参观陕西秦兵马俑发掘工地，称陕西秦兵马俑为"世界第八奇迹"。

10月1日　"中华人民共和国鲁迅展览"在瑞典斯德哥尔摩举办。

10月10日　国家文物事业管理局委托山东省文化局在山东泰山举办的碑刻拓片短期训练班开学。

11月13日　《省、市、自治区图书馆工作条例（试行草案）》开始施行。

11月23日　国务院转发《外贸部、商业部、国家文物局事业管理局呈交〈关于进一步做好一般文物（旧工艺品）管理和出口工作的请示〉报告》。

同日　国家文物事业管理局、国家地震局联合印发《关于进一步开展地震考古工作的意见》。

11月28日　国家文物事业管理局印发《关于成立"文物商店总店"的通知》。

12月12日　中共中央批转中央宣传部《关于建立革命纪念馆问题的请示报告》。

12月14日　国家文物事业管理局成立"古文献研究室"，作为局直属研究单位。

1979年

2月6日　国家文物事业管理局和河北省革命委员会在河北承德召开承德市1976～1985年建设规划审议会议，讨论避暑山庄、外八庙古建筑维修计划的1979～1985年部分。

2月19日　中共中央、国务院颁布《关于外国人在中国拍摄问题的规定》，其中第二项对外国人拍摄文物保护单位和博物馆藏品作了规定。

3月15日　中共中央组织部任命姚仲康（未到任）、华应申、齐光为国家文物事业管理局副局长。

3月19日　"中华人民共和国古代文物展览——丝绸之路上（陕西、甘肃、新疆）出土的汉唐文物展"在日本东京开幕。

4月3日　中国考古学成立大会及第一次年会在陕西西安召开。

同日　全国重点文物保护单位山东曲阜鲁国故城和孔庙、孔府、孔林正式对外开放。

4月16日　根据谷牧副总理指示，国家建委、建筑研究院邀请国家文物事业管理局、北京市文物局、北京市规划局等单位座谈北京市德胜门箭楼保留与否问题。到会同志一致要求保留（会后经批准德胜门得以保留）。

同日　国家文物事业管理局在北京召开1978年文物事业统计年报汇审汇编工作会。这是建局以来召开的第一次文物事业统计年表工作会。

5月16日　国家文物事业管理局委托上海博物馆举办的陶瓷修复训练班开学。

5月29日～6月4日　国家文物事业管理局在安徽合肥召开省、市、自治区博物馆工作座谈会。

5月　国家文物事业管理局创办文物工作期刊《文物通讯》。

6月20日　根据中宣部召开的关于敦煌文化保护工作座谈会的意见，国家文物事业管理局提出关于加强敦煌莫高窟保护和研究工作的报告，并经中宣部批转甘肃省委宣传部，请省革命委员会提出落实方案。

6月29日　国家文物事业管理局颁布《省、市、自治区博物馆工作条例》。

7月1日　中华人民共和国第五届全国人民代表大会第二次会议通过《中华人民共和国刑法》。《刑法》第一百七十三条和第一百七十四条，对盗运珍贵文物出口、故意破坏国有保护珍贵文物、名胜古迹行为作出规定。

7月9日　国家文物事业管理局印发《关于博物馆外宾服务部不准出售文物的通知》。

7月12日　国家文物事业管理局印发《关于外国人拍摄一级文物需经国家文物事业管理局批准的通知》。

7月30日　轻工业部、国家文物事业管理局联合印发《关于搞好古代文物复制、仿制工作有关问题的通知》。

7月31日　国务院批转国家文物事业管理局《文物特许出口管理试行办法》，规定文物特许出口由文物商店统筹办理。

8月3日　国家文物事业管理局印发《关于对博物馆涉外工作的通知》。

8月15～21日　国家文物事业管理局和冶金部在湖北黄石联合召开大冶铜绿山古矿冶遗址保护座谈会，商定成立领导小组主持该遗址保护和发掘工作。

8月24～30日　国家文物事业管理局在京召开部分省、市、自治区文物保护科学研究座谈会，讨论《1978年～2000年文物保护科学技术发展规划（草案）》。

9月4日　国家文物事业管理局印发《关于试行〈拓印古代石刻的暂行规定〉的通知》。

10月1日　中国革命博物馆基本陈列"中国共产党历史陈列"（民主革命时期部分）重新开放。

11月7日　国务院批准国家文物事业管理局出国文物展览工作室改称"中国对外文物展览公司"。

11月19日　国家文物事业管理局颁布《文物、博物馆工作科学研究人员定职升职试行办法》。

11月20日　全国建筑历史学术讨论会在安徽芜湖举行。会议讨论了国家文物事业管理局起草的《文物保护法》草案中有关古建筑保护管理条款以及草拟的第二批全国重点文物保护单位中古建筑名单。

11月　南开大学历史系设立博物馆专业。

12月22日　中共中央任命任质斌为国家文物事业管理局局长，王冶秋为国家文物事业管理局顾问。国家文物事业管理局成立党组。

1980年

1月3日　中共中央组织部任命孙轶青为国家文物事业管理局副局长。

2月2日　根据国务院实行"划分收入，分级包干"，中央、地方"分灶吃饭"财政管理体制的通知，从1980年起各地文物事业费预算指标不再由国家文物事业管理局安排。

2月6日　国家文物事业管理局、国家建工总局、中国建筑学会、中国建筑科学研究院在北京故宫博物院联合举办"古代建筑展览"。

4月1日　国家文物事业管理局邀请国家旅游局和北京市建委、城市规划局、文物局等单位，就如何更好处理国家建设与文物古建筑保护关系问题举行座谈。

同日　故宫博物院明清档案部再次划归国家档案局建制。

4月12日　"伟大的中国青铜时代展览"在美国纽约开幕。

4月16日　公安部、文化部、国家文物事业管理局联合印发《关于加强文物安全保卫工作的通知》。

4月　国家文物事业管理局会同中国科学院、教育部颁布《图书馆工作人员职称条例》。

5月13日　全国政协文化组举行座谈会，讨论国家文物事业管理局起草的《中华人民共和国文物保护法》（征求意见稿）。

5月15日　国务院批转国家文物事业管理局和国家基本建设委员会《关于加强古建筑和文物古迹保护管理工作的请示报告》。

5月17日　国务院印发《关于加强历史文物保护工作的通知》。

5月20日　全国政协文化组举行第二次座谈会，讨论国家文物事业管理局起草的《中华人民共和国文物保护法》（征求意见稿）。

同日　国家文物事业管理局邀请国家出版局、中央广播局等单位，就与国外合作摄制文物电视、电影和出版文物书刊等问题进行座谈。

5月24日　"中国古代艺术珍宝展"在丹麦哥本哈根开幕。

5月26日　由胡耀邦同志主持中共中央书记处第23次会议讨论了文物、图书馆工作。会议决定文化部设图书馆管理局。

5月28日　河北省人民政府发布保护长城的布告。

5月31日　国家文物事业管理局向新华社记者发表《关于切实加强文物古迹的保护管理有关问题》的谈话。

6月4日　中共中央、国务院颁布《关于收回"文化大革命"期间散失的珍贵文物和图书的规定》。

6月11日　中共中央组织部任命金紫光为国家文物事业管理局副局长。

同日　公安部、文化部、国家文物事业管理局联合召开会议，传达中央负责同志对保护长城的指示并部署调查工作，对北京、陕西、甘肃、河北、内蒙古的长城破坏情况进行调查，并向国务院呈报《长城破坏情况和今后加强保护管理意见》的报告。

6月27日～7月7日　国家文物事业管理局在北京召开全国文物工作会议。

6月　由国家文物事业管理局主持，中国历史博物馆及山西雁北文物工作站组成山西应县木塔辽代文物整理研究组。

6月　国家副主席宋庆龄为广东省东莞县虎门鸦片战争博物馆题词。

7月1日　中央军委主席邓小平参观陕西临潼县秦始皇陵兵马俑博物馆和华清池。

7月9日　国家文物事业管理局印发《关于妥善保管"参考资料"和处理品的通知》。

7月15日　中央军委主席邓小平视察湖北武汉市八七会议会址纪念馆。

7月26日　文化部、国家文物事业管理局印发《关于图书馆工作改变领导体制的通知》。从8月1日起，图书馆管理工作移交文化部。国家文物事业管理局图书馆处撤销。

7月　国家文物事业管理局委托南京工学院（现东南大学）举办古建专业进修班，学制1年。

9月24～28日　国家文物事业管理局在北京召开"全国纪念馆调查座谈会"，贯彻中共中央关于"少宣传个人"的方针。

9月　国家文物事业管理局与北京市东城区鼓楼中学、205中学联合创办文博职业高中班。

10月6日　中共中央组织部任命汪小川为国家文物事业管理局副局长，李兆炳为国家文物事业管理局顾问。

10月28日　文物商店总店更名为中国文物商店总店。

11月1日～12月27日　国家文物事业管理局在河北承德开办博物馆馆长、博物馆学、中国古代史、中国通史、中国革命史、文物基础知识等读书班。

11月18～24日　国家文物事业管理局在北京召开全国文物事业财务工作汇报会。

12月5日　海关总署通知：文物复制品的出口展销是非贸易性出口业务，由国家文物事业管理局所属中国对外文物展览公司兼管，直接办理出口手续。

12月24～29日　中国文物保护技术协会第一次代表大会在北京召开。该协会受中国科学技术协会领导，挂靠在国家文物事业管理局。

1981年

1月8日　青海省图书馆失火，大藏经等珍贵文物被焚毁。

1月12日　国家文物事业管理局在北京召开文物博物馆干部培训座谈会。对今后培训工作提出"全面安排、重点掌握、统一规划、分级负责"的要求。

1月15日　国务院批转国家文物事业管理局《关于加强文物工作的请示报告》，就文物保护、市场管理、经费投入、人才培养、管理体制和发展博物馆事业等提出具体意见和措施，从1981年开始，国家在全国范围内开展文物普查、复查工作。

1月30日　中共中央宣传部批准国家文物事业管理局成立国际友谊博物馆筹备处。

2月10日　中共中央宣传部任命马济川为国家文物事业管理局副局长，彭则放为国家文物事业管理局顾问。

2月19日　国家文物事业管理局印发《关于冻结各地收存的西藏铜佛、法器的通知》。

2月22～24日　国家文物事业管理局在北京召开革命纪念馆调整工作会议。

2月28日　国家文物事业管理局、国家城市建设总局、公安部联合印发《关于认真做好文物古迹、风景园林游览安全的通知》。

2月28日～3月5日　国家文物事业管理局在北京召开各省、市、自治区文物（文化）局长会议。会议研究贯彻执行国务院批转国家文物事业管理局《关于加强文物工作的请示报告》，布置开展文物普查和编写文物志工作。

3月11日　国家文物事业管理局颁布《直拨经费使用管理办法》（试行）和《直拨经费财务

管理细则》。

3月17日　国家文物事业管理局在河北承德举办文博系统领导干部"中国革命史"读书班。

4月10日　国务院办公厅转发文化部、国家文物事业管理局《关于长城破坏情况的调查报告》。

4月20日　国家文物事业管理局、财政部、公安部联合印发《关于加强安全措施防止文物失窃的意见》。

4月29日　国家文物事业管理局颁布《文物工作人员守则》。

5月7日　国家文物事业管理局印发《不要匆匆忙忙将佛、道庙观交给宗教部门的通知》。

5月10日　国家文物事业管理局委托山西省文物局在山西解州举办的第一期古建培训班开学。

6月26日　国家文物事业管理局、公安部联合印发《关于加强古建筑防火工作的通知》。

7月5日　国家文物事业管理局举办博物馆学讨论会，集体重新编审《中国博物馆学概论》（1985年出版）。

7月17日　国家文物事业管理局颁布《文物商店工作条例（试行稿）》。

8月6～8日　国家文物事业管理局在北京召开文物管理体制问题座谈会。

8月8日　中央军委主席邓小平视察甘肃敦煌莫高窟并作重要指示。

9月11～17日　国家文物事业管理局召开全国博物馆安全防护工作会议，讨论改善省级博物馆安全设备条件等问题。

9月17日　为纪念鲁迅诞辰100周年，扩建后的鲁迅博物馆重新开放并举行开馆仪式。

10月1日　首都博物馆正式建成并对外开放。

10月24日　中国文物商店总店协助安徽省文物商店在安徽合肥召开文物商品小型交易会。文物商店之间调剂文物5000件。

10月30日　国务院批转国家文物事业管理局《关于加强文物市场管理的请示报告》。报告明确提出将文物对外批发逐步转为在国内市场零售，逐年减少对外批发的数量。

10月31日～11月5日　国家文物事业管理局在北京召开省级博物馆保卫干部会议。

10月　国家文物事业管理局印发《关于文物安全防护工作的调查情况通报》及公安部、国家文物事业管理局《关于必须对文物部门的整顿情况进行验收的通知》。

10月　国家文物事业管理局在四川成都建立西南文物干部培训中心。

11月1日　国家文物事业管理局在湖南板仓建立中南文物干部培训中心。

11月3日　国家文物事业管理局印发《关于不断发现国外旅客携带禁止出口文物出境的情况通报》。

11月10日　北京市人民政府颁布《北京市文物保护管理办法》。

12月10日　国家出版事业管理局、国家文物事业管理局印发《关于允许中国书店和上海书店到全国各地收购古旧书刊的通知》。

12月21日　国家文物事业管理局赠送美国谢尔通用建材公司古砖博物馆长城古砖（1件）。

1982年

1月14日　对外文化联络委员会、国家文物事业管理局印发《关于文物事业涉外工作的几点意见》。

1月19日　中共中央宣传部任命常书鸿为国家文物事业管理局顾问。

1月24日　陕西省人民政府颁布《陕西省文物保护管理暂行办法》。

2月8日　国务院批转国家基本建设委员会、国家文物事业管理局、国家城市建设总局《关于保护我国历史文化名城的请示》，公布第一批24个国家历史文化名城。

2月20日　国家文物事业管理局和海关总署联合发布《关于加强文物出口监管公告》。

2月23日　国务院公布第二批全国重点文物保护单位名单62处（全国总计242处）。

2月26日　国家文物事业管理局在天津召开文物库房建筑工作会议。

3月1日　国家文物事业管理局在江苏扬州建立华东文物干部培训中心。

3月9~17日　中国文物商店在北京召开全国文物商店工作会议。会议讨论修改了《文物商店管理条例（草案）》。

3月23~27日　中国博物馆学会大会暨首届学术讨论会在北京召开。该学会是群众性学术团体。自1985年相继建立陈列艺术设计委员会、地质博物馆专业委员会、藏品保管专业委员会、社会教育专业委员会、高等学校博物馆专业委员会。

3月30日　国家文物事业管理局在北京召开13个省、市文物局（文化局、文管会）文物出口鉴定工作交流座谈会。起草《文物出口鉴定管理工作暂行规定》和修改《文物出口界限和鉴定标准的规定》。

3月　海关总署、国家文物事业管理局发布关于加强文物出口监管公告。

4月24日　中共中央任命孙轶青为文化部文物事业管理局局长。

5月4日　全国人大常委会第23次会议通过关于国务院部委机构改革实施方案的决议。国家文物事业管理局等5单位合并，设立文化部。国家文物事业管理局改为文化部文物事业管理局（以下简称"文化部文物局"）。

5月31日　北京市人民政府发布《北京市文物市场管理暂行规定》。

6月4~6日　文化部文物局在广西南宁召开中南、西南、华东三大区文物干部培训工作座谈会。

7月8日　文化部文物局在北京召开全国拣选文物工作座谈会。

7月20日　中共中央宣传部任命马济川、沈竹为文化部文物局副局长。

8月1日　国务院批准宗教事务局、文化部《关于处理封存在甘肃等地的西藏铜佛法器的请示报告》。

9月24日　文化部文物局转发地质矿产部《关于在地质找矿中注意保护文物古迹、风景名胜的通知》。

10月11日　文化部印发邓小平及胡乔木、邓力群关于保护帝国主义侵略战争遗迹用以教育人民、教育青少年、教育子孙后代的指示并印发《做好保护日本侵华罪行遗址工作的通知》。

10月14日　文化部文物局在北京中山公园召开现场会，研究处理中山公园违章扩建招待所工程及故宫西朝房的安全问题。

10月　文化部文物局文物档案资料室与研究室合并为研究资料室。

11月8日　国务院批转城乡建设环境保护部、文化部和国家旅游局《关于审定第一批国家重点风景名胜区的请示》，公布第一批国家重点风景名胜区 44 处。

11 月 9 日　中共中央总书记胡耀邦视察南京雨花台烈士事迹陈列室。

11 月 19 日　第五届全国人民代表大会常务委员会第 25 次会议审议通过并公布实施《中华人民共和国文物保护法》。

12 月 4 日　中华人民共和国第五届全国人大第五次会议通过并公布施行《中华人民共和国宪法》。《宪法》总纲第二十二条规定："国家保护名胜古迹，珍贵文物和其他重要历史文化遗产。"

12 月 18 日　国务院任命谢辰生为文化部文物局顾问。

12 月 22 日　"中国秦代兵马俑展览"在澳大利亚墨尔本开幕。

1983年

1 月 17 ~ 24 日　文化部文物局在云南昆明召开文博干部培训工作调查座谈会，讨论并修改《关于加强文博干部轮训教育的意见》。

1 月 26 日　文化部国家文物委员会举行成立会议。该委员会是文物工作咨询性机构，由文物、考古、历史、建筑等方面专家、学者组成。夏鼐和廖井丹先后担任主任委员。

1 月 31 日　徐悲鸿纪念馆新馆落成并正式开放。

同日　国务院批复文化部同意恢复中国革命博物馆、中国历史博物馆建制。

2 月 4 日　文化部印发《关于颁发中华人民共和国考古发掘证照和中华人民共和国考古发掘申请书的通知》。

3 月 9 日　城乡建设环境保护部印发《关于加强历史文化名城规划工作》的通知。

4 月 5 ~ 7 日　文化部文物局在北京召开全国书画巡回鉴定专家座谈会。会议决定正式成立中国古代书画鉴定组，从 1983 年下半年开始在全国进行书画巡回鉴定，（此次巡回鉴定于 1990 年 5 月结束）其成果编辑《中国古代书画目录》和《中国古代书画图目》，由文物出版社出版。

5 月 2 日　文化部文物局邀请复旦大学、南开大学、清华大学、北京大学、南京大学、南京工学院、吉林大学、中央美术学院等 8 所高校有关专业负责人就培养文博专业人才问题进行座谈。

5 月 28 日　城乡建设环境保护部、文化部联合印发《关于在建设中认真保护文物古迹和风景名胜的通知》。

6 月 6 日　文化部党组批准文物局成立分党组。

7 月 12 日　全国重点文物保护单位河南洛阳龙门石窟八作司洞和若干佛像被砸。

7 月 25 日　中国博物馆代表团出席在英国伦敦举行的国际博物馆协会第十三届大会。中国博物馆学会加入联合国教科文组织国际博物馆协会。

7 月 28 日 ~ 8 月 5 日　文化部文物局在贵州贵阳举行全国文物普查与文物志编写工作座谈会。

8 月 10 日　北京圆明园整修工程举行奠基仪式。经党中央、国务院批准决定，将圆明园整修为遗址公园。

8 月 16 日　文化部文物局印发《关于直拨经费财务管理问题的通知》。

9 月 13 日　文化部印发《关于制定系统内全国重点文物保护单位维修和安全保护规划的通知》。《通知》要求加强各级文化系统使用的全国重点文物保护单位维修和安全保护（如防火、防雷、防盗设施等）工作。

10 月 1 日 陕西省"秦代兵马俑全国巡回展"在黑龙江等地展出。

10 月 22 日 湖南省博物馆马王堆汉墓陈列室 38 件珍贵文物被盗（破案后追回被盗文物 31 件）。

10 月 24 日 ~ 11 月 1 日 文化部文物局在山东曲阜召开全国古城遗址保护工作座谈会，拟订《古遗址、古墓葬保护管理条例》（草案）。

11 月 2 日 文化部文物局在浙江杭州召开文博干部培训中心工作会议，修改并通过了《关于加强文博干部培训教育工作的意见》。

11 月 10 日 文化部文物局邀请有关部门在湖南长沙举行严厉打击文物走私活动座谈会，研究如何抓好查禁和打击文物走私活动的措施。

12 月 24 ~ 30 日 文化部文物局在陕西西安召开城市博物馆建设座谈会。

12 月 文化部文物局山东泰安培训中心设立。

1984年

1 月 5 日 国务院颁布《城市规划条例》，其中对历史文化名城规划、城市规划中应保护文物古迹等作出明确规定。

1 月 18 日 文化部印发《关于不作为宗教活动场所的寺观教堂等古建筑不得从事宗教活动和封建迷信活动的通知》。

2 月 8 日 文化部、中国人民银行联合印发《关于加强对古钱币抢救保护的紧急通知》。

2 月 28 日 由文化部部长周巍峙签发，文化部、公安部联合颁布《古建筑消防管理规则》。

3 月 5 ~ 15 日 文化部文物局在四川成都召开 1983 年考古发掘汇报会，讨论制定省级文物考古机构工作条例和田野考古工作规程。

3 月 13 日 文化部印发《关于文物商店立即停止'小内柜'纠正不正之风的紧急通知》。

3 月 30 日 国务院办公厅转发文化部《关于加强文物保护、制止破坏的紧急报告》。通知要求各地区、各部门要认真检查《中华人民共和国文物保护法》执行情况。

4 月 3 日 国务院任命吕济民为文化部文物事业管理局局长；庄敏为文化部文物事业管理局副局长。

同日 文化部文物局印发《关于改变直拨经费财务管理办法的通知》，决定先在 10 个省（市）试行"逐项核定预算，按年汇总拨款，省、市统筹调度，年终一次核销"的决算财务管理办法。

4 月 12 日 中共中央宣传部出版局、文化部出版局和文化部文物局在北京召开编辑出版《中国美术全集》工作会议（1989 年 9 月《中国美术全集》60 卷出齐）。

4 月 14 ~ 20 日 文化部文物局和公安部刑侦局在浙江杭州联合召开反文物走私座谈会。

4 月 16 日 文化部文物局在陕西咸阳成立文物干部培训中心并举办第一期文物法与文物保护管理培训班。

4 月 30 日 ~ 5 月 6 日 中宣部和文化部在北京召开全国文物工作会议。研究贯彻《文物保护法》，探讨文物保护和发挥作用，开创文物博物馆事业新局面等问题。中央书记处书记、中宣部部长邓力群到会并讲话。中共中央政治局委员、国务院副总理王震接见全体代表。

5月10日　由文化部部长周巍峙签发，文化部颁布《田野考古工作规程（试行）》。

6月26日　国家主席李先念视察陕西西安半坡博物馆。

7月1日　南通博物馆恢复"南通博物苑"原名。

7月14日　中共中央书记处召开第143次会议，专门研究我国文物保护工作和博物馆事业建设问题。

7月26日　文化部文物局在山东长岛召开文博干部培训教材编辑及制定教学大纲研究会。

8月14日　文化部、公安部联合印发《关于加强非文物部门收藏文物安全保卫工作的通知》。

8月26～31日　文化部文物局在甘肃兰州召开全国博物馆整顿改革工作座谈会。

9月1日　中央军委主席邓小平为"爱我中华，修我长城"社会赞助题词：爱我中华，修我长城。

9月2日　中国历史博物馆主办的"中国古代文明展览"在南斯拉夫克罗地亚共和国首府萨格勒布开幕。总书记胡耀邦为展览题词。国家主席李先念出席开幕式。

9月9～15日　文化部文物局在湖南韶山召开全国革命纪念馆工作座谈会，讨论制定《革命纪念馆工作条例（草案）》。

9月10日　文化部文物局在山东兖州举办田野考古领队培训班。

10月17～22日　公安部和文化部文物局在山东烟台召开省级博物馆安全保卫工作会议，讨论了《博物馆安全保卫工作条例》草案。

10月27日～11月2日　国家民委和文化部在北京联合召开全国少数民族文物工作会议。讨论加强民族文物保护工作的措施，印发《全国少数民族文物工作会议呼吁书》。

10月31日　中宣部和文化部在北京联合召开文物工作座谈会。中央书记处书记邓力群主持并讲话。

11月6日　文化部文物局局长吕济民在中央人民广播电台作题为《大家都来保护文物》的广播讲话。

12月11日　文化部印发《关于使用文物古迹拍摄电影、电视故事片的暂行规定》。

12月19～25日　文化部文物局就接收外贸库存文物问题在京召开座谈会。

12月24日　国家文物委员会召开第六次会议。会议着重讨论湖北省铜绿山古矿冶遗址的保护问题，以及中共陕西省委、陕西省人民政府给中央、国务院的《关于发掘桥陵墓室、秦陵周围遗址和科学探测秦陵墓室的报告》，认为主客观条件不具备，不宜主动发掘。

12月　中国考古学会编辑的《中国考古学年鉴（1984）》由文物出版社出版。

1985年

1月9日　由文化部部长周巍峙签发，文化部颁布《革命纪念馆工作试行条例》。

1月15日　文化部文物局印发《关于博物馆整顿改革的几点意见》。

1月16～22日　文化部文物局在福建福州召开配合基本建设考古工作座谈会。

1月22～28日　文化部文物局在广西南宁召开文博干部培训点工作会议。

1月25日　文化部、公安部联合印发《博物馆安全保卫工作规定》。

3月1日　全国重点文物保护单位北京法海寺正式对外开放。

3 月 6 日　文化部文物局在河南郑州举办古钱币整理工作骨干人员培训班。

4 月 7 日　全国重点文物保护单位拉卜楞寺发生火灾，烧毁一座大经堂及内部珍藏的大部分文物。

4 月 18 日　文化部印发《关于统一文物商品外销发票的通知》。

4 月 19 日　文化部颁布《关于拍摄电影、电视有关文物的暂行规定》。

4 月 24 ～ 26 日　文化部文物局在上海召开博物馆电脑管理座谈会。重点探讨了博物馆藏品管理、博物馆藏品分类标准化问题。

5 月 24 日　公安部、文化部、国务院宗教事务局、城乡建设环境保护部联合印发《关于全国重点文物保护单位拉卜楞寺发生重大火灾事故的通报》。

6 月 7 日　国务院颁布《风景名胜区管理暂行条例》。

7 月 2 ～ 6 日　文化部文物局和公安部刑侦局在河南洛阳召开反文物走私经验交流会。

7 月 5 日　文化部文物局在江苏常州召开丝织文物复制工作座谈会。

8 月 23 日　航空部、文化部、江西省文化厅、江西省国防工办和景德镇市人民政府就全国重点文物保护单位湖田古瓷窑址遭受破坏问题召开会议，形成《湖田古窑址保护区和 602 所生活区问题的会议纪要》。

9 月 9 日　文化部文物局委托中国人民大学、复旦大学举办的文博干部专修班开学，学制 2 年。

10 月 10 日　故宫博物院在北京人民大会堂举行庆祝建院 60 周年纪念大会。中共中央政治局委员杨尚昆、胡乔木等参加大会。胡乔木代表党中央和国务院讲话。

10 月 14 日　全国政协副主席邓颖超视察重庆红岩纪念馆并题词。

10 月　文化部文物局决定将承德、太原、郑州、咸阳、长沙板仓培训中心交由所在省文化部门自办，经费由地方承担，文物局保留使用权。泰安和扬州培训中心予以保留。

11 月 11 日　文化部文物局印发《关于对北京市文物商店试点外销古钱币进行鉴定并钤盖火漆标识的通知》。

11 月 14 ～ 20 日　文化部文物局在福建福州召开全国博物馆藏品保管工作座谈会。会议在讨论修改 1978 年颁发《博物馆藏品保管试行办法》的基础上，研究和制订《博物馆藏品保管条例》、修订了《博物馆一级藏品鉴选标准》、草拟了《关于博物馆藏品分类办法的意见》等。

11 月 25 日　中共中央书记处召开会议。胡耀邦同志主持会议，讨论关于加强文物保护和利用促进社会主义精神文明建设问题。会议听取了文化部文物局"关于加强文物的保护和利用，促进社会主义精神文明建设"的汇报。会议决定：文物商业由文物部门归口管理、统一经营，外贸部门不再经营文物，现有外贸库存文物一律作价移交文物部门。

12 月 22 日　中华人民共和国第六届全国人民代表大会常务委员会第十三次会议决定：批准我国加入联合国教育、科学及文化组织大会第十七届大会于 1972 年 11 月 16 日在巴黎通过的《保护世界文化和自然遗产公约》。

12 月 28 ～ 30 日　文化部召开建国以来第一次全国文博系统先进集体、先进工作者表彰大会。大会表彰了 70 个先进集体，170 多名先进个人。文化部文物局向从事文博工作 30 年的 16000 多名同志颁发证书和纪念章。

12 月　中国文物商店总店在山东曲阜县举办第一期文物商店经理学习班。

1986年

1 月 16 ～ 22 日　文化部文物局在黑龙江哈尔滨召开文物普查座谈会，研究起草《〈中国文物分布图集〉（后定名为〈中国文物地图集〉）编绘细则》（征求意见稿）。

1 月 20 日　故宫博物院地下文物库房建设工程举行奠基典礼。

3 月 5 ～ 9 日　文化部在北京召开国家文物鉴定委员会成立大会。国家文物鉴定委员会由文化部聘任 54 位委员组成，主任委员启功。

3 月 30 日 ～ 4 月 4 日　文化部文物局在云南昆明召开全国考古发掘与文物普查工作会议。会议决定编写《中国文物地图集》。

4 月 1 日　国务院总理赵紫阳视察河南洛阳古代艺术馆。

4 月 11 日　由联合国教科文组织赞助、中国博物馆学会和中国文物保护技术协会在北京联合举办亚洲地区文物保护技术讨论会。

5 月 1 日　《黑龙江省文物管理条例》开始施行。

5 月 3 日　文化部文物局在四川成都召开全国文物保护科学技术"七五"规划工作会议。

5 月 5 日　文化部文物局按照中央领导同志在西藏自治区党委、自治区人民政府《关于清退"文革"中查抄寺庙珠宝、玛瑙情况的报告》批示精神，成立铜造像整理组，将 9271 件鎏金藏传佛教铜像退还西藏自治区。

5 月 18 日　"中国文明史——华夏瑰宝展览"在加拿大蒙特利尔开幕。国务院总理赵紫阳为展览题词。

5 月 20 日　文化部印发《关于做好文物普查工作的通知》。

5 月 29 日　文化部颁布《省、自治区、直辖市文物考古研究所工作条例（试行）》。

6 月 2 日　文化部、公安部联合印发《关于检查落实文物和古建筑防火安全措施的通知》。

6 月 7 日　全国人大常委会委员长彭真视察陕西临潼县唐华清宫遗址发掘工地和秦始皇兵马俑博物馆。

6 月 9 日　文化部和外经贸部联合印发《关于外贸文物部门办理一般文物（旧工艺品）交接事宜的通知》，决定将外贸部门的库存文物全部拨交文物部门。

6 月 19 日　文化部颁布《博物馆藏品管理办法》。

同日　文化部文物局根据对外经济贸易部、文化部《关于外贸、文物部门办理一般文物（旧工艺品）承接事宜的通知》，向北京市文物局、天津市文化局、上海市文管会、广东省文管会办公室印发《关于立即停止对外贸易工艺品进出口公司外销文物鉴定放行的通知》。

7 月 6 日　文化部文物局和中国历史博物馆联合举办的"全国文物保护科技成果展览"开幕。

7 月 9 日　文化部在北京召开文物局等 10 多个单位及专家学者参加的水下考古座谈会。

7 月 12 日　文化部颁布《纪念建筑、古建筑、石窟寺修缮管理办法》。

7 月 17 日　文化部文物局成立《中国文物地图集》编辑委员会。

7 月 20 日　文化部、国家工商局联合印发《关于对经营文物商品的单位重新进行审批和换发营业执照的通知》。

7月　文物出版社印刷厂与英国香港怡和印刷（中国）有限公司、中国经济贸易咨询公司共同合资成立文怡印刷有限公司。这是改革开放以后我国印刷行业中第一家合资企业。

8月2日　文化部印发《关于做好接收外贸工艺品进出口公司库存文物准备工作的通知》。

8月　国务院副总理万里考察甘肃敦煌文物保护工作。

8月　《中国大百科全书·考古学》由中国大百科全书出版社出版。

9月20～25日　文化部文物局先后在湖北洪湖、监利召开革命遗址（群）保护工作会议。

9月　文化部文物局委托北京大学举办考古研究生班、石窟考古研究生班和文博专业证书班，学制2年；委托南开大学举办博物馆学研究生班，学制3年。

10月18日　国务院批复原则同意文化部《关于加强我国水下考古工作的报告》。具体工作由文化部承办，中国历史博物馆组建水下考古协调小组，设立国内唯一水下考古专业机构——水下考古学研究室。

10月20～24日　文化部文物局在天津召开全国博物馆群众教育工作座谈会。

10月23～29日　文化部文物局在上海召开文物出口鉴定管理工作会议，修订《文物出口鉴定管理工作规定》、《对私人携带旧存文物出口的管理办法》（附实施细则）、《限制建国后已故著名书画家作品出境者名单（参考）》等有关规定。

10月25日　文化部文物局印发《关于开始接收外贸库存文物的通知》。

11月17日　文化部、湖南省人民政府在湖南长沙联合召开表彰查处湖南省进出口公司走私文物案有功集体和个人大会。中共中央书记处书记邓力群等出席会议。

11月18日　文化部文物局决定要求驻故宫博物院外单位全部迁出。

12月1日　文化部文物局组成文物接收小组赴香港接收港英当局自1983年以来缉获的内地走私文物413件。

12月17日　陕西省博物馆发生一级文物藏品秦乐府钟被盗重大案件。

1987年

1月3日　香港海关移交的第一批文物400件运抵中国历史博物馆（第二批文物500件亦于同年10月8日运抵该馆）。

2月3日　文化部颁发《文物藏品定级标准》。

2月13日　文物出版社庆祝建社30周年大会在中国革命博物馆中央大厅举行。中共中央书记处书记邓力群等到会祝贺。

2月14日　陕西省考古研究所等单位组成考察队对扶风县法门寺塔基进行考古发掘。

3月13日　全国水下考古协调小组第一次会议在北京召开。

4月1日　财政部印发《关于执法机关依法没收的国家禁止出口的文物无偿交由专管机关处理的通知》。

4月14日　国务院批准文化部《关于进一步加强文物出国展览工作的几项规定》。

5月11日　文化部文物局印发《关于印发中央和国务院领导同志关于严厉打击挖坟盗墓、

走私文物等犯罪活动批示的通知》。

5月19日　国务院召开第140次常务会议。会议同意印发《关于打击盗掘和走私文物活动的通告》；同意恢复国家文物事业管理局，领导关系不变，不升格，不增加编制。

5月26日　国务院发布《关于打击盗窃走私文物活动的通告》。

5月31日　文化部印发《贯彻国务院〈关于打击盗窃走私文物活动的通告〉的通知》。

6月6日　文化部召开全国电话会议。文化部文物局就贯彻《关于打击盗窃走私文物活动的通告》、国务院第140次常务会议决定和中央领导关于加强文物工作的意见提出了要求。

6月18日　文化部颁布《文物商店向国内群众销售文物的试行办法》。

6月20日　国务院办公厅发布《关于文化部文物事业管理局改为国家文物事业管理局的通知》，为了加强对全国文物工作的领导和管理，国务院决定将文化部文物事业管理局改为国家文物事业管理局，隶属关系不变，仍由文化部领导。国家文物事业管理局独立行使职权，计划、财政、物资分配等单列户头。

6月25日　中国长城学会在北京成立。

6月26～29日　国家文物事业管理局、公安部消防局联合在山东曲阜召开全国部分省、市、自治区古建筑消防工作经验交流会，贯彻落实国务院办公厅《关于防止重大火灾事故的紧急通知》。

7月14～19日　国家文物事业管理局在四川成都召开民俗文物工作座谈会。

7月15日　文化部、公安部联合印发《关于切实加强文物安全防护工作的紧急通知》。

7月16日　文化部党组指示，故宫博物院实行院长负责制。

7月17～22日　国家文物事业管理局在河北易县召开深入贯彻国务院《关于打击盗掘和走私文物活动的通告》和文化部颁布《纪念建筑、古建筑、石窟寺等修缮工程管理办法》座谈会。

7月24日　中共中央总书记赵紫阳视察辽宁省绥中姜女石遗址考古工地。

7～12月　国家文物事业管理局办公室编发《文物简报》，至年底共编发35期，专门刊登全国各地贯彻国务院《关于打击盗掘和走私文物活动通告》的有关情况。

8月8日　国家文物事业管理局在吉林集安召开11省、市《中国文物地图集》编辑工作会议。

9月2日～10月10日　国家文物事业管理局、海关总署在北京海关总署培训基地共同举办文物鉴定知识学习班。

9月6日　中共中央政治局委员胡乔木视察甘肃敦煌莫高窟。

9月15日　国家文物事业管理局和故宫博物院联合举办的"全国重要考古新发现展览（1985～1986）"在故宫博物院展出。

9月　国家文物事业管理局委托吉林大学举办考古研究生班，学制2年。

10月1日　《中国文物报》创刊。该报是在河南省文化厅1985年创办的《文物报》基础上，改由国家文物委员会主办，由国家文物事业管理局研究室主管。

10月6日　国家文物局在湖南长沙召开考古所长座谈会，交流贯彻《省、自治区、直辖市文物考古研究所工作条例》的经验，并决定开展考古工地检查。

10月16日～11月16日　国家文物事业管理局在湖南板仓培训中心举办首届省市博物馆群教部主任培训班。

10月21日　中共中央总书记赵紫阳视察江西井冈山革命遗址群。

11月24日　国务院印发《关于进一步加强文物工作的通知》。《通知》全面总结了新中国成立以来文物事业成就，指出了文物事业存在的主要问题，提出了当前文物工作的任务和方针。

同日　国家文物事业管理局印发《关于文物拍卖暂不扩大试点的通知》。

11月25日　国家文物事业管理局印发《关于加强古建筑消防工作，落实防火岗位责任制的通知》。

11月27日　最高人民法院法院、最高人民检察院印发《关于办理盗窃、盗掘、非法经营和走私文物的案件具体应用法律的若干问题的解释》。

12月1日　国家文物事业管理局在辽宁沈阳首次举办全国文物单位安全技术防范培训班。

12月11日　第11届联合国教科文组织世界遗产委员会会议正式批准泰山、长城、明清故宫、敦煌莫高窟、秦始皇陵（包括兵马俑坑）和北京周口店猿人遗址6项文化和自然遗产列入《世界遗产名录》。这是我国第一批列入世界文化和自然遗产的项目。

1988年

1月1日　全国重点文物保护单位北京天安门城楼正式向国内外游客开放。

1月4日　国家文物事业管理局印发《关于贯彻执行〈关于办理盗窃、盗掘、非法经营和走私文物的案件具体应用法律的若干问题的解释〉的建议和意见给最高人民法院、最高人民检察院的函》。

1月8日　国家文物事业管理局印发《关于实施文物安全技术防范设施的通知》。

1月13日　国务院公布第三批全国重点文物保护单位258处（总计500处）。

1月20日　国家文物事业管理局、公安部二局联合印发《关于加强考古队文物安全保卫工作给各省、自治区等有关单位的通知》。

2月9日　国家文物事业管理局和江西省人民政府在江西南昌召开表彰查获重大盗窃和走私文物案有功集体和个人大会。

3月22日　文化部上报国务院《关于进一步开展我国水下考古工作的请示》。

3月25日　国家文物事业管理局、最高人民检察院、最高人民法院组成代表团到河南省郑州、洛阳检查贯彻落实《关于办理盗窃、盗掘、非法经营和走私文物的案件具体应用法律的若干问题的解释》情况。

4月1日　国务院任命张德勤为国家文物局局长。

5月26日　希腊亚历山大·奥纳西斯公益基金会为表彰中国在考古和文物保护方面取得的成就（特别是秦始皇兵马俑的发掘、整理和保护），决定将1988年度奥林匹亚"人与环境"奖授予中国国家文物事业管理局。"中国秦代兵马俑展览"同时在希腊雅典开幕。

6月3日　北京市拍卖市场在北京民族文化宫举办北京首次文物拍卖活动。

同日　《陕西省文物保护管理条例》开始施行。

6月15日　由国家文物事业管理局组织、中国历史博物馆和广东省文管会联合进行的广东沿海沉船调查工作开始。

6月16日　国家文物事业管理局更名为国家文物局。国务院办公厅通知，根据1988年5月3日国务院常务会议决定给国家文物事业管理局颁发"国家文物局"印章。

7月5日　国家文物局首届石窟考古所专修班在山西大同云冈石窟文保所开学。

7月15日　国家文物局召开中国大百科全书文物卷编委会成立会。编委会由委员17人、顾问4人组成。

7月27～29日　国家文物局委托中国文物保护科学技术协会在北京召开部分省、市博物馆参加的文物复制技术研讨会。

8月11日　国务院批准文化部上报《关于迎接建国40周年中国历史博物馆"中国通史陈列"呈请调用文物的报告》。

9月11～16日　国家文物局在四川成都召开部分省、市、自治区文物安全工作座谈会。

9月12日　国家文物局上报国务院《关于拟与外国科研机构合作进行水下考古工作给国务院的请示及处理意见》。

9月13日　国务委员李铁映视察故宫博物院防火防盗工作。

9月14日　国务委员李铁映在国务院主持召开故宫博物院安全问题专题会议。会议印发《关于研究故宫博物院消防安全问题的会议纪要》，决定成立故宫安全工程领导小组。

9月15日　浙江省人民政府、国家文物局在浙江杭州举行表彰杭州公安局破获特大文物走私案有功单位、集体、个人授奖大会。

9月16日　由国家文物局、公安部、海关总署和工商总局联合举办的"全国打击文物违法犯罪活动成果展览"在中国历史博物馆开幕。

9月19日　文化部印发《关于协助中国历史博物馆修改通史陈列调用文物的通知》。

9月21日　国家主席李先念参观南京云锦研究所复制的马王堆素纱单衣和定陵万历龙袍，并对文物考古发掘等有关工作作重要指示。

9月27日　吉林省各市县文物志编写工作总结表彰大会在吉林长春举行。吉林省在全国第一个完成编写文物志工作，国家文物局致电祝贺。

9月30日　我国第一座县级化石博物馆在山西榆社落成并正式对外开放。

10月13日　国家文物局印发《关于立即停止批量外销文物商品的紧急通知》。

10月20日　湖北省荆州地区博物馆发生重大文物被盗案，被盗文物51件，大部分为珍贵文物。

10月25日　国务院批复同意西藏自治区政府维修布达拉宫，成立维修布达拉宫领导小组。

10月30日　辽沈战役纪念馆举行开馆典礼。

11月4日　国家文物局印发《关于加强古建筑博物馆等文物单位安全防火工作给各省、自治区等有关部门的通知》。

11月28日　《浙江省文物保护管理条例》开始施行。

12月13日　安徽省博物馆6件均系馆藏一级文物的商代青铜器被盗。

12月20日　文化部任命黄景略、马自树为国家文物局副局长。

12月22日 《河南省〈文物保护法〉实施办法》开始施行。

1989年

1月1日 故宫博物院实行新的开放参观方法，调高参观票价，控制参观人数。

2月1日 北京市人民政府颁布《北京市周口店北京猿人遗址保护管理办法》。

2月2日 国家文物局、公安部二局在北京联合召开全国文物安全电话会议。

2月3日 人事部印发《关于国家文物局所属事业单位机构和编制的批复》。同意撤销中国对外文物展览公司、文物保护科学技术研究所和古文献研究室；组建中国文物交流服务中心和中国文物研究所。调整后国家文物局设立事业机构10个：故宫博物院、中国历史博物馆、中国革命博物馆、北京鲁迅博物馆、国际友谊博物馆、中国文物研究所、中国文物交流服务中心、中国文物流通协调中心、文物出版社、中国文物报社。

2月27日 文化部颁布《文物出口鉴定管理办法》。

同日 国家文物局在广西南宁召开全国考古发掘工作汇报会。

3月1～7日 国际博物馆协会中国国家委员会和中国博物馆学会联合举办的国际博物馆协会第四届亚太地区大会在北京召开。

3月7日 国务院机构改革领导小组办公室批准撤销中国对外文物展览公司，成立中国文物交流服务中心，为国家文物局直属事业单位。

3月9日 国家机构编制委员会第11次会议审定并原则批准《文化部、国家文物局三定方案》。方案规定国家文物局是由文化部归口管理的国务院主管全国文物、博物馆工作的职能部门，在人事管理、行政和事业费预算、劳动工资等业务方面均向国务院有关部门直接联系办理。设置办公室、研究室、计划财务处、人事处、文物处、博物馆处、流散文物处、教育处、外事处、保卫处、行政处11个处室。另外，根据有关规定设立党委、纪委、老干部处等机构。

3月28日 国家文物局和上海复旦大学共同筹建的复旦大学文物博物馆学院正式成立。

3月 中国文物商店总店更名为中国文物流通协调中心。

4月12日 国家文物局印发《关于私人所有并携运出境的旧存文物的放行标准》等规定的通知，附《对建国后已故著名书画家作品限制出境的鉴定标准》、《关于文物出境鉴定火漆标识钤盖位置的规定》。

5月3～7日 文化部在北京召开全国文物工作会议。国务委员李铁映与部分代表座谈，中共中央政治局常委胡启立接见全体代表。会议把"四有"（即有保护范围、有标志说明、有记录档案、有专门保护机构或者人员）列为重要基础工作之一。

6月17日 国家文物局、公安部联合印发《关于进一步加强文物安全工作的通知》。

6月22日 国务院办公厅向各省、自治区、直辖市人民政府印发紧急通知，要求各地在当前形势下加强文物安全工作。

7月18日 中宣部、文化部、国家文物局联合印发《人人爱护祖国文物宣传提纲》，向全国各地印发广泛开展"人人爱护祖国文物"宣传活动的通知。

7月20日 国务委员李铁映在国务院召开会议听取布达拉宫维修工程情况汇报。

7月20～27日　国务委员李铁映赴山西省考察文物工作。

8月4～17日　国务委员李铁映赴西藏就布达拉宫维修问题现场办公并视察文物工作。

8月7日　北京市人民政府印发《北京市实施文物保护管理条例罚款处罚办法》。

8月9日　国务委员李铁映主持召开布达拉宫维修工程方案座谈会。

8月23日～9月2日　国家文物局在山东青岛召开流散文物管理研讨会。

9月1日　中国历史博物馆与澳大利亚阿德莱德大学东南亚陶瓷研究中心合作在山东青岛举办的水下考古专业人员培训班开学。

9月5日　国家文物局宣布组成考古、维修工程技术、文物科技3个咨询性质的专家组。

9月18日　国家文物局印发《关于严格控制文物复制资料的通知》。

9月20日　国家文物局邀请中国建筑学会理事长戴念慈等著名专家赴山西研究应县木塔保护问题。

9月25日　国务院批复接受联合国教育、科学及文化组织于1970年11月14日在巴黎通过的《关于禁止和防止非法进出口文化财产和非法转让其所有权的方法的公约》。该公约是文物进出境管理和文物追索领域的国际公约。

同日　北京市城乡建设委员会、北京市文物事业管理局、北京市城市规划管理局联合印发《关于在基本建设工程中加强地下文物保护管理的通知》。

10月11日　西藏布达拉宫维修工程举行开工典礼。

10月15～17日　中共中央总书记江泽民视察井冈山革命旧址。

10月20日　国务院颁布《中华人民共和国水下文物保护管理条例》。

10月23日　中共中央书记处书记李瑞环主持召开会议听取文物工作汇报，商讨有关文物保护经费问题。

10月　国家文物局和复旦大学联合召开全国文博教育研讨会。

11月6日　第44届联合国大会通过决议呼吁世界各国"把无法替代的文化遗产退还本国"。

11月11日　中国航空博物馆正式对外开放。

11月25日～12月5日　中国历史博物馆与日本水中考古学研究所组成中国南海沉船水下考古调查队赴南海海域进行预备调查，标志着中国水下考古事业已由筹备阶段进入实际工作阶段。

12月3～6日　中共中央宣传部和国家文物局联合在湖南长沙召开全国革命文物宣传座谈会。

12月22日　国家文物局与公安部联合召开全国文物安全保卫工作电话表彰会。

12月26日　国家文物局、财政部印发《关于颁发文物、博物馆事业单位财务管理办法的通知》。

1990年

1月1日　《中国文物报》正式改为国家文物局机关报编辑出版，并在北京组建报社，代局主办《文物工作》双月刊。

2月15日　文物保护科技工作从文化部归口管理改为由国家文物局直接管理。

3月16日　中共中央书记处书记李瑞环视察故宫。

4月2日　文化部在北京召开《中国文物地图集》研究科技成果鉴定会。

4月12~21日　中共中央书记处书记李瑞环赴陕西视察文物工作。

4月20日　国家文物局与有关部门联合印发《考古调查、勘探、发掘经费预算定额管理办法》。

5月29日　全国书画巡回鉴定总结座谈会在北京召开。中共中央书记处书记李瑞环，全国政协副主席谷牧会见与会人员。

5月　中国人民银行批复同意成立中国文物保护基金会。7月民政部批准登记注册。该会属民间团体。

6月25日　国家文物局、公安部印发《关于在严打中加强古墓葬、古遗址保护，打击盗掘走私文物犯罪活动的通知》。

6月29日　国家文物局举办的第一届"中国文物精华展"在故宫博物院开幕。

6月　中共中央总书记江泽民，中共中央书记处书记李瑞环参观鸦片战争博物馆和部分抗英遗址。

7月1日　中共中央总书记江泽民参观中国革命博物馆基本陈列"中国革命史陈列"并题词。

7月11日　中共中央总书记江泽民，中共中央政治局常委乔石、宋平，国家副主席王震和国务院副总理田纪云等到故宫博物院参观"中国文物精华展"。

7月17日　国务委员李铁映主持召开布达拉宫维修领导小组会议。

7月18日　中共中央书记处书记李瑞环专程赴河北清东陵考察文物保护工作。

8月2日　国家文物局印发《关于丝绸文物研究复制问题的通知》。决定从1991年~2000年10年间研究复制丝绸文物约100个品种。

8月14日　中国文物保护基金会正式成立。

8月30日　国家文物局宣布文物保护科学技术研究所、古文献研究室合并为中国文物研究所。中国文物研究所是国家文物局领导的科研事业单位。

9月9日　西藏布达拉宫第一期维修工程通过国家文物局验收小组验收。

9月12日　国务院总理李鹏，国务委员邹家华、李铁映和国务院秘书长罗干等到故宫博物院参观"中国文物精华展"。

9月22日　中国历史博物馆《中国通史陈列》正式对外开放。

10月25~27日　国家文物局在江苏南京召开全国文物科技工作座谈会。

10月31日~11月3日　国家文物局在江苏南京召开全国重点文物保护单位管理工作座谈会。

11月6~13日　国家文物局在湖北洪湖召开革命遗址和革命纪念建筑物"四有"档案建设现场经验交流会。

11月8~14日　国家文物局在甘肃敦煌召开全国文物系统岗位培训工作会议。

11月14日　中共中央书记处书记李瑞环视察湖北省武当山紫霄宫并做重要指示。

11月26日　文化部任命张柏为国家文物局副局长。

11月30日　公安部、国家文物局在陕西西安召开文物安全保卫工作经验交流会。

12月1日　国家文物局和湖南文物防范技术研究所联合在湖南长沙举办文博系统防范技术培训班。

12月10日　黄山在第14届联合国教科文组织世界遗产委员会会议上被批准列入《世界遗产名录》。

1991年

1月5日　国家文物局印发《关于全国文物事业统计报表制度的通知》。

1月18～19日　国务委员李铁映赴河南省考察文物工作。

1月28日　国家文物局在福建福州召开1989～1990年度考古发掘工作汇报会。

2月1日　国家文物局、公安部联合印发《关于加强文物单位安全技术防范工程管理有关事项的通知》。

2月22日　《中华人民共和国考古涉外工作管理办法》开始施行。

2月　中国文物报社发起并邀请文物、考古专家在北京评出1990年"全国十大考古新发现"和"七五"期间"全国十大考古新发现"。

2月25日　国务院总理李鹏向七届全国人大常委会第18次会议提交《国务院关于提请审议〈中华人民共和国文物保护法修正案（草案）〉》的议案。

3月19日　中共中央书记处书记李瑞环视察南京博物院并作重要指示。

3月25日　国家文物局印发《全国重点文物保护单位保护范围、标志说明、记录档案和保管机构工作规范（试行）》。

3月28日　国家文物局在上海召开全国博物馆工作座谈会，交流推广上海博物馆经验。

3月29日　全国政协委员谢辰生在全国政协第七届第四次会议上与140多名委员联合向大会提出了"建议采取果断措施，严厉打击盗掘古墓犯罪活动的提案"，建议修改补充《文物保护法》和《刑法》，增加"关于盗掘古墓犯罪的量刑条款"。

4月6日　中共中央书记处书记李瑞环视察故宫博物院参观"中国文物精华展"并作重要指示。

6月6日　国家文物局印发《关于成立中国文物研究所的通知》，明确该所是国家文物局领导的科研事业单位。

6月17日　国家文物局印发《国家文物局文物科研项目开题及经费管理办法（试行）》、《国家文物局文物科学技术进步奖励办法（试行）》及《国家文物局文物科学技术成果鉴定办法（试行）》。

6月20日　中共中央书记处书记李瑞环参加陕西历史博物馆开馆典礼。

6月29日　《全国人大常委会关于修改文物保护法的决定》和《关于惩治盗掘文化遗址古墓葬犯罪的补充规定》开始施行。《决定》增加对走私国家禁止出口的文物、盗掘古文化遗址、古墓葬的，依法追究刑事责任的内容；《规定》增加对盗掘古墓犯罪的量刑标准，情节严重者可判处死刑的补充规定。

同日　中共中央书记处书记李瑞环召开中央宣传思想工作领导小组会议，商定逐年增加文物保护经费问题。

6月　国务院办公厅委托国家计委、国家文物局在湖北黄石召开评审会。会议同意原地保护铜绿山古铜矿遗址方案。

7月　国家文物局成立法制处。

8月1日　颁布《博物馆建筑设计规范》(JGJ66-91)。

8月3日　国家文物局文物安全技术防范工程审结小组正式成立。

8月10日　国家文物局和中国博物馆学会在青海西宁召开全国博物馆藏品建档研讨会。

8月28日　中共中央宣传部、国家教委、文化部、民政部、共青团中央、国家文物局联合印发《关于充分运用文物进行爱国主义和革命传统教育的通知》。

9月8日　西藏布达拉宫第二期维修工程通过国家文物局验收小组验收。

9月10日　故宫博物院铭刻馆展出的汉、晋时代一、二级文物5件被盗。

9月17日　国家文物局印发《关于立即进行文物安全检查，确保文物安全的紧急通知》。

9月28日　中国第一座民办公助大型现代化艺术馆——炎黄艺术馆开馆。

9月30日　中国文物学会经民政部审核后正式成立。该会前身是中国老年文物研究会，是学术团体组织，下设5个专业委员会。

9月　中国文物学会经民政部复查审核准予注册登记，正式批准为民间学士团体。学会先后成立传统建筑园林委员会、文物修复委员会、文物摄影委员会、玉器研究委员会、文物经济开发委员会、民间收藏委员会和会馆研究委员会。

10月2日　国家文物局驻深圳办事处成立。

10月23～25日　国家文物局在湖南长沙召开全国博物馆群众教育工作座谈会。

10月28日　中共中央办公厅、国务院办公厅转发《公安部、国家文物局关于严厉打击盗掘古墓葬犯罪活动的意见》的通知。

10月29日　国家文物局与NHK签署拍摄《中华文明五千年》协议书。

10月30日　国家文物局印发《关于加强文物影视、照片拍摄管理工作的通知》。

10月　国家文物局与华润集团中艺（香港）有限公司合作在香港设立中国文物咨询中心。国家文物局派出代表常驻香港开展工作。

10月　国家文物局印发《关于开展法制宣传教育的第二个五年规划》。

11月1日　江泽民、李瑞环、李铁映等领导同志在人民大会堂接见文化系统先进代表。

12月25日　国际友谊博物馆筹备处转为正式建制，即撤销国际友谊博物馆筹备处，成立国际友谊博物馆。

1992年

1月14日　国家文物局在北京召开文物流通管理工作座谈会。

2月8～15日　国务委员李铁映率教科文界知名人士考察三峡工程，调研三峡工程涉及文物抢救保护问题。

2月26日　中国丝绸博物馆正式开放。

3月14日　国家文物局印发《关于对文物出境鉴定组重新审定和考核责任鉴定员的通知》。

3月20～25日　国家文物局在山东淄博召开文物考古工作座谈会。

3月30日　公安部批准《文物系统博物馆风险等级和安全防护级别的规定》。

4月2日　国家文物局在天津召开首届全国文物商店供货调剂会。

4月7日　国家文物局在北京召开全国文物外事工作座谈会，讨论《关于进一步加强文物对外交流与合作的意见》（讨论稿）、《文物出国（境）展览细则》（草案）等文件。

4月10日　国家文物局与故宫博物院联合举办的第二届"中国文物精华展"在故宫博物院开幕。

4月19日　中国文物交流服务中心主办的"董其昌世纪展"在美国开幕。

4月23日　文化部任命阎振堂、彭卿云为国家文物局副局长。

4月24日　"中国古代金银器玻璃器展览"在日本东京开幕。

4月　国家文物局将文物处分为文物一处（主管地上文物）和文物二处（主管地下文物）。

5月　国家文物局将流散文物处改称为文物三处。

5月3日　国家文物局、国家工商行政管理局、公安部、海关总署联合印发《关于加强文物市场管理的通知》。明确规定1911年~1949年间制作、生产、出版的文物监管物品经批准后可以在旧货市场销售。

5月5日　《中华人民共和国文物保护法实施细则》开始施行。

5月6~10日　国务院在陕西西安召开全国文物工作会议。中共中央书记处书记李瑞环和国务委员李铁映出席会议，这是新中国成立以来规格最高、规模最大的一次文物工作会议。会议明确提出"保护为主、抢救第一"的新时期文物工作方针。着重研究讨论"八五"期间文物抢救性维修保护等方面问题。自1992年始，开展新中国成立以来规模最大的文物抢救保护工程。党中央和国务院决定从1992年起将中央用于文物抢救保护的经费在原有5000万基础上增加7000万，从1993年起每年增拨8000万。

5月9日　国务委员李铁映赴陕西延安调查解决革命文物保护问题。

5月11日　中共中央书记处书记李瑞环赴甘肃敦煌考察莫高窟文物保护工作。

5月27日　中国文物交流中心与香港佳洋发展有限公司合作举办的"首届中国文物复仿制品展览"在香港开幕。

6月9日　中国政府与意大利政府在北京签署建设陕西文物保护与修复中心的协议书。协议书规定意大利政府与陕西省合作在陕西省历史博物馆内建设、装备一个以意大利罗马修复中心为模式的文物保护中心。

7月11日　国家文物局、海关总署、天津市人民政府在天津联合召开天津市打击文物走私犯罪活动表彰大会。

7月20日　"紫禁城至宝——故宫博物院中国美术名品展"在日本东京开幕。

8月27日　"永恒的中国"展览在澳大利亚悉尼开幕。

8月29日　新疆维吾尔自治区"楼兰文物展"在日本东京开幕。

9月15日　西藏布达拉宫第三期维修工程通过国家文物局验收小组验收。

9月18日　国家文物局和中国博物馆学会联合举办的首届全国博物馆群众教育工作者"爱我家乡文物"讲解比赛在南京博物院举行。

9月19日　第十六届国际博物馆协会大会在加拿大魁北克市举行。中国博物馆学会理事长吕济民当选为国际博协亚太地区委员会主席。

9月23日　中国革命博物馆与中国对外友好协会、日中友好会馆合作举办的"周恩来展"在日本东京开幕。

10月5日～11月4日　国家文物局在山东泰安培训中心首次举办全国省级文物局（处）长法规研讨班。

10月23日　国家文物局印发《关于进一步贯彻〈中华人民共和国文物保护法〉及其实施细则的意见》的通知。

10月　国家文物局组织全国一级品文物鉴定确认专家组，开始有计划、有组织地对全国各地馆藏一级文物藏品进行鉴定确认。鉴定组按器物质地分成青铜器、陶瓷器、玉器杂项三个专业组。

10月　国家文物局决定委托北京大学、复旦大学、中山大学、中央美术学院等高等院校招收文物保护修复技术、文物鉴定、古建维修等专业的硕士研究生，于1993年起正式招生。

11月9日　国家文物局和《法制日报》社在北京举行纪念《中华人民共和国文物保护法》颁布十周年座谈会。

11月30日　国家文物局成立三峡工程文物保护工作领导小组和三峡工程文物保护办公室，开始三峡工程坝区和淹没区文物保护的前期调查和规划工作。

11月　中国文物交流服务中心更名为中国文物交流中心。机构、编制、性质和任务均不变动。

12月5日　由中国文物交流中心与台湾展望文教基金会联合举办的"兵马俑及金缕玉衣展览"在台湾台北开幕。

12月24～28日　国家文物局在北京召开全国文物建筑保护维修理论研讨会。

本年　国家文物局与国家计委联合颁发《文物抢救保护的基本建设专项补助投资使用管理办法》。

1993年

1月19日　国家文物局在北京召开文物安全工作新闻发布会,公布1992年文物安全工作情况。

1月　《中国大百科全书·文物博物馆》卷由中国大百科全书出版社出版。

2月28日～3月3日　国家文物局在山东济南召开全国文物工作座谈会。

3月12～17日　国家文物局在广东珠海召开全国考古工作汇报会。

3月17日　国家文物局印发《关于开展地县博物馆评比创优和遴选"优秀社会教育基地"活动的通知》。

3月19日　国务委员李铁映视察北京圆明园遗址并作重要指示。

3月26日　国家文物局、海峡两岸关系协会与台湾沈春池文教基金会、海峡交流基金会共同组织的海峡两岸文物、考古、历史、建筑、地质等方面专家、学者及新闻单位代表近50人组成长江三峡文化资产维护考察团，对三峡工程所涉及的古建筑、古遗址、古栈道、古题刻及民居等进行访古考察。

5月7日　国家文物局印发《关于加强文物对外交流与合作的意见》。

5月16日　首届全国文物商店精品展销会在深圳博物馆开幕。展销会共展出13家文物商店和4家艺术品公司提供的数千件商品。

5月27日 由美国赛克勒艺术、科技与人文基金会和北京大学合作兴建的北京大学赛克勒考古与艺术博物馆开馆。

5月 由国家文物局与联合国教科文组织共同组织、由日本政府捐资的新疆交河故城保护修缮工程开始施工。

5月 中华文物交流协会成立。

7月3～15日 国务委员李铁映赴宁夏、甘肃视察文物工作。

7月14日 国家文物局印发《关于开展全国馆藏一级革命文物鉴定确认工作的通知》。

8月1日 国家文物局印发《国家文物局田野考古奖励办法（试行）》。

8月22日 "中国黄金时代——唐王朝和丝绸之路的文物遗产展览"在德国多特蒙德开幕。

8月 经国务院批准,我国加入国际古迹遗址理事会（ICOMOS）。由国家文物局牵头成立"国际古迹遗址理事会中国国家委员会"。

9月9日 中日两国政府间文物交流协商会议在北京举行。

9月20日 国家文物局主办的"第三届文物精华展"在上海博物馆开幕。

10月1日 全国政协副主席钱伟长率全国政协三峡文物保护调查团进行三峡文物保护考察工作。

10月3日 中国文物研究所、敦煌研究院、美国盖蒂保护所联合在甘肃敦煌召开丝绸之路古遗址保护国际学术会议。

10月6日 国家文物局印发《关于制止古生物化石走私的通知》。

同日 建设部和国家文物局在湖北襄樊召开首届全国历史文化名城保护工作会议暨中国历史文化名城研讨会。

10月16日 国家文物局印发《关于制止古生物化石走私的通知》。

11月2日 国家文物局、全国政协教科文卫体专门委员会、光明日报社在北京召开三峡文物抢救问题专家座谈会。

11月15日 财政部、国家文物局联合印发《国家重点文物保护专项补助经费使用管理办法》。从1993年开始,全国重点文物保护专项经费管理体制及下拨办法,从原来国家文物局直接拨付经费,更改为由国家文物局审核地方申请补助项目、提出补助项目名单和补助数额,与财政部和国家计委协商一致后,分别由财政部和国家计委下拨至各省、自治区、直辖市的财政厅（局）、计委,再由其转拨各该省级文物主管部门。

11月15～25日 国家文物局在湖南长沙举办文物行政执法培训班。

11月 国家文物局在北京召开三峡工程淹没区地下文物保护规划会议。

12月2日 国家文物局和北京市园林局在北京颐和园举行宝云阁铜窗暨安装竣工仪式。

12月6日 国家文物局在四川成都召开三峡工程淹没区地面文物保护规划会议。

12月7日 国家文物局、中国文物学会主办的全国文物修复技术研讨会在北京召开。会议对从事馆藏文物科技保护和修复、复制工作满30年的同志颁发荣誉证书。

1994年

1月1日 国家文物局和国家旅游局共同举办的1994年中国文物旅游年在北京故宫博物院

举行开幕典礼。国务院副总理钱其琛、国务委员李铁映出席开幕式。

1月4日　中共中央书记处书记胡锦涛和国务委员李铁映在中南海接见维修布达拉宫先进工作者代表。

1月22～29日　中国联合国教科文组织全国委员会和国家文物局在河北易县举办中国古建筑保护规划与管理国际研讨班。

1月28日　国务院办公厅印发《关于印发文化部和国家文物局职能设置、内设机构和人员编制方案的通知》：国家文物局为文化部管理的（副部级）国家局；设4个职能司（室）——办公室、文物保护司、博物馆司、人事司（机关党委）（此方案至1996年12月实施）。

2月18日　国家文物局在北京召开文物市场管理座谈会。

2月20日　建设部、国家文物局印发《全国历史文化名城保护工作会议纪要》。

3月24日　三峡工程文物保护规划会议在北京召开。

4月13日　国家文物局在陕西西安召开全国文物出境鉴定工作会议。

4月17日　国家技术监督局发布《中华人民共和国国家标准学科分类与代码》，将考古学由原来的归属历史学的二级学科提为一级学科。

4月27日　国家文物局在北京召开会议研究高句丽和渤海国考古文化问题和中韩文化交流事。

5月7日　国务委员李铁映召集国务院有关部门领导，听取有关陕西、河南文物保护重点地区、大型历史文化遗址及其周围地区、历史文化名城的基本情况、存在问题及原因等进行调查研究的汇报。

5月10日　国家文物局、国际博物馆协会人员培训委员会、中国博物馆学会、荷兰莱茵瓦尔德学院联合举办的中国博物馆中高级管理人员国际研讨班在国家文物局山东泰安培训中心举行。

5月16日　国家文物局与NHK签署合作拍摄《故宫》电视片协议。

5月16～24日　全国人大检查组赴江西检查文物保护法执行情况。

5月30日　中央机构编制委员会办公室印发《关于文化部及国家文物局机关后勤服务机构编制的批复》。同意成立国家文物局机关服务中心，具有事业法人资格。

6月20日　河北曲阳文物部门发现唐末五代时期王处直墓被盗掘。

7月14日　由国家文物局主办，内蒙古自治区文化厅协办的全国藏传佛教文物鉴定员培训班在内蒙古呼和浩特举办。

7月16日"世界文明摇篮之一——中国展"在德国西尔德斯海姆市开幕。

8月1～15日　国务委员李铁映率中央代表团赴藏参加布达拉宫维修竣工典礼。

8月6～19日　全国人大检查组赴山西考察《文物保护法》执法情况。

8月21日　由日本政府援建的敦煌莫高窟文物保护中心举行落成典礼。国务委员李铁映、日本前首相竹下登等出席。

9月6日　中国长城博物馆在北京八达岭长城正式落成开放。

9月13日　"中国六千年秘宝展——上海博物馆珍藏"展览在日本开幕。

10月8日　国家文物局邀请部分文物博物馆界的专家及博物馆、纪念馆、全国重点文物保护单位负责人座谈贯彻落实《中共中央关于爱国主义教育实施纲要》。

10月14日　陕西秦始皇兵马俑博物馆2号坑举行开放典礼。国务委员李铁映出席典礼。

10月25日　国家文物局在河南郑州召开六省市文物局长会议。国务委员李铁映出席并讲话。

11月8日　国家文物局和国家文物鉴定委员会主办、故宫博物院承办的"全国重要书画赝品展"在故宫展出。

11月11日　国家文物局、公安部文化保卫局联合在云南昆明召开文物安全保卫工作经验交流会。

11月11～24日　大陆博物馆事业与文物交流学术访问团应台湾海基会和沈春池文物基金会邀请赴台访问。

11月　国家文物局、公安部二十二局根据《文物系统博物馆风险等级和安全防护级别的规定》，审核批准第一批全国74个文物博物馆（单位）为一级风险单位。

12月13日　国家文物局在北京召开专家评审会，遴选出21个文博单位为1994年度全国优秀地县级博物馆和优秀社会教育基地。

12月15日　武当山古建筑群、承德避暑山庄和周围寺庙、曲阜孔庙孔林孔府在第18届联合国教科文组织世界遗产委员会会议上被批准列入《世界遗产名录》。

1995年

1月20日　国家文物局、海关总署联合颁布《暂时入境文物复出境管理规定》。

2月7日　国家文物局致函英国内务部，要求英国警方将1994年破获盗窃、走私文物团伙中一批中国新石器时代至明清时期文物归还中国。

3月　中国收藏家协会成立。

3月22日　国务委员李铁映主持会议研究恐龙蛋保护问题。

4月26日　故宫博物院举办"故宫秘藏钟表精华展"在日本东京开幕。

5月5日　西南地区抢救少数民族文物与鉴定培训班在云南大理崇圣寺三塔文物培训中心开班。

5月6日　国家文物局在河北石家庄召开全国考古工作汇报会。

5月16日　中国历史博物馆和澳大利亚西澳海洋博物馆联合组成水下考古队，对福建连江县定海白礁Ⅰ号遗址进行水下考古调查和发掘。

6月1日　国家文物局主办"中国古代文物展"应邀赴德国、瑞士、英国、丹麦四国展出。德国总统赫尔佐克、英国前首相希思、撒切尔夫人、丹麦女王玛格丽特夫妇及王室成员先后参观了展览。江泽民等领导同志也在出访期间先后参观展览。

6月4日　四川省大足县全国重点文物保护单位北山摩崖造像石刻多宝塔1号龛内释迦牟尼佛头被盗割。

6月6日　文化部、国家文物局印发《国家重点文物文物保护经费决算审计验证试行办法》。

6月7日　国家文物局、外经贸部、外交部和中国驻意大利使馆组团的中国政府代表团参加由国际统一私法协会和意大利政府联合在罗马召开的外交会议。中国代表团在《关于被盗或者非法出口文化财产公约》和最后文件上签字。公约规定了在国际范围内归还被盗文物或退还非法出口文物的原则。这是中国直接参与制订的第一个国际保护文物公约。

6 月 15 日 "纪念徐悲鸿诞辰 100 周年展览"在北京中国美术馆开幕。江泽民、乔石、丁关根等先后参观展览。

7 月 6 日 国家文物局、公安部、国家工商局、海关总署等联合成立文物市场管理协调小组。

7 月 10 日 《中国文物精华大辞典》获国家新闻出版署主办的首届中国辞书一等奖和国家图书奖。

7 月 19 日 中共中央总书记江泽民、国务院总理李鹏就延安革命纪念馆有关维修问题作重要批示。

同日 国家文物局在辽宁绥中召开陕西、河南大遗址保护规划论证会。

7 月 24 日 "中国、联合国教科文组织、日本国共同修复西安唐代大明宫含元殿遗址"协议在北京签字。

9 月 8 ~ 12 日 全国文物工作会议在陕西西安召开。国务院总理李鹏发来贺信。国务委员李铁映在讲话中提出新时期文物工作的"有效保护、合理利用、加强管理"的指导思想；要求将文物保护纳入当地经济和社会发展计划、城乡建设规划、财政预算、体制改革、领导责任制（简称"五纳入"），要求建立以国家保护为主、动员全社会参与的新体制。会议还讨论了《国务院关于新时期加强文物工作的通知》和《文物市场管理条例》等征求意见稿。这是党和国家对新时期文物工作规律认识的重大突破，对发展社会主义市场经济新形势下的文物事业具有重大推动作用。

9 月 14 ~ 16 日 国务委员李铁映赴陕西延安召开现场办公会。会议作出保护革命圣地、建设好现代化延安的一系列决定和措施。

10 月 16 ~ 20 日 国家文物局在江西井冈山召开省、市、自治区博物馆工作座谈会。

10 月 20 日 文化部、国家文物局和陕西省政府在北京人民大会堂召开"老延安"座谈会。国务委员李铁映等出席会议。

10 月 21 日 台湾文博代表团访问大陆，作为我文物代表团访问台湾回访。

11 月 3 日 中意合作在陕西西安建立的文物保护修复中心举行开幕典礼。

1996年

1 月 全国 29 个文博单位被评定为 1995 年全国文物系统优秀爱国主义教育基地。

2 月 5 日 中国敦煌石窟保护研究基金会成立。

3 月 28 日 全国人大常委会副委员长王光英将金代文物 9 件捐赠北京辽金城垣博物馆。

4 月 4 日 国务院任命张文彬为国家文物局局长。

同日 国家文物局在广西桂林召开全国文物安全保卫工作表彰会。

5 月 28 日 河南省人民政府印发《关于落实文物保护工作"五纳入"的通知》。

5 月 30 日 邹家华、李铁映、宋健等同志就溧阳发现迄今最古老的高级灵长类动物化石作重要批示。

同日 国务委员李铁映约请国务院、文化部、国家文物局、公安部和北京市人民政府的有关领导人就故宫博物院安全保护问题召开现场办公会。

6月11日　李鹏、李铁映、罗干等领导同志就韩城港建设破坏龙门古迹问题作重要批示。

6月16日　国家文物局组织古建工程、壁画保护、考古方面科研人员赴西藏对阿里地区文物保护工作进行全面考察。

7月1日　国家文物局、财政部联合印发《文物、博物馆事业单位财务管理办法》。

7月4日　国务委员李铁映就修复吴哥古迹和平遥古城申报世界文化遗产作重要批示。

7月6～7日　国务委员李铁映赴山东视察文物工作。

7月21日　国务委员李铁映就中国文物外展工作作重要批示。

7月22日　国务委员李铁映就西沙群岛文物普查作重要批示。

9月16日　国家文物局印发《关于都江堰二王庙产权给四川省文化厅的意见》。

9月27日　文化部部长刘忠德签发报送国务院《关于公布第四批全国重点文物保护单位的请示》。

10月12日　上海博物馆新馆建成举行开馆典礼。

10月21日　国务委员李铁映就修复八思巴、班智达等人纪念碑作重要批示。

10月27日　国家文物局颁布《国家文物局机关工作人员守则》。

11月20日　国务院印发《关于公布第四批全国重点文物保护单位的通知》，公布全国重点文物保护单位250处（总计750处）。

12月5日　庐山、峨眉山和乐山大佛在第20届联合国教科文组织世界遗产委员会会议上被批准列入《世界遗产名录》。

12月17日　国家文物局制定《国家文物局内设机构、职能配置及人员编制实施方案》。设办公室（人事劳动司）、文物保护司、博物馆司、综合财务司、机关党委、机关服务中心。

12月24日　国家文物局印发《关于故宫博物院管理的规定》。这是国家文物行政管理部门制定的第一部有关全国重点文物保护单位的专项法规。

同日　国家文物局印发《加强文物拍卖标的鉴定管理的通知》。

1997年

1月16～18日　全国文物局长会议在北京召开。国务委员李铁映出席并讲话。会议学习、讨论国务院即将下发的《关于新时期加强文物工作的通知》、部署《中国文物、博物馆事业"九五"计划及2010年远景目标纲要》的实施。

1月28日　中山舰整体打捞出水仪式在湖北武汉江夏金口镇长江大堤上举行。国务委员李铁映，全国人大常委会副委员长何鲁丽等出席仪式。

2月6日　中央组织部批复同意成立国家文物局党组。

3月3日　国务院任命马自树、张柏、董保华为国家文物局副局长。

3月7日　国务院批复同意加入《国际统一私法协会关于被盗或者非法出口文物的公约》（公约于1997年11月7日在我国生效）。

同日　国家文物局印发《中国文物博物馆工作人员职业道德准则》。

3月30日　国务院印发《关于加强和改善文物工作的通知》。《通知》明确提出要努力建立适应社会主义市场经济体制要求、遵循文物工作自身规律、国家保护为主并动员全社会参与的文物保护体制。《通知》的核心要求是"五纳入"。

3月　国家文物局明确表示"九七"香港回归后,《中华人民共和国文物保护法》不在香港地区施行。

4月11日　财政部、中宣部印发《文化事业建设费使用管理办法》。

4月28日　国家文物局印发《关于加强田野石刻文物安全工作的紧急通知》。

5月1日　颁布《文物系统博物馆安全防范工程设计规范（GB/T16571-1996）》。

5月7日　由国家文物局组织故宫博物院、中国历史博物馆、中国革命博物馆、北京鲁迅博物馆和国际友谊博物馆五家博物馆共同组成的流动博物馆——"汽车博物馆"在北京顺义举行首展。

5月13日　国家文物局在河北易县举办全国省、自治区、直辖市文物局长研讨班。

5月29日　公安部和国家文物局在北京召开保护石刻造像打击文物犯罪活动的电话会议,要求各地迅速遏制盗窃田野石刻文物犯罪活动。

5月30日　由文化部、国务院港澳办、国新办、国家文物局和国家档案局主办的"纪念香港回归祖国图片史料展览"在北京中国革命博物馆展出。

6月11日　财政部、国家文物局印发《文物事业单位财务制度》。

6月13日　国家文物局决定停办国家文物局扬州培训中心,移交给地方管理。

7月12日　中国历史博物馆遥感与航空摄影考古中心成立。

8月3日　国家文物局在江西南昌召开全国革命文物工作会议。国务院总理李鹏致信祝贺,国务委员李铁映发表书面讲话。

8月26日　"中国古代科技文物展"在中国历史博物馆开幕。全国人大副委员长王光英、国务委员兼国家科委主任宋健等出席。

9月11日　由国家文物局主办,中国历史博物馆承办的"全国考古新发现精品展"在中国历史博物馆开幕。全国人大副委员长王光英等出席。

9月20日　国家文物局、中国联合国教科文组织委员会联合在河北承德举办世界遗产保护管理人员培训班。

9月28日　国务院总理李鹏、国务委员李铁映视察故宫博物院,就文物保护和管理以及故宫周边环境整治等有关问题进行考察。

10月23日　中国博物馆学会与挪威合作开发署《关于中国贵州省梭嘎生态博物馆的协议》签订仪式在北京举行。国家主席江泽民和挪威国王哈拉尔五世、王后宋雅等出席签字仪式。

10月　国家文物局在山东泰安培训中心举办一级风险单位负责人培训班。

11月3日　国家文物局印发《关于中国文物流通协调中心转变职能进行改革试点的通知》。职能调整后的中国文物流通协调中心不再直接从事文物经营活动。

同日　国家文物局在贵州贵阳召开全国考古工作汇报会。

11月26日　山西平遥古城、云南丽江古城和苏州古典园林在第21届联合国教科文组织世界遗产委员会会议上被批准列入《世界遗产名录》。

11月30日　国家文物局在北京召开文物安全保卫工作座谈会。

12月9～11日　国家文物局在北京召开全国外事工作会议。

12月15日　由中国国家文物局、香港临时市政局联合主办，香港艺术馆、中国历史博物馆、中国文物交流中心联合筹划的"国宝——中国历史文物精华展"在香港开幕。香港特别行政区行政长官董建华等出席。

1998年

1月20日　中共中央办公厅、国务院办公厅发布关于转发中共中央宣传部、国家教委、民政部、文化部、国家文物局、共青团中央《关于加强革命文物工作的意见》的通知。

2月4日　中国文物交流中心、中国展览交流中心联合举办的"中华五千年文明艺术展"在美国纽约开幕。

2月8日　中共中央总书记江泽民视察故宫博物院。

2月17～19日　国家文物局在北京召开全国文物局长会议。国务委员李铁映同与会代表进行座谈。

2月28日　周恩来邓颖超纪念馆在天津建成开放。中共中央总书记江泽民题写馆名。

4月8日　国家文物局和北京大学联合举办中国文物博物馆学院（又称北京大学考古文博院）并在北京大学举行签字仪式。

4月9日　人事部和国家文物局印发《关于表彰全国文博系统先进集体和先进工作者的决定》。

5月6～8日　国家民族事务委员会和国家文物局在广西南宁联合召开全国少数民族文物工作会议。

5月　国家文物局通过法律程序，成功索回被犯罪分子盗掘并走私到英国的3000多件（套）中国文物。本案是我国首次通过法律程序、辅以外交等手段与国际文物走私团伙斗争并成功的案例。

6月8日　国家文物局在北京举办中国打击文物非法交易和走私国际研讨班。

6月19日　国务院办公厅印发《关于印发国家文物局职能配置、内设机构和人员编制规定》的通知。明确国家文物局是文化部管理的负责国家文物和博物馆方面工作的行政机构。

6月24日　国家文物局印发《关于加强馆藏文物管理防止国有资产流失的通知》。

7月15日　国家文物局颁布《考古发掘管理办法》。

7月31日　国家文物局颁布《考古发掘品移交管理办法》。

8月5日　国家文物局主办，公安部、海关总署协办，中国历史博物馆承办的"打击文物走私成果展览"在中国历史博物馆举行。

8月8日　国家文物局和日本政府签署《关于日本政府决定向河南博物馆提供5000万日元文化无偿援助》的正式文本。我国外交部长唐家璇、日本国外交大臣高村正彦出席签字仪式。

8月20日　国家文物局颁布《文物复制暂行管理办法》。

8月22日　国家文物局在辽宁沈阳召开东北地区文物考古工作座谈会。

8月24日　经中国驻美使馆、国家文物局等多方斡旋，美国归还中国的47件文物经天津东港海关进境。

9月25日　由国家文物局主办的1997年度全国文物系统十大陈列展览精品评选在北京揭晓。

9月29日　国家文物局、国家民族事务委员会联合印发《关于加强少数民族文物工作的意见》。

10月7～9日　国家文物局在陕西延安召开部分省、市革命纪念馆工作座谈会。

10月26日　国家文物局在北京举行1997、1998年度"郑振铎—王冶秋文物保护奖"颁奖会，奖励在老少边困地区为文物保护事业作出优异成绩的基层文博单位和文博工作者。

10月31日　中国第一座生态博物馆在贵州六枝梭嘎乡建成开馆。

12月2日　颐和园、天坛在联合国教科文组织第22届世界遗产委员会会议上被批准列入《世界遗产名录》。

12月4日　国务院任命郑欣淼为国家文物局副局长。

12月7～11日　国家文物局在浙江宁波召开邓小平理论与文物工作研讨会。

12月21日　文化部、中国社会科学院、国家文物局在北京人民大会堂举行郑振铎诞辰100周年纪念座谈会。国家文物局编辑《郑振铎文博集》同时出版发行。

12月28日　我国第一个世界遗产高级专业研究机构北京大学世界遗产研究中心成立，标志着中国的世界遗产研究进入新阶段。

12月　中国首家国家大型企业举办的博物馆——保利艺术博物馆在北京成立。

1999年

1月　第一个利用国际互联网全面介绍我国文物、博物馆事业的综合站点——"中国文物"开通。

2月8日　国家文物局在北京召开全国文物局长会议。国务院副总理李岚清发来贺信。

2月12日　国家文物局印发《关于加强我国社会主义时期文物征集保护工作的通知》。

3月17日　国家文物局在云南大理举办西南地区少数民族文物业务干部培训班。

3月25日　西沙水下考古新闻发布会在中国历史博物馆举行，公布1998年底西沙群岛水下文物抢救性发掘工作取得重要成果。

4月5日　国家文物局、财政部、公安部、海关总署、国家工商行政管理局联合印发《依法没收、追缴文物的移交办法》。

4月26日　国家文物局在浙江杭州召开全国文物安全工作座谈会。这是国家文物局机构改革后召开的第一次全国文物安全工作座谈会。

5月19日　国家文物局在河南郑州召开博物馆馆藏文物信息标准研讨会。

6月10日　国家文物局制定《国家文物局内设机构职能设置和人员编制的实施方案》。

6月14日　西藏阿里文物抢救保护工程正式通过国家文物局验收组的工程技术验收。

7月　国家文物局印发《关于贯彻中央精神做好文物保护工作的紧急通知》。

7月　国家文物局开展"讲学习、讲政治、讲正气"教育活动。

8月5日　海关总署印发《中华人民共和国海关对外国政府、国际组织无偿赠送及我国履行国际条约规定进口物质减免税的审批和管理办法》。

8月　国家文物局在北京召开部分省市文物包装工作会议。会议讨论了《出国（境）文物展品包装技术规范》（讨论稿）。

9月10日　国家文物局举办的全国文物、博物馆高级研讨班在北京大学开学。

9月14日　"中国考古黄金时代展"在美国华盛顿开幕。

10月1日　西藏自治区博物馆建成开馆。

10月7日　中国政府无偿援助柬埔寨1000万元人民币以修复吴哥古迹群中周萨神殿的换文仪式在柬埔寨金边举行。

10月18日~11月9日　由国家文物局主办,河北、河南、陕西、山西省文物局协办组织"文物保护世纪行"活动。活动小组成员由人民日报等多家新闻单位的记者和有关专家组成。

10月21日　"中国陕西文物精华展"在英国伦敦开幕。国家主席江泽民与英国女王伊丽莎白二世出席开幕式。

11月1日　国家文物局、北京大学联合举办的全国文物系统博物馆馆长高级研讨班在北京大学考古文博院开班。

11月26日　中国国家文物局与澳大利亚环境遗产部和澳大利亚遗产委员会关于文化遗产合作谅解备忘录签字仪式在北京澳大利亚驻华使馆举行。

11月29日　国家文物局在浙江杭州召开全国首届文博系统陈列展览项目交流洽谈会。

12月1日　大足石刻、武夷山在联合国教科文组织第23届世界遗产委员会会议上被批准列入《世界遗产名录》。

12月3日　国家文物局在重庆召开全国考古工作汇报会。

12月　国家文物局召开部分省市文物出境和社会文物管理工作座谈会,讨论《民间收藏文物保护管理办法》、《文物出境鉴定标准建议》、《关于治理整顿文物市场打击非法经营文物活动的紧急通知》等规范性文件。

12月28日　由江泽民总书记题写馆名的虎门炮台爱国主义教育基地"海战博物馆"开馆。

2000年

1月5日　我国加入联合国教科文组织《武装冲突情况下保护文化财产的公约》。

2月6日　湖北省博物馆编钟馆4件一级文物受损。

2月23~25日　国家文物局在北京召开全国文物局长会议。

3月24日　国家文物局向全国人大教科文卫委员会做关于当前《文物保护法》实施情况及《文物保护法》部分条文修改情况的汇报。

3月28日　由文化部、甘肃省人民政府和国家文物局共同举办的敦煌藏经洞发现暨敦煌学百年纪念活动新闻发布会在国家文物局举行。

3月29日　吴哥古迹周萨神庙保护维修工程正式破土动工。这是我国首次参与国际文物保护行动。

3月30日　《中华人民共和国政府和秘鲁共和国政府保护和收复文化财产协定》在北京签署。

4月9日　国家文物局颁布《文物系统安全保卫人员上岗条件暂行规定》。

5月8~15日　全国人大常委会副委员长何鲁丽率全国人大教科文卫委员会执法检查组考察陕西文物保护工作。

5月11～13日　国家文物局在河北石家庄召开全国爱国主义基地教育示范基地工作座谈会。

5月23日　由中国联合国教科文组织全国委员会、国家文物局和建设部共同主办的中国世界遗产工作会议在江苏苏州举行。

5月24～31日　全国人大常委会副委员长彭珮云率全国人大教科文卫委员会执法检查组考察山西文物保护工作。

5月30日～6月8日　国家文物局在河南郑州举办博物馆安全技术防范业务培训班。

6月2日　国家文物局印发《关于加强陈列展览文物安全的通知》。

6月14日　我国加入国际文化财产保护与修复研究中心(ICCROM)。

6月15～22日　全国人大常委会副委员长许嘉璐率全国人大教科文卫委员会检查组考察福建省文物法执行情况。

7月4日　由甘肃省人民政府、国家文物局主办的"敦煌艺术大展"在中国历史博物馆展出。全国政协副主席杨汝岱等领导出席开幕式。

7月5日　由国家文物局、建设部、世界银行和联合国教科文组织联合举办的"中国文化遗产保护和城市发展：机遇与挑战"国际会议在京召开。会议达成《北京共识》。

7月6日　国家副主席胡锦涛，中共中央书记处书记尉健行，国务院副总理李岚清，中共中央政治局委员、中国社会科学院院长李铁映等参观中国历史博物馆"敦煌艺术大展"。

同日　文化部、国家文物局、甘肃省政府在北京人民大会堂召开敦煌藏经洞发现暨敦煌学百年纪念座谈会。中共中央政治局委员、中国社会科学院院长李铁映等出席会议。

7月18日　中国历史文化名城保护与法治座谈会在北京召开。

8月4日　"中国古代文明展"在日本横滨开幕。

8月7日　国家文物局印发《关于加强文物拍摄活动管理的通知》。

8月21日　国家文物局印发《关于加强在假日旅游中做好文物保护宣传工作的意见》。

8月25日　李瑞环、温家宝同志就进一步加强历史文化名城保护工作做重要批示。

8月31日　国务院办公厅印发《关于西部大开发中加强文物保护和管理工作的通知》。

10月8日　国家文物局颁布《国家文物局社会团体管理暂行办法》。

10月　国际古迹遗址理事会中国国家委员会大会在河北承德召开并审议通过《中国文物古迹保护准则》。

10月12～18日　国家文物局在北京召开全国博物馆工作会议。

10月15～16日　国家文物局在北京召开《文物工作》、《中国文物报》扩版改版宣传发行工作会议。

11月7日　"中国考古发现展"在法国巴黎开幕。

11月9日　"九五"国家重点科技项目"夏商周断代工程"成果新闻发布会在北京举行。正式公布《夏商周年表》。

11月29～30日　青城山与都江堰、龙门石窟、明清皇家陵寝、安徽古村落在联合国教科文组织第24届世界遗产委员会会议上被批准列入《世界遗产名录》。

12月8日　国家文物局印发《博物馆照明设计规范》。

12月18日　国务院印发《关于支持文化事业发展若干经济政策的通知》。

12月19日　国务院办公厅转发科技部等部门《关于非营利性科研机构管理的若干意见的通知》。

12月29日　财政部印发《出国展览经费支出管理暂行办法》。

2001年

2月9日　国家文物局印发《关于加强古建筑物保护和禁止古建筑构件出境的通知》。

2月16日　国家文物局印发《关于山东省曲阜文物遭受破坏情况的通报》。

3月9日　国家文物局印发《关于故宫博物院丢失文物的通报》。

3月12日　国家文物局印发《关于江苏省徐州市文物遭受破坏情况的通报》。

3月22日　国家文物局颁布《博物馆馆长专业资格条件（试行）》。

4月9日　由文化部部长孙家正签发的《文物藏品定级标准》（文化部令第19号）开始施行。

4月12日　《中华人民共和国政府和巴基斯坦伊斯兰共和国政府2001年～2011年在考古和博物馆领域进行合作的理解备忘录》在伊斯兰堡签订。

4月16日　国家文物局与日本美穗博物馆举行我被盗文物返还问题的签字仪式。日本美穗博物馆将馆藏一尊我被盗北齐石造像无偿返还我国，是我国首次通过民间友好协商途径解决我国被盗文物返还问题。

4月19日　加拿大国家美术馆送还龙门石窟流失雕像仪式在北京举行。

5月12日　中央机构编制委员会办公室印发《关于国家文物局部分事业单位调整的批复》。将中国文物交流中心的建制和部分事业编制并入中国历史博物馆，成立北京新文化运动纪念馆，并将中国文物流通协调中心更名为中国文物信息咨询中心。

5月23日　中美双方就王处直墓被盗彩绘武士浮雕返还一事签署正式协议，标志这块流失海外的五代浮雕精品回归我国。

6月1日　国家文物局印发《关于河北省承德市文物园林管理局违法改建动物园的通报》。

6月6日　国家文物局颁布《文物拍摄管理暂行办法》。

6月20日　由中组部、中宣部等八部委联合主办的纪念中国共产党成立80周年图片展"肩负人民的希望"在中国革命博物馆开幕。国家副主席胡锦涛出席开幕式并讲话。

6月25日　国务院批准公布第五批全国重点文物保护单位518处和23处与现有全国重点文物保护单位合并项目名单。全国重点文物保护单位总计1271处。

7月3～14日　全国政协副主席王文元率视察团赴甘肃考察文物资源保护利用问题。

7月11日　文化部、国家文物局联合印发《关于禁止擅自改变文物保护单位管理体制的通知》。

7月17日　中国故宫博物院网站开通。

7月20日　文化部、国家文物局联合印发《关于宣传贯彻落实〈国务院关于公布第五批全国重点文物保护单位和与现有全国重点文物保护单位合并项目的通知〉》。

7月30日　国家文物局印发《文物、博物馆单位接受国外及港澳台地区捐赠管理暂行规定》。

同日　国家文物局印发《出国（境）文物展品包装工作规范》和《出国（境）文物展览展品

運輸規定》。

8月26～30日　国家文物局在西藏拉萨召开西藏文物工作座谈会。

8月　中国文物交流中心并入中国历史博物馆。

9月6日　国家文物局印发《关于在文物保护工作中加强法律咨询和审核的通知》。

9月16日　国家文物局印发《关于武汉市文物商店珍贵文物流失问题的通报》。

9月17日　国家文物局印发《关于整顿和规范文物市场秩序的通知》。

10月10日　国家文物局、国家经济贸易委员会、公安部、文化部、海关总署、国家工商行政管理总局联合印发《整顿规范文物市场方案》。

10月23～25日　联合国教科文组织、国家文物局在广东深圳联合召开"中国防止非法贩运文化财产研讨会"。

11月15日　国家文物局印发《关于颁发"一九四九年后已故著名书画家"和"一七九五年至一九四九年间著名书画家"作品限制出境鉴定标准的通知》。

11月19日　国务院副总理李岚清到故宫博物院视察工作并主持会议，研究故宫古建筑群维修和文物保护有关问题。

11月19～21日　全国人大教科文卫委员会修改《文物保护法》座谈会在江苏南京召开。全国人大常委会副委员长彭珮云到会并作重要讲话。

12月11日　财政部、国家文物局联合印发《国家重点文物保护专项补助经费使用管理办法》。

12月12日　国家文物局重新修订颁布《国家文物局机关工作人员守则》和《中国文物、博物馆工作者职业道德准则》。

12月13日　云冈石窟在联合国教科文第25届世界遗产委员会会议上被批准列入《世界遗产名录》。

12月17日　国家文物局印发《〈文物事业"十五"发展规划和二零一五年远景目标纲要〉的通知》。

12月22日　国家文物局印发《关于发布〈博物馆藏品信息指标体系规范（试行）〉和〈博物馆藏品二维影像技术规范（试行）〉的通知》。

12月24～28日　文化部、中编办、国家计委、财政部和国家文物局组成联合检查组在湖南省考察文物保护"五纳入"工作。

12月27日　国家文物局颁布《国家文物局文物事业专项资金管理若干规定》。

2002年

1月18日　国家文物局印发《首批禁止出国（境）展览文物目录》，规定64件（组）珍贵文物为首批禁止出国（境）展览的文物。

同日　国家文物局印发《关于开展全国文物、博物馆单位基本情况普查的通知》。

1月24日　国家文物局在北京召开全国文博单位基本情况普查工作会议。

1月25日　中国历史博物馆向全社会推出免票参观办法。

2月28日　中央机构编制委员会办公室印发《关于国家文物局机构编制的批复》。同意在国家文物局办公室加挂政策法规司、外事联络司的牌子并增加行政编制。

3月12日　国家文物局印发《关于宝鸡青铜器博物馆调拨文物被倒卖情况的通报》。

3月25日　公安部颁布《文物系统博物馆风险登记和安全防护级别的规定》（GA27-2002）。

4月1日　《四川省世界遗产保护条例》开始施行。是全国第一部综合性的地方世界遗产保护法规。

4月25日　国家文物局印发《关于加强和改善世界遗产保护管理工作的意见》。

5月17日　国家文物局印发《关于在河南省试验开展规范整治对外开放文物保护单位管理工作的通知》。

6月5～7日　山西应县木塔修缮保护工程方案论证会在山西太原举行。吴良镛等7位院士和来自全国建筑结构等多学科著名专家40余人参加了评审论证。

6月25日　财政部、国家税务总局、海关总署联合颁布《国有文物收藏单位接受境外捐赠、归还和从境外追索的中国文物进口免税暂行办法》。

7月1日　全国政协副主席张思卿考察故宫博物院信息化建设工作。

7月3～18日　全国政协副主席张思卿率联合调查组赴山西和内蒙古调研文博信息建设工作。

8月7日　建设部等9部委联合印发《关于贯彻落实〈国务院关于加强城乡规划监督管理的通知〉的通知》。

8月9日　国家文物局印发通知转发财政部、国家税务总局、海关总署《国有文物收藏单位接受境外捐赠、归还和从境外追索的中国文物进口免税暂行办法》。

8月12～19日　全国政协副主席周铁农率全国政协社会和法制委员会考察山西省贯彻实施《中华人民共和国文物保护法》情况。

8月22日　国家文物局印发《关于进一步加强文物宣传工作管理的通知》。

8月23日　国务院任命单霁翔为国家文物局局长。

8月26日　国家文物局上报《关于拉萨老城区改造中文化遗产保护问题的报告》。

9月14日　中央机构编制委员会办公室印发《关于故宫博物院变更隶属关系和组建国家博物馆的批复》。将故宫博物院划转文化部管理，将中国历史博物馆、中国革命博物馆合并组建国家博物馆，为文化部所属事业单位，中国文物交流中心及部分事业编制从中国历史博物馆分离，仍由国家文物局管理。

10月28日　《中华人民共和国文物保护法》由第九届全国人大代表大会常务委员会第30次会议修订通过并公布施行。修订后的《文物保护法》共8章80条，提出"保护为主、抢救第一、合理利用、加强管理"的文物工作方针，对不可移动文物保护、历史文化名城、街区城镇的保护、考古发掘管理、馆藏文物保护、民间文物收藏管理、文物进出境管理、法律责任等方面进行了明确规定。

11月1日　《陕西省重大文物安全事故行政责任追究规定》开始施行。

11月6日　文化部、国家文物局联合印发《关于做好〈中华人民共和国文物保护法〉宣传贯彻工作的通知》。

同日 国家文物局上报《关于四川成都金沙遗址发掘保护情况的报告》。

11月14日 国家文物局印发《关于下发〈文物系统博物馆风险等级和安全防护级别的规定〉的通知》。

12月19日 国务院在北京召开全国文物工作会议。国务院副秘书长高强出席会议并发表重要讲话。这次会议是继1992年、1995年全国文物工作会议之后历史上第三次全国文物工作会议，也是国务院召开的新世纪第一次全国性文物工作会议，会议面向新世纪部署了文物保护工作，提出发展文物事业的工作方针和基本思路。

12月20日 全国文物工作会议在北京中南海召开全国电视电话会议。国务院副总理李岚清出席会议并发表重要讲话。

12月21日 国家文物局在北京召开全国文物局长会议。会议结合贯彻全国文物工作会议的精神，特别是深入学习李岚清副总理在全国文物工作电视电话会上的讲话精神，研究2003年文物工作的具体安排。

2003年

1月4~5日 国家文物局在上海召开文博教育培训工作研讨会。会议提出，自2003年起开始举办全国各地各级文物局长、博物馆馆长、考古所所长、古建所所长培训班。

1月15日 国家文物局印发《关于开展全国重点文物保护单位档案备案及相关工作的通知》，通知决定自2003年起开展全国重点文物保护单位档案备案工作。

1月19日 被列入世界文化遗产名录的武当山古建筑群重要组成部分遇真宫主殿（省级文物保护单位）发生特大火灾，主殿烧毁。

1月20日 国家文物局印发《关于请立即纠正擅自改变文物保护单位管理体制问题的通知》。

1月21日 国务院副总理温家宝就武当山遇真宫主殿被烧毁事件做出重要批示。

2月10日 国家文物局印发《关于检查世界文化遗产地保护管理工作的通知》。

2月12日 由国家文物局和国家经贸委联合举办的文物拍卖专业人员首期培训班在北京开班。

2月17日 国务院副总理李岚清就陕西省宝鸡市眉县发现西周时期青铜器窖藏作重要批示。

2月19日 全国人大教科文卫委员会和国家文物局在北京联合召开宣传贯彻《文物保护法》座谈会。全国人大常委会副委员长彭珮云出席并讲话。

2月20日 天津海关查获近年来数量最大的文物走私案，共查获285件国家禁止出境文物。

同日 我国首次在南美举办的大型文物展"中国西安兵马俑展暨紫禁城帝后生活文物展"在巴西圣保罗开幕。

2月28日 由中国历史博物馆、中国革命博物馆合并而成的中国国家博物馆在天安门广场西侧举行挂牌仪式。国家主席江泽民题写馆名，国务院副总理李岚清出席挂牌仪式并为国家博物馆揭牌。

3月1日 《甘肃省敦煌莫高窟保护条例》开始施行，此条例是甘肃省第一部保护单处文化遗址的专项立法。

3月3日 国务院副总理温家宝就河南洛阳河洛文化广场施工破坏东周王陵遗址作重要批示。

同日　国务院副总理李岚清就世界自然与文化遗产乐山大佛—麻浩崖墓核心保护区遭破坏作重要批示。

3月10日　国家文物局通令嘉奖发现和抢救陕西省宝鸡市杨家村窖藏珍贵青铜器的王宁贤等5位村民和宝鸡市文物局等4个单位。

3月11日　国务院副总理李岚清就西藏萨迦寺维修工程质量作重要批示。

3月15日　国家文物局批复通过《故宫保护总体规划大纲》，这是故宫首次作为世界文化遗产编制的专项保护规划。

3月25日　国家文物局印发《关于抓紧报送国家一级文物藏品档案建设及保护项目规划和经费预算的通知》，要求全面开展国有馆藏一级文物建立档案、编制总目录工作。

3月28日　国家文物局印发《关于采取切实措施加强世界文化遗产地保护管理工作的通知》。

3月28～29日　国家文物局2002年度文物保护科研项目评审会在北京召开，第一次将"文物科学技术项目开题"与"全国文物、博物馆事业人文社会科学重点研究课题立项"评审会合并召开。

4月16日　文化部、国家文物局、公安部、国土资源部、建设部、国家环境保护总局、国家旅游局联合印发《关于进一步加强长城保护管理工作的通知》。

4月27日　三峡库区二期工程水位淹没线下涉及重庆、湖北省库区的考古发掘项目和地面文物保护工程通过国务院长江三峡二期工程移民工程专家工作组验收。

5月1日　《文物保护工程管理办法》开始施行。

5月13日　国家文物局印发《近现代文物征集参考范围》和《近现代一级文物藏品定级标准（试行）》。

5月14日　全国政协主席贾庆林考察河北省博物馆。

同日　国务院副总理曾培炎就重庆涪陵白鹤梁题刻原址水下保护工程启动作重要批示。

5月15日　中共中央政治局常委李长春等领导考察湖北省博物馆。

5月16日　国家文物局印发《国家文物局内设机构、职能配置和人员编制调整方案》，内设机构调整为办公室（政策法规司、外事联络司）、文物保护司、博物馆司、直属机关党委（纪委、人事劳动司）等4个职能司室和17个处，并重新明确各司处职能。

5月18日　杭州市政府所属10家博物馆全部免费向公众开放。

5月31日　国务委员陈至立就内蒙古自治区通辽市新出土文物保护问题作重要批示。

6月2日　国家文物局、中央机构编制委员会办公室、国家发展改革委、财政部、建设部、文化部、国家税务总局等七部委联合印发《关于进一步做好文物保护"五纳入"的通知》。

6月11日　《文物保护工程勘察设计资质管理办法（试行）》和《文物保护工程施工资质管理办法（试行）》开始施行。

6月16日　国家文物局、水利部联合印发《关于做好南水北调东、中线工程文物保护工作的通知》。

6月17日　国家文物局、国土资源部联合印发《关于进一步明确古生物化石保护管理工作的通知》，就加强古生物保护工作进一步明确了职责和分工。

6月19日　国务院总理温家宝就对我国世界文化遗产地保护工作检查情况作重要批示。

7月1日　《中华人民共和国文物保护法实施条例》开始施行。

7月14日　《文物拍卖管理暂行规定》开始施行。

7月15日　国家文物局印发《关于进一步加强文物行政执法工作的通知》，要求县级以上文物行政部门建立文物行政执法机构或设立专职行政执法人员。

7月18日　国务委员陈至立分别就山西省岩山寺金代彩塑佛像被盗事件和河南省郑州商代遗址保护工作作重要批示。

7月22日　国务委员陈至立就新疆北庭古城佛寺遗址自然损毁问题作重要批示。

8月1日　《北京市长城保护管理办法》开始施行,此办法是我国第一个保护长城的专项规章。

8月4日　国家文物局批复通过《吐鲁番文物保护与旅游发展总体规划》，这是我国规模最大的第一部区域性文化遗产与地方发展相结合的专项规划。

8月8日　国务院总理温家宝考察北京城市建设工作，指出要十分注意保护好文物和历史文化遗产。

9月4～7日　国家文物局在北京怀柔举办"文物保护单位规划编制研讨班"。这是第一次举办的全国范围的文物保护规划学术交流活动。

9月9日　胡锦涛、温家宝、曾培炎同志就关于保护历史文化名城问题作重要批示。

9月11日　《文物保护科学和技术研究课题管理办法》开始施行。

9月18日　国务委员陈至立就圆明园文物在港被拍卖事件作重要批示。

9月23日　国家文物局印发《关于国家重点珍贵文物征集工作的几点意见》。

10月8日　建设部、国家文物局公布第一批中国历史文化名镇（村）。

同日　由国家文物局和北京大学共同投资建设的北京大学考古文博学院（中国文物博物馆学院）举行落成典礼并正式投入使用。

10月13日　国务院总理温家宝就敦煌莫高窟保护和利用设施建设作重要批示。

10月23～24日　中共中央政治局常委李长春在河南考察工作期间作出"推动公益性文化事业贴近实际、贴近生活、贴近群众"的重要指示。

10月24日　国家文物局印发《关于进一步做好西气东输工程沿线文物保护工作的通知》。

10月25～27日　国家文物局与公安部三局在陕西西安联合召开全国文物安全工作会议。

11月3日　国务院副总理回良玉就甘肃民乐—山丹地震灾区抗震救灾工作作重要批示。

11月11日　国务院总理温家宝就我国世界文化遗产保护和管理工作作重要批示。

11月18日　国家文物局印发《关于将"文留"文物全部移交国有博物馆的函》。

11月19日　国务院任命童明康为国家文物局副局长。

11月21日　《文物保护科学和技术研究课题招标投标暂行办法》开始施行。

11月29日　广州广裕祠获亚太地区文化遗产保护奖（杰出项目奖第一名），这是我国第一次获得联合国亚太地区文化遗产保护奖。

12月1日　由法国国家文化遗产学院、中国文物博物馆学院和中央美术学院联合主办的"中国博物馆高级管理人员培训班"在中央美术学院开课。

12月4～8日　国家文物局在广东广州召开2002～2003年度全国考古工作汇报会。

12月18日　文化部、国家文物局在北京联合召开表彰全国文物先进县大会，表彰奖励31个全国文物工作先进县。

12月21日　中共中央总书记胡锦涛就保管传世藏文《大藏经》工作作重要批示。

12月22日　天津海关正式移交天津市文化局从1995～2001年查获的8691件走私文物，是我国海关一次性移交文物最多的一次。

同日　中共中央宣传部、文化部、国家文物局联合印发《关于进一步加强博物馆宣传展示和社会服务工作的通知》，具体部署博物馆"三贴近"工作。

12月23日　全国馆藏文物保护管理工作座谈会在北京召开。

12月23～24日　国务院在北京召开三峡工程建设工作会议。国家文物局文物保护司获得"三峡工程建设先进集体"荣誉称号。

12月24日　国家文物局印发《关于加强国有文物商店改制管理工作的通知》。

同日　国家文物局印发《关于对申领和颁发文物拍卖许可证有关事项的通知》。

2004年

1月1日　浙江省博物馆实行免费开放，成为全国省级博物馆第一家取消门票的博物馆。

1月14日　公安部、国家旅游局、国家宗教事务局、国家文物局联合印发《关于开展古建筑消防安全专项治理的通知》。

1月17日　中共中央政治局常委李长春在中国国家博物馆调研并作重要指示。

同日　国家文物局印发《关于发布文物保护工程勘察设计、施工单位资质的通知》，授予第一批文物保护工程勘察设计、施工单位资质。

1月20日　国家文物局印发《关于贯彻实施行政许可法加强文物法制工作的意见》。

2月4日　北京明十三陵等6项世界文化遗产开始首次集中修缮。

2月7日　中意合作文物保护修复培训班开学典礼暨中意合作文物保护修复培训中心揭牌仪式在北京中国文物研究所举行。

2月10日　世界文化遗产地重庆大足石刻石门山2尊石刻雕塑头像被盗。

2月25日　国务院办公厅转发文化部、建设部、文物局、发展改革委、财政部、国土资源部、林业局、旅游局、宗教局《关于加强我国世界文化遗产保护管理工作的意见》。

3月8日　全国人大副委员长、民进中央主席、中国长城学会会长许嘉璐听取国家文物局工作汇报并做重要指示。

3月19日　文化部、国家文物局联合印发《关于公共文化设施向未成年人等社会群体免费开放的通知》。

4月2日　文化部、国家文物局联合印发《关于贯彻落实〈中共中央 国务院关于进一步加强和改进未成年人思想道德建设的若干意见〉的通知》。

4月9日　国家文物局印发《关于文物系统博物馆及爱国主义教育基地对未成年人免费开放和建立辅导员队伍的通知》。

4月20日　《中华人民共和国国家文物局与柬埔寨王国吴哥文物局关于加强文物保护合作的谅解备忘录》在北京签署。

4月29日　文化部向国务院报送《关于进一步加强我国水下考古工作的报告》。

4月30日　38家拍卖企业首批获得文物拍卖许可证。

5月18日　中央电视台10频道播出"走进博物馆——5·18国际博物馆日特别节目"。这是中央电视台首次为国际博物馆日特别制作专题节目。

同日　由中国博物馆学会、中国自然科学博物馆协会、北京市文物局承办的首届"2004博物馆及相关产品及技术博览会"在中国农业展览馆开幕。

5月27日　南水北调工程文物保护工作协调小组在北京召开第一次会议。

6月17日　中共中央政治局常委李长春参观西柏坡精神巡回展览。

6月23～29日　国家文物局在河北石家庄举办安全技术防范业务培训班。

6月24日　国家文物局印发《关于湖北省文物考古研究所丢失文物的通报》。

6月28日～7月7日　第28届联合国教科文组织世界遗产委员会会议在苏州举行。国家主席胡锦涛致书面贺词。国务委员陈至立等领导出席开幕式。会议通过《世界遗产青少年教育苏州宣言》。

7月1日　《国家文物局行政许可管理办法》开始施行。

同日　吉林高句丽王城、王陵及贵族墓葬在联合国教科文第28届世界遗产委员会会议上被批准列入《世界遗产名录》。

7月5日　由中国文物研究所文物保护修复培训中心承办的"2004年中国政府TCCR文物保护技术与管理非洲国家培训班"在北京开学。这是建国以来文博系统首次面向国际的文物保护技术与管理培训。

7月6日　《文物保护科学和技术创新奖励办法》开始施行。

7月8～11日　国际古迹遗址理事会（ICOMOS）执行局扩大会和亚太地区会议在北京召开。

7月12日　印发《国家文物局关于国务院取消和调整我局行政审批项目的通知》。国务院决定取消国家文物局行政审批项目22项，下放管理层级1项。

7月21日　全国人大常委会副委员长李铁映赴陕西岐山考察周公庙遗址保护和考古发掘工作。

同日　贵州省黎平县全国重点文物保护单位地坪风雨桥被特大山洪冲垮。

7月26日　国家文物局印发《历史文化遗产保护领域科学和技术研究课题指南（2004～2005）》。

8月2日　国家文物局印发《全国重点文物保护单位保护规划编制审批办法》和《全国重点文物保护单位保护规划编制要求》。

8月6～7日　中国古迹遗址保护协会大会在北京召开。国家文物局副局长张柏当选为中国古迹遗址保护协会主席。

8月13日　《国家文物局重点科研基地管理办法（试行）》开始施行。

8月14～23日　世界文化遗产地保护管理机构负责人培训班在世界遗产地福建省武夷山举行。这是我国首次在世界文化遗产领域针对遗产地和上级主管行政部门保护管理负责人进行岗位培训。

8月29日　2004年度文物保护科学和技术创新奖评审会议召开。这是国家文物局首次举行文物保护科学和技术创新奖评选活动。

9月1日　纪念邓小平同志"爱我中华,修我长城"题词20周年大会在北京人民大会堂举行。

9月3日　《文物保护行业标准管理办法（试行）》开始施行。

9月24~26日 全国文物科技工作会议在北京召开。

9月25日~10月24日　国家文物局在中华世纪坛举办建国以来首次历史文化遗产保护科学和技术成果展览。

10月12日　由国家文物局和美国纽约大都会博物馆共同主办的"走向盛唐"大型中国文物展在美国纽约开幕。

10月15~16日　国务委员陈至立考察河南省开封龙亭、延庆观玉皇阁等6处文物保护单位。

10月15~20日　全国大遗址保护规划现场研讨会在陕西西安召开。

10月18~21日　由中国科学院、科技部、文化部、教育部、国家文物局、国家自然科学基金委共同主办的首届国际遥感考古会议在北京召开。

10月24~29日　全国文物宣传教育工作会议在江西南昌召开。

10月25日　澳门"德成按"典当行获"2004年联合国教科文组织亚太文化遗产保护奖"。

10月28日　敦煌莫高窟北区加固工程正式开工,是历史上首次对莫高窟北区进行工程加固。

10月29日　北京地坛文物修缮工程开工,是新中国成立以来对地坛进行的规模最大、最完整的修缮工程。

11月2日　首届出土文献抢救、保护、整理骨干培训班在北京举行开学典礼。

11月2~6日　建国以来首次全国文物保护工作工程汇报会在河北石家庄举行。

11月9~11日　全国文物行政执法工作交流会在云南昆明召开。

11月20日　国家文物局编辑出版第一部《中国文物年鉴·2003》。

11月24日　我国第一部文物保护工程施工监理规划——《文物保护工程监理规划》在河南发布试行。

12月18日　文化部、国家文物局联合召开表彰全国文物先进县大会。会上表彰奖励了31个全国文物工作先进县,并对贵州省黎平县地坪乡抢救全国重点文物保护单位风雨桥的先进集体和先进个人进行了特别表彰。

12月20日　全国文物行业首家科技成果推广应用机构—湖北省文物科技成果推广应用中心正式成立。

12月28日　由陕西省文物局和上海博物馆联合举办的"周秦汉唐文明大展"在上海博物馆开幕。

2005年

1月13日　国家文物局开始开展以实践"三个代表"重要思想为主要内容的保持共产党员先进性教育活动。

1月24日　由文化部部长孙家正签发的《文物行政处罚程序暂行规定》开始施行。

2月17日　山西省文物局表彰第一批文物安全金铠甲工程达标单位。

3月1日　福建省在全省范围开展涉台文物专题普查工作。

3月21日　《中国国家文物局和美国规划协会文物保护交流合作谅解备忘录》在美国旧金山签署。

3月24日　国家文物局印发《关于做好红色旅游中的文物保护工作的通知》。

3月30日　《丝绸之路（新疆段）重点文物抢救保护工程计划》正式启动。

4月1日　江西省文化厅召开文物保护"5＋2"工作专门会议。江西省提出在文物保护"五纳入"的基础上，增加将文物保护纳入社会防灾体系、纳入社会治安体系2项内容。

4月26日　福建漳州历史街道等4个项目获"2004年度亚太地区遗产保护奖"。

同日　河南博物馆"天地经纬——汉代张衡地动仪、元代郭守敬观星台"陈列通过验收。

5月10～15日　第35届国际考古学术讨论会在北京举行。这是首次在亚洲国家举办国际科技考古会议。

5月24日　国家文物局提交财政部《国家重要大遗址保护规划纲要》（第一批）。

5月27日　国家文物局印发《文物出境展览管理规定》。

5月31日　国家文物局印发《国家文物局机关行政许可过错责任追究暂行办法》。

6月1日　国家文物局与国务院三峡工程建设委员会联合印发《关于开展三峡库区文物保护综合监理工作的通知》。

6月13日　财政部、国家文物局在辽宁沈阳联合召开文物调查及数据库管理系统建设座谈会。

6月24日～7月21日　国家文物局行政执法专项督察组赴河北、天津、山西等9省市83个文博单位督察行政执法工作。

6月28日　苏州庆祝第一个"文化遗产保护日"。苏州是全国第一个确定"文化遗产保护日"的城市。

7月15日　澳门历史城区在联合国教科文第29届世界遗产委员会会议上被批准列入《世界遗产名录》。

7月21日　胡锦涛、温家宝、华建敏就有关专家来信呼吁加强文化遗产保护作重要批示。

8月8日　中央机构编制委员会办公室印发《关于增加国家文物局机构编制的批复》。同意国家文物局设立政策法规司并增加行政编制。调整后，国家文物局内设职能机构4个，即办公室（外事联络司）、政策法规司、文物保护司、博物馆司。

8月16日　国家文物局发布公告，决定采用四川成都金沙遗址出土的金饰图案作为中国文化遗产标志。

8月22日　《文物保护工程勘察设计资质管理办法》和《文物保护工程施工资质管理办法》开始施行。

8月23日　《文物保护科学和技术研究课题评审程序暂行规定》及《文物保护科学和技术评审与咨询专家管理办法》开始施行。

8月25日　财政部、国家文物局印发《大遗址保护专项经费管理办法》。

8月30日　国务委员陈至立就文物调查及数据库管理系统建设项目进展情况作重要批示。

9月12日　国务院总理温家宝参观深圳博物馆"深圳改革开放实物资料展"。

9月16日　建设部、国家文物局公布第二批中国历史文化名镇（村）。

9月24日　南通博物苑100年暨中国博物馆事业发展百年纪念大会召开。中共中央政治局常委李长春、全国政协副主席刘延东发贺信。全国政协副主席张克辉等领导出席。

10月1日　首部古代帝王陵墓保护地方法规《陕西省秦始皇陵保护条例》开始施行。

10月17日　国际古迹遗址理事会第15届大会在陕西西安举行。大会通过《西安宣言——保护历史建筑、古遗址和历史地区的环境》。

10月23日　国家文物局表彰巩义市公安局干警破获巩义宋陵石刻文物被盗案。

10月26日　国家文物局印发《关于加强和改进馆藏文物保护管理工作的意见》。

11月1日　《湖南省文物保护条例》、《重庆市实施〈中华人民共和国文物保护法〉办法》开始施行。

11月3日　中央机构编制委员会办公室印发《关于调整国家文物局人事劳动机构问题的批复》。同意将人事劳动司更名为人事教育司，与机关党委合设办事机构。

同日　《中华人民共和国国家文物局和大韩民国文化财厅关于开展文化遗产方面交流合作的协议》在北京签订。

11月20日　国务委员华建敏就加强珍贵文物保护措施问题作重要批示。

11月22日　全国支援南水北调工程文物保护工作动员大会在河南郑州召开。

11月30日　国务院总理温家宝就南水北调工程中文物保护工作作重要批示。

12月6日　文化部、国家文物局决定授予山西省临汾市文物局文物保护特别奖。

12月9日　敦煌莫高窟北区崖体加固工程完工。

12月16日　国家文物局印发《关于表彰全国文物档案工作先进集体、优秀档案（单位）和先进个人的通知》。

12月22日　国务院印发《关于加强文化遗产保护的通知》，首次明确提出建立文化遗产保护制度体系的宏伟目标；通知决定从2006年起每年6月的第二个星期六为我国的"文化遗产日"。

同日　《中华人民共和国国家文物局与肯尼亚共和国国家遗产部关于在拉穆岛进行合作考古的协议》签署。

12月29日　全国人大常委会关于《中华人民共和国刑法》有关文物规定适用于具有科学价值的古脊椎动物化石、古人类化石的解释。

12月30日　文化部上报"指南针计划——中国古代发明创造的价值挖掘与展示"专项情况的报告。

2006年

1月1日　由文化部部长孙家正签发的《博物馆管理办法》（文化部令第35号）、《山西省实施中华人民共和国〈文物保护法〉办法》、《浙江省文物保护管理条例》开始施行。

1月6日　故宫太和殿关闭，开始修缮。

1月9～11日　全国科学技术大会在北京人民大会堂举行。国家文物局博物馆司被国家科技奖励办公室评为 2005 年国家科技奖励工作先进集体；由国家文物局推荐的美国盖蒂保护所专家内维尔·阿格纽（Neville Agnew）被授予中华人民共和国国际科学技术合作奖。

1月12日　中共中央、国务院印发《关于深化文化体制改革的若干意见》。

同日　国家文物局印发《国家文物鉴定委员会管理规定》。

1月16日　国家文物局印发《关于贯彻落实〈国务院关于加强文化遗产保护的通知〉的意见》。

1月20日　《中意关于防止盗窃、盗掘和非法进出境文物的协定》及《中国国家文物局与意大利文化遗产与文化活动部关于文化遗产保护合作的谅解备忘录》在北京签署。

2月7日　国家文物局印发《关于进一步推行政务公开的意见》，决定成立国家文物局政务公开领导小组，同时公布 73 项国家文物局政务公开项目。

2月17日　中国博物馆学会民族博物馆专业委员会在北京举行成立大会。

2月19日　中共中央政治局常委李长春就博物馆工作作重要批示。

2月21日　国家文物局在北京举行贯彻落实《国务院关于加强文化遗产保护的通知》座谈会。

2月24日　国家文物局在河北秦皇岛召开长城保护工程启动工作会议。

2月28日　贵州黎平地坪风雨桥动工修复。

3月23日　国家文物局印发《关于启动长城保护工程的通知》及"长城保护工（2005～2014年）"总体工作方案。

4月9日　国务委员陈至立就我国民俗文物保护问题作重要批示。

4月12日　中国国家文物局和柬埔寨王国文物局在柬埔寨首都金边签署《中华人民共和国国家文物局和柬埔寨文物局关于保护吴哥古迹二期项目的协议》，确定茶胶寺修复工程作为中柬合作保护吴哥古迹二期项目。国务院总理温家宝和柬埔寨首相洪森出席签字仪式。

4月17～18日　中国古迹遗址保护协会、江苏省文物局和无锡市人民政府在江苏无锡举办中国工业遗产保护论坛。论坛通过《无锡建议》。

4月26～27日　中共中央政治局常委李长春在北京考察北京文物工作并作重要指示。

4月29日　李长春、陈至立同志就第一个文化遗产日组织工作作重要批示。

5月8日　国家文化遗产保护领导小组第一次全体会议在北京召开。国务委员陈至立出席并讲话。

5月11日　国家文物局印发《关于加强全国馆藏文物腐蚀损失调查项目数据管理的通知》。

5月12日　国家文物局印发《关于加强工业遗产保护的通知》。

5月18日　北京5·18国际博物馆日宣传活动开幕式暨首都博物馆新馆正式开放典礼在首都博物馆新馆举行。

5月24日　京杭大运河保护与申遗研讨会闭幕。会议通过《杭州宣言》。

5月25日　国务院公布第六批全国重点文物保护单位 1080 处，全国重点文物保护单位总计 2351 处。

同日　国务院新闻办公室就中国文化遗产保护状况举行新闻发布会。

5月26日　中共中央政治局常委李长春到国家图书馆参观"文明的守望——中华古籍特藏珍品暨保护成果展"。

同日　国家文物局印发《关于授予郑孝燮等同志"文物保护特别奖"的决定》。决定授予郑孝燮等 11 名同志"文物保护特别奖"。

5 月 27 日　中蒙两国首次合作保护蒙古国博格达汗宫博物馆古建筑维修工程开工仪式在蒙古乌兰巴托举行，并签署《中华人民共和国国家文物局与蒙古国教育文化科学部关于合作保护博格达汗宫博物馆门前区的协议》。

5 月 31 日　国家文物局印发《关于表彰"全国文物保护工作先进个人"的决定》。决定授予廖静文等 70 名同志"全国文物保护工作先进个人"荣誉称号。

5 月 31 日～6 月 2 日　第二届文化遗产保护与可持续发展国际会议在浙江绍兴举行。会议通过《绍兴宣言》。

5 月　上海获得 2010 年国际博物馆协会第 22 届大会的主办权。

6 月 5 日　由文化部、财政部、国家文物局共同主办，中国国家博物馆承办的"文化遗产日特别展览——国家珍贵文物征集成果"开幕。

6 月 9 日　国务院办公厅转发财政部、中宣部关于进一步支持文化事业发展若干经济政策的通知。

6 月 10 日　中国第一个"文化遗产日"。活动主题：保护文化遗产，守护精神家园。

6 月 19 日　国家标准化技术委员会同意成立全国文物保护标准化技术委员会。其专业范围是负责不可移动文物、可移动文物、文物调查与考古发掘、文物保护、博物馆及其信息化和信息建设领域国家标准制修订工作。

6 月 21 日　国家文物局印发《关于尽快开展清理积压考古报告工作的通知》。

6 月 22 日　国家文物局印发《关于加强文物拍卖标的审核工作的通知》。

6 月 26 日　国家文物局在北京召开 2006 年度行政执法专项检查检查组会议，启动 2006 年度行政执法专项检查工作。

6 月 27 日　国务委员陈至立就珍贵文物征集作重要批示。

6 月 30 日　中共中央政治局常委李长春到中国国家博物馆参观"开天辟地——纪念中国共产党成立 85 周年图片展"。

同日　"艺术与帝国——大英博物馆藏亚述珍品展"在上海博物馆开幕。

6 月　国家文物局与阿富汗文化部签署《关于维护与保护文化遗产的谅解备忘录》。

7 月 1 日　《四川省〈中华人民共和国文物保护法〉实施办法》开始施行。

7 月 6 日　国家文物局印发《关于加强和改进博物馆工作的意见》。

7 月 13 日　河南安阳殷墟在联合国教科文第 30 届世界遗产委员会会议上被批准列入《世界遗产名录》。

7 月 18 日　第三次全国文化文物援藏工作会议在云南昆明召开。

同日　美国海关官员与中国政府代表在洛杉矶签署协议，美方向中方移交一批非法入境的中国恐龙蛋化石。

7 月 28 日　国家文物局印发《关于做好第三次全国文物普查准备工作的通知》。

8 月 2 日　联合国教科文组织世界遗产中心和国家文物局联合在新疆吐鲁番召开丝绸之路申

报世界文化遗产国际协商会议。

8月7日　由文化部部长孙家正签发的《古人类化石和古脊椎动物化石保护管理办法》（文化部令第38号）开始施行。

8月21日　国务委员陈至立就汉代长城保护问题作重要批示。

8月23日　国家文物局组织召开中国世界文化遗产专家委员会成立会议。

9月　全国政协副主席张思卿率全国政协调研组赴浙江考察"新农村建设中文化遗产保护工作"。

9月1日　三峡三期移民工程阶段文物保护工作通过验收。

9月18日　国家文物局举行"南水北调文物保护宣传行动"启动仪式。

同日　国家文物局与意大利文化遗产部签署了《关于合作建立中意文化遗产保护中心的谅解备忘录》，标志着继政治和经济领域后，中意两国在文物领域的战略伙伴关系已经形成。

9月21日　国家文物局在山东临淄召开全国县级博物馆展示服务水平提升项目座谈会。

10月1日　《陕西省文物保护条例》《福建省"福建土楼"文化遗产保护管理办法》开始施行。

10月9日　国家文物局印发《关于颁发首批文物保护工程勘察设计、施工个人从业资格证书的通知》，决定核发首批文物保护工程勘察设计、施工个人从业资格证书。

10月11日　《中华人民共和国国家文物局与越南社会主义共和国文化通讯部文化遗产局关于文化遗产保护合作谅解备忘录》在北京签订。

10月17日　国务院总理温家宝就南京、常州历史文化名城保护问题作重要批示。

10月20日　国际古迹遗址理事会西安国际保护中心（IICC）在陕西西安成立。

10月26日　国家文物局与国家测绘局就合作开展长城地理信息资源调查签署协议，标志着"数字长城"建设工程进入实施阶段。

同日　商务部、国家文物局印发《关于加强老字号文化遗产保护工作的通知》。

10月29日　国家文物局在山西太原召开全国博物馆建设与发展座谈会。

11月3日　国家文物局在河北山海关召开贯彻落实《长城保护条例》座谈会。

11月10日　国家文物局印发《国家文物事业"十一五"发展规划》和《文化遗产保护科学和技术发展"十一五"规划》。

11月14日　由文化部部长孙家正签发的《世界文化遗产保护管理办法》开始施行。

11月17日　全国人大常委会委员长吴邦国视察河南博物院。

同日　国家文物局在北京故宫建福宫举行颁奖仪式，向意大利驻华大使孟凯蒂颁发"中国文化遗产保护特别贡献奖"并聘请其担任中国文化遗产保护国际顾问。

11月21日　《中华人民共和国政府和印度共和国政府关于防止盗窃、盗掘和非法进出境文物的协定》和《中华人民共和国国家文物局和印度共和国考古局关于保护文化遗产谅解备忘录》在印度新德里签署。

11月23日　国务委员陈至立考察全国重点文物保护单位宁明花山岩画的保护及利用情况。

同日　国家文物局印发《关于发放使用文物行政执法证的通知》。决定自2007年起启用统一制式的《中华人民共和国文物行政执法证》，逐步实现全国文物行政执法人员持证上岗。

11 月 27 日　国家文物局 2006 年度文物行政执法培训班暨文物行政处罚案卷评比颁奖会在福建福州召开。

12 月 1 日　《长城保护条例》开始施行。该条例是我国第一次在综合性法规之外为单项文化遗产制定国家专项法规。

12 月 8 日　《中国世界文化遗产监测巡视管理办法》和《中国世界文化遗产专家咨询管理办法》开始施行。

12 月 15 日　国家文物局公布重新设置的《中国世界文化遗产预备名单》，共 35 个项目列入中国世界文化遗产预备名单。

12 月 18 日　全国世界文化遗产工作会议、第三次全国文物普查工作会议在北京召开。

12 月 19 日　全国文物工作先进县表彰大会在北京召开。

12 月 22 日　中国国家文物局与肯尼亚国家遗产部在肯尼亚内罗毕签署《中华人民共和国国家文物局与肯尼亚共和国国家遗产部关于在拉穆岛进行合作考古的协议》。这是中国首次与非洲国家合作开展考古发掘项目。

12 月 26 日　"西天诸神——古代印度瑰宝展"在首都博物馆开幕。

12 月 29 日　全国人大常委会批准《保护和促进文化表现形式多样性公约》。

同日　国家文物局、财政部联合印发《"十一五"期间大遗址保护总体规划》。

2007年

1 月 8 日　国家文物局印发《国家文物局新闻宣传工作管理办法》。

1 月 13 日　中共中央政治局常委李长春参观中共三大会址纪念馆。

1 月 15 日　《中华人民共和国政府和菲律宾共和国政府关于防止盗窃、盗掘和非法进出境文物的协定》和《中华人民共和国国家文物局与菲律宾共和国国家文化艺术委员会关于文化遗产保护的协议》在马尼拉签订。

1 月 16 日　国家文物局印发《关于加强基本建设工程中考古工作的指导意见》和《中国世界文化遗产预备名单》。

1 月 17 日　柬埔寨王国政府为我援助吴哥古迹工作队队长姜怀英、副队长刘江授勋。

1 月 19 日　全国人大副委员长李铁映视察柬埔寨我援柬保护吴哥古迹周萨神庙施工工地。

同日　国务院办公厅印发《关于进一步加强古籍保护工作的意见》。

1 月 25 日　国家文物局颁布《国家文物局新闻宣传工作管理办法》。

1 月 26 日　国家文物局印发《关于转发〈江苏省文物局文化遗产保护与城市规划建设培训情况的报告〉的通知》。

2 月 7 日　国家环境保护总局、建设部、文化部、国家文物局联合印发《关于加强涉及自然保护区、风景名胜区、文物保护单位等环境敏感区影视拍摄和大型实景演艺活动管理的通知》。

2 月 9 日　国家文物局印发《关于颁发第二批文物保护工程勘察设计、施工单位甲、一级资质的通知》。

同日　国家文物局、国家测绘局在北京召开全国长城资源调查工作会议。

2月14日　中国文物交流中心在北京文博大厦举行挂牌仪式。

2月20日　"中国西藏文物展"在德国柏林艺术博物馆开幕。

3月8日　中央机构编制委员会办公室印发《关于调整北京新文化运动纪念馆隶属关系的批复》，同意北京新文化运动纪念馆及部分事业编制由文化部所属国家博物馆划转国家文物局管理。

3月17日　中国国家博物馆改扩建工程动工。

3月18日　《保护和促进文化表现形式多样性公约》正式生效。

3月　河南洛阳大遗址保护工程开工。

4月4日　国务院印发《关于开展第三次全国文物普查的通知》，决定成立第三次全国文物普查领导小组，从2007年开始开展第三次全国文物普查工作。

4月6日　国家文物局与国务院发展研究中心签署协议，启动"文化遗产事业与经济社会发展"课题研究。

4月13日　国家文物局颁布《文物保护工程监理资质管理办法》（试行）。

同日　国家文物局印发《关于做好大运河保护与申报世界文化遗产工作的通知》。

4月18日　国家文物局颁布《文化遗产保护领域国家科技支撑计划课题管理暂行办法》、《文化遗产保护领域国家科技支撑计划课题第三方机构评估咨询管理暂行办法》；并印发《关于落实国务院通知精神认真做好第三次全国文物普查的通知》。

4月23日　科技部、国家文物局在北京举行文化遗产保护领域国家科技支撑计划课题启动实施大会。

同日　国家文物局在秘鲁驻华大使官邸举行仪式，聘任前秘鲁驻华大使陈路为中国文化遗产保护国际顾问。

4月25日　由福建省人民政府、国家文物局和台盟中央委员会主办的2007海峡西岸文化遗产保护论坛在福建福州开幕。

4月30日　国家文物局印发《关于加强乡土建筑保护的通知》。

5月21日　国家文物局、国务院国有资产监督管理委员会授予中国建筑设计研究院建筑历史研究所"文物保护特别奖"。

5月22日　国务院第三次全国文物普查领导小组在北京召开第一次全体会议。国务委员、第三次全国文物普查领导小组组长陈至立出席会议并讲话。

5月24～28日　由中国国家文物局、联合国教科文组织世界遗产中心、国际文化财产保护与修复研究中心和国际古迹遗址理事会联合主办，北京市文物局、故宫博物院承办的东亚地区文物建筑保护理念与实践国际研讨会在北京召开。会议通过《北京文件》。

5月28日　国家文物局印发《关于授予全国优秀长城保护员"文物保护特别奖"的决定》。

同日　国家文物局印发《关于授予陕西省宝鸡市保护文物的农民群体"文物保护特别奖"的决定》。

6月3日　李长春、陈至立就加强西沙水下文物发现与保护工作作重要批示。

6月5日　国家文物局颁布《文物出境审核标准》，1960年开始施行的《文物出口鉴定参考标准》同时废止。

同日　国家文物局印发《关于表彰全国文化遗产保护工作先进集体和先进个人的决定》。决定授予北京市周口店北京人遗址管理处等42个单位"全国文化遗产保护工作先进集体"称号；授予周洪福等120名同志"全国文化遗产保护工作先进个人"称号。

6月8日　人事部、文化部和国家文物局在北京人民大会堂举行全国文化遗产保护工作表彰大会。国务委员陈至立出席大会。

6月9日　我国第二个"文化遗产日"。活动主题：保护文化遗产，构建和谐社会。

6月9～11日　建设部、文化部、国家文物局在北京举行城市文化国际研讨会暨第二届城市规划国际论坛。论坛通过《城市文化北京宣言》。

6月11日　国家发改委、国家文物局印发《国家"十一五"抢救性文物保护设施建设专项规划》。

6月20日　国家文物局在北京召开大运河保护与申遗工作协调会在京召开。

6月25日　开平碉楼与村落在联合国教科文第31届世界遗产委员会会议上被批准列入《世界遗产名录》。

6月28日　"国之重宝——故宫博物院藏晋唐宋元书画展"在香港开幕。香港特区行政长官曾荫权等出席开幕仪式。

7月13日　由文化部部长孙家正签发的《文物进出境审核管理办法》（文化部令第42号）开始施行。

7月14日　民政部、国家文物局联合印发《关于做好烈士纪念建筑物保护单位文物普查和附属可移动文物鉴定工作的通知》。

7月19日　国家文物局在山东青岛召开全国文物外事工作会议。

7月30日　国家文物局成立第三次全国文物普查办公室。

8月31日　国家文物局在北京召开全国可移动文物保护管理工作座谈会。

9月3日　全国文物进出境审核管理工作暨表彰会在辽宁沈阳举行。

9月5日　中共中央政治局常委李长春考察湖北省博物馆。

9月11日　全国政协副主席张思卿率全国政协"文化遗产保护"联合调研组赴四川考察世界遗产保护和管理状况。

9月14日　财政部和国家文物局联合印发《第三次全国文物普查专项经费使用管理办法》。

9月17日　第三次全国文物普查电视电话会议在北京召开，动员部署第三次全国文物普查工作。国务委员陈至立出席并讲话。

9月19日　国家文物局启动2007年度行政执法专项督察工作。

9月20日　全国政协委员郭修圃捐赠文物仪式在全国政协礼堂举行。中共中央政治局常委、全国政协主席贾庆林，全国政协副主席、中央统战部部长刘延东等出席仪式。

9月28日　全国人大副委员长李铁映考察重庆中国三峡博物馆。

10月4日　国务院副总理回良玉考察江苏南通博物苑。

10月8日　中国政府无偿援助蒙古国文化遗产保护项目—博格达汉宫博物馆门前区维修工程竣工。

10月18日　国家文物局印发《关于博物馆登记年检工作情况的通报》。

10月27日　中共中央政治局常委李长春出席井冈山革命博物馆开馆仪式。

10月28～29日　全国文物法制工作会议在北京召开。

10月30日　全国人大教科文卫委员会、文化部、国务院法制办和国家文物局在北京联合召开《中华人民共和国文物保护法修订实施五周年》座谈会。全国人大常委会副委员长路甬祥等出席会议。

11月2日　"伦勃朗与黄金时代——荷兰阿姆斯特丹国立博物馆珍藏展"在上海博物馆开幕。

11月20日　中国文物研究所更名为中国文化遗产研究院。

11月22日　李长春、陈至立同志就我国世界文化遗产保护情况作重要批示。

同日　国家文物局在北京召开"贯彻十七大精神，繁荣博物馆文化"部分博物馆馆长座谈会。

11月30日　中国共产党第五次全国代表大会会址纪念馆落成典礼在湖北武汉举行。

12月10～14日　由全国政协副主席徐匡迪带队的"全国政协大运河保护与申遗考察团"在河南和安徽考察隋唐大运河相关遗迹。

12月20日　文化部、国家文物局在北京召开全国文物工作先进县表彰大会。

12月22日　"南海Ⅰ号"古沉船整体打捞成功。

12月30日　国务委员陈至立就"南海Ⅰ号"整体打捞情况作重要批示。

2008年

1月14日　中共中央政治局常委李长春、国务委员陈至立到中国国家博物馆调研。

1月23日　中共中央宣传部、财政部、文化部、国家文物局联合印发《关于全国博物馆、纪念馆免费开放的通知》。

1月26～30日　国家文物局与印度尼西亚文旅部签署《有关保护、发展和利用早期人类遗址的合作备忘录》。

1月30日　国家文物局印发《关于做好雨雪冰冻灾情下文物保护工作的紧急通知》。

1月31日　国家文物局印发《关于甘肃省博物馆文物安全事故的通报》。

1月31日　《中华人民共和国国家文物局与斯里兰卡民主社会主义共和国国家遗产部关于合作保护文化遗产的协议》在科伦坡签署。

2月1日　中宣部、财政部、文化部和国家文物局在北京召开全国博物馆纪念馆免费开放工作会议。

2月4日　国家文物局、国务院南水北调办公室印发《南水北调东、中线一期工程文物保护管理办法》。

2月5日　国家文物局印发《全国博物馆评估办法（试行）》、《博物馆评估暂行标准》和《博物馆评估申请书》。

2月14日　国家文物局印发《关于加强文物消防工作的紧急通知》。

2月22日　国家文物局印发《关于加强突发事件应急预案制定和落实确保文物安全的紧急通知》。

2月26日　中国国家文物局与希腊文化部在北京签署《中华人民共和国国家文物局与希腊

共和国文化部关于防止盗窃、盗掘和非法进出境文物的谅解备忘录》。

2月29日　国家文物局印发《〈古代壁画病害与图示〉等9项文化遗产保护行业标准的通知》。

3月1日　国务院印发《关于公布第一批国家珍贵古籍名录和第一批全国古籍重点保护单位名单的通知》。

3月4日　国家文物局印发《关于做好博物馆免费开放工作的实施意见》。

3月13日　国家文物局印发《全国文物保护标准化技术委员会章程》。

3月20日　国家文物局等10部委联合印发《关于加强革命文物工作的若干意见》。

4月7日　国家文物局印发《关于进一步加强大运河文化遗产及其环境景观保护工作的通知》。

4月9～10日　全国政协副主席孙家正赴浙江考察杭州西湖申遗工作。

4月11～12日　国家文物局在江苏无锡召开全国大遗址保护现场会。

4月13日　中共中央书记处书记何勇考察山西太行八路军纪念馆。

4月14日　国家文物局和智利外交部在北京签署《中华人民共和国政府和智利共和国政府关于防止盗窃、盗掘和非法进出境文物的协定》。

同日　"马普切——智利的起源"展览在首都博物馆举行。智利总统米歇尔·巴切莱特等出席开幕式。

同日　国家文物局印发《关于发布〈第一批文物保护工程监理甲级资质单位及部分勘察设计甲级、施工一级资质单位名单〉的通知》。

4月17日　国务委员刘延东就博物馆免费开放作重要批示。

4月18日　国务委员刘延东到文化部、国家文物局调研。

4月22日　国家文物局印发《关于加强20世纪遗产保护工作的通知》。

同日　国家文物局印发《关于推进地市文博单位管理干部和全国重点文物保护单位保护管理机构负责人培训工作的意见》。

4月24日　国务委员刘延东就我国成功追索非法流失丹麦的中国文物作重要批示。

5月1日　《文物保护工程审批管理暂行规定》在北京、河北、山西、浙江、四川5省开始试行。

5月8日　《中华人民共和国政府和塞浦路斯共和国政府关于防止盗窃、盗掘和非法进出境文物的协定》在北京签署。

5月12日　四川汶川发生8.0级地震,四川、陕西、甘肃等省市文物、博物馆遭受地震破坏、毁损严重,共有145处全国重点文物保护单位(其中2处世界文化遗产)、285处省级文物保护单位受到不同程度损害,包括372件珍贵文物在内的4109件馆藏文物受损。

5月15日　国务委员刘延东就四川、陕西、甘肃等省市文物博物馆遭受地震破坏毁损严重作重要批示。

5月16日　国家文物局印发《关于发布首批国家一级博物馆名单的决定》。故宫博物院等83家单位获此称号。

5月19～28日　国家文物局分别在川渝陕甘灾区召开抗震救灾现场会。

5月22日　国务院总理温家宝视察北川县,并就建立地震遗址博物馆作重要指示。

5月23日　国家文物局印发《关于公布全国重点文物保护工程方案审核专家库和顾问名单

的通知》。

5月29日　国务委员刘延东视察四川地震灾害中受损严重的世界文化遗产都江堰等文物点，并对在地震灾害中痛失亲人的文物系统职工表示亲切慰问。

6月1～3日　中共中央政治局常委李长春，中共中央政治局委员、中央书记处书记、中宣部部长刘云山等视察世界文化遗产地都江堰受灾情况。

6月3日　国务院总理温家宝、中共中央政治局常委李长春、国务委员刘延东就高度重视灾后文物恢复重建工作作重要批示。

6月5日　国家文物局在北京召开《"5·12"汶川大地震四川文化遗产抢救保护修复规划大纲》审核会议，原则通过规划大纲。

6月8日　国务院公布《汶川地震灾后恢复重建条例》。

6月12日　首届中国文化遗产保护年度杰出人物颁奖暨事迹报告会在北京举行。

6月13日　国家文物局印发《关于加强馆藏文物借用管理工作的通知》。

6月14日　我国第三个文化遗产日。活动主题：文化遗产人人保护，保护成果人人共享。

6月19日　国家文物局印发《关于做好汶川地震灾后文物抢救保护工作的意见》。

6月20～21日　国家文物局在北京召开全国文物局长座谈会、文物系统抗震救灾先进集体先进个人表彰会和全国文物系统支援地震灾区文物抢救保护工作会议。

6月24日　国务院总理温家宝和国务委员刘延东就开展地震遗址博物馆（纪念馆）工作作重要批示。

6月30日　四川省人民政府、国家文物局在四川都江堰举行都江堰古建筑群抢救保护工程开工仪式。

7月1日　《历史文化名城名镇名村保护条例》施行。

同日　《天津市文物保护条例》开始施行。

7月6日　福建土楼在联合国教科文第32届世界遗产委员会会议上被批准列入《世界遗产名录》。截止到2008年7月，我国拥有世界遗产37处，其中文化遗产26处，自然遗产7处，文化与自然混合遗产4处。

7月10日　温家宝、李克强、回良玉、刘延东、马凯同志就四川汶川地震灾后重建保护羌族文化遗产作重要批示。

7月15日　国家文物局、四川省人民政府在四川阿坝理县桃坪羌寨举行羌族碉楼与村寨抢救保护工程开工仪式。

7月18日　国家文物局向国家灾后重建规划组报送《关于报送〈汶川地震灾后文物抢救保护修复专项规划〉的函》。

7月21日　国家文物局印发《国家文物局社会组织管理暂行办法》。

7月28日　第一批《国家珍贵古籍名录》颁证暨第一批全国古籍重点保护单位授牌仪式在北京举行。国务委员刘延东出席仪式并讲话。

同日　"奇迹天工——中国古代发明创造文物展"开幕式在中国科学技术馆新馆举行。全国人大常委会副委员长、中国科协主席韩启德，全国人大常委会副委员长、北京奥组委副主席陈至立，全国政协副主席、中国文联主席孙家正等领导出席。

8月1日　中宣部、国家文物局在江西南昌召开全国革命文物工作座谈会。

8月11日　《中华人民共和国国家文物局和哥伦比亚共和国文化部意向书》在北京签署。

8月13日　国务委员刘延东担任国务院第三次全国文物普查领导小组组长。

8月15日　文化部部长蔡武主持召开第7次部务会议，研究"发展60年文化建设"研究课题方案，确定"中国文化遗产事业60年"作为该课题的独立分报告。

8月17日　由中国古迹遗址保护协会（ICOMOS/CHINA）和四川省文物管理局联合主办，四川省阿坝州文管所承办的"四川灾后第一期羌族地区传统建筑维修保护技术培训班"，在四川省阿坝州理县桃坪羌寨临时搭建的地震板房内开班。

9月2日　国务院总理温家宝视察世界文化遗产、全国重点文物保护单位都江堰二王庙的灾后抢救保护工作，并就保护、研究工作做重要指示。

同日　中共中央政治局常委李长春参观"奇迹天工——中国古代发明创造文物展"。

9月11日　国家文物局印发《关于加强文物拍卖标的审核备案工作的通知》。

9月12日　国家发展改革委等14个部委联合印发《关于进一步促进红色旅游健康持续发展的意见》。

9月14~16日　国际博协博物馆学委员会2008年年会在湖南长沙召开。会上通过并发布《长沙宣言》。

9月22日　国务院第三次全国文物普查领导小组第二次（扩大）会议在北京召开。会议由国务委员、国务院第三次全国文物普查领导小组组长刘延东主持。

9月23日　中共中央政治局常委李长春就云南西双版纳州民族博物馆建设作重要批示。

9月24日　中共中央政治局常委李长春、国务委员刘延东就"指南针计划——中国古代发明创造的价值挖掘与展示"专项进展及全面推进实施情况作重要批示。

9月24日　中国政府与委内瑞拉政府签署《中华人民共和国政府与委内瑞拉玻利瓦尔共和国政府关于防止盗窃、盗掘和非法进出境文物的协定》。

9月25日　国家文物局外事工作座谈会在陕西西安召开。

9月26日　中共中央政治局常委李长春、国务委员刘延东就建设中国文字博物馆作重要批示。

10月8日　国家文物局召开深入学习实践科学发展观活动动员大会。中央第11指导检查组组长傅克诚同志作动员讲话。

10月10日　《西安市丝绸之路历史文化遗产保护管理办法》开始施行。

同日　国家文物局举办指导检查组深入学习实践科学发展观活动培训班。

10月13日　第二期四川藏羌地区传统建筑维修保护技术工匠培训班在阿坝州马尔康县开班。

10月14日　国家文物局举行深入学习实践科学发展观活动报告会。

10月15日　国务院总理温家宝、中共中央政治局常委李长春就羌族文化遗产抢救与保护情况作重要批示。

同日　国家文物局在北京举行2008年度"郑振铎－王冶秋文物保护奖"表彰会。

10月19~20日　全国文物系统深入学习实践科学发展观座谈会在浙江余姚召开。

10月20日　国务委员刘延东就东北四小民族文化遗产保护问题作重要批示。

10月21日　国家文物局和陕西省人民政府在陕西西安联合举办"大遗址保护高峰论坛"。论坛通过《大遗址保护西安共识》。

10月23～27日　村落文化景观保护与可持续利用国际学术研讨会在贵州贵阳召开。会议通过《关于"村落文化景观保护与发展"的建议》。

10月28日　国家文物局印发《关于在全国文物系统开展安全大检查有关事项的通知》。

10月28～29日　全国文物先进县县（市）长论坛在江苏常熟召开。

10月29日～11月1日　东亚地区木结构彩画保护国际研讨会在北京举行。会议通过《关于东亚彩画保护的北京备忘录》。

10月31日　国务委员刘延东就经济欠发达地区的文物安全采取有效措施强化管理作重要批示。

11月1～2日　首届中国文化遗产保护天津论坛在天津举行。论坛主题为"城市化发展与文化遗产保护"。会议通过《天津宣言》。该论坛是新中国成立以来第一个由民间发起的全国性文化遗产论坛。

11月3日　国家文物局印发《关于加强文物进出境审核工作的通知》和《关于审定文物进出境审核机构资质的通知》。

11月3日　国家文物局召开深入学习实践科学发展观研讨会

11月4日　国家文物局印发《关于加强文物进出境审核工作的通知》。

11月21日　国家文物局在北京召开文物拍卖管理座谈会。

12月5日　全国政协主席贾庆林出席我援柬周萨神庙维修工程竣工庆典。

12月5日　"携手2010：宁波国际博物馆高峰论坛"在浙江宁波举行。论坛通过《宁波宣言》。

12月12日　由国家文物局、河北省人民政府主办，张家口市人民政府、怀来县人民政府承办的鸡鸣驿城抢修保护工程全面启动仪式在河北鸡鸣驿城举行。

12月17日　国家文物局试行《文物进出境责任鉴定员考试大纲》。

12月17～18日　国家文物局在四川成都召开全国文物保护工程经验交流会。进一步规范和加强文物保护工程管理，总结和交流文物保护经验，安排部署汶川地震灾后文物抢救保护工作。

12月22日　国务委员刘延东就加强革命文物保护工作作重要批示。

12月26日　国务院台湾事务办公室、国家文物局、福建省人民政府在福建泉州共同举办涉台文物保护工程启动仪式。

12月31日　国务委员刘延东就关于进一步加强文物安全工作情况作重要批示。

2009年

1月2日　《保护水下文化遗产公约》生效。

1月14日　国家文物局召开深入学习实践科学发展观活动分析检查阶段和总结整改落实阶段动员会议。

1月15日　中美签署《中华人民共和国政府和美利坚合众国政府对旧石器时代到唐末的归类考古材料以及至少250年以上的古迹雕塑和壁上艺术实施进口限制的谅解备忘录》。这是我国继与秘鲁、印度、意大利、菲律宾希腊、智利、塞浦路斯和委内瑞拉等 8 个国家签署相关协定后的一次重要进展。

1 月 19 日　中共中央政治局常委李长春、国务委员刘延东就《中美签署限制进口中国文物谅解备忘录》一事作重要批示。

1 月 22 日　国家文物局印发《关于进一步加强文物管理机构建设确保文物安全的紧急通知》。

1 月 26 日　国务院总理温家宝、全国政协主席贾庆林、国务委员刘延东和国务委员马凯就大运河保护和申遗问题作重要批示。

2 月 1 日　《文物保护单位标志》和《文物保护单位开放服务规范》正式实施。这两项国家标准是我国文物保护领域的首批国家标准，适用于我国各级文物保护单位。

2 月 2 日　中共中央政治局常委李长春、国务委员刘延东就法国公司拟拍卖圆明园兽首铜像事作重要批示。

2 月 12 日　四川省文物管理局为进一步加强和推动我省震后的文物保护工作，四川省文物管理局在北京举行 2009 年震后文物抢救保护工程动员及专家座谈会。

2 月 16 日　国家文物局召开传达贯彻 17 届中央纪委三次全会精神大会。

同日　国家文物局印发《〈馆藏金属文物保护修复档案记录规范〉等 11 项文物保护行业标准的通知》。

2 月 17 日　"指南针计划——中国古代发明创造的价值挖掘与展示"专项领导小组在北京召开领导小组第一次会议。

同日　国家文物局印发新修订《田野考古工作规程》。

2 月 22 日　国务委员刘延东就加强革命文物保护作重要批示。

2 月 25 日　《中华人民共和国国家文物局与埃塞俄比亚联邦民主共和国文化遗产研究与保护局关于合作保护文化遗产谅解备忘录》在亚的斯亚贝巴签订。

2 月 26 日　国家文物局在广东召开全国文物调查及数据库管理系统建设项目推广工作会。

2 月 27 日　国家文物局在浙江宁波召开全国水下文物普查工作会。

3 月 1 日　《西藏自治区布达拉宫保护办法》开始施行。

3 月 4 日　国务院办公厅印发《国家文物局主要职责内设机构和人员编制规定的通知》。国家文物局设 5 个内设机构，分别是办公室（外事联络司）、政策法规司、督察司、文物保护与考古司、博物馆与社会文物司（科技司）。新增设的督察司主要负责拟订文物行政执法督察和案件查处的有关规定；组织开展文物行政执法、文物和博物馆安全保卫督察工作；组织查处文物违法重大案件，协助配合有关部门查处文物犯罪重大案件。

3 月 6 日　中共中央政治局常委李长春、国务委员刘延东就博物馆、纪念馆免费开放工作作重要批示。

3 月 19 日　国家文物局印发《关于加强国家文物局重点科研基地建设和管理的意见》。

3 月 20 日　国家文物局召开深入学习实践科学发展观活动总结大会。

3 月 25 日　国家文物局、公安部、海南省人民政府印发《关于授予海南公安边防琼海公安边防支队潭门边防派出所"文物保护特别奖"的决定》。

3月27日　国家文物局在江西南昌召开湘鄂赣革命文物保存现状调查工作座谈会。

4月7～17日　由中央组织部、中央党校和国家文物局共同举办的文化遗产保护专题研讨班在中央党校举办。

4月10日　国家文物局印发《关于建立文化遗产日活动主场城市申办机制的通知》。

4月10～11日　由国家文物局主办、无锡市人民政府和江苏省文物局承办，中国古迹遗址保护协会协办的"中国文化遗产保护无锡论坛"在江苏无锡举行。论坛通过《关于文化线路遗产保护的无锡倡议》。

4月16日　国家文物局印发《关于开展第七批全国重点文物保护单位申报工作的通知》。

4月18日　国家测绘局和国家文物局联合发布明长城长度：8851.8千米。这是我国首次精确测量出明长城长度。

4月22日　北京新文化运动纪念馆重新开馆。

4月23日　大运河保护和申遗省部际会商小组第一次会议在北京召开。

4月27日　国家文物局印发《关于启用2009年版文物进出境审核文件和火漆印章的通知》。

5月8日　国家文物局印发《关于启用国家文物局文物进出境审核专用章的通知》。

5月15日　中共中央政治局常委李长春、国务委员刘延东就二战转移文物工作作重要批示。

5月18日　2009年"国际博物馆日"中国主会场启动暨白鹤梁水下博物馆开馆仪式在重庆市举行。白鹤梁水下博物馆是世界首个水下博物馆，标志三峡工程重庆库区文物保护重点工程基本完成。

5月19日　国务院总理温家宝就南京、天津旧街区保护事作重要批示。

同日　国家文物局印发《关于公布国家二、三级博物馆名单的决定》。

5月24日　中共中央政治局常委李长春、国务委员刘延东就南海水下文化遗产保护作重要批示。

5月25日　由国家文物局主办，中国文物信息咨询中心承办首届文化遗产与传播论坛在京召开。

6月4日　我国首台出土现场保护移动实验室研制成功。

6月11日　全国非物质文化遗产保护、古籍保护暨文博事业杰出人物表彰、颁证、授牌电视电话会议在京召开。中共中央政治局委员、国务委员刘延东出席会议并讲话。

同日　文化部、国家文物局发布《表彰中国文物、博物馆事业杰出人物的决定》，决定向21名为新中国文物、博物馆事业发展作出历史贡献的老一辈文物博物馆工作者授予"中国文物、博物馆事业杰出人物"荣誉称号。

同日　国家文物局发布《关于向长期从事文物、博物馆工作人员颁发荣誉证书的决定》，决定向从事文物、博物馆工作60年以上同志颁发"文物、博物馆工作60年荣誉证书"；向从事文物、博物馆工作30年以上同志颁发"文物、博物馆工作30年荣誉证书"。

6月12日　大遗址保护良渚论坛在浙江余杭召开，国家文物局明确提出"考古遗址公园"的概念，论坛形成《良渚共识》。

6月13日　我国第四个文化遗产日。活动主题：保护文化遗产 促进科学发展。由国家文物局、杭州市人民政府、浙江省文化厅、浙江省文物局共同主办的文化遗产日主场活动在浙江杭州举行。

6月22日　第33届世界遗产大会在西班牙召开。山西五台山申报成功世界自然与文化双遗产。截止到2009年6月，我国拥有世界遗产38处，其中文化遗产26处，自然遗产7处，文化与自然混合遗产5处。

6月25日　《中华人民共和国政府和土耳其共和国政府关于防止盗窃、盗掘和非法进出境文化财产的协定》在北京签署。

7月13日　中共中央政治局常委李长春、国家副主席习近平、国务院副总理李克强、国务委员刘延东就延安革命遗址及革命纪念建筑物保护管理利用情况作重要批示。

7月22日　全国政协主席贾庆林、中共中央政治局常委李长春、中宣部部长刘云山、国务委员刘延东就大力推进海峡两岸在安阳殷墟研究领域加强合作的情况作重要批示。

7月27日　国家文物局、湖南省人民政府决定授予湖南省长沙市公安局"文物保护特别奖"。

8月10日　中共中央政治局常委李长春、国务委员刘延东就抗战文物保护问题作重要批示。

8月23日　西藏三大重点文物维修工程布达拉宫、罗布林卡、萨迦寺三大重点文物维修工程竣工庆典在西藏拉萨布达拉宫广场举行。国务委员刘延东出席竣工庆典并讲话。

8月28日　国家文物局《关于印发〈国家文物局内设机构、职能配置和人员编制实施方案〉的通知》。

9月16日　《中华人民共和国政府和埃塞俄比亚联邦民主共和国政府关于防止盗窃、盗掘和非法进出境文物的协定》在北京签署。这是中国政府与非洲国家签署的第一个政府间防止盗窃、盗掘和非法进出境文物的协定。

9月17日　全国政协副主席王刚就提升西藏博物馆展示服务水平情况作重要批示。

9月26日　由国家文物局、科技部、财政部和文化部共同主办的"早期中国——中华文明起源展"在首都博物馆开幕。

9月28日　国家水下文化遗产保护中心在中国文化遗产研究院举行揭牌仪式。

10月1日　《文物认定管理暂行办法》正式施行。

负责人：董保华

统稿人：刘曙光

执笔人：董　琳

封面设计：吴曙明
责任印制：陆　联
责任编辑：李　东

特约编辑：李　让　张　伟　李文昌　马丽萍　徐秀丽
　　　　　李　力　陈　翔

图书在版编目（CIP）数据

中国文物事业60年/国家文物局编.
—北京：文物出版社，2009.12
ISBN 978-7-5010-2906-8
Ⅰ.①中… Ⅱ.①国… Ⅲ.①文物工作— 成就—中国
—1949~2009 Ⅳ.①K87

中国版本图书馆CIP数据核字（2009）第226022号

中国文物事业60年

国家文物局　编

文物出版社出版发行

北京市东直门内北小街2号楼

http://www.wenwu.com

E-mail:wed@wenwu.com

北京君升印刷有限公司印刷

新华书店经销

889×1194　1/16　印张：45

2009年12月第1版　2009年12月第1次印刷

ISBN 978-7-5010-2906-8

定价：680.00元